U0862251

中國考古學會

1979

《中国考古学年鉴》编辑委员会

主　　任　王　巍
副主任　赵　辉　陈星灿　顾玉才
编　　委　（按姓氏笔划排序）
王光尧　王　巍　白云翔　朱　泓　朱岩石　刘　斌
闫亚林　孙庆伟　孙英民　李水城　宋建忠　张　弛
陈星灿　赵　辉　赵志军　顾玉才　柴晓明　高　星
高大伦　郭伟民　焦南峰　戴向明

主　　编　王　巍
副主编　陈星灿
执行主编　庞小霞

中国社会科学年鉴

中国考古学年鉴 2019

YEARBOOK OF ARCHAEOLOGY IN CHINA

中国考古学会 编

中国社会科学出版社

图书在版编目（CIP）数据

中国考古学年鉴．2019／中国考古学会编．—北京：中国社会科学出版社，2021．4
ISBN 978－7－5203－8268－7

Ⅰ．①中…　Ⅱ．①中…　Ⅲ．①考古学—中国—2019—年鉴　Ⅳ．①K87－54

中国版本图书馆 CIP 数据核字(2021)第 066867 号

出 版 人　赵剑英
责任编辑　王鸣迪
责任校对　高　俐
责任印制　张雪娇

出　　版　中国社会科学出版社
社　　址　北京鼓楼西大街甲 158 号
邮　　编　100720
网　　址　http://www.csspw.cn
发 行 部　010－84083685
门 市 部　010－84029450
经　　销　新华书店及其他书店

印刷装订　三河市东方印刷有限公司
版　　次　2021 年 4 月第 1 版
印　　次　2021 年 4 月第 1 次印刷

开　　本　787×1092　1/16
印　　张　43
插　　页　12
字　　数　1139 千字
定　　价　368.00 元

凡购买中国社会科学出版社图书，如有质量问题请与本社营销中心联系调换
电话：010－84083683
版权所有　侵权必究

广东英德青塘遗址——黄门岩远景

广东英德青塘遗址——黄门岩 2 号洞地点发掘区

广东英德青塘遗址——墓葬遗迹与人骨化石

广东英德青塘遗址——遗物出土现场（石器、骨器、蚌器、陶器）

湖北沙洋城河新石器时代遗址——王家塝墓地发掘区拍照

湖北沙洋城河新石器时代遗址——M112 发掘情况

湖北沙洋城河新石器时代遗址——M155-1 出土钺

湖北沙洋城河新石器时代遗址——M224 出土器物组合

延安芦山峁遗址——大营盘梁院落鸟瞰（北－南）

延安芦山峁遗址
——营盘梁院落北门外祭祀坑出土大玉刀

延安芦山峁遗址——出土筒瓦

延安芦山峁遗址——出土槽型板瓦

新疆尼勒克县吉仁台沟口遗址——大型房址F6（东－西）

新疆尼勒克县吉仁台沟口遗址——居址区东部发掘区

新疆尼勒克县吉仁台沟口遗址——煤块

新疆尼勒克县吉仁台沟口遗址——遗物：陶范、铜刀、石杵等

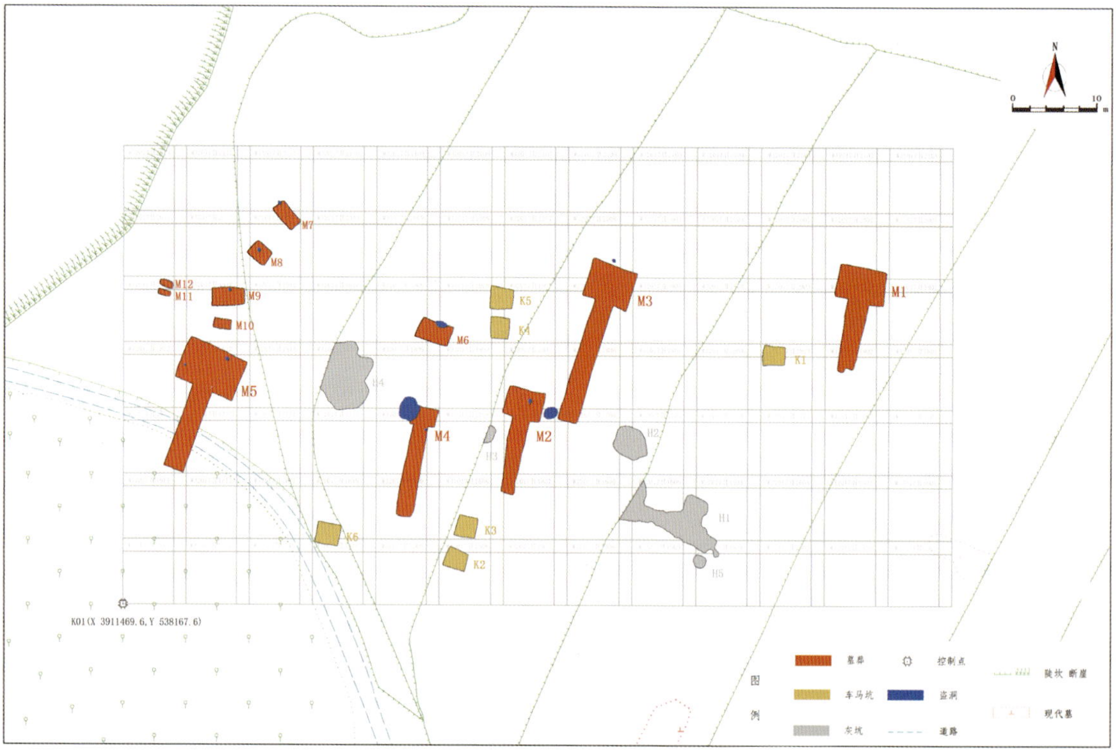

山西闻喜县酒务头墓地遗址——酒务头墓地遗迹分布图

山西闻喜县酒务头墓地遗址——M1 出土觚、爵

山西闻喜县酒务头墓地遗址——M1 出土玉器

山西闻喜县酒务头墓地遗址——族氏铭文

陕西澄城刘家洼芮国墓地遗址——M1 出土编钟石磬

陕西澄城刘家洼芮国墓地遗址——M1 出土棺环

陕西澄城刘家洼芮国墓地遗址——M2 椁室

陕西澄城刘家洼芮国墓地遗址——M27 芮太子白铜鬲

江苏张家港黄泗浦遗址——宋代河道中的木桥遗迹（Ⅰ T6401 等探方内，南－北）

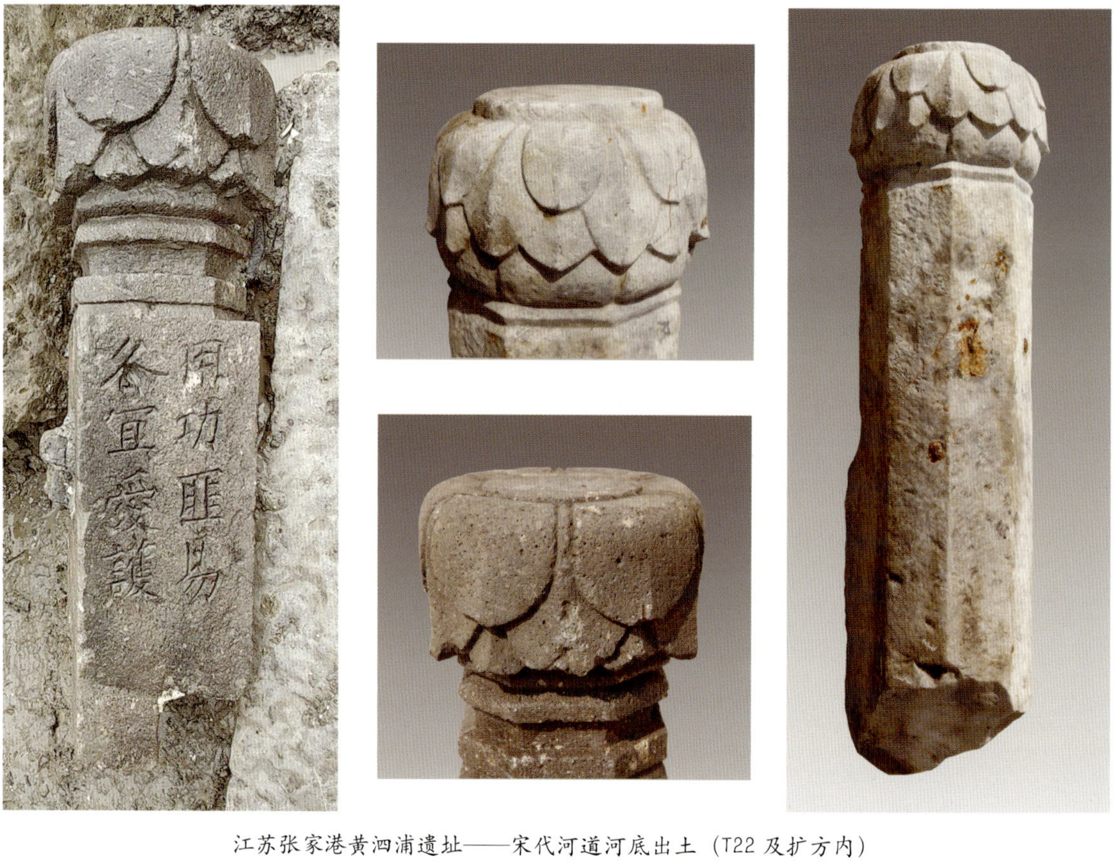

江苏张家港黄泗浦遗址——宋代河道河底出土（T22 及扩方内）

江苏张家港黄泗浦遗址——唐代河道内出土瓷器标本

江苏张家港黄泗浦遗址——遗址出土部分窑口瓷器标本

河北张家口太子城金代城址——北区一、二、三号院落平面图

河北张家口太子城金代城址——戳印宫字长方形砖

河北张家口太子城金代城址
——绿釉凤纹脊饰

河北张家口太子城金代城址
——泥质灰陶龙形脊饰

重庆市合川区钓鱼城范家堰南宋衙署遗址——衙署公廨区围墙、中轴线建筑群及附属建筑（西北—东南）

重庆市合川区钓鱼城范家堰南宋衙署遗址——水池

重庆市合川区钓鱼城范家堰南宋衙署遗址——铁雷

重庆市合川区钓鱼城范家堰南宋衙署遗址——青白瓷印花芒口碗、斗笠碗

辽宁庄河海域经远舰遗址——海底沉舰

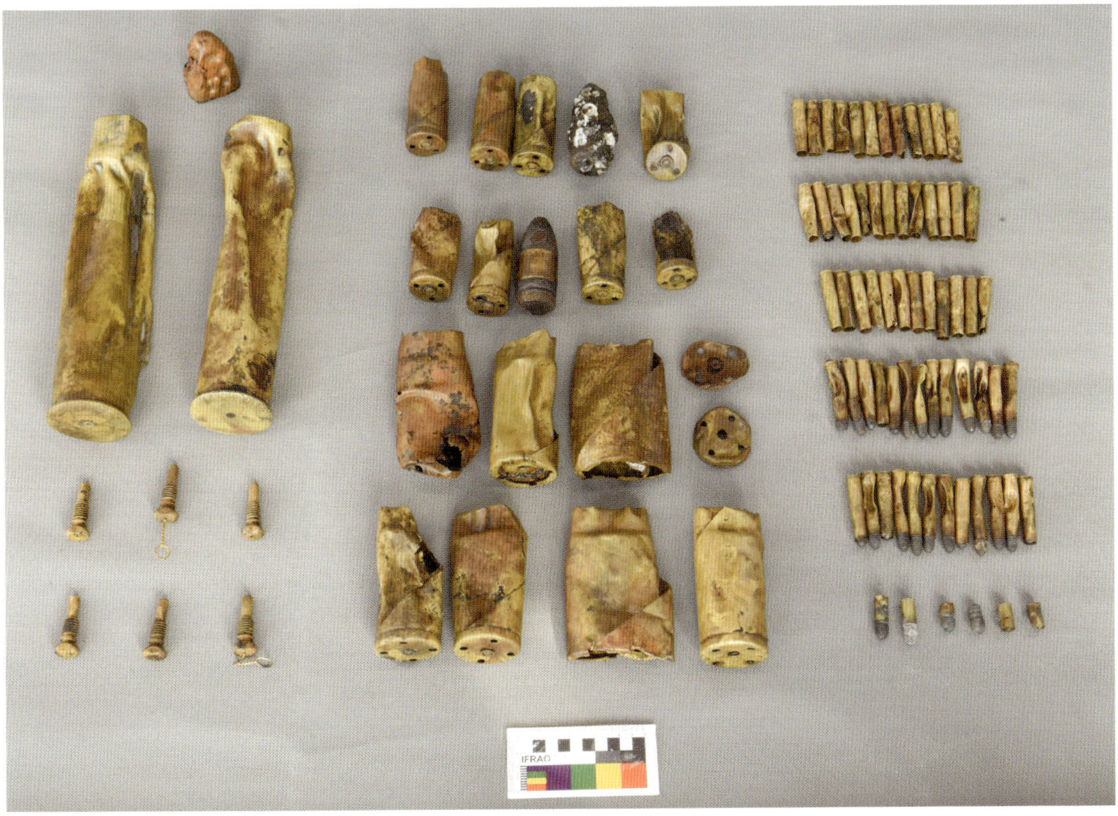

辽宁庄河海域经远舰遗址——各种小口型武器合照

辽宁庄河海域经远舰遗址——经远木签牌

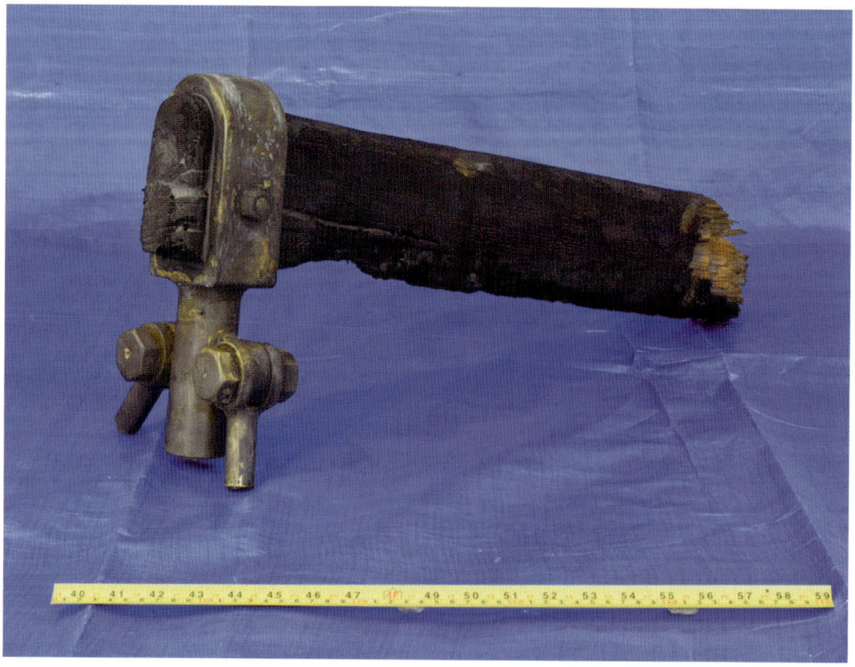
辽宁庄河海域经远舰遗址——被战火焚烧的天幕杆

目　　录

第一篇　考古学研究

第二篇　考古文物新发现

第三篇　赴外考古

第四篇 学术会议

第五篇　对外学术交流

第六篇 考古教学

第七篇 逝世考古学家

第八篇　考古学文献资料目录

第九篇　大事记

第一篇

考古学研究

旧石器时代考古

杜水生

2018 年有关中国旧石器考古方面学术论著共发表 100 余篇（部），现按照针对某个遗址的专门研究和综合研究两部分进行总结。专门研究既包括新遗址材料的公布，也包括对老遗址材料的重新整理与研究；综合研究既包括某一区域文化的研究，也包括某一方面或某一问题的研究。最后针对本年度学者关注的主要问题进行评述。另外，对本年度出版的编著、论著、论文集也进行专门介绍。

一　考古发现

东北、内蒙古本年度虽然有一些新发现，但更引人注目的是对几个遗址的重新研究。李锋等重新研究金斯泰遗址（45°14′23.4″N，115°28′32.7″E）后认为，其年代为距今 4.7 万～3.7 万年，石制品中有勒瓦娄哇石核、勒瓦娄哇石片、勒瓦娄哇尖状器等莫斯特文化的石制品，可能意味着尼安德特人曾经深入到中蒙边界东段［Feng Li，Steven L. Kuhn，Fuyou Chen，et al.，The Easternmost Middle Paleolithic（Mousterian）from Jinsitai Cave，North China，*Journal of Human Evolution*，2018，p. 114］。刘扬在总结了乌拉木伦遗址的材料后认为，乌拉木伦遗址中具有明显的西方旧石器文化因素：以锯齿刃器－凹缺器为代表的石器组合、孔贝瓦技术、带铤石镞，并且认为，这些技术的出现与现代人起源有一定的关系（《草原文物》2 期）。岳建平等对桃山遗址（46°54.765′N，128°12.643′E）地层、环境和石制品作了深入研究。遗址位于松花江支流呼兰河畔，高于现代河面 21 米，自上而下分为四层，均为黄土状风成堆积，其中第 1、3 层含有机质少，代表干冷气候环境；第 2、4 层含黑色古土壤条带，有机质含量高，属于湿热环境。遗址自下而上的光释光、碳十四的测年结果为第 4 层距今 1.65 万～1.34 万年，第 3 层 1.34 万～0.87 万年，第 2 层 0.87 万～0.56 万年。遗址中第 4 层和第 3 层出土的文化遗物基本相同，使用流纹岩、凝灰岩、红柱角岩，有石核石片技术和细石叶技术，细石叶石核为楔形石核，工具有刮削器、凹缺刮器、锯齿刃器、端刮器、双面尖状器、石斧、石锛；另外还发现了陶片，烧制火候极低（Jianping Yue，Shixia Yang，Yamei Hou，et al.，Late Pleistocene Lithic Technology and Human Adaptation in Northeast China：A Case Study from Taoshan Site，*Quaternary International*，2020，535；Guannan Zou，Gideon Shelach，Xiaoqiang Li，et al.，Geochronology and Paleoenvironment of the Taoshan Site，Northeastern China，and Archaeological Implications，*Quaternary International*，2018，p. 463）。另外，陈全家等在黑龙江省牡丹江市穆棱市也发现了一些新的石器地点（陈全家等，《穆棱八面通四平山第三地点发现的旧石器》，《文物春秋》2 期；倪春野等，《黑龙江穆棱市三处旧石器遗址调查简报》，《北方文物》3 期）。

泥河湾盆地、蔚县盆地、怀来盆地与北京地区发现或重新研究的遗址数量较多。李锋等对山顶洞遗址的年代进行重新研究后认为，山顶洞的年代距今3.51万~3.35万年，并将遗址所见文化与欧亚大陆北部的旧石器晚期遗址对比，认为山顶洞遗址是现代人自距今5万年开始的从非洲到欧亚大陆的一次扩张的结果，这一认识对于现代中国人来源研究具有重大突破意义（Feng Li，Christopher J. Bae，Christopher B. Ramsey，et al.，Re-Dating Zhoukoudian Upper Cave，Northern China and Its Regional Significance，*Journal of Human Evolution*，2018，p.121）。蔚县盆地吉家庄旧石器遗址是一处旧石器时代早期（更新世中期）遗址，埋藏于泥河湾古湖湖滨地层中。从埋藏学角度来看，遗址石制品曾在地表有一定时间的暴露，其间经历过小水流的改造，冲走了碎屑类标本，石制品分布稀疏，可能为一临时活动遗址。制作石制品的原料来自6公里以外，主要有中基性火山岩、硅质白云岩、燧石、角砾岩；石制品以中小型居多，石器类型有刮削器、齿状器、凹缺刮器、尖状器。从打片技术来看主要使用锤击法，小台面石片的存在让原作者认为可能存在软锤技术（《人类学学报》4期）。马梁遗址位于泥河湾盆地东缘，新发现的第10地点比原来马梁文化层低3米，此次发掘面积18平方米，获得石制品197件，动物化石1500余件，石制品原料以燧石、石英砂岩和白云岩为主，使用硬锤打制技术进行打片和修理。石制品中有石核、石片、工具、砾石，缺乏精制品（《人类学学报》3期）。旧石器时代中期的发现包括板井子遗址和侯家窑遗址的一些新发现。板井子遗址位于河北省阳原县化稍营镇板井子村北约300米的台地上，地理坐标114°42′17″N，40°15′32″E。该遗址曾多次发掘，本次报道的是2015年发掘的材料。遗址形成于泥河湾古湖消亡和桑干河第三级阶地形成之前，铀系法和光释光测定遗址的年代距今9万~8万年。石制品原料主要为来自附近周家山的A类燧石和凤凰山一带的脉石英以及附近河流里的石英砂岩、石英岩、白云岩。剥片技术为锤击法，盘状石核较为规范，似棱柱状、似锥状、似楔状石核具有一定特色；宽薄型石片占96.8%，古人可能有意利用石核上的棱脊进行剥片；工具中有刮削器、锯齿刃器、凹缺器和石锥，工具多选用毛坯较厚的部分进行加工，陡刃刮削器比例较高。与旧大陆西侧旧石器中期文化相比，不存在勒瓦娄哇-莫斯特文化的影响，但上述特殊石核的发现表明其生产也存在一定的计划性和组织性。另外，本次发掘还发现大量的动物化石，部分化石表面存在古人类的切割痕，暗示板井子居民可能是成功的狩猎者（《考古》11期）。自2003年以来，为弄清许家窑、侯家窑遗址的地质地貌，河北省文物研究所在遗址所在的梨益沟一带进行地质考古调查，发现了15处旧石器地点，其中12处位于三级阶地，3处位于二级阶地，采集了部分标本，石制品的原料有石英、燧石、火山岩、玛瑙、石英砂岩，这些原料在梨益沟中都可找到，石制品有石核、石片、刮削器等，具有中国北方小石器工业的特点，（《文物春秋》4期）。卫奇先生记述了早年在泥河湾盆地东部山西境内发现的两个遗址杜庄遗址和神泉寺遗址。杜庄遗址位于山西大同市大同县杜庄乡杜庄村，地理坐标为39°56′26.3″N，113°28′54.8″E，遗址所在地貌部位为阳原群河湖相沉积层中，是一套含砾和石膏晶体的灰绿色粘土质粉砂层，年代距今3万~2万年。采集的石制品共52件，均有一定程度的磨蚀。原料来自大同御河的古老河床上，有石英岩、石英、燧石、角页岩和玛瑙。石核中有单台面、双台面和多台面类型，石片多为宽薄型，工具主要为刮削器。同时采集的还有野马、披毛犀、原始牛等动物化石（《文物春秋》4期）。神泉寺遗址位于阳高县神泉寺村东侧，地理坐标为40°01′23″N，113°52′43″E。本次记述的是1987年采集的88件石制品。原作者认为其地貌部位相当于桑干河支流的较高阶地（二级阶地），石制品都有不同程度的风化，石料主要为脉石英，还有燧石、角页岩、石英砂岩、玛瑙、水晶、蛋白石，和许家窑遗址的原料基本一致。石制品种类包括单台面石核、双台面石核和多台面石核，石片以宽薄型为主，工具主要为各种类型的刮削器。总体来看继承了许家窑遗址的风格（《文物春秋》5 期）。怀来盆地在2014 年和2015 年调查中发现了一些细石器地点。2014 ~2015 年，河北师范大学牛东伟等在怀来盆地进行考古调查时，发现多处旧石器地点，这些地点主要位于官厅水库西南岸、永定河的三级阶地上。三级阶地上的石制品具有中国北方小石器文化特征，二级阶地的石制品是以楔形细石核为代表的细石叶工业，细石叶工业技术和泥河湾盆地虎头梁遗址一致（《人类学学报》1 期，《文物春秋》2 期）。

2018 年汾渭地堑又有突破性发现，朱照宇团队在蓝田上陈发现距今 212 万年前的石制品，把中国早期人类的活动记录推到 200 万年以前（Zhaoyu Zhu，Dennell Robin，Weiwen Huang，et al.，Hominin Occupation of the Chinese Loess Plateau since about 2.1 Million Years Ago，*Nature*，2018）。王益人等在丁村黄土地层中发现了老虎坡人类活动营地、过水洞人类生活营地、九龙洞人类打制营地等多个原地埋藏的旧石器营地，这些遗址的分布和大崮堆山的角页岩有明显的耦合关系，显示古人类对这种石料的依赖（《人类学学报》3 期）。袁文明等报道了在山西垣曲地区调查时发现的旧石器早中晚期地点（《草原文物》2 期）。李浩重新研究了大荔人遗址的石器材料，认为大荔人的剥片技术仍然比较简单，以权益性石核和单台面石核为主，但工具类型多样化和加工程度标准化已和中更新世中期以前显示出明显差异。从空间上来看，大荔人遗址石器材料与以中国北方北部的勒瓦娄哇技术为代表的旧石器晚期文化属于不同的文化类型［Hao Li，Matt G. Lotter，Lithic Production Strategies during the Late Middle Pleistocene at Dali，Shanxi Province，China：Implications for Understanding Late Archaic Humans，*Archaeological and Anthropological Sciences*，2019，p. 11（5）］。

中原地区考古发现出现了新的进展，曾经作为现代出现的标志性遗址并因此而被评为中国考古十大发现的老奶奶庙遗址被厘定为旧石器时代中期遗址［Tongli Qu，Youcheng Chen，Ofer Bar - Yosef，et al.，Late Middle Palaeolithic Subsistence in the Central Plain of China：A Zooarchaeological View from the Laonainaimiao Site，Henan Province，*Asian Perspectives*，2018，p. 57（2）］。对老奶奶庙第 3 地点的研究表明人类有狩猎大型成年动物的能力，并把猎物整体搬到遗址中，并对动物脂肪充分提取（《人类学学报》1 期）；与此同时，第 2 地点只是个临时性活动遗址（《中原文物》6 期）。西施遗址和东施遗址发现了小石器技术和石叶细石叶技术叠压的文化现象，其中石叶细石叶技术出现在距今 2.5 万年（《中原文物》6 期）。李家沟遗址发现了旧石器晚期到新石器早中期过渡阶段的完整的地层记录，显示从细石器工业到陶器出现的过程，这可能代表了中原地区社会复杂化的开始以及流动性的降低（《中原文物》6 期）。在李家沟居民生活时期这一带整体是由菊、蒿、禾本科组成的草原景观。细石器时期河床较窄，当时居民生活在河床面上。随后随着河床变宽生活在河床边缘的沙坝上，到了裴李岗时期则生活在沟谷边缘，其间经历过多次地震（《中原文物》6 期）。多年的研究显示许昌人头骨具有东亚古人类、欧洲尼安德特人和早期现代人的镶嵌特征，可能代表一种新型的古老型人类。遗址性质为许昌人在泉水形成的小型湖泊周围获取猎物、制作石器和骨器进而分割肉食和加工兽皮的工作场所，与居住遗址有较大区别。石制品研究显示，石核类型多样，且以小型双锥形盘状石核为特色；小型工具类型分异明显、加工精细，显示出不同于旧石器时代早期遗址中的工具技术，而与西方旧石器时代中期遗址工具技术上的特点较为一致。此外，还出土了7件骨锤，用以修理石质工具［《人类学学报》2期；Luc Doyon，Zhanyang Li，Hao Li，et al.，Discovery of circa 115000 – Year – Old Bone Retouchers at Lingjing，Henan，China，*PLOS ONE*，2018，p. 13（3）］。而许昌人遗址上部的细石器体现了角锥状石核和端刮器为特征的技术体系（《华夏考古》2期）。河南栾川孙家洞遗址出土的6件直立人化石代表一个成年人和两个未成年人，其变异范围属于直立人范围，牙齿生长模式和生活史接近现代人，这些发现为中国古人类连续进化增加了证据（《人类学学报》2期）。

山东日照黄泥梁遗址是一处旧石器时代中期遗址，年代为距今5.9万~5.4万年，遗址位于日照市丝山东麓的黄土台地中，2013年发掘了50平方米，获得石制品1876件，石制品原料为脉石英和安山岩，石核中有单台面、双台面、多台面和盘状石核，其中一件上台面石核有调整台面角的现象。石片以宽薄型石片为主。24件工具中，有刮削器19件，锯齿刃器4件，尖状器1件。从石制品的构成比例来看，陈福友认为该遗址是一处石器制造场（《人类学学报》4期）。仪明杰也研究了这批材料，认为黄泥梁遗址中出现调整台面现象。说明在MIS3阶段，中国北方旧石器文化并不是以前认为的那样简单，表现出了一种进步的文化特征，但这种现象究竟是中国文化自身发展过程中形成的还是受到旧大陆西侧文化的影响而出现的，还需要更多的材料来证明（Mingjie Yi，Fuyou Chen，Feng Li，et al.，New Discoveries of the Huangniliang Site and Cultural Diversity in North China during Early MIS 3，*Quaternary International*，2018，p. 535）。大珠山遗址（35°47′22.4″N，120°00′42.4″E；58m asl）位于山东青岛，时代属于MIS3阶段早期，石制品属于简单石核–石片传统，工具类型以刮削器–锯齿刃器组合为主。李锋认为，以大珠山遗址距海洋的距离，如果是现代人生活在这里，应该有利用一些海洋资源的现象，然而在大珠山遗址中并没有发现这些遗物，说明现代人还没有到达这里［Feng Li，Jian Wang，Xinying Zhou，et al.，Early Marine Isotope Stage 3 Human Occupation of the Shandong Peninsula，Coastal North China，*Journal of Quaternary Science*，2018，p. 33（8）］。李罡在山东平度市、蒙阴县也发现了一些新的旧石器地点（《海岱考古》第十一辑、《人类学学报》1期）。

长江流域的考古发现如下所述。重庆玉米洞遗址位于重庆市庙宇镇小营村七社，是一处石灰岩地区的大型溶洞，遗址地层为一套粘土、角砾和碳酸盐沉积物，动物化石研究认为其年代为中更新世晚期到全新世，铀系法测年认为是距今40万年到8000年。制作石制品的原料主要为含硅质的石灰岩和少量燧石，石制品以大于10厘米的大中型石器居多，以摔碰法、砸击法和锤击法制作石器。因制作石制品的毛坯直接选取各种形态的自然石块，石制品组合中工具数量最多，占97.88%，石核、石片、断块、断片数量很少。工具类型丰富，有刮削器、尖状器、砍砸器、凹缺器、手镐、原手斧、锥钻、雕刻器、矛形器，所有的工具加工程度都比较浅（《考古》1期）。重庆玉米洞遗址对原料的选择反映了玉米洞人活动范围较小，流动性不强，是为适应当地自然环境的一种被动选择（《第四纪研究》6期）。湖北郧县滴水岩旧石器遗址位于十堰市郧阳区青曲镇弥陀寺村一组。遗址属于汉水一支流的一级或二级阶地，含石制品地层为一套浅红到红色粘土，年代距今8万~1万年。制作石制品的原料为脉石英和砂岩，其他原料少见。石制品中包括自然砾石（原料）、碎块、石锤、石核石器（砍砸器、手斧、手镐）、手斧（只是部分加工）、石片石器（刮削器、凹缺刮器）（《华夏考古》6期）。汉中盆地龙岗寺遗址自20世纪50年代就发现有旧石器。2014 年发掘的第 3 地点位于汉江右岸第四级阶地上的黄土古土壤中，年代距今120 万 ~70 万年。在36 平方米的探方内，发掘出石制品4441 件，石制品以石英为主，火成岩次之，石英岩、细砂岩、燧石偶有发现，这些原料均来自河流阶地或河漫滩中。石制品打制以锤击法为主，砸击法次之。石制品总体面貌和中国北方小石器工业相似，工具中只有刮削器、尖状器和雕刻器，不见中国南方地区常见的重型工具（《人类学学报》4 期）。李英华等在汉水的二级阶地上发现距今 11 万 ~9 万年的双面器组合石制品，这些石制品和中国百色、洛南，韩国全谷里的石制品相似，而和旧大陆西侧的石制品有所不同。这些石制品组合为研究中国双面器组合工具的发展以及和旧大陆西侧欧洲非洲同类工具的关系提供了重要资料［Yinghua Li，Yuduan Zhou，Xuefeng Sun，et al.，New Evidence of a Lithic Assemblage Containing in Situ Late Pleistocene Bifaces from the Houfang Site in the Hanshui River Valley，Central China，*Comptes Rendus - Palevol*，2018，p. 17（1 -2）］。湖北郧西白龙洞遗址年代重新测定后为 78 万年［Yanfen Kong，Chenglong Deng，Wu Liu，et al.，Magnetostratigraphic Dating of the Hominin Occupation of Bailong Cave，Central China，*Scientific Reports*，2018，p. 8（1）］。七里亭遗址位于长江下游浙江省长兴市，太湖西岸。石制品出土于蠕虫红土和下蜀黄土中，年代为早更新世晚期到中更新世早期，石制品为简单石核石片，属于模式 I 传统，不见中国南方地区常见的大型石核类工具如手斧、手镐等，对于这种现象究竟是由环境因素还是人的因素造成的，目前还没有充分的证据（Ying Guan，Xinmin Xu，Kathleen Kuman，et al.，The Absence of Acheulean：Qiliting Mode 1 Site and the Mode 1 Occupations in Southeast China，*Quaternary International*，2018，p. 480）。

近年来，人类何时拓展到青藏高原的问题备受学界关注。尼阿木底遗址位于藏北申扎县雄梅镇多热六村南约 3000 米处的尼阿木底山西北麓。遗址东西宽 400 米 ~500 米、南北长达 2000 米，为一处旷野石器遗址。石制品原料主要来自遗址后部山体中夹杂的黑色硅质板岩条带。王社江采集到 9 件似手斧、2 件薄刃斧，技术分析后认为这些石制品不是真正的手斧和薄刃斧，只是生产勒哇娄瓦石核时偶然形成的，从文化交流的渠道来看，这些石制品的年代大约在距今 3 万年前，而此时周边地区的手斧工业已经消失了（王社江等，《藏北尼阿木底遗址发现的似阿舍利石器——兼论晚更新世人类向青藏高原的扩张》，《人类学学报》2 期）。通过考古发掘，证明这些石制品的年代距今 4 万 ~3 万年，其中石叶制品显示和阿尔泰地区相似的技术特征，这证明了在距今 3 万年前人类就已经到达青藏高原，这和 DNA 研究结果颇为呼应［X. L. Zhang，B. B. Ha，S. J. Wang，et al.，The Earliest Human Occupation of the High - Altitude Tibetan Plateau 40 Thousand to 30 Thousand Years Ago，*Science*，2018，p. 362（6418）］。另外，在玉树地区也发现了一些细石器遗存（《人类学学报》1 期）。

新疆地区旧石器考古实现重大突破。新疆阿勒泰地区吉木乃县通天洞遗址发现典型莫斯特文化，年代距今 4. 5 万年。出土石制品中包括勒瓦娄哇石核、勒瓦娄哇石片、勒瓦娄哇尖状器以及莫斯特尖状器等典型莫斯特文化因素。这是我国境内目前具有明确地层关系的典型的莫斯特文化遗址（《考古》7 期）。其实，早在2004 年5 ~6 月，中国科学院古脊椎动物与古人类研究所和新疆文物考古研究所联合组队，在新疆北部和中部进行了旧石器时代考古调查。发现以骆驼石为代表的 24 个石器地点和数千件石制品，采集和试掘出500 余件石制品；绝大多数石制品来自地表，少数出自原生地层。石制品类型多样，包括普通石核与石片、棱柱状石核、石叶、两面器、细石叶石核、细石叶、勒瓦娄哇石核与石片等，这些发现说明新疆中北部在旧石器时代晚期是人类活动的重要舞台（《人类学学报》4 期）。

1983 年和 1988 年，在贵州桐梓岩灰洞先后发现 3 枚古人类牙齿，分别为 PA874、PA875 和 TZ－1。研究认为 TZ－1 为 dm^2，属于中更新世中国直立人支系。PA875 为 M^1，和建始龙骨洞以及周口店的古老型牙齿相似，而 PA874 也为 M^1，但其特征接近爪哇直立人。这三颗牙齿虽然出自同一洞穴，但应不是同一层位（《人类学学报》1 期）。

二　研究进展

（一）古人类学方面

刘武等研究了卡氏尖在中国古人类化石中有较高的出现率，而且有两例只出现在黑猩猩和非洲早期人类中的原始卡氏尖，因此中国古人类的卡氏尖可能是古老原始特征的参与，而不意味着与欧洲古人类存在基因交流（《人类学学报》2 期）。Francesc Ribot Trafí、Mario García Bartual、王谦等研究了人属先驱种（Homo antecessor）如下特征：（1）眶下骨骼的冠状面朝向、（2）犬齿窝的存在、（3）上颌骨下缘外侧端向下的转折切迹、（4）弧状颧骨下缘、（5）梨状孔外侧上颌骨的转折和朝向、（6）梨状孔外缘和颧骨起点的相对位置、（7）梨状孔下缘鼻棘和侧棘的位置和组合形态、（8）颧骨和上颌骨结节、（9）类现代人的骨表面重塑模式、（10）凸出的鼻骨、（11）颞骨的上凸的颞鳞上缘，认为“先驱种”就是直立人种的欧洲变异群体。所谓“人属先驱种”可能只是广义的人属直立人种（H. Erectus Sensu Lato）欧洲代表。目前的化石材料显示欧洲和亚洲的直立人种是非洲匠人种演变而来的（《人类学学报》3 期）。杜抱朴通过对印加骨的研究，认为过去被定义为印加骨的部分化石可能为人字点骨和前顶间骨。因此真正的印加骨在中国古人类化石中出现的频率并不高（《第四纪研究》6 期）。

张明、付巧妹对当前古 DNA 在古人类演化研究中的成果进行了综述，研究认为早期现代人走出非洲后首先遇到现在已灭绝的古老型人类尼安德特人，并发生基因交流。早期现代人和尼安德特人之间的基因交流可能发生过多次，最早的一次可能发生在 10 多万年前的中东地区，但这一时期的记录有限；而距今 6 万～5 万年的黎凡特地区、阿尔泰地区的记录要更丰富一些。遗传学研究还显示当尼安德特人生活在旧大陆西侧时，旧大陆东侧广泛生活着一种称为丹尼索瓦人的古老人群，它和尼安德特人具有共同祖先，二者的分化时间早于 43 万年，在其形成过程中不仅受到尼安德特人的影响，也接受了更古老的可能是直立人基因。而当携带了尼安德特人基因的现代人到达东亚地区时，也和丹尼索瓦人发生了基因交流，这在现代南亚人和大洋洲人的基因中都有表现（《人类学学报》2 期）。雷晓云等回顾了古 DNA 在现代起源研究的历史，认为目前古 DNA 研究中所使用的生物钟是建立在中性理论上的，这种理论认为突变没有功能也不受自然选择影响，而分子钟所认定的突变，在人群中以稳定的速率积累。随着研究的深入，这一理论的基础已被突破，他认为遗传多样性分饱和态和非饱和态（线形态），承认遗传多样性只有非饱和态是分子钟理论的前提，但是，新的研究显示遗传多样性中饱和态也大量存在，今后的研究应首先区分出遗传多样性的饱和态和非饱和态，才能得出合理的结论（《人类学学报》2 期）。

克里斯托佛·J. 白（Christopher J. Bae）等研究了更新世期间中国古人类的地貌部位、时空分布与环境特征后认为，早更新世到中更新世期间，中国古人类主要局限在中国南方或中部，晚更新世扩散到不同纬度，进入 MIS3 后出现在青藏高原，早更新世发现的古人类活动范围沿着河流分布，中更新世开始远离河流区域也有古人类活动，但也在湖泊周围。更新世期间人类活动范围的变化主要源于同一时期人类适应能力的提高，出现了一些新的文化现象（Christopher J. Bae，Feng Li，Liuling Cheng，et al.，Hominin Distribution and Density Patterns in Pleistocene China：Climatic influences，*Palaeogeography*，*Palaeoclimatology*，*Palaeoecology*，2018）。

（二）中西文化交流与现代人起源研究

李锋、高星在研究了国内外材料后认为，中国南方地区的考古材料支持连续进化假说，近年来出现的一些预制技术等具有进步特征的文化因素，不应和欧洲旧石器文化进行对比，而应和东南亚地区的同期旧石器文化进行对比，从目前的情况来看，它只说明中国南方地区旧石器文化的复杂性，并不一定具有文化交流。中国北方北部地区的旧石器文化支持基因交流假说，但这种交流没有根本改变中国旧石器文化面貌（《人类学学报》2期）。

李浩总结了中国旧石器早中期文化的发展历程，认为中国旧石器早中期并不是只有模式Ⅰ技术，而是先后有包括以手斧、手镐和薄刃斧等大型工具为特色的阿舍利技术体系、以盘状石核和各类小型工具为特征的小型石片石器技术体系、以勒瓦娄哇石核和尖状器为特点的莫斯特技术体系，以及以基纳型刮削器为主的莫斯特技术体系，后两者具有明显的旧石器时代中期技术特点（《人类学学报》4 期）。

（三）关于细石叶技术的研究

陈淳回忆了旧细石器发现与研究 100 多年来的历史，认为可以划分为三个范式即分类描述和传播论的文化历史范式、研究细石核的技术 - 类型学范式以及功能 - 适应范式。并提出了细石叶社群的概念，旨在从环境适应和资源利用的角度思考细石叶社群的结构、信息交流和技术知识的互动，深入研究这类技术的发明和扩散的动因，以便更好地了解这类石器技术在史前狩猎采集群中的文化意义和适应优势。并对学术界有争议的细石器起源、东谷坨石核、砸击技术和细石核关系等问题进行了评论（《人类学学报》4 期）。王幼平总结了华北地区石器工业的发现，认为华北地区细石器的出现是受到阿尔泰 - 北亚地区人群与旧石器文化南下影响的结果，而船型石核则是华北地区原住民对环境的应对策略（《人类学学报》4 期）。曲彤丽等在旧大陆东西方文化比较视野下认为细石叶技术不是东方文化的产物，其出现与旧大陆西侧旧石器文化发展有关（《华夏考古》5 期）。王晶在分析了下川船型石核的类型之后，认为下川的船型石核在阿尔泰地区也有同类标本，因此认为下川型细石器起源于阿尔泰地区（《第四纪研究》6 期）。

（四）科技考古

杨霞等对角页岩材质雕刻使用特征进行了研究（《人类学学报》1 期）。刘莉等对柿子滩遗址出土的石磨盘、细石叶、石片等进行微痕分析、植硅石和淀粉粒分析，发现小麦族等谷类淀粉粒和磨痕。这一研究可能将人类利用谷类食物的时间提前到 1.8 万年前［Li Liu，Maureece J. Levin，Michael F. Bonomo，et al.，Harvesting and Processing Wild Cereals in the Upper Palaeolithic Yellow River Valley，China，*Antiquity*，2018，p. 92（363）］。李康康、秦晓光等在罗布泊盆地中心部位，距今1.3万～1.1万年的地层中发现几块石磨盘，淀粉粒分析后发现有小麦族和块茎植物遗存，这些说明至少在晚更新世之末，罗布泊盆地就有人类生活［Kangkang Li，Xiaoguang Qin，Xiaoyan Yang，et al.，Human Activity During the Late Pleistocene in the Lop Nur Region，Northwest China：Evidence from a Buried Stone Artifact，*Science China*（*Earth Sciences*），2018，p.61（11）：1659－1668］。

张双权研究了水洞沟12地点出土的16件正式骨器的加工过程，获取骨料有敲击法、纵向分裂肋骨以及沟槽－劈裂法，整形主要是刮削和磨制，另外还用了开槽、刻槽、磨光、钻孔、剥片、润饰等方式。骨制品中有些是专用工具如骨锥、骨尖状器、镶嵌细石叶的骨刀以及可能用于缝纫的工具，还有一些可能是权宜性工具。受材料数量较少以及缺乏加工过程中副产品的限制，对个别工具的使用功能还没有最终结论。但毫无疑问，该遗址出土的骨制品既反映了古人对恶劣气候环境的应对措施，在某种意义上，也使我们管窥到西方旧石器晚期发达的骨器文化面貌（Shuangquan Zhang，Luc Doyon，Yue Zhang，et al.，Innovation in Bone Technology and Artefact Types in the Late Upper Palaeolithic of China：Insights from Shuidonggou Locality 12，*Journal of Archaeological Science*，2018，p.93）。张佩奇研究了水洞沟遗址第2地点第2、3文化层出土石制品的微痕特征，认为工具的类型划分和使用没有明显的关联关系，有些未加工的石片有明显使用痕迹，而有些工具却没有使用痕迹，这也许是受低倍法的限制，但更可能反映了古人类在遗址内部的行为特征（Peiqi Zhang，Xiaoling Zhang，Nicolas Zwyns，et al.，The Contribution of Use－wear for Stone Tool Identification at the Upper Paleolithic Site Shuidonggou Locality 2，north China，*Quaternary International*，https：//doi.org/10.1016/j.quaint.2018.10.006）。杨益民利用微型CT技术研究了水洞沟遗址出土的鸵鸟蛋饰品的钻孔技术，认为使用了扭转钻法和连续旋转技术，其过程可以分为四步：（1）在鸵鸟蛋内壁上用扭钻法钻出一个小洞，用以定位；（2）然后用连续钻法扩大钻孔范围，其间曾使用两种钻头；（3）有时从两侧对钻；（4）钻穿后用小型圆柱体在孔内钻磨，以使孔壁平直（Y. Yang，C. Wang，X. Gao，et al.，Micro－CT Investigation of Ostrich Eggshell Beads Collected from Locality 12，the Shuidonggou Site，China，*Archaeological and Anthropological Sciences*，p.10（2），305－313）。

（五）考古学理论与区域文化研究

陈淳、张萌针对中国旧石器研究现状，介绍了栖居形态和遗址域的概念和方法论，旨在从环境适应和资源利用的角度思考细石叶社群的结构、信息交流和技术知识的互动，深入研究这类技术的发明和扩散的动因，以便更好地了解这类石器技术在史前狩猎采集群中的文化意义和适应优势。我国旧石器时代考古研究应该引入文化生态学的理论方法，从宏观的生态位、中观的遗址域和微观的居住面分析来充分提炼古人类觅食方式和资源利用的信息（《人类学学报》2期）。

李昱龙研究了阿尔泰地区旧石器中期向旧石器晚期过渡时期的文化特征，并据此对中国旧石器晚期文化中石叶、细石叶技术进行了评述。李昱龙分析了阿尔泰地区旧石器中期向晚期转变的特征后，指出旧石器中期向晚期转变开始于距今9万～5万年，完成于距今5万～3万年，其主要表现为由勒瓦娄哇技术转变为窄体石叶石核，最后在西施遗址中存在窄体石叶石核（《西部考古》第15辑）。另外，他对岭南地区陡刃技术的特征、地理分布、时代也做了比较详细的研究（《考古》5期）。谢光茂对岭南地区旧石器晚期文化进行了总结，他认为岭南地区旧石器晚期文化主体上承袭旧石器早前中期文化特点，以单面加工的砍砸器为主，缺乏手斧等双面加工工具，同时个别地点出现中国北方石核 - 石片技术。岭南地区这一文化特点和东南亚地区尤其是越南北部相似，而这种相似性与其地理环境相似有关［Guangmao Xie，Qiang Lin，Yan Wu，et al.，The Late Paleolithic Industries of Southern China（Lingnan region），*Quaternary International*，https：//doi.org/10.1016/j.quaint.2018.09.043］。

孙雪峰等研究了秦岭两侧旧石器地点时空分布与冰期间冰期的耦合关系，认为冰期 - 间冰期驱动人类居住点的选择，在距今 120 万 ~ 70 万年的干冷事件中，黄土高原人口减少，秦岭南部成为人类避难所，距今 60 万年以后，冰期 - 间冰期分异明显，在气候条件好的 S5 和 S1 时期，人类活动频繁。距今 5 万年后，人类活动减少，也是气候恶化所致（Xuefeng Sun，Huayu Lu，Shejiang Wang，et al.，Hominin Distribution in Glacial - Interglacial Environmental Changes in the Qinling Mountains Range，Central China，*Quaternary Science Reviews*，2018，p.198）。

尼考乐·L. 舍耳伍德（Nicole·L. Sherwood）研究了丹江口地区第三级阶地上发现的手斧与原料类型、均质程度、风化程度、岩石颗粒大小以及原料形状之间的关系，认为丹江口地区手斧制作者对原料的选择主要适应环境、实现功能的需要，而不是出于打制更规范的手斧的目的。古人类是在满足需求的情况下，寻找更易于加工的原料（Nicole L. Sherwood，Hao Li，Kathleen Kuman，et al.，Lithic Raw Material Quality of Middle Pleistocene Artefacts from the Han River，Danjiangkou Reservoir Region，Central China，*Quaternary International*，2018，p.480）。

李锋介绍了欧洲旧石器晚期石器分类体系（《人类学学报》4 期）。高星、关莹对中国的手斧等进行了全面的总结，在回顾了中国出土手斧的发现和研究过程后，认为中国的手斧除个别地点有确切的出土地层外，多数是地表采集，这为进一步研究手斧的时空分布、人类演化等问题带了许多困难。从手斧本身的形制来看，两面通体加工者很少，多数仅部分加工。说明手斧实际上是从砍砸器演化而来，它们大多呈三棱状，端部较尖，和手镐相似，因此这类工业不应再称为“Chopper - Chopping Tool”而应称作“Pick - Chopper”工业（Xing Gao，Ying Guan，Handaxes and the Pick - Chopper Industry of Pleistocene China，*Quaternary International*，2018，p.480）。

三 新书介绍

《栾川旧石器遗址群考古报告》一书由顾学军、司马国红主编，中州古籍出版社出版。本书对栾川旧石器工作进行全面回顾和汇总，首先简单介绍了栾川的概况和栾川旧石器工作的基本情况，然后全面系统地记录了栾川地区（2010 ~ 2016 年度）所调查的旧石器地点，重点介绍了已发掘遗址的详细情况，收录了已发表的论文、报纸报道和会议记录等，同时也对栾川旧石器遗址群下一步的工作进行了规划等。

《湖南旧石器时代文化与玉蟾岩遗址》一书由袁家荣著，岳麓书社出版。本书在对湖南发现的旧石器文化系统介绍和总结的基础上，重点论述了道县玉蟾岩遗址的发现与意义。玉蟾岩遗址是一处旧石器文化向新石器文化过渡时段的洞穴遗址，最原始的水稻和陶器的考古发现受到国内外学术界的高度关注。除此之外还出土了大量的打制石器和骨、角器以及丰富的与人类生产、生活相关的动植物标本，表现出典型的旧石器文化向新石器文化过渡的文化性质，因此该文将遗址定位于旧石器时代末期，玉蟾岩遗址的文化正是目前湖南旧石器时代文化最高水平的杰出代表，也是湖南旧石器时代文化长期发展的结果。

《李家沟遗址与旧新石器时代过渡》一书由王幼平、夏正楷、汪松枝编著，科学出版社出版，河南新密李家沟遗址经2009～2010年两度发掘，发现数以千计的石、陶制品等文化遗物，分别出自旧石器时代末期、新石器时代早期以及裴李岗文化等不同阶段文化层，填补了中原地区旧、新石器时代间的空白，为探讨嵩山东麓农业等课题提供了丰富资料。本书以上述发现为基础，从地层、古环境、石器与制陶技术、生计方式与栖居形态演变等多视角，综合探讨嵩山东麓旧、新石器时代过渡等问题。

《雪浪石》是谢飞研究员的个人论文集，文物出版社出版。收录了谢飞先生四十年来发表的论文与考古报告。可以看到通过谢飞先生的努力，泥河湾盆地旧石器考古文化序列逐步建立，中国古人类活动时间推前到距今200万年。

《龙王辿第一地点》由中国社会科学院考古研究所、陕西省考古研究院主编，文物出版社出版。本文以龙王辿遗址第一地点出土石制品为中心，通过对其石材获取方式、石制品加工技术体系、使用方式和使用功能等几方面的综合分析，认为龙王辿遗址第一地点石制品组合所体现的技术内涵，可能为后来人类的定居并开启全新的生活模式奠定了技术上的基础。

《珞珞集》由王万辉、王益人主编，三晋出版社出版。本书是纪念中国著名旧石器考古学家王建先生90周年诞辰的文集，系统梳理了王建先生作为山西省旧石器时代考古学奠基人的人生历程和考古贡献，并收录了旧石器考古学的最新研究论文，展示了老一辈考古学家的精神风貌，具有较高的学术价值。

《Choukoutienology（周口店学）》由齐陶著，浙江大学出版社出版。本书以周口店遗址为研究对象，系统总结了周口店遗址100多年来在古人学、旧石器考古、第四纪地质等方面的研究成果。

四　总结

本年度旧石器考古在国际化程度上取得了显著进步。从数量上看，在发表的100余篇简报、论文、专著或报告中，约30%的论文发表在国际刊物上，这些论文多由青年学者完成；从质量上看，在国际顶尖刊物《自然》和《科学》上发表的3篇论文引起了国际学术界强烈关注，其中陕西蓝田上陈遗址的发现，将中国早期人类活动年代推到210万年前；西藏尼阿底遗址的发现将人类进入4000米高的青藏高原的历史提前到距今4万年；贵州观音洞遗址中距今10多万年以前的勒瓦娄哇技术是中国乃至东亚地区的最早发现。

在研究方面，"中国古人类连续进化附带杂交"理论在新材料和新发现面前展现出强大的生命力。对古DNA研究的回顾与展望，使我们对这一领域的研究成果有了一个更加客观的认识；栾川孙家洞的牙齿化石虽然属于直立人，但其反映的生活史显示现代人的行为特征；随着通天洞、尼阿底、金斯泰、山顶洞遗址以及细石叶技术起源的研究，人们认识到在中国旧石器发展过程中，与旧大陆西侧之间存在明显的文化交流，但在高星等全面研究了中国的材料后，中国南方的考古发现仍支持"中国古人类连续进化理论"。中国北方地区的文化交流并没有从根本上改变中国旧石器文化发展过程。

旧石器中期文化的研究是本年度关注度较高的主题之一。大荔人遗址、许昌人遗址、山东黄泥梁遗址、泥河湾盆地的侯家窑遗址、板井子遗址等材料的公布与再研究，引发对中国旧石器文化阶段性与连续性的再思考。学术界主流一直强调中国旧石器文化不同于西方旧石器文化发展历程，也促使学者探索中西之间旧石器文化的发展历程以及古人类演化历程中是否存在一些相似的特点。

通过多年的努力，中国细石叶技术起源于西伯利亚地区的石叶技术在学术界逐步达成共识，但这背后究竟是人群迁徙还是文化交流在学术界还存在争论。

显微镜、CT扫描仪等科学仪器在淀粉粒分析，骨器、石器微痕方面的应用为我们开拓出新的研究领域，如早期人类的生计方式，石器骨器的加工、使用方式以及由此而引发的古人类在遗址内行为方式的思考等。

最后需要强调的是，虽然中国旧石器考古的国际化与研究手段在本年度有明显进步，但学者仍然清醒地认识到，中国旧石器时代考古达到国际先进水平仍任重道远，加强理论建设，将栖居形式和生计方式作为旧石器考古的研究核心问题是当前面临的主要任务。

新石器时代考古

戴向明　董霄雷　汤毓赟

对2018年中国新石器时代考古的总结，主要包括当年见于报道的考古新发现，基于以往考古成果发表的新资料，以及各种新的研究成果。经不太精确的统计，全年出版的以新石器时代遗存为主的考古报告专刊约7部，刊于杂志的简报和报告约40篇，简短报道20余篇，有关新石器时代考古的研究论著10余部，论文约110篇。同时，2018年度提交答辩并通过的博士学位论文约10篇、硕士学位论文约20篇。

2018年出版的以新石器时代遗存为主体的田野考古报告主要有：《临朐西朱封—山东龙山文化墓葬的发掘与研究》（文物出版社）、《另一个三叠层：1951年西安考古调查报告》（上海古籍出版社）、《闽江下游流域史前遗址考古调查与研究》（科学出版社）、《茂县营盘山新石器时代遗址》（文物出版社）、《大连广鹿岛区域考古调查报告》（文物出版社）、《浑河下游地区区域性考古调查报告》（文物出版社）、《新乐遗址发掘报告》（文物出版社）等。

相关的研究论著主要有：张忠培《中国考古学：走出自己的路》、《中国考古学：说出自己的话》、《中国考古学：尽到自己的心》（故宫出版社），严文明《考古学初阶》（文物出版社），许永杰《中国考古学理论与方法十讲》（科学出版社），高天麟《黄河流域史前·夏商考古》（社会科学文献出版社），内蒙古文物考古研究所、香港中文大学中国考古艺术研究中心编《哈民玉器研究》（中华书局），张鹏飞编著《东北史前玉器研究》（文物出版社），施加农《跨湖桥文化》（文物出版社），王幼平、夏正楷等编著《李家沟遗址与旧新石器时代过渡：嵩山东麓农业起源研究》（科学出版社），仪明洁、樊鑫《甘青地区史前遗存的性别考古研究》（科学出版社），邵会秋《新疆史前时期文化格局的演进及其与周邻文化的关系》（科学出版社），罗佳《东天山地区史前艺术考论》（文物出版社）等。

在2018年召开的考古会议上，与新石器时代有关的主要有：在河南郑州召开的“中国古代文明化进程模式研究学术研讨会”、在湖北荆门屈家岭召开的“史前文化与制陶技术学术研讨会”、在荆门沙洋县召开的“城河遗址王家塝墓地考古发掘现场会”、在江苏召开的“宜兴与太湖西部早期文明专家座谈会”“淮安黄岗遗址考古成果专家论证会”、在山东章丘召开的“从大汶口到城子崖——新石器时代晚期的黄河下游国际学术会议”、在山西临汾召开的“早期都邑文明的发现研究与保护传承暨纪念陶寺考古四十年国际学术论坛”、在陕西延安召开的“国家文物局十三五重点研究项目2018年度推进会——暨芦山峁遗址考古现场会”、在四川成都召开的“第二届中国考古学大会”等。通过这些会议，有力推进了对当年一些重要考古新发现的认识、对一些学术课题的深入研讨。

一　近年新石器时代考古新发现

本年度见诸报道的考古新发现主要有如下一些项目（以《中国文物报》的报道为主）。

内蒙古化德铜鼎山四麻沟遗址的发掘，揭露出多座史前房址，有圆形和方形等不同的形制，可分早晚，总体年代在距今8000年前后。出土一些陶器，器型简单，主要是直口筒形罐类，陶质较粗糙、火候较低，常见网状“编织纹”；石器很多，多为打制石器，有较多细石器，其中石磨盘、磨棒量多而富有特色（《中国文物报》2月23日2622期）。同年在邻近的河北张家口康保县还发掘了与四麻沟年代、文化面貌都很接近的兴隆遗址。而此前最早发掘的此类遗址是内蒙古化德县裕民遗址。这是近年在冀蒙交界的坝上高原地区发现的一类新型史前文化遗存，出土的遗存年代早、内容丰富，填补了史前考古的一个区域空白，为研究该地区新石器初始阶段的文化内涵、聚落结构、环境特征、生业经济等诸多方面提供了弥足珍贵的新资料，已有发掘者提出了“裕民文化”的命名。

陕西靖边庙梁是地处陕北的一处新石器时代遗址，面积不小于30万平方米，发掘的新石器遗存可分为三组，第一组为仰韶文化晚期，第二组为龙山时代前期，第三组属龙山时代后期，每组都有特征鲜明的陶器组合，其中以第二组即龙山前期遗存最丰富。发掘揭露出20余座成排分布的窑洞式房屋，集中在一侧山坡上，房屋附近有许多袋形坑（窖穴）。这些发现为深入研究陕北地区新石器时代晚期的文化面貌和发展谱系、聚落特征补充了重要的资料（《中国文物报》4月6日2636期）。

陕西延安芦山峁是近年来发掘的一处龙山时代遗址，总面积超过200万平方米。遗址的中心分布在狭窄的山梁顶部，包括南北向串联的四处台地。最近两年在最南端的大营盘梁顶部揭露出三座呈“品”字形布局的院落，始建于庙底沟二期晚段，沿用至龙山时代末期。三座院落均有夯土围墙，一号院落为主体区，有三座横向排列的大型建筑，二、三号院落分布在其两侧，应是附属建筑。大营盘梁南端有一片小型广场，台地边缘则有厚达10米的夯土护坡。在大型建筑、院墙和广场夯土中，发现多处放置玉器和猪下颌骨的现象，附近还发现一些筒瓦、槽型板瓦和彩绘白灰墙皮。芦山峁遗址规模大、等级高，应是一处始于陶寺早期阶段的中心聚落，出土器物与陶寺早期文化亦有相似之处，而其核心区主体建筑的布局、样式还见于稍晚的龙山时期的山西兴县碧村遗址，其在夯土墙等建筑遗迹中置放玉器的习俗则见于后来的神木石峁龙山城址。芦山峁地处晋南、关中大中原区与晋陕高原即北方区的交界地带，其文化和社会等多方面都有南北的影响，同时也反映了该地带早期区域社会集团的形成及中心聚落的发展水平，并且对其后此种聚落及核心建筑的格局都有深远的影响（《中国文物报》11月16日2698期）。

山西襄汾陶寺遗址2017年度对宫城及门址的发掘工作，揭露了疑似南东门址和东南拐角处的侧门，初步理清了该地段的堆积、结构、年代、发展演变等问题。陶寺“宫城”呈长方形，面积近13万平方米，是陶寺聚落的核心建筑区，通过解剖推断，“宫城”始建于陶寺早期，中期继续使用，晚期简单改建或重建。发掘者认为，陶寺宫城可被视为中国古代都城制度重要内涵的城郭之制的源头或最初形态。本次发掘推进了对陶寺遗址核心区域的认识（《中国文物报》3月9日2626期）。

2017年雄安新区联合考古队对雄安新区约2000平方千米的区域进行了系统的考古调

查。调查发现新石器时代遗址 12 处，年代为距今约 8500～4000 年，代表了该地区史前文化发展的不同阶段，对研究白洋淀地区新石器时代文化的谱系编年、人地关系、生业模式、环境变迁、文化发展与传播具有一定参考价值（《中国文物报》4 月 6 日 2636 期）。

湖南泸溪下湾遗址的发掘揭示出大型祭祀场所，由 200 多个祭祀坑和柱洞、沟状遗迹组成，规模在 2000 平方米以上，文化性质与高庙文化极为相似，是一处类似“祭丘”性质的大型祭祀场所。此外，还发掘了一批与祭祀遗存年代接近的墓葬。遗址出土了大量陶器、石器和少量玉器、骨器，陶器常见具有神秘宗教色彩的多种刻划图案（《中国文物报》4 月 3 日 2634 期）。

安徽萧县金寨遗址总面积约 50 万平方米，是徐淮地区一处面积较大的新石器时代遗址。遗址主体年代从大汶口文化中期一直延续到龙山文化中期，西北部为居住区，东部为有统一规划的公共墓地，该遗址的发掘对研究中国中东部地区史前文化的交流具有重要意义（《中国文物报》12 月 14 日 2706 期）。

湖北襄阳凤凰咀发现新石器时代古城址，平面近椭圆形，面积约 25 万平方米。城址分两期修筑而成，第一期修筑年代应该不晚于屈家岭文化晚期，第二期修筑年代应该不早于石家河文化早期，很可能具有区域中心聚落的性质。周围分布的若干小型遗址，构成了凤凰咀城址的附属聚落群（《中国文物报》2 月 9 日 2619 期）。

湖北保康穆林头遗址面积约 8 万平方米，发现的新石器时代遗迹主要有屈家岭文化房址 3 座、灰坑 11 个、墓葬 23 座。其中墓葬是本次发掘最重要的收获。这些墓葬主要为单人仰身直肢葬，随葬品普遍较多，以陶器为主，还有少量石器、玉器和骨器。有两座较大的墓随葬玉钺、玉璇玑、玉管等高等级器物。这是首次发现屈家岭文化时期等级较高的墓地，对于探索屈家岭文化墓葬的等级葬制度和社会结构具有重要意义（《中国文物报》11 月 2 日 2694 期）。

江西宜黄锅底山遗址由台地、城墙、壕沟及外壕堤四部分组成，现存总面积约 4.2 万平方米，以锅底山遗址为中心环布的 9 处遗址，共同构成了一处新石器晚期至夏商时期环壕聚落群。发现的新石器时代晚期盘型鼎、舌状鼎足等器形与石峡文化相似。锅底山遗址是江西首次进行正式发掘的环壕聚落遗址，为了解该类遗址的分布规律、文化性质及功能布局等提供了珍贵的资料（《中国文物报》6 月 15 日 2655 期）。

广州黄埔区甘草岭遗址的发掘清理了新石器时代晚期墓葬 160 座，年代相当于石峡文化中晚期。部分墓葬有两、三并列的现象，随葬器物“碎物葬”习俗明显，以陶器为主，另有少量墓葬随葬有玉石器，表明墓葬间存在一定等级差别。总体看，甘草岭遗址受到了来自粤北石峡文化乃至良渚文化的影响，为研究该地区文化传播及社会发展状况提供了新资料（《中国文物报》6 月 1 日 2651 期）。

广州黄埔区茶岭是本年度报道的另一处新石器时代晚期遗址，与甘草岭年代相近，出土大量墓葬、灰坑、柱洞等遗迹和陶、石、玉器。其中最重要的发现也是一批新石器晚期墓葬，数量达 170 余座，随葬器物主要有陶鼎、豆、罐和石锛等，还有一些钺、环、串饰等玉器，也普遍存在“碎物葬”习俗。这些墓葬大小、深浅有别，结合随葬物品，应当存在一定等级分化现象。该遗址是目前所知广州地区堆积最丰富、现象最复杂、出土物最多的史前遗址，发掘者认为其面貌总体上属于石峡文化范畴，同时也有一些自身区域特点（《中国文物报》2018 年 7 月 27 日 2667 期）。

二 以往考古资料的发表

（一）黄河中游

河南新密李家沟是一处重要的从旧石器时代末期到新石器时代早中期的遗址。2010年分别在南、北两区进行了发掘，发现大量石制品、动物遗存、陶片等，除少量旧石器时代晚期遗存和新石器时代中期裴李岗文化遗存，最重要的发现是新石器时代早期的“李家沟文化”遗存，绝对年代在距今10200～8500年，包括压印纹夹砂陶片、石磨盘、打制石器和细石器及大量人工搬运的石块、动物骨头等。这是首次在中原腹地确认出新石器时代早期文化遗存，也是首次发现从旧石器时代晚期到新石器时代早、中期连续堆积叠压的地层关系，对于研究从旧—新石器时代过渡阶段到新石器时代早、中期的文化演变有重要意义（《中原文物》6期）。

河南淅川沟湾遗址于2007～2009年进行了发掘，遗址面积近6万平方米，包含仰韶文化、屈家岭文化、石家河文化、王湾三期文化四个时期的遗存，本年度发表的资料包括屈家岭文化和石家河文化遗存。出土屈家岭文化时期的遗迹有房基16座、灰坑273个、灰沟5条、墓葬15座、瓮棺葬18个和陶窑3座，陶器组合有鼎、罐、瓮、器盖、豆等，根据器物的演变可将该遗址屈家岭文化遗存分为早、中、晚三期（《考古》10期）。沟湾遗址发现的石家河文化时期的灰坑、灰沟、瓮棺等各类遗迹25个，器物组合有罐、鼎、瓮、豆、盆等，根据层位关系可将沟湾遗址石家河文化遗存分为早、晚两期，应属石家河文化青龙泉三期类型（《四川文物》3期）。沟湾遗址处于黄河中游与长江中游文化区的交会地带，其出土遗存亦反映了南北文化此消彼长的特点，对于探讨豫西南、鄂西北地区史前文化的变迁，不同时期聚落布局特点及社会结构特征具有较重要价值。

河南禹州瓦店遗址于2007～2010年进行发掘，现存总面积达100多万平方米，是目前所知河南境内发现的规模最大的龙山时期遗址。该遗址龙山时期聚落包括西北和东南两个台地，皆有环壕围绕。西北台地环壕内面积达40万平方米，在其内发现东、西两处大型夯土建筑基址；东部基址面积近千平方米，其上发现数具可能与奠基或祭祀有关的身首分离的人骨和动物骨骼；西部基址上有三处建筑，发掘者推测也与祭祀活动相关。东南台地面积约60万平方米，环壕内发现龙山早、中、晚期遗存，晚期以夯土建筑和白灰面建筑为代表，出土遗物中有精美的薄胎黑陶器和玉器。瓦店遗址的考古工作，对于深入研究嵩山南麓颍河上游龙山时期的聚落形态、大型聚落的结构和内涵、社会发展状况等诸多方面都具有非常重要的价值；该聚落对于进一步评估中原腹地龙山时期的社会发展水平和文明化进程都极具价值和潜力，值得进一步关注（《华夏考古》1期）。

河南新密市新砦遗址于2013～2014年发掘了“东城墙”外的王嘴西地地点，发现有王湾三期文化、新砦期遗存和西周时期遗存。属王湾三期文化的遗迹有灰坑13个，出土陶器有深腹罐、小口高领罐、杯、豆等，其年代大致相当于王城岗龙山文化第二期。新砦文化遗存丰富，发现有房址2座、陶窑4座、墓葬3座和大量灰坑等；出土大量陶器、石器、骨器，陶器器类有深腹罐、折肩罐、圆腹罐、小口高领罐、平底盆、刻槽盆、甑、鼎、折壁器盖、子母口瓮等，石器有戈、斧、刀、凿、铲、镰等。发掘者认为这批新砦期遗存相当于王城岗龙山文化第四、五期。此次发掘再次证明了“新砦期”与王湾三期遗存的相对年代关系，也有助于了解新砦外围的遗迹分布状况、完整认识新砦的聚落结构（《考古》3期）。

陕西高陵杨官寨遗址总面积达80万平方米，其内存在一处仰韶中期庙底沟文化的环壕聚落，聚落外围则有一处庙底沟文化大型公共墓地。经过2015~2017年的发掘，共揭露墓葬343座，按形制可分为偏洞室墓、竖穴土坑墓及带二层台墓葬三大类，墓葬之间未见任何打破关系，且大多数墓葬内未见有随葬器物。这是首次确认的庙底沟文化特大型墓地，填补了相关考古发现的空白，为认识杨官寨遗址的整体聚落布局，进一步研究庙底沟文化聚落形态、埋葬习俗、埋葬制度、社会组织等方面提供了新资料（《考古与文物》4期）。

陕西榆林寨峁梁遗址于2014~2015年进行发掘。该遗址面积约3万平方米，是一处陕北地区龙山时期典型的一般性聚落。该聚落位居一处孤立的山丘上，其外围有石墙环绕，大量房址环绕山峁的东、西、北三面成排分布。两年发掘共揭露房址109座（组）、储藏坑23座、石墙30米。房子多为前、后室结构的覆顶窑洞式建筑，内外皆有灶坑或附壁灶；室外还常见储物窖穴。出土的典型陶器有双鋬鬲、单把鬲、圜底瓮、敛口瓮、小口折肩罐等，其特征显示主要为龙山偏早阶段。寨峁梁遗址是目前晋陕高原上揭露最为完整的龙山时代石城聚落，为认识此种聚落布局、建筑样式和社会组织结构提供了典型样本，也是复原河套地区龙山时代先民日常生产生活的有力物证（《考古与文物》1期）。

山西绛县周家庄遗址总面积500余万平方米，以龙山时期堆积为主，环壕内面积约300余万平方米，自2007年以后发掘持续多年。2013年发掘在遗址中部偏西部位布设了6条探沟，每条探沟为3米×60米，相互间隔在70米以上。通过发掘了解到，在南部两条探沟分布的范围内可能存在一处墓地，其中在最南端探沟内发现的10座小墓大致呈东西向，而其北面另一条探沟内发现一座较大型墓和两座小型墓，为西南—东北向；这些墓与之前发掘的墓葬在形制、葬式等方面所见相同，也不见随葬品。此处新发现的墓地与此前在遗址东南部发掘的墓地表明，该聚落应当存在分群而葬的埋葬制度。在北面的4条探沟中，几乎每处都有房址发现，房子有地穴式和半地穴式两种，其大小、形制特点与此前发现的房址相同或近似，但门的朝向不同，应属于同一聚落中的不同人群所有。在这些房子附近，同样分布着众多的灰坑、窖穴、壕沟等生活遗迹。通过本次多条探沟的发掘，初步摸清了这个地段的遗迹分布概况，即南部有墓地，往北大部分地段为居住、生活区。这为进一步搞清该聚落的布局、内涵提供了重要的线索，补充了新的资料（《考古》1期）。

河北平山县张家庙遗址于2013年发掘，遗址面积约1000平方米。发现新石器时代灰坑1座，可辨器形以罐类为主，其次为钵和甑等，年代大致为仰韶晚期到龙山早期之间。这是冀中地区首次发现这一时期的遗存，为完善太行山东麓考古学文化序列提供了新材料（《文物春秋》4期）。

（二）黄河下游

山东济南张马屯遗址于2007年进行发掘，遗址总面积约7000平方米，出土少量陶片、石器、骨器等遗物，绝对年代距今9000年，代表了后李文化早期或早于后李文化的海岱地区早期新石器时代遗存。从丰富的动植物遗存可以看出，当时居民有家养动物的行为，但狩猎和采集还是主要获取食物的途径。张马屯遗址的发掘，有助于认识海岱地区新石器时代早期人类的行为和适应环境的方式（《考古》2期）。

山东济南章丘焦家遗址地处泰沂山系北侧的山前平原地带，遗址总面积超100万平方米。2016~2017年对该遗址进行了系统的调查和发掘工作，发现了大汶口文化中晚期阶段的夯土墙和壕沟，城址的始建年代约为距今5000年，应是目前海岱地区发现的最早的城址之一。发掘区内大汶口文化遗存从早到晚经历了早期居住址、墓地、晚期居住址三个阶段的变迁。早期居住址共发现房址47座，多半地穴式，也有少量单间基槽式房屋，房屋在空间上有分群分组现象。墓地共发现墓葬215座，形制均为土坑竖穴墓，成排成列分布的特点较为明显；墓葬可分大、中、小型，表明已出现明显的社会分化；南区大墓附近还发现了十几座集中分布的祭祀坑。晚期居址共发现房址69座，可分早、中、晚三段。出土器物有陶器、玉器、龟甲器、骨器等。陶器有鼎、豆、罐、背壶、鬶、杯，以及白陶、彩陶、彩绘陶等；玉器有钺、指环、管饰、臂钏、耳饰，以及绿松石饰等。该遗址出土的大批高等级墓葬以及高等级器物，表明焦家是鲁北具有政治、经济和文化中心意义的大型中心聚落。焦家遗址的发掘，对探讨海岱地区新石器时代晚期的聚落与社会结构、深化海岱地区文明起源研究具有重大意义（《考古》7期）。

（三）黄河上游

宁夏隆德县沙塘北塬遗址于2015年进行发掘，遗址总面积约3.5万平方米，清理出新石器时代房址12座、灰坑150个、墓葬1座、窑址3座。出土陶器主要有罐、盆、瓮和斝等，还有很多的石器和骨器，其文化面貌属齐家文化早期。该遗址的发掘为了解本地区齐家文化普通聚落的内涵和文化面貌补充了新材料（《考古》2018年5期）。

（四）长江下游

浙江永康庙山遗址于2017年发掘，遗址总面积约3.2万平方米，发现属上山文化早期的灰坑5个，出土陶器器类主要有大口盆、罐等，石器有磨石、石斧、石凿、石饼、砺石、石球等，兼具打制和磨制两种工艺。庙山遗址的发掘为上山文化的分期研究补充了新资料（《东南文化》5期）。

江苏泗洪韩井遗址2014年的发掘，确定韩井遗址是一处顺山集文化时期的环壕聚落，聚落面积约5万平方米，环壕内的空间约3万平方米。出土大量陶、石、骨角器和动物骨骼，发现的陶器器类主要有釜、双耳罐、圈足盘、壶等，年代相当于顺山集第三期遗存。2015～2016年的发掘，揭示出顺山集文化一期、二期的遗存，遗迹有房址、灰坑和疑似水稻田等。韩井遗址的发掘，丰富了顺山集文化的内涵，为研究顺山集文化的聚落形态、生业经济和中国早期稻作农业提供了重要实物资料，也为认识黄淮地区新石器时代文化区域间的交流互动提供了珍贵的材料（《东南文化》1期）。

江苏邳州山头遗址于2008年发掘，遗址总面积约1万平方米，发现大汶口文化时期的遗迹有房址2座、灰坑44个，出土了大量的陶、石、骨、角器和动物骨骼等。房址均为半地穴式，平面不甚规整，平底或凹底，底部均有大量的红烧土堆积，房内有圆形柱洞。大汶口时期的陶器主要为夹砂陶，器形有鼎、罐、瓮、釜、钵、纺轮、器座等；石器均为磨制，器形有斧、锛、钺、铲、刀、磨盘、磨棒等；骨、角、蚌器多已残，可辨器形有骨针一枚。山头遗址的发掘，有助于认识当地大汶口文化时期的聚落形态和文化面貌（《东南文化》1期）。

安徽当涂船里山遗址于2014年进行发掘，总面积约1500平方米。遗址可分为三期：龙山晚期至二里头初期、西周晚期和春秋早中期。其中以早期遗存较为丰富，器形主要有侧扁三角足鼎、鸡冠形鋬耳器、方格纹器物等。该遗址的发掘，为了解姑溪河流域后良渚阶段至夏时期考古学文化面貌提供了宝贵资料（《东南文化》3 期）。

（五）长江中游

湖北沙洋县城河新石器时代城址于 2012～2016 年进行发掘，遗址面积约 70 万平方米，为屈家岭文化至石家河文化早期的城址。本次发掘确认了城垣的年代、结构和建筑方式，厘清了城址内外的人工水系结构和功能布局，并通过系统调查，对遗址周边的聚落分布情况有了初步认识；发掘还在中部台地揭露出一处大型院落建筑的局部，周围则有些中小型房屋，附近还有黄土台等祭祀活动的遗存；对城址内外其他部位的遗迹包括墓地等分布情况也有了一定了解。城河遗址的发现和发掘，为认识长江中游地区屈家岭到石家河文化时期不同层级的城址形态、了解此种聚落的布局结构，为深入探索该地区史前晚期区域社会组织的形成与发展状态，以及彼此的关系，都提供了非常重要的新资料（《考古》9 期）。

湖北天门石家河古城三房湾遗址于 2016 年进行发掘，该遗址年代从屈家岭文化晚期一直延续到石家河文化和后石家河文化时期。发现的遗迹有陶窑、洗泥池、黄土坑、黄土堆积、烧土堆积等一系列与制陶和烧陶有关的遗存，此外还有少量灰坑、瓮棺葬等其他遗迹，在发掘区内清理出数层大量密集分布的红陶杯，还有很多陶塑动物及其他一些陶器。由此推测该遗址主要是一处重要的制陶手工业作坊区，主要生产陶杯。本次发掘只揭露到 1.2 米的深度，其下尚有 1 米多厚的红陶杯堆积层尚未发掘，已揭露出的以石家河文化遗存为主。据推算仅在 20 平方米发掘范围内红陶杯的数量就不少于 8000 件，在整个三房湾 5000 余平方米范围内红陶杯的数量很可能达到惊人的 200 多万件。这表明此地应是高度专业化的大规模的红陶杯生产中心，其产品的流通范围至少覆盖了大洪山南麓石家河聚落群甚至更广。本次发掘所揭示的现象对于进一步研究石家河古城的内涵与功能具有重要价值（《考古》9 期）。

石家河遗址群中的严家山遗址于 2016 年进行发掘，遗址面积约 5 万平方米，年代从屈家岭文化晚期、石家河文化一直到后石家河文化。该遗址位于石家河古城外西北部一道弧形带状岗地，发现的遗迹主要有城垣、灰烬层、石块堆积、瓮棺葬等。发掘显示严家山所在弧形岗地系在自然岗地基础上经人工堆筑而形成的城垣，是环绕石家河城址西北部防御体系的一个组成部分；在岗地上出土大量石料和小型石器，表明这里存在一处小型石器加工场所；在发掘的 20 座后石家河文化瓮棺中，许多出有玉料、小型玉佩饰和小型石器，包括石英钻头，说明墓主身份可能为制作玉石器的工匠。此次发掘和勘探，对于了解石家河古城外围遗址点的特征和功用，完整认识石家河遗址群各组成部分的功能、结构，探索不同时段聚落的变迁，特别是后石家河时期聚落群的发展状况，都有积极的重要作用（《考古》9 期）。

湖北石首市走马岭新石器时代城址于 2014～2016 年进行发掘，城址总面积 50 万平方米，包括内外两道城垣，内城近 10 万平方米；外城北面还有一“瓮城”，西侧有防御设施，内城外侧则有一圈完整的护城河。揭露出的遗迹有房址 24 座、灶坑 7 个、红烧土堆积 12 处、灰坑 400 余个、灰沟 15 条、瓮棺葬 4 座、土坑墓 20 座等。遗存可分为屈家岭下层、屈家岭上层、石家河文化、王湾三期文化四个时期。发掘确认走马岭城址城垣的建筑年代不晚于屈家岭下层时期，在屈家岭上层及石家河文化时期仍使用，至王湾三期文化时期衰落。该遗址为了解长江中游中等城址的布局结构、社会发展状况、兴衰变迁的过程等问题提供了重要资料（《考古》9 期）。

湖北石首陈浩岗遗址分别于 2015 年和 2016 年进行了调查和试掘，遗址面积约 4.5 万平方米。发现的陶器器形主要有鼎、豆、罐、瓮、碗、缸等，还有少量石器，文化内涵属屈家岭文化和石家河文化。陈浩岗遗址应是附属于走马岭城址的一般性聚落（《中原文物》1 期）。

湖北随县狮子湾遗址于 2016 年进行发掘，遗址面积约 7 万平方米，包含新石器和东周时期遗存，新石器时期遗址面积约 7000 平方米。发掘揭露出 2 座新石器时代的灰坑，出土陶器有鼎、罐、盆、擂钵，属石家河文化的典型器类，说明这是一处石家河文化时期遗址。该遗址的发掘为研究随枣走廊的新石器时代文化提供了新资料（《江汉考古》4 期）。

湖南澧县孙家岗遗址于 2015 年进行了钻探，2016 年进行了发掘，确认遗址总面积约 22.9 万平方米，经钻探发现有环壕、建筑台基、大型壕沟、墓葬区等。发掘对环壕、壕沟和建筑台基等进行了解剖，出土陶器器形主要有罐、豆、鼎、钵等，经碳十四年代测定，孙家岗遗址文化堆积的年代约为公元前 2200 ~ 前 1800 年，主体属后石家河文化。对孙家岗遗址的发掘与研究有望填补洞庭湖地区这一时期考古学文化上的空白（《江汉考古》3 期）。

（六）长江上游

四川成都新津宝墩遗址冶龙桥地点于 2012 年进行发掘，该地点位于宝墩城址东北部，聚落面积近 5000 平方米。发掘的遗迹有房址 1 座、灰坑 5 个、灰沟 2 条、土坑墓 1 座，出土陶器主要有高领罐、卷沿罐、壶、宽沿尊等，陶器形制及组合表明该地点遗存文化面貌与宝墩文化一期晚段相近（《考古》1 期）。宝墩遗址田角林地点于 2013 年进行发掘，发现宝墩文化时期墓葬 9 座、房址 2 座、垫土面 1 处、沟 4 条、灰坑 50 个。墓葬均为长方形竖穴土坑墓，可辨葬式均为仰身直肢，均无葬具痕迹和随葬品；房址与冶龙桥地点所见相似，为长方形带基槽的建筑；出土陶器器类主要有喇叭口高领罐、壶、敛口罐、宽沿平底尊等。这两个地点的发掘为进一步了解宝墩遗址的文化面貌、环境与生业形态、不同地点的聚落内容、居住与埋葬方式等方面增添了新资料（《考古》3 期）。

四川宣汉县罗家坝遗址于 2015 ~ 2016 年进行发掘，此次发掘首次发现连续堆积的新石器时代文化遗存，共清理灰坑 69 个，出土大量陶、石器。陶器器形主要有罐、盆、钵、高领壶等，石器包括细石器和磨制石器。根据陶器型式的演变，出土的新石器时代遗存大体可分为三期，碳十四测年数据表明其年代在距今 5300 ~ 4500 年。有关分析表明在此期间罗家坝的生业经济中狩猎采集占有重要地位，同时兼营稻、粟、黍等种植农业。罗家坝遗址的发掘，为构建川东北地区新石器时代考古学文化发展序列、探索这里的环境与生业状况，进行区域比较研究，都提供了重要的新资料（《四川文物》4 期）。

四川阆中市灵山遗址于 2016 ~ 2017 年进行发掘，此次发掘以新石器时代遗存最为丰富，发现了灰坑、柱洞、灶和燎祭遗迹等，器类主要有瓮、罐、盆、钵等。该遗址的发掘首次在嘉陵江中游揭示出新石器时代考古遗存，填补了本地区考古学上的一个空白，为研究该地区新石器时代晚期考古学文化面貌及与周边同时期文化的交流提供了重要的实物资料。通过与周边其他考古学文化遗存比较，发掘者推断灵山新石器遗存的年代大约在距今 5000 ~ 4500 年，应符合实际情况（《四川文物》2 期）。

（七）燕辽及东北地区

黑龙江省大兴安岭呼中区北山洞穴遗址 2014 年进行清理发掘，发现有旧石器时代晚期和新石器时代早期的文化遗存，其中第 6 层炭粒的碳十四测年为公元前 6070 年，出有大量细石器和个别陶片。该遗址为探索本地区旧、新石器时代过渡阶段的文化提供了重要线索（《北方文物》1 期）。

吉林农安县左家山遗址于 2015 年进行发掘，遗址现存面积近 2 万平方米，发现有新石器时代的左家山下层文化、左家山上层文化和辽金时期三个阶段遗存。左家山下层文化遗存陶器可辨器形有筒形罐、钵、杯、尖底器、支脚等，左家山上层文化遗存陶器可辨器形有筒形罐、钵等。此次发掘为深入研究左家山下层文化和左家山上层文化的相关问题提供了新资料（《考古》2 期）。

吉林大学边疆考古研究中心等单位组成的科尔沁沙地调查队于 2017 年对吉林通榆团结屯南岗遗址进行了专项系统调查，共采集陶片 871 片，石器 9 件，发现该遗址为一处以哈民文化为主要内涵的新石器时代遗址，为建立吉林西部科尔沁沙地及其邻近地区先秦时期文化的编年序列，了解不同时期文化的分布等问题提供了新的材料（《边疆考古研究》第 23 辑，科学出版社）。

辽宁沈阳新乐遗址于 2014 年进行了发掘。此次发掘的新乐文化下层遗迹有房址 3 座和灰坑 1 个，陶器器形以筒形罐为主，新乐文化上层遗迹有房址 1 座、灰坑 4 个和灰沟 2 条，主要器形有罐、碗、壶、甗、鬲、鼎等，此外还发现偏堡子文化的叠唇筒形罐口沿残片 2 件。此次发掘，丰富了新乐下层文化和新乐上层文化的考古资料（《考古》8 期）。

河北张家口尚义县四台新石器时代遗址于 2015 年进行发掘，遗址现存总面积约 3 万平方米。揭露出的新石器时代遗迹主要有房址 4 座，遗物多出自房址，以石器为主，其次为陶器、骨角器和蚌器。石器中以石磨盘、磨棒、大型石铲等量多而富有特色，陶器主要为质地粗糙的夹砂陶，属筒形罐类。根据地层关系及器型演变，可将发掘出的遗存分为早、晚两个阶段，年代距今 7000 多年。据调查该遗址还有年代较晚的新石器时代遗存。此次发掘的四台遗址遗存与近年来在邻近地区的内蒙古化德县裕民、四麻沟和张家口康保县兴隆遗址所见相似，皆为坝上高原新发现的一种新型考古学文化，属于该地区新石器时代较早阶段遗存，对于填补区域考古空白、探索北方地区早期定居文化有重要意义（《考古》4 期）。

（八）华南地区

福建明溪县南山遗址于 2012～2017 年进行发掘，发掘了其中的 3、4 号洞穴及山顶区域。出土遗存可分五期，其中第一至四期属新石器时代，年代距今 5800～4300 年，应代表了同一考古学文化不同的发展阶段；第五期属青铜时代。发现的各期遗迹包括活动面、火塘、灰坑和墓葬等，在山顶还有 2 个蓄水池。出土陶器的器类主要有釜、罐、簋、豆、圈足器、鼎、纺轮等，这些陶器火候高、制作精致，富有特色；另外还有较多的石器、骨器和动物骨骼等。此外植物考古确认这里的种植作物应包括稻、粟、黍等。南山遗址的发掘填补了闽西北地区新石器时代晚期至青铜时代考古学文化谱系的缺环，对构建该地区新石器时代考古学文化系列，探讨东南山地史前人类的居住和埋葬方式、生业经济结构、旱作农业向东南地区的传播等重要学术问题都具有重要意义（《考古》7 期）。

福建将乐县岩仔洞遗址于2014～2015年进行正式发掘，共发现墓葬2座，房址2座，沟1条，灰坑、柱洞十余个，出土大量陶器、石器和骨器，陶器器形主要有釜、罐、鼎和豆等，文化面貌与南山遗址4号洞所出新石器时代遗存相近。岩仔洞遗址的发掘，为研究福建新石器时代文化补充了重要的新资料（《福建文博》3期）。

三　专题研究

（一）考古学文化研究

1. 黄河中游

魏坚、冯宝同意将岱海地区仰韶早期阶段遗存称为“石虎山类型”，将石虎山类型遗存划分为两期，绝对年代为距今6600～6500年，认为石虎山类型文化遗存在发展过程中继承了后岗一期的主要文化因素，进而对其经济类型、聚落等方面进行了探讨（《边疆考古研究》第24辑，科学出版社）。

魏兴涛将仰韶文化东庄类型划分为三期6段，绝对年代为公元前4300～前3800年，认为仰韶文化东庄类型主要发源于仰韶文化初期枣园类型，后发展为仰韶文化庙底沟类型。东庄类型和半坡类型是平行发展而又独立的两个文化类型，后者存在时间较前者长。东庄类型的研究为考察半坡类型和庙底沟类型的关系打下了基础（《考古学报》3期）。

李彦英、王景莲等通过对濮阳马庄遗址龙山遗存的文化性质与年代进行研究，认为河南濮阳马庄遗址龙山遗存可分为早、中、晚三期，绝对年代为公元前2500～前1900年，属于后岗二期文化的范畴。马庄龙山文化遗存在发展过程中受到了山东龙山文化和王油坊文化的影响，同时也将自身的一些文化因素传播到了周边地区（《中原文物》6期）。

杨利平通过对杨官寨遗址墓葬出土的尖底瓶、夹砂罐、陶盆、彩陶壶等器物进行类型学研究，认为杨官寨遗址墓地的年代属于庙底沟文化中期，绝对年代为公元前3637～2918年。这是首次确认的庙底沟文化大型成人墓地，对于研究庙底沟文化聚落形态、埋葬制度等方面具有重要的学术价值（《考古与文物》4期）。

卫雪、孙周勇等认为榆林寨峁梁遗址龙山期遗存的文化内涵与以石峁遗址为代表的陕北地区龙山时代晚期考古学文化相似，通过对鬲、罐、瓮等典型陶器进行分析，将寨峁梁遗址的龙山文化遗存分为前后相继的两个阶段，第一阶段为陕北地区龙山时代晚期较早阶段，绝对年代为距今4300～4200年；第二阶段为陕北地区龙山时代晚期的中期发展阶段，绝对年代为距今4000年。在此基础上，将寨峁梁遗址与周边遗址进行对比，推测这些考古学文化遗存之间通过贸易或战争等方式存在频繁的文化交流（《考古与文物》1期）。

段天璟、董霄雷从陶鬲入手，将陕北地区石峁遗址相关遗存进行了分类和分期研究，认为石峁遗址相关遗存经历了三个发展阶段，包含三种性质不同的考古学文化。第一阶段为杏花文化，第二阶段为永兴店文化或永兴店文化“石峁类型”，第三阶段即进入夏纪年，文化性质发生了分野，在新华遗址仍为永兴店文化，而在石峁遗址则为客省庄文化或其后裔所占领，并对陕北地区与南流黄河东岸地区这一时期的文化交往进行了讨论（《边疆考古研究》第24辑）。

2. 黄河下游

魏继印通过对淮河流域大汶口文化的性质、成因、来源、年代等进行分析，对比历史文献中的皋陶，认为淮河流域的大汶口文化，来源于山东汶泗流域的大汶口文化，性质属东夷文化，是东夷少昊氏后裔的遗迹，年代与皋陶及其近祖生活的年代相当。其分布地域与皋陶族团活动的范围大体一致，与华夏文化交错分布的情况也与皋陶为华夏联盟成员的身份相符，其族属应与皋陶族团有关（《中原文物》2 期）。

张小雷将淮河流域作为一个整体，以新石器时代早期、中期，双墩—北辛文化时期，仰韶时代中期、晚期，龙山时代为时间节点，对不同区域的文化格局进行了探讨。认为新石器时代早期，淮河流域已经显示出西北与东北两个文化系统；新石器时代中期，形成了面貌较为一致的文化共同体；仰韶时代，淮河作为文化上南北的分界线已经完全确立；龙山时代，北方文化的不断南下，导致淮河流域文化面貌高度一致，已接近后世的王朝文明（山东大学，博士学位论文）。

3. 黄河上游

韩建业通过对马家窑文化半山期锯齿纹彩陶的研究认为，锯齿纹彩陶在公元前四至前三千纪盛行于中亚地区的纳马兹加二至四期文化，也是公元前三千纪后期马家窑文化半山期彩陶的标志性特征。半山期锯齿纹彩陶的流行，主要应是受到中亚纳马兹加二至四期文化间接影响的结果，从而指出，中国与西亚彩陶文化的交流可能早到公元前 3000 年以前（《考古与文物》2 期）。

俞方洁、李勉通过将马家窑文化的自然环境、经济形态、骨角器、饰品和陶器等与梅尔伽赫文化、克什米尔考古学文化进行比较，认为距今 4000 ~ 5000 年前，甘青地区居民已经和喜马拉雅山周边地带、俾路支斯坦等地有着间接或直接的文化交流。这个时期形成了中印交通的南北二道，其一为北道：从河西走廊进入塔里木盆地，翻越红其拉普山口进入克什米尔，沿印度河抵达俾路支斯坦；其二为南道：从甘肃南部向南经川西至藏东河谷，西下从雅鲁藏布江逆江而上，由狮泉河南下进入克什米尔地区。这些认识有助于对丝绸之路史前史的探讨（《中华文化论坛》4 期）。

4. 长江下游

陈伟驹根据上山文化的分期和遗址的测年数据，对上山文化的年代进行了讨论。认为上山文化的年代上限有可能落在距今 9400 ~ 9134 年；同时与彭头山文化的年代进行比较，认为无论是测年数据还是陶器类型学，都不能确定上山文化比彭头山文化更早，二者同时的可能性不能排除（《东南文化》3 期）。

燕生东通过对顺山集文化陶器种类与形态特征的研究，认为新发现的顺山集文化同淮河中下游地区的双墩文化、龙虬庄一期遗存、北辛文化等区别较大，唯与淮河下游地区的大伊山类型（青莲岗文化）关系密切，且存在前后发展关系。认为顺山集文化的陶器主体种类如盆形釜、盆形鼎、筒形釜等与大伊山类型有传承关系。至距今 6500 年前后，大伊山类型的居民曾发展到胶东半岛，促使当地形成了白石村类型（《东南文化》1 期）。

朱雪菲通过对顺山集遗址第三期遗存文化性质的分析，提出了“顺山集三期类型”的命名。将顺山集遗址第三期遗存的典型器物折沿釜、长颈壶、翻唇盆、甑等与跨湖桥文化进行比较，在此基础上进而认为，“顺山集三期类型”是由跨湖桥文化或其某一支系北上，与顺山集土著文化结合而形成的文化类型，年代相当于跨湖桥文化第二期。但从顺山集文化中的弯月形鋬手、锯齿状凸棱装饰口沿的做法可知，可能在跨湖桥文化第一期时远距离的文化交流已经产生（《考古》4 期）。

马晓光将马家浜文化晚期的陶鼎分为甲、乙、丙三大类，并对各类鼎的来源进行辨析，认为陶鼎在本土文化中有脉络可寻，外来鼎型经由宁镇、常州地区的引入，极大地丰富了环太湖地区陶鼎类型，经过一段时间的调整适应，外来因素被有选择地深度整合到本地文化之中，形成了比较独特的陶鼎传统（《东南文化》3 期）。

穆东旭通过对东山村遗址典型陶器进行分析，认为东山村崧泽文化墓地的陶器显示出其在继承马家浜文化的同时，也与周边文化处于相互影响之中，然后以陶鬶为视角，将崧泽文化划分为三个地方类型，并从社会层面分析指出，太湖地区在崧泽文化早期就已经出现了聚落内部的分层构成，其社会发展进程明显受到区域文化交流的影响（《东南文化》3 期）。

郭梦雨将环杭州湾地区划分为环太湖、曹娥江以东、浦阳江流域及钱塘江上游三个小的地理片区。首先对这一地区 10 支考古学文化或类型进行全面的编年研究，然后对环杭州湾地区新石器时代考古学文化的时空框架与文化系统进行梳理。总结出：自马家浜文化晚期开始，太湖文化区初步形成并逐渐主导环杭州湾地区的文化面貌，这一形势在良渚文化时期达到鼎盛，同时，也扩展到了江淮地区、宁镇东缘地区等，并最终在钱山漾—广富林文化阶段稳定在太湖、浦阳江及钱塘江上游、曹娥江以东三个区域构成的环杭州湾地区（2018 年吉林大学博士学位论文）。

5. 长江中游

王良智、曲新楠将彭头山文化划分为早、中、晚三期，总结各期典型陶器演化特征和绝对年代，继而对彭头山文化的分布与地方类型进行了研究，认为彭头山文化可分为彭头山类型、城背溪类型和黄家园类型三个地方类型（《江汉考古》3 期）。

权敏根据龙岗寺仰韶文化墓地第 5、6 层墓葬间的打破关系，结合随葬陶器的类别、形态及组合关系，将龙岗寺墓葬分为早、中、晚三段，并认为其文化面貌接近北首岭中期前段，属于仰韶文化半坡类型较早的阶段（《华夏考古》4 期）。

郭伟民通过考察关庙山遗址第一期遗存及与关庙山第二期遗存的关系，并梳理峡江地区和澧阳平原相关遗址同类遗存的陶器，认为以关庙山遗址第一期为代表的遗存，其文化属性属于大溪文化，年代相当于大溪文化第一期（《江汉考古》3 期）。

何强通过对下王岗及相关遗址出土材料的分析，认为下王岗遗址出土的新石器时代遗存自早至晚包含了枣园文化下王岗一期类型、庙底沟文化八里岗一期类型、朱家台文化、屈家岭文化青龙泉二期类型、石家河文化青龙泉三期类型、煤山文化乱石滩类型等六种不同时期的文化遗存。这六种文化遗存代表了汉水中游地区新石器时代晚期至末期的文化发展序列（《江汉考古》1 期）。

6. 长江上游

李水城认为，宣汉罗家坝遗址出土的以折沿深腹罐为代表的一组遗存将以往嘉陵江流域的考古发现串联起来，证实这是分布于川东地区有着极大共性的一支考古学文化综合体。该文化的源头可追溯到陕西南部的仰韶文化晚期，继而沿嘉陵江流域一路向南发展，进入三峡地区。公元前三千纪中期以后，这支文化最终发展为巴文化（《四川文物》3 期）。

俞方洁、李勉通过对西藏卡若文化与南亚俾路支斯坦地区梅尔伽赫文化、克什米尔地区布鲁扎霍姆文化、古夫克拉文化的文化互动考察，发现卡若文化的陶器刻纹、衬花工艺、海贝加工技术与梅尔伽赫文化关系密切。梅尔伽赫文化并未对卡若文化产生直接影响，而是通过喜马拉雅山廊道向西藏渗透，卡若文化与克什米尔地区新石器文化的互动关系就说明了这条文化交流通道的存在（《重庆师范大学学报（社会科学版）》6 期）。

7. 燕辽东北地区

段天璟将左家山遗址新石器时代遗存划分为三个年代组，第一、二组分别为左家山下层文化的早、晚段，第三组为左家山上层文化，进而对北红嘴子、元宝沟和腰井子等遗址的文化性质进行判定，明确了左家山下层文化的分布范围。在此基础上，阐述了东北地区南、北两大文化区诸文化交流与互动的场景：公元前6000～前5000年，以双塔一期文化及其后续文化为代表的文化影响了左家山下层文化，左家山下层文化早段与辽西地区的兴隆洼文化并行发展了一段时间。约当公元前5000年以后，左家山下层文化与赵宝沟文化在东辽河及其以西的梅河流域地区发生了文化交流。公元前4500～前3500年，红山文化的影响到达了这一区域，红山文化与左家山下层文化间很可能存在交流。约当公元前3500年前后，西流松花江流域在小珠山中层文化的影响下产生了左家山上层文化（《考古》9期）。

王立新通过对吉林大安后套木嘎遗址四种新石器时代文化遗存与嫩江中下游及周边区域相关遗存的比较分析，明确各期遗存的文化特征，辨析各类遗存的性质、来源、年代及与周邻文化的关系，将后套木嘎第一期遗存称为“后套木嘎一期文化”，是东北地区迄今所见年代最早的新石器时代遗存；将后套木嘎第二期遗存归入“黄家围子文化”；将后套木嘎三期遗存命名为“后套木嘎三期文化”，填补了嫩江中下游地区新石器时代文化序列的缺环；将后套木嘎四期遗存归入“哈民忙哈文化”，并认为其主体文化成分很可能是自呼伦贝尔草原南下的，在此基础上，构建起嫩江中下游地区史前文化的编年序列：后套木嘎一期文化—长坨子A类遗存—双塔一期文化—黄家围子文化—后套木嘎三期文化—哈民忙哈文化—昂昂溪文化（《考古学报》2期）。

张星德通过对牛河梁红山文化的分期及陶器特征进行讨论，认为牛河梁遗址红山文化遗存三期分期方案外尚有一组遗存缺乏直接层位关系，这组遗存年代应在下层积石冢和上层积石冢之间，可命名为“女神庙”组。据此，将牛河梁遗址红山文化遗存分为四期，从而为研究牛河梁红山文化聚落提供了更可靠的年代依据（《考古》11期）。

丁风雅、赵宾福将海拉尔河流域哈克遗址和辉河水坝遗址的新石器遗存划分为哈克一期遗存、辉河水坝一期遗存、哈克文化、辉河水坝二期遗存四种文化遗存，初步建立起海拉尔河流域的新石器文化序列。并认为来自南、北两个方向的文化因素是海拉尔河流域新石器文化序列形成的重要构成部分（《中国国家博物馆馆刊》10期）。

杜战伟、胡品等对偏堡子文化的部分材料进行了说明和界定，通过对典型遗址的分析，将偏堡子文化分为早、中、晚三期，绝对年代为公元前3500～前2500年，进而将偏堡子文化划分为辽东南部类型和辽东北部类型，从而对偏堡子文化的发展态势进行了讨论（《边疆考古研究》第23辑）。

余静、金旭东将吉林通化万发拨子遗址新石器时代遗存分为早、晚两段，早段为距今6000～5500年，晚段为距今5500～5000年，认为该遗存地域特征明显，在鸭绿江流域属首次发现，应该属于一种新的文化类型，生计方式是定居农业经济，渔猎采集经济在这一地区也较发达（《边疆考古研究》第23辑）。

郭梦雨、赵宾福等对辽东半岛历年发表的新石器考古材料再一次进行梳理和分析，重新认识和界定了各考古学文化的基本内涵，探讨辽东半岛区域内新石器文化的编年序列、文化系统和文化区性质。以此为基础，进一步讨论辽东半岛新石器文化与区域外同期考古学文化之间的影响态势，小珠山下层文化阶段，文化交流主要是单向的“向外输出式”，小珠山中层文化阶段，交流方式为“双向交流式”，小珠山上层文化阶段，交流方式为“向内吸收式”的（《边疆考古研究》）。

白佳依以哈拉海沟、大南沟墓地为基础材料，对小河沿文化时期的墓葬形制、形成原因进行研究，认为小河沿文化偏洞室墓是由竖穴墓发展而来，墓葬由竖穴、洞室和台阶三部分构成。结合偏洞室墓出现的时间早晚及发展变化可知，辽西地区是偏洞室墓发源地之一，后向西传播，对西部以及周围地区墓葬形制产生了一定影响（《赤峰学院学报（汉文哲学社会科学版）》39 卷 8 期）。

赵雅楠、袁广阔将上宅、北埝头、青池等遗址分为三阶段四期，梳理出北京北部兴隆洼文化—青池类型—后岗一期文化的发展谱系，展示了过渡地带文化发生发展的一种模式，即由多种周边强势原生文化共存，到在融合基础上形成相对独立的文化类型，再到部分文化因素向文化主源地的回流（《华夏考古》3 期）。

8. 华南地区

江柏毅从陶器成色原理的角度，灰黑陶在福建、台湾地区的发展时间脉络关系，以及台湾新石器中期后段至新石器晚期灰黑陶在数量、比例上的变化，探讨了台湾新石器时代灰黑陶的起源问题，提出台湾史前灰黑陶的起源与距今 4300 ~ 3500 年间的海峡区域互动有关，具有“岛外文化传播及岛内迟滞发展”的可能性（《福建文博》2 期）。

（二）聚落、社会与文明起源研究

张硕对舞阳贾湖遗址各个时期的房址、灰坑、陶窑等遗迹进行分期研究，将贾湖遗址的生活遗迹分为三期，第一期为“贾湖一期遗存”，第二、三期为裴李岗文化。在此基础上，探讨贾湖遗址灰坑等遗迹的原始用途，考察生活遗迹分布的时空变迁，探讨遗址的发展历程。研究发现，贾湖遗址由于人口迁移和文化传播，在第二期时生产、生活发展至高峰，但在第三期由盛转衰（吉林大学，硕士学位论文）。

杨红艳系统整理了三门峡盆地仰韶文化遗存出土资料，对该地区仰韶中期不同规模聚落彩陶的化学成分进行分析，认为三门峡盆地这时期各个聚落内都有自己的彩陶生产、制作体系，不存在大范围统一生产、分配和流通的机制。但在各聚落内，彩陶、石器等资源均有向大型房屋周围集中分布的趋势，说明聚落内部有资源向少部分人集中的现象（郑州大学，硕士学位论文）。

姜仕炜依据雕龙碑第三期聚落的房址资料，厘清该遗址的家户构成情况，推测家户可能存在的经济活动，估算雕龙碑第三期聚落的基尼系数，表明它是一种社会贫富分化不明显、较为平等的社会形态（《江汉考古》4 期）。

王晓毅通过对河套与晋南两地出土陶器、玉器及葬俗等方面的比较分析，认为老虎山文化南下促使陶寺早期文化的变革和中期文化的形成，新华文化阶段，河套文明的南下，导致了陶寺文化由盛而衰，陶寺晚期的暴力场景，暗示当时发生了大的战争，周家庄很可能是河套文明南向扩张的一个据点。北方文化因素的兴起，丰富了中国文明形成的细节（《中原文物》1 期）。

戴向明对中国早期国家形成的动力机制进行了探讨。认为史前晚期社会复杂化的发展和早期国家形成的动力机制，应该是在多变量、系统论的视角下，重点考察社会权力是如何发展、集中和提升的。文章首先将黄河中游和长江下游两个区域进行对比分析，认为在新石器时代晚期到青铜时代初期，长江下游的良渚、黄河中游的陶寺、石峁和二里头所代表的社会集团先后成为各自区域内最早出现的国家，但这两个地区早期国家形成与社会演变的背景与动因是有很大差异的；文章还对黄河上游、下游和长江中游、上游等区域进行了比较分析。最后将中国史前社会演变与早期国家形成的动力机制简单概括为“黄河类型”与“长江类型”两种模式，前者偏重武力与军事，后者偏重经济与宗教的结合（《新果集（二）——庆祝林沄先生八十华诞论文集》，科学出版社）。

（三）生业经济

1. 农业考古与植物考古

李俊通过对近东、欧洲以及北非等地进行考古人口学研究发现，在农业起源的同时，各地区普遍出现了人口规模迅速增长的情况，这一现象伴随着人群生计方式的逐渐变化和社会结构的逐步演变。农业起源与人口变迁，两者之间呈现出一种互为因果的关系。这对于探讨史前人口变化原因及其影响、理解农业起源的过程具有一定参考意义（《考古》12期）。

任文洁、樊志民通过分析兴隆沟第一地点、月庄、磁山、大地湾一期遗存、裴李岗等遗址中食物遗存与工具遗存的出土情况，以及这些遗存所揭示的先民生业模式，认为裴李岗时代的人类以对农业投入更多的劳动量获取较少产出，来弥补渔猎采集的食物不足，并换取迁徙行为带来的巨大社会成本，是原始人类斟酌权衡后的一种理性选择（《农业考古》1期）。

赵志军对上山、贾湖、河姆渡、田螺山、茅山等遗址的浮选结果进行分析，认为中国稻作农业起源可分四个发展阶段：距今1万年前后是稻作农业的孕育阶段；距今8000年前后是稻作农业形成过程的早期阶段；距今7000～6000年间的河姆渡文化时期仍处在稻作农业形成过程中；距今5000年前后的良渚文化时期稻作农业终于取代采集狩猎成为社会经济的主体。稻作农业社会的建立为古代文明的出现奠定了基础，古代文明的形成反过来又促进了稻作农业社会的建立和发展（《农业考古》4期）。

李彬森采用废弃过程分析、空间分析和石器分析等手段，对中国北方地区新石器时代早期五大考古学文化的典型遗址进行了分析，将我国北方地区的考古学文化分为两大区域：农业核心区与农业边缘区。认为我国北方地区新石器时代早期普遍存在一种非稳定定居的现象，随着农业所占比重的提升，定居能力也逐渐增强（吉林大学，博士学位论文）。

郭荣臻通过对新密史前食物考古的梳理，以植物考古、动物考古数据为主，结合碳氮稳定同位素证据，提出在李家沟文化时期，先民食谱以野生动植物资源为主；裴李岗文化时期补充了猪、粟、黍等人为干预的动植物资源；仰韶时代，农业在中原地区正式确立；龙山时代，多种农作物种植制度、多种家畜饲养制度在中原地区已现端倪；二里头时代，多种农作物种植制度、多种家畜饲养制度得以确立（《农业考古》3期）。

生膨菲通过对榆林地区仰韶晚期至龙山早期10处最新发掘的考古遗址出土的大植物遗存进行分类鉴定和测年工作，指出公元前3000～前1800年榆林地区的旱作农业始终是以粟黍两种作物为主，厘清了榆林地区旱作农业发展的脉络。通过对大型聚落石峁遗址已有农作物遗存新的量化分析研究，揭示出该遗址粟占据农业生产的主体，而其他同时期小型遗址持续以黍为主。在此基础上，探讨了黄土高原南北农业的发展模式（《中国文物报》9月7日006版）。

吴瑞静根据植物考古发现情况和大汶口文化的不同地域类型，将海岱地区划分为胶东半岛、鲁北、鲁中南、皖北四个地区，并对各个小区的农业及采集活动进行分析，认为造成这种格局的原因主要包括自然因素和人为因素两方面，水热条件的差异应是各地区发展不同农业类型的最主要原因（山东大学硕士学位论文）。

李荣辉、李春雷通过对包头地区史前文化和农业的研究认为，内蒙古中南部的包头地区，在仰韶时期出现了定居农业。到了龙山时期的西园三期文化，包头地区的史前文化随着农业的发展达到鼎盛期。同时，由于气候变得干凉，区域人口的增长，为了争夺生存资源，防御性石城出现。随着宗教仪式的发展，社会内部进一步复杂化。龙山后期，这一地区的气候越来越不适合农业的发展，原有的定居农业消失，生计方式也逐渐游牧化（《农业考古》1 期）。

吴文婉、青格勒等通过对内蒙古塔布敖包遗址出土的 14 件石磨盘、磨棒、研磨器等石器中提取的包括黍、粟、小麦族在内的禾木科、块根块茎等植物淀粉粒遗存进行量化分析，认为塔布敖包聚落的生计方式为农业生产与采集渔猎并重的模式（《华夏考古》5 期）。

张烨昆通过对华南地区牛栏洞、甑皮岩和新村等遗址发现的植硅石和淀粉粒遗存等进行分析认为，中国早期除存在两个公认的农业起源中心外，在华南地区还存在第三个潜在的以无性繁殖类植物为主的农业起源中心，并提出应将中国华南地区的植物考古学材料放在全球视野下来进行观察（《农业考古》6 期）。

范宪军、吴瑞静通过对湖南澧县孙家岗遗址 2016 年度发掘采集的 85 份农作物样品进行浮选和鉴定，获得了一批后石家河文化时期的植物遗存，分析结果显示，孙家岗遗址以稻作农业为主，并种植有粟、黍。粟类作物的出现再一次说明在新石器时代，旱作农业就已经传播到澧阳平原地区（《江汉考古》3 期）。

刘莉、王佳静等运用淀粉粒和植硅体分析方法，对河南偃师灰嘴大房子 F1 的地面及附近出土的陶器进行残留物分析，并据此探讨仰韶文化时期与大房子有关的社会活动和人类行为。仰韶大房子的结构逐渐复杂化及面积不断增大的过程，在一定程度上反映了宴饮礼仪规模的发展。以黍和稻为主要谷物原料的酿酒与饮酒活动的流行，可以帮助我们理解仰韶时期农业生产不断扩大的社会动力以及水稻在中国北方传播的社会背景（《中原文物》1 期）。

刘莉、Maureece J. Levin 等对灰嘴遗址出土的 28 件切割工具进行微痕、淀粉粒和植硅体的综合分析，认为在河南偃师灰嘴遗址居住的先民在 2000 多年历史中的生计形态变化表现为：仰韶时期是以粟黍—薏苡为主，到龙山、二里头时期逐渐转变为以粟黍—薏苡—麦类—大豆为主，同时始终以稻米和多种块根植物为辅（《中原文物》6 期）。

刘昶、赵志军等通过对河南禹州瓦店遗址龙山晚期炭化植物出土密度进行分析，发现壕沟及夯土基址局部有植物遗存富集现象，以夯土基址为核心的发掘区炭化遗存含量整体偏低，与发掘者推测的祭祀设施“墠”相吻合（《华夏考古》1 期）。

钟华、张永清等对程窑遗址出土的植物遗存进行浮选和分析，认为程窑遗址龙山时期和东周时期，粟、黍都是当时居民最重要的农作物资源，为典型的旱作农业生产模式。龙山时期的植物考古发现，为我们探讨颍河中上游地区农业经济模式特点提供了新的素材（《农业考古》6 期）。

刘莉、王佳静等通过对蓝田新街遗址出土的 5 件陶器进行植物残留物分析，首次发现黍与稻同时用作酿酒原料。根据渭河流域几个遗址的分析，这一地区仰韶文化谷芽酒的最基本原料均为黍。仰韶文化遗址中尖底瓶普遍而大量的存在，意味着以黍为主要原料的谷芽酒是当时常见的饮料，是仰韶社会中最具代表性的饮食传统（《农业考古》1期）。

杨海燕、王强通过分析海岱地区出土食物制备工具磨盘、磨棒等的功能，认为在龙山文化之前，坚果类野生资源在植物性食谱中占有重要地位，且以粉食为主。至龙山文化时期，农业所占比重大幅提升，真正实现了对粟、黍、稻、麦、豆“五谷”的全部种植，饮食传统也逐渐由粉食转为粒食（《四川文物》4期）。

魏娜、袁广阔等对宁家埠遗址2016年发掘区碳化植物遗存浮选结果进行分析，认为宁家埠遗址从龙山文化到东周时期延续了中国北方地区的旱作农业传统，农作物以粟为主。各类野生植物遗存反映了居民对聚落周围野生植物的利用和生态环境的变化（《农业考古》1期）。

邱振威、庄丽娜等通过对韩井遗址水稻遗存进行植硅体分析，认为韩井遗址顺山集文化一期由洼地和水沟组成的水稻田，很可能是目前发现的最早与人类驯化水稻相关的遗迹（《东南文化》1期）。

向安强、张文绪等利用欧氏距离比较、粒型判别函数等方法，对广西那坡感驮岩出土的碳化稻米进行分析，认为那坡感驮岩古稻属于倾粳稻类型的栽培古稻群，在判别函数和距离测定数据指标上都属于粳稻类型，在形态上最近于粳稻，与普通野稻最远，表明已是栽培稻（《华夏考古》5期）。

吴卫通过对闽侯县大坪顶遗址出土的一批新石器时代炭化人工栽培稻进行分析，认为这是福建境内迄今为止发现最早的人工栽培稻遗存。鉴于该遗址在当时毗邻闽江出海口，以及有夹炭陶伴随等特殊现象，认为这批稻谷遗存不仅为福建稻作农业起源的研究提供了重要线索，而且也为有关稻作农业向中国东南地区传播存在一条沿海路线的推测，提供了一个关键佐证（《农业考古》4期）。

2. 动物考古

袁靖、董宁宁围绕饲养家畜的动机、狗和猪的驯化过程、中国驯化动物的起源及特征等方面进行探讨，认为中国古代驯化动物起源的动机及特征可以归结为以下四点：（1）古人最初驯化动物是一种近似于饲养宠物的娱乐行为；（2）真正的驯化是一种带有功利性目的的行为；（3）驯化包含了驯化者与被驯化者双方的互动；（4）古人驯化动物是一种探索性的行为（《考古》9期）。

吴晓桐、张兴香等对邹平丁公遗址出土的动物遗存进行锶同位素分析，认为丁公遗址龙山文化时期遗存出土的淡水鱼类应该来自当地水域，是遗址居民长期固定的淡水鱼食物来源，不排除当时已经开始饲养鱼类的可能（《考古》1期）。

梁琪瑶、陈全家等对后套木嘎遗址新石器时代至辽金时期出土的鸟类等动物进行专题研究，认为后套木嘎遗址在新石器时代是以狩猎经济为主，以采集、渔业为辅，气候的转变和动物数量的变化对于人们狩猎种群的选择有所影响（《人类学学报》第37卷）。

3. 体质人类学

李海军、张一丹等采用实物对比描述的方法，用花生、黄豆、南瓜籽等对下颌圆枕形态进行形象描述。通过这种方法对中国新石器时代姜家梁人群下颌圆枕的表现程度、出现位置等进行了系统研究，结果显示：下颌圆枕有明显的性别差异，男性 > 女性，圆枕时代间比较的差异明显，表现为新石器时代 > 近代（《考古与文物》3期）。

张佩琪、李法军等从龋齿研究入手，对顶蛳山二、三期文化（距今8000～7000年）中大于15岁的169个个体的2737枚恒齿进行了观察，并探讨了食物构成、饮食行为与社会经济等。结果表明，顶蛳山遗址人群的个体和牙齿患龋率都较高。患龋率在两性、葬式、年龄段间都存在差异，女性患龋程度要高于男性；不同葬式之间差异也显著，随着年龄的增长患龋的比例和程度也随之提升和加深（《人类学学报》第37卷）。

朱晓汀对蒋庄良渚文化墓葬发掘所得人骨进行研究，认为蒋庄组人骨男女两性的性别比率较为平衡，蒋庄组人骨的体质特征属于"古中原类型"，其与某些青铜时代颅骨组具有非常相近的形态距离，良渚文化在向周边扩散的过程中，人群也存在向周边扩散迁徙的趋势，良渚文化的北进应该是伴有基因交流的（2018年吉林大学博士学位论文）。

（四）手工业考古

向金辉对川西与甘青地区的彩陶来源进行阶段性变化分析，认为马家窑文化较早阶段的彩陶可能系外来输入，但在较晚阶段应为本地烧制，且其陶土来源于川西的第四纪红色古土壤，也即川西马家窑文化彩陶经历了由早期的引入到晚期的自我模仿制作的过程（《四川文物》4期）。

江柏毅对四川成都平原史前陶片进行岩相学分析，结果显示来自宝墩文化、三星堆文化及十二桥文化时期遗址之陶片均具有相似的岩石、矿物组成及黏土、非塑性内涵物比例，而陶片中微含花岗岩岩屑的特点说明制陶原料可能皆来自龙门山脉冲刷而下的本地资源（《四川文物》2期）。

1995年至今，"中研院"史语所暨台湾史前文化博物馆联合考古队先后在台南科学园区对34个遗址进行了抢救性考古发掘工作。李志文、李匡悌以新石器晚期北三舍遗址陶器为例，探讨了台湾新石器时代晚期大湖文化的分期及所表现的陶器工艺与技术，以及这些工艺与技术所反映的文化来源等问题（《边疆考古研究》第24辑）。

王强、杨海燕对黄河流域龙山时代玉器器类、玉料材质、制作工艺等进行研究，认为黄河流域龙山时代海岱地区、晋南地区、陕北地区以及甘青地区这四个区域玉器文化之间存在较为明显的互动交流，具体表现为玉料由西向东的逐步扩散以及工艺与器形自东而西的渐进传播（《东南文化》3期）。

王强、邓聪等通过对海岱地区邹城野店遗址所出璧环类玉器进行综合研究，认为野店遗址所出璧环类玉器与本地早期考古学文化缺乏明确的传承关系，此类器物最早见于旧石器时代晚期的贝加尔湖一带，距今5500年前后开始大规模向东南方向扩散，这条南北向通道可能是我国史前玉石之路的重要组成部分。就目前考古资料来看，玉器并非源于农业社会，反而可能是萌芽于采集渔猎族群之中，而后随着这部分采集渔猎族群的南下逐步传至农业部族（《考古》7期）。

饶崛、程隆棣对湖北地区的城背溪、大溪、屈家岭、石家河文化阶段的纺轮进行了统计，认为在纺轮的发展历程中，不同的设计技术要点所占比例不同导致了新形状的出现和旧形状的消失，是纺织手工业生产进步的体现，同时，纺轮的分布多少能反映当地的经济发展水平（《丝绸》8期）。

胡章华通过对南宁地区贝丘遗址出土蚌器的种类、制作工艺、功能进行研究，认为南宁地区贝丘遗址出土蚌器以蚌刀为主，次为蚌铲，其他种类较少。其功能和石器、骨角器等互为补充，是原始居民重要的一种生产生活工具。新石器时代晚期，贝类文化消亡，可能和原始居民"攫取型"经济、当时的环境和生计方式改变有关(《南宁职业技术学院学报》第23卷第3期)。

孙周勇、邵晶对寨峁梁遗址房址的结构特点和建筑形式、建造过程、使用和废弃过程进行分析，认为以寨峁梁为代表的前后室房址是窑洞式居址的复合结构和高级形态，半地穴覆顶的前室应为起居空间，掏挖于生土中的窑洞为卧室。根据灶址的使用和室内器物的相关情况推测，寨峁梁聚落当废弃于夏秋季节，其废弃可能与社会动荡引起的冲突事件有关(《考古与文物》1期)。

张华梳理了长江流域新石器至商周时期的古城城址，根据城墙堆积特征，归纳出南方早期筑城方法的共性，主要为平地起建、斜坡堆筑，一般不经夯打、不用版筑、不挖基槽。长江流域与黄河流域的土筑城墙形成了两大不同的城墙建造技术系统(《东南文化》5期)。

崔启龙以贾湖遗址出土的石制品为研究材料，以"技术类型学"为石制品分类的依据，对石制品进行了详细分类。在此基础上，在"操作链"理念指导下，复原了贾湖聚落先民石器生产和使用的一般过程，探索了贾湖遗址的石器生产系统，进而研究与石器工业体系相关的生业经济形式及人类的行为方式等问题(2018年中国科学技术大学博士学位论文)。

高鹏杰对连云港藤花落遗址出土的磨制石器的分类、使用方法、适用对象和功能用途等进行研究，从而了解藤花落遗址当时的社会形态和生产、生活方式，进而为我们重建当时的社会生产面貌提供重要信息(南京大学博士学位论文)。

(五)环境考古

黄尚明通过对新石器时代青海地区、甘肃地区、关中地区、河南地区和山东地区的气候变迁进行分析，认为距今10000～8000年，新石器时代黄河中下游地区气候开始变暖，较今天温暖潮湿；距今8000～4000年，黄河中下游地区为亚热带气候；距今4000年，气候虽然变干变凉，但黄河中下游地区仍然为亚热带气候；距今4000年，甘青地区气候明显变干变凉。气候的变化对植被类型、人类活动、社会文化发展等具有重要影响(《中原文化研究》5期)。

张俊娜、夏正楷等通过对李家沟遗址的地貌结构考察和沉积物分析，对李家沟古人类的生存环境进行了初步探讨。结果表明，李家沟古人类居住在全新世初期河流下切形成的黄土冲积平原河谷中，周围是典型草原环境。李家沟文化时期气候稳定、湿润，河流水域面积扩大，河漫滩发育，古人类生活在河床的边滩和河漫滩的滨河床沙坝上。裴李岗时期气候环境暖湿，河流的强烈下切导致沟谷较为发育。从旧石器晚期到新石器早期，区域间歇性的断层活动引发了多次古地震，给李家沟古人类的生存带来了一定的负面影响(《中原文物》6期)。

胡飞、杨玉璋等从全新世气候环境演变的角度对淮河中游地区史前人类文化的发展过程进行研究，构建了淮河中游地区新石器时代的顺山集文化及其三期遗存、双墩文化、文化间歇期、大汶口文化中晚期以及龙山时代文化的气候环境背景，并认为，该地区文化的演化过程充分反映了史前人类对全新世气候环境变化的适应性和主观能动性(《东南文化》3期)。

（六）精神与信仰考古研究

贺俊通过对仰韶文化、龙山文化的一些遗址中瓮棺葬与房址的位置关系进行分析，认为甄别奠基遗存应遵循两项基本原则：一是确定遗存与建筑物之间存在内在的时空联系，二是要认定遗存中存在某些具有宗教祭祀意义的物质遗存或特殊形式（《中国国家博物馆馆刊》10 期）。

王叶、钱耀鹏通过对半坡类型单人葬人骨埋藏特征、形成原因以及埋葬过程方面的分析，认为在半坡类型单人葬中二次扰乱葬是普遍存在的，这对于研究仰韶文化墓葬埋葬方式有重要意义（《考古与文物》1 期）。

李琪通过对黄河中上游新石器时代人物形象的类型、时空分布、文化内涵和区域特征等方面进行研究，认为黄河中上游新石器时代人物形象具备象征生死观念、作为宗教仪式用品、表达生育崇拜三种基本功能，并在一定程度上受到外来文化因素的影响（山东大学硕士学位论文）。

张弛、何嘉宁等对邓州八里岗仰韶文化多人二次合葬墓 M13 进行研究，推断墓葬中的二次葬人骨是被搜集来的聚落中部分死者的尸骨，作为道具被重新下葬；M13 这样的二次合葬墓应当是该聚落每隔一段时间就施行一次的仪式的结果（《考古》2 期）。

张强以海岱地区最具代表性的宴饮器具——高柄杯为视角，通过对陵阳河墓地、大汶口墓地、焦家遗址墓葬的分析，对随葬高柄杯的墓主身份进行了探讨，证明高柄杯是酒器，进而探讨了社会权力的分配问题（山东大学硕士学位论文）。

孙丹将黄淮流域随葬猪下颌骨的习俗分为五个发展阶段，发现随葬猪下颌骨所彰显的财富与地位特征逐渐变强后再渐弱，随葬猪下颌骨的习俗可能是与黄河流域社会上层交流的要素之一（《东南文化》3 期）。

仪明洁、樊鑫立足甘青地区马家窑文化墓葬材料，系统运用卡方检验得出的单人墓中非陶器类随葬器物与墓主性别的相关性，将统计分析结果运用到对原报告中已判定性别墓葬的再检验，并判定同一遗址中不能做性别鉴定的墓主性别。这有助于以后讨论墓葬区的性别分布、墓葬分区、墓葬体现的社会等级等深层次问题（《边疆考古研究》第 24 辑，科学出版社）。

刘伟通过对黑龙江流域新石器时代人像雕塑的时空范畴、造型特点、功能作用、地域差异等方面进行研究，认为黑龙江流域是目前我国新石器时代人像雕塑发现最早的地区，在公元前 2500 ~ 前 2000 年的黑龙江下游地区达到顶峰。人像雕塑可能是原始宗教祭祀器具或巫术用品，与祖先崇拜、神祇崇拜相关，并经历了由家庭崇拜向氏族部落崇拜的转变过程（《北方文物》2 期）。

（七）综述与书评

赵辉在武汉大学“珞珈讲坛”上讲述了中国新石器时代考古学史，从考古学理论、方法、材料等方面回顾了中国考古学的发展变化，并总结了当今中国考古学的三个阶段性特点：（1）研究课题变得宽广、复杂和多样化，出现了许多按照研究领域划分的分支学科。（2）由于对获取复原古代社会的系统资料的追求，考古学的田野考古技术系统发生了非常大的变化。（3）分析研究考古资料的技术体系也发生了非常大的变化，形成和正在形成许多依照技术来划分的学科分支等（《江汉考古》1 期）。

段天璟通过回顾张忠培先生的考古生涯，认为张忠培先生始终深入田野考古，坚持“让材料牵着鼻子走”，在系统构建考古学文化谱系的基础上，提出了既符合中国具体实际又体现人类共同规律的文化演进论。张忠培先生在高水准的实践起点上，不断开拓学术生长点，构建起了宏大的学术体系，创造性地开展和领导了田野考古实践工作，为中国考古学奠定了坚实的基础，科学地发现和表述了蕴含着中国文化基因的谱系结构，展现出考古学的中国深度（《东南文化》3 期）。

2008 ~ 2017 年间，陕西境内史前考古工作取得重大进展，新石器时代考古的工作方向和研究思路由文化谱系构建、文化渊源探讨、器物研究等基础领域逐渐向聚落考古、社会发展进程和文明起源等研究层面倾斜。依托大型聚落遗址有规划的调查勘探和发掘，构建区域性工作和研究平台，全面推动区域考古工作，带动相关领域的研究；主要围绕陕北石峁、关中杨官寨、陕南龙岗寺三个大遗址及相关课题开展工作。聚落考古与社会复杂化、文明起源成为研究的主体目标；同时在完善区域文化框架、多学科综合研究等领域也取得了新的进展（《考古与文物》5 期）。

李新伟在“《良渚玉器》读后”认为，我们对良渚的研究已经进入了新的阶段：（1）丰富的考古资料已经充分展现了良渚社会的发展程度；（2）我们对距今 5300 ~ 4300 年，即良渚孕育、成长、繁荣和沉沦的大时代里，中国各史前文化区的交融碰撞和波澜起伏有了更全面而深刻的认识；（3）中国考古学者正在形成世界文明的视角（《中国文物报》11 月 27 日）。

徐昭峰、朱敏等对改革开放 40 年来辽东半岛南端新石器至青铜时代考古学文化年代序列建立、生业经济研究和石构墓葬研究等进行了回顾，指出辽东半岛早期考古学文化的演进对辽东半岛的文明起源乃至东北亚文明的互动及发展都具有深远意义（《地域文化研究》4 期）。

黄曲认为《枝江关庙山》的出版，对于多方面深入研究大溪文化的面貌内涵、文化类型、分期年代、聚落构成、经济技术、房屋建筑、葬制习俗、精神文化以及与相关考古学文化的关系等问题具有十分重要的学术价值（《中国文物报》1 月 23 日）。

夏商周时期考古

王立新　陈　飞

2018年夏商周时期考古成果颇丰，发表简报、报告和研究论文近500篇，出版田野考古报告、专著、论文集和图录100余部。召开了“两周封国暨晋文化考古学术研讨会”“江南土墩墓国际学术研讨会”“‘中原与北方早期青铜文化互动’学术研讨会”“殷墟科学发掘九十周年纪念大会暨殷墟发展与考古论坛”“纪念曾侯乙编钟出土40周年学术研讨会”“中国南方先秦考古学术研讨会”等重要的学术会议。

一　夏代

目前绝大多数的考古学者倾向于认为二里头文化应是夏代中晚期的文化。在其之前的“新砦期”与豫西龙山时代晚期遗存都应进入夏代纪年，可称为“早期夏文化”。但毋庸讳言的是，迄今仍未发现可以确切标志夏代开始的考古遗存。因而，在更早的夏代初年的考古遗存尚未确定之前，目前只能暂将“新砦期”遗存的起始年代作为夏商周考古研究的时代上限。

不少学者相信，在新砦遗址继续开展系统的勘探和发掘，有望为解决夏代早期都邑诸多关键问题提供契机。2013年新砦遗址东墙外王嘴西地发现的新砦期房址、陶窑等遗迹，为了解新砦城址外围的遗存分布提供了重要材料（《考古》3期）。新乡鲁堡墓地发现3座新砦期墓葬，填补了该类遗存在黄河以北地区分布上的空白（《中原文物》3期）。

魏继印分析认为，新砦遗址第二、三期遗存属于同一性质的考古学文化，可称新砦文化；该文化的主要来源是豫东的造律台文化，是造律台文化西进取代王湾三期文化煤山类型并吸收后者因素而形成的，自身又成为二里头文化的主要源头（《考古学报》1期）。他还提出，王湾三期文化主要源自淮河流域的大汶口文化，其族属应与东夷族有关（《中原文化研究》4期）。周书灿认为新砦期遗存的年代跨度要远超文献所载禹、启的在位年代，也略早于羿浞代夏的年代。而且，新砦城址的政治、军事功能不及其防洪功能，其所体现的战争因素并不明显（《中州学刊》10期）。唐丽雅等人分析了花地嘴遗址提取的碳化植物遗存，结合新砦和东赵遗址的相关研究成果，认为郑州地区在新砦期以种植小米类作物为主，出现了水稻。小麦在此时或更早阶段传入此地的可能性较大，大豆则仍处于从野生到驯化的过渡阶段（《南方文物》4期）。

二里头遗址与二里头文化的发现和研究仍属备受关注的热点。

赵海涛和许宏介绍了近年来二里头遗址发现的含二里头文化各期段遗存的1号巨型坑、二期修建与使用的有四进院落的5号建筑基址、中心区西南部的墙垣和道路，以及东部片区发现的“居葬合一”的现象（《南方文物》4期）。李宏飞认为，目前各地所见二里头文化第四期晚段遗存的年代下限不尽相同，其中豫东杞县最早，郑州商城稍晚，二里头遗址最晚。当郑州商城与偃师商城所出陶器群已呈现二里冈下层文化典型特征时，二里头遗址的同期遗存仍保持二里头文化四期晚段的特征，体现出了地域差异，或为统治策略不同的结果（《考古》11 期）。何驽推想二里头 2002VM3 随葬的绿松石龙或为宗庙祭祀时作为“禹”的化身仪仗而被祭者抱于怀中，也是万舞的道具。而二里头文化二期偏晚至四期，绿松石铜牌饰取代了绿松石龙牌之位置（《中原文化研究》4 期）。

马萧林通过对二里头遗址制骨作坊出土骨料的分析，认为当时使用的铜制工具很可能是铜刀，而并非铜锯，铜锯的使用年代应在商代早期（《中原文物》2 期）。赵春燕和赵志军分析了二里头遗址出土陶容器中残留物的碳氮同位素，发现其中兼具粟和稻类植物，可能还含有一部分动物（《第四纪研究》4 期）。刘莉等人对偃师灰嘴遗址出土新石器时代至二里头文化时期工具的微痕和残留物进行了观察分析，发现刀和镰主要用来收割栽培谷物，但也作用于其他植物。当地的生业从仰韶时期的以粟黍—薏苡为主，转变为龙山、二里头文化时期的以粟黍—薏苡—麦类—大豆为主，同时始终辅以稻米和多种块根植物（《中原文物》6 期）。赵春燕通过锶同位素分析发现，二里头遗址早期的羊可能系外来，晚期本地羊的比例变大；黄牛一直是本地的占大多数；外来人群可能与外来羊有某种联系。望京楼遗址羊很少，牛大部分是外来的；外来人群与外来牛有一定关系（《华夏考古》6 期）。先怡衡等对秦岭东段几处地点采集的绿松石矿样品和二里头遗址出土的绿松石废料做了锶同位素的分析和比较，发现后者与洛南河口绿松石矿的关系密切（《西北地质》2 期）。何俊认为，二里头遗址出土的四件铜圆形器并不属于早期铜镜的范畴，而应为法器，或服饰上的系挂之器（《文物春秋》5 期）。此外，付永旭对偃师灰嘴遗址二里头文化绳纹陶片进行了精细观察和模拟实验，发现拍印绳纹的效率远高于滚压，且技术熟练者可做到模糊陶拍痕迹，故以往根据肉眼观察认为绳纹是滚压制作的观点有待重新审视（《考古学集刊》第 12 集）。

几位学者围绕夏文化探索发表了不同见解。孙庆伟的《鼏宅禹迹：夏代信史的考古学重建》（生活·读书·新知三联书店）一书，倡导考古学研究应不忘初心，致力于古史重建。该书在系统梳理文献所见夏代社会与若干史事的基础上，将探索夏文化的主要对象锁定为河南及邻近地区的龙山期文化和二里头文化，围绕何为夏文化、如何确认夏文化、夏文化的年代范围、新砦期遗存的性质等问题，提出了自己的看法。毕经纬认为考古学文化更迭的渐变性与王朝更替的突变性会导致两者在时间上出现明显错位，王朝更替一般不会立刻引起考古学文化的更迭，有自身特征的新文化的形成往往要滞后到新朝代的中期前后。新、旧王朝的分界很可能会在旧考古学文化某两期或某两段之交。由此提出，夏代早期的考古学文化应属河南龙山文化晚期，新砦期文化属夏代中期文化，二里头一、二期文化属夏代晚期文化，夏、商分界应在二里头文化二、三期之交（《历史研究》1 期）。刘绪提出，面对当前有关夏文化探索的不同声音，解决夏文化的首尾及夏代王世与夏代纪年的关系是问题的关键（《中原文化研究》5 期）。

有关先商文化的发现和研究不多。河北肃宁后白寺遗址发现有丰富的二里头文化时期遗存，与豫北冀南地区的下七垣文化存在密切联系，又有自身特色，是否可划归先商文化范畴，尚待研究（《中国文物报》3 月 9 日 8 版）。张翠莲认为鹤壁刘庄墓地的早、中、晚三期，年代分别相当于二里头文化的二、三、四期。墓地可分为东、南、西三区，在使用上存在先后顺序（《华夏考古》6 期）。许伟排比分析了晋中与冀中南、豫北地区夏时期的陶鬲，认为先商文化的商式鬲是由白燕式高领鬲派生出来的（故宫博物院编：《纪念张忠培先生文集·学术卷》，故宫出版社。以下简称《纪念张忠培》）。陈国梁分析了有关南关外遗存的诸多分歧意见，认为产生分歧的重要原因在于不同的研究者对考古学概念、方法与理论的理解和把握不同（《中原文物》3期）。

周边地区有几处遗址涉及夏代遗存的发现。新疆博尔塔拉河流域2010年以来的调查，陆续发现一些与瞭望、防御等功能相关的山顶石构建筑遗存，年代在公元前两千纪前半或更早，对于了解区域社会的复杂化进程和游牧文化的起源具有重要价值（《西域研究》2期）。《华县东阳遗址考古报告（2014）》（科学出版社）刊布有二里头文化时期遗存，既含二里头文化因素，又含东龙山文化成分，文化性质归属有待进一步明确。辽宁喀左土城子遗址（《文物》4期）和内蒙古敖汉旗乃林皋遗址（《文物》6期）均发现有丰富的夏家店下层文化居址遗存，对于进一步研究夏家店下层文化的分期、分区以及聚落内部的布局等有重要价值。安徽当涂船里山遗址发现的夏时期遗存应属点将台文化，也受到了斗鸡台文化的影响（《东南文化》3期）。江西宜黄锅底山遗址发现有夏至早商时期和商周时期遗存（《中国文物报》6月15日8版）。湖南益阳羊舞岭遗址D、E区的发掘成果显示，出土遗存年代应在夏纪年范围内，属于南下的二里头文化因素与当地土著因素相结合所形成的具有地方特色的文化类型（《湖南省博物馆馆刊》第十四辑）。常德贵家岗遗址也发现有夏至早商时期遗存，有朝天嘴文化因素，二里头与二里冈文化因素（《江汉考古》3期）。四川西昌新庄遗址第二组土坑墓的碳十四年代落在夏纪年范围内。还有8座年代与此相当或稍早的石室墓（《四川文物》4、5期）。

陈亚军认为齐家文化中发现的塞伊玛—图尔宾诺式铜器并非直接输入品，而是本地独立制作的模仿品，这与塞伊玛—图尔宾诺文化的东扩密切相关（《西北师大学报（社会科学版）》4期）。郭永利对齐家文化的镂空陶器做了专门的分期研究（《纪念张忠培》）。胡平平将东龙山文化分为四期，判断其年代为公元前1930～前1680年，认为该文化是东迁的齐家文化融合后石家河文化及客省庄文化等因素后形成的一支独立的考古学文化（《江汉考古》6期）。王京燕等重新讨论了晋中地区的夏时期遗存，将其分为白燕四期和东太堡两个类型，并主张将长治盆地的“小神类型”归入白燕四期文化系统（山西省考古研究所编：《珞珞集——王建先生90周年诞辰纪念文集》，三晋出版社。以下简称《珞珞集》）。邵国田依据敖汉旗调查资料分析发现，夏家店下层文化的聚落分布主要以河流为纽带，可分为高山型和台地型两类，该时期已进入国家阶段（辽宁省文物考古研究所编：《庆祝郭大顺先生八秩华诞论文集》，文物出版社。以下简称《庆祝郭大顺》）。汤艳杰对建平水泉遗址的夏家店下层文化遗存进行了分期（《文物春秋》1期）。

西城驿遗址多年的发掘成果显示，这里可能生活着马厂—西城驿—四坝和齐家两支人群，生业以种植农业为主，兼有畜牧业和狩猎采集业。在手工业方面，冶炼活动规模空前，形成了“西城驿—齐家冶金共同体”（《中国文物报》7月27日7版）。陈坤龙等检测了玉门火烧沟遗址出土四坝文化铜器，发现其材质以红铜和锡青铜为主，工艺有铸造和锻造两种。其中耳环多为热锻成型的锡青铜，斧锥多为铸造成型的红铜。结合相关研究可知，四坝文化早期红铜与青铜材质并存，晚期锡青铜成为主体（《中原文物》2期）。李建西等分析了东下冯遗址第三期的17件冶金标本，结果表明该地点的铜料来源与锡、铅料有别，且合金种类多样。青铜合金的制作方式与二里头等遗址类似（《考古与文物》1期）。王永乐等对二道井子、大甸子、大山前和三座店四处夏家店下层文化遗址所出铜器进行了合金成分与制作方法分析，发现四处遗址的居民均已掌握热锻和铸造两种工艺，而后两处遗址出现了冷加工技术，并能有意识地运用铅料（《草原文物》2 期）。

二　商代

商代前期文化的核心区域缺乏新材料的报道。相关研究则多围绕都邑与重要聚落而展开，涉及内容广泛。

侯卫东梳理了夏商之际中原地区从多个区域中心并行到郑州商城成为唯一中心聚落的发展过程，认为早商之初王畿地区基层社会组织的明显减少反映了人群和资源向中心集聚的变化趋势（《江汉考古》2 期）。他还指出，伴随郑州商城的城市化，城市规模逐渐变大，结构愈发复杂，文化面貌则呈现出从一元到多元再到一元的演进过程（《中原文物》3 期）。袁广阔认为，始建于二里冈下层早段的郑州商城外郭城墙的走向是围绕内城依地势而设计的，外郭墙从东部凤凰台高地开始将商城南部诸高地连接起来，西面和东面以湖泊为天然屏障，北部、西北部虽未发现城墙，但有迹象表明存在天然或人为的防卫措施（《中原文物》3 期）。张国硕从方位、地貌、环境、埋藏成因等方面分析了郑州商城铜器窖藏坑，认为这类遗迹应为祭祀城垣与护城壕后瘗埋地下所致（《中原文物》1 期）。郜向平认为郑州商城的建造导致了多元人群的地缘性整合，继而造成了先商以来的大型亲缘组织趋于解体，人群因等级和职业划分居住区域，并形成“环城墓”等特殊埋葬习俗（《中原文物》3 期）。李宏飞从郑州商城所出联裆鬲的分析出发，对商式联裆鬲的基本特征、分期与年代、源流及与周邻文化之间的关系做了初步探讨（《文物》7 期）。贾世杰等分析了郑州商城遗址 2009～2010 年度浮选的植物遗存，发现二里冈文化时期的郑州商城先民形成了以粟为主，水稻、小麦、黍种植为辅的农业经济，同时也存在对桃属、葡萄属等可食用果类的利用（《江汉考古》2 期）。

谷飞对偃师商城三号建筑的早晚期分别做了复原研究，认为这个阶段的建筑形式、布局等特点恰好处于由二里头一、二号宫殿建筑基址向洹北商城一、二号宫殿建筑的过渡时期（《中原文物》3 期）。曹慧奇提出，偃师商城三号宫殿早期建筑始建于偃师商城商文化第二期 3 段，晚期建筑始建于第 5 段，废弃于第 6 段，且早期建筑的兴建与大城城墙的始建同期（《中原文物》3 期）。他还探讨了偃师商城内外道路的宽度、形制和存续年代，以及大城内外出现“顺城路”的原因（《华夏考古》3 期）。孙卓通过对郑州商城与偃师商城城市布局和陶器风格的历时性分析，认为两者不同的发展轨迹代表了城市营建的两种不同形式，丰富了对早期中国城市发展历程的认识（《考古》6 期）。

李锋的《郑州大师姑城址研究》（科学出版社），论证了大师姑城址中二里冈文化早期壕沟与二里头文化晚期城墙曾经共时存在，该城址既是一座二里头文化晚期城址，又是一座二里冈文化早期城址，其中二里冈文化早期城址或为商汤灭夏前所建的韦亳。李宏飞和王宁的《小双桥遗址的商与夷》（中国社会科学出版社），指出郑州小双桥遗址中部分岳石文化特征的陶器应属本地生产；夷人和商人在该聚落中可能从事不同的生业活动；夷人以某种形式的介入是导致小双桥遗址废弃以及商王朝对东夷展开猛烈攻势的重要原因之一。钟华等分析了小双桥遗址的浮选遗存，发现该地点的生业以旱作农业为主，兼营稻作；稻米与小麦在遗址中似乎有各自集中的分布区域且在遗迹单位中不共存；杂草组合则与中原地区新石器时代至二里头文化时期基本一致（《南方文物》2 期）。

有关盘龙城遗址的发现和研究成为本年度的热点。近年来针对盘龙城遗址开展的田野工作集中在杨家湾地点的南坡、坡顶与北坡。发掘成果揭示出当时人们的生产生活对自然坡地的改造过程。考古人员还对杨家湾附近水域进行了水下勘探和湖底试掘，在湖盆内发现了商时期遗存，从而将遗址的分布范围进一步扩展。在新发现的墓葬中，属盘龙城四期的小嘴 M3 出现了人骨焚烧和随葬兵器较多的特殊现象。属盘龙城六期的杨家湾 M13，是一座规格仅次于李家嘴 M2 的大型贵族墓。王家嘴 M4 为探讨盘龙城遗址晚期聚落布局和年代下限提供了新材料。作为核心区之外的小王嘴墓地，墓葬中存在不同程度的碎器现象（《考古》11 期、《江汉考古》5 期）。

张海等对盘龙城遗址及周边区域开展了地貌与环境变迁的研究，发现商代遗存不仅分布在低丘岗地上，甚至在临湖的滩地上都有分布。这与商代之前当地因河湖水位下降而暴露出大片临湖滩地有关。孙卓对杨家湾 M17 所出青铜牌形器和金片绿松石器进行了复原，发现其纹饰具备由二里冈上层向殷墟时期过渡的特征，为解决 M17 的年代、墓主身份及中原同类器物的功能及性质提供了重要线索。苏昕分析了盘龙城遗址出土石制品的材质，认为当时的石料应来源于北部的大别山区，且当时居民已经能够根据石器的功能与使用方式进行选材，同时盘龙城周边地区可能存在专业的石器生产地点以及相应的运输路线。徐深依据近年在盘龙城杨家湾等地点发现的几何印纹硬陶的残次品，认为当地可能在早商晚期已经开始烧制印纹硬陶（《江汉考古》5 期）。

淮河流域有两项关于商前期遗存的重要发现。安徽阜阳台家寺遗址洹北商城时期大型台基的发现，显示该遗址应是淮河流域目前所见的最高等级聚落。该遗址发现的铸铜作坊遗迹及大量铜容器陶范，对于探讨商王朝对金属资源的控制与分配、铸铜技术的控制与传播具有重要学术意义（《考古》6 期）。凤阳古堆桥遗址发现较典型的商文化遗存，年代在花园庄期至大司空村一期，填补了淮河流域商文化编年序列的缺环（《考古》4 期）。

围绕商前期遗存所开展的综合性研究不多。郜向平等讨论了郑州商城 C11M151 和盘龙城 PYWM11 两例瓮棺火葬现象，认为其葬俗源自甘青地区，墓主亦可能为来自甘青地区的异族人群（《江汉考古》5 期）。张昌平指出，在商前期墓葬中，玉戈、青铜礼器和玉柄形器可由主及次地体现出墓主人的身份等级。他据此提出了判断墓葬等级的若干标准，并对盘龙城、台西、大辛庄及郑州商城墓葬的等级做了实例分析（《江汉考古》5 期）。张国硕等认为，商代鼎制孕育形成于二里冈上层时期，殷墟时期进入发展与推广阶段，在能否用鼎、用鼎数目、配置组合、鼎之功用与鼎实方面都形成一定规制，并与周代用鼎制度关系密切（《华夏考古》2 期）。

张吉等对桐柏县文管所藏五里墩商代铜爵做了检测分析，发现该器含高放射性成因铅，为豫南鄂北地区首次发现的二里岗上层阶段的该类铅料（《南方文物》3 期）。马江波等分析了岳阳商代遗址出土的铜器及炉渣，研究表明岳阳地区至晚在二里岗上层时期已开始青铜器生产，并处于商王朝的资源流通分配体系之下（《江汉考古》3 期）。

殷墟遗址的发现与研究仍为晚商考古的重点。本年度又适值殷墟科学发掘九十周年，相关报道和研究认识丰富多彩。

《安阳孝民屯（四）：殷商遗存・墓葬》（文物出版社）刊布了 2003 年 3 月至 2004 年 6 月在孝民屯地点发掘的 645 座殷墟时期墓葬材料。安阳任家庄南地发现晚商时期房址、墓葬及大量陶范，遗存年代属于殷墟二期至四期，是一处居、葬和生产合一的大型铸铜遗址（《中原文物》5 期）。在刘家庄北地发掘的 M44，属殷墟二期，随葬两套觚爵，且有形体较大的尊、壶等容器出土（《考古》10 期）。该地点还发现一座铅锭贮藏坑，出土近 300 块铅锭，总量达 3404 千克，属殷墟四期晚段（《考古》10 期）。大司空村东南地发现有商代房基和道路，其中的 F7 补充了 2004 年发掘的“C 区建筑群”的东部结构（《中国文物报》5 月 4 日 8 版）。大司空村东地也发现多条殷墟时期道路，以及带一条墓道的大墓一座、车马坑三座、无字甲骨坑一个（《中国文物报》8 月 24 日 8 版）。上述发现，为进一步探索殷墟遗址的布局、功能分区与铜器冶铸业等提供了重要资料。此外，大司空村东北 2010ADSKT2H37 出土一版刻辞牛骨，据其书体风格与共生陶器特征，可断为殷墟二期。诸多迹象显示，这应是左手执刀在废弃卜骨上产生的习刻刻辞（《考古》3 期）。

牛世山分析认为，洹北商城始建于洹北商城早期偏晚时段，随即中断；洹北商城晚期存在新一轮建设，之后又被放弃，转而起建殷墟商邑。二者时代前后衔接，一废一兴，布局差别明显（《中原文物》5 期）。何乐君支持洹北商城宫殿区一号建筑基址为宗庙建筑的看法，但对该建筑奉祀的神主提出了不同看法（《中原文物》1 期）。王祁建议将殷墟文化分为洹北期与大司空期，其间存在小屯过渡类遗存（《中国国家博物馆馆刊》10 期）。

本年度对殷墟王陵和墓葬的研究成为一个突出热点。魏凯考察了西北岗王陵墓葬内原生堆积中的随葬品形制及墓葬间的打破关系，对各墓间的先后关系做了重新排列，并推测了各墓墓主身份（《考古》1 期）。内田纯子等则依据各墓均有出土的雕花骨板的形态和纹饰演变，对西北岗王陵区的大墓进行了排序和墓主身份推定（*Antiquity*, Volume 92, June 2018）。朱凤瀚也对西北岗王陵各大墓（M1129 除外）的埋葬次序及各墓期别做了重新推定（《考古学报》4 期）。王祁认为王陵西区应为商王埋葬区，东区属于特殊贵族埋葬区，武官大墓或为孝已之墓（《中国国家博物馆馆刊》10 期）。岳洪彬提出，西北岗王陵大型墓葬腰坑底部的深度远超同时期商代水井的地下水位线，有“下及黄泉”的效果，是商代社会中“黄泉观念”的体现。腰坑是墓主人通向黄泉的入口，腰坑中的殉狗则是其通向黄泉路上的引领者（《中原文物》5 期）。

刘一曼探讨了殷墟的商代贞人墓，认为贞人身份大多相当于中等贵族且可出任武职，而墓中所出的彩色小石子是族邑卜者惯用的卜卦用具（《考古》3 期）。何毓灵分析了殷墟王裕口南地 M103、M94 墓主身份及相关随葬器物，对殷墟时期的贞卜、巫术、筮卦等巫卜器具进行了梳理，对了解墓主的职业身份具有重要启发（《考古学报》2 期）。此外，他还对殷墟工匠墓及工匠所从事的具体职业做了细致的归纳和分析（成都金沙遗址博物馆等编：《夏商时期玉文化国际学术研讨会论文集》，科学出版社）。郜向平认为，对商代墓地的考察不应局限于“族坟墓”的视角，殷墟葬俗的多样化反映出地缘性与亲缘性因素并存的复杂性，而殷墟以外以“亲缘性墓地”居多的情况反映出商人对外控制的策略（《古代文明》12 卷）。常怀颖梳理了晚商时期墓葬中鼓、埙、磬三类乐器的随葬情况，结合对编列小铙随葬现象的分析，认为殷墟时期的乐器已开始被纳入礼制体系之中，虽不规范但礼乐制度的雏形已现（《古代文明研究通讯》总第 78 期）。周剑认为，商代合葬墓中存在异性同穴、同性并穴和异性并穴三种合葬形式。极少数的夫妻合葬墓的存在反映了商代或实行内婚制的一夫一妻制，同性并穴合葬墓是联合家庭下的兄弟或父子合葬及昭穆制度的体现（《中原文物》3 期）。

有关殷墟青铜器的铸造工艺研究取得重要进展。刘煜的《殷墟出土青铜礼器铸造工艺研究》（广东人民出版社）系统讨论了殷墟铜器铸造的工艺流程、技术来源与演进路径、工匠身份与组织管理、祭祀礼仪等方面的问题。他还发现，青铜礼器铸造中综合利用各种分铸法的多次铸接法应产生于早、中商之际，普遍应用于殷墟二期，到殷墟四期，浑铸倾向又有所加强（《中原文物》5期）。岳占伟等通过对殷墟出土部分铜爵及大量爵范和爵芯等实物资料的观察，推断了各类铜爵的分范方式、附件的制作方式、范芯的组装方式和浇口的位置（《文物》4期）。苏荣誉等梳理了商代青铜容器盖钮铆式分铸工艺的变迁历程，发现这类工艺可追溯至二里冈晚期的南方青铜器，殷墟早期安阳青铜器中出现此种工艺，可能与南方工匠的北迁有关。殷墟晚期这类技术趋于消失，盖钮的制作为浑铸或榫接式后铸法所主导（《中原文物》1期）。他们还分析了晚商铰接提梁卣的枢分铸工艺，认为卣枢的铸铆式后铸技术也来自南方工匠的发明，并存在从南方向殷都的转移过程，后于殷墟晚期消失（《青铜器与金文》第二辑）。

此外，汤毓赟提出，"觚爵成套"和"偶数配列"应是殷墟青铜礼器组合的基本形式（《江汉考古》2期）。胡洪琼认为出于刘家庄北地的一件"铜异形器"应是攻破城门等防御设施的"破门器"（《中原文物》5期）。施劲松通过对商时期中原和南方地区青铜器进行对比，发现青铜器的作用在不同地区表现不尽相同，揭示出青铜器与社会之间的复杂关系，以及古代社会发展形态的多样性（《考古》5期）。

有关殷墟玉器的研究成果比较集中。杜金鹏主编的《殷墟妇好墓出土玉器研究》（科学出版社）一书，运用多学科手段，就妇好墓出土玉器的考古发现、社会背景、历史人物、生产生活、价值意义、玉器类型、玉石特质、工艺技术以及文化传承和传播等多方面问题，进行了深入讨论。钱益汇等介绍了迁台殷墟玉器的基本情况，并就制作工艺、造型传统和使用功能方面的研究做了归纳。徐义华由甲骨卜辞相关记载的分析发现，商代用玉情况非常普及且形成了一定的制度。翟少冬回顾了妇好墓玉器的发现与研究史。刘允东从造型、装饰和工艺三方面总结了妇好墓玉器的艺术特征，并分析了其风格成因。王苹分析发现，妇好墓出土玉人像与圆雕蜷体玉龙等，具有明显的红山文化玉器风格。王青辨识出妇好墓中出土的28件前代遗玉，并讨论了遗玉来源及改制现象（《博物院》5期）。朱乃诚总结了妇好墓出土玉器的改制现象，可能反映了武丁时期玉料的匮乏（《玉器考古通讯》1期）。郭静云等认为，石家河文化是殷商玉礼器文化的重要和直接源头，以往被称为"柄形器"的玉器应改称"祖形器"，即后世的祖先牌位（《河南大学学报（社会科学版）》1期）。通过对妇好墓圆雕玉器的观察与微痕分析，叶晓红认为殷墟时期已出现旋转砣具、解玉砂及"线锯"等关键技术，且钻孔技术得到了创造性应用（《中原文物》2期）。杜金鹏分析了殷墟宫殿区玉石手工业相关遗存，认为商代晚期的王都存在为王室所有的制玉作坊，供王室消费所用（《中原文物》5期）。

与殷墟科学发掘九十周年纪念相关的回顾性文章颇多。唐际根与荆志淳对殷墟考古九十年做了历时性回眸，将殷墟发掘置于中国传统史学的危机、西方考古知识的传播、外国人在华的探险与文物收集活动及金石学传统的大历史背景之中，从指导思想与发掘技术、资料整理技术、学术任务与科研热点、组织管理等四个方面回顾了九十年来殷墟考古事业的发展历程，对殷墟发掘的历史意义做出了评价（《考古》10期）。《殷墟九十年考古人与事（1928—2018）》（社会科学文献出版社）一书，更是全面回顾了殷墟发掘与研究的历史过程。何毓灵则系统回顾了近十年来围绕殷墟范围内的道路、手工业遗存、家族墓地、实验考古以及传统殷墟外围开展工作所取得的成果，对大规模基本建设的情况下如何做好殷墟布局研究及内涵解读提出了中肯建议（《中原文物》5期）。

牛世山等回顾了殷墟90年来陶器的发现与研究，概括了殷墟陶器的分类与文化因素的分组，并对陶器所反映的生产技术、人群流动与文化关系作了剖析（《南方文物》3期）。郭梦等对李济《殷墟陶器研究》中有关制陶技术的内容进行了验证和检讨，认为李氏有些观点虽需进一步探讨，但其关于殷墟陶器成型、修整、装饰及烧制技术的认识对今日仍有重要借鉴意义（《西部考古》第16辑）。丁思聪等回顾了1928年以来有关殷墟玉器的发现与研究史（《博物院》5期）。李志鹏回顾了殷墟动物考古90年的发展历程，强调殷墟的动物考古今后应更加注重考古学背景分析，并与其他领域的相关研究成果相整合（《中原文物》5期）。

其他方面，孔德铭认为，从事手工业生产的各族邑是殷都内最基层的社会组织，族邑间以道路、河道紧密相连，呈片状集中分布，族邑内则体现出“居、葬、生产”合一的社会特征。分区明确的庞大手工业群，反映出殷墟应是以手工业生产为核心的都邑，兼具政治中心的功能（《殷都学刊》3期）。苗霞通过对殷墟发现的普通建筑居址的规模、房内床台大小和炊煮器容量等方面的观察，认为殷墟大多数平民的独立性较强，可能实行的是较为松散的一夫一妻制，成年女性和未成年人是家庭中的较稳定成员，而成年男性则游离于家庭与社会之间（《中原文物》5期）。杨弃等认为人牲的本质是祭品，将其奉献于祖先或神灵是为求取消灾或庇佑；而人殉的本质是随葬品，将其殉葬是为墓主人提供生前所享有的服务。而安阳后冈圆形葬坑是一处特殊的埋葬场所，其内葬人既非人牲亦非人殉（《社会科学战线》12期）。王祁等对殷墟刘家庄北地、大司空村、新安庄地点提取的植物遗存做了细致分析，首次发现了大豆遗存，了解到殷墟时期当地以粟为主，以黍、豆为辅的农作物结构（《南方文物》3期）。

殷墟之外的晚商文化分布区有重要发现。河南淇县大李庄（《考古》5期）、驻马店闰楼（《考古学报》4期）、山西闻喜酒务头（《中国文物报》12月28日8版）、山东济南刘庄（《海岱考古》第十一辑），均报道有晚商时期的墓葬材料，多有出土青铜容器的贵族墓葬。肃宁后白寺遗址也发现有晚商时期遗存，面貌与东先贤五期基本一致，对于了解晚商文化的北界有重要意义（《中国文物报》3月9日8版）。

燕生东分析了晚商时期东方地区的商夷关系，探讨了晚商文化的东界及夷方的可能位置（《古代文明研究通讯》总第76期）。王文轩认为，滕州前掌大墓地女性墓葬随葬兵器比例较高，是与这里女性地位较高和地处战事频发的东夷重地有关（《考古与文物》6期）。

有关先周时期遗存，仅凤翔劝读遗址2004年发现的1座灰坑和1座窑址的材料得以报道（《文博》3期）。相关研究仍在推进。宋江宁的《区域社会的形成与发展——商代关中的考古学研究》（花木兰文化事业有限公司），从文化、经济和社会视角描绘了商代关中区域社会的形成、发展、变迁、融合的过程。他与韩云等还认为，商文化京当类遗存时期的周原遗址，已成为商王朝控辖关中西部的中心聚落，这为理解周人后来为何迁岐提供了有益的启示（《文博》3期）。张天恩据周原先周晚期遗存与墓葬的分布，推定王家沟沿岸的贺家至王家嘴一带应为太王岐邑所在（《文博》2期）。王立新重新分析了关中西部晚商时期遗存的内涵与分布格局，认为刘家文化、碾子坡文化与郑家坡文化是三支相对独立和并行的考古学文化，而丰镐地区先周晚期遗存、周原第6段遗存、斗鸡台先周晚期墓葬等应属上述三种文化碰撞和融合所形成的“过渡期遗存”，难以归入已命名的任何一种考古学文化，也不宜作为辨识西周文化来源的基点。并指出，考古学文化与族属的相关性判断虽然颇为复杂，但由周初分封在考古学上的反映来看，以联裆鬲、折肩罐、深腹盆为代表的器物群就是姬姓周人及其“亲戚”之族所使用的文化，由此器物组合及用器习俗上溯，郑家坡文化应当就是姬姓周人所使用的文化。大约在殷墟三期前后，出现在周原的以王家嘴 H94 为代表的遗存，或许就代表了自“古豳地”或邻近地区迁徙而来的一支姬姓周人所使用的文化（吉林大学边疆考古研究中心编：《新果集（二）》，科学出版社。以下简称：《新果集（二）》）。

周边地区报道的商代遗存比较有限。山东龙口楼子庄遗址发现有岳石文化晚期和珍珠门文化早期遗存（《海岱考古》第十一辑）。广饶县发现了晚商至东周时期的盐业遗址（《考古学集刊》第 21 集）。嘉陵江中游地区的调查发现了蔡家壕、淄佛寺等商周时期遗址，所获遗存对探讨三星堆文化与十二桥文化的分布范围提供了重要材料（《四川文物》3 期）。广东增城墨依山遗址发现两座出有玉牙璋的商代墓葬（《东南文化》3 期）。新疆尼勒克吉仁台沟口遗址是目前伊犁地区发现的年代最早、规模最大的青铜时代聚落遗址，碳十四测年在公元前 1600 ~ 前 1000 年。发现有大型石构建筑遗迹，清理出一批与冶铜相关的遗迹遗物及世界上最早的以煤为燃料的遗存，还发现大量的炭化黍，为黍的西传提供了实证（《中国文物报》12 月 28 日 7 版）。新疆和布克赛尔县 219 国道所经的松树沟沿线清理墓葬中包括有安德罗诺沃文化和卡拉苏克文化阶段的墓葬（《新疆文物》1、2 期）。

于孟洲等将十二桥文化早期墓葬划分为三期，对各期墓葬的形制、结构、墓向、葬式和随葬品组合特点进行了梳理。发现在随葬品中小平底罐和尖底器存在此消彼长的现象（《边疆考古研究》第 23 辑）。他还分析了三星堆文化的东向扩展及其与商文化的交流动因（《边疆考古研究》第 24 辑）。张文彦等认为，以金沙遗址郎家村“精品房”地点为代表的遗存应属十二桥文化早期阶段（《四川文物》5 期）。赵殿增提出，三星堆遗址中的几处土堆或为祭祀性质的土台，青关山一号建筑基址或为专门的祭祀“神殿”或“神庙”，遗址中多种形式的祭祀坑亦为祭祀活动的产物和实证（《四川文物》2 期）。朱丹丹对三星堆器物坑所出施彩铜器的观察发现，本地特色的器物多以黑、红两色凸显眼、口、鼻、耳等部位，似应出于对超自然感官能力的崇拜；而中原风格容器则普遍以红色填充器表阴文，或与“衅”礼有关（《四川文物》2 期）。田剑波等将金沙遗址所出的无胡直内带阑铜戈分为两型，认为这些戈的年代集中于二里冈上层至殷墟时期，或可晚至西周早期，且均应源于中原地区（《江汉考古》4 期）。

王进等将山西隰县庞村所出殷商青铜器的年代判断为殷墟一期偏早阶段，有助于确定晋陕高原铜器群的年代上限（《中原文物》1 期）。王显国对北京昌平刘家河墓葬出土商代中期的金臂钏做了分析，认为该器系采用熔铸、锤揲及打磨等多种工艺制作而成（《博物院》6 期）。许鹏飞等分析了宁镇地区湖熟文化的成分结构，认为该文化在继承本地点将台文化因素的基础上，受到中原商文化的强烈影响，并与环太湖地区的马桥文化存在密切的互动关系（《东南文化》5 期）。马江波等对宁乡黄材出土大型铜瓿做了检测分析，发现该器与其他地区发现的类似圆肩铜瓿相比虽然具有不同的合金技术特征，但绝大多数含有相同产地的高放射性成因铅，表明金属矿料仍受商王朝的控制（《四川文物》6 期）。杨建军讨论了乌仑尾遗址的分期及墓葬的分类与等级问题。认为乌仑尾遗址出土遗存可分前后两期，相当于中原的商代中、晚期（《庆祝郭大顺先生八秩华诞论文集》）。

三 西周

丰镐、周原与宝鸡石鼓山仍是西周考古关注的焦点。

苏秉琦《另一个三叠层》（上海古籍出版社）的整理出版，更加凸显了丰镐遗址在中国考古学史上的重要意义。《丰镐考古八十年・资料篇》（科学出版社）收录了80年来丰镐遗址调查、发掘及研究中的一批代表性成果。2013～2016年间，中国社会科学院考古研究所丰镐队发现的曹寨古水域、曹寨南至大原村西古河道等水系遗存，为研究丰京遗址聚落布局及演变提供了重要线索（《考古》2期）。《周原遗址东部边缘：2012年度田野考古报告》（上海古籍出版社）刊布了姚家墓地及周邻区域的发掘、钻探及调查结果，揭示了该区域西周时期的文化、聚落和社会特征。2017年在周原遗址东部边缘地带发掘的上康、任家、下樊三个地点，发现有灰坑、墓葬、房址、陶窑、水渠、道路等遗存，为进一步认识周原遗址的聚落布局和文化内涵等提供了重要资料（《中国文物报》8月14日1版）。《华县东阳遗址考古报告（2014）》（科学出版社）刊布有西周时期遗存，其中包含"墓祭"现象。

雷兴山等对扶风黄堆墓地的范围、年代、结构及墓地与居址的对应关系等进行了剖析（《古代文明》12卷）。种建荣将周原姚家墓地分为西、北、南三区，提出可将是否随葬陶簋与出现陶器"同形现象"作为判断西周时期殷遗民墓葬的标准；姚家墓地西、北区为周系族群，南区为殷遗民，这种不同族群共用一处墓地的现象，表明周原聚落基层社会组织存在地缘化的发展趋向（《华夏考古》5期）。他提出，周公庙陵坡墓地系按"自上而下，大墓居中"的原则来布局；起止年代在西周早中期之际到西周晚期；墓地中虽有四条墓道之墓，但形制有别于王墓；墓地性质可确认为周公家族墓地（《中国国家博物馆馆刊》7期）。此外，他还分析了周公庙刻辞甲骨的埋藏情况，认为西周甲骨存在"有意识掩埋"与"随意弃佚"两种埋藏方式（《文博》3期）。赵艺蓬等则在种建荣上述意见的基础上，进一步提出"尊藏卑弃、重藏轻弃"的认识。认为"有意识掩埋"者为庋藏，而庋藏甲骨的建筑当近于金文中的"宫"，文献所记"龟室"或为其中一部分（《文博》5期）。

李龙俊对宝鸡石鼓山墓地所出六组铜器作了细致观察，并佐以成分分析，指出其中存在铜器仿制的现象；带有族氏铭文的精美铜器应为被仿制器，并不能真正代表墓主的具体身份；墓内随葬的高领袋足鬲表明，墓主或与刘家文化人群有密切联系（《考古》5期）。丁岩也指出石鼓山商周墓地所出青铜礼器存在仿制现象（《文博》5期）。张天宇认为，石鼓山M3的文化性质应属于碾子坡文化，考虑到周原遗址中碾子坡文化的使用者包括姬姓周人，"一墓多族徽"现象多见于姬姓周人墓葬，可判断该墓墓主应为姬姓周人，甚至整个墓地都是姬姓周人的墓地（《青铜器与金文》第二辑）。张煜珧等分析发现，石鼓山墓地出土青铜器的铭文铸造工艺有范刻、芯塑和模刻三种，并总结了三种工艺的流行时段（《考古与文物》6期）。张翀重新检视了弜国墓地中本土风格的铜器，发现其早期更注重铜器的功能，其后受到商周文化的影响而装饰性更强（《南方文物》4期）。高西省认为，洛阳地区所出西周青铜大口尊是以商式无肩、无扉棱觚形尊为主体，还有仿商式的铅制和青瓷大口尊（《中原文物》2期）。宋俊荣等对宝鸡西高泉春秋早期M1出土的西周青铜壶做了细致的制作技术分析，从该器上发现了首例陶芯水平分型技术（《文博》5期）。

朱凤瀚重新梳理了宗人诸器，发现其中存在该宗族大宗为小宗所作之祭器，年代在西周中期偏晚至晚期偏早阶段。以此说明当时应存在大宗为小宗作器之制，并有可能从西周早期延续至晚期（《青铜器与金文》第二辑）。韩巍分析了西周铜器演变过程中的几例“超前”现象，提醒研究者在运用类型学进行铜器断代时，要充分考虑“特殊情况”发生的概率，从而更加全面地进行断代研究（《青铜器与金文》第二辑）。王帅的《中国古代青铜器整理与研究·西周金文字体卷》（科学出版社）是一部运用类型学分析西周金文字形书体的著作，对细化青铜器的断代研究具有一定价值。

在西周封国地区中，宁夏彭阳姚河塬遗址发现有西周时期的高等级贵族墓葬、铸铜作坊遗迹，复杂的聚落结构显示，其可能为贵族的采邑或封国所在，这为研究周王朝对西部边陲的管理和经营提供了重要的史料（《中国文物报》1月26日8版）。山西翼城大河口墓地M1017的材料得以刊布，其年代应在西周中期偏早阶段，墓主为一代霸国国君霸伯尚。所出器物铭文涉及礼制、盐政及祭祀等方面的内容，有重要史料价值（《考古学报》1期）。大河口墓地M2002与M1017约略同时或稍晚，墓主或为M1017墓主之弟霸仲。该墓所出长篇铭文对研究西周诉讼、命誓和刑罚制度意义重大（《考古学报》2期）。绛县周家庄遗址发现有西周遗迹，含商、周两类文化因素（《中国国家博物馆馆刊》3期）。《龙口归城》（科学出版社）刊布了中美联合考古队于2007~2010年间在山东龙口归城周代城址调查和试掘的收获，系统揭示了胶东半岛地区国家的形成过程。该报告以每个遗迹单位作为展示器物信息的单元，文字采用中英文对照，遗迹遗物描述表格化，写作体例值得借鉴。凤阳古堆桥遗址的西周遗存虽不如商代遗存丰富，但其特征既不同于以霍邱堰台为代表的江淮西部地区的西周遗存，又有别于以滁州和郢为代表的江淮东部地区的西周遗存，中原周文化的因素体现得更为明显（《考古》4期）。湖北郧县大寺遗址发现的一批西周早中期遗存，为研究早期楚文化的起源提供了重要资料（《江汉考古》1期）。

井中伟等对泾河流域西周墓葬作了分期，在此基础上探讨了该区域不同族群势力的消长变化，揭示出周人势力自西周中期收缩东移，从而逐步丧失对泾河流域控制权的发展过程（《新果集（二）》）。欣怡华提出，崇信于家湾墓地不是姬姓周人墓地，而是曾参与灭周的缯国的墓地（《文博》2期）。

沈载勋提出，翼城大河口M1和M1017在随葬青铜礼器方面有“逾制”现象，显示出一定的独立性，而在墓葬形制和规模上又体现出对周制的依从性。这种两面性反映出为商所同化的土著政治势力在经历商周更替之后，逐渐纳入周王朝统治秩序的过程（《青铜器与金文》第二辑）。田建文重新申述了对晋国始封地、唐国故地与都邑所在等问题的认识（《珞珞集》）。吴毅强的《晋铜器铭文研究》（浙江大学出版社）在确定晋侯墓地各组墓葬的墓主身份与年代的基础上，对晋国铜器铭文进行了系统的编年释义，并探讨了若干相关历史问题。

郜红星等将荥阳西司马墓地分为四期、三区，认为其年代相当于殷墟四期晚段至西周早期晚段，属于一处商人连续使用的墓地。其中B、C两区可能接受了周人的部分葬俗（《中原文物》1期）。张家强等强调了墓位形态在墓地基层组织结构分析中的重要性。在认可西司马墓地墓葬均为西周早期的前提下，依据墓葬的空间集聚等特征将该墓地分为两大区，每区之下又依“墓位形态”区分出以紧密相邻、墓向一致、规模相若、葬俗相近为特征的“基本形态”墓葬组，以及由若干“基本形态”墓葬组积聚而成的“发展形态”墓葬群。“基本形态”墓葬组代表核心家庭，“发展形态”墓葬群代表伸展家族。包括伸展家族之上的墓区和整个墓地，墓地所代表的社会组织应对应四个层级。其中墓地东区包含了两种头向的墓葬，应属族属有别的人群，可能代表了一种以血缘关系为基础的地缘关系组织（《华夏考古》5期）。李宏飞归纳出两种商系陶鬲绳纹，其中左纵右横绳纹流行于殷墟文化晚期至西周早期，可为辨识周初殷遗民使用的陶鬲提供重要线索，而左曲绳纹则是商人故地西周晚期肥袋足无实足根陶鬲的典型特征之一（《考古与文物》1期）。荥阳官庄遗址大城中北部发现有丰富的制陶遗存，年代为西周晚期至春秋早期。陈娟等对该地点出土陶泥、陶坯和部分陶片的检测分析表明，陶器系本地生产，原料中含铁量较高，烧成陶色偏深（《文物保护与考古科学》5期）。

曹斌将高青陈庄遗址出土遗存分为前后两大阶段，认为该遗址前段性质为齐国的边防军事重镇，而后段性质为一般性居址（《考古》3期）。他还将鲁南地区西周时期遗存分为两期6段（《海岱考古》第十一辑）。杨博分析了济阳刘台子西周墓葬随葬青铜容器的摆放与组合关系，认为其大类分置、组合器邻近的原则，与殷遗民墓中酒水器聚置、食器分置的现象不同，体现出周人的文化特色（《青铜器与金文》第二辑）。

赵孝龙等指出，随州叶家山所出三足青铜器中，器口为桃圆形特征的应为地域特征（《考古与文物》6期）。郁永彬等运用金相观察、成分分析和铅同位素测定等方法，对随州叶家山M28出土各类青铜器进行了抽样检测，并与同墓地M65所出青铜器的检测结果进行对比，了解到两墓铜器的矿料来源相同，但M28青铜容器合金元素含量的规整性较M65低；两墓出土铜兵器的制作工艺基本相同，铜车马器的合金元素含量有所差异（《考古》7期）。陈丽新发现，叶家山墓地出土铜甗甗钩与器身的连接存在先铸铸接和焊接两种方式，以先铸铸接为主，从一个侧面反映出曾国或许存在独立生产青铜礼器的能力（《考古》8期）。苏荣誉认为，叶家山出土青铜蟠龙盖罍从风格和工艺看，很可能出自周文化核心区某处作坊（湖北省文物考古研究所编：《曾国考古发现与研究》，科学出版社。以下简称《曾考》）。郭长江等初步分析了叶家山墓地出土原始瓷器的形制特点、组合与产地等（《曾考》）。笪浩波认为宜昌万福垴遗址第四期遗存是周文化与江汉地区土著文化相结合的产物，体现出早期楚文化的特征（《楚文化研究论集》第十三集）。

周边地区的相关发现和研究较为有限。湖南岳阳老鸦洲遗址发现有自费家河文化二、三期延续至炭里河文化时期的遗存，填补了两文化之间的缺环（《湖南考古集刊》第13集）。四川西昌新庄遗址发现有年代相当于西周早期的土坑墓（《四川文物》4期）。西昌羊耳坡遗址槽子田墓地发掘的80座土坑竖穴墓，发掘者将其年代推断在西周中晚期至战国中晚期之间，但同时也指出该墓地所代表的文化与成都平原十二桥文化存在交流关系（《四川文物》1期）。

苏荣誉等分析表明，湖南桃江金泉出土的青铜马簋铸造于西周早期，与当时同地出土其他铜器关系密切，具有商代南方工艺风格，但并没有证据显示其铸造于湖南（《湖南省博物馆馆刊》第十四辑）。刘兆霖等考察了双房文化的分布与区域特征，将该文化划分为四个类型（《庆祝郭大顺先生八秩华诞论文集》）。任瑞波对新疆索墩布拉克文化进行了分期分区研究，认为该文化年代约在公元前1100～前100年，应源于伊犁河谷以西的中亚和南西伯利亚地区（《边疆考古研究》第24辑）。他还提出，唐汪类型和苏贝希文化中共见的彩陶涡纹各自独立产生，渊源有自，不能将两者视作文化交流的证据（《纪念张忠培先生文集·学术卷》）。

四　东周

2018 年度东周时期考古成果十分丰富。而且，以澄城刘家洼、行唐故郡遗址、宁县石家墓地、陶寺北墓地等为代表的新发现，在田野发掘的精细程度、信息收集的全面程度上，较之从前都有很大提高，为东周文化与社会等方面的研究提供了大批珍贵材料。

三晋两周地区

陶寺北墓地已探出大中小型墓葬 1200 余座，时代自西周末期延续至战国时期，是近年两周考古的重大发现之一。2014 年在该墓地西北部清理墓葬 7 座，年代集中在两周之际和春秋早期（《中原文物》2 期）。同年，还在该墓地 I 区抢救性清理了 M3 和 M7。其中 M7 墓主为女性，出土青铜容器 11 件及大量玉石器，青铜器中含列鼎 3 件、簋 4 件，年代为春秋早期。该墓北部填埋一层玉石器，四周埋有动物骨骼，可能与落葬后的祭祀有关（《文物》9 期）。绛县周家庄遗址发现有春秋晚期至战国早期的典型晋文化遗存，筒瓦、板瓦等建筑材料的发现暗示存在高等级建筑，制陶工具的发现则表明制陶手工业的存在（《中国国家博物馆馆刊》3 期）。

三门峡义马上石河墓地清理出春秋早中期墓葬 21 座、马坑 6 座，出土各类文物标本近 500 件，可能是一处中小型贵族墓地（《中国文物报》8 月 24 日 8 版）。河南省文物考古研究院等单位对新郑郑韩故城北城墙与隔墙交会处东侧的缺口进行了发掘，确认此处就是北城门，由一陆门和一水门组成，应该就是文献所记郑国的"渠门"。同时在城南发掘的三号车马坑属郑公一号大墓的陪葬坑，清理出马骨 124 具，经过拆卸的木车 4 辆，是郑韩故城迄今发掘的规模最大的车马坑（《中国文物报》4 月 6 日 8 版）。郑韩故城南郊的新郑天利墓地清理出周代墓葬 313 座，出土各类质地的文物千余件，年代大约在西周晚期到战国晚期早段（《新郑天利两周墓地》，上海古籍出版社）。郑州朱寨遗址清理东周时期墓葬 39 座，年代从春秋晚期偏晚延续至战国晚期（《中原文物》4 期）。新乡鲁堡墓地清理战国墓葬 39 座，年代在战国早期偏晚至中期，葬俗、随葬品多为中原文化特征，但葬式多为屈肢葬，可能反映了这一时期的人群迁徙（《中原文物》3 期）。河北元氏南白楼墓地发掘有战国秦汉墓葬 22 座，可分仿铜陶礼器墓和日用陶器墓两类，年代在战国中晚期至西汉初年（《考古》2 期）。

澄城刘家洼墓地地处春秋秦晋争锋之地，2017 年抢救性发掘带两条墓道的中字形大墓 2 座、中小型墓 19 座，出土各类材质的文物 300 余件（组），年代为春秋早期。墓地布局、墓葬形制、葬俗及随葬品的形制与组合与周系墓葬基本一致，初步判断为周王朝某一封国的贵族墓葬区。大墓应为国君及夫人级别。调查、勘探表明，墓地周边还存在大范围居住址，可能有城址存在（《中国文物报》1 月 12 日 8 版）。在澄城县范围内开展的考古调查也发现有部分两周时期的遗址点（《西部考古》第 16 辑）。

研究主要围绕墓葬遗存而展开。王震认为洛阳周山陵区只有二陵而非四陵，独冢或为周赧王墓，另三座可能为赧王之父周慎靓王及夫人的异穴合葬墓（《洛阳考古》3 期）。吴业恒介绍了伊川徐阳东周墓地的发现，认为墓葬的年代主要在春秋中晚期，应为陆浑戎贵族墓地（《青铜器与金文》第二辑）。林永昌对东周晋系墓葬的处理方式、随葬品多寡与墓主年龄大小及性别的关系做了历时性考察，注意到公共墓地中一般不见儿童或婴儿墓葬，极少数埋人者的墓葬也较为简陋；年龄因素与成年群体的墓葬礼制有一定关系（《古代文明》12卷）。王京燕等讨论了西周晚期至春秋早期晋国墓地中的祭祀现象，认为陶寺北墓地2014M7、2017M2010等墓旁的玉石祭祀遗存属于成葬后“礼地神”的祭祀遗存，而羊舌墓地中具有复杂打破关系的祭祀坑则属“盟誓坑”（《纪念张忠培》）。陈小三从辉县琉璃阁墓地春秋铜器群中区分出来自南北方多地的文化因素，揭示出该铜器群周文化风格解体、地方特征显现的时代特征（《古代文明》12卷）。王震等对郑州地区东周时期陶器墓进行了分期研究，论述了墓葬陶器组合的变化及阶段性特点（《考古与文物》4期）。滕铭予讨论了三晋两周地区战国墓葬中常见的一种四穿透雕纹圆当卢，认为其年代集中在战国早期早段至中期早段，可与其他车马器及车马坑一同作为墓主地位与财富的标识（《纪念张忠培》）。宋殷对文献记载周人在宴飨和祭祀场合所用动物牺牲的等级进行了梳理，继而又分析了临猗程村墓地和太原金胜村M251的鼎实及部分墓内鼎实之外的兽骨，认为无论是社会上层还是中下层墓葬在用牲中都存在一定的僭越现象，反映出春秋中晚期阶段原有牲畜管理体制的崩溃（《考古与文物》2期）。王一如等分析了安阳杨河固遗址出土东周人骨的体质特征，认为这批居民在人种上属于古中原类型，亦不排除受到了古华北类型居民人群的影响（《江汉考古》6期）。

徐昭峰认为东周王城郭城的东墙应为体育场路东、014中心豫航公寓工地发现的南北向夯土墙；王城郭城的修建破坏春秋王陵区的现象并非孤例，表明郭城的修建应在战国时期；王城东南部的春秋王陵区是“以昭穆为左右”的墓次进行排列的（《中国国家博物馆馆刊》3期）。田建文由太原金胜村M251所出刻纹铜匜出发，判断晋文化中的8件刻纹铜匜的年代均在公元前475年前后，认为这一阶段晋、吴之间的密切关系为刻纹铜器由吴地向晋地传播提供了可能（《古代文明研究通讯》总第76期）。

秦文化区

2015～2016年，秦文化与西戎文化联合考古队在礼县大堡子山秦公大墓M3东北、北侧清理墓葬3座和车马坑1座，另在城址外东北清理墓葬1座。其中未被盗掘的IM31、IM32均有殉人、腰坑和殉狗，IM31旁边还有人祭坑，年代为两周之际，进一步佐证了秦人与商人的关系密切以及秦人、秦文化的东来说（《文物》1期）。经五年的钻探与试掘，秦都栎阳城的位置及城墙走向、大型夯土台基等信息得到明确，还发掘出了浴室遗存（《中国文物报》2月23日8版）。《咸阳东郊秦墓》（科学出版社）公布了在秦都咸阳城西郊发掘的近200座中小型秦墓的资料，年代在秦都咸阳至秦统一时期。咸阳闫家寨发现的一批战国秦祭祀坑、墓葬、围沟与建筑基址等遗迹，为了解司家庄秦陵的布局结构、战国秦高级贵族葬制、葬俗等问题提供了重要资料（《考古与文物》4期）。宝鸡郭家崖北区发现的37座战国秦墓，多种墓葬形制与葬具并存，丰富了战国秦墓的文化内涵（《文博》6期）。《华县东阳遗址考古报告（2014）》（科学出版社）刊布有东周遗存，显示秦文化东进的年代可早至春秋中期。

田亚岐分析了秦都雍城的选址理念与改扩建过程，以及该城在秦国发展史中的重要地位。指出该城在秦都继续东迁之后仍被秦人作为“圣都”，即使到了西汉时期仍具有祭天“圣城”的作用（《新果集（二）》）。耿庆刚等考证了咸阳塬上三座秦陵的墓主身份，认为司家庄秦陵、严家沟秦陵、“周王陵”陵主应分别为秦武王、惠文王和孝文王（《考古与文物》4期）。于焕金用统计学方法对华县东阳墓地的性别差异做了细致分析。认为女性墓葬在体量、葬具、随葬品方面所耗费的劳动力低于男性，男性墓随葬仿铜陶礼器的比例也高于女性，显示出女性在社会和经济地位方面低于男性；男性使用仿铜陶礼器可能与军功有关（《边疆考古研究》第24辑）。

周亚威等对高陵坡底战国秦墓出土人骨进行了分析，发现男性比例远低于女性，且居民死亡年龄高峰均在青年期和壮年期，推测与战国晚期秦国常年征战导致男丁入伍离乡和生存压力增大有关（《北方文物》3期）。蔡大伟等对凤翔雍城秦公一号大墓车马坑出土马骨做了古DNA分析，结果显示部分马的基因型早在西周时期就已出现在我国西北地区，并于春秋战国之际出现在宁夏和内蒙古地区（《考古与文物》3期）。西安神禾原战国秦陵园大墓陪葬坑K12出土的长臂猿骨骼被鉴定为长臂猿新属种——帝国君子长臂猿。K12同出有珍禽和猞猁、豹、黑熊及绵羊等，为名副其实的“珍禽异兽”坑（《中国文物报》7月13日6版）。

楚文化区

《荆州张家台遗址》（科学出版社）刊布了楚都纪南城南垣外张家台遗址的发掘资料，遗迹主要有战国时期的水井、灰坑和灰沟。楚都纪南城南部发现的高台古井群始建于战国早期，兴盛于战国中期或偏晚（《西部考古》第16辑）。以上资料对了解纪南城外战国时期居民的生产、生活状况有重要价值。襄阳余岗墓地清理的11座春秋楚墓，丰富了本地区春秋中晚期楚墓的材料（《考古》1期）。枣阳九连墩M2及2号车马坑资料的详细披露，为深入研究战国中期楚墓丧葬制度提供了重要支撑（《江汉考古》6期）。而九连墩M2出土的22件（套）乐器为先秦乐器制度的研究提供了重要资料（《中原文物》2期）。河南省文物考古研究所在淅川玉山岭清理一座贵族墓及附属车马坑，墓主属楚国下大夫一级的贵族，年代在战国早期偏晚阶段（《华夏考古》5期）。荆州严家台发现两座保存完整的战国晚期墓葬，墓主应为楚人或沿袭楚地葬俗的秦人（《考古》10期）。湖北沙洋罗家湾墓地清理两座战国中期墓，墓主身份为下大夫级别的贵族（《江汉考古》4期）。《老河口安岗楚墓》（科学出版社）介绍了1992年10月至1993年3月发掘的4座战国中期晚段的中下层贵族墓的资料。其中包括两座未被盗扰且出有遣策的夫妻异穴合葬墓。《湖北宜城跑马堤东周两汉墓地》（科学出版社）也刊布有部分战国楚墓的资料。王丹介绍了荆州凤凰山M68出土的一件战国晚期楚式透光镜，该器将这一铸造工艺的出现年代提前到战国时期（《楚文化研究论集》第十三集）。

对楚墓的研究涉及多个方面，有些已上升到精神信仰层面的解析。高崇文分析了传世文献和楚墓所出卜筮祭祷简所载丧葬内容，认为东周时期楚人盛行始死招魂、虞祭安魂之礼俗，并没有“引魂升天”的丧葬风俗和灵魂观念（《湖南省博物馆馆刊》第十四辑）。尚如春等发现楚墓棺椁制度发展演变有明显的时代性与地域性差异，且在贵族阶层间表现明显，但棺椁制度与墓葬等级的关系并不规范严格，故在以棺椁制度为标准判断墓葬等级时应当慎重（《江汉考古》4期）。印群认为，春秋楚墓陪葬车马坑表现出与莒、嬴秦及商文化的相似性，暗示了其所包含的东方文化因素（《南方文物》4期）。王乐文认为，以往对楚墓青铜礼器组合的研究多注重器物种类，而往往会忽略数量及功能的区分，综合考虑可以将其分为完整形式、基本形式及简省形式三类（《楚文化研究论集》第十三集）。蒋鲁敬通过对楚墓中卜筮祭祷简文内容、楚王陵祭祀坑出土玉器及高级贵族墓葬腰坑中随葬物的分析，揭示出贵族墓葬在祭祀等级方面的差异现象（《湖南省博物馆馆刊》第十四辑)。罗运兵对楚墓中用牲现象进行了梳理，认为其存在明确的等级分化，且并未超出中原礼制范畴，水牛、鱼类及鸡禽的较多使用也是楚人自身特色的体现（《纪念张忠培先生文集·学术卷》)。冯渝杰由文献记载与楚墓材料分析了先秦楚地的尚剑习俗，并将其视为道教法剑信仰的重要源头与生长土壤（《江汉考古》2 期)。徐文武对枣阳九连墩楚墓出土 M1：728 木弩漆画的内容进行了考释，认为弩臂右侧和左侧第一段漆画主题为《后宫娱乐图》，左侧漆画主体为《国子习业图》(《江汉考古》6 期)。黄莹认为楚墓中的镇墓兽与楚人想象中的地下世界——幽都有着密切的联系，镇墓兽很可能是幽都之主后土的形象（《中国文物报》2 月 23 日 6 版)。她还提出，镇墓兽的早期形态应为“祖”形，或源于周礼的“主”，为祭祀祖先的代表（《史学月刊》11 期)。

高至喜探讨了楚人势力的南渐过程，认为西周中晚期楚文化可能已经影响到湘北地区，而春秋中期之前已进占湘北地区，战国早期逐渐占领湘南地区，战国早中期之际已占有湖南全境（《湖南省博物馆馆刊》第十四辑)。刘彬徽总结了楚系鼎、簠、盏、敦的演变轨迹及地区差异。认为枝江百里洲出土青铜器中的鼎、簠均为楚器，它是春秋早期的典型楚器群（《湖南省博物馆馆刊》第十四辑)。王恩田认为楚高缶年代为春秋晚期，与楚公子高伐东夷掠夺铁矿资源有关，故而与之同出的春秋晚期大铁盘在冶金史上具有重要意义（《江汉考古》1 期)。张吉等对桐柏县文管所藏钟鼓堂所出春秋铜器的检测分析发现，其合金成分与铅同位素比值分布与襄阳沈岗 M1022 等春秋中期青铜器高度相似（《南方文物》3 期)。周双林等分析了南阳“商贸中心”地点 M58 出土战国青铜提炼壶上的彩绘工艺，发现这种彩绘是将研磨好的颜料混合胶结剂填入青铜器阴纹之内而形成的，颜料主成分可能是硅孔雀石（《中原文物》1 期)。邓淑苹分析了楚地常见的以绿玉制作的璧、璜、琥龙和双身合首琥龙纹璧，认为这类器物出现于春战之交，盛行于战国至西汉，是专为祭祀和随葬而制作的礼玉，是史前华东“物精崇拜”与华西“天体崇拜”融合创新的结果（《湖南省博物馆馆刊》第十四辑)。

有关东周时期曾国遗存的发现与研究仍为本区研究的一个热点。紧邻文峰塔墓地的随州汉东东路墓地 2017 年共清理春秋时期墓葬 39 座、马坑 2 座，为一处春秋中晚期曾国高等级贵族墓地（《江汉考古》1 期)。京山苏家垄遗址的调查、勘探和发掘表明，这是一处包括墓地、居址和冶炼作坊的曾国大型城邑，出土有带重要铭文的青铜礼器及铜锭、冶炼炉等冶炼遗物（《中国文物报》2 月 23 日 5 版)。已发掘的苏家垄 M85 年代在春秋中期，为墓群中年代较晚者（《江汉考古》1 期)。随县狮子湾遗址也发现有东周时期曾国文化遗存（《江汉考古》4 期)。上述发现为研究东周时期的曾国历史提供了重要资料。

胡长春等对出土曾国铜簠的研究表明，该类器物能够在一定程度上反映出曾文化从周文化系统向楚文化系统转变的过程（《曾考》)。韦心滢认为郭家庙 M17 出土铜器座应是文献中的“祖祢”(《曾考》)。黄凤春认为，曾国政治中心经历四次变迁，除西周中期至晚期的情况不明外，其余均在随州境内，且呈现出由东北向西南迁徙的趋势；金文中所见的曾国都城“西阳”，地点应在今随州市（《中原文化研究》4 期)。黄锦前提出，枣阳曹门湾 M43 所出铜器群的时代应在春秋早期，墓主为孟姬。而随县周家岗所出曾太保（女嘉）簋铭中的曾太保与曹门湾 M43 所出曾太保发簠铭中的太保发或系前后任关系（《四川文物》6 期)。王先福认为，枣阳郭家庙墓地的早期被盗或许与公元前 506 年吴国军队攻楚事件有关（《楚文化研究论集》第十三集)。黄维等分析了文峰塔墓地所出青铜盘的镂空耳制作工艺，认为其仍是范铸法而非失蜡法铸造（《故宫博物院院刊》1 期)。丹羽崇史等通过镂空青铜器制作技法的对比实验研究，发现曾侯乙盘的镂空部分可能使用了熔模（《曾考》）。黄尚明探讨了曾国铜器的绿松石镶嵌工艺（《曾考》）。

齐鲁文化区

山东邹城邾国故城遗址2015年的发掘在宫殿区西南侧清理灰坑、水井、墓葬、房址等各类遗迹700余处，出有带“邾”字陶文的陶量和战国陶文200余个，多种迹象显示此处应为战国至秦汉时期的仓储区（《考古》3期、《中国文物报》7月27日6版）。通过调查和抢救性发掘，对兰陵鄫国故城的布局结构、外围手工业作坊和墓地的分布等有了初步掌握，遗存年代自春秋时期延续至汉代（《考古》5期）。平阴周河遗址的发掘表明，这是一处春秋至战国早期的重要居址，文化因素反映出春秋中晚期鲁文化、齐文化对该地区的交错控制与它们之间的相互影响（《考古》12期）。在滕州大韩墓地2017年发生严重被盗事件之后，山东省文物考古研究院等单位对该墓地中东部进行了发掘，清理墓葬50余座，年代为春秋晚期至战国晚期（《中国文物报》7月27日8版）。位于临淄齐故城南侧的永流墓地，2016年清理了4座甲字形土坑积石木椁墓，其中M4～M6为战国早期，M7为战国晚期（《海岱考古》第十一辑）。潍坊昌乐都北遗址2016年抢救性发掘一批东周时期墓葬。报道的两座战国时期墓葬均系带腰坑的长方形竖穴土坑墓（《海岱考古》第十一辑）。

毕经纬等对鲁南地区东周铜器墓的分析表明，该区域从铜器墓体现的文化特征上至少可以分为七个区，各区存在较强的独立性和固守性，但各区之间器物类别和形制的相近，也表现出一定的融合性（《华夏考古》1期）。侯乃峰由沂水纪王崮春秋大墓出土青铜盂铭文的分析，结合文献考证，推定该墓系被鲁国所灭的项国国君之墓（《考古与文物》6期）。印群分析认为，沂水纪王崮殉马坑的车马埋葬有较浓厚的东夷文化特征，接近于殷商时期及秦文化的车马埋葬习俗（《复旦大学学报·社会科学版》3期）。王荣等对沂水纪王崮一号春秋墓出土玉器的材质及工艺进行了分析，发现部分玉器的纹饰存在未完工的现象，可能是仓促制作的随葬专用器（《江汉考古》1期）。王震将新泰周家庄墓地重新划分为四期，分析了墓葬性别年龄、随葬品及墓地布局等方面的变化，认为其中的变化应是春秋末年齐越争霸的反映（《边疆考古研究》第24辑）。他还对新泰周家庄墓地出土的兵器作了分析，认为这批兵器大多呈现出吴越风格（《东南文化》5期）。吴伟华梳理了东周齐国墓葬中的殉马现象，认为殉马多见于中高级贵族墓，马匹经筛选，有车马同殉和单独殉马两种形式。从文献记载来看，春秋早中期齐国的马匹主要由莱国输入，春秋晚期开始由本国饲养（《管子学刊》3期）。张吉认为，曲阜鲁故城晚期乙组墓的年代多为战国晚期，部分可至战国末年；晚期乙组墓与早期乙组墓并无稳定关联，所对应族属未必为姬姓周人（《古代文明研究通讯》总第79期）。

张溯等依据田野调查资料并结合文献记载，将齐长城划分为济水段和泰沂山段两部分。认为齐长城是以城墙为主体，并与城址、关隘、烽燧、寨堡等相结合形成统一的防御体系（《管子学刊》3期）。赵敏认为新泰市博物馆藏“成阳左戈”应为春秋晚期器，是成国迁至成阳后其左库所铸兵器（《文物》8期）。韦心滢将战国时期齐国大型墓葬所设陪葬墓中的石组佩饰分为A、B、C三型，认为其中A、B型不具地域色彩，为女性专用，C型为男女兼用的齐国独有形式。A型使用无等级身份限制，而B、C型则存在等级特征（《管子学刊》3期）。

北方文化区

长城地带中西部地区刊布的东周时期资料比较丰富。2016～2018 年甘肃宁县石家墓群南侧区域的发掘，发现有东周时期高规格贵族墓葬、车马坑、祭祀坑及陶窑等遗迹。墓地东侧的遇村遗址则发现有相应的周代居址遗存。整体来看，石家墓地的墓葬年代集中在春秋早期至中期，而遇村遗址的年代从西周早期延续至春秋中期（《中国文物报》10 月 16 日 8 版、11 月 2 日 6 版）。张家川马家塬战国墓地 2012～2014 年的发掘共清理墓葬 13 座、祭祀坑 1 座，为墓地布局、文化内涵、族属等问题的研究提供了资料（《文物》3 期）。

《内蒙古自治区长城资源调查报告：战国赵北长城卷》（文物出版社）系统刊布了赵北长城遗存的调查收获，并从长城墙体的修筑方法、墙体沿线烽燧和障城的设置、长城沿线的军事建制等方面，对赵北长城作了概要总结。2005 年在和林格尔土城子古城东侧清理的两座战国墓葬（IIM1394、IIM1388），年代为战国中期，随葬品体现出鲜明的晋文化特征，但是 IIM1394 的围墓沟结构及殉人则表现出秦文化的特征（《考古》5 期）。内蒙古清水河县阳畔墓地与西咀墓地为 2004～2006 年间发现和清理的两处东周时期游牧文化的墓地，年代为春秋晚期至战国早期，墓葬形制多见洞室墓，随葬品见有小件的武器、工具和装饰品，不见陶器，部分墓有殉牲，与甘宁地区的杨郎文化存在交流关系（《考古与文物》1 期）。

2014 年在陕西宜川县虫坪塬遗址清理墓葬 21 座、车马坑 1 座、灰坑 3 座、灰沟 2 条，年代为春秋早期至春秋中期偏早阶段，文化面貌与晋文化相近（《考古与文物》2 期）。《寨头河：陕西黄陵战国戎人墓地考古发掘报告》（上海古籍出版社）系统刊布了 2011 年黄陵寨头河墓地的发掘资料，包括墓葬 90 座、马坑 2 座、殉埋兵器方坑 1 座，是晋陕高原地区首次完整揭露的一处战国时期戎人墓地。

相关研究则围绕着葬俗、遗存年代、金属饰品及部分出土遗物的科技检测而展开。罗丰对北方系青铜文化墓葬的殉牲习俗进行了梳理，认为殉牲习俗的流行植根于春秋战国时期北方民族在文化与生业形态上的相似性；殉牲中马、牛等大型牲畜深受重视，而羊、狗等小型动物数量较多；不同地区对殉用动物的处理方式有所差异（《考古学报》2 期）。张寅认为，东周西戎文化杨朗类型中流行的直线式洞室墓，应来源于以新店子墓地和阳畔墓地为代表的内蒙古中部地区的北方青铜文化（《中国国家博物馆馆刊》3 期）。潘玲等根据内蒙古中南部东周时期腰带具的形制和结构所呈现出的阶段性变化，将和林格尔新店子、凉城忻州窑子、小双古城及水泉墓地东西向墓葬分别断代为春秋晚期至战国初期、春秋末至战国早期、战国中期早段、战国中期晚段，对原简报或报告的年代判断有所修正（《北方文物》1 期）。李彦峰分析了宜川虫坪塬遗址的年代、葬俗和文化因素构成，认为出土遗存的年代为春秋早中期，文化面貌接近晋文化，也有少量秦文化因素（《考古与文物》4 期）。

张寅将东周北方地区金属器上的羊形纹饰划分为圆雕、浮雕、透雕三类，认为其中圆雕和浮雕式来自西伯利亚地区早期游牧文化，部分透雕式则源于中亚七河流域的萨卡文化（《四川文物》5 期）。潘玲等系统考察了东周时期中国北方系腰带具的型式与流变，认为这类服饰品从产生到发展都持续受到欧亚草原地带的影响，但并非简单地接受，而是有所创新且形成独特风格，并进一步影响到周边地区（《边疆考古研究》第 23 辑）。党郁对北方长城地带的金属耳饰进行了细致的型式划分，并探讨了各型耳饰的源流（《草原文物》1 期）。沈莎莎等则对长城地带中段地区所见的璜形项饰进行了形式划分与源流分析（《草原文物》2 期）。

林怡娴等对马家塬墓地出土的玻璃及玻璃质材料饰品进行了检测分析，发现其主体应是本土制造，且存在多个加工团体分工协作的可能（《文物》3 期）。芦敏对马家塬墓地出土车马金银铁饰件的制作工艺进行了考察，认为此类饰件的制作工艺属于贴金银与錾刻相结合的方式，而非错金银和鎏金银（《遗产与保护研究》3 卷 9 期）。赵吴成的分析表明，马家塬墓地所发现的牛车辀架结构，属于独辀式向双辕式转变的一种过渡形态（《文物》6 期）。黄晓娟等对黄陵寨头河墓地出土的 10 件硅酸盐类装饰珠做了检测分析，结果显示这些样品分属于钾钙硅酸盐玻璃体系和铅钡硅酸盐费昂斯体系两种类型（《考古与文物》2 期）。

长城地带东部地区东周考古也有重要进展。河北行唐故郡遗址 2015 ~ 2017 年清理东周墓葬 37 座、车马坑 7 座，还发现有城垣、城壕、水井、窑址、灰坑、灰沟等遗迹，是一处城址、墓地、城外居址共存的重要聚落。出土遗存年代在春秋晚期至战国晚期，文化面貌体现出华夏文化系统与北方族群文化相交融的特点（《中国文物报》2 月 23 日 5 版、《考古》7 期）。涿鹿罗盘地遗址的发掘，发现有年代在战国早期前后的典型燕文化遗存，对研究东周燕文化的分布和扩张有重要价值（《边疆考古研究》第 23 辑）。赤城刘长沟遗址发现一处专门烧造陶刀范的作坊遗址，年代可至春秋中期，与玉皇庙文化和燕文化关系密切（《江汉考古》2 期）。2014 年卢龙蔡家坟遗址的发掘共清理战国土坑竖穴墓 29 座、瓮棺葬 6 座，年代从战国早期到战国晚期。从文化面貌看，燕文化因素在战国早期就已东渐至此，并与当地文化因素融合，战国中晚期，燕文化因素已居主导地位（《文物》4 期）。辽宁喀左土城子遗址发现的东周时期陶窑，是大凌河上游地区首见，出土陶器具有典型燕文化特征（《文物》4 期）。

滕铭予将延庆葫芦沟墓地划分为北、中、南三区，认为墓地在整体面貌上属玉皇庙文化，但在中、晚期阶段有新的人群进入；根据墓地中存在男性、女性和未成年人墓葬相对集中分布的现象，推测当时社会的生产和生活是以整个人群为单位进行的，而家庭因素较弱（《考古》4 期）。潘玲对燕置郡前辽西地区战国时期遗存做了细致梳理，认为燕国在战国早期控制冀北之后不久就开始经营辽西，从而对辽西地区的文化格局产生重大影响，并最终于战国晚期在此筑长城和置郡（《新果集（二）》）。艾虹依据考古资料对燕国城市的交通、给排水设施和城防建设进行了综合考察，认为东周时期燕国城市的基础设施已较为完备，但存在地区间发展不平衡的现象（《北方文物》1 期）。蔡青辨析出战国中山国墓葬所出的楚式玉器，认为大量流入中山的楚玉可能为盟国间的赠礼或两国联姻的聘礼（《江汉考古》6 期）。

巴蜀文化区

中国社会科学院考古研究所等主编的《宣汉罗家坝遗址与巴文化研究》（科学出版社）系 2017 年 11 月在四川省宣汉县召开的“罗家坝遗址与巴文化学术研讨会”的论文集，收录与巴文化相关的发掘简报和论文 20 余篇，涉及巴文化研究的诸多方面。其中罗二虎回顾了巴文化的研究历程，徐良高辨析了巴国、巴文化、巴地文化的概念，赵炳清则概述了先秦时期巴文化的形成与演变历程（科学出版社）。郭明等梳理了成都平原及周边地区出土巴蜀印章的东周墓葬资料，认为随葬印章应与墓主从事某种职业或具有某种技能有关；战国早期发现的印章数量虽少但已较为成熟，战国晚期的印章形制趋于复杂多样（《四川文物》1 期）。施劲松认为，成都平原从春秋晚期开始，墓葬中的随葬品数量和种类急剧增加，铜器风格也完全不同于三星堆文化和十二桥文化，受到了楚地和中原文化的强烈影响（《四川文物》3 期）。陈卫东等提出，东周时期巴人的活动范围存在由汉水流域向长江干流和嘉陵江流域逐渐扩张的趋势，最终由嘉陵江流域的“賨族”和长江干流的“巴族”等部族结成了部落联盟式的国家（《四川文物》4 期）。刘国祥等指出，罗家坝 M33 实际上应是两座具有打破关系的墓葬，被打破的船棺合葬墓墓主可能是巴人的王或高级贵族，随葬品受到了楚文化与蜀文化的影响（《江汉考古》4 期）。高大伦则认为罗家坝 M33 的葬俗反映了广元和汉中的部分区域可能为蜀所控制，并存在一条与中原地区直接联系的道路（《四川文物》4 期）。向明文由罗家坝 M33 中外来铜器形制特点的分析，推定该墓的年代为战国中期早段（《四川文物》3 期）。余菀莹等注意到罗家坝东周墓群中有五座墓使用了朱砂，由此认为墓主应为板楯蛮（《三峡大学学报（人文社会科学版）》3 期）。冉宏林尝试将“巴蜀青铜器”进一步区分为蜀族之物、巴族之物及蜀族和巴族共用之物（《四川文物》1 期）。洪梅等发现战国时期巴蜀文化中的“兰”形符号与剑和矛具有很强的关联性（《古代文明》12 卷）。朱学文认为秦漆扁壶作为秦漆器中的新类型，最早出现于被秦占领的巴蜀地区，年代在战国中晚期，是秦文化与巴蜀当地文化融合的产物，后随着秦对楚地的占领而流传于湖北地区（《秦始皇帝陵博物院 2018 年》）。

成都金沙遗址星河路地点东周墓葬 M2722 和 M2725 虽然随葬铜器数量多、等级高，但黎海超等人的检测分析发现，两墓中大多数铜兵器的生产质量较低，是用大体一致的铜料，经多批次铸造生产出来的，表明专为丧葬而制作的低质量兵器更具有等级意义（《考古》7 期）。

吴越群舒文化区

江苏镇江孙家村遗址是一处典型的周代台形遗址，由椭圆形土台和环壕、围垣组成。2015～2016 年的发掘，发现有人工堆筑的小土台、墓葬、窑址、灰坑、灰沟及与铸造青铜兵器有关的陶范、石范、坩埚等遗物，年代为西周至春秋时期，是吴文化考古的重要发现（《考古》6 期）。2017 年在浙江德清东坡岭清理的 9 座竖穴土坑墓，年代为战国早中期，多随葬原始瓷器皿，应是一处位于原始瓷中心区的普通墓葬区（《东南文化》5 期）。2016～2017 年江苏金坛高庄土墩墓 D1 的发掘，共清理墓葬 9 座、器物群 5 处，年代为春秋早中期（《东南文化》5 期）。

张敏的《吴越文化比较研究》（南京出版社）一书，通过对吴越文化差异性的比较，揭示了吴越文化发生、发展、繁荣、衰落直至衰亡的历史进程。许洁等认为，在宁镇地区发现的周代墓葬，未必就一定属于吴国的遗存，对遗存族属和国别的判断需要谨慎（《中国文物报》2 月 23 日 6 版）。郑建明等提出，战国时期原始瓷编钟在越墓中的出现，是越人将楚式礼乐器组合直接嫁接在本土文化上的结果（《湖南省博物馆馆刊》第十四辑）。张闻捷的分析表明，类似者沪编钟的组合方式盛行于战国早期之后，故该墓的年代以越王翳十九年（393BC）的可能性最大；而且，在越国的乐钟制度中，存在着王室效仿楚制，而普通贵族多使用青瓷或硬陶编钟的“二分现象”（《东南文化》5 期）。周艳明等认为吴越文化区发现的亚腰形铜盒年代多集中于春秋中晚期至战国初期，功用或作放置花椒等香料之用（《文博》4 期）。郑建明等对江南地区出土东周原始瓷进行了分期，考察了原始瓷产品种类和质量的变化（《考古学集刊》第 12 集）。

张爱冰的《群舒文化研究》（上海古籍出版社）一书，对江淮地区群舒故地的周代遗存做了系统的综合研究。安徽大学历史系等编著的《枞阳青铜器》（安徽大学出版社），收录了枞阳博物馆馆藏的 39 件青铜器，对研究群舒文化有一定资料价值。马今洪认为江淮地区出土的青铜盒形器应来源于竹编器，其与牺首鼎、带流甗均为群舒青铜礼器中的重要组成部分（《湖南省博物馆馆刊》第十四辑）。胡嘉麟认为，对吴越群舒青铜器的断代应充分考虑区域青铜时代文化的整体背景，且应将断代的支点放在淮水—沂水流域（《南方文物》3 期）。

其他地区

2017 年，新疆文物考古研究所为配合克拉玛依至塔城市铁路工程建设，对托里县阿尔帕萨勒干和额敏县玛依塔斯、霍吉尔特东三处墓地进行了发掘，共清理墓葬 21 座。墓葬地表均有近圆形封堆，墓室类型多样。部分墓葬被盗。出土少量青铜马具、铜镜、铁刀、金箔片、残碎陶器等遗物。发掘者判断这批墓葬应属巴泽雷克文化，年代在公元前 8 世纪至前 3 世纪。和布克赛尔县 219 国道松树沟沿线的发掘也发现有巴泽雷克文化阶段的墓葬。在博乐市哈拉土鲁克水库墓地清理墓葬 17 座。其中竖穴偏室墓 M5、M7、M8 为早期铁器时代，年代在公元前 8 ~ 前 5 世纪，M11 等竖穴土坑二层台墓属于战国至秦汉时期。布尔津县海流滩墓地 M2 为大型圆形石围土堆墓，墓室为圆角长方形竖穴土坑，有一条朝向东南的斜坡墓道，墓室之上有以原木铺砌的长方形棚顶。墓已被盗，出有素面鹿石一尊和少量金箔残片。墓葬年代应为早期铁器时代。此外，温泉县哈夏沟墓地、石河子十户窑 I 号墓地均发现有战国至西汉时期的墓葬（《新疆文物》1、2 期）。

《会理粪箕湾水坪梁子墓地》（科学出版社）刊布了 20 世纪 80 年代末至 90 年代初清理的 156 座墓葬的资料，遗存主体时代为春秋时期，葬俗独特，出土遗物有鲜明的地域和时代特征，对深入认识川西南地区青铜时代文化的面貌和特征具有重要价值。张合荣的《夜郎青铜文明探微：贵州战国秦汉时期青铜器研究》（上海古籍出版社）系统梳理了贵州地区出土的战国秦汉时期青铜器，进行了分期与文化因素分析。

2016 年广东和平枫树墩遗址的发掘共清理战国时期墓葬 7 座，多有圆角方形的腰坑，随葬器物置于腰坑之中。随葬的原始瓷盅具有越文化的特征（《文博学刊》4 期）。

陈坤龙等对玉门火烧沟遗址出土的骟马文化铜器做了检测分析，发现其延续了该遗址四坝文化时期的铜器技术特点，存在与邻近地区不同的技术发展趋势（《考古与文物》1 期）。乔苏婷将中国南方地区东周至西汉早期的代表性铜杖头饰分为立禽杖首、树形器和立鸟铜杖首—杖镦组合三类。认为它们的来源和功能不同于汉代的鸠杖；川西南盐源盆地树形器上的双兽或“一人双兽”母题可能是经横断山区而来的西方文化因素，而树形本身则系本地区的再创造（《四川文物》5 期）。陈港娟等也对盐源盆地所见的树形器进行了探讨，将其造型元素区分为人与动物、树与圆环两个部分来探讨其成分来源。同意以往有学者提出的树形器上的人与对兽要素来源于欧亚草原游牧文化的看法，同时认为树与圆环这类要素也应源自北方草原文化，可能取像于游牧文化中夸张的鹿角造型（《文博》4 期）。吕良波对广东增城苗岭遗址出土东周铜器进行了成分和金相分析，发现 1 件为锡青铜、3 件为锡铅青铜，技术特征滞后于中原及楚地铜器，应属本地产品（《南方文物》3

期）。

五　专题

理论、方法与社会史研究

以出土文献与考古资料相结合探讨商代国家形态与社会组织等史学问题的论著不多，但有重要意义。《商史三题》（台北，“中央研究院”历史语言研究所）是2016年林沄受邀于“中央研究院”历史语言研究所主讲“傅斯年讲座”三讲文稿的结集。第一讲《商代的国家形式》重申了自己早年提出的商代国家是由都鄙群发展而来的方国联盟的观点，勾画出了较完整的商代社会图景；第二讲《商王国的社会结构》，探讨了商代社会成员的组成方式及其相互关系的格局，认为商代社会是由许多不同血缘的大家族所共同构成的；第三讲《商王的权力》，指出商王是通过不断的军事活动取得并巩固其王权，又通过主持祭祀活动而掌控神权，以致“政教合一”而维持自身权威。曹大志认为，有相当一部分商周青铜器的“族徽”铭文实际应为亲属、职衔称谓，而非氏名。并由此对商代的国家结构与族墓地等问题做了重新审视（《古代文明》12卷）。

白云翔提出了“手工业作坊遗址考古”的概念，强调手工业作坊遗址的认定要从手工业操作的基本构成要素入手，注意探索相关的生产工具、生产设施，以及各类设施之间的空间关系和布局的变迁，注意多学科协作和在田野工作中加强记录（《中原文物》2期）。针对目前考古界有关春秋时期遗存分期断代的尺度把握问题，路国权结合文献史学界的认识变化，认为“四分法”较之“三分法”更加适用（《西部考古》第16辑）。陈淳认为，考古学与历史学在研究对象、方法和擅长解决的问题上差异很大，因此两者的研究应该形成信息的互补关系，而非在具体的时间、事件等方面的印证关系。他还主张，夏的存在与否，不应是考古学去关心的问题（《历史研究》6期）。

Tricia E. Owlett、刘莉和文德安（Anne P. Underhill）围绕中国早期城市化演进论题，组织了13篇论文刊发在*Archaeological Research in Asia* 2018年第6期上。其中，许宏重申了自二里头到东汉时期出现的“大都无城”现象的特征和营都理念；文德安讨论了中国北方地区城市化过程中由宴饮器皿所反映出的饮食方式的变化；Michael F. Bonomo 重点考察了二里头文化阶段城市化背景下伊洛河流域的陶器生产状况；Katrinka Reinhart 建议思考手工匠人阶层在偃师商城社会构建中的角色；Elizabeth Childs-Johnson 探讨了早商时期城市化进程及其对周边地区的影响；李永迪等则指出，当前的工作应对殷墟作为都邑的衰落过程予以更多的关注；付罗文（Rowan Flad）以三星堆和安阳为例，归纳了技术领域与城市化进程之间的关系；李旻等从城市传统与地方记忆视角考察了曲阜鲁故城的变迁；罗泰（Lothar Von Falkenhausen）结合考古资料分析了东周时期列国城市面对新的挑战所引发的经济职能的转变。

跨时段综合性研究

多位学者探讨了夏商周时期都邑的布局、判定标准、时代特征等方面的问题。高崇文指出，夏商西周时期都城以宗庙、社坛为核心的建筑布局表明，当时还处于以神权为中心的初期国家阶段，而东周时期都城的“大朝”建中立极，“左祖右社”则成其附属，这种宫、庙分离的变化反映出东周时期各国已步入集权制的成熟国家形态（《中原文化研究》

3 期)。徐昭峰等认为夏商周时期都邑布局存在由早期的宫殿区、郭区发展到内城外郛或内城外郭的演变过程；这一时期的都城都应建有宫城，且设计上已出现中轴对称理念(《中原文化研究》6 期)。张国硕等提出了一些关于夏商都城遗址的判定标准，并将都城分为王都、辅都、方国都城三个层级。认为都城的延续期应以宫殿区的延续期为基准，年代判断也需综合考虑(《江汉考古》5 期)。他的《中原地区早期城市综合研究》(科学出版社)一书，对中原地区史前至夏商时期城址的选址、分布、规划、布局、防御设施、建造技术、城市分类及城市发展的阶段性等问题做了全面系统的考察。许宏对二里头文化至西周时期城邑的发展大势进行了系统梳理，认为在二里头文化时期出现的“大都无城”局面，在经历了二里岗文化阶段的“反复”之后，终于在晚商至西周时期得到了近 500 年的稳定发展(《南方文物》1、2 期)。谢尧亭对晋国早期都城天马—曲村遗址和晚期都城侯马新田遗址目前研究中存在的问题做了梳理，为将来的进一步工作提供了建议(《新果集(二)》)。方勤的《曾国历史与文化》(上海古籍出版社)依据近年有关曾国考古的新材料，将曾国历史划分为前期辅佐周王朝和后期臣服于楚国的两大阶段，并论证了西周早期楚国立国于江汉沮漳流域、战国中晚期之际曾国随楚国东迁等观点。

周边地区跨时段的考古学文化综合研究成果突出。

在北方地区，索秀芬将伊金霍洛旗白敖包遗址出土遗存分为前后两个阶段，年代分别判定为龙山晚期至夏代早期、夏代晚期至商代早期(《新果集(二)》)。她认为白敖包遗址第一、二阶段遗存分别与王乐文所分的朱开沟甲类和乙类遗存性质相同(《纪念张忠培先生文集·学术卷》)。韩炳华认为晋陕高原晚期青铜文化包含了殷墟文化、李家崖文化和草原游牧文化三种文化遗存，时空关系错综复杂(《西部考古》第 15 辑)。张文瑞等对滦县后迁义遗址出土龙山及青铜时代遗存进行了分类、编年与性质归属的讨论(《纪念张忠培先生文集·学术卷》)。杨建华探讨了中国北方长城地带青铜时代文化在生业类型上由农牧混合经济到游牧经济，在社会结构上由等级化出现到匈奴联盟建立的发展进程(《纪念张忠培先生文集·学术卷》)。马强分析了宁夏地区由新石器时代中晚期生业上的南北分异发展到东周时期全面游牧化的过程及其动因(《华夏考古》3 期)。

在东北地区，《大安汉书：青铜时代遗址考古发掘报告》(科学出版社)将出土遗存划分为小拉哈文化、古城文化、白金宝文化及汉书文化四个阶段予以报道，为探讨嫩江流域夏至西汉时期考古学文化的谱系及生业等提供了重要材料。东辽河中游左岸地区的调查和长山遗址的发掘，丰富了对这一地区青铜时代遗存的认识(《边疆考古研究》第 23 辑)。与以往大多数学者的观点不同，朱延平认为老哈河中、上游的夏家店上层文化就是由当地夏家店下层文化发展而来的，陶系的骤变可能与当地先民祭祀礼俗乃至宗教信仰的变化有关(《新果集(二)》)。华玉冰等分别考察了辽西地区含东北系铜剑早期遗存(《新果集(二)》)和晚期遗存(《庆祝郭大顺先生八秩华诞论文集》)，认为该类遗存在西周至春秋中期大体与夏家店上层文化并存并深受其影响，春秋晚期至战国时期则与燕文化共存乃至走向文化认同。李鹏辉等依据 GIS 技术分析了镇赉地区新石器时代至青铜时代遗址的等级、群聚现象及选址与土壤利用情况，发现高地及土壤肥沃地带成为古人择居的首选(《北方文物》2 期)。

在西北地区，邵会秋的《新疆史前时期文化格局的演进及其与周邻文化的关系》(科学出版社)构建和完善了新疆史前文化的时空框架和谱系，揭示了东西方文化因素在新疆史前文化格局演进中各自扮演的重要角色。贾伟明等在博尔塔拉河流域民族考古学调查基础上，认为青铜时代的博尔塔拉河流域已经出现了转场的生计方式，社会发展水平远高于中亚七河流域上游（《纪念张忠培先生文集·学术卷》）。

于孟洲等对成都平原夏商西周时期的小平底罐进行了类型学研究，在此基础上探讨了十二桥文化的分期及成都平原与峡江地区的文化交流（《考古与文物》2 期）。

墓葬研究

中国社会科学院考古研究所等主编的《瓮棺葬与古代东亚文化交流研究》（科学出版社）是同名学术研讨会的论文集，是研究东亚地区古代瓮棺葬的起源、发展与区域间文化交流等方面的最新成果。

张国硕等认为，夏商时期墓内撒朱砂的墓葬可称为朱砂奠基葬，该类葬俗当源于陶寺文化，在二里头文化阶段趋于规范化与制度化，至殷墟时期式微。目的主要是保护墓主人在冥界的安全（《考古》5 期）。要二峰注意到毁兵葬俗产生于早商时期，并存在从王都向周边传播的过程。其后周人的这一葬俗很可能是受商人礼俗的影响（《考古学集刊》第 12 集）。

种建荣等考察了晚商至西周时期约 200 座带墓道大墓的墓葬形制，发现墓道数量与形制相结合是判断墓葬等级的较为可靠的指标；墓道形制与墓葬族属的关系不够密切；周系墓葬墓道底端位置与时代先后有关，大体上呈现逐渐降低的趋势，而商系墓葬的墓道形制则与规模有关（《江汉考古》1 期）。刘一婷讨论了商周墓葬的用牲现象，从定名、用牲种属、部位、放置方式和组合等方面作了系统回顾，指出了以往研究中存在的问题（《南方文物》1 期）。

青铜器研究

青铜器研究成果丰硕，研究内容涉及各类青铜器的形制分类、年代、功能及铜器组合与区域特征等各个方面。青铜容器研究方面，张懋镕从礼制、社会变革、地缘、族属、性别及器类革新等六个方面论述了商周盛食器的兴衰变化及原因；胡嘉麟则系统整理了传世与出土青铜簠的资料，对该类器物的定名、分期断代、器物组合及起源与消亡作了专门研究（张懋镕主编，胡嘉麟著:《中国古代青铜器整理与研究·青铜簠卷》，科学出版社）。郎剑锋分析了青铜灶鼎的形制，探讨了该类器物的时空分布、定名、功能、使用者等级与性别等方面内容（《考古》10 期）。孙明对商周时期宽耳铜簋的发现与分布、型式与年代、起源与传播及铸接工艺做了简要梳理（《文物》8 期）。田伟研究发现，匜鼎应起源于商及西周的中原地区，兴盛并扩散于春秋时期，衰落于战国时期，具备水器或食器的功能（《古代文明》12 卷）。

严志斌认为薛国故城 M4 所出铜鸟形杯实际上就是伯公父勺这类斗形器的变体，在两周时期有着清晰的形制演变轨迹，同意将其定名为“爵”（《考古》2 期）。李春桃也赞成将这类斗形器定名为“爵”，但他同时提出以往被定名为“爵”的三足器应定名为“觞”，为祼祭用器（《中央研究院历史语言研究所集刊》第八十九本，第一分）。彭裕商等对商周青铜盉的形制分类、流行时段与地域特色等作了细致考察，认为其应为水器（《考古学报》4 期）。多位学者关注到青铜卮（枳）。张懋镕从商周饮酒器的整体发展趋势出发，阐释了青铜卮产生与发展的时代背景。齐耐心、孙战伟则对青铜卮的定名、分期断代、器物组合及起源等问题作了专门研究，推测是山东地区发达的制皮业催生了铜卮的出现（张懋镕主编，齐耐心、孙战伟著：《中国古代青铜器整理与研究·青铜卮卷》，科学出版社）。王青等认为铜枳（卮）应发源于山东东南部或及胶东半岛，系西周晚期土著夷人在自身使用的传统葫芦器上创新而来（《新果集（二）》）。路国权将东周铜匜区分为北方周文化与南方楚文化两个系统，认为周系延续着西周中晚期形制，楚系最早见于春秋初期的淮河上游，战国时期随着楚文化的扩张逐渐取代北方传统的周系匜（《考古与文物》4 期）。他还依据组合关系及墓中的摆放位置，将青铜鋓指认为水器（《文博》3 期）。在铜浴缶分期研究基础上，他还将该类器的起源追溯至两周之际至春秋初期的江淮地区（《四川文物》3 期）。孙明梳理了春秋战国时期的双连与多连铜器（《湖南省博物馆馆刊》第十四辑）。

青铜兵器研究方面，石岩讨论了商周时期墓葬出土的两类非战之兵：礼仪化的兵器和明器化的兵器。认为前者用以表现墓主人的身份地位，而后一类的出现则可能反映出时人对鬼神敬畏程度的减弱，小墓出土者也不排除是家庭财力不足所导致（《新果集（二）》）。

其他青铜器类方面，陈国梁认为先秦时期的陶铃与铜铃均存在着完整的演变轨迹；而铜铃的出现系模仿当地陶铃的可能性极大；铜铃自二里头文化开始成为礼乐器的重要组成部分（《古代文明》12 卷）。张文立对商周时期的铜角管器做了形制、用途分析，认为该类器作为祭器器座的可能性较大，而非以往所认为的调色或盛色器（《新果集（二）》）。陈皓敏将两周时期青铜器上的人物装饰分为刖人形象类和人物器足类。认为该类装饰多见于食器与水器上；人物器足类在西周晚期流行于山东地区，后传播于山东以外地区（《文博》3 期）。黄建勋等梳理了叶家山、文峰塔等墓地发现的音乐文物，认为双音编钟的使用贯穿了曾国历史的全过程（《湖南省博物馆馆刊》第十四辑）。黄凤春认为西周早期编钟组合的编列件数存在南北差异，镈钟与甬钟成编及侧鼓音的标识符号在西周早期就已出现（《黄钟》3 期）。凡国栋认为商周时期的铜锭既具备铜料功能，还具有称量货币的功能，金文中的“反”为其泛称，而“贝耑”为圆形金饼的专称（《曾考》）。亓民帅对战国时期仿铸他国铜币、不同国家铸造同类型铜币、多国铜币混用以及为跨国贸易铸造专门铜币等现象做了梳理，认为这些现象与多地区商业活动的日益频繁有关（《青铜器与金文》第二辑）。

韩金秋将中国北方长城地带商周时期的青铜球铃饰以太行山为界分为东西两区。认为这是长城地带土生土长的一类装饰，对南部的中原文化和北部的欧亚草原文化均产生过影响（《边疆考古研究》第 23 辑）。邵会秋讨论了广泛流行于中国北方及欧亚草原的六种特色动物纹装饰的起源、分布和影响区域（《西域研究》2 期）。他还对北方地区出土的先秦时期马镳进行了类型学分析，将其划分为四期和五区，揭示了该类器物与中原、新疆及境外草原同类器之间的关系（《草原文物》2 期）。杨建华等将北方长城地带东周时期的带扣与带饰分为三期五段，注意到了这类带具存在由东向西的传播过程，以及 S 形带饰主要见于男性墓、连珠形带饰见于女性墓的现象（《西域研究》2 期）。曹芳艳探讨了先秦墓葬中所出的“半月形项饰”，认为这类饰品存在一个自东北到西南，大体沿半月形文化传播带而分布的趋势（《陇右文博》3 期）。

在青铜器的综合研究方面，李伯谦等主编的《青铜器与中国青铜时代》（中国科学技术大学出版社）一书，讲述了中国古代青铜器从史前的“初步使用”发展到“寓礼于器”以及再“回归世俗”的历史进程，揭示了青铜器与中华文化精神内核之间的联系。毕经纬通过对鲁国铜礼器的整理，发现两周时期鲁国铜器在与中原诸国保持较多一致性的同时，也存在乐器数量较少、侯器较少、媵器较多等现象，且自始至终存在重舟轻鼎的甲组与重鼎轻舟的乙组两种发展系统（《考古与文物》1 期）。路国权的《东周青铜容器谱系研究（全二册)》(上海古籍出版社）一书，对东周时期的典型青铜容器逐类进行了型式分类，在此基础上开展了青铜容器的系年与分域研究，从而构建出东周时期铜容器的发展谱系。彭裕商的《战国青铜器年代综合研究》（巴蜀书社）一书，对战国青铜器做了细致的型式划分与年代辨析，按区域构建了战国青铜器的年代学框架。李峰的《青铜器和金文书体研究》（上海古籍出版社）以书体研究揭示金文作为一种史料的形成过程和背景，为研究青铜器的制作过程和背景提供了一个特殊的视角。杨建华等分析了中国北方长城地带青铜器研究中从“鄂尔多斯青铜器”到“北方系青铜器”概念的转变及其学术意义（《新果集（二)》)。

韩鼎总结了商周铜器纹饰研究中的纹饰解剖表现手法（《曾考》)。李树浪分析了商周青铜器中的侧身牛纹及其传播路线，认为这种传播特点的形成在于商周之交铜器铸造中心的西移及周初的“班赐宗彝”(《考古与文物》2 期)。高熠（《文物春秋》3 期）和李楠（《文物春秋》5 期）分别探讨了商周铜器上的勾连雷纹和鳞纹。

对铜器的生产与流通研究得到了学者们的重视。绛县西吴壁遗址发现了大量二里头文化、二里冈文化时期的冶铜遗存，证明不晚于二里头文化时期，中条山一带就开始了铜矿的开采和冶炼，为研究早期冶铜业的产生与发展提供了珍贵资料（《中国文物报》12 月 14 日 8 版)。陈建立发现商周铸铜遗址所出的铜、铅原料多来自冶炼遗址；从二里头文化至春秋战国时期，铸铜原料在中原和边疆地区之间的流通是当时冶铸业的常态，反映了国家组织对铜料资源的有力控制（《中国文物报》9 月 21 日 6 版)。常怀颖将夏商都邑铸铜遗址的空间变化划分为二里头文化时期、二里冈至洹北商城时期、晚商时期三个阶段，反映出政权对铸铜作坊的技术和生产管控力逐步下降，而生产能力及专门化程度不断提升的过程（《中国文物报》9 月 21 日 6 版、《中原文物》5 期)。陈小三依据对铜器造型及纹饰的细致分析，对三组西周青铜器的产地进行了探讨。认为西周早期就可能存在区域自产及宗周地区为诸侯生产定制铜器这两种情况，但直到春秋早期，区域性的铜器生产中心应该仍处在周王室控制之下（《考古》12 期)。马赛分析表明，与商周时期铸铜活动相关的遗迹主要包括工作间与工作面类遗存、坑状与沟状堆积和窑炉类遗迹，各有特征（《中国国家博物馆馆刊》7 期)。黎海超等研究发现，西周晚期至春秋初年晋国铸铜所用铜料有相当部分来自楚国，而楚国所用铜料相当部分来自大路铺文化分布范围（《考古与文物》2 期)。易德生认为，周代南方通往中原的“金道锡行”存在途经江汉地区和江淮地区的两条线路，两线还存在若干支线，而“繁汤”很可能与这两条通道有关（《社会科学》1 期)。

也有一些跨时段的青铜器铸造技术及工艺研究的成果。张昌平对商周青铜礼器铸造中焊接技术的产生与发展做了系统梳理，认为焊接技术原理上源自铸接技术，发端于晚商阶段，西周时期逐渐发展，至春秋中期已得到广泛应用，大大提高了青铜礼器的生产效率（《考古》2 期)。黎海超的分析发现，商周铜爵器底的横截面之所以会由椭圆形向圆形转变，原因在于这样能使三足排列接近于等边三角形，从而增强器身的稳定性。这为探讨器物形制演变的动因问题提供了启示（《江汉考古》1 期)。施劲松探讨了湖南商周青铜器的来源问题，认为其中的中原型铜器可能产于中原，最有可能经江汉地区东部传入湖南。

而突出动物形象的地方型铜器当产于本地，这些地方型铜器的生产技术和礼仪观念也应源于中原，但其具体的礼制内涵、功能和使用方式已形成地方特色（《南方文物》3 期）。

此外，陈坤龙等总结了早期铜、铁生产技术沿史前丝绸之路的传播和交流活动，认为中国的西北和北方地区在这一过程中起到了桥梁作用（《西域研究》2 期）。韩建业梳理了新疆地区早期铁器的发现情况，认为新疆的早期铁器时代始于公元前 1000 年前后，最早的块炼铁技术是由西方传入并进一步东传至内地（《社会科学战线》7 期）。

玉石陶瓷器研究

由成都金沙遗址博物馆等主编的《夏商时期玉文化国际学术研讨会论文集》（科学出版社）是本年度玉器研究的丰硕成果。全书共收入论文 33 篇，内容涉及史前与夏商时期玉文化内涵、玉器制作工艺、玉器材料分析等方面。邓淑苹探讨了夏时期晋陕高原玉器所反映的与华东、华西地区的交流现象。张昌平论证了盘龙城小嘴 M2 出土有领玉璧为中原文化因素。黄翠梅梳理了商代晚期至西周初期玉琮的时代特征与发展模式。叶晓红等分析了殷墟出土晚商玉器的阴刻技术。孙华以三星堆和金沙所出璧形器为例，指出玉璧中央的圆孔为太阳的象征，璧轮则可能象征宇宙参天，故具有“礼天”的祭祀功能。王仁湘从金沙遗址所出昆虫纹玉牌饰出发，探讨了古蜀的蝉崇拜。王方辨析了三星堆及金沙遗址所出玉器中的多元文化因素。朱乃诚提出，三星堆文化的牙璋来自中原，继而流向岭南及越南北部地区。张希、林丹等分别讨论了广州增城墨依山和福建漳洲虎林山遗址出土牙璋。董苗、吴棠海分别梳理了二里头文化至二里冈文化阶段的玉器特征。张尉、刘云辉等分别探讨了商代象生玉器的内涵、特征与兴盛原因等。周婀娜专门考察了山东地区所出商代玉鸟。蔡庆良对前掌大墓地出土玉器进行了分期。马金花初步探讨了山西商墓所出玉器。

在跨时段的玉石器综合研究中，邓聪主编的《牙璋与国家起源》（科学出版社）可谓一部力作，该书公布了东亚各地出土牙璋的高清图版和以往相关论文，认为二里头文化时期牙璋已成为宫廷礼仪的瑞玉之一，这种礼器向周边区域的广泛传播，象征着礼制和国家观念的播化。邓淑苹提出，玉柄形器可能源自后石家河文化的二元神祖像，经二里头文化阶段的发展成为重要礼器，直到西周中晚期之交开始衰落（《玉器考古通讯》1 期）。王青从羊舌晋侯墓地所出一件组合式玉器的分析入手，将先秦时期此类装饰神灵形象的组合式玉器分为三类六种，认为该类玉器起源于良渚文化，在龙山—二里头文化阶段趋于繁荣，在一定程度上代表着拥有者的统治权力（《中原文物》4 期）。张国硕等分析表明，夏商时期的石器改制是一种较为普遍的石器生产方式，改制石器多见体型较小的石刀和石锛，制作工序相对简单（《文物》5 期）。

在陶瓷器研究方面，江柏毅通过岩相分析，发现成都平原宝墩文化、三星堆文化与十二桥文化的陶片成分相似，制陶原料都可能来自本地陶土（《四川文物》2 期）。黎海超的《金道瓷行：商周时期北方地区印纹硬陶和原始瓷器研究》（上海古籍出版社），对北方地区出土商代、西周时期的印纹硬陶和原始瓷器的类型、组合、功能、等级、文化属性、产地等方面的问题进行了系统考察。

其他研究

吋西奇等将目前所发现的商周时期大型仓储遗存的建筑形式划分为地面式、半地穴式和地穴式三类，用途分作盐仓、粮仓和冷藏库三种，职能分为国家级储备、军事储备、转运资源储备、宫廷贵族储备等类型（《中国国家博物馆馆刊》7期）。贺俊对目前有关史前与夏商时期奠基遗存研究中存在的问题进行了辨析。指出甄别奠基遗存应遵循两项基本原则：一是要确定遗存与建筑物之间存在内在的时空联系；二是要认定遗存中存在某种具有宗教祭祀意义的特征（《中国国家博物馆馆刊》10期）。

江西樟树筑卫城遗址发现的大型建筑基址，时代被初步判定为商代中期至东周之间，木结构的建筑基址为长江以南地区首次发现（《南方文物》1期）。周广明等分析认为，这是建于原生土之上的干阑式建筑，或为仓储设施（《南方文物》1期）。张华认为，南方早期筑城方式存在平地起建、斜坡堆筑、不经夯打、不用版筑、不挖基槽等共性（《东南文化》5期）。

王晓琨等分析了青海玉树通天河流域的岩画，据岩画的类型特征和制作技法将其划分为东、西两区，认为通体凿刻者可早至殷商时期，线型凿刻者为周初至战国时期，其余类型已进入汉代（《考古学集刊》第12集）。

洪石对商周时期的螺钿漆器进行了重新梳理。认为此类物品多出于王畿内的高等级墓葬之中，器型以豆类、罍为多，花纹系先嵌蚌后施彩。此类工艺的起源可溯至夏代，西周以后衰落，唐代复兴（《中原文物》2期）。

秦汉时期考古

刘振东　谭青枝

2018年度秦汉时期考古在遗址、墓葬、边疆地区与专题等方面均有新收获。

在综合研究方面，段清波的《考古学上汉文明论纲》认为，考古学上的汉文明是以汉字为书写和交流的工具，以阴阳五行为宇宙观，以对立、变通为思维方式，以规矩核心价值观为行为处事方式的文化体系（朱岩石主编：《考古学集刊》第21集，社会科学文献出版社）。

一　秦代考古

上林苑是秦都咸阳“渭南”、汉都长安西南郊的大型苑囿，《秦汉上林苑——2004～2012年考古报告》（文物出版社）除了补充已公布上林苑1～9号建筑遗址的部分内容外，还新报道了几座建筑遗址的调查、勘探资料，如有沣东新城高桥街办东马坊建筑遗址（上林苑十号遗址）、长安区纪阳寨街办窝头寨铸钱遗址（上林苑十一号遗址）、周至县集贤镇集贤东村建筑遗址等。

张卫星的《“秦制”探析——基于秦始皇陵的观察》以秦咸阳城与始皇帝陵的考古实践为基础，结合文献记载，从“法天象”“苑囿设都”“建构威权中心”三个方面总结出秦制的内涵（《西部考古》第16辑，科学出版社）。

孙伟刚的《秦始皇帝陵选址新认识》认为秦始皇帝陵的选址不符合自然、地质（山洪、基岩、地下水位）条件和陵墓选址的历史传统，所以是错误的选择（《考古与文物》4期）。

《咸阳东郊秦墓》（科学出版社）公布了咸阳西耳村52座、尹王村134座小型秦墓的发掘资料。西耳村发现的52座墓葬，墓向以东西向为主，也有少数南北向的。竖穴土洞墓38座，其中偏洞室墓6座，直线洞室墓32座，另有竖穴土圹墓14座。大多数无封门，个别有木质封门。棺具绝大多数为单棺，少数为一棺一椁。葬式除少数骨骼保存不佳不详外，大多为屈肢葬，有仰身屈肢或侧身屈肢，少数为直肢葬。墓葬被扰乱，器物组合大多不完整，较完整的M5，出土陶器有鼎、盒、壶、罐，铜器有镜、带钩、环首刀、铜饰，还有残铁器、玉璧、石墨塞。尹王村发现的134座墓葬，除一座形制不明，其余的可分为竖穴土圹墓、偏洞室墓、直线洞室墓三类，竖穴土圹墓7座，偏洞室墓74座，直线洞室墓52座。葬具明确的57座，均为单棺，大多头向西或西北，以屈肢葬为主，少数直肢葬。墓葬被扰乱，较完整的如M175，出土陶器有鼎、盒、蒜头壶、罐，铜器有带钩，还有铁锸。M193出土陶器有鼎、盒、蒜头壶、罐、豆，铜器有编钟、带钩、耳环、铜环，还有铁刀。这两批墓葬的时代为战国晚期早段（个别的可早到战国中期晚段）到秦统一时期。

《巩义市甫新花苑秦墓发掘简报》报道了一座秦墓（M3）的发掘资料。该墓为竖穴土洞墓，长方形墓道，北端掏挖墓室，墓室平面近似长方形。出土陶器如壶、盒、器盖、匜等，铜器如镶嵌绿松石带钩、带钩、印章、铃、环、璜形器，另外还有料珠。时代为战国晚期至秦代（《中原文物》1 期）。

赵超的《从有关秦国石刻的考古发现看中国古代石刻的起源》认为秦国较早地应用石材，并且较早地产生了纪念性的文字石刻，到汉代碑石的出现以至外形的定型，应归结于外来文化的影响（《考古、艺术与历史——杨泓先生八秩华诞纪念文集》，文物出版社）。

付建的《古希腊人体雕刻与秦代人体雕塑对比研究》一文，从艺术理念形成、雕塑技法和展示环境等方面探讨了中西方艺术相互影响的问题，其结论是古希腊雕刻艺术对秦俑的制作技术没有深层次的影响（《文博》2 期）。

二　汉代考古

（一）遗址

1. 汉长安城

汉长安城内的八条大街虽然很早就已探明，但大街的宽度、结构和沿用情况却不甚明了，《西安市汉长安城遗址直城门大街试掘简报》提供了直城门内大街试掘的新资料。从试掘情况看，在长安城兴建之前，这里即有一条道路存在。其后在高祖定都长安、惠帝筑造城墙以至西汉末年，这条道路被沿用，并不断得到改造；道路最宽时南北达 61.4 米，约当西汉中晚期，路南北两侧均有路沟；道路被分成三股道的情况也得以确认。西汉以后道路继续存在，经东汉、十六国、北朝，一直沿用至隋唐时期（《考古》11 期）。

刘振东的《汉长安城城门遗址考古发现与研究》总结了汉长安城城门考古发掘与研究的成果，进而认为城门建筑能够从一个侧面体现出都城所具有的礼仪性、威严性、安全性和时代性（《华夏考古》6 期）。

徐卫民的《汉长安与古罗马城政治功能比较研究》一文提出，汉长安城政治功能更突出，城内宫殿、官署、贵族宅第等建筑占了全城面积的三分之二，很少有公民公共设施，是为强化中央集权服务的。而罗马城的经济功能则比长安城强很多，城内不仅有宫殿、政府机构、庙宇，还有大量公共建筑、密布的手工作坊，是为普通公民服务的（《文博》3 期）。

2. 地方城市

（1）路县城

《北京城市副中心考古》（第一辑，科学出版社）主要总结了位于通州区潞城镇古城村的汉代路县故城，包括城外墓葬的考古工作收获。

（2）郛堤城等

张宝刚的《黄骅地区战国至汉代城址综述》介绍了河北黄骅地区的几处汉代城址和墓葬，有位于市区以北的郛堤城址与城外西北的瓮棺葬群、位于羊二庄回族镇前街村的卯兮城址与城外西部的墓葬、位于羊二庄回族镇张八寨村的古城址（柳县治）、位于旧城镇旧城村的古城址（宛乡侯国都）与墓葬、位于常郭乡故县村的古城址（章武县治）、位于齐家务乡乾符村的古城址。李君的《黄骅郛堤城时代与性质的初步认识》利用该城城墙、城门的考古发掘资料，论述了城的时代等问题（《瓮棺葬与古代东亚文化交流研究国际学术研讨会论文集》，科学出版社）。《古城印记——战国秦汉古城文明集录》（科学出版社）对黄骅地区战国至汉代城址的考古发现进行了分类介绍。

（3）邹县城

《山东邹城市邾国故城遗址 2017 年 J3 发掘简报》报道了位于山东邹城峄山镇汉代邹县城内清理出的一眼西汉水井，井平面近圆形，直径 1.12 米，下半部用陶井圈垒砌成壁，上半部用条砖砌壁，井内出土有铜器、铁器和陶器等，其中最为重要的是 8 件新莽时期带铭文的青铜度量衡器，包括 1 件衡、4 件权和 3 件方版，铭文有王莽统一度量衡的诏书以及重量、制作年代（权）等。简报认为水井主要使用于西汉晚期，西汉末年至新莽时期废弃，但考虑到新莽时期的铜度量衡器应该在新莽灭亡之后被废掷于井内，所以井的废弃时间也有可能是在新莽灭亡以后。井内所获新莽铜度量衡器为首次科学发掘出土，尤其是一件方版系第一次发现，对于研究新莽时期度量衡制度以及币制改革均有重要价值。此外，水井所在地被推定可能是官署区，这为城址整体布局探索提供了线索。《山东邹城市邾国故城遗址新莽铜度量衡器的初步研究》刊布了多位专家从不同角度对这批铜度量衡器深入研究的成果，其中有对考古工作的总结和展望（王青、方辉），有对王莽大力推行度量衡新制的目的、成效和意义的讨论（马新、王子今），有对铜诏版和环权的专论（白云翔），有对铜衡器——衡杆和环权的研究（孙机、苏荣誉），有对首见“五货”铜版的新见，熊长云认为“五货”铜版是理解王莽货币观念的一把新“钥匙”，也是研究新莽时期政治观念的重要史料（《考古》8 期）。关于环权，4 件中的 3 件均有铭文“始建国元年正月癸酉朔日制”，白云翔认为“制”字之义不是“制作”，而是“制定”“规定”“制度”，“始建国元年正月癸酉”并非铜环权制作之时日，而是统一度量衡制度的制定颁行之时日。结合另一件环权无“始建国元年正月癸酉朔日制”铭，但有完整的 81 字诏书铭，似可推断此处的“制”字，意为“制书”“制诏”，《汉书·高后纪》颜注“称制”曰：“天子之言一曰制书，二曰诏书。”

（4）晋阳城

《晋阳古城晋源苗圃考古发掘报告》（科学出版社）公布了在太原市晋源区晋源镇古城营村与北街村之间的晋源苗圃内发掘长探沟的资料，虽然尚未揭露出汉代遗址，但出土了一些汉代建筑材料和器物，为初步了解汉代遗址分布提供了有用的信息。

（5）大浪城

熊昭明的《汉代合浦港的考古学研究》（文物出版社）对广西合浦县石湾镇大浪城址、廉州镇草鞋村城址以及合浦汉墓做了综合研究，并通过汉墓出土的遗物探讨通过海上丝绸之路进行的中外文化交流问题，提出了不少新见解。

3. 乡村聚落

《河南泌阳县象河乡汉代遗址发掘简报》报道了一处汉代遗址的发掘收获，发掘面积 600 平方米，主要发现为一条沟。出土了大量的小砖、空心砖、板瓦、筒瓦、瓦当等建筑材料，小砖与空心砖有模印纹饰，小砖纹饰为网纹、回字菱形纹、十字穿环纹、动物纹等，空心砖有“都尉”“大吉”“宜子孙大富”等文字，有的有瑞兽、树木、阙类建筑物等图案；还有盆、罐、甑、瓮、豆等生活陶器；铁器有炉、釜、犁、镬、刀、戈等生活用具及农具、兵器；铜器有镜、盖弓帽，镜残，留有“汉有善”三字铭文；石器有磨、臼、拍、球等，本次出土石磨数量较大，上下扇共计 8 件，对 7 件石磨、臼提取出了 20 颗淀粉粒，分析表明，其中有 11 颗来自粟或薏苡，8 颗来自小麦，1 颗来自根茎类植物。该研究为探讨两汉时期农作物种类、饮食习惯等问题提供了资料。据出土物特征，断定该遗址年代主要是新莽时期至东汉中期（《华夏考古》3 期）。

《四川昭觉县四开坝子汉代遗存的调查与清理》公布了四开乡好谷村黑洛社东汉聚落（灰坑等——东汉安斯乡）、抵坡此东汉屯戍（夯土堆、灶、道路）遗址以及附近的两汉墓葬（西汉竖穴土坑墓、东汉砖室墓、崖墓）资料。这是位处西南的越巂郡靠近边境地区的一个聚落遗址（《考古》8 期）。

4. 陶窑

《河南郑州马良寨遗址汉代陶窑发掘简报》公布了 4 座陶窑的资料，编号 Y1 ~ Y4，4 座窑均为半地穴式，由操作坑、火门、火膛、窑室、排烟设施五部分组成。Y2 窑室近椭圆形，一个烟道，Y1、Y3、Y4 窑室近方形，三个烟道，Y1 打破 Y2，显示出时代略有差异。这些陶窑以烧造实心条砖、板瓦、筒瓦等建筑材料为主，也烧造罐、盆等日用陶器，从这些窑大小不一、布局混乱、似没有统一规划的现象推断，当属民窑。据陶窑形制及打破关系，Y2 时代稍早，为西汉中期前后，其余 3 座窑应为西汉中晚期至东汉时期（《华夏考古》1 期）。

5. 水利工程

《四川都江堰渠首 2005、2014 年的发掘与调查》介绍了在都江堰渠首外江、内江出土的 1 通东汉建安四年石碑、3 尊东汉晚期石人像（其中 1 尊有底座）、4 件铁腰以及数十件石构件等资料（《四川文物》6 期）。若加上之前在同一地点出土的李冰石像和持锸石人像，则此地共出土大小、造型、衣饰相似的石人像 5 尊，这些资料对于研究都江堰的沿革、管理、施工工艺等具有重要价值。刘振东在《小议汉代的水边石雕》一文中，认为汉代水边石雕像的作用是观测水位，对可能出现的水患加以预防，同时可能也被赋予镇水的功能（《纪念西安碑林 930 周年华诞学术研讨会论文集》，三秦出版社）。

（二）墓葬

《邙山陵墓群考古调查与勘测第一阶段考古报告》（文物出版社）全面公布了洛阳邙山两汉墓葬（墓园）的勘探资料，并对之做了分型、分期研究，此外还汇集了东汉帝陵以及各地出土的黄肠石等资料。

1. 诸侯王墓

葛明宇的《狮子山楚王陵出土碧玉棺片应为棺体内饰考》一文，首先从汉代棺木构造与实用功能，碧玉片出土状况，其他诸侯王墓所见同类棺木形制构造，玉殓葬的目的、理念以及整理狮子山楚王陵出土遗物时新发现的棺饰（白玉璧、白玉铆钉、金铆钉、铺首棺环）等方面论证了这些碧玉片不应镶在棺板的外壁上，进而认为碧玉片（包括碧玉板、碧玉璧）是镶贴在棺的内壁上，棺的外壁应镶贴白玉璧、白玉铆钉、铺首棺环等，从而构成一具与河北满城陵山二号墓形制相似的镶玉漆棺。诚然，徐州市博物馆内展陈的这具经过复原的镶玉漆棺，碧玉片均是镶贴在棺的外壁上，经过发掘亲历者的进一步整理、研究、复原，相信会更加接近棺木的本来面貌（《江汉考古》1 期）。

《大葆台汉墓黄肠题凑及棺椁的保护与研究》（科学出版社）刊布了对大葆台西汉墓黄肠题凑和棺椁葬具所做的病害调研与保护修复成果，包括对木材的树种鉴定等，有助于对黄肠题凑葬制的研究。

《中山王汉墓出土黄肠石题刻精拓百品》（文物出版社）重点介绍了河北定州北庄汉墓（东汉中山简王刘焉墓）出土的100例黄肠石题刻拓片资料。

2. 列侯墓

江西南昌西汉海昏侯刘贺墓的发现、发掘是近年来秦汉考古的重大收获，墓葬出土的500余件铜器（食器、酒器、乐器、水器、日用杂器、度量衡器、车马器、兵器、工具、配件）、2000余件漆木器（饮食器、日用器具、兵器具、乐器具、明器木俑）、约400件玉器（礼仪用玉、生活用玉、装饰用玉、丧葬用玉）以及简牍（典籍既有六艺类的《诗经》《礼记》类、祠祝礼仪类《论语》《春秋》《孝经》类，也有诸子类、诗赋类、六博、数术类、方技类；另有文书和签牌）等资料初步正式公布，同时发表的还有基于出土资料对汉代部分铜器定名、器用以及东王公传说与图像的研究成果（《文物》11期）。其中铜器部分未公布铭刻资料，器物断代均为西汉武帝太始元年至宣帝神爵三年（除少数周代铜器外），可能依据的是铜器铭文；漆器部分公布了部分文字资料，尤感兴趣的是衣镜之纹饰，在镜框正面绘有一圈神兽（存青龙、白虎、朱雀）及神话人物（东王公、西王母）图案；玉器部分按出土位置重点介绍了38件，包括直接确定墓主的"刘贺"玉印。张予正等的《海昏侯墓出土奏牍选释》、聂菲的《海昏侯墓漆器铭文及相关问题探讨》等均是对此墓出土文物的介绍和研究（《南方文物》2期）。

关于海昏侯刘贺墓园内建筑遗址的性质问题，《考古》2016年第7期刊发的发掘简报认为，M1（刘贺墓）正南方基址平面呈方形的F1（边长约10米）为寝，M1与M2（刘贺夫人墓）南方中间基址平面呈"凹"字形带回廊的F2（东西约14米，南北约10米）为祠堂。笔者在中国社会科学院研究生院等地举办讲座时认为，汉景帝阳陵罗经石建筑遗址（多认为是景帝庙德阳宫）、汉张安世墓园祠堂建筑遗址以及汉长安城南郊王莽九庙建筑遗址均为方形平面，若列侯墓园像皇帝陵园一样设有寝、庙类建筑，则海昏侯墓园的方形建筑（F1）应为祠堂（功能同庙），长方形建筑（F2）可能为寝。田庄等的《南昌西汉海昏侯刘贺墓园礼制性建筑研究》则认为，F1、F2均为寝园内的建筑，其中F2系寝殿，F1系寝殿旁侧的便殿（《南方文物》2期）。上述无论哪种看法，均属推测。

杨武站的《西汉列侯墓地设施初探》，研究了包括海昏侯墓在内的西汉列侯墓地设施，有墓园、墓葬（坟丘、墓道、墓室、棺椁）、外藏椁、合葬墓、陪葬墓、寝、祠堂、园邑等（《考古》11期）。

3. 中小型墓

《辽宁辽阳市太子河区东汉魏晋墓群发掘简报》介绍了位于辽阳市太子河区太子河西岸台地上的数座东汉晚期墓葬，均是用大石板构筑的多室墓，出土铜器、陶器等遗物（《考古学集刊》第21集，社会科学文献出版社）。

《杭锦旗查干陶勒盖墓群发掘简报》报道了位于内蒙古自治区鄂尔多斯市杭锦旗塔然高勒管委会巴音钦格力二社附近的10座汉墓，为斜坡墓道土洞墓（《文物春秋》6期）。《阿拉善盟额济纳旗红庙汉墓群发掘简报》报道了在额济纳旗达来呼布镇吉日嘎朗图嘎查东南部清理的24座西汉中晚期墓葬资料，其中有单室砖墓9座、竖穴石砌墓15座，出土有铜器、铁器、陶器等，推测墓主生前可能隶属于张掖郡居延都尉府（《草原文物》1期）。

《宁夏海原石砚子汉墓发掘简报》公布了10座汉墓资料，其中M4是竖穴土坑墓，

M1、M2、M7、M8、M9、M11、M12为长斜坡墓道土洞墓，M3、M10为长斜坡墓道砖室墓。M4出土陶罐、羊骨、铜半两等随葬品，时代为西汉中晚期。M1、M2、M7、M8、M10、M11、M12出土陶罐、壶、锺、灶、博山炉等，铜器有镜、带钩、弩机、当卢、衔镳、盖弓帽、车軎、环、铃、铺首、五铢钱等，玉石器有璧、口含、鼻塞、砚等，还有铁剑、铁削，时代不早于东汉初年。M3、M9出土陶壶、罐、灶、博山炉等，铜器有镜、弩机、泡钉、铃、货布等，时代不早于新莽时期（《文博》4期）。

《北京市延庆区西屯墓地东区（Ⅱ区）考古发掘简报》举例报道了位于延庆镇西屯村的72座汉墓资料，其中西汉墓葬65座，多为竖穴土坑木椁（木棺）墓，也有瓮棺墓；东汉墓葬7座，多为多室砖墓（《文物春秋》3期）。

在河北元氏县苏阳乡南白楼村发掘战国秦汉墓葬22座，均为竖穴土坑墓。墓葬年代在秦灭赵前后，所以反映出从战国晚期到西汉初年，赵人、秦人先后占领该地区的历史过程（《考古》2期）。

《许昌考古报告集（二）》（科学出版社）汇集了位于建安区河街乡夏庄村的6座东汉墓葬、长葛市后河镇山孔村的1座东汉墓葬、长葛市后河镇张史马村的5座东汉墓葬、长葛市增福庙乡曹庄的3座东汉墓葬、禹州市梁北镇观稆园村的8座东汉墓葬、禹州市张得乡张西村的12座西汉末年至东汉早期墓葬。《荥阳后真村》（科学出版社）公布了位于荥阳市高村镇后真村的2座东汉墓葬，另有汉代窑址6座、水井4眼。《河南禹州市崔张汉墓发掘简报》公布了位于禹州市梁北镇崔张村汉代墓地中的2座墓葬资料，二墓（M1、M33）均为竖穴墓道洞室砖墓，时代为新莽。《河南三门峡市后川汉墓发掘简报》报道了在三门峡市后川村清理的6座西汉早、中期墓葬，均为竖穴墓道土洞墓，随葬品有铁器、铜器和陶器等，其中M6出土一件有铭铜鼎，铭文为“陕宫鼎，容二斗，并重十八斤。第一”（《考古与文物》2期）。《河南偃师永宁路东汉墓M4发掘简报》《河南偃师永宁路东汉墓M149的发掘》分别介绍了一座位于偃师市首阳山南麓的东汉墓葬，前者并列二后室，后者并列四后室，十分罕见（《中国国家博物馆馆刊》11期）。《河南淅川双河镇墓地M26发掘简报》报道的M26，墓葬形制为长方形竖穴土坑，一棺一椁，单人葬。出土随葬品15件，其中陶器10件，有鼎、器盖、壶、盒、瓮、釜、甑、罐，铜器5件，有鍪、钫、洗、盆、勺。墓葬保存较好，出土器物组合完整，墓葬时代为西汉中期或稍早（《中原文物》3期）。

《琅琊墩式封土墓》汇集了位于青岛市黄岛区张家楼镇土山屯村（13座）、胶南市海清镇廒上村（1座）以及胶南市大场镇殷家庄（3座）的三处汉墓。土山屯汉墓的“人”字形木椁顶以及精美的漆木器、玉器都是重要收获（科学出版社）。《枣庄市山亭区安岭汉代墓地发掘报告》公布了位于山亭区店子镇安岭村的22座汉墓，多为石椁墓或石室墓（《海岱考古》第十一辑，科学出版社）。

《西安北郊两座汉墓发掘简报》（科学出版社）公布了2座汉墓资料。2座墓均坐北朝南，M2是长方形竖穴墓道砖室墓，出土物有釉陶器如壶、樽、罐，陶器如罐、灯、壶、甑，玉石器有眼罩、口含、鼻塞，铜器有弩机、带钩、小泉直一钱，时代为新莽时期。M1为长斜坡墓道多砖室墓，后、东、西三室各发现2具木棺，为家族墓，出土物有釉陶器如壶、仓、井，陶器有罐、釜、甑、盆、樽、案、盘、耳杯、斗、灯、猪，铜器有刀、镜、五铢钱，还有铁刀、石猪，时代为东汉中晚期（《文博》2期）。《华县东阳遗址考古报告（2014）》报道有14座汉代墓葬、1座灰坑、1条灰沟、5条围墓沟。墓葬分为竖穴土圹墓与洞室墓两类，其中洞室墓居多，绝大多数带斜坡墓道。葬具为木质，大多单棺，极少数一棺一椁。葬式均为仰身直肢，头向有西北、西南、东北、东南四种情况。该墓地墓葬基本保存完好，出土物较丰富，如M6出土器物有陶鼎、盒、瓮、锜、甑、钫，铜半两钱，骨镞，还有漆盘、耳杯的痕迹。M17出土器物有陶盆、釜、罐、甑，铁釜、剑，铅镇，铜半两钱。G3、G4内出土大量早期的工具、陶器等，还有汉代的建筑材料如板瓦、筒瓦等。这批墓葬的时代从西汉早期到新莽时期。

《湖北老河口北岗墓群发掘简报》公布了在老河口市袁冲乡纪洪村清理的3座东汉晚期墓葬资料，均为砖室墓，出土有铜器、银器、陶器和料珠等（《江汉考古》4期）。

《安徽淮北相山渠沟墓群M50发掘简报》介绍了位于淮北市相山区凤凰山西的一座东汉前期墓葬（M50）资料，为单室砖墓，葬三人，一男二女，各有漆木棺，棺用钉，有的棺用铜柿蒂花做装饰。出土盗余器物59件（套），分为铜器、铁器、釉陶器、陶器、滑石器、玉器和象牙器。铜器中有1件行灯，被误认为是鐎斗（《东南文化》6期）。在安徽肥东小黄村清理2座墓葬，南北并列，均为一条斜坡墓道的竖穴土坑墓，其中M11出土器物65件（套），属西汉晚期，M10出土器物14件，为新莽时期（《文物》12期）。

《江苏邳州埠上村四座汉墓发掘简报》发表了4座（M10、M19、M20、M26）西汉时期墓葬资料。4座墓葬均为长方形竖穴石坑墓，M26是夫妻合葬墓，其余为单人葬。出土彩绘陶器如鼎、盒、壶、盘、盆，颜料有红、白、黑色，纹饰有云纹、条带纹、三角纹、蕉叶纹。陶器还有匜、勺、罐。从M19、M26－1的鼎，M26－1的罐中仍残留鸡骨、鱼骨可知，原有肉食随葬。出土玉器有璧、璜、剑首，铜器有环、盖弓帽、半两钱、五铢钱，铁器有锸、镢。墓葬时代是西汉前期（《中原文物》1期）。

《新建成都至都江堰快速铁路考古发掘报告集》（科学出版社）介绍了在都江堰市崇义镇大桥村6组三个地点清理的29座东汉墓葬，揭示了墓地的形成过程：先平整场地，然后在场地正中夯筑土台，在土台上下挖墓圹，修建墓葬，最后覆以封土；以后的墓葬即在第一个墓的周围修建，所以墓地经过不断的扩展，最终会形成一个很大的封土包。一个封土包就是一个家族墓地，两汉时期的成都平原盛行这样的家族墓地。

《万州武陵墓群》（科学出版社）刊布了位于重庆市万州区武陵镇下中村的21座汉墓。其中M23出土1件玉尺，长23厘米；M9出土3件铜耳杯，2件内底饰鱼纹，1件内底饰西王母图像，足见当时西王母信仰之盛。《巫山麦沱墓地》（科学出版社）刊发了位于重庆市巫山县巫峡镇高塘村一处墓地的54座汉墓，有竖穴土坑墓（35座，有的带墓道）和砖（石）室墓（19座，带墓道），分为西汉早期、西汉中期、西汉晚期、西汉末期至东汉初期、东汉中期和东汉晚期共六期。M47出土的陶西王母俑较为罕见，不排除是被供奉的神像。这批资料对研究三峡地区汉墓的分期较为重要。《重庆云阳风箱背一号汉墓》报道了在重庆云阳清理的一座新莽时期大型竖穴岩坑墓，该墓有前后两个墓室，前室盛放器物（曾被盗），后室陈放三具木棺以及完整器物组合，前、后室共出随葬品314件（组），有铜器、铁器、陶器、漆器和玉器等，其中错银嵌金铜环首刀、铜胎漆耳杯、铜连枝灯等制作精美。连枝灯由座、柱和四灯盏组成，座为一立姿辟邪，辟邪背上跽坐一羽人。连日常使用的灯上都用羽人作装饰，可见神仙思想影响之深（《考古学报》4期）。《重庆市璧山区蛮洞坡崖墓群M1发掘简报》介绍了在璧山区广普镇笙家村5组清理5座崖墓中的一座（M1），系单室墓，室内陈一具画像石棺，随葬品多为陶器，墓葬年代约当东汉晚期（《四川文物》1期）。《重庆万州熊绍福墓群发掘简报》报道了在万州区高峰镇朝阳村3组清理的一批墓葬资料，分为竖穴土坑墓、砖（石）室墓和崖墓，其中有数座东汉墓（《中国国家博物馆馆刊》9期）。

《湖南衡阳龙祖山战国、汉墓考古发掘简报》公布了在衡阳县三湖镇鼓峰村清理的2座东汉砖室墓。《湖南蓝山赤蓝桥东汉墓考古发掘简报》刊发了位于蓝山县赤蓝桥村的一座东汉砖室墓。《湖南株洲石峰区踢金岭东汉砖室墓考古发掘简报》公布了位于石峰区田心街道群力村的一座东汉砖室墓。《湖南宁乡狮北汉代墓地M10、M25考古发掘简报》报道了位于宁乡县大屯营镇狮北村的2座东汉砖室墓（《湖南考古辑刊》第13集，科学出版社）。

《钟山铜盆汉墓》（科学出版社）刊发了位于钟山县红花镇铜盆村的47座汉墓，均为竖穴土坑墓，有的带一条或并列的两条斜坡墓道，出土有铜器、铁器、陶器、石器和琉璃器等，可分为西汉前期、西汉中期、西汉晚期、东汉前期和东汉后期。《广西钟山县张屋村汉、晋墓发掘简报》公布了在钟山县燕塘镇张屋村清理的一座东汉晚期竖穴土坑墓，出土完整器物组合共35件（套），有铜器、铁器、陶器和玛瑙耳珰（《四川文物》1期）。

在浙江杭州萧山溪头黄清理两汉墓葬59座，分为竖穴土坑墓（51座）、砖椁墓（1座）和砖室墓（7座）三类，出土有陶器、瓷器、铜器（包括铜镜、铜钱）、铁器、石器、料器、琉璃器等。这批资料有助于区域性汉墓分期的细化研究（《考古学报》3期）。《萧山溪头黄战国汉六朝墓》（文物出版社）对这批汉墓资料做了更加详细的介绍，并进行了细致的分期研究。

4. 画像石墓

画像石墓的考古发现与研究一直是汉代墓葬考古的一个重要内容，《色彩的记忆——南阳陈棚汉代彩绘画像石墓》全面公布了河南南阳陈棚汉代彩绘画像石墓的资料（大象出版社）；《河南郏县黑庙墓地汉代画像石墓发掘简报》新公布平顶山郏县白庙乡黑庙村东汉中晚期画像石墓10座，出土用于筑门的画像石构件63件，其中门楣15件、门柱11对28件、门扉10对20件；《山东费县刘家疃汉画像石墓发掘简报》新公布费县刘家疃东汉晚期墓出土画像石36块，其中墓门4块、前室12块、中室17块和后室3块（《文物》9期）。《济南市长清区大柿园东汉画像石墓》共出土画像石38块，画像51处，内容包括现实生活、历史故事、神话传说以及禽兽、草木、花纹图案等（《考古》4期）。《山东高密市发现一座汉画像石墓》介绍了从高密市井沟镇住王庄村一座东汉画像石墓出土的9块画像石（门楣石4、门扉石2、门框石2、门槛石1）和1方《孙仲隐墓志》；《邹城市龙水村西汉画像石椁墓发掘报告》报道了位于香城镇龙水村的4座西汉早期画像石椁墓，每墓出土画像石2~5块（《海岱考古》第十一辑，科学出版社）。

刘尊志的《江苏徐州东沿村出土东汉祠堂画像石浅析》一文，对江苏徐州铜山县汉王镇东沿村发现的2座东汉画像石墓中的画像石做了分析，认为其原为东汉早期墓前祠堂画像石，后被拆除改用做墓葬材料，相关石材可配置9座单间平顶祠堂，故当时祠堂的规模不大，由底石、左右侧板、后壁、顶板组合砌建而成，祠堂的主人应为普通官吏或中小地主，反映出东汉时期墓外祠堂的普及以及墓外祭祀活动的发展（《中原文物》1期）。

罗小华的《勇士申博图像考》一文，考证了河南周口出土的两方画像砖，认为描绘的是申博持椎击夏育的故事，并认为由于槌与椎通假，故工匠误解，将申博手中所持武器刻为鼓槌（《华夏考古》1期）。

陈秀慧的《东汉荧惑图像考》对东汉画像石中的荧惑图像做了较为深入的考证，内容包括荧惑图像的确认（双首人面神兽）、图像分类（兽背上无人物、兽背上有羽人、童子及成年男子）、图像组合与意义（与西王母或东王公组合、与神灵瑞兽组合、与四神及星象组合）、荧惑化身童子兴造谣言以及荧惑之精为风伯等（《考古学报》2 期）。王煜的《汉代伏羲、女娲图像研究》对汉代画像石和壁画墓中的伏羲、女娲图像做了甄别、梳理和研究，并认为这类图像主要出现于墓主人升天成仙的旅程中，伏羲、女娲图像应与汉代升天成仙的信仰有关（《考古》3 期）。

在汉墓图像资料研究中，研究者习惯将西王母、仙人、四神等图像与墓主升仙联系到一起，这种解释不免失之于简单化，因为这些信仰或图像首先是存在于现实世界，它们是秦汉时期神仙思想的图像化表现，人们信仰神仙思想的目的是追求长生不老，即成仙，这是生人的追求，人一旦死去，便失去了成仙的条件和机缘。墓葬是死者的冥界之家，这里的装饰图像只是复制、再现了现实世界的神仙思想，其时并不存在死人升仙的理论和实践。

缪哲的《从灵光殿到武梁祠——汉代帝国艺术的重建》认为王延寿《鲁灵光殿赋》所记录的灵光殿装饰应制作于东汉初年，是两汉之交汉帝国意识形态的视觉表达；以武梁祠为代表的“武梁祠派”作坊所使用的标准装饰方案，其源头或可求之于灵光殿的装饰主题，其中间环节应是鲁王的陵寝装饰（移绘于灵光殿），其模仿、传播者是“武梁祠派”作坊的工匠们（《浙江大学艺术与考古研究》第三辑，浙江大学出版社）。

王倩的《汉画像石西王母图像方位模式研究》（江苏大学出版社）从方位模式的视角来阐释画像内容，或许会为汉画像石研究带来一些启示。

5. 瓮棺葬

王子孟等的《山东临淄粉庄 1 号墓地出土瓮棺葬概述》介绍了位于临淄齐故城以北一处墓地内的 40 座战国、西汉儿童瓮棺墓。朱磊的《山东临淄粉庄 2 号墓地出土的瓮棺葬》介绍了同一墓地的汉代儿童瓮棺墓 31 座、小砖室墓 2 座。雷建红的《黄骅郛堤城瓮棺葬的发现及其相关问题探讨》介绍了一处大型瓮棺墓地中的 113 座战国、西汉瓮棺墓、砖瓦棺墓，除 3 座单独成区分布的成人瓮棺墓外，其余均为集中分布的儿童墓葬。白云翔的《公元前一千纪后半环黄海地区的瓮棺葬及其历史文化阐释》揭示了环黄海地区，包括朝鲜半岛和日本九州一带瓮棺葬之间存在的联系，进而认为这从一个侧面反映出该地区社会的变迁，特别是人群的移动以及文化的传播与交流（《瓮棺葬与古代东亚文化交流研究国际学术研讨会论文集》，科学出版社）。该论文集内还刊发有十多篇相关的研究文章，内容涉及城址与瓮棺墓位置关系（徐龙国等），大陆与朝鲜半岛瓮棺墓的比较（宫本一夫），辽宁地区瓮棺墓（张翠敏、徐征），天津地区瓮棺墓（梅鹏云等），河北地区瓮棺墓（贾金标等、翟鹏飞），北京通州路县故城瓮棺墓（尚珩等），山东临淄齐故城瓮棺墓（杨勇）等。

6. 墓葬研究

陈亚军的《南阳地区汉墓的考古学研究》（社会科学文献出版社）通过对南阳地区汉墓所做的分期、分级研究，揭示出这一地区汉文化的形成过程及动因。

索德浩的《四川崖墓起源再论》认为，四川崖墓起源于关中土洞墓，位于两者之间的商洛崖墓完善了其传播链（《中国国家博物馆馆刊》11 期）。

刘振东的《新见汉晋南北朝时期的帷帐》对新见东汉、魏晋、十六国和南北朝时期墓葬内遗留的帷帐信息做了梳理和总结。例如河南安阳西高穴 2 号东汉墓前室的四壁原应悬挂帷，后室可能挂了一顶军帐；湖南安乡西晋刘弘墓张挂的帐也可能属于大型军帐。其他魏晋南北朝墓葬所见之帐（帐构、帐座），或用于罩棺，主要有平顶和四阿顶两种，此应模仿自床帐；或用于罩祭台、祭案等，应多为平顶，这类帐一般较小，或即形如覆斗的所谓“斗帐”。汉晋时期墓葬中设帐的习俗，归根结底仍是受到了“事死如事生”丧葬观念的影响（《文物》3 期）。

刘尊志的《汉代墓葬中的玉璧殓葬》一文，梳理了两汉墓葬出土的玉璧资料，并对殓葬位置与方式做了分析，认为战国墓葬中的玉璧殓葬对秦汉墓葬产生了重要影响。西汉时期的墓葬玉璧，据殓葬位置与方式不同，分殓葬用璧、祭祀用璧、葬具装饰用璧、陪葬用璧，而以殓葬用璧与葬具装饰用璧为主，说明此时玉璧丧、葬方面的功能得到加强，而礼器功能逐渐减弱。关于西汉时期玉璧殓葬者的身份，皇帝赐重臣的“璧珠玑玉衣”，应是帝后使用的殓葬之物，至少是诸侯王一级。东汉时期玉璧殓葬者的身份应该以皇帝和王侯级别人员为主，但王侯墓葬不完全使用，或许反映出东汉时期相关制度更趋严格，等级差异更为突出，从玉殓葬普遍程度及数量上都显示出逐渐衰落的趋势。另外，还有墓葬中出现石、琉璃等质地的璧、铜镜、铜钱等，摆放位置与方式与殓葬玉璧较为相似，可能是代替或借鉴了玉璧殓葬的做法（《华夏考古》6 期）。

索德浩的《四川汉晋陶俑的初步研究》，对四川地区汉晋时期的陶俑做了分类和分期研究，共分为拱手立俑、耕猎生产俑、家庭生活劳作俑、乐舞俑、坐俑、童俑、行走俑、执兵器俑、双人俑和神怪俑十类，分为西汉中期、西汉晚期至东汉早期、东汉中期至蜀汉后主前期、蜀汉末期至南朝四期，并梳理了陶俑的来源、演变及其背景以及向外传播等问题（《考古学报》1 期）。

朱连华的《浅议西安中小型汉墓出土釉陶器装饰图像》一文，以西安地区中小型墓葬中出土的釉陶器装饰图像为主，将其内容分为四灵、仙人、斗兽、狩猎四个组群，并结合文献，认为这些图像所表达的是镇墓驱鬼、引导升仙、娱神祭祀等丧葬意义（《中原文物》4 期）。

胡赵建、尤泳的《“外藏椁”相关问题探讨》一文，界定了外藏椁的概念，认为用一定材质构筑的、盛放随葬品的、形制类似椁的封闭空间设施才可称为外藏椁，相较之下，耳室、壁龛等没有椁的构造和形式的，不能称为“外藏椁”，只能归入“处藏系统”这个更大的范畴内。作者还分析了“外藏椁”的等级问题，提出秦汉时期中小型墓葬中也存在“外藏椁”的观点（《中原文物》4 期）。

徐龙国的《山东大型胡人石雕像与欧亚文化交流》一文，认为发现于山东的 6 件大型胡人石雕像都是立于墓前的翁仲（《中国国家博物馆馆刊》10 期）。

（三）边疆地区

近年来，对新疆奇台石城子古城开展了一系列考古调查和发掘工作，《新疆奇台石城子遗址 2016 年发掘简报》公布了 2016 年揭露出的两组排房建筑，一组有 5 间房，构成一个完整的建筑单元，另一组是 3 间房，只揭露出房屋的局部。房屋由夯土墙或土坯墙围合，一面墙上设门，以立柱（下有础石）或墙体支撑屋顶的梁架，地面有的铺砖。两组建筑之间形成巷道。此二组建筑的周边还应有其他建筑单元，从而构成一定规模的建筑群。遗址出土大量汉代砖、板瓦、筒瓦和瓦当等建筑材料。无论从建筑结构、布局，还是建筑材料的形制看，均具有鲜明的汉地特征。学术界一般认为石城子古城是汉代的疏勒城，近年的考古工作为这一看法提供了更多的支持（《文物》5 期）。《2017 年度奇台县石城子遗址考古发掘报告》公布了 2017 年发掘揭露出的北城墙、西城墙、护城壕以及依西城墙内侧而建的房屋局部等，出土有建筑材料和陶器残片等。北城墙下半部分夯筑，上半部分用土坯垒砌，外侧用瓦片包砌，底部宽 7 米 ~8 米，顶部宽约 6 米。西城墙夯筑，宽度同北城墙（《新疆文物》1 ~2 期）。同期还刊登有 6 篇分别位于石河子市、托里县与额敏县、和布克赛尔县、博乐市、温泉县、布尔津县的墓葬发掘报告，其中部分墓葬年代与秦汉时期相当。

《四川阿坝小金日隆汉代石棺葬墓地发掘简报》刊布了在四川阿坝小金县日隆镇发掘的一处石棺葬墓地资料，共有墓葬 41 座，有的设头龛或侧龛。出土陶器以各种形制的罐为主，铜器主要为小件装饰品，铁器有少量工具（削刀）和武器（矛、刀），另有玉石、骨、料等质地的装饰品。发掘者推断墓葬年代属于两汉时期，墓主可能是羌族（《文物》10 期）。

位于云南曲靖市麒麟区珠街街道办事处董家村的八塔台墓地共有 8 个土堆，此前对其中的 2 号堆先后做过 6 次发掘，近年又进行了第 7 次发掘，共清理墓葬 343 座，发现 38 处墓祭活动面。墓葬均为竖穴土坑，有的带封土（75 座），有的封土上还清理出柱洞，可能是树立墓上标识的遗存。墓葬有单人葬、双人合葬和三人合葬。墓葬可分三期，早期墓 147 座，约当战国早期，中期墓 144 座，约当战国晚期至西汉早期，晚期墓 52 座，约当西汉晚期至东汉早期（《考古》12 期）。

吴小平的《两汉时期云贵地区汉文化的考古学探索》（浙江大学出版社）综合讨论了两汉时期云贵地区汉文化遗存的分布与编年、汉文化的兴衰过程和特征、汉文化对各区域土著文化的影响等问题，有力推动了云贵地区的两汉考古学研究。

张合荣的《夜郎青铜文明探微——贵州战国秦汉时期青铜器研究》（上海古籍出版社）一书，在全面汇集贵州境内出土战国秦汉青铜器的基础上，对之进行了系统的类型学研究，并与周邻地区出土的相同或相似青铜器以及汉文化系统青铜器做了比较研究，此外还重点讨论了夜郎青铜文化区等问题。此研究成果为今后西南夷地区青铜器的综合研究奠定了良好的基础。

赵德云的《西南夷地区出土青铜竿头饰研究》，对西南夷地区出土战国晚期至东汉早期的青铜竿头饰进行了综合研究，并对其来源及功用做了蠡测。青铜竿头饰分属于滇文化、滇西高原青铜文化、滇西北横断山区青铜文化和盐源青铜文化；其在该地区出现可能是自北方草原地带向南传播的结果；其功用应与丧葬礼仪有关，可能是萨满送葬仪式上使用之物（《考古学报》1 期）。

杨勇的《再论个旧黑蚂井墓地所葬人群的族属及身份》，对云南个旧卡房黑蚂井两汉墓葬墓主族属等问题进行了申论，坚持认为墓主大多应是汉人，其中有很多可能是来自岭南的移民，他们生前主要从事矿业生产（《考古》4 期）。

谢崇安的《云南石寨山文化与越南东山文化的比较研究》一文，从各种器物、铸铜工艺和葬俗等方面对比分析了两者之间的异同，认为两者代表不同的族群集团和地域特色，石寨山文化对东山文化产生过持续的影响（《考古学集刊》第 21 集，社会科学文献出版社）。

（四）专题

1. 简牍

《长沙五一广场东汉简牍（壹）、（贰）》（中西书局）各收录长沙市五一广场井窖遗址出土东汉简牍400枚，内容包括图版、释文等。

甘肃永昌水泉子M8曾出土一批西汉残简，经张存良等的缀合复原，确定原简册共有35枚简，其中1枚为竹简，余皆为松木简，简长约31厘米。简册文字为隶书，内容是宣帝五凤二年（公元前56年）历日及相关宜忌（《考古》3期）。

2. 帛画

洪德荣的《〈太一祝图〉拼合问题再论》一文，梳理了长沙马王堆汉墓出土帛画《太一祝图》的拼合研究成果，结合复原折叠方式，将原《太一祝图》部分残片的位置做了调整（《华夏考古》6期）。

3. 手工业与科技史

（1）货币

杨君的《战国秦汉金饼货币类型考略》，对这一时期的金饼做了型式划分，并综述其演变历程（《中国国家博物馆馆刊》11期）。

黄娟的《考古发现的铜质钱范与战国秦汉时期铸币工艺的演变》，对铜质钱范依功能进行分类，并考察了其形制与铸币工艺的变化（《考古》5期）。此文附有较多图表，不仅节省了篇幅，也便于阅读、理解。

（2）铸铁

《邰城铸铁——陕西杨凌汉代铸铁遗址发掘与研究》（上海古籍出版社）全面发表了位于陕西杨凌的斄（邰）县故城一处西汉早期铸铁遗址发掘资料，主要是从灰坑内出土的陶范（锄、鑺、犁铧）、炉壁、炉箅、鼓风管、炉渣、燃料、残铁器、陶器和建筑材料等遗物，并重点对陶范、炉壁、鼓风管等进行了系统检测、分析和研究。种建荣等的《试论陶器生活遗存所见西汉铁器手工业作坊的性质》以邰城铸铁遗址为例，通过分析出土陶容器的组合，得出工匠可能属于雇佣工人，他们可能不在作坊区内长期生活的认识。虽然此项研究存在多方面的偶然性，比如发掘的作坊区域是否全面，遗址保存状况是否良好，陶容器存留信息是否完整等，但仍不失为一种有益的探索（《考古与文物》1期）。

（3）铜器

《山东寿光纪国故城东汉窖藏清理简报》介绍了寿光纪台镇纪东村发现的一处东汉时期铜器窖藏。这些铜器装在一个陶瓮中，瓮口扣一件铜洗。瓮内共发现7件铜器，包括鼎2、洗3、甗1、熏炉1，另有瓷罐1。陶瓮上有阴刻文字"□□七石"，一件铜洗上有"永寿二年朱提"铭文。这批铜器的时代为东汉晚期，从地望分析，当属北海国贵族所有（《中原文物》4期）。

（4）兵器

谢绮梳理了考古发掘所见铜铍、铁铍的类型和装柄方式，着重分析其在墓葬中的随葬数量及摆放方式，认为以铍随葬的墓葬多为高等级墓，在前室与其他兵器共出，展现墓主生前生活场景，而与车马、骑士俑一起随葬的，则与大型出行仪仗有关。铍在西汉时期由盛而衰，西汉之后逐渐被有銎的长矛兵器取代（《文博》4期）。

（5）乐器

张闻捷指出，汉代乐钟的编列制度呈现多样性面貌，主要有 5 甬 14 纽、4 甬 9 纽和 5 甬 10 纽三种组合，经与先秦时期乐钟资料的比较，发现西汉皇室所采纳的 5 甬 14 纽制度规范是战国中期之后的新兴礼制系统，较为古老的乐制版本则主要见于中小贵族及地方勋贵群体中（《文物》3 期）。

（6）制陶

陈文利研究了许昌地区出土墓葬空心砖的制法，提出不同造型、规格空心砖的制坯工艺是不相同的，并具体论述了各类型空心砖的制法。如条形空心砖，使用的木模有“⎵”型、“⊔”型、“山”型，“⎵”型是以宽面做底面，与两侧面一次成型，“⊔”型是以侧面做底面，与两宽面一次成型；立柱空心砖分为方形和圆形，木模形状也不相同，圆形空心砖是许昌地区独有的形式（《华夏考古》3 期）。

王天艺针对西汉中晚期至东汉中期墓葬出土的复色釉陶器，从分布地域、区域特征、制作工艺以及对后世釉陶的影响等方面进行了探索。目前所见这类陶器主要集中于陕西宝鸡、延安和河南济源三地，从形制特征、器物组合和装饰风格看，三地的区域特征明显，显系分别于当地烧制而成，但三地之间也存在一些交流。复色釉陶器的胎、釉系一次性烧成（《考古与文物》6 期）。

周繁文对墓葬出土的五联罐等联体陶器进行了细致的分区分期研究，分析其时空分布态势，并对其功用和渊源做了推论，认为其可能是用于同时盛装若干类果物或调料，其在岭南地区的出现或是受到了岭北乃至海外的影响（《东南文化》6 期）。

（7）服饰

王树金的《马王堆汉墓服饰研究》（中华书局）对马王堆汉墓出土服饰资料进行了全面、系统的分类整理与综合介绍。

徐蕊系统梳理了考古资料中所见男子首服，将其细分为多个类型，在此基础上总结其特征及演变规律，认为汉代男子首服是在继承先秦及秦代首服的基础上发展创新的，最明显的变化是西汉中晚期后帻的出现与进贤冠的广泛使用。从西汉至东汉，总体向着更加简化、方便实用的方向发展，身份等级的差异逐渐缩小，礼制的影响逐渐减弱。男子首服作为服饰的重要组成部分，其发展与汉文化传播的过程趋于一致，多元一体的发展脉络是汉代服饰（包括首服）发展的总体趋势（《中原文物》3 期）。

4. 中外文化交流

杨爱国等从裂瓣纹银豆、石狮、墓室构件（八角柱、十六角柱等）、画像（大象、骆驼等）、杂技等外来物以及一些外传物的考古发现，综论了汉代山东与丝绸之路的联系（《海岱考古》第十一辑，科学出版社）。

三国两晋南北朝时期考古

钱国祥　郭晓涛

2018年是改革开放四十周年，在这个承前启后的时间节点上，对既往考古发现与研究进行回顾与展望具有现实的意义。第二届中国考古学大会的召开为今后中国考古学的发展指明了方向并且提出了要求。《中国考古学》九卷本的第七卷《三国两晋南北朝卷》也于本年度出版，该卷主要综合介绍了中华人民共和国成立以来迄今，三国两晋南北朝时期国内田野考古调查发掘和研究的主要成果，尽可能地依据有限的研究成果，构筑出三国两晋南北朝考古的学科体系，为今后学科的发展方向提供了重要的指导。

本年度三国两晋南北朝考古学以都城遗址考古发掘与研究为代表，与此同时地方城址的考古研究也逐渐开展起来了。墓葬考古、手工业考古研究成果较为突出，一些理论性文章的发表为考古学的科学研究指明了方向。

一　城址考古的发现与研究

（一）都城遗址

都城考古学方面，汉魏洛阳城、曹魏至东魏北齐邺城、十六国大夏统万城、六朝建康城、晋阳古城等都城遗址，在考古发掘和深入研究方面都取得了重要的成果。

过去一年的考古发掘确认，汉魏洛阳城的太极殿宫院遗址是以太极殿中心殿址为核心、东西堂左右拱卫、周边各类建筑围合的宫院建筑群；其宫院建筑被以夯土墙、墙心柱、檐柱构成的连廊区隔成不同的单元院落，行使不同的功能。太极殿宫院格局的究明对于理解中古时期最高权力中心的功能区划以及等级配置有着重要的推动作用。此外，值得关注的是北周兴建洛阳宫遗迹的发现确认，对于理解北魏之后洛阳城的实际状况有着全新的推动（《汉魏洛阳城宫城太极殿宫院遗址发掘收获》，《2017中国重要考古发现》，文物出版社）。

钱国祥基于多年来对汉魏洛阳城宫城考古的研究，在《汉魏洛阳故城居中宫城制度考》中阐述了中古时期都城制度中最重要的一个变化环节——居中宫城制度的形成，他认为居中宫城制度是传统文化发展进步的标志，是我们今天继承古代优秀文化传统的意义所在（《中国社会科学报》2018年7月3日）。

张学锋从此前六朝建康城考古滞后的原因谈起，分析了在南京城区进行六朝城址考古的困难性，同时也指出在城址考古方面投入的力度小是重要原因之一。张学锋在《六朝建康城的考古发掘与展望》中提出，在复原六朝建康城的城址框架体系上，不可尽信明清以后的文献方志；他强调建康城考古亟需一张“六朝建康城遗址分布总图”（《文汇学人》2018年3月23日，第9版）。许志强根据南京宋代报恩寺遗址以及周边基本建设考古的新发现，同时结合文献中对六朝建康城长干里的记载，在《六朝建康长干里考略》中，认为六朝长干里位于古秦淮河以南、石子冈以北、建康城南一片山间谷地，还具体指出了大长干、小长干和东长干的具体分布范围（《魏晋南北朝隋唐史资料》第三十六辑）。

十六国大夏统万城多年的考古工作基本廓清了城址的沿革变迁以及形制变化。近年来在城址周边发掘的西梁夯土台、查干圪台等礼制建筑夯土台基，对研究十六国时期大夏国祭祀礼仪制度有着非常重要的意义（《2008～2017 年陕西三国隋唐宋元明清考古综述》，《考古与文物》5 期）。郑红莉通过对统万城三重城垣的辨析，认为统万城遗址西城为大夏国都的主要组成部分；东城的修建年代不晚于隋末；外郭城的年代和性质较为复杂，其东南部可能存在另一独立城址（《江汉考古》3 期）。

晋阳古城曾经作为东魏北齐的别都霸府，与邺城遗址的关系密切。近年来，在晋阳城的核心区域——晋源苗圃地域进行了大面积发掘，发掘报告中公布了一系列汉晋、十六国、北朝时期与晋阳城相关的遗存、遗物，为深入探索魏晋十六国北朝时期的晋阳城提供了重要的实物资料（《晋阳古城晋源苗圃考古发掘报告》，科学出版社）。

（二）地方城址

石头城遗址是孙吴政权的军事要塞。最新一轮考古发掘发现了石头城遗址顺城垣的砖铺路面、东晋至南朝早期夯土城墙和角楼遗迹等一系列重要成果；同时，首次发现石头城南朝城门遗迹，以及模印“石头”铭文城砖（《石头城遗址首次发现南朝城门》，《南京日报》2018 年 11 月 19 日，A11 版）。

扬州蜀岗古城北城墙发现城门遗址一处，时代从汉代延续到南宋。遗址共分为四期，二期遗存中出土有“北门壁”城砖，发掘者推测二期遗存或与刘宋时期广陵城北门相关（《江苏扬州蜀岗古城北城墙东段西部城门遗址》，《2017 中国重要考古发现》，文物出版社）。蜀岗古城内三处道路遗迹的发现，则为探寻魏晋时期广陵城南北向主干道提供了主要线索（《扬州蜀岗古代城址内三处道路遗迹发掘简报》，《国家博物馆馆刊》9 期）。

东北地区三江平原七星河流域古城的大规模科学调查始于 20 世纪末，以凤林古城为代表的平原城址之前普遍认为是汉魏时期遗址。邓树平等根据调研结果，认为这些平原城址的始建年代应当细化至两晋时期，当是沃沮人向北扩张与挹娄人融合后形成的新族群——勿吉的物质文化遗存（《黑龙江社会科学》3 期）。

唐淼从桓仁和集安高句丽遗址的类型特点和空间分布规律入手，对“卒本”和“国内”这两处与高句丽早、中期都城有关的地理空间范围进行分析；认为高句丽龙兴之地卒本所处的地理单元应该是以桓仁山城为核心的浑江中游区域，而以现在集安市区为中心的鸭绿江中游右岸区域则为高句丽早中期统治核心区（《社会科学战线》8 期）。

近年来，对长城沿线北魏六镇等诸多边镇的考古工作逐渐发力并取得瞩目成绩。

周杨通过地理信息系统对北魏六镇沿线城址进行空间分析，从水文条件、地形条件、视域条件、交通条件等方面论证六镇防线设置的必要性，揭示出北魏六镇防线的全面完善，对于认识迁洛后北魏统治者自我认同的转变有着重要的象征意义。同时，周杨对六镇的地望进行了相关考证，通过空间视角将六镇的微观研究放置到一个宏观的空间考虑，是北魏六镇研究的新突破（《中国国家博物馆馆刊》2017 年第 12 期）。

魏坚结合克里孟古城的考古调查结果，认为该古城应该是始建于东汉、沿用至北魏的牛川古城。将北魏长城沿线城址、边镇、戍堡综合起来考虑，找出三者之间的分布规律，进而总结出长城、边镇城址、戍堡三位一体构成了北魏针对柔然的军事防御体系（《边疆考古研究》第26辑）。

河北师范大学历史文化学院于2015年对河北省尚义县土城子遗址进行了调查、勘探和试掘。土城子遗址城垣平面呈长方形，东、西、南三面有门址。根据地层和出土遗物初步判断，城址的主体使用年代为北魏；城址具有明显的军镇性质，初步推测应该与北魏六镇之一的柔玄镇有关（《尚义土城子遗址调查、钻探与试掘简报》，《西部考古》16辑）。

四川省近年来考古调查发现并确定了七座汉晋时期的城址。其中新发现的四座分别被确定为：宕渠城、武阳城、广汉城、阳泉城（《四川新发现四座汉晋城址》，《文物鉴定与鉴赏》2期）；其余三座则被确定为绵竹城、雒城、严道城。其中武阳城为南北长约400米的三角形古城遗址，是四川盆地内目前发现的最为重要的汉晋城址之一。考古调查确认德阳市金土村遗址为汉晋时期的第二代绵竹城城址，其与阳泉城应该是前后相继的关系。近年来大面积发掘的梓潼县西坝遗址当为广汉郡郡治所在。在现今广汉县城关镇发现的砖砌夯土墙遗迹，应该就是始建于东汉末年的雒城城址所在。位于雅安荥经县的严道古城是汉晋时期拥有铜矿资源的重镇，近年来考古发现可能有邓通钱的遗存。渠县城坝遗址考古发掘取得重大的收获，可以确定这是汉晋时期与“賨人”相关的宕渠城（《四川汉晋古城　历史烟云里的繁华和兴衰》，《四川日报》2018年3月2日，第13版）。

浙江嘉兴子城的考古新发现来自其北城墙的探沟中，确认了三国西晋时期子城已经有了高规格的建筑遗迹，推测属于浙北地区某个政治中心。浙江台州章安镇的考古发现围绕章安古城展开，通过当地大规模窨井的挖掘，初步勾勒出六朝章安城的大致范围（《读城：考古、历史与地理》，《文汇报》2018年3月23日，第W6版）。

新疆文物考古研究所在孔雀河下游新发现一座古城，命名为咸水泉古城，遗址最晚时代为东汉晚期至魏晋前期，研究者认为该城址为前楼兰国都城——楼兰城。来利勒克遗址群位于且末县，是丝路南道上一处重要的文化遗存，遗址群的主体年代为东汉至魏晋时期，发现有完善的水利灌溉系统（《2017年新疆考古收获》，《西域研究》3期）。

二　墓葬考古的发现与研究

（一）墓葬考古资料

本年度洛阳邙山陵墓群的考古调查与勘测第一阶段报告公布，其中曹魏、西晋、北魏帝陵的具体情况均有记录，是目前邙山陵墓群最详细的发掘报告之一（《邙山陵墓群调查与勘测第一阶段报告》，文物出版社）。

河南安阳西高穴曹操高陵的考古工作主要围绕陵园展开，考古发掘最新确认高陵陵园是由内垣墙、外壕、神道和陵寝建筑共同构建的高规格陵园，M2位于陵园南部中心位置；M1的年代要早于M2及其陵园；M1中夯土从下至上全部填埋，未见有墓室迹象，发掘者认为可能与M2修建陵园时，对M1有意回填掩埋有关。陵园内所有地上建筑被有计划“拆除”，这可能与魏文帝曹丕为贯彻曹操“薄葬”制度而进行的“毁陵”活动有关（《安阳高陵陵园遗址2016～2017年考古发掘简报》，《华夏考古》1期）。

河北邺城遗址附近的磁县双庙墓群发现魏晋墓2座、北朝墓3座。其中3座北朝墓葬，再次证明东魏皇陵墓域范围内有多座北齐王公贵族的墓葬存在，以往形成共识的以天子冢为界的东魏、北齐墓域划分法值得商榷。其中根据墓志确定M17墓主是北齐骠骑大将军怀州刺史周超（《磁县双庙墓群考古发掘报告》，文物出版社）。

陕西省考古研究院回顾了过去十年的三国两晋南北朝考古工作，在咸阳北原一带及西安南郊集中发现的十六国至北朝高等级墓葬填补了本时段关中地区的学术空白，其中空港新城雷家村十六国家族墓中首次发现祭祀遗迹和谷物遗存（《2008～2017年陕西三国隋唐宋元明清考古综述》，《考古与文物》5期）。西安洪庆原发现十六国时期安定郡梁猛的墓葬，墓中出土铭文砖的纪年为建元十四年（《陕西西安洪庆原十六国梁猛墓发掘简报》，《考古与文物》4期）。郭明卿等对20世纪50年代发掘的该墓葬资料在之前的基础上重新予以了补充公布（《陕西历史博物馆论丛》25辑）。

北京延庆区西屯墓地发掘魏晋时期墓葬2座（《北京市延庆区西屯墓地东区（Ⅱ区）考古发掘简报》，《文物春秋》3期）。2008年，北京市大兴区为了配合轨道交通建设，在西红门附近发掘大量古代墓葬，其中发掘有北魏墓葬数座（《小营与西红门：北京大兴考古发掘报告》，上海古籍出版社）。

辽宁辽阳市太子河区发现汉晋时期墓群，共清理石室墓9座。墓葬年代从东汉晚期到曹魏西晋时期，是辽阳地区东汉魏晋中小型墓葬的典型代表（《辽宁辽阳市太子河区东汉魏晋墓群发掘简报》，《考古学集刊》第21集）。在朝阳地区的凌河古墓群和中山古墓群还发掘了数座北朝墓葬，有砖室墓和石室墓两种形制（《朝阳发现的几座北朝墓葬》，《文物春秋》5期）。

山西大学东山校区发现3座西晋墓（《山西大学东山新校区发现三座西晋墓》，《中国文物报》2018年5月4日，第8版）。大同南郊发现13座北魏墓葬，其中1座为石板垒筑的石椁墓，有前廊后室（《大同发现13座北魏古墓葬》，《山西日报》2018年5月7日，第5版）。2004～2005年，在大同湖东发现北魏墓群，共发掘北魏墓葬15座（《山西大同湖东北魏墓群发掘简报》，《中国国家博物馆馆刊》2期）。山西省万荣县发现北魏孝昌二年汾州刺史薛怀吉墓葬，墓葬为长斜坡墓道土圹墓（《北朝考古的重要发现——山西万荣发现北魏汾州刺史薛怀吉墓》，《中国文物报》2018年7月13日，第8版）。

湖北武穴市毛家美村发现西晋砖室墓1座（《湖北武穴毛家美西晋唐宋墓清理简报》，《江汉考古》4期）。318国道湖北荆州段无名冢墓地共发掘六朝墓葬9座，皆是长方形单砖室墓葬，墓葬的时代上限当在东晋晚期，下限可至南朝晚期（《318国道荆州段六朝、宋、明墓葬发掘简报》，《文博》1期）。

四川成都金堂县发现90余座东汉中晚期至两晋时期的崖墓，其中有30多座崖墓属于成汉时期，出土大量成汉时期“汉兴”钱，以及风格独特的镇墓俑（《四川成都金堂发现90余座东汉至两晋崖墓群》，《文物鉴定与鉴赏》4期）。

江苏南京市考古研究院对板桥街道钟家岗的6座南朝墓葬进行了发掘，均为竖穴土坑砖室墓（《南京市板桥街道钟家岗南朝墓发掘简报》，《文物鉴定与鉴赏》7期）；又在南京栖霞区晓庄村发掘南朝墓1座，墓中出土石龟趺墓志一件，可惜字迹漫漶莫辨，应为刘宋时期高级贵族墓葬（《南京市栖霞区晓庄村南朝墓发掘简报》，《文物鉴定与鉴赏》8期）。江苏邳州煎药庙城址发掘西晋砖室墓9座，其中M1出土的鹦鹉螺杯、玻璃杯等器物，是海上丝绸之路和陆上丝绸之路交往的重要证据（《江苏邳州煎药庙西晋墓地M1发掘简报》，《东南文化》2期）。

浙江杭州萧山溪头黄墓地发现的战国汉六朝墓葬，对于研究汉代中国南方尤其是江浙地区的丧葬习俗具有十分重要的意义（《萧山溪头黄战国汉六朝墓》，文物出版社）。同在萧山的陈家埠发现六朝时期砖室墓4座（《杭州萧山陈家埠发现古墓群》，《中国文物报》2018年8月10日第8版）。2018年，浙江永嘉瓯北丁山汉六朝墓群又发掘取得重大成果，其中发掘汉六朝墓葬59座，墓葬皆为土坑竖穴砖室墓，墓砖上印有“咸康”“咸和”“宁康”“元嘉”“永明”“升平”“永泰”等纪年（《浙江永嘉瓯北丁山汉六朝古墓群考古发掘取得重要成果》，《文物鉴定与鉴赏》9期）。

2017～2018年，福建博物院在邵武市李家山墓地清理西晋至南朝砖室墓13座，其中有“元嘉九年”纪年墓（《邵武李家山两晋南朝墓发掘简报》，《福建文博》4期）。

新疆吐鲁番阿斯塔那—哈拉和卓墓地的发掘报告2018年得以出版，公布了自1964年在高昌故城以南哈拉和卓墓地部分的发掘资料。其中晋及十六国至南北朝中期的墓葬有13座，属于麹氏高昌时期的墓葬24座。发掘报告公布了大量十六国至高昌时期的出土文书（《吐鲁番阿斯塔那——哈拉和卓墓地（哈拉和卓卷）》，文物出版社）。

重庆市万州区武陵古墓群发现多座六朝时期墓葬，为理解峡江地区六朝社会提供了重要考古资料（《万州武陵墓群》，科学出版社）。

（二）墓葬研究

1. 综合研究

吴松岩以早期鲜卑墓葬为基础材料，结合历史文献学、体质人类学的研究成果，探讨早期鲜卑族群形成、发展的动态过程，主要探索了拓跋鲜卑起源和迁徙过程以及与邻近部落族群之间的互动关系（《鲜卑起源、发展的考古学研究》，上海古籍出版社）。

十六国墓葬研究一直以来由于材料的限制，进展较为缓慢。关中地区近年来十六国墓葬资料不断涌现，为问题的研究深入提供了契机。辛龙就关中地区十六国墓葬的年代分期提出了新的看法，利用关中地区纪年墓的资料来对相关墓葬进行断代，大致可以分为后赵、前秦、后秦，并且指出有少部分北魏初年的墓葬仍沿袭十六国墓葬特征（《考古与文物》4期）。

韦正就北魏洛阳时代的墓葬在礼制建设方面的影响进行了宏观而具象的考察，认为在陵墓制度方面形成了较为规范的陪陵制度；陵园设置沿袭汉晋丧葬礼制，并适度创新；独立创设的圆形墓室、十二辰俑和神怪俑以及复古汉式陶礼器，成为洛阳时代北魏礼制创新的重要内容（《考古、艺术与历史——杨泓先生八秩华诞纪念文集》，文物出版社）。

以北魏洛阳和东魏邺城的墓葬为例，王音认为洛阳北魏墓葬在制度履行方面比较整齐划一，显示出制度的执行度较高；而东魏北齐时期邺城地区的墓葬制度在一定程度上开始松懈，并且出现鲜卑化倾向（《故宫博物院院刊》3期）。

2. 墓葬图像研究

六朝墓葬中画像砖墓发现甚众，是南方地区六朝考古研究的热点；尤其其中的大型拼镶壁画砖墓葬是六朝画像砖墓葬的精华所在，近年来在这方面研究的成果较为突出。

王汉的通过对“竹林七贤与荣启期”拼镶壁画砖的研究，认为南京西善桥宫山大墓的年代应该早于丹阳金家村和吴家村大墓（《东南文化》2期）。王汉还整理出从宫山大墓到金家村壁画墓，再到吴家村墓葬的时代序列（《故宫博物院院刊》第3期）。

莫阳从视觉分析的角度，根据砌砖方法将襄阳地区画像砖墓分为三类，其共同特征是砌砖方法均为三卧一甃，不同点在于陡板的不同。所有这些精心的营建方法背后都代表着以图像布局为主要目标的总体设计理念，画像砖的位置、砌法、方向都是在整体构建框架下的精巧构思（《考古与文物》6 期）。

刘卫鹏对东晋南朝墓葬中出土的画像砖的承继、发展和繁荣进行概括性的观察和总结。认为画像砖的原发地当为汉代洛阳，随后向荆州郡、蜀郡、广汉郡、丹阳郡扩散；其后三国时期沉寂下来，至东晋偏安江左后再度繁荣，迨及南朝达到高峰（《厦门大学学报（哲学社会科学版）》1 期）。

湖南郴州走马岭南朝壁画墓是目前湖南发现的最早壁画墓。罗胜强根据出土遗物综合判断，该墓葬时代为南朝晚期，墓中壁画人物为中国古代服饰研究提供了重要资料（《湖南省博物馆馆刊》第十四辑）。

北方地区墓葬中壁画的传统由来已久，其上承秦汉壁画，并开启了这一时期独特的风格；同时随着民族融合，大量不同文化因素在这一时期达到了融会贯通。从魏晋时期的画像砖画到大型壁画在墓葬中的展开，北方地区的壁画形成了与南方迥然有别的发展脉络。

阮海峰通过敦煌地区出土的魏晋壁画墓，研究魏晋时期敦煌农业发展的大致情况，图像细节反映出敦煌地区胡汉交融的农业交流情况。同时指出，图像内容反映出敦煌地区女性在农业生产中的重要地位（《农业考古》4 期）。

韦正分析北魏早期大同沙岭七号墓壁画中的若干题材，认为拓跋鲜卑在尚未完成北方统一之前，就已经在丧葬文化中大量接纳华夏文化的基因，说明华夏文化在墓葬壁画方面早在这一时期就已经形成了成熟的图像和完整的文本系统（《西部考古》第 15 辑）。韦正认为北魏平城司马金龙墓出土漆屏风画与顾恺之的《女史箴图》《列女仁智图》无关，彼此的相似性缘于汉魏绘画传统，屏风漆画是在北方自主完成的，屏风漆画有可能受到顾恺之《洛神赋图》的影响（《西部考古》第 16 辑）。

罗丰从宁夏固原北魏漆棺中尹伯奇的故事出发，探索了图像在传承过程中的继假关系。北魏葬具中出现数量庞大的孝子题材，其依赖之文本可能来自当时社会流行的《孝子传》（《考古、艺术与历史——杨泓先生八秩华诞纪念文集》，文物出版社）。

王倩认为，北齐娄睿墓壁画中的十二生肖图像并不是佛、道二教图像，而是在古老传统的法天象地思想指导下，与天象图、四神图构成的一整套模拟生生不息的浩瀚宇宙的图像系统（《草原文物》2 期）。

王飞峰具体分析了九原岗北朝壁画墓中出现的鸱尾、当沟等建筑构件，指出壁画墓中出现的尖桃形器物的形象，与河北省邢台市顺德路遗址出土的隋代邢窑产品应为同一类器物（《北方文物》3 期）。

3. 墓葬器物研究

刘振东认为帷帐在墓葬中的使用，从模仿生前所居帷帐，到作为丧葬用品具体与棺床、祭台配合使用。还指出，作覆罩祭台用的帷帐在十六国、南北朝时期仍在使用，但总体呈衰退趋势（《文物》3 期）。

山东青州体育场墓葬出土十六国时期鲜卑铜马具共 90 余件，包括鞍具、镫具、鞧饰等，应与前燕和南燕时期青州地区鲜卑人的活动相关（《山东青州出土十六国时期鎏金铜马具》，《文物》2 期）。

索德浩认为，在两晋时期川中陶俑迅速衰落，南朝时本地俑群基本不存，而曾经的汉式俑群传播到长江中游地区。作者认为，这与蜀地居民东迁有着很大的关系（《考古学报》1 期）。

王倩以北朝墓葬中镇墓组合为视角，讨论了北魏平城时代出现的两镇墓武士和镇墓兽组合的发展和流布变化过程，此种平城样式随着北魏文化地域的扩张，被洛阳、邺城、晋阳等地区接受；而关中地区的四镇墓组合与平城样式有着明显的差别。隋朝建立之后，二者出现了整合的趋势（《四川文物》5 期）。

韩茗将六朝铜灯具分为四类，同时比较南北方灯具，认为灯具之风上承汉绪，南北之间虽独立发展，然交流存续不绝（《中国国家博物馆馆刊》8 期）。

三　陶瓷考古的发现与研究

（一）窑址研究

郑建明总结了 21 世纪秦汉到南北朝时期瓷窑址考古的新进展，认为低温釉陶技术在南方地区的出现，体现了南北方技术传统的交流（《文物天地》5 期）。同时，郑建明还梳理了 21 世纪北方青瓷窑址的考古发现，确定从安阳到临城一带的豫北冀南地区是早期青瓷的烧制中心，时代约在北朝时期，该地区窑址的早期产品为釉陶，而烧制瓷器则应迟至唐代才大规模出现（《文物天地》11 期）。

邺城地区周边古代窑址的调查取得了重要成果，其中倪辛庄窑址应与烧制东魏北齐宫廷用器相关（《河北临漳县邺南城倪辛庄窑址调查报告》，《文物春秋》2 期）。黄信在邺南城内外发现了东汉末年到北齐的 5 处窑场，其中东汉末至十六国时期均为砖瓦窑场，未发现有制瓷窑场；至东魏北齐时期，多处发现烧制铅釉瓷胎器和青瓷的窑址，铅釉瓷胎器成为邺城地区主要产品，由此推测中国白瓷的起源是二者共同影响的结果（《文物世界》1 期）。

赖晓兰集中梳理了岳州窑的考古发掘资料以及以往的学术成果，认为岳州窑的始烧年代可以确定到东汉至三国时期（《湖南省博物馆馆刊》第十四辑）。

（二）青瓷研究

易立通过研究，基本否定了邛窑始烧年代在东晋南朝的说法，认为四川地区六朝墓葬中出土的青瓷大部分来自洪州窑和湘阴窑等处，邛窑的始烧年代应该推至隋末唐初（《边疆考古研究》第 23 辑）。

罗军平认为 1982 年江西吉安县南朝齐永明十年墓葬出土的 16 件青瓷符合南朝洪州窑青瓷的特点，对研究洪州窑青瓷有着重要的断代意义（《陶瓷研究》第 33 卷第 125 期）。

青瓷莲花尊是南北朝时期较为典型的器物，杨君谊通过整理纪年墓出土的青瓷莲花尊，确认该类器物起源于南朝，南梁时期传入北朝（《中国陶瓷》第 54 卷第 11 期）。

（三）低温铅釉陶研究

北朝铅釉陶在我国铅釉陶发展史上起着承上启下的作用。刘毅指出，除了以黏土为胎之外，在北齐时期还出现了以瓷土为胎的铅釉器。任志录认为低温白釉陶出现时代在北朝晚期到初唐，应该注意其与同时期的白瓷、黄釉陶器、三彩的区别。孔德铭结合安阳地区北朝纪年墓葬的考古发现，确定相州窑在其早期烧制红釉陶器。郭灿江认为北朝铅釉陶为唐三彩的出现奠定了技术基础（《“汉唐釉陶学术研讨会”纪要》，《中国文物报》2018 年 6 月 1 日，第 6 版）。王天艺论述了汉代低温釉陶器施釉工艺对后世三彩器的影响。认为以北魏大市遗址出土双色釉陶器为代表的北魏低温釉陶器，在经历了三国两晋时期的低潮后重新兴起；而以北齐范粹墓白釉绿彩器为代表的北朝后期低温釉陶，则显然经历了一个质的飞跃，胎质和烧造工艺都有了重大转变（《考古与文物》6 期）。

四　宗教考古研究

（一）佛教寺院遗址

近年来，山西省考古研究所在大同云冈石窟窟顶发掘了一座北魏寺庙遗址，是北魏云冈寺院的重要组成部分。其为塔院式结合的建筑形制，是中国北方现存最早的寺院建筑。（《山西近年北朝考古重要发现》，《大同日报》2018 年 8 月 18 日，第 3 版）。

周胤关注北魏武、明时期洛阳寺院布局与里坊规划，认为其寺院布局以南北向为主，佛寺的主体建筑则被置于寺院的中轴线上；进而指出之后寺院的无度扩张在很大程度上给城市管理带来了巨大的压力，直接冲击了已有的里坊规划（《社会科学战线》10 期）。

河北邺城赵彭城北朝佛寺遗址是邺城遗址尤为重要的寺院遗址。何利群回顾寺院遗址的发掘，探索整个寺院的建筑格局和建造方式，认为赵彭城佛寺应该是北齐大总持寺遗址。该寺院塔基中心刹柱石、砖砌函室的发现，填补了中国古代佛塔地宫以及舍利瘗埋制度研究的空白。赵彭城佛寺的诸多考古新发现，是北朝至隋唐佛教寺院从塔中心向殿中心转移、单院式向多院式转移的重要阶段（《考古、艺术与历史——杨泓先生八秩华诞纪念文集》，文物出版社）。

（二）出土造像发现与研究

辽宁喀左卢家沟共发现北魏佛教造像 14 件。其中 11 件为背屏式造像，其中有北魏正始三年纪年（《辽宁喀左卢家沟出土北魏佛教造像整理简报》，《文物》8 期）。刘雅婷、解峰认为喀左卢家沟造像与云冈石窟三期风格近似，其年代约在北魏宣武帝时期。喀左背屏式造像集中发现于辽西地区尚属首次，反映了北魏中期都城平城与辽西统治中心龙城之间具有密切的佛教联系（《文物》8 期）。

山西省忻州市忻府区发现佛教造像埋藏坑，坑内出土大量北魏至唐代佛造像，其中以北齐造像最多，东魏造像也有一定数量出土（《山西忻州忻府佛教造像窖藏坑发掘简报》，《文物》12 期）。

山东临朐县大佛寺遗址发现一批东魏北齐时期的佛教造像，造像风格与青州龙兴寺接近。从目前考察的情况来看，大佛寺佛像系小规模多处埋藏，不同于青州的大规模埋藏（《山东临朐大佛寺等四处遗址出土造像、经幢和石棺》，《文物》10 期）。

在甘肃永靖炳灵寺附近发现一件北魏正光六年的佛造像碑，曹学文认为石碑是研究炳灵寺石窟艺术在北魏后期发展演进的重要资料（《嘛哈啦寺发现的魏碑识读与初探》，《敦煌研究》5 期）。

于春研究长安及其周边地区出土的西魏时期佛教单体造像共计 21 件。认为长安地区西魏金铜造像利用的是传统青铜器范铸技术；而在石造像中则出现了高浮雕的"侧身像"；新出现了石灰岩造像和熟练阴刻图像技术；等等。于春认为长安西魏造像与陇东流行趋势一致，而这一时期的耀州等地是石造像原料的来源地，为北周造像的发展奠定了基础（《西部考古》15 辑）。

在山西省安泽县上寨发现北齐河清二年的摩崖造像，并发现与造像相关的大量供养人题记。题记反映了北朝地方社会佛教生态的具体场景，即从邑主到邑众全体参与营建佛龛并具体分工的过程（《山西安泽上寨摩崖造像调查简报》，《文物》12 期）。

霍巍研究成都及其附近地区造像，认为南齐时期该地域造像受到了凉州式样的强烈影响，成都地区流行的无量寿和弥勒信仰在凉州地区有其源头；南齐时期虽然出现了南朝建康天人像因素，但未占据主流。及至梁武帝称帝以后的天监年间，成都造像中原有的凉州式样的交脚弥勒特征不见，“莲花化生”和“天人图像”、供养人等新的因素大量出现，与之前南齐式样有着明显的分野。重要的变化发生在南梁中后期的太清年间，背屏式造像成为主流，造像的台座出现复杂化倾向，此外“阿育王”造像突然增多。霍巍着重分析了齐梁之变的历史背景，同时指出褒衣博带式样佛像的源流或自凉州（《考古学报》3 期）。

陈阿曼关注成都万佛寺出土佛教造像的台座，发现台座丰富的题材和复杂的变化。作者重点考察南朝时期的佛坐像残座，认为残座上造像人物可能与密迹金刚、毗沙门天、摩醯首罗天等相关，造像年代为南梁时期，造像为笈多风格，可能从建康出入蜀中（《美与时代》11 期）。

（三）石窟寺研究

东魏北齐时期的邺城，各种佛学思想在此融汇；承自北魏洛阳的以阿弥陀和弥勒为代表的信仰传统，以邺城为中心传播开来。何利群集中考察邺城周边石窟、造像、刻经，认为邺下净土信仰以西方净土为主（《中原文物》4 期）。

彭明浩回顾了中国石窟寺窟前建筑的发现和研究历程，将石窟寺窟前建筑分为窟面雕凿的石质仿木构，以及在窟前相衔接的木构窟檐建筑两大类（《中国文化遗产》5 期）。

杭侃认为云冈石窟第五窟既有能够连接昙曜五窟的早期因素，也有服饰改制之后的晚期因素。他从石窟开凿的角度出发，参考相关施工遗迹，认为第五窟开凿时间在献文帝时期，随后因政治影响停工，主要佛像完成于孝文帝迁洛之前（《石窟寺研究》第八辑）。

韩有成对近年来须弥山石窟的考古收获进行综述，就须弥山石窟的考古研究历程分为两个阶段：20 世纪 50～80 年代是第一个阶段，主要是石窟初步调查阶段；以 1982 年须弥山石窟被公布为第二批全国重点文物保护单位为标志，石窟考古进入第 2 个阶段。作者从石窟的科技保护、考古调查与研究、分期断代、建筑形制研究等诸多方面，全面分析了须弥山考古研究的状况（《宁夏师范学院学报》3 期）。

董广强对麦积山石窟外栈道的研究，丰富了之前对石窟外建筑的认识。董广强认为石窟在布置之前，首先需要解决的是栈道的位置问题，这涉及洞窟开凿次第。从栈道出发，可以解决一些洞窟关系难以解决的问题（《麦积山石窟栈道考古》，甘肃人民出版社）。曹小玲对麦积山石窟第 23 窟彩绘女供养人的时代和属性加以分析，修订了此前北魏原作或隋代重绘的认识，认为该供养人图像系北周时期重绘，真实再现了秦州地区北朝贵族女性礼佛场景（《敦煌研究》5 期）。

周方等研究莫高窟西魏第 288 窟男窟主所着服饰，认为男窟主身着襦裙服，其拖地纱裙应为“绛纱裙”，对比北魏礼佛图发现，该种着装者身份地位极高。研究推断 288 窟男窟主可能是北魏东阳王元荣（《敦煌学辑刊》1 期）。

魏斌从河北唐县两山峡库狄干石窟出发，考察北魏六镇这一边境复合体，认为领民酋长在政权运作结构与当地社会族群之间进行文化适应，逐步完成六镇边境的社会化进程

（《历史研究》3 期）。

魏正瑾、白宁回顾南京栖霞山千佛崖石窟考古报告形成的整个过程，具体剖析了考古学中地层学和类型学在整理过程中的重要意义（《石窟寺研究》第八辑）。邵磊（《南京晓庄师范学院学报》1 期）和费泳（《美术与设计》1 期），分别就南朝陈祯明二年《摄山栖霞寺碑铭》进行研究，对栖霞山千佛崖的三佛窟提出了不同的看法。

五　墓志、简牍及其他出土文献研究

（一）墓志

朱智武对近十年以来魏晋南北朝墓志的研究状况加以总结，并对今后的墓志研究动向进行了分析，认为今后墓志研究的发展具体应在这三个方面：墓志文献的数字化建设、墓志史料的批判、墓志史学的发展（《南京晓庄学院学报》3 期）。

徐冲通过分析北魏冯熙、冯诞墓志，认为这两块墓志反映的是三场不同的葬礼，葬礼的背后是孝文帝迁洛过程中南、北方意识形态方面的争锋，而冯熙墓志恰恰成为这一历史重要转折期的纪念装置，开启了北魏迁洛之后墓志文化的新格局（《文汇报》2018 年 7 月 20 日，第 W09 版）。

段锐超考释北魏于神恩墓志，志文记载了北魏孝昌年间元法僧据彭城叛乱的史实（《华夏考古》5 期）。

段锐超以宇文延墓志为据，考释北魏正光年间关陇之变与宇文家族之关系（《西北民族大学学报（哲学社会科学版）》5 期）。

吕宏伟考释高道悦墓志中废太子元恂作乱之事（《文物春秋》1 期）。

安瑞军考释北齐权相和士开墓志，结合和绍隆夫妇墓志、和安碑铭，作者确定了和士开五世世系。和士开墓志记葬地为古野马岗，与其族人当共处家族墓地（《晋阳学刊》5 期）。

杜镇以北齐太宁元年问度墓志为核心，追索北朝年间活跃于荆襄一带的问氏鲁阳蛮王向中原朝廷内附的过程，探索了“以夏变夷”的处置蛮夷政策的变迁（《中央民族大学学报（哲学社会科学版）》5 期）。

翟战胜认为北周康业墓志中涉及的罗州，应是当时在现在湖北西北部设置的罗州（《陕西历史博物馆论丛》）。

（二）简牍

长沙走马楼三国吴简第五卷出版，大量新的简牍得以披露，为研究三国吴历史提供了坚实的资料基础（《长沙走马楼三国吴简．竹简（第五卷）》，文物出版社）。徐畅概括回顾了走马楼吴简出土以来，学界对于吴简性质的四种观点：长沙郡所属机构说，临湘县、侯国混合说，临湘侯国说，临湘侯国所属机构说。徐畅认为应是临湘侯国说，但是在将收藏者细化到具体机构的问题上，徐畅认为还有赖于简牍进一步信息的发掘，以及对汉晋间长沙故城考古工作的推进（《长沙走马楼三国吴简基本性质论争》，《中国社会科学报》2018 年 2 月 6 日；《长沙走马楼三国吴简基本性质研究评议》，《出土文献》第十二辑，中西书局）。

陈荣杰从走马楼吴简中的词语语言学分析其中特有的词语，诸如“繫曹”“萕米”

“奉鲑钱”等。还有一些词语虽然也见于其他文献，例如“税田”“税米”等，但是在吴简中有着特殊的含义。这些特有的或者特指的词语构成了走马楼吴简的时代性和地域性，分析这些词语可以对以后厘定简牍年代、地域特征起到借鉴作用（《论走马楼吴简词语的时代性和地域性》，出自《出土文献》第十二辑，中西书局）。

杨国誉、汤惠生研究甘肃临泽晋简，确定其性质当与居延汉简中爰书性质无异，该简牍记录了西晋建兴元年临泽县孙氏兄弟三人因田产而诉讼的前后过程，揭示了汉晋时代的诉讼体制特点，并反映出汉晋时代司法实践中数种具体原则（《理论学刊》1 期）。

（三）其他出土文献

陆帅考察南京出土的刘宋罗健夫妇、罗道训三方买地券，判定罗健与罗道训为父子关系，进而从罗氏家族的活动探索晋宋之际建康周边社会的变动（《东南文化》2 期）。

六　丝绸之路与中外文化交流研究

林梅村回顾哌哒人兴起的过程，辨别出天山、阿尔泰山之间草原遗留的具有强烈鲜卑风格的遗存，当是公元 3 世纪中期哌哒人迁居金山之阳统一阿尔泰山诸部留下来的证据。新疆富蕴县、青河县出土的青铜鍑、马镫是哌哒人通过柔然与北燕政权交流的结果。北燕的马镫经由哌哒人传入中亚地区，从而导致中亚草原社会发生激烈的变革（《历史研究》2 期）。

包桂红具体分析了内蒙古伊和淖尔 M1 中的文化因素，认为 M1 中出土的器物表现了来自丝路沿线诸如哌哒、大月氏等文化因素，充分反映了北方草原与周边各文化之间的密切交流（《文物》3 期）。

李裕群研究大同文庙内出土的须大拏本生故事的北魏石雕建筑构件，指出该本生故事依据西秦沙门圣坚所译《太子须大拏经》雕刻，其图像来源与长安有关，向西则可追溯到龟兹克孜尔石窟（《石窟寺考古》第七辑）。

李铉宇着重强调魏晋马具在整个马具发展史上具有承上启下的重要作用，是 4 世纪后以战马具和装饰马具为主题的新马具文化的母胎。魏晋马具继承东汉传统，改良后被三燕继承，三燕马具再对朝半岛和日本列岛的马具产生重要影响（《西部考古》第 16 辑）。

司晓洁研究北朝至隋代粟特人的墓志，充分分析墓志的分布地域。考虑到粟特人聚族而葬的特点，认为墓志的分布大体反映了粟特族群的分布，墓志的中华化是受到中原文化主体性的要求（《中原文物》1 期）。

黎北岚认为在中国中亚人（粟特）墓葬中出现的鸟祭司图像符号，代表着中亚地区的末世论思想，通过朱雀形象的移植，被植入中国的宇宙哲学理论之中（《内蒙古艺术学院学报》2 期）。

李国华对青海互助丹麻泽林墓地出土的双马形铜牌饰、西宁砖瓦厂墓葬出土的连体兽形金牌饰等进行研究，对其纹饰渊源、制作工艺、年代及文化性质分别分析考证，认为二者属于鲜卑文化遗存，年代大体为魏晋十六国时期（《北方文物》4 期）。

七 科技考古研究

科技手段在墓葬考古学研究中的使用愈来愈深入，已成为现代考古学研究的基础工作。

张雅军、沈丽华等人通过提取骨骼线粒体 DNA 的路径，来探寻东魏元祜的种族来源（《科技考古》第五辑）。阿娜尔等对内蒙古巴音哈达墓地人骨进行了体质人类学分析（《边疆考古研究》第 23 辑）。

侯亮亮、古顺芳就墓葬资料具体研究了北魏大同居民的食物结构（《边疆考古研究》第 23 辑），进而勾勒出北魏平城居民生业经济方面的面貌和变迁过程，发现狩猎游牧经济逐渐萎缩，农耕经济随之缓慢步入平城历史进程（《郑州大学学报（哲学社科版）》第 51 卷第 6 期）。

景雅琴、陈靓等以陕西兴平留位墓地中的十六国墓葬出土人骨为例，研究关中地区十六国居民的疾病状况，主要观察人骨牙齿和关节疾病。认为墓地中发现的强直性脊柱炎病例可能存在遗传学的关联，龋齿发病率较低在一定程度上反映了人群生计方式，推测墓地人群构成有北方游牧人群介入，严重的骨折和颅骨创伤说明墓地人群曾经经历了激烈的战争冲突（《文博》3 期）。

员雅丽对山西太原北齐韩念祖墓葬出土的鎏金铜器和金银器进行了无损检测分析，发现鎏金铜器表面采用了金汞齐热处理技术；银耳杯和金耳饰中采用的镶嵌、焊缀金珠、锤揲工艺以及联珠纹图案，体现了中、西亚金银器的制作工艺和风格特点（《文物保护与考古科学》第 30 卷第 2 期）。

隋唐五代考古

龚国强

本年度，本领域发表和出版的考古简报、论文、专刊报告等有170余篇（部）。

都城遗址考古主要探寻东西两京的城门、市场、里坊、宅邸、池坝等城市功能性建筑遗迹。地方重要商业城市扬州和益州城址继续扩大发掘面积和范围。值得注意的是，一些地方性城镇遗址、边塞遗址被发现和揭露出来，从而改变了长期以来都城和主要城市遗址独占考古版面的现象。

陵墓考古由于限制，只能进行一些整理研究工作。而墓葬考古除了两京地区继续担当主力以外，外围边远地区的墓葬考古发掘也逐步增多和丰富起来。墓葬综合研究也有一些推进，墓志的不断出土，不但可与文献记载相佐证，也弥补了文献的空白和缺失，特别是一些内附的外族人员不断汉化的墓志，扩展了我们研究的视野。

陶瓷窑址仍是手工业遗存的主力，新的窑址的发现和发掘以及高新的手段和技术用于测试等，使得相关认识得以深化。综合研究则注重于南北青瓷和北方白瓷的发展过程。其他金属工艺方面的实验考古和研究也是值得注意的研究动态。

佛教寺院遗址有了新的重要发现，江苏黄泗浦遗址和如东国清寺遗址的发掘等，为中日佛教交流史的研究增添了新的珍贵资料。石窟寺考古依旧是研究论文高产区，敦煌石窟和四川地区的石窟寺调查和研究领域宽广，成果丰硕。

边疆民族宗教考古有了重要的进展，新资料的不断出土使得我们对于一些边疆民族如突厥、吐蕃、党项等的历史文化和迁徙汉化有了更深的了解。

丝绸之路和中外交流考古，如驼囊骆驼俑、佩戴鞶囊胡人像、人面铜壶等遗物的出土，丰富了研究资料，加快了一些研究成果的出产。海上沉船的发现、珍贵瓷器的出水和资料的出版，有力地加强了丝绸之路的深入研究。

本年重要的学术会议和交流活动，一是10月在成都召开的第二届中国考古学大会，主题为“古代文化交流的考古学研究”，三国至隋唐五代专业委员会组织了分组报告和研讨。二是11月首届“中国古代都城：考古新发现国际学术研讨会”在南京大学举行，120余位国内外考古学者围绕本次大会主题“中国古代都城考古新发现”进行了研讨。其他的学术会议或交流活动还有：7月由全国多所高校的十多位硕士、博士研究生共同组成的“青年学者丝路行”考察团，对新疆多处佛教文化遗产进行了为期十二天的考察和交流。8月“2018年敦煌论坛：敦煌与东西方文化的交融国际学术研讨会”在敦煌莫高窟隆重召开，国内外学者共聚一堂，开展学术研讨。11月兰州大学敦煌学研究所成立了“丝绸之路民族历史语言研究工作坊”和“草原丝绸之路历史文化研究工作坊”，与蒙古国立大学历史学系签订了“蒙古高原碑文合作研究协议”。11月“2018敦煌研究发展研讨会”召开，与会专家学者围绕构建敦煌学特色学科与敦煌学知识体系等议题展开了深入讨论。

一 都城及城镇遗址考古及研究

隋唐都城长安城遗址的考古发掘与研究获得了新的推进。通过探方和探沟的发掘，初步搞清了隋唐长安城东市东北隅的原来地势，初揭市内的街巷道路、前店后坊、水井、放生池等173处遗迹的分布情况，出土了大量砖瓦、骨器、玉器、铜器、铁器和铜钱等遗物1500余件，印证了有关店肆、铁行等历史记载（新华网，2018年5月16日李一博文）。同时，在配合基本建设过程中，发掘出隋唐长安城东北角遗址，包括外郭城北城墙、东城墙、夹城墙以及十六王宅北坊墙和东坊墙墙基，出土了“天宝三载（744）十王宅瓦”等建筑遗物。另在配合小雁塔历史文化片区综合改造项目中，考古人员发掘出唐长安仁坊南墙墙基、光福坊北墙墙基、外郭城第八横街、朱雀大街遗迹以及唐代达官贵人宅邸建筑基址等，特别是在宅邸基址上发掘出散水、排水沟，砖瓦陶瓷残片，彩绘小坐佛壁画残片等，这是唐长安城宅邸遗址的首次发现（央广网，2018－01－23 15：51：00 地方新闻）。龚国强结合考古调查发掘资料和历史文献记载，讨论了隋唐长安城在城门设置和形制方面对以前历代都城城门传统的继承及在五门道方面的创新，对城门使用过程中的增缩改建、都城门阙及宫城门阙的有无及设置等问题提出了自己的论点（《华夏考古》6期）。

隋唐东都洛阳城遗址的考古研究也有了新的发现。隋唐洛阳城“两坊一街”（明教坊、宁人坊、天街南段）保护展示工程（一期）开展了相关的考古工作。隋唐洛阳城宁人坊遗址东南发现了龙兴寺址，占据半个宁人坊。寺址上发现正方形夯土台基（塔基）、塔周围廊、僧房、北院墙、院落以及坊的道路、南坊墙、南坊门、东坊墙、烧窑及灰坑、灶坑、通津渠等，出土了筒瓦、板瓦等建筑构件，以及造像石、白瓷钵残片、穿孔佛珠、鎏金铜佛像、砖雕佛像、《大方便佛报恩经》经幢石残块等遗物。同时，通过历次对定鼎门大街的调查和发掘，了解到定鼎门大街始建于隋代大业元年（605），一直沿用至金元时期（国家文物局官方网站，2019－01－18；文博中国，2019－01－18 07：58）。在配合洛阳市引水工程施工过程中，考古人员发掘出隋唐洛阳城西苑中的引水渠道，摸清了引水渠道修筑方式（夯土堆筑和生土掏挖）、大致走向（西南—东北）以及使用年代（隋唐初期至晚唐），清理出了由大型石块、密集排列的木桩构成的南北向石堤堰遗迹，并推断该引水渠道可能与文献记载的“龙鳞渠”有关（《华夏考古》4期）。石自社系统地讨论了历年来发掘的隋唐洛阳城郭城、皇城、宫城的各个城门遗址，指出郭城城门均为三门道制，而皇城和宫城只有正南面为三门道制，其余都是单门道制。宫城的城门分墩台式和庑殿式两种，应天门具有宫阙的作用（《华夏考古》6期）。韩建华梳理了有关洛阳九州池的文献记载，根据近年来的考古调查发掘资料进行了早晚两期的划分，认为九州池的水源来自谷水。他总结了早期隋唐时期的九州池特点：以广阔水面为主，岛屿众多，另建有殿阁廊亭等园林建筑，特别是池中三座岛屿以及其上的殿址以跨水面的虹桥连接，将池面分割成南北两部分（《华夏考古》第4期）。

地方城址中，以有“扬一益二”誉称的扬州和成都城址最为重要。扬州城址北部高地蜀岗上发掘出三条道路遗迹：西南隅的东西向和南北向道路，中轴线上的南北向道路遗迹。前两者的延长线形成十字交叉道路，而中轴线上道路对蜀岗古城乃至整个扬州城布局的研究具有重要意义（《中国国家博物馆馆刊》9 期）。汪勃联系出土的金银饰品、陶瓷器以及佛教名僧鉴真和圆仁，讨论了扬州作为中外贸易港口城市的重要作用（《大众考古》11 期）。成都唐代益州城址的历史内涵因《成都下同仁路——佛教造像坑及城市生活遗址发掘报告》的出版而丰富许多，特别是唐代佛像、菩萨像、天王像、阿育王像等多种类型的造像的出土为了解唐代益州居民的城市生活增添了珍贵的实物资料。本年出版的《成都考古发现（2016）》是成都文物考古研究院 2016 年度考古报告集，收录包括唐广都城遗址、新津倒骑龙遗址、盐源盐棚山遗址等唐宋元明时期遗址，以及武侯区川音大厦墓群、金牛区通锦路墓群、成华区成华广场墓群等唐宋时期墓葬的考古发掘报告。

其他地方城镇遗址考古获得了新的重要发现，大大丰富了隋唐五代考古的内容，拓宽了研究领域。江苏张家港黄泗浦遗址考古经过十年考古工作，揭示了唐宋河道、河道内大量的砖瓦瓷片堆积和栈桥遗迹，提出了黄泗浦遗址曾为唐宋时期长江下游繁华港口的新认识。遗址发现的唐宋时期寺院遗迹，可能与鉴真和尚第六次东渡的地点有关，为中外文化交流、海陆交通路线及海岸线变迁等课题研究提供了新资料（央视网，2019 - 03 - 02 [引用日期 2019 - 03 - 29]）。湖南省长沙伍家岭唐宋遗址发掘出建筑基址、古井、方形坑，可能属于五代时期马楚政权马殷父子在长沙城北扩建的宫苑建筑的一部分，为研究晚唐至南宋时期长沙古城的变迁提供了重要的考古资料（《文物春秋》4 期）。在江苏省淮安市的隋唐楚州城址以东、隋唐运河附近发掘出一口唐代中晚期至宋的砖井，结构奇特，分上中下三部分砖砌，井内清理出土大量瓷器、“汲”字铭铜壶以及刀、钩、矛等铁兵器等遗物 63 件（《东南文化》6 期）。辽宁沈阳塔山山城遗址位于沈阳苏家屯区陈相屯以东的塔山上，经过考古调查和发掘，结合相关文献记载，可确定为高句丽占有辽东时的盖牟城遗址，同时也是唐代李世勣、薛仁贵征高句丽后所设置的盖牟州遗址（安东都护府所辖 42 州之一）（《2018 中国重要考古发现》）。

二　陵墓及墓葬考古及研究

1. 陵墓考古。1937 ~ 1964 年四川成都永陵（王建墓）的发掘是中国考古史上帝王陵墓的首次科学发掘，意义重要，为此，《四川文物》第 5、6 期连续登载了关于四川永陵考古的两篇文章，以作纪念。首先是原载 *Quarterly Bulletin of Chinese Bibliography*（《图书季刊》新 4 卷 1、2 期合刊）上冯汉骥先生的原作《永陵——王建墓的发现及发掘》的译文，其二是王方捷系统整理出成都永陵（王建墓）的考古年表，揭示出以冯汉骥为代表的前辈对四川考古文博事业的开创性贡献（《四川文物》6 期）。

2. 西京长安及周边地区墓葬考古。西安市曲江池村发掘的唐博陵郡夫人崔氏墓为竖穴墓道单室砖室墓。根据墓志可知，该墓为乾符六年（879）纪年墓，形制保存基本完整，墓主崔氏系晚唐泾原、镇海节度使周宝之妻，甬道和墓室的壁面上发现了男女侍从、屏风画和乐舞图，出土器物精美（《文物》8 期）。西安市长安区郭杜街道办事处岔道口村南的张綝夫妇合葬墓，为长斜坡墓道带三个天井的单室土洞墓，开皇九年（589）初葬于高阳原，后夫人于大业三年（607）合葬。墓葬形制较完整，且绘有简单的壁画，出土器物较丰富，特别是两件红陶胎骆驼像较为重要，双峰之间的毡帐支架上搭一驼囊，两侧的图案相同，塑一希腊罗马式建筑，内有酒神（狄俄尼索斯）及其随从的人像，穹顶四隅模印武士。张綝仕历北魏、西魏、北周、隋等朝，墓中出土陶俑可分两期，反映了隋代陶俑型式的变化（《文物》1 期）。西安市长安区子午大道唐代香积寺旧址北约 300 米处发掘一座唐代竖穴墓道土洞墓，盗扰严重，但仍出土了瓷器、陶器、骨器等 13 件（组）随葬品，墓志记载详细，有证史补史的重要价值，不仅可确认墓主为大中十一年（857）燕国太夫人李氏，也可揭示出绛郡李氏由来和晚唐时期窦、李姓世家大族相互联姻的史实，确认了唐代皇甫村的位置（《国家博物馆馆刊》1 期）。

3. 东京洛阳及周边地区墓葬考古。洛阳唐代王雄诞夫人魏氏墓为长斜坡墓道砖室墓，墓志表明墓主为初唐名将王雄诞夫人魏氏，垂拱三年（687）迁葬于此。已被盗，但仍出土了大量三彩陶俑和其他随葬遗物（《华夏考古》3 期）。洛阳郑西铁路客运南站项目工程中，清理出唐代豆卢氏家族成员墓 3 座，其中一座墓的墓主为唐平原郡开国公豆卢恕，出土的一方墓志，有助于厘清隋唐时期名门望族豆卢氏家族的世系渊源（《中原文物》3 期）。巩义市紫荆街道办事处高尚村基本建设用地范围内钻探发现清理出 6 座唐墓。其中，M253 为一座盛唐时期的斜坡墓道土洞墓，由墓道、过洞、壁龛、天井、甬道、墓室等部分组成，出土有陶质骑马俑、男女立俑、风帽俑、胡人俑、动物俑以及件绞胎器、铜镜等随葬品（《文物》12 期）。三门峡市商务中心区中学工地发掘了一座由墓道、甬道和墓室构成的土洞单室墓，年代为初唐偏晚时期，出土釉陶俑、釉陶罐、釉陶仓、陶俑等 32 件（《中原文物》4 期）。郑州市区发掘了 5 座中晚期唐墓，其中一座为斜坡墓道砖室壁画墓，由墓道、甬道及墓室三部分组成，东西两壁有人、马等内容的壁画（《华夏考古》3 期）。焦作市马村区发掘了一座单室砖墓，形制较特别，有四角攒尖、平砖叠涩的顺砌券顶以及长甬道等，墓主为唐代八品官员裴询荛，墓志纪年为开元二十一年（733），出土有彩绘镇墓兽、彩绘武士俑、彩绘塔式罐、银钵、铜镜、锡烛台等随葬品（《考古与文物》1 期）。

4. 北方地区墓葬考古。河北元氏县南白楼墓地发掘出 5 座由墓道、过洞、天井、甬道、封门、墓室等组成的唐代洞室墓。据墓志志文，墓主为五品以下官员或无官品人，凸显出李氏家族的衰败（《考古》8 期）。辽宁省朝阳市龙城区发掘出的 3 座圆形单室砖室唐代陈氏家族墓，出土的胡人俑、陶骆驼等反映了唐代营州地区胡人聚集和商贸活动频繁的历史情况。特别是 M1 墓志上刻篆书“大唐师州阳师县陈君之框志”，为隋唐墓志中唯一自称“框志”者，墓主陈英为唐代师州录事参军，卒于麟德二年（665）（《文物》6 期）。山西省太原市晋源区青阳河村发掘出的北汉太惠妃王氏之墓，墓室绘有门吏图、天象图、四神图和对鸟图等壁画，墓志纪年为天会十五年（971）。该墓是目前唯一一座经过科学发掘并公布资料的北汉墓葬，为五代墓葬研究提供了重要的实物资料（《考古与文物》6 期）。

5. 南方地区墓葬考古。安徽省寿县城关南保庄圩工地发现一座唐代船形砖室墓，清理出土了铜镜、铜铺首、青釉和酱黄釉双系罐、白釉瓷注、灰陶异形器等体型较大、具有特色的随葬品，是研究唐代寿州地域历史的珍贵资料（《文物鉴定与鉴赏》16 期）。成都市青羊区清江东路四川烹饪高等专科学校旧址，清理出隋唐五代时期的墓葬共 10 座，全部是单砖室墓，平面为近梯形的竖穴土圹，再在坑内砌筑砖室，墓圹略大于墓室。墓葬朝向主要为西北—东南向（《考古》12 期）。广州市江燕路发现了五代时期南汉乾亨九年（925）的长方形单室砖墓，出土石质合同券和地券各一道，券文完整，均有“维乾亨九年岁次……大汉国”券文，是较重要的古代买地券研究资料（《考古》5 期）。

6. 墓葬综合研究。张全民把关中隋代陶俑分为镇墓、出行仪仗、侍仆舞乐和庖厨操作四组及前后两期，认为前期大致在隋文帝在位的开皇至仁寿年间（581～604），北周样式和北齐样式的陶俑共存。后期大致从隋炀帝大业年间（605～618）开始，北周样式基本消亡，在北齐样式基础上萌生出隋代新样式（《文物》1 期）。邢福来、张锦阳、苗铁飞对隋唐长安城南郊高阳原大居安村墓地进行了解读，认为高阳原地势高亢轩敞，南背秦岭、北望都城，是京畿居民理想的埋葬之所。历年高阳原上已发掘有千余座隋唐时期墓葬，最新发掘的 5 座唐墓位于高阳原腹地，属于刀型、天井配置多寡不一的中小型墓葬。M2 出土了两尊鎏金铜彩绘七佛并坐佛教造像，在墓葬中较为罕见。M4 出土两组风格迥异的红陶镇墓兽，为夫妇两次合葬所致，年代在高宗时期。M5 墓主为陇西望族成员、唐中宗时户部尚书、襄武郡公李承嘉。M6 为三天井、双壁龛、砖券前后双室、壁画墓，从墓道两壁各绘四人执戟仪卫图及使用石门配置分析，墓主官阶当在三、四品之间，当为唐高宗时的皇室成员或者勋臣贵戚（《大众考古》10 期）。李俊兰讨论了中国农业博物馆从洛阳征集的一合墓志及 15 件彩绘陶俑，认为以前学者关于墓志和陶俑同出一墓、墓葬据墓志断为显庆二年（657）的观点是错误的，从而论证了彩绘陶俑的年代应在盛唐时期（即 715 年左右），而墓志为初唐年代，因为墓主人为祖籍西域康居国的初唐人物康子相，志文为初唐宰相许敬宗所撰（《中原文物》5 期）。戴春阳首先梳理了模印塑像砖在河西地区的使用轨迹，认为整个河西地区都是模印塑像砖较为稳定的使用区域，且历隋、唐、宋、西夏稳定地沿用至元代，从而成为我国持续使用模印塑像砖时间最长和最为稳定的区域。模印塑像砖墓朝向以坐北朝南为主显然应与唐都长安地区有着密切和深刻的联系。而墓葬东向的墓例，应是敦煌地区文化中新的因素。敦煌佛爷庙湾唐代模印塑像砖墓也反映了在敦煌地区，唐墓铺张奢靡、丧葬追求奢华成风的现象（《敦煌研究》第 2 期）。

此外，还有一篇关于内蒙古呼和浩特市塔尔梁五代墓葬壁画材料和制作工艺的研究文章，由沈灵、桐野文良、塚田全彦、杜晓黎合作撰写。文章根据显微镜、扫描电镜及能谱仪（SEM－EDS）、X 射线衍射仪（XRD）和拉曼分光光谱仪等仪器设备的检测分析，指明壁画中红色颜料的主要成分为三氧化二铁，黄色为水合氧化铁，黑色与灰色中包含石墨构造碳黑，而白灰层的主要成分为碳酸钙，地仗层的主要成分为粘土矿物，并加入了石灰、麦草与麦壳（《四川文物》5 期）。

三　手工业遗存考古及研究

1. 陶瓷窑址　窑址是最主要的手工业遗存，历来受到考古研究者关注和重视。本年论文的内容多涉及对南方地区青瓷窑业的生产发展、北方地区青瓷和白瓷的起源发展及成分差异等问题。

南方地区特别是沿长江流域的青瓷窑业最为繁荣。李彬森、郭璐莎根据浙江上林湖窑区、上虞窑寺前窑区、东钱湖窑区等窑址以及墓葬考古资料，认为五代时越窑生产主要为了满足自身需求（《华夏考古》3 期）。谢西营收集了唐两京遗址出土的部分越窑青瓷资料，结合上林湖后司岙窑址发掘情况进行讨论，认为越窑瓷器早在唐代早期就已经作为皇家宫廷用瓷贡品，并延续至唐代中晚期，通过浙东运河、隋唐大运河途径输送到两京地区（《中原文物》2 期）。陈东研究了重庆市洛碛镇因三峡水库四期蓄水浸没区抢救性挖掘出土的一批隋唐时期的青瓷器，认为当时作为县治的洛碛，因长江水运而交融繁荣，既有产自成都平原的西方邛窑系青瓷，也有来自两湖江浙地区的湘阴窑、越窑等的东方窑系产品，而佛教及饮茶的流行则对青瓷产品的一些纹饰及盏托等器型产生了一定的影响（《文物鉴定与鉴赏》11 期）。

北方地区青瓷和白瓷窑业的综合研究成为热点。郑建明的论文对 21 世纪的北方青瓷窑址考古作了全面梳理，认为冀南豫北的安阳（相州窑）、邯郸（曹村）和邢台（邢窑）是北方早期青瓷的中心，可能始于北朝，但成熟且呈规模的瓷业生产则在隋代，至唐代式微。而陕西铜川的耀州窑创烧于唐代，先烧黑、白、茶叶末釉和唐三彩、低温单彩，后又烧黄褐釉瓷和青瓷，至五代则以青瓷为主，水平更加提高（《文物天地》11 期）。王芬、施佩、罗宏杰通过对考古发掘出土和馆藏五代耀州窑天青瓷标本的化学成分、微观结构、物相、着色元素等检测，揭示出其天青瓷釉为复合呈色方式，是目前为止最早的钙－碱类青瓷釉，而钾含量的提高有利于青瓷釉呈青蓝色调，透光性良好（《文物保护与考古科学》5 期）。张明悟、赵学锋等根据磁州窑唐代青瓷、“青白瓷”、白瓷样品的成分对比分析，不同意以往关于北方早期白瓷是三元配方的观点，而认为中国北方早期白瓷的瓷胎仍为一元配方，磁州窑的青瓷和白瓷瓷胎成分、烧成温度相近，皆呈高铝低硅特征，在胎料组成上并无明显差别，主要是釉料中三氧化二铁含量的不同（《华夏考古》5 期）。马颖、马清林、马泓蛟用显微观察、电子探针手段，分析了河南巩义窑、河北邢窑出土的不同时期青瓷、白瓷的原料来源，认为两窑在胎釉的原料配置上存在差异，但唐早期、唐中期产品形制相似，原料配方有共通之处，表明当时两地在制瓷过程中有过交流。河北省考古人员在对曲阳县定窑窑址的调查中，以前曾确认定窑创烧于中晚唐，但随着一处隋代窑址的发现和采集到代表性的瓷器和窑具残件，定窑创烧的时间可以前提到隋代（《华夏考古》4 期）。李鑫也认为白瓷创烧于隋代，起源地区包括河北邢窑、河南相州窑和巩义窑等（《华夏考古》4 期）。

本年出版的《焰红石渚——长沙铜官窑遗址 2016 年度考古发掘出土瓷器》考古报告，是长沙窑遗址考古研究最新重要的进展。对铜官窑石渚遗址进行抢救性考古发掘，发掘面积 1800 平方米，出土灰沟、灰坑、房基等遗迹以及大量的瓷器和窑具。利用超景深三维显微镜的观察，推翻了以往长沙窑彩瓷以釉下彩为主的观点，揭示长沙窑彩瓷为高温釉上彩瓷，或者说是以高温釉上彩瓷为主。而大量外销瓷风格瓷器的出土，则充分说明铜官窑是中晚唐时期外销瓷的重要产地之一，也是海上陶瓷之路商品的重要原产地之一。

2. 金属装饰品工艺　有两篇考古研究文章论及。党小娟、杨军昌等采用 X 光探伤技术、显微观察等多种分析手段，对扬州隋炀帝萧后墓出土的一组十二支发钗进行检测，揭示出发钗的纹饰特点、结构特征、材料属性和加工工艺等（《文物保护与考古科学》4 期）。路智勇通过对法门寺地宫出土唐捻金线的形貌观察和材质科学分析、实验模拟，认为其是早期中国丝绸装饰金属线，是通过对芯线加捻，在芯线旋转过程中将金箔条自动捻绕在芯线外而制成的（《华夏考古》2 期）。

四　墓志、碑刻和经幢研究

本年涉及这方面的论文有 30 多篇，蔚为壮观。

有关乡里和世族的墓志研究论文也很有价值。李森对山东《青州益都县令房公清德之颂》碑进行了考释，认为其记载了南北朝隋唐房氏家族高门望族的政教伟绩，可证史、补史、纠史，且其书法苍劲典雅（《华夏考古》1期）。郑旭东通过对新出土《唐故博陵郡夫人崔氏墓志铭》的释读，认为崔氏墓的发掘及其墓志的出土，订补了文献中关于晚唐泾原、镇海节度使周宝的名讳、子女、任官及家族世系的记载，是研究唐长安城乡里和唐末藩镇的重要新资料（《文物》8期）。邵启凤考论了江苏泰州市出土的唐代赉卿及其夫人陈氏墓志铭两合，认为该墓志提到的古地名海陵县及里坊乡村、海盐和盐税以及赉氏世系等，为唐代泰州的历史研究增加了新的实物资料，补充了现存志书的不足（《文物鉴定与鉴赏》19期）。钱龙、宋国栋关注到内蒙古自治区鄂尔多斯市准格尔旗十二连城古城址中出土的张俊夫妇合葬墓墓志，墓主为唐并州隆政府左果毅都尉，认为当地隆政府是并州的一个折冲府，墓葬方式是夫从妇葬，葬于夫人所在的颍川世家名族陈氏的家族墓地。同时墓中出土的石碑、石人、石羊等残件，印证了文献中五品以上官员立碑和石兽制度的存在（《敦煌学辑刊》1期）。

1. 墓志

有关边疆民族或外族内归和汉化史实的一些墓志的研究值得重视。西安长安区高阳原大居安村出土的隋代柔然贵族郁久闾可婆头的墓志［隋开皇十二年（592）］是研究北方民族的重要史料，赵海燕通过对志文内容的探析，理清了墓志主人在柔然政权灭亡后内归，历经北齐、北周、隋三朝，一直担任地方实职且带军职，对汉文化逐步认可及族属转变和认同的生平事迹（《四川文物》1期）。周晓薇、王其祎对洛阳新出土的隋大业十年（614）的《陆平墓志》进行了释读，认为所提之“大谷戍军府”为隋代史料中所仅见。志主系出代北胡族，但攀附为汉晋中原陆氏之后裔，曾任隋扬州总管参军事与大谷戍主，卒葬于洛阳“破陵”之西，其葬地之名为迄今文献中最早的证据（《华夏考古》2期）。司晓洁所撰的《北朝至隋入华粟特人墓志研究》一文，统计了出土的五方隋代入华粟特人墓志：甘肃天水石马坪隋石棺床墓墓志、宁夏固原隋大业五年（610）史射勿墓墓志、山西太原隋开皇十二年（592）虞弘墓墓志、河南洛阳白马寺镇隋开皇九年（589）安备河南墓志、洛阳隋大业十一年（615）翟突娑墓墓志等，对墓志的内容、分布、形制、志主品秩做了比较研究，揭示出唐以前入华粟特民族在中原的主要活动范围，见证了在华粟特首领逐渐汉化和遵从于中原统治阶级等级要求的史实（《中原文物》1期）。郑炳林、马振颖对洛阳新出土的唐米钦道墓志进行了研究，主要考释了粟特后裔米钦道的家族状况及迁徙路径、仕宦事迹及开元年间的张审素案（《敦煌学辑刊》2期》。刘勇对广西容县新出土的唐代粟特人安玄朗墓志进行了论述，认为该墓志是中国目前发现的地理位置最靠南的粟特人墓志，为研究唐中晚期粟特人的动向（其祖父安靖于817年随节度使孔戣来到岭南出任地方武职，后代遂留此地）及其汉化提供了新的实物资料（《考古与文物》4期）。唐匹娄德臣墓志（纪年为永昌元年，689年）曾先后由近代著名学者罗振玉、旅顺博物馆收藏。吕媛媛将墓志内容与史籍记载相互证，考证了吐谷浑部落一支的匹娄氏在南北朝至隋唐时期显赫的世族谱系（吐谷浑部落，后南迁和融入华夏），并结合唐代前期地方中下级官制，考论了墓志主人匹娄德臣的生平及仕途（《文物春秋》4期）。中古时期的源氏原为魏晋时期鲜卑部族一支，本姓“秃发”。党斌收集了出土的源氏墓志材料，结合正史记载，对新见唐贞观十七年（643）的《源伯仪墓志》涉及的家族成员进行了考察，重新梳理了中古时期源氏世系（《敦煌学辑刊》1期）。

其他墓志研究。洪淑莹对出土于西安的唐乾符三年（876）的范阳卢氏墓志铭进行了考释，揭示出当时舞姬的真实社会状况。卢成德少习柘枝舞，一生是以舞姬的身份辗转依附于三人为妾，身份地位卑微，去世之后也不能归葬祖茔，而只能独葬（《华夏考古》3期）。吴炯炯在冉万里、赵戈有关日本和泉市久保惣纪念美术馆所藏的唐遂安王李世寿妻陆小娘墓志的考释论文基础上，对录文和有关照片进行了对勘，正补了十六处录误（《敦煌学辑刊》4期）。赵青山在论及西安东郊出土的唐代法津禅师墓的墓志［大历五年（770）］和塔铭［元和二年（807）］时，提出了两铭所详细记载的禅师的生平特别是安史之乱前后的事迹和灵验事件，应置于当时社会政治的大背景（即僧人和朝廷祥瑞宣传互动）之下来认识（《敦煌学辑刊》1期）。辛时代、郭威根据唐朝登州刺史韦俊墓志［开元廿一年，（734）］记载和相关历史文献，对唐朝与黑水靺鞨联合扼制渤海扩张、渤海加入后突厥阵营、偷袭唐登州并致刺史韦俊遇害、唐军与新罗夹击渤海，其后突厥国内大乱，渤海与唐朝言归于好的历史事件及过程进行了梳理（《北方文物》2期）。王庆昱、杨富学就河南洛阳市孟津县新出土的魏远望墓志进行了考论，指出钜鹿魏氏先居宁州，隋唐时迁回河北。魏远望历任檀州、蓟州、沙州、瓜州四州刺史和安西大都护府长史，活动于唐代的东北边疆和西北地区，可填补存世文献的空缺。同时，就涉及的家族史事以及唐代东北边疆、西北边疆、瓜沙二州地位等问题（瓜州地位高于沙州）作了考证（《敦煌研究》5期）。

2. 碑刻

何毓灵、申文喜报道了在20世纪60年代发现于安阳殷墟小屯村北马家坟的隋开皇十二年（592）北齐骠骑大将军达奚庆碑和碑文拓本，这是新的碑石材料，不见于以前的金石著录（《考古》2期）。安阳修定寺塔或认为是唐塔，或以为是北齐塔和唐代重修，更有人认为是隋塔。郝飞雪根据《安阳修定寺塔》中的半块《大唐邺县修定寺传记碑》（开元三年），参以新征集到的唐《相州邺县天城山修定寺之碑》（开元七年）残碑，结合文献记载和前代拓片进行释读，从而提出了修定寺始建于北魏，创建修定寺的是邺人张僧猛，东魏北齐时此寺先后改名为城山寺、合水寺，主持寺务及建塔之人则是当时名僧，任国家昭玄大统、掌僧录的法上（《中原文物》4期）。李森对《青州益都县令房公清德之颂》碑进行了考释，认为颂碑隶法严谨，杂以篆笔，署款楷书，苍劲典雅、俊朗含蓄，是唐代碑刻书法中的杰作，同时，碑文记载了南北朝隋唐时期高门望族——房氏家族成员房彦云在益都县令任上的政教之绩，碑文可与《新唐书·宰相世系表》所对勘，从而列出房彦云家族世系，颇具证史之实、补史之缺、纠史之谬价值（《华夏考古》1期）。李书谦根据照片和拓本，对河南灵宝铸鼎原的唐《轩辕黄帝铸鼎碑》进行了解读，并结合文献记载加以考证，指出了后世补刊之处及错误，并就碑名称谓及撰文者和籀文者的身世进行了论述（《中原文物》2期）。唐代族居洛阳的兰陵萧氏家族的碑刻墓志历代都有著录和研究，但讹误遗漏颇多，需加以厘正和增补。王楠结合萧氏家族的经历，以萧诚昆仲为中心，将传世碑刻资料和新出墓志的书迹互相关联、进行集证，对唐代书家兰陵萧氏家族的经历、功业与交游作了较全面的梳理（《故宫博物院院刊》6期）。

佛教类碑刻研究论文有4篇。肖贵田考察了山东临沂地区的16区四面柱体佛教造像碑，认为多数为北齐遗物，少数晚至隋代。造像多为两段式，题材有维摩诘图、龙衔莲花图、龛楣龙与兽面组合图，其末者当为唐代流行的龙虎塔图像的渊源（《东南文化》2期）。山西永济市《大隋河东郡首山栖岩道场舍利塔之碑》，大业元年（605）或稍后成碑，碑文共2400字，记载了蒲坂首山胜景和永济的四点史实，但尚有七处缺十二字，黄国强通过辨析，对其中8个缺字进行了考补（《文物世界》5期）。四川省资中县北岩摩崖造像，是一处以中唐至五代时期为主的石刻造像群，现存造像1600余身，共编号162龛。曾涧对唐《重修北岩院记》进行了考察，考知碑中“前定边节制大夫、扶风公”为窦滂，第30龛的造像年代为咸通末年（874），订正了《资治通鉴》中记载窦滂由定边军节度贬康州司户实为“斥徙”资州刺史的错误（《文物春秋》6期）。赵献超、张德卿、丁大涛考释了河南省登封市嵩岳寺山门内西侧的《唐故大德大证禅师碑》［唐代宗大历四年（769）］，指出该碑的原始发现地位于今嵩岳寺塔院西北山坡上，该碑内容不仅可弥补传世文献中禅宗北宗自普寂之后传承情况之不足，也可帮助管窥“安史之乱”之后禅宗内部争夺正统地位之乱象（《文物春秋》5期）。

3. 石经幢

郭晓涛收集整理了晚唐五代时期李茂贞夫妇墓出土的陶、石经幢残片资料，通过幢上文字的分析比对，认为2件陶经幢上的残留文字内容分别源于《实相般若波罗蜜多经》《佛说阿弥陀经》，而梵、汉合写石经幢，其上刻写的文字内容则为《佛顶尊胜陀罗尼经》和《大悲心陀罗尼经》真言部分（《四川文物》6期）。董华锋、何先红、朱寒冰通过对晚唐五代时期以成都为主的川渝地区流行的小型经幢的调查研究，认为其形制特殊，没有幢顶和幢座，但经幢两端所刻的五方如来真言和解冤结真言，充分反映了唐五代时期川渝地区特别是成都地区的水患及水陆法会的历史背景（《考古》6期）。

五 器物研究

本年有关陶瓷器、玉石器饰、金属器等器物的简报、论文达28篇，丰富多样，重点突出。

1. 陶瓷器

陈丽君对福建地区隋唐五代时期的陶瓷灯具作了综论，揭示隋代灯具出土数量少，主要以墓葬出土的烛台、莲花灯架、豆形灯为主，唐代灯具来源于墓葬、窑址和遗址，主要类型有管形烛台、莲花灯架、豆形灯、灯盏等，至晚唐五代时，灯具已不常见（《文物天地》7期）。戚军超主要报道了修复一件唐代吹口哨骑马俑残件的七个步骤（《文物鉴定与鉴赏》19期）。李雪重点讨论了出土于成都金河路唐宋遗址的一件五代时期的邛窑黄绿釉高足瓷炉，器身内外分施黄釉、绿釉、橙红色釉，通体贴塑三重仰莲瓣，莲瓣上模印飞天图案，指出其可能用于焚香，是邛窑低温黄绿双色釉瓷器中的一件精品杰作（《文物天地》6期）。

2. 玉石器饰

张勇剑、梁嘉放、赵西晨、刘呆运的文章报道了对咸阳国际机场出土的唐代组玉佩的室内清理、分析和复原情况，科学测定了组玉佩的构件成分：金属挂钩为鎏金青铜质地，玉佩为透闪石质软玉，料珠为铅玻璃（《文物保护与考古科学》4期）。柴晨鸣的论文对唐代玉发饰进行了探讨，认为唐代梳背、步摇、发钗、发簪等玉发饰大多出土于唐长安城皇室及高级贵族墓葬，是贵族妇女的专用品，也是身份与等级的标志，而中下级官吏墓葬只出土骨、角质及滑石质饰品（《文物世界》4期）。

阮富春重点讨论了纽约苏富比本拍卖的早年源自洛阳龙门石窟奉先寺以南 1720 窟的菩萨头像，对其在 1942～1949 年间被盗劫贩卖、流失海外的过程作了介绍（《文物天地》11 期）。

3. 金属器

赵青讨论了出土于西安太乙路的摩羯纹金杯，指出它是多元文化互通、中国工匠模仿和创新的结晶，其多曲的长杯器形是伊朗高原萨珊波斯的代表性杯形，而摩羯纹则来自古印度纹饰，演变成中国的主雨之神（《文物天地》8 期）。赵清荣对安阳博物馆所藏的葵形双凤麒麟飞马纹镜、贴银壳鎏金宝相花镜等 7 面唐代铜镜进行了赏析，指出花式镜、世俗化纹饰、宝相花、神兽到瑞兽转换、立体化和综合装饰手法是唐朝铜镜流变的特点（《文物天地》5 期）。程永建讨论了河南省洛阳市隋唐洛阳城遗址之东的唐代鎏金铜造像窖藏，把基本完整的 110 余尊像划分为立姿、坐姿和树状化佛三种，其中菩萨造像占绝大多数。此窖藏的形成可能与唐武宗会昌年间的灭佛事件有关（《中国国家博物馆馆刊》4 期）。铜虎符是古代军队调动的信物。陕西历史博物馆收藏有 4 件隋代铜虎符。韩诣深对甘泉府铜虎符、常乐府铜虎符、连云府铜虎符、平等府铜虎符进行了详细报道和铭文考释，揭示了甘泉府所属军卫在隋唐间的变迁以及“连云府”、“平等府”两个隋代新兵府的存在（《考古与文物》2 期）。

以往，在隋唐时期墓葬中，于墓主头部附近多发现薄铁片，发掘者对其称呼不一，往往有铁券、铁板、铁片、铁牌、铁刀等不同名称。何月馨认为在文献记载中，“铁券”仅指皇帝奖励功臣所赐的，具有免死功能和荣耀性质，且作为一种物化特权的“丹书铁券”，而墓葬出土的长方形薄片铁券多出于较低等级的中小型墓葬，专为随葬制作，是民间丧葬习俗（不属于官方丧葬制度，隋唐两京地区高等级墓葬极少出土铁券）。但从晚唐五代时期开始，这一习俗逐渐向上层渗透、影响，成为部分高等级墓葬的选择，到宋代甚至进入了官方的丧葬制度体系（《考古》2 期）。

六　佛教寺窟考古及研究

1. 平地佛寺遗存

江苏如东掘港国清寺遗址发掘出唐宋时期国清寺 3 座殿址、4 处附属建筑遗迹、1 处灶房、3 口各个时期的水井、1 条环寺围沟等遗迹，出土了石柱础、不同窑口瓷器、石雕佛像、铜钱、茶具、文房用品等遗物，有的瓷器上有“国清”“方丈”“库司”等墨书题迹。发掘首次印证了最后一批遣唐使、“日本天台宗三祖”之一圆仁《入唐求法巡礼行记》中关于“掘港国清寺”的记载（《大众考古》7 期）。

山东省德州地区平原县城龙门水库工地发现汉白玉石佛造像 4 尊（释迦佛坐像、骑象普贤像、骑狮文殊像、结跏趺坐残像）及唐开元七年心经经幢有明确纪年的石经幢，后者建于唐开元七年（719）。石像均被破坏，或与唐武宗“会昌灭佛”有关（《文物》1 期）。

山东省临朐县大佛寺遗址出土了唐开元十八年（730）经幢、辛寨镇龙门山龙岩寺遗址出土了唐代石质菩萨立像残躯各 1 件，为青州北朝造像系统研究增添了新材料（《文物》10 期）。

李培林报道了山西省忻州市忻府区发现的一处佛教造像窖藏坑遗存，共出土各种佛教石刻造像34尊，以单体圆雕为主，也有背屏式组合像，造像题材有一佛二菩萨、七佛、千佛等，时代自北魏至唐代。隋唐时代，忻州是全国各地巡礼五台山的必经之路，晚唐会昌年间毁佛，致使形成此窖藏（《文物》12期）。

于洋春子观察到河北保定市曲阳修德寺白石纪年佛教造像流行中衣搭肘式。认为该地佛像衣装在袭承地方特色的同时，仍然受两京地区造像的影响（《文物鉴定与鉴赏》17期）。

霍巍对近年来在成都地区相继发现的南朝至唐代的4件天王像进行了研究，认为这个时期的四大天王像表现在实物遗存上至少可能存在三个不同的系统或来源：一是以北魏承平元年石佛座上的四大天王像和神王像为代表的北方系；二是以成都南朝造像为代表的南方系；三是以于阗、敦煌为代表的新疆、西域系（《考古》8期）。

田娜利用考古学类型学方法，对考古出土的49件舍利石函纹饰进行了探讨。把纹饰题材分为佛教的人物、动物、植物、故事、壶门、世俗的瑞兽、植物、云纹、仿木及装饰纹样等，将纹饰题材及其组合分为北魏至唐武周时期、唐武周时期至北宋末年、金元明三个阶段，并分析了它们的动态变化特征（《中国国家博物馆馆刊》9期）。

朱己祥考察了河北武邑县孙家村出土的唐仪凤四年（679）马君起造像塔，认为是佛堂形组合式造像塔，建造此塔，目的在于为去世亲人及合家眷属积累功德、祈求福报（《敦煌学辑刊》1期）。

此外，另有3篇论文涉及四川省平武报恩寺万佛阁彩塑工艺（惠任）、广安冲相寺定光佛龛像（符永利）、安岳云峰寺地藏十王变（张亮）。

本年出版的佛教考古专刊报告主要有《成都下同仁路——佛教造像坑及城市生活遗址发掘报告》，报道了发现的2个佛教造像坑、14个生活遗物坑以及2个水井等遗迹，以及出土的佛像、菩萨像、天王像、背屏式组合造像等类型的佛教造像，年代在南北朝至唐代，为研究巴蜀地区南北朝至唐时期的佛教文化提供了新的实物资料。

2. 石窟寺遗存

新发现。张小刚报道了对肃南皇城大湖滩石佛崖石窟的调查成果，表明其属于鲜有认知的甘肃省河西中小石窟群之一，现存8个洞窟，存有唐代塑像与壁画遗存等（《敦煌研究》4期）。

吴军、刘艳燕对甘肃莫高窟采石场遗址进行了调查，发现料石、石刻题记、车辙痕迹等，有助于我们全面认识和了解敦煌石窟的营建史和石场遗址的基本情况（《敦煌研究》1期）。

其他地区对于石窟、摩崖造像的调查资料还有：河北平山县西林山千佛洞石窟调查与初步研究（石建刚、朱丽平）、四川都江堰市三佛洞摩崖造像调查简报（徐军）、河北武安发现一处唐代早期摩崖造像群（中国新闻网）、江苏徐州兴化寺晚唐摩崖石刻调查初探（高歌）等。

石窟壁画研究。研究论文较为集中，有十余篇论文。主要对在甬道、龛楣梁、龛顶、窟顶坡面所绘的龙纹、飞天、华盖图、髡发人物、迦陵频伽图像、清绿山水经变画、灵山会和虚空会场景等壁画内容进行探讨和阐发。例如，韩卫盟考察了莫高窟81个隋窟壁画华盖的资料，将其类型分为幔盖、伞盖、双重盖三种，进而划分出第一期（581～589年）承袭北周和鱼鳞三角纹组合、第二期（590～612年）数量渐减和新特点、第三期（613～626年）活跃华丽等演变发展的三个阶段（《敦煌研究》2期）。

综合研究。温玉成对东山擂鼓台南洞南侧山岩缝隙中的花纹雕刻进行了拓印，证明其是幅未完工的佛双足印，并根据文献记载及比较国内和印度发现的佛足印，认为其是659~664年间玄奘法师取自印度的佛足印，也是我国已知石窟中最早的佛足印图像（《大众考古》6期）。贺志军、李晓霞、潘付生讨论了龙门石窟卢征造像龛的形制、造像内容及特征，然后释读发愿文，探讨了唐代士人因贬谪制度导致人生转折的政治和心理诉求、精神状态与意识信仰（《中国国家博物馆馆刊》5期）。马若琼从建筑艺术角度对莫高窟第196窟［景福年间（892~893年）］前室所存晚唐木构窟檐进行了研究，认为其前室遗存木构架窟檐，为莫高窟现存窟檐年代最早者。建造窟前建筑，不仅能够产生比较大的公共活动区域，而且由于窟檐由四根木悬臂梁挑出，从环境角度观察，挑出部分覆盖于栈道之上，当观者步入栈道，便能感受到此窟的空间位置，产生“巡礼浏览”的作用（《敦煌学辑刊》1期）。陈悦新首先界定了新疆龟兹石窟佛衣与僧衣的类型和时代，然后认为龟兹石窟三组洞窟中，第1组袒右式和通肩式佛衣源于印度，第2组的覆肩袒右式佛衣大概为龟兹产生的新样式，第3组中衣搭肘式佛衣源于汉地（《文物》6期）。

七　边疆民族宗教考古

1. 吐蕃

在青海省都兰县热水乡哇沿水库坝址建设工程中，发掘出25座墓葬（石室墓、砖室墓、木椁墓及土坑墓）、5座殉马坑，其中火葬或屈肢葬、锯头葬、殉牲祭祀等葬俗、殉牲方式等特点均体现出吐蕃文化的特征，为研究这一时期都兰地区的历史、吐蕃王国疆域变迁及唐、蕃文化的交流提供了重要实物资料（《考古与文物》6期）。据《中国新闻网》（2018－11－21 14：27：26），西藏拉萨的嘎尔琼拉康寺出土吐蕃时期一座封授立盟石碑，立于赤德松赞赞普在位之时（798~815年），碑身字迹清晰，碑文五十七列藏文，记述赤德松赞得到佛教信徒护持取得王位，故修建了这座寺庙，并与臣工贵族盟誓保护佛教，碑文还记载了松赞干布以下历代赞普业绩与世序排列。碑身上窄下宽，形式结构、碑帽属汉地风格，表明吐蕃文化与汉地文化的交流交融。夏吾卡先讨论了西藏林芝市米林县所存的花岗岩朗嘎吐蕃碑，碑身自上而下横书古藏文31行，经过释读和翻译，所记为吐蕃赞普（755~797年在位）与坚噶波莽布支的盟誓册封内容。碑座刻一行走状巨象。该碑印证了学界对《朗嘎碑》与《第穆萨摩崖石刻》关系的推测，对从无名噶波王到有名噶波莽布支家族的历史演进探究具有重要意义，为噶波王王城的找寻提供了重要线索（《文物》10期）。李帅指出，吐蕃印章实物分为方形印、圆形印两大系统。方形印尺寸较大，普遍为官印。圆形印尺寸较小，为私印。方形印受到了汉地和西方印章文化的双重影响，圆印及印章上的图像则受到西方印章的影响，同时，吐蕃印章也加入了吐蕃文、吐蕃人形象等自身的文化因素，为西藏印章传统的形成奠定了基础（《文物》2期）。仝涛通过对甘肃肃南大长岭吐蕃墓葬的考古学分析，判定西藏大长岭墓葬大致应为盛唐时期，即公元8世纪中期前后，墓主极可能是一位吐蕃军队的高级将领，其棺板画中的十二生肖、双室墓形制及突厥式金银器的特征，代表了青藏高原北部地区吐蕃墓葬类型（《考古》6期）。

2. 突厥

魏迎春结合文献记载及敦煌吐鲁番文书等，讨论了敦煌写本S. 5448《浑子盈邈真赞并序》中关于敦煌地区生活有浑姓居民的记载，他不同意敦煌浑姓居民为吐谷浑后裔的说法，而赞同浑姓来自突厥铁勒部落的意见，认为晚唐五代时的敦煌浑姓可能是经由碛北徙居到河西敦煌、西州一带的（《敦煌学辑刊》4期）。白玉冬、吐送江·依明讨论了在蒙古国中西部巴彦洪戈尔省境内的毗伽啜莫贺达干碑，碑上用鲁尼文镌刻，据碑文面的公山羊印记，可定该碑文是后突厥汗国时期阿史那氏某位重要人物之纪念碑文，碑文主人应为长安三年（703）出使唐朝的毗伽啜莫贺达干（《敦煌学辑刊》4期）。

3. 渤海国

渤海国是唐朝管辖下的地方政权，唐朝册封后曾称“渤海”“忽汗州”“渤海都督府”“渤海国”等。勾海燕讨论了渤海国自建国以来至灭国后的称谓变化，澄清了渤海国与汉代所置的渤海郡（河北省境内）并无关系，从无有“渤海郡”一称（《北方文物》1期）。张胜超、冯恩学详细介绍了吉林省长白县渤海“灵光塔”塔身镶嵌装饰花纹的数量、分布和样式，认为其上镶嵌的装饰花纹是莲花、云纹托宝珠等佛教文化装饰图案。其部分花纹装饰应是后人依照原图补充绘制的（《北方文物》2期）。胡梧挺通过文献资料的收集统计，得出渤海国东京、西京、南京三府是渤海人参的主要产地以及中京显德府和上京龙泉府也是渤海人参的主要产地的观点。渤海人参向东输入日本，曾深刻影响了日本医学、宫廷医疗活动及医药救助（《北方文物》1期）。李辰元、李延祥、赵哲夫使用光谱分析仪、扫描电子显微镜与能谱等仪器技术，对渤海上京遗址宫城、东廊、匠造址和御花园4处遗址出土的金箔、鎏金铜饰件、铜器、铁器以及坩埚、炉渣等遗物进行测试分析，试图对渤海上京城金属冶炼工业流程进行推演，通过遗物本身为渤海国冶金生产技术及商贸流通提供部分佐证（《北方文物》2期）。

4. 南诏、大理国

南诏、大理国世称为“妙香佛国”。张永康、陈浩全面总结了南诏、大理国佛教造像的制作特点，指出其以铜质和铜质鎏金为多，采用拨蜡法铸造，造像可分为佛陀、菩萨、天王和明王等，7世纪南诏、大理国的佛陀造像，以五方佛为多，此外还有释迦牟尼说法像、药师佛和宝冠佛等，身材匀称，面相朴实敦厚。后期的造像带有西藏的影响（《文物天地》11期）。

5. 党项

段志凌、吕永前结合相关文献和出土资料，考察和研究了出土于陕西省吴起县的唐开元十六年（728）《拓拔驮布墓志》志文，认为较完整地记录了其族源及其与党项、吐谷浑的关系，志主先世以鲜卑融入党项，再为吐谷浑名王，后附唐廷，故是党项拓拔氏源出鲜卑的重要物证，也是唐朝中央对归顺蕃将态度问题的珍贵资料，而“羌族说”颇多商榷之处（《中国国家博物馆馆刊》1期）。

八　丝绸之路及中外交流考古研究

西安长安区郭杜张绑夫妇合葬墓出土带驼囊的骆驼俑是反映中西文化交流的重要文物，引出了两篇研究论文。葛承雍认为驼囊上的图像是希腊酒神狄俄尼索斯和其随从的形象，加上图案中的安法拉（Amphora）罐和来通角杯、科林斯式柱、常春藤装饰灯等，为我们提供了希腊罗马—拜占庭艺术传入中国的确凿新证据（《文物》1期）。李雨生、田有前认为驼囊上的模印图像与古典世界中的“酒神节”题材密切相关，推测其粉本最初可能跟中亚粟特工匠密切相关，居中醉酒者可能是酒神，酒神随从为西勒诺斯以及印度财神俱毗罗等（《考古与文物》3 期）。

祁晓庆对鞶囊及胡人佩囊习俗进行了研究，发现胡人尤其是来自中亚的粟特人都有佩戴鞶囊的习俗。鞶囊一用皮革制成，多为男性所用；二用丝帛为之，多为女性所用。鞶囊在商周即已出现，汉唐时期曾作为服饰代表一定的官阶品帙（《华夏考古》2 期）。

李雨生、李建西、牛江涛通过对陕西临潼唐庆山寺上方舍利塔基出土铜壶的分析，认为其器形应为不同时代和文化元素的综合体，制作年代应该在公元 7 世纪后期，制作地点可能在喀布尔—犍陀罗—克什米尔一线，腹部的六个人面可能源自印度教中对各类多首多臂神（很可能是湿婆之子、战神室建陀）的崇拜。铜壶很可能由本地或印度其他地区的僧人带入中土（《考古》11 期）。

杨瑾以章怀太子李贤生活年代和陪葬乾陵的建造时间为大框架，结合皇室斗争的政治生活以及入唐新罗使者的情况及活动轨迹进行交叉比对，认为尚书左仆射兼太子宾客刘仁轨、新罗使者金仁问与章怀太子关系密切，由此提出墓道东壁《客使图》壁画中的戴鸟羽冠使者可能与金仁问有某种关联的观点，因为他来自新罗皇室，曾多次往返唐罗之间和长期居于唐朝，对唐高宗决定唐罗关系的走向具有重要影响（《中国国家博物馆馆刊》7 期）。

石岩根据考古发现与文献，讨论了唐代开始的东北“丝绸之路”有水、陆两道。水路一即从现在的黑龙江下游的上京城逆流而上，转至嫩江与东流松花江及洮儿河向西行进，再向西南行至西拉木伦河，渡河到达营州（辽宁省朝阳市）；或自上京龙泉府由水路经由鸭绿府（今吉林省临江镇），再从鸭绿江口沿辽东半岛东海岸，到旅顺、大连，再跨渤海湾，到达登州；陆路是经营州取道辽东城通往渤海的交通要道，经抚顺、辽东城（今辽阳市）、汝罗守捉、燕郡城，到达营州。东北丝绸之路是渤海国和黑水靺鞨与中原唐王朝之间的朝贡和回赐之路，使渤海得以接触和学习中原的先进文化，促进了“海东盛国”的形成（《北方文物》4 期）。

余小洪、席琳撰《唐蕃古道路网结构及沿线文物遗存考古调查与研究》，是作者关于唐蕃古道陕西段、甘肃段、青海段、四川段及西藏段沿线文物遗存的考古调查和研究专著，对唐蕃古道沿线分布的古城古堡、石窟壁画、寺院建筑、摩崖造像、金石碑刻简牍、墓葬等大量遗存进行了专业解读，着重阐述唐蕃古道路网结构的发现、唐蕃古道沿线佛教遗存的文化特征、棺板画遗存的艺术特征以及古道沿线石狮的造型特征。

有关海上丝绸之路研究方面，本年出版的《海丝唐韵 千年回望——“黑石号”出水遗珍》值得关注，该书报道了长沙铜官窑遗址管理处征集到的 162 件（套）“黑石号”沉船（印度尼西亚勿里洞岛海域发现的唐代沉船）出水陶瓷器，包括晚唐湖南长沙窑、浙江越窑、河北邢窑、河南巩县窑、广东窑等诸多窑口产品，品种有青瓷、白瓷、白釉绿彩瓷、釉下彩绘瓷、模印贴花瓷等，是研究中国唐代诸多窑口特别是长沙窑瓷器的外销历史乃至海上丝绸之路的珍贵材料。

（龚国强）

宋辽金元明清考古

刘　未

（北京大学考古文博学院）

2018 年公开出版的宋辽金元明清考古报告及论著以下分为城市、墓葬、陶瓷、石窟寺、建筑及其他六个方面予以择要述评。

一　城市考古

（一）都城

北宋东京开封城西垣偏南顺天门，俗称新郑门，据《东京梦华录》记载，为御路所经四正门之一，所以瓮城方形，“直门两重”，发掘显示，主城门三门道，外侧包砖，内有登城马道，瓮城内有两座房址南北相对（《2017 中国重要考古发现》，文物出版社）。北宋西京洛阳城袭自隋唐，石自社分析了城门形制的变化，指出郭城、皇城、东城已发掘过的唐代三门道城门均于北宋晚期将两侧门道封堵，仅留中门道以供出入，推测与政治形势有关，有意在都城气势和建筑形式上降低西京的地位。（《华夏考古》6 期）南宋临安城发掘了宗学遗址，出土“宗学升俊同舍题名”碑额，属于嘉定以后重建宗学六所斋舍之一（《东方博物》67 辑）。

辽上京皇城西门乾德门、东门安东门，宫城南门承天门、东华门、西华门近年均作考古发掘，汪盈、董新林将其按建筑结构分为殿堂式和木过梁式两大类，后者又分为三门道和单门道两类，宫、皇城东门均为三门道正门规制，体现辽上京皇城东向特点，木过梁城门门道基础分为石柱础上置木地栿和石地栿上置木地栿两型，前者早于后者（《华夏考古》6 期）。金上京城 2013～2017 年陆续勘测解剖城墙、发掘南城南垣西门、皇城第四殿址东西两侧台基和廊庑，赵永军、刘阳对历年发现进行概述（《庆祝郭大顺先生八秩华诞论文集》，文物出版社）。

清太祖努尔哈赤天命十年（1625）迁都沈阳，居于九门（明沈阳中卫城北门镇边门）之南汗王宫，中国第一历史档案馆藏康熙初年《盛京城阙图》绘其位置及形象，发掘显示其由宫门及宫墙、前院、高台基址三部分组成。刘明对后金都城盛京的建置沿革、形制布局、遗址现状作以概述（《文物》2 期）。

（二）地方城

江苏扬州蜀岗古城址内发现三处道路遗迹，其中西南隅东西、南北走向两路可能是南宋宝祐城内十字交叉主干道路（《中国国家博物馆馆刊》9 期）。江苏泰州望海楼发现两段宋代不同时期涵洞和宋明时期泰州城墙遗迹。涵洞砖砌券顶，根据出土铭文砖及文献记载，推断南段涵洞修建于乾道元年（1165）至开禧二年（1206）间，北段涵洞修建于开禧二年（1206）至嘉定六年（1213）年间，城墙修筑于淳祐三年（1243）（《考古与文物》1 期）。江苏高邮发掘北门瓮城遗址，包括南宋时期在北门北侧始建的方形瓮城和明代中期在此以北增建的扁圆形外瓮城（《江苏省考古学会文集（2015～2016）》，上海古籍出版社）。江苏淮安发掘清同治三年至四年（1864～1865）重建的清河县城北门及城墙遗址（《东方博物》67 辑）。福建长汀汀州城，史载唐大历四年（769）移筑、北宋治平三年（1066）增广、明嘉靖四十年（1561）扩建。在朝天门（宋明东城门）、三元阁（宋南城门）区域进行的发掘仅见明清城墙遗迹，暂未获得唐宋城墙确证（《福建文博》2 期）。湖南慈利九溪古城，平面呈不规则三角形，东西南环溇水，北有城壕，四面设门，根据发掘情况结合文献记载推断为洪武二十三年（1390）所建九溪卫（《南方文物》3 期）。湖南花垣老卫城是洪武元年（1368）所置崇山卫，调查及试掘结果表明，该城筑城年代可能为明代初期，使用时间不长，后废弃（《湖南考古辑刊》13 集）。四川成都宾隆街遗址位于明蜀王府萧墙内东南隅，宋元明清地层内出土各类陶瓷器和建筑构件（《成都考古发现（2016）》，科学出版社）。成都旧城东南的十一街遗址的一座砖室墓用“嘉定十年”（1217）模印铭文城墙砖砌筑，推测这批城砖是当年宋金败盟战事重启背景下的产物（《成都考古发现（2016）》，科学出版社）。

程呈以各版方志为线索，对明清通州城的城池形态与街巷布局进行了复原研究，分别绘制明洪武元年（1368）、正统十四年（1449）、清代初年、乾隆三十年（1765）通州城复原示意图，并进一步推测了元代通州城的大致范围（《北京文博文丛》4 辑）。范星盛调查河北文安旧城，并结合文献对明清文安城布局进行复原推测（《文博》2 期）。徐斐宏调查河北赵县旧城，并集合文献对明清赵州城布局作以复原，进而推测金元之间城西北隅曾有内缩（《古代文明》12 卷）。任冠、郝园林介绍了新疆霍城惠远老城的考古调查收获，结合乾隆三十一年（1766）城图并绘制了新的复原图（《北方民族考古》6 辑）。易立介绍了成都东华门街西侧两处遗址的发掘情况，北区为水池台榭遗迹，南区为水道遗迹，考古遗存结合文献记载，这组建筑修建于明代早期，损毁废弃于明末清初，位于明蜀王府宫城东部偏北，推测是以水面景观为主的苑囿区（《南方民族考古》16 辑）。徐俊辉选取大、中、小三个尺度，从城镇体系与群组空间发展、治所城市的整体空间与内部空间结构、城市主要功能街区三个方面，分析了明清时期汉水中游 11 个府州县治所城市的空间形态特征（《明清时期汉水中游治所城市的空间形态研究》，中国建筑工业出版社）。邱东联概述长沙城发展演变，绘制了历代长沙城位置示意图（《文物天地》3 期）。叶植利用文献结合舆图，对湖北襄阳城位置与范围变迁作以分析，推断明清城较唐宋城向东向南扩建，并在东北角雁翅城外扩成新城湾（《江汉考古》4 期）。吴庆洲讨论了广东揭阳古城的选址、营建历史、水系桥梁、风水举措等问题（《中国建筑史论汇刊》15 辑）。白颖认为明代亲王所在地方城市因王府修建而形成“二重城”结构，是洪武礼制革新中对古代礼制经典文本解读与阐释的结果（《建筑学报》5 期）。

（三）军事设施

长海将分布于大兴安岭以北，贯穿中国内蒙古自治区、蒙古国东方省和肯特省、俄罗斯赤塔州的界壕称为岭北界壕，对其位置、走向、结构特征作以概述，认为修筑于金初以阻遏耶律大石东征复辽，后来成为蒙金反复争夺之地（《北方民族考古》6辑）。李严等概述了明长城军事制度与军事聚落的对应关系、防御体系的总体空间分布与防御基址、长城墙体的防御特征、军事聚落的层次体系和空间结构（《明长城九边重镇防御体系与军事聚落》，中国建筑工业出版社；《建筑学报》5期）。魏琰琰、王琳峰、刘建军等分别分析了明长城辽东镇、蓟镇、甘肃镇防御体系的构成与功能、军事聚落的空间分布规律（《明长城辽东镇防御体系与军事聚落》、《明长城蓟镇防御体系与军事聚落》、《明长城甘肃镇防御体系与军事聚落》，中国建筑工业出版社）。王佳音、高梅对北京明长城沿线161座城堡调查材料进行分析，讨论选址与分布、规模与形制、结构与筑造、布局与建筑等问题（《北京文博文丛》文化带专刊）。李恭对陕西明长城延绥镇45座城堡调查材料进行分析，讨论分布、形制、选址、布局、时代等问题（《考古与文物》2期）。杨建林等对内蒙古鄂尔多斯—乌海明长城的概况及修筑简史予以介绍分析（《北方民族考古》6辑）。杨建林调查了宁夏盐池明正统九年（1444）以“半个城”旧址修筑的兴武营城（《西部考古》15辑）。

二 墓葬考古

（一）宋代

河北井陉北防口村发现圆形仿木结构砖室壁画墓、砖雕假门及一桌二椅等，柱头铺作重拱不出跳，栌斗承卷云形耍头，补间铺作栌斗承替木式横拱再承斗，壁画脱落殆尽，尚存男墓主画像残块，推测原有夫妇对坐图，年代推定为北宋中晚期（《文物》1期）。山西汾西郝家沟M153，圆形仿木结构砖室墓，砖雕假门窗及一桌二椅，柱头铺作把头绞项造，批竹式耍头，简报定为金墓（《中国国家博物馆馆刊》12期）。此墓仿木构及砖雕似北宋中期，出土白釉褐彩盘以往认为是介休窑金代产品，综合考量墓葬年代以北宋中晚期为宜。内蒙古准格尔二长渠村北宋丰州故城以北发现圆形方木结构砖室壁画墓（《考古学集刊》21集），其中M1保存较好，砖雕三组假门窗，柱头铺作把头绞项造，耍头类琴面昂，年代约为北宋晚期。山东长清东王社区发现1座土坑石椁墓、2座圆形仿木结构砖室墓，出土白釉瓜棱罐、花口印花碗等，时代约为北宋晚期（《东方考古》15集）。陕西蓝田五里头村吕氏家族墓园是北宋吕大防、吕大临五代家族成员墓地，始建于熙宁七年（1074），延续至北宋末因宋金易代而中断，墓园由兆沟、墓祠、神道及29座墓葬组成，墓地排列采用昭穆葬法，墓中多随葬仿古器物，是考察北宋士大夫家族丧葬礼俗极为重要的实例（《蓝田吕氏家族墓园》、《大临大雅：蓝田吕氏家族墓出土文物精粹》，文物出版社）。

江苏丹阳汪家村发现熙宁八年（1075）礼部侍郎邵亢及彊氏合葬墓，土坑竖穴，出土景德镇窑青白瓷及登封窑白釉珍珠地划花瓶两件（《东南文化》4期）。墓坑外仅见彊氏墓志，王珪所撰邵亢墓志文收录于《华阳集》卷五九。浙江绍兴兰若寺发现一处南宋墓地，墓园分四级台地，墓上建筑由须弥座、环墉、阙楼、隔墙、挡墙等组成，墓前建筑由殿门、主殿、配殿等组成，墓园以东另有坟寺（《大众考古》5期）。兰若寺墓地规模宏大，为已知南宋墓地之冠，墓上模拟山门阙角之制，享殿面阔七间，与南宋临安城建筑最高规制相当，是探讨宋代官员葬制的重要实例。安徽芜湖市博物馆藏开庆元年（1259）祝公、余氏地券各一方，墓主“淮南西路光州光山县人事，今寄居江东路太平州芜县博望乡市西街居住”。福建南平邹坍村发现双穴长方形砖室券顶墓，后壁设双龛，随葬青白釉日用器和谷仓明器44件，器型丰富，推测为茶洋窑产品，伴出铜钱最晚为治平元宝（1064～1067），年代为北宋中晚期（《福建文博》3期）。福建将乐寺许村发现宝庆三年（1227）赵奉议侧室余孺人墓，单穴长方形砖室石顶，随葬银饰及日用品数件（《福建文博》2期）。圹志所记墓地山水形势，“其山蜿蜒发自庚兑，伏于坤申，坐丁向癸，癸水归壬，壬水归艮，艮水复壬，归甲长流”，与江西之法相近。湖北武穴毛家美墓地发现土坑墓6座，出土一批青白釉瓷器，年代分别为北宋早中期和北宋晚期（《江汉考古》4期）。湖南郴州报告历年发掘宋墓20座，分砖室墓和土坑墓两类，出土堆塑罐、多角坛等随葬品（《湖南考古辑刊》13集）。其中M15出银锭钮湖州孙家镜，应属明代。重庆沙坪坝江家嘴发现南宋双穴石室墓，墓内雕刻仿木结构、妇人启门、青龙白虎、后天八卦等题材，出土一组地方窑场所产瓷器（《长江文明》32辑）。重庆江津区文管所藏36件宋墓石刻构件，包括武士、青龙白虎、动植物装饰格子门及屏风、男女侍从四类题材（《南方民族考古》17辑）。四川成都群众路发现3座宋代砖室墓，其中M6出土景祐二年（1035）“……大道小兆臣”杨氏买地券及六边形敕告文，后者是成都地区目前所见时代最早一例（《成都考古发现（2016）》，科学出版社）。成都张家墩发现5座南宋砖室墓，多有纪年，其中M1出土绍兴六年（1136）王氏十二娘、绍兴二十六年（1156）李丞贵买地券，M9出土乾道二年（1166）买地券，M10出土绍熙元年（1190）□氏□娘买地券，M68出土庆元三年（1197）古氏四寿娘、嘉定十年（1217）李□买地券，地属“成都县善政乡”（《考古》12期）。成都海滨村年家院子墓地发现宋代砖室墓（《成都考古发现（2016）》，科学出版社）。四川都江堰大桥村潘家祠堂墓地、沿江村遗址均发现南宋砖室墓（《新建成都至都江堰快速铁路考古发掘报告集》，科学出版社）。四川泸州桥头山发现南宋双穴石室墓，墓壁浮雕琴棋书画题材为川贵宋墓仅见之例，后壁龛男墓主坐像头顶莲冠、着袍登履、旁立一鹤，形象与上海嘉定七年（1214）张玮墓石真形象近似，模拟寿星之相（《四川文物》2期）。

崔世平从文献出发探讨了祭奠用器、丧葬用具及宋儒之礼等方面反映的唐宋丧葬礼俗变化（《中古丧葬艺术、礼俗与历史研究》，中国社会科学出版社）。董新林将考古与文献材料相结合概述了宋代墓葬反映丧葬礼俗（《新果集（二）：庆祝林沄先生八十华诞论文集》，科学出版社）。刘未重新讨论了宋代皇陵布局与五音姓利说的关系，认为其体现的是五姓葬法中一种特殊形式，实际是将各陵作为墓域而非墓穴来处理，依角姓所利朝西北方斜行排列，各陵之间既不存在丙、壬、甲之分，也不存在尊、昭、穆之别（《浙江大学艺术与考古研究》3辑）。许雅惠对陕西蓝田吕氏家族墓地布局及随葬品予以分析，认为其所体现独特的复古现象与京兆吕氏礼仪理想、文化创造、仕途兴衰密切相关，需要放到北宋后期士大夫文化与宫廷政治中予以理解（《浙江大学艺术与考古研究》3辑）。霍志军讨论陇右地区宋金戏曲画像砖时披露了甘肃天水南集村墓出土的7块画像砖，据称伴出元符三年（1100）地券（《中国古代小说戏剧研究》14辑）。张涛将南方地区墓葬出土多角罐作以类型学分析，从唐末至元明分为五期（《四川文物》2期）。庄程恒探讨了江苏江阴葛宫妻孙四娘子墓随葬佛道经卷及四神十二生肖俑、桌椅模型及侍奉俑所反映的北宋南方士大夫阶层丧葬礼俗与信仰（《美术学报》4期）。刘未辑录了武康南宋杨存中家族墓砖拓本并结合文献资料对墓地情况予以讨论（《唐宋史评论》4辑）。罗二虎根据《泸县宋墓》报告的材料概述了墓葬布局、结构、类型，对石刻图像内容作以分类，总结图像组合与布局，并对石刻图像在艺术表现、制作风格、信仰审美、墓主性别等方面的差异进行了区分（《南方民族考古》17 辑）。扬之水围绕川南宋墓石刻男女侍者与歌舞伎乐形象结合诗文讨论了宋代的社会生活（《中国国家博物馆馆刊》4 期）。

（二）辽代

内蒙古巴林左旗辽祖陵陵园四面环山，以山脊为界，南面两山相夹豁口建有陵门，即《辽史》所载黑龙门。发掘表明，门址墩台夯土包石块和青砖，原有三条门道，现存中、东两条，有石地栿、木地栿、排叉柱、砖石壁面地面、门砧石、将军石、木版门等遗迹，外作五瓣蝉翅慢道，推测始建于天显元年（926）（《考古学报》3 期）。内蒙古宁城福峰山发现咸雍八年（1072）萧宁墓，与河北省平泉县八王沟仅一山之隔，均属萧思温（宁之曾祖）一系家族墓地，已发现墓主明确者 10 例。墓作双室无耳室，前长方而后八角，与辽代晚期契丹贵族郡王以下身份者所用形制类同，惟尺度过之，主室进深达 6.2 米，为仅见之例（《草原文物》1 期）。辽宁阜新大板镇征集到大安七年（1091）耶律善庆墓志及其父“延昌宫副宫使”耶律燕哥志盖，其祖“于越宋国王”（推测为耶律休哥）志盖出土于大板镇腰衙门村平顶山墓群（《辽金历史与考古》9 辑）。辽宁北镇洪家街发现寿昌二年（1096）耶律弘礼墓（《考古》4 期），圆形主室内设八角木椁，长方甬道亦嵌柏木，拟作前室，这种主室形制在辽代晚期契丹贵族墓葬中较为少见，与一般八角形主室者不同。木椁后部以须弥座式棺床承托长方木棺，周围散落小木作构件，属辽代晚期新制。墓志称：“国姓耶律氏有三大横帐，一大父、二仲父、三小父。小父者，德祖皇帝，而太祖大圣天皇帝之父也。其子孙世为天子，出于其帐者，号为贵族。”对于理解辽史“横帐”问题具有重要参考价值（《考古》6 期）。辽宁康平张家窑林场长白山墓群 I 区发现 2 座未被盗掘多室砖室墓，其中 M3 方形主室，出土鎏金银捍腰等敛葬用具，M4 八角形主室，出土金面具、银丝网络等敛葬用具和白釉黑彩、褐彩梅瓶等瓷器（《2017 年中国重要考古发现》，文物出版社；《大众考古》12 期）。辽宁北票馒头沟村发现石室墓，出土铜带具及白瓷碗、葫芦形注壶、温碗等，年代约为辽代中期（《辽金历史与考古》9 辑）。北京大兴小营村发现两座圆形砖室墓，出土一批精粗白瓷器，年代约属辽代中、晚期之际（《大兴与西红门：北京大兴考古发掘报告》）。山西大同和平社发现圆形砖室壁画墓，后壁屏风画及男女侍者，侧壁假门窗及鞍马骆驼等，与此前当地辽代晚期小型壁画墓形式相同（《文物世界》5 期）。

刘阳认为辽代帝陵依高山深谷而建，陵前祭祀建筑正殿采用方形均可溯源至回鹘墓园，祖陵李胡墓前的四号建筑年代应在统和以后，按帝陵规制营建（《北方民族考古》6 辑）。陈捷、张昕通过分析宣化下八里辽墓的陀罗尼棺、墓顶图像和悬镜以及涞源阁院寺门窗木雕梵文、法器，以探讨密教仪轨影响下的符号体系和神圣空间（《美术研究》6 期）。

（三）金代

北京密云大唐庄发现石棺墓，土坑竖穴分上大下小双层，均填筑夯土，间以碎砖层，石棺长方形盝顶内有木匣残迹（《北方文物》2 期）。根据出土定窑瓷器推断墓葬年代为金代中期。山西左权粟城村发现方形前后双室仿木结构砖室墓，斗拱单抄单下昂五铺作，蚂蚱头式耍头，补间用梭形拱，前室西壁绘男墓主像，题“八翁之位”，东壁妇人启门，北壁过道及假窗，券门上题“亡父万年之堂”，另绘二十四孝图并附榜题，后室绘床挡围栏及男女侍者（《文物世界》3 期）。从仿木结构看，此墓年代上限北宋末年，结合二十四孝图连续式布局，应属金代前期。墓主像题以“位”，墓门题以“堂”，多流行于元而始见于金，粟城村墓应是同类最早之例。山西陵川玉泉村发现大定九年（1169）方形仿木结构砖室壁画墓，斗拱把头绞项造，截直耍头，棺床后壁绘两扇树下人物立屏，侧壁各绘两幅花鸟挂轴，墓室前部各壁绘备饮备食图，墓顶四面各绘一幅孝子图，出土墓志记墓主为“陵川罐泉村人”武珪（《文物》9 期）。山西汾西郝家沟发现大定二十三年（1183）（简报释为二十二年，据买地券照片改）八角形仿木结构砖室壁画墓（M1），保存完好，砖雕假门窗，斗拱单抄四铺作，蚂蚱头式耍头，转角铺作令拱作卷云形，阑额彩绘缠枝花草，普拍枋、撩檐枋作松纹装，东北、西北两壁绘分离式墓主夫妇对坐图，形式少见，另有东西壁相对妇人启门图，买地券记其地为“汾西县赵村堡郝家庄”（《文物》2 期）。附近另有相同形制 M2，斗拱单抄单下昂五铺作，蚂蚱头式耍头，令拱作卷云形，东西壁相对妇人启门图，年代当相去不远（《中国国家博物馆馆刊》12 期）。山西岚县丁家沟发现圆形仿木结构砖室壁画墓，柱头砖雕与影作相结合模拟单抄四铺作，栌斗不出华拱改作截直耍头，令拱及耍头均掐瓣作翼形，补间影作卷云驼峰坐斗，后壁砖雕一桌二椅，加绘墓主夫妇对坐宴饮（《文物》6 期）。上层拱眼壁各绘两幅孝子图，均有榜题，其中“蔡白皆”之名不见于宋元通行孝子图组合，却是著名戏曲品目，即“蔡伯喈”之俗写。墓无纪年，简报推测为元代初期，根据砖雕及随葬灰陶魂塔形态，应属金代中晚期。山西长治镇里村发现长方形券顶砖室墓，出土石棺一具，须弥座线刻二十四孝图，均附榜题，棺盖饰以繁缛的开光式牡丹与莲花纹，比照晋东南地区寺庙建筑石作纪年例证，应属金代后期（《中国国家博物馆馆刊》6 期）。甘肃康乐关丰村发现方形仿木结构砖室墓，斗拱单抄四铺作，蚂蚱头式耍头，四壁分三层布置花卉及假门砖雕，后壁另作山花向前门楼，墓葬形式与临夏大定十五年（1175）王吉墓相近（《陇右文博》1 期）。

赵永军试图通过对神道碑、石像生组合、墓志尺寸、墓葬类型的考察归纳金代墓葬等级情况（《新果集（二）：庆祝林沄先生八十华诞论文集》，科学出版社）。黎晟分析宋金墓主夫妇像时注意到与宋代帝后坐像及宋金孝行图中奉养父母图像进行了形式上的比较（《美术》6 期）。后晓荣、杨燚锋讨论了墓葬美术中蔡顺孝行故事的流变，认为蔡顺在宋金时期成为二十四孝组合的稳定成员，表现形式以拾椹供亲为主，兼有闻雷泣墓，并认为此时王裒闻雷泣墓尚不流行。实际上，闻雷泣墓分属蔡顺、王裒两个系统的二十四孝组合宋辽金均不乏其例（《故宫博物院院刊》1 期）。

（四）元代

北京大兴小营村发现一座方形砖室墓，报告归入辽墓，据出土钧釉深腹碗判断应属元代（《大兴与西红门：北京大兴考古发掘报告》）。山西太原东张村墓地发现多座八角形仿木结构砖室墓，斗口跳或把头绞项造式斗拱，壁面绘屏风画，简报定为金代，从仿木构形制和壁画内容及随葬瓷器看应属元代（《文物世界》3 期）。河南新乡古固寨村南墓葬出土皇庆元年（1312）朱书买地券一方，文本格式属于元代北方地区流行的《茔元总录》类型，券文记马氏墓地“南北长□□□□□□□三步八分一厘二毫五丝”，是根据五音墓地宫羽姓六甲八卦冢的要求设定的，疑阙文当作“十六步东西阔十”，则墓地积步二百二十一，尾数符合马姓所利（《文物鉴定与鉴赏》7 期）。陕西西安发现汉人世侯刘黑马家族墓地，包括中统三年（1262）刘黑马墓、无纪年子刘元亨墓、至元十二年（1275）子刘元振墓、至正二十年（1360）孙刘天杰墓等共12座，另外出土延祐四年（1317）子刘天与、无纪年刘惟德墓志。均为土洞墓，分单室、双室两种，多设壁龛，随葬细泥灰黑陶俑群、明器、《三礼图》系统祭器等（《元代刘黑马家族墓发掘报告》，文物出版社）。陕西子长红石峁水库发现至大四年（1311）八角形石室壁画墓，墓壁绘孝子图，笔法拙劣，据题记知为“安定县普济村住人乔思忠”预修寿藏，称之为“石堂一座”。出土九叠篆木质“三保都统之印”，印字写法为元代官印所独有（《陇右文博》3期）。

江苏苏州谢家坟发现至治三年（1323）常州路阴阳教授朱延瑞及至正十二年（1353）施守真合葬墓，双穴长方形砖室券顶外封石椁，出土红陶仿铜炉瓶（贯耳壶）三事。东侧又有明建文三年（1401）延瑞子平江阴阳学正朱拳（权）及洪武二十一年（1388）吴妙福合葬墓，双穴长方形砖室券顶，出土权字立道铭铜镜；权孙苏州府阴阳学正朱安（基）及正统三年陈善清（1438）合葬墓，双穴长方形砖室石椁（《东南文化》4期）。墓志句读录文有误，与朱氏父子交游名士实为邵庵虞公（集）、文献黄公（溍）、海粟冯公（子振）、李黄山（鸣凤）、王本斋（都中）、周伯温（伯琦）。朱安墓志所载永乐初年参与卜选陵址事，可与兴国廖氏族谱所载内容相比照印证《均卿太翁钦奉行取插卜皇陵及行程回奏实录》。

李敏认为河北沽源梳妆楼元墓墓上建筑上圆下方衔接处采用了源自波斯的突角拱技术，随着13世纪蒙古人对中亚的征服来到此地，形制与同时期中亚伊斯兰陵墓建筑相类似（《文物》6期）。李清泉重新讨论了山西兴县红峪村墓壁画的内容和意涵，结合题记认为墓主武庆夫妇像两侧人物分别为其子孙，墓葬建于适于祭祖营造的蕤宾（五月）时节，而墓主夫妇像之上又安排其父武玄圭牌位，表明该墓系武庆三子为其营建的寿冢，为此画工将在世生人绘入挂轴而成画中之画，是适应特定墓葬装饰需要的艺术表现形式（《社会科学战线》5期）。按武庆夫妇之名与其父武玄圭同书于莲牌，其形象也不在作为墓室抹角壁面装饰的挂轴之中，则用牌位表现亡人、画中画表现生人的推测颇有疑问。王彦玉、李孜宣对山西大同金代阎德源、元代冯道真两座保存情况较好的道士墓陈设布置结合道教文献进行了探讨（《四川文物》6期）。郭永利概述了甘肃元墓的基本特点，所披露漳县汪世显家族M13木屋女墓主及侍女像、静宁威戎墓夫妇对坐及妇人启门壁画及陇西县博物馆藏同模宴乐画像砖，都是较为重要的资料（《丝绸之路研究集刊》2辑）。

（五）明清

北京通州西集镇发现2座明墓，椭圆形及甲字形砖室墓，出土仿龙泉窑类型粗制青瓷、江浙地区常见的子母口釉陶瓶及洪武通宝，时代约为明代早中期（《北京文博文丛》3辑）。大兴小营和西红门村发掘两批清墓，多随葬半釉陶罐，是北京近郊及通州流行的葬俗（《小营与西红门：北京大兴考古发掘报告》，上海古籍出版社）。河北固安方城村发现9座明墓，圆形及长方形砖室墓，出土连弧缠枝镜及洪武通宝，时代约为明代早中期（《北京文博文丛》3辑）。山西榆次苏村崇祯五年（1632）晋裕王墓补充报道了出土琉璃建筑构件、随葬品、墓志等信息（《中国国家博物馆馆刊》2期）。陕西高陵上徐吾村发现明张氏家族墓地，其中有嘉靖三十九年（1560）张饶、石氏及隆庆元年（1567）高氏合葬墓，万历三十一年（1603）张积、任氏合葬墓，长方形砖室券顶，砖雕仿木门楼，据墓志所记，墓地排列有昭穆之别（《文博》5期）。陕西西安高楼村发现9座土洞墓，时代约为明清之际，多随葬陶盆，其中发现有凝结纸灰，可能与焚烧纸明器葬俗有关（《西部考古》16 辑）。甘肃靖远杨稍沟村发现明代霍氏家族墓地，分砖室券顶墓和竖穴土洞墓两类，出土正德七年（1512）霍忠以降家族成员墓志 4 方，可以据以大致推测墓地布局（《文博》6 期）。甘肃庆阳寺沟村发现清乾隆十九年（1755）金花朱书买地券，券文格式及券末符箓与晚明以来北方地区流行的《三元总录》模式相合（《陇右文博》2 期）。

江苏南京板仓街发现一座明墓，长方形砖室券顶，分前后双室，后室左右后三壁设龛，盗洞内出土绿釉琉璃龙纹瓦当、滴水等建筑构件（《东南文化》4 期）。江苏南京林业大学发现徐达正德六年（1511）、嘉靖七年（1528）五世孙徐伯宽夫妇墓，嘉靖八年（1529）、二十三年（1544）六世孙徐世礼夫妇墓，均为双穴长方形砖室石顶，后壁设龛，内置白釉、蓝釉瓶罐一对，女墓室保存有木棺周围石灰浇浆（《文物》5 期）。江苏武进科教城发现三处明代家族墓地，大华村墓地石室浇浆墓，墓外砖砌龛室内随葬锡器及陶瓷器；寿山村墓地有石室墓、砖室石顶墓和砖室券顶墓；大河头村墓地为石室墓和砖室石顶墓，出土弘治、正德时期青花瓷器，墓地布局昭穆制（《南方文物》3 期）。安徽泗县盛世豪庭地块发现一批明清墓，明墓多随葬重唇口酱釉瓶，清墓多随葬青釉执壶（《文物研究》23 辑）。安徽肥东小黄村发现一批清代前期墓葬，亦随葬重唇口酱釉瓶（《文物研究》23 辑）。福建南平发现两座明墓，大横镇墓双穴长方形砖室盝顶，后壁砖砌房屋式龛，内置木俑，棺内存有木质七星板；西芹墓双穴长方形砖室券顶，侧壁及后壁设龛，出土万历三十二年（1604）砖刻墓志及买地券，记墓主为“西芹镇攀龙坊大街后居住奉神六壬弟子蔡宣”（《福建文博》3 期）。湖北武汉大邓湾发现一处明代中晚期家族墓地（《江汉考古》5 期）。江西抚州文昌里发现汤显祖家族墓地灵芝园，出土明正德十五年（1520）至清顺治七年（1560）间第二、四、六世家族成员墓志 6 方（《文物》8 期）。重庆巫山麦沱 M51 报告归入宋墓，据出土蟠龙谷仓罐与多角罐可知为明墓（《巫山麦沱墓地》，科学出版社）。四川成都通锦路发现土坑墓 11 座，M18 出土明嘉靖十二年（1533）买地券，记墓主为“成都仪卫司马所买地孝男王爱伏为亡故显妣董氏二”；M16 出土明万历三十二年（1604）买地券，记墓主为“成都右卫人士寓椿米街居”；M17 出土明万历三十六年（1608）买地券，记墓主为“故显妣陶氏……布政司西正街生长”，各墓头龛随葬蟠龙谷仓罐或瓷罐（《成都通锦路唐净众寺园林遗址》，科学出版社）。成都十一街发现明清土坑墓 3 座，M4 出土明嘉靖十七年（1538）买地券，记墓主为“蜀府仪卫司马所寓中和门内正街居奉神祭祀买地亡人邓瑞”，头龛随葬蟠龙谷仓罐一对；M1 出土清康熙六十年（1721）买地券，记墓主为“华阳县城内走马街居住奉神受穴显妣李门王氏”，头龛随葬瓷罐一对（《成都考古发现（2016）》，科学出版社）。四川平武小坪山曾发掘明龙州宣抚司佥事王玺家族墓地 6 组 22 穴，包括天顺八年（1464）王玺及宣德六年（1431）其祖王祥，弘治十三年（1500）长子王鉴，正德七年（1512）三子王鑰、长孙王文渊等人之墓，《四川平武土司遗珍》刊布了出土器物图版，其中大部分买地券、镇墓石为此前简报中未见者（文物出版社）。

董新林将考古与文献材料相结合概述了明代贵族平民墓葬反映丧葬礼俗（《考古、艺术与历史：杨泓先生八秩华诞纪念文集》）。白瑶瑶概述了明代墓葬出土家具明器情况，对其器物组合、陈设位置及其与明代社会生活的关系进行了探讨（《东南文化》4 期）。周莎讨论了 15 方北京明代公主墓志基本情况（《中国社会历史评论》21 卷），又概述了

158 座清代王爷园寝地面建筑调查情况（《明清论丛》18 辑）。张淑娟分析了河南郑州明荆文德买地券中涉及二十四天星、九星水法、八卦冢、四禽四兽法等地理术内容。但该券天星位次与所举地理书记载仍有错位（《东方博物》67 辑）。

刘芝华根据徐学谟《海隅集》中朱显卿墓志重新考订了上海宝山明“朱守城夫妇墓”的身份和时代，认为与朱铃（号守诚）及王氏并穴合葬者为其子朱显卿侧室杨氏，“朱守城墓”年代下限为显卿卒年万历二年（1574）。志文显示，朱守诚并非士人而是富农。其墓出土文房用具看似模仿士人行为实践，但材质形式又是士人所认定的俗品范畴，实际是晚明奢侈消费的表征（《美术学报》3 期）。报告显示，“朱守城墓”并列三穴当同时建造，杨氏地券据说出于“东穴棺外”，券文记万历四年（1576）建墓，九年（1581）下葬，晚于“朱守城墓”年代下限，疑并非出于“东穴”而另属一墓。谢浩、梁娜总结了三峡库区明墓的形制、葬具、枕瓦、契砖、冥钱等问题（《四川文物》1 期）。彭一峰介绍了重庆黔江清代墓葬墓上建筑的各种类型（《长江文明》30 辑）。南宋元明播州杨氏土司墓葬分布在贵州遵义桃溪寺、皇坟嘴、新蒲、高坪、雷水堰、赵家坝等地。皇坟嘴墓地发掘杨粲墓前杨氏十八世杨嘉贞墓、二十三世杨炯墓、二十七世杨斌墓，赵家坝墓地发掘杨氏第十九世杨忠彦墓、二十世杨元鼎墓和某一代土司夫人墓，丰富了播州杨氏土司墓葬序列（《2017 年中国重要考古发现》，文物出版社）。彭万等从墓地格局、祔葬方式、预作寿堂、停尸待葬等方面探讨了播州杨氏墓葬的形成发展脉络。韦松恒等对播州杨氏墓葬的墓内外祭祀空间及葬仪作以探讨，墓外祭祀空间包括墓前拜台、享堂、神道及附近的墓祠及寺庙，奠基腰坑、后壁墓主像或墓主位及各类随葬品共同营造了墓内祭祀空间。周必素等介绍了早年高坪杨氏土司墓地五室墓出土的一批金银玉器，推断墓主可能为二十四世土司杨纲众夫人，年代约在明弘治末至嘉靖初，随葬凤冠应为播州杨氏自制自用（《南方民族考古》16 辑）。李飞对播州杨氏遗存的发现与研究作以全面述评（《贵州文史丛刊》2 期）。

三　陶瓷考古

（一）窑址

河北临城山下村窑址发掘出土器物以化妆白瓷为主，兼有黑瓷，前者装饰仿定窑，以繁缛印花为主，简约划花为辅，少量白釉酱彩，后者包括黑釉、酱釉、兔毫、酱彩等品种，装烧有涩圈叠烧和芒口覆烧两类（《文物》8 期）。烧造时间为金代后期。河南宝丰清凉寺窑的性质众说纷纭，王光尧认为其经历了从民窑到地方官窑再到中央官窑的变化过程，天青釉汝瓷的生产时间可能延续到金代，汝窑技术对宋金时期南北地区乃至高丽青瓷生产都有广泛影响，汝窑生产开启了御用瓷器生产与管理的新时代（《华夏考古》6 期）。

浙江龙泉金村大窑犇试掘点窑业堆积保存较好，提供了重要的地层关系，分为五组三期。第一期为北宋中期（1021－1080），分前后段；第二期为北宋晚期，前段熙宁十年至元祐八年（1077－1093），后段政和年间（1111－1118）；第三期南宋中期（《文物》5 期）。这是龙泉窑北宋中、晚期窑业堆积连续叠压地层资料的首次正式刊布，弥补了多年来作为龙泉窑重要分期依据的“金村五叠层”只闻其名不见其实的缺憾。除了再次确认青绿釉垫饼垫烧双面划花产品早于淡青釉垫环垫烧细线划花产品外，又进一步提供了两类产品还可细分早晚的地层依据。尤其是北宋晚期前后两段蓖划纹与篦点纹产品之区别，在早年所发掘大窑 T10 和金村第 3 层之间已经有所显示，但至今才得以正式确认相对年代关系。关于北宋各段年代区间的推断，从精细编年角度来说，仍有商讨的余地。结合近年来金村等地窑址调查工作，沈岳明概述了北宋时期龙泉窑业发展状况，郑建明探讨了两宋之际双面划花类型产品在龙泉地区乃至浙江地区的流布，并尝试在越窑之外寻找该类产品的技术渊源（《北宋龙泉窑纵论》，文物出版社）。沈岳明、郑建明还概述了龙泉溪口瓦窑垟、小梅瓦窑路及大窑、东区近年调查、发掘的黑胎青瓷资料，将其生产时间推断为南宋早期，认为即明清文献中所称哥窑（《哥窑的新发现》，文物出版社）。其黑胎青瓷断代依据主要来自对“河滨遗范”款器物年代的重新认定，而窑址及遗址所见该类器物均出自南宋中期单位，故黑胎青瓷南宋早期说仍缺乏证据支持。浙江浦江前王山窑址发掘龙窑一座，窑业堆积出土垫环垫烧和耐火土间隔叠烧精粗两类青瓷产品，精制品器类丰富，素面为主，少量刻划蕉叶纹、莲瓣纹、龙纹、鹦鹉纹等纹样或模印各类花卉，粗制产品器类较少，多为素面。此前窑址调查曾采集到“康定元年”（1040）款花口碗标本，推断窑址烧造时间为北宋中期。前王山窑与上林湖越窑核心区产品面貌相似，是越窑系统向外扩展的结果，北宋中期同类窑址在绍兴、宁波、台州、金华、建德、龙泉等地均有分布（《华夏考古》4 期）。基于此，谢西营对北宋中期越窑瓷业技术向外传播的动因、模式与面貌进行了探讨（《东南文化》6 期）。浙江德清阜溪北岸分布长安、成年坞、丁家浜、郭林桥、北龙山五处窑址，其中成年坞窑址发掘一处前后两期叠压龙窑，出土酱釉、黑釉、青釉碗、盘、瓶、壶等类粗制日用釉陶，简报推断烧造时间为北宋晚期至南宋初期。根据带系瓶、折沿盘、弇口盏等器物所体现时代特征看，窑址年代范围应属南宋后期至元代前期（《东方博物》67 辑）。

江西景德镇兰田柏树下窑址发掘龙窑一座，窑业堆积出土青绿釉、青灰釉、青白釉瓷器，以泥点叠烧为主，少量匣钵单件装烧。简报将窑址分为三期：第一期均为青绿釉，时代为晚唐（9 世纪中叶）；第二期青绿釉、青灰釉、青白釉并行，时代为晚唐（9 世纪后半叶至 10 世纪初）；第三期为青绿釉、青白釉，青灰釉较少，时代为唐末到五代早中期（10 世纪前半叶）（《华夏考古》4 期）。根据景德镇南河流域窑址调查结果来看，柏树下窑址所出青绿釉器物与青灰釉、青白釉器物分属不同瓷业传统，前者生产时间不早于唐末，后者生产时间不早于五代后期。江西景德镇三步园、焦坑坞、白虎湾窑址调查与试掘发现面貌相近的青灰釉、青白釉瓷器，简报推断时代为五代至北宋初，其中三步园、白虎湾为唐末五代至北宋初，焦坑坞 A 区为五代中晚期，B 区年代为北宋早期（《华夏考古》5 期）。三处窑址出土器物实际包含两大类，一类为泥点叠烧青灰釉、白釉瓷，另一类为垫环垫烧匣钵装烧白釉瓷，前者生产时间约为五代后期，后者生产时间约为北宋早期。江西景德镇御窑厂发现大面积白泥层，内含白釉暗刻花卉纹盘两件，推断年代为明洪武、永乐之际（《中国国家博物馆馆刊》12 期）。李慧概述了景德镇御窑遗址明早期洪武至天顺彩瓷的发现情况（《故宫博物院院刊》5 期）。江建新整合了御窑遗址历年洪武官窑遗存的发现，对瓷器种类、工艺等问题作以全面概述（《明洪武官窑研究》，文物出版社）。钟燕娣、秦大树依据景德镇御窑遗址发掘新资料，对明正德御窑彩瓷生产以正德七年（1512）为界前后两段的差异表现作以分析，并结合文献记载，从正德皇帝当政时期政治政策、宫廷政局、社会叛乱等历史背景和皇帝个人宗教热情等角度予以解释（《华夏考古》4 期）。江西吉安吉州窑窑门岭东南出土青白釉、白釉、酱黑釉、绿釉、黄釉、龙泉青釉器物，丰富了对吉州窑的认识，简报推断属于北宋中晚期。若与景德镇窑址资料对比，青白釉器物属北宋中期，与广州中山六路遗址资料对比，绿釉器物属北宋晚期（《中国国家博物馆馆刊》6 期）。

福建将乐碗碟墩窑发现窑址 4 处，其中 1 号窑址揭露龙窑遗迹 3 座，产品也分为三期，第一期为北宋中晚期，以青白釉瓷为主兼有酱釉瓷；第二期为南宋早中期，以划花青黄釉瓷为主；第三期为南宋晚期至元代，以涩圈青瓷为主（《将乐碗碟墩窑址考古发掘报告》，海峡书局）。福建北部松溪回场窑、武夷山遇林亭窑、建阳白马前窑、南平茶洋窑等北宋晚期至南宋窑址均发现青瓷，栗建安对其予以概述（《北宋龙泉窑纵论》，文物出版社）。福建安溪桂瑶窑采集青白釉器物似属北宋，青釉器物似属南宋（《福建文博》4 期）。福建南平茶洋窑分布于村北闽江东岸马坪、安后山、碗厂、大岭干、生洋 5 处地点，其中前 3 处采集标本以北宋晚期至元代青白釉、青釉、黑釉器物为主体（《福建文博》1 期）。福建浦城大口窑发掘出土器物主要为青白釉，部分酱釉，少量绿釉。器型丰富，伴有划花、印花、釉下褐彩装饰，烧造时间约为南宋中晚期至元代（《福建文博》4 期）。福建闽清义窑下窑岗 1 号窑址保存较好，通过发掘揭示了较为完整的火膛、窑壁、窑顶、窑门、投柴孔、护窑墙、作坊等遗迹，根据伴出青白釉从器物判断烧造时间为元代后期至明初。而其北坡下的 2 号窑址烧造时间则可早至南宋中晚期（《福建文博》2 期）。福建安溪珠塔内窑发现窑址 4 处，以青花产品为主，烧造时间约清代早期（《福建文博》3 期）。张米将"大明万历乙卯年"（1615）款漳窑米黄釉释迦、观音、财神像产地推定为福建同安东门外东溪附近（《中国国家博物馆馆刊》2 期）。

广西北部湾地区调查了 4 处窑址，桂平顺东窑烧青瓷，桂平伟杨窑、北流岭垌窑、钦州土东窑烧青白瓷，简报推断顺东窑、伟杨窑为北宋早中期，岭垌窑尾北宋晚期至南宋，土东窑为南宋晚期（《东南文化》4 期）。何安益概述了广西宋元瓷器生产及销售情况（《历史视野下的港城互动》，科学出版社）。

（二）遗址

中国海上丝绸之路考古的讨论主要集中于东南沿海，近年始有华北沿海遗址考古资料报道。雷建红介绍了河北黄骅海丰镇遗址 2015～2016 年的调查发掘工作（《历史视野下的港城互动》，科学出版社）。吴敬等概述黄骅海丰镇、垦利海北、胶州板桥镇遗址的考古发现，讨论了三处海港遗址兴起的历史背景及贸易路线问题（《考古》10 期）。相关问题的深入探讨还有待于遗址出土陶瓷产地的准确推断及与日韩贸易陶瓷资料的详细比较。河南浚县黄河故道发现的北宋白瓷，产地不明，孟耀虎确认为介休窑产品（《文物天地》8 期）。安徽淮北柳孜运河遗址第二次发掘出土大量瓷器，解华顶、张海滨介绍了定窑系白瓷（《中原文物》4 期）。陈超概述了金代晚期至元代早期的红绿彩瓷（《文物研究》23 辑）。《泗县、灵璧段运河考古发掘报告》（科学出版社）汇集了两县境内 10 处运河遗址发掘资料，出土较多长江中下游地区窑场所产陶瓷器，其中以灵璧小田庄、二墩子两处遗址地层关系较好，时代大致涵盖晚唐至北宋晚期。《大元·仓：太仓樊村泾元代遗址出土瓷器精粹》（上海古籍出版社）以图录形式对江苏太仓樊村泾遗址 2016～2017 年发掘出土的瓷器作一介绍，以龙泉窑青瓷数量最多、种类最繁，另有景德镇青花、釉里红、卵白釉瓷及河北、浙江、福建等地窑场产品。

张荣蓉、秦大树对琉球王国时期中国瓷器的发现与研究情况作以概述，首里城、今归仁城出土 13～15 世纪福建、龙泉、景德镇所产瓷器是最为集中的发现，日本学者将琉球资料纳入日本出土贸易陶瓷分类框架进行分期与编年研究，围绕ビロースク类型与今归仁类型与福建窑址材料对比推断产地，还尝试将元末、明初青花瓷予以区分（《华夏考古》4期）。松本百合子介绍了大阪城下町、住友铜吹所、藏屋敷三处遗址出土的清代瓷器，以景德镇青花瓷为主，三者年代由早至晚，大致可以覆盖清代早中期（《历史视野下的港城互动》，科学出版社）。广东台山上川岛大洲湾（花碗坪）遗址被认为与澳门开埠前中葡早期贸易活动有关，在圣·方济各·沙务略墓园牌坊下的发掘又发现一批青花、红绿彩瓷片，遗址主体年代推定为“葡萄牙人1549年被逐闽界重返粤海，下限为‘华人于1555年将他们移往浪白澳并于1557年迁至澳门’”。这批出土瓷片与此前披露者面貌一致，参照景德镇观音阁窑址发掘资料，推属嘉靖中晚期，早不至正德（《文物》2期）。《门泊东江万里船：上海金山船坊遗址出土文物》（上海书画出版社）以图录形式对该遗址2016年发掘出土的清代瓷器加以介绍，青花为主、颜色釉为辅，均为清代晚期。

（三）沉船

广东阳江、台山交界海域南海Ⅰ号沉船2014～2015年发掘陶瓷器包括景德镇窑青白瓷、龙泉窑青瓷、德化窑青白瓷、闽清义窑青灰釉瓷、南安罗东窑青黄釉瓷、福建未定窑场青黄釉瓷、福清东张窑黑釉瓷、磁灶窑酱青黑绿釉陶及耀州窑青瓷（《南海Ⅰ号沉船考古报告之二：2014～2015年发掘》，文物出版社）。其中酱釉四系罐印有“丙子年号”款识，杨睿将其推定为嘉定九年（1216），并认为发船时间应在此年或稍晚。但同款识四系罐也见于印尼爪哇海沉船，船货与华光礁一号沉船相仿，应为绍兴二十六年（1156），则南海Ⅰ号年代仍以12世纪末为宜（《博物院》2期）。《亚洲内海：13至14世纪亚洲东部的陶瓷贸易》（岭南美术出版社）是广东省博物馆与韩国国立海洋文化遗产研究所合办展览图录，收录了广东、福建、辽宁及韩国海域出水的一些北宋晚期至元代陶瓷器。

印度尼西亚卡里马塔海峡西侧巴考岛附近发现一艘15世纪早期沉船，方昭远、李建毛介绍了捐赠给湖南省博物馆的一批出水陶瓷，包括龙泉窑青瓷、景德镇窑白瓷、闽南窑场青白瓷及东南亚产酱釉瓷、红陶等（《湖南省博物馆馆刊》14辑）。广东汕头海域南澳Ⅰ号沉船出水景德镇民窑青花瓷的年代有嘉靖、隆庆、万历之争，陈冲将其与具备地层关系或器物共存关系的窑址、遗址、沉船资料相比较，结合纪年材料，推定为万历早中期（16世纪晚期）产品，并对青花瓷产品更替模式及断代方法加以探讨（《华夏考古》4期）。丁见祥则考察了与南澳Ⅰ号沉没位置、沉船内涵有关的时代背景（《博物院》2期）。浙江象山小白礁Ⅰ号沉船2014年发掘出水一批青花、五代瓷器，沉没于清代道光年间，是一艘从事海运贸易，具有远岸航行能力的木质帆船（《考古》11期）。

（四）其他

《光致茂美：浙江出土宋元青白瓷》（中国书店）作为浙江省博物馆名窑名瓷系列特展之三图录，汇集了浙江各地墓葬、遗址、佛塔、窖藏出土宋元青白瓷器，不乏纪年之例，其中开化嘉祐二年（1057）江錡墓所出一组划花折腹碟是少见的北宋中期纪年例证。图录另附泰顺下阁窑、泰顺玉塔窑、江山碗窑、临安天目窑四处浙江青白瓷窑址标本，为同类贸易陶瓷产地的推断提供了线索。《北宋龙泉窑纵论》（文物出版社）集中介绍了一批资料，包括北宋龙泉窑瓷器在浙江地区墓葬和遗址的出土情况及龙泉市博物馆、松阳县博物馆、庆元县廊桥博物馆的收藏情况。《明代嘉靖隆庆万历御窑瓷器：景德镇御窑遗址出土与故宫博物院藏传世瓷器对比》（故宫出版社）是故宫博物院与景德镇市政府合办明代御窑瓷器系列展之四图录（此前已有洪武永乐宣德、成化、弘治正德三部），吕成龙、江建新分别撰文介绍嘉隆万御窑瓷器。此期瓷器官民分野不甚明显，寄托款的泛滥也为精确断代增加了难度。《明代景德镇民窑纪年青花瓷》（文物出版社）汇集了江西地区 70 余笔明代纪年墓出土资料，年代从正统二年（1437）至弘光元年（1645），直观地反映了景德镇明代民窑青花瓷的发展历程。《青花瓷：科技、文化、贸易》（岭南美术出版社）是广东省博物馆展览图录，馆藏明清青花瓷精品汇集于此。

汪发志等将繁昌窑青白瓷分为三期：五代末至北宋早期、北宋中期、北宋晚期，概述了主要器类的时代特征（《东方博物》68 辑）。彭善国、高义夫认为所谓辽代白釉划花黑彩瓶罐类瓷器应为赤峰缸瓦窑金代产品，是对磁州窑系窑场白釉剔花技法的变革与创新（《故宫博物院院刊》5 期）。尚刚将元代卵白釉瓷器分为供奉瓷、官府公用瓷、商品瓷三类分别概述（《考古、艺术与历史：杨泓先生八秩华诞纪念文集》）。河北满城张弘略墓出土一批元代早期瓷器，包括钧釉、龙泉窑青釉、景德镇窑青白釉、卵白釉、吉州窑白釉褐彩等。据报告，墓内另出一件青花折腹盘，林梅村认为亦属元代，并据《元史・张弘略传》至元二十九年（1292）世祖于龙虎台赐酒事，推测为当时忽必烈赏赐张弘略的宫廷酒器之一，于是将元青花的创烧提前到该年（《文物》12 期）。该件折腹盘内底草书寿字，外壁缠枝莲纹，实为明代早中期景德镇民窑产品，年代上限不早于宣德。同墓还有一件所谓卵白釉印花碗，圆唇口，内底刮釉，应属明代早中期仿龙泉产品。两件器物都不属于张弘略墓随葬品。元明龙泉窑青瓷装饰中多见戏曲故事题材，此前关注不够，刘净贤广收材料予以探讨（《故宫博物院院刊》1 期）。对于龙泉窑的研究一般止于明代中期，刘净贤检出方志中对明代晚期至清代早期庆元县青瓷生产的记录，认为所指即庆元县竹口镇窑址调查所获一类胎体厚重、釉水青透、多剔刻折枝花卉的器物，比照宗谱推测为许氏窑户生产，传世尚有“天启五年”（1625）、“康熙丙子”（1696）两件竹口窑纪年供器（《华夏考古》5 期）。张科对明代五爪龙纹瓷器的使用情况进行探讨，认为皇帝、藩王、大乘法王可以使用，但不得擅自生产，官民禁用龙纹，但御赐者例外，嘉靖以后出现违禁现象，私自定烧最为突出（《东南文化》4 期）。林梅村《观沧海：大航海时代诸文明的冲突与交流》从中西文化交流角度讨论了 15 世纪晚期～17 世纪中期景德镇瓷器在海外的收藏与发现（上海古籍出版社）。

四　石窟寺考古

《龙门石窟考古报告：东山擂鼓台区》发表了擂鼓台三洞窟前遗址发掘资料，包括石砌踏道、平台包边、窟前道路、宋代题刻等重要遗迹和石刻造像、建筑材料、生活用品等遗物。其中踏道一带发现宋代游人题刻 18 块，包含天圣、庆历、嘉祐、景祐等纪年（科学出版社、龙门书局）。河北涉县佛岩脑摩崖造像以北宋嘉祐二年（1057）开龛为主，造像题材为弥勒菩萨、阿弥陀、观音菩萨、弥勒佛、释迦文殊普贤、卢舍那弥勒阿弥陀、无量寿佛、土地等（《考古与文物》3 期）。陕西富县柳园石窟为北宋庆历二、三年开凿（1042～1043），造像题材为三佛、十六罗汉、千佛、一佛二菩萨、观音菩萨等（《考古与文物》3 期）。陕西富县赵家沟观音洞石窟为北宋元祐五年（1090）开凿，造像题材为观音菩萨、十六罗汉，石匠介源，延安地区出自介氏家族工匠之手石窟众多（《陇右文博》

1 期）。石建刚、袁继民汇总 25 所延安宋金窟龛中有关工匠题记 37 条，其中首次公布 19 条（《丝绸之路研究集刊》2 辑）。李静详细介绍了陕北明代石窟丰富多样的天井图案（《石窟寺研究》8 辑）。

四川安岳高升大佛寺、社皇庙、雷神洞摩崖造像题材有柳本尊行炼图、华严三圣、雷音图等，时代均为南宋（《文物》6 期）。《大足石刻全集》（重庆出版社）11 卷本发表了重庆大足北山、石篆山、石门山、南山、宝顶山石窟及北山多宝塔的考古调查报告，并在专论部分汇集了大足石刻主要研究论文。重庆大足新发现被水库淹没的三宝寺石刻造像，主尊地藏菩萨，上层三佛、观音，下层力士、供养人（《长江文明》30 辑）。重庆江津发掘了石佛寺遗址，发现寺庙建筑基址、石上建筑遗迹、摩崖造像及题刻、僧人墓塔等，时代自北宋延续至明清，另有南宋嘉定间纪年石室墓一座（《南方民族考古》17 辑）。嘉陵江流域石窟寺据统计有 1702 处，蒋晓春等对调查过的四川广安冲相寺、营山太蓬山、阆中大像山、重庆合川龙多山、钓鱼城等 10 余处重要石窟点加以介绍，并作整体分期，其中第三期为唐末五代两宋，第四期为元代至民国（《嘉陵江流域石窟寺调查及研究》，科学出版社）。方珂认为大足宝顶山小佛湾与大佛湾造像并非先后关系而是同时开凿且未完工（《石窟寺研究》8 辑）。陈晶鑫比较了安岳大足与杭州五代至宋罗汉造像的异同，认为与两地罗汉信仰传布及开龛造像所持粉本不同有关（《石窟寺研究》8 辑）。

五　建筑考古

河北崇礼太子城平面长方形，南垣正中设单门道城门及方形瓮城（原称西门及瓮城后确认为院落），城内建筑基址众多，中轴线前部 9 号建筑基址面阔进深均三间（原称五间后区分为前后两期），后部 3 号建筑基址面阔进深均三间，东西朵殿，南出抱厦，出土定窑“尚食局”款印花碗盘，遗址时代为金代中后期，应即《金史》中记载金章宗驻夏的泰和宫（《2017 中国重要考古发现》，文物出版社）。吉林安图宝马城遗址是金代长白山神庙，长方形围墙设南门，中部偏北回廊院落，殿门面阔三间进深两间，院内后部为工字殿，前后殿均面阔三间进深两间，中连穿廊，前部东西对称分布方形亭式建筑，院外东南有一西向配殿面阔进深均三间，出土“癸丑”（1193）等字样玉册（《考古》7 期）。宝马城即《大金集礼》所载大定十四年（1174）建成的兴国灵应王庙，布局“正殿三间，正门三（门）〔间〕，两挟廊各二间，北廊准上，惟不设门，东西两廊各七间，东廊当中三间，就作斋厅，神厨三间，并添寝殿三间，贮廊三间”。考古发现与此基本相符。浙江杭州南高峰塔吴越始建、两宋维修，有塔院荣国寺，发掘显示其布局为前塔后殿，出土瓦当、滴水等建筑构件（《杭州南高峰塔》，文物出版社）。上海志丹苑发现的水闸遗址是元泰定二年（1325）在吴淞江北侧支流赵浦所建石闸，废弃于元末至正年间，《志丹苑：上海元代水闸遗址考古报告》（《科学出版社》）详细介绍了发掘情况。

河南省开封市发掘明代周藩永宁王府遗址，主院建筑由南向北依次为大门、隔墙、仪门、前厅房、后厅房、花园，出土万历四十年（1612）永宁王府“昭代贤宗”木匾（《大众考古》7 期）。江西鹰潭龙虎山大上清宫遗址主体建筑沿中轴线依山势由低向高依次有龙虎门、玉皇殿、后土殿、三清阁，东侧配殿有三官殿、五岳殿、天皇殿、文昌殿，建筑年代为明代，院墙东侧提点司、崇元院发现宋元遗迹（《2017 年中国重要考古发现》，文物出版社）。浙江杭州发掘东明寺永乐始建清康熙重建的法堂及塔院明清诸塔（《东明寺遗址考古发掘报告》，上海古籍出版）。北京北海万佛楼遗址揭露大千轮置坊、水池、聚诸福德坊、鬘辉楼、万佛楼、院墙、甬路等清代建筑遗迹（《北京文博文丛》1 辑）。北京长春园海晏堂蓄水楼遗址揭露喷泉供排水系统、蓄水楼建筑基础、夯土台、台基、柱础、门址、石柱等清代建筑遗迹（《北京文博文丛》2 辑）。

刘春迎将考古勘查所得北宋东京外城周长米值与《宋会要辑稿》所记“五十里一百六十五步”拟合换算，推得北宋营造尺长度为 0.32 米。考虑到同书记载东京外城周长另有“四十八里二百三十三步”的说法，且对当时测量精度是否与今日相当并无把握，这种缺乏模数控制的简单推算是危险的（《文物》2 期）。林梅村将北京后英房胡同明北城墙下元代遗址推测为西太乙宫，并进一步推测该遗址主院为崇福宫、东院为昭瑞宫、西院为张留孙祠。一方面，“工”字形建筑并非“元代宫殿或皇家寺观特有”，主院正房东西挟屋设炕与宫观殿宇布置不符，发掘简报的居住遗址定性难以否定；另一方面，文献中所记西太乙宫与昭瑞宫、太乙崇福宫、太一延福宫之间是否存在关联还有待探讨（《博物院》6 期）。祁海宁介绍了江苏南京大报恩寺遗址出土的明代佛像砖和六拏具砖，其中雕制石质佛像砖主要用于琉璃塔第一层内外装饰，模制灰陶灰陶佛像砖主要用于第二至九层塔内壁装饰，琉璃六拏具砖用于装饰各层拱门（《文物》5 期）。张庆捷介绍了山西晋中、吕梁 6 座可汗祠的现存状况（《考古、艺术与历史：杨泓先生八秩华诞纪念文集》）。

六 其他

（一）古冶金

北京延庆大庄科矿冶遗址群水泉沟辽代冶铁遗址发掘冶铁炉 4 座、炒钢炉 2 座（《考古》6 期）。辽宁凌海大刘屯台山发现金代炼铁作坊遗址，清理铸造井台 1 座（《辽金历史与考古》9 辑）。重庆丰都至忠县长江两岸及七曜山区、乌江两岸分布近 40 处炼锌遗址，多为明代末年，也有属清代前期者，《重庆炼锌遗址群》（科学出版社）汇集了这篇考古材料及研究报告。湖南桂阳县桐木岭矿冶遗址发现一批以炼锌为主的多种金属冶炼遗迹，包括炼锌炉、焙烧台、精炼灶、储料坑、搅拌坑以及配套房址，出土一系列较完整的冶炼工具，包括冶炼罐、冷凝器、冷凝兜、冷凝盖、精炼锅、托垫、铁钎等，时代为清代中晚期（《考古》6 期）。

（二）古战场

四川眉山江口镇岷江河道发现明末战场遗址，IIT1066 出水万历二十九年（1601）蕲水县、崇祯六年（1633）蒲城县、崇祯八年（1635）四川布政司银锭、西王赏功金银钱，IIT0767 出水万历二十六年（1598）、万历四十四年（1616）荣府册封金册，崇祯十四年（1641）四川布政司银锭、大顺通宝铜钱和各类首饰等器物，推测与顺治三年（1646）张献忠与前明参将杨展战斗有关（《四川文物》5 期）。高大伦、李飞结合江口出水金封册及梁、楚、景陵诸藩墓葬出土银铜木封册，对明代封册制度作以讨论（《文物》10 期）。关于江口出水金封册，刘志岩也根据八片明弘治、嘉靖、万历金册，讨论其造办、使用、存放等问题，李飞根据两片大西大顺金册，讨论其嫔妃册封、制度来源等问题（《中国国家博物馆馆刊》8 期）。《江口沉宝：四川彭山江口明末战场遗址出水文物选粹》（文物出版社）收录了 2017 年发掘出水的及彭山区文管所收藏的代表性器物。

甲骨文、金文研究综述

孙亚冰

本年度，出版和发表的甲骨文金文著作约有20部，论文约有350篇。

一　甲骨文部分

（一）专著

今年出版的甲骨研究专著有林沄《商史三题》（中研院史语所）、宋镇豪《夏商风俗》（上海文艺出版社）、晁福林《夏商西周史丛考》（商务印书馆）、刘钊《书馨集续编：出土文献与古文字论丛》（中西书局）、张玉金《古文字考释论集》（广东高等教育出版社）、李发《甲骨军事刻辞整理与研究》（中华书局）、王晓鹏《甲骨刻辞义位归纳研究》（商务印书馆）、王进峰《臣、小臣与商周社会》（上海人民出版社）、［日］落合淳思《甲骨文小字典》（北京联合出版公司）。

公布甲骨文资料的著作有宋镇豪的《符凯栋所藏殷墟甲骨》（上海古籍出版社）、《徐宗元尊六室甲骨拓本集》（上海古籍出版社）。

（二）单篇论文

按论文主要内容分述如下。

1. 新材料的公布与缀合成果

《河南安阳市殷墟大司空村出土刻辞牛骨》（《考古》3期）公布了一版刻有98字的牛骨。郭妍利《陕西师范大学博物馆藏甲骨文释读与研究》（《考古与文物》3期）公布65版有字甲骨。蔡哲茂《加拿大维多利亚博物馆藏五片甲骨介绍》（《甲骨文与殷商史》新8辑）介绍了维多利亚博物馆的甲骨。还有周嘉《上海新发现两版甲骨文考释》（《练祁研古》第1辑）。

缀合成果有王红《〈英国所藏甲骨集〉中宾组缀合二则》（《考古与文物》2期）、刘影《骨条卜辞缀合四组及相关问题讨论》［《古文字研究》（以下简称《古研》）第32辑］等、张军涛《何组背甲缀合一则及其考释》（《殷都学刊》3期），多数缀合发表在中国社会科学院历史研究所先秦室网站。

2. 字词考释与语法研究

裘锡圭《试释殷墟卜辞的"埶"字》（《古研》第32辑）释"[illegible]"为"埶"，卜辞"埶害兹云"应看作主语受事的被动句，是问这些云是否会妨碍立埶测影之事。林沄《豊豐再辨》（《古研》第32辑）认为甲骨文中从二玉、从壴的字都是"豊"字，从二亡从壴的字则是"豐"字。蒋玉斌《释甲骨金文的"蠢"兼论相关问题》（《复旦学报（社会科学版)》5期)将甲骨文“屯”以及金文从“戈”断“屯”之字释读为“蠢”，此字用在作乱方国名前，是蠢动、不安分的意思，据此又对传世和出土文献的释读提出新见。陈剑《释甲骨金文的“彻”字异体——据卜辞类组差异释字之又一例》（《出土文献与古文字研究》第7辑）认为黄类卜辞中的“□/□”字与宾组卜辞中的“□（彻）”是异体关系，“上下”或“下上”与“彻示”是并列关系，前者指天神地祇，后者则是祖先神。黄德宽《释甲骨文“叕（茁）”字》（《中国语文》6期）利用新出楚简文字将甲骨文“□”“□”等字释为“叕”，为“茁”的初文，其构形本义表示植物茁壮茂盛、枝叶扶疏之貌，在卜辞中用作地名、人名和祭名，作祭名时，相当于后世的“餟”祭。白于蓝《释“□”》（《语言科学》4期）将甲骨文、金文、楚简文字中的“□”释为“宾服”之“宾”，“□”可能是为“宾服”之义造的专用会意字，与“宾赠”“宾相”之“宾”来源不同，与《说文》训为“击踝”之“□”也非一字。刘钊《“集”字的形音义》（《中国语文》1期）根据“集”的字形论证它有三个本义：降落、栖止、聚集。谢明文《说夙及其相关之字》（《出土文献与古文字研究》第7辑）认为“丮”应有“夙”音，“夙”“埶”是以“丮”为声的形声字，“□”“□（祝）”中的“丮”则兼有表音作用；金文“丮哀”（它簋盖）读作“笃爱”，“丮皇公”（班簋）之“丮”读作“朕”或“淑”，“余战丮武”（邵黛钟）之“丮”与配儿勾鑃“余執壮于戎功且武”的“執”表示的可能是同一个词，也读作“笃”，而叔□簋中旧释为“夙”的字可能当释作“□”，读作“早晨”之“早”。葛亮《古文字“丙”与古器物“房”》（《出土文献与古文字研究》第7辑）认为“丙”是古器物“房俎”之“房”的象形字。朱凤瀚《试说𠂤组卜辞中“盧”字的异体》（《古研》第32辑）将𠂤组卜辞中的“□”“□”释为“盧”。曹锦炎《释甲骨文“印”》（《甲骨文与殷商史》新8辑）将旧释为“孚”的字改释为“印”，意思为“（此卜）差不多可以应验”。王帅《甲骨文“丂”、“昜”新解》（《甲骨文与殷商史》新8辑）认为“丂”指柯杖，“昜”字所从不是柯杖，而是“示”。王晶晶《再论甲骨文“□”——兼及“言”的两个特殊字形》（《甲骨文与殷商史》新8辑）认为“□”上部所从的“□”是声符，而“言”字的构形中有一部分与“舌”无关，也是以“□”为声符的。袁伦强、李发《甲骨文“歙”字补说》（《甲骨文与殷商史》新8辑）考察了“歙”的四种字形。孙会强《甲骨文“叀”字新考》（《甲骨文与殷商史》新8辑）认为“叀”是芋头的“芋”的初文，“粤”的本字。周忠兵《释花东卜辞中的“禳”》（《古研》第32辑）认为“□”是形声字，二止表意，□表音，释作有祓除意的“禳”。他的《卜辞语词小考两则》（《甲骨文与殷商史》新8辑）认为《花东》103、《村中南》335中的“亡”读为表示时间词的“向”，而历组卜辞“屰夕”之“屰”是下一个的意思。他的《释师组卜辞中的“中录”》（《中国文字研究》第27辑）将《合集》21321中的残字“□”释为中录合文。张玉金《殷墟甲骨文“即”字补释》（《古研》第32辑）总结卜辞中单音词“即”可作动词、名词、介词，由“即”构成的复音词有“即宗、即宫、即□、即祊、即竝、即日、即戎、即事、即令”等。他的《殷墟甲骨文动词“以”研究——兼论殷墟甲骨文“以”是否作虚词的问题》（《中国文字学报》第9辑）认为甲骨文“以”有率领、带领和携带、带、带来的意思，都是动词，还未出现介词和连词的用法。方稚松《释〈合集〉6571中的□——兼谈占辞中“见”的含义》（《古研》第32辑）认为“□”是表示“锋”的本字，在卜辞中读作“逢”，“逢某日”与“见某日”的用法一致，都指遇到某日会如何。他的《申论甲骨文中的“帀”当读为“师”——兼谈构字部件语义相通的汉字结构类型》（《出土文献》第12辑）认为“□”当释读为“师”，其含义与师旅无关，而是指工师之类的职官，并论证了古文字中的糅合现象。李春桃《释甲骨文中的“觞”字》（《古研》第32辑）将“□”等字释为“觞”。莫伯峰《释甲骨文中的“潮”字》（《古研》第32辑）将甲骨文“□”等字释作“潮”，其用法与金文一致，一为“庙”，二为“朝”。王子杨《释甲骨文“比次”之“次”》（《古研》第32辑）把“□”“□”“□”“□”“□”等字释为“比次”之“次”。孙亚冰《释甲骨文中的“度”及相关诸字》（《中原文物》5期）将甲骨文“□”“□”“□”释为“度”，前者是表意字，后二者变形为形声字，而“□”可释为“䁘”，是揣度的意思，“□”可释为“□”，是估量统计的意思。吴丽婉《甲骨文“罤”字新释》（《江汉考古》6期）认为所谓的“罤”字是从网从某种有别于老虎的动物，表示用网抓捕这种动物。她的《“□”字新释》（《甲骨文与殷商史》新8辑）认为此字是“兮”字。丁军伟《士、吉浅论》（《华夏考古》2期）认为士、王同源说不可靠，士、圭同源说较可信。黄锡全《甲骨文“祸”字新证》（《汉字汉语研究》1期）根据新见西周金文“□”字将“囚”释为祸。晁福林《从甲骨文“呙”字说到殷人的忧患观念》（《文史哲》4期）认为“□”当释为“呙”，读为“祸”，而“囚”则读为“咎”。他的《甲骨文“干”字说——关于商代低级武士的一个考察》（《中国文化研究》1期）认为“□”是“干”字初文，指人体躯干，在卜辞中多指属于某氏族的下级武士。汤志彪《甲骨文研读三例》（《出土文献》第13辑）读“□”为“昵”，为日过午偏斜之时；读“□”为“疲”，是病危的意思；认为“□”是“濒”字的初文。侯乃峰《甲骨文“夗”字的形义来源蠡测》（《出土文献》第13辑）认为“夗”是连枷的象形初文。翁铮铮《甲骨文“阜”字及字符“阜”本义探索》（《常州工学院学报（社会科学版）》5期）认为“阜”的本义是“高大的土山”，后引申为两种构形意义：山崖和阶梯。黄明磊《商周时期“𠂤”的性质及其演变》（《史学月刊》3期）认为“𠂤”不是军队，而是指臣服的人群。韩江苏《甲骨文“胸”字考》（《殷都学刊》3期）释“□”字为“胸”。陈年福《释“蘦”》（《中国语文》2期）将“□”“□”等释为“蘱”，后演变为“蘦”；认为“□”等是“蘦（膳）”之初文，它们在卜辞中用为助动词，大体相当于“能”。谢肃《商周时期的“牢”》（《中原文物》5期）认为大牢、小牢分别指圈养的牛、羊。胡文嘉《卜辞中的“義”与“義”的本义和流变》（《励耘语言学刊》第2辑）“義”字，从羊从我，我亦声，本义为戮羌。“義”“宜”都有“得当”之义，但实际来源不同。熊贤品《甲骨文“殷儒”问题评议》（《孔子研究》5期）否定了“□”为“需”（读为儒）字的说法。田国励《再论卜辞中与军事行动有关的“启”》（《甲骨文与殷商史》新8辑）否定了“启”为前军之说，认为“启”指左翼偏军。此外还有：郭静云《释“屰”、“逆”字的演变》（《甲骨文与殷商史》新8辑）、李凤英《甲骨文“□”字考论》（《甲骨文与殷商史》新8辑）、沈建华《释卜辞“協”及有关字》（《古研》第32辑）、王祁《商周卜辞补说两则》（《出土文献》第12辑）、单育辰《说甲骨文中的“牛”》（《甲骨文与殷商史》新8辑）和《甲骨文“隹”及“鸟”字形研究》（《出土文献研究》第17辑）、朱歧祥《殷墟花园庄东地甲骨文选释》（《中国文字研究》第28辑）、王晶晶《再论甲骨文“囚”及“葬”的几个异体》（《出土文献》第13辑）、杨军会和郭法宏《殷墟子卜辞词义疏证四则》（《三峡论坛》2期）、郑珮聪《“矢”字及相关问题再议》（《学行堂语言文字论丛》第六辑）、禹剑《殷墟花园庄东地甲骨“虞”字补释》（《殷都学刊》3期）、罗红昌《甲骨文“□”新考》（《汉语史研究集刊》第1

辑）等。

黄天树《卜辞“毕马亦有伤”补说》（《古研》第32辑）考察了与“毕马亦有伤”相关的卜辞的具体含义。史亚当《甲骨文“畣巫九灵”和“畣巫九沯”含义新考》（《甲骨文与殷商史》新8辑）认为这两词当读为“勘筮九灵”和“勘筮九骼”，意思是筮占已经完成，正用九块龟或骨进行占卜。赵鹏《殷墟甲骨文“某人某”及其相关问题》（《中国史研究》2期）把“某人某”解释为“某母族之人某子族人名（或私名）”。吴雪飞《殷墟四盘磨“易卦”卜骨及相关问题研究》（《甲骨文与殷商史》新8辑）认为“易卦”下的文字都读为“曰囟孚”，它是占辞而非卦名，卜骨属帝辛时代，周原庙祭卜辞是周人采用帝辛卜辞形式的反映。刘影《关于〈合集〉21481（〈乙〉56）的整理》（《出土文献》第12辑）比照史语所实物对磨蚀严重的《合集》21481重新做了摹本和释文。她的《利用甲骨缀合还原商代的一场火灾》（《华夏考古》3期）考释了甲骨文中的一组“司龚失火”卜辞。郑杰祥《甲骨卜辞中的“𠃬示”即“禹示”新探》（《殷都学刊》1期）认为甲骨中的“𠃬示”、“𠃬示”即“禹示”，是商人祭祀大禹的反映。刘风华《释殷墟甲骨卜辞中的“入山”、“獸彡”》（《殷都学刊》2期）认为“入山”是商王征战活动中搜求敌方的一个环节；“獸彡”是指狩于彤日，“彡獸”则是在彤日出狩。宁镇疆《也论“余一人”问题》（《历史研究》2期）认为“余一人”的称呼并不代表“专制”或“独裁”，而只是谦称。李丹杨、李发《“方帝”“帝方”再辨》（《殷都学刊》4期）认为“方帝”的意思是向方进行褅祭。

徐红《花东卜辞中的给予动词》（《辽宁大学学报（哲学社会科学版）》3期）将花东卜辞中的“受、畀、肇、见、入、爯、以、屰”8个给予动词分为赐予类、付与类和进献类。她的《商代汉语中的给予动词》（《东北师大学报（哲学社会科学版）》4期）总结商代甲骨文、金文中共有19个给予动词，除上述三类外，还有馈赠类。

探讨文字规律或考释理论的有：赵伟《从召、朝、岳、龠、晝诸字看殷墟甲骨文的省刻现象》（《殷都学刊》1期）谈了甲骨文字的省刻现象以及与缺刻的区别。他的《甲骨文同版异体现象梳理》（《兰台世界》3期）将甲骨文同版异体现象分为两类：因构件而异和因笔画而异。还有叶玉英《字迹学视域下的甲骨文饰笔研究》（《古研》第32辑）、张惟捷《卜辞“异体分工”新旧字例的整理与举隅》（《古研》第32辑）、夏大兆《甲骨文字际关系研究示例》（《中国文字学报》第9辑）、毛祖志《“偏旁分析法”及其运用浅说——以甲骨文考释为中心》（《甲骨文与殷商史》新8辑）。

3. 殷商史研究

商代祭祀与宗教。张世超《商周时期的“𡉚”祭》（《古研》第32辑）认为𡉚祭是用气味敬神的祭祀。张亮《卜辞所见商代祼祭考》（《甲骨文与殷商史》新8辑）考察了祼祭的对象、祭品、祭所、祭仪、动机及其在复合祀典中的地位。晏青《乡饮酒礼源流考》（《甲骨文与殷商史》新8辑）和《乡饮酒礼起源新探》（《孔子研究》2期）认为乡饮酒礼起源于西周中期乡遂制度产生以后。陶禹《卜辞“帝”为天神说献疑》（《甲骨文与殷商史》新8辑）认为殷代神祇系统无严格分类，神灵作为单独物象被理解和崇拜，没有明晰的层级结构和空间分布，人与神处在“四方—中心”的平行空间观中，还未形成“上天—下界”的垂直观。何毓灵《殷墟时期巫卜器具初探》（《考古学报》2期）通过考察殷墟王裕口南地M103、M94出土的铜器铭文，认为此二墓主人系贞人“吕”氏家族成员，并考察了墓中随葬的与巫卜有关的器物。刘一曼《试论殷墟商代贞人墓》（《考古》3

期）指出殷墟发现的贞人墓除了王裕口南地 M103、M94 外，还有大司空村 M663 和郭家庄 M53。还有魏慈德《从爵同的卜辞来看与商人有关的祭祀现象》（《古研》第 32 辑）、王晓鹏和李纪言《祈雨卜辞𦰩祭新论》（《河北大学学报（哲学社会科学版）》5 期）。

商代地理、方国。孙亚冰《殷墟卜辞中的冀与冀方》（《古研》第 32 辑）释“□”为“冀”，认为卜辞中的“冀方”在今山西境内。何景成《释甲骨文、金文中的“貘”》（《古研》第 32 辑）将方国名旧释作“虎”或“象”的字改释为“貘”，“貘方”就是地近燕国的“貊”。王子杨《揭示帝乙、帝辛时期对西土的一次用兵》（《甲骨文与殷商史》新 8 辑）讨论了一组晚商时期对西土□族和二姓的一次用兵记录。陈絜、田秋棉《卜辞“龟”地与武丁时期的王室田猎区》（《故宫博物院院刊》1 期）指出武丁时期的王室田猎区与帝乙帝辛时期一样，也在“泰山田猎区”。陈絜《卜辞中的祡祭与柴地》（《中原文化研究》2 期）将“□”字释为“柴”，认为其地在今山东新泰。他的《小臣缶鼎与晚商□族族居地》（《青铜器与金文》第 2 辑）考证□属东土族群。丁军伟《甲骨金文所见“失族”问题再论》（《殷都学刊》2 期）将失地定在晋中、晋南一带。刘新民《甲骨刻辞“屰”地拟考》（《中国历史地理论丛》2 期）考订“屰”在晋南地区。

商代人物、族氏。张惟捷《晚商人物“师般”史迹考述》（《甲骨文与殷商史》新 8 辑）认为商代的“师”职不能世袭，它是由商王或高层统治者决定任免的，且由王族或同姓成员担任，师般获得“师”职的时间在武丁晚期，他不是文献中提到的甘盘，甘盘可能并不存在。林小安《殷武丁宰辅傅说考补证》（《古研》第 32 辑）补充论证“雀”即傅说。蔡哲茂《说黄多子的成员之一“雚”》（《古研》第 32 辑）认为“雚”是伊尹后人。李爱辉《甲骨卜辞中的“□壬”》（《古研》第 32 辑）指出卜辞中的“□壬”过去被误认为“□示”。刘源《殷墟花东卜辞中的“丁”可能是死去的武丁》（《古研》第 32 辑）认为花东卜辞的时代在祖庚早期，其中的“丁”指死去的武丁，“子”则指祖庚。赵林《〈尔雅·释亲〉与甲金文所见殷商亲属称谓制之比较研究》（《甲骨文与殷商史》新 8 辑）考察了商周亲属称谓及婚姻制度的差异。谢明文《试论商周“或”族的分衍与联合》（《杭州师范大学学报（社会科学版）》2 期）认为甲骨文中的“或”族是“望”族的分支，“光”“葡（箙）”则是“或”的分支，“或”与“帆”可能是联合关系。还有晁福林《花东氏族二三事》（《中原文化研究》2 期）。

商代职官、政治制度。王进锋《甲骨文“臣”字形义新释》（《湖南大学学报（社会科学版）》3 期）认为商代“臣”“亚”“尹”都是职官的泛称。曹大志《说“单”——商至汉代的城市居民治安防卫组织》（《中国国家博物馆馆刊》7 期）认为单是城市居民的武装组织，负责地方的治安自卫，是后世民团的前身。张利军《卜辞所见商代外服卫考》（《甲骨文与殷商史》新 8 辑）认为卜辞中的“卫”不是诸侯，也与官僚制度有别，是商王朝的外服职事。他的《甲骨文、殷礼与商代外服的命名》（《中国国家博物馆馆刊》3 期）认为外服的命名与殷商礼俗有关，侯、田、男、卫、伯的命名分别与射礼、田猎之礼、籍田礼、守卫“堂”的礼俗、族邦首领称谓习俗相关。王坤鹏《商代异族邦伯考》（《中国史研究》3 期）赞同卜辞中的“伯”为异族首领的称呼，考察商王控制邦伯的方式及其效果。他的《说商代甲骨刻辞中的“方伯”》（《殷都学刊》2 期）认为卜辞中的“方伯”与“伯”性质相同，都是与商人不同的异族邦伯，但“方伯”又不同于一般的邦伯，多是商王朝统治所不及的异族群体，与已纳入王朝政制的“多伯”不同，后世礼书中记载的方伯，是指天子的肱股大臣，不能与卜辞中的方伯简单比附。他的文章还有

《“因以其伯”——西周时期族群治理的一种方式》（《古代文明》3 卷）。

断代与历法。王恩田《“黄组卜辞三王世说”疑析》（《古研》第 32 辑）认为黄组卜辞以及金文中的六祀、廿祀材料只属帝乙、帝辛两王。他的《宾组、历组卜骨缀合与“文丁杀季历”》（《殷都学刊》1 期）认为《外》44 +47 记载的“敦西”是文丁伐季历的战争。还有曹定云《论“殷墟花园庄东地甲骨”是小乙时代卜辞——从商代的“日名”说起（上）》（《甲骨文与殷商史》新 8 辑）、腾兴建《武丁时期伐缶方战役的时间排谱》（《殷都学刊》2 期）、刘桓《商代后期纪年述略》（《甲骨文与殷商史》新 8 辑）、邓飞《甲骨卜辞上午时称的个性分布研究》（《西南大学学报（社会科学版）》6 期）和《甲骨卜辞下午时称的分布探析》（《绵阳师范学院学报（哲学社会科学版）》4 期）。

其他。徐义华《甲骨文中的玉文化》（《博物院》5 期）、朱雪珂《殷墟甲骨文妇妌史料系联》（《殷都学刊》4 期）、张军涛和刘星营《殷商中原地区蝗灾探析》（《自然科学史研究》4 期）、熊贤品《甲骨文“商代教育史料”辨析六则》（《殷都学刊》4 期）、陈光宇《小臣牆刻辞概述与检讨》（《古研》第 32 辑）等。

4. 甲骨学与甲骨学史研究等

甲骨文字组类研究。马智忠《历无名间类卜辞再研究》（《出土文献与古文字研究》第 7 辑）根据历无名间类卜辞的特征字形，排除一些非本类卜辞，推定其时代在祖甲、廪辛、康丁时期。田国励《从卜旬辞看历组与无名组的关系》（《出土文献》第 12 辑）认为在历二类与无名组卜旬卜辞之间有一个历二 C 类卜旬卜辞作为过渡环节。

甲骨文例研究。牛海茹《论商代甲骨占卜中的“异史同贞”》（《甲骨文与殷商史》新 8 辑）专门讨论了多个贞人卜问同一件事，以及由此产生的异组同文现象。吴丽婉《试论骨臼刻辞的顺序》（《考古与文物》6 期）认为骨臼刻辞中有些是史官名先刻，有些则是“干支某示几屯”先刻。蒋玉斌《说殷墟卜辞的一种告辞——外告》（《甲骨文与殷商史》新 8 辑）指出卜辞中有一种“外告”告辞。冯少波《“二告”字义证》（《甲骨文与殷商史》新 8 辑）认为“二告”是一个字，义为阴面的吉。还有刘影《甲骨同文卜辞新例》（《甲骨文与殷商史》新 8 辑）、赵鹏《出组二类胛骨钻凿布局、兆序排列与占卜》（《古研》第 32 辑）、李延彦《略论殷墟卜甲残片左右位置的辨识》（《故宫学刊》1 期）。

张惟捷、宋雅萍《从一版新材料看甲骨文家谱刻辞的真伪问题》（《出土文献与古文字研究》第 7 辑）发现《合》13517 +《乙》6087 + R60751 上有一些被刮掉的习刻文字，内容与家系人名有关，这为家谱刻辞真伪问题的进一步厘清提供了坚实的依据。还有张惟捷《引用古文字材料为跨学科研究证据应谨慎——以卜辞与菱齿象的相遇为例》（《中原文化研究》5 期）、李宗焜《史语所藏〈善斋藏契〉拓本》（《文津学志》第 11 辑）、孙亚冰和马季凡《中国社会科学院历史研究所藏善斋甲骨拓本集简介》（《文津学志》第 11 辑）、赵爱学《善斋甲骨来源考》（《文津学志》第 11 辑）、刘菲《国图藏善斋甲骨旧拓本〈书契丛编〉批注述要》（《文津学志》第 11 辑）、胡辉平《〈甲骨文合集〉所收国图藏甲骨未拓全角十二例》（《文津学志》第 11 辑）、沈建华《饶宗颐与〈甲骨文通检〉——再读〈贞人问题与坑位〉前言》（《练祁研古》第 1 辑）、任光宇《新论甲骨文的发现、研究与〈铁云藏龟〉》（《练祁研古》第 1 辑）和《新探罗振玉与孙诒让的早期甲骨文研究》（《练祁研古》第 1 辑）、宋镇豪《甲骨文书学概说》（《练祁研古》第 1 辑）等。

（5）周原甲骨研究

种建荣《试论西周甲骨的埋藏方式》（《文博》3 期）、赵艺蓬等《西周甲骨的庋藏问题初探》(《文博》5 期)探讨周公庙、周原甲骨的埋藏方式，认为考古所见的埋藏方式都是垃圾埋藏，但西周时期应存在“尊藏卑弃、重藏轻弃”的处理原则。

二 金文部分

(一) 专著

专著有方勤《曾国历史与文化——从“左右文武”到“左右楚王”》(上海古籍出版社)、黄庭颀《铸勒功名——春秋青铜礼器铭文的演变与特色》(万卷楼)、李峰《青铜器和金文书体研究》(上海古籍出版社)、[韩] 李裕杓《西周王朝军事领导机制研究》(上海古籍出版社)、路国权《东周青铜容器谱系研究》(上海古籍出版社)、陈斯鹏《卓庐古文字学论稿》(中西书局)、张俊成《西周金文字编》(上海古籍出版社) 等。

(二) 单篇论文

按论文主要内容分述如下。

1. 新材料介绍

发表博物馆馆藏或考古出土的金文材料的论文有：黄锦前《河南大学文物馆藏商周青铜礼器》(《文物》2 期)，耿超、李文龙《河北大学博物馆藏三件商代青铜器》(《文物》4 期)，周博《重庆中国三峡博物馆藏仲阪父盆》(《文物》10 期)，赵敏《新泰市博物馆藏“成阳左戈”铭戈》(《文物》8 期)，李智裕《辽阳博物馆藏秦国有铭矛》(《考古与文物》1 期)，王丹、夏晓燕《荆州博物馆藏“五十二年”秦戈考》(《文物》9 期)，以及《安阳孝民屯：(四) 殷商遗存·墓葬》(文物出版社)、《河南安阳市殷墟刘家庄北地 44 号墓的发掘》(《考古》10 期)，《河南驻马店闰楼商代墓地发掘报告》(《考古学报》4 期)，《山西翼城大河口西周墓地 1017 号墓发掘》(《考古学报》1 期)，《山西翼城大河口西周墓地 2002 号墓发掘》(《考古学报》2 期)，花原、章庆《河南淮滨王岗墓地出土的几件带铭铜戈》(《江汉考古》4 期)，《河北行唐县故郡东周遗址》(《考古》7 期)，《山东邹城市邾国故城遗址 2017 年 J3 发掘简报》(《考古》8 期)，陈治军、许建强《安徽寿县出土“蔡襄尹启之用”戈考》(《文物》4 期)，《湖北京山苏家垄墓群 M85 发掘简报》(《江汉考古》1 期)，张昌平、蒋白浪《记亚盉青铜器》(《青铜器与金文》第 2 辑)，[捷] 石安瑞《介绍布拉格国立美术馆所藏几件商周时期有铭铜器》(《青铜器与金文》第 2 辑) 等，贾高强《国家博物馆新征集晋侯簋的年代及相关问题》(《文物世界》3 期)，张光裕《新见“用饮元駐乘马匜”铭试释》(《青铜器与金文》第 2 辑)。

2. 字词考释与语法研究

李学勤《清华简〈摄命〉篇“粦”字质疑》(《文物》8 期) 根据清华简《摄命》篇文例和金文相关辞例，证明过去释作“粦”的字实为“**𧮫**”或其异体，此字炎声，读为嫌或廉。陈剑《试为西周金文和清华简〈摄命〉所谓“粦”字进一解》(《出土文献》第 13 辑) 认为甲骨文“[illegible]”是“浴”的表意初文；西周金文加繁饰“口”形或从“阜”从之得声的字，用为“崇”或“讼”，战国文字此字的讹形，在楚简中也用为“崇”或“讼”，传抄古文中从之得声的字，用为“僭”“潜”；而传抄古文中从“宀从浴声”的字或再加“人”旁者，用为“儒”。他的《简谈对金文“蔑懋”问题的一些新认识》(《出土文献与古文字研究》第 7 辑) 认为所谓的“蔑历”之“历”，可能当读为“懋”，“蔑”

则与“被”义近。“A（上级）蔑B（下级）懋”是双宾语结构，意为“A覆被B以勉励”，“B蔑懋”或“B蔑懋（于）A”则是“B受到（A的）勉励”。谢明文《金文丛考（四）》（《古研》第32辑）指出益余敦中的“䀇”字从皿，卷声；䚆簋中的“𫏋”是“逋（逋）”字；曾子𨍭鼎的“𦤎”读作“作”；𣪘句壶的“甫丙”读作“父丙”；叔弓钟、镈中的“𢾊”是“𢦏”，“𡗜”是“又”的讹变。他的《凤母𠬪觶铭文补释》（《出土文献研究》第17辑）重释此觶铭文，认为旧说“凤”字所从的“凡”为“盘”之象形初文不可信。他的《试谈㝬器中两例“𦍒”字的读法》（《青铜器与金文》第2辑）将“𦍒”字读作“耇”，“黄𦍒”即“黄耇”，“𤔲𦍒”即“胡耇”。李春桃《金文“醢”字小考》（《青铜器与金文》第2辑）将单叔奂父盨铭中的“𥃝”、中𫹇父盘铭中的“𬤊”、伯克父甘娄盨铭中的“𫹇”，都释作“醢”，训为盛。陈志向《“虒”字补释》（《文史》1期）梳理并肯定了前辈对西周金文和秦汉文字中“虒”字的考证。李建平、龙仕平《量词“丙”“两”的语源及其历时演变》（《古汉语研究》3期）认为“丙”的本义与衡或轭有关，最早是称量马的集合量词，指“马二匹”，后用于称量车，“两”是“丙”的分化字。周忠兵《释金文中的“廛”》（《出土文献》第12辑）将金文中的“𢇇”释为“廛”，读作“展”或“诞”。袁金平《曾侯与编钟铭“遣命南公”补议》（《中国文字学报》第9辑）将“遣命南公”的“遣”读作“选”，“选命南公，营宅汭土”意为周王选任南公于汭土建立曾国。他的《季姬方尊铭“畮”字及相关问题考论》（《江汉考古》2期）将铭文中的“𤰔”改释为“亩（畮）”，“畮臣”即治田亩之臣。李凯《季姬方尊铭文与西周宗族经济》（《华夏考古》2期）指出铭文中季姬受赐的二十六家“佃臣”为一宗族聚落，其中名为“丁”的“师夫”是族长，剩余二十五家为庶民家族，受赐的聚落则是耕作与畜牧相结合的农业畜牧区。冯时《六祀𠨘其卣与“瑞、𤤲”二字考》（《古研》第32辑）认为器主𠨘其代王行赏，旌功而作此卣，“𠀠”为“匵”的本字，可读为“彀”“縠”“造”。董莲池《曶鼎“𧷸、𧸙”及相关字句研究》（《古研》第32辑）认为“𧷸”的含义是卖，“𧸙”是西周中期新出现的货币名称，在此基础上重新解释了曶鼎铭文所记载的官司。单育辰《新见三种金文探微》（《古研》第32辑）将霸伯器铭中的“捷”读为“接”，意为接战、接触；将鱼鼎匕铭中的“寸”读为“铸”；补释了晋公盘铭文中“及、以、虎、将”等字。商艳涛《金文偶记》（《古研》第32辑）对霸伯器铭中“捷”字的释读与单育辰文同。邬可晶《“刍、若”补释》（《古研》第32辑）认为“𢪅、𢬐”等字以及“𦱧、𦲔、𢬐”等字的声符应释为“刍”，而旧释为“刍”的字则当改释为《说文》中训“择菜”的“若”。刘洪涛《释𠡳——兼谈“𪊨”字的不同来源》（《史语所集刊》89本2分册）认为甲骨金文“𠧟、𠧟、𠧟”等字应释为“卤”，在西周金文中，表示帮助一类意思的“卤”和表示粗盐的“卤”已经完成异体分工，前者当释写作“𪊨（𠡳）”。相关研究还可看冯胜军《“𠡳”字小考》（《中国文字学报》第9辑）。张乐《说西周金文中的“𣱍”字》（《中国文字研究》第27辑）将昆𣱍王钟铭中的“𣱍”字释为“瘨（癲）”。周波《试释燕国铭文中“伐”》（《中国文字研究》第28辑）将燕国铜器铭文中旧释为“我”或“�”的两例字改释为“伐”，意思分别是攻治和攻治之官。韩胜伟《释射壶中的“𨼆”字》（《中国文字研究》第28辑）认为“𨼆”字右旁是“麗”字中鹿角的省形，此字就是“丽”字异体，训为偶、两。武振玉《两周金文中的“敏”》（《中国文字学报》第9辑）考察“敏”字词义发展过程。禤健聪《西辛战国墓银器铭文释读斠议》（《考古与文物》6期）将原释为“又卅”的合文改为量名“升”，铭文中的“𦉢”与齐陶文中的

“鋻”意义相同。表示校量验证的确认证明，“平”和“容”则分别表示对银器容积的测定或记录。任家贤《金文赏赐物释读二题》（《古研》第32辑）认为“金黄”之“金”表示铜饰，不表颜色，“冋黄”之“冋”等指丝质而非苘麻。武振玉《殷周金文中的“尊”》（《古研》第32辑）认为“尊”的本义是“奉酒以祭”。鞠焕文《梁伯戈铭新释》（《古研》第32辑）将梁伯戈铭文释为：“梁伯作宫行元用，抑威方蛮，讨征北狄。”张振谦《燕赵鼎铭考释两则》（《古研》第32辑）认为燕国太子鼎铭中旧释为“亦”的字当改释为“工师”，又考释了赵国三十一年平台鼎盖铭。孙刚、李瑶《释虎訚丘君戈铭文中的人名——兼谈“般、役”的构形》（《古研》第32辑）把虎訚丘君戈铭中“君”后的字释读为“鞭豫”，指出“般、牧、更、役”等字所从为“鞭”。马超《金文考释二题》（《中国文字研究》第27辑）认为沈岗楚墓出土的乐器自名“[illegible]”，此字从金、皀声，应采取皀为宵部的读音，将“[illegible]”读为“鑃”；郳友父鬲铭中“[illegible]”当为“勹”，是“曹”字的叠加声符。苏影《高城冶叔戈铭释读商榷》（《中国文字研究》第27辑）认为2012年荆州彭家台M15出土的铜戈铭文首字不是“高”，而是“尚”，此戈属楚国，而非赵国。汤志彪《战国兵器命名及相关问题两则》（《中国国家博物馆馆刊》3期）将《集成》11914距末铭首字释作“聖”，读作“亭”，“亭守”为新见职官；将湖南张家界出土的一件铜矛器主名释读为楚国名将“景翠”。郭晨晖《西周时期“帝”字内涵的分化》（《青铜器与金文》第2辑）指出西周时期“帝”的内涵除了指天神上帝外，还可加在人称前后，以区分世系之嫡庶，西周早中期“帝”修饰近祖，突出宗子地位，西周晚期扩展至始祖，则是为了强调受封归属群体的特征。黄凤春《释曾国文字中的“卣”字——兼谈随州叶家山西周墓地青铜器铭文中的“犺”字》（《青铜器与金文》第2辑）将随州文峰塔M61出土的铜缶铭中的“[illegible]”字和铜匜铭中“[illegible]”字释作“卣”，此字与“辻”都读作攻。何景成《新出昔鸡簋与甲骨文“害”字考释》（《青铜器与金文》第2辑）认为“[illegible]”可能是自名为“[illegible]”的矛的象形，“[illegible]”读为“御”，训为“迎”。崔存明《〈大盂鼎铭〉“域”字考释》（《青铜器与金文》第2辑）将大盂鼎铭中的“[illegible]”字释为“域”，是相当于封国规模的地域概念，而铭中的“[illegible]”则是“到……（地方）去”的意思。邓佩玲《新见〈寿嚣尊〉铭文所见“[illegible]”字试释》（《岭南学报》复刊第10辑）认为尊铭中的“[illegible]”当读为“驳”，指杂色马。查飞能、邹芙都《西周早期金文所见殷成周史事新探》（《中州学刊》9期）认为殷成周之“殷”是治理、安抚的意思，并非邦交活动。任静《铭文补释两则》（《绵阳师范学院学报（哲学社会科学版）》12期）讨论了尹光方鼎的定名和繁簋的铭文释读。暨慧琳《试说叔夜鼎的“[illegible]”字》（《古籍研究》68期）认为“[illegible]”当释为“羹”，是表意字“[illegible]”加注了声符“兄”而成的形声字。鞠焕文《气盉“某”字献疑》（《汉字汉语研究》3期）认为旧释为“某”的字，实为“求”的一种异体，在铭文中读作“苟”，是一个表假设的连词。孟蓬生《吴国金文中“诸樊”之“诸”的构形与古音问题》（《吉林大学社会科学学报》1期）指出传世文献吴王“诸樊”之“诸”，在出土文献中作“[illegible]”“[illegible]”，按照现在的上古音系统，前者在盍部（－ap），后者为双声字，“舌”在月部（－at），而“诸”在鱼部（－a），它们主要元音相同，音可通。此外还有，蒋玉斌《作册般鼋与麦方尊“[illegible]（赞）”字合证》（《古研》第32辑）、程鹏万《畬璋戈铭研究综述》（《中国文字学报》第9辑）、汤志彪《晋系铜器铭文考释五则》（《中国文字研究》第27辑）、韩胜伟《释齐鲁文字中的两例“侯”字》（《出土文献》第13辑）、刘涛《遂公盨铭文中的“德”新释》（《烟台大学学报（哲学社会科学版）》5

期)、孟娇和虞同《战国兵器铭文札记五则》(《出土文献研究》第17辑)、吴国升《春秋文字一字记多词现象的初步考察(之一)》(《中国文字学报》第9辑)等。

裘锡圭《读西周鲁国叔器铭文札记》(《中华文史论丛》4期)将“提梁套盒”铭文中的“在兹鲜女之”解释为“鲁国的臣民很少像你那样爱好、遵循我的教诲”;叔器铭文中“叔”字的写法和否定词“弜”的使用,与殷墟甲骨文相合,而不见或少见于西周文字,说明“叔”可能是第一代殷遗的后代或商奄之民。董珊《周晋盘盉与先秦丧礼中的沐浴》(《青铜器与金文》第2辑)认为周晋盘盉铭中的“有曰:遭丧厥胡考,不敢视厥身”与居丧期间的沐浴礼俗有关。刘大月《驀簋铭文“同朕臣兴晦”新释》(《中国文字研究》第27辑)认为“同朕臣兴晦”当理解为“踵任臣,兴治”,意思是效法任臣,奋发治理国家。董莲池《释史墙盘铭中的“廓恢”》(《中国文字研究》第28辑)指出史墙盘铭中旧释为“肇彻”的辞应改释为“廓恢”,是开拓扩大的意思。白冰《金文词“爪牙”“篕”补证》(《五邑大学学报(社会科学版)》1期)赞同白川静将师訇簋铭“作厥”后的两字释为“爪牙”以及将《诗·大雅·江汉》“作召公考”的“考”读为“篕”。黄庭颀《西周金文套语“严在上,異在下”辨析》(《经学文献研究集刊》19期)根据此套语后常跟祈求祖先降福的语境推断,“严”是威严的意思,“严在上”指先人威严地在天上,“異”通“禩”,“異在下”指先人能够长久地在人间受到祭祀。冯时《“燕翿”考》(《青铜器与金文》第2辑)将即簋铭“琱宫人”后的两字释为“燕翿”,指后宫房中乐舞。孙思雅《青铜乐器铭文套语“元鸣孔煌”》(《青铜器与金文》第2辑)认为金文中的“龢钟”是指一种双音钟,“元鸣孔煌”是春秋时期南方地区描写青铜乐器乐音特点的用语。宣柳《西周金文中的“勿废朕令”》(《四川文物》3期)通过套语“勿废朕令”探究周代册命礼的本质。尉侯凯《倗戈“用燮不廷”解》(《中国国家博物馆馆刊》7期)认为“用燮不廷”的“燮”,应当训为和,即协和那些不来朝觐的国家,清华简中的“燮强”“畏燮方雠”“燮仇启国”中“燮”,也都当训为和。张怀通《乖伯簋与〈世俘〉文例》(《中国史研究》3期)根据乖伯簋、静方鼎推断《世俘》篇“命—至—告”中的“至”是指胜利后回到武王所在的商都以及班师途中,而非到达征伐目的地。他的《大盂鼎与〈康诰〉体例》(《青铜器与金文》第2辑)指出《康诰》第一个“王若曰”是封建康叔的诰命,第二个“王若曰”则是册命礼中的最后一个仪节——册命。

王依娜《西周金文连动式研究》(《殷都学刊》2期)考察连动句式的特征。她的《先秦汉语“有”从领有动词到体标记的语法化过程》(《中国文字研究》第27辑)考察“有”字用法和功能的演变。李义海《先秦汉语自释句类及其发展进程初探》(《殷都学刊》4期)考察早期汉语中的“自释”(指在口语交际或书面行文过程中,说者或作者自己对话语中的某一问题进行解释的一种修辞格式或行文条例)句特征。

研究玺印的论文有:陈斯鹏《楚玺“谨交”“谨通捕”考释——兼释包山楚简“谨客”》(《古研》第32辑)将《古玺汇编》0310、0335号相关文字释作“谨交”“谨通捕”,“谨交”是负责严禁越境交通的职官,“谨通捕”是大名加小名,指“谨”下专司通令追捕的职官,楚简“谨客”则指职官为“谨”的客。徐在国《谷阳城遗址出土楚陶印补释》(《古研》第32辑)把陶印“成阳”后的字释为“市”。萧毅《“坪檗必革毋行所灰”玺小考》(《古研》第32辑)认为此玺铭文当读作“平乐必戒,毋行所悔”。刘洪涛、全彗《战国“厶敬”玺考释》(《中国文字研究》第27辑)认为“厶敬”之“私”指燕居独处,“私敬”意为在燕居独处时也要敬慎。还有王保成《二十世纪出土古玺释文补正续》（《考古与文物》1 期）。

通过文字形体对铜器进行定点和断代研究的有：周波《说几件宋器铭文并论宋国文字的域别问题》（《出土文献与古文字研究》第 7 辑）认为宋国文字接近齐鲁文字中的邾、鲁一系。麦里筱《传世交君子□（叕）簠刻铭字形及其出土地域的核定》（《古研》第 32 辑）通过"簠""寿"字的特殊写法论证该批铜器出于山东。还有陈英杰《谈〈金文编〉的□和庚姬鬲的□》（《古研》第 32 辑）和《商周金文中"庚"字形体上的时代标记》（《青铜器与金文》第 2 辑）。

3. 商周史研究

人物、称谓、家族等。王恩田《楚高缶与楚公子高伐东夷》（《江汉考古》1 期）认为"楚高"即楚国的叶公子高，楚高缶之所以出土于泰山脚下，可能与春秋晚期（前 476 年）楚高伐东夷有关，而此次战役的目的是攫取当地的铁矿资源。李世佳《楚大师编钟器主身分补论》（《出土文献》第 12 辑）认为楚大师钟、鎛器主叫邓乂慎，乃邓国贵族仕楚者。魏宜辉《吴王余昧剑铭文补议》（《出土文献》第 12 辑）将"□"释读为"也"，是加在人名后的词尾，"王围也"指楚灵王围。刘丽《"元子"问题补说》（《出土文献》第 13 辑）认为先秦时期"元子"大多数还是指"首子""长子"，而非专指"嫡子"。黄锡全《曾器铭文中之"曾子"称谓问题——附曾公孙叔考臣三器》（《古研》第 32 辑）指出"曾子"之"子"是"尊称"或"美称"，"曾子"与"楚子"类似，并非侯子侯孙，而是侯子侯孙的后裔。赵庆淼《试说周代金文人名称谓中的"长"、"旁"及其宗法内涵》（《古代文明》3 卷）认为周代金文中"族氏名 + 长"和"族氏名 + 旁"可能是具有宗法色彩的特定称谓，前者指家族长或宗子，人称转化为氏名后，"长"则为大宗代名词，后者指支子。朱凤瀚《宗人诸器考——兼及再论西周贵族家族作器制度》（《青铜器与金文》第 2 辑）通过分析宗人诸器，再次证明大宗为小宗作礼器的史实，且这一制度可能从西周早期一直延续到晚期。韩巍《新出"宗人"诸器所反映的西周宗族关系》（《岭南学报》复刊第 10 辑）推测宗人诸器中的人物关系是：伯或父是该家族大宗宗子，"凡姬"是其夫人，"叔安父"是"伯或父"的世子，"宗人"是"伯或父"的小宗侄辈，"孝（叔友）"是"宗人"的亲兄弟。王晖《西周金文所见宗族分化问题研究》（《历史教学问题》6 期）认为周代分族立宗是从"王孙""公孙"之后的第三代开始的，过去认为分封之日便是脱离旧宗的看法不对。黄凤春《曾侯世系编年的初步研究》（《湖南省博物馆馆刊》14 期）排列 12 位曾侯的次序。类似文章还有尚明《曾侯世系考辨》（《华中师范大学学报》6 期）。张志鹏、吴伟华《贾子叔子屖盘铭文考释》（《出土文献》第 12 辑）认为"贾"指"子屖"的商贾身份，他可能出自姜齐公室。李龙海《贾孙叔子屖盘与贾国、贾季（狐射姑）关系再论》（《青铜器与金文》第 2 辑）认为贾孙叔子屖是姜姓齐国公族，与姬姓贾国、贾氏无关。辛怡华《南宫家族姓氏问题研究》（《秦始皇帝陵博物院》）认为西周晚期可能还有一个非姬姓的吴国，与其有婚姻关系的南宫家族为姬姓。张亮《哀成叔鼎铭文补释》（《文博》1 期）将"叀"字下读、"嘉"字上读；把"叀"释为"主"，是嘉对哀成叔的敬称；认为"君"指康公之后的嗣君；整个铭文是说嘉作为哀成叔的家臣升为公臣，作器随葬哀成叔，希望他在冥界也能侍奉康公。徐义华《洹子孟姜壶新释》（《南方文物》4 期）认为洹子孟姜壶铭文记载的是洹子孟姜在其夫洹子丧期结束后，通过天子之命重新确立政治地位而举行祭祀的过程。黄锦前《陶觥读释》（《文博》4 期、《甲骨文与殷商史》新 8 辑）认为"或"族为姬周分支，作器者"陶"可能是后来继位为燕侯的召公奭子廖，“上祖癸”是周文王。他的《龏姛诸器及相关铜器系联研究》（《殷都学刊》2期）将龏姛诸器与河南辉县出土的子龏、子龙铜器系联，认为子龙即子龏，龏姛即龏母，是子龙的配偶。他的《襄阳陈坡M10出土戈铭补释及相关问题》（《古研》第32辑）推断M10属战国晚期前段，墓主是大司马昭阳，所出“昭王之信”戈属战国早期前段，昭王之信是昭阳先人。他的《随州文峰塔墓地出土曾侯编钟“穆穆曾侯”及其他》（《出土文献》第12辑）指出“穆穆曾侯”指的是曾侯昃。他的《伐簋读释》（《海岱考古》11期）认为新刊布的伐簋铭文中的“引”即师旗鼎和高青陈庄引簋中的“引”。他的论文还有《衔鼎小考》（《北方民族考古》5期）、《伯氏始氏鼎的年代及史事》（《湖南省博物馆馆刊》14期）、《谈几件新著录的养国有铭铜器》（《中原文物》1期）。此外还有韩文博《亚貘家族器羣及其相关史事探析》（《出土文献综合研究集刊》7期）、韦心滢《克之家族结构与相关问题研究》（《青铜器与金文》第2辑）、叶先闯《由新见五器试论西周郑井氏世系》（《文物春秋》5期）等。

婚姻关系。张志鹏《郭公典盘铭文新释》（《考古》11期）认为郭公典盘是齐国郭邑大夫郭公典为其女儿姜首所做的媵器。田成方、王百川《上都公簠相关问题探析》（《湖南省博物馆馆刊》14期）认为上都公簠的作器者是楚国上都县县公蒍以邓，叔芈是他女儿，番己是媵女。刘丽的《从政治联姻看西周王朝统治》（《史学月刊》10期）与《两周时期宋国与诸国的政治联姻》（《青铜器与金文》第2辑）据金文和文献梳理两周时期的政治联姻。马超、邹芙都《西周金文所见姬姓婚姻及相关问题述论》（《历史教学问题》6期）整理了周王室、姬姓诸侯的婚姻资料。

地理、国族。杜勇《〈诗经·六月〉与金文莽京的地理问题》（《中国史研究》3期）认为《六月》“侵镐及方”的“方”即金文中常见的“莽京”，位于镐京南郊，即今西安市长安区斗门镇以南，是当时的行政副中心。他的《新出金文与鄂国史地问题考辨》（《宝鸡文理学院学报（社会科学版）》2期）认为西周早中期乃至商代，鄂国的都城都在随州安居羊子山一带，周夷王时，楚君熊渠所伐之鄂为鄂国别邑，在东鄂（今湖北鄂州市），周厉王时，王师伐灭鄂国，并将其遗民迁之河南南阳一带，被称为小鄂或西鄂。辛怡华《崇信于家湾墓地与西缯》（《文博》2期）认为参与灭周的缯国在今甘肃崇信县汭河谷地一带，于家湾墓地可能是缯国墓地。杨亚长《浅说金文新见之韩侯》（《文博》3期）认为西周时期的韩国在今山西省河津与万荣之间。赵庆淼《“微盉”、“微斝”铭文补释与卫国早期历史》（《中国国家博物馆馆刊》3期）认为“微盉”“微斝”的器主当释为“髟”，是卫国第二代国君康伯髦，卫国始封地康丘在卫之边鄙，徙居“淇卫”则发生在康伯髦以后。强晨《由西周“东国”看宜侯吴簋中宜地所在》（《中国国家博物馆馆刊》10期）指出西周“东国”指的是成周以东区域，以今山东地区为核心，东滨黄海，西临古黄河一线，南不至淮河，北近《禹贡》九河，所以宜侯吴的封地应在此范围寻找。陈絜、刘洋《宜侯吴簋与宜地地望》（《中原文物》3期）根据卜辞“義”地地望，推测周初宜侯封地在山东莱芜境内，与吴国无关。黄益飞《略论昔鸡簋铭文》（《中国国家博物馆馆刊》3期）将铭文中的“遣”读为“遏”，“遏偪姞于韩”，即嫁偪姞于韩；韩初封地在冀北固安，西周末徙至晋南，昔地在河北巨鹿附近。邱海文《西周金文中的“五邑”考》（《中国古都研究》34期）认为五邑是指周、丰、镐、郑、毕。赵燕姣、吴伟华《金文所见昭王南征路线考》（《中国历史地理论丛》33卷2辑）据昭王南征铜器铭文推测南征路线为：成周（洛阳）—上侯（偃师）—方（叶县）—唐（唐河）—邓（襄樊）—曾

（随州）—寒（孝感）—汉中州（汉水）—相（湘江）。徐少华《丁儿鼎盖考略》（《古研》第32辑）认为此鼎属于春秋晚期初年，铭文表明应国春秋早期被楚兼并后仍作为附庸存留楚境。侯乃峰《山东沂水纪王崮春秋大墓墓主蠡测》（《考古与文物》6期）认为墓中所出的铜盂铭文中的“邛”应读为“项”，此项国位于今山东境内，纪王崮墓主是项国被灭后的国君。黄锦前《释师雍父诸器的一组地名》（《出土文献研究》第17辑）考订有关铜器铭文中的道在河南确山县东北；胡为媿（归）姓，在漯河东；棫林、堂（或即函氏）、叡、由（畤、犨）、坯等在叶县一带。还有黄凤春《关于曾国的政治中心及其变迁问题》（《中原文化研究》4期）、柯昌济和柯健生《金文中记载的古国族考证举例》（《练祁研古》第1辑）、田率《伯有父剑考释》（《青铜器与金文》第2辑）和《新见㚤簋考释》（《古代文明》12卷）、李家浩《新见越王者旨於睗剑和越王州句剑》（《中国文字研究》第27辑）、付强《养姬匜铭文考释》（《出土文献》第13辑）、汤威《郑州洼刘西周墓出土陌组器拾遗》（《青铜器与金文》第2辑）。

李家浩《鄂君启节铭文中的“兔禾”》（《古研》第32辑）认为节铭中的“𢀜”当释为“兔”，“兔禾”即文献中的“菟和”。他的《七年令韩队雍氏戟铭文补释》（《中国文字研究》第28辑）指出铭文中的地名“雍氏”置于“令”后，“集戟”则是戟的一种名称，这些都是韩国的语法和词汇特点。王伟《秦兵器铭文地名考释（二则）》（《出土文献》第12辑）把珍秦斋所藏晋国下库戟戈内上刻的地名分释为“襄”和“犨”，又将河南登封出土的秦六年上郡戈内上刻的地名释为“襄成”和“泥阳”。周波《战国兵器铭文校读（二则）》（《古研》第32辑）将荆左库铜剑铭文的首字改释为“竹”，“竹”是战国晚期魏国地名，在今安徽宿县北符离集；又将魏国五年宜令不启戈的地名改释为“宁”；而赵国十六年宁寿令戟的地名“宁寿”可能来源于“宁葭”与“灵寿”二地的合并。吴良宝《三年吴邡令戈考》（《青铜器与金文》第2辑）指出“吴邡”在今河南遂平县，为魏国战国中晚期之际所置县。他的《邵阴下官铜鍦考》（《古研》第32辑）通过考察邵阴下官铜鍦铭文得出，韩国器物校量机构与置用调配的程序大概是，先由“府”进行校量，然后交给“上官、下官”一类的机构，再由上、下官分配到国内各地的下属置用机构。徐世权《秦“四十四年上郡守绾戈”置用地名补释》（《中国文字研究》第28辑）认为此戈置用地“徒”为“徒淫”的省称，“衍”地则有两种可能，即“衍氏”或“广衍”的省称。李腾《四年咎奴曹令戈的国别及相关问题》（《邯郸学院学报》3期）认为咎奴得名于廧咎如，其地战国时在赵国领土范围，故此戈为赵国兵器。韦心滢《上海博物馆藏三年昜人令戈考》（《古研》第32辑）据清晰照片重释该戈铭文为：“三年昜人令亥如，左库工师槃，冶蔡马”，定其为韩国桓惠王三年所造。梁鹤《“桼睘一釿”试解》（《中国文字研究》第28辑）将“睘”读为“县”，“桼睘”即“漆县”，在今河南长垣县。

曹斌《山东高青县陈庄遗址性质探析》（《考古》3期）分析陈庄遗址年代，结合铜器铭文，认为遗址前段是由齐公庶子戍守的齐国军事重镇；孝、夷时期，因比邻胡公所徙之都薄姑，为稳定齐国政局，防止他国渔利，周王命“引”在此地重掌齐师；之后，城墙废弃，沦为一般遗址。张天宇《石鼓山墓地族属初探》（《青铜器与金文》第2辑）认为石鼓山M3墓主族属很可能是姬姓周人，故石鼓山墓地是姬姓周人墓地。

历法与断代。唐焘《金文补释两则》（《绵阳师范学院学报（哲学社会科学版）》6期）赞同小子网簋铭文“在十月四”的读法；鄘子受钟、镈铭中“月”后的符号是重文符号，而“月唯戊申”是指三月戊申日。刘桓《关于周懿王的始年》（《殷都学刊》2期）

将周懿王元年定在公元前953年。白光琦《斲簋、虎簋盖与共王年份》（《考古与文物》2期）将斲簋、虎簋盖定为共王时器，认为共王在位三十年以上。张志鹏、乔保同《新见楚王克莒戈及相关问题研究》（《出土文献》第13辑）认为楚王克莒戈铸于楚简王灭莒后不久（公元前431～前430年），中子化盘据其铭知铸于“征莒”前不久（公元前432年或公元431年），时代在战国早期。还有黄益飞、谢尧亭《霸伯簋铭文考——兼及西周的历法、名物制度》（《郑州大学学报（哲学社会科学版）》1期）。

周代礼制。［韩］沈载勋《浅论大河口霸伯墓所见青铜礼器“逾制现象”的两面性》（《青铜器与金文》第2辑）认为霸国大墓所展现的丧葬仪礼之“不相称”以及“僭越”现象，可能是因为霸国是商所同化的土著势力。冯时《致事传家与燕私礼——叔趯父器铭文所见西周制度》（《考古与文物》1期）认为河北元氏西张村出土的叔趯父三器和臣谏簋所述之事与西周致事制度和燕私之礼有关。黄益飞《西周册命礼的朝仪》（《青铜器与金文》第2辑）讨论册命时的朝位问题。吴雪飞《殿敖簋盖铭文与周代聘礼》（《陕西历史博物馆论丛》25期）讨论殿敖簋所反映的西周聘礼礼仪。又有冯时《貉子卣铭文与西周聘礼》（《南方文物》3期）、黄益飞《霸伯盂铭文与西周朝聘礼》（《考古学报》1期）、胡嘉麟《霸伯盂铭文与西周宾礼制度》（《出土文献》第12辑）、张亮《柞伯簋与西周射礼补释》（《出土文献》第13辑）、胡宁《从陾尊铭文看晚商仪式用乐》（《中原文化研究》4期）。严志斌、谢尧亭《气盘、气盉与西周誓仪》（《中国国家博物馆馆刊》7期）将西周誓仪分为三个步骤：命誓，由裁判者主持，发布誓辞；报誓（从誓），发誓者重复誓辞；则誓，发誓者记录誓辞，以备稽核。何景成《西周金文誓语中的诅咒》（《社会科学》1期）将咒辞分为两类：世俗惩罚，神主惩罚。前者运用于不同宗族或氏族之间的纠纷，后者则见于宗族内部事务。

政治制度和职官。刘源《从韩伯豐鼎铭文看西周贵族政体运作机制》（《史学集刊》3期）考察韩伯豐鼎等器铭文，发现西周王朝对内外服贵族有较强的控制和约束机制，特别是在内服区域，通过设置基层官吏，可以直接管理各地的土田和庶人，处理贵族家族的土地分配和交换。吕全义《从宜侯夨簋看西周“里”的性质》（《青铜器与金文》第2辑）从宜侯夨簋铭“赐在宜王人□又七里”中的“里”的释读，说明西周初年已经有地域性居民组织。王进锋《西周时期里的管理形态——兼论里与邑的关系》（《社会科学》1期）认为西周时期的“里”设置在不同族姓居民混居区，是管理来自不同姓族零散居民和已经失去宗族依托的平民的组织，它在城区、郊区以及乡村都有设置，而邑仅设在乡村，设立之初，居民当来自同一个姓族，里的长官主要服务于周王，邑的长官则主要服务于拥有它的贵族。他的《西周时期的县》（《学术月刊》7期）认为西周时期有两种形态的县：一为县邑之县，是位于城市郊区的附属小邑；二为县鄙之县，是城市周边的郊区地带。雷鹄宇《西周时期“四国”含义新解》（《中华文化论坛》3期）认为“四国”是指周王在法理上的统治区域，其内部由众多错居杂处的西周封国和蛮夷戎狄族邦组成，虽然周王对“四国”内的某些蛮夷戎狄族邦的统治力度有限，但仍视其为周王朝固有领土。武刚《“内服”还是“外服”：西周甸服问题研究——兼论西周王畿的形成过程》（《史学月刊》3期）认为西周前期，以百官为内服，“侯、甸、男”为外服，西周中期，周王在直辖区域“奠”内分封诸侯，内服中产生“甸服”，改变了旧有内服体系，形成了王畿区以及西周后期以王畿为划分依据，内有“甸服”，外有“侯服”的“五服”体系。武刚、王晖《西周金文中“内国”一词的政治地理双重含义考察》（《宁夏社会科学》2期）认为内国指周邦以内、王家所直接控制的地区，主要包括西周两都之间的地理区域，通过对军事据点“师”的地望的考察，可勾勒出内国与东、南国之间的界线。张海《倗伯、霸伯诸器与西周政权结构问题》（《青铜器与金文》第2辑）认为倗、霸不具有“邦”的地位，即使称“邦”，也是附属晋邦的次等邦，中央王朝通过人事任用、通婚等手段控制次等邦。［韩］李裕杓《西周王朝对畿外诸侯的军事领导机制》（《青铜器与金文》第2辑）讨论西周王朝对诸侯的控制手段有立储介入、军事控制、联姻政策。黄铭崇《从基于亲属的政府到官僚的政府——殷周变革的一个重要面向》（《史语所集刊》89本2分册）认为西周国家的结构，主要是模仿晚商时代已经建立的模型，商王朝虽然已经建立了一个理想的模型，但并未顺利推行，此模型最终是在西周时代的成周政府实现的，这与当时的形势密切相关。张程昊《农卣铭文考释》（《考古》12期）认为农卣铭文与西周周济制度有关。相关研究还可看董珊《农卣新释》（《青铜器与金文》第2辑）。蔡雨彤《薛仲赤簠“走马”新证》（《殷都学刊》2期）认为金文中的“走马”是重要武官，与《诗经》《尚书》中的趣马相合，但不是《周礼》中的低级官吏趣马。还有冯时《周初二伯考——兼论周代伯老制度》（《中原文化研究》2期）、付强《也说达盨盖铭文中的“携”及有关问题》（《出土文献综合研究集刊》7期）、杜勇《从井氏采邑看西周世卿制度的尊贤功能》（《古代文明》4卷）。

4. 器名与其他研究

李春桃《从斗形爵的称谓谈到三足爵的命名》（《史语所集刊》89本1分册）指出所谓“伯公父勺”的那类宽柄形器当名为“爵”，而通常称为爵的三足形器实为“觞”，“爵”是盛酒用于宴饗或祭祀，使用时用勺舀取其中的酒浆以献酌，“觞”则是裸器，与同（即觚）等配合使用。严志斌《薛国故城出土鸟形杯小议》（《考古》1期）认为鸟形杯是爵的另外一种形式。还有孙沛阳《爵与羽觞》（《练祁研古》第1辑）。崎川隆《关于自名为“鬻”的青铜器》（《青铜器与金文》第2辑）排除伪铭和特殊器，认为“鬻”是鬲形器的别称。程鹏万《从竞之渔鼎自名谈包山楚简265号简上的“鐈”》（《古研》第32辑）认为竞之渔鼎属乔鼎，其自名“鐈”是以用途代鼎名。罗卫东《谈谈“鄦仲䁮鑪”器名问题》（《古研》第32辑）主张此器当定名为“鑪”，而不是“鑘”或“瓶”。禤健聪《应侯盨自名之字证说》（《古研》第32辑）认为“𥨍”当释为“盨”，是表意字，它与形声字“盨”并行。他的《释蓬子受鬲的自名“鬹”》（《考古与文物》1期）认为河南淅川徐家岭M9出土的蓬子受鬲的自名字应隶定为“鬹”，此字从“圭”得声，是“鬲”字异体或鬲的别称用字。

张翀《彊国本土风格铜器的再检讨》（《南方文物》4期）讨论了彊国本土风格的铜器，认为真正本族传统的铜器更注重其功能性。彭裕商、韩文博、田国励《商周青铜盉研究》（《考古学报》4期）考察了盉的功能、型式、分期及其分布地域。路国权《论东周时期铜铆的功能分类》（《文博》3期）从铜铆在墓葬中的摆放位置以及铜器组合关系推断其为水器。孙明《商周时期宽耳铜簋浅析》（《文物》8期）分析了宽耳铜簋的源流和铸造技术。张国硕、周剑《商代鼎制初探》（《华夏考古》2期）从使用者的身份、鼎的数量、配置组合、鼎的功用和鼎实等方面考察了商代的用鼎制度。陈小三《三组西周青铜器的产地分析及相关问题》（《考古》12期）利用纹饰、形制、铭文探讨铜器的铸造地，并推测从西周早期到春秋早期，当时区域性铜器生产中心一直处在周王室控制之下。李龙俊《陕西宝鸡石鼓山墓地出土铜器仿制现象研究》（《考古》5期）通过对比分析铜器的制作工艺，揭示了西周早期仿制殷商晚期青铜器的现象。施劲松《论湖南商周青铜器的来源》（《南方文物》3 期）认为湖南出土铜器有来自中原和本土铸造两种。他的《商时期南方地区的青铜器与社会》（《考古》5 期）通过考察南方地区青铜器的生产和功用，探讨中原与南方社会发展的复杂性和多样性。黎海超、崔剑锋《试论晋、楚间的铜料流通》（《考古与文物》2 期）综合铜器铭文、考古遗存和微量元素的分析结果，得出西周晚期到春秋初年晋国所用铜料有相当部分来自楚国，楚国所用铜料则有相当部分是由大路铺文化代表人群进献的。

其他。方辉、王书林《“曾伯霥簠”的流传及相关问题》（《江汉考古》4 期）根据王献唐旧藏拓本的题记考证传世曾伯霥簠的流传过程。熊贤品《皿方罍著录校重一则》（《湖南省博物馆馆刊》14 期）指出《铭图》13807 号和 13813 号皿方罍器身为重复著录。顾王乐《新见“秦公簋”铭文辨伪》（《出土文献》第 12 辑）指出《铭图》4252 号和《铭续》336 号是伪器。邓佩玲《〈晋公盘〉铭文的文字及韵读问题》（《青铜器与金文》第 2 辑）从韵读和文字的角度，推测晋公盘可能是伪作。张乐《新出陶觥铭献疑》（《励耘语言学刊》第 1 辑）认为陶觥铭文可疑，属伪作。周亚《貉子卣真伪之我见》（《青铜器与金文》第 2 辑）认为上博藏的貉子卣是伪作，美国藏的貉子卣器、盖都是真品，《西清》著录的两件貉子卣中有一件当是后仿的。李守奎《𪎝镈与𪎝钟分篇与异文考论》（《青铜器与金文》第 2 辑）考察了𪎝镈与𪎝钟铭文文本的形成过程。马晓稳《谈谈东周鸟虫文字中的一种特殊鸟形》（《出土文献》第 13 辑）认为越王州句剑、蔡侯剑、越王之子句践剑和不光剑等铭中旧释为“唯”的字只是装饰性鸟形，不是文字。李红薇、崎川隆《新见日藏郭沫若手批〈两周金文辞大系考释〉辑录》（《文史》4 期）辑录新见《大系》批注，梳理相关观点演变脉络。代红《“古诸侯称王说”公案考论》（《华北水利水电大学学报（社会科学版）》4 期）指出王国维生前已放弃了“古诸侯称王说”，但由于其遗著整理者没有去粗存精，从而误导了学界。还有崎川隆《郑韩故城出土“戈铭石模”及其相关问题探讨》（《古研》第 32 辑）。

数字考古四十年

刘建国

数字考古是在计算机技术支持下，考古学研究中集成运用现代测绘、遥感、三维重建、地理信息系统、虚拟现实、数据库和网络等技术，充分采集和运用考古现场各种空间信息进行综合分析、研究的理论和方法，是信息时代考古学发展的必然趋势。

随着计算机、遥感、地理信息系统、三维重建等相关技术的稳步发展，数字考古领域的探讨和研究也从1970年代后期开始，大致经历了萌芽阶段（1976年～1990年）、起步阶段（1991年～2005年）、应用发展阶段（2006年～2019年），研究理论与方法日臻完善。

一　萌芽阶段（1976年～1990年）

（一）计算机考古

计算机技术自诞生以来，到20世纪70年代发生了巨大的变化，中央处理器由电子管、晶体管发展成为超大规模集成电路，硬盘和图形显卡先后出现，微型计算机闪亮登场，计算机的运算、处理能力获得极大的提升。在各国政府部门和学者的关注与支持下，计算机技术的应用和发展成为热门话题，各个领域的运用也应运而生，考古领域的一些学者也开始了相关的思考与探索。

实际上这一阶段计算机软、硬件的配置都很低，只能建立一些书籍、标本等的数据库，进行检索、查询等工作，但是一些同人在进行大量调研的基础上，构想了前景广阔的未来。

1977年，童恩正等将商代卜甲碎片根据时代、字迹、骨板、碎片、卜辞、边缘等的特征分别编码后进行缀合，判断哪些碎片可以缀合，缀合率达到40%，取得了比较理想的缀合效果（《关于使用电子计算机缀合商代卜甲碎片的初步报告》，《考古》1977年第3期）。

20世纪80年代，一些学者提出计算机考古的概念，吕建昌介绍了当时在考古现场使用微机将红外测距仪与经纬仪组合的测量数据在计算机中进行处理，转换成测量点的三维坐标数据，在绘图软件中标注各测量点的位置，生成等高线等地形图元素，再通过绘图仪将遗址地形图绘制出来。随后介绍运用质子磁强计探测遗址，根据探测点的平面位置与磁强数据，可以绘制磁强异常分布图，分析地下遗迹的大致分布特征（《微机在考古领域中的应用》，《上海大学学报（社会科学版）》1986年第2期）。

1987年，湖南省文物考古研究所率先成立电脑室，李科威领衔探讨计算机在考古领域的应用前景。认为计算机考古可以完成：全国文物普查数据库、考古发掘资料管理系统、考古文献情报检索系统、考古图形处理、仪器分析的数据处理、田野工作系统、类型学断代系统等，对考古领域信息技术的应用前景进行了系统、全面的阐释（《计算机考古刍议》，《东南文化》1988 年第 5 期）。随后李科威探讨类型学在考古学理论中的地位、类型学的特征、基本结构以及存在的问题，提出类型学机器的设想：能够将田野考古发掘过程中的全部原始资料，转变成经过分型、分式、分期、分区和年代校准的结论性资料，以便从资料规范化、定性定量分析等方面推动中国考古学的发展（《中国考古类型学变革的基本结构》，《东南文化》1988 年第 6 期）。

（二）遥感考古

萌芽阶段的遥感考古工作都是相关测绘与考古单位进行合作，开展一些尝试性的探索研究，对遥感影像进行考古学分析、判读，取得了不少令人满意的成果。高洪兴对天津南部地区古河道的陆地卫星多光谱遥感影像进行研究，发现古河道的影像特征都非常明显，在不同波段的卫星影像上都有着各自的表现形式（《天津南部地区古河道遥感影像特征及其反映深度》，《遥感文选》，科学出版社 1981 年版）。曾朝铭、顾巍运用航空影像对北京地区的长城进行探查，绘制出北京长城分布图、现状图，进行长度量测，发现一些新的长城遗迹（《北京地区长城航空遥感调查》，《文物》1987 年第 7 期）。

杨则东、李立强应用遥感图像，调查安徽古寿春城遗址，分析护城河、城墙遗迹等的布局特征，确定了寿春城遗址的具体位置与范围（《应用遥感图像调查古寿春城遗址》，《遥感地质》1988 年第 2 期）。张宏斌在安徽明中都城的遥感探查中，通过收集不同时期不同比例尺的航空像片，进行多层次的遥感地学解译，并部分结合铲探、发掘工作，基本查明遗址的城门、城墙及其相互关系（《航片在凤阳县考古中的应用》，《遥感信息》1989 年第 1 期）。

谈三平、刘树人运用航空立体影像，对太湖地区石室土墩的分布规律进行研究，发现石室土墩基本上分布于低山丘陵地带的浑圆山脊、平缓山坡等的开阔区域，多沿山脊线呈串珠状分布（《太湖地区石室土墩分布规律遥感初步研究》，《东南文化》1990 年第 4 期）。

二　起步阶段（1991 年 ~ 2005 年）

（一）计算机与地理信息系统

20 世纪 90 年代后期计算机软、硬件都有了很大的发展，地理信息系统技术引入中国考古研究领域。随着考古研究领域逐步对外开放，一些欧美学者通过项目合作的方式参与国内田野考古工作之中，关于计算机在考古学中应用的主题也转入考古地理信息系统方面。随着软件开发成本的降低，一些田野考古项目开始尝试开发考古现场数据采集的 GIS 软件。

1992 年，中国历史博物馆考古部的“班村新石器时代遗址综合发掘和研究”项目启动，领队俞伟超先生组建了环境考古、动物考古、植物考古等多学科合作的团队。项目组成员曹兵武与英国伦敦大学考古学研究所的霍立治就计算机在考古研究中应用等问题进行了深入、细致的探讨，认为计算机可以进行文档、表格、数据库、图形、图像等处理，能够直接接收 GPS 数据制作考古遗址的地形图，最后考虑到地理信息系统的多种功能及其在考古研究中应用的大量实例，坚信计算机在考古工作中将会发挥重要的作用（《计算机与考古学》，《中国历史博物馆馆刊》1995 年第 1 期）。

腾铭予对计算机在国内考古学领域的应用进行了系统的归纳：考古学文献情报检索系统、博物馆藏品管理系统、文物的考古学资料数据库、地理信息系统等方面，同时认为，计算机在检测数据处理、表面模拟、聚类分析等方面具有很大的优势（《计算机与考古学——计算机技术在中国考古学领域的应用》，《吉林大学社会科学学报》1997 年第 3 期）。

世纪之交，曹兵武、高立兵等发文介绍地理信息系统在考古研究中应用，认为 GIS 作为一种关心研究对象空间关系的新型计算机数据系统，使考古学家第一次可以借助计算机的所有优势——存贮、数学分析、检索、模拟、任意显示等，来处理考古资料在时间链条上的空间特征。同时也认为 GIS 无论怎样发展，都只是一种为考古学家所利用的手段而已（《GIS 与考古学》，《考古与文物》1997 年第 4 期）。随着地理信息系统技术的发展，一些新的分析方法开始应用于 GIS 景观研究，如可视域分析、累积可视域分析、成本或消耗曲面分析、虚拟现实技术以及神经网络中的有关理论等（《时空解释新手段——欧美考古 GIS 研究的历史、现状和未来》，《考古》1997 年第 7 期）。

随后发表的很多论文多是介绍 GIS 的建设构思与空间分析功能的，但也有一些学者开始尝试建立考古聚落调查的 GIS 系统。许天申等根据河南颍河上游聚落考古调查与 GPS 测量数据，建立区域调查 GIS 系统，制作全区域与单个遗址的遗迹分布图（《河南颍河上游考古调查中运用 GPS 与 GIS 的初步报告》，《华夏考古》1998 年第 1 期）。刘建国等根据洹河流域考古调查数据，建立聚落考古地理信息系统，探讨数据处理方式和 GIS 能够实现的功能（《洹河流域区域考古信息系统的建设与探索》，《考古》2001 年第 9 期）。孙朝辉等运用航空与卫星遥感影像解译楚皇城的城墙、护城河等遗迹，并建立信息系统制作遗迹分布图（《基于 RS 和 GIS 的楚皇城考古调查》，《遥感信息》2001 年第 4 期）。张海运用 ArcView 软件探讨聚落考古 GIS 建设方法，开展遗址等级、位置关系、分布密度等空间分析，研究中原地区聚落分布特征（《ArcView 地理信息系统在中原地区聚落考古研究中的应用》，《华夏考古》2004 年第 1 期）。齐乌云等建立山东沭河上游和黄河上游官亭盆地的聚落考古 GIS，尝试遗址预测模型、景观分析等研究，提出欧美聚落考古研究中运用 GIS 技术探讨区位分析、等级与规模、发展与扩张模拟等问题（《地理信息系统在考古研究中的应用类型》，《华夏考古》2005 年第 2 期）。杨林等建立陕西临潼姜寨遗址信息系统，探讨田野考古研究中的数据挖掘问题（《基于 GIS 数据库的田野考古地层剖面空间数据挖掘——以陕西临潼姜寨遗址为例》，《地理与地理信息科学》2005 年第 2 期）。

同时，李岩领衔开发“田野考古 2000”系统，旨在将田野考古调查、发掘的材料全部以一定的格式输入到系统中，经过系统处理后提供整理调查、发掘报告所需的各种资料（《田野考古资料的信息化处理与〈田野考古 2000〉》，《考古》2000 年第 6 期）。此外还有长江三角洲地区考古信息系统（《GIS 支持的考古信息管理系统——以长江三角洲地区为例》，《南京师大学报（自然科学版）》1999 年第 3 期）、三峡库区文物保护信息系统设计（《三峡库区文物保护信息系统设计》，《湘潭师范学院学报（自然科学版）》2003 年第 2 期）等顺利推出，探讨考古现场空间信息系统的建设问题。

（二）遥感考古

起步阶段的遥感考古工作与萌芽阶段有所不同，一些考古研究机构设立专门的实验室或部门开展遥感考古工作，人员、经费等的投入都有所增加，遥感考古方面的研究具有系统性和课题意识。这一时期发表的论文数目较多，但绝大部分是遥感考古技术方法的介绍和展望，具体考古研究方面的内容仍然不是很多。

刘建国运用不同时期的航空遥感影像，对新疆高昌、北庭故城进行探查，分析城墙、城门、护城壕等的布局特征，提出北庭故城具有三重城圈结构（《新疆高昌、北庭古城的遥感探查》，《考古》1995 年第 8 期）。

刘树人经过多年尝试和思考，对我国开展遥感考古工作的区域、内容、方法等提出设想（《空间遥感环境考古的地学分析》，《地球信息》1996 年第 1 期）。刘建国通过购买航空影像、低分辨率卫星影像等进行分析，研究西安汉长安城（《环境遥感在城址考古中的应用初探——汉长安城环境遥感考古的尝试》，《考古》1996 年第 7 期）、新疆库尔勒至轮台（《新疆库尔勒至轮台间古代城址的遥感探查》，《考古》1997 年第 7 期）、安阳殷墟（《安阳殷墟遥感考古研究》，《考古》1999 年第 7 期）、西藏吐蕃王陵（《西藏琼洁吐蕃王陵的勘测与研究》，《考古学报》2002 年第 4 期）等的遗迹分布特征，探究遥感影像的处理、分析、解译方法，归纳考古遗迹的影像标志，绘制遗址地形图；等等，推广遥感考古工作的理念与技术。

1994 年 8 月，中国社会科学院考古研究所建立遥感考古实验室，配置高性能的计算机、扫描仪、绘图仪等设备，开始使用计算机进行遥感影像的增强等处理。

1997 年 7 月，中国历史博物馆成立遥感与航空摄影考古中心，在充足经费的支持下主动拍摄大量考古遗址的航空影像，推动遥感考古工作顺利发展，及时出版一些研究成果（《内蒙古东南部航空摄影考古报告》，科学出版社，2002 年 4 月）。

2000 年 10 月，由山东省文物考古研究所与德国波鸿鲁尔大学编著的《中国临淄文物考古遥感影像图集》出版，图集将临淄地区 1938 年航空影像、1975 年航空影像及其解译图分区域编排，比例尺为 1：10000，有的影像制作成红蓝立体模式（《中国临淄文物考古遥感影像图集》，山东省地图出版社，2000 年 10 月）。

2001 年 11 月，中国科学院遥感应用研究所、华东师范大学、中国历史博物馆分别以中国科学院、教育部、国家文物局名义成立遥感考古联合实验室。随后在河南、浙江、安徽、湖北、四川等地建立遥感考古工作站，旨在推动我国遥感考古工作迈上新的台阶。

何宇华根据卫星影像分析楼兰古城周边古河道的特征，提出了孔雀河上游曾出现过两处滑坡，堵塞河道形成堰塞湖，切断楼兰古城的供水源，导致古城消亡（《空间遥感考古与楼兰古城衰亡原因的探索》，《考古》2003 年第 3 期）。王永江、姜晓玮从卫星遥感角度，分析跨湖桥遗址所处的地理、地貌特征，提出了钱塘江天文大潮冲毁跨湖桥文化的假说（《卫星遥感探讨杭州湾跨湖桥古文化消失原因》，《国土资源遥感》2005 年第 1 期）。

（三）数字考古及其相关领域

2000 年前后，电子全站仪、全球定位系统、近景摄影测量、三维激光扫描、虚拟现实等技术被陆续引入考古研究之中，考古现场空间信息的采集精度、速度与呈现方式等都发生了很大的变化。介绍近景摄影测量、三维激光扫描等技术在考古领域应用的论文开始出现（《物体形态的三维测量技术》，《人类学学报》2000 年第 4 期），但三维激光扫描技术只是获取模型空间信息，进行真实纹理的三维重建还是具有很大的难度，虚拟现实展示的内容只能通过计算机三维建模软件来实现（《考古遗址的三维再现》，《文博》2002 年第 5 期）。

2002 年，刘建国提出数字考古概念，认为现代测绘、遥感、地理信息系统、虚拟现实、网络等技术应该有机集成，对考古现场空间信息进行高精度的采集、分析、模拟和展示，拓展传统考古研究领域（《“数字考古”纵论》，《21 世纪中国考古学与世界考古学》，2002 年 12 月）。

这一阶段开始出现数字考古方面的硕、博士研究生毕业论文。张献颖尝试建立文物碎片的三维模型，探讨曲面提取与拟合方法，实现破损文物的虚拟复原（《计算机辅助文物复原关键技术研究》，西北大学 2003 年硕士学位论文）。尹宁运用不同分辨率的多源遥感影像数据，以靖边统万城、榆林地区长城等为例，探讨中国西部典型区域遥感影像处理与考古学分析技术（《基于多源遥感数据的中国西部典型区域生态环境和考古研究》，中国科学院研究生院 2004 年硕士学位论文）。桑广书运用遥感与地理信息系统技术，研究历史时期黄土高原典型地区的地貌演变与土壤侵蚀情况及其相互关系，认为现代侵蚀强度大于全新世早中期 41% ~45%（《黄土高原历史时期地貌与土壤侵蚀演变研究》，陕西师范大学 2003 年博士学位论文）。潘荣江探讨破损文物自动修复问题，提出基于最长公共子序列的平面碎片拼接等方法，通过旋转型曲面碎片旋转等拼接文物碎片（《计算机辅助文物复原中的若干问题研究》，山东大学 2005 年博士学位论文）。

三　应用发展阶段（2006 年 ~2019 年）

2006 年以来，电子全站仪与 RTK 测绘、航空与卫星遥感、地理信息系统等技术受到比较高的关注度，逐渐成为很多考古调查、发掘项目的常规手段。随着遥感技术的发展，获取亚米级高分辨率卫星影像变得非常简单，美国解密全球早期的 Conora 卫星影像，先后免费发布全球 90 米、30 米分辨率的数字高程模型。2013 年之后，随着无人机拍摄、多视角三维重建（或倾斜摄影）、虚拟现实等技术的发展，田野考古现场三维空间信息的获取、分析、模拟、展示等方式发生了根本性的变革，标志着数字考古时代的真正来临。

这一阶段发表相关研究论文与学位论文数目激增，一方面是软硬件技术、相关设备、材料储备、免费数据、思维方式等发展的必然结果；另一方面也不能排除高校和科研单位考核方式改变、研究课题增加、硕博研究生招生人数增加并有发表论文要求等因素，很多论文只是进行技术、方法的归纳与研究前景展望，甚至一些论文只是将一些相关数据进行汇总制图，具有创新、引领意义的研究论文并不多见。

（一）地理信息系统

2006 年前后，刘建国通过对陕西七星河流域、河南洛阳盆地、山西临汾盆地等地聚落调查资料进行研究，运用河流缓冲区、积水盆地等空间技术分析探讨各地区的人地关系特征，提出史前人类必须治水才能定居生存的设想（《考古与地理信息系统》，科学出版社，2007 年 11 月）。滕铭予运用 GIS 技术对遗址的空间位置与自然环境之间的关系以及遗址域进行定量分析，研究古代遗址的分布模式、人类对不同资源的开发过程以及对应环境变化的生存策略，探讨古代社会不同人群对资源的控制以及社会等级的划分及其过程（《GIS 在环境考古研究中应用的若干案例》，《吉林大学社会科学学报》2006 年第 3 期）。赤峰市西南部环境考古研究项目试图运用 GIS 技术，对不同时期考古学文化的聚落分布，与不同类型的地质、地貌、土壤等环境因素之间的关系进行定量分析，探讨不同考古学文化与不同环境因素之间的互动关系（《GIS 支持下的赤峰地区环境考古研究》，科学出版社，2009 年）。

王一帆等以北宋东京城为例，运用地图学方法与 GPS、GIS 技术，以现有考古发现和文献研究资料为基础，在 GIS 系统中重现古代城市空间，整合历史学研究成果，再进行网络发布与成果共享（《古代城市结构复原的 GIS 分析与应用——以北宋东京城为例》，《地球信息科学》2007 年第 5 期）。李海蓉等建立成都金沙遗址运用高密度电阻率法、高精度磁探、雷达探测等采集数据的 GIS，以便对探测数据进行科学存储与管理，并能够根据以往的考古研究资料对探测数据进行合理分析、解译（《基于 GeoMedia 的考古探测 GIS 数据库研究》，《物探化探计算技术》2007 年第 3 期）。李新伟运用 GIS 对兴隆洼文化南台子、白音长汗遗址内遗物的空间分布进行分析，根据遗址内石器和石料分布的不均衡性，认为初级的专业化生产可能在中国新石器时代中期即已发生（《地理信息系统支持的兴隆洼文化手工业生产专业化研究》，《考古》2008 年第 6 期）。

陈诚等建立南水北调湖北文物保护管理信息系统，采用文化类型、遗址面积和文化层厚度作为比较指标，运用空间分析方法研究淹没区旧石器时代遗址点的时空分布规律，推断古环境和人地关系的演化。认为旧石器时代早期至中期人类活动沿汉江干流溯源而上，表现为聚居地的高程增加、面积扩大、稳定性加强（《基于 GIS 的旧石器时代遗址时空分布规律的研究——以丹江口水库淹没区为例》，《云南地理环境研究》2008 年第 1 期）。

郑朝贵等采用 GIS 空间分析方法，对重庆库区旧石器时代至唐宋时期考古遗址时空分布特征进行分析，认为各时期人们生活在既靠近水源又便于抵御洪水的河流一、二级阶地上，多沿江河分布，遗址时空分布特征受气候条件影响较大（《重庆库区旧石器时代至唐宋时期考古遗址时空分布与自然环境的关系》，《科学通报》2008 年 3 月增刊Ⅰ）。邓辉等建立距今 8500 年以来，长江中游平原地区从新石器时期至明清时期考古遗址的 GIS 数据库，空间分析显示新石器文化遗址主要分布在平原边缘的山前台地—岗地和高冲积平原等海拔高程适中的地区，西周以后，考古遗址分布高程呈现下降趋势，反映了不同生产力水平下人类活动对自然环境变化的响应特点（《8500a BP 以来长江中游平原地区古文化遗址分布的演变》，《地理学报》2009 年第 9 期）。

张剑葳等建立扬州城遗址保护规划 GIS，整合、挖掘考古资料空间数据，探讨城市遗址形态，界定保护区划，制作各种规划图，同时建立遗址保护规划评估数据库，有效衔接评估结果和专项规划方案（《GIS 技术在大遗址保护规划中的应用探索——以扬州城遗址保护规划为例》，《建筑学报》2010 年第 6 期）。乔玉从河南伊洛地区地形特征与聚落分布情况出发，探讨聚落周围的可耕地面积与土地利用、粮食产量、人口规模等因素的关系，试图解释研究区域内裴李岗至二里头时期领地生产力和社会复杂化程度（《伊洛地区裴李岗至二里头文化时期复杂社会的演变——地理信息系统基础上的人口和农业可耕地分析》，《考古》2010 年第 4 期）。

鲁鹏等统计分析古代黄河、淮水与济水三个流域内裴李岗、仰韶、龙山、夏商等时期的遗址分布，通过环嵩山地区史前聚落分布与环境的三维可视化，探讨史前人类迁移的环境背景（《环嵩山地区史前聚落分布与环境三维可视化分析》，《地域研究与开发》2011年第2期）。闫丽洁等对河南省史前聚落遗址的分布特征进行研究，分析聚落选址与区域海拔高度、地面坡度、水系等地理环境之间的相互关系，认为裴李岗、仰韶、龙山、二里头时期聚落分布大多在海拔50米~400米、坡度小于3°、距离河流在3000米以内的地带（《借助GIS研究史前聚落遗址的空间分布特征》，《地理信息世界》2012年第2期）。

张海等开展的南水北调禹州段考古区域系统调查项目是以WEB和3S技术为基础，探讨区域系统调查项目实施的学术理念、研究方法、调查数据库的设计、3S技术的应用以及WEB-GIS系统的开发等情况（《以WEB和3S技术为支持的南水北调禹州段考古区域系统调查》，《华夏考古》2012年第4期）。张海认为可以运用GIS技术探讨聚落遗址空间关系的共时性和历时性、遗址分布与地形地貌、水文、矿产、资源等自然环境的相关性，运用多元统计分析、成本面分析、空间移动模型、视域分析、水文分析等探索生态和景观方面的研究（《GIS与考古学空间分析》，北京大学出版社，2014年）。

王琳等分析马家窑文化不同时期遗址分布的地貌背景和积水盆地面积的变化，推测不同的地貌环境所反映的土地利用方式及其与生业模式之间的关联，不同时期的遗址域内有不同的平地等级和积水盆地分布，反映土地开发、占用模式与当时的生业模式有很大关系（《甘青地区马家窑文化遗址的地貌环境分析及其土地利用研究》，《第四纪研究》2014年第1期）。

沈香等探讨郑洛地区史前聚落分布特征，发现积水盆地面积与相应盆地中遗址点的数量、增长速率呈现显著的正相关，各积水盆地中遗址点分布密度在裴李岗文化时期东部地区大于西部地区，而仰韶、龙山文化时期中西部地区大于东部地区（《基于流域盆地面积的郑洛地区史前聚落遗址分析》，《地球信息科学》2015年第9期）。曹耀文分析广东从化流溪河流域先秦时期遗址分布与自然地理要素之间的关系，表明海拔高程、河流缓冲区、坡度等因素对遗址分布影响较大，而坡向则不是重要的影响因子（《GIS支持下的从化流溪河流域先秦时期遗址空间分析研究》，《文博学刊》2018年第2期）。

（二）三维重建

随着计算机图形图像等技术的发展，考古现场三维重建与展示的问题越来越受到关注。三维激光扫描技术的推广，使考古现场三维空间信息的获取成为可能。朱利东、阚瑗珂等根据金沙遗址发掘探方中地层的大量三维坐标数据，通过软件制作地层的三维模型，能够实现地层断面的切割等功能，并可分析地层的空间特征，推断地层的沉积变化过程（《考古地层的三维可视化及应用研究——以成都金沙遗址为例》，《成都理工大学学报（自然科学版）》2007年第5期；《考古地层的三维重建方法》，《计算机应用研究》2007年第3期）。

刘江涛等运用三维激光扫描技术对三星堆遗址一号祭祀坑进行数据采集、加工处理、三维建模等，通过数字相机获取纹理数据，最后制作成具有真实纹理的祭祀坑三维模型（《三维数字化技术在考古中的应用》，《中国图象图形学报》2008年第4期）。蔡广杰运用三维激光扫描仪采集西藏大昭寺壁画数据，提出对文物保护进行动态仿真模拟的设想，以期动态观察和预测壁画病害的演化趋势，为文物保护提供更加科学的决策依据（《大昭寺三维数字化应用初探》，《首都师范大学学报（自然科学版）》2009年第3期）。随后众多学者运用三维激光扫描技术对古建筑（《基于GIS与三维激光扫描的古建筑保护研究》，

《地理空间信息》2009年第1期）、洞穴遗址（《白龙洞古人类遗址三维数字模型的建立与初步分析》，《第四纪研究》2010年第2期）、石窟（《古代造像野外调查方法探索——数字技术在中小型造像调查中的应用》，《四川文物》2010年第5期）、馆藏文物（《馆藏文物保护中数字建模技术应用研究》，《文物保护与考古科学》2011年第1期）等进行扫描，制作三维模型。

与此同时，三维GIS技术也引入考古研究领域，大区域的三维重建成为可能。鲁鹏制作环嵩山地区史前聚落分布与环境三维效果图，探讨裴李岗、仰韶、龙山、夏商时期人类迁移的环境背景（《环嵩山地区史前聚落分布与环境三维可视化分析》，《地域研究与开发》2011年第2期）。刘建国通过三维GIS技术进行可视域、集水盆地、水库库容等分析，观察和分析遗迹与周边环境的关系，探究不同时期的人地关系模式（《三维GIS技术支持的古代人地关系研究与文化遗产保护》，《科研信息化技术与应用》2012年第3期）。

由于三维激光扫描技术获取的数据点数目巨大，后期贴模需要大量的时间，点云与影像纹理的拟合精度低。昂贵的设备成本与复杂的技术难度，使三维激光扫描技术无法在考古与文保领域得到广泛的运用。

自2013年开始，刘建国系统地探究多视角三维重建与无人机低空拍摄等技术在田野考古工作中的应用，先后发表论文介绍多视角三维重建技术对考古发掘区（《辽宁建昌县东大杖子M40的三维建模与探索》，《考古》2014年第12期）、考古遗址（《考古遗址的超低空拍摄与数据处理》，《考古》2015年第11期）、出土文物（《可移动文物的多视角影像三维重建》，《考古》2016年第12期）进行三维重建的技术方法，并在田野考古工地、培训班等不同场合进行全力推广，取得了非常好的效果。多视角三维重建技术因其设备成本低、操作难度小、三维重建精度高等特点，迅速成为田野考古现场三维空间信息获取的重要技术。

（三）集成研究

随着空间信息技术的稳步发展，多种技术方法的集成运用成为必然。杨瑞霞运用遥感、GIS、三维重建等技术，分析中原地区仰韶至战国时期遗址等的影像特征，研究自然地理环境数据、聚落分布特征等，对不同尺度的空间区域进行模拟分析，探讨数字环境考古的理论和方法（《中原地区数字环境考古研究》，华东师范大学2009年博士学位论文）。惠夕平对鲁东南沿海地区史前至汉代聚落进行考古研究，探究古代环境对聚落选址的影响以及人类的适应能力，通过最优路径分析探讨可能影响聚落选址的自然和社会因素，以及区域内重要资源的获取和流通方式（《鲁东南沿海地区聚落选址与聚落变迁研究》，科学出版社，2017年10月）。

张汉女以水下探测和水下发掘的资料为基础，建立水下考古地理信息系统，实现水下考古数据的空间化，实现考古资料的多源获取和管理、数据处理、信息检索、考古环境模拟、空间分析与决策等功能，探讨古代航海技术、海上交通史以及贸易航线（《地理信息系统支持下的福建省水下考古研究》，吉林大学2013年博士学位论文）。李枫在全面考察江汉平原地质构造和地貌特征的基础上，重建江汉平原距今5500～3400年古环境变化过程，分析新石器时代中晚期研究区域内考古遗址时空分布和典型聚落形态变化，探讨地理环境背景变化的机制及其对考古文化演替的影响（《江汉平原5.5～3.4kyrBP环境变化及其对古文化演替的影响》，南京大学2013年博士学位论文）。

程嘉芬分析汉代司隶地区聚落体系整体的空间分布规律、聚落体系特点模式与形成原因以及社会组织结构等问题。还尝试探索了一种以墓葬材料（墓地）为基础，模拟汉代聚落空间位置信息的方法，以期尽可能全面地利用考古材料为汉代聚落体系研究提供可靠的数据基础（《汉代司隶地区聚落体系的考古学研究》，吉林大学 2015 年博士学位论文）。姚娅运用水文分析手段，提取水文要素，统计分析良渚古城外围水利系统的空间分布规律，并选择子研究区（岗公岭水坝群小流域）进行三日短时暴雨设计，对岗公岭水坝群进行水文模拟，对水坝群的空间结构与功能等进行综合探讨（《GIS 支持的良渚遗址群水利系统研究》，中国科学院大学 2017 年博士学位论文）。

刘建国、王辉运用遥感、GIS 技术，结合自然地理环境等信息对良渚古城外围水利系统进行空间模拟与分析，探讨水利系统的选址、机理、功能等问题（《空间分析技术支持的良渚古城外围水利工程研究》，《江汉考古》2018 年第 4 期）。在江汉平原聚落考古研究中，刘建国等集成运用无人机拍摄、三维建模、水文分析、淹没区模拟等现代技术，探讨 30 处重要史前聚落的人地关系特征，提出江汉平原史前人类对水源的利用与治理模式（《江汉平原及其周边地区史前聚落调查》，《江汉考古》2019 年第 5 期）。

四　小结

数字考古研究经过近十年来的迅猛发展，理论与方法基本成熟，很多相关领域的应用能够与传统考古学研究紧密结合，电子全站仪与 RTK 测绘、遥感影像解读、无人机拍摄、多视角三维重建、GIS 建设及其分析与模拟等已经成为田野考古工作的常规技术与方法。科研人员与研究生能够轻松获取开源 GIS 软件、免费 DEM 数据、高分辨率遥感影像、早期遥感影像与文物地图集等资料，运用 GIS 进行区域考古分析、研究变得非常简单。所以今后数字考古研究的发展应该是将多种技术有机集成，针对传统考古学研究的问题进行深入探讨。

第二篇

考古文物新发现

2019年度十大考古新发现

【广东英德青塘遗址】

发掘时间：2018年6月~10月

工作单位：广东省文物考古研究所、北京大学考古文博学院、英德市博物馆

青塘遗址位于清远市所辖英德市青塘镇，地处北江支流滃江中游，包括黄门岩1号至4号洞、朱屋岩、吊珠岩及仙佛岩等多处洞穴地点。2016~2018年，广东省文物考古研究所联合北京大学考古文博学院、英德市博物馆等单位对英德青塘遗址黄门岩1号至4号洞地点进行主动性考古发掘，发掘面积54平方米。

通过考古发掘，青塘遗址发现晚更新世晚期至全新世早期连续的地层堆积，清理出墓葬、火塘等多个重要遗迹，出土古人类化石、石器、陶器、蚌器、角骨器、动物骨骼及植物遗存等各类文物标本1万余件，建立起距今约2.5万至1万年连续的地层与文化序列。经初步研究，青塘遗址文化遗存从早至晚可分四期，各期的文化面貌具有明显阶段性差异，反映出晚更新世晚期至全新世早期在工具技术、人类适应行为以及文化等方面的演变过程，并揭示出气候环境变迁过程与史前文化演进路径之间的耦合关系。

黄门岩1号洞地点发现墓葬一座，出土保存较为完整的人骨化石1具，其葬式为蹲踞葬，年代距今约13500年，人骨旁发现骨针1枚，可能为随葬品。该墓葬是中国迄今发现年代最早的、可确认葬式的墓葬，人骨是广东境内保存最为完整的距今1万年前古人类化石。黄门岩2号洞地点第二期地层中出土少量人骨化石残块，表明遗址不同时期可能存在不同的遗骸处理方式。2号洞还发现距今2万余年、华南考古发现年代最早的穿孔蚌器。地层的第⑤层出土距今1.7万年的早期陶器，为广东年代最早的陶器，填补了本地区的空白，而三个不同层位发现的陶片则反映出早期陶器生产工艺的发展过程。

遗址内出土各类石制品3000余件，包括打制石器、石锤、使用砾石、石片、断块、碎屑、石料及少量穿孔石器、局部磨光石器。其中最具代表性的是单面硬锤加工的各类陡刃砾石石器，其形态特征与加工技术都具有定型化生产的特点。

青塘遗址出土的动物种属以鹿为最大宗，此外还有食肉类、鸟类及啮齿类动物，螺蚌、龟鳖等水生动物发现数量亦较多。另外，除了发现植物果核外，在多个地层出土的石制品表面检测到禾本科淀粉粒，这表明从第二期开始已有加工利用植物资源的明确迹象。遗址内所发现种类丰富的动、植物遗存是广谱性采食经济最直接的证据。

青塘遗址的特殊性更在于其作为洞穴地点群，展现了华南晚更新世晚期至全新世早期的聚落形态特征，不同时期的栖居方式表现出阶段性特点，不同洞穴地点之间有显著的功能差别，单个地点（中心营地）内部又存在空间的功能区分。

定型化石器生产技术的不断成熟，骨

角器、穿孔蚌器、陶器、穿孔石器及局部磨光石器等新型工具门类不断涌现，暗示着旧石器时代晚期原始宗教信仰、仪式产生的有意识的丧葬行为与遗址所展现的该阶段原始人群聚落形态，这些文物资料全面地反映出晚更新世晚期以来现代人行为复杂化发展的新阶段以及社会复杂程度，系统再现了中国南方从狩猎采集社会向早期农业社会过渡的历史进程。

青塘遗址的考古发现是华南史前考古的新突破，对于东亚、东南亚史前人类与文化发展的认识和探讨具有重大学术意义：第一，青塘遗址连续的地层与文化序列为华南—东南亚新旧石器过渡阶段研究提供了重要的参考标尺，并揭示出环境变迁与文化演进过程的耦合关系；第二，青塘遗址墓葬与人类化石的发现对于旧石器时代晚期原始宗教信仰、社会复杂程度、区域现代人体质演化与人群扩散等方面的研究具有重大价值；第三，青塘遗址为研究华南新旧石器过渡阶段聚落形态，早期陶器的出现与发展，现代人行为复杂化，区域史前文化的关系等提供了十分重要的新材料；最后，青塘遗址考古成果也是中国史前考古的重要进展，为深入探讨旧大陆东部现代人出现与扩散、东亚与东南亚史前文化交流、新旧石器时代过渡等前沿课题提供了新契机。

（刘锁强）

【湖北沙洋城河新石器时代遗址】

发掘时间：2018 年

工作单位：中国社会科学院考古研究所、湖北省文物考古研究所、荆门市博物馆、沙洋县文物管理所

城河城址位于荆门市沙洋县后港镇双村十三组、龙垱村三组，地处汉江西岸，长湖北岸。城河及其支流分别从遗址的西、南及东侧流经，于遗址东南方汇合。该遗址在 1983 年文物普查中被发现。2006 年，荆门市文物考古研究所对遗址进行了复查。2012 年 11 月，为开展长江中游地区中等规模城址的聚落特征和社会结构研究，经国家文物局批准，中国社会科学院考古研究所、湖北省文物考古研究所、荆门市博物馆、沙洋县文物管理所组成联合考古队，对遗址进行了首次发掘，至 2017 年 12 月，进行了五次发掘和系统钻探，对城内一般性居址、陶器生产区、中心“广场”设施、大型院落式建筑及其附属设施，乃至与仪式性活动相关的特殊遗存都进行了不同程度的探索与揭露。这些工作表明，该遗址为屈家岭—石家河文化的重要城址，面积约 70 万平方米。通过区域系统调查，我们对周边聚落形态也有了全面了解。

2017 年 11 月，联合考古队在北城垣外侧 200 米左右的王家塝地点进行勘探，发现屈家岭文化时期墓葬 235 座，遂于本年 3 月开始系统发掘。目前，已对其中的 112 座墓葬进行了清理，取得重要收获。总体来看，这批墓葬有如下特征。

首先，墓圹和棺木形制清晰，并有引人注目的特征。绝大多数为竖穴土坑墓，但有少量墓一侧略带“偏洞”，棺木一半被嵌偏洞中。超过 70% 的墓葬可见葬具，发现率和保存完整状况在长江中游史前墓地中非常少见。葬具痕迹包括以长方形边框为形式的板棺和整木掏空的独木棺，并且独木棺占据绝对主体。这些独木棺体量大小不一，有的直径达 1.5 米，有的仅 0.4 米，并且结构较为复杂。这些独木棺的盖板均为弧顶，只是向上凸弧程度有所不同；底板则向下凹弧；棺侧壁有的斜直，有的外弧；两端的挡板，有的与底板浑然一体，有的可能与底板组合拼接而成，二者之间可见痕迹间隙。此外，根据多个墓葬案例，确认同穴多“室”合葬墓。

其次，随葬品丰富。几乎所有墓葬都随葬陶器，少则数件，多则 60 余件。陶器以泥质磨光黑陶居多，主要器型包括细颈

壶、豆、罐、罐形鼎、壶形鼎、直壁圈足杯、盂形器、器盖、盆、瓮、缸等，部分器类组合为首次发现。除陶器外，亦有玉钺、石钺、象牙器、竹编器物、猪下颌骨、漆器以及疑似木器等遗存。

再次，墓葬规模、葬具、随葬品等情况，已经表现出明显的社会分化。在发掘区内，面积在10平方米以上的大型墓葬有7座。大、中型墓葬有体量巨大的棺木，精美的玉钺、石钺、漆器、象牙器以及大量磨光黑陶、猪下颌骨等遗物。在大、中型墓葬填土中，发现随葬瓮、罐、夹砂红陶缸的现象。小型墓葬规模较小，葬具的使用率低，仅随葬数件陶器。甚至发现几座小墓共用一个器物坑的现象。

由于保存环境的原因，在已发掘的墓葬中，仅有约25%的墓葬可见人骨遗存，且保存较差，多人骨腐朽痕迹。从保存的人骨迹象观察，葬式以仰身直肢葬为主。另有四例墓葬发现人骨移位或变形现象，原始葬式不明。此类移位或变形现象是葬俗所致还是埋葬后受自然外力的影响，尚不得而知。

已发掘的M202、M155和M112开口面积分别为17.3平方米、14平方米和22.4平方米，是全国范围内迄今发现的同时期面积较大的史前墓葬。M202是一座同穴双“室”合葬墓。长方形竖穴土坑，开口长4.38米，宽3.95米，墓底距墓口2.5米。东、北侧有生土二层台。墓壁规整，局部保存明显的工具痕迹。墓底有两个平行的南北向墓室，中间以宽0.5米、高0.8米的生土梁相隔。生土梁顶部距墓口深1.7米。东、西两墓室均发现直壁弧底独木棺，棺内外均随葬60余件磨光黑陶，同时在棺外发现漆盘、竹编器物等。墓葬填土随葬瓮、罐、缸等数件大型带盖容器。根据发掘时预留的填土堆积剖面观察，这些器物一般位于不同层填土的“界面”，应是伴随填土的逐层倾倒先后分别放置的。M155亦为南北向同穴双室墓，墓圹长4.68米、宽3.2米，中间留有生土隔梁，将墓葬分为东、西两室。独木棺保存完整、结构清晰，东室棺内、外随葬漆器和大量磨光黑陶，并在墓主右股骨附近发现玉钺及红色漆柄痕迹。钺长25厘米、刃宽13厘米，柄痕长度为60厘米。M112为同穴三室墓，位于墓地中部，东西长5.95米，南北宽4.1米。距开口深125厘米处发现三座平行的南北向墓室，亦以生土梁隔开。墓室形制均为长方形竖穴土坑状。中墓室较大，南北长2.9米，宽1.6米。东西两侧墓室面积明显较小。每个墓室内各埋葬一座独木棺，痕迹清晰。中墓室独木棺粗大，直径达1.5米，棺内可见石钺、象牙器、漆器以及大量磨光黑陶，棺外随葬暗红色大漆盘，棺木体量和随葬品丰富程度明显大于两侧墓室。结合填土看，中墓室上方集中填埋大量带盖容器的现象，似乎可以认为中墓室墓主的身份高于两侧墓室。

上述大型墓葬分别位于中部、西南、西北、东北四个位置。在每座或每两座大型墓葬周围，则分别分布数量不等的中型、次中型、小型墓葬，表现出清晰的布局。

屈家岭文化占据江汉丘陵地带，自身社会发展独具特色，在史前文化交流中扮演了重要角色。以前的大范围系统调查，从区域聚落形态的角度揭示了屈家岭文化城址林立、社会蓬勃发展的态势。相关研究也显示，距今5000年前后，在庙底沟类型、红山文化和凌家滩遗存的衰落引发的大范围动荡整合中，发生了强劲的屈家岭文化北进河洛，西入关中的扩张。但因资料所限，我们难以获得对屈家岭社会发展程度更全面、更深入的认识。

城河城址的数次发掘，发现城垣、人工水系、大型建筑、祭祀遗存等重要遗迹，从内部聚落形态的角度揭示了屈家岭社会的发展；王家塝墓地则是迄今为止发现的规模最大、保存最完整的屈家岭文化墓地，填补了长江中游地区缺乏史前大型墓发现的空白，为重新审视屈家岭文化的社会结构提供了极其重要的资料。城河遗址城垣—居址—墓地三位一体的系统发掘，为长江中游地区文明化进程研究提供了更全面的信息。这些墓葬棺具明确、葬俗独特、随葬品丰富、等级明显，清楚表明屈家岭社会形成了完备而独具特色的墓葬礼仪。

对屈家岭社会发展程度的新认识，为我们观察距今5000年前后屈家岭文化因素的强势北上和西进提供了新的基点。本次发掘墓葬中的直壁圈足杯在庙底沟类型末期到仰韶晚期、大汶口文化中期和良渚文化中均有发现，是屈家岭文化扩张的典型例证。大口缸在大中型墓的出现，独木棺在大墓中的流行，以及钺在大墓中的显著地位，则表明屈家岭文化社会上层广泛参与了周边地区的深入交流。由此可见，在距今5000年前后中国史前社会动荡整合的广阔背景下，屈家岭文化在自身高度发展的基础上，在区域间互动中扮演了重要角色。

发掘工作秉承多学科合作的思路，系统采集各类样品进行检测和分析，并通过浮选、筛选等方法收集了大量各种自然和文化遗物标本，为全面研究当时的葬仪、亲属关系和社会结构提供支持。同时，对所有墓葬的填土留存剖面，借此收集填土堆积的填埋过程和倒塌信息，多角度观察和分析葬具的结构以及埋藏变化过程，为理解和探讨墓葬的营建系络提供证据。

系统、长期地开展城河遗址的聚落考古和多学科研究，为探讨汉水西部史前城址的聚落特征提供了重要的信息支撑，为全面认识长江中游地区史前城址群的聚落差异提供了重要视角。王家塝墓地的发现是屈家岭文化研究的重要收获，对于探讨长江中游地区新石器时代晚期的聚落特征、社会结构、人地关系，深化该地区的文明起源和形成研究具有重要的学术意义。

王家塝墓地的发现、城河城址2012年来的发掘是屈家岭文化确立以来的重要收获，弥补了江汉之间这一重要地区文明演进历程探索的薄弱环节，并将有力推动我们对该地区在整个中华文明形成过程中发挥的重要作用的深入认识。

（彭小军　范晓佩　陶　洋　朱远志）

【陕西延安芦山峁新石器时代遗址】

发掘时间：2018年

工作单位：陕西省考古研究院、西北大学文化遗产学院、延安市文物研究所

陕西延安芦山峁遗址是延河流域一处庙底沟二期文化至龙山时代大型遗址，面积超过200万平方米。遗址核心区的主山梁上分布着四座夯土台城，台城顶部分布着院落式建筑，是迄今所知中国最早的宫殿建筑雏形。其中，大营盘梁台城顶部分布着三座院落，分别为一座宫殿院落和两座门塾院落，宫殿院落的房址内出土了上百件筒瓦和槽型板瓦，是目前为数不多几个出土龙山时期瓦的遗址，且发现的瓦保存完好。夯土内还出土了大量精美的玉器。核心区周边山坡上沿着等高线分布着数以百计的小型窑洞式房址和居址葬，拱卫着核心区的宫殿区。芦山峁这些要素表明，该遗址应该是陕北南部一座区域中心聚落，可能具有早期都邑的性质。

项目背景　芦山峁遗址位于延安市宝塔区芦山峁村北。1981年2月，芦山峁村民陆续向当时的延安地区群众艺术馆送交了28件玉器。随后，当地文化部门对遗址进行了数次调查，发现了相当于龙山文化晚期的白灰居住面、灰坑、石刀、石斧、陶片等。芦山峁遗址由此受到学界关注。1992年，芦山峁遗址被陕西省政府公布为

省级文物保护单位，面积 24 万平方米。1998 年出版的《中国文物地图集·陕西分册》刊布了第二次全国文物普查数据信息，芦山峁遗址的分布面积为 60 万平方米。

2016 年以来，在国家文物局颁布的《“十三五”大遗址保护专项规划》以及“考古中国”系列研究项目中，河套地区聚落与社会、长江中上游文明进程、长江下游区域文明模式、中原地区文明化进程等四个项目被确定为推进区域文明化进程研究的重点课题。芦山峁遗址被选定为河套地区聚落与社会研究项目的核心聚落，从而启动了延安地区沉寂已久的新石器时代考古工作和相关研究。

遗址布局　2014 年开始的调查勘探成果表明，芦山峁遗址面积超过 200 万平方米，东至碾庄沟，西至延河，北至芦草沟，南至二郎庙。遗址以延河与碾庄沟之间的南北向分水岭——“大山梁”为核心区，大山梁与两侧的横向山梁构成“王”字形地形轮廓。

勘探确认，在遗址核心区——“大山梁”的顶部，钻探确认了至少四座大型夯土台基，由北向南依次为寨子峁、小营盘梁、二营盘梁、大营盘梁。每座台基之上坐落着规划有序的围墙院落和建筑群，相当于四座相对独立而联系密切的夯土台城和高等级院落遗址。

大山梁两侧山坡上及其横向支系山梁局部，勘探发现的遗迹有白灰地面房址、灰坑、墓葬等超过 300 处，目前尚有大部分区域未完成勘探，将来会发现更多遗迹。有一种现象值得重视，即多处山坡发现的房址内有小型成人墓葬，而有些盗洞内人骨和陶片已经暴露，很有可能是一种“房屋葬”的现象，这种现象在后来的试掘中得到了验证。

由此可以初步判断，芦山峁遗址是以四座台城式建筑群为核心，周边拱卫着大量普通居住地点的聚落形态。

主要收获　2016～2018 年，对芦山峁的考古发掘工作主要围绕遗址核心区最大的人工台基“大营盘梁”顶部而开展。

发掘确认，大营盘梁人工台基及其顶部建筑始建年代为庙底沟二期晚段，与甘泉史家湾、襄汾陶寺遗址早期年代相当，陶器以斝、单耳罐、圜底瓮等器类为代表，属于庙底沟二期文化的区域类型。

大营盘梁人工台基南北长约 160 米，东西宽约 100 米，是由坡状的自然山梁人工垫土夯筑而成的夯土大台基，边缘地带垫土厚度 5 米～10 米不等。

台基顶部分布着三座院落，由北部一座大型院落和南部两座小型院落构成“品”字形布局。目前，大营盘梁的一号院落的布局基本清晰，为四合院式两进院落；院落大体坐北朝南，东西两侧院墙内侧规整地分布着厢房，门向均朝向院落中心。院落中部偏北分布着三座主建筑，坐北朝南，单个房址的建筑面积均超过 200 平方米。主建筑将院落分隔为前院和后庭。前院和后庭地势均低于房屋地基，利于院落集水、排水，其实相对于前后院较低的地势，所有主建筑和厢房相当于高台建筑。

一号院落南围墙外的巷道对称分布着两座独立的小型院落，应该是负责警备安全的门塾区，每个小院落内分布着多座中小型夯土房址。

大营盘梁最南端是一片小型广场，有来自院落内外的道路在此汇集，并有一条主干道通向山体前方其他山梁。

在大型房址、院墙、广场的夯土中，多次发现玉器奠基的现象，器类包括玉刀、玉璧、玉琮、玉环等。此外，还发现多例以猪下颌骨为房屋奠基的现象。

在大型房址附近的堆积中，还发现有一定数量的筒瓦与槽型板瓦，个体超过 100 件。这是中国目前所知最早的瓦。

房址和地层内出土的生产工具较少，主要有石纺轮、石斧、石刀、石矛、石镞、石凿、石锤、骨锥等。另外，遗址内出土了较多的陶质泥抹子，形制酷似近现代泥瓦匠使用的铁质泥抹子。这种现象可能与庙底沟二期阶段开始北方地区大量使用白灰涂抹屋内地面、墙壁的现象密切关联。

学术价值　结合考古地层学和出土器物分析，遗址核心区的大型人工夯土台基及院落的始建年代不晚于庙底沟二期文化晚期，文化面貌与延安甘泉县史家湾、襄汾陶寺遗址早期接近，属于庙底沟二期文化的区域类型。

大营盘梁集中发现大量筒瓦和槽型板瓦，将中国使用瓦的时间提前至庙底沟二期文化晚期。同时或略晚，神木石峁、灵台桥村、宝鸡桥镇、襄汾陶寺等地也发现了瓦。可见，秦岭、阴山、太行山及六盘山之间的区域是瓦最早的起源地。瓦的出现是建筑材料的巨大进步，瓦也往往最早使用在核心聚落或早期都邑的重要建筑上。

芦山峁遗址发现了大量玉器，这些玉器一般出土于台基、房屋墙体、房屋基址、墓葬、奠基坑等遗迹内，且多为礼器，表明庙底沟二期文化阶段至龙山时代，这一地区与河套及其周边地区普遍流行以玉为礼的现象，背后必然隐藏着思想信仰层面的价值认同。

龙山时代晚期至夏商周时期流行的都邑遗址，其宫殿或宗庙建筑布局均与芦山峁的大营盘梁宫殿院落布局十分接近，如二里头、殷墟及周原凤雏宫殿遗址，呈现为较严整的四合院式格局。虽然相隔千年，但它们之间很可能存在非常密切的承袭关系。芦山峁遗址核心区的多座人工台基及其之上构建的规整院落，似可被视为中国最早的宫殿雏形，这对于研究中国聚落形态演变和早期礼制的发展具有十分重要的意义，也是探索中国早期社会复杂化进程和国家起源的重要载体。

【新疆尼勒克吉仁台沟口遗址】
发掘时间：2018 年 5 月 ~11 月
工作单位：新疆维吾尔自治区文物考古研究所、中国人民大学

吉仁台沟口遗址位于伊犁尼勒克县科蒙乡恰勒格尔村东，地处喀什河中游沟口处，北邻依连哈比尔尕山，南与阿吾拉勒山隔喀什河相望，海拔约 1200 米。遗址由居址区和高台遗存两部分组成。该遗址在 2015 年配合基本建设考古中被发现，并于当年和 2016 年进行了两次抢救性发掘。鉴于该遗址的重要性，本年新疆文物考古研究所和中国人民大学对遗址进行了第三次发掘。

居址区　位于喀什河北岸一处三级台地上，台地北高南底，南北宽约 200 米，东西长约 400 米，面积约 8 万平方米。台地上有厚 5 米 ~10 米的次生黄土堆积层，其下为卵石河床。根据古地质调查，该区域为喀什河古河道，距今 1 万年左右河道下切后形成台地。台地上草场丰茂，宜于放牧。三次考古工作累计发掘 4500 余平方米，共清理房址 37 座，窑址、灶（火塘）、灰坑、冶炼遗迹等 300 余座，采集遗物标本 1000 余件。此外，在遗址中还发现了极为丰富的燃煤遗存，出土大量煤块、煤灰、煤渣及未燃尽煤块等。

房址多数集中分布在台地东部的背风稍低处，中、西部零星分布。房址按建筑规模可分为大小两种。房址内基本都包含居住面、灼烧面、灶（火塘）、卵石坑、灰坑等，灶（火塘）一般位于房址中部。

大型房址面积 100 平方米 ~400 平方米，共计 6 座。最大一座位于台地西部，相对独立，功能和性质应比较特殊。这些房址平面大致呈长方形，属于半地穴木梁架式结构，营建方式为依山体坡度掏挖出簸箕状半地穴式房基，四壁垒石。其后在石墙边栽立长条石，内竖木柱构成墙体，并在房址中央围绕灶址栽立两排木柱以支撑屋顶。个别房址墙外有一圈回廊式石砌护墙。石砌门道位于房址南侧，长方形石

砌火塘位于房址中部，二者连线大致构成房址中轴线，布局严谨对称。

小型房址面积 20～60 平方米，共 31 座。在台地中部零星分布，大部分集中于台地东部，且多依山梁地形呈阶梯状错落分布。房址平面形状分为圆形和长方形两种，建筑形制则有半地穴和地面起建两种。居址中部一般有一个圆形石灶。门道方向不一致。

窑址共计 6 座，其中编号分别为 Y4 和 Y5 的 2 座勺形窑规模较大，由窑室和火道两部分组成，南北向，窑室相对而建，相距约 2 米，火道一朝北、一朝南。火道平面呈圆角长方形，斜坡状。窑室近圆形，Y4 口大底小，Y5 口小底大。窑室内部堆积分层明显，有大量木炭，其中 Y4 内木炭层堆积厚 40 余厘米。木炭多用细枝或草本植物烧成。根据窑址形制及遗物，初步推测其为烧制或储存木炭的窑。除木炭外，仅在 Y5 内发现 1 块陶口沿片，夹砂灰陶，敛口，方唇，器表饰凹弦纹。

共发现墓葬 80 座，其中属于青铜时代晚期的有 9 座，分布零散，规模较小。形制有半地面石棺墓与竖穴土坑（石棺）墓两种，均侧身屈肢，随葬少量素面平底陶罐、带柄铜镜、铜耳环等。余均为早期铁器时代、秦汉时期等晚期墓葬。

遗物主要出土在房址地面和上部堆积中，共 1000 余件（套）。以陶器和石器为大宗，少量铜器、骨器和铁器等。此外，还出土了数量较多的牛、羊、马等家畜的骨骼。陶器均手制，可辨的器形有筒形罐、鼓腹罐、折肩罐、高领罐和小陶杯等，多为平底器，少量小平底器、圈足或圜底器。石器有磨盘、饼形石器、石球、石锄、石杵和石研磨器等，部分石器上残留有红色颜料。铜器有刀、锥、针、耳环等，以及较多与冶铸铜器相关的陶、石范。另外，还集中发现 2000 多粒炭化黍的遗存。

高台遗存　北距房址区约 1000 米，地处喀什河沟口要冲，位置险要。平面大致呈方形，中部较高，边缘略矮，最高处约 7 米。本年分别在高台遗存东北角和北、南、西侧边缘布设探沟，主要是想探明其确切范围和堆积情况。试掘发现，高台本体 120 米见方，外周有约 10 米的坍塌堆积。高台本体外周采用石块砌筑，石块朝外一面及接缝处均经过细致打磨，构筑的墙体齐直规整，间隙紧凑致密。高台内部见石构墙体和灰层，灰层内夹杂煤块。出土陶、石器和兽骨等。陶器以夹砂褐陶为主，有少量的夹砂灰陶，均为罐类器物，平底或圈足。石器有饼形石器、石杵等。从出土的遗物及测年数据看，与居址区应属互有关联的同时期遗存。

价值与意义　吉仁台沟口遗址是目前新疆伊犁河谷发现的年代最早、规模最大的以青铜时代为主体的聚落遗址，对于研究新疆史前时期的年代分期、年代序列、聚落形态、社会状况、中西文化交流以及欧亚草原地区畜牧业向游牧业转化、青铜时代向早期铁器时代过渡等重要学术问题等，都具有重大学术价值。一是揭示了伊犁河流域史前中心聚落全貌，初步推测这里是伊犁河流域青铜时代晚期的中心之一；二是完善了西天山地区史前年代序列，确认了新疆唯一一处铜石并用时代遗址和青铜时代晚期三期遗存的演变序列；三是建立了新疆史前时期青铜冶铸完整证据链；四是发现了迄今为止世界上最早使用燃煤的遗存，将人类对燃煤的使用历史上推千余年；五是证实了黍粟的西传和小麦大麦的东传，为揭示早期农作物的东西交流路线提供了全新视角。

（阮秋荣　韩建业　王永强）

【山西闻喜酒务头商代墓地】

发掘时间：2017 年～2018 年

工作单位：山西省考古研究所等

2015 年闻喜县酒务头村古墓遭受严重

盗掘，当地文物部门上报并请求抢救性发掘。2017年6月，由山西省考古研究所牵头，联合运城市外事侨务和文物旅游局、运城市文物工作站、闻喜县文物旅游管理中心对墓地进行勘探，同年8月，考古队对墓地进行抢救性发掘。

闻喜酒务头墓地位于运城市闻喜县河底镇酒务头村西北200米处，北临沙渠河，南临小涧河，东南望中条山南端最高峰汤王山、草山，地势东高西低，距离闻喜县城约20千米，坐标北纬35°19′56″，东经111°24′02″，海拔高度730米。

经过调查、勘探，发现商代晚期墓葬12座、车马坑6座以及灰坑5座，其中带墓道大墓5座，中小型竖穴土坑墓葬7座。五座大墓（M1～M5）均为带墓道的“甲”字形墓，墓道有斜坡、台阶两种。五座大墓形制相同，大小不等，墓室平面均为长方形，东西长4.2米～10.6米，南北宽2.8米～6米，深4.5米～6米。墓道有台阶、斜坡两种，长11.4米～19.1米，宽2.4米～3.4米。椁室平面均为长方形，长3.1米～3.4米，宽1.5米～2米，深0.95米～1.2米。五座大墓中，除墓地最东边的M1未被盗掘外，其余四座全部被盗。

M1为带台阶墓道的“甲”字形墓，口大底略小，方向195°。墓室开口呈长方形，东西长7.2米，南北宽5.2米，墓口基本水平。墓室四壁略向内倾斜，墓壁制作粗糙，尤其在墓室四壁底部有明显的工具痕迹。墓底不规则，北边长5.45米，东边长3.4米，西边长3.6米，南边长6米。墓道开口呈长条状，最长11.4米，最宽处3.4米，最窄处1.2米。墓道台阶不规整，共12级。

墓葬开口距生土二层台约4.7米，墓室、墓道均填五花土，包含有大量小块的料姜石，填土均经夯筑，发掘时自开口下0.2米处至二层台上预留夯土剖面，夯层共18层，厚度不均匀，每层厚0.1米～0.35米，每层相接处夯筑紧密。夯窝呈圆形，直径约0.05米。

椁室置于墓圹底部生土二层台内侧，近长方形。葬具为木质，一椁一棺，均已朽化坍塌。椁东西长3.3米，南北宽1.5米，深1.2米。椁盖板呈南北向排列，计18块，每块约长1.7米、宽约0.25米、厚0.05米。棺长约2.2米、宽约0.95米。在椁室四角，发现明显的立板榫卯结构的土洞。

椁盖板上方北部偏东位置放置三件大小不等铜铙，铜铙壁身有明显芦苇席编织物残留的痕迹，当是席子覆盖椁盖板之上所致。椁室外西北、东南二层台上各残存一处类似鼓的痕迹，残存鳄鱼骨板若干，骨板磨圆，较薄，直径约0.015米。椁室底部由于长时间的朽化坍塌，椁盖板、棺板和椁底板已经叠压朽化在一起，不好辨识。在椁室底部发现以黑、红色为主的朽木痕迹，隐约有彩绘图案。

椁室底部正中偏南有一处腰坑，形状呈圆角长方形，长约1.1米、宽约0.4米、深约0.3米。在腰坑内发现大量朱砂，以及少量骨头。

人骨朽化严重，已基本无法辨识，腰坑内东侧出土两枚人牙，当是墓主人牙齿，腰坑外西侧残留一点腿骨的痕迹，但十分模糊，可以断定墓主人头向东。

M1出土器物共130余件，主要有铜器、陶器、骨器、玉器，另有少量动物骨骼。出土物分布比较集中，大部分位于椁内棺外东部，即墓主人头部东侧。铜器有礼器、兵器、乐器、车马器及工具等，主要器型有鼎、簋、甗、觚、爵、卣、罍、盘、盉、斝、尊、铙、铃、钺、戈、矛、镞、斧、刀、弓形器、凿、锛等；其它出土器物有陶罐、骨管饰、玉鱼饰、玉蚕饰等。

M1出土部分青铜器有族徽。爵外壁鋬手内有一字族徽，斝、盉外壁鋬手内有两字组成的复合族徽，觚圈足内、卣盖内、铙内壁也有复合铭文出现。

M2 为带斜坡墓道的“甲”字形墓，方向 200°。墓圹开口距地表 0.3 米。墓室平面呈长方形，东西长 6 米，南北宽 2.8 米，四壁基本垂直。墓道长 11.6 米，宽 2.4 米，最宽处 2.8 米，坡度 21°，墓道两壁制作粗糙，墓道口较窄。墓道上有 3 处阻水槽、5 处防滑槽，墓道末端呈台阶状，共 4 层，与二层台相连接。墓葬填土为黄褐色花土，包含大量细小白色料姜石，填土经过简单夯筑。

椁室遭受盗扰，椁室东壁有一圆形盗洞，其余各边保存基本完整，椁室长 3.4 米，宽 2 米，深 1.2 米。椁室底部有明显的棺木痕迹，棺痕长 2.5 米，宽 1.3 米，椁室底部正中有腰坑，平面呈长方形，长 1.06 米，宽 0.4 米，深 1.2 米。椁室底部东、西两侧各有一条垫木槽，分别距东、西两壁 0.1 米，深 0.05 米。棺内有较明显的墓主人骨痕迹，头西脚东，身残长 1.1 米，由于墓主人骨朽化严重，年龄、性别已无法辨别。墓主人北部有一处殉人，头西脚东，身长 1.55 米，保存差。墓室西南角二层台上方有殉狗 1 只，北部二层台中间有殉狗 1 只，颈部有一青铜铃铛。

M2 共出土随葬品 110 余件，青铜器 100 余件，主要器型有矛、戈、兽面胄饰、矢镞、套管、管状物等；此外还有玉刀、骨镳、陶罐等器物及残片。

M3、M4、M5 形制与 M1、M2 一致，M4 墓室最小，东西长 4.2 米，南北宽 2.8 米；M5 墓室最大，东西长 10.6 米，南北宽 6 米。三座大墓二层台上都有殉牲，数量不等，M3 有一处殉狗、一处殉羊，M4 有至少 4 处殉狗，M5 有殉狗 4 处，此外，M4、M5 皆有殉人，M4 殉人位于墓室东壁填土内，距二层台约 1.2 米，M5 墓室西南角有一颗头骨，椁内残存 3 处殉人痕迹。

M3 经严重盗扰，盗洞及椁室内填土经过筛选，残留比较完整的有青铜兽面胄饰、青铜铃、青铜矢镞、陶罐，此外还有礼器、兵器、陶器等大量器物残片。M4 残存青铜铙、戈、铜镞、铜铃，大量人、狗骨及马腿骨。腰坑内出土少量玉器（饰）、骨器、陶器，玉器分别是玉鱼、玉璜、玉刀、残玉圭，骨器为骨刀，陶器为陶鬲。M5 仅出土残陶爵、残铜刀柄、残铜馆形器等少量陶、青铜残片。

中小型竖穴土坑墓（M6 ~ M12）共 7 座，均为长方形，东西长 1.9 米 ~ 5 米，宽 0.65 米 ~ 3.15 米，深 0.38 米 ~ 6.65 米。规模较大的 M6 ~ M9 遭受严重盗掘，规模最小的 M10 ~ M11 未被盗扰，残存器物有少量铜器、陶器、玉器、贝饰，铜器主要有铜鼎、戈、铃、镞等，陶器有簋、罍等，玉器有玉兽饰、玉璧。

本次发掘还清理一座车马坑（K1），坑内埋一车、二马、一人。车不完整，没有车厢、车辕、车轮，仅发现车衡构建及装饰、车軎、车輨、车衡饰、马装饰等。人呈仰身直肢，头东足西，面向南，男性，身高约 1.7 米。二马俯卧于辕的两侧，头东臀西，腹部朝下，背脊向上。两马的四腿分别呈跪状，马颈部压于衡下，在马头顶骨正中，均发现钝器锤砸痕迹。二马相距 0.8 米、北马长 1.9 米、南马长 1.8 米。车马器有铜軎、铜輨、铜兽面形衡饰、三角形衡末饰及马头装饰等。

闻喜县酒务头墓地是一处新发现的商代晚期大型高等级贵族墓地，是运城地区首次发现的商代晚期贵族墓地，对研究商代晚期殷墟文化的分布范围、政治地理具有重要意义，对研究运城地区在商代晚期的政治地位有重要的研究价值。

（白曙璋　高振华）

【陕西澄城刘家洼东周遗址】

发掘时间：2017 年 ~2018 年

工作单位：陕西省考古研究院、渭南市博

物馆、澄城县文体广电局

刘家洼春秋芮国遗址位于渭南市澄城县王庄镇刘家洼村西北，分布于洛河支流长宁河上游的鲁家河两岸。2016 年底发现有墓葬被盗，经申报国家文物局批准，对遗址进行勘探和抢救性发掘，取得了重要收获。

调查确认遗址范围约 3 平方千米，西北角由一段人工壕沟与西侧冲沟和东侧鲁家河相接。东面由一条南北人工壕沟与外相隔，其南、北两端与自然冲沟相接，从而形成一个以自然冲沟和人工壕沟相连、几近封闭的大型遗址区。东西 2000 米、南北 1500 米。鲁家河穿遗址区中心而过，将遗址分为东、西两区。遗址区内可采集到丰富的周代文化遗物，断崖上可看到较多灰坑及夯土墙等遗迹。

在遗址东区中部的位置，调查和勘探发现有一面积 10 余万平方米城址。城址西面邻鲁家河河道，南、北、东三面由夯土墙相围合，亦形成一个相对闭合的城址区，位置居中，地势险要。城址内采集到陶鬲、盆、罐、豆、三足瓮等春秋陶器残片，此外还有一块陶范残块。勘探发现有大量灰坑和板瓦等建材堆积，属重要建筑所在，应是高等级人群居住区。城址区外围为一般居址区和墓葬区。

勘探发现墓葬共 4 处 210 余座，其中东区墓地 3 处，西区南部墓地 1 处。最为重要的是，东 I 区墓地共发掘大、中、小型墓葬 73 座、车马坑 2 座、马坑 1 座。其中有带墓道的“中”字形大墓 2 座（M1 与 M2），大型竖穴土坑墓 1 座（M3）。“中”字形大墓西北部各有一座南北向车马坑。西区南墓地共发掘墓葬 44 座，均为中、小型墓。全部墓葬均为南北向竖穴土坑，头向以北向为主，个别为南向。除了大型竖穴墓 M2 有壁龛殉人外，其他墓葬均未见腰坑、殉人等迹象，主体与两周时期周系墓葬的特征保持了明显的一致性。

大墓和部分中型墓虽遭严重盗掘，但仍发掘清理出大量青铜器，以及金器、玉器、铁器、陶器和漆木器等珍贵文物。根据出土器物判定，墓葬年代为春秋早中期。遗址内功能完备，诸如城址、大面积夯土基址、壕沟、陶范及制陶等手工遗存，最高等级的国君和夫人墓葬，加之墓葬形制、丧葬习俗、随葬品和组合形式以及出土铜器铭文判定，这里当为一处芮国后期的都城遗址及墓地。文献记载，芮国于公元前 640 年被秦国所灭，刘家洼遗址的年代亦与之相当或接近。芮国这个与周同姓的诸侯国的最后政治中心，经刘家洼的发掘得以确认，文化面貌得到展示，填补了芮国后期历史的空白，也提供了周王室大臣采邑（地）向东周诸侯国发展演变的典型案例。

大墓出土的金首权杖、青铜鍑、铁矛等，部分中、小型墓所出螺旋状金耳环、金手镯等饰物，充溢着浓厚的北方草原文化气息。刘家洼出土的乐器和组合形式，成为目前所知春秋早期墓葬出土乐悬制度中的最高级别，也为我国古代乐器发展史和音乐考古的研究，提供了重要资料。雕纹钟、磬架、漆木几案、豆、合等，是研究春秋时期木作髹漆工艺技术发展水平的珍贵资料。众多金器、铁器，为认识我国古代黄金及冶铁业发展提供重要信息。

（种建荣　孙战伟）

【江苏张家港黄泗浦遗址】

发掘时间：2018 年 2 月～12 月

工作单位：南京博物院、苏州市考古研究所、张家港博物馆

黄泗浦遗址位于张家港市杨舍镇庆安村与塘桥镇滩里村交界处，现北距长江约 14 千米。遗址于 2008 年 11 月发现，遗址总面积约 1.2 平方千米。自 2008 年 12 月至 2018 年 12 月，由南京博物院主持先后对遗址进行了六次考古，发掘面积达 8000

多平方米。通过发掘，在遗址西区主要清理了南朝至唐宋时期的道路、灰坑、水井、水沟等遗迹，在遗址东区主要发现了唐代和宋代的河道、栈桥、房址、水井、仓廒等诸多遗迹，证实了黄泗浦遗址是长江下游一处非常重要的港口集镇遗址。

唐代河道　2009 年的考古工作中即已清楚揭示，位于方桥西侧（方桥为清代乾隆年间重建于黄泗浦河上的石桥），在 09T1 内的河道河口宽约 20 米，深约 2.2 米。现存唐代河道东侧与现黄泗浦河交接，向西行 100 多米后拐弯往北，逐渐进入古长江口。本年度对Ⅰ T6209 和Ⅰ T6210 等探方内的唐代河道堆积进行清理，出土了较多的唐代时期的瓷器标本。

唐代大型院落遗存。截至目前，在遗址东区即唐代河道以南揭示出大型长排房基址（F18，共 7 间）、方形房址（F20、F21）、长方形房址（F19）、灶址（Z7、Z8、Z9、Z10）、水井（J9、J14、J19）、仓廒（F23）等唐代时期的大型院落遗存，其中方形房址、长排房址和长方形房址等具有中轴线布局特点，而中轴线布局常见于寺院类建筑。此前，在唐代河道中出土有石佛雕像背光。另外，在一些宋代水井中，及本次方桥以北河道底部，尤其是方桥以东的明代桥墩内，出土了较多宋代的长方形文字砖，其上铭文多为“祝延皇帝万歳保国安，释迦如来舍利宝塔，民舍钱施主悉当成佛”和“祝延皇帝万歳重臣千秋，释迦如来舍利宝塔，国泰民安兵戈永息”。本次还在河道底部出土有一件北宋时期的石天王雕像头部。查文献资料，在《重修琴川志》（宋宝祐）中记载：“净居院，在县西北八十七里庆安镇，梁大同二年建为尊胜，宋大中祥符元年赐今额。”而现黄泗浦河的西侧即为庆安村。这些出土遗迹遗物及文献记载说明，遗址上应有唐宋时期的寺院，该寺院在宋代可能还建有宝塔。因此，从唐代院落遗存的布局结构，结合出土的与佛教相关的遗物和文献记载分析，这座大型院落遗存应为寺院建筑。

宋代河道　2017 年和 2018 年，分别在方桥以南和以北对现黄泗浦河进行发掘。在方桥以南Ⅰ T6401 等探方揭露面积约 1600 平方米，河道河口宽约 51 米，河底最深处距河口约 4.5 米、距地表约 6.2 米。在河道底部揭示出厚达 1 米可细分三层的使用时期文化堆积。该堆积包含大量的砖瓦、瓷片、铁钉、蚬壳、动植物骨骼等遗存。通过对该堆积的小探沟清理可知，该层堆积下即为生黄土而不见青淤泥层，由此可知古河道应为人工开挖。通过全面收集土样漂洗，从漂洗出的瓷片和铜钱看，河道的开挖年代不晚于北宋，一直持续沿用到南宋，未见晚于南宋的瓷片和铜钱。

方桥以北 T22 及后期扩方等揭露面积约 900 平方米，揭露的河道形制与南面的河道基本一样，河口宽度和河道深度基本一致，并且同样在河底堆满了砖瓦瓷片堆积。所见不同的是，在河道底部遗留有相当多的可以修复的瓷器和陶器，以及一些完整的石构件，在河底表层还清理出三个人头骨。此外，在 T22 的区域内还发现有较多的木桩，呈东西向密集的分布在河底。由于此处的木桩比较密集且纵跨河底，可能与桥梁地钉有关。

黄泗浦河在文献中多次记载。如《吴郡志·卷十九·水利下》载：“宣和元年（1119）正月二十一日，役夫兴工，前后修过一江、一港、四浦、五十八渎…黄泗浦，长七十里有畸，面阔八丈，底阔四丈八尺，深七尺”。《读史方舆纪要·卷二十四·南直六》记载，“宋政和中，浚福山、庆安二浦，置闸。”、“宋时为滨江大浦，绍兴末，屡议修浚。”

经过勘探，方桥以北 T22 等探方内的古河道向北逐渐变宽达到 90 多米，其后向东拐弯后再向北进入古长江口。黄泗浦无疑是唐宋时期江南地区入江的主干水道之一。

宋代栈架式木桥遗迹。在方桥以南的黄泗浦河道即 Ⅰ T6402、Ⅰ T6502、Ⅰ T6602 等探方内揭露有木桥遗迹。该遗迹横跨河道，偏东部位为现代疏浚河道所破坏，在河底共揭示有 6 根 5 米多长的横木，两根短木，两道无横木的长基槽，以及横木两端及两侧若干个木桩。整体横跨河道。河道河口宽约 50 米。横木基槽开口于 G53（17）a 层下，打破 G53（17）b 层，木桥的年代当不晚于 G53（17）a 层的年代。横木上一般凿有四个榫口，中间两个不见楔子，且相对倾斜。两端的榫口中，大部分有上小下大的楔子。通过解剖，发现在楔子下面垫有砖块或木块。横木端部两侧的斜向木桩，均挡在横木上方，有的在榫眼的正上方，由此可知在横木两端的榫眼，是用于贯通横木的地钉，并没有向水面上方延伸（并没有形成桥柱），而仅作为地钉使用。由此从整体遗迹的分布、榫眼的结构大体可以复原出该木桥为栈架式木桥。这种在河底铺设横木的栈架式木桥以往在考古中极其罕见，该类遗迹为中国桥梁史研究提供了新的考古学资料。

黄泗浦遗址经过十多年的考古工作，遗址的文化面貌越来越清晰。其中对唐代和宋代河道的揭示，河道内大量的砖瓦瓷片堆积以及木桥遗迹，都说明了黄泗浦作为港口曾有的繁华及在江南地区重要的历史地位，是目前长江下游港口型遗址中非常重要的发现，为今后同类型遗址的发掘提供了重要参考，为隋唐考古提供了新的考古学资料。

遗址内出土诸多窑口瓷器见证了黄泗浦是一处重要的贸易集散地，其临江出海的重要地理位置，使黄泗浦遗址成为海上丝绸之路的重要节点。这些新发现为推进海上丝绸之路研究和海上丝绸之路联合申遗提供了新的重要的实物资料。

遗址东部揭示的唐代大型院落具有寺院类建筑的中轴线结构布局。在唐代和宋代遗迹中出土的石雕佛像、陶佛塑像、莲花方砖、莲花纹瓦当，以及宋代河道内和明代桥墩内出土的大量的宋代风格的文字砖，均显示了唐宋时期寺院的存在，这与文献中的记载极其吻合。从而也从侧面反映了庆安千年古镇曾有的繁华。

“黄泗浦”三字，最早见于日本真人元开撰写于公元 779 年的《唐大和上东征传》中，其中比较明确地记载了鉴真和尚第六次从“黄泗浦”东渡日本的过程：“天宝十二载十月十九日戌时，从龙兴寺出，至江头乘船……乘船下至苏州黄泗浦……（十一月）十五日壬子，四舟同发。有一雉飞第一舟前，仍下矴留。十六日发。”这段文字不仅表明鉴真在黄泗浦停留了近一个月时间，并且最终从黄泗浦出海，也佐证了黄泗浦在唐代即出海港口。

黄泗浦遗址诸多唐代遗迹及与佛教相关遗物的发现为实证鉴真第六次从黄泗浦成功东渡提供重要依据，在深入开展中日文化交流史研究、促进中日友好长期合作等方面具有重大的历史价值和现实意义。

（周润垦）

【河北张家口太子城金代城址】

发掘时间：2018 年 5 月 ~12 月

工作单位：河北省文物研究所、张家口市文物考古研究所、崇礼区文广新局、承德市文物局田野考古队

太子城遗址位于张家口市崇礼区四台嘴乡张家口奥运村内，东南距北京市区 140 千米，西距崇礼县城 20 千米，现为河北省重点文物保护单位。为做好遗址文物保护工作，保障北京 2022 年冬奥会太子城遗址保护与展示工作顺利实施，河北省文物研究所、张家口市文物考古研究所、崇

礼区文广新局、承德市文物局田野考古队等单位自本年5月起，对太子城遗址进行了连续第二年的考古发掘，取得重要收获。

太子城遗址经勘探与发掘确认为一座平面呈长方形的城址，南北400米、东西350米，方向158°，总面积约14万平方米。现东西南三面城墙存有地下基址，墙外有护城河，其中西墙有2道，东西间距50米。城门目前仅发现南门1座，门外有瓮城。城内钻探与发掘共确认建筑基址67座，道路14条，排水沟2条。

太子城遗址2018年共发掘6500平方米，对城址南门、9号基址、三号院落、一号与二号院落南院、东南角、城西外基址等6处地点进行了考古发掘，确认城址南门、9号基址、三号院落呈南北轴线分布（与东西墙方向一致，158°），南区核心9号基址是太子城内单体面积最大、台基最高、规格最高的基址，北区以三号院落为中心，南北区以东西向道路相隔。2018年南门地点主要对南门内侧道路进行清理，基本搞清了南区道路的分布情况；另对，南墙与瓮城东墙进行解剖，明确了太子城城墙与瓮城墙的营造方式。9号基址重点对台基本体进行了解剖，确认其存在前后两期营造过程，第二期在第一期的基础上向南扩建，同时柱网结构进行了大改动；另对其西北侧的10号基址进行揭露，明确其为9号基址的附属亭式建筑之一。三号院落的全面揭露明确其由南北两院组成，总长南北105.38米、东西46.7米，两院间有隔墙。南院由南向“凸”字形主殿、东西配殿、后殿组成，北院由两组长条形基址及5座小长方形基址组成。一号与二号院位于三号院西侧，规模与布局完全相同，与三号院相似，但规模较小。城址东南角发掘确认，其形制为东墙与南墙直接相交，未发现角台及附属建筑。城西外基址位于城西约690米，扼太子城西谷口，为城外戍守遗迹。

太子城遗址出土遗物以各类泥质灰陶砖瓦、鸱吻、嫔伽、凤鸟、脊兽等建筑构件为主，另有部分绿釉建筑构件、铜铁构件、瓷器、鎏金龙形饰等，其中青砖上多戳印“内”“宫”“官”字，部分螭吻上刻“七尺五地”“□字四尺五”“天字三尺”等。瓷器以定窑白瓷为主，已发现刻“尚食局”款18件，另有仿汝窑青瓷盒、黑釉鸡腿瓶罐等。铜器有坐龙、铜镜等残件。

太子城遗址出土的垂（戗）脊兽与北京金陵M9（1189年以后）出土同类器形制相同，嫔伽、凤鸟、兽面纹瓦当、连弧纹滴水与黑龙江金上京皇城西部建筑遗址（1173年以后）、吉林安图宝马城遗址（1172年以后）出土器物基本相同，白釉“尚食局”款瓷器与河北曲阳定窑窑址金代后期（1161年以后）出土器物完全相同，故可以确定：太子城遗址时代为金代中后期（1161～1234年）。

太子城遗址规模小，但城内建筑规格很高，未发现商业、民居、戍守等一般类型与军事性质建筑。遗物中“尚食局”“内”“宫”等器物集中出土，体现皇家性质。据《金史》载，金章宗泰和二年（公元1202年）与五年曾驻夏于西京路宣德州龙门县（县治位于现太子城东南18千米）的泰和宫，这与太子城在时代、性质、位置、规模与等级上高度契合，且经考古调查，太子城是金代龙门县唯一具有皇家性质的城址，故可以推测太子城即金章宗夏捺钵的泰和宫。

太子城遗址是第一座经考古发掘的金代行宫遗址，是仅次于金代都城的重要城址，是近年来发掘面积最大的金代高等级城址。城址双重城垣选址理念，主体建筑呈轴线分布、前朝后寝的布局方式对金代捺钵制度、行宫的选址与营造研究有重要意义。编号“七尺五”“四尺五”“三尺”的鸱吻分别对应城内不同等级建筑，与

《营造法式》记载完全吻合，对金代官式建筑研究有重要帮助。“尚食局”款定瓷、仿汝窑青瓷、雁北地区化妆白瓷的组合对金代宫廷用瓷制度、供御体系研究有重大推进。

太子城遗址发掘十分重视多学科合作，与北京大学考古文博学院签订建筑考古研究复原与展示、出土遗物保护与科技分析等课题合作协议，使考古发掘与建筑考古研究、文物保护紧密结合、同步进行，现已取得丰硕成果；与中国社会科学院考古研究所签订地学环境研究、出土瓦作遗存研究等课题研究协议，共同对遗址进行环境考古、物探、遥感、瓦作等专项课题研究，同时与各高校合作进行动植物考古、三维数字化、地理信息系统等研究，均已取得阶段性成果。

（黄 信 胡 强 任 涛 魏惠平）

【重庆合川钓鱼城范家堰南宋衙署遗址】

发掘时间：2018 年

工作单位：重庆市文化遗产研究院

遗址简介 钓鱼城位于合川区东城半岛的钓鱼山上，西距合川城区约 5 千米。在 13 世纪宋蒙（元）战争中，钓鱼城为宋廷川渝山城防御体系的“八柱”之一，地势险要、控扼三江，婴城固守三十六载，创造了以山城设防击败蒙元铁骑的奇迹。

范家堰遗址位于钓鱼城西部二级阶地上，地处弧形山坳地带，背山面江，地势西北低、东南高，呈四级阶梯状分布。2017 年 8 月 ~2018 年 4 月，重庆市文化遗产研究院对范家堰遗址开展了第四次主动性考古发掘，发掘面积 3000 平方米，新发掘清理各类遗迹 59 处，补充清理前三次考古发掘揭露的遗迹 46 处，出土器物标本 644 件。

发掘成果 遗址分为公廨区和园林区。公廨区由围墙、中轴线建筑群、附属建筑三部分组成；园林区以大水池 H1 为中心，环绕分布有门屋、景亭、台榭、截洪沟、券顶涵洞等。

衙署公廨区平面近“凸”字形，长 110 米、宽 34 米 ~ 72 米、高差 22 米，面积 7000 余平方米，方向 320°。外部以夯土包石墙围合，长 308 米、宽 1.4 米 ~ 3 米、残高 0.5 米 ~ 3.2 米。内部以府门—中院—设厅—后堂为建筑中轴线，轴线两侧分布有各类附属建筑。

中轴线建筑群为一组四进院落，从前至后分别为府门、中院、设厅、后堂，以踏道、甬道相连。府门 F18 为面阔五间、进深三间、前后设廊的歇山顶建筑；中院 F29 为三合院，入口为仪门，左右为前厅、厢房及廊庑，天井四角发现八角形基座，可能与戒石亭有关；设厅 F15 是中轴线主体建筑，前有月台，为面阔五间、进深四间、前后设廊的庑殿顶建筑，房内部分可见金砖墁地；后堂 F43 面阔五间、进深三间，与设厅之间有两个的长方形景观水池 H26、H27，沿中轴线对称分布，池壁可见石雕神兽及莲花纹镂空排水孔。

附属建筑位于中轴线建筑群的左右两侧台地，清理揭露 10 座，较为重要的有后堂右侧的地下暗室 F47，石构拱券门保存完整，中院左侧 F55，可能与祭祀活动有关。

园林区位于公廨区左侧，平面形状近梯形，长约 120 米、宽 32 米 ~ 52 米，面积约 4000 平方米，以面积约 1400 平方米，容积逾 4000 立方米的大水池 H1 为中心。H1 西部、南部靠山体侧环绕长 86.3 米、残宽 2.2 米、深 2.1 米的截洪沟，北部拦水坝长 85.2 米、厚 20.7 米、残高 5.2 米，坝上西端设门屋，中部、东部建有大型台榭、景亭等建筑。

衙署建筑的蓄排水系统保存极为完好，有明沟、暗沟、蓄水池、沉砂池等，纵横交错、上下分层。

遗址出土遗物丰富，H1、H27 中各出土了一枚铁雷，这是衙署遗址内首次发现爆炸性火药武器；出土铜质象棋子“卒”“砲”各一枚；出土铭文瓦发现有“淳……”“大宋……”等铭文；出土的黑釉瓷器数量最多，器形以碗、盏、罐为主，青白釉瓷器较为精美，多为印花芒口碗、斗笠碗等。

价值意义　范家堰遗址规模宏大、布局规整、轴线清晰、性质明确，是目前国内罕见的经过大规模考古发掘、保存极其完整的宋代衙署遗址。其规格形制、空间布局与南宋《平江府图碑》《景定建康志》所绘衙署建筑高度吻合。结合钓鱼城遗址南一字城、古地道既往考古发现及堪舆地望、空间分析，应为《宋史》、万历《合州志》所载淳佑三年（1243），四川制置使余玠纳播州二冉之策修筑钓鱼城时所徙合州州治。

范家堰南宋衙署遗址是钓鱼城的政治军事中心，符合中国传统衙署建筑规制的同时又具有鲜明的山地城池特色，丰富了中国宋元时期都城以外的城市考古资料，为中国宋代城址与衙署建筑、古代园林及宋蒙（元）战争史提供了珍贵的实物遗存。园林区的大水池规划科学、设计精妙，引、蓄、灌、排有机一体，填补了宋代山地大型水利工程考古发现的空白，是宋代城市规划思想、水利营造技术的真实反映。

遗址出土的铁雷片口、底、身及铸造痕迹完整清晰，为上下合范法铸造，经初步检测为白口铸铁，内填火药，是世界中古史火器与冷兵器并用时代开创阶段的珍贵见证，并为元宪宗蒙哥败亡钓鱼城的学界争议提供了新的线索。

范家堰遗址与既往发掘的水军码头、南一字城、九口锅、山顶环城等遗址共同构成了钓鱼城山、水、城合一的城防系统，作为宋蒙战争山城防御体系“皇冠上的明珠”，为钓鱼城申报世界文化遗产提供了强有力的支撑。

（袁东山）

【辽宁庄河海域经远舰遗址水下考古调查】

调查时间：2018 年 7 月 ~9 月

工作单位：国家文物局水下文化遗产保护中心、辽宁省文物考古研究所、大连市文物考古研究所

经远舰遗址位于辽宁省大连市庄河黑岛老人石海域。2014 年夏，水下考古队依据线索与磁力仪物探数据在该处发现一艘钢铁沉船残骸，并推测其为中日甲午海战时沉没的经远舰。2018 年 7 月 ~9 月，国家文物局水下文化遗产保护中心、辽宁省文物考古研究所、大连市文物考古研究所联合组队，开展沉船遗址专项调查工作，最终证实是清北洋海军的经远舰。

调查过程　经远舰遗址水深 10 米，能见度差，对水下考古调查，尤其是水下摄影录像造成很大影响。为解决水下能见度不足、大范围遗址宏观展示较难的问题，本次调查加大了物探技术的投入，综合运用多波束探测、水下三维声呐呈像、差分定位等技术方法，大幅度提高水下工作效率。

调查之初，考古队先运用多波束声呐获取了海底残存舰体显像，按其形状与结构推断为战舰水线部位的防护装甲带“铁甲堡”，初步判断为倒扣状态。随后在舰的右侧进行抽沙，发现倒置状态的排污水管，由此确认整舰为上下颠倒的埋藏情况。经过科学分析，调查工作目标落实到寻找右舷舰铭牌上，并用差分 GPS 精准定位，最终在连续抽沙 20 多天后在泥下 5.5 米深度找到“經遠”舰铭牌，至此确证沉舰为北洋海军在甲午海战一役中沉没的经远舰。随后，考古队又对其他重要部位进行局部解剖，相应发现了艏柱、锚链、舷窗、登舰悬梯、排煤渣口等舰体部位，并收获一

批重要的沉舰文物。在考古结束时，考古队对舰铭牌进行了覆盖保护与泥沙回填，并采用牺牲阳极的办法沿舰体外壁加装锌块，以此延缓海水对铁舰的腐蚀。

遗址情况　舰体残骸倒扣在泥里，舰艏东北向，由艏至艉倾斜2°～3°，总体残长80米，宽12米，泥下最大埋深达6.4米。经远舰沉没之后，遭受过长期破拆，底舱被抓损殆尽，由于舰体翻扣，底舱上面的生活舱室及甲板上的武器装备反而保存下来。由于舰体前后微有倾斜，舰体最前端已破坏到生活舱，舰体后部的生活舱未遭破坏。整体而言，经远舰大约3米高的生活舱室、2米高的甲板舷墙，总计约5米以上的舰体得以幸存下来，包括甲板面上的舰载武器。现存状况要远好于致远舰（仅存一点底部舱室，约2米高度）。

此次调查揭露的舰体结构有：

铁甲堡　舰体中部，海床表面有明显迹象，环状，全长约42米，高度1.8米，边壁厚50厘米。铁甲堡前部露出海床，往舰体后部逐渐沉入泥中。

艏柱　舰艏最前端，竖直状态，揭露近1米高，铁质实心，边长20厘米，断面三角形，两侧边有凹槽，往后铆接左、右两侧的船壳列板。左舷列板被拖曳至旁边，右舷列板绵延近5米长（因倒扣位于遗址左面），并发现锚链一段，悬挂于此列板外。

排污管　舰体中部，在左、右舷均有发现，为战舰往海里排放废水的管道。形如圆形铁管，贴于外壁列板上，管口设有保护盾。全高计65厘米，管口径12厘米。

登舰悬梯　舰体右舷，将数个踏步按竖直方向固定于外壁列板上。踏步为木质的长方形厚板，用三枚铆钉从踏步侧面贯穿固定在外壁板上，踏步边沿开有两个小孔，攀爬时方便用手抓握。踏步长71厘米、宽16厘米。

舷窗　舰体右舷，圆形，内径24厘米，窗沿铜质，用铆钉固定于外壁列板上，窗玻璃保持完好，透过玻璃可以确认生活舱内淤满细泥。

倒煤渣口　舰体右舷，类同于排污管，为战舰往海里排放煤渣。为长方形铁管，形体大，管口长52厘米、宽35厘米，管口设有更宽大的保护盾。

“經遠”舰铭牌　舰体右舷甲板外舷墙上，木质，外表髹金，楷书，字体大小为52厘米～57厘米，两字间距1.2米。每个字用一块整木板用“减肉”雕成，木板边沿随行，从字体间缝中用铆钉固定于外壳舷墙上。舰铭牌能保存完好首先得益于战舰上部舷墙为内收的设计，再加之倒扣于泥中，其他北洋海军舰铭牌没有如此幸运。

沉舰文物　调查提取出水大量文物，标本统计达500余件，种类丰富，有铁、木、铜、铅、玻璃、陶瓷、皮革等材质。其中，铁质品以底舱的梁架、肋骨、舷板为多见；木质品有甲板、舱室壁板、格扇门等；铜质品有炮弹、管材、舷窗等。代表性的文物包括：铁质小锅炉（为启锚机提供蒸汽动力）、斜桁、大横肋、舷窗、舱门、铁甲堡衬木等舰体结构设施；毛瑟步枪子弹、威布列转轮手枪子弹（WEBLEY）、37毫米哈乞开司速射炮弹、47毫米哈乞开司速射炮弹等武器弹药；锉刀、扳手、冲子等检修工具；等等。此外，还发现53毫米格鲁森炮弹药筒、120毫米炮弹底火，这两类武器均不见于经远舰出厂档案，应属1894年甲午海战前紧急添置的武器装备，以加强艉部火力。

能印证舰体身份、还原海战细节的文物有：

木签牌　薄木牌，圆首，戳印“經遠”二字，字体带墨痕，有凹痕。长7.3厘米，宽5厘米，厚0.5厘米。

天幕杆　舰艉外侧的泥中。木制杆身，断面为长方形，端头装有铜质挂件，其下接三条支撑用的铜杆，现已残断。天幕杆安装于艉部甲板上挑高以挂遮阳棚之用。此件文物木头上全是火烧痕，近乎炭化，印证海战中艉部被击中起火之说。

斜桁　在天幕杆附近发现。木制圆杆，一端折损，断口参差不齐；顶端套有铁质悬吊装置（已残失），用三道铁箍固定在木杆上。斜桁上也有明显的火烧痕迹。

殉爆弹片　发现于艉部，为53毫米口径格鲁森炮弹药筒，黄铜质地，底部呈环状印有“PATRONEN FABRIK * KARLSRUHE”，为德国卡尔斯鲁厄市弹药筒工厂所制。印证为战前临时添加的武器，一些药筒碎片由内向外翻出，为高温殉爆所致。

外壳列板残件　从舰体上撕裂下来，还残存有小块外接的钢板。列板上、下沿搭接，用铆钉锁定，列板边沿等距开有铆钉孔洞。残长4米，列板高2米。此块板能确定战舰每块外壳列板的高度为2米。

发现与意义　经远舰水下考古调查发现，首先是平息了经远舰沉没地的争议。在此之前，有大鹿岛、庄河、海洋岛等地分歧，水下考古找到“經遠”舰铭牌直接确证为庄河老人石（旧称虾老石），与民国《庄河县志》记载“舰在虾老石东八里许”基本吻合。

本次调查摸清了沉舰的残存情况、埋藏状态、遗物种类等重要信息，尤其是发现“經遠”舰铭牌，其材质、工艺及安装方法首次得以明确，是当前唯一保存完好的北洋海军舰铭牌。此外，一些重要文物为甲午海战研究提供了新证据，有助于还复及推导海战细节：桅杆斜桁、天幕杆发现于右舷外面，印证了舰体由左向右倾斜时折断于该侧。杆上的火烧痕，以及一些因高温殉爆的弹药，证实经远舰艉部中弹起火的记载。

甲午海战是木质风帆战舰被蒸汽机装甲战舰取代以后的第一次大规模海战，是世界各国海军教科书上的经典案例，其交战模式、舰体结构、火力配备等一直是后世关注与研究的重点，加强北洋海军沉舰遗址的水下考古调查工作对于推进中国近代史、海军发展史、世界海战史等研究具有深远的意义。

（周春水　冯　雷）

北 京 市

【通州区潞城镇棚户区改造项目战国汉唐遗存】

发掘时间：2017 年 11 月 ~2018 年 12 月

工作单位：北京市文物研究所

发掘区域位于北京城市副中心规划区域的北部，北京市文物研究所配合通州区潞城镇棚户区改造土地开发项目 D 区 D－04 地块建设，发掘清理古代墓葬 418 座、窑址 32 座、古井 15 眼，出土陶、瓷、铜、玉石器 1000 余件（套）。

墓葬包括战国晚期墓葬 1 座、西汉墓葬 21 座、东汉墓葬 330 座、唐代墓葬 32 座和明清墓葬 34 座。战国时期墓葬为竖穴土坑瓮棺葬墓。西汉时期墓葬均为竖穴土坑，其中有 15 座为瓮棺葬。东汉及唐代墓葬均为砖室墓，其中东汉墓葬多为单室，少量为双室、三室；唐墓则均为带斜坡墓道单室墓。

汉代墓葬随葬器物以陶制明器为主，种类多样，主要为罐、灶、俑、仓、盒、奁等，个别墓葬出土铜镜、铜带钩和玉蝉、瞑目、鼻塞等。唐代及明清墓葬随葬品主要为陶器、瓷器及铜器。

窑址时代均为东汉，其中一座马蹄形窑址窑床上尚有大量烧制完成并摆放整齐的青砖，青砖的规格与窑址周边多座汉代墓葬的用砖规格一致，因此可以推断，这批窑址应是为修建周边墓葬而专门挖造的。半倒焰式马蹄形窑址是北京地区汉代常见窑址形制，但在窑址内发现大量烧制完成且摆放整齐的青砖较为少见。

（刘凤亮）

【房山区良乡汉代广阳城遗址调查】

调查时间：2018 年 8 月

工作单位：北京市文物研究所

广阳城遗址位于房山区良乡镇广阳城村，小清河从遗址东北及东侧流经，遗址在哑叭河和九子河交汇处略西南。

为配合相关基建工程，北京市文物研究所对其进行了抢救性考古调查、勘探工作，发现现地表下 0.5 米 ~2.1 米处可见到城墙夯土，墙基底距现地表 4.2 米 ~4.5 米。城址平面近方形，北为长阳路，东距小清河西边 60 米 ~185 米，南近黄良铁路，西临长于大街。四周城墙皆有发现，但不完整，勘探查明城墙夯土共 6 段，包括东城墙中段、西城墙北段和西城墙南段、南城墙西段和南城墙中段偏东部、北城墙西段南侧一部。城墙上宽 3.2 米 ~17.8 米、底宽 19.6 米 ~23 米，城墙基本上为正方向，略偏西 1.5°~2°。复原出广阳城东城墙长 670 米、西城墙长 680 米、南城墙长 660 米、北城墙长 660 米，周长 2670 米。遗址内地形大致平坦，西北略高、东南稍低。

广阳城的城门，西城门位于西城墙中部，所在位置已建广阳城地铁站，城内东西向干道直通西门即可为证；东城门暂不明，东西向干道被现代取土坑破坏，无法指示准确位置；南北向干道指示了南城门和北城门的位置，南城门内、外发现的道路遗迹可帮助判断南城门所在，但由于该处堆有渣土，城门形制及保存情况等未能查清；北城门因有干道直接通往，判断干道与城墙结合处即北城门所在，由于北城门地处长阳路及绿化地带中，城门形制及保存情况等亦暂不可知。

护城河的发现是本次勘探的重要成果之一，仅在西城墙南段和南城墙西段外侧发现有护城河遗迹，全长 310 米，其中西城墙南段外护城河长 110 米、河道宽 10 米～21 米、深 6 米～8.3 米，河口距西城墙外侧 27 米～31 米；南城墙西段外护城河长 200 米、河道宽 12 米～22 米、深 6 米～8.2 米，护城河口距西城墙外侧 28 米～32 米。

广阳城遗址内发现汉代道路 3 条（L1、L3、L5），汉代踩踏面 2 处。晚期道路 2 条（L2、L4），分别叠压在 L1、L3 之上。汉代水井 4 眼。

本次考古调查，采集到一些遗物标本，多为筒瓦、板瓦及瓦当等建筑材料，次为陶釜、罐、豆、盆等日用器，另有陶纺轮、陶范、铜镞、弩机、“五铢”钱等。

房山“广阳城”被认为是汉“广阳县城”，史书所载“广阳”，实有“广阳国”“广阳郡”和“广阳县”之分，其年代、等级、辖地等皆不同。“广阳国”仅见于西汉，且因政治变迁与“燕国”多次易名；“广阳郡”则几度兴废，秦时设立，汉初不存，自汉昭帝再设，至王莽时更名，后复名延至魏晋。

（韩鸿业）

【石景山区明代净德寺及清代亲王园寝遗址】

发掘时间：2017 年 9 月～2018 年 6 月

工作单位：北京市文物研究所

发掘对象位于石景山区南宫地区，地处北京城西，与市中心直线距离 20 余千米。本次发掘共揭露寺庙遗址 1 处、墓葬 9 座，发掘面积约 10000 平方米。

寺庙遗址坐北朝南，为四合院式建筑群，东西长 85 米，南北宽 64 米。遗址以砾石甬路为界分东、西两路。揭露的遗迹主要有门址、倒座房、前殿、前殿配房、后殿、后殿配房、后殿耳房、排水沟、灶址、碉楼遗址等。出土遗物主要有筒瓦、板瓦、滴水、石望板、青花瓷片等。根据出土遗物及相关文献记录，确定遗址为始建于明正统四年的净德寺遗址，废弃的时间为清早期。

发掘区共发现墓葬 9 座，编号 M1～M9。根据墓葬的分布，可将所发掘的墓葬分为甲、乙、丙三组，甲组位于发掘区东南部，共 4 座大墓，编号为 M1～M4。M1 与 M2 为石室墓，M3、M4 为土坑竖穴木椁墓。出土随葬品主要有玉带、金质十字杵、金锭、甜白釉瓷罐、龙泉窑瓷罐、锡酒器、鹿角、墓志、买地券、钱币等。根据出土墓志，墓主人均为明代内官监太监。

乙组位于发掘区西北部，仅发掘 2 座墓葬，编号为 M5、M6。两座墓葬分别拥有用围墙围成的小茔域，同时二茔域又位于同一围墙围成的大茔域范围之内。出土石供桌、铜镜、瓷罐、瓷香炉、砚台、铁犁铧、铜钱、买地券、火焰宝珠、石狮、石云板等随葬品及遗物。墓主人身份为明代中晚期高等级宦官。

丙组位于发掘区南部，共发现墓葬 3 座，编号为 M7、M8、M9，均打破净德寺遗址。M7 为三合土结构墓葬，出土金元宝、银元宝、宝石、钱币等随葬品。M8 为长斜坡墓道带天井的大型石室墓，仅在盗洞内出土“嘉庆通宝”钱币数枚。两座墓葬位于三重围墙围成的茔域之内。根据墓葬位置、规模及相关文献，推测 M8 墓主人为乾隆四十三年袭多尔衮睿亲王爵、嘉庆五年去世的爱新觉罗淳颖。M7 墓主人为晚于淳颖去世的某位福晋。M9 为竖穴土坑墓，墓室上方尚存圆形砖砌塔基遗迹。根据打破关系与出土遗物，推测其年代为清早期，墓主人可能为净德寺僧人。

本次发掘为本市对宦官墓及与其有依

附关系的寺庙遗址进行的发掘，初步摸清了净德寺建筑群布局，确定了净德寺为一座坟寺。本次发掘是除定陵外，北京市辖区明代考古领域最重要的考古发现之一，具有较重要的考古研究价值。本次考古发掘的睿亲王淳颖园寝，为研究清代亲王葬制提供了重要资料，值得深入研究。

（王继红　冯双元）

【朝阳区奥体中路明代遗址及明清墓群】

发掘时间：2018 年 5 月 ~10 月

工作单位：北京市文物研究所

发掘对象位于朝阳区奥体中路南侧，地处北京市中轴线偏北地区。本次发掘共揭露明清墓葬 785 座，明代遗址 26 处，还有房址、井等遗迹。发掘面积 9282 平方米。出土各类文物 1000 余件，包括陶器、瓷器、金器、银器、铜器、铁器、玉器、骨器、料器、石器、贝器等，以及墓志 2 盒，另有铜钱 1500 余枚。其中 12 号地 153 号墓出土的青花将军罐，保存完整，堪称精品。

墓地被一条道路分隔成两部分，西侧为 12 号地，东侧为 11 号地。

12 号地墓葬排列无序，有多重打破关系，分布无规律可循。墓向为多方位朝向，东、南、西、北四个方向均有，有的朝向东南、西北、西南或东北，墓葬形制均为竖穴土坑墓，合葬墓居多，随葬品很少，绝大部分为清代墓葬。

11 号地墓葬分布比较有规律，多为成组的墓葬群。有 4 组家族墓比较完整，其中 3 组是清代家族墓，均依傍明堂有序排列。明堂中有用长条砖叠垒的龟镇，纵向竖置买地券，此外还有瓷瓶、砚台、铜镜、铁铧犁等，与明堂正对的墓葬墓主人头部顶端的墓壁上镶嵌着与明堂规格相同的朱砂书写方砖买地券。另有 1 组为明代虎贲杨氏家族墓，出土墓志 2 盒。

沿着 12 号地和 11 号地北沿及东侧，整齐地分布着 26 个明代遗址，北侧横向排列 17 个遗址，东侧纵向排列 9 个遗址。平面形状多为长方体，长近 8 米，宽约 3 米，深 2.5 米左右。遗址坑底平铺长条灰砖，有的坑壁尚遗留平铺的砖。现存遗址分布在东西长近 300 米，南北宽近 200 米的范围内，规模较大，排列较整齐，推断为统一规划、设计、施工所致，其功能尚待考察。遗址被明代嘉靖年间的墓葬打破。此外，在 11 号地的回填土中，还出土有“朴氏茔地”“马氏茔地”“张氏茔地”等方形截面石质立桩，应为家族茔地的界桩。

本次发掘人骨有数千具，为研究明清时期北京地区社会生活、人口构成提供了研究依据。家族墓地的发现，对研究北京地区明清时期的墓葬制度具有参考价值。明代遗址的功能尚有待进一步研究。

（王继红）

【西城区先农坛清代耤田遗址】

发掘时间：2018 年 9 月 ~12 月

工作单位：北京市文物研究所

本年度北京市文物研究所对先农坛内清代耤田（一亩三分地）遗址开展了考古发掘和科技考古工作，考古发掘面积 800 平方米，清理出礼仪活动场所、耤田遗迹及八角形建筑基址。

礼仪活动场所位于现观耕台与耤田遗迹之间，宽 6.5 米，清理长度 36 米。被破坏较严重，仅残存底部垫层和部分砖墁地。垫层夯制而成，其上残存少量砖墁地。从文献记载看，耕耤之礼当天，在观耕台南侧至耤田之间，为不从耕的王公、高等级文武百官观礼所在，也会陈放农耕器。

耤田遗迹位于礼仪活动场所南侧，距地表深 0.55 米 ~0.6 米，上部已被破坏，仅剩 0.18 米 ~0.2 米厚，黄褐色，较纯净。

八角形建筑基址平面呈八角形，周边带廊，外边长约 5 米，内边长约 4.2 米，廊宽1.1米。该基址打破耤田遗迹，所用青砖一部分是清代之开条砖，推测其所建年代当在先农坛废弃之后。

本次考古发掘工作全程与科技考古紧密结合。发掘过程中提取了土样，并在现场进行了浮选。另外，还对每个探方进行了全面取样以进行植硅石测试，部分遗迹开展了三维建模工作。

此次考古发掘工作使人们对清代耤田制度及其布局、规制有了一定认识，能够为北京先农坛清代耤田（一亩三分地）遗址的保护、研究和展示提供资料和依据，也为中轴线申遗工作增添了文化内涵和价值。

（张中华）

【西城区清代醇亲王南府临街门南侧院落遗址】

发掘时间：2018年8月~10月

工作单位：北京市文物研究所

此次发掘地点位于西城区中央音乐学院东南部，醇亲王南府临街门前。发掘面积525平方米，清理出建筑基址7处，包括影壁1处、牌楼门2处、墙址3处、排水沟1处，另外还发现甬路以及院内三合土地面各1处。发掘区位于中央音乐学院东南部，北邻清醇亲王南府临街门。

通过考古发掘，发现影壁、牌楼门及大墙基本以醇亲王南府中轴线南延长线对称分布。影壁位于中轴线南端，两侧连接牌楼门和大墙，且同在一条直线上。东西长约36米，宽1.74米，仅尚存底部石条基础，宽3.10米。散水局部残存，残宽0.55米。

牌楼门东西距影壁3.30米和2.50米。其形制相同，面阔4.15米，进深1.27米，底部为石条砌筑。北侧散水残存，南侧为后期破坏。

墙址包括南墙西段、东段及西墙南段。南墙西段长25米，东段发掘长12.60米，西墙残长7.2米。大墙为大城砖砌筑，干摆砌法，宽1.27米，残高0.22米~0.51米。三合土基础宽3米，厚0.48米。散水局部残存，宽0.78米，为青砖铺砌，外侧栽牙子砖。

排水沟距南墙6.60米~6.85米，距西墙6米，向东延伸进现状道路下。东西长78.92米，宽2.68米~2.88米，深2.06米。水道宽0.60米，深0.94米，两侧用青砖砌筑，局部保存较好，每边宽0.46米~0.48米。底部为方砖铺砌。

除此之外，在西牌楼门北侧散水外还发现用方砖铺砌的甬路，残长1.6米，残宽1.05米，外侧栽牙子砖。影壁西端以北和甬路北侧均发现残存的院内三合土地面，残宽3.5米，厚13厘米~15厘米。

根据建筑的布局、形制、工程做法，以及清光绪《顺天府志》、侯仁之先生编《北京历史地图集》和1943年北京旧城航拍照片等相关文献、图录和影像资料记载，初步推断这批清代建筑遗存应为醇亲王南府临街门南侧院落遗存。该遗存规模较大，规制较为完整，等级较高，且在清代王府建筑中形制较为独特，对研究清代王府制度、建筑等方面具有重要的历史考古价值。

（曹孟昕　张中华）

【海淀区圆明园紫碧山房遗址】

发掘时间：2018年11月~2019年1月

工作单位：北京市文物研究所

遗址位于圆明园西北隅，发掘面积1000平方米，清理出丰乐轩、景辉楼、霁华楼等主要建筑基址6座，坐霄汉、六角亭、翼翠亭等中小型建筑基址4座，另外还发现3条道路遗迹。

丰乐轩位于遗址东南部，北面倚山，西可至翼翠亭。轩平面呈长方形，东西通面阔三间，长9米，南北进深一间，宽3米，前后和东侧为廊，各宽2.90米。基址内共分布8座磉墩遗存，前后廊各4座。

砖砌拦土少量残存。室内垫层仅北部少量残存，残高 0.50 米 ~ 1.20 米。底部尚存满堂红基础。

霁华楼遗址位于遗址山体北侧偏西，东为坐霄汉，南为乐在人和。楼面阔三间，东西长 10.5 米，进深一间，南北宽 7.5 米，其后有廊。基址内分布 8 处磉墩遗存。砖砌拦土局部残存。室内垫层残高 1 米。底部尚存满堂红基础。

景辉楼遗址位于遗址东部，西为山体，南与学圃有廊相连。楼坐西朝东，为二层阁楼，现已不存。其下为实心高台基座，残高约 5.50 米，尚存前后两处三合土基础垫层，其间和四周为砖砌拦土。拦土内残存少量青砖，宽均为 2.90 米。

坐霄汉遗址位于紫碧山房山体之上，东至六角亭，西至霁华楼，均有青石道路连接，北侧为观景平台，其上可远眺西山，乃观景之佳处。坐霄汉遗址坐北朝南，东西向，平面呈长方形，东西面阔 3 间，长约 6.70 米，南北进深一间，宽 3.30 米。墙基为后期破坏，仅残存基槽。室内三合土基础保存较好。

六角亭遗址位于紫碧山房山体至高处，南与景辉楼之间有道路相连。亭坐北朝南，直径 3.50 米 ~ 3.60 米，边长 1.90 米，四周砌筑青石，底部满堂红基础尚存，规模和厚度不明。

翼翠亭遗址位于丰乐轩以西，宫门以北，东西北三面为山体环绕。亭平面呈八角形，直径 5 米，每边长 2 米，底部三合土基础保存较好，其上保存少量残砖痕迹。

通过两次考古发掘，基本清楚了紫碧山房遗址整体布局、建筑形制以及相关道路系统，并证实其与样式雷图基本相符，为之后的遗址保护和研究工作奠定基础。除此之外，还发现霁华楼东侧暗水道遗迹和景辉楼东侧早期道路遗迹，为进一步研究、保护、展示紫碧山房遗址提供了多方面的材料。

遗址不仅保存有大量清乾隆时期建筑遗存，还具有相当规模的石洞和暗水道网络，通过考古发掘，确定紫碧山房是一处形制完整、规模巨大的山地园林遗址，其建造技法和工艺达到了清代皇家园林艺术发展的高峰，反映了清乾隆一朝的壮丽恢弘。

（曹孟昕　张中华）

天 津 市

【天津市古代城址调查】

调查时间：2017 年 11 月 ~2018 年 4 月

工作单位：中国人民大学

受天津市文物管理中心委托，中国人民大学承担天津市文物管理中心“天津古代城址调查与研究”项目。

一共进行了三次调查，并进行了一次重点勘探。项目共调查了 20 座城址和遗址，确认的城址有 9 座，分别是西钓台遗址、程庄子遗址、秦城遗址、南城子遗址、大宫城遗址、兰城遗址、武清县故城遗址、旧县故城遗址和泉州故城遗址。

位于天津市静海区境内的程庄子城址是本次调查重点之一。该城址约呈长方形，城墙已不存，现仅为高出地表 1 米余的土台。城址东西长约 230 米，南北长约 200 米。城址东北角地表以下 20 厘米处发现疑似一层踩踏面遗迹；东墙南段的地面以下 50 厘米处发现夯土遗迹；西南角地表以下 40 厘米 ~ 110 厘米发现明显的夯土遗迹。城内地表可采集到西汉绳纹瓦、布纹瓦、泥质灰陶盆、石磨、砖块等遗物，遗物尤以南侧沟渠附近分布最为密集。在城南侧的沟渠中部偏东处，发现一处唐代砖窑遗址，打破了汉代文化层。

项目组对天津市宝坻区境内的秦城遗址进行了细致的重点勘探。勘探队分成两组，一组在探区的疑似北门中部进行重点勘探，发现灰坑一处，编号为 H1，后发现道路一条，编号为 L2。另一组在探区西部疑似西门区域进行重点勘探，未发现遗迹现象。4 月 16 日，勘探队在疑似南门位置外对一高出地表 1 米余的土台进行重点勘探，发现了较厚的夯土堆积，推测为南门瓮城遗迹。

本项目首次对天津市境内的古城遗址进行系统调查，并在渤海湾西岸地区“三湾三岛”古地理背景下，理清了渤海湾“海侵”与天津市古代城址的空间关系。所获得的资料及相关研究成果丰富了对天津市境内古代城址的认识，对天津市文物保护工作具有重要意义。

（李泽浩）

【蓟州区公乐亭东汉墓葬】

发掘时间：2018 年 10 月 ~12 月

工作单位：天津市文化遗产保护中心　蓟州区文物保管所

公乐亭汉墓位于蓟州区西南部，北邻北环路，东邻湖东大道，西邻公乐亭小学，墓葬 GPS 坐标为北纬 40°02′44.4″，东经 117°22′46.3″。本中心因锦华园房地产建设项目需要，对其进行了考古勘探及发掘，发掘面积 311 平方米，清理东汉墓葬 1 座（编号 M1），同时发现该墓葬打破商周时期的灰坑 1 座（H1）。

M1 位于发掘区北部，打破 H1，南北向，方向 0°，为青砖砌制的竖穴土圹双墓道多室合葬墓。该墓葬墓口距地表深 0.3 米 ~ 0.6 米，土圹南北通长 3.1 米 ~ 14.2 米，东西宽 0.8 米 ~ 16.7 米，墓底距墓口深 1 米。M1 由双墓道、甬道、前室、双后室和双侧室构成。由于破坏严重，仅墓底残留少量砌砖及铺地砖，不见券顶及封土。残存墙体宽 0.29 米，底部铺设地砖两层，第一层用平砖呈东南—西北向错缝斜向平铺，第二层用青砖呈西北—东南向斜向平铺。该墓葬在建造时应为一次建成，先挖墓坑，再平铺两层铺地砖，在铺砖上再砌制墙体及墓顶。墓葬用砖规格为 0.29 米 × 0.14 米 × 0.05 米。出土随葬品有少量铜钱、陶罐及少量陶片等。

H1 位于发掘区的南部，被 M1 东侧墓道打破。平面呈近似圆形，口大底小，上口径长 2.05 米，坑底径长 1.7 米，深 0.35 米。周壁由上至下向内倾斜，未见明显加工痕迹，坑底较平整。坑内土质较松，为黄褐色土，内含炭灰颗粒、红烧土块。出土少量夹砂红陶、灰陶片；纹饰以绳纹为主，少量弦断绳纹；无可辨器形。

此次发掘的公乐亭汉墓为研究认识蓟州城区西部区域汉代墓葬提供了新的实物资料。

（文　璋　甘才超　刘福宁）

【宝坻区茶棚金代石椁墓】

发掘时间：2018 年 4 月

工作单位：天津市文化遗产保护中心　宝坻区文化馆

本年 4 月，宝坻区大口屯镇茶棚村村民在机械平整土地时发现石椁墓一座，墓葬 GPS 坐标为北纬 39°35′55.18″，东经 117°14′17.58″。宝坻区文化馆接到报告后立即赶赴现场，组织专业人员对该墓进行了抢救性清理。

本中心随后对该墓葬资料进行了整理。该墓葬呈东西向埋葬，整体为长方形，石椁外长 1.7 米、宽 1.12 米、高 0.98 米。石椁由 6 块青石板合成，石板厚度在 0.1 米左右，外部略经凿平，内侧加工成线性装饰。石椁建造结构为先在墓底平放椁底板，其上由四块带榫卯的石板合成，然后在四壁之上放置椁盖板，合缝处均用白灰勾抹，椁室底部堆积少量淤土，有水冲痕迹。出土随葬器物有白地黑花筒型罐、青白釉器盖、青白釉瓷碗、青白釉瓷盘、青白釉瓷碟、鸡腿瓶、卵石、铜镜、铜钱以及少量残铁钉和有火烧痕迹的碎骨等。根据墓葬形制及出土器物分析，推断墓葬年代应为金代中晚期，不早于正隆年间。根据陪葬品及墓内遗迹现象分析，推断该墓为夫妻合葬墓，葬式为火葬。

该墓葬随葬器物丰富，为研究该地区的金代葬俗提供了重要参考。在墓内放置卵石或者石块是金中都地区金代石椁墓中存在的一种普遍现象，可能与《密葬经》安放金石主“子孙无风疾之患”葬俗有关；墓葬出土的 5 组筒型罐（带盖）和 2 个鸡腿瓶可能是用于盛放粮食的“五谷仓”及贮藏“三浆水”器物，其中一个鸡腿瓶封泥保存完整，且仍残存一定量的液体，这在以往同时期考古遗存中少见，对瓶内残存液体的检测分析可为研究这一时期酿酒工艺提供重要的实物资料。

（尹承龙　戴　滨　李寿祥　邹万霞　张志鹏）

【宝坻区西河务二村金元墓葬】

发掘时间：2018 年 1 月

工作单位：天津市文化遗产保护中心

本年 1 月 15 日 ~31 日，本中心对宝坻西河务二村拆迁区域发现的 2 座墓葬进行了抢救性考古发掘。墓葬位于天津市宝坻区朝霞街道西河务村二村东部，鲍丘河右岸，本次共发掘清理金元时期墓葬 2 座，编号为：M1、M2，其中 M1 为金代墓葬，M2 为元代墓葬。

M1 墓向 7°，圆形单砖室墓，墓顶已被破坏。长 4.48 米，宽 2.7 米，残高 1.55 米，墓底距墓口 1.05 米。内填花土，土质较为疏松。墓葬由墓前祭台、墓道、墓门及墓室组成。出土器物有白釉碗、钧釉盏、青釉鸡腿瓶、器盖、铜钱等。

M2 墓向 10°，为马蹄形单砖室墓，墓葬毁坏严重仅残存下部，南部被现代扰坑破坏。残长 3.4 米，宽 3.5 米，墓壁残高 0.92 米，墓底距墓口 1.36 米。内填花土，土质较疏松。墓葬由墓道、墓门和墓室组成。出土器物有钧釉碗、青釉高足杯、酱釉罐、黑釉双耳罐、铜镜、铜簪、铁鐎斗、铁拉手、陶盆、铜钱等。

此次发掘的两座墓葬为北方地区金元时期类屋式墓葬，墓室内部有仿木构建筑，出土器物均为实用器。M1 为火葬墓，并发现墓前祭台遗迹。M2 墓室平面呈“马蹄形”，在目前所发现的元代墓葬中并不多见，墓主人应为元代平民阶层，该墓葬虽破坏严重，但出土器物相对丰富，种类涵盖陶、瓷、铜、铁质地，提供了较为完整的元代平民墓随葬器物组合。

（戴　滨）

【宝坻区单庄元代墓葬】

发掘时间：2018 年 4 月

工作单位：天津市文化遗产保护中心

本年 4 月 16 日，本中心接到报告，宝坻区单庄村东侧村民在清理地下树根时发现一座古墓葬，随即前往现场调查，初步确认此为一处元代墓葬，对周边区域做了考古勘探，共发现墓葬 3 座，并进行抢救性考古发掘。发掘区位于宝坻区朝霞街道单庄村东侧，唐通县以南，西邻东城北路。此次发掘共清理元代墓葬 3 座，编号为：M1 ~ M3。

M1：位于发掘区东南部，西南邻 M2，方向：330°。圆形单砖室墓，墓室大部已被破坏。长 6.4 米，宽 3 米，残高 0.8 米，墓底距墓口 1.2 米。内填花土，土质较疏松，内含碎砖块、瓷片等。墓葬由墓道、墓门及墓室组成。出土随葬品有青釉瓷碗、韩瓶、铜镜、铜钱。

M2：位于 M1 西北，方向：270°。长方形竖穴砖室墓，墓圹东西长 2.75 米，南北宽 1.3 米。墓室为单砖错缝平砌而成，并用泥土粘合，内长 2.1 米，宽 0.45 米 ~ 0.63 米，残高 0.5 米，西壁有一壁龛。单人仰身直肢葬，骨架下铺白灰。随葬瓷罐 1 件。

M3：位于 M2 北侧，方向：175°。长方形竖穴砖室墓，墓圹南北长 2.55 米，东西宽 1 米，内填花土，土质较松。墓室为单砖错缝平砌而成，并用泥土粘合，内长 2.05 米，宽 0.44 米 ~ 0.52 米，现残高 0.18 米。单人仰身直肢葬，骨架保存较差，性别不详，骨架下铺白灰。随葬铜钱数枚。

（戴　滨）

【蓟州区福润园元代窑址】

发掘时间：2018 年 5 月

工作单位：天津市文化遗产保护中心

福润园元代窑址位于蓟州区静水路东侧，依水街南侧，盘龙路西侧。本中心对该窑址进行了考古发掘。

Y1：方向 10°，整体平面呈“8”字状，破坏严重，仅残留中下部，开口于②层下。南北通长 10.2 米，东西宽 4.4 米 ~ 5.74 米，窑口距地表 1 米，窑床距窑口 1.18 米。由操作间、火门、火膛、窑室及烟道组成。

操作间：位于窑址南部，平面为不规则形状。南北长 5.76 米，东西宽 1.8 米 ~ 5.7 米，深 0.5 米 ~ 1.65 米。由南向北至火门底部呈斜坡状。

火门：位于操作间北侧，北连火膛，仅残留底部。东西宽 1.32 米，残高 0.6 米，进深 1.6 米。两壁用单砖逐层错缝砌制而成，残留有红烧土。

火膛：位于窑室南部，平面近似椭圆形。东西长 2.86 米，南北宽 0.78 米，深 1.38 米。北壁用青砖逐层错缝平砌，整个火膛均有青灰色烧结面，底部残留有大量草木灰，厚约 0.3 米。

窑室：位于火门北侧，平面呈圆形，顶部已被破坏。直径约3.5米，残高1.18米。窑室为平砖逐层错缝砌制，外围红烧土厚约0.3米，东、北壁青灰色烧结面保存较好，有明显加工痕迹，厚0.1米~0.16米。北部为窑床，半圆形，东西长3.6米，南北宽1.96米，表面有青灰色烧结面，厚约0.1米，下部为红烧土，厚约0.2米。

烟道：共2个，位于窑室的北壁东西两侧，间距0.7米，结构相同，均为平砖错缝砌制。烟道截面为长方形，长0.3米，宽0.18米，残高1.18米，内有明显烟熏痕迹。烟道下部连接窑床处各设有2个烟孔。

根据出土窑砖形制尺寸，推测该窑址时代应为元代。

（戴　滨）

【天津卫故城明清东城墙遗址】

发掘时间：2017年11月~2018年2月

工作单位：天津市文化遗产保护中心

因天津地铁4号线建设工程需要，本中心对天津卫故城东城墙遗址进行了考古发掘工作。本年度发掘区域位于南开区东马路与南马路交叉口（地铁4号线东南角站建设用地范围内），根据地下管线及地形走向进行布方，布方方向为355°，共布设探方31个，探沟2条，发掘面积2000平方米。共发掘清理出明清时期城墙基础遗址1处、道路2条、沟2条，清末时期城市铁轨遗迹1处、排水设施1处，出土各类器物标本1000余件，质地有瓷器、陶器及金属类等，其中以瓷器最多，器形有碗、盘、碟、杯、盖等；陶器有陶罐、陶球、陶棋子等；金属器有铜元、铜钱、地钉等。

此次发掘最重要的发现是揭露出明清天津卫故城东城墙墙体（局部）基础遗址，城墙遗址位于①b层下，平面为长条状，走向南北，被G1打破。发掘清理长度112米。城墙残高2米，底部宽约9.9米，夯筑而成，残存夯土可分13层，每层厚约0.15米，土色为黄色，土质较硬，出土物有少量砖块及少量瓷片。城墙基础由残砖、瓦层和夯土组成。残砖块层共4~5层，每层相距0.1米~0.15米。城墙基础夯土为黄色，土质坚硬。出土物有残砖块、瓦片及少量瓷片。由于城墙基础位置地下水位过高，考古发掘工作无法继续向下进行，第一阶段发掘工作结束后交由地铁建设部门做降水工程处理，待具备条件后发掘工作还将继续。

通过对城墙基础解剖和出土遗物分析，初步厘清了天津卫故城的筑城年代和建筑方法；天津卫故城修筑年代不晚于明初，与史料记载基本相符；城墙基础建筑方法与宋代李诫《营造法式·筑基之制》基本相符。据文献记载天津卫城始设于明永乐二年十一月二十一日（1404年12月23日），明代经历弘治、万历年间两次重修，清代顺治、康熙、雍正、乾隆、嘉庆年间历次重修次数达12次之多；至1900年八国联军攻陷天津城，于11月26日都统衙门第74次会议决定拆除城墙，1901年，天津旧城城墙被拆除。城墙被拆除后，在四面城墙墙根处修建了东南西北四条环城马路；基本与考古发现相吻合。

城墙是见证古代城市发展最重要的物证之一，天津卫故城东城墙遗址结构清晰、筑法规范，是天津历史文化名城最重要的文化遗存之一。天津卫属于明代城镇建制中最重要的军事城镇之一，此次发掘找到了天津卫城城市的基点，为卫城的始建年代提供了重要的考古实证，同时发现的各时期遗迹现象和文化堆积是天津城市历史发展的重要缩影。

（甘才超　张　瑞　尹承龙）

【武清区下朱庄清代遗址】

发掘时间：2018年3月

工作单位：天津市文化遗产保护中心

本中心因天津远颐房地产开发项目建设需要，于3月对该项目用地范围内进行了考古勘探及发掘。发掘区位于武清区下朱庄村西南，西邻北运河，共发掘清理清代各类遗存8处，包括窑址1处、仓储遗迹1处、墓葬6座。

Y1：位于发掘区西北部，方向85°，开口于①层下，圆形窑室，整体破坏严重仅残留下部。通长7.78米，宽2.42米~5.4米，窑底距窑口深1.36米。由操作坑、火门、火膛和窑室组成。

C1：位于发掘区西南部，方向15°，开口于①层下，仓口距地表0.4米，为长方形竖穴砖室冬储仓，南北长7.5米，东西宽2.6米，仓底距地表深0.75米。中北部残存部分仓壁，为单砖错缝平砌，铺地砖破坏无存，仅留砖痕，南部仓壁完全被破坏，仅存铺地砖，仓门及入口已破坏，仅存踩踏面，低于仓底0.2米。

M2~M7：均为土坑竖穴墓，其中双人合葬墓4座，三人合葬墓2座。出土器物包括：酱油瓷罐、黑釉瓷罐、青花瓷盘、铜簪、铜耳勺、铜扣、铜钱等。

（戴　滨）

【滨海新区义胜营清代炮台遗址】

发掘时间：2018年5月~7月

工作单位：天津市文化遗产保护中心

义胜营炮台遗址位于滨海新区北塘河口北岸至蛏头沽之间，汉北公路西侧，现地表遗留有多处“三合土”夯筑遗迹，遗址区地表覆盖有大量杂草和野枣树。因遗址保护规划编制需要，本中心对其进行了全面考古勘探，勘探面积138000平方米，发现护壕、炮位、墙体及内部道路等遗迹。

护壕环绕整个炮台而建，平面为不规则椭圆形，用于对炮台的防御和排水。护壕（不包括南部）环长约800米，东部宽于西部，东部宽25米~30米，西部宽16米~25米，壕沟剖面呈“U”形，开口距现地表深1.0米~2.8米，北部略浅，东、西两侧向南部逐渐加深，北部深约2.2米，南部深约3.5米。护壕内填黑淤泥，土质较粘。

现存炮台主墙体破坏严重，平面现为不规则形，宽窄不一、高低不平。墙体由三合土夯筑而成，南部和东部三合土夯质较好，西部三合土夯质较差。现仍残存部分墙体裸露于地面。墙体上修筑有大小不一的炮位，现仅南墙体东、西两端的炮位较为明显，其他炮位现已无法确定。墙体中部修建有通道，相互连接，通道整体损毁严重，南部区域残留较多，基本可看出其形制结构，北部空洞被破坏或坍塌，已不明显。炮台主墙体面积（依墙体外边线为准）约40000平方米，南北长170米~240米，东西宽140米~200米。

炮台内主路，位于遗址的北部，北连护壕，南接遗址踩踏面，由北向南逐步变宽，是进入炮台内部的主要道路。该段道路长约54米，宽12米~21米。路基厚0.1米~0.15米，道路坚硬，内掺白灰。道路南侧连接遗址踩踏面，踩踏面与道路结构相似，相对较薄，部分区域有缺失。

炮台墙体内部发现有大量踩踏面，踩踏面相对较薄，且早期破坏严重，暂无法确定其用途。

通过此次考古勘探工作，基本明确了北塘义胜营炮台遗址北部的分布范围，面积达到92000平方米，修正了以往对于该遗址分布区域的认识，炮台遗址整体呈椭圆形南北向分布，该遗址分布总面积推测应在130000平方米左右。通过考古勘探，初步掌握了北塘义胜营炮台遗址护壕、炮位、墙体、内部道路及踩踏面等遗迹的基本结构和构筑方式，为进一步认识天津明清海防遗存防御体系结构和布局提供了考古实证和典型个案，并为后续的保护、展示和利用提供了重要依据。

（盛立双　戴　滨）

【宝坻区海滨医院清代墓地】

发掘时间：2018 年 4 月

工作单位：天津市文化遗产保护中心

本年 4 月 16 日，天津市文化遗产保护中心接到报告，宝坻区海滨医院东侧工地在平整土地时发现有古墓葬埋藏迹象，随即赴现场调查，确认后对该区域做了考古勘探，共发现墓葬 7 座，并对其进行了抢救性考古发掘。发掘区位于天津市宝坻区海滨街道北城东路南侧，宝坻二中与滨海医院之间，紧邻滨海医院东围墙。本次发掘共清理清代墓葬 7 座，编号为：M1 ~ M7。

M4：位于发掘区的中部，方向：10°。长方形竖穴砖室多室墓，墓圹南北长 3.3 米 ~3.7 米、东西宽 0.64 米 ~7.4 米，内填花土，土质较松。该墓共有四个墓室，由西向东为甲、乙、丙、丁室，墓壁均为平砖错缝垒砌，并用白灰粘合，上覆石板，各墓室间有方形孔洞相通。甲室盖板刻“清故史太孺人墓”，丁室盖板刻“芮母王氏墓”。丙室南侧出土“孟白芮公合葬墓志铭”一盒。

除 M4 外，其余墓葬形制相近，均为竖穴土坑墓，包括单人葬、双人合葬及三人合葬。出土随葬品包括瓷罐、铜镜、铜钱等。

通过本次考古发掘，结合现场调查及相关资料记载，可以确定此为宝坻芮氏家族墓地。

（戴滨）

河 北 省

【阳原县泥河湾盆地马圈沟旧石器时代遗址】

发掘时间：2018 年 5 月 10 日 ~12 月 30 日

工作单位：河北省文物研究所、河北泥河湾遗址群保护区管理委员会

马圈沟遗址位于阳原县大田洼乡岑家湾村西南 1.5 千米处的马圈沟南段，地处泥河湾盆地东缘，大田洼台地的北坡。1992 年以来经过多次发掘，共发现 7 个地点，确认 15 个文化层，时代在距今 176 万 ~120 万年，是东北亚地区时代最早、文化遗存最丰富的旧石器时代遗址。

鱼咀沟 1 号地点地处马圈沟遗址的北部，位于马圈沟中部与鱼咀沟交会处的东北侧。2016 年进行第一次发掘，本年在 2016 年发掘区东侧继续发掘，发掘面积约 120 平方米，发掘剖面总高度约 25 米，共发现 7 个文化层、3 个化石层。

剖面最顶部的第Ⅰ文化层，层位与马圈沟遗址Ⅰb 文化层相同，低于半山遗址文化层（距今 132 万年）；第Ⅳ文化层，层位与马圈沟遗址第Ⅰ文化层（距今 155 万年）相同；最下部的第Ⅶ文化层，层位与马圈沟遗址第Ⅲ文化层（距今 166 万年）相同；其余文化层分布其间，总体年代在距今 166 万年至 140 万年。

在第Ⅴ文化层底面，低于第Ⅳ文化层约 2 米的位置揭露出一处古地面。古地面覆盖于一层黄砂之下，遍布整个发掘区，向未发掘的东、北两个方向继续延伸。古地面上发现有地表径流侵蚀的小水沟、水坑，其间发现有草原猛玛象脚印 20 多个，脚印多数保存较好，可辨清晰的趾间结构，周围散布有少量打制石器、动物化石，共发现 78 件。

文化遗物主要为石制品、动物化石，共发现 700 余件，第Ⅳ文化层文化遗物相对丰富，发现石制品 129 件、动物化石 55 件。石制品简单原始，类型单调，剥片不成功的石料或者废弃品比例较高，有一定数量的石核、石片，经过第二步加工修理的石器仅有刮削器，但比例非常低。

该地点年代古老，时代跨度非常大，地层序列清楚，文化层丰富，为建立区域早更新世古人类文化序列提供了标准剖面；发现文化遗物相对较少，但人工特征明确，是华北地区最早人类出现、连续演化的直接证据，为认识古人类最初制作石器的技术及石器技术的演化提供了直接材料。

（王法岗）

【阳原县新庙庄旧石器时代遗址】

发掘时间：2018 年 4 月 10 日 ~6 月 20 日

工作单位：河北省文物研究所、中国科学院古脊椎动物与古人类研究所、河北师范大学历史文化学院

新庙庄遗址位于阳原县新庙庄村西，地处泥河湾盆地南侧大南山深处的一个山间小盆地内，海拔在 1200 米以上。该遗址发现于 1984 年，1986 年、1987 年进行两次发掘，发现石制品 1 万余件，动物化石一批。石制品存在大量两侧接近平行的长

石片，第二步加工修理精致、器形规整、多层修疤、修疤均匀、类型丰富的石器比例非常高，引起诸多学者的关注。

本次调查确认遗址30处，包括20世纪80年代发掘的3处地点，新发现遗址27处。新发现的27处遗址分布于新庙庄至马主部两村的周围，第三级阶地内19处，第二级阶地内8处。第三级阶地内的遗址，其中6处埋藏于底部，层位与新庙庄遗址接近，其余13处埋藏于第三级阶地中上部，存在早晚关系，可进一步细分为多个不同的层位。

调查采集石制品、动物化石100余件，以石制品为主。石制品按照石器技术的不同，可以分为石片石器工业和细石叶工业两种类型。石片石器工业类型遗址埋藏于第三级阶地内；石制品原料丰富，包括：玄武岩、燧石、石英、石英砂岩、硅质白云岩、角岩等；主要采用锤击法剥片，类型包括：石核、石片、刮削器、断块、断片等。细石叶工业类型遗址埋藏于第二级阶地内，以西沟1号地点为代表；石制品原料比较单一，主要为色彩斑斓的火山碎屑岩；石制品类型有：楔形石核毛坯、石叶、细石叶、石片、断片、裂片、断块等；从石制品原料、石器技术分析，与泥河湾盆地中部虎头梁一带发现的细石叶工业遗存相近，应该有渊源关系。

根据桑干河演变史以及第二、三级阶地内已有遗址的测年数据，可以初步判断第三级阶地底部遗址的时代与板井子遗址（8.6万年）比较接近，中上部遗址的时代要晚于这个时期。第二级阶地内遗址的埋藏部位、石器工业与虎头梁遗址群（2万~1万年前）相似，时代也应非常接近，在晚更新世晚期之末。

调查发现了分布集中、丰富的遗存，发现多个早晚关系清楚的文化层，基本建立起该区域晚更新世以来古人类的演化序列；遗址的时代初步推测为晚更新世，旧石器时代中期至晚期之末，这个阶段也被认为是现代人扩散的重要时期，结合该遗址石制品具有的鲜明特征，可能存在与外来技术的交流，为我们探索华北地区现代人的起源及演化提供了重要的材料；石片石器、细石叶两种石器工业类型的遗址集中出现在一个狭小的范围，为我们探索这两种石器工业类型的关系提供了研究对象；楔形细石核技术在泥河湾盆地中部的虎头梁遗址群参与了旧石器时代向新石器时代的过渡，对研究农业起源也具有重要价值，该遗址群丰富的楔形细石核工业遗存展现了其在这一重大课题研究上的潜力。

（王法岗　李　锋　郭玉杰）

【康保县兴隆新石器时代遗址】

发掘时间：2018年6月~9月

工作单位：中国国家博物馆、河北省文物考古研究所

兴隆遗址位于康保县照阳河镇兴隆村东南。前期调查显示，坝上地区虽属长城以北的草原地带，但新石器时代遗址密集，总面积约1万平方米，发掘面积600平方米。

新石器时代遗迹主要为房址和墓葬。房址共8座，面积均在40米~50平方米，深度均在1.5米~2米。房址开口形状有圆形、圆角方形和圆角长方形三种。房内贴壁处均有一层或两层生土台。房内多有一至两层活动面；面中部均有一灶，有的面另有2~3个灶；多数活动面上留有动物骨骼、陶器、骨器、石器及半成品等遗物。4座房址发现门道，有的房址内发现壁龛和窖穴。房址具体时代有所不同，整体沿用时间为距今8500~7200年（树轮矫正）。

墓葬共3座。M3位于F3底部活动面西北角下，为居室葬。墓主三人合葬，均为仰身直肢。三人均佩戴环绕头部的玉串饰。M1与M2年代为距今5400年左右

(树轮矫正)。均为圆形土坑墓，单人屈肢葬，两墓随葬品均较丰富。

新石器时代遗物以动物骨骼数量最大，涉及种属有牛、鹿、羊、马、猪、鸟、兔及啮齿动物、猫科动物等，其中牛、鹿比例较大。石器有打制类、研磨类和细石器三种，磨制石器很少。打制石器主要为矛形器，有的局部磨光，还有斧形器、锛形器、有肩石铲、石球等。研磨类石器种类较多，除体量较大的磨盘、磨棒外，还有体量较小的磨盘、磨棒及磨饼、磨球、磨杵等。细石器主要为细石核、细石叶、石镞。陶器器形有大口尖圜底釜、尖圜底杯、筒形罐、平板状器、纺轮等。其中房址活动面上近完整器物以筒形罐最多，筒形罐多为花边口。陶器基本全为夹砂陶，陶色多为斑驳的红褐与黑褐色，除平板状器外，其他陶器纹饰多饰麻点纹、网格纹和刻划纹。骨牙角蚌器除常见的骨锥、骨簪、骨针等外，出土骨柄石刀、穿孔贝壳和蚌饰较多。墓葬随葬品多较精美。M1 头骨下出土马鹿牙串饰。M1 及 M2 均出土微型珠串，以石质为主，白色者直径多 2.5 毫米，环径多 1 毫米，厚度多 2 毫米左右；黑色者直径多 2 毫米或更小，环径和厚度仅 0.3 毫米 ~0.5 毫米。M3 墓主头部佩戴的玉串饰，多为扁长方体单体，少量为圆柱体珠；其中扁长方体的体量多在 2.5 厘米 ×2.5 厘米 ×0.5 厘米，侧面均有两个横向穿孔以便连缀，穿孔直径仅有 1 毫米 ~2 毫米。M3 填土中的骨雕小猪，残长约 4 厘米，是一件不可多得的工艺精品。

通过本年度的发掘，初步了解了兴隆遗址的堆积情况和文化面貌，为探索坝上地区新石器时代的文化序列及与周边区域的关系提供了重要资料。

(郭明建　邱振威)

【容城县晾马台龙山文化及商周遗址】

发掘时间：2018 年 12 月

工作单位：河北省文物研究所

晾马台遗址位于雄安新区容城县晾马台镇晾马台村西，遗址所处台地北高南低，面积约 2.2 万平方米。本年度对遗址进行抢救性发掘，实际发掘面积 16 平方米，清理灰坑 22 座，出土陶质、骨质、蚌质、铜质小件和可复原标本 16 件；文化遗存年代为龙山、晚商、西周时期。

晾马台遗址龙山时代文化遗存包括第⑦文化层以及该层下开口 H21、H22 等，陶片以泥质灰褐陶为主，夹砂灰陶次之，还有夹砂黑皮陶、夹砂红褐陶等；纹饰以素面居多，篮纹次之，还有指甲纹、按窝纹、绳纹等；可辨器形：鼓腹分裆高柱足甗、侈口束颈弦断绳纹罐、弧顶斜壁器盖、折肩瓮、敞口斜腹碗等；其文化面貌为华北平原龙山文化。晚商文化遗存包括第⑥文化层和该层下开口 H16、H17、H20 等，陶片以泥质灰陶为主，夹砂灰陶次之，还有夹砂灰黑陶、夹砂红褐陶等；纹饰以绳纹居多，素面次之，还有旋断绳纹、交错绳纹等；可辨器形：方唇折沿弧腹分裆矮锥足鬲、刻划三角纹簋等；文化遗存年代为殷墟文化三期。西周时期文化遗存包括第③、④、⑤层和 H4、H7、H9 等，陶片以夹砂灰陶居多，夹砂灰黑陶次之，还有泥质灰陶、泥质褐陶、夹砂红褐陶等；纹饰以粗绳纹为主，还有旋断绳纹、交错绳纹、素面抹光等；可辨器形：方唇斜折沿弧腹矮裆袋足鬲、厚方唇敞口深腹盆、束颈弧腹罐等；其文化面貌为西周中、晚期燕文化。

晾马台遗址是太行山东麓北部地区经发掘的为数不多的龙山时期遗址，为进一步完善太行山东麓地区考古学文化的谱系编年和时空框架提供了珍贵的实物资料。

(张晓峥)

【容城县南阳战国遗址】

发掘时间：2018 年 3 月 ~12 月

工作单位：河北省文物研究所

南阳遗址位于雄安新区容城县晾马台镇南阳村南20米，地理坐标为北纬39°02′27.3″，东经115°59′52.5″，遗址南北1000米，东西900米，面积为90万平方米。本年度，河北省文物研究所对南阳遗址进行考古发掘，揭露面积约1035平方米，解剖3处战国时期夯土城垣遗存，清理灰坑91座、房址12座、墓葬5座、沟5条、灶2座等；出土遗物种类丰富，以陶质、骨质、铜质、铁质最为常见，石质、瓷质、蚌质较少，小件标本及可复原器物176件。文化遗存年代为战国、汉代、魏晋北朝、唐代、宋金、金元时期。

为了解遗址中部偏北“内城”区域文化堆积状况以及文化遗存性质、功能，我们在该区域西北隅进行考古发掘（第3地点）。经初步整理：战国时期文化遗存包括第⑩层、第⑪层、北部夯土城垣（早期夯土）、西部夯土城垣、F7、G8、G9、G5等。出土器物：泥质灰陶内外素面筒瓦、外瓦棱纹内素面泥质灰陶板瓦、泥质灰陶卷沿高领罐、宽唇卷沿釜、夹蚌红陶宽弧沿筒腹釜、泥质灰陶碗形豆等。汉代时期文化遗存包括第⑧、⑨层以及北部城垣（晚期夯土）、M5、H49等，出土器物有泥质灰陶外绳纹内布纹板瓦、方唇卷折沿盆、夹蚌灰陶方唇直口瓮、夹蚌红陶釜等。魏晋北朝时期文化遗存包括第⑤、⑥、⑦文化层及F1、F4、F9、M3等，典型器物有夹蚌红陶直口矮领罐、泥质灰陶宽展沿敞口壶、夹蚌红陶方唇平口瓮、方唇折沿斜深腹盆等。第④层为唐代文化层，第③层为宋金时期，第②层为金元时期文化层，未发现文化遗迹，出土遗物较少。

此次考古发现南北向、东西向战国中晚期夯土城垣，确定了南阳遗址文化内涵包括战国时期城址和汉代城址等2座重要城址，为寻找春秋早中期燕桓侯迁“临易”、战国中期燕文公的“易”城邑提供重要线索。为雄安区域东周、汉代城市考古研究提供了重要实物资料。

（张晓峥　王　刚）

【隆尧县柏人城战国遗址】

发掘时间：2018年

工作单位：吉林大学考古学院

柏人城遗址位于隆尧县城西12.5千米的双碑乡境内，城墙周长8017米，占地面积约4平方千米。遗址整体保存情况较好，2013年被国务院公布为第七批全国重点文物保护单位。

本年国家文物局批复遗址发掘面积为1000平方米，吉林大学考古学院2016级考古学专业本科生在此开展田野考古教学实习。结合工作计划和遗址实际情况，本年度在城址中部偏东区域布5米×5米探方35个，另对城址东城墙北段进行局部解剖，布5米×5米探方6个，实际发掘面积1027平方米。本次发掘成果丰硕，共揭露灰坑147个、灰沟4条、墓葬6座、房址2座、水井3个，出土陶、铜、铁和骨蚌器等标本2800余件。

城内中部偏东遗址地层堆积可分6层，文化层厚度一般在2.7米~2.9米。第①层为近现代耕土层，黑褐色、土质较疏松。第②层为明清时期文化层，为黄色土、土质较疏松，出有青花瓷片、陶片等。第③层为唐代文化层，褐色土、稍发灰、土质疏松，出有瓷片和陶片等，主要器类为瓷碗、陶盆等。第④层为汉代文化层，灰褐色但稍偏暗红、土质细腻、粘性较大，主要出有陶罐、陶盆、陶碗和陶豆等。第⑤层亦为汉代文化层，红褐色土、土质胶结，出土少量陶片。第⑥层土色为青灰色、较致密，未发现陶片等遗物，年代暂不明确。⑥层以下黄色土，致密、极纯净，为生土层。③层下遗迹主要是灰坑和灰沟两类，④、⑤层下遗迹类型丰富，见有灰坑、灰沟、房址、水井和墓葬。

在城墙部分的解剖中，探方深3米左右，上部可见10厘米左右的夯层，至探方下部城墙夯层变厚。在解剖城墙中出土的陶片与城内发掘区相同，多为泥质灰陶，可辨器形有豆、碗、罐和盆等，与遗址内基本相同。根据战国秦汉时期中原地区年代学研究成果，推测其建造年代可能为战国中晚期。在解剖城墙时，在城墙旁发现宽1.65米左右的方形人骨坑，坑内至少有20余具人骨，人骨均不完整、较为散乱，可能为建造城墙时的祭祀性遗存。

柏人城遗址是中国北方地区保存最为完好的东周秦汉城址之一，遗址的发掘对认识东周秦汉时期地方城市历史沿革、城内布局及功能分区有着重要意义。

（陈全家　王　震）

【任丘市南陵城战国遗址】

发掘时间：2018年5月~8月

工作单位：河北省文物研究所、沧州市文物处、任丘文物管理所

为配合津石高速公路工程的建造，联合考古队对工程涉及区域内南陵城遗址进行考古发掘工作。发掘区域位于任丘市东北约8千米于村乡南陵城村南650米处的津石高速工程线路上。发掘面积600平方米。发掘区域地势平坦。

此次发掘遗迹数量较多，以灰坑为主，共计130个。另灰沟一条G1，瓮棺葬一座M1，井一座J1。发掘出土器物大部分为陶质器物，少量为骨质、铜质、铁质器物。陶器完整器物较少，多为陶器残片。根据部分可修复器物和可辨器形标本判断有豆、盆、罐、瓮、甑、钵、盂、盘、量、甑圈、板瓦、筒瓦、井圈、陶范等器形。陶质多为泥质灰陶，少量夹砂、夹蚌红陶。纹饰以绳纹为主，少量饰有磨光暗纹、附加堆纹、三角网格纹、圆点纹、方形网格纹。陶器制法多数为轮制，少数手制。部分陶器上有陶文、戳记、刻划符号、特殊纹饰。

任丘阿陵城遗址根据出土器物和陶文文字的释读可以初步推断这是一处战国晚期遗址，主要文化因素为齐国特色。其中豆、瓮、盘、釜和临淄齐故城出土的器物器形一致，具有鲜明的齐国风格。出土的陶文根据释读可以判断为齐系文字。有：“□里□”、“王人里弄”（?）、“张里赓”“张里朔”、“市玺”、“陈夏（?）右廪”、“右廪”等。

南陵城遗址所处位置，根据有关文献推测可能是齐国在战国中期黄河下游稳定之后，随着齐国国力强大，占领河间地区以后建立的“狸邑”，其先为齐地，后入燕，最后被赵攻取，在汉代为阿陵城。

（佟宇喆）

【雄安新区起步区遗址群】

发掘时间：2018年3月~2019年8月

工作单位：河北省文物研究所、故宫博物院、国家博物馆、中国社会科学院考古研究所、河北省文物保护中心

2017年党中央设立河北雄安新区。为切实做好雄安新区文物保护工作，全力支持新区建设，根据国家文物局、河北省文物局的部署和要求，于本年3~8月对雄安新区起步区进行了系统的考古勘察，根据勘察结果又进行了考古试掘，取得丰硕成果。勘探面积213.5万平方米，试掘面积约1200平方米。主要文物遗存介绍如下：

（一）以西里南、北六西和南文东北等遗址为代表的汉代手工业遗存

这些遗存以窑址发现最多，形制相同，皆出土绳纹青砖、板瓦残片等。其中以南文东北遗址内涵最为丰富。此次试掘发现窑址1座。根据勘探和试掘结果，从发现遗迹现象和分布情况看，可分为生产区和生活区。地层堆积分为3层：①耕土层，②扰土层，③汉代文化层，下压Y1，以下为生土层。Y1方向8°，由操作坑、火门、

窑室、火膛、窑床、烟道和烟室几部分组成，窑室平面形状为马蹄形，窑顶基本已破坏无存。窑床位于窑室北部，连接火膛。烟室位于窑室北部，平面形状为圆角长方形，底部不平。出土有各类砖瓦和器物口沿等。

（二）以王公堤遗址为代表的汉至隋唐时期的聚落遗址

王公堤遗址位于三台镇王公堤村南100米处。遗址面积30万平方米。此次试掘发现灰坑10座、灰沟2条、踩踏面1处。根据勘探和试掘情况，地层分为5层：①耕土层；②清代文化层；③隋唐文化层；④汉代文化层，以下为生土层。遗迹多为③下开口，土质土色为深褐色，包含物有炭灰、烧土粒等，出土器物以陶器为主，有泥质、夹砂、夹蚌灰陶、红陶，可辨器物有罐、盆等，绳纹砖、沟纹砖、布纹瓦、素面瓦等出土较多，有少量黄褐瓷碗、盘、白釉瓷碗残片、五铢钱，并有动物骨骼出土。时代涉及汉、北朝、隋、唐等。

（三）以罗河遗址为代表的魏晋时期遗存

罗河遗址位于大河镇罗河村南。此次试掘发现魏晋时期窑址1座。根据勘探掘试掘情况，该遗址地层堆积：①耕土层；②魏晋文化层；此层下压Y1，第③层淤积层。Y1平面近似长方形，方向347°，由操作间、火膛、窑床和烟道四部分组成。窑址内出土有少量的残砖、陶盆口沿和1件建筑构件。建筑构件，为泥质灰陶，呈方形蘑菇状，中间穿一孔。另出土有较多的细绳纹青砖。

（四）张六东北、中六东和涞城东等遗址为代表的唐代遗存

中六东遗址位于大王镇中六村东，紧邻白洋淀大堤。试掘发现墓葬8座、窑址1座、井1眼等。其中M5为圆形砖室墓，出土瓷香炉、铜镜、陶盘、白瓷碗和铭文砖等。其中铭文砖第一行基本可释读为“天宝八载二月二日上谷郡容城县”。出土的遗物尤其是带墨书砖为研究该地区唐代的行政区划、物质生活、丧葬习俗等提供了实物资料。

涞城东遗址位于三台镇涞城村东，此次试掘发现墓葬2座。均土圹砖室墓由墓道、墓门、墓室三部分组成。墓室内砖砌棺床。出土泥质灰陶罐、盘、灯、壶、黄釉瓷碗、“开元通宝”等，具有典型的唐代遗物特征。

（五）以南文北、北郑和南文东南遗址为代表的宋金时期遗存

南文北遗址位于大河镇南文村北。此次试掘发现窑址1座。Y1平面呈“吕”字形，方向280°，由操作坑、火门、窑室、火膛、窑床等几部分组成。窑址内出土细绳纹灰砖，少量沟纹砖。

北郑遗址，位于大河镇北郑村东北100米处。此次试掘发现墓葬3座。结合勘探和试掘成果，该遗址第②层为明清文化层，本层下发现墓葬M1、M2、M3；第③层，宋金文化层；第④层为淤积层。M1、M2、M3皆为圆形砖室墓，由墓道、甬道、墓室三部分组成，墓室砖砌部分均遭破坏。内出土有玉环、陶罐、盏、白瓷碗、盘、“咸平通宝”和“元丰通宝”等遗物。出土瓷器与金代定窑风格接近。

（六）明清时期遗存

仅有南文东遗址一处。遗址位于大河镇南文村东。

此次试掘发现J1和H1。J1平面呈圆形，直壁平底，深1.2米，出土有少量白釉瓷片，灰陶残片和瓦片等。H1直壁，平底，出土有白釉瓷片、陶器残片和砺石一块。从出土遗物推断这是一处明清时期的古文化遗存。

通过此次勘察、试掘，全面了解遗存的地下埋藏状况、分布范围，进一步了解各类文物遗存的文化内涵、本体特征、保存状况以及周边的自然和人文环境，验证

和优化了遗存的分级；为进一步完善河北考古学文化的谱系编年和时空框架提供了珍贵的实物资料；为雄安新区文物保护利用和考古工作奠定了基础，也为弘扬新区优秀文化，延续新区历史文脉，服务新区建设提供了有力支撑。

（毛保中　马小飞　赵战护　雷建红）

【容城县东小里—白龙西南汉魏墓地】

发掘时间：2018 年 10 月 ~2019 年 1 月

工作单位：河北省文物研究所

东小里—白龙西南墓地位于雄安新区容城县小里镇东小里村东南 800 米，东北距白龙村约 550 米，北距容小公路约 200 米之处。墓地分布面积约 90 万平方米。2017 年 7 月，雄安新区联合考古队在东小里和白龙村调查时发现两处大型墓群，分别定名为东小里墓地、白龙西南墓地，鉴于两处遗存位置接近、时代相近、形制相似，故统一命名为“东小里—白龙西南墓地”。

本次发掘面积共计 1400 平方米，墓圹开口面积约 500 平方米，清理两汉时期墓葬 40 座。根据墓道的有无可分为：无墓道砖室墓 7 座，带墓道砖室墓 33 座。无墓道墓均为单室墓；带墓道的砖室墓中，3 座多室墓，其他均为单室墓。其中带墓道的砖室墓中，有 3 座花纹砖墓，是较为特殊的发现。从墓向看，东、西、南、北各个方向均有，以朝南向为主，带墓道的墓葬中共有 18 座南向，6 座北向，7 座西向，2 座东向。无墓道的墓葬，南北向 2 座，东西向 5 座。

虽然大多数墓葬受到不同程度破坏，但仍然出土大量随葬器物，共计出土各类器物 220 余件。其中陶器 180 余件（套），以泥质灰陶为主，少量夹云母红陶和夹砂灰陶。陶质火候较低，胎质疏松，模制或轮制，器表多绳纹和篮纹，素面陶器也占一定数量。器类以罐为大宗，其次为壶、盆，也有器盖、盘、器座等，另外有大量陶质冥器，釜、甑、灯、圈厕、案、耳杯、灶、魁、楼、仓、磨、井、勺、俑及动物模型等，陶楼、陶俑、灶等白底上施红、黑彩。铜器 9 件，基本为冥器，器类有车軎、弩机、铺首、车饰件等。铜钱 688 枚，除个别为货泉外，均为五铢钱，另外还有少量石器、骨器和铁器等。

综合墓葬形制、出土器物及组合关系来看，这批墓葬的时代为西汉晚期到汉魏之际。本次发掘出土的大量器物，除了大部分为实用器外，还出土一些生活冥器和动物模型。更重要的是发现几座烧制精美的花纹砖墓，墓砖上纹饰包括三角纹、乳钉纹、凸线纹等，这种整座墓葬采用花纹砖砌筑的汉墓，以往河北地区比较少见，值得今后研究重视。

该墓地面积大，墓葬数量多，遗物丰富，是雄安新区为数不多的大型汉代墓群之一，对研究该区域汉代的葬制葬俗、物质生活、文化艺术等都具有重要的意义。

从出土器物分析，该墓地是一处平民墓地。从墓葬排列和墓向分析，各墓之间排列有序，无打破关系，往往 2 ~3 座成一组，有明显的分组现象，说明该墓地是埋葬不同家族的公共墓地。

（马小飞　雷建红　程金辉）

【大清河流域文物调查及勘探】

调查、勘探时间：2018 年 8 月 ~ 2019 年 1 月

工作单位：河北省文物研究所、霸州市文物管理所、文安县文物管理所

为丰富大运河文化带的内涵，为大运河文化带建设提供基础考古资料，揭示大运河在连接南运河与雄安新区两地的作用，河北省文物局委托河北省文物研究所组织了大清河流域文物资源调查和考古勘探。此次工作区域属于大清河下游地区。工作内容分为田野调查和考古勘探两部分。

调查范围自大清河流出雄安新区起，到大清河流入天津止，东西长约100千米。再从大清河干流向南、北延伸出1千米~3千米，大体南到赵王新渠、北到中亭河。调查面积约400平方千米。在这一范围内，大清河主要为廊坊市文安县、霸州市的分界线，涉及文安县、霸州市所辖的十多个乡镇。2018年8月初~10月底，完成田野调查。共调查文物点91处。霸州35处，其中复查文物点27处，新发现文物点8处；文安县56处，其中复查文物点22处，新发现文物点34处。文物点类型包括古遗址、古墓葬、古建筑、碑刻、近现代重要史迹等。时代上起战国，下到近现代。以汉代、宋元时代、明清至现代遗存较多。同时对十余处遗址做了环境考古调查。同时，对18处文物点进行考古勘探，以探明此区域遗址的埋藏情况、分布范围、年代、性质等，为下一步工作提供基础。

通过调查和勘探，对大清河两岸文物资源的基本情况有了初步了解。在文物点的数量上，文安县占三分之二，霸州市占三分之一。这与调查区域古代的地形、地势相关。在文物点的分布上，大清河西段(左各庄以西)，文物发现数量较多，分布也比较密集。而自此向东直到天津则少有发现。在文物点的类别上，古遗址数量最多，其他四类大体持平。遗址和古墓葬的时代以战国至秦汉、宋元时代为主。遗址主要为小型聚落址，没有发现城址。古建筑可分为寺庙、祠堂两大类，年代为明清至近代。碑刻可分为墓地诰命碑、寺庙重修碑、其他纪事碑刻等，以明清时期为主。近现代革命史迹有烈士祠、烈士纪念碑等，多修建于20世纪60年代。总体来看，这一区域的文物资源情况与雄安新区东部相似。

本次调查还发现与大清河本体及大运河相关的遗存，此类遗存有渡口遗址、码头遗址、桥梁碑刻、堤坝碑刻等，共有10余处。年代最早的是霸州镇的元代城二码遗址。以清代至近代的遗存为主，较为重要的有永济桥碑、乾隆御制诗碑、隄工段落碑等。其中渡口、码头遗址与运河航运关系最为密切。大清河北侧的中亭河是沟通大运河与冀中的另一条水道，在胜芳镇南有石沟渠将其与大清河连通，使得胜芳镇成为中亭河、大清河联系的要地。胜芳镇内三处大院是晚清到近代大清河航运的代表性遗存。

本次调查对大清河流域的环境演变、人地关系做了积极探索，这是首次在这个区域进行的环境考古工作。初步发现了古代遗址的三种环境模式，河流侵袭模式、湖沼退化模式、高地模式。三种模式均见于雄安新区东部。这里与雄安新区相连，自然环境相通。通过环境考古研究，可以为雄安新区乃至整个冀中平原的古代环境演化和人地关系发展开辟新的研究领域。

（韩金秋）

【临漳县邺城遗址东魏北齐宫城区】

发掘时间：2018年3月~12月

工作单位：中国社会科学院考古研究所、河北省文物研究所邺城考古队

邺城遗址位于临漳县西南，是曹魏至北齐六朝故都。邺城考古队自1983年至今在邺城遗址持续进行了三十余年的考古工作，取得了一系列重要收获，为邺城遗址平面布局研究积累了重要基础资料。以探索东魏北齐邺城宫城区平面布局为学术目的，接续上一年度工作，邺城考古队在2018年度继续对宫城区北部进行了勘探与发掘，勘探面积约9.3万平方米，发掘面积约3000平方米。

发掘工作主要包括两个方面：首先，全面揭露了206号大型建筑基址。该建筑基址位于宫城区中轴线北部，是宫城内规模较大的殿堂式建筑之一。根据发掘了解到，该建筑基址由地上台基和地下基础两

部分组成。地上台基平面呈长方形，东西面阔 40.6 米，南北进深 33.3 米，台基残高约 0.5 米，台基部分破坏较严重，仅发现数十处破坏坑。台基南面设东西双阶，残存夯土长 5.3 米，宽 4.2 米～4.3 米。台阶南端均连接有卵石铺砌的甬道，路面呈条幅状，拼砌成花卉图案。台基四周砖砌包边，仅存少量填缝碎砖及包砖，包边沟槽宽约 0.88 米。台基包砖外围为一周砖铺散水，宽 2.32 米～2.5 米，双层铺砌，个别处残见方砖，边缘为侧立条砖和三角斫砖。在散水外围还发现等距分布的卵石遗迹，间距 1.13 米～1.48 米。单个卵石遗迹平面一般略呈圆形，直径约 0.35 米，由上下两层小卵石堆砌而成。地下基础包括南、北两部分，南半部应利用了早期建筑基址的基础部分，东西面阔 52.69 米，南北进深约 30 米，基槽深 3.2 米～4 米，为纯夯土结构。北半部基槽打破早期夯土基槽，东西面阔 40.6 米，南北进深 17.23 米，深约 3.5 米，基础部分为夯土和瓦石交替夯筑而成。台基北部正中和东、西两侧南端均设有连廊，为两间形式，面阔 5.22 米，进深 3.5 米。东、西连廊两侧均与廊房相连，廊房呈南北向分布，东西进深三间，据残迹推测中间为封闭式房间、前后设廊。

其次，宫城东北部和宫院西北部的发掘。在宫城东北部发现多道线性夯土遗存和成组有规律分布的夯土台基，其中位于最东侧的线性夯土可能与宫城东墙有关，经发掘确认其地上部分破坏严重，地下基槽呈三层台状，开口残宽 6.26 米，深约 3.3 米，纯夯土筑造，质地坚硬细密。在该遗存西侧发现两组建筑遗迹，东侧建筑南北向分布，由一组开间 4 米左右的小室构成，每室中间有宽约 1 米的隔墙，墙体保存较好，部分残高 0.15 米～0.3 米，表面尚存红绘墙皮。西侧建筑时代略晚于东侧建筑，现仅存三片夯土，原建筑格局暂不明了。宫院西北部接续上一年度工作向南扩方，进一步确认了宫院西墙的走向，同时发掘出紧邻西院墙内侧的两组小型院落遗存。

通过本年度的田野工作，我们全面揭露了位于宫城中轴线上的 206 号大型建筑基址及其附属建筑遗存，确认了该建筑单元的平面构成和基础结构；宫城东北部和宫院西北部的发掘为探索宫城范围和平面布局提供了重要线索，使我们对于宫城平面布局的认识得以不断深化。宫城区发掘出土遗物以砖瓦类建筑材料为主，同时也出土了较大量日用陶瓷器皿，种类和类型均较为丰富。上述遗迹和遗物的发现为深化研究宫城布局、营建、性质等均提供了重要基础资料。

（沈丽华　何利群）

【临漳县邺城遗址核桃园北齐佛寺】

发掘时间：2018 年 10 月～12 月

工作单位：中国社会科学院考古研究所、河北省文物研究所邺城考古队

邺城遗址位于临漳县西南约 20 千米处，由南北毗连的邺北城、邺南城和外郭区三部分组成，是曹魏至北齐六朝故都。中国社会科学院考古研究所和河北省文物研究所于 1983 年联合组建考古队，开始进行持续考古工作。以探索东魏北齐邺城外郭区范围和平面布局为学术目的，邺城考古队自 2013 年开始围绕“邺城遗址考古发掘与研究”创新课题，对核桃园北齐佛寺建筑组群进行了持续性工作。

核桃园北齐佛寺位于东魏北齐邺城中轴线东侧，由一列处于同一轴线、南北向分布的五座建筑基址组成，其中经历年工作已确认位于轴线南侧依次分布的 1 号塔基、5 号佛殿南门、2 号佛殿等建筑遗存。本年 10～12 月，邺城考古队接续上一年度工作继续进行了勘探与发掘，勘探面积约 1.1 万平方米，发掘面积 560 平方米。主

要发现及收获有如下三处。

3 号基址局部发掘。发掘揭露了 3 号基址东连廊北半部分，连廊东西 4.53 米，南北 5.56 米，四角各有一大型础坑，现存两件础石，边长 0.62 米 ~0.64 米。经解剖确认 3 号基址分早晚两期，早期基址地上台基残高 0.75 米 ~0.93 米，地下基础为条形夯结构，深 1.92 米 ~2.22 米。晚期基址在早期基址基础上南扩，在柱网对应位置发现有磉礅遗迹。

7 号廊房南部发掘。发掘发现廊房 6 间，每间宽 4.44 米左右，前后均有宽约 1.5 米的走廊，外缘散水宽约 1.2 米。确认了 7 号廊房向南延伸，与 5 号门址向东延伸的夯土墙连接。廊房东西两侧还发现有跨度约 4.2 米的廊道，向西与 5 号门址连通，向东继续延伸，走向有待进一步勘探。

8 号基址发掘。8 号基址位于核桃园北齐佛寺建筑组群中轴线北部，通过发掘初步认定 8 号基址为东西向复廊式建筑结构，夯土台基残高 0.15 米 ~0.2 米，南北跨度 10.5 米，边缘残有包砖痕。台基中部有一道断续的瓦墙，将建筑物南北等分为两部分，其中位于轴线处的瓦垛系筒瓦平铺，与其余处侧立瓦墙不同，疑为南北向出入口。台基边缘及中部瓦墙间等距离分布磉礅，柱间距 4.04 米 ~4.24 米。

核桃园北齐佛寺建筑组群的发现与发掘为我们探索东魏北齐邺城外郭城的布局和范围以及里坊结构提供了重要的线索；对于探讨北朝晚期佛教寺院的形制、布局和功能具有重要意义；为了解北朝晚期大型宗教礼制类建筑的空间布局与结构、建造技术与工艺等提供了丰富的实物资料。

（何利群　沈丽华）

【灵寿县幽居寺遗址】

发掘时间：2018 年 4 月 ~6 月

工作单位：河北省文物研究所、灵寿县文物管理所

幽居寺遗址位于灵寿县寨头乡砂子洞村寺上庄南，东南距灵寿县城 43.5 千米。全国重点文物保护单位。由僧标初创于东魏时期，初名“禅室”。北齐时期，赵郡王、六州大都督高叡加以扩建，定名为“定国寺”。为了供奉伯父献武皇帝高欢、兄长文襄皇帝高澄、父母及其自身与妃所造的佛像，建造了佛塔。唐代对佛塔进行改建。元代被称为“祁林院”“幽居寺”，成为五台山寿宁寺下院，为其提供粮食供应。元代帝后、帝师对幽居寺多加恩抚，幽居寺迎来了继北齐之后第二个兴盛时期。抗战时期，寺院被日寇付之一炬，遗址上仅存佛塔、四通石碑、一座陀罗尼经幢。1996 年，佛塔内三尊佛的佛首及部分佛龛被盗。2016 年，台湾星云大师捐献了被盗的释迦摩尼佛首，使佛像身首合璧，谱写了两岸携手保护文化遗产的佳话。2017 年，为编制幽居寺遗址总体保护规划，灵寿县文物管理所委托河北省文物研究所对幽居寺遗址进行勘察。

首先对遗址进行了全面勘探，勘探面积 1 万平方米。布设梅花孔，孔距 2 米。依地貌不同，分为 3 个勘探区。各区内有若干台地，高差 0.8 米 ~1.5 米。勘探结束后，为进一步了解遗址内涵和年代，在遗址周缘及核心区域布设探沟 8 条，发掘面积 76 平方米。其中 T3、T6、T8 出土遗迹较为丰富。遗迹有建筑基址 3 座、灰坑 8 座、石（砖）墙 8 座、窑 1 座。可分为唐代、宋元、明清等 3 个时期。建筑基址位于砖塔前后，为砖石结构，应为寺院内建筑，仅存少量墙基。出土遗物以砖瓦残片为主，还有陶器、瓷器、石器、铜器、铁器等 100 余件。遗物年代从北齐至近代。

通过勘察，发现幽居寺遗址的保存情况很差，各个时代遗迹基本都被晚期人类活动不同程度破坏，加之地处深山沟谷中，地形坡度大，旁有山涧流过，山体滑

坡、山洪冲蚀等自然灾害也使遗迹受损严重。作为一处山间寺院遗址，幽居寺遗址的建筑布局和结构独具特色，主要以砖塔为中心，建筑依地形而布置，多见石块垒砌的台基护坡，周围没有明显的围墙，与平原地区寺院差异明显。发掘出土了北齐时代的汉白玉佛像，证实了幽居寺始建于北朝的记载，还有隋唐至近代遗迹、遗物出土，说明该寺院历史悠久，从北齐到近代基本未曾中断。从遗物年代和种类上看，以北齐和金元两个时期为主，印证了文献和碑刻中幽居寺在这两个时期与皇家紧密联系的记载。

（韩金秋）

山 西 省

【古交市大川河流域史前考古调查】

调查时间：2018 年 5 月 ~7 月

工作单位：山西省考古研究所

本项调查是在山西省文物局文保专项经费支持下开展的。

配合“中华文明探源工程”课题，同时根据山西汾河谷地旧石器时代文化遗存的发现情况，为了解史前时期人类分布范围、人类技术发展及文化影响等，选择吕梁山中段东缘与汾河谷地之间的黄土堆积区开展专项调查。这里是汾河上游流经区域，众多支流汇入汾河，第四纪黄土堆积较好。

本所重点对古交市大川河流域进行区域系统调查。大川河是汾河支流之一，自南向北在古交市汇入汾河。从大川河入汾河处向上游方向，沿着河流两岸各延伸 1 千米 ~2 千米，一直到峪道川与大川河交汇处，调查路线总长度约 30 千米，实际调查面积约 70 平方千米。同时，自古交市河口镇河口村以东至太原尖草坪区土堂村一带，沿汾河两岸调查约 10 平方千米。

通过本次调查，在大川河两岸新发现旧石器遗址或地点 60 处，在汾河上游两岸 10 平方千米内发现旧石器地点 14 处，其中于原生地层发现石制品的遗址为 51 处。重新核查了李家社和黄峁石岩遗址，确认李家社是一处时代跨越旧石器早中晚期的遗址，并在遗址东北方向 1 千米处基岩内找到了角页岩条带，应是遗址重要的石料来源地。调查共获得打制石器 252 件、化石标本 15 件。打制石器类型有单台面石核、双台面石核、盘状石核、石片、刮削器、砍砸器及断块等，石料岩性主要为角页岩，另有砂岩、火成岩和石英岩等，打制技术主要为锤击法，个别标本上可见砸击技术。

经初步整理调查资料，比对石制品出土层位与黄土堆积状况，我们认为本次调查发现的遗址或地点时代涵盖了旧石器时代早、中、晚期，以旧石器早期文化遗存为主，共有 52 处。

本年度调查表明，在大川河流域分布较多史前时期人类文化遗存，古交的旧石器文化遗存不单单在三川（原平河、屯兰河、大川河）与汾河的交汇处，也在各支流两岸黄土或阶地堆积内。大川河流域除了李家社、皇帝茆、王家沟、明扶岭、长峪沟外，新增加旧石器遗址或地点较多，促使我们重新考量史前时期人类在汾河上游一带的活动范围，发现的石制品为研究旧石器时代人类打制技术提供了更多的实物资料。

此外，在 6 处地表采集到了红陶、灰陶、褐陶残片或鬲足，为寻找该流域新石器时代文化遗存提供了线索。

（任海云）

【大同县吉家庄新石器时代遗址】

发掘时间：2018 年 8 月

工作单位：中国人民大学考古文博系、大同市考古研究所

吉家庄遗址位于大同县吉家庄乡吉家

庄村南约150米处，桑干河南岸台地上，是仰韶晚期到龙山时期的文化遗存，1965年被公布为山西省文物保护单位。

本年，联合考古队在大同市建立长期的“中国人民大学田野考古实习基地”。初步阶段时间为2018年至2023年，每年4个月时间（8～11月），以吉家庄遗址为中心，对桑干河流域的新石器时代遗址开展有计划的考古工作。每年预计参与实习的本科生、研究生、教师、技工等60名左右。

2018年8月7日，正式开始发掘，开10个25平方米的探方，面积为250平方米，共发现灰坑13个、窑址2个、墓葬1个。由于地表种植有柠条等根系长的植物，对地下遗存扰动较严重，因此未出土有完整的陶器；可复原陶器有13件，陶片标本288件，小件器物304件，以及兽骨1000余件，蚌壳280余件。小件器物中包含石器200余件，骨器50余件，蚌质、陶质等其他质地的小件若干。

发掘区的地层堆积较浅，可分为2层，因为地势倾斜、南高北低的缘故，整体为坡状。第①层：现代扰土层，黄褐色土，土质疏松，厚度15厘米～25厘米。第②层：文化堆积层，灰褐色土，土质疏松；此地层大致平铺于整个发掘区中，结束于最北边的两个探方的中部。

灰坑中的H1、H5、H7、H13为第①层下开口；H2、H3、H4、H6、H8、H9、H10、H11、H12为第②层下开口，其分布则集中于发掘区中部和南部。两座窑址皆位于发掘区南部，Y1被第①层所迭压，打破H10；Y2被迭压在H12的第③层之下。

出土遗物以陶片和陶器为最大宗，第一层出有夹砂灰陶36.86%、夹砂红陶10.70%、泥质灰陶47.94%、泥质红陶9.83%，纹饰有绳纹、篮纹、素面、磨光、彩陶。第二层出有夹砂灰陶40.05%、夹砂红陶5.79%、泥质灰陶48.03%、泥质红陶6.12%，纹饰有绳纹、篮纹、素面、磨光、彩陶。代表性器物有素面磨光钵、矮领绳纹鬲，有些带花边，大部分是颈部和口沿部分素面磨光，以及大量的石环，剖面大多近似圆角方形或圆角长方形。结合地层关系和出土遗物看来，H9、H10、H12、Y2等遗迹的年代应该较相近。

此外，以吉家庄文物保护标志为中心，在半径500米的圆形区域内，使用探铲和RTK对文化堆积进行勘探，探法为普探。总勘探面积为37亩，共勘探746个孔，其中灰土孔共216个，最深可达2米以上，孔中发现有灰土、烧土、白灰、陶片等，后期再绘制成图，以供来年选址所用。

（董　耘）

【夏县辕村仰韶文化遗址】

发掘时间：2018年10月～12月

工作单位：山西省考古研究所、运城市文物工作站、运城市考古队

辕村遗址位于夏县裴介镇辕村南部，芦沟河的东、西两岸。南北长约1500米，东西宽约1100米，总面积约110万平方米。遗址内涵是以新石器时代和夏商时期遗存为主体的古代聚落遗址。

发掘地点位于夏县裴介镇辕村西南位置，系辕村遗址的保护范围，原地表海拔高度354.230米～358.394米。田野发掘工作自本年10月8日开始，至本年12月20日基本结束。发掘开始前根据勘探结果分四个区布方（编号：Ⅰ区、Ⅱ区、Ⅲ区、Ⅳ区），每个区布设5米×5米探方8个，共计32个探方，另在Ⅱ区探方外东北处开挖探沟1条，发掘总面积约1000平方米。四个发掘区，地层堆积和分布规律基本相同。第①层，耕土层；第②层，扰土层；第③层，仰韶时期文化层。早期遗迹大多开口于③层下，另有少量开口于②层下。通过钻探和发掘，证明遗址的核心区位于芦沟河边缘，越靠西，遗迹越少。本

次发掘位置处于遗址的边缘。

发掘过程中共清理灰坑70座，陶窑1座，金元时期墓葬7座。出土完整及可复原陶器、石器、骨器等文物43件，包括陶器及小件29件、石器10件、骨器2件、瓷器2件。其中：

Ⅰ区发现遗迹27组，其中灰坑26座、灶1座。典型灰坑有H108、H117、H119。H119原本是一座半地穴式房址，废弃后成为垃圾坑。

Ⅱ区发现遗迹22组，其中有金元时期墓葬5座。典型灰坑为H215。出土陶片可辨器形有陶盆、陶缽、陶杯、陶瓶等。

Ⅲ区、Ⅳ区地层堆积与分布情况与Ⅱ区相似。Ⅲ区发现遗迹较少，灰坑平面形状多为圆形或不规则圆形。

Ⅳ区位置距离芦沟河最近，遗迹间打破叠压关系非常复杂。发现仰韶时期遗迹21个，其中有陶窑1座，但保存较差，仅残留火膛。

本次发掘，虽然是配合基本建设，但是遗址本身所处地理位置非常重要。著名的西阴村遗址位于其东北、东下冯遗址居其北，遗址南距盐池约6千米。

本次发掘发现的遗迹和遗物主要是仰韶文化中晚期遗存，这些发现，丰富了对辕村遗址内涵的认识。

（赵　辉）

【晋中市榆次区源涡仰韶及二里头时期遗址】

调查时间：2015年7月、2018年4月

工作单位：山西省考古研究所、山西大学考古学系

源涡遗址位于晋中市榆次区郭家堡乡源涡村东、潇河北岸的黄土台地上，是太原盆地一处仰韶中期至二里头时期的重要遗址。2015年7月，配合山西省第五批省保申报核查，我们对该遗址进行了实地勘查。为进一步了解源涡遗址的文化内涵和保存情况，我们再次进行了初步的考古调查。两次调查虽间隔近三年，但遗址总体变化不大，保存状况良好。

源涡遗址地处太原盆地东北边缘，南距潇河支流约1.2千米，正太铁路、318省道等从遗址南缘穿过，地形北高南低，现状多为接近撂荒的耕地。地表遗物丰富，采集有仰韶中期的红陶铁轨口夹砂罐，仰韶晚期的红陶小口罐、横篮纹罐、敛口钵、灰陶折腹钵及彩陶片等；二里头晚期的绳纹小鬲、沟槽纹鬲足、钵，纹饰有细绳纹、旋断绳纹等。在台地的断崖上暴露有灰坑等遗迹。

该遗址周边区域发现的同时期遗存也不少，其西北距太原东太堡、狄村、南坪头等遗址约10千米，南距白燕遗址约25千米，东距北合流遗址约1千米。2010年的发掘表明，北合流遗址以仰韶晚期和二里头时期文化遗存为主，两遗址的内涵应当是比较接近的。

1942年，日本学者曾在源涡遗址作过调查，简报含有仰韶文化、龙山文化和青铜时代的遗物，其中一件陶片上粘附有铜渣，是研究中国早期铜器起源的重要标本，曾引起学界热议。《中国文物地图集·山西分册》中记载为夏代文化遗存。第三次文物普查新发现有新石器遗存，未发现灰坑。此次调查又补充了一些新资料，这对进一步了解源涡遗址的文化内涵、完善区域考古学文化谱系都颇有意义。

（武俊华　赵　辉　张光辉　陈小三）

【襄汾县陶寺龙山文化时期遗址】

发掘时间：2018年3月18日~6月28日；8月29日~9月23日

工作单位：中国社会科学院考古研究所、山西省考古研究所

2018年度，考古队对宫城内最大面积的宫殿建筑ⅠFJT3重点发掘。发掘总面积1945平方米，取得重大收获。

本年度发掘重新揭开2007年的老探方TG29，重新确认了三排柱网结构的大型宫室建筑（编号D1）的规模、结构、年代等问题。该宫室建筑台体东西长至少25.7米，南北宽20.3米，总面积520余平方米。之上残留有三排18个柱洞，柱网结构面积近300平方米。柱洞直径一般40厘米左右，柱坑多为圆形或椭圆形，直径0.8米~1.2米。柱洞底部均有柱础石，有些础石周边填有石块。夯土台基仅余其基础部分和残余柱坑柱洞。从柱网结构判断，可见有分间的情况，但具体分间布局结构难以明确。该宫室建筑是目前考古发现的新石器时代最大的单体夯土建筑。

在上述宫室建筑D1以东近2米处发现一座大型房址，编号F37。F37平面为长方形，东西长10.8米，南北宽度9.6米。房址为地面建筑，带有围墙，墙宽0.65米~1米，挖有深约30厘米的基槽，墙体残高8厘米~12厘米，黄花土，较纯净。南墙中间开门，门道宽2.3米~2.5米。房址地面为烧烤地面，较为坚硬，并非常见的白灰皮地面。房内出土有陶片、石臼、零星人骨等，陶片中见有较多的精致器盖，十分特别。房址建筑于ⅠFJT3夯土基址之上，位于大型宫室建筑D1之东，方向一致，并与之同时，年代不晚于陶寺文化晚期，推测为陶寺文化中期始建，延续使用至陶寺文化晚期偏早阶段。其性质或功用特殊，可能为宫室建筑D1的附属建筑。此外，在F37以东约5米处的夯土表面出土一件铜璧形器，十分罕见。

本年度发掘弄清了ⅠFJT3的东边缘线和东南拐角，为全面廓清其整体面貌打下了基础。ⅠFJT3东南拐角为弧形拐角而非直角，非常明显，其外或为生土，或为偏早的灰坑；其内为较为明显的夯土板块。ⅠFJT3夯土台子东边界线虽非规整直线但也很明显，夯土台以外为偏早遗迹如灰坑和生土。值得注意的是，在夯土边界线以内（西）3米左右，沿边界线走向残留分布有3个明显的柱洞，但并不等距，一般直径20厘米。因ⅠFJT3仅余其基础部分，所以这些残留柱洞很可能反映了此夯土台基东部存在有廊庑一类的建筑，有待进一步发掘。

此外，本年度的发掘还发现了一些重要遗存，如人头骨坑H235和水井H236等。H235开口第②层下，打破ⅠFJT3，平面近椭圆形，锅底状，较浅。填浅灰土。出土有十个人头骨以及零碎动物骨骼和陶片（图十二、图十三）。年代为陶寺文化晚期，晚于ⅠFJT3的时代。

2018年度陶寺的发掘确认了宫城内最大的宫殿建筑ⅠFJT3的存在，目前初步判断其面积近8000平方米，之上包含多座大型建筑，其中至少有一处主殿建筑。为陶寺文化中期始建，延续使用至陶寺文化晚期偏早阶段。此次发现丰富了陶寺都邑聚落考古的内涵，意义重大。

（高江涛　何　努　田建文）

【兴县碧村龙山文化时期遗址】

发掘时间：2018年3月~12月

工作单位：山西省考古研究所、山西大学历史文化学院考古系、兴县文物局

碧村遗址位于吕梁市西北角，兴县高家村镇碧村村北，地处蔚汾河与黄河的交汇处。该遗址是与陕西省神木县石峁遗址、内蒙古清水县后城咀遗址同处于黄河沿岸地区的典型石城聚落，主体年代相当于中原龙山文化时期，下限已进入二里头文化早期。

2018年是继续2017年工作任务，为全面了解小玉梁的聚落布局及变迁，在原有发掘区域，联合考古队展开进一步的清理和重点解剖，并进行了保护性回填。同时，对历年发掘资料进行初步整理，开展遗址年代、古环境、古地貌、古植物、古

动物等多学科合作研究。

碧村遗址近年的工作主要集中于小玉梁，特别是经过本年的收尾工作，最终弄清了小玉梁的聚落结构，特别是明确了该地点的聚落布局与演变，确认该台地经历了半地穴房址和石砌排房早晚两大阶段。

小玉梁早段遗存集中于发掘区的西北部，发现少量半地穴式的白灰面房址，不见使用石块垒砌墙体的情况，其中F10面积超过20平方米，门道疑似朝南。这些房址叠压在一层褐土之下，并在其周边见有同时期的活动面，其中一座白灰面房址还发现碎陶片铺垫的柱洞。

这些白灰面的半地穴房址与台地中心建筑在褐土层之上的石砌排房不仅建筑风格有别，高程也存在较大差距，西北部白灰面高程低于中部石砌排房最低的F5白灰面约1.2米。在层位关系上也显著不同，石砌排房修建于褐土层之上，西北角白灰面房址叠压在白灰面之下，表明西北部发现的这两处房址要早于中部的五座石砌排房。

石砌排房时期是小玉梁最为兴盛的阶段，该阶段不仅在台地顶部修建有一组石砌排房，还逐步完善了台地周边的护墙设施，形成一个典型的中心台城，与遗址东部城墙圪垛地点的外围城墙遥相呼应。

小玉梁地点主要遗存多属于晚段，这一时期在该台地中部偏东位置修建了一组五座连间的石砌房址，在台地边缘砌筑了包边的围墙，并借助东北角护墙修建了另一组石砌房址。同时，在石砌排房背后设置有一些灰坑，堆弃生活垃圾；靠近排房的台地东部与南部边缘地带也成为日常废物的集中倾倒区。

（王晓毅　白　勇　田宝玉
张光辉　王小娟）

【绛县西吴壁夏商遗址】

发掘时间：2018年

工作单位：中国国家博物馆、山西省考古研究所、运城市文物保护研究所

西吴壁遗址位于绛县古绛镇西吴壁村南，涑水河北侧台塬上，南距中条山仅数千米。遗址面积约40万平方米，包含仰韶、龙山、二里头、二里冈及周、汉、宋等时期的遗存，其中二里头、二里冈期遗存最为丰富。

联合考古队于本年春、秋两季在西吴壁遗址进行了大规模考古发掘，发掘面积达1100平方米，发现大量二里头、二里冈期冶铜遗存，包括房址、窖穴、干燥坑、木炭窑、冶铜炉等遗迹，以及炉渣、炉壁、铜矿石、陶、铜、石、骨器等遗物。

房址的数量不多，其中一些形制特殊。如一处二里头早期地穴式房址近东壁处有窖穴。另一处二里冈期房址分里外间，里间带有多个经火灼烧的壁龛。上述两座房址内均出土炉渣、炉壁等冶铜遗存。

灰坑数量较多，形制多样。如袋形坑口小底大，底较平，曾为窖穴。许多长方形直壁坑坑壁、底残存木炭，或为干燥坑。

一处二里冈期遗迹的主体为红烧土，口径小于1米，内壁粗糙。遗迹内部及南侧出土较多炉渣、炉壁、铜矿石。据形制及出土物判断该遗迹为冶铜炉残迹。

大多数二里头、二里冈期遗迹出土冶金遗物，如冶铜炼渣（炉渣）、炉壁、矿石、木炭等。另发现多件形制简单、用于铸造小型工具的残石范。石器包括刀、锤、杵、砧等，使用痕迹均较明显，当为冶炼铜矿所用的工具。此外还发现一件二里冈期磨制石磬。出土大量兽骨，其中一些经加工成为骨器、卜骨等。与冶铜遗存共出的陶片数量较多。其中二里头期陶器器形包括深腹罐、鬲、蛋形瓮、敛口瓮等。整体文化面貌与二里头文化东下冯类型较为一致；二里冈期陶器包括鬲、豆、盆、大口尊、蛋形瓮、坩埚等。时代包括二里冈

下、上层两个阶段。

以前发掘的闻喜千金耙等遗址的考古工作表明，不晚于二里头时期，中条山腹地铜矿便得到开采。所采铜矿少量在矿山冶炼，其余去向不明。西吴壁遗址的发掘为解决这一问题提供了线索。夏商先民采取铜矿后，运至交通便利、便于生产和生活的西吴壁等遗址冶炼成铜锭，再送至都邑性聚落进行铸造。作为中原地区已确认的时代最早、规模最大、专业化程度最高的冶铜遗址，西吴壁遗址的发现填补了早期青铜器产业链的空白，为研究早期冶铜手工业技术及生产方式等问题提供了直接证据。国之大事，在祀与戎。无论祀或是戎，都需依托铜这样的战略资源。西吴壁遗址的考古工作，为探索夏商王朝的崛起与控制、开发、利用铜这种战略资源之间的关系提供了珍贵的实物资料，具有重要的学术意义。

（戴向明　田　伟　崔春鹏）

【襄汾县陶寺北两周墓地】

发掘时间：2018 年 3 月 ~2018 年 9 月

工作单位：山西省考古研究所、临汾市旅游发展委员会、襄汾县文化局

陶寺北两周墓地位于襄汾县城东北约 7 千米处的陶寺村北。墓地面积约 24 万平方米。因近年盗掘被发现，联合考古队分别于 2014 ~ 2016 年进行了三次抢救性发掘。为进一步搞清楚墓葬分布及墓地性质，2017 年 3 月至 2018 年 9 月，进行第四次发掘。本年延续上一年工作，分两个发掘区发掘，共清理完成春秋时期墓葬 109 座，祭祀坑 31 座。

1. Ⅱ区发掘

发掘春秋早期大中型墓葬 5 座，均为竖穴土圹墓，全部被盗掘，仅残留少量小件，有铜鱼、铜铃、铜饰件、铜翣、陶珠、海贝、蚌贝、蚌珠、玉器等。规模最大的两座墓葬 M2009、M2010，东西并列，相距约 8 米，应是一对夫妻墓，惜均被盗掘。两座墓葬四周均有垒砌整齐的石块，与椁等高。其余中型墓葬，未发现积石，规模较这两座稍小，墓室基本被盗空，葬具均为一椁双棺。

发掘春秋早期小墓 103 座，均为竖穴土圹墓。除 1 座南向外，其余均北向。葬具多单棺，个别一棺一椁或双棺，葬式以屈肢葬居多。随葬品多为单个陶鬲，也发现有小件玉饰、口琀，个别无随葬品。此外，还发现一座夫妻同穴合葬墓，为同时期罕见。

发掘祭祀坑 31 座，经鉴定，大型祭祀坑内多为整具马骨，小型祭祀坑保存较差，坑内多为狗骨，个别为羊骨。小型祭祀坑均较浅或暴露于当时的地面。祭祀马匹葬式多为侧卧。

2. Ⅲ区发掘

重点是大墓 M3011 的发掘。M3011 是迄今陶寺北墓地发掘规格最高的一座墓葬，时代为春秋晚期。自 2017 年 5 月开始动土发掘，到 2017 年底发掘至椁室。2018 年继续发掘，至 6 月底田野工作结束。

M3011 墓向 7°，墓口长 6.4 米、宽 5.2 米、深约 10 米，椁盖板上及椁室四周、椁底发现有积石，为大小匀称的河卵石。西北角发现有盗洞，但因墓室较深且有积石保护，除西北角被盗外，其余保存尚好。葬具为一椁双棺，在棺椁间西部、南部发现大量青铜器，铜礼器有铜鼎、铜鉴、铜壶、方座豆、铜鬲、铜盘、铜簠、铜豆等 20 余件；乐器有编镈 13 件、编钟一套 13 件、鼓座 1 件、石磬 2 套共 10 件等；此外，还发现有车马器、兵器、工具等百余件。重要的是在一套编钟上发现有大量的铭文，其中 1 件甬钟上可见有“卫侯之孙申子之子书……”等刻铭，可确定该编钟与卫国有关，或揭开春秋晚期晋卫两国的一段重大历史事件。此外所发现的鼓座，底径约 85 厘米，鼓身由三条蟠龙相

互缠绕，龙首昂起口衔承接鼓柱的圆筒，这在同时期墓葬中罕见，彰显着墓主人较高的身份地位。棺内人骨已腐朽粉末状，棺内发现有残玉片、玉佩饰、玉环、玉韘、玉璜、玉握等。

2018 年的发掘，收获颇丰，为研究墓地的丧葬制度、墓祭制度、人群构成、墓地布局等方面提供了新材料。M3011 是近年来山西东周考古的重大发现，大量青铜器的出土，为晋国史乃至东周史的研究提供了丰富材料。

（崔俊俊）

【榆社县偶尔坪战国遗址】

发掘时间：2018 年 3 月 ~7 月

工作单位：山西省考古研究所、晋中市考古研究所、榆社县文物局

偶尔坪遗址位于榆社县河峪乡西周村西南的冲沟间台地上。自 2017 年 5 月开始，为配合太焦高铁榆社段的建设，我所对遗址进行了考古发掘。2017 年主要发掘的是遗址的西部和东部，获得当年的重要考古发现。2017 年底为 2018 年的发掘做好准备，特别在发掘区中部布了一条 50 米 ×2 米的探沟。通过对探沟的发掘，了解到遗址中部没有大面积夯土，主要是文化层、早期土坑竖穴墓和大量灰坑。

本年的发掘在遗址中部布 10 米 ×10 米探方 11 个，继续发掘 2017 年未完成的 10 米 ×10 米探方 5 个，总发掘面积约 2440 平方米，共发掘出各类遗迹 62 个，包括灰坑 50 个、水井 1 个、冲沟 1 条、房址 1 处、墓葬 9 座。灰坑类型丰富，其中可能还包含少量的半地穴式单人居址和少量的窖穴；墓葬类型较为丰富，除了去年发现的南北向夫妻并列墓外，还发现一组东西向夫妻并列墓及少量单人无棺葬、灰坑中丢弃的小孩遗骨；水井虽然不深，但是临近大型夯土建筑，为研究此类建筑功能提供了有力证据。结合所有遗迹现象进行综合判断让我们看到了战国时期一个城邑的规模及内部组织结构，有利于我们更好地对其性质进行综合对比研究。

以上发现虽然还没有来得及系统整理和消化，并不能给出十分满意的结论。但是，对 2017 年发现的仓廪遗址和夯土建筑基址无疑是很好的补充和诠释。偶尔坪遗址的发掘揭示了遗址从战国早期至西汉晚期、从早期公共墓地到中期城邑再到晚期普通聚落的演变过程，为今后这一类遗址的发掘、研究提供了可贵的标本，也为春秋晚期至战国晚期太行山腹地三晋地理、历史及政治区划的研究提供了详实的资料。

（王　俊　贾志斌）

【侯马市郭村堡战国墓葬】

发掘时间：2018 年 5 月 ~6 月

工作单位：山西省考古研究所

为配合侯马市艺术学校培训中心建设，本所对其建设用地内发现的墓葬进行了抢救性发掘。用地现属郭村堡村所有，实际属于乔村墓地的一部分。发掘地点位于侯马市新田路与海军街交叉口东南，东邻五零二学校，北与侯马人民医院新址相对，西为三六零六厂，南距浍河 1.8 千米。南望紫金山，地处浍河北岸二阶台地上，地势由南向北逐渐隆起，海拔约 430 米。

共发掘清理墓葬 8 座。7 座为口大底小的斗形竖穴土坑墓。墓口长宽比例在 1.3 ~1.5 之间，墓壁斜度多大于 5°。墓向以南北向为主，也有东西向。墓壁加工平整，填土层层夯打，墓底空间较小，仅置单棺。正洞室墓 1 座（M8），墓道为斗形竖穴土坑，墓室居东，墓道宽于墓室，墓门用木板横向封门。

葬具皆木质单棺。人骨一棺一具，头向北 5 座，头向东 3 座，其中，6 座为仰身直肢，2 座为侧身屈肢墓。性别年龄情况为：成年男性 3 人，成年女性 3 人，孩童 1 人，成年性别不明者 1 人。

除M4外，7座墓葬有随葬品，皆发现于棺内人骨及周围。出土铜铁带钩、陶蜻蜓眼串饰、玉环、玉琀、玛瑙环、石圭、骨簪等，总计24件套，不见陶容器。

墓葬形制上，7座竖穴土坑墓与乔村墓地第二期BaⅡ式墓葬相同，M8正洞室墓形制特征与乔村墓地第二期BaⅠ式正洞室墓相同。8座墓葬皆未见陶容器，出土铜、铁带钩等器物，此情况也大量出现在乔村墓地战国中期墓葬中。综合来看，8座墓葬皆为战国中期的普通平民墓。此次发掘，为进一步认识乔村墓地的文化性质提供了新的材料。

（杨及耘　曹　俊）

【晋中市榆次区郝家沟西汉墓地】

发掘时间：2018年3月~12月

工作单位：山西省考古研究所、晋中市考古研究所

本年，山西省考古研究所在晋中市当代上品府项目建设工地进行了考古发掘。当代上品府项目为房地产开发项目。墓地位于晋中市榆次区郝家沟村北500米，官道巷民俗文化小镇景区西北角。

此次发掘，共清理各时期墓葬73座，其中西汉墓44座，唐墓7座，金元墓5座，清代墓17座。

西汉墓清理44座，分布于整个发掘区。墓葬朝向东、南、西、北四个方向全有。土洞墓38座、砖室墓2座、土坑竖穴墓4座。在这批墓葬中，夫妻异穴合葬的有10组共计21座，夫妻同穴合葬的5座，单人葬的18座。夫妻异穴合葬的10组中有1组为三座并列分布，中间为男性墓主，左右为女性墓主，男性墓主为砖室墓，女性墓主为土洞墓，其余9组为两座一组分布，全为土洞墓。37座墓葬的葬具为一棺一椁，余规模较小的墓葬中未配椁室。随葬器物包括陶器、漆器、铜器、玉石器等，以陶器为主，主要为罐、壶等实用器和灶、井等明器；部分规模较大的墓葬中随葬有漆器；铜器主要为铜镜、印章、带钩、铜钱和车马饰件等；玉石器有觿、研板等生活用具。

唐墓清理7座，均位于发掘区的北部，分布集中，规模较小，墓葬均坐北朝南，长方形竖穴墓道，墓室平面为方形或长方形，均小砖砌筑，攒尖顶，墓室后部多砌一砖棺床。随葬器物为陶罐、铜钱等。初步判定时代应为唐代晚期。

金元墓清理5座，其中土洞墓4座，砖室墓1座。4座土洞墓位于发掘区北部，规模较小，长方形竖穴墓道，单人葬，随葬有瓷盏、瓷罐等。砖室墓位于发掘区南部，长方形竖穴墓道，墓室平面呈六角形，各角有砖砌立柱以及斗拱。攒尖顶，墓室内壁面用白石灰刷一层，未彩绘。随葬器物有瓷罐、铜钱等。

清代墓清理17座，集中分布于发掘区北部，部分墓葬打破西汉墓。均为竖穴墓道土洞墓，规模较小但排列有序，多为双棺合葬，应是一处清代家族墓地。出土器物主要以茯砖、符瓦、瓷罐、铜钱为主。铜钱面文为顺治、康熙、乾隆、嘉庆、道光等。符瓦多在鼓面中上部用墨色书写敕令字样，左右两侧书“布瓦一个，镇墓吉昌”等吉语。

发掘区南距省保单位猫儿岭墓群约1.5千米，此次发掘的汉墓进一步充实了保护范围外部的墓葬资料，对猫儿岭墓群丧葬习俗的继承、演变研究具有较为重要的意义。同时，此处墓地时代的跨越性为研究地域性的丧葬习俗流变提供了不可多得的实物资料。

（王普军）

【汾阳市北门汉代至明清墓地】

发掘时间：2018年7月~12月

工作单位：山西省考古研究所、吕梁市文物技术开发中心、汾阳市文物

旅游局

本年，联合考古队对汾阳市区西边的北门汉代至明清墓地进行了发掘。

北门墓地位于汾阳市区西北边缘，是汾阳市自古以来的公共墓地，其时代上迄汉代下到明清，甚至现在还在使用中，这里地势平坦，以往没有过考古发掘活动。

这次考古活动是为了配合汾阳市职教中心新址建设工程及汾阳市双语学校占地建设工程，对工程涉及范围内的北门墓地进行了发掘。其中，职教中心新址位于北环路东，发掘面积5800平方米，发掘墓葬142座，双语学校位于北环路路西，发掘面积2000平方米，发掘墓葬36座。

根据勘探资料，职教中心区和双语学校区墓葬分布情况不同，我们采用了不同的工作方法。

职教中心区墓葬集中，钻探有古墓葬149座、灰坑6处，我们采用了探方发掘方式，集中布方，总布方58个，西区54个、东区4个；方向正北，探方规格10米×10米，各探方之北、东保留2米隔梁。实际发掘古墓葬142座、灰坑1处、房基1处。其中汉代古墓葬58座、唐代古墓葬4座、宋代古墓葬13座、明清古墓葬29座、时代不详38座。

双语学校区墓葬稀疏，我们采用分散、独立的探方布方形式进行发掘。发掘墓葬36座，其中汉代竖穴土圹墓23座、唐代砖室墓1座、宋代土洞墓1座、明代砖室墓2座、明清洞室墓9座。

本发掘区的地层共4层，基本情况如下：

第①层：耕土层或回填土层，含杂草根、炭渣或建筑垃圾，颜色略发青；

第②层：扰土层，含杂草根、炭渣等，颜色比第①层浅一些；唐宋、明清时期墓葬多在此层下。

第③层：黄褐土层，无杂质，土质细碎，硬度适中，此层较薄，厚约15厘米，颜色为黄褐色；汉代墓葬多在此层下。

第④层：红褐土层，土质纯净，颗粒大，比较坚硬，呈猪肝色。时代早于先秦，零星发现新石器时代晚期到夏时期陶片。

汉代墓葬形制均为竖穴土圹墓，墓口为长方形，长宽比例2：1，口底同大或者略口大底小。大部分墓葬四壁有条带状凹槽装饰痕迹。汉代墓葬58座，其中36座墓葬四壁有条状痕迹，通常在墓口以下1米~1.5米开始出现，至二层台以上0.3米~0.7米处不见，通常长壁有条状痕，短壁少数不见；长壁、短壁形状有别，长壁都是横向，短壁则有竖、横、斜向；条状痕迹间隔不等，随意性比较大；经研究，此条状痕迹是由铁锸铲除而成，主要是对墓葬起到装饰美观的作用。墓葬方向分南北向、东西向两种。葬式仰身直肢。葬具棺椁齐备，通常是1椁1棺，椁室北部或者东部，棺椁间空间较大，用于放置随葬品。随葬品位置：分置在墓口、棺椁内两个位置。通常在墓口内的一边或者中部有2个盆钵扣合；墓底棺椁间是青铜器或者陶器。随葬品组合，鼎2、盒2、壶2、甗1。随葬品纹饰和彩绘，个别有铺首衔环，大部分有彩绘，部分陶器火候较低，近乎泥质。

唐代墓葬形制分穹隆顶式砖室结构、竖穴土圹洞室墓两种。

穹隆顶式砖室墓，墓道为竖穴，墓室平面为弧边圆角方形，墓顶穹隆顶结构。方向为南北向，墓主人骨骼散乱，葬具一棺，随葬品有方形墓志铭、铜钱、陶壶。

竖穴土圹洞室墓，墓室在墓道北。方向为南北向。随葬品：青绿釉双系瓷罐、铜镜、铜钱、陶罐、陶壶。

宋代墓葬形制均为竖穴土圹洞室墓，墓道口一般小于墓道底部，普遍带有台阶。随葬品：白釉瓷碗、白釉瓷盘、白釉瓷罐、白釉盖盅、铜镜、铜钱、铁牛、塔型陶瓶、陶罐、陶壶、墓志铭。

明代墓葬分穹隆顶式砖室结构和竖穴土圹洞室墓两种。

穹隆顶式砖室结构为六边形砖体结构。随葬品：白釉黑花瓷碗、白釉褐花瓷碗、黑釉瓷碗、黑釉瓷罐、黑釉瓷盏、黑釉瓷瓶、瓦片、铜镜。

竖穴土圹洞室墓，墓门一般用两块石板封堵，墓葬普遍较深，葬式为单人葬或二人合葬。随葬品：白釉黑花瓷碗、白釉褐花瓷碗、白釉瓷碗、青花瓷碗、黑釉瓷罐、褐釉瓷罐、褐釉瓷盏。

清代墓葬都是竖穴土圹洞室墓，有单人葬、二人合葬、三人合葬。随葬品：黑釉瓷罐、褐釉瓷罐、褐釉瓷盏、铜发簪、铜扣、烟嘴烟锅组合、瓦片。

这是一个长期使用的大型墓地。墓地位于汾阳城的西北，西北倚吕梁山，东南望汾河。墓地从西汉初期开始使用，延续到清代乃至现代，反映了汾阳城发展的历史，是汾阳城发展的缩影。

汉代墓葬数量多，时代集中在西汉初期，多中小型竖穴土圹墓葬，布局排列整齐，随葬品使用规整的鼎、盒、壶礼器组合，基本为两套，器形为典型的中原风格，M131 出土 2 件青铜鼎是这一地区首次发现，表现出汉初当地礼制情况，墓口 1∶2 比例及墓壁装饰，反映当时当地的葬俗。同时反映了西汉初年这一带相对稳定及繁荣。

唐、宋时期墓葬数量相对较少，有砖墓、土墓，出土墓志及瓷器，可以反映出当地的民俗情况及当时南北方通商交流情况。

明清墓葬数量多，基本为小型墓葬。砖室、土圹均有，个别出土墓志铭，反映了这一时期的人口增加及繁荣情况。

（吉琨璋　杨飞勤　范有根　温文瑞）

【太原市小店区山西大学东山校区魏晋至明清墓葬】

发掘时间：2017 年 7 月 ~9 月

工作单位：山西省文物考古研究所、山西大学历史文化学院考古系、太原市文物考古研究所

为配合山西大学东山新校区（一期）的建设，在前期考古勘探基础上，进行了抢救性考古发掘。山西大学东山校区位于太原市小店区老峰村西，目前共探明墓葬 24 座，发掘完成 21 座。发掘情况简要介绍如下。

魏晋墓葬 3 座，集中分布，被盗严重。M2 为一方形主室，东、西、北面有三个长方形侧室的砖墓。侧室及主室出土发现木棺残迹以及翻乱残留的零星骨骼。M3、M4 为地面铺砖的长方形单室土洞墓，M3 墓室内均发现两具木棺，为夫妻合葬墓，M4 发现一具木棺，两墓人骨均已被翻乱。随葬品残留有细颈平底陶罐、素面小陶盏、“位至三公”铜镜、五铢钱。

北朝墓葬 7 座，墓葬形制有单室土洞墓与单室砖墓，多数已被盗。随葬品残留有陶罐、陶盏、模型明器、铜钱等。其中 M17 未被盗，保存较好，墓葬形制为带天井、过洞的单室土洞墓，墓室形状为梯形，两侧留有生土二层台。葬具为一椁一棺，棺内为墓主人夫妇合葬。墓室门口中间放置“孟公墓志”一方，随葬品摆放在墓门及两侧二层台上，有陶罐、陶盏、陶砚、陶俑群、铁镜、铜钱以及一方墓志等 100 余件。据墓志记载，墓主人为孟鸿，字景鸿，文献中没有记载。为魏故冠军将军豫州长史，武威人。卒于东魏武定七年（549 年），下葬于北齐河清元年（562 年）。

元代墓葬 2 座，两墓东西相邻，均为单室仿木结构砖室壁画墓，墓室中北部有砖砌棺床。M15 保存较好，未被盗掘，墓道南侧出土一个长方形石供桌。墓室平面形状为八角形，壁面及仿木结构上均有彩绘，由于墓室内淤泥，壁画保存不佳，依稀可见为花卉纹。棺床上有三具人骨。

M24 破坏严重，墓室平面为六边形，结构与 M15 基本相同，壁面上部亦有斗拱等仿木结构，壁画几乎不存。棺床上有人骨两具。

两墓出土遗物较为丰富，瓷器有白釉剔花玉壶春瓶、钧瓷碗、白地黑花钵、黑釉褐斑碟、茶叶末釉直筒罐、黑釉罐等，陶器有陶盘、陶缸、铜钱等。根据墓葬形制、出土遗物以及 M15 出土的一枚“至大通宝”，推断这两座墓年代接近，均为元代中晚期。

明清墓葬 9 座，墓葬形制均为单室土洞墓，多为夫妻二次合葬墓。随葬品有陶罐、瓷碗、瓷罐、铜钱以及写有符咒的覆面瓦等。

这些墓葬的发现，丰富了我们对山西以及北方地区魏晋、北朝、元明清时期丧葬观念与习俗的认识，为进一步研究该地区的历史文化面貌提供了新的资料。

（赵　杰　武　夏　郝军军）

【河津古瓷窑址调查】

调查时间：2018 年 6 月 ~9 月

工作单位：山西省考古研究所

河津窑是晋南地区重要的制瓷窑场之一，2016 年本所对固镇宋金瓷窑址进行了抢救性考古发掘，取得重要收获。本次调查以古瓷窑址为重点对象，兼顾先秦时期遗址，以河津北部、吕梁山南麓的遮马峪、瓜峪及黄河沿线为主要调查范围，调查面积约 100 平方千米。

通过近四个月的工作，基本弄清了河津地区各历史时期制瓷窑口的位置、分布范围和保存现状。共调查古瓷窑址十处，先秦时期遗址七处，新发现碗窝、刘家院、乾泽坡、北涧东、固镇石料厂五处瓷窑址。结合采集的瓷片标本，对各窑口的年代和制瓷面貌有了初步认识，其中北午芹瓷窑址的年代可能早至唐五代时期，以烧制粗白瓷和黑釉瓷为主；古垛、北涧东、石料厂窑址年代可能至北宋，古垛、北涧东以粗白瓷和黑釉瓷为主要产品，石料厂地点则主要烧制精细白瓷；刘家院、土圪堆两处瓷窑址年代为金元时期，烧制的瓷器品类与固镇金代窑址出土的产品相近；老窑头、碗窝、乾泽坡三处瓷窑址年代稍晚，为明清乃至解放后仍延烧的制瓷窑口，均以黑釉瓷为主要产品。同时对制瓷原料的产地进行了详细踏查，在遮马峪上游的西坡镇老窑头、土圪堆窑址周边，黄河沿线的碗窝、黄窑科、干泥坪、乾泽坡、桥子沟及乡宁东部的阳坡、南营一带均发现有富集的瓷土、耐火土堆积，获得一批丰富的制瓷原料样本。从现已发现的制瓷窑口的分布情况来看，主要集中于遮马峪沿线，唐至宋金时期，靠近水源是瓷窑选址的首要因素，一方面便于获取生产生活用水，另一方面也利于原料、燃料和产品的运输，邻近原料和燃料产地是其选址的次要因素，而金元以后则偏重于靠近原料产地选址。

河津地区制瓷传统悠久，延续时间长，自唐至明清时期基本无缺环，宋金是其瓷业生产的鼎盛时期，为研究该地区的整个制瓷工艺史提供了丰富的实物资料；同时河津地区特殊的区位优势，便于其在生产和装饰工艺上与河南、陕西、河北的重要制瓷传统相关联，博采众长而自成一体，是研究区域间瓷业生产交流的重要一环。

（贾　尧）

【襄垣县付村金代砖雕墓】

发掘时间：2018 年 9 月 ~10 月

工作单位：山西省考古研究所、长治市旅游发展委员会、襄垣县文物旅游局

付村金墓位于襄垣县古韩镇付村“襄垣县万普净水材料有限公司”厂区内。墓葬修筑年代为金大定十七年（1177），距今 841 年。墓葬形制为仿木砖雕斗拱四合院结构，墓门朝南，墓底中部砌一方形天

井，天井四壁砌砖雕须弥座。

墓室北壁砌筑三门，其中中门呈长方形，内砌南北向墓室。东西门拱券圆形，门内各砌东西向拱券窑洞式墓室。东壁砌拱券式墓门两个，门内各砌筑东西向窑洞式墓室；西壁砌筑拱券式墓门两个，门内各砌筑东西向窑洞式墓室；南壁中间为拱券式墓门，墓门东西各砌一拱券式墓门，门内各砌东西向窑洞式墓室。

主墓室四面斗拱施红、黑彩。拱眼部分绘牡丹、菊花等图案。主墓室四壁绘二十四孝故事图案。主墓室东壁、西壁拱券门中间上部各砌筑砖雕钱纹窗户。主墓室东壁、西壁拱券门中间下部各砌筑石质圆首墓志。

东壁墓志释文："傅村傅深等，傅元於大定十七年，八月上旬了平，砖匠襄垣张兴。"西壁墓志释文："潞州襄垣县平善乡南阳管傅村，傅冲，男傅淳、次男傅深，孙男傅元、傅捐，大定十七年七月了。"从墓志记载及墓葬北部五个墓室墓主人名字题记分析判断，初步认为：北壁中间墓室墓主人为傅冲，是墓葬的第一代墓主人；北壁东墓室墓主人为傅淳，是墓葬的第二代墓主人，兄弟排行老大；北壁西墓室墓主人为傅深，也是墓葬的第二代墓主人，兄弟排行老二；东壁北墓室墓主人为傅元，是该墓葬的第三代墓主人，应为傅淳之子；西壁北墓室墓主人为傅捐，应为傅深之子。

以上五个墓室的墓主人（夫妇），应为该墓葬修成后，一次性葬（迁）入。墓葬南部四个墓室的墓主人，应该为后期葬入，此次修墓时，没有留下他们的名字。出土的器物共计 21 件，有瓷灯盏、小口粗瓷瓶、小陶罐、小陶鼎、白瓷碗、小瓷盘、瓷碗、铁盔。

（杨林中）

【晋中市榆次区龙白金代砖雕壁画墓】

发掘时间：2018 年 4 月 ~5 月

工作单位：山西省考古研究所、晋中市考古研究所

为配合太原东二环高速公路基本建设，联合考古队在晋中市榆次区什贴镇龙白村抢救性发掘了 15 座墓葬，其中有四座墓葬为金元时期，其余均为明清时期土洞墓。

金元时期墓葬 4 座，M7 为土坑单砖室仿木构砖雕壁画墓，其余为土洞墓。

M7 墓葬形制为土坑单砖室墓，南北向，由墓道、墓门、甬道、墓室四部分组成。墓道在墓室南部，土坑竖穴式，窄长条形，直壁，平底，墓道近南段东西两壁各有四个半圆形脚窝。

墓门位于墓道北端，北接甬道与墓室相通。墓门直壁，拱顶，用青砖斜插封门。甬道与墓道同宽，底部铺平砖。

墓室位于甬道北，圆形圹，墓壁为八边形砖室，圆形叠涩顶。墓室每个壁面均是先整体刷大白，然后彩绘、墨书。南北两壁砖砌形制相同的墓门，东南和西南壁壁面绘红彩花几和插花花瓶，其余壁面装饰墨书七言诗词四首，内容均描写晚春时节景色。西北壁可查，为唐代诗人宋雍《春日》，与之对应的壁面内容以宋徽宗《宫词》范本，略有不同。其余两首无法查到确切作者。M7 出土一黑釉直壁折腹盖罐。

M6、M8、M14 均为土洞墓，墓道均为窄条形，出土形制相近的黑釉或酱釉罐。

明清时期墓葬均为土洞墓。墓葬均为南北向，墓道平面均为梯形，墓道南端均有脚窝。封门材料除两座用青砖斜插外，其余均为土坯。墓室洞室底部平面均为半椭圆形，墓主多为一夫一妻，亦有一夫两妻，且女性皆为迁葬。出土随葬品包括符瓦、黑釉罐、铜钱等。

M7 为宋金时期常见的八边形仿木构砖雕墓，结合墓葬题写诗词和出土黑釉盖钵判断，墓葬时代为金代。

宋金时期的砖雕壁画墓在山西各地均有发现，且壁画以墓主人夫妇对坐、伎乐

演奏、庖厨、备茶备酒等日常生活类题材为主，但以诗词为主要装饰方式的壁画墓还较为少见，一方面可能出于墓主人身份或者个人喜好的原因，另一方面也可能反映了金代晚期墓葬装饰题材简化的趋势。本次发掘为研究晋中地区金元时期丧葬习俗、历史地理等文化遗存信息提供了实物资料。墓中相关的诗词内容，对于考证诗词词牌的流传具有重要的参考价值。

（刘 岩 赵 辉）

【盂县后元吉元代墓葬】

发掘时间：2018 年 8 月 ~9 月

工作单位：山西省考古研究所、阳泉市文物局、盂县文物管理所

后元吉元墓位于盂县牛村镇后元吉村西北 200 米处，西南距盂县县城约 8 千米，东南距牛村镇约 3.5 千米。本年 8 ~9 月，经批准，山西省考古研究所对两座墓葬进行了抢救性发掘，清理墓葬两座，明堂一座。

两座墓葬均为土圹砖室墓，墓道朝南，东西错位并置。其中 M2 位于 M1 西侧，为仿木构的八边形单室砖墓，墓道方向 198°，由墓道、甬道、墓室三部分构成。该墓早年被盗，墓顶及墓门等已遭破坏。墓内出土买地券一方，由方砖改制而成。券面经过打磨，以朱笔提写券文，并用细阴线勾边。券文漫漶，保存情况较差，细辨有“□□□太定元年岁次□□□□初七日庚寅盂州廷……”等字。

明堂位于 M2 墓道南侧东部，为一方形土坑，边长 1 米，距现地表深 1.16 米，坑内无地心砖、买地券。其构筑方式为：先在坑中部放置陶罐 1 件，接着在罐体外围、坑体四面正中处立一坯宽高、两坯厚宽的条砖。然后在坑体南面的条砖两侧各置陶球 1 枚。最后在条砖上平压三层顺砖，叠涩收顶。其顶部平面为四坯条砖围合而成的正方形。其中，在第二层砖坯的东南及西南砖牙上各置铁犁铧 1 件。坑内出土陶罐、陶球、铁犁铧。陶罐内有铜钱、八卦镜及朽粟等。

阳泉地区发现的元代墓葬较少，此次发现为阳泉地区元代墓葬的分期研究提供了一杆重要标尺，而元代“明堂”是该墓地最为重要的发现，明堂作为墓地的地心，已由汾阳东龙观金明昌六年王立墓得以证实，其性质为坟地墓前祭祀冢神后土的场所，后元吉 M2 墓道南侧东部所见的“明堂”，亦即于此，这类有明确出土地点的明堂在元代考古中尚属首例。

（张光辉）

【盂县下曹明代纪年墓与彩塑窖藏】

发掘时间：2018 年 6 月 ~8 月

工作单位：山西省考古研究所、阳泉市文物局、盂县文物管理所

本年，根据山西省文物局的指示，联合考古队对盂县下曹明代壁画墓与彩塑窖藏进行了抢救性发掘。发掘地点位于盂县南娄镇下曹村北 200 米处，地处香河北岸的道人沟西侧台地上，东距京昆高速 1 千米，同时在明墓北约 1 千米的道人沟东侧断崖边，抢救了三座窖藏坑，埋藏有大量明代彩塑造像。

明墓为一座“凸”字形的土圹砖室墓，方向 176°。墓道位于墓室南部，平面为长方形，底部略有坡度，长 2.7 米、宽 1.26 米、底坡长 2.65 米、自深 3.2 米 ~3.6 米。

墓门为砖砌仿木结构，由门洞、门楼两部分组成。门洞呈拱形，底宽 0.72 米、高 1.26 米，洞门封堵先采用七层条砖侧立砌筑至门洞近顶部，其上再平铺四层，局部填塞断块的方式封闭。门洞上部为门楼，由门额、斗拱铺作、枋、椽及坡顶组成。甬道进深 1.1 米，底部未铺砖。墓室土圹为圆形，直径 2.7 米、自深 3.27 米。攒尖顶砖室，顶部被扰动，通高 3.8 米。砖室

底部为八边形，单层条砖人字铺地，周壁至1.6米处开始收顶。

砖室内部周壁及墓门装饰彩绘，多以白彩衬底，黑彩勾边，红彩填色，绿彩烘托。墓室内壁除柱梁彩绘和墓顶星象外，主要为孝行图和夫妇对坐及侍奉图。随葬品三件，白瓷碗、灰陶瓮、纪年砖各一件，纪年砖上有朱书文字，内容为：

大明永乐九年二月拾一日新葬之内

兄赵的才　妇王氏

弟赵的聚　弟妇李氏

此外，本次发掘还对下曹村北700米处的道人沟东侧的彩塑窖藏坑进行了清理。三座窖藏埋藏彩塑造像共计38尊；绝大多数为罗汉造像，也有部分帝王像；多数为木骨泥塑，少量为木刻；未见装藏，以绿、白、黑彩为主。三座窖藏坑彼此相临，位于道人沟旁的断崖旁，均为掏挖于生土的小窑洞，三者系建于一坍塌殆尽的大窑洞北端，窑洞朝南，面向道人沟的流水方向。

本次发掘的明初纪年壁画墓在山西境内属于首次发现，其结构完整，壁画保存较好，是今后判断明代早期墓葬的一个重要标尺。明代彩塑窖藏是此次发掘工作的又一重要收获，出土彩塑之多，在全国同类窖藏中较为罕见。同时，山西明代彩塑造像虽多，但主要集中于庙宇之内，异地陈展的难度较大，而下曹出土的此批彩塑脱离原庙宇，且部分保存较好，进入院馆陈展的可操作性更强，也可极大地丰富陈展文物的内涵。

（张光辉）

【长治县柳林小学明清墓葬】

发掘时间：2018年5月~6月

工作单位：山西省考古研究所、长治市旅游发展委员会、长治县文化局

柳林学校墓地位于长治县柳林村东400米处，地势平坦。此次发掘面积260平方米，为明中期、清早期的古墓葬。清理发掘墓葬共计10座，M1~M9为清早期，M10明中期。出土器物共计82件。

清时期墓葬9座，分别编为M1~M9，均为长方形竖穴砖室墓，无墓道，墓顶有条石或青砖组成，均葬一付骨架，头向东，方向在25°~35°之间。出土的器物有瓷灯盏、瓷壶、铁钉、锡壶、锡盒、锡灯台、铜钱、陶盆、玛瑙、砂盆等。

明中期墓葬1座，编号为M10，长方形斜坡墓道砖室墓，石头封门，墓门左右有影墙。墓室长3.1米、宽2.3米、残壁高0.7米。墓室毁坏严重，骨架凌乱。出土的器物有锡灯台、陶盆、瓷灯盏、琉璃乐俑、琉璃侍女俑、琉璃牵马俑、琉璃箱、琉璃柜、琉璃楼、琉璃磨、琉璃碾、琉璃井、琉璃灶、琉璃衣架等。

（杨林中）

【文水县汾曲清代墓地】

发掘时间：2018年10月~12月

工作单位：山西省考古研究所、吕梁市文物考古调查勘探队

墓地位于文水县南庄镇汾曲村南，地处汾河一级支流文峪河及磁窑河交汇的山前冲积平原地带，地势相对平坦。为配合祁县至离石段高速路基本建设项目，对其进行抢救性发掘，发掘面积1000平方米，清理清代墓葬17座。

墓葬均为带斜坡墓道的砖室墓，平面呈“甲”字形，由斜坡墓道、墓门及墓室三部分组成。墓道均位于墓室南部，墓向175°~195°之间，墓道底部坡度较缓，自原始地表直接斜坡而下至墓门或呈浅竖穴斜坡状；墓门为拱形，用条砖封堵，墓门两侧多砌有八字翼墙；墓室平面为纵长方形，拱形顶，自墓室直壁起券，券顶分单层、双层及三层券，用黑釉瓷缸、罐的残片填券顶砖缝。墓室底部平整，后壁多有壁龛，壁龛内放置墓志砖或符瓦类遗物。17座墓葬中有三人合葬墓5座，双人合葬

墓9座，单人葬墓2座及空墓1座，其中合葬墓多为迁葬。葬具均为木质棺具，腐朽严重。葬式均为仰身直肢，头向北，迁葬的骨架多成堆摆放，不使用葬具。出土黑酱釉瓷罐、白釉画花瓷罐、铜钱、铜烟袋锅、铜饰件、符瓦、墓志砖及铁器等各类随葬器物88件。

结合墓葬的平面分布情况看，多呈“一”字雁阵形，由北向南逐次成组排列，墓向北。根据叠压打破关系，北部墓葬的年代早，南部的年代晚，整个墓地布局规整，墓葬排列有序，形制与结构相近，推测可能是一处家族墓地。

该墓地墓葬的修建方式及形制、结构较为独特，在修建墓室时紧贴墓圹垒砌墓室直壁，拱形墓顶及墓门两侧的八字翼墙在墓葬修建好后均是暴露于原地表的，且在个别墓室顶部垒有烟囱状的通气孔，这与山西地区以往发现的墓室券顶均位于地下的明清墓葬形制有明显区别，带有鲜明的地域特色，为研究明清时期吕梁地区的丧葬习俗提供了重要的新资料，同时相关的发掘成果也为当地的社会风俗、人口流动及水文变迁等方面的研究提供了可靠的考古依据。

（王晓毅　贾　尧　刘吉祥）

内 蒙 古 自 治 区

【化德县四麻沟新石器时代遗址】

发掘时间：2018 年 8 月 ~11 月

工作单位：内蒙古自治区文物考古研究所、故宫博物院考古所、乌兰察布市博物馆、化德县文物管理所、商都县文物管理所

四麻沟遗址，位于乌兰察布市化德县白音特拉乡解放村村南 1.5 千米处。本年发掘面积 1000 平方米。该遗址共发现房址 17 座。所有房址均开口于第④层土下，打破黄色砂土（生土）。未发现有灰坑，房址有成排排列现象。其中 F1 破坏严重，只残存有地面烧灰土堆积的圆形灶，形制不详；其他的 16 座房址中，F2、F8 为圆形半地穴式，F3、F16 为方形半地穴式，其余均为圆角长方形或近似长方形半地穴式。其中 F4 打破 F2、F12 打破 F13、F16 打破 F9。房址大小不一，圆形房址直径 330 厘米 ~450 厘米；圆角长方形房址进深 380 厘米 ~600 厘米，间宽 350 厘米 ~550 厘米；方形房址边长 500 厘米 ~550 厘米。房址面向南，门道多为长方形台阶式，其中发现 F9、F15 的门道外两侧设有门柱。房内均设有二层台和壁柱，在部分房屋内还发现柱洞，制作粗糙。多数房址墙壁为黄砂土，无二次加工痕迹，居住面亦不明显。房屋内部保存有地面灶，形状呈圆形或椭圆形和不规则形，灶面的烧灰土堆积较高，多数灶面上放置有石块。在 F13 和 F11 中发现有圆形室内窖穴。

四麻沟遗址发掘出土遗物数量相对较多，主要出土在第④层土与房址内的填土中。共出土器物 4000 余件，其中大部分为石制品，较少量的编织网纹、编织麻点纹、指甲压印纹陶器残片及骨器。此外，还出土了大量的残碎兽骨。

四麻沟遗址整体属于村落遗址，从出土的房址形态和打破关系看，存在三种有早晚关系的房屋形制类型，以圆形房址为代表的单位早于长方形房址的单位，长方形房址早于方形房址。裕民遗址 ^{14}C 测定距今 8400 年，推测四麻沟遗址的年代从距今 8400 年左右延续到距今 7800 年左右。

（胡晓农　包青川　李恩瑞　陈文虎）

【准格尔旗石口子朱开沟文化遗址】

发掘时间：2018 年 8 月 ~10 月

工作单位：内蒙古自治区文物考古研究所、内蒙古大学历史与旅游文化学院、准格尔旗文物管理所

内蒙古地区为配合国家文物局“十三五”重大考古项目“河套地区史前聚落与社会研究”的开展，本年内蒙古河套项目组对准格尔旗石口子遗址进行了发掘。该遗址位于鄂尔多斯市准格尔旗大路镇小滩子村石口社东北方向 5 千米处一坡地上，南侧近邻沿黄高速公路，北侧濒临黄河，东侧为一小型冲沟，西侧为运煤铁路专线。整体地势较为平坦开阔、上存近 2 米厚的黄沙，地表植被以灌木为主，鲜见树木。

发掘区因位于沙窝子里，遗址上部黄沙层约有 2 米 ~3 米厚，清理完沙层后即文化层。共布 10 米 ×10 米探方 10 个，累

计发掘面积1000平方米，计揭露灰坑108座、墓葬4座、房址8座及沟2条，其中以朱开沟文化为主，鲜见龙山时代及战国时期遗存。出土遗物以陶器、石器为主，另有少量骨器及青铜器。

石口子遗址朱开沟文化时期遗存主要见有灰坑、房址、沟等，遗迹多数都开口于②层、③层下。房址大多保存状态不佳。文化层及灰坑填土中多见白灰面的残块、居住面残片，还见为数不少的柱洞。房址以长方形半地穴式为主，半地穴式大多仅存白胶泥居住面，灶坑多位于房屋一角。仅见一座地面式建筑，残存一道土坯墙。墙壁为草拌泥抹面，并经火烤。灰坑共108座，以圆形直壁为主，少量椭圆形、圆角方形坑。沟大体呈东—西走向，口大底小，呈倒梯形，口宽3米~4米，底宽1米~2米，长约8米，深0.95米~1.12米。出土物有兽骨、陶饼、骨簪、陶杯、陶垫、陶环、陶球、石环陶刀、骨刀、石磨棒和刮削器等。此外，石口子遗址还发现少量战国遗存，少量龙山文化遗存。墓葬保存状况较差，距离地表仅10厘米。仅M1出土有铜扣。

石口子遗址属典型的朱开沟文化遗存，不见朱开沟遗址的甲组遗存。通过多年考古发掘反映朱开沟遗址发现的甲、乙两组遗存分别属于大口二期遗存（新华文化）与朱开沟文化，但目前除了朱开沟遗址外，尚未再发现两种文化共存于同一遗址内的现象。通过2004~2005年河套考古调查发现，大口二期文化不见于南流黄河东岸，表明朱开沟文化与大口二期遗存在时代上虽然衔接，但分属于不同的文化系统，大口二期文化北上至南流黄河西岸，但未曾到达东岸，土著的朱开沟文化则势力要广泛得多。此外，2016年及本年度发掘的7座战国时期墓葬，墓葬形制、葬俗及随葬品类型与凉城县水泉墓地最为接近。以往在鄂尔多斯高原多发现诸如西沟畔、桃红巴拉等战国至汉代大、中型匈奴贵族墓葬，此处按照目前发现应该为一片战国中晚期墓地，这为探讨东周时期鄂尔多斯地区游牧民族的文化面貌提供了资料。石口子遗址龙山文化遗存较少，但地层、灰坑中却多见篮纹、粗绳纹等典型龙山文化遗物，加之该遗址趋平的地层、大量散落的龙山时代白灰地面残块等现象，暗示朱开沟文化时期居民可能对早期居址存在平整土地的可能性，这为深入探讨朱开沟文化时期聚落的选址问题提供了材料。

（曹建恩　孙金松　党　郁　李亚新）

【准格尔旗福路塔战国至西汉墓地】

发掘时间：2018年5月~9月

工作单位：内蒙古自治区文物考古研究所、准格尔旗文物管理所

福路塔墓地位于准格尔旗薛家湾镇柳树湾村福路塔社新村东北约300米处的坡地上。为配合大龙高速公路的建设，联合考古队对该墓地进行抢救性考古发掘，揭露面积5000余平方米，共清理长方形土坑竖穴墓99座、祭祀坑1座。

墓葬以单人墓为主，共94座。此类墓葬，墓圹大小深浅不一，尺寸差别较大。大者长5米余，宽3米余；小者仅容一人安身；浅者去掉上层堆积沙层人骨就已暴露，深者可达3米以上。双人合葬墓4座。三人合葬墓1座。合葬墓的墓圹一般较大，长、宽多在4米以上。墓向既有东西向，又有南北向，东西向墓的数量是南北向墓的2倍余。东西向墓死者头多朝东；南北向墓墓主头多向南。多不见葬具，仅在几座墓葬的底部发现少量木质朽痕，可能为木棺。人骨保存一般，葬式多种多样，以仰身直肢葬数量最多，仰身屈肢葬次之，另有侧身叠肢葬、侧身屈肢葬、俯身直肢葬。祭祀坑只发现一处，位于发掘区南部，平面近圆角长方形，长0.86米、宽0.75米、深0.3米，坑内填土与墓葬无异，坑底立置陶壶、陶釜各1件。

随葬陶器组合以瓮、罐、缶、壶、釜等日用器为主；其中壶、釜种类繁多，有盘口壶、蒜头壶、茧形壶以及颈饰一周凸弦纹的壶，无耳釜、单耳釜、双耳釜。铜器数量不多，包括生活用具、武器、饰品等，种类有鼎、鍪、镜、铃、环、镞、管、带钩、印章、扣饰、器盖、韘形佩、兽头形饰件等，另发现半两钱数枚。铁器多已锈蚀，可辨器形不多，主要是生产工具、生活用具、马具、武器、饰品等，种类有臿、釜、勺、削、叉、钉、环、马衔、剑、戟、镞铤、带钩等。骨器较少见，有带钩1件及长方形骨牌若干。此外，大部分墓葬普遍见有红色漆皮，均已朽蚀严重，可辨器形只有漆盘；另有少量的银耳环、石环、石球、石饼形器、玛瑙珠、料珠、铁铤铜镞等。

根据出土遗物初步判断这批墓葬的年代应该大体处于战国晚期至西汉早期。

（胡春柏）

【磴口县鸡鹿塞汉代障城城门遗址】

发掘时间：2018年5月~6月

工作单位：内蒙古自治区文物考古研究所、磴口县文物保护管理所

为了配合鸡鹿塞保护修缮工程，联合考古队对鸡鹿塞障城城门进行了考古发掘。

主城门平面呈长方形，西距西墙内壁16.5米，门道南北通长8.5米，北口宽2.6米，南口宽2.8米。靠门道两侧墙壁各有13个柱槽，共计26个；门道两侧墙壁由花岗岩层层垒砌，剖面呈上窄下宽的梯形，残高约4米。距门道踩踏面高约2.3米处的墙壁上各保留有纵向方形墙槽，应是立柱顶部横木槽。横木槽上方有垂直插入墙壁内的横梁残木。又在门道中部东侧墙壁上保留有一个木制门栓，推测城门门扇位于城门正中。

瓮城门设于东墙偏北处，北距南城墙外壁1.35米，门道东西通长8.6米，东口宽2.3米、西口宽2.4米。木柱斜向竖立于门道两侧墙壁内设好的柱槽内，再用草拌泥将柱槽口封闭，此类暗柱共计26根，门道两侧墙壁内各设13根。同样暗柱顶部保留有横木、横梁的木炭痕迹。为了加强对瓮城门的防御，于瓮城门入口依靠北壁加筑一座石室，该石室平地垒砌，平面呈长方形，东西长2米、南北宽1米、深1.3米。又对门道垫土增高，加强入口难度，以便有效防御，其垫土层厚度约1米。

出土遗物有木制构件、铜镞、骨器和陶器残片等。灰陶片多以素面、弦断绳纹和绳纹带为主，也有少量内壁印有大小不等的菱形格纹或方格纹陶片，其器形多以陶盆、陶罐为主。板瓦及筒瓦占少数，板瓦内壁为布纹、外壁素面，筒瓦外壁饰绳纹。另出土陶纺轮1个、骨簪1只、铜钱（残）1枚、铜镞4枚等，铜镞呈三棱形，铤为六边形。

本次对鸡鹿塞障城城门的考古发掘，为研究汉代西北边塞长城沿线障城的形制，提供了重要的考古学材料。

（张文平　丹达尔）

【苏尼特右旗阿拉腾沟东汉至北魏墓地】

发掘时间：2018年9月~10月

工作单位：内蒙古自治区文物考古研究所、北京大学、内蒙古师范大学、锡林郭勒盟文物保护管理站、苏尼特右旗文物保护管理局

阿拉腾沟墓地位于苏尼特右旗朱日和镇乌兰哈达嘎查西北8千米处的阿拉腾沟畔上，周围为低山丘陵和半沙化草原环境。阿拉腾沟为一条东西向的水冲沟，经过钻探，发现沟南北两侧及东部山坡上均有墓葬分布。为配合北京市第七批哲学社会科学基金重大项目“长城地带鲜卑墓葬研究”课题的研究工作，在国家文物局的支持下，联合考古队对阿拉腾沟墓地进行了考古发掘。

此次共计发掘墓葬13座，其中土坑竖穴墓11座、偏洞室墓2座。土坑竖穴墓中

单人葬墓10座，双人合葬墓1座，偏洞室墓均为单人葬。除了M13保存完整之外，其余墓葬悉数被盗。墓葬均开口于地表下0.5米左右的上层黑褐色沙土层，打破下层黑褐色沙土层及其下的黄褐色沙土层，墓葬间无叠压打破关系。所有墓葬均为东西向，头朝西，方向280°～330°。土坑竖穴墓平面形状有长梯形及长方形两种，墓坑长2米左右，除了M2宽1.1米之外，其余墓坑宽约0.5米、深0.6米～2米不等。偏洞室墓的墓道土坑竖穴式，墓室位于墓道宽边一侧，其中M9墓道位于洞室南侧，M13墓道位于洞室北侧，墓道与洞室之间以石堆封堵分隔。偏洞室墓墓道长2米、宽0.7米、深1.3米，墓室长2米、宽0.5米，高0.7米。

出土及采集到各类遗物80余件，种类有陶器、金器、铜器、铁器、玉石器、骨器、木器、漆器等。陶器主要有陶罐、陶壶、陶纺轮等；金器主要有菱形金饰片、方形金饰片及旋涡纹金饰件等；铜器主要有铜饰件、铜镜残片、货泉、五铢、剪轮五铢铜钱；铁器主要有铁兵器如铁刀、铁剑、铁矛，铁饰件如带扣、带銙等，另外还有一些器形不明的残铁块；玉石器主要为绿松石、玛瑙、绿玉串珠等；骨器有弓弭、纺轮等。个别墓葬出土有桦木皮器、漆器、皮制品的残片。

阿拉腾沟墓地的墓葬形制及出土遗物，与察右后旗三道湾墓地、商都东大井墓地有很多相似之处，两座偏洞室墓又与察右中旗七郎山墓地偏洞室墓结构一致，因此，初步推断该墓地为东汉晚期至北魏时期鲜卑族群的公共墓地。土坑竖穴墓很可能属于檀石槐联盟时期的鲜卑遗存。考古工作者以前从未在辽阔广袤的锡林郭勒盟大草原发掘过鲜卑墓葬，此次发掘将填补锡林郭勒盟鲜卑考古研究的空白，具有重要的学术意义。

（宋国栋　曹　鹏）

【阴山地区北魏城址】

考察时间：2018年4月

工作单位：中国人民大学历史学院考古文博系

本次考察的主要对象是阴山以北的黑山寨古城、城圐圙古城、北魏六镇长城南北线及其沿线戍堡。

根据调查结果可知，黑山寨古城位于怀朔镇城圐圙古城的西南方，两者仅相距约1.8千米。黑山寨古城的北门朝向城圐圙古城。目前，学界对该城进行的相关研究较少。根据该城的形制、地表采集遗物及所处的地理位置，我们认为黑山寨古城应为北魏时期的城址，可能与《魏书》中记载的“黑城”有关，其年代比城圐圙古城要早，可能是城圐圙古城建成之前怀朔镇址所在。黑山寨古城及其与城圐圙古城的关系，对于研究北魏怀朔镇的发展与历史沿革有较为重要的意义。

本次对北魏六镇长城南北线及其沿线戍堡考察的目的有三个，一是要实地探明两条长城是否同为北魏时期修建；二是弄清楚两条长城交会的部分是否存在；三是如果存在，为何要如此修建。根据考察结果，我们了解到，六镇长城南线戍堡的形制、面积比北线的大，距长城的距离比北线的远，可能因为北线是在南线基础上的向北拓展。北魏中期，随着军事实力的增强，军事防御设施的修建逐渐趋于简单。北线的修筑时间可能晚于南线。六镇长城南、北线都为北魏时期修建的军事防御体系，二者的确存在交会部分。由于地表墙体遭到了严重的破坏，北侧交会点的位置及交会部分的长度在本次考察中未得到明确的结果。此外，六镇长城采用了外侧挖壕，内侧夯土筑墙的修筑方式，与后来金界壕的修筑方法十分相似，可能对金界壕产生了一定的影响。

（孟燕云）

【乌拉特中旗新忽热古城唐代遗址】

发掘时间：2018 年 6 月 ~8 月

工作单位：内蒙古自治区文物考古研究所

为了配合新忽热古城保护修缮工程，本所对该城址进行了考古发掘。此次发掘，主要是对古城东门、东瓮城门和城内建筑址作了清理，累计发掘面积 360 平方米。

东城门遗址的清理，因考虑清理后遗存的及时保护问题，本次尚未展开全面的揭露，只是对城门上部进行了略浅清理。东城门位于古城东墙中部，平面呈长方形，东西长 16.5 米、南北宽 3.9 米，方向为 102°；门道两侧墙壁上各有 9 个柱槽；城门北侧墩墙为夯筑，下宽上窄，剖面呈梯形，基宽 16.5 米、顶宽 1.3 米，残高距墙基 12 米，夯层厚 12 厘米 ~15 厘米。东瓮城门现仅保存北半部，其南半部采取了筑墙封堵的措施。残存门道南北长 4.6 米、东西宽 4.8 米，残高 2.3 米。门道两侧墙壁上的残留有柱槽痕迹，各计 4 个；由此推测，加中心立柱后每一面墙壁各设 9 个壁柱。门道内的踩踏面以黑土堆筑，土质坚硬，厚 0.6 米。

城内建筑址位于古城中部偏北处，北距北城墙 100 米，处于古城南北中轴线上。据地表遗物散落范围，于建筑址西侧边缘处布置了 5 米 ×5 米探方 2 个。经清理发现，在建筑址地面上保留有一层保存状况较完好的白灰面，其厚度为 2 厘米 ~4 厘米，分布范围占 2 个探方面积的三分之二；于近探方东北角位置清理出一块柱础石，呈方形，边长约 70 厘米，石面上有清晰的斜线凿痕。

新忽热古城城内外地表可采集遗物较少，发掘区内出土的砖瓦及莲花纹瓦当等均为唐代遗物。

通过本次发掘，结合相关史料记载，初步可认定，该城址为唐代横塞军军城。

（丹达尔）

【额济纳旗大同城唐代遗址】

发掘时间：2018 年 7 月 ~9 月

工作单位：内蒙古自治区文物考古研究所、阿拉善盟额济纳旗文物局

为配合额济纳旗大同城遗址的抢险维修加固工程，联合考古队对大同城遗址进行了考古发掘与调查。

按大同城遗址的抢险维修加固工程的要求，对大同城遗址外城的东城墙和内城的南城墙及外边的水渠进行了解剖，对外城的地层堆积进行了试掘。城内发掘面积约 150 平方米，发现的遗址有灰坑、水井、城门、石圈等，出土了砖、板瓦、动物骨骼等遗物。城外渠遗址发掘面积 45 平方米，无出土物。

大同城遗址城墙解剖：通过解剖得知外城东城墙宽 5.85 米、残高 3.65 米；城墙的构筑方式是先开槽后筑墙。基槽开在生沙上，宽 5.3 米、深 0.65 米。基槽底部分两层填沙夯筑，之上为一层土夹一层沙或砂粒夯筑。夯层厚 5 厘米 ~10 厘米。城墙在基槽上各外延 50 厘米起建。内城南墙宽 6.7 米 ~6.95 米、残高 10 米。夯层厚 8 厘米 ~12 厘米。

在解剖内城南城墙时，发现了内城南门。内城南门位于内城南墙中部，未清理到底。城门平面呈长方形，南北长 7 米、东西宽 2.8 米 ~3.2 米。门洞东西用土坯垒砌土墙，宽 60 厘米，一侧与夯筑城墙相连，一侧抹草拌泥，厚 1 厘米 ~2 厘米。东西土坯墙两侧各有 14 个柱洞，柱洞相间 30 厘米，柱洞形状有圆形、半圆形、方形等，柱洞直径 12 厘米 ~25 厘米。门洞北中部有一柱洞，直径 15 厘米、深 30 厘米。

为了解水渠的宽度，对水渠进行了解剖。1 号水渠位于大同城遗址的东边和南边，方向 97°，平面呈“7”字形，锅底状，长 700 米、宽 8.25 米、深 1 米。2 号水渠位于大同城遗址的南边，方向 90°，平面呈长条形，斜坡，缓平底，长 140 米、

口宽8.5米、底宽4.6米、深1.4米~1.9米。3号水渠位于大同城遗址西北，方向46°，平面呈长条形，锅底状，长240米、宽5.6米、深0.5米。

通过对大同城遗址的考古发掘，首先搞清了大同城遗址城墙建筑年代，城墙的建筑方式等基本情况，搞清了内城南门的基本形制；其次搞清了大同城遗址文化堆积的年代为唐代，地层堆积经过火烧等情况；最后通过对大同城周边遗址的调查，搞清了大同城周边遗址分布的基本情况。

（李　强）

【辽上京宫城内三号建筑基址】

发掘时间：2018年6月~11月

工作单位：中国社会科学院考古研究所内蒙古第二工作队、内蒙古文物考古研究所

三号建筑基址（17JZ3）位于辽上京皇城和宫城的东向中轴线最西端建筑——一号建筑基址的西北部，是一座东向的长方形宫殿建筑基址。JZ3建有双层夯土台基。下层台基四周原有包石。上层台基南北面阔22.3米、东西进深16米，四周原有包砖。根据墙体和磉墩分布，可确认建筑的平面布局。原柱网共有两周，外周为副阶檐柱，磉墩较大，呈面阔五间，进深四间。内周磉墩较小，构成殿身面阔三间，进深两间，东、西各一门。东侧台基原有登临的踏道。西侧在改建时增设月台或坡道等。在三号建筑基址始建之初，外有夯土墙围合的院落，东侧有院门。根据地层关系和出土遗物判断，三号建筑基址始建于辽代早期，废弃于金代初期。

辽上京宫城西北部有一组南北向的长方形建筑群，呈东、西两列对称分布，每列5个。本年度对西列第3个长方形建筑基址进行发掘，编号为一号建筑基址（18JZ1）。该基址是一座南向的长方形建筑基址，至少有两次较大营建（早、晚分别为JZ1B和JZ1A）。JZ1总面阔15间，进深3间。四面建有夯土墙。室内设两道隔墙，将JZ1A分为东隔间、中隔间和西隔间三部分，每部分面阔5间。均于当心间设门，门前为三瓣蝉翅慢道。夯土外墙和隔墙中均发现墙内柱，有大小之别。室内有明础石呈东西两排，共12列。JZ1第一次营建为辽金之际，第二次营建为金代。

一号建筑基址下面，发现保存较好的辽代地面，以及辽代小型夯土遗迹，形制性质不详。较为重要的是，在进行关键性解剖时，我们发现了一号建筑基址第一次营建时的两个祭祀坑，是重要的考古新发现。其中西侧长方形祭祀坑葬3匹整马和骆驼蹄、牛头、狗头等，也有残人头骨等；东侧圆形祭祀坑深约3米，上层为切割、砍断的牛、马、羊等动物骨骼，坑底殉有14人个体，有5具完整尸骨，余为9个人头骨或下颌骨等。2018年辽上京宫城遗址的考古发掘，取得了重要的学术收获。第一，增加对辽上京东向中轴线的认识。三号建筑殿址位于辽上京皇城东向中轴线最西端的大型建筑基址的西北，位置重要；此建筑东向，体量较大，形制独特，早期四周有夯土围墙。表明其建筑性质特殊，且十分重要。三号建筑基址应是辽代宫廷内重要的殿址之一。第二，丰富了辽上京皇城和宫城布局和沿革的新资料。宫城西北部的长方形建筑基址（18JZ1）为南向，是金灭辽之时始建，沿用到金代晚期。在此建筑之下，有保存较好的地面，没有发现辽代大型建筑基址。第三，一号建筑基址（18JZ1）下两个祭祀坑的发现，填补了辽上京遗址考古的学术空白，是重要的新发现。两个祭祀坑，形状不同，瘗埋内容各异，分别以马和人为主体。这为研究辽金时期历史文化、民族礼俗和建筑营建理念等提供了难得的新材料，具有重要的学术价值。

（董新林）

【扎鲁特旗三合辽代墓葬】

发掘时间：2018 年 8 月 ~9 月

工作单位：内蒙古文物考古研究所、扎鲁特旗文物管理所

本年 6 月间扎鲁特旗巨日河镇三合村东北的两处古墓葬遭盗掘，本所对其进行了抢救性清理发掘。

清理的一座较大墓葬是辽代石结构墓。该墓葬由墓道、甬道、主室、东耳室组成。墓葬全长约 18.4 米、深 6.2 米，墓道呈阶梯状，方向 173°。主室东西长 3.4 米、南北宽 3.1 米、高 1.9 米，甬道长 1 米、宽 0.98 米、高 1.1 米，甬道东侧有一耳室，长 1.7 米、宽 0.6 米、高 0.75 米。清理墓道时发现一件铜牌饰及四件木车构件。主室出土随葬品有铁钳、铁铲、铁钉及少量陶瓷片等，耳室未发现随葬品。在墓室扰土中发现多个矿泉水瓶等现代遗物，因此确定该墓早期即已被盗掘。

另外一座被盗掘墓葬时代推测为鲜卑时期，墓葬规模较小，经过清理发掘，该墓葬长 1.6 米、宽 0.98 米、深 1.2 米，仅发现少量人骨、未见随葬品。发掘工作结束后对古墓葬进行了回填。这次清理发掘的两座古墓葬形制及出土遗物对研究该地区鲜卑时期及辽代的社会制度、埋葬习俗等有一定价值。

（连吉林　格日乐图）

【阴山地区金元城址】

考察时间：2018 年 5 月

工作单位：中国人民大学历史学院考古文博系

本次考察的主要对象自东向西分别是阴山地区的小城卜子、大土城、克勒孟、察汉不浪、下色拉营、当郎忽洞、广益隆、大庙、希拉哈达、净州路城卜子、波罗板升、城梁古城以及部分金界壕遗迹。此次考察为了获得精确的数据和图像资料，还特别邀请中国社会科学院考古研究所科技考古中心主任刘建国研究员一同前往，并主持城址遗迹的超低空拍摄与三维重建工作。

根据调查结果，我们发现由于城址建造目的和使用功能存在显著差异，阴山地区的金、元城址在城址形态、规模与选址分布等方面皆有较大差异。从城址形态来看，金代修筑的城址平面多呈正方形，长方形城址较少，且多配备有完善的防御设施。一般开设两个方向的城门，少见开设三门者。金代城址未被元代继承沿用者，其外侧不见关厢遗迹，城内文化层较薄，且少有大型建筑基址，地表遗物也较稀少。元代修筑的城址平面基本皆呈长方形，不特别注重城址的防御设施建设，一般至少开设三个方向的城门。元代城址外部，一般是东、西、南门，外则常见密集的关厢遗迹，城内文化层较厚，地表建筑基址与遗物十分丰富，少数城址内可见大型院落基址或工字形建筑基址。从城址规模来看，大型城址多为元代所筑或在金代城址基础之上扩建而成。相较之下，金代在这一地区修筑的城池则主要是中等规模的军事防御性城堡。从分布选址来看，金、元两代城址都以沿河流岸边台地分布为主，其中与金界壕相伴的金代城堡往往在占据山川险要的河流支流处。元代城镇则多位于河流干流沿岸平坦肥沃且利于屯垦之地，较少考虑山川形势。

本次对阴山地区金元城址及部分金界壕的考察通过对地表已不甚清晰的城址内部遗迹现象进行航拍及三维重建，进而获取准确的数据，以便更准确地判断城址的年代归属问题。通过了解阴山地区金、元城址各自的特征，对这一地区很长时间内金、元城址不分的现象进行纠正，对研究金代西南部及元代腹里地区城市的发展与演变有着较为重要的意义。

（周雪乔）

辽 宁 省

【阜新蒙古族自治县他尺西沟兴隆洼文化遗址】

发掘时间：2018 年 3 月 ~ 11 月

工作单位：辽宁大学考古学系、辽宁省文物考古研究院、阜新市考古所、阜蒙县博物馆

他尺西沟遗址位于阜新蒙古族自治县沙拉镇六家子村塔尺营子西 300 米的西沟“五天地”耕地中。遗址处于东南向漫坡上，西侧为松树林，东北侧和西南侧为季节性河流，南临 G25 长深高速公路。

该遗址在全国第二次文物普查时就已经被发现，第三次文物普查时进行了复查，在 2015 年时，辽宁省文物考古研究所、吉林大学边疆考古研究中心与以色列考古研究机构合作进行课题研究时，曾在该遗址进行了小规模的试掘。2017 年，为了配合辽宁大学 2014 级考古专业的本科生实习，我们选择了这个遗址进行了考古发掘，当时申请发掘面积 1000 平方米，发现 12 座房址。

本年 3 ~ 11 月，为了辽宁大学 2015 级考古专业学生实习，我们又申请在这个遗址发掘了 500 平方米。发掘区紧贴 2017 年发掘区的东边南部，编号延续。在 529 平方米的范围内，发现了 10 处房址、7 处灰坑、2 处壕沟和 1 座墓葬迹象，另外发现了一处近似圆形遗迹现象。其中编号 F13 的房址破坏较为严重，发现的遗迹属于该房址的东北部分，由于距地表很浅，现代耕作几乎完全地破坏了这座房址；不过通过对遗迹和遗物的分析，我们认为，编号为 F13、14、15、16、18、19、21 应该属于兴隆洼文化，F17 应该属于高台山文化遗存，F20、22 因为只是暴露了一个角，了解不是很多，据其位置分析应该属于兴隆洼文化的遗存可能性更大。现在编号为灰坑的遗迹多为现代植树时挖掘机挖掘的。2 处壕沟中 G2 为环壕的一部分，G3 为修建高速公路时候设计的边壕，不知什么原因又废弃了。

保存比较完整的兴隆洼文化的房址均为近方形或长方形半地穴式建筑，未见确切无疑的门道，房址内靠近穴壁及室内分布柱洞，分布规律不很清晰。房屋中心位置有灶址，F19、21 为 2 个紧密相连的灶址，F13、14、15、16 为单灶。房内遗留有陶器和石质工具若干，主要为筒形罐、鼓腹罐、磨盘、磨棒、石叶等。

M1 为 F15 的室内墓葬，位于房址的西北部位。墓主人为 1 位成年女性，仰身直肢，未见随葬品，也没有发现葬具现象。

另外，我们对于遗址进行了较为细致的勘探。通过勘探，发现遗址现存面积约 23000 平方米，南部部分被高速公路破坏面积不清。勘探发现现存面积内还有 63 座房址遗迹现象；另外环壕也有迹象可循。

（陈　山　王　闯　肖晓鸣）

【牛河梁遗址第一地点 2 号建筑址】

发掘时间：2017 年 5 月 ~ 6 月、2018 年 5 月 ~ 10 月

工作单位：辽宁省文物考古研究院、中国

社会科学院考古研究所

牛河梁遗址位于凌源市和建平县的交界处，是一处由多个遗址点构成的红山文化遗址群。第一地点有建筑址4座，其中以2号建筑址（N1J2）规模最大，以往的发掘和清理初步确认其由品字形排列的三座山台构成。

2017年发掘了西山台，发现了边界清晰、东西对称的两组石构遗迹，东侧遗迹可见相对规整的东、南侧墙体和护坡堆石，进一步确认“西山台”包括东西分布的两个山台。

对区域的进一步地表踏查和测绘发现，N1J2是由8组山台构成的大型建筑址，山台多有石砌墙体或碎石堆砌的护坡。本年发掘了2号台址（T2）南部，T2由西侧宽1米的南北向护坡及其内侧垫土组成。发掘发现堆石遗迹3座、建筑址2座、石墙1道。堆石遗迹形状皆不规则，由于时间所限，未对其进行进一步的解剖。两座建筑址皆修筑在人工铺垫的夹砂碎石层上，仅保留最下层墙基。一号建筑址（JZ1）位于发掘区中部，现保留南北两道石墙，西侧以石砌护坡为边界，未见东墙。废弃堆积为不规则分布的大石块和红烧土，其中可见陶塑和建筑构件残块。二号建筑址（JZ2）位于发掘区南部，由多组石墙构成，南北残长12米，东西残长12米，向西延伸的墙体（编号JZ2Q2和JZ2Q3）被T2护坡叠压。两座建筑址皆为地面起建，在规模和功能上可能与此前发现的几座半地穴式建筑址不同。石墙（编号Q1）位于发掘区中部，被一号建筑址（JZ1）利用并延续修建成为JZ1北墙的一部分。

发掘初步确认区域内发现的主要遗迹的年代关系：T2是发掘区域内年代最晚的遗存，南侧的JZ2和发掘区中部的JZ1的修筑和使用年代应较为相近。Q1被JZ1利用作为北墙使用，且被作为JZ1基础的夹砂碎石层所叠压，是本年度发现的年代最早的遗迹单元。

出土遗物以牛河梁遗址常见的筒形器和塔形器为主。第一地点常见的折沿筒形器与下层积石冢阶段流行的A型筒形器共出，以折沿筒形器为主。除常见的彩陶纹饰外，还发现了新的纹饰主题（方格纹）和新的器形与纹饰的组合。塔形器的造型多样，多以大耳人头像为最上层造型。陶器特征显示遗迹的年代与上层积石冢阶段相当。

N1J2是一处规模庞大，由多层砌石台面和建筑构成的复杂遗迹，其功能与牛河梁遗址其他地点的积石冢类遗迹有所不同，可能是红山文化时期的宗教和礼仪活动的中心。发掘为确定第一地点的结构、性质和功能提供了新的材料，对探讨牛河梁遗址红山文化晚期社会的文明特征具有重要的意义。

（郭　明　贾笑冰）

【大凌河中上游地区红山文化遗存调查】

调查时间：2018年3月下旬～6月下旬、10月下旬～11月下旬

工作单位：辽宁省文物考古研究院、朝阳市文物考古研究所、建平县博物馆、凌源市博物馆

大凌河，辽代以前称为渝水、龙川、白狼水，辽代称凌河，是东北地区最为古老的水系之一，也是辽宁西部地区最重要的河流。其中，大凌河中上游地区是红山文化遗存的核心分布区，经过多年的考古工作，区域内已经发掘了阜新胡头沟墓地、喀左东山嘴遗址、建平牛河梁遗址等墓地和祭祀性遗址，却少见生活遗存。

为了解该地区红山文化遗存分布状况、聚落之间的关系和特征以及寻找与牛河梁相关的中心聚落遗址，进而推动红山文化研究的深入开展，辽宁省文物考古研究院在大凌河中上游地区开展了红山文化遗存专题考古调查。在2017年度工作的基础

上，本年度继续对建平县北部地区和凌源市北部地区进行调查，调查面积约3800平方千米，共发现先秦时期遗址360余处，其中红山文化遗址和墓地共210余处。

调查发现红山文化遗址多分布在河流两岸的山坡、平缓山梁的梁顶、顶部开阔平坦的山丘顶部；墓地多分布在河流两岸山梁顶部或独立的山丘顶部，少数墓地分布在缓坡处。遗址和墓地多沿河分布，两河交汇区域遗址和墓地较丰富，遗址多选择临近水源、背风向阳、地势开阔平坦的位置。

在红山文化遗址采集的遗物基本为生活器。陶器有夹砂陶和泥质陶两种，夹砂陶火候低，陶质疏松，多饰“之”字纹，兼有刻划纹、压印指甲纹、席纹等；泥质陶包括泥质红陶和泥质灰陶，素面为主，有些饰“之”字纹、黑色彩绘、红色彩绘等。石器包括石斧、石铲、石耜、石磨盘、石磨棒、细石器等。墓地采集遗物以祭祀陶器为大宗，兼有少量的石器和骨器。陶器主要为陶筒形器残片，兼有少量塔形器残片。石器主要为细石器。

本年度调查获取了一批丰富的红山文化遗存，为进一步认识和研究红山文化遗存分布规律，聚落布局以及红山文化的社会结构、社会形态等方面提供了新的材料。

（于怀石　熊增珑　樊圣英）

【西丰县城山青铜时代遗址】

发掘时间：2018年7月~11月

工作单位：辽宁省文物考古研究院、辽宁大学考古学系

城山遗址位于西丰县金星乡金星村东，小寇河右岸名为“城山”的山岗上，西距小寇河约200米。2016~2017年，辽宁大学考古学系与辽宁省文物考古研究院合作对遗址位于“城山山城”北侧的第Ⅰ地点进行两年度的主动性考古发掘，发现新石器时代至隋唐时期的四期文化遗存。本年，为进一步明确青铜时代“凉泉类型”的文化面貌及遗址各期遗存的分布情况，我们对山城西侧的第Ⅱ点开展有针对性的发掘，本次发掘面积1029平方米。

城山遗址第Ⅱ地点共发现四期遗存。

第一期，未见遗迹。遗物以夹细砂褐陶的陶片为代表，器表多饰刻划细密平行线的组合纹饰。这期遗存应与遗址第Ⅰ地点第一期遗存文化面貌相同，文化性质待定，年代当属新石器时代晚期。

第二期，亦未发现遗迹。其陶器皆为夹砂红褐或黄褐陶，可辨器形有空袋足、扁三角形鼎足、方锥状鼎足、花边口沿等。该期陶器风格与辽宁抚顺望花、施家东山等遗址所见同类器相近，并与吉林炮台山二期类型有关，年代推测为商末周初。

第三期，仅发现墓葬1座，为被扰动的土坑竖穴石棺墓。墓内发现5岁左右儿童的臼齿一枚及股骨一段，随葬品有石斧、石凿、扁横桥耳钵形盆、弦纹壶残部，还见有猪牙2枚及少量碎陶片。墓葬的形制及随葬品与西丰诚信墓葬基本相同，应属新城子文化，年代约在西周时期。

第四期，共发现房址3座、灰坑25个、灰沟4条、地面灶1处。此期遗物最为丰富，陶器以夹砂红褐、灰黑陶为主，可辨器形有高柄豆、鋬耳罐、高领横桥耳壶、钵、圈足罐等。器表多素面，豆柄、鋬耳和壶颈部常饰有戳印点纹的组合图案。该期遗存为“凉泉类型”，可细分早、晚两期。早期遗存最为丰富，其文化特征与吉林东丰石大望F1、西南山F1相近，年代推断为春秋晚期至战国早期。晚期遗物发现较少，文化面貌与西丰永淳和东沟遗址出土的同类器风格一致，年代估计在战国中晚期至汉初。

城山遗址第Ⅱ地点的发掘，揭露出一处“凉泉类型”的生活居址，并在辽北地区首次发现了“凉泉类型”的房址。第Ⅱ地点除第三期遗存为新发现外，其余三期

在第Ⅰ地点皆有发现。城山遗址从新石器时代至隋唐时期五种遗存的发现与辨识，无疑将填补区域内考古学文化时空框架的空白。此外，城山遗址的发掘，还使我们第一次认识到“凉泉类型”遗存可分为早晚两期，它既为“凉泉类型”的内涵和源流探讨提供了重要资料，也对东北古代民族以及夫余、高句丽等东北地方政权的形成与发展研究具有重要意义。

（郑钧夫　华玉冰）

【新民市北崴青铜时代遗址】

发掘时间：2018 年 6 月 ~9 月

工作单位：沈阳市文物考古研究所、新民市文物管理所

北崴遗址位于新民市法哈牛镇巴图营子村东北约 900 米的一处沙台地上，是一处青铜时代的聚落遗址，面积约 10 万平方米。2017 年对北崴遗址进行了 1000 平方米的考古发掘，达到了预期的学术目的。本年对遗址进行了 300 平方米的发掘，是对 2017 年发掘区北侧的补充发掘，发现了 1 处红烧土堆积、9 个灰坑及 1 条灰沟，出土了大量的夹砂陶片、少量石器，有鼎、甗、壶、碗等陶器，石刀、石斧、磨石等石器。

红烧土堆积平面呈不规则形，集中分布着层叠的草拌泥红烧土块，通体红色，烧土块间夹杂有碎夹砂陶片。清理发现了一块包柱烧土块，包裹木柱的直径约 19 厘米。由此，可知烧土块是房子的建筑材料，或为墙，或为顶。堆积成因是房址废弃后，古人将其建筑材料堆放于此。

灰坑多为椭圆形或不规则形，出土了大量的夹砂陶片，有可修复的陶鼎、陶碗、陶壶、陶盅等。

发现了一段灰沟，是遗址的东北侧的界沟，出土了大量的夹砂陶片，并在沟的边缘部分发现一具人骨。

此次发掘发现了遗址的东北侧边界，下一步的发掘将向西转移，发掘遗址的中心区；对红烧土堆积有了新的认识，是房址的建筑材料，但是并没有发现所属房址的半地穴基础部分，下一步需要探寻；遗址的范围还需要进一步的勘探确认，并计划增加对遗址周边的探查。

（李树义　李一鹏　孙海峰）

【喀左县土城子东周时期遗址】

发掘时间：2018 年 7 月 ~11 月

工作单位：中国人民大学历史学院、辽宁省文物考古研究所、喀左县博物馆

本年，联合考古队在喀左县土城子遗址开展考古发掘，在大凌河上游流域进行系统性区域考古调查，以及整理相关的考古资料。

土城子遗址位于喀左县山嘴子镇黄家店村土城子屯西南，处在渗津河与大凌河的交汇要冲，大阳山北坡台地上，其地势南高北低，较为平缓、开阔。文化层堆积较厚，遗迹现象丰富，不仅是解决学术问题的理想发掘地点，而且十分适合建立长期的考古实习基地，进行系统的考古学理论教学和田野发掘技能的培训。

自 2014 年开始，中国人民大学历史学院以此遗址为依托，开展连续性的主动考古发掘工作，将课题研究与考古教学实践紧密结合起来。本年土城子遗址的发掘工作在第二区进行，共布探方 40 个，发掘面积 1000 平方米。遗迹现象较为丰富，一些探方内叠压打破关系较为复杂。遗迹以灰坑为主，还有一些房址、地面灶、窖穴等。遗存可分为夏家店下层文化和东周两个时期。

主体遗存属于东周时期，较为重要的发现是一批房址，为平面形状为不规整圆形的半地穴式建筑，面积较小，在 5 平方米 ~4 平方米之间。房址内的灶紧挨墙壁设置，有圆形、椭圆形和方形几种形状，

有的房址内设两个灶。还发现了属于东周时期的几个窖穴，平面均为圆形，直壁平底，形制规整。东周时期的遗物有刀币、铜镞、骨锥，还有可复原的陶钵、陶罐等。少量遗存属于夏家店下层文化，遗迹只见灰坑，可辨识的陶器有鬲、甗、罐、瓮等。

联合考古队开展系统性区域考古调查约30平方千米，共确定了297个采集单位，其中一般采集285个，系统采集12个。红山文化采集单位8个，夏家店下层文化采集单位48个，其余采集单位属于战国至汉代和辽代两个大的时段。通过调查，基本确定了调查区内的文化发展序列，为进一步工作提供了资料。

（张　镪）

【桓仁县小荒沟高句丽时期遗址】

发掘时间：2018年6月～11月

工作单位：辽宁省文物考古研究院

小荒沟遗址属于高句丽早期聚落址，位于桓仁县北部的古城子镇小荒沟村，遗址北侧紧邻富尔江，东西南三面环山，遗址所在的山坡下有泉眼。该遗址1986年被评为市级文物保护单位、2006年被评为省级文物保护单位，经国家局批准，本所对其进行考古发掘。

通过勘探初步确认小荒沟遗址的面积约5000平方米，本年发掘面积1500平方米（共60个探方）。

发现房址4处，均为半地穴式。F1长405厘米、宽39厘米、深3厘米～8厘米。发现红烧土灶，灶位于房址中间部位，平面呈椭圆形，灶的长径80厘米、短径55厘米，灶周围散落有少量白色火山岩石；F2平面近圆角长方形，长270厘米、宽220厘米、深13厘米～20厘米；F3平面近圆角长方形，长210厘米、宽187厘米、深3厘米。F3中间偏南部发现近椭圆形红烧土灶，灶长径85厘米、短径76厘米，房址直壁向下，底部北高、南低；F4平面呈圆角长方形，长255厘米、宽220厘米、深3厘米～60厘米。房址东壁内收向下，其余三壁较直向下，底部北低，南高。4座房址均没有发现柱洞。

圆形石砌建筑一处，位于发掘区域中部，依山地走势而修建，长30余米，宽3米～4米。

出土遗物有铁器、石器、陶器。夹砂陶器占绝大多数，陶色有黄褐色、红褐色、灰褐色三种；泥质陶数量很少，仅发现了少量素面或绳纹灰陶片，纹饰以素面为主，也发现了少量戳点与划纹陶片，器形可辨的有壶、罐、钵、杯等。石器以磨制石器为主，打制为辅，从器形大小上可划分两类，大型石器有石斧、石锛、石刀、石锤、石磨棒、器盖等，小型石器有石剑、石凿、石镞、石网坠等。铁器表面锈蚀严重，可辨器形有铁镢。

（肖新琦）

【盖州市青石岭高句丽时期山城遗址】

发掘时间：2018年

工作单位：中国社会科学院考古研究所、辽宁省文物考古研究院、盖州市文物管理处

青石岭山城位于盖州市青石岭镇，2015年联合考古队开始对青石岭山城进行大规模的调查和发掘，2018年青石岭山城的考古工作主要围绕青石岭山城一号蓄水池和四号门址开展。

青石岭山城一号蓄水池位于金殿山西侧约200米处，发掘前是一个长约25米、宽约12米的大坑。每年雨季时坑内有积水和蛤蟆，村民俗称“蛤蟆塘”。部分村民认为大坑是古代高句丽人饮马的水池，又称“饮马湾”。根据前期的勘探结果，大坑地表存在1米～2米的砂石层，多为晚期堆积，因此我们对一号蓄水池主要采取探沟法对其试掘，首先确定其范围和结构。发掘期间我们在一号蓄水池及其周围共布

23条探沟，大致将其范围确定。试掘结果表明，一号蓄水池的形状为圆角长方形，长约80米、宽约70米，面积可能超过5600平方米，这是目前已知国内最大的高句丽时期的蓄水池。

蓄水池周围存在砌筑规整的石墙，石墙宽3米~4米、残高1.2米~1.5米，呈台阶状向池内延伸。石墙内存在宽2.5米~3米的铺石，铺石往里发现大量黑褐色淤泥。淤泥的钻探结果表明，池内淤泥厚约3.5米，蓄水池底部可能存在石板或石块。接近蓄水池淤泥层的地层、蓄水池的淤泥层中，发现了大量植物的根茎、果实等遗存。初步浮选结果表明，植物遗存主要有三角菱、小米、香瓜子、苍耳等，丰富的植物遗存为复原当时的环境和气候提供了重要资料。

在对一号蓄水池试掘的同时，我们也对四号门址进行了发掘。目前的调查结果表明，青石岭山城共有六个城门，其中四号门址位于西城墙南段。四号门的瓮城（部分学者认为是“L”形通道）设置在城内，形状为曲尺形，门址南北两侧均发现较大墩台。北墩台大体为南北走向，整体似椭圆形，呈中间高、内外两侧（墩台东边为内侧，墩台西边为外侧）低的鱼脊形，墩台内外两侧均发现有石块砌筑的墙体。墩台外侧的石砌墙体大体为弧形，南端连接门道口墩台的夯土，北端连接山城的石砌城墙。外侧的石砌墙体保存较为完好，长约42米、宽约3米、大部分墙体残高2.0米~2.8米。其中北端连接山城城墙的部分塌毁严重，残高约0.6米。北墩台长约35米、宽19米~24米。

南墩台大体为东西走向，整体呈弧形，保存较好，结构相对复杂。整体呈中间高、内外两侧（墩台南边为内侧、墩台北边为外侧）低的鱼脊形，墩台内外两侧均发现有石块砌筑的墙体，外侧还有部分夯土护坡。门道口南侧与北侧对应的地方也出现了包砌墩台的石墙，门道口南北两侧的石墙大体呈外“八”字形。门道南侧包砌墩台的石墙，墙体高度差异明显，靠近门道的地方较高，高约2.8米，顺着向外延伸的方向墙体逐渐变低，由于碰到大块基岩，基岩上石墙的高度仅有0.3米~0.9米。通过解剖发现南墩台内部是由土石填充形成，为了保持墩台的形状和坚固，石墙的南侧及西侧均发现有夯土护坡。南墩台长约37米、宽10米~15米。

门道口发现有大面积铺石，系利用当地的石英砂岩砌筑而成，铺石长约6.7米、宽约6米、厚约1.4米。铺石之上发现有高句丽时期的路土，比较纯净，呈浅黄色，质地坚硬，分层明显，路土厚约5厘米。

门道内发现高句丽莲花纹瓦当，板瓦、筒瓦、木炭、红烧土、排叉柱、铁器、炉渣等，表明四号门址原来有木结构门楼建筑。门道宽约3.3米，门道底部东西两侧发现用板石铺设、保存较好的土衬石，东侧土衬石残长6.3米、西侧土衬石长6.7米，土衬石宽约0.35米、厚0.2米~0.25米。门道西侧发现包砌夯土墩台的石墙，但是不太规整，门道东侧也发现相应石墙的基础。东西两侧的土衬石上发现四个方形础坑，推测用来固定门框。结合发掘情况和高句丽壁画资料等，我们认为城门可能是木制板门，板门固定在木制门框上，板门上有加固木门的铁条和门钉。

四号门门道内发现了大量木炭和火烧痕迹，我们认为城门最终由于火灾原因被烧毁。联系到隋唐时期与高句丽的战争，推测与贞观十九年（645）、乾封元年（666）至总章元年（668）唐朝与高句丽的战争有关。

（王飞峰　熊增珑　孙　丽）

【桓仁满族自治县高句丽与渤海时期遗迹调查】

调查时间：2018年4月~6月、10月~

11月
工作单位：辽宁省文物考古研究所

本年初本所受国家社科基金专项办公室委托，开展了《高句丽、渤海相关考古资料的普查、汇集和整理工作（辽宁部分）》课题的相关工作。依据项目设定的年度计划，本所对本溪市桓仁满族自治县境内的高句丽、渤海遗迹进行了普查。

此次调查共涉及高句丽时期城址6座、墓葬139处、遗址和关隘13处。其中可确认：高句丽时期城址5座（五女山城、高俭地山城、城墙砬子山城、瓦房沟山城、下古城子城址）、墓葬132处（雅河流域墓群、望江楼墓群、上古城子墓群等）、遗址和关隘12处（大井遗址、凤鸣遗址、北沟关隘等）；建州女真时期城址1座（马鞍山山城）。经实地调查确认消失墓葬7处（大恩堡墓地、冯家堡子东山墓地、汗葱沟墓地、老黑山高丽墓子墓群、偏岭墓群、大东沟墓群等）、遗址1处（釜山石柱子）。

另外调查渤海时期遗址1处（凤鸣遗址），该遗址延续使用时间较长，兼有高句丽和渤海时期遗存。

本次调查在确认了桓仁县高句丽、渤海遗迹数量的基础上，对遗迹的现存情况进行了全面和详实的记录，并对所有城址进行了航模测绘和平面图绘制，为今后的考古发掘和文物保护工作奠定了基础。

（褚金刚）

【北镇市新立辽代遗址一号基址】

发掘时间：2018年5月~11月
工作单位：辽宁省文物考古研究院、锦州市文物考古研究所、北镇市文物处

新立遗址位于北镇市富屯街道新立村樱桃沟村民小组西北约100米的二级台地上，东南距北镇市区约7千米。这里地处医巫闾山中段中麓的“三道沟”（当地俗称）内。遗址所在台地背倚骆驼山，东西两侧各有一条季节性河流，两条河流交汇于台地之下的南部附近，周围群山环抱，风景殊绝。整个台地经过了全面考古勘探和局部发掘，北部为一组大型廊院建筑（新立遗址一号基址），南部为较小的附属建筑。廊院建筑西南侧发现巨型墓葬一座（编号新立M1），全长83.7米；廊院建筑北侧发现大型墓葬一座（编号新立M2），全长44.1米。两座墓葬距廊院建筑极近，相距最近处均不足5米。遗址原地表种植有果树、玉米、花生，同时散落有大量绿琉璃瓦件。

新立遗址一号基址是由北部正殿、南部殿门和四周附属廊庑组成的一组封闭院落单元，环绕建筑外围分布有排水道。建筑址修建方式独特，其修建前在黄土台地上先挖掘基槽，后于槽内规划修建各建筑单元，建筑址各台基外围与基槽壁间距空间设计为排水道。一号基址自2015年始发掘，至本年该组建筑址基本发掘完毕。发掘布10米×10米探方78个，发掘区边缘布方依遗迹分布状况多非完整发掘，实际揭露面积约6600平方米。

正殿台基位于整组建筑址北中部，台明四壁包砖，内部为黄色夯土。台基包壁可分为内外两层，内层靠夯土部分用小号毛砖和不规则的青砖混合砌筑，外层露明部分用较大号规整的青砖顺砌，且采用磨砖对缝的技术（整组建筑所有台基包壁均此做法）。主殿台基平面可以分为大殿、月台和东、西二阶三个部分。大殿平面呈长方形，东西面阔29.6米，南北进深24.3米。台基上磉墩排列有序，呈南北4排，东西6列分布，由此来看，大殿为面阔5间，进深4间的建筑。台基中部有减柱现象。月台位于大殿台基中南部，保存较差，平面呈长方形，东西长约28.4米、宽约9.4米。月台东西两侧有增补迹象，现月台在原月台旁每侧等距各加宽4.3米。

东、西二阶对称置于月台南侧，保存较差。西阶几乎无存。东阶残存基底部分，内部为黄色夯土，外部残存有青砖包边，平面呈长方形，长约4.1米、宽约4.3米。

廊庑左右对称分布于正殿和殿门两侧，并与它们共同组成封闭的院落单元。西侧廊庑保存相对较好，东侧廊庑多数被冲沟所破坏。两侧廊庑从殿门起至主殿，由多个高低不同的台基依次连接组成，台基高度逐级抬升。

正殿西侧廊庑接正殿台基西侧中部，方向与正殿一致，面向东南。台基平面呈长方形，东西面阔24米，南北进深11.2米。台基上分布有12个础位，呈东西6列、南北2排分布，由此来看，台基上为面阔5间，进深1间的建筑。

西廊庑由三座台基相连接组成，面向东北。三座台基呈阶梯状分布，由南向北逐级抬升。三座台基组成的长廊总长73.3米，宽12.2米。北部两座台基长度相同，为18.5米，而南部台基为36.4米。北部两座台基均分布有12个础位，且分布规律相同，均呈东西3排、东西4列分布。南部台基分布有30个础位，呈东西9列分布，可以分为南北两个区域。南部区域为自南端起1~4列础位，4列础位呈东西4排分布。中部有减柱现象。此区域内础位较北部区域密集，推测此处为一角楼建筑。北部区域为4~9列础位，6列础位呈东西3排分布。

殿门西侧廊庑台基西端与西廊庑南部相接，但两台基相接处南端并未顶端对齐，而是向北内收了约2米。台基东端与殿门台基中部相连。台基平面呈近长方形，北侧长度略长于南侧，台基北侧东西长14.7米，南侧东西长14米，台基南北宽10.2米。台面础位呈南北2排，东西3列分布，由此来看，台基上建筑为面阔2间，进深1间。面阔开间均为4.5米，进深开间为6.9米。

殿门台基位于整组建筑的南部居中，台基损毁较严重。台基东南部被冲沟破坏殆尽，台面上铺砖和柱础均不存。台基平面呈近长方形，南侧长度略大于北侧，南侧东西长25.2米、北侧东西长23.8米，南北宽13.8米。台基南北两侧居中各置有1踏道，均保存较差。台基上磉墩呈南北3排，东西6列分布，由此来看，殿门为面阔5间，进深2间的建筑。

庭院由主殿、殿门及它们两侧的廊庑合围而成，南北长60.1米，东西宽51.9米。庭院地面自殿门至主殿由南向北可以分为三级，逐级抬升。每级地面均北高南低，呈漫坡状分布。庭院地面直接在生土上平整加工后建造，其上涂抹白灰，白灰上铺方砖。第二级庭院西南部分布有1个等边六边形建筑基座，边长2.9米。

四周排水道结构大体相同，靠基槽一侧为砖砌护坡墙，由内向外叠涩砌筑，底部建有砖包二层台，二层台与另外一侧的建筑台基外包砖之间即为排水道。排水道地面均为生土上涂抹白灰，白灰上铺方砖而成。各部位排水道高程和宽度都经过严格的设计，以利于排水。主殿北部排水道最窄，宽约1.1米，中间高、两侧低，呈漫坡状；西部排水道宽约1.5米，北高南低，呈阶梯状分为四级，由南向北逐级抬升，每级排水道长度与其东侧对应的廊庑台基长度相同；南部排水道宽约2.3米，西高东低，呈坡状。南部排水道至殿门前西部向南转折。殿门前较为开阔，地面呈西高东低漫坡状。雨水最终都汇集到建筑的东南部，流向台地东侧的樱桃沟内。

出土遗物以建筑构件为大宗，主要有筒瓦、板瓦、瓦当、檐头板瓦、兽头、凤鸟、鸱尾、通脊瓦、铺地花斑石等。屋顶瓦件绝大多数为绿色琉璃件，仅出土个别灰陶瓦件，表明该建筑为一座满铺绿琉璃瓦的高等级建筑。琉璃瓦件样式单一，胎釉、纹饰、形制等高度统一。其他类遗物有铁器、铜器、玉册、瓷器、玻璃器、铜钱等。

北镇新立遗址一号基址廊院建筑与巴林右旗辽庆陵三座陵前主要殿址进行比较，它们的朝向、平面形制、结构基本相同，出土的兽面瓦当、檐头板瓦、筒瓦、板瓦等绿琉璃建筑瓦件高度相似，加上遗址体现出的高等级以及出土玉册等现象，可以证明该建筑就是辽代帝陵玄宫前的祭殿。辽代显、乾二陵均位于医巫闾山，但只有乾陵与庆陵前后相继，结合遗址出土建筑构件、瓷器等遗物的时代特征，我们认为北镇新立遗址一号基址就是辽代乾陵的陵前殿址。

新立遗址一号基址北部发现一座大型墓葬（新立 M2），它们之间的位置关系与辽庆陵东、中、西三陵的玄宫和陵前殿址基本相同，推断新立 M2 就是辽代乾陵的玄宫。辽代乾陵陵前殿址和乾陵玄宫的确定，是医巫闾山辽代帝陵考古工作的重要突破，为全面了解医巫闾山两陵的陵园位置、范围和布局迈出了最关键一步。另外，通过科学发掘大面积揭露出的北镇新立廊院建筑基址，形制古朴，方正严整，营造方式独特，保存较为完好，是罕见的中古时代东方廊院建筑的代表，为古建筑学研究提供了不可多得的实物标本。新立遗址一号基址是迄今发现的中国古代木构建筑中最早的满铺琉璃瓦顶实例，这种瓦顶不仅代表了很高的建筑等级，而且由于屋顶重量的成倍增加，直接导致了建筑木构架发生重大变化，是古代木构建筑发展史上的重要事件。遗址中出土了大量的琉璃质通脊砖、铺地花斑石等，其出现和使用年代之早，大大突破了以往学术界的认识，为古代建筑史研究提供了珍贵资料。

（苏军强　万雄飞）

【北镇市琉璃寺辽代遗址】

发掘时间：2018 年 5 月 ~11 月

工作单位：辽宁省文物考古研究院、锦州市文物考古研究所、北镇市文物处

琉璃寺遗址位于锦州北镇市富屯街道龙岗子村西北约 3 千米的医巫闾山二道沟最里端相对开阔的山谷处，遗址西南距琉璃寺西山遗址约 500 米。该遗址三面环山，四周筑有石围墙，围墙多建于山坡上，用不规则的毛石垒砌而成。遗址平面呈不规则形，西北—东南向，门址位于东南，面积约 3.5 万平方米。遗址内有四道接近平行的石筑护坡墙，把遗址分成阶梯式五进院落的整体格局，其中，第二、三进院落均见有大型建筑台基。

本年度，本院对琉璃寺遗址第三层台地的建筑基址进行了考古发掘工作，此次发掘共布探沟九条，发掘面积近 800 平方米，在发掘区域内发现辽代建筑基址一座（TJ1）。TJ1 为高等级的复合勾栏台基，分为上、下两层，两层台基的周边均用加工规整的条石包砌。下层平面呈长方形，南北长 32.3 米、东西宽 30.8、高 1.66 米。踏道位于东南角，东西长 4.45 米，南北宽 2.66 米，两侧设有燕窝石及垂带石，现存 5 层踏跺。上层平面呈方形，边长 19.07 米，台基上设置石勾栏。台基顶部现为林地，未能发掘。出土遗物以建筑构件为主，瓦件有棕红色琉璃质、绿琉璃质、三彩质、灰陶质等，种类多样，主要以板瓦、筒瓦、滴水、莲花纹瓦当及条砖为主。此外，倒塌堆积内还出土了大量石构件，包括石华板、石螭首和石狮首等。石构件专门选用石质细腻的青黑色石材，雕刻细致，工艺精湛。石螭首和石狮首为台基上缘的装饰构件，刻画生动，造型各异。石华板为双面高浮雕，题材广泛，有的饱含生活气息，有的富有神秘色彩。

经过与新立建筑址和辽庆陵陵前殿址进行比较，我们认为琉璃寺遗址很可能就是辽显陵的陵寝建筑。总之，琉璃寺遗址

的考古发掘工作是我院近年来在医巫闾山地区辽代显、乾二陵考古工作中取得的一系列重大突破性成果之一，出土了一大批珍贵的遗物，为辽代官式建筑、丧葬制度、对外交流及其手工业发展等多方面的研究提供了宝贵资料，也填补了辽代帝陵由早期向中期过渡阶段陵寝制度研究的空白，对于我国古代陵寝制度研究也有重要意义。

（徐　政）

【沈阳市皇姑区田义辽金时期遗址】

发掘时间：2018 年 7 月 ~9 月

工作单位：沈阳市文物考古研究所

田义遗址位于沈阳市皇姑区陵东街道田义村北 800 米处，现为农田，本所在配合基本建设的考古勘探中发现该辽金时期遗址，是第三次文物普查后的新发现。为配合“沈师南商业住宅”工程建设，本所在工程用地范围堆积较丰富的区域布置了 1 个 10 米 ×10 米的探方，发掘面积 100 平方米，发现了 2 个辽金时期的灰坑，出土了少量的陶、瓷，器形有盆、碗、布纹瓦等遗物。

遗址地层堆积分为 2 层，第①层，灰褐色黏土，土质较致密，厚 0.2 米 ~0.3 米，出土少量泥质灰陶片、青花瓷、白瓷片等，为耕土层。第②层，深黄褐色粘土，土质较致密，厚 0.2 米 ~0.3 米，出土少量泥质灰陶片、白瓷片等，为辽金时期文化层。

发现的 2 个灰坑，近圆形，出土了少量的泥质灰陶片、布纹瓦等。

遗址是第三次文物普查后的考古新发现，由于此次的发掘面积较小，发掘区并不是遗址的中心区，发掘收获较少，仅发现了 2 个灰坑，出土了少量辽金时期的遗物。此地在辽金时期属于沈州的辖区，是沈州城管辖的聚落遗址，南距沈州城约 12 千米，东南距前山嘴子辽代城址约 11.7 千米。此次发掘为沈阳地区辽金时期考古提供了新的材料。

（李树义　刘焕民）

【沈阳市沈河区中和里辽金明清遗址】

发掘时间：2018 年 6 月 ~11 月

工作单位：沈阳市文物考古研究所

中和里遗址位于沈河区中街路中和里，东临孙祖庙胡同，南临钟楼南巷，北为沈阳春天商场和中街路，西为兴隆大家庭商场。为配合“美达国际名牌商场”的工程建设，本所在工程用地范围内的西侧布置了 5 个 10 米 ×10 米的探方进行发掘，发掘面积 500 平方米，发现了辽金至民国时期四个阶段的文化遗存。

第一期遗存，为辽金时期遗存，发现了 2 座房址及 6 个灰坑。房址未完全揭露，均发现了房址的门道、地面及火炕的火道、烟囱及火灶等，出土辽金时期的泥质灰陶片、白瓷片、布纹瓦等。灰坑多为椭圆形，出土了少量的泥质灰陶片、白瓷片等。

第二期文化遗存，为清早中期遗存，发现了 28 个灰坑。灰坑多为椭圆形，出土了大量的青花瓷片、泥质灰陶片，少量的琉璃瓦、大量的动物骨骼。青花瓷可修复的标本较多，以瓷碗为主，有瓷盘、瓷盅等。

第三期文化遗存，为清晚期至民国时期遗存，发现了 1 座房址、3 个灰坑、1 个井、6 个窖藏及 6 个火灶。出土了少量的青花瓷、釉陶等遗物。

第四期文化遗存，为民国时期遗存，发现 7 座砖砌房址，出土遗物较少。

本次发掘有两大收获：一是中和里遗址内涵丰富，历时时间较长，以辽金与清时期遗存较为丰富。发掘区并未发现汉至魏晋时期的遗存，值得一提的是，在辽代房址地面上发现一残块汉瓦，这与此地紧邻宫后里城址护城河，辽金时期百姓使用前人建筑材料有关。二是中和里城址发现的辽金时期房址，是在沈阳方城区内首次发现。房址布局较清晰，F9 火坑由青砖垒砌，较为珍贵。F10 用火处的火道烧成深红色，显示其用火时间较长、且为开放式用火，或与手工业作坊有关。虽学界对辽金沈州城四至存有争议，此次发掘表明此地属于辽金沈州城较为核心的区域，为沈阳地区辽金考古提供了重要的考古学资料。

（李树义 赵晓刚）

【康平县西扎哈气辽金时期手工业作坊遗址】

发掘时间：2018 年 6 月 ~9 月

工作单位：沈阳市文物考古研究所、康平县文物管理所

西扎哈气遗址位于康平县沙金台乡西扎哈气村，张家窑林场东约 800 米处。遗址分布范围约 10000 平方米，中心区域面积约 3000 平方米。本年度发掘面积 300 平方米，共计清理房址 2 座、灰坑 19 个、灰沟 2 条。陶器、瓷器、铜器、铁器、骨器、石器、料器等遗物 240 余件，其中金属加工铸造使用的坩埚（地炉）20 余个。

房址 F1 破坏十分严重，仅保存少部分墙基、柱础石、烟道、金属铸造加工遗迹和用火遗迹等，墙基和烟道为石筑，房址的局部延伸到发掘探方之外，在房址南侧有疑似院落大门的础石，受到保存情况和发掘面积的影响，F1 的总体布局和结构尚不完全清楚。

灰沟分布于房址北侧，均为南北向呈带状分布，沟底不规则，可能为冲刷形成，沟内堆积浅黄色淤沙，出土少量泥质灰陶片。灰坑平面形状有圆形、方形和不规则形等。个别灰坑底部发现有坩埚，这类灰坑的功能可能与金属铸造有关。

出土遗物中陶器除坩埚外，以泥质灰、褐陶为主，器形有罐、盆、碗等生活用具和纺轮、球等小型工具。特别是出土了一件“熙宁通宝”陶钱模，为沈阳地区首次发现。瓷器以白瓷为主，辽本地产的粗白瓷为多数，另外有少量金代定窑产细白瓷产品，器形有碗、杯等生活用具和小型动物玩具等工艺品。铜器主要为铜钱，年号主要为北宋中晚期，另外发现辽天祚帝时期的“乾统元宝”和金海陵王时期“正隆通宝”各一枚。铁器发现有斧、夹等工具，蒺藜、刀等兵器和环、锁、钉等生活用具。骨角器发现数量较多，器形有篦、牙刷、簪、针等，另外还发现象牙牌九和有明显切割痕迹的动物骨骼加工废料。玉石器材质有玉、石、玛瑙等。玉器器形有球、环，玛瑙器有鱼形配饰，石制品有围棋子等。料器主要为蓝色料珠和料管，有些中间穿孔未钻透的半成品。

该遗址出土了大量具有金属铸造功能的坩埚（地炉），同时发现了数量较多的各类铁器制品和铸造钱币的“熙宁通宝”陶钱模，遗址中出土多件带有明显切割加工痕迹的骨制品废料，以及准备钻孔的料珠半成品。推测遗址的性质应为金属、骨器、石器、料器等原材料加工制作的综合性手工业作坊。另外，在两座房址中出土了大量北宋中晚期铜钱，最晚为金海陵王时期的“正隆通宝”，为金代中期，推测两座房址时代为金中期。灰坑和灰沟的开口层与房址相同，大体的时代应与房址同时期，为当时埋藏废物的垃圾坑。在金代遗迹下还叠压有辽代地层和遗迹，有待来年继续发掘，该遗址的总体时代大体在辽金时期。

（林 栋 付永平 刘秋晨）

吉林省

【抚松县大青川新石器时代遗址】

发掘时间：2018 年 4 月 ~5 月

工作单位：吉林省文物考古研究所

大青川遗址位于抚松县仙人桥镇大青川村以南，地处松花江右岸一处高出松花江水面约 20 米的台地上。为了配合抚松县仙人桥镇黑松谷引供水工程建设，本所对该遗址进行了抢救性考古发掘，发掘面积 500 平方米。该遗址因近现代人类活动，文化层破坏严重，目前仅在遗址南部可见厚度 0.2 米 ~0.3 米的文化层堆积，清理出房址 1 处、灰坑 2 个，出土了陶器、石器等各类小件百余件以及大量陶片。

此次发掘的房址除南侧部分因取土遭到破坏，整体相对完整，房址内居住面上发现了丰富的遗物。房址为半地穴式，平面呈圆角方形，边长约 5 米，房址内中部可见石板垒砌的灶坑，灶坑分两部分，北半部分呈方形，南半部接出呈半圆形，灶坑内可见大量的木炭与红烧土，以及部分陶片和兽骨。因房址南半部遭到破坏，未见门道，但从灶坑南侧居住面向下倾斜的趋势看，门道应正对灶坑。两处灰坑仅存底部，平面呈椭圆形，清理出部分石器、陶片和兽骨。

发掘出土的陶器以夹砂红褐陶和夹砂灰陶为主，质地疏松，火候较低，器形主要为筒形罐，多数为素面，见有少量的横向条形附加堆纹、菱形附加堆纹、刻划纹和压印纹。石器发现较多，器形有石锄、石镞、网坠以及大量加工石器过程中产生的石片。石器原料有页岩、黑曜岩、硅质岩等。房址居住面西侧发现 1 件原地埋藏可复原的筒形罐，东南侧发现 1 件通体遍布凹坑的石器，居住面内有数量较多的砾石，推测为加工石器的原料或直接使用的工具。

大青川遗址 F1 内出土木炭的测年数据为距今 6500 ~6000 年，属新石器时代中期文化。大青川遗址发现有保存较好的房址，房址结构较为清晰，应为一处古人类的居住址。这处遗址的发现，是对松花江上游流域新石器时代文化面貌的首次辨识，也填补了该地区新石器时代文化的空白，将为完善吉林省东部地区史前文化序列提供十分重要的资料。

（徐　廷）

【农安县五台山新石器时代和青铜时代遗址】

发掘时间：2018 年 4 月 ~11 月

工作单位：吉林省文物考古研究所、长春博物馆

五台山遗址位于农安县永安乡波罗湖西岸台地上，距湖约 1.5 千米，现为吉林省重点文物保护单位。

2017 年为了厘清五台山遗址各时期文化内涵以及与周邻考古学文化的关系，联合考古队对遗址进行主动性考古发掘，本年考古队继续对遗址第 1 地点进行发掘，此地点为一突出的“舌”形台地，西侧与地势平缓的台地相连，其余三面均为斜度不等的山坡。本年度共发现房址 9 座、灰

坑33个、灰沟3条。出土陶器、玉石器、骨角器近500件，两年度共收集陶器残片数万片，动物骨骼数千件。

通过两年的考古发掘，确认五台山遗址为包含新石器时代和青铜时代两个时期遗存的大型聚落址。其中16处房址均为新石器时代，为长春地区首次发现如此数量众多的新石器时代房址，所发现房址均为圆角方形半地穴式，呈围绕台地的向心式分布，其门道朝向基本指向台地中心。其中在本年的9号房址内部还发现一处与房址同期居室葬，这在长春地区为首次发现。在遗址西侧与台地相连的位置发现一条贯穿台地南北的壕沟，长70米，宽2米，深1米，所发现的新石器时代遗存全部位于壕沟东部，壕沟西部堆积较薄，通过勘探未发现新石器时代地层，初步推断其应具有边壕性质。

本年度在发掘的同时也在进行着对2017年度出土遗物的整理研究工作，经过对第4地点4座墓葬人骨的^{14}C测定，年代为距今4900~4600年，树轮校正值为距今5600~5300年。

从对出土陶器的初步分析来看，五台山遗址为包含新石器时代和青铜时代两个时期遗存。新石器时代遗物多带有明显的左家山下层文化特征，其器类有筒形罐、斜口器、鼓腹罐、杯、漏斗形器及少量陶塑艺术品，而以筒形罐为大宗。陶质以夹细砂为主，质地较硬，也有少量泥质红陶、灰陶，通常为器体大面积施纹，纹饰主要类型为扭曲线刻划纹、菱形网格纹、阶梯状纹饰、之字纹、戳压印的连点纹；等等。

青铜时代陶器均夹粗砂粒，厚胎，素面无纹，可辨器形有单耳陶杯和敞口鼓腹陶罐，带有白金宝一期文化特征，其年代可早至夏代，这在以往松花江流域青铜时代考古发掘中未见，恰恰可以弥补西流松花江流域新石器时代至青铜时代过渡的缺环。

从目前的发掘情况看，五台山遗址的发掘对于建立西流松花江流域新石器时代考古学文化编年序列和探索当地聚落形态和人居环境等方面均具有重要学术意义，为研究嫩江流域和西流松花江流域新石器时代和青铜时代考古学文化的交流、互动提供了全新的考古学材料。

（崔殿尧）

【双辽市大金山战国至西汉及辽金时期遗址】

发掘时间：2018年5月~12月

工作单位：吉林省文物考古研究所

双辽大金山遗址位于双辽市新立乡大金屯西北部东西向固定沙丘南坡之上，距东辽河直线距离约为5千米。2017年，吉林大学边疆考古研究中心曾对此遗址进行复查及勘探。

本年度受吉林省文物局委托，联合考古队对大金山遗址进行发掘。发掘区位于遗址第Ⅰ象限的北部，共布5米×5米探方40个，发掘面积共计1000平方米。

参加的发掘者有吉林大学考古学院2016级文物与博物馆专业本科生，四平市文管办、双辽市博物馆、梨树县文管所等单位业务人员及学员。发掘采用探方发掘与平面发掘相结合的方法，逐层揭露，逐层打掉隔梁，全程全站仪测绘、数字化制图、数字化记录、航拍建模、数字化三维信息采集，系统采集浮选土样，全面收集遗物，科学采集人骨。共发掘灰坑234个、房址25座、墓葬3座、灰沟8条、墙1段、蚌堆1处。遗存分属2个时段。可复原陶器16件，小件2400多件，包括陶片标本、石器、卜骨、骨角器、蚌器、青铜器、铁器等。

本年度发掘涉及战国至西汉时期、辽金时期两个时代，发现以战国至西汉时期为主。

其一为战国至西汉时期，可更早至春

秋时期。出土陶器陶质分泥质和夹砂两大类，其中夹砂陶数量较多，多为素面无纹饰，见有少量麦粒状戳点纹、刻划纹、戳印纹、指甲纹、乳钉纹、附加堆纹等。器类主要为圈足器和平底器两大类，仅见有两个鬲足。器形有豆、罐、壶、钵、碗等。豆为大宗，豆座多为空心喇叭状。陶器器身多加装桥形耳、横錾耳或盲耳，錾耳上多装饰三个等距戳印纹、器身多装饰三个戳印纹组成的三角形。其文化内涵应归属宝山文化。

其二为辽金时期，仅分布于发掘区西北处，发掘灰坑 1 座、墙 1 段、灰沟 1 条及墓葬 1 座，出土的遗物较少，陶器多为轮制灰陶，器表多为素面。

在本年度发掘过程中，发掘的“窝棚”式房址及出土的陶罐、陶壶、陶豆、卜骨、骨笛、骨口弦琴、骨镞、石磨棒、石磨盘、蚌刀、网坠、纺轮、青铜刀等精美遗物及大量水生、陆生动物骨骼，使我们对大金山遗址青铜时期沿河聚落内布局及河畔先民生活面貌有了一定的了解，是探索狩猎—渔猎定居聚落的重要一环。大金山遗址的发掘完善了人们对宝山文化的认识、廓清了诸考古学文化的谱系关系，对开展区域内汉以前考古学文化的谱系、生业、人群及环境的综合研究具有十分重要的意义。

（方　启　李　萌）

【集安市高句丽城址区域系统考古调查】

调查时间：2018 年 4 月 ~ 11 月

工作单位：吉林省文物考古研究所、吉林大学考古学院、白城市博物馆、和龙市博物馆、通榆县文物管理所、通化县文物管理所

为深化高句丽考古研究，2017 年吉林省文物考古研究所编制了《吉林省高句丽山城遥感数据采集和区域系统调查工作规划》（以下简称《规划》），经国家文物局核准，2017 年以集安市霸王朝山城为试点，开展了调查工作，并取得了重要的学术突破。为进一步明确工作目标，提高此项调查工作的系统性、学术性和可操作性，经过多次实地考察和专家论证，于本年在《规划》的基础上，编制了《吉林省集安市高句丽城址区域系统考古调查工作方案（2018 ~ 2024）》，计划用 7 年时间完成集安市境内 9 座高句丽城址、关隘、哨卡的航空遥感测绘、区域系统考古调查以及成果的编撰及出版工作。经国家文物局批准，吉林省文物考古研究所对集安市境内的霸王朝山城和望波岭关隘开展了区域系统考古调查工作。

霸王朝山城位于集安市北约 90 千米的财源镇霸王朝村。在 2017 年调查工作的基础上，对城址外围区域进行了补充调查，新发现遗址点 9 个，将原有 49 个遗址点增加至 58 个。同时完成了霸王朝山城的航空遥感测绘工作，并结合航测成果完成了城垣本体调查、城内调查以及连接南北门道路调查。通过对城址本体调查，对墙垣的形制结构、保存状态、营建时序、建筑技艺等方面都有了更为深入的认识。通过周边区域调查，可知霸王朝山城作为一个特殊的聚落形式存在，其在资源供给上依附于周边分布的同时期的大小聚落；但霸王朝山城也绝不是单纯意义上的军事防御城，其与周边同时期采集点之间存在较为悬殊的等级差别，应是区域内的军政中心。

望波岭关隘位于集安市西北约 65 千米三家子电站附近，台上镇与双岔村之间最为险狭的地段。1976 年修筑电站时，关隘大部被水淹没，现今还可以看到关隘石筑墙体延伸入新开河内。受时间限制，本年度仅完成了外围采集点调查和墙垣本体调查部分。我们在望波岭关隘周围约 120 平方千米范围内，沿新开河谷及两侧沟谷进行调查，共发现有采集点 12 个，仅有 4 个为高句丽时期，并对周边 5 个高句丽墓群

进行了复查。通过本体调查可知，望波岭关隘大体呈西北—东南走向，沿横亘于新开河谷的一条山脊修筑，现可辨识长度约500米。望波岭关隘为霸王朝山城与丸都山城和国内城之间交通线路上的一处重要关卡，系以军事防御为主，这也与其周边高句丽时期聚落分布较少的现象相吻合。

（王志刚　刘晓溪）

【集安市霸王朝高句丽山城】

发掘时间：2018年5月~11月

工作单位：吉林省文物考古研究所

霸王朝山城位于集安市财源镇霸王村东北约4.3千米的大山深谷处，是一座典型的高句丽时期簸箕形山城。本年5月，对城内2号台地、3号台地、5号台地和12号台地和水源地进行发掘和清理，发掘面积600平方米，历时6个月。

为了进一步厘清城内台地系统的宏观布局，通过低空激光遥感手段对城内台地和路网结构进行空地结合考察，获取了高分辨率、滤除植被影响的DEM图，取得了良好的效果。

2号台地由于后期人为扰动，遗迹破坏十分严重。3号台地位于城内东侧山谷最南部，南距南门址约30米，共清理出石墙1段和房址2座。Q5位于3号台地南侧边缘，开口于第②层下，打破第②层，主墙体呈东北—西南走向，长约16.8米，东部向北延伸，长约7.9米，内外侧由石块排列，内填碎石块。F11开口于第②层，位于Q5以北约2.18米处，呈东北—西南方向排列，北侧烟道保存较好，灶位于烟道东南，烟道现存4.29米。F12位于F11西北，开口于第②层下，与F11烟道西侧距离30厘米，仅存烟道部分，长度约1.23米。

12号台地位于山城内东侧山谷中部偏北的位置，距离南门址约150米。台地东西长约40米，南北宽约15米，发掘前地势平缓，台地外侧和台地内可见部分块石裸露地表。经过发掘，在台地上发现房址2处，即F13和F14。F13开口于第②层下，房址整体呈四边形，东西向长8.60米，南北向宽6.00米。房址北侧有石筑墙、西部残存烟道、房址中部有等距排列的四块础石，地表有残存红烧土及木炭遗存。F14位于F13东侧，两处房址共用一处隔墙，房址整体呈四边形，东西向长6米，南北向宽6米。房址北侧有一道东西向石筑石墙，房址中部有等距排列的四块础石，东北角有红烧土及炭残留。从两处房址内分布的础石和共用墙体看，F13与F14很有可能是同一处大型建筑址的两个隔间。

本年度在城内台地发掘出土大量文化遗物，主要为陶器、铁器，其中陶片出土数量很大，可复原陶器包括陶甑、陶罐、器盖、陶壶等，铁器仍以武器和马具为主。

通过2015~2018年对霸王朝山城系统的调查和发掘，发现大型建筑基址2处，房址10余处，大型墙体8条，出土了一大批具有明确层位关系的高句丽时期历史遗物，填补了吉林省高句丽山城研究在建筑布局与结构、遗物分期等方面的多项短板。根据山城城垣结构和城内布局特点，对比出土遗物特点，辅以年代学证据，已基本认定霸王朝山城是一座高句丽晚期山城。

（安文荣　徐　廷）

【集安市太王陵南高句丽时期遗址】

发掘时间：2018年4月~6月

工作单位：吉林省文物考古研究所

太王陵南遗址位于集安市太王陵南侧约150米的现代村落当中，北侧为太王陵保护区。遗址内历年来发现过数量较多的菱形纹砖、板瓦、础石和石条等，其形制、纹饰特点与国内城及民主遗址出土的同类遗物相似，是一处高句丽时期重要的建筑遗址。因建设中朝集安—满浦界河公路大桥，工程设计方案中公路大桥的辅路穿越太王陵南遗址，所以对遗址开展了抢救性考古发掘工作。

本次发掘采用探方和探沟相结合的方式，对遗址中部采集过较多遗物的重点区域采用探方法全面揭露，对于东西两侧被现代建筑扰动严重的区域采用探沟法发掘。总发掘面积4300余平方米。

发掘区地层堆积简单，可分为四层：

①层为现代层，厚15厘米～27厘米，包含大量现代建筑垃圾。

②层为深黄褐色土，局部为黑土，厚15厘米～30厘米，包含大量红色细碎瓦砾。

③层为黄砂土，厚10厘米～36厘米，发现大量砖瓦倒塌堆积、础石、石墙、大片小河卵石。

④层为黄砂土，厚10厘米～33厘米，较纯净。之下为生土。

目前发掘区内清理出建筑址6处，编号为J1～J6。

J1是一座平面近方形的建筑，由内外两重石墙组成，四边外侧均有大量瓦砾堆积。J2平面略呈长方形，该建筑有内外两重石墙。J5南北通长18.7米，东西宽8米，是一座大型建筑址，建筑主体为三排础石，方向167°，现存础石23块。础石为花岗岩石块或石灰岩石块，也有大河卵石，多未经加工。J6主体为一处平面近长方形的房址，东西长约13.2米，南北宽约9.9米。现存北墙东段、东墙、南墙、西墙南侧。墙体构筑方式为基槽内铺垫小河卵石，河卵石之上砌筑墙体内外墙面。墙内填黄黏土和河卵石、碎山石块。

出土遗物多为高句丽时期的建筑构件，包括莲花纹瓦当、忍冬纹瓦当、菱形纹砖、板瓦、筒瓦、铁钉等。

从清理出来的遗迹现象判断，J1应为“回”字形结构，四周边用工整的大石条砌筑，形成台基，台基之上铺河卵石，此种结构在高句丽建筑中尚属首次发现。J5从础石和磉堆的排列情况判断该建筑应为一处面阔5间，进深2间的建筑。史书记载高句丽“唯佛寺、神庙及王宫、官府乃用瓦”，本次发掘的几处建筑址周边出土大量砖、瓦、瓦当等建筑构件，说明建筑等级较高。遗址出土的莲花纹瓦当与千秋墓、太王陵出土的形制相同，菱纹砖、纹饰板瓦在太王陵也曾出土，由此推测几处建筑的年代可能与千秋墓、太王陵年代相近，公元4世纪末至5世纪初。从遗址与太王陵的相对位置关系及出土遗物特点等来看，很可能为墓葬的祭祀建筑址。

太王陵南遗址发掘工作，对于完善太王陵的陵寝设施具有重要意义，为研究高句丽丧葬习俗、陵寝制度提供新的考古学资料。

（王志刚　李睿哲）

【德惠市城岗子辽金时期城址】

发掘时间：2018年

工作单位：吉林省文物考古研究所

德惠市菜园子镇城岗子古城为一处辽金时期城址，本年，为配合吉林省哈大高速长春至拉林河段改扩建工程建设，本所受省文物局委托对城址进行考古发掘。

本次发掘先后在东西城墙上布设探沟各一条，在城内东北部高速公路涉及部分布设探方6个，总计发掘面积700平方米。对城墙的解剖表明，城墙由墙芯和内外侧的附墙构成，墙芯下有铺垫层，附墙下有墙槽。城墙外侧有护城河。明确了城址始建年代为辽代。

对城内北侧进行了发掘清理，发掘清理出不同时期的文化堆积五层，其中第③、④、⑤层为辽代文化层。第④层文化层内出土的陶器既带有辽代风格的篦点纹装饰，还带有渤海风格的横桥耳。反映出辽代早期辽与渤海的文化融合情况。

本次发掘清理出带有叠压打破关系的

各类灰坑40余个、房址9座，其中以H4、H11为代表的方形灰坑形制规整，底部有铺垫的硬面，且灰坑底部带有多个柱洞且分布有序，可能为储藏粮食的窖穴。本次清理出的房址排列有序，朝向一致，显示了城址建设有一定的规划设计。

本次发掘清理出大量的辽金时期遗物，出土了各类带有篦纹的陶片。明确了城址的主要时代属性。另外城址内第②层堆积内还出土了大量的铁箭镞、铁骨朵以及铁甲片，反映了辽金时期作为边境城堡浓厚的军事属性。同时还出土了带有生活气息的铁熨斗、煮茶用的铜铫以及银质手镯等生活用品，反映了辽金之际边境地区的生活气息。

城岗子古城位于饮马河和松花江交汇的河口处，是较为重要的交通节点。周围辽金遗存较为丰富，其北1千米处为任家坨子辽金时期遗址。东向沿松花江有金代大坡城址。西向与伊通河与松花江交汇处的广元店城址对望。东南有丹城子及双城子城址，南向有杏山城堡。这些辽金城址沿河流两岸分布，构成了辽金时期边境防御体系。

（孟庆旭）

【乾安县辽金时期春捺钵遗址群藏字区遗址】

发掘时间：2018年7月~10月

工作单位：吉林省文物考古研究所、吉林大学考古学院

遗址位于乾安县让字镇藏字村北侧的草甸区域，东北距离查干湖西南岸约2千米。遗址范围东西长约1400米、南北宽约1000米，现存土台近300座。历年的调查中，发现在土台及土台周边区域不同程度地散落有辽金时期的陶瓷器残片以及铜钱、铁器等遗物。

本年度的工作首先是对藏字区遗址进行了全覆盖的地面踏查，结合调查发现，对重要的土台区域进行了钻探，通过对钻探成果的分析，最终将发掘区域选择在了藏字区东部。此次发掘共布设10米×10米的探方4个，5米×5米探方23个，实际发掘面积945平方米。共清理灰坑49个、房址2座、灶6个、水井1个、车辙印1组。发掘出土遗物以陶器（片）最多，另有少量瓷器（片）、铁器、石器、铜器、铜钱等。此外，还出土有大量的动物骨骼。此次发掘分为四个发掘区，分别位于藏字区遗址东部的四个土台上，通过发掘、解剖，每个发掘区都有不同程度的重要发现：

在堆积较厚的第Ⅰ区，发现了大量辽金时期遗物，搞清了遗址的年代和文化属性。在堆积较为单纯的第Ⅱ区，基本搞清了土台使用的过程。在第Ⅲ区，发现了一些辽代的篦点纹陶片，证明这一区域在辽代开始就已经有人生活。在第Ⅳ区，发现了宗教神偶，说明藏字区可能也存在宗教遗迹。

总体来说，春捺钵遗址群藏字区遗址的发掘为研究春捺钵遗址群的分期、年代以及文化面貌提供了重要的新资料。

（冯恩学　吴　敬）

【安图县金代长白山神庙遗址】

发掘时间：2018年7月~11月

工作单位：吉林省文物考古研究所、吉林大学边疆考古研究中心

本年度主要发掘金代长白山神庙遗址的部分东侧廊庑、水井、院墙东北角以及位于遗址东侧两座窑址（编号为Y1、Y2）。发掘面积为901.75平方米。

廊庑位于主体建筑东侧，方向与主体建筑基本一致，呈北偏东5°，地势为北高南低、西高东低，台基由夯土筑成。东侧廊庑分四段发掘，涵盖廊庑东北转角、东南转角及中部两段，残存墙体宽度在0.4米~1.09米之间。墙体采用条砖错缝铺砌

而成，残存最高处35厘米。廊庑内现存柱础可分为方础与不规则形状础石，以5米一块大础石，中间2.5米处一块小间础的方式布设。廊庑内采用夯土地面，有多处火焚痕迹。

廊庑东南角发现廊院内排水系统的出口，位于南回廊东段，为砖砌涵洞，北侧入口与南侧出口均采用石条砌筑。排水系统出涵洞后在廊院外又转为明沟，转向东南，通向位于院墙东南角的整个神庙遗址的排水系统出口。廊庑东北角有一处廊屋，其北墙和东墙直接使用廊庑墙壁，另砌两道砖墙形成一处方形空间，西侧开门。廊屋为夯土地面，中部有大面积火焚、闷烧痕迹，形成层状结块。此廊屋在以往文献中并无记载。

水井为方形井干式，深11.2米，以方形半圆木围砌，形制基本完整。外墙东北角保存尚好，墙体由夯土筑成，残高约0.4米，东墙北段被一晚期沟打破，东北角北墙内侧发现整齐码放的多排筒瓦，每一排大体由五块筒瓦摞成，有的带有瓦当，分布范围向西伸出发掘区外。

两座窑址均位于神庙遗址东部约200米处，Y1位于Y2的东南部。窑址均为馒头窑，半月形火膛，窑床近长方形。Y1窑口为斜坡式，朝向东北，窑床长约1.58米，宽约2.39米，产品以砖为主，还有少量瓦和其他陶制品，窑门外坡下出土大量烧废产品。Y2采用二分法发掘，本年度仅发掘一半。火门保存较好，为条砖垒砌的拱门，窑床西侧底部有七块并排摆放、没有空隙的砖，疑为产品。

本年度出土遗物大部分为以滴水（檐头板瓦）、瓦当为代表的建筑构件，瓦当均饰高浮雕兽面纹，其中外墙东北角发掘有较多的粘接完整的筒瓦及瓦当。滴水纹饰多样，包括戳点纹、叶脉纹及花瓣纹等。此外还发现有陶质兽头、凤鸟等建筑构件，以及大量铁钉、铜钉、陶瓷片、陶制品等。廊庑东北角的廊庑内还发现有较多玉册残块，部分保留有完整钻孔。

本年度的发掘，进一步把握了遗址廊院内排水系统的走向、构造与连接方式，同时确认了廊庑东北角较为特殊的廊屋，首次发现院墙东北角用于修缮神庙堆放的筒瓦；水井木质结构保存完好；窑址及其废弃堆积的发掘对当时陶窑的形制、产品种类与装烧方式等问题具有参考价值，窑址的发现为研究金代长白山神庙遗址的形制、布局及建造方式提供了补充。

（周昕悦　张婉玉　赵俊杰）

【图们市磨盘村山城金代遗址】

发掘时间：2018年5月~11月

工作单位：吉林省文物考古研究所、延边朝鲜族自治州文物保护中心

磨盘村山城位于延边朝鲜族自治州图们市长安镇磨盘村七队，地处图们延吉两市交界，西距延吉市区5千米，东距图们市20千米。山城平面呈阔叶状，城垣依山势沿山脊或山腹以石块砌筑，周长4549米，城内面积104万平方米。山城为金代末期东夏国的“南京”治所，城内曾采集到刻有“天泰三年六月一日”“南京行部造”款的“南京路勾当公事之印”。此外，城内还包含一种以红褐色绳纹、网格纹瓦为特征的早期遗存，其年代发掘者倾向于唐渤海国初期，亦有高句丽晚期的观点。2006年，磨盘村山城被国务院公布为第六批全国重点文物保护单位。

2013~2017年，联合考古队对磨盘村山城东门、北门及城内多处建筑进行了考古发掘，出土各类文物数千件。本年对位于城内东南的一处大型建筑群进行了考古发掘，通过实地调查认定，该大型建筑群外围有土筑围墙，应是一处闭合式院落，其内自南向北分布有人工修整的3阶台地，每阶台地均有多座建筑。2018年共清理建筑基址6座，依次编号为8~13号建筑基

址，均属早期建筑。出土大量板瓦、筒瓦和少量铁器。

8～11 号建筑基址位于 2017 年发掘的 7 号建筑基址东侧，坐落在院落内南侧一阶台地之上，呈东西一字排列。8 号建筑基址东部被 G1 打破，平面呈正八边形，边长 3 米，边角础石至建筑中心 3.8 米。9 号建筑基址保存情况较差，根据残存的地面遗迹推测，该建筑应为圆形，复原直径约 10 米。10 号建筑基址平面亦呈圆形，复原直径 7 米。11 号建筑基址东侧边缘被 G2 打破，坐南朝北，面阔两间，每间宽 1.5 米、进深 3.5 米。4 座建筑基址出土遗物以网格纹板瓦、素面筒瓦为大宗，筒瓦凸面多见刻划的文字、符号，另有少量钉、镞、甲片等铁器。

12 号、13 号建筑基址位于院落内中部一阶台地正中，两座建筑南北相连，形制基本相同。12 号建筑基址位于南侧，平面近正九边形。建筑中心为小石块铺砌成的圆形遗迹，直径约 1.2 米，可能为类似磉墩的垫石。自建筑中心向外近等距放射出 9 条石砌条带状遗迹，长 4.5 米、宽 0.5 米～0.7 米。每条石砌条带状遗迹前端，即建筑的边角置一较大的础石，础石外围有一周小石块，可能为柱围。每两条石砌条带状遗迹之间，距夹角约 1.5 米处，均有类似磉墩的小石块遗迹。建筑边角础石之间用双排或单排石砌条带连接，每边长约 4 米。边角础石至建筑中心的距离为 5.5 米。13 号建筑基址平面亦近正九边形，建筑形制与 12 号建筑基址基本相同，唯边角础石外侧未有柱围。建筑每边长 3.8 米，边角础石至建筑中心 5.2 米。西、北、东三面有石砌护台。两座建筑基址出土遗物与 8～11 号建筑基址高度一致，均为大量网格纹板瓦、素面筒瓦及少量铁器。

8～13 号建筑基址构成的这组建筑群建筑形制独特，根据建筑群所处的地理位置、建筑群外围设置封闭围墙、建筑大量用瓦、罕见生活器皿、不见生活用火遗迹等信息，发掘者推测该组建筑应为一处官署遗迹，可能为城中的府库。这组建筑的确切性质和山城内早期遗存的年代及文化属性，还有待于今后进一步的发掘与研究来确认。

（李　强　张恒斌　满世金）

黑龙江省

【抚远市亮子油库新石器时代及汉魏时期遗址】

发掘时间：2018 年 7 月 ~10 月

工作单位：黑龙江省文物考古研究所、黑龙江大学考古学系、抚远市文物管理所

亮子油库遗址位于抚远市西南约 6 千米处蛇山西坡的二级台地上，北距黑龙江约 4 千米，北倚蛇山，南临浓江河。遗址为黑龙江省级文物保护单位。2016 年和 2017 年，联合考古队先后对该遗址进行了两次考古发掘，揭露面积 500 平方米。但由于堆积复杂且难以辨识以及天气变冷等原因，部分探方未能清理至生土。

接续前两年度工作，2018 年 7 月 20 日 ~10 月 17 日，对遗址进行了第三次发掘。本次发掘共清理房址 700 余座、灰坑 16 座。房址大部分呈圆角方形，但由于遗迹间打破关系非常复杂，故完整的房址很少。出土大量陶片、各类器物标本以及动物骨骼。从出土的陶片看，大部分房址属于汉魏时期，少部分为新石器时代。其中陶器可辨器形主要包括罐、灯盏、盆等，纹饰以素面纹、戳印纹、压印纹、鱼鳞纹、方格纹、编织纹为主，文化面貌复杂，但主要属于“蜿蜒河类型”（俄罗斯称之为“波尔采文化”）及俄罗斯学界所称的“马雷舍沃文化”；其他器物主要包括石镞、石片、石核、石斧、骨镞、骨针、网坠等；动物骨骼属于鱼、鹿、羊、野鸡等动物，包括头骨、牙齿、肋骨、腿骨等。

此次发掘收获了一批新石器时代和汉魏时期的房址材料，进一步厘清了遗址的堆积时序和文化面貌，明确了遗址的性质，即古代渔民捕鱼的季节性营地。

（王乐文　蒋　辉　杜永法）

【依兰县临江新石器时代至辽金时期遗址】

发掘时间：2018 年 6 月 ~10 月

工作单位：黑龙江省文物考古研究所

临江遗址位于依兰县宏克力镇宏克力村临江屯西南约 500 米、松花江右岸的一级阶地上。遗址西北紧邻松花江干流，平面大致呈长条形，地势南高北低，现存面积约 12 万平方米。为配合国道 G221 改扩建工程，对该遗址进行抢救性发掘。采用正方向，共布 5 米 ×5 米探方 51 个，实际发掘面积 1340 平方米，清理房址 11 座、灰坑 32 个、灰沟 3 条、灶址 7 处，出土陶器、石器、骨器、铁器、铜钱等文物标本 200 余件，包含新石器时代晚期、商代晚期、靺鞨、唐代、辽金等五个时期文化遗存。

第一期文化遗存未见原生堆积，仅发现少量陶片及石器，遗物均混出于晚商时期地层（遗址第③层）及遗迹中。陶器仅见罐或钵类口沿残片，为夹砂黄褐、红褐或灰褐陶，陶质疏松，火候较低，纹饰有篦点纹、戳印纹、刻划纹、附加堆纹等。其部分陶器口沿经加厚处理，以及由篦点纹或戳印纹构成平行斜线纹的施纹风格，与尚志市亚布力遗址部分陶器风格接近，

亚布力遗址采集的双联璧、三联璧等与红山文化晚期玉器器形近似。第一期文化遗存应属新石器时代晚期，推断其年代为公元前3500～前3000年。

第二期文化遗存是本次发掘的新发现，包括遗址第③层及其下叠压的4座房址等遗迹。房址均为半地穴式建筑，平面呈圆角方形或长方形，边长5.5米～6.8米，面积35平方米～45平方米，室内设有1个坑形灶或地面灶，发现数量不等的柱洞，多数沿四壁分布，未发现门道。遗物包括陶器、石器等。陶器以夹粗砂的黄褐陶或红褐陶为主，部分陶器还掺和有较多的石英颗粒，器壁较厚，火候较低。器表以素面居多，有少量刻划几何纹、凹弦纹、戳印短线纹等纹饰。器类组合较为单一，包括罐、钵、碗、勺等，以罐类为主要器形，罐类又以侈口深弧腹罐数量最多。出土一定数量的打制及磨制石器，制作工艺不甚精湛。F1居住面的碳样经测试，树轮校后的年代为公元前1396～前1195年，属商代晚期。第二期文化遗存文化面貌区别于同时期其它已知的考古学文化，代表了松花江流域青铜时代一支新的考古学文化类型，可暂称为“临江类型”。

第三期文化遗存未见原生堆积，遗物均混出于辽金时期地层（遗址第③层）及遗迹中。陶器仅见少量靺鞨罐口沿及腹部残片，以夹砂红褐或灰褐陶为主，陶质较硬，火候较高，纹饰有戳印纹、刻划纹、附加堆纹等。第三期文化遗存属靺鞨文化时期，推断其年代为南北朝时期至隋代。

第四期文化遗存发现数量较少，包括遗址第②层下叠压的少数房址、灶址等遗迹。房址为半地穴式建筑，平面呈圆角长方形，室内设有一个圆坑坑灶址及由二烟道构成的曲尺形火炕。遗物出土数量较少，陶器多数较为残破，为泥质灰陶或黑褐陶，陶质坚硬，火候较高。器表以素面居多，纹饰有少量的刻划波浪纹及泥条状附加堆纹等。陶器口沿“重唇”风格与渤海国晚期陶器造型较接近，推断第四期文化遗存年代为唐代晚期。

第五期文化遗存是本次发掘主要收获之一，包括遗址第②层及其下叠压的多数房址、灰坑、灶址等遗迹。房址均为地面建筑，墙体已破坏不存，仅见灶址及由二烟道或三烟道构成的曲尺形火炕。灰坑平面为圆形、长方形、不规则形状等，多为弧壁或斜直壁，平底或圜底。遗物出土数量也较多，包括陶器、石器、骨器、铁器、铜钱等。陶器多数较为残破，为泥质灰陶或红陶，陶质坚硬，火候较高。器表以素面居多，纹饰有少量的凹弦纹、戳印纹等。可辨器形有罐、缸、盆、纺轮、网坠等。石器包括磨盘、砺石等。骨器有锥、镞等。铁器有镞、镰刀等。属该时期的灰坑内出土的“元祐通宝”铜钱不早于北宋中期，推断第五期文化遗存年代为辽金时期。

（王长明）

【齐齐哈尔市洪河新石器时代遗址】

发掘时间：2018年8月～12月

工作单位：黑龙江省文物考古研究所、齐齐哈尔市富拉尔基区文物管理所

洪河遗址位于齐齐哈尔市富拉尔基区杜尔门沁达斡尔族乡洪河村南约1千米处，坐落于嫩江中游右岸高出江面约10米、地势平坦台地的临江边缘，东北隔江与梁思永先生1930年发掘的五福C遗址相距10余千米，与分布于同一台地的全国文物保护单位老龙头墓群相距约4千米。遗址堆积深厚，文化层厚2.5米～3米，保存很好。

洪河遗址历经2013～2015年、2017年连续四次发掘，本年发掘是第五次。国内多家媒体对洪河遗址2017年的发掘情况进行了报道，其发掘成果和学术意义受到了国家文物局的重视。本年3月，国家文

物局办公室专函黑龙江省文物局，对齐齐哈尔洪河遗址考古工作提出了指导意见。要求“进一步搞清遗址布局，深化对其价值和内涵的认识。同时，积极开展周边区域考古调查，充分掌握相关聚落分布情况。考古工作中应注意开展生态环境、生业方式等课题研究，推进对黑龙江流域早期社会面貌和文明发展状况研究”。

按照国家文物局的指导意见，在省文化厅的部署下，对齐齐哈尔洪河遗址进行了第五次发掘，布方加上扩方，发掘面积约 1300 平方米。发掘分为东、西二区进行。

按照洪河遗址发掘的实际情况，本次发掘安排两个阶段开展。第一阶段：本年 8～12 月，一是完成了发掘区晚于两周时期（含两周时期）文化遗存的清理；二是新钻探出三条环壕；三是对该遗址钻探出五条沿嫩江相邻并列分布的新石器晚期环壕中相邻的三条分别进行了二段的解剖清理。第二阶段：2019 年 5 月起，对早于两周时期的遗存进行发掘。

本年的发掘，在西区清理清代墓葬 81 座，为长方形半地穴土圹，绝大多数为仰身直肢，以单人葬为主，还有双人、三人和四人葬；墓向基本一致，东北西南向，随葬品较为繁杂，包括铜、铁、骨、石、锡、琉璃、木、瓷、釉陶等质地，以饰品、小型工具和武器为主。有 11 座墓随葬有陶、瓷器共 15 件。其中 4 座随葬 2 件，7 座随葬 1 件。主要为釉陶，其次为青花瓷，零星的陶。器类以瓶为主，还有碗、盘、壶、盏等。

清理两周时期房址 7 座，东、西区分别为 3 座和 4 座。均为不规则圆角方形半地穴，不设门道。出土器物包括陶、石、骨等质地，陶器器形有罐、碗、鬲、支座和纺轮等。

三条新石器晚期环壕的解剖清理，基本弄清了其挖建年代和时序、使用和废弃过程。

本年洪河遗址的发掘，为嫩江流域新石器晚期至清代的考古学研究和人群的经济社会发展研究提供了难得的实物资料。首次在嫩江流域揭露和明确了史前聚落的形态，对于中国史前考古的聚落研究具有特定的意义。

（张　伟）

【东宁市南道口汉至南北朝时期遗址】

发掘时间：2018 年 5 月～10 月
工作单位：黑龙江省文物考古研究所、山西大学历史文化学院

南道口遗址位于东宁市大肚川镇太平川村东南约 4 千米，东北距东宁市区 31 千米。本年度为配合国道丹阿公路吉、黑省界（珲春）至东宁段改扩建工程的顺利开展，联合考古队对该遗址内工程建设地带进行了考古勘探和发掘。勘探面积约 2 万平方米，发掘面积 1100 平方米，发现了早、晚两个时期的遗存，清理出属于早期遗存的半地穴式房址 8 座、灰坑 2 个，属于晚期遗存的灰坑 1 个。出土了陶、石、铁等不同质地的遗物约 200 件。

此次发掘的早期遗存的房址平面形状有近方形和长方形两种，近方形房屋内设有曲尺形单烟道的简易火炕，而长方形房屋内则无此类火炕设施。房屋面积大小不等，大者近百平方米，小者仅 25 平方米。排布多为东北—西南向，不见门道类出入口。居住面上柱洞极少，室内留存有较多自然石块。个别房屋的居住面经过烘烤处理。该时段的出土遗物以陶器为主，另外还有极少量的石制品和金属制品。陶器多为手制，轮制陶极少；胎体多粗犷厚重；陶质以夹粗砂陶为主，也见有少量的粉砂陶和泥质陶；陶色以黄褐色为主，并有少量的红褐、黑褐色存在；器表全为素面，在肩部常安置有一对左右对称的圆柱状耳；烧制火候不高，胎体较酥松；器形以罐为

主，另有少量的瓮、豆、碗、钵、甑、器盖、纺轮等器物。石制品种类有刀、砺石、磨棒、镞等。金属制品只见零星的铁削、铁条等物品。另出土有少量的炭化植物颗粒，疑似粮食作物，种属需后期鉴定。晚期遗存的遗物极少，除了几件不能复原的“靺鞨式”残陶罐之外别无他物。

从南道口遗址发现的早期遗存的房屋结构、出土遗物的类型及特征来推断，该遗址的早期遗存时段应属于绥芬河流域广布的“团结文化”遗存，时代亦为同一时期。此次发掘为我们明确团结文化的分布范围、文化内涵以及与周邻地区其他考古学文化的联系提供了新的重要资料。

（田　禾　霍东峰）

【克东县玉河村南辽金遗址】

发掘时间：2018 年 6 月 ~7 月

工作单位：黑龙江省文物考古研究所

玉河村南遗址位于克东县润津乡玉河村南侧，地处润津河右岸的一级阶地上。遗址北距玉河村 150 多米，距克东县 15 千米，国道 202 公路在遗址西缘穿过。玉河村南遗址的地理中心坐标为北纬 47°53′22.1″，东经 126°15′00.6″。地势北高南低，海拔高度在 237 米 ~ 239 米之间。遗址南北最长 320 米，东西最宽 100 米，总面积为 20000 余平方米。发掘区位于该遗址的中西部，布 5 米 ×5 米探方 12 个，总发掘面积为 300 平方米。遗址层位堆积简单，可分为 2 层堆积。具体表现为：第①层：为耕土层，厚度 15 厘米 ~ 30 厘米，分布全探方。黑土，黏性大，土质松软，包含植物根茎、泥质灰陶陶片及少量瓷片、红烧土颗粒等。此层下发现有灰坑 4 个。第②层：厚度为 30 厘米 ~ 50 厘米，分布全探方黑褐土，黏性大，土质致密，未发现遗物。第②层下为黄土。

发掘区内地层堆积相对较简单，遗物埋藏在黑土层中，遗迹现象较少，仅发现灰坑 4 个。灰坑多为垃圾坑或窖穴，内部堆积均为经火烧制的草拌泥，平面形状呈圆形、椭圆形，直壁或斜壁，平底。遗址出土的陶片较少，以灰色和黄褐泥质陶为主；陶胎薄厚均匀，烧制火候高；轮制居多，部分经慢轮加工；陶器素面居多，少数在口沿下有穿孔；器物造型简单，多折沿敞口，鼓腹，平底；发现有口沿、腹片、器底，可辨器形仅有鼓腹罐一种。发现少量布纹瓦片，灰色泥质，厚度均匀。石器数量极少，仅见有 1 件刮削器，黄褐色燧石，双刃。根据地层和出土的遗物特征，可以确定该遗址的年代为辽金时期。

此次发掘丰富了乌裕尔河流域辽金时期的文化面貌，为研究辽金时期社会发展、族群构成、聚落布局等研究提供了一批详实的资料。

（刘　伟）

【哈尔滨市阿城区金上京皇城外南侧道路遗址】

发掘时间：2018 年 6 月 ~11 月

工作单位：黑龙江省文物考古研究所

金上京城址位于哈尔滨市阿城区南郊 2 千米处，阿什河在城址东部自南向北曲折流过，汇入松花江。金上京城由毗连的南、北二城组成，平面略呈曲尺形。二城周长约 11 千米，总面积约 6.28 平方千米。城墙上筑有马面、角楼等防御设施，并有多个城门，城址整体保存完好。

按照考古工作计划，为了解上京城内的街道路网情况，在前期考古勘探的基础上，本所重点对金上京城皇城外南侧道路遗迹进行了考古发掘，发掘面积 1255 平方米。通过勘探，确认在上京城皇城与南城南墙西门址之间，有一条大街（道路），全长 560 余米，路的宽度约为 46 米，路两侧有排水沟设施。本年度选取该大街北部一段进行了发掘。由于现代道路直接叠压在古代“路基”上侧，此次发掘仅对路址的西侧一部分进行布方发掘。发掘区位于皇城午门外南约 120 米处。

此次揭露的南北向大街（道路），编号为 L1；其西侧，另有一条与之垂直的东西向道路，编号为 L2。道路两侧均有排水沟。L1 为南北向，为皇城午门通向南城南墙西门的主干道，发掘揭露西侧段宽度为 26 米 ~ 28 米，南北向揭露宽度为 19 米。由于现代道路覆压与农业生产，路面已遭到破坏。路基为河卵石铺垫，石子较为碎小。其间掺和有残瓦片、碎砖块等。通过后期的探沟解剖，路面残存石子垫层厚约 0.2 米，底部还存在早期地层。在路面西北部发现车辙痕迹，车辙宽 0.5 米 ~ 0.2 米，间距 1.6 米，低于路面 0.05 米 ~ 0.08 米。L2 为东西向，位于 L1 的西侧，和 L1 垂直相接，为东西向的一条辅路，经勘探，其直接通向南城西墙。L2 南北宽 6.3 米 ~ 6.9 米，东西向发掘的长度约 38 米。原始路面多已遭到破坏，残留路基，路基为河卵石铺垫，石子大小不均。路面填土较硬，结构较致密，土色为深灰色，其间掺和有残瓦片、碎砖块及少量的陶片、瓷片等。经过后期探沟解剖，L2 的垫层厚 0.05 米 ~ 0.15 米。垫层下还存在早期的地层。

道路两侧皆有排水沟，沟的构造，宽度与深度基本相似等同。口宽底窄，斜壁。沟口宽 1.3 米 ~ 1.4 米，底宽 0.5 米 ~ 0.8 米，深 0.75 米 ~ 1 米。沟内堆积主要为黑灰色淤积土，出土大量陶瓷器碎片，少量的建筑筑构件和金属器，还有较多的动物骨骼等。

出土陶瓷器以生活用器为主，砖瓦等建筑构件皆为废弃后的残件。陶器为泥质灰陶，有罐、盆等；瓷器有碗、盘、碟等，以定窑白瓷为多，还有少量耀州窑青瓷产品。铜钱以北宋钱币为主。

通过考古勘探发掘，初步了解到 L1 为皇城南门（午门）通往南城南墙西门址的中轴大街，该街与宫城内多重殿址处于一条轴线上。进一步明确了上京城宫殿—门址—御街—外城门址（瓮城）的相对应关系。

本年度发掘成果，为进一步了解上京城的布局、构筑时序，特别是对认识上京城内道路、排水系统等构筑情况增添了重要的考古资料。

（赵永军　刘　阳）

【哈尔滨市阿城区阿南变电站金代墓葬】

发掘时间：2018 年 5 月 ~7 月

工作单位：黑龙江省文物考古研究所

墓葬位于哈尔滨市阿城区阿什河街道办事处白城村姜家磨坊屯南约 1 千米，阿南变电站南侧，东距金上京北城西墙约 900 米。为配合哈牡铁路电气化改造亚沟牵引站 220 千伏供电工程项目之阿南变电站扩建工程的建设，本所对工程项目所涉及的遗迹进行了考古发掘。

该墓地处于一漫岗坡上，地势北高南低，略有坡度，地表现为耕地。在此区域发掘墓葬 15 座，根据墓葬形制结构，分为两类。

1. 土坑砖椁墓

清理砖椁墓 7 座（M2、M4、M5、M6、M13、M14、M15），完整的 3 座，遭破坏的 4 座。砖椁墓大小不一，平面有长方形、方形和多边形。长方形青灰砖砌筑，皆开口于表土层下。砖椁内皆有骨渣，出土陶罐、铁券和铜镜等陪葬品。以 M2 为例简要介绍。

M2 位于墓地发掘区西北部，开口距地表 0.3 米。未被扰动，保存完好。墓圹为圆形，直径 1.25 米 ~ 1.3 米。砖椁室呈八边形，长 1.1 米 ~ 1.15 米，青砖砌筑。椁室内壁为方形，椁室底部未铺砖。未见骨渣。椁室内出土 3 件随葬品，包括 1 件陶罐、1 件铁牌和 1 件铜镜，铜镜图案为凤鸟花草连珠纹，边缘有“上京巡院”字样的刻款押记。

2. 土坑石函墓

清理土坑石函墓8座（M1、M3、M7、M8、M9、M10、M11、M12），完整的5座，遭破坏的3座。墓葬开口于表土层下。墓圹大体呈方形，长度1.1米~2米不等。土坑墓圹中部置石函，石函分为函盖和函体两部分。函体为长方形箱，由整块石料雕凿而成。函内皆放置骨渣，个别有方形木匣，皆已朽，可辨有木匣痕迹。多数石函内随葬铁牌1件，个别的还有随葬河卵石的现象。以M9为例简要介绍。

M9位于墓地发掘区东南部，开口距地表0.38米。未被扰动，保存完好。土坑东西长1.64米、南北宽1.45米~1.5米、深0.65米。中部置一石函，石函为长方体状，内有方形函箱，函箱底部平整。石函长0.93米、宽0.77米、高0.45米。函箱内壁长0.63米、宽0.47米、深0.31米，周壁厚0.15米。石函内放置骨灰渣。石函箱底部边缘放置6块小河卵石块。

本次阿城区阿南变电站扩建工程项目所涉及的15座墓葬的发掘，出土一些具时代特征明显的陶器和铜、铁器等遗物，还有一批砖、石和木质葬具。通过对比研究，可确定为金代墓葬。该区域应是金上京城外的一处墓葬区。由发现的数件陶器、铁牌、铜镜等特征分析，墓葬的年代为金代中晚期。

此次清理的15座墓葬，分布有一定的规律，有成排分布的现象，由东南—西北向呈南北两排排列；亦体现出集中排列的情况，呈现为2座墓，或3~4座墓聚集分布，大致可分为4~5组；每一组墓葬间隔空间小，或体现一定的亲缘关系。本次阿南变电站墓地发掘的15座墓葬，既有石函墓，又有砖椁墓，进一步丰富了我们对本地区金代墓葬类型的认识。墓葬出土的陶器、铜镜和铁牌等遗物，为深化了解和认识金代此类器物的特征及功能等，提供了标识。

（刘　阳　赵永军）

【拜泉县团聚屯东清代遗址】

发掘时间：2018年8月~9月

工作单位：黑龙江省文物考古研究所

团聚屯东遗址位于拜泉县兴华乡团聚屯东侧，地处润津河上游左岸的一级阶地上。遗址紧邻团聚屯，距拜泉县15千米，国道202公路在遗址南缘穿过，南距润津河330米。团聚屯东遗址的地理中心坐标为北纬47°44′15.3″，东经126°10′13.5″。地势西北高东南低，海拔高度在253米~254米之间。遗址南北最长150米，东西最宽100米，总面积为10000余平方米。发掘区位于该遗址的东南部，布5米×5米探方8个，总发掘面积为200平方米。遗址层位堆积简单，可分为2层堆积。具体表现为：第①层：为耕土层，厚15厘米~30厘米，分布全探方。黑土，黏性大，土质松软，包含植物根茎、泥质灰陶片、泥质黄褐陶片及少量瓷片等。第②层：厚度为30厘米~50厘米，分布全探方。黑褐土，黏性大，土质致密，未发现遗物。第②层下为黄土。

从已有的发掘情况来看，该遗址出土的陶片较少，以灰色和黄褐泥质陶为主；陶胎薄厚均匀，烧制火候高；轮制居多，部分经慢轮加工；陶器素面居多，纹饰较少，主要为弦纹、短斜线纹、波浪纹；器物造型简单，多折沿敞口，鼓腹，平底；发现有口沿、腹片、器底，可辨器形仅有鼓腹罐一种。发现少量青瓷片，上有花纹，圜底，可辨器形仅碗一种。根据地层和出土的遗物特征，可以确定该遗址的年代为清代。此次发掘丰富了乌裕尔河流域清代的文化面貌，为研究清代社会发展、族群构成、聚落布局等提供一批详实的资料。

（刘　伟）

【哈尔滨市阿城区山水新城起步区清代墓葬】

发掘时间：2018 年 9 月

工作单位：黑龙江省文物考古研究所

山水新城起步区是哈尔滨市阿城区南部开发建设区域，位于阿城旧城区与金上京会宁府遗址之间，为金上京会宁府遗址保护区中的特别建设控制地带。为配合长盛置业有限公司对山水新城起步区 W－092－A 地块的开发建设，本所对建设项目所涉及的遗迹进行了抢救性考古发掘清理。

墓葬位于哈尔滨市阿城山水新城起步区东部，该区域处于一漫岗坡上，地势南高北低，略有坡度，地表现为耕地。此次发掘清理墓葬一座。地理坐标为北纬 45°30′59.01″，东经 127°0′4.26″。为竖穴土圹墓，墓葬开口于第②层下，平面呈长方形，北宽南窄，墓口距地表 0.4 米，墓深 0.15 米。土圹内置木棺，方向北偏西 288°（以人颅骨方向）。木棺长 1.75 米，西北宽 0.54 米，东南宽 0.44 米，高 0.15 米。棺木大部分已腐烂，骨架保存较完整，仰身直肢葬。出土瓷罐 1 件、釉陶灯 1 件、“乾隆通宝”铜钱 5 枚，发现铁棺钉 10 枚。依出土的陶瓷器、铜钱等特征分析，墓葬的年代为清代中晚期。

此次阿城山水新城起步区内清理的墓葬，进一步丰富了我们对本地区清代墓葬特征及埋葬习俗的认识。

（刘　阳）

上海市

【青浦区金山坟新石器时代遗址】

发掘时间：2017 年 12 月 ~2018 年 1 月、2018 年 5 月 ~8 月

工作单位：上海博物馆

金山坟遗址位于青浦区练塘镇东库村和大新村之间，大蒸港自西向东横穿遗址。遗址于 20 世纪 60 年代调查时发现，1985 年该遗址曾经进行过小规模的试掘。本次工作为国家文物局“考古中国”之“长江下游区域文明模式研究——从崧泽到良渚”课题指导下的考古发掘项目。此次发掘区位于大蒸港北岸，分南、北两个区域实施，实际发掘面积 318 平方米。发现崧泽文化、良渚文化、马桥文化、战国等时期遗存，清理各时期灰坑 43 个、灰沟 11 条、水井 6 口、墓葬 9 座。

崧泽文化墓葬 2 座，均位于南区土墩北侧。M8，长方形土坑浅穴墓，头向南，人骨朽蚀严重，仰身直肢，随葬石钺、三角石犁、陶杯、陶罐、陶鼎、圈足盘、残圈足等。

良渚文化人工堆筑土台 2 个、墓葬 2 座。土台分别位于南、北两发掘区。由于此次发掘面积的限制，不能揭露全貌，为更科学地提取相关考古信息，故采取有限发掘的模式，仅对部分区域进行解剖和细致勘探，日后择机进行全面发掘。经过勘探，初步确认两个土台面积分别为 3000 平方米（北区）、3800 平方米（南区），土台堆积清晰，部分区域见草裹泥结构。2 座墓葬均位于北区，打破土台，被晚期遗迹破坏。M6，长方形土坑浅穴墓，头向南，人骨朽蚀严重，仰身直肢葬，随葬石钺、陶罐、器盖等。

马桥文化遗存是本次发掘的最大收获，首次确认该时期堆积的存在。出土遗物以泥质红陶、泥质灰陶、夹砂红陶为大宗，伴有印纹硬陶，偶见原始瓷、石器等。器形有鼎、罐、盆、豆、尊、簋、器盖等，以鼎、罐数量最多。纹饰有绳纹、条格纹、弦纹、叶脉纹、蓝纹、席纹、叶脉纹等，主要是通过拍印而成，也有滚印、戳点和轮旋装饰。拍印纹饰在器壁内部还可见拍印纹饰时留下的掌印。部分印纹硬陶因烧造温度过高产生大气泡。很少的印纹硬陶片施有一层薄黑釉，原始瓷主要施青釉。石器均为生产工具，种类有锛、刀等。此外，还发现少量刻划符号，基本位于陶罐的口沿沿面，应是利用尖锐工具刻划而成，或利用手指甲刻划出弧形短线，其弧度与指甲弧形一致。

此次金山坟遗址发掘收获意义重大，金山坟遗址是上海地区继福泉山遗址、广富林遗址之后，第三处发现良渚文化人工堆筑土台的遗址，为探索崧泽文化、良渚文化时期聚落形态、社会复杂化的区域特征、文明模式演进提供了新的材料。

（郑秀文　黄　翔）

【青浦区福泉山遗址】

发掘时间：2017 年 10 月 ~2019 年 1 月

工作单位：上海博物馆

福泉山遗址位于青浦区重固镇西侧，

是全国重点文物保护单位。2017～2018年度的发掘位于原“福泉山”墓地西北约250米一处名为陆坟堰的地点，处于福泉山大遗址保护规划范围内。本次工作为基于国家文物局“考古中国”重要课题“长江下游区域文明模式研究”的学术要求及大遗址保护规划的主动性考古发掘，总发掘面积775平方米。

发掘区内的文化堆积由上到下基本分为明清时期、唐宋时期、春秋战国、良渚文化时期4个阶段。清理各个时期的遗迹包括灰坑103个、灰沟8条、水井15口、墓葬36座。发掘显示，发掘区主体是一处人工营建的带有墓地功能的良渚文化土台。土台的东侧有一条南北向的宽沟，这条编号G14的遗迹贯穿了整个发掘区，沟底略呈北宽南窄的喇叭形，可能与早期土台的兴建有关。良渚文化以后该区域也长期作墓地使用，发现了战国墓葬2座、唐代墓葬7座。战国墓葬呈东西向，皆为长方形土坑竖穴墓；唐代墓葬大多西北向，虽基本被后期破坏，大部分仍可辨别出砖室结构的底部，其中墓葬M216出土一方“唐故陸府君墓誌铭”青砖，上刻“蘇州华亭縣”“大和六年四月七日葬于本縣”等带有明确地点、纪年的文字，为上海地方史的研究增添了新的重要资料。

本次发掘最重要的收获是位于发掘区西南部的25座良渚墓葬，共出土陶、石、玉器等各类遗物超过120件（组）。常见鼎、豆、壶、罐等陶器组合；玉器主要有管、珠等；石器以石钺为主。墓葬多为南北向，人体骨骼保存状况不佳，葬式有二次葬、俯身葬，有墓主肢体不全等迹象，还发现了几座儿童墓葬。这些墓葬分布集中，有些墓葬之间存在明显的叠压打破关系。较典型良渚文化墓葬如M230，出土遗物共67件，陶器组合丰富，其中随葬的一件台阶状玉片，与好川墓地的同类器十分相似，这一发现在本地区尚属首次；M246，为俯身直肢葬，棺具形制保存相对较好，清理中可以发现明显的带有棺盖结构的棺具痕迹。

陆坟堰地点的发掘确认了这是一处新的良渚文化人工堆筑墓地，这一地点离福泉山遗址的福泉山墓地和吴家场墓地都十分接近。遗憾的是，由于取土、耕种等人为扰动，早年该墓地已经被破坏，从现存情况来看，良渚时期土台的主体大部分已被破坏，对复原遗存整体情况造成不少困难。但本次发掘所获取的大量资料仍为我们深入了解福泉山遗址的聚落年代、聚落布局、社会结构等问题提供了珍贵线索。

（周　云）

【青浦区青龙镇宋代遗址】

发掘时间：2018年11月～2019年6月

工作单位：上海博物馆

青龙镇遗址位于青浦区白鹤镇，从2010年开始，本馆考古部连续多年对青龙镇遗址进行了调查、勘探与发掘，逐渐揭露出一个唐宋时期的贸易重镇。本年度的发掘是为探索青龙镇遗址北部靠近古吴淞江河岸的市镇布局，申报计划发掘1000平方米。

根据掌握的线索，本次发掘布方位于大遗址规划区北部的Je区，紧邻通波塘的西岸共布设10米×10米探方9个，分东、西两个发掘区，其中东区4个、西区5个，另布设了多条探沟，发掘面积共计1000平方米。共计发掘灰坑30个、水井13口、沟16条、墓葬1座，以及连续叠压打破的建筑遗迹。

F10位于东区T3037北部，平面呈长方形，东西长8.33米，南北宽4.6米；可分为东、西两间，中间隔墙处可见少量白灰痕迹，每间房内宽约3.8米。居住面已被破坏，仅残存房址下部的垫土层。墙基残存长约0.7米，高约0.35米，用丁顺砖砌筑，青砖中间用白灰填充粘结，青砖规格为 28 厘米 ×12 厘米 ×4 厘米。未见墙壁，但根据墙基上残存的砌砖痕迹可知，墙体应为单砖墙，厚约 13 厘米。在房址东北部墙基外侧发现有青砖铺砌的路面及两块磉皮石，磉皮石平面呈方形，尺寸为 32 厘米 ×32 厘米 ×6 厘米，路面用砖尺寸为 28 厘米 ×12 厘米 ×4 厘米。在 F10 屋外未发现较明显的活动场所。根据开口层位和出土物推断房址的年代应为南宋时期。

H152 位于 JeT1629 中部，开口于第④层下，平面呈圆形，直壁平底。坑底有一陶盆，底部出土铜钱 5 枚，其中 3 枚年号可辨，分别为"熙宁元宝""元丰通宝""天庆元宝"。年代不早于北宋晚期（12 世纪）。

H161 位于东区 T2837 东部，平面呈长条形、长 13.74 米、宽 3.24 米、深约 1.6 米，有 4 层出土有大量青釉龙泉窑碗，另有黑釉盏、石质碾轮、青釉盒、青釉杯、韩瓶、褐釉盏。同时出土少量铜钱，可见"建炎通宝"（南宋高宗 1127 年铸造）、"元丰通宝"（北宋神宗赵顼元丰年间，公元 1078 年～公元 1085 年铸造）、"元祐通宝"（篆书、北宋哲宗元祐年间，公元 1086 年～公元 1093 年铸行）等。H161 出土物，与湖州凡石桥遗址、四川遂宁窖藏的器物组合非常相似，与部分龙泉窑器物完全一致，其时代应该接近前两者的年代，都在南宋最晚期。

H16 发现的大量的属于南宋晚期的贸易瓷，主要为龙泉窑青瓷、景德镇窑青白瓷、吉州窑黑釉盏、福建瓷器等南方瓷器，这一组合，与日本博多遗址同期内出土的器物组合也能对应，由此也可以看出青龙镇遗址是南方瓷器北销朝鲜半岛、日本等地的重要转口贸易港，也能说明当时很多器物有可能是从青龙镇转口销往日本的。

本次的发掘，采用了 GIS 地理信息记录系统，所有的发掘资料会实时上传到系统云端，基本实现了无纸化的发掘记录工作，可以随时随地调用发掘资料，对发掘现场进行综合判断与研究。同时，我们也尽可能地采用现代最先进的记录手段，如采用了三维扫描仪对发掘的遗迹进行扫描。

（王建文）

江苏省

【常州市寺墩遗址及周边区域考古勘探】

勘探时间：2018 年 4 月 ~10 月

工作单位：南京博物院、常州市文物保护管理中心

寺墩遗址位于常州市天宁区郑陆镇三皇庙村，是著名的良渚文化晚期遗址之一。为配合国家文物局“十三五”规划，“考古中国”重大研究工程“长江下游地区文明模式”子课题的开展，由南京博物院联合常州市文物保护管理中心组成联合考古队对寺墩遗址及周边区域进行考古勘探。共发现土墩、河道及红（褐）土区域等各类遗迹共 100 余处，现分类介绍如下。

土墩计 87 座。这些土墩大多遭受破坏、保存状况不佳，现多以低矮馒头状土丘兀立于地表，仅少数掩埋于地下。从勘探情况来看，这些土墩多为典型的人工堆筑形态，耕土以下即墩体，墩体堆积一般为 2 ~3 层，以厚约 1 米者居多。大小不等，以苏家头 1 号土墩为最大，达 34708 平方米，王家桥 2 号土墩面积最小，仅 136 平方米。面积在 5000 平方米及以下的小型土墩数量最多，共 45 座，占土墩总数的 51.7%；5000 平方米 ~10000 平方米的中型土墩其次，计 29 座，占总数的 33.3%。

河道及池塘等遗迹若干。整体上来看，这些河道分布密集并彼此连通构成一个完整的水系网络，其大部分沿用至今，寺墩主墩即坐落于河道内中心略偏北处。河道宽窄不一，最宽处近 250 米，最窄处 20 余米。河道内堆积以富含有机质的深灰黑淤积黏土为主，堆积丰厚，层次分明，一般厚 3.5 米左右。勘探结果显示，多数土墩沿河道两岸分布，并通过河道彼此相连。这一圈河道或是在利用自然河道的基础上经人工修整的水利及防御系统。

红（褐）土遗迹 12 处。多呈条带状，以程家头东侧红土带保存最好。程家头红土带南北长近 300 米，东西宽约 20 米，开口于 30 厘米厚的耕土层下，以较纯净的深红褐色黏土为特征。该红（褐）土遗迹厚 80 厘米 ~150 厘米，较纯净，质密坚硬，其东西两侧多为低洼河沟状堆积。程家头红土带向北与蔡家头东红土带相连，向南延伸至与程家头东南侧红土带合为一体。该红土带区域现地表为较明显的南北向岗状隆起，其年代及性质值得关注。

寺墩遗址及周边区域普探工作结束之后，我们又以寺墩为中心向东、南两个方向的山脚区域进行了调查式勘探。截至 10 月底，共勘探出陈岐等土墩 7 处，这些土墩的基本情况同寺墩及其周边相似。

本次勘探收获丰富，首先，基本厘清了寺墩遗址本体的分布范围和堆积现状，为遗址保护规划的编制和国保单位的申报及日后的考古工作提供了参考；其次，了解了寺墩所处的自然地理环境及周边遗址的分布状况，为以聚落考古的方法探讨良渚文化时期寺墩的人地关系及社会组织状况提供了第一手资料；再次，对遗址本体及周边聚落进行的全面系统测量，为建立覆盖遗址的完善的地理信息系统奠定了

基础。

（许晶晶）

【淮安市黄岗新石器时代遗址】

发掘时间：2018 年 6 月 ~12 月

工作单位：南京博物院、淮安市博物馆

黄岗遗址位于淮安市清江浦区徐杨乡黄岗村，该区域属于黄岗文物埋藏区，地下文物埋藏十分丰富，埋藏区范围北至徐杨路，东至岳阳街，南至大寨河，西至城东路，高铁新区水系调整工程茭陵一站引河段项目用地正好穿过该文物埋藏区。最新勘探表明，遗址面积 6 万余平方米，沿东西向岗地分布，文化层普遍厚 2 米 ~3 米，最厚处超过 4 米。发掘区位于遗址西部，当前发掘面积 4000 平方米。遗址时代跨度大、文化内涵丰富，以新石器时代遗存为主体，并见西周、汉、唐、宋、元、明诸时期遗存。截至 2018 年 12 月底，已清理不同时期房址、墓葬、灰坑、灰沟、烧土堆积及洞类遗迹等各类遗迹 3600 余处，出土大量陶、石、骨、玉、琉璃、铜、铁、瓷等质地遗物标本。

黄岗遗址新石器时代遗存是本次考古发掘主要内容，也是最为重要的发现。就目前发掘所得初步分析，可将其分为两大期，暂分别称之为“黄岗一期遗存”“黄岗二期遗存”。一期遗存分布于发掘区的中北部，灰坑、烧土堆积及洞类遗迹等分布密集，叠压打破关系复杂，陶器器类主要有釜、鼎（锥状足）、钵、罐、壶、盉、豆、支脚、拍等，其中以釜为大宗，多为四鋬、口下常见一周凸棱，晚段见有少量腰檐釜；鼎多为敞口釜形或微侈口罐形，常见有四个鋬手；钵多为深腹，器表施红衣；壶为小口，肩部有双系；豆数量不多，为喇叭形柄；支脚造型多样，有弯曲柱状、猪首形等；陶拍数量大，形态各异。一期遗存玉、石、骨器均较少，玉器仅见璜 1 件，石器见有少量砺石、锛、斧等，骨器主要为鹿角靴形器、锥等。

二期遗存分布于发掘区南部，局部叠压于一期遗存之上，南临古河道。二期遗存文化面貌与一期差异较大：一期常见的四鋬、口下有一周凸棱陶釜、四鋬锥状足陶鼎均不见于二期，二期陶鼎多见侈口折肩、流行凹槽足（足面有一道竖向凹槽）；一期常见的各类陶支脚、陶拍不见于二期；二期新出现了匜、三足钵、杯等器类，彩陶开始大量出现。二期遗存暂未发现玉器，石器及骨器亦较为少见。

通过对一、二期遗存的比较可以发现，二者之间虽有早晚承续关系，但文化面貌之间的差异性更为突出，似可将二者划归于不同的考古学文化。黄岗二期遗存见于本区域的青莲岗、笪巷等遗址，与淮河中游的定远侯家寨遗址二期遗存（侯家寨二期，或称为侯家寨文化）具有较多相似性，其彩陶与龙虬庄遗址二期早段关系密切，结合侯家寨二期、龙虬庄二期早段测年数据，黄岗二期遗存绝对年代当在公元前 4000 年前后。黄岗一期遗存分布于本区域的淮安青莲岗、凤凰墩、西韩庄、茭陵集、山头、严码、阜宁梨园等遗址，其与安徽濉溪石山孜二、三期遗存，蚌埠双墩一期遗存具较多相似文化因素，但自身特色十分明显。参考石山孜二、三期遗存及双墩遗址一期遗存测年数据，我们初步推测黄岗一期遗存主体年代当在公元前 5000 ~ 前 3500 之间。

（甘恢元　闫　龙　曹　军）

【苏州木渎古城廖里两周遗址】

发掘时间：2018 年 6 月 ~10 月

工作单位：中国社会科学院考古研究所、苏州市考古研究所

廖里遗址位于木渎古城偏北处，地处吴中区木渎镇石码头，木光运河南侧，石胥路以东，是一处规模较大的两周时期遗址。本年因配合基本建设的需要，在此处

发掘。发掘面积1400平方米。

遗址被破坏严重。发掘区内堆积较为统一，共分为3层。第①层含大量近现代垃圾，为表土层；第②层为晚期层，各遗迹单位基本均开口在此层下；第③层为两周时期地层，以下为生土。各遗迹单位的开口层位较为统一，基本上开口在②层下。共发现灰坑122个。灰坑形制多样，有些形制不甚规整，有些较为规整，呈圆形或方形。灰坑普遍不深，坑底普遍较平。也有一些坑底不平，形成坑下有坑的形式，可能另有用途。发现水井3个，井口均为圆形，如J2的上口直径约有2.6米，坑壁上部斜直，下部竖直，深有3.2米。各遗迹单位内堆积以灰土为多，很多呈灰黑色，且含有较多的红烧土。

出土遗物以陶器和石器为主，另有少量的铜器等。从现场发掘的情况看，以泥质灰陶和夹砂红褐陶为主，并有一定数量的印纹硬陶和原始瓷等。器形上有釜、鼎、罐、豆、三足盘等，以日常使用的生活器皿为主。出土有大量石器，有石刀、石斧、破土器等，并有一定数量的半成品（残次品）。根据出土遗物初步推断，廖里遗址的时代当晚于马桥时期，早于战国时期。

环太湖流域地区马桥至战国时期的考古学文化虽有钱底巷、彭祖墩、花山、佘城等遗址的发掘，但由于资料的不充分，仍未能构筑起较为明晰的谱系。廖里遗址的发掘或许能为补齐缺环提供资料。

（唐锦琼　孙明利　牛煜龙）

【建湖县大同铺西周战国遗址】

发掘时间：2018年9月～12月

工作单位：南京大学

大同铺遗址位于建湖县芦沟镇。本年度配合南京大学考古文物系本科生三年级学生实习，对该遗址进行了勘探和发掘。钻探结果表明该遗址面积不少于6万平方米。共发现灰坑62个、灰沟7条、井2个、柱洞9个、灶坑2个。出土遗物数量较为丰富，包括陶器、骨料和兽骨等。其中陶器数量最多，有夹砂陶、泥质陶和印纹硬陶。夹砂陶以红陶为主，泥质陶主要有灰陶和红陶两种。印纹硬陶以红陶为主，部分灰陶。它们的制作方法有手制和轮制两种。夹砂陶和泥质陶的纹饰主要有绳纹、间断绳纹、抹断绳纹、交错绳纹，还有少量剔刺纹、叶脉纹等，印纹硬陶的纹饰主要有小方格纹、米筛纹、席纹、麻布纹、菱形填线纹等。夹砂陶可辨器形有鬲、鼎，泥质陶可辨器形有罐、碗、纺轮等。

从出土遗物看，该遗址包含西周和战国两个时期堆积。战国文化层，灰黑色土，土质疏松，夹杂有少量红烧土颗粒、陶片、动物骨骸等；陶器有夹砂陶、泥质陶和印纹硬陶，泥质陶较多，器表纹样以绳纹为主；夹砂陶以绳纹和素面为主；印纹硬陶的纹饰有小方格纹、米字纹、米筛纹、席纹等。可辨器形有罐、豆、鬲、鼎等。西周文化层，深灰色土，土质较疏松。包含陶片、动物骨骸等；陶片数量多，可辨器形有鬲、豆、罐、钵等。此次发掘结果表明，大同铺遗址早在西周时期就已经有了人类活动的遗迹。从出土的陶器来看，大同铺遗址在西周时期同时存在以来自太湖地区的圜底近平底的夹砂陶釜和来自江淮地区的绳纹鬲为代表的两套陶器组合。并且在这一时期，生活在大同铺遗址的人们已经开始堆筑人工土台用以居住。到了战国时期，该地区既有来自江南地区的印纹硬陶，也有许多具有本地区特色的陶器。

（黄建秋）

【常州市金坛区九角墩周代土墩墓】

发掘时间：2017年10月～2018年11月

工作单位：南京博物院

九角墩位于常州市金坛区薛埠镇连山村大庄村北约300米、薛埠大街西100米处，处于井头村丘陵地形的东缘一个小岗地的顶部，东临锅底山，西眺方山山麓，西北遥望茅山山麓。土墩墓墩体基本呈圆形，直径约35米，残高7米，海拔高度40米。它的高度是附近仅次于锅底山的第二制高点。顶部被辟为田地，墩体长满树木，底部被取土和近现代坟墓破坏严重。

九角墩考古工作自2017年10月31日正式开始，迄今共发现周代墓葬38座、器物群2处、明清窑址1座。出土遗物质地基本以印纹硬陶、原始瓷为大宗，夹砂红陶和泥质灰陶较少，另有极少的黑皮陶；出土器形主要是印纹硬陶罐、原始瓷碗、夹砂红陶鼎、夹砂红陶釜、泥质灰陶器盖、泥质灰陶盆、黑皮陶器盖等。3件青铜器，分别是青铜鼎、青铜剑柄和青铜镞；11件绿松石玦；2件石器，为石锛和石镞。墓葬的形制非常多样，规律难以捉摸，基本形制有平地封土墓、竖穴土坑墓、石床封土墓、竖穴石框墓和带墓道“人”字形木椁墓。

（于成龙）

【常州市金坛区薛埠药材场东周土墩墓群】

发掘时间：2018年4月～2019年1月
工作单位：南京博物院

药材场土墩墓位于常州市金坛区薛埠镇顺水桥北的三里墩和五里棚之间，该区域内共计发现土墩墓6座，其中有三座（D2、D3和D4）在本次施工的红线范围内，其中D3、D4已被历年取土破坏大半，现存面积D3约200平方米，D4不足100平方米；D2除南北部分被取土稍有破坏外，土墩主体基本完好。截至2018年底，D3、D4完成考古发掘，D2仍在发掘中。

D3因取土被破坏较甚，现存平面近大半圆形，长径17.2米、短径11.6米、残高约3米。地层从上至下可分6层。共发现墓葬5座、器物群6处，均集中分布于墩体东南部分。器物群皆为平地放置，墓葬的形式有竖穴土坑墓、平地封土墓以及带墓道的“甲”字型木椁墓。主墓D3M5，开口于④层下，打破第⑤层。“甲”字型竖穴土坑墓，单墓道，墓道在墓室东部，东西向。墓坑全长6.05米，其中墓道长2.57米，墓室宽3.07米～3.57米，墓坑深0.45米～0.7米；墓坑内发现棺痕，棺长2.91米，棺宽1.02米，棺板宽约0.04米，棺高0.4米。方向120°。墓底有圆形烧坑，内有烧土块及炭灰，直径0.46米。墓葬内未发现人骨。随葬品4件，为陶鼎1件、陶釜3件，置于棺内东北、东南及西北角。

D2略呈椭圆形，东西长径约27米，南北短径约22米，残高6米。墩体长满毛竹，底部的南部和北部遭取土被破坏。截至目前，D2共发现墓葬10座、器物群5处，分布较均匀。器物群皆为平地放置，墓葬皆为竖穴土坑墓。其中M1～M6开口于②层下；M7～M10开口于④层下；Q1～Q5皆位于第⑥层上。

总体而言，尽管破坏大半，D3仍为典型的一墩多墓的向心式结构，外围墓葬层位关系不同，早晚有别，但均朝向土墩中心，墓葬埋葬方式以竖穴土坑墓为主，偶见平地封土式结构。中心主墓为带墓道的“甲”字形木椁墓，与外围墓葬差异明显，显示主次有别。D2仍在发掘中，从现已发掘的情况来看，其营造方式与D3相似，外围墓葬同样向心排列，墓葬结构现仅发现竖穴土坑墓一种。发现的器物群除Q1、Q2为4件和3件器物外，其余均为单件器物，有的甚或仅为1件原始青瓷小碗，显得较为随意而草率。从目前已整理的器物看，参考《中国考古学（两周卷）》中土墩墓的分期，D2及D3的年代在春秋中期至战国早期间。

（胡颖芳）

【金坛市井头东周土墩墓群】

发掘时间：2017年10月～2018年9月

工作单位：南京博物院、金坛区博物馆

2017 年 10 月至 2018 年 9 月，南京博物院考古研究所联合金坛区博物馆对 7 座土墩墓进行了抢救性考古发掘工作。

D1 土墩高约 3 米，遗址面积约 760 平米。D1 共清理墓葬 18 座，器物群 22 处，属于典型的一墩多墓形制中的向心式结构。墓葬和器物群中随葬品有几何印纹硬陶罐、硬陶瓿、硬陶坛、夹砂红陶鼎、夹砂红陶釜、泥质陶罐以及原始青瓷碗等。

D2 由于自然及人为原因，部分遭到破坏，残高约 2.6 米，面积 483 平方米。D2 为一墩多墓结构，发现墓葬 11 座，其中 9 座埋藏方式为竖穴土坑，2 座埋藏方式为平地堆起，所有墓葬呈向心型排列。另清理现代窖坑 5 个、祭祀群 3 处。

D3 土墩高约 3 米，遗址面积为 624 平方米，文化层厚度 1 米～3 米。共清理墓葬 7 座、器物群 6 处。其中 M1～M6 为土坑竖穴墓，M1～M5 墓向均朝向墩子中心，M6 则位于墩子中心偏南位置，D3 仍属于典型的一墩多墓。M7 为主墓，处于墩子中心位置偏北，位于⑥层下，封土为红褐色黏土，东西走向，平地掩埋，保存有较好的木构建筑，腐朽木柱排列整齐、清晰可见，南北两侧木柱向内倾斜、东西两侧木柱垂直摆放，木构建筑打破垫土层。现已整体提取。

D4 残高约 4 米，面积 800 余平方米，共清理墓葬 31 座、器物群 19 处。属于典型的一墩多墓形制中的向心式结构。墓葬形制有土坑竖穴、木椁墓以及平地掩埋等。墓葬和器物群中随葬品有几何印纹硬陶罐、硬陶瓿、硬陶坛、夹砂红陶鼎、夹砂红陶釜、泥质陶罐以及原始青瓷碗等生活用具，装饰品绿松石玦和陶纺轮、石器等生产工具。

D5 土墩现高约 2 米，面积约 214 平方米，文化层厚度 1 米～2 米。清理墓葬 7 座、器物群 3 处，主墓 M7 为浅坑式掩埋，有摆放整齐的石棺床。墓葬和器物群中随葬品有几何印纹硬陶罐、硬陶瓿、硬陶坛、夹砂红陶鼎、夹砂红陶釜、泥质陶罐以及原始青瓷碗等。墓葬年代晚至战国，早至春秋晚期。

D7 整体遭破坏严重，南部被近现代坟、现代坑破坏近 1/2 的面积，北部外围遭破坏后被后期扰土覆裹成墩。存留原始墩体平面近椭圆形，馒首状，东西残长约 9.5 米，南北残长约 8.5 米，高约 2.5 米。文化层较复杂，南北墩体差异较大，墩体北部为生土之上修整红土、灰白土、花土等多层垫土，近水平状堆垒而成，南部为多层红土倾斜向北覆裹。共清理墓葬 5 座、器物（群）11 处、沟类遗迹 1 条、洞类遗迹 2 个。出土器物主要有几何印纹硬陶罐、陶瓿、泥质灰陶盆、器盖、青瓷碗等。

D8 土墩残高约 0.6 米，面积约 220 平方米，整体保存较差。该土墩属一墩一墓结构，发现墓葬 1 座，器物群 2 处，M1 为平地掩埋式形制，有规律摆放的石棺床，随葬几何印纹硬陶器、原始青瓷器以及夹砂陶鼎等器物。墓葬年代为春秋晚期。

本次土墩墓抢救性考古发掘工作，收获较大，有新发现、新认识，有不断尝试新方法，不仅在考古发掘、文物保护、大遗址保护等专业领域内有拓展创新，同时开展了多项公众考古活动，真正做到“探索地域文明，服务社会大众”。此次土墩墓的发掘，充实了土墩墓的基础资料，也丰富了土墩墓的内涵，为研究宁镇丘陵地区土墩墓的形制、营造方式以及文化属性提供了更多样的科学信息。

（曹　军　吴文婉）

【溧阳市子午墩春秋时期土墩墓】

发掘时间：2018 年 3 月～12 月

工作单位：南京博物院

子午墩 D1 位于溧阳市上兴镇镇区内。为配合溧阳市经济开发区建设，本年 3 月南京博物院联合溧阳市博物馆对 D1 进行抢救性考古发掘。墩体平面呈不规则圆形，东西残长 38 米，南北残长 41 米。D1 高出地表 7.13 米。

本次发掘以十字隔梁法将土墩分为四个探方，发掘总面积约 1300 平方米。目前已经清理墓葬 21 座。明清墓葬：M4 ~ M9，均开口于②层下。春秋时期墓葬：M1 ~ M3、M10、M12 ~ M14、M17，开口于③层下；M11、M15、M16、M18 ~ M21 开口于⑤层下。器物群 2 个，开口于③层下。出土器物 200 余件，以印纹硬陶罐、夹砂红陶鼎、泥质灰陶罐和原始青瓷盅等为主。以 D1M2、D1M11 作简介。

D1M2 位于 D1T1 西南部。开口于③层下，平面呈长方形，方向 38°。长 2.97 米，宽 1.55 米，深 0.32 米 ~ 0.33 米。墓壁微斜，墓北部略高。随葬器物有原始青瓷盏、陶钵、陶釜、灰陶罐、陶碗等。墓内填土为红褐色花土，土质松散杂乱。根据出土器物特征推断墓葬年代应为春秋晚期。

D1M11 位于 D1T1 东北部。开口于⑤层下，为“刀把形”墓葬，被严重盗扰，仅存墓道。残长 4.1 米，墓道宽 0.82 米 ~ 1.58 米。随葬器物有灰陶盘、夹砂红陶鼎、原始瓷杯、原始瓷盅等。根据出土器物特征推断墓葬年代应为春秋晚期。

目前考古发掘仍在进行中，该土墩遗存的发掘表明溧阳地区的土墩遗存是吴越文化的重要组成部分，有助于进一步认识江南地区土墩遗存的演变过程与文化性质，为研究该地区历史提供了重要的实物新资料。

（杭　涛）

【泗阳县三庄汉代墓群】

勘探时间：2018 年 8 月 25 日 ~ 12 月 20 日
工作单位：南京大学

三庄墓群位于泗阳县三庄乡东部，墓区南至黄徐村，北至橡树村，南北长约 7700 米，东西宽约 900 米。墓群北有汉代的穿城遗址，南有汉代泗水王国的政治中心凌城遗址。第三次全国文物普查时，根据墓区地表隆起形态，疑有汉墓 68 座。2014 年 10 月三庄汉代墓群被列为全国重点文物保护单位。为了给墓区编制保护规划，本所在江苏省文物局的批准下，由贺云翱教授主持，对墓区进行了全面勘探。在勘探区域内共探明地下墓葬及地上封土遗迹 70 个，其中有 69 处封土遗迹方向均为正方向或接近正方向，仅有墓 22 号约为 340°；在平面形状上，70 处墓葬封土中有 34 处为正方形，36 处为长方形（其中有 34 处为南北略长，仅 3 号墓葬和 23 号墓葬为东西向略长）。封土遗迹规模最大的是 53 号墓，面积为 4.41 万平方米；依次还有 66 号墓，面积 4 万平方米；68 号墓，面积 3.6 万平方米；18 号墓，面积 3.24 万平方米。其中面积较小的有 24 号墓，面积 2500 平方米；43 号墓，面积 3082 平方米；45 号墓，面积 3220 平方米；49 号墓，面积 3150 平方米；50 号墓，面积 2580 平方米。面积最小的是 59 号墓，面积为 1600 平方米（推测该墓封土遗迹被人为损坏）。这些封土作方形或长方形的大中型汉墓成片分布，我们怀疑它们与汉代泗水王国有关。本次工作，还使我们进一步了解到三庄墓群所在区域的原始地形地貌及其变化，其中东部的邢马河、西部的邢西河及汉唐南路和宿泗路均为 20 世纪 50 年代开挖和修筑形成；同样，墓群保护范围南端的二分干渠和北端的穿南渠也是开挖于 20 世纪 80 年代，由此可推测，三庄墓群的原来范围应该超出现存的保护范围，其实际四至边界有待于在今后考古工作中探明。

【仪征市联营西汉墓葬】

发掘时间：2018 年 4 月 ~ 12 月

工作单位：南京博物院、扬州市文物考古研究所、仪征市博物馆

联营墓群位于仪征市刘集镇联营村赵营组、谢庄组，位于县道201以西，墓葬密集区距离201县道340米，属于蜀岗山脉。地理坐标为北纬32°24′30″，东经119°16′50″，平均海拔25米。该区域原是农田与村庄，地势较高，因砖瓦厂取土，现地貌已遭到破坏，北部砖瓦厂区域与南部村庄农田海拔相差约4米。2017年7月，该区域进行房屋拆迁，对联营汉墓群进行初步考古调查、勘探工作。2018年4月正式启动发掘项目，布设10米×10米标准探方69个，发现汉代墓葬57座。至9月已发掘墓葬32座，出土陶器、铜器、玉器、漆木器等各类文物500余件。

该区域均为汉代墓葬，时代由西汉早期延续至西汉晚期，早期墓葬排列有序，晚期墓葬杂乱无章，彰显出墓区性质从庙山汉墓王陵陪葬区到平民墓地的明显变化。

（李则斌）

【溧阳市蒋笪里汉代及宋明墓地】

发掘时间：2018年2月~7月

工作单位：南京博物院、溧阳市博物馆

蒋笪里墓地位于溧阳市上兴镇蒋笪里村南侧、104国道东侧的高岗台地上。本年2月至7月，由南京博物院、溧阳市博物馆成立联合考古队对该墓地进行了考古发掘。发掘面积3500平方米，共发现各类遗存47处，清理墓葬37座。

根据葬制和陪葬品判断，这些墓葬年代分属汉、宋、明三个时期。汉代墓葬23座，形制有带长斜坡墓道竖穴土坑木椁墓、带斜坡墓道竖穴土坑砖室墓、长方形竖穴土坑木椁墓、长方形竖穴土坑墓。宋代墓葬9座，形制有带斜坡墓道竖穴土坑砖室墓、长方形竖穴土坑墓和船形砖室墓。明代墓葬5座，形制为长方形竖穴土坑墓。

这批墓葬有着鲜明的分布特征，不仅表现为不同时期墓葬分布相对集中，而且同时期墓葬还有着严格的规划分布。明代墓葬集中分布在发掘区北部，均为东西向。宋代墓葬主要分布在发掘区东部，仅有1座在西南部。汉代墓葬数量最多，分布在发掘区的中部及西南大部。宋、明时期的墓葬都为东西向，汉代墓葬主要为南北向。宋、明时期墓葬有着南北向竖排分布规律，汉代墓葬则是横向分布规律。最突出的就是汉代带长斜坡墓道竖穴土坑木椁墓，由北向南分成东西向三排，墓室大小及深浅基本呈递减趋势。

发掘区内的所有墓葬，除几座宋、明时期长方形竖穴土坑小墓未被盗扰，其他墓葬皆被盗扰，出土残存随葬品有陶器、瓷器、铜器、铁器、漆器、木器等共152件（组）。宋、明时期墓葬出土遗物主要为瓷碗、韩瓶、铜钱等。汉代墓葬出土遗物相对较丰富，陶器组合以壶、瓿、罐为主。汉墓中以M35出土遗物最多，达47件（组）。M35椁室内发现新莽时期货币“大布黄千”和“大泉五十”，同出的还有车马器、兵器、漆器、铜镜等。

通过考古发掘，发现蒋笪里汉墓形制相同，规模较大，数量较多，时代相近，布局严谨，此处墓地应是汉代溧阳当地家族墓地。这批大型墓葬皆有墓道，最长的斜坡墓道达12米，墓室深阔，椁木宽厚，随葬的器物有车马器，墓葬形制和随葬品规格较高，表明墓主身份地位较高。1971年在蒋笪里墓地此次发掘区西部曾发现一座汉墓，出土了一些银缕玉衣片，南京博物院曾派人员进行了现场勘查与确认，此墓主人身份可能为侯。因此，蒋笪里汉代家族墓地的墓主可能是汉代的溧阳侯及家属。

（马永强　徐　勇）

【溧阳市青龙头汉代及宋明墓地】

发掘时间：2018年8月~11月

工作单位：南京博物院

青龙头墓地位于南京航空航天大学溧阳校区西北处乌龟山向西伸出的一片坡地上，北倚周家山、乌龟山，西靠丁家山、屏峰山，东南小河蜿蜒，宜溧山地环绕。中心地理坐标为北纬 31°22′31.80″，东经 119°28′31.50″，海拔约 5.1 米。墓地范围东西长 70 米，南北宽 60 米，总面积约 4200 平方米。因校区开发建设，部分坡地已被取土破坏，发现汉墓陶罐碎片和砖室墓。本年 8 月，南京博物院青龙头考古队对墓地进行了抢救性考古发掘。

截至目前，共发现并清理墓葬 39 座。其中汉代墓葬 24 座，宋代墓葬 1 座，明代墓葬 14 座。出土随葬品丰富，包括大量陶器、瓷器、铜器、铁器和釉陶器等物。汉代墓葬有 2 类，分为土坑墓和砖室墓，整体排列有序、布局规整，相互间位置靠近，却未见明显打破关系，可见墓地的整体规划布局；墓内随葬品十分丰富，大量陶器、铁器、铜镜、铜剑和铜钱等物出土，还发现有大量陶质钱币（冥币）和漆器痕迹。宋代墓葬 1 座，位于墓地南侧，打破汉代墓葬 M23，被明墓 M6 打破，长方形土坑竖穴墓，发现 1 件随葬品韩瓶。明代墓葬 15 座，散布于墓地各处，呈小范围聚集特征。墓葬形制有土坑墓、砖室墓和石室墓三类，出土遗物以韩瓶和瓷碗为主，偶见“宣德通宝”“万历通宝”铜钱和少量素面铜镜出土。

（高 伟）

【睢宁县下邳故城遗址】

发掘时间：2018 年 10 月 ~ 12 月

工作单位：南京博物院、睢宁县博物馆

下邳故城位于睢宁县古邳镇北侧，南距古邳镇约 1 千米，西北距岠山 3 千米。遗址内东南高、西北低，城内多河道、鱼塘。中心地理坐标：北纬 34°130′914″、东经 117°906′021″。2014 ~ 2017 年，南京博物院、睢宁县博物馆对其进行了考古调查、勘探与发掘，共发现下邳古城和下邳故城两座城址。下邳古城为一座长方形城址，时代为宋至清，南北长约 930 米、东西宽约 630 米，城墙中间夯土，外侧条石起基、青砖包砌，城墙表面局部有建筑遗存，在城内发现了大面积的宋代院落式建筑遗迹。下邳故城城址平面呈长方形，时代最早可追溯到东汉，城址东西长 1500、南北宽 1350 米。北城墙向北略弧，城址西南部叠压于下邳古城城址之下。本次的发掘目标是在前期资料积累的基础上，继续寻找汉代下邳故城护城河及城内的功能分区，充实下邳故城汉代遗存资料，丰富下邳故城遗址的文化内涵。

通过前期的调查和发掘，认识到下邳古城位于下邳故城西南部，从下邳故城南城墙和西城墙夯土的延伸方向和下邳古城的城墙走向推测，两个时期的古城很可能在西南角重合，下邳古城南城墙和西城墙可能叠压在下邳故城墙上。故此次的发掘在下邳古城西南角布 TG11，以期寻找到下邳古城城墙和下邳故城的叠压关系，以及城外的护城河。同时将原先发现魏晋时期房址的 TG2 西部继续下挖，寻找更早期的文化地层，充实东汉时期下邳故城城内遗存资料。

下邳故城考古工作开展以来，由于当地雨水过多、水位线高、土方坍塌严重等多种原因，TG2 的发掘暂时未有新的发现。TG11 现布方东西宽 25 米、南北长 52 米。发掘至 11 月初，已经发现下邳古城城墙西南拐角，拐角处有金时期的城墙外侧的夯窝面、明代城墙外侧包砖，以及城墙外的护城河遗迹。

（马永强 徐 勇）

【溧阳市大山下唐代窑址】

发掘时间：2018 年 7 月 ~ 12 月

工作单位：南京博物院、溧阳市博物馆

本年4月，南京博物院和溧阳市博物馆考古工作人员在溧阳市天目湖镇大山下村的南航天目湖校区建设工地发现大量青瓷片，随即开始进行考古调查，确认其为一处晚唐时期的青瓷窑址。由于破坏严重，按窑址残存部分布10米×10米探方15个，共1500平方米。到目前为止，发掘出土碗、钵、罐、壶等各类瓷片以及垫饼等窑具约20吨，其中可复原的瓷器近千件。另外清理汉代墓葬3座。

窑床位于T4探方东部，龙窑，北高南低。窑床两壁用砖垒砌而成，中间有大量的红烧土块和瓷片。窑壁的红烧土痕迹明显，窑床呈南北方向，北高南低。南北现残长7.9米，东西宽3.2米。出土遗物包含瓷片和窑具两大类。瓷器为窑址生产中的残次品。器形有碗、钵、罐、壶、瓶等生活日用器，尤以前两类为大宗。胎土致密，灰白色，内施青釉，外侧施釉一般不到底。碗、钵类器物一般采用多层叠烧，中间以数量众多的椭圆形小垫饼间隔。装饰方法主要为刻划。有的瓷碗内底有店号等字款，有的瓷碗内有动物图案和花卉，如鹳、兔等。窑具主要是夹粗砂的桶形支座。

发现3座汉墓，其中M2和M3遭破坏严重。三座墓葬均是南北方向。M1位于T2西北部，平面呈长方形，墓口距地表0.3米，长2.24米，宽1.6米，深0.95米。出土陶壶、陶瓿、陶罐、陶灶、铜钱、铁剑等11件。M2位于T1的东北部，平面呈长方形，墓口距地表0.3米，长2.82米，深0.5米。出土陶罐、陶壶、陶盒等6件。M3位于T3东北部，墓葬平面呈长方形。墓口距地表0.3米，长3.13米，宽1.55米，深0.44米。出土陶壶、陶瓿、陶罐、铜钱、料珠（串珠）等9件。

大山下窑址是江苏发现的为数不多的唐代青瓷窑址之一，从中可以了解江苏在唐代青瓷生产的基本情况。初步来看，大山下窑址与相邻的宜兴市涧漈窑在时代和产品类型、工艺上均有较多的相似之处，属于南方青瓷窑系的一个组成部分。

（杭　涛）

浙 江 省

【缙云县陇东新石器时代遗址】

发掘时间：2018 年 3 月 15 日 ~5 月 18 日

工作单位：浙江省文物考古研究所、缙云县博物馆

本年 3 月初，缙云县壶镇陇东村村民向缙云县博物馆举报，壶镇中学在新校址的迁建过程中发现鼎足、石镞等史前文化遗物。根据举报线索，缙云县博物馆的工作人员到现场勘查，并联系浙江省文物考古研究所进行考古勘探。经过初步调查，陇东遗址已被壶镇中学新校址的建设工程严重破坏，遗址范围残留不足 500 平方米，结合采集到的遗物信息和钻探调查结果，陇东遗址很可能是一处包含了上山、良渚、好川、钱山漾等不同文化阶段的古人类遗址，为避免文物资源遭到彻底破坏，浙江省文物考古研究所、缙云县博物馆对陇东遗址进行抢救性发掘。

陇东遗址位于壶镇溪东区块，北揽好溪，东望陇山，其东南约 500 米为陇东村，该遗址位于壶镇盆地的东北端，毗邻括苍山系的山麓地带，地理坐标北纬 28.81°，东经 120.27°，海拔约 210 米。

自 2018 年 3 月 15 日至 5 月 18 日，陇东遗址共发掘 487 平方米，布设 7 米 ×10 米、9 米 ×10 米、10 米 ×10 米、4 米 ×10 米探方共 6 个，2 米 ×19 米、1 米 ×9 米探沟共 2 条。发掘表明，陇东遗址是一处包含了上山、良渚、好川、钱山漾、商周、西晋和宋代堆积的古遗址，遗址主体以良渚和好川文化堆积为主，共发现灰坑 65 座、灰沟 8 条、柱洞 23 处。其中，良渚时期的遗迹发现有少量灰坑，以 H24 最为典型，出土双鼻壶、圜底陶罐、陶豆，地层中仅见少量鼎足、残石钺、残石刀，年代相当于良渚文化晚期。好川时期的遗迹以灰坑、墓葬、柱洞为主，灰坑以 H22、H23、H44、H55 最为典型，出土带盖簋、陶豆、圜底釜、单把杯；墓葬均呈窄长条状，发掘的 G2、G3、G5、G7，长度 1.8 米 ~2.1 米，宽度 0.3 米 ~0.4 米，野外发掘时暂定为灰沟，由于出土了固定的陶器组合——釜、豆、壶，因此整理时将其认定为墓葬。柱洞集中分布在南部发掘区，分布较为零散，未见形制规整的房址，其中 D9 ~ D11 可能代表了一种简易的临时性建筑。另在地层中出土了较多扁方足、侧扁足、圆锥足等好川时期的鼎足，以及有段石锛、石环、钻芯、石镞等石制品。钱山漾时期的遗物仅在地层中发现少量大鱼鳍形、刻划纹鼎足；商周遗物中未发现完整器物，但出土较多印文硬陶残片、石镞等。

此外，陇东遗址还找到了上山文化的遗物线索，发现了少量夹炭红衣陶片，在部分采集品中发现了近似平底盘的残片、大口盆腹部残片、羼合稻壳的陶块以及石球、磨石。由于发掘区面积有限，且已位于遗址的边缘，已被破坏的遗址核心区可能包含更为丰富的上山文化堆积。

陇东遗址是继遂昌好川遗址之后发现的又一处好川文化遗址，它为研究好川文化的相关问题提供了新的资料。陇东遗址

发现的良渚、钱山漾文化相关遗物，为探讨浙南地区新石器时代晚期到末期的人群交流、文化演变提供了新的视角，同时与上山文化相关的遗物信息为寻找在周边地区新石器时代早期遗址提供了有益线索。另外，陇东遗址发现了与石器加工相关的遗迹线索，并且在地层中出土了数量丰富的石器原料、打制石器成品、石器废片等，这为研究好川文化时期的石器生产、生业经济、资源模式等问题提供了重要资料。

（孙瀚龙）

【义乌市桥头跨湖桥文化遗址】

发掘时间：2018 年 3 月 ~12 月

工作单位：浙江省文物考古研究所

桥头遗址位于义乌市城西街道桥头村村西。发掘显示，遗址的东、南、北三面为人工的环壕，西面连接自然河道。环壕的内沿基本完整，外沿破坏严重，但在南部和西北角还是得到了局部的保存。南部环壕的上部受到后期洪水的冲击，在考古迹象上表现为商周层下堆积一层砂砾层，在砂砾层下，环壕的底部得到局部的保存；北部环壕被近现代动土破坏严重，仅在西北角保留一部分。总的看来，桥头环壕遗址的完整性基本确立。环壕的宽度 10 米 ~15 米，深度 1.5 米 ~2 米。以环壕的外沿为界限，则环壕聚落的南北长度约 80 米，东西宽度约 50 米。

经过发掘，确认环壕填土由内而外呈倾斜状堆积相，证明环壕遗址废弃后，环壕所包围的中心台地依然被利用，在利用过程中环壕被废弃、填埋。环壕填土的分层在不同位置并不一致，大致分 4 ~6 层。出土陶器有绳纹釜、浅腹平底盘、红陶罐、壶等，年代相当于跨湖桥文化时期，早期处在上山文化与跨湖桥文化之间，为探索两者的关系及分期研究提供了新的重要资料。同时也证明，迟至跨湖桥文化时期，环壕功能废止。

本年，主要发掘环壕所包围的中心台地，试图理解中心台地的功能。发现红烧土遗迹一处（临时编号为 F1），北缘有一条清晰的界线，发掘尚未完成，另外在 F1 南侧发现复原率较高的陶器遗迹一处，无明确的边界，修复陶器约 20 件；北侧发现一器物坑，器物叠加，但较乱，可复原器物约 40 件。这些器物的分布应该与中心台地的功能有密切关系，尚未完全揭示。

（蒋乐平）

【宁波市奉化区上王村新石器时代至宋元遗址】

发掘时间：2018 年 7 月 ~11 月

工作单位：宁波市文物考古研究所、中国人民大学考古文博系

上王村遗址位于宁波市奉化区江口街道方桥镇，具体位置位于东环线以东，规划儒江路以南，北仓路以北，上王村西南约 540 米处。为配合宁波第一医院异地建设项目，宁波市文物考古研究所对上王村遗址进行了先期勘探和试掘工作。在原址保护的前提下经国家文物局和省文物局批准，中国人民大学考古文博系对该遗址进行了发掘。发掘区共布设 10 米 ×10 米探方 10 个，面积 1000 平方米。

发掘情况表明，上王村遗址地层堆积深度 1.3 米 ~1.7 米，可分为五个大层，时代可大体划分为河姆渡文化、良渚文化、宋元时期三大阶段。

河姆渡文化遗存以第④层和第⑤层为代表，年代相当于河姆渡文化第四期。遗迹发现有 1 条灰沟、3 个灰坑和 90 个木桩遗存。木桩分布从大方向上为东北—西南向分布。有疑似围栏遗迹的矩形木桩组合。所有木桩底部均削尖，直接打入淤泥中。木桩功能可能与当时小规模的干栏式建筑有关，也可能与维护某种设施有关。出土遗物以陶器为主，多釜和鼎，另有豆、盘、罐、盆、器盖等；石器有石锛、石刀、石

锤、磨石等。

良渚文化遗存以第③a、③b层为代表。遗迹发现有6个灰坑。其中第③b层含砂量较大，土质较干燥，出土遗物较少，可能是当时的人为堆积层。出土陶器有鼎、罐、圈足盘、器盖等；石器有石犁、石锛、石刀、石钺等。

宋元时期遗存以第②层为代表。遗迹发现有1条灰沟和3个灰坑。出土遗物主要见有青瓷碗、钵、盏等，另有少量的板瓦、韩瓶等遗物。

从整个遗址来看，发掘区应位于生活区附近，而非中心生活区。从制作工艺、器表纹饰精美程度、器物制作的规整程度看，中心聚落的规模与等级可能比较高。发掘出土的陶片以泥质陶和夹砂陶为主，还有少量的夹炭陶。

三江平原新石器遗址数量的增多，使我们对平原地区的遗址分布有了全新的了解。早年学者们更关注河姆渡文化在山脚下的分布情况，对于遗址在平原地区的分布不甚了解，对河姆渡文化晚期的发展趋势和发展方向也不太了解。此次发掘为我们理解宁绍地区东部河姆渡晚期的发展过程与发展趋势提供了新的案例。

（于柏川）

【杭州市余杭区良渚古城遗址】

发掘时间：2018年2月~2019年1月

工作单位：浙江省文物考古研究所、良渚文物保护管理所

本年，良渚古城遗址城内的主动发掘项目主要包括钟家港中区、桑树头、毛竹山和南城墙。

2016年8月至2018年1月，为了研究莫角山台地的营建过程、始建年代、莫角山台地与钟家港古河道的关系等问题，我们对良渚古城钟家港中区进行了考古发掘，取得了重要的考古成果，最重要的发现是揭露出三根大木作，同时首次从层位学上证实了莫角山始筑于公元前5000~前4900年，为保护大木作，2018年1月进行了保护性回填。由于三根大木作中有两根未完全揭露，因此从2018年6月开始将大木作区重新揭开并向南扩方，将三根大木作完整揭露，最长的一根达17米。

2018年9月底开始，为了解莫角山宫殿区西南部桑树头台地上的遗迹分布情况，对台地进行长探沟发掘工作。探沟发掘至良渚文化层表即止，为非完全发掘法。通过发掘，在桑树头南部发现两排房基土台，目前北排确认3座、南排确认3座，面积100平方米~300平方米，在这两排房址的西部可能还各有一座房基土台分布，尚待发掘确认，可能是宫殿区附近高等级贵族的居住区。20世纪70年代，桑树头中部农民建房时曾发现有贵族大墓，显示有贵族墓地存在，由此推知桑树头应该是一处包含贵族居住区和贵族墓地的居葬合一的遗址。

毛竹山位于莫角山北部，海拔10米左右，从位置来看，是一处非常重要的台地遗址。为了解该台地的形状及其上遗迹的分布情况，从10月中旬开始进行长探沟发掘，发掘至良渚文化层表即止。清理良渚文化小墓1座，出土鼎、豆、罐及石镞、石钺各1件，毛竹山大部分区域历史时期地层厚达1米，其内出土有多件纺轮、石器，推测这里原有良渚文化晚期的墓地，但已被严重扰乱。

为配合申遗专家考察和现场展示，对南城墙进行了小规模解剖发掘，了解到该段城墙堆土呈块垄状，局部可见明显的草裹泥痕迹，铺地石也呈块垄状，且堆土与铺地石的块垄存在明显的对应关系，为我们了解古城的营建方式提供了新的资料。

（刘　斌　王宁远　陈明辉　朱雪菲）

【杭州市余杭区玉架山良渚文化遗址】

发掘时间：2018年3月~2019年1月

工作单位：浙江省文物考古研究所、中国江南水乡文化博物馆

玉架山遗址位于杭州市余杭区，因“余杭经济开发区”建设，经国家文物局批准，浙江省文物考古研究所与中国江南水乡文化博物馆合作，于2008年10月至今，对该遗址进行了全面钻探调查与发掘，目前工作仍在进行之中。

调查勘探面积总计约1平方千米，共发现了由六个相邻的环壕围沟组成的良渚文化完整的聚落遗址，总面积约15万平方米。目前已发掘面积32000余平方米，共清理良渚文化墓葬560座、灰坑27座、建筑遗迹11处，出土陶器、石器、玉器等各类文物6000余件（组）。

现将本年度的发掘基本情况与主要收获介绍如下：主要是发掘环壕Ⅳ，发掘面积为1800平方米，发掘工作正在进行中。清理良渚文化墓葬28座、灰坑2座、居住遗迹1处，并对环壕Ⅳ的北壕沟进行局部揭露。

发掘的墓葬28座，多属良渚文化晚期，出土遗物200余件（组），陶器组合为鼎、豆、罐（尊），玉器主要有玉管和锥形器，石器主要有石钺和石镞。墓向多朝南。灰坑2座。建筑1处，分2个单元，各8个柱坑。

另外，去年发掘的环壕Ⅴ因当时村道下不具备发掘条件，今年紧急发掘了200平方米，良渚文化晚期墓葬8座。今年的发掘显示，环壕Ⅳ出土遗物属良渚文化晚期。

（楼　航）

【德清县中初鸣良渚文化制玉作坊群遗址】

发掘时间：2018年4月～2019年1月

工作单位：浙江省文物考古研究所、德清博物馆

中初鸣遗址位于湖州市德清县雷甸镇杨墩村，西南距良渚遗址群约18千米，毗邻今天的苕溪和京杭大运河，面向广袤的太湖平原，地理位置优越，水路交通便利。

这一区域早年就有玉料出土的记载，民国二十一年（1932）《德清县新志》卷二：“中初鸣、下初鸣、桑育高桥，地中时掘有杂角古玉及圈环步坠等物，质坚，色多红黄，时人谓之西土汉玉，佳者极珍贵。”上世纪九十年代，当地开挖鱼塘时曾出土大量玉料，并不时有盗掘现象，引起文物部门高度关注，推测这一区域可能存在面积较大的制玉作坊遗址。

2017年开始，为配合良渚古城外围遗址调查，以及国家文物局“十三五”重大专项课题“考古中国：长江下游区域文明模式研究——从崧泽到良渚”的开展，浙江省文物考古研究所、德清博物馆对该地区进行了大规模的系统调查和勘探，在南北、东西各约1千米的范围内，发现和确认木鱼桥、田板埭、保安桥、小桥头、王家里等多处遗址。这些遗址均有玉料出土，判断存在一处良渚文化时期的大规模制玉作坊群，统称中初鸣制玉作坊群遗址群，总面积达100万平方米。

根据墓葬随葬品及废弃堆积中陶片的形态分析，遗址的年代比较集中，为良渚文化晚期。初步的碳十四测年结果为距今4800～4500年。

2017年，对木鱼桥遗址进行了发掘，出土了较为丰富的玉料。本年，对小桥头遗址、桥南遗址、王家里遗址进行了试掘。小桥头遗址确认了两处南北相对的土台，北部土台揭露部分南北约17米，东西约23米；南部土台揭露部分南北约10米，东西约22米，在土台中间的沟状堆积中发现了少量玉料、陶片。桥南遗址土台西部的废弃堆积中出土了100多件玉料。王家里遗址试掘确认土台1处，揭露部分南北约20米，东西约19米，仅在土台西部发现少量良渚文化陶片。

本年在系统调查和勘探的基础上，对保安桥遗址进行了发掘，发掘面积近1100平方米，揭示了保存较为完整的作坊遗址，发现和清理了良渚文化土台1处、墓葬4座、灰坑15个、灰沟4条、井3座。

保安桥遗址面积约2000平方米，遗址的主体是土台平面形状近长方形，东西至少23.5米，南北约20米的人工营建土台。现土台面海拔标高约2.4米，残存深度40厘米~120厘米。土台顶部发现墓葬4座、红烧土堆积1处、灰坑1个。

墓葬主要分布于土台中部偏东位置。其中M1保存较好，出土随葬品23件，其中玉器10件、为镯1件、锥形器5件、半圆形饰1件、管2件、玉料1件；陶器3件，为罐、圈足盘、鼎。墓葬出土的玉料表明墓主人的特殊身份。土台东部发现1处红烧土堆积，平面形状近椭圆形，包含大量红烧土块，其性质可能与建筑遗迹相关。

土台周边的废弃堆积中出土了大量玉料，玉器成品、半成品、残件等，另出土了少量陶器、石器。具体包括玉料1600余件，玉器成品、半成品、残件200余件，石器200余件（其中燧石、磨石50余件）。

经初步鉴定和统计，玉料的材质有透闪石闪玉、阳起石闪玉、蛇纹石、叶腊石、滑石等，以蛇纹石为主。部分玉料表面有比较强的反光，且有自然擦痕，应是受到构造应力的作用，应直接来源于山上，为山料。遗址中出土的玉料以片切割为主，线切割标本少见。保安桥遗址出土的半成品中以锥形器和管为主，数量最多，而其它产品只有少量坠饰、遂孔珠等，综上判断保安桥遗址主要大规模生产锥形器和管，产品相对单一，但产量极大。

在发掘过程中为了防止遗漏细小遗存，对土样全部进行了淘洗。重浮物中发现了数量较多的石核和石片，其中可甄别出燧石和玉髓材质的钻具和刻划工具，是继江苏磨盘墩、丁沙地、良渚塘山（金村段）、良渚古城钟家港等遗址之后的又一重要发现，现可以确定为良渚制玉的必备工具。

中初鸣遗址面积大，年代明确，性质特殊，是迄今为止长江下游地区发现的良渚文化时期规模最大的制玉作坊群遗址。保安桥遗址作为单个的作坊遗址，墓葬、居址数量少，规模并不大，说明当时可能是小家庭式作坊模式。

中初鸣遗址出土了大量制玉相关遗存资料，是目前出土玉料、玉器半成品最多的良渚文化遗址，从材质、种类，加工方式乃至保存状况等各方面，为史前制玉工艺研究和玉石质文物保护提供了重要的资料和依据。

中初鸣良渚文化制玉作坊群遗址的发掘工作，有别于以往发现的各类各级良渚文化遗址，是良渚文化田野考古的新内容，反映了远距离大规模专业生产的模式，为讨论良渚文化晚期的社会结构、聚落模式和手工业经济提供了丰富的资料，更是良渚文明和良渚古国高度发达的重要体现。

（朱叶菲）

【湖州市吴兴区昆山马桥文化遗址】

发掘时间：2018年3月~12月

工作单位：浙江省文物考古研究所、湖州市文物保护管理所

昆山遗址位于湖州市吴兴区八里店镇昆山村，遗址面积约100万平方米，是全国重点文物保护单位。1957年冬发现，后经多次调查发掘。2014年《湖州昆山遗址考古工作规划》被列入国家文物局重点课题项目。按照规划内容，联合考古队对昆山遗址进行了一系列的主动性考古调查和发掘工作。

本年的考古工作主要集中于昆山山体西南、大东吴厂区以北的麻雀田地点，因土地赔偿问题，昆山东部发掘计划未成行。

麻雀田地点发掘面积共1100平方米，共揭露、清理遗迹24个，其中土台1处、沟槽组遗迹3组、灰坑9座、灰沟2条、墓葬7座、水井2口、柱洞柱坑若干。出土小件标本60余件。主体遗存为马桥文化—后马桥文化时期，少量良渚文化、汉六朝和宋代遗存。

发掘区东部的土台时代介于马桥文化~后马桥文化之间，东西140米，南北40米~50米，堆筑土最厚处有2.5米。主要由三部分组成，底部为板块状堆土，其上为水平状堆土，再上为砂土混合层，局部可见清晰的分层现象。砂土层之上有烧结面，并分布有柱坑，直径0.5米~0.6米，深1.5米~2.0米。

沟槽组遗迹共发现3组，被东部土台叠压。沟槽组1位于土台西部，开口于土台堆土之下，打破马桥文化地层。平面大致呈长方形，东边界大致平直，西边界凹凸错落，方向北偏西10°，南北长76.75米（未到边界），东西宽8.4米~13.4米。沟槽纵横交错，柱洞排列规律，底部有的有垫木支撑。沟槽组3分布于沟槽组1西部，被沟槽组1和沟槽组2打破，平行分布，方向为北偏东1°，目前发现有13条沟槽，间隔1.5米，最深1.65米，最长者12米，分布范围东西宽25.6米（东部不明）。沟槽内分布有柱洞（坑）13个，沟槽底部多铺有整条的方木，揭露最长的一段达9.3米。

沟槽组遗迹的性质尚不明确，推测应为建筑之基础部分。因考虑到以上建筑遗迹的重要性，考古发掘多停留在“后马桥文化”地层面上，局部做解剖和清理。

综上，经过对昆山遗址南部麻雀田地点的发掘，我们清晰地认识到，这一区域应是商周时期重要的居住区，并存在高规格的建筑，其体量在浙江地区甚为罕见。厘清这一建筑的分布与格局以及历时性的演变有助于对昆山遗址整体聚落格局的认识。

（刘建安　闫凯凯）

【衢州市衢江区庙山尖西周土墩墓】

发掘时间：2018年3月21日~7月16日

工作单位：浙江省文物考古研究所、衢江区文化广电新闻出版局

庙山尖土墩墓位于浙江省衢州市衢江区云溪乡棠陵邵村，由于遭到盗掘，经国家文物局批准（考执字2018第329号），浙江省文物考古研究所会同衢江区文化广电新闻出版局自3月21日起对庙山尖土墩墓进行抢救性发掘。经过4个月的科学发掘，取得了重要收获。

该墓为熟土堆筑的浅坑木室墓。封土呈馒头状，残高3.4米，底径25米~30米。墓坑长14.3米，宽6.2米，深0.3米左右，南、北、东三面坑壁由鹅卵石垒成，坑壁外侧坡面用鹅卵石铺砌，墓底平铺鹅卵石。墓向朝西，方向240°，墓道长8米，宽3米。墓室为两面坡的人字形木结构，外铺木炭，内有前、后两室，前室宽4.9米，长3.5米，后室宽6.2米，长10.8米。

该墓多次被盗，仍出土了大量随葬品，主要为青铜器、玉器，另有少量陶瓷器。青铜器多分布于墓室边缘，包括剑、戈、镞等兵器和铜削等工具，及龙首形钩、铜泡等构件。构件表面多镶嵌彩色纹饰，造型优美华丽。玉器以玉玦居多，此外有玉管、玉璧、玉珠和玦形挂饰。玉玦成组出现，每组数量多达三四十件，其中两组玉玦相邻分布于墓室东侧；玉管散布于玉玦周围，长短不一，形状别致；片状的小玉珠制作十分精细；玉璧、玉玦形挂饰材质独特，晶莹剔透。根据印纹硬陶和原始瓷器的造型和纹饰特征，推断该墓为西周早期越地典型的贵族墓；随葬的青铜器、玉器数量多，制作精美，显示墓主人为越国早期上层贵族。

庙山尖土墩墓墓葬规模巨大，是迄今浙江省已发现的西周时期规模最大、等级最高的土墩墓；墓底平铺鹅卵石、墓坑外侧坡面铺砌鹅卵石的营建方式十分独特；两面坡人字形的木结构墓室为国内目前已发现的年代最早的人字形墓室，为绍兴印山越王陵的人字形墓室结构找到了渊源，具有重要的时代意义；土墩墓中发现大量青铜器和玉器，在浙江省已发掘的土墩墓中十分罕见；大量随葬的青铜构件具有与中原地区不同的风格面貌，体现了显著的本土特色，为当地商周时期历史、经济、社会、文化的研究提供了极具价值的宝贵资料。

庙山尖土墩墓的地理位置处于浙闽赣三省交界，它的发现对吴越文化的研究具有重要意义，同时也为跨省联合开展夏商周时期考古课题提供了契机。由于出土青铜器和玉器数量众多，遭受腐蚀严重，为保证文物安全和完整提取，特将青铜器和玉器现场整体套箱提取，运送至中国社会科学院考古研究所进行实验室考古清理，目前实验室考古正在进行中。

另外在对庙山尖土墩墓周边环境的调查中，在距离该墓2千米范围内还发现4座西周土墩墓和1处居住遗址，它们与庙山尖土墩墓位于同一条山脊线上，沿着衢江北岸分布。其中1983年发掘的云溪乡西山村大墩顶土墩墓中，发现了20余件有角玉玦，表明该区域为西周早期高等级墓葬群的分布区。

（余金玲）

【安吉县龙山107号春秋墓群】

发掘时间：2018年1月~12月

工作单位：浙江省文物考古研究所

安吉龙山107号古墓葬位于安吉县递铺街道古城村，是安吉古城外围墓群——龙山越国贵族墓群中规模最大、等级最高的一座，由中心主墓、外围陪葬墓和隍壕三部分组成，其中主墓位于墓园中心海拔41.8米的小山之巅，土墩为东西向长方形覆斗状，长56米、宽30米、高8米，外围小型土墩（陪葬墓）30座，分两周紧密围绕中心主墓，最外圈的隍壕围绕墓园一周，周长630米，宽约21米。因2011年、2014年两次遭盗掘，经国家文物局批准进行抢救性发掘。

整个发掘为三年期连续性项目，发掘内容包括主墓、陪葬墓及外围隍壕等，是对以107号古墓葬为中心的整个墓园的完整揭露。本年主要是对中心主墓进行发掘，同时还清理了两座陪葬墓及两座墓外器物坑或器物组，出土印纹陶、原始瓷、泥质陶等各类随葬品42件。目前已完成中心主墓周边遗迹及大墓封土的发掘，发现了墓坑及墓道平面。

陪葬墓均位于外围土墩中心，除一座南北向的石室墓外，其余墓葬均为东西向，与中心主墓一致。根据墓葬形制结构，已发掘完成的30座陪葬墓可分为三种类型，其中竖穴土坑石床墓21座、竖穴土坑墓8座、石室墓1座，墓坑的一端多见斜坡墓道。在9座土墩内的墓葬外围发现了随葬的器物坑或器物组，以位于墓葬北侧的长条形器物坑最为多见。从随葬品的摆放位置看，绝大部分集中堆放在墓室后端，印纹硬陶罐口上多见覆盖的泥质陶盆，墓室前端常见泥质陶盆、壶各1件。由于陪葬墓大多遭受不同程度的盗掘，随葬品组合多不完整，从未遭盗扰的9座墓葬的随葬品情况看，各墓的随葬品数量8~20件不等，以13件左右居多。随葬品的基本组合包括印纹硬陶罐、原始瓷碗、泥质陶盆、泥质陶壶等，个别墓葬发现了泥质陶鬲、鬲式盉等仿铜礼器。根据陪葬墓出土的随葬器物判断，各墓葬时代均为春秋晚期，也与中心主墓被盗后收缴的文物时代面貌一致。

本年，在中心土墩发掘之前，为了寻

找可能与建墓相关的遗迹，在107号墩与陪葬墓之间的四周山坡约2000平方米范围内，首先用探方法进行了平面揭露。除四个转角探方外，在表土层下均发现了单层块石紧密铺设而成的石护坡遗迹，铺石平面范围南北两侧长50米，东西两端长30米，四周总长约160米，宽6米～8米，铺石总面积1000多平方米。所用石块大小不一，边长10厘米～30厘米。常年雨水冲刷和现代村民建房撬取石块，导致大部分护坡石块坍塌和部分区块缺失，从保存较好的西侧坡及西北角局部看，石护坡建于经过人工平整后的山坡上，始建时斜面宽度4.6米～5.5米，厚0.15米～0.2米，是主墓最外围壮观的护石基础部分，所用石方量在150立方米以上。

在石护坡的内侧、中心土墩覆盖的边缘，有一周用大石块砌成的整齐的石坎，四周石坎围合成一个规整的东西向长方形框体。从保存情况看，石坎南侧保存较好，其余各侧边均倒塌严重。最为醒目的是，在石坎的四个转角均选用特别大的石块平整放置，西北、西南转角石块边长达到了0.8米左右。根据暴露的石坎尤其是转角大石块测量，石框东西长约42.5米，南北宽约26米。大块石均直接放置在原山体表面上，为单层石块平放，所用石块边长多在0.3米～0.5米，石坎外侧边整齐呈一直线，内侧边凹凸不平，对建墓的土墩起到了一定的支护作用。

主墓土墩高约8米，发掘采用象限和探方相结合的方法，土墩中心保留一条东西向纵隔梁和两条南北向横隔梁，将整个土墩分为六个区块，各区块同时逐层向下挖掘。为了以后的展示需要，根据前期勘探结果，土墩东端约8米宽的部分原状保留。

墓上封土均选用纯净土夯筑而成，土色以黄、灰、红色居多，仅见几块拍印叶脉纹、回字纹和方格纹的印纹陶片。总体来看封土夯筑不讲究，很难剥剔出明显的夯层和夯窝，土墩剖面也难见长而连贯的夯层。中心墓坑部分的土层严重塌陷，导致这部分土的结构略显松散，而墓坑范围之外的土则较为紧实。从土层平面分布来看，各区块平面均可见到土质土色区别明显的条带状夯土结构，夯土带宽度2米左右，大体可判断土墩原应为条带状的版筑结构。

墓坑开口在距墩顶3.5米左右的平面上，墓口以下为人工堆筑的高约4.5米的长方形覆斗状土台。墓口平面为东西向甲字形，墓坑位于土墩正中，东西向长条形，长约19米，宽约5.4米。墓道位于西端，长约8米，宽约2.5米。

已有的发掘表明，中心主墓大体包括由外到内的三重结构，最外一周是在山体表面用块石铺设而成、宽5米左右的石护坡，石护坡与中心土墩之间有一周大块石砌成的挡土石坎，石坎之内为人工夯筑而成的高大土墩，从高空俯视，三重结构紧密套合，总体组合成一个东西向长方形覆斗状的土石结构大墓。最中心的土墩可分为上下两部分，下部高约5.2米为人工夯筑的墓葬基础部分土台，土台的中心为东西向甲字形的墓坑和墓道，而土台之上则是人工堆筑的2.8米高的墓上封土。

安吉龙山107号古墓葬发掘是继绍兴印山越王陵之后我省商周考古的又一重大考古项目，虽然中心主墓室尚未发掘，但主墓及周边大范围的土石结构遗迹已显示了大墓傲人的气势，墓葬的营建方式、周边陪葬墓的墓葬结构、随葬品组成等，都表现了强烈的越文化特点，以主墓为中心，包含布局规整的陪葬墓及隍壕的完整墓园更是罕见，该墓园的完整揭露必将有力推动安吉古城大遗址考古工作，进而带动整个越文化的考古研究工作。

（游晓蕾　黄昊德　田正标）

【杭州市萧山区安置房工程汉六朝墓地】

发掘时间：2018 年 1 月 ~2 月

工作单位：杭州市文物考古研究所、萧山博物馆

东湘社区二期安置房工程工地墓地位于杭州市萧山区城厢街道，其南邻规划湘西路，西接博奥路，东北至乐园路。工程区域内有两座低矮山体，分立东西两侧，西侧山体名为茗山，东侧山体名为菊花山，据史料记载，古湘湖之东岸以此二山为界。

本次发掘共清理各时期墓葬 145 座，出土器物 1000 余件（组）。墓葬按时代和类型可分为：西周土墩墓（1 座），汉土坑墓（89 座），东汉砖室、砖椁墓（31 座），六朝砖室墓（18 座），唐砖室墓（1 座），两宋土坑墓（1 座）及砖室合葬墓（1 座），明清合葬墓（3 座）。

其中，西周土墩墓 D1 规模较大。土墩东西向长 46 米，南北向宽 26 米，最高处近 1.7 米，有 19 座西汉早期至东汉晚期墓葬将其打破，致其保存情况较差，仅出土原始瓷豆一组。

汉墓以土坑墓数量最多，墓葬规格也较为接近，长度多近 3 米，宽 1.5 米至 2 米。东汉时期砖室、砖椁墓，多为长近 4 米，宽约 2 米。汉墓中出土器物数量庞大，但类型相近，多为壶、瓿、罐、鼎、盒、罍、泥币、灶、井等陶瓷器，部分墓葬中见有少量的鉴、鼎、铜镜、矛、弩机等青铜器。另于 D1 填土内采集有汉玛瑙耳珰 3 枚及玉玦残件 1 枚。

六朝及后期墓葬均遭不同程度的盗扰，均未见完整顶部，出土器物较少。六朝时期墓葬规模较大，长 4 米 ~6 米，宽 2 米 ~3 米不等。其中 3 座为西晋纪年墓，出土器物主要为盘口壶、青瓷碗、鸡圈、狗圈、灶等陶瓷器。唐、宋及明清时期墓葬规模较小，长近 2.5 米，宽 1 米有余。宋墓中出土有青瓷罐、水盂、铜镜、铜钱等，其余时期墓葬内均未见完整器物。另外于发掘过程中采集有少量石器、夹砂陶鼎足等遗物。

（施梦以）

【杭州市余杭区凤凰街道西汉六朝墓地】

发掘时间：2018 年 6 月 ~9 月

工作单位：杭州市文物考古研究所

墓地位于余杭区余杭街道凤凰山东侧的山坡地带，西距余杭南湖景区约 1 千米。该地块经勘探发掘共发现各时期墓葬 92 座，年代从西汉时期至明代，以汉六朝时期墓葬居多，墓葬类型有土坑墓、砖椁墓和券顶砖室墓等。

西汉土坑墓开挖生土而建，结构较简单，平面多呈长方形，以中小型墓葬为主，长度在 2.07 米 ~4.8 米、宽度在 1.4 米 ~3.5 米之间，随葬品多位于墓室一侧呈排状分布或位于头脚两端集中分布。东汉砖椁墓平面均为长方形，墓壁为错缝平铺叠砌，墓底砖多横纵交替平铺。东汉券顶墓由封门、甬道和墓室等部分组成，平面多“凸”字形或“刀把”形，墓壁多为单砖错缝平铺叠砌，底砖多横纵交替平铺，有前后双室墓结构。两晋时期墓壁多三顺一丁砌筑，底砖多人字形平铺，设有棺床等。南朝时期墓室侧壁及后壁外弧，呈船状，墓壁多三顺一丁砌筑。发现多座隋唐时期合葬墓。

共出土器物 550 件（组），有陶、瓷、金属等不同材质，器形丰富，有陶鼎、壶、瓿、罍、罐、灶、璧，青瓷碗、盘口壶、罐和铜钱、铜镜、铁剑等。绝大多数为浙江地区普遍性器物，釜形熏炉等器物为老余杭一带地域性器物。

余杭凤凰山墓葬类型丰富，排列紧密，多座墓存在叠压打破关系，延续时间跨度大，对研究本地区土坑墓向券顶砖室墓的演变规律以及古代葬制、葬俗等具有重要价值。

（李　坤）

【绍兴市上虞区苦竹山汉代至南朝墓地】

发掘时间：2018 年 3 月 ~5 月

工作单位：浙江省文物考古研究所、上虞博物馆、上虞文保所

姚江西排水利工程为浙江省重点水利项目工程，计划建设的干渠一侧水坝穿越上虞区梁湖镇外梁湖村苦竹山。为配合工程的顺利开展，浙江省文物考古研究所会同上虞博物馆在苦竹山区域做了前期调查工作。经调查，该区域内发现有数座汉代土坑墓葬及若干三国至南朝的砖室墓，且已遭不同程度的盗扰。经国家文物局批准（考执字 2018 第 291 号），我所会同上虞博物馆、上虞文保所，于 2018 年 3 月至 5 月间，在该区块开展考古发掘工作，共抢救清理墓葬 6 座，发现了一批汉代至南朝的陶、瓷器及铜镜等文物，并采集了大量纹饰和文字内容丰富的墓砖。

六座墓葬中，以一号墓（M1）的规模最大、年代最早，为西汉晚期土圹木椁墓。但因土壤环境所致，圹内木质棺、椁均已朽烂，仅存木椁板板灰痕迹。椁室近方形，边长 2. 5 米，残存深度约 2. 2 米。发掘前已遭多次盗掘，仅大型盗洞即有三处，墓内随葬器物损失严重。经仔细清理，发现铁刀、铁剑、箭镞、铜镜、铜钱、陶罍等随葬器物，并进行了部分修复工作。

二号墓紧邻一号墓，形制、规模较一号墓略小，遭受的破坏较一号墓更为严重，随葬器物残损不全，仅于墓底填土中发现大量破碎的陶器残片。经过后期修复，可以确认的器形为釉陶壶和小硬陶壶两件。

除一、二号墓两座汉墓之外，其余四座均为三国至南朝时期砖室墓。其中四号墓残损严重，仅存墓底砖，形制结构无考。三号、五号、六号墓均位于山前坡地上。三号墓残长 4. 6 米，宽 1. 8 米，残高 1. 76 米，前端甬道与墓室平面呈单边“刀把”形。墓壁为平砖错缝垒砌，不用竖向丁砖。自墓室中部起在底部铺设砖构排水沟，室内部分隐藏于墓室铺地砖下，甬道外转为明沟，其上覆盖一层平砖。据墓内采集的墓砖标本上模印有“天册元年”字样可知，此墓修造的绝对纪年为公元 275 年，时当三国东吴末帝孙皓晚期。

五号、六号墓形制、规格均与三号墓相仿，从甬道保存状态看，平面也均为单边“刀把”形。五号墓在铺地砖之上，墓室后半部还砌成双砖构棺台，将墓室自然划分为埋葬与祭祀前后两部分。同时，根据墓砖上模印“晋咸和元年”铭文可知，此墓绝对纪年为公元 326 年，当东晋成帝时期。与三号墓相比较，在大的格局上，既可看出三国至东晋时期上虞墓葬结构风格的一脉相承，同时从棺台结构的变化上，又可以明确看到墓葬形式、埋葬习俗的时代变化特征。六号墓无明确纪年，但整体形制上与三号墓更趋相似，推测其修造年代与之相去不远。

综合本次发掘所得，我们发现与一号墓和二号墓同类型的汉代墓葬在上虞其他地区如凤凰山、五夫、驿亭等处均多次出土，且多数位于山顶正上方，选址习俗与浙北地区同时期的汉墓差别较大，富有浓厚的地方特色。而出土器物为浙江（亦即汉代会稽郡）区域内常见器形，时代特征明显，这为我们探讨汉代会稽郡核心区的社会经济、文化面貌提供了重要资料。

山坡上的四座砖室墓虽说随葬器物几乎破坏殆尽，但两座有明确纪年的墓葬为我们探讨这一时期的砖室墓提供了宝贵的纪年标尺。通过这批墓葬资料，我们可以进一步探讨三国至南朝时期上虞地区砖室墓葬俗在形制结构上的流变，为认识其他未有明确纪年的同期墓葬提供重要的依据。

（李晖达）

【杭州市上城区地铁工程北宋至明清遗址】

发掘时间：2018 年 2 月 ~3 月

工作单位：杭州市文物考古研究所

该工程属于杭州地铁吴山广场站一期工程，工地遗址位于杭州市上城区。发掘工作分两区实施。北侧发掘区北近高银街，南近河坊街，东临延安路南部延伸段，西至吴山公交站。南侧发掘区位于河坊街南侧平台处。共布探方4个，发掘面积1000平方米。发现北宋至明清不同时期的遗迹，主要以房屋基址为主。出土有青花瓷、龙泉窑青瓷、青白瓷、越窑青瓷、粗瓷残片、铜钱及瓦当等建筑构件。

在探方T1内发现北宋时期夯土地面、墙基、砖铺地面、水井、排水沟等遗迹。夯土地面呈黄褐色，厚30厘米，地面之上发现基础石、三段隔墙和砖铺地面，推测该房屋遗迹面阔为4.2米，进深为1.5米和1.34米。在探方T3内发现南宋时期的水沟、路面、墙基等遗迹。水沟呈东西向，南北壁用砖错缝平砌，缝隙以白灰粘合，残存高度为20厘米，底部为青砖铺底。墙基呈南北向，两侧以砖包边，中部填以砖和土。在探方T4内发现元代的路面L1，呈东西向，东西长3.8米、南北宽4.96米，由路面和两侧散水组成，中间路面宽3.4米，以规格为长71.5厘米、宽68厘米、厚9.5厘米的石板铺砌，路面两侧用石条顺向侧砌包边，两侧散水宽0.78米，以青砖横纵铺砌而成。

本次发掘区域遗迹较为丰富，表明该地区应为古代人类活动重要区域。元代路面（L1）临近现在的高银街，方向为东西向，营造考究。发现的越窑摩羯鱼灯为杭州地区首次发现，具有一定的研究价值。

（李　坤）

【绍兴市南宋皇陵一号陵园】

发掘时间：2018年1月～12月

工作单位：浙江省文物考古研究所

绍兴宋六陵，为南宋时期历代帝陵所在，其中包含了北宋徽宗、南宋高宗、孝宗、光宗、宁宗、理宗、度宗七帝陵及昭慈孟太后等七座后陵，名为“攒宫”，实际规模本颇为可观。自元初毁陵后，墓室及墓上建筑均遭严重破坏，诸陵寝位次、规制遂混乱不明。目前在保护范围和建控地带仅圈定了几处疑似地点作为墓葬本体，其余相关建筑遗迹均无明确保护对象和范围，保护目标相对模糊。

本年5月起，经国家文物局批准（考执字2018第149号），本所正式启动了宋六陵考古工作，发掘对象为已划定的“高宗陵”保护区（暂编号“一号陵园”）。经过近8个月的野外作业，基本确定了整座陵园的平面布局与主体建筑遗迹。陵园整体近正方形，边长59.5米。中轴线上的门殿、享殿、龟头屋三处主体建筑遗迹尚清晰可见。门殿面阔近17米，进深9米，台基残高约1米，为砖瓦碎屑与黄土分层混夯，四周环绕着砖构回廊。享殿面宽、进深均相同，夯土台基残毁严重，已贴近原始地面。基址表面尚存四组12个方形磉墩，边长约1.8米，周围亦有砖构回廊环绕，宽约0.6米。龟头屋紧贴享殿北壁，平面呈正方形，边长近10米。龟头屋周围回廊与享殿回廊完全连通，构成一个封闭式的“凸”字形。龟头屋殿基下即攒宫石藏墓穴，内部未做发掘。经局部钻探可知，墓室边长约9米，四周贴壁均由大型石板砌筑。

对照《宋会要辑稿》《思陵录》等重要文献可知，此次发掘完整揭示出了一号陵园的整体平面布局，尤其是中轴线的门殿、享殿、龟头屋遗迹结构尤为清晰。这是近年来宋六陵考古工作取得的最重要的突破，为今后更切实、具体地认识和保护南宋皇陵提供了极其重要的资料。南宋皇陵作为中国历代帝陵发展史上重要的一环，代表了宋代以后中国传统文化在中国南方地区的传承，其价值和意义已然超越了一般大型墓葬的范畴，可以相信，通过长期不懈的工作，它必将为我们揭开更多关于传统礼制、文化、建筑艺术等方面的历史信息。

（李晖达）

【苍南县明代壮士所城遗址】

发掘时间：2018 年 9 月 ~2019 年 1 月

工作单位：浙江省文物考古研究所、温州市文物保护考古所、苍南县蒲城文物保护管理所

壮士所城遗址位于苍南县马站镇雾城村西，是一座明代早中期的卫所城址。2017 年曾开展主动性考古发掘，发现了水井、暗沟和排水渠等遗迹。

本次发掘面积 1000 平方米，分为两个区块。北区位于山顶平台上，表土层下即生土层，无明显遗迹。东区位于城内小山东麓下，正南北向，南侧与 2017 年发掘区相接。地层堆积北高南低，依坡势逐渐倾斜：

第①层：耕土层，包含较多青花瓷片、瓦片。

第②层：棕黄色，较疏松，包含瓷片、陶片、瓦片、铜钱等。

第③层：棕红色，质地细密，不见碎石，包含少量青白瓷片、少量陶片，为明代地层。

第④层：红色黏土，较纯净，生土层。

遗迹较为丰富，包括房基 1 处、墙垣 3 段、灰坑 11 处、石砌水沟 1 条、石砌方坑 5 处等。

F1 位于 T0209 东北角，平面呈矩形，南北残长近 9 米，东西最宽处 4 米，最窄处约 2 米。地面以石块平铺，未见柱洞及柱础，但铺石可见明显分区。

Q1 主体位于 T0208 内，下压第③、④层，南北走向，总长约 12 米，宽度约 0.5 厘米，残高 0.4 米。以大小不等的不规则石块砌成，小石块填充在大石块连接处的缝隙内。

G1 位于 T0108 内，开口在第②层下，自西向东延伸，西端进入西壁内，东端被 H6 打破且打破 H9，东西长约 7 米，南北宽约 1 米，口大底小，剖面呈梯形。填土内包含青瓷片、陶片、瓦片等。灰坑 11 处，除 H1 与 H2 年代较晚外，其余开口均在第②层下。灰坑平面多呈圆形，偶见不规则形，斜直壁，平底，出土器物包括瓷片、陶片、瓦片等。

K1 位于 T0110 西北角一处，平面呈矩形，形制规整。长约 1.2 米，宽约 0.7 米，深约 0.4 米，坑壁由平整石块侧立围砌而成，坑底亦以石块平铺，坑内未见遗物。

出土遗物丰富，石器主要有磨盘、柱础、弹丸等；瓷器以青花瓷和青瓷为主。青花器形有盘、碗、杯等。青瓷多为龙泉青瓷产品，器形有油灯、碗、盘等，部分有刻花和模印纹饰；陶器主要为缸、罐等生活用具残片及破碎砖瓦。

壮士所城遗址是一处保存较为完好的明代早中期卫所遗址，晚期破坏较少，对于研究明代的海防制度和卫所运行系统具有重要意义。2017 年以来的两次发掘，旨在寻找城内建筑遗迹的线索，进而探究城内布局和功能分区。已揭露的房基、水井、水渠等生活遗迹及丰富的出土文物，对于复原城内的水资源配套系统和生活面貌具有重要价值。

（时　萧）

【杭州市江干区老航海路基建工地明清海塘遗址】

工作时间：2018 年 4 月 ~5 月

发掘单位：杭州市文物考古研究所

工地所在的四堡、七堡单元 F－R21－01 地块北临下沙路，南靠旺杨街，西依和睦港，老杭海路从地块内西部南北走向横穿而过。经勘探发掘，在该地块西侧老杭海路下发现大型条石堆砌的建筑遗迹，距地表深约 0.5 米，揭露长度 250 米，为明清时期钱塘江北岸海塘遗迹。

发现的海塘遗迹分三段衔接，均为条石海塘。北段海塘长约100米，中段长约85米，南段长约60米。南北两段海塘做法一致，海塘顶面向下一至二层为丁砌，第三层为顺砌，其下一层丁砌一层顺砌逐层叠砌，共存16～18层。其用材均为大型条石，条石之间以胶灰粘结。顶层每块条石之间接缝处嵌生铁锭，仅北段与中段交接处铁锭有残存。中段条石海塘除顶层为条石丁砌外，下部几层皆为丁顺石相间，逐层斗砌，内填石块。地块内整段海塘迎水面外5米至25米距离处有修筑条石海塘时的柴工，其做法与柴塘基本一致。此外在北段与中段海塘接口处外2米发现有柴塘修筑，向北延伸，残长30余米，其往南延伸则压于条石海塘之下。海塘背水面加筑土体，往西延伸至和睦港边。

此次发掘，进一步明确了明清时期海塘遗迹的线性分布、结构做法、用材和保存状况等，为明清时期海塘的保护提供了更详实的依据。

（李　坤）

安徽省

【枞阳县柳峰山—三公山区域系统调查】

调查时间：2018 年 12 月 10 日 ~2019 年 1 月 8 日

工作单位：安徽大学历史系考古专业、枞阳县博物馆

该区域位于长江下游铜矿带北侧，以往所知的古矿冶遗址较丰富，为了解区域内聚落分布与采矿、冶矿遗存的分布特点，本次调查采用了区域系统调查方法，以新石器—秦汉时期的所有遗存为调查对象，进行了全面、系统的踏查。调查面积约 80 平方千米。

本次调查在第三次全国文物普查的基础上，新发现何叶庄、江家洼、大阳山、肖树嘴、面积山 5 处采矿遗址，主要遗迹包括露天采坑、探矿槽、平巷、竖井，遗物以矿石、碎陶片为主，未发现支护木、采矿工具等遗物，暂未发现炉渣遗存，从这些情况看该区似为一个采矿中心，冶炼活动可能在其他区域。另发现古墓葬和聚落遗址各 1 处。

在了解到该区域缺乏冶炼遗存后，调查工作有所调整，后期对调查区域以东约 25 千米处的周潭镇枫沙湖周边商周遗址进行了重点考察，除 20 世纪已发掘的汤家墩遗址外，在船形牛形地遗址、祖家墩遗址、西流寺遗址、墩头遗址均新发现了炉渣遗存，该处可能为枞阳古铜矿的一个重要冶炼中心。

本次调查是整个长江流域以聚落考古理念、区域系统调查方法，来开展古矿冶与聚落、墓葬等相关遗存调查研究的首次尝试，为研究长江下游古代铜矿的采冶技术、生产组织模式、矿冶与聚落关系提供了重要材料，也为探索如何进一步在南方地区开展古矿冶遗存调查提供了经验。

（魏国锋　张爱冰　吴卫红）

【寿县卫田龙山文化及周代遗址】

发掘时间：2018 年 10 月 ~12 月

工作单位：安徽省文物考古研究所、山东大学

卫田遗址位于淮南市寿县炎刘镇谢墩村卫田自然村西侧约 1000 米处，东淝河绕着遗址的西部和北部流过。该遗址的范围大致呈西北—东南向的不规则椭圆形，面积约 15000 平方米。遗址范围内为农田覆盖，遗址北部约三分之二的面积被现代鱼塘破坏。

此次发掘区位置在遗址残存的南部，发掘面积为 1000 平方米，其中 10 米 ×10 米的探方 9 个，5 米 ×20 米的探沟 1 条。共清理了龙山时期房址 3 座、灰坑 48 个、灰沟 4 条，两周时期房址 2 座、灰坑 20 个、灰沟 4 条，汉代水井 1 个，宋元时期灰坑 10 个、灰沟 2 条、墓葬 2 座。两周房址均只剩房址柱洞，柱洞群平面构成近方形，均是地面式建筑。龙山房址亦均为地面式，有单间与多间之分。房址均只剩基槽。房址内基本没有器物保留。出土遗物数量丰富，除了宋元瓷片及釉陶，还有大量两周及龙山文化时期的陶片，可辨认器形有：盆、尊、鬶、甗、杯、钵、罐、鼎、

鬲、器盖、罐形鼎。另有一些石器出土，如磨石、石凿、石镞等。动物骨骼有猪下颌、鹿角等。

通过对发掘区不同时期遗迹空间分布的观察与初步的数量统计，可以推测出龙山时代该遗址主要的生活区域为发掘区的西部，并且从龙山早期到晚期阶段，人类的活动范围有所扩展。到了两周时期，该遗址的人类生活区域扩展到发掘区的北部，而发掘区的东南部在彼时应是洼地。从出土的龙山时代器物来看，该遗址龙山时代的文化面貌与相距不远的蚌埠禹会村类型较为近似，年代上大致属于龙山文化早期阶段。但亦有少量属于龙山文化晚期阶段遗存。从聚落考古的角度看，卫田遗址属于龙山时代的小型聚落，又因为该遗址主体被现代水塘破坏，通过对残存遗址进行发掘获得的聚落考古信息有限，进一步开展该遗址的微观聚落研究受到制约。本遗址亦发现了数量可观的周代遗存，包括房址与灰坑，说明在周代该遗址仍作为一处小型聚落被继续使用。本遗址的发掘丰富了该地区两周时期文化面貌的研究。

（王　芬　路国权）

【阜南县迎水寺新石器时代商周遗址】

发掘时间：2018 年 3 月 ~7 月

工作单位：安徽省文物考古研究所、武汉大学历史学院考古系、阜南县文物管理所

迎水寺遗址位于阜南县许堂乡大桥村大桥集，遗址为平面近圆形的台墩，总面积约为4000 平方米。为配合 305 省道拓宽工程的建设，联合考古队对被工程占压的遗址西侧部分进行了抢救性发掘工作。

根据前期考古调查并结合遗址现场实际情况，本次迎水寺遗址的考古发掘，拟定发掘面积为 400 平方米，布设 5 米 ×10 米探方 8 个，实际发掘面积约 350 平方米。共清理了遗迹有灰坑 103 个、房址 8 座、墓葬 1 个。遗址堆积的主要年代为龙山、商代和西周时期。

龙山时期遗存仅保留有少量的地层和小型房址，从遗物形制特征分析其文化属性应为“王油坊类型”遗存。另有 10 个灰坑打破龙山时期遗存，以 H26 为代表，这些灰坑中出土陶器同时包含岳石文化因素、二里头文化因素和商文化因素；年代应该在二里头文化晚期到二里头—二里岗之际。

商时期遗存是迎水寺遗址遗存中最为丰富的部分，和皖西北地区其他商时期遗址一样，迎水寺遗址的商时期遗存年代大体上属于早商最晚至晚商最早阶段。遗迹发现有较为丰富的房屋、灰坑等。房屋遗存 F1 有垫土地基，面积不小于 100 平方米。房屋南部的灰坑填埋生活垃圾，出土陶器以灰陶为主，器类包括鬲、甗、罐、瓮、豆、大口尊等。形制与皖西北地区其他同一时间段的遗址基本相同。房屋遗存的北部则是手工业生产区，大量灰坑中出土有铸铜和制骨手工业遗物。铸铜遗物包括陶范、坩埚残片、炼渣等。还发现有铺垫白石灰的红烧土原生烧结面，推测可能和铸铜活动相关。从陶范中可以辨认出的器形包括箭镞和锛凿。制骨手工业遗存都和角镞生产相关，包括各种原料、坯料、边角料和切割鹿角产生的废料等，从遗物种类分析我们基本能复原角镞生产的各个环节。

迎水寺遗址的西周遗存也保存较好，发现有灰坑、墓葬等遗迹。从陶器判断其年代应当在西周中晚期至两周之际。陶器反映出的文化面貌与淮河流域其他遗址差别不大。

迎水寺遗址应当是目前淮河以北已发掘的台墩遗址中保存较好的一个，其早期文化层厚度一般在 4.5 米，基本完整保留了从龙山到西周的文化序列。其中商代遗存最为丰富，且与以台家寺遗址为代表的

相关遗址年代相同，对讨论淮河流域商代遗址等级与布局有重要意义。该遗址比较完整地揭示了商代房屋、生活垃圾区与手工业区的位置关系，这是讨论商代台墩遗址内部布局的重要材料。另外，发现的商代铸铜和制骨手工业遗存，为研究商周时期铸铜和制骨手工业生产的布局和区域特点提供了重要资料。同时该遗址对建立淮河流域及皖西北地区商周考古学文化谱系有重要意义。

（蔡波涛　何晓琳）

【庐江县古矿冶遗址调查】

调查时间：2018 年 8 月 10 日 ~25 日

工作单位：安徽大学历史系考古专业、庐江县文物局

该区域位于长江下游铜矿带的北侧，是连接铜陵—枞阳与淮河中游的交通孔道。以往对该区域的古铜矿了解较少，本次调查以 20 世纪 80 年代地质普查的原始资料和古代文献记载的采冶遗迹为线索，在当地国土部门的配合下，实地踏查了东顾山、沙溪铜矿—铜泉山段、沙溪铜矿—沙湖山段、石门庵、凤鸣庵、雾顶山、冷塘洼（庐南铜矿）等铜矿点，在雾顶山、冷塘洼等铜矿点发现古代矿井 3 个、探槽 1 条，在东顾山发现炉渣、铜矿石等矿冶遗物。此外，还对大照壁和叫化窿矾矿遗址进行了实地踏查。

本次调查是首次对该县古矿冶遗址开展的全面、系统调查，初步了解了庐江地区古代矿冶遗址的类型、分布、规模以及开采矿石的种类，为研究庐江地区铜矿、矾矿的采冶技术及该地区的古代矿业开发史提供了重要资料。

（魏国锋　张爱冰）

【合肥市佘老周代遗址】

发掘时间：2018 年 8 月 ~10 月

工作单位：安徽省文物考古研究所、南京师范大学

佘老遗址位于合肥市石头镇芮岗村佘老自然村附近。总面积达 10700 平方米。遗址横跨罗埠大河上游河道的两岸，分别是北墩、西墩、南墩。北墩面积 5800 平方米、文化层不明显；西墩遭到晚期破坏严重，面积 1300 平方米；南墩保存完整，面积 3500 平方米，文化层厚 0.8 米 ~ 2.20 米。

北墩面积较大，发掘 800 平方米，布 10 米 ×10 米探方 8 个；西墩布 10 米 ×10 米探方 2 个。南墩发掘面积 600 平方米，布 10 米 ×10 米探方 6 个。北墩文化层分为 4 层，各类遗迹主要集中在第②~④层。西墩文化层分为 5 层，各类遗迹主要集中在第④~⑤层，第②、③层出土大量陶片。南墩地层堆积分为 6 层，未见遗迹现象，文化层内出土遗物稀少。遗址主体文化层堆积时代为周代，其中北墩见有少量汉代釉陶、六朝青瓷、宋代白瓷等晚期遗物；西墩文化层内涵丰富、时代跨度大，遗址的主体仍为周代，早期发现有新石器时代遗存；南墩为周代，出土遗物稀少。遗迹类型有：灰坑、灰沟、房址（含柱洞）。灰坑应是周代人活动所遗留。灰沟发现 2 条，其中 G2 为早期的遗迹。房址遗迹可以分为两类：一类为晚期的长方形房址，另一类为早期以柱洞、基槽为特色的房址。出土遗物以陶器为主，另有少量青铜削，陶器有鬲、甗、罐、盆、豆、钵、纺轮、拍、网坠等，还有少量磨制石器。

西墩的遗迹、遗物在三个墩子中相对来说是最丰富的，尤为重要的是仅在此墩的底部发现了新石器时代遗存，说明西墩是这一区域最早有人类活动的地点。北墩出土遗迹、遗物仅次于西墩，发现的诸多房址、灰坑、灰沟等遗迹说明此墩也有比较多的人生活于此；但从西墩面积出土物数量相对之比看，北墩文化的发达状况远远逊色于西墩；南墩文化遗存贫乏，与西

墩、北墩存在显著的差异，是三墩之文化发展水平最差的区域。据此我们判断当时人们的活动以河西部为中心，河流制约了该区域文化的发展，形成东西岸的差异。

（王根富）

【庐江县俞庄西周春秋时期遗址】

发掘时间：2018年8月~10月

工作单位：安徽省文物考古研究所、四川大学考古学系

俞庄遗址位于庐江县万山镇永桥村东部和城关镇申山村徐庄西部。为配合引江济淮水利工程，联合考古队对该遗址进行了考古发掘，发掘面积1009平方米。

俞庄遗址包括三处台墩，罗埠河由南向北流过三处台墩之间。本次发掘分别将三处台墩作为遗址的Ⅰ、Ⅱ、Ⅲ区。其中罗埠河以西台墩（Ⅰ区）位于万山镇永桥村俞庄，河东两处台墩（Ⅱ、Ⅲ区）位于城关镇申山村徐庄。Ⅰ区台墩近椭圆形，面积约1600平方米，地理坐标为北纬31°18′18″，东经117°14′24″。Ⅱ区台墩近长圆形，西边微内凹，面积约1000平方米。该墩中部地理坐标为北纬31°18′16″，东经117°14′36″。Ⅲ区台墩近椭圆形，面积约1050平方米。地理坐标为东经北纬31°17′55″，117°15′5″。

Ⅱ、Ⅲ区未发现遗迹。Ⅰ区发掘遗迹包括灰沟1条、灰坑17座、墓葬4座、（疑似）房址6座等。其中，灰沟G1，灰坑H3、H9，墓葬M1~3等均为晚期遗迹，其余灰坑及房址F2~7均为周代遗迹（F1编号取消）。灰坑的平面形制有圆形、椭圆形、不规则形等。墓葬均为长方形竖穴土坑墓。F2、F3为疑似房址，F4~F7均发现大量柱洞及类似柱洞的小坑状遗迹，直接打破生土，此外并未发现其他迹象。

俞庄遗址Ⅲ区仅在第②层出土1件鬲足。其余遗物均出自Ⅰ、Ⅱ区，包括铜器、陶器、石器等，另在晚期墓葬出土铁棺钉13枚。其中，周代陶片以夹砂陶占绝对多数，泥质陶极少见。以IT3⑥层为例，出土陶器均为夹砂陶，其中灰黑陶占27.78%，灰陶占19.44%，灰褐陶占15.28%，橙红陶占11.11%，另有橙黄陶（9.72%）、黑陶（8.33%）、浅灰陶（8.33%）。IT3⑥出土陶器纹饰以绳纹占绝对多数，占65.28%，素面占18.06%，其他还有弦断绳纹（5.56%）、附加堆纹+绳纹（6.94%）、弦纹（2.78%）、附加堆纹+绳纹+弦纹（1.39%）等，但都很少。陶器类别包括鬲、盉、钵、豆、盆、罐、拍等。俞庄遗址共发现石制品26件，除石料和断块外，主要类别有石斧、石锛、石凿、石铲、石钺和砺石。铜器仅发现刀和镞各一件。

从出土陶器情况推断，俞庄遗址早期遗存年代为西周、春秋时期。发掘的三处台墩在堆积特点上表现出各不相同的迹象，这为江淮地区周代聚落研究提供了重要证据。

（于孟洲　王玉霞　李泱泱）

【庐江县双墩西周春秋遗址】

发掘时间：2018年7月~10月

工作单位：安徽省文物考古研究所、中国人民大学历史学院考古文博系

双墩遗址位于庐江县庐城镇申山村双墩，遗址地理坐标北纬31.30960°，东经117.24521°。面积27000平方米，由四处台墩组成，高出地表3米~6米。东部二墩保存完整、少量位于红外范围内。

本次计划发掘1500平方米，实际发掘1665.75平方米，监理现场测量确认1639平方米。发掘过程中首先在2号墩布10米×10米探方8个，揭示2号墩重要遗迹现象，同时注意2号墩与3号墩关系的探索；根据发掘的进行，认识到靠近河流位置的重要性，在2号墩西侧布10米×10米探方2个，并在四面各开探沟1个，探究2号墩的形成、废弃过程及原因；根据

工程线位置，设计3号墩发掘方案，布探方3个，全面揭露3号墩工程线内部分；对2号墩进行重新钻探，并开纵剖探沟一条，检视2号墩的发掘情况和形成过程；对2号墩和3号墩之间位置进行钻探，检视两者之间的关系。

主要收获包括2号墩发现柱洞8个，推测房址不少于2座。圆形，圜底，土色较深，土质疏松，呈灰褐色，与周围土色区别明显。3号墩发现房屋2座及少数螺蚌壳和兽骨，发掘时在此采集了红烧土块、草拌泥及木骨泥墙、黑、灰色粉状。墙体1座，发现灰坑5个，H2“河鲜坑”呈南北稍长的不规则椭圆形，坑状，底稍平，H2内堆积为灰黑色粉砂土，土质疏松，包含有50%以上的螺壳以及其他“河鲜”，以及少量陶片；本次发掘出土遗物包括陶片61袋，修复完整器2件，陶片时代集中在西周中晚期至春秋早期。小件43件，包括铜器、石器、铁器、骨角蚌器等，此外还采集了大量的土样、碳样品等。

本次在科学发掘和室内整理的基础上，采用航拍、测绘、浮选、3D建模、碳十四测年等科学技术手段，初步得到如下认识：2号墩西侧近河流处为人类最初选择的活动地点，但该处同样受到了河流涨水（洪水）的猛烈冲击，形成了明显水冲沟和水破坏痕迹，推测2号墩人群在建立该居址很短的时间即因为水患搬离，房屋柱洞“拔柱”迹象也是证据之一；3号墩可分为三期，以F2为代表的遗存为一期，以F1、Q1、H2、H4为代表的遗存为二期，H1为代表的遗存为三期。该墩台的影响范围在不断扩大，至第三期时可能已成为周围墩台的中心；3号墩“成功”汲取了2号墩“失败”的经验，2号墩的残存也起到了阻拦洪水的屏障作用，钻探结果亦支持我们发掘的判断，两个墩台为时间上的接续关系。

（曹　斌　孟燕云）

【庐江县三板桥西周春秋时期遗址】

发掘时间：2018年7月~12月

工作单位：安徽省文物考古研究所、厦门大学

三板桥遗址位于庐江县庐城镇申山村三板桥自然村北部，协议发掘面积2000平方米，实际发掘面积2002.25平方米。其中东墩布5米×5米探方16个，2米×50米探沟一条，发掘面积共500平方米；西墩布5米×5米规格的探方20个，发掘面积共500平方米；北墩布5米×5米规格的探方28个，1.5米×1.5米规格的探沟一条，10米×10米规格的探方3个，共计发掘面积1002.25平方米。三板桥遗址平均发掘深度为2米，最深处为4.5米（北墩），最浅处为0.8米（东墩）。

三板桥遗址发现房址3座、灶2座、灰坑共11座、灰沟2条、扰动坑及晚期沟若干。遗物小件150余件、动物骨骼78件、标本4袋、陶片180余袋。出土遗物有陶鬲、陶罐、陶鼎、陶钵、陶豆、陶盉、陶甗，陶器盖、陶纺轮、网坠、陶拍、石锛、石斧、石钺、石刀、石权、箭镞。且有大量鬲足及鼎足标本。根据地层内包含物及叠压关系初步推测东墩年代为西周晚期及春秋早期，西墩年代为西周晚期至春秋早期，北墩年代为新石器晚期、西周早期、西周晚期和春秋早期。在北墩南侧发现壕沟一条，该壕沟连接墩子两侧的河流，利用天然河道形成完整壕沟。房址均为圆角矩形，面积10平方米~15平方米，构筑方式为黏土掺草梗烧结，有柱洞。三板桥遗址北墩中间应有一湖相堆积，⑥层呈中间低两边高，另伴随发现有大量炭化木屑，部分木炭上附着有蓝色物质，该物质经能谱仪（EDS）分析为蓝铁矿，常出现于泥炭沼泽与河湖沉积，这一结果支持了第⑥层为湖沼沉积的推论。

通过对三板桥遗址的发掘大致可判断，三板桥遗址东西墩有三层文化层，年代由

晚到早有春秋早期、西周晚期、薛家岗文化期。代表器形有鬲、罐、鼎、豆、器盖，代表纹饰主要有间断绳纹、附加堆纹，主要陶质陶色为夹砂红陶及灰陶。动物骨骼发现马骨，植物遗存发现水稻种子。三板桥遗址北墩有四层文化层，年代由晚到早为春秋早期、西周晚期、西周早期。代表器形有鬲、罐、豆、钵、盉、鼎。纹饰主要为绳纹、附加堆纹、间断绳纹、窗格纹、方格填线纹、素面等。陶质夹砂陶为主，泥质陶与硬陶次之，陶色主要有红陶、黑陶、灰陶。根据出土物和三座房址遗迹，以及大量红烧土堆积，三板桥遗址应当是周代江淮先民的居住场所。

（张闻捷）

【庐江县王家墩西周春秋时期遗址】

发掘时间：2018 年 5 月 ~11 月

工作单位：安徽省文物考古研究所

王家墩遗址位于庐江县柯坦镇城池村王家墩自然村北侧，东距柯坦河一条支流约 60 米，东北距县城约 10 千米。由东西两墩组成的不规则形台墩，面积 3000 多平方米，高出周围农田 3 米 ~5 米。配合安徽省引江济淮工程枞庐段建设，本所对该遗址进行了第一次考古发掘。发掘区域位于文化堆积较厚的东墩。发掘面积 429.5 平方米。共清理灰坑 44 座、灰沟 5 条、墓葬 4 座、灶址 5 个，此外还发现较多柱洞。出土铜器、石器、陶瓷器等各类可修复文物标本达 50 余件，采集了炭样 16 份，土样 14 份。

王家墩遗址的主要文化遗存为西周中晚期至春秋时期文化堆积。文化堆积厚度 0.5 米 ~3 米。遗迹主要有灰坑、灰沟、灶址和柱洞，遗物主要有石器、陶器，有少量原始瓷器和小件青铜器。陶器以夹砂灰褐陶和灰陶为主，夹砂红褐陶次之，泥质灰陶和红陶最少，原始瓷器仅有零星发现。陶器主要有鬲、甗、盉、罐、盆、钵、豆等，工具有纺轮等；石器有钺、斧、锛、刀、凿和砺石等；铜器发现有镞和铜渣等。从遗迹来看，灰坑占绝大多数，出土陶片数量均较少，仅少数较大型灰坑出土陶片略多；灰沟底部多呈倾斜状，可能与排水相关；墓葬均未发现随葬品和骨骸，但边壁清楚，填土为混合花土；柱洞数量较多，但分布缺乏一定规律，仅有少部分能看出呈直线分布，应是房址遗迹。在发掘现场，我们还对西墩堆积剖面进行了钻探和观察，发现西墩文化堆积比东墩略薄，红烧土堆积较厚，推测西墩可能为主要的居住区。

王家墩遗址发掘的收获主要有以下四点。

1. 从王家墩遗址出土遗物的特征来看，该遗址的时代主要为西周中晚期至春秋时期。通过对陶片的初步整理，该遗址文化堆积可大致分为早晚两期，即西周中晚期和春秋时期。

2. 王家墩遗址所在的柯坦河流域，商周时期遗址数量多，分布密集，如仅距王家墩遗址直线距离 2.5 千米范围内就有 4 处同时期台墩遗址，如海家墩遗址、巴墩遗址、周小汇墩遗址等。王家墩遗址规模不大，发现的遗迹均为商周遗址常见类型，遗物亦多为日常生活用具和生产工具，因此该遗址应是西周时期一处普通的小型聚落。

3. 和同时期芜湖、马鞍山地区周代遗址比较，王家墩遗址出土了曲柄陶盉等典型陶器，而原始瓷器很少，或反映了江淮中部和东部地区西周时期考古学文化的不同区域特征和文化渊源。

4. 王家墩遗址是一处典型的西周台墩遗址，文化遗存丰富，出土了种类丰富的遗迹和大量富有特点的文化遗物，为研究巢湖地区的西周至春秋时期考古学文化面貌、文化谱系和这一时期人们的生产、生活状况等提供了重要资料。

【庐江县丁家畈西周春秋时期中墩遗址】

发掘时间：2018 年 8 月 ~2019 年 1 月

工作单位：安徽省文物考古研究所、南京大学

为配合引江济淮工程项目，联合考古队对庐江县万山镇永桥村丁家畈遗址（中墩）进行考古发掘，发掘面积约 2000 平方米，此次发掘按照墩子的东西走向共布 10 米 ×10 米探方 20 个，尽量自西向东全面覆盖，方向为北偏东 30°，T1 位于最东端，T20 位于最西端，T1 ~ T16 布为南北二排，T17 ~ T20 则为一排。各方发掘深度平均 2.5 米。东部有 7 层两宋 ~ 近代的文化层，遗迹、遗物极少。以下为西周时期遗存，可分为 5 层，遗迹、遗物较多，总体地势为边缘高内部低的斜坡状，地层向墩中间倾斜。西部耕土层下即西周时期文化层，可分为 10 层，遗迹、遗物较多。最西部的 T20 布方横跨墩子边缘，其东部似应有墙状堆积。

发现重要遗迹包括，128 个灰坑、15 条灰沟、6 座房址、14 个零散柱洞、7 座墓葬，共计 170 个遗迹，时代以西周中晚期为主。出土完整和可修复的陶、原始瓷、石、铜质小件 150 余件。陶片与小件的时代以西周中期到春秋初期为主。修复的陶器小件有鬲、豆、三足盘、圈足盘、簋、钵、杯、碗、纺轮、陶拍、陶垫、鼓风管等。陶片有夹砂和泥质的红陶、灰陶、黑衣陶，另发现较多的原始瓷和印纹硬陶。

从本次的发掘情况来看，也获得了一些新的认识：1. 遗址东部为罗埠河，北部为小河，处于两条河围成的三角地带，生产生活都较为便利。通过对遗址周边地区的踏查，很可能以河和现存的水塘为界组成一个封闭的聚落，此点还需要更为深入的工作确定。2. 文化因素上，遗址处于群舒族群的中心区域，所出遗物具有明显的群舒风格，且时代越早，宗周风格越明显，与文献和金文记载宗周王朝与此区域的关系及群舒族群的演变进程相符。3. 其地理位置与史书、金文记载的南北交通息息相关，且遗址所出土的鼓风管、石范，连同临近的北墩出土的铜锭，证实了此处应是“金道锡行”的重要据点。北墩具有管理和生产的职能，而中墩则更可能是一处人员活动密集的临时性类似于码头的堆场。

（赵东升）

【庐江县丁家畈西周春秋时期北墩遗址】

发掘时间：2018 年 8 月 ~2019 年 1 月

工作单位：安徽省文物考古研究所、河南大学

丁家畈遗址位于庐江县万山镇永桥村丁家畈自然村，由北墩（团墩）、中墩（2 个组成，又称长墩）、南墩、西墩（月亮墩）等 5 个大小不等的人工堆筑的土墩台组成。罗布河绕行其东。北墩呈不规则长椭圆形，高出地表 4.3 米，台面平整，发掘前为林地，中心点地理坐标位置为：北纬 31°19′11″，东经 117°15′6″，高程 21.3 米。北墩遗址面积 3500 平方米，发掘面积 2000 平方米，发掘深度最浅 3.2 米，最深 4.6 米，平均深度 3.5 米。

地层可分早、中、晚三期，最明显的是三次极端情况下形成的大面积红烧土形成三个明显界限，时代西周中期偏早到春秋早期，三期地层均有外围墙垣，大面积红烧土堆积和大量遗迹遗物。发现完整的围绕墩台边缘修筑的 3 期黄土墙垣、3 期大面积红烧土堆积；不同时期的房址 12 处、炉灶 14 座、灰坑 68 个、墓葬 9 座，尤其是有 3 座墓葬出土有完整的陶器组合，为江淮地区少见。出土完整和可复原器物 200 余件，其中陶器 160 余件，包括：鬲、豆、罐、钵、盉、纺轮、鼓风管等；石器 30 余件，包括刀、锛、斧、凿等；铜器 30 余件，包括：锭、镞、刀、装饰品等；骨器 20 余件，包括：锥、簪等。

此次发掘对北墩遗址的环境、规模、

形制、堆积、功能、文化内涵、时代特征等有了初步的认识，时代为西周中期到春秋早期。三期关系地层清楚，墓葬器物组合典型，对复原西周中晚期江淮地区文化面貌和研究西周时期中原势力向南方的推进具有十分重要的意义。

（李溯源）

【皖江流域古代矿冶遗址考古调查】

调查时间：2018 年 4 月 ~6 月、2018 年 8 月 ~9 月

工作单位：中国国家博物馆、安徽省文物考古研究所

中国国家博物馆与安徽省文物考古研究所合作开展的“皖江流域古代矿冶遗址调查”项目主要在皖江南岸中段南陵地区开展工作。本年，调查工作组赴芜湖地区南陵县进行古代矿冶遗址专题调查，南陵县文物管理所、铜陵市博物馆、首都师范大学历史学院参加了此次调查工作。

野外踏查覆盖南陵县西部的工山、何湾两镇，重点排查沙滩脚矿田及其周边分散的矿化点，累计调查古代矿冶遗址 26 处，新发现小工山、小燕冲、寨山、南山脚 4 处采冶遗址。所见遗迹包括采矿井巷、焙烧窑，采集遗物及标本包括陶瓷器残片、石质采矿工具、炼铜炉壁、炼渣等，遗物年代推定自西周至唐代。调查中，应用卫星影像定位可疑地点并进行现场确认，新发现缪村双墩、杨村老太墩、象山蒲塘 3 处商周时期墩台遗址，以及天官后山土墩墓群。通过本次调查，基本掌握了南陵地区古代矿冶活动的规模和空间分布，对矿冶遗址的年代和文化内涵也有了深入的认识。新发现的墩台遗址和土墩墓群，为研究周代铜矿采冶活动的考古学背景提供了新材料。

本年 8 月中旬至 9 月初，调查工作组联合铜陵市博物馆、南陵县文管所，使用多旋翼无人机对铜陵、南陵两地的矿冶遗址、墩台遗址、土墩墓群进行低空摄影测量，获取了 18 处遗址的正射、斜摄影像、数字表面模型。为研究这几类遗址的空间形态特征、地形分布规律以及与周边环境的关系提供了影像数据资料。

（钱静轩）

【合肥市高新区大包墩西周遗址】

发掘时间：2018 年 10 月 ~12 月

工作单位：安徽省文物考古研究所、山西大学

大包墩遗址位于合肥市高新区城西桥村西约 2.5 千米处，主要包含大包墩、木鱼墩两个土墩。大包墩遗址堆积较厚，层位关系明确，遗存属性与年代较为清楚。

大包墩遗址共布探方 12 个、探沟 2 条，实际发掘 1000.5 平方米。其中大包墩布设探方 12 个、探沟 1 条。清理围埂 1 条、灰坑 103 个、柱洞 31 个、墓葬 1 座，出土骨、石、角、铁、铜、陶等 170 余件。实际发掘面积 880.5 平方米。木鱼墩布设探沟 1 条，长 60 米，宽 2 米，清理围埂 1 条、灰坑 7 个、灰沟 1 条、柱洞 4 个，出土少量的陶片等。实际发掘面积 120 平方米。依据整个发掘区的层位关系及出土遗物，可以将大包墩遗址出土的遗存划分为五期。第一期以大包墩 T1⑥，T8 ~ T12⑥、⑦为代表，年代不晚于西周；第二期以大包墩围埂、T2 ~ T5②、柱洞、H11、木鱼墩围埂、柱洞、H1 ~ H7、G1 为代表，年代大体相当于西周时期；第三期以大包墩围埂倒塌堆积为代表，年代要晚于西周时期；第四期以大包墩 T8 ~ T12②、③、④、⑤为代表，年代介于第三期与第五期之间；第五期以大包墩 H1 为代表，年代约相当于明清时期；大包墩 M1 年代不明，其年代不早于第三期，约相当于第四、五期。

就遗存保存的丰富程度而言，大包墩遗存主要以第二期、第三期为大宗，因此对大包墩遗址发掘与收获，主要集中在对

第二期、第三期的认识上。围埂最初应修建在一高地之上，修建围埂的用土主要是取自高地周边，围埂中间的圆形空间内发现有数量较多、大小不一的灰坑、柱洞，部分柱洞还打破围埂，灰坑、柱洞的形成与使用年代约略同时。围埂中间可能建造有杆栏式建筑与围埂共同形成人类的活动空间。大包墩围埂上曾发现有一个灶的底部，另外在其倒塌堆积中夹杂有大量的红烧土块，可能围埂上曾建有房址。大包墩东侧倒塌堆积及大包墩 H20 内夹杂有大量的红烧土块，可能在围埂及其上房址废弃之后，人类曾对大包墩进行过平整土地行为，改变了大包墩的土地使用功能。

（霍东峰）

【庐江县杨家墩东周遗址】

发掘时间：2018 年 9 月 ~12 月

工作单位：安徽省文物考古研究所、南京师范大学

杨家墩遗址位于庐江县庐城镇申山村杨家墩自然村西南 360 米左右，分南北两个土墩。其中，南墩台调查没有发现明显文化层堆积，而北墩台发现有地层堆积和灰坑遗迹等，因此发掘工作主要集中在北墩台上。北墩台面积 6700 平方米，西边和南边有较多野生树木，东部和西部有大量竹子。北部破坏严重，中南部保存较好，遗迹主要分布在中南部。

此次发掘共布置 10 米 ×10 米探方 10 个，面积 1000 平方米。该遗址文化层共分为 6 层，其中各类遗迹主要集中在第①~④层，第⑤~⑥层只发现两个灰坑及少许陶片。共发现灰坑 21 个，其中 H1 至 H8 为近代坑，H9 至 H21 为东周时期坑。沟 9 条，G1 至 G7 为近代沟，G8 至 G9 为东周时期沟。出土的各类遗物数量较多，质地有石、陶、瓷、铜、玉等类，目前登记的小件有 25 件（不含修复的陶器），包含有石锛、石斧、石球、石凿、陶豆、陶钵、陶罐、陶盉、陶鬲、陶甗、陶鼎、陶盆、陶纺纶、硬陶陶片、铜器残片、玉环（残）等。

此墩台遗址北部为人类活动区，文化层堆积分三期。第一期，直接在自然土层上形成，面积较大。北、东、西基本到达墩台的边沿，活动面在此处距墩台边沿 2 米左右处，呈缓坡状堆积。第二期，由多层活动面堆积而成，每个活动面垫一层黄色生土，厚 0.05 米 ~0.1 米，黄土面上局部垫灰土形成夹层。此层上形成第三期活动面。三期以后该遗址废弃。遗址的年代最早为西周晚期，最晚至东周。根据活动面遗迹的位置分布与已知的发掘情况，墩台上早期人类的生活区域主要集中在墩台的近边沿地带。除墩台西北角外为坡面外，其他基本为平面。晚期活动面呈内低外高的坡面。由于发掘面积有限，该遗址整体面貌还不太清晰，而对于此时期的人类居住遗址形式还不明确，这需要在今后的考古发掘中引起注意。

（王志高）

【寿县西圈东周墓地】

发掘时间：2017 年 9 月 ~2018 年 5 月

工作单位：安徽省文物考古研究所、寿县文物管理局

西圈墓地位于寿县古城外西南方向南关村西部，大体包括米家圩、周家圩和陶家圩等几个自然村的范围。通过对前期考古钻探资料的梳理，根据早期墓葬的分布状况，我们将发掘区划分为两个小区。本次实际发掘面积约 1400 平方米，清理墓葬 53 座、灰坑 28 个、房址 1 座；出土陶器、原始瓷器、印纹硬陶器、铜器、漆木器和玉器等 500 余件（套）。主要收获有以下几个方面：

1. 以 M25 为代表的一批春秋晚期至战国早期墓葬的发现，力证西圈墓地为下蔡的重要墓葬区之一。M25 位于 2017 年度发

掘区的北部，无墓道和封土迹象，形制为长方形竖穴土坑，南北向，长6.2米、宽4.6米。葬具为一椁重棺，棺室位于椁室南端中部，东西两侧为边箱，北侧亦有隔板痕迹形成头厢结构。椁室四周填充有厚约40厘米的青膏泥，除椁盖板外，棺椁均保存较好。内棺发现人骨1具，仰身直肢，骨骼保存较差，棺内随葬铜短剑、玉瑗和弓箭各1件。该墓是本次发掘区唯一一座未被盗扰的早期中型墓葬，出土随葬品丰富，其中陶器均为仿铜陶礼器，如鼎、鬲、敦、簠等；铜器主要为兵器和车马器，大量的漆木器虽保存较差，仍可辨识出器类有琴、瑟、壶、器盖等，此外还出土有部分原始瓷器和印纹硬陶。该墓最为重要的发现是位于东边厢紧贴东椁壁出土的一件双联戟，其中前部一件戈上胡部有纵向两排六字错金铭文“蔡侯产之用戟”。

2. 首次在寿春城遗址内发现战国中期墓葬。以2017年度发掘区的M37、M40和2018年度发掘区的1号大墓为代表的战国中期墓葬，其突出特点是东西向的土坑竖穴墓，而这与下蔡墓葬普遍为南北向的情况截然不同。这一时期墓葬延续了此前春秋晚期、战国早期墓葬普遍随葬原始瓷和印纹硬陶器的传统。这批战国中期墓葬的发现，填补了寿春城遗址这一时期遗存的空白。

3. 战国晚期和西汉时期遗存的新发现。本次发掘一方面从层位关系的角度揭示出西汉早期墓葬、战国晚期灰坑等遗迹、战国早期墓葬之间的叠压和打破关系；另一方面也拓展了对战国晚期遗存分布范围和内涵的认识。

4. 对墓地布局和形成过程的初步揭示。2017年度发掘区内揭示出下蔡墓葬有东西成行、南北并排分布的趋势，简言之，北排墓葬以M25、M27、M31、M33为代表，南排墓葬则以M24、M28、M29、M30为代表。根据已发现的遗存情况，西圈墓地的考古学文化序列大体可以梳理为：春秋晚期至战国早期为下蔡墓地，战国中期楚灭蔡后延用了该墓地，战国晚期由于楚国迁都寿春，此处发展成为居址区，至西汉早期又作为重要墓葬区。

5. 西岗遗址考古钻探的新收获。在进行西圈墓地发掘的同时，我们还选择对西岗遗址进行了主动钻探工作，共发现有南北两道、合计三段夯土遗迹，为探索一直困扰寿春城遗址考古研究的城垣问题提供了重要线索。

本次西圈墓地的发掘和西岗遗址的考古钻探工作所取得的重要收获，为我们下一步工作奠定了重要基础。

（蔡波涛　张钟云　李　军）

【庐江县坝埂春秋时期遗址】

发掘时间：2018年8月~2019年1月

工作单位：安徽省文物考古研究所、郑州大学

坝埂遗址位于庐江县万山镇永桥村坝埂东南约370米处，遗址为墩台遗址，由东、西两处墩台组成，位于小港河的北岸，整体地势呈北高南低。东墩保存较好，面积较小，西墩保存情况较差。两墩总面积约6800平方米，堆积最厚处约3米。墩台上种植玉米和茶树，无建筑占压。四周皆为稻田。拟发掘面积1000平方米。布方规格为10米×10米。东墩共8个探方进行发掘，基本覆盖东墩全部范围。西墩拟选择东北部遗存较丰富处的T1309与T1310进行重点发掘。发掘面积总计1000平方米。为了解墩台外环壕状况，选择东墩北侧布设3米×14米探沟一条。

东墩发掘灰坑11个、墓葬3座、灰沟1条、路1条、房址（含集中分布的柱洞）3座、零散分布的柱洞19个、灶9座、红烧土遗迹1条，并于东部墩台发现墩台外围壕沟1条，共计53处。西墩发掘灰坑、墓葬与房址各1处。出土大量遗物，包括

陶器、石器、铜器、铁钉、琉璃等。共收陶片315袋。陶片以夹砂红陶、褐陶为主，少量泥质灰陶。纹饰有绳纹、方格纹、弦纹、几何纹、附加堆纹等。可辨器形有鬲、罐、甗、盆、豆、缸、簋、盉、鼓风管、纺轮和陶范等。小件59件，包括石质类刀、斧、锛、凿、镞和范共32件；陶质类碗、盆、钵、鼎、盉、豆、杯、器盖、纺轮、范、鼓风嘴、拍、饼等18件；瓷瓶1件；铜钱、削刀与残片等4件；其他如琉璃、贝壳等4件。

据现有发现，该遗址东西两座墩台可能修建于春秋时期，为当时古人在小港河天然河流的河湾处依地势而建。两墩外围发现有环壕，表明应当属于同一个聚落。从堆积结构与遗存特征来看，东西墩功能有明显不同。大量的红烧土残块与草木灰遗存，平整且分层铺垫的烧土带遗迹，少量炉缸壁、陶范与石范等遗物，表明东墩应当以生产活动为主。西墩不见上述现象，但发现有形制较为明确的排房遗迹，可能以较为单纯的居住功能为主。

（张继华）

【淮北市烈山唐代晚期至元代窑址】
发掘时间：2018年3月～12月
工作单位：安徽省文物考古研究所

烈山窑址位于淮北市烈山区烈山镇烈山村，处于濉河的支流雷河岸边，西距雷河1千米左右，东靠烈山脚下。本所组织抢救性考古发掘工作，并取得一系列重要发现。发掘分为三个区域，Ⅰ区金元窑址区域、Ⅱ区唐代晚期至北宋窑址区域和Ⅲ区汉代窑址区。发掘面积约700平方米。清理各类遗迹70余处，包括6座窑炉、52个灰坑、1条道路、14条灰沟、1处墓葬。出土了数以吨计的各时期陶瓷器残片。可复原器物达2000余件。

Ⅰ区遗存是此次发掘最丰富的区域。发现2处窑炉、40余处灰坑、1处道路、10余处灰沟等。出土大量遗物。

2座窑炉分别是2号窑炉（18HLY2）和3号窑炉（18HLY3）。Y3叠压在Y2之上，时代要晚于Y2，在空间上与Y2部分重合，是在原Y2的外围基础上扩建而成，即Y3是在Y2现有基本形态上改造再利用。其中改造最大的部位是操作间和火塘两处，范围均增大。另外两座窑的烟囱被破坏，其他部分保存完好。由操作间、火门、火塘、窑室组成。

Y2窑床长3.34米、宽4.22米，窑壁被近现代道路破坏，窑床表面铺有耐火砂；火塘呈半椭圆形，长2.4米、宽2.6米。用窑柱和耐火砖砌筑而成，且窑箅仍保留有几根窑柱。在迎火墙处两侧还修筑了两个垛墙，作用可能是便于收拢火势。堆积层较厚，主要是红烧土、草木灰、窑柱和耐火材料等。火门呈长方形，两侧用竖砖砌筑。长0.4米、宽0.25米。堆积层较厚，层位明显，可以划为若干层，主要是柴烧留下的灰烬；操作间呈长方形，南北两壁用废弃窑柱砌筑墙体。长6.1米、宽3.6米、深0.7米。操作间内堆积层较厚，主要是红烧土、窑柱、耐火砖和瓷片等。

Ⅰ区出土瓷器种类较丰富，包括白釉、白釉黑褐花、酱釉、黄釉、绿釉、青釉、黑釉等。除了碗、盘、盏等生活用瓷器，还发现了人物俑、动物俑、围棋子等。有的瓷器上有墨书、刻划或彩绘文字等。可辨识文字有“祐德观”“华严寺”“公用”“宿……”“黄一郎宅”“比范五公”等。时代为金代至元代。

Ⅱ区目前发现一处窑址，编号17HLY1，为典型的马蹄形馒头窑。应由窑门、火膛、窑室、烟囱等部分组成，该窑残长7米，宽4米，残高2.5米（从火膛底至最高处）。出土产品主要是白瓷、绿釉瓷、黄釉瓷、琉璃器、白釉黑花瓷。产品主要有碗、盘、盏、罐、建筑构件、枕、俑等。窑具有窑棒、垫板、垫饼、三叉支托、垫圈等。时代为唐代晚期至北宋晚期。

（陈　超）

【繁昌窑北宋遗址】

发掘时间：2018 年 10 月上旬 ~ 11 月初

工作单位：安徽省文物考古研究所

为配合繁昌窑遗址环境整治一期工程——1、2 号龙窑保护大棚周边区域环境整治工程的设计和推进，经国家文物局批准，本所对 1、2 号龙窑保护大棚看护管理用房用地范围进行了考古发掘，发掘区域与看护管理用房范围重合，布 8 米 ×8 米规格方两个，实际发掘面积 111.5 平方米，新发现了 1 处龙窑、2 处作坊遗迹和 1 座北宋墓葬。

新发现的这处龙窑坐落于作坊区，开口于 T2⑥层下，打破次生土层。平面呈长条形，方向 248°。窑床坡度平缓（为 7°），且被作坊遗迹打破，揭露部分长 5.4 米、残宽 1.35 米，厚度 5 厘米 ~6 厘米，残存北部窑壁高度 0.1 米。根据层位关系，该窑是目前繁昌窑遗址已经发掘出土的龙窑中年代最早的，年代下限应为北宋中晚期，对于研究早期龙窑特征和分布规律具有重要价值。

练泥池（C2）位于 T2 东北部，开口于⑤层下，打破⑥层。平面呈长方形，池口长 1.8 米、宽 1.16 米，深 1.18 米。坑口四周用废弃的窑砖砌成一个活动面。由于被严重扰动，活动面残存宽度为 10 厘米 ~45 厘米，厚约 12 厘米。池内堆积分三层，出土遗物有青白瓷碗、盏、碟、钵、执壶、粉盒和轴顶碗等。池底保存有厚 5 厘米 ~6 厘米的瓷泥土。

北宋墓葬（M2）位于 T2 东北部，开口于③层下，打破生土，为竖穴土坑墓。墓口长 2.3 米、宽 0.65 米 ~0.78 米、深 0.8 米 ~0.9 米，墓壁陡直。发现随葬器物有青白瓷 13 件，器类有青白瓷叠唇碗、尖唇小平底盏、侈口圈足盘、喇叭口执壶、盘口执壶、侈口炉、连体盏托、托盏、塔形罐和奁等。

本年度发掘区位于繁昌窑遗址 Y2 窑头东南约 13 米，地势较平坦，遗存主要为作坊区和窑业废弃堆积，出土青白瓷器、窑具等遗物和之前发掘出土器物基本类似。但在作坊区地势平坦区域新发现龙窑一座，与龙窑大多分布于地势倾斜度较大的丘陵或缓坡上的传统认识有所不同，为我们重新审视繁昌窑遗址龙窑分布特征和规律提供了新的线索。并且由于新发现龙窑时代较早，也为之前在作坊区发现繁昌窑第一期青白瓷器提供了合理解释，基本上可以确定这些繁昌窑早期青白瓷为当时的原生堆积。在作坊区新发现北宋墓葬，且出土丰富的青白瓷器，器类较多，组合清楚，为繁昌窑废烧时代定在北宋中晚期提供了准确依据。

（罗　虎　汪发志　徐　繁）

【凤阳明中都外金水桥遗址】

发掘时间：2018 年 9 月 ~2019 年 1 月

工作单位：安徽省文物考古研究所、故宫博物院

为配合明中都皇故城国家考古遗址公园建设，联合考古队发掘了明中都外金水桥遗址，发掘面积约 1600 平方米。发现明初外金水河河道和金水桥桥基 7 座、节水闸 1 座、明清道路 1 条，另外清理了近现代扰坑、扰沟、房基若干。

外金水桥横跨在明中都午门以南的外金水河上，共有七座桥址，分为三组。中间组三座，正对午门中间的三座门洞；两侧各有一组，每组两座，各自正对午门的两观。中间组桥的主桥宽度约 9.6 米，两侧桥宽约 6.4 米。西组桥两座，其东桥宽度约 10.5 米，西桥宽度约 9.3 米。东组桥受到的破坏比较严重，从残存的部分桥券推测其与西组桥基本对称。七座桥东西总跨度约计 120 米。七座桥均为单孔砖券桥，

与河道驳岸同时修建。桥台下的基础边缘用一层条石垫底，上以砖砌筑。桥券拱腹边缘用石券作券脸，券石均以卯榫扣合，多处卯榫结合部以“熔铁灌缝”加固。桥的其余部位用砖砌筑，中组桥的拱券为“三券三伏”结构，东西两组桥的桥身已被完全扒拆，券的层数不详。

外金水河的河道为人工挖成，在有桥区较宽深，桥区外则较为浅窄。河道两岸用砖砌筑驳岸，河底以砖做海墁，墁砖前先找平河底，用碎砖块铺地，碎砖层下在桥下位置用木桩埋为地钉。以驳岸内河道净宽计，主桥处70米宽范围内的河道宽度为5米，东西两组桥处的河道宽度为3.7米。桥下河底距地面约3.3米，无桥处河底略高出0.3米。七座桥以外的河道驳岸收窄，河宽仅约2.6米，河底距地面约1.7米。

桥区西侧的金水河道上发现有节水闸，闸下的东部河道深浅结合处发现有用砖砌筑的引水坡，呈台阶状，自西向东引水。

出土遗物主要是砖、瓦、石等建筑构件和少量残瓷器、铜钱等。砖多为大城砖，还有少许用来垫平或填缝的小薄砖，经仔细清理发现，驳岸、桥址的用砖有较多带有文字。瓦主要出土于河道内淤积土中，有琉璃瓦和素瓦，以琉璃瓦为主。器形有筒瓦、板瓦、瓦当、滴水、兽吻等，部分琉璃瓦带有朱书或戳印铭文。

此次发掘系统、完整地揭示出了明中都外金水桥的数量、位置、尺寸、建筑工艺、建造过程，以及该段河道的形制结构和建造特点。不仅明确了中轴线上外金水桥处的建筑布局，还为古代桥梁发展史的研究提供了重要资料。同时，考古发掘为遗址公园建设中外金水桥的保护、展示提供了科学依据。

（王　志　王太一）

福建省

【闽侯县白头山新石器至青铜时代遗址】

发掘时间：2018 年 4 月 ~7 月

工作单位：福建博物院、福州市文物考古工作队

白头山遗址位于闽侯县荆溪镇港头村白头自然村，是闽江下游一处从新石器时代延续到青铜时代的大型聚落遗址。为配合闽侯二桥建设，对涉及遗址范围内进行抢救性考古发掘，发掘面积达 1200 平方米。

考古发掘出土有昙石山下层文化、昙石山文化、黄瓜山文化、晚商文化等各个时期的遗存，对于了解闽江下游地区史前文化的发展和变迁具有重要意义。

通过浮选和植硅体分析，发现了大量碳化人工栽培稻谷、粟、黍等植物颗粒，其中昙石山文化层中黍子稃壳植硅体的发现是闽江下游地区目前已知最早的旱作农业证据，为了解该地区新石器时代的生业形态与稻旱混作农业的传播提供了新的线索。

（蔡喜鹏）

【平潭龟山新石器时代及商代遗址】

发掘时间：2018 年 4 月 ~10 月

工作单位：福建博物院、中国社会科学院考古研究所

龟山遗址位于平潭综合实验区平原镇上攀村东北面，西南距壳丘头遗址约 1 千米。2016 年福建博物院与平潭综合实验区社会事业发展局联合进行的平潭史前文化遗址专项调查和勘探，在龟山遗址地表采集有大量新石器时代至商周时期的陶片和石器，在断坎上能见新石器时代贝壳堆积。经国家文物局批准，联合考古队对龟山遗址进行考古发掘。共布 5 米 ×5 米探方 18 个，实际发掘面积 450 平方米。

此次龟山遗址发掘出土大面积的陶片层。陶片包含夹砂陶片和印纹硬陶片。夹砂陶片以夹砂灰黑陶为主，还有少量的夹砂红陶、夹砂灰陶等，也有些陶片同时有几种颜色。陶片大多为素面，还有一部分饰粗绳纹，这些纹饰一般漫漶不清。可辨器形多为釜、罐等器类。印纹硬陶大多为灰色，器表多饰云雷纹、方格纹等，可辨器形有凹底罐、尊、杯等。

陶片层大体呈水平分布，有些区域陶片仅一层，也有些区域陶片呈层叠状，最上面的陶片与最底层陶片之间最厚处约有 10 厘米。另外，无论是夹砂陶还是印纹硬陶，都能见到在相近区域一个个体碎裂成数片的现象。陶片层除了上述碎陶片外，还能见少量完整陶器。另外还有较多的石器夹杂在这些陶片层中。这些石器以圆形或椭圆形的凹石或石锤数量为多，还有少量的石锛等。未能见到这些夹杂在陶片层内的石器在空间分布上的规律。陶片层之间也包含一些柱洞，柱洞大多呈圆形或椭圆形，洞内填土为灰色沙土。因发掘面积有限，还无法确定其分布形状及建筑模式。从龟山遗址陶片层所包含的印纹硬陶看，其器类、形制与闽江下游黄土仑文化非常相似，其年代应相当于中原地区的商代中

晚期。

从龟山遗址一些断面看，在陶片层之下，还有一层更早期的文化层，该文化层包含大量贝壳、陶片等遗物。从采集自该地层的碳样进行测年，年代距今5000年左右，相当于新石器时代晚期。

该遗址的文化内涵丰富，为研究福建沿海新石器时代和青铜时代文化提供了重要的实物资料，同时也对建立和完善平潭岛史前考古学文化序列具有重要意义。

（黄运明　范雪春　王晓阳）

【浦城县龙头山新石器时代至西汉遗址】

发掘时间：2018年10月~2019年1月

工作单位：福建博物院、厦门大学历史系、浦城县博物馆

龙头山遗址位于浦城县南浦街道解放村陂头北侧，东、南、西三面为南浦溪所围绕，北邻清代浦城县城金凤门遗址。龙头山遗址于1987年第二次全国文物普查时发现，2008年第三次全国文物普查对其进行复查。本年8月，因龙头山公园建设项目施工范围涉及龙头山遗址，厦门大学历史系联合浦城县博物馆对该遗址进行复查与勘探。采集到大量新石器时代晚期、商周时期及历史时期的陶片、瓷片和少量石器标本。本年10月起，联合考古队对龙头山遗址进行抢救性考古发掘。共布设5米×5米探方21个，实际发掘面积525平方米。本年度发掘共清理明清及以降墓葬9座，西汉时期闽越国墓葬3座，商周时期灰坑4处、房址2座，周代积石墓1座以及新石器时代晚期墓葬若干。

龙头山遗址清理的新石器时代晚期墓葬均为长方形或近长方形竖穴土坑墓，出土器物有陶器和玉石器。陶器有豆、罐、壶、鬶、盉、纺轮、杯等，石器有镞、矛、锛、钺等，玉器有玉珠、玉管和玉锥形器等。清理商周时期灰坑4处，出土陶器、石器等。陶器有夹砂陶、硬陶、黑衣陶等。陶片除素面外，纹饰有席纹、方格纹、叶脉纹、弦纹等。器形主要有罐、尊、釜、钵、盆、甗形器、豆、网坠、纺轮，另见石镞、石锛等。发现商周时期房址2座，房址周围均有成圈柱洞。

清理西汉时期闽越国墓葬3座，其中2座南北纵向排列于山顶平台，1座位于山脚平地。出土随葬品以硬陶器为主，有少量金属器。陶器有瓮、瓿、匏壶、钵、罐、小罐等。清理清代晚期墓葬5座，葬具残留有棺木、棺钉等。出土随葬品有鎏金镶玉帽花、铜纽扣、铜钱、烟具、瓷碟、瓷盏等。

本次龙头山遗址抢救性发掘揭露的新石器时代晚期、商周时期及西汉闽越国墓葬，商周时期房址和历史时期文化遗存，对于完善闽江上游新石器时代文化序列，探索闽浙早期文化交流，研究西汉时期闽越国葬制、葬俗等都具有重要的价值。

（付　琳　黄运明　王欢欢）

【浦城县牛鼻山遗址周边区域系统调查】

调查时间：2018年7月~8月

工作单位：厦门大学历史系、浦城县文体新局、浦城县博物馆

牛鼻山遗址位于浦城县管厝乡党溪村，1987年第二次全国文物普查时发现，1989年、1990年秋，福建省博物馆考古队先后两次对该遗址进行抢救性发掘，清理一批新石器时代晚期墓葬，并主要以这批墓葬遗存的文化内涵确立了“牛鼻山文化”的命名。本年7月，为配合《福建浦城牛鼻山遗址总体保护规划（2014—2030）》的实施，经福建省文物局批准，联合考古队对浦城县管厝乡牛鼻山遗址周边开展区域系统调查。调查范围包括管厝乡所辖党溪村、登俊村和管厝村三个行政村，具体范围东至茶坪观坑口东北部党溪发源溪谷，西临上村大栗坪，北达金扁担山银坑洞，南至管厝村上东坪，实际调查面积约40平

方千米。本次调查新发现遗址点18处，其中3处属于新石器时代晚期至商周时期，其余遗址年代分布为唐五代、宋元和明清时期。调查采集到新石器时代到明清民国时期遗物共683件，其中新石器时代晚期29件、商周时期144件、唐五代时期15件、宋元时期212件、明清民国时期283件。另发现历史时期墓葬3座、砖窑1处，实勘古矿洞2处。

在开展区域系统调查的过程中，对上东坪遗址和牛鼻山遗址进行了试掘，在两处遗址各发掘1米×4米探沟一条。上东坪遗址有2层文化层，上文化层出土遗物较多，以黑衣陶和印纹硬陶为主，器形主要有罐、尊、豆、网坠等，并出土石镞。下文化层遗物以夹粗砂灰陶为主，见少量夹砂红陶。推断上文化层年代为商周时期，下文化层年代为新石器时代晚期。本次在牛鼻山遗址布设的探沟位于牛鼻山山顶西侧，地层堆积共4层，其中第③、④层为文化层，第③层包含大量夹砂陶和泥质灰陶，出土陶簋1件、石凿1件。第③层下发现灰坑1处，坑内包含较多夹砂灰陶片，出土陶三足盆1件、鸭掌形及圆锥形鼎足若干。第④层包含较多夹砂黑陶和烧结块，陶片质地软、夹砂颗粒较大，可辨器形主要为鼎。另在第③层和灰坑中各发现炭化水稻种子1粒，初步鉴定为粳稻。在第③层和灰坑中采集炭样的测年范围约在距今5300～4800年。对第③层出土水稻标本的测年也在此范围内。

本次调查丰富了牛鼻山遗址周边区域田野考古和聚落考古的实物资料，为认识南浦溪上游党溪流域人地关系的历史演变提供了重要资料，对闽北乃至闽浙赣邻境地区聚落考古、区域文化比较以及水稻早期传播路线等课题的研究具有重要意义。并且初步证明了区域系统调查方法在南方山地密林地区的改良实践是科学有效的，对未来的田野工作具有一定的参考价值。

（付　琳　杨　军　王欢欢）

【漳平市永福窑调查与试掘】

调查时间：2018年12月～2019年1月

工作单位：福建博物院、龙岩市博物馆、漳平市博物馆

永福窑位于漳平市永福镇西南的西山村鳌头自然村，是一处大型的窑址群。窑址分布于以鳌头自然村所处盆地为中心的四周山坡上，面向盆地的开阔地带。经福建省文物局批准，联合考古队对永福窑进行全面的调查与勘探。调查共发现14处窑址遗迹与相关的废品堆积，年代为宋代与明清两个时期，其中10处为宋代窑址，3处含宋与明清两个时期，1处为明清时期。

另外，为明确永福窑的具体年代，还对上窑盂窑址的北坡进行小范围的试掘，试掘面积约19平方米。共揭露窑炉遗迹3座：1座是明清时期横室阶级窑的火膛，编号为Y1；另外2座是宋代的斜坡式龙窑，编号为Y2与Y3。

调查采集与出土遗物主要是宋代青白瓷、明清青花瓷与各种窑具。器形种类主要是碗、盘、碟、杯、炉、壶、罐等，窑具有匣钵、垫饼、荡箍、火照等。

本次调查基本上了解永福窑的分布规律与范围，进一步确认了永福窑的年代集中在两个时期：北宋晚期至南宋时期和明晚期至清代中期。两个时期的产品特征与窑业技术清晰，分属宋代的景德镇青白瓷体系与明清时期的漳州窑体系。两个时期的产品除内销外，都加入外销瓷的行列，是海上丝绸之路的组成部分，对于海上丝绸之路、外销瓷等问题的研究具有重要意义。

（危长福）

【建宁县澜溪宋元窑址】

发掘时间：2018年3月～10月

工作单位：福建博物院、中山大学历史学系、建宁县文体广电出版局

澜溪窑址位于建宁县伊家乡澜溪村汪

家铺。澜溪自西向东北流入濉溪，窑址主要分布于澜溪沿岸的低缓山丘上，规模较大，分布面积数万平方米，是闽西北的一处重要窑场。

莆田至炎陵高速公路三明境内尤溪中仙至建宁里心段穿过部分窑址区域，经国家文物局批准，联合考古队完成发掘面积约2100平方米，揭露一处保存较好的窑炉以及作坊遗迹，出土大量瓷器标本。窑炉为斜坡式龙窑，已揭露部分斜长14.5米，前部宽1.7米，中部宽2.1米，后部宽2.5米。窑底坡度中、前段略陡，达20°，后段略平缓，坡度为17°。作坊遗迹揭露一批有叠压打破关系的淘洗池、沉淀池、工作棚、水沟等遗迹。

产品以青白瓷为主，少量酱黑釉瓷。器形有碗、盘、碟、杯、炉、瓶、罐、腰鼓、瓷塑等。纹饰以刻划花为主，也有少量印花、堆贴等。年代为北宋中晚期至元代。澜溪窑产品不仅釉色莹润，胎体轻薄，器形修制规整，产品种类丰富，也代表福建宋代青白瓷烧造的最高水平，部分产品可与宋代景德镇影青瓷相媲美。这次发掘揭露的窑炉与作坊遗迹也为了解闽西北地区宋元时期制瓷手工业遗存提供了翔实的第一手材料，为进一步研究福建青白瓷与江西景德镇窑业技术交流与传播提供了证据。

（羊泽林）

【漳浦县石寨明代窑址】

发掘时间：2018年11月~2019年1月

工作单位：福建博物院、漳浦县博物馆、厦门大学

石寨窑址位于漳浦县石榴镇山城村石寨自然村西南侧的一座小山坡上，分布面积约1000平方米，窑址所在山坡种有大量巨尾桉速生林，地表长满杂草灌木。废品堆积和窑炉被当地村民开垦耕地、取土、种植经济林破坏严重。经国家文物局批准，联合考古队对石寨窑进行考古发掘。发掘面积约600平方米，共揭露一处窑炉遗迹。窑炉依山而建，窑头方向84°。前段因修路取土破坏殆尽，后段被修建机耕道和种植经济林破坏严重，中段保存情况较好。残存窑炉通过5道隔墙分成5间独立窑室，前、后部窑室略窄，进深略短，中间窑室较宽，进深变大。前后窑室之间通过底部通火孔相连。窑壁用砖错缝顺向平铺砌成，以砂浆填缝，局部用匣钵或砖块残片砌筑，也以砂浆填缝。每间窑室前端均留一条宽0.2米~0.3米的燃烧位置。窑炉斜残长14.4米，水平残长13.5米，高差4.4米，中段内宽2.9米，后段内宽2.8米，平均坡度为17°。

出土遗物有仿龙泉窑青瓷和窑具。器形种类主要为碗、盘、高足杯等，也有少量碟、杯、炉、罐等日常用品。窑具为M形匣钵、垫圈等。

根据揭露出来的窑炉遗迹，石寨窑仍属分室龙窑，年代相当于明代早中期。但与传统的分室龙窑不同，窑炉隔间已出现明显变化，每一间的进深与宽度基本相同。而且不同于传统分室龙窑两侧投柴方式，石寨窑投柴位置处于每间窑室的最前面，与明清时期闽南地区流行的横室阶级窑的投柴方式相同，为横室阶级窑演变发展提供了直接的证据。

（羊泽林）

江 西 省

【樟树市国字山战国墓群】

发掘时间：2018 年 1 月～12 月

工作单位：江西省文物考古研究院、中国社会科学院考古研究所、樟树市博物馆

本年，联合考古队开始正式对国字山 M1 进行考古发掘。

M1 墓室内上部堆积已被近现代坟墓及迁坟行为破坏，在对其进行平整后，开始正式对 M1 墓室进行发掘。东西两个墓道只发掘南部一半。两个墓道都是斜坡墓道，墓道底部都在墓室开口下约 2 米。东墓道整体略成口大底小倒梯形，东西长约 8 米，宽度由于有一部分没有发掘，无法准确得出。西墓道墓道两端大小接近，长度为 6 米，宽约 3 米墓道内填土全部为白膏泥，夯打密实。

墓室内的填土都是白膏泥，夯打密实，但没有看到明显的夯层。墓室上部可以见到晚期坟墓、早晚期各种盗洞破坏后留下的各种形状的非白膏泥堆积，其中墓室东南部有一处大概占整个墓室约三分之一面积的红褐色扰土。可以确认有 7 处早晚盗洞破坏了椁室，其中东南部盗洞最大。这个盗洞应该是在距墓葬修筑时代不太久远的时间形成的一个大揭顶式盗洞，墓葬的棺椁结构保存还很完整，盗墓贼将该区域的椁盖板抽出或移动，并从椁室间立柱的空隙进入主椁室，对整个墓葬造成了较大的破坏。

墓葬椁室位于墓葬地表开口下约 3 米，椁室外有一周熟土二层台。宽度每边不一，在 1.2 米～1.5 米。在南侧二层台外侧墓壁的中部，高出二层台约 40 厘米处有一个东西长约 1.2 米，高约 40 厘米的圆角长方形壁龛。

椁室原本高度与二层台一样高，椁盖板边缘搭在二层台上。由于腐朽和塌陷，目前椁室顶部在二层台下 60 厘米～100 厘米。整个椁室的上部，如顶板、侧板或者立柱腐朽比较严重，而在椁室下部的，则保存较好。

椁室顶板上面盖有数层柏木或杉木木片覆盖物，覆盖物柔韧性很强，宽度在 5 厘米左右，厚度约 3 毫米，长度不一。椁室的各个部分之间通过榫卯结构联结以保持稳定。

椁室东西长约 13.5 米，南北宽约 11.4 米。椁室被立柱和隔板分隔为东西 5 行、南北 5 列共 25 个分室。主椁室东侧一个室随葬一个独木船型棺，由于被盗，没有发现随葬品。主椁室南侧的一个室中部也随葬有一个长方形小棺，小棺东西长约 2.2 米，宽约 50 厘米。

目前正在清理墓室南部各室，这个区域被盗扰，随葬品只见到少量漆木器，器形可辨的有器座、漆盒、盾牌、漆箱、器物杆等。从这些随葬品判断，这个区域可能主要放置仪仗器物。

（王意乐）

【南昌市青云谱区京山汉至清代古墓群】

发掘时间：2018 年 6 月～12 月

工作单位：江西省文物考古研究院、南昌

市博物馆

2018 年 2 月，南昌市土储中心在青云谱区京山南路南侧平整土地过程中，发现了数座古墓葬，随后江西省文物考古院在南昌市博物馆的配合下对京山古墓群进行了勘探和发掘工作。京山古墓群位于南昌市青云谱区象湖东侧的施尧路与昌南大道交会处，北临京山南路，西临象湖，东为江联小区，南靠昌南大道。

此次发掘共清理出汉至清代墓葬 11 座，绝大多数残破严重，只有 M8 保存较好。另外发现新石时代中晚期遗址一处。

一　墓葬概况

此次清理墓葬 12 座，发掘的墓葬绝大多数残破严重，只有 M8 保存较好。其中王莽时期墓葬 1 座、东汉墓 6 座、唐墓 4 座、清墓 1 座。

（一）王莽时期墓葬 1 座（M8）

M8 土坑竖穴墓。由墓道与墓室组成。墓向 283°。平面形状为“甲”字长方形，墓壁陡直，墓底平坦。墓葬东西通长约 7 米、宽约 4 米、深 2.15 米。开口距地表约 20 厘米。墓道通长 2.55 米，分作前、后两段。前段长 1.3 米，宽 1.75 米，底部为斜坡。前后段之间为陡直壁。后段长约 1.25 米，宽约 2.83 米。后段为两层台阶，呈阶梯状。墓室为竖穴土坑。长约 5.05 米、宽约 4 米。

根据器物及棺钉摆放位置，初步推断其木棺在墓室东北角，在棺的西部为头箱，其余器物主要放置在墓室东部。墓底部随葬品主要有陶壶、青瓷壶、陶灶、陶釜、陶罐、铜盉、铜盘、铜豆形器、铜盘、“小泉直一”铜钱和铁剑等。从出土的“小泉直一”分析，该墓时代为王莽时期。

（二）东汉墓 6 座（M2、M3、M4、M5、M7、M12）

M5 整个墓室均已被破坏扰乱，发现网钱纹墓砖；M2、M4、M7 和 M12 残留墓底铺地砖；M3 残存部分墓壁，铺地砖遭到破坏。

1. M2 长方形砖室墓。墓葬破坏严重，仅墓室中部残存部分墓砖。墓向 112°。墓葬通长 7.75 米、宽 2.35 米。墓室分前、后两室，前室长 3.29 米、宽约 2 米；后室长 3.91 米、内宽 2 米。未发现墓道。墓砖纹饰网钱纹。墓砖规格长 32 厘米、宽 18.5 厘米、厚 6 厘米。只在填土内出土了绿釉陶片。

2. M3 长方形砖室墓。坐北朝南，墓向 187°。券顶遭到破坏。未发现墓道。墓葬通长 9.4 米、宽 2.95 米、残高 1.9 米。墓室分前、后两室内，前室长 4.84 米，后室长 3.52 米。砖墙为错缝平砌，起券高度为 95 厘米。封门墙和铺地砖基本遭到破坏。墓砖规格长 32 厘米、宽 20 厘米、厚 6 厘米。墓砖纹饰网钱纹。只在填土内出土了绿釉陶仓盖。

3. M4 长方形砖室墓。券顶及部分墓底遭到破坏。墓葬通长 8.2 米、宽 2.[illegible]米。墓墙为横向砖错缝平铺而成，残高[illegible]厘米～60 厘米。分前、后两室，前室长 4.36 米、后室内长 2.93 米。后室比前室高出 30 厘米。墓砖规格长 35 厘米、宽 16 厘米、厚 5 厘米。墓砖纹饰有网钱纹和车轮纹。出土残破灰陶案。

4. M7 长方形砖室墓，坐南朝北，墓向 210°。券顶和铺地砖基本遭到破坏，仅北部残存部分铺地砖。墓室残长 3.9 米、宽 2.15 米、残高 0.24 米。墓砖规格为长 37 厘米、宽 1[illegible] 厘米、厚 6 厘米。墓砖纹饰有网钱纹、车轮纹和菱形对角几何纹。未发现随葬品。

5. M12 长方形砖室墓。平面形状为“甲”字形，坐北朝南。墓道朝南，墓向 175°。葬券顶遭到破坏，前室东部基本遭到晚期灰坑破坏。墓葬通长 8.6 米、宽 1.95 米、残高 0.2 米～0.7 米。墓室分作前、后两室，前室长3米、后室内长3.23米。墓砖规格：长约35厘米、宽19厘米、厚6厘米。墓砖纹饰有网钱纹。出土遗物见有绿釉陶器残片。

（三）唐墓4座（M6、M9、M10和M14）

1. M6 长方形竖穴土坑墓。墓向260°。长3.7米、宽1.30米、深1.85米。出土青瓷壶件。

2. M9 长方形砖室墓。平面形状为“甲”字形，坐西朝东。墓道朝东，墓向123°。券顶遭破坏。墓葬通长9米，其中墓道长3.1米、宽1.43米，墓室长5.9米、宽1.9米、残高1.32米。墓室分作前、后两室。砖规格长32厘米、宽16厘米、厚5厘米。均素面。出土青瓷壶、青瓷碗和青瓷罐等。

3. M10 长方形砖室墓。平面形状为“甲”字形，坐西朝东。墓道朝东，墓向120°。券顶遭到破坏。墓葬通长7.92米，其中墓道长3.2米、宽1.43米，墓室长4.42米、宽1.46米、残高0.55米~0.7米。墓室分作前、后两室。砖规格为长32厘米、宽16厘米、厚5厘米。均素面。随葬品有青瓷壶、青瓷碗、十二生肖铜镜和“开元通宝”铜钱等。

4. M14 长方形砖室墓。单室券顶，由墓道和墓室组成。平面形状为“甲”字形，坐北朝南。墓道朝南，墓向190°。残留部分券顶。墓葬通长7米、宽1.75米，其中墓道残长约2.1米、宽0.9米~1米，墓室长4.5米、宽0.87米、高1.2米。铺地砖为横向错缝平铺。墓砖为青砖，有平砖和楔形砖两种。平砖长约35厘米、宽16厘米、厚5厘米；楔形砖长34厘米、宽16厘米、厚3厘米~6厘米。均素面。随葬品见有青瓷壶。

（四）清墓1座（M13）

长方形竖穴土坑墓。已残破，墓底见人骨架。未见随葬品。

二　遗址概况

文化层堆积分布约5000平方米，上层堆积基本已被破坏。从发掘情况看，文化层堆积厚薄不一，南部最厚，北部较薄，堆积最厚处约有1.5米。出土遗物有陶器和石器。陶器以泥质红陶为主，次为泥质灰陶，少量夹砂灰陶。器形见鼎、罐、壶等。石器见有石斧、石锛和穿孔石刀等。初步推断为新时代中晚期。

（田　庄　李荣华）

【南昌市西湖区坛子口六朝墓葬群】

发掘时间：2018年7月~10月

工作单位：江西省文物考古研究院

坛子口六朝墓葬群位于南昌市西湖区解放西路和井冈山大道交会处的西南角。此次发掘为配合南昌市轨道交通4号线建设工程进行田野考古发掘工作，共清理六朝墓葬6座，时代为东吴至南朝，出土器物有陶器、瓷器、铜器、铁器、石器等。

M1 为长方形券顶砖室墓，券顶坍塌，墓室分前后两室，前室低于后室地两层砖，清理出的墓道长2.2米，宽0.85米，为红色填土，无包含物。出土随葬器物主要是青瓷器4件，器形为双系罐2件、盅2件。

M4 为长方形合葬砖室墓，由东西两室组成，之间砌一单墙分隔，在墓葬隔墙南部有小门连通两室。竖穴墓圹近长方形，底部平铺“人”字形砖两层，底砖上砌墙体，墙体均为单砖错缝叠砌。砖室墓采用搭接法作墓顶，中间用横砖托住，顶上叠压单砖用来压住砖块的受力，中间相接处两砖相互抵靠，搭接完毕后全部平铺墓砖以为顶，自搭接处至顶共四层砖。墓葬出土随葬器物主要有盘口壶、双系罐、四系罐、三足砚和盏等青瓷器，陶罐、铜钱等。

M5 为长方形券顶砖室墓，券顶坍塌，单室，墓道早期破坏。出土随葬器物共8件，其中青瓷钵4件、青瓷盏2件、石砚和滑石猪各1件。

M6为长方形券顶砖室墓，券顶坍塌，墓室分前后室，前室地较后室低两层砖，在前室中心处挖一窨井，深约30厘米。清理出墓道残长3.93米，宽1.12米，为黄色填土，在墓道近墓室处有一方坑，内有墓砖，坑与墓室之间有排水沟相连。出土随葬器物共19件，其中青瓷器18件，青瓷器主要有四系罐、盏、托盘、钵、盅、鸡首壶、盘口壶和碗等，滑石器1件。

M7为长方形券顶砖室墓，券顶坍塌，单室墓，在墓室左前方留有一方形小口，边长16厘米，底下露出地层铺地砖，在一层铺地砖下，盖着另一隐藏的窨井，深约75厘米，外围均用四块砖围住。墓道破坏严重，现存墓道前窄后宽呈喇叭状，地层填土分为两层。出土随葬器物共19件，其中8件青瓷器，主要有盏、盘口壶和三足砚等，滑石猪3件。

M8为长方形券顶砖室墓，该墓保存较好，但在西面墓尾处发现一盗洞，墓分前后室，前室较后室低五层砖，两室之间砌两道券拱，墓室前端和封门保存完整，封门采用三道券拱，并在封门外围一道券拱上有一单墙，形成前沿墙。该墓出土器物共计9件，其中青瓷器6件，主要有盏、盘口壶和碗等，滑石器1件。

根据墓葬形制、墓砖纹饰以及残留随葬器物特征等大体判断M4应为东吴时期墓葬，且该墓葬形制较为特殊，在南昌地区极少见，也是江西地区少见的东吴时期的夫妻合葬墓，其墓葬形制是江西地区墓葬形制的重要补充；M1、M5、M6、M7、M8的墓葬结构基本一致，只有小部分地方有所差异，且墓砖形制及花纹也相近，无论墓葬形制还是随葬器物，其特点是共同的，应为南朝时期墓葬。坛子口六朝墓葬的发掘为研究南昌市的东吴时期和南朝时期墓葬形制、埋葬习俗的发展演变提供了重要材料。

（严振洪）

【瑞昌市鲁家西晋墓葬】

发掘时间：2018年7月～8月

工作单位：江西省文物考古研究院、九江市博物馆、瑞昌市博物馆

墓地位于瑞昌市码头镇鲁家村西南面的岗地上。为配合瑞昌市码头工业园吴湾路项目建设，经报国家文物局批准，联合考古队对鲁家墓地进行了勘探发掘。

此次发掘清理西晋墓葬3座，大体呈东南—西北向排列，间距10米～13米，墓室方向42°～48°。

3座墓葬形制基本相同，均为“凸”字形单室砖室墓、单层券顶，由墓道、墓坑、封门墙、挡土墙、甬道、墓室等部分组成。其中M1、M3有砖砌排水沟，M2、M3有祭台（M1被毁不详），M3有垫棺砖。墓道平面呈长梯形，底部呈斜坡状或阶梯状，长6.3米～8.86米。墓坑平面呈长方形或“凸”字形。封门墙位于甬道口外，用单砖错缝平砌。甬道长0.86米～1.05米，甬道口外顶上方砌一道门楣，两侧及门楣上砌有挡土墙。墓室平面呈长方形，内长3.45米～3.9米。墓壁均采用三顺一丁砌法，其上平砌2～6层砖，然后用刀形砖起券；墓壁丁砖多为半砖，每间隔3～5块砖用整砖伸入墓坑填土中，俗称咬土砖（砖扉），起加固作用。墓底呈人字纹铺地。墓砖之间用灰黄色泥浆勾缝。墓砖呈青灰色，纹饰有交叉线纹、竖条纹、钱纹和“谢”字铭文。

随葬器物均为青瓷器，器形有盘口壶、盖罐、四系罐、钵、盏和水盂。从器形、釉色以及点褐彩装饰特征来看，这批青瓷器均为洪州窑产品，其中点褐彩盖罐、点褐彩盘口壶、橄榄形四系罐属洪州窑精品。

此次发掘，既为赣北地区西晋墓葬制度研究提供了材料，也有助于洪州窑产品流通研究。

（李荣华　崔　涛）

【瑞昌市张家岭南朝墓葬】

发掘时间：2018 年 7 月 ~8 月

工作单位：江西省文物考古研究院、瑞昌市博物馆

墓葬位于瑞昌市经济开发区裕丰村八组张家岭西南面的山坡上。为配合瑞昌市经济开发区项目建设，经报国家文物局批准，联合考古队对施工过程中发现的 2 座古墓进行了清理。

2 座墓葬均坐南朝北，方向 92°~105°，间距约 13 米。M1 为“凸”字形双室砖室墓，由排水沟、封门墙、甬道、前室、后室组成，砖室部分全长 6.1 米。排水沟残长 14.95 米。封门墙位于甬道口内，厚0.35 米。甬道长 1.0 米、内宽 0.9 米，内顶距离铺地砖高 1.6 米。甬道口外顶上方先砌出 2 道券形门楣，下层用刀形砖，上层用楔形砖。墓室平面呈长方形，单层券顶，前室内长1.0 米、内宽2.25 米，后室内长 3.55 米、内宽 2.25 米，前室低于后室0.15 米。前室前端两侧、后室后端两侧各有一组角柱，后室前端两侧有一组长方形砖柱，后壁正中砌“塔式砖柱”。角柱、砖柱以及后室两侧墙上共砌 7 道拱圈支撑券顶。后室前端左侧设有长方形祭台，两侧壁各有 2 个悬脚灯台。墓壁砌法为平砖横砌，墓底呈人字纹平铺。墓砖呈青灰色，纹饰有网钱纹、树叶纹、“廿”字铭文。

M2 为“凸”字形单室砖室墓，由排水沟、封门墙、甬道、墓室组成，砖室部分残长 3.75 米。排水沟长 12.25 米。封门墙位于甬道口内，略伸出甬道口，厚 0.31 米、高 0.19 米，推测原设有木门。甬道长 0.45 米、内宽 0.7 米、内顶距离墓底高 1.2 米。墓室平面呈长方形，残长 3.3 米、内宽 1.35 米、残高 1.0 米 ~1.25 米。墓室后部砌有棺床，棺床与墓壁之间留有 5 厘米 ~10 厘米的间隙，应为排水之用。棺床前方设有祭台。墓壁砌法为自铺地砖起，砌六顺一丁 1 组，三顺一丁 1 组，其上平砌，起券高度不详。墓底呈人字纹平铺。墓砖为青灰色，纹饰有钱纹、网钱纹、树叶纹。

2 座墓葬均早年被盗，出土少量随葬品。其中 M1 出土有青瓷碗、青瓷和铁五铢等，M2 出土有青瓷盏、铁拈杆陶纺轮、金戒指、银戒指等。从出土遗物并结合墓葬形制、墓砖纹饰判断，M1 为南朝梁晚期墓葬，M2 同为南朝梁墓，但略早于 M1。另外，从 M2 出土有陶纺轮、金戒指、银戒指等判断墓主为女性，她与 M1 墓主应为夫妻关系。

此次发掘为研究赣北地区南朝墓葬制度、埋葬习俗提供了材料。

（严振洪　崔　涛）

【吉安县吉州窑茅庵岭宋元窑址】

发掘时间：2018 年 9 月 ~12 月

工作单位：江西省文物考古研究院、吉安市博物馆、吉州窑博物馆、南开大学历史学院考古与博物馆系、厦门大学人文学院历史系考古专业、景德镇陶瓷大学艺术文博学院考古学专业

为配合茅庵岭窑址保护棚建设，在 2014 ~2017 年茅庵岭发掘区西侧布 10 米×10 米探方 12 个，揭露面积 1000 平方米。截至本年年底，多数探方没有清理到底，发现 7 处遗迹，文化堆积深厚，分为七层：第①a 层，黑色土，土质松散。第①b 层，黄褐色土，部分发黑，土质松散。①c 层，红色土色，土质松散，较为纯净，部分夹杂遗物碎片。第②a 层，红色土，为窑业垃圾倾倒层，含土量较少。②b 层，红色土，土质松散，较为纯净，为窑业堆积间隔层。第②c 层，红色土，土质松散，夹杂大量瓷器碎片，为窑业垃圾倾倒层。第③层，黑色土，土质松散，夹杂大量瓷器碎片，为窑业垃圾倾倒层。其中第①a、

第①b 两层几乎覆盖于整个发掘区，①c 和③层仅分布于发掘区南侧山脚下较为平坦的区域，②a 层至②c 层分布于发掘区北侧山坡上。

揭露的七处遗迹，分别为窑炉、道路、墙体和池子。窑炉遗迹一处，编号 F115，开口于②c 层下，目前发现窑头和窑尾部分。道路遗迹一处，位于③层下，为茅庵岭前期发掘遗迹（F68）的延伸遗迹。墙体遗迹两处，F113 开口于①b 层下，打破①c 层，用碎砖和匣钵碎片混砌成，范围内未发现地面现象，推测为围墙建筑。F114 为挡土墙，开口于①c 层下，打破第③层，用废弃窑砖砌筑。池子三处，开口于①b 层下，以 F118 最具代表性，上部用青砖砌筑，逐层内收，上方下圆，底部接一陶缸，可能是制瓷施釉遗存。

此次发掘出土遗物仍然是以瓷器为主，宋元遗物数量占比大。从釉色上分为黑釉、白釉、青白釉、酱釉、绿釉、青釉、素烧器等；从功能上分为日常生活用器（器形有壶、瓶、罐、碗、盏、盘、碟、炉、灯盏、盖等）、文娱陈设用器（包括棋子、捶丸、瓷塑等）、建筑用器（板瓦）、制瓷工具（模具、坩埚等）、窑具（包括间隔具、支烧具、匣钵、试料器、支圈等）；从产地上分为吉州窑、景德镇窑、龙泉窑、磁州窑等。此外，还出土数枚铜钱，为茅庵岭窑址的年代判断提供了证据。

本年茅庵岭窑址的发掘工作，进一步丰富吉州窑的窑业文化，积累了更多的基础资料，为吉州窑的技术交流、瓷器贸易研究提供了新材料。

（张文江　李兆云）

【赣州市章贡区七里镇元代窑址】

发掘时间：2018 年 11 月 ~2019 年 1 月

工作单位：中国文物信息咨询中心、江西省文物考古研究所、赣州市博物馆

七里镇窑址位于赣州市章贡区水东镇七里村。窑址分布在贡江与赣雩公路之间的沿江地带，分布总面积近 1 平方千米，现存窑包堆积 20 处。七里镇窑自晚唐创烧以来，宋元曾鼎盛一时，到明中期停烧。所烧产品主要有晚唐五代时期的青瓷与白瓷，宋元时期的青白瓷与酱釉瓷以及黑釉瓷，属于江西宋元四大名窑之一。1959 年列为第二批江西省文物保护单位，2013 年 3 月被国务院公布为第七批全国重点文物保护单位。

为配合国保单位保护规划的编制，经国家文物局批准，联合考古队对七里镇窑遗址殷屋对门作坊遗址继续进行考古发掘工作。

本年度的考古发掘工作是在 2017 年考古发掘基础上的延续。共布置了 5 米 ×5 米的标准探方 42 个，布方面积为 1050 平方米。目前已完成了 42 个探方的清表工作，清表面积为 42 ×16 =672 平方米。并对西北部的 20 个探方进行了较深度的发掘，出土了一批制瓷作坊遗迹，有青砖铺地的道路 1 条、墙基 4 条、排水沟 3 条，灰坑 4 个，陶缸 1 个。从地层上看，这些遗迹都位于第③层下，时代为元代。

由于受上层破坏较大，砖砌墙基与排水沟都不连贯，而且难以组成比较明确的建筑单元，因此，其建筑属性尚难判断。

根据考古发掘前的钻探资料，在发掘区存在较大面积的瓷土（白胶泥）堆积层，且厚度有 1 米左右，但埋藏较深，开口在距地面 1.5 米以下。而我们目前发掘的深度只到达距地面 1.2 米左右，因此，我们目前发现的这些建筑遗迹，是在瓷土堆积层之上，与瓷土堆积层是什么关系，目前尚难下结论。

七里镇窑址已有多次考古发掘，但以往的发掘地点都在窑包堆积比较高的山上，揭示出来的都是烧造阶段的窑炉遗迹。近两年对殷屋对门作坊遗址的发掘，是第一

次面对制瓷阶段的作坊遗迹。这些遗迹的发现，对完善七里镇窑址制瓷工艺流程的研究与复原展示，有着重要的考古学意义。

（陈镇江）

【永丰县明清恩江古城址】

发掘时间：2017 年 11 月 ~2018 年 6 月

工作单位：江西省文物考古研究院、永丰县博物馆

恩江古城址位于永丰县恩江镇天保村社区，东起天保村社区徐家村东面，西到葛溪河东岸，南至葛溪河流入恩江河入口处，北靠聂家村南面，呈东北—西南走向的葫芦形状。南北直线距离长 1050 米，东西直线距离宽 940 米，总占地面积约 55 万平方米。恩江古城址处于四面环山的恩江河冲积盆地之中，地势平坦。

为配合永丰县历史文化园综合保护及整体提升工程，经国家文物局批准，联合考古队在恩江古城址西南角、南部、中部、东北部、西门、南门、老东门与老北门等位置进行了勘探与发掘，发掘面积总计 1850 平方米，揭露出明清城墙、城门、道路、水沟、水井、墙基等遗迹，出土唐、宋、元、明、清时期陶瓷片等遗物，弄清了恩江古城址整体文化面貌、城墙特征与走向、城门位置等，这对于恩江古城址的维修、保护和利用具有重要的意义。

恩江古城址处于恩江与葛溪河交汇地段，北、西、南三面被河水环绕，形成天然护城河。现存城墙由恩江镇北门路北端西侧聂家起，由西向东弯沿至天保路徐家村东门，再沿恩江河北岸向西南至葛溪河入恩江河口处，然后沿葛溪河由南向北至六一桥头，裸露地表可见城墙痕迹总长约 2210 米。六一桥头向北至北门路口，这一段城墙掩埋于路面及现代建筑下，地表不见痕迹。从调查轮廓测绘，城墙一周总长约 3030 米，与文献记载明城墙周长约 910 丈相符。

墙体采用两侧砌砖夹抱方式，中间夯土。墙体宽 3.2 米 ~3.8 米，残高 1 米 ~4 米。城砖可分为铭文砖、花纹砖和素面砖三种。铭文砖上可见铭文有“嘉靖三年官造”“皇清乾隆拾壹年官修”“道光廿九年重建城砖”“永丰县城砖”“永丰县造”等；花纹砖纹饰见铜钱纹。

城门八座。西门与老北门保存较好，可见门券拱，但都半掩埋于地下。西门宽 3.05 米、高 4 米；老北门宽 3.2 米、残高 2.5 米。新东门残存南侧门墩，残高 2.5 米。北门残存西侧门墩，残高 0.5 米。老东门残留边框痕迹，在此位置出土“涌清门嘉靖甲子岁孟夏之吉”铭文红石。南门、小南门、小西门掩埋于地表建筑下。

西门、老东门、老北门设有瓮城，并在瓮城外侧铺砌有小卵石路面连接城内外。城内主干道路与城门相通，沿城墙内侧有道路环绕，路面宽 1 米 ~1.6 米，由碎砖与小卵石混合铺砌，紧密坚实。沿城墙内侧与道路之间铺有排水沟，主干道路一侧砌有大的排水暗沟通向城外。城墙内侧发现有水井、天井、排水沟、房基等建筑遗迹，并出土大量唐宋至明清时期的瓷片等遗物。

文献记载，恩江古城址的城垣始建于宋绍兴七年，后毁。现存城墙为明代弘治、嘉靖时期所建，清代乾隆与道光年间对城墙进行了大规模维修，对部分损毁严重的地方进行了重建。现存永丰县明清恩江古城址，为江西省迄今发现的规模最大、保存最好、结构最清晰的古代县城城址。

（李育远）

【南昌县界岗明清遗址】

发掘时间：2018 年 10 月 ~12 月

工作单位：江西省文物考古研究院、南昌县博物馆

界岗遗址位于南昌县黄马乡涂洪村界岗自然村西北面一片台地上。遗址所处地

属丘陵小盆地，东傍和尚山，西连豺狗山，北靠鹿牯岭，南望抚河。界岗遗址分为鹤林寺遗址和灯社遗址两部分。鹤林寺遗址位于南部，灯社遗址位于北部，两遗址相距约200米。鹤林寺遗址处于一片平坦竹林中，总面积约2000平方米。遗址上保留有两堵残墙，一堵位于遗址南侧偏西，当地人称为“西门山墙”，另一堵位于遗址东侧中部，被称为“中殿东墙”。在遗址北侧于1997年新建鹤林寺房屋一栋。灯社遗址处于一片茶林中，为二级台地，台地间高差约0.5米，总面积约3500平方米。

为配合南昌县黄马乡人民政府对界岗遗址的文物保护工程，经国家文物局批准，联合考古队对界岗遗址进行了考古发掘，在鹤林寺遗址布方发掘600平方米，在灯社遗址布方发掘500平方米，揭露出了明代中晚期、清代、民国时期建筑遗迹，并出土了与遗迹相对应时期的陶瓷片等遗物，为该遗址的保护与利用提供了重要的参考依据。

鹤林寺遗址文化堆积较厚，厚0.5米~1.2米，可分为明代中晚期、清代和民国三个时期。揭露出清代遗迹有山门墙、前庭院、前殿、中庭院、中殿、西厢房、过道等。山门墙，位于遗址南侧，方向北偏东75°。由西门墙、中门墙和东门墙构成。整体复原长19.8米。西门墙保存较好，东西长6.75米、距地表高3.75米、墙厚0.32米。西门墙偏东侧开门洞一个，上部为半圆形，用红条石作门框与券拱。门洞宽1.32米，高2.5米。中门墙与东门墙被破坏，中门墙基向北凸出，平面呈“八”字形。前庭院，位于山门墙与前殿之间。前庭院中间保留有门道。门道南北长6.8米，宽2米，用青砖铺砌，中间铺砌一条红石带，把青砖路面分成东西两部分。前殿，位于前庭院和中庭院中间。南北宽7.5米，东西揭露长9.5米，残留部分南墙基、西墙基和青砖柱础。中庭院，位于前殿和中殿之间。东西长16米、南北宽8米，面积128平方米。用红条石铺砌地面，中间有一条青砖路面把庭院分成东西两部分。青砖路面南北长7.6米、东西宽2米。路面中间铺砌一条红石带，把青砖路面分成东西两部分。中殿，位于中庭院北侧，残留中殿东墙、部分泥土地面遗迹。中殿东墙南北长12.3米，距地表最高5.7米，墙厚0.4米。西厢房位于前殿、中殿西侧，东西宽7米、南北揭露长30米，残留有墙基和部分红条石地面。西侧通道，位于西厢房与前殿、中殿之间，宽1.8米。

灯社遗址由于当地村民平整土地，栽种果树，挖取石料，文化堆积破坏较为严重。文化堆积厚0.5米~0.8米，可分为近现代、清代、明代中晚期三个时期，揭露出少量残破的明清时期墙基、红石地面等遗迹。

鹤林寺遗址与灯社遗址出土遗物较少，也较为单一，以明清时期青花瓷为主，少量白釉瓷、青白釉瓷、龙泉釉青瓷、酱釉瓷、彩瓷、釉陶等。器形主要有碗、盘、杯、盏、香炉、花瓶等。另有少量陶质建筑构件和清代与民国时期钱币。建筑构件有陶质筒瓦、脊饰、花纹地砖、雕花红石等，规格较高。出土重要铭文瓷标本有：錾刻“鹤”　“寺”铭青花碗底，錾刻“灯”“上灯”铭青花杯，錾刻“信士艾体傑”铭青花香炉等。

通过考古发掘证实，鹤林寺遗址与灯社遗址皆于明代中晚期始建，清代发展规模较大，到民国时期缩小至近代逐渐废弃。两者存在一定的依存关系。鹤林寺遗址揭露出的清代遗迹，规模较大，布局清晰，结构较完整，不仅有中国传统庭院轴对称特点，也具有佛教建筑结构特征。灯社遗址揭露出来的明清遗迹呈现单体大型建筑的特点，为一处信奉佛教的居士所居之地。

界岗遗址由鹤林寺遗址、灯社遗址和

和尚山墓地一组遗存构成，这是一处集佛教建筑、信士修道地与和尚墓地的小型佛教聚落遗址，是重要的佛教文化遗产。界岗遗址的考古发掘，丰富了佛教建筑布局、结构、功能分区的研究材料，据有关史料，明末号八大山人的朱耷曾在这里出家生活过，本次发掘对于朱耷生平研究，对于八大山人出家地遗存的文物保护与利用都将起到积极作用。

（李育远）

山东省

【郯城县马陵山箭眼石地点旧石器时代遗存】

调查时间：2018 年 5 月 ~6 月

工作单位：山东省文物考古研究院、临沂市沂州文物考古研究所

马陵山箭眼石地点位于郯城县泉源乡集子村北 1 千米处，石器分布地点位于马陵山东坡、样山南麓东坡，海拔高度在 62 米 ~82 米之间，东侧紧邻沭河。

此次调查采用了整体布设区域，统一进行编号并进行坐标测绘的系统调查方法。根据此次系统调查，共采集到石制品测点 1082 件，有较多石制品分布的区域面积约 18000 平方米，核心区域约 1200 平方米。石料以石英、水晶、玛瑙、蛋白石、燧石、泥岩、石英岩为主。采集的石制品包括石核、刮削器、细石叶、石片、碎屑、断块等。石制品中存在典型的细石核（船型石核、柱状石核）、细石叶、两面加工的石制品（镞形器）、端刮器、钻器、使用石片、石片等，应属细石器工业类型。箭眼石地点是马陵山地区新发现的细石器地点，补充了马陵山地区的细石器地点群。此外，箭眼石地点还选取了三处 0.5 米 ×1 米的探方进行试掘，在试掘过程中，发现地层中出土的石制品，已经选取土样正在等待热释光测年数据。箭眼石地层的发现也为此次调查和以往调查的细石器遗存提供了一定的地层依据。

（孙倩倩）

【汶上县贾柏北辛文化遗址】

发掘时间：2018 年 3 月 ~8 月

工作单位：山东省文物考古研究院

贾柏遗址位于汶上县中都街道东贾柏村东南的台地上，北距 255 省道（兖梁公路）约 0.5 千米，西距国道 G105 约 1.5 千米，南距南泉河约 1.5 千米。2006 年，贾柏遗址被国务院公布为“全国重点文物保护单位”。

经本次全新勘探，基本探清了贾柏遗址的分布、形状、面积和聚落结构。根据勘探结果显示，贾柏遗址现存形状略呈西北—东南向长椭圆形，东西长度约 260 米，南北宽度约 170 米，现存面积约 3.5 万平方米。因遗址北部被破坏，其原生形状和面积应大于现存状况。

遗址的主体为北辛文化堆积。除此之外，局部地区分布有一层较薄的东周时期文化层，遗址北部靠近断崖处有一批战国或汉代时期的墓葬。北辛文化堆积保存较好，现存堆积厚度 0.5 米 ~2 米不等，目前勘探到的北辛文化遗迹主要有灰坑、房址、窑址、墓葬、壕沟和洼地等。遗址外围发现有一圈外壕沟及洼地，将遗址形成环抱之势，中部发现一圈内壕沟，遗址的核心区位于内圈壕沟以内，遗迹数量较多、种类丰富，内圈壕沟与外圈壕沟之间有少量遗迹，外圈壕沟以外则鲜有文化堆积发现。

（梅圆圆）

【菏泽市何楼新石器时代至元代遗址】

发掘时间：2018 年 5 月 ~7 月、10 月 ~11 月

工作单位：首都师范大学历史学院、山东省文物考古研究院、菏泽市历史与考古研究所、定陶区文物局

何楼遗址位于菏泽市定陶区仿山镇何楼村南500米，西距人民路约900米，南距定陶区约6千米，北距菏泽市约20千米。1987年菏泽地区文管会在文物普查时发现了何楼遗址，遗址现有面积约3600平方米。本年4月，首都师范大学考古专业对遗址及其周边地区进行了文物勘探，发现了一些夯土遗迹和大汶口文化时期的陶片。为了全面深入地了解遗址的文化面貌，经国家文物局批准，何楼联合考古队本年度先后两次对遗址进行了科学发掘。共布设5米×5米探方27个，累计发掘面积600余平方米，发现了一批重要的文化遗存，现将发掘情况汇报如下。

何楼遗址的文化堆积比较简单，大致可分五层。第①层是现代扰土层，厚约0.30米。土质较硬，内含现代垃圾及建筑路面。第②层是明清淤积层。距地表深约0.30米，厚约1.00米，土质疏松，土色黄褐，淤积层理清晰。该层下发现有10多个金元时期的灶坑。第③层是金元文化层。距地表深约1.30米，厚约0.20米，土质疏松，土色黄褐。该层下发现有60余个汉代时期的墓葬和一些大汶口文化时期的灰坑。第④层是新石器时代文化层。距地表深约1.50米，厚0.30米~1.00米，土质疏松，土色深灰，土中含有较多的红烧土颗粒、草木灰等。出土遗物丰富，有陶器、骨器、石器和一些动物骨骼等。其中陶器的可辨器形有红顶钵、钵、鼎、弦纹罐、小口壶、圆腹盆、斜腹盆等。该层下发现有一些房址的柱洞、墓葬和灰沟等。第⑤层是新石器时代文化层。距地表深2米~2.50米，厚0.30米~0.50米，土质疏松，土色黄褐，土中含有大量的灰色颗粒和红烧土颗粒，出土器物以陶器为主，可辨器形有钵、盆等。

一　新石器时代文化遗存

何楼遗址的新石器时代文化遗存主要为大汶口文化早期遗存，尽管被晚期遗存破坏得十分严重，但发现的遗迹和遗物仍然较为丰富。

遗迹主要有灰坑、灰沟、墓葬和房基。

灰坑发现有9座，平面形状可能为椭圆形或圆形，锅底状。坑中填土，土质较硬，土色灰褐，土中包含有较多的红烧土颗粒，出土器物有陶器、石器和骨器，陶器的可辨器形有钵、鼎、盆等。

灰沟多为长条形，有些灰沟内含有大量的红烧土块，较为特殊。

墓葬仅发现2座，人骨架较乱，为二次合葬，未见随葬品。

房址仅剩墙基和一些柱洞，柱洞多为圆形。

遗物包括陶器、石器和骨角器等。

陶器主要为生活用器，以泥质红陶为主，另有一定量的泥质灰陶，夹砂（夹蚌）红褐陶、夹蚌灰陶和泥质黑陶。其中，灰陶多为红顶器皿的腹部。制法以泥条盘筑法为主，有些器物有轮修痕迹。大部分器物的质地较硬，制作精美，显示了较高的制作工艺。器表以素面和磨光为主，纹饰有弦纹、附加堆纹、划纹等。没有发现彩陶。主要器形有罐形鼎、釜形鼎、釜、支脚、钵、红顶钵、圆腹盆、斜腹盆、折腹盆、小口壶、碗、盂、器盖等，其中钵的数量占绝大多数。

石器主要是生产工具，数量不多，全为磨制石器。主要器形有石铲、石斧、石磨棒、石磨盘等，其中石铲器形硕大，打磨精细，十分难得。

骨角器数量较多，以生产工具为主。主要器形有锥、针、簪、镞、靴形器、匕等，其中一件骨器似削或刀的柄部，器身布满刻划纹，十分特殊。

二 汉代文化遗存

何楼遗址的汉代遗址均为墓葬，共发现60余座，分布密集且打破关系十分复杂。

（一）墓葬形制结构

这些墓葬可分两类：一类是迁葬墓，墓内人骨和随葬品基本不见，且大多数墓葬的封土和墓室也被破坏；另一类是一次葬，墓葬保存较好，多数墓葬有封土，墓圹为长方形竖穴土坑，墓内填土层层夯筑，夯层和夯窝十分明显，墓室下部和底部砌有青砖，由于墓室下部出水严重，大多葬具不得而知。

（二）随葬品

包括青铜器、铁器、银器和陶器等。其中青铜器数量较少，主要有铜镜、铜鍪、铜钱等；铁器有剑；银器为盖弓帽，制作十分精美；陶器数量最多，主要器形有罐、壶等。

三 金元时期文化遗存

何楼遗址发现一批金元时期的灶坑，数量有12座。灶坑形制简单，多为圆形或椭圆形，使用时间不长，应是临时性使用。发现遗物丰富，主要有瓷罐、瓷碗等。

四 学术意义

何楼遗址的大汶口文化早期遗存较丰富，从发现的遗迹和遗物来分析，有大汶口文化的典型特征，应属于大汶口文化的范畴；但部分陶器如红顶钵、大口缸等形体特征又与濮阳西水坡遗址后岗一期仰韶文化遗存十分相似。这是在菏泽地区首次科学发掘的大汶口早期文化遗存，对于建立和完善这一地区新石器时代的考古学文化序列和编年具有极其重要的意义，同时也有助于认识和了解这一地区考古学文化格局的演变。

从发掘的情况来看，何楼遗址属于典型的堌堆遗址，或称“丘类遗址”。丘类遗址广泛分布于豫东、鲁西一带。对于何楼遗址的解剖，有助于进一步观察这一地区自然环境的变迁和人们居住方式的变化。

何楼遗址汉代墓葬数量众多，墓葬形制和结构也较为特殊，如部分墓葬十分细长，这在其他地区比较少见，可能是菏泽地区特有的葬俗。因此，这些墓葬的发现对于了解和认识菏泽地区汉代时期的埋葬习俗具有重要的价值。

何楼遗址出土了较为丰富的动物骨骼遗存。经初步鉴定，动物种属大致包括贝类、鱼类、两栖类、鸟类和哺乳动物类等，水生、陆生动物种类丰富。此外还发现了一定数量的骨角器。目前出土的动物遗存正在进一步整理研究中，藉此可一窥此地古代居民对家养及野生动物资源的利用，并结合植物考古等其他相关信息分析当时的自然环境以及生业状况。

遗址新石器时期遗物丰富，发现为数不少的制陶遗存，包括保存非常完整的陶轮盘、陶垫等制陶工具，还发现不少保留清晰指纹的器物残片。同时，本遗址出土骨器数量较多，且制作精良。这些遗存的发现为研究鲁西南地区手工业考古提供重要资料，也将为了解和复原古代制陶工艺和骨器加工技术提供不可多得的科学证据。

（王 涛 朱光华 高明奎
刘伯威 袁广阔）

【宁阳县于庄东南新石器时代至明清遗址】

发掘时间：2018年6月~10月

工作单位：济南市考古研究所

为配合宁梁高速公路建设，济南市考古研究所对宁阳县于庄东南遗址进行了考古发掘，该遗址是配合工程建设前期勘探时新发现的遗址，位于宁阳县伏山镇于庄村东南约300米处，南距月牙河约750米，地势平坦。此次工作发现大汶口文化晚期至明清时期大量遗存，共清理灰坑141个、灰沟12条、水井2眼、墓葬4座及柱洞26个，出土大量陶片及少量瓷片、兽骨、石器等遗物。

发掘区域原为耕地，地势较平，文化堆积丰富，可分为耕土层、洪水淤积层、北宋、战国、龙山文化早期、大汶口文化晚期等六层。灰坑平面以近圆形、椭圆形为主，少量长方形、不规则形。多直壁（或斜壁）、平底，部分底不平；少量弧壁、圜底；零星袋状。多为垃圾坑；少量形制规整、壁面及底部加工较好的可能原为窖穴，后废弃成为垃圾坑。灰沟一般规模较小，多为近长方形的长条状，部分较规整，个别规模较大。水井两眼均开口第③层下，J1 为土圹，平面近圆形，直壁略内收；J2 在土圹内用大量残瓦、陶片砌筑井圈。墓葬均为土坑竖穴墓，形制简单，平面长方形或近长方形；均为单人葬，两座成人、两座儿童墓，其中一儿童墓头骨缺失，两成人墓一座骨架略显凌乱、一座仅存下半身且不完整；均无随葬品。柱洞共发现 26 个，多在第④层下（第⑤层下亦有部分柱洞），均只见柱洞，未见活动面、灶等其他房址相关遗迹，部分凌乱无规律，可能被晚期破坏较严重；其中 T1 西北部、T2 西部各有部分柱洞排列较有规律，可能原有两个房址。

出土器物绝大多数为陶片，另有少量瓷片、石器、兽骨、蚌壳、铜钱等，小件近 40 件。陶片以泥质灰陶、夹砂红褐陶为主，夹砂黑陶、夹砂灰陶、泥质黑陶较多，少量夹砂红陶、夹砂白陶、泥质红陶、泥质白陶等；瓷片主要为青瓷、白瓷，零星酱釉。可辨器形有筒瓦、板瓦、罐、盆、盂、钵、豆、鬲、甗、鼎、罐、壶、杯、尊等。其中大汶口、龙山文化以夹砂红褐陶鼎、罐，泥质黑陶杯、壶、罐为主；战国西汉以泥质灰陶瓦、罐、盆、豆、钵、盂为主。小件主要有陶豆、陶钵、陶罐、陶尊、陶纺轮、圆陶片、石锛、铜钱等。

根据出土器物特征及叠压、打破关系推测发掘区域的时代自大汶口文化晚期延续至明清时期。遗存具体年代初步分为大汶口文化晚期、龙山文化早期、龙山文化中期、战国时期、西汉时期、北宋时期、明清时期。

大汶口文化晚期发现遗存较少，包括第⑤层下部分遗迹、第⑥层及第⑥层下遗迹，以 H129、H137 为代表，出土可辨器物主要有夹砂灰陶尊、夹砂红褐陶、黑陶扁凿形足鼎、夹砂灰陶、红褐陶罐等。龙山文化早期发现遗存较多，包括第④层下部分遗迹、第⑤层及第⑤层下部分遗迹，以 H68、H139 为代表，出土可辨器物主要有夹砂红褐陶，黑陶铲形足鼎，夹砂黑、灰陶盆，罐，器盖，泥质黑陶杯、罐，夹砂白陶鬶等。龙山文化中期发现遗存较少，包括第④层下部分遗迹，以 H49、H57 为代表，出土可辨器物有夹砂红褐陶鸟首形足鼎，夹砂黑陶、灰陶盆、罐等。战国时期发现遗存较少，包括第③层下部分遗迹、第④层和第④层下部分遗迹，以 G10 为代表，出土可辨器物主要有板瓦、筒瓦、盆、盂、罐、豆等，其中以瓦最多。西汉时期发现遗存较少，包括第③层下少量遗迹，以 H16、J2 为代表，出土可辨器物主要有板瓦、筒瓦、罐、盆、豆等，其中以瓦居多。北宋时期遗存主要包括第②层下少量遗迹，第③层、第③层下少量遗迹，以 T1 第③层、H9 为代表，出土可辨器物主要有泥质灰陶罐、盆，白、青釉瓷碗等。明清时期遗存很少，主要为第②层下个别遗迹，以 G2、G3 为代表，出土可辨器物主要有泥质、夹砂灰陶片，白釉瓷片，青花瓷片等。

此次发掘基本确定于庄东南遗址为大汶口文化晚期延续至明清时期的聚落遗址，文化堆积丰富，其中大汶口文化晚期和龙山文化早期遗存较多，是本次发掘的重要收获。这些资料对研究宁阳地区大汶口文化晚期至明清时期的社会经济发展和历史文化具有重要价值。尤其是出土的一件刻有“♁”符号的完整大口尊是大汶口文化的重要器物，同时也是鲁中南地区大汶口文化核心区域首次发现的带有刻划符号的大口尊，对研究该区域和鲁东南、皖东北地区大汶口文化的关系、区域互动以及中国早期文字起源等具有重要意义。

（郭俊峰 房 振 颜 奕）

【日照市两城镇龙山文化遗址】

发掘时间：2018 年

工作单位：山东大学、山东省文物考古研究院

两城镇遗址位于日照市山海天旅游度假区两城街道，遗址面积约 80 万平方米，文化内涵主体为龙山文化，有部分商周及汉代遗存。2006 年两城镇遗址被国务院核定为全国重点文物保护单位，2017 年入选国家考古遗址公园立项名单。

为配合两城镇遗址国家考古公园的建设和山东大学 2015 级考古文博系本科生实习，山东大学考古系在获得国家文物局批复［考执字（2018）第 065 号］后正式对两城镇遗址进行第四次考古发掘。本次发掘面积共计 1000 平方米，发掘区域分为东西两区：西区发掘面积约 800 平方米，紧接前三次发掘的第一发掘区南部和东部；东区面积约 200 平方米，西南距西区约 200 米。本年度发现房址 31 座、墓葬 18 座、灰沟 14 条、灰坑 387 个，出土可复原陶石器上千件。

房址全部属于龙山文化时期。有三种形式：仅剩柱洞的房子、挖基槽立柱的房子和平地立墙的房子。平地立墙的房子发现最多，平面形状多为圆形和方形，墙体建筑形式有夯筑和土坯垒砌两种。

墓葬形制均为土坑竖穴，时代有龙山文化时期、周代和清代。龙山文化时期墓葬 10 座，多位于房前屋后，人骨多保存不好；从保存较好的人骨来看，多为单人仰身直肢葬，头向东，未见棺椁和随葬品。周代墓葬 6 座，未见人骨，多有棺椁，在墓壁南侧挖有壁龛，内随葬一到两件陶器。清代墓葬 2 座，保存状况较差，随葬铜钱一枚。

灰坑多位于房址之间，有的出土大量可复原的破碎陶器，或是具有某种特殊用途。

出土的陶器器形有鼎、鬶、杯、罐、豆、盆、罍、甗和器盖等，石器见有石镞、石矛、石锛、石铲、石钺、石刀和石斧等。部分出土的红色器物上残存白色陶衣，我们采取措施进行了现场的保护与加固。

（宋艳波 王 强 穆东旭）

【滕州市西孟庄龙山文化遗址】

发掘时间：2018 年 11 月 ~12 月

工作单位：山东省文物考古研究院

西孟庄遗址位于滕州市界河镇西孟庄村南约 120 米处，为配合枣菏高速公路建设，对该遗址进行抢救性发掘，发掘面积 1400 平方米。

发掘共揭露围墙基槽 1 道、房址 15 座、灰坑 21 个、墓葬 1 座以及洼地 1 片，时代多属龙山文化早中期。围墙的地上部分已不存在，现仅存基槽和柱坑。围墙基槽及柱坑在发掘区内的范围呈半圆形，直径约 35 米，半圆周长约 110 米。可分为两期，Ⅱ期打破Ⅰ期基槽，宽 50 厘米 ~75 厘米，基槽内有一排近乎等距离的粗大柱坑，直径 60 厘米 ~85 厘米。在围墙基槽内侧还有一排柱坑，与基槽内的每一个柱坑一一对应，直径 40 厘米 ~70 厘米。Ⅰ期围墙基槽位于Ⅱ期的外侧（北侧），被Ⅱ期打破所剩无几，只在北部、西部有残存，残长约 105 米，口部残宽 1 厘米 ~30 厘米，斜壁内收，平底。房址均分布于围墙内侧，其中 1 座为半地穴式建筑，1 座为圆形地面式建筑，4 座为方形连间地面式建筑，其余均为方形单间地面式建筑。根据房址形制和叠压打破关系判断大致可

分为三期。围墙外围则为成片分布的洼地，范围较大，环绕围墙，接近半圆，形状不规则，洼地内填土为黑褐色黏土，从解剖探沟观察，底部较平缓，但高低不平，深10厘米～55厘米。

通过发掘可知，西孟庄遗址是一处结构较为完整的龙山聚落单元，聚落内建造有一道围墙将内部居址区与外围洼地分开，内部居址区房址叠压打破关系较多，应为多次利用，反复建筑而成。

（梅圆圆）

【菏泽市牡丹区青邱堌堆龙山文化至清代遗址】

发掘时间：2018年3月～8月

工作单位：山东大学考古系、山东省文物考古研究院、菏泽市历史与考古研究所

一 遗址概况

青邱堌堆位于菏泽市牡丹区马岭岗镇寺西范村东，现为山东省文物保护单位。遗址因南北朝时期其上建有青邱寺而得名，总面积4万余平方米。勘探表明，地下文化层堆积较厚。今地表至生土厚7米～12米不等。遗址周围地势平坦，据考证，古沮水或流经附近。遗址与其北、西侧7处遗址构成一处遗址群，关系密切，其中冤句故城、窦堌堆和青邱堌堆均为山东省文物保护单位。

二 发掘收获

此次发掘，平均深度7米，最深处12米。考古队克服重重困难，在1000平米范围内，揭露了明清、汉代、周代、商代、岳石和龙山文化地层与大量遗迹，为研究鲁西南堌堆遗址提供了一个难得的年代序列完整的切片。

1. 主要遗迹

（1）黄泛淤积下发现清代农田。从出土瓷片和^{14}C－AMS测年结果看，农田年代为清代中期，系使用过程中被改道的黄河淤积掩埋。

（2）主发掘区揭露汉代墓地一处。遗址东北边缘，被汉代人连续用作墓地。出土彩绘陶容器、陶俑等显示，相当一部分墓主人具有一定的身份地位，或与冤句故城关系密切。值得注意的是，本次发掘发现了汉代中小型墓葬的地上封土，并揭示出其夯筑结构。

（3）发现一批商周祭祀坑、窖穴和水井。商代水井1座，深约9米。窖穴多处，加工规整，直壁平底。祭祀坑约20个，年代多为晚商，包括马坑、牛坑、猪坑、狗坑和人坑。

（4）发现居住区一处。现存房址9座，圆形或圆角方形，土坯墙内外涂泥并在内壁烘烤，地面层层铺垫，每层之间有烘烤形成的烧土硬面，房屋布局紧密有序。房址形制布局与龙山文化王油坊类型接近。房址原地回填保护，未做发掘。

2. 出土器物

完整（可复原）陶器约250件，铁器（残）10件，铜器（含铜钱和铜镜等）30余件，其他约20件。完整陶器主要是一批西汉的彩绘陶容器和陶俑，色彩艳丽，形象生动。其他以陶片为大宗。陶片拼合率极低，暗示地层多系人为搬动垫高形成，原生堆积较少。

三 初步认识

得益于地下水位较深，本次发掘最深可达十余米。这是菏泽市百余处堌堆遗址当中，唯一自龙山文化至清代中期年代序列完整揭露的遗址。本次发掘，目前取得的初步认识如下：

1. 堌堆形成过程跨度长且成因复杂。与豫东地区类似，青邱堌堆遗址新石器时代地貌稳定，房址从核心区到东北边缘均有密集分布，不排除当时平地营建大型聚落的可能性。进入商周时期，仍为居住址，结合^{14}C－AMS测年结果可知，晚商短短数十年间，堌堆增高了将近2米，与新石器

时代形成鲜明对比。汉代成为墓地，墓上封土常见，导致堌堆向北边缘地势不断加高，遗址范围扩大，此时的青邱或已成为冤句故城的有机组成部分。明清时期，寺庙构件的发现表明，文献记载的青丘寺有据，寺庙附近是大片农田。遗址废弃于清代中期的黄河改道事件。

2. 生态环境与社会复杂化进程关系密切。豫东鲁西南，是夷夏商交融之地，关乎早期商代城址的找寻。在黄河泛滥平原，社会复杂化进程意味着应对灾害时的社会重组过程。因此，理解这一区域的社会复杂化进程，尤其是夏商时期社会组织结构变迁，关键在于从考古遗存中解读人地关系互动。青邱堌堆遗址发掘表明，堌堆不是孤立的，甚至不是独立的聚落。在生态环境不断改变的背景下，堌堆之间、平地聚落与堌堆之间的互动应该是积极频繁的，它们共同构建了社会网络系统。

（陈雪香　高继习　赵永生）

【曲阜市老农业局龙山时期东周及汉代遗址】

发掘时间：2017 年 7 月 ~2018 年 7 月

工作单位：山东省文物考古研究院

遗址位于曲阜市中北部，坊上村南部，通相圃居民区以东，占地 6866 平方米。遗址区为曲阜鲁故城、汉鲁城西南区域，明故城的西北角。该遗址为配合曲阜旧城改造基本建设项目进行考古发掘，面积 2800 平方米。共发现龙山、东周、汉代等多个时期的重要遗存，以东周遗存最为丰富。

龙山时期遗存位于发掘区西北地势较高处，仅发现灰坑、窑和黑褐色黏土堆积层；东周时期灰坑、窖穴、水井密集分布于遗址北部，南部为墓地，车马坑位于墓地南部边缘。汉代遗存以灰坑、水井、沟居多，出土大量瓦，遍布发掘区。

发掘共清理灰坑 225 个、墓葬 79 座、车马坑 5 个、窑址 1 座、柱洞 5 个、沟 12 条、井 14 座、路 2 条、探沟 2 个。

灰坑的时代有龙山、东周、汉代，以春秋中晚期至战国早期为主。部分灰坑形状规整、留有台阶、成组分布，推测为窖穴。

墓葬的时代有东周、汉代和唐代，以东周为主。东周墓葬形制有竖穴土坑墓、瓮棺葬和瓦棺葬，以长方形竖穴土坑墓为主。其中，竖穴土坑墓基本呈南北向。葬具多为一棺一椁，少量一棺两椁、两棺一椁，还有部分单棺者。葬式均为仰身直肢，头向北。随葬器物多置于棺椁之间，种类有铜器、陶器、玉器、石器、骨角器等。墓葬布局至少南北 3 排，东西并列。

车马坑的时代为东周。均为拆车葬，呈东西向排列，南北两排，头朝向南，面西，形制有长方形、近方形、梯形。CMK1、CMK2 规模较大，为 5 车 20 马和 1 车 4 马；CMK3、CMK4 规模较小，均为 1 车 2 马，时代稍早，平面形状近方形或梯形。

窑址仅见 1 座，时代为龙山早期。为曲型横穴窑。窑室内发现较多陶器碎片，以夹砂棕、褐、黑陶为主，可辨器类有鼎、罐、铃、壶等。

柱洞有 5 处，时代为龙山早期。出土少许陶片。

沟的时代为春秋、战国时期及汉代，以战国时期为主，平面多呈长条状或之字形，壁面多为直壁、斜壁和弧壁。

井的时代为春秋、战国时期及汉代，以春秋、战国时期为主。其中椭圆形与圆角长方形井为春秋时期土坑井，圆形带井圈的井为战国至汉代井。

路 L1 时代为汉代，宽 4.2 米；L2 时代为战国晚期，宽 4.8 米。

出土的遗物情况如下：龙山文化时期出土物为碎陶片，可辨器形有鼎、壶、盆、罐。东周时期墓葬出土物大多为陶器，器型有盖豆、鼎、壶、罐、鬲、笾、杯、盂、舟、盆、盘、提子、簋、匜、缸、钵、罍等，器类可见偶数组合，以罐、壶、鼎、盖豆为较常见组合。另有青铜器、玉器、石器、骨器等。铜礼器有舟、鼎、豆、匜、壶、敦等，其中豆、舟较为常见。汉代时期出土物大多为陶器，另有五铢钱、筒瓦、板瓦、砖等。

此次曲阜老农业局遗址的发掘收获颇丰，发现目前鲁故城内时代最早的龙山文化早期遗存；东周时期遗存丰富，北部为遗址区，南部为墓葬区，呈现“聚族而居、聚族而葬”的文化面貌；墓葬规划整齐，据推测墓地南部车马坑、猪坑、牛坑构成了墓地的公共祭祀空间，至少为“士”一级墓地，性质应为甲组墓；总之，曲阜老农业局的发掘对于了解鲁故城城内的遗址分布和聚落变迁具有重要价值，遗址内东周时期丰厚的文化堆积和大量的遗迹，尤其是墓地的发现对于鲁故城、鲁国和鲁文化研究具有重要意义。

（韩　辉　许晶晶　刘延常）

【章丘城子崖遗址岳石文化遗存】

发掘时间：2018 年 8 月 ~12 月

工作单位：山东省文物考古研究院

2018 年 8 月 ~12 月，山东省文物考古研究院承接 2017 年度发掘工作，继续扩大对岳石晚期城址北门址的揭露，旨在全面了解岳石晚期北门址整体轮廓及结构特征。

本年度发掘区位于 2017 年度发掘区南侧偏东处，共发掘面积 1600 余平方米。其中复掘 A41、A42、B1 – B5、A31 – A32 等 4 条老探沟，发掘揭露隔墙 2 处，夯土基坑 2 个，门塾性质房址 1 座，各期灰坑 12 个，墓葬 2 座，水井 2 口，道路 2 条及近现代坑、沟若干。

从目前发掘情况来看，北门位于遗址北部凸舌区域东北部，门址在西北—东南向近 100 米的范围内由南、北两段相对独立的隔墙可分割成三个相毗邻的豁口，豁口应为开设门道位置，根据结构布局初步分为北偏门、中门、南偏门三部分。北偏门宽约 8 米，南偏门宽约 5 米，中门宽约 25 米。其中中门又由两个 2 米余长的近椭圆形夯土基坑等分为三个门道，即北门道、中门道、南门道，每个门道宽 7.5 米左右。由于距地表较浅，门道均未见明显路土遗迹。

初步认识：

1. 遗址东北部，各期城墙相互并无依附关系，均为独立建造，但走向却表现出高度一致，均呈西北—东南向，造成这种情形的原因可能更多的是受东北部自然地理环境的影响。

2. 岳石晚期城址北门形制轮廓基本清晰、布局较为规整，结构略显复杂，功能建筑较为齐全，特别是中门“一门三道”形制的出现，虽结构上较历史时期城门略显原始，但应是此类城门结构的雏形，是目前发现最早“一门三道”城门遗迹。

3. 从中门“一门三道”及两侧偏门形制布局特点分析，无论其功能及使用方式如何，都不能排除岳石文化晚期它可能具有一定的政治礼仪功能，侧面反映出城内居民构成出现明确的等级化。

（朱　超　孙　波）

【宁阳县后伏山岳石文化至西汉晚期遗址】

发掘时间：2018 年 4 月 ~6 月

工作单位：济南市考古研究所

为配合宁梁高速公路建设，济南市考古研究所对宁阳县后伏山遗址进行了考古发掘。后伏山遗址为第三次全国文物普查发现遗址，位于宁阳县伏山镇后伏山村西北约 500 米处，东临洸河，地处台地，北高南低。此次工作发现岳石文化时期至西汉晚期大量遗存，共清理灰坑 184 个、灰沟 28 条、灶 4 座、水井 1 眼。

发掘区域原为耕地，地势较平，文化

层可分为耕土层、洪水淤积层、西汉晚期、战国晚期等四层。灰坑平面以近圆形、椭圆形为主，少量长方形、梯形、不规则形。多直壁（或斜壁）、平底，部分底不平；少量弧壁、圜底；零星袋状。多为垃圾坑；少量形制规整、壁面及底部加工较好的可能原为窖穴，后废弃成为垃圾坑。灰沟一般规模较小，多为近长方形的长条状，部分较规整；个别呈弧形；个别壁面弯曲。少数规模较大，形制不规整。灶 4 座，均为平地下挖式，其中 Z2、Z3 保存较好，由工作间、火门、火膛、烟道四部分组成。Z2 东南后侧与一小坑相连，推测该坑可能为临时存灰之用。井 1 座，上部被破坏，建造方式为椭圆形土圹内距开口约 0.3 米开始砌筑陶井圈（每层井圈由 7 块弧形砖组成），其上西侧残留少量较规整石块，推测上部可能原有石质井壁。

出土器物绝大多数为陶片，另有少量兽骨、零星蚌壳。陶片以泥质灰陶、夹砂灰陶、夹砂红褐陶为主，少量泥质红陶；可辨器形有筒瓦、板瓦、罐、盆、盂、钵、豆、鬲、甗等，其中以瓦、盆、罐最多，盂、豆、鬲次之。小件 50 余件，主要有筒瓦、板瓦、盆、钵、鬲、豆，另有少量纺轮、圆陶片、陶丸、陶珠、铜钱（西汉五铢）、铜眉笔杆、石矛、磨石、骨簪、骨锥等。

根据出土器物特征及叠压、打破关系推测发掘区域年代可分为岳石文化晚期、西周中晚期、春秋时期、战国晚期至西汉早期、西汉中晚期。其中以战国晚期至西汉早期遗存最为丰富，西汉中晚期次之，前三个时期的遗存发现很少。

岳石文化晚期遗存以 H171 为代表，出土器物主要有浅盘粗柄豆、甗、中口罐等。西周中晚期遗存以 H168 为代表，出土器物主要有鬲、盆、罐等。春秋时期遗存以 H148、H156 为代表，出土器物主要有鬲、豆、盆、罐等。战国晚期至西汉早期遗存最为丰富，包括④层下大部分遗迹，④层、③层下部分遗迹，器物组合形式主要有：罐、盆，罐、盆、盂；鬲、罐、盆、盂；鬲、罐、豆等（据地层关系和器物组合形式，这一时期或可进一步划分为几个阶段）。西汉中晚期遗存较少，包括③层及③层下部分遗迹，器物大部分为筒瓦、板瓦，组合主要为瓦、盆、罐，其中 G5、H40 出有西汉中晚期五铢。

此次发掘基本确定后伏山遗址主体为战国西汉时期的聚落遗址，文化堆积丰富，其中岳石文化和西周中晚期文化遗存的发现，丰富了该遗址的内涵。为研究宁阳地区夏代至西汉时期的社会经济发展和历史文化提供了重要资料。由于发掘面积较小，对遗址整体性质的判断还有待于今后工作的展开。

（房　振　郝　颖　郭俊峰）

【滕州市于山东周及汉代遗址】

发掘时间：2018 年 9 月至 2019 年 1 月

工作单位：山东省文物考古研究院、郑州大学历史文化学院、曲阜师范大学历史文化学院

于山遗址位于滕州市大坞镇于山村南，东距 345 省道约 300 米。北依染山，地势北高南低，南距北界河约 700 米。该遗址 2003 年被公布为枣庄市级文物保护单位。为配合枣荷高速建设，山东省文物考古研究院、郑州大学历史文化学院、曲阜师范大学历史文化学院对遗址进行了发掘。

发掘面积为 2700 平方米，文化堆积较为简单，可分为 3 层，分别为①层耕土层，②层明清文化层，③层汉代文化层。

共清理灰坑 502 个、陶窑 2 座、灶址 1 座、灰沟（冲沟）20 条、墓葬 5 座、水井 6 座、水工设施 1 座。

遗址时代主要为东周、汉代，最早可至西周晚期，也有唐宋瓷片及更晚的遗物。西周晚期遗存以 M5 为代表，为土坑竖穴

墓，仰身直肢葬，头向东偏南，随葬品组合为鬲、罐、豆、盆；东周遗存为遗址主体；主要发现有灰坑与水井等。灰坑大致可分为圆形与椭圆形两类，其中圆形占大部分。圆形灰坑绝大多数为袋状坑，形制非常规矩，在废弃之前应作为窖穴使用。另外也有比较特殊的灰坑，如方形坑，内填狗骨架1具；还有底部明显过火烧结的灰坑等；汉代遗存主要有窑、沟、灰坑等。其中G20为汉代始建的冲沟，主要用以沟通水系。在G20北侧发现一处汉代水工设施，为石板垒砌而成，由引水道、水池、出水口组成，水池一侧有台阶上下，根据勘探，水工设施向北与池头集村北的池头泉相联。

本次发掘了解了于山遗址的时代、文化内涵、堆积状况等，搞清了遗址堆积形成过程，但对于遗址性质和聚落等级，尤其是G20及水工设施的发现，仍要进一步研究。

（孙启锐）

【曲阜杏坛学校东周墓地】

发掘时间：2018年7月~2019年1月

工作单位：山东省文物考古研究院

曲阜杏坛学校墓地位于曲阜市区东南部，距鲁国故城东南角约500米。墓地东西约240米、南北约150米，总面积2万余平方米。目前已发掘墓葬267座，墓葬时代大多为春秋中期至战国早中期，少量汉代、魏晋和清代墓葬。

东周时期墓葬墓向多为南北和东西向，根据墓向和距离分布可分为五个墓区。墓葬规模均为中小型墓葬，棺椁结构多为一棺一椁和单棺两类。器物多在棺椁之间，少数置棺内及棺上。个别墓葬有腰坑。

目前出土器物总计1000余件，其中陶器700余件，彩绘陶近250件，铜器100余件，其余为骨器、玉石器、蚌器等。陶器有鬲、鼎、簋、盖豆、浅盘豆、盂、有领罐、长颈罐、小罐、壶、舟、匜、盘、卮、杯、釜、斗等，彩绘器分白色和红色二类；铜器以舟、戈、剑、镞为主，少量盖豆、盘、马衔、矛、环、带勾、殳首、匕首等；玉石骨器有玛瑙环、玛瑙串饰、骨篦、马镳、骨珠等。

杏坛学校墓地是曲阜地区目前发掘规模最大，揭露较完整的一处大型东周墓地。墓主人多属下层士级贵族和平民。此次士级及平民墓葬的大规模发掘，极大地丰富了鲁文化的整体认识，对鲁国的葬制葬俗、社会文化等研究均有重要意义。

（董文斌　孙倩倩）

【临淄齐故城河崖头西南遗址】

工作日期：2018年6月8日~9月30日

发掘单位：山东省文物考古研究院

河崖头村西南遗址位于临淄齐故城大城东北，地处河崖头村西南部，是为配合临淄齐故城国家遗址公园河崖头殉马坑展示项目拆迁安置工程而开展。

为搞清东西干道的结构、分期和年代问题，并搞清周边的地层堆积情况，为临淄齐故城的城市建设、城内布局及规划研究提供新的资料，发掘位置选择在大城北部东西干道附近，采用探沟解剖的方式，发掘开设正南北向探沟一条，南北长50米，东西宽3米。

地层堆积相对简单，共有4层堆积，第①层为耕土层，灰黑色，厚约20厘米。第②层为黄褐色，分为上下两小层，均见清代青花瓷片等遗物，厚20厘米~30厘米。第③层浅灰色，含青花瓷片和宋代白瓷片。水平堆积，整个探沟内均有分布。第④层灰褐色黏土，含大量瓦片，少量白底黑花瓷片，仅在探沟南部分布。厚10厘米~20厘米。整体南北高，中间低。遗迹堆积相对丰富，相互叠压打破关系复杂。共发现遗迹单位160余处，其中灰坑109处、水井9眼、墓葬34座、道路11条、沟13条、夯土台基1座。道路是本次发掘的主体，主干道厚约1.5米，最宽约12米，道路分期明显，最晚至唐宋时期，最早可到战国—西汉时期，道路两侧多有边沟，也可能存在路肩，早期道路可见多条车辙，推测轨距1.2米~1.5米，早期道路南侧利用了城内排水沟作为边沟。道路中发现多处小孩墓，年代应均为汉代，这种社会风俗值得探讨。灰坑主要分布于道路北侧，以生活垃圾坑为主，以汉代为主，少量战国时期，目前未见更早者。夯土仅存基槽部分，位于发掘区中部。从目前发掘情况看，探沟内的壕沟应为大城北部一条排水沟，从地势看东高西低，可能与临淄齐故城大城东部的南北向3号排水系统相连。道路在沟北侧顺沟分布，既是城内排水系统又是道路的排水边沟，十分科学。

（赵益超）

【滕州市大韩东周墓地】

发掘时间：2018年4月~2019年1月

工作单位：山东省文物考古研究院、滕州市文物局

大韩墓地位于滕州市官桥镇大韩村村东，此处地势平坦，水源充足。该墓地主体时代为东周时期，另外还发现有龙山文化、商周及汉代的遗存。墓地曾被盗掘。2017年4~5月曾对墓地进行了初步考古勘探，墓地东西长约100米，南北宽约70米，总面积约7000平方米。2017年10月至2018年1月曾清理东周墓葬52座。本年度在其基础上，共清理墓葬87座，其中小型墓62座，大、中型墓23座。另外，还有2座未完工的大型和中型墓葬。

小型墓均未被盗掘，除1座属西周墓葬外，多为战国末期墓葬。皆为长方形土坑竖穴墓，有的设置腰坑，内有殉狗。这批墓多为一棺，少数一棺一椁。人骨皆仰身直肢，头向分别为东、西、南、北。随葬品较少，仅几座墓葬在壁龛中随葬少量陶圈足壶、圈足小罐或小壶、盘、匜等，部分墓葬随葬玉质或石质的口琀，个别随葬铜带钩、玛瑙环等。

根据时代特征，大、中型墓可以分为春秋晚期与战国时期，一部分被盗掘，均未发现封土。

春秋晚期墓葬多不带墓道，另一部分墓为带有墓道的“甲”字形墓，墓道较长且不规整，墓道面一般凹凸不平，或有凹槽。墓室皆分为椁室与器物箱，或椁室在南、器物箱在北，或反之。多一棺一椁，个别为二棺一椁。有的在椁下有腰坑和殉狗。人骨架多为仰身直肢，个别为俯身葬，头向东。墓主周围有数目不等的殉人。墓主棺内一般撒有朱砂。器物箱中随葬鼎、豆、敦、罍、盘、匜、成套纽钟、车軎、剑、戈、镞等青铜器，鬲、鼎、盂、豆、罐（罍）等陶器及石编磬等，一部分陶器带有彩绘。

战国墓葬可分为战国早、中、晚期。该类墓一部分无墓道；一部分为带有短小墓道的“甲”字形墓，墓道面一般凹凸不平或有凹槽；另一部分墓葬为带有长墓道的“甲”字形或“刀”形墓。该时期墓葬墓室亦分为椁室与器物箱，或椁室在南、器物箱在北，或反之。墓葬多为一棺一椁。有的在椁下有腰坑和殉狗。人骨仰身直肢，头向东。墓主周围有多少不等的殉人。墓主棺内一般撒有朱砂。器物箱中随葬鼎、簠、盖豆、敦、舟、罍、鈚、盘、匜等青铜器，鼎、豆、壶、方座簋等陶器。该类墓亦有一部分陶器带有彩绘。

M127、M128为未完工的墓葬，这两座墓葬皆初具雏形，但不知什么原因，在挖掘的过程中终止了建墓。

从棺椁、用鼎、墓葬规模等情况分析，大、中型墓葬多为士一级贵族墓葬，一部分为卿大夫墓葬。小型墓则为一般平民墓。从M43出土的4件器物皆有“郳大司马”的铜器铭文看，墓地有一段时间可能属郳

国。该墓地的发掘，对研究枣滕地区及薛河流域东周文化分期，完善区域文化谱系，深入研究泗上十二诸侯及其与周边古国关系，墓葬制度与丧葬习俗等方面具有重要学术价值。

（刘延常　郝导华　王　龙）

【滕州市王马厂东周汉代遗址】

发掘时间：2018 年 9 月 ~2019 年 1 月

工作单位：山东省文物考古研究院

为配合岚枣高速（枣菏高速）的工程建设，本年度山东省文物考古研究院对枣庄市保单位王马厂遗址南部被占压区进行了考古发掘，发掘总面积 1300 余平方米，以周、汉时期文化为主要内涵，出土可修复遗物百余件，主要为陶、瓷器及少量石器、骨器和铜器。清理东周、汉代、明清时期水井、房址、墓葬、灰坑、灰沟、窑等遗迹 240 多个单位。其中时代不一的 47 眼水井分布密集，多处打破关系，除 1 眼汉代井上下有大小两种规格井圈外，皆为土井，水井的时代有 1 眼属明清，余者属战国、汉代。确认汉代房址 4 处，F1 全封闭，余者皆有一面不见墙基。另有不可构成封闭建筑的基槽、墙 12 处。共清理墓葬共 13 处，1 处属汉代未成年人瓮棺葬，有 1 残破陶豆陪葬，其他均属清代。不同时期的灰坑可分为椭圆形圜底坑、圆形平底坑、圆角长方形等。本次发掘为周、汉时期基层聚落的研究提供了新的材料。

（吴志刚　张　恒）

【济南市章丘区孙家东战国汉代墓地】

发掘时间：2018 年 1 月 ~3 月

工作单位：济南市考古研究所

为配合章丘区引黄补源工程，济南市考古研究所对工程开挖管道沟占压孙家东遗址区域进行了考古发掘工作。根据勘探及发掘情况，遗址文化层不明显，遗迹以墓葬为主，宜称之为孙家东墓地。

根据管道沟走向及发掘位置，发掘区域分为一区（东侧南北向段）、二区（北侧东西向段），共清理墓葬 127 座，出土器物 630 余件（组）。其中有 45 座无随葬品及其他可断代的典型特征；其余按时代可划分为战国 34 座、西汉 35 座、新莽 3 座、东汉 4 座、宋元 5 座、清代 1 座。

1. 战国墓葬

34 座，在一、二区均有分布。均为土坑竖穴墓，根据墓葬规模分三类，其形制和随葬品亦有较明显区别。

一类墓 15 座，墓室面积在 4 平方米以上，个别近 8 平方米。墓葬较宽，多设壁龛或二层台（少数二者皆有），部分设腰坑。北向、东向皆有。该类墓除一区 M11 为双人合葬外，其余均为单人；葬式多为仰身直肢；葬具多为一椁一棺。随葬品较多，以陶器和青铜兵器为主；部分出铜带钩；另有少量滑石管、滑石环、水晶管、玛瑙环、贝壳、陶环、陶璧等饰品；部分墓葬不见兵器。陶器以鼎、壶、豆、盘的组合为主，另有少量陶舟、敦、彩绘陶簠、斗、乐舞俑等，多置于壁龛或二层台上（个别可能置棺盖板上、后期塌落）。青铜兵器种类较多，有铜剑、铍、戈、矛、镞等，多置于棺内两侧或椁内棺外两侧（部分剑置人骨腰部）。腰坑内多有殉狗（部分骨架腐朽严重，难以辨认），个别还置一豆盘。该类墓中随葬兵器较多的墓主人当为低级将领；未见兵器，而饰品较多的墓主人，可能为低级女性贵族。

二类墓 11 座，墓室面积多在 3.5 至 4 平方米之间。墓葬略宽，个别设壁龛或腰坑。北、东向为主，有南向。该类墓均为单人葬，仰身直肢；葬具多为一棺，个别有椁。随葬品大多较少，以 1 ~2 件兵器为主（剑、铍、戈）；个别出少量陶器、铜带钩、贝壳等。1 座仅出少量饰品；1 座陶器较多；1 座陶器、兵器多，近于一类墓而规模小。陶器以鼎、壶、豆、盘为主。

该类墓主人当为普通士兵（出铜剑的可能级别稍高）。随葬品较多的亦可能为低级将领。

三类墓8座，墓室面积在3.5平方米以下，2平方米左右的居多。墓葬较窄，个别设生土二层台或腰坑。北、东、南向均有，比重相差不多。该类墓均为单人葬，仰身直肢；葬具多为一棺，个别有椁、个别无棺。随葬品很少，绝大部分仅1件陶盂，个别出1件带钩或铁匕首。该类墓主当为一般平民。其中一区M14随葬品较多，出铜铃、铜桥形饰、带钩、玻璃珠等25件（组），墓主应有一定地位，或为贵族之宠妾。

从出土器物形制分析以战国中期为主、早期较少。其中二区M49出土的陶折盘豆柄较高、圈足径较小，陶盂短折沿、口较直、下腹弧收、平底，均与章丘王推官M1、新泰郭家泉M14出土同类器物接近，时代为战国早期。一区M10、二区M61等墓出土陶鼎腹部较浅、圜底近平、蹄足较高，盖豆柄粗短、腹较浅，壶整体较瘦高、高束颈明显，华盖壶整体瘦高、简单无耳，与新泰周家庄M16、章丘宁家埠M110等墓出土同类器相似，时代为战国中期。

2. 西汉墓葬

35座，均在二区，其中土坑竖穴8座、砖椁墓27座。

土坑竖穴墓形制简单，仅1座设生土二层台、2座棺底铺草木灰。墓向除1座东向外，其余均北向。均为单人葬，仰身直肢；葬具多为一棺，其中3座一椁一棺，1座无棺。随葬品以陶壶2件（1座为陶罐2件）、铜钱的组合为主；部分出铜镜、铜带钩、铁削、兽骨；个别出骨质耳珰、铜箍；1座仅出铜钱。

砖椁墓是在竖穴土坑底部用青砖砌筑椁室，墓向除1座南向外，其余北、东向均有。1座设壁龛、1座砖砌器物箱。约1/3棺底铺草木灰，个别铺石灰。近1/3棺底垫砖。砖椁的铺地砖多为单层，以“人”字形平铺为主，少量横向或纵横交替平铺（二区M37上层“人”字形、下层侧立砖对缝铺双）；椁壁半数以上脚端不砌砖，其余以错缝平砌为主、少量立砖对缝贴砌、个别两者结合；木质盖板均已朽，仅存板灰。该类墓除1座双人合葬外（M74主室为砖椁，东壁下另设一土洞），其余均为单人葬，仰身直肢；葬具均在砖椁内置一棺。随葬品以陶壶2件、铜钱的组合为主；部分伴出铜镜、铜带钩、铁削、兽骨；少量铜刷柄、铁带钩、串珠、印章；个别仅出陶壶或铜钱。

西汉墓规模较小、随葬品较少，墓主人当为一般平民。部分随葬器物较多的经济水平稍高；砖椁墓较土坑墓墓主生活水平更高。从出土陶壶、铜镜（日光、昭明、四乳四虺等）、五铢钱看，多为西汉中晚期。

3. 新莽墓葬

3座，均在二区。其中土坑竖穴墓1座（二区M60）、砖椁墓2座，形制与西汉墓基本一致。其中二区M60未见葬具，头向东；葬俗较为独特，除头骨、趾骨外，其余骨骼经火烧后再铺至墓底；随葬有铜镜、铜钱（货泉）。二区M20和M58均被盗，墓主人尸骨被拖至盗洞底部附近，出铜镜和新莽铜钱（分别为“小泉直一”“大泉五十”）。

4. 东汉墓葬

4座，均在二区。其中单室3座，1座保存稍好，2座仅存零星砖；前后室墓1座。

单室墓整体形制接近“刀”形，2座南向、1座西向。墓道为斜坡式，均偏向一侧；墓室长方形，其中1座两壁略弧。前后室墓（二区M38）墓道亦为斜坡式，西向；墓室仅存很少铺地砖，前室近方形、后室南壁略弧。由于破坏严重，仅在填土内发现零散人骨及残碎随葬品（绿釉红陶耳杯、壶、案等）。时代为东汉晚期，其中墓壁略弧的可能晚至魏晋时期。

5. 宋元墓葬

5 座，均在一区，小型土洞墓，其中 1 座未建成（仅有墓道及短甬道），1 座完整，其余上部被破坏。

墓道均为台阶式，1 座向北、其余向南。墓门 1 座保存完整、弧形顶，其余顶部被破坏，其中 3 座设封门砖墙。墓室 2 座圆形，2 座不规则近梯形。墓底 2 座为平底，2 座设“凹”字形棺床。该类墓 1 座双人合葬、2 座单人葬、1 座未见人骨及随葬品；葬具仅 2 座有棺，其余无；随葬品很少，仅瓷碗、瓷钵、铜钱。一区 M9 出白瓷碗、钵，时代可能为北宋；M25 出酱釉瓷钵，可能为金元时期；其余大致属宋元时期。

6. 清代墓葬

仅发现 1 座（二区 M70），被破坏至底。形制为土坑竖穴墓，北向。该墓双人合葬，未见葬具；葬式为仰身直肢；随葬品 4 件（组），为瓷灯、罐、壶及铜扣。

发掘表明孙家庄一带存在一个面积大、延续时间长的墓地，丰富了济南地区战国至清代的墓葬资料，为济南地区战国至清代的葬制葬俗以及社会、历史研究提供了重要材料。从战国汉墓分布排列来看，一区（东侧南北向沟）可断代者均战国墓，以北向为主；二区战国、西汉墓北、东向均有，且均有集中分布的现象，可能为不同家族墓地；其中两墓并列的当为夫妻并穴合葬墓。战国一、二类墓以随葬兵器的墓葬为主，且兵器种类较多，表明这一时期该墓地具有浓厚的军事色彩，是当时重视作战和兵器的表现。

从前期勘探情况来看，墓地南北、东西最长各应在 1000 米左右，规模庞大；结合发掘情况看墓葬数量较多（发掘区域仅为东西向约 600 米、南北向约 350 米、各宽约 3 米的管道沟槽）。墓地东侧仅数百米的东平陵城遗址面积达 400 万平方米，约始建于战国中晚期，在汉代为济南郡、济南国、东平陵县治所。因此，该墓地与东平陵城关系很大，可能为城内居民的墓地，而发掘区域仅为低级将领、士兵和一般平民的墓地，或许存在等级较高的贵族墓葬。

（房　振　刘秀玲　郝　颖　郭俊峰）

【菏泽市定陶王墓地 M2】

发掘时间：2018 年 3 月 ~12 月

工作单位：山东省文物考古研究院、定陶区文物局

菏泽市定陶汉墓（M2）位于菏泽市定陶区张湾镇王庄村南 100 米处。自 2010 年 10 月开始，考古人员对这个墓葬进行了抢救性发掘，至 2011 年下半年，完成了墓室内的初步清理。墓葬以规模巨大、结构保存完整而被誉为“我国目前发现规模最大、保存最好、规格最高的大型‘黄肠题凑’墓葬”。2012 年初该墓以“山东定陶县灵圣湖西汉墓”为题申报六大发现，被评为“2011 年度六大考古发现”。2013 年列入第七批全国重点文物保护单位，名称为：定陶王墓地（王陵）。

根据 2017 年配合保护方案施工发现的墓坑周边板筑夯土等重要遗迹的发现，本年度对墓道及墓道两侧板筑阙台、墓坑周边外台西南部及其叠压的石质废料坑等遗迹现象进行了发掘或解剖。

墓道及墓道两侧阙台。打破 M2 墓室的东向 G3 下叠压的墓道，东向 94°，东西长 19.4 米。该墓道南北两侧皆板筑墓壁，发现系拉夹板麻绳、穿棍、席纹等清晰痕迹。墓道东口被东西宽 2.5 米夯土封堵（外台部分东侧边缘部分）。墓道分东、西两段。西段（称之为前庭）上口东西长 8.6 米、南北宽 12.4 米，该部分南、北两壁内侧均发现有对称的立柱、角柱；东段上口东西长 11.4 米、南北宽 7.6 米 ~8

米。墓道上宽下窄，底部铺垫青砖，深约11米，基本与木椁墓室下部二层台深度一致。

墓道内填土中共有两个活动面，第一层活动面为墓道最底部（深11米）；第二层活动面，比木椁墓室门底部略低0.3米，墓门底部深8.7米。该活动面在前庭内为平面，墓道东侧活动面为斜面，越向东越接近汉代地表。第二层活动面散布一薄层细砂，并分布有不规律的铁钉牢固钉在下层填土中。同时，在该活动面上中部发现一条东西长约21米、南北宽0.7米、深0.4米的木槽。木槽顶部盖板上发现四块双孔玉璋及两件小串饰。前庭内北侧发现一个边长约2米的木箱，该木箱南侧被G3破坏，内无任何遗物发现。

墓道东段南北两侧各有板筑夯土台，开口深5.5米~5.8米。北侧夯土台平面南北宽9.6米~10.4米、东西长11米；南侧夯土台平面南北宽10.6米~10.2米、东西长11米。两个夯土台内外两侧皆夹木板夯筑，基本为汉代地表深度夯筑而起，随高度增加逐层上缩。两台上各有四个间距4米的方形柱坑，柱坑边长约50厘米，深1米。在两夯土台与墓道西端交界处有一个柱洞，和墓道西端内两个立柱形成角柱分布。两夯土台形如门道前阙台基址，故暂简称“阙台”，具有重要的礼制意义。阙台皆黄褐花土夹杂有青石碎片夯筑，土质坚硬致密，夯层层次清晰。

夯土外台及其下叠压的石质废料坑。墓坑周边板筑夯土台（内台）外围，又围筑一周夯土台，简称外台。该台基本呈“回”字形，边长基本为78米。台面斜坡近平，最高处比板筑内台外边缘低1米多。该台外坡面侧斜坡下延，坡度较大，边缘皆斜向棍夯。外台夯层厚薄均匀8厘米~10厘米。夯层坚硬致密。

外台台面上发现排列有序的纵向绳索（绳已撤除）、夯窝、脚印等痕迹。探沟解剖可知，外台分四个时间段夯筑而成。外台第一期夯土边缘外，有一周排水沟。外台夯土起建在一层低于汉代地表的深灰淤土之上，无基槽。

外台西南部夯土下发现三处石质废料坑。分布编号为K1、K2、K3。三处废料坑皆为夯土下汉代地表开口的规则性坑，上部叠压一层厚薄不均夹杂大量杂草的灰淤土，坑内填充大量废弃的石块、石料，少量的碎板瓦、木材残料等。其中K1开口略深，上部覆盖灰褐土层厚30厘米~50厘米，坑西边有二层台。坑内有较多的汉代筒瓦、碎石等。K2基本为方形，边长5米、深1米。坑内除大量碎石外，还残存一个竹背篓。三处石质废料坑遗存的开口层位于夯土下一层富含杂草淤土层下，其性质是否与定陶王陵M2相关，目前还难判定。但基本可以确定，其皆为石质废料填埋之地。

（崔圣宽）

【滕州市官桥村南汉代唐宋墓地】

发掘时间：2018年6月~10月

工作单位：山东省文物考古研究院、滕州市汉画像石博物馆

官桥村南墓群位于滕州市南部官桥镇官桥三村村南，东西长约740米，南北宽约410米，总面积约28万平方米。官桥村南墓群被山东省人民政府公布为第五批省级文物保护单位。著名的薛国故城就位于遗址的南侧。

2014年10月，山东省文物考古研究所与滕州市汉画像石馆为配合公路拓宽曾对墓地进行抢救性发掘，清理墓葬106座。

为配合省道S345拓宽工程，山东省文物考古研究院与滕州市汉画像石馆、滕州市考古研究所对道路占压部分墓葬进行了清理发掘。

本次考古发掘分为9个发掘区，共发掘墓葬249座，其中汉代墓葬233座，唐

宋墓9座，仅存底板墓葬7座。

汉代墓葬233座。从形制上可分为土坑竖穴墓、石椁墓、石室墓、瓮棺葬4种，土坑竖穴墓11座，土坑竖穴石椁墓198座。石室墓23座，瓮棺葬1座。

石椁墓198座。可分为单室石椁、双室石椁和三室石椁墓，其中单石椁墓81座，双石椁墓98座，三石椁墓19座，双石椁墓多数为两两并置，存在打破关系，应为祔葬的关系，从思想观念上应有最终实行合葬的意图，与处于同一墓穴、同时下葬或迁葬形成的合葬墓有本质差别。

发现5座内外壁及侧面均刻有画像的石椁墓，其中双室石椁墓4座，三室石椁墓1座，这种类型的汉代石椁墓仅在邹城卧虎山、曲阜、金乡少量发现，已发现时代为西汉晚期，对研究石椁墓的起源、发展及工匠流派等有重要意义。

石室墓23座。带斜坡墓道，有前室。墓中主要随葬器物有壶、罐、圈、陶楼、陶井等。

出土遗物总计约1500件，有陶器、玉器、铜镜、车马冥器、铜钱等，陶器主要有陶壶、罐、耳杯、陶楼、陶圈等，质地可分为夹砂和泥质，陶器以素面为主。

唐宋墓葬9座，墓葬形制为石块或石板垒砌的单石椁或双石椁墓葬，有的一侧为石椁墓与木棺合葬墓。墓葬破坏严重，出土有瓷碗、瓷罐、陶碗等。

官桥村南墓地是一处大型汉代墓地，位于薛国故城的东北五六百米，墓地的埋葬应该与薛国故城的居住人群有关，因此官桥南墓地的发掘和研究对于探讨薛国故城汉唐时期人群的活动与埋葬有着重要的意义。

（李振光　李　慧　杨爱国）

【滕州市向阳两汉墓群】

发掘时间：2018年9月~2019年1月

工作单位：山东省文物考古研究院、郑州大学历史学院

向阳墓群为枣庄市级文物保护单位，位于滕州市滨湖镇观湖社区北部约300米处，凤凰山南部的山坡上，西部有一条上山的生产路，路西侧为较深的采石坑。为了配合枣荷高速滕州段施工建设，山东省文物考古研究院联合郑州大学历史学院对其进行发掘。

墓地由西向东共分为四个发掘区域，清理汉至清代墓葬200余座。其中汉代墓190余座，宋代墓葬1座，清代墓葬4座。墓葬形制以石室墓和土坑墓为主。墓葬方向基本为东西向和南北向。

整个发掘区域沿枣荷高速修筑方向以自然冲沟为界自西向东分为四个部分。

一区墓葬比较集中，且为南北长条状分布。墓葬多为石椁墓，方向基本为东西向。人骨保存较差，墓内随葬品组合多为铁剑、铜钱，陶器较少。

二区墓葬分为东、西两区。西区墓葬以石室墓为主；东区墓葬多是土坑墓，且墓穴上有盖板而无挡板与侧板。二区随葬铁剑的墓葬，墓内的铁剑多为两把。

三区、四区墓葬分布较为疏散，多为土坑墓，与二区东类似，多数只有石盖板而无挡板与侧板。

整个发掘区墓葬多随葬一陶罐，随葬品位于墓主脚部。少数墓葬随葬品较多，器物组合多以陶罐、陶壶、陶杯、陶盘等为主，随葬品位于墓主脚部或耳室内。墓葬画像石很少，从出土少量画像石来看，其图案多为穿壁纹，其他图案不见。

向阳墓地的汉代墓葬多为并穴分布，两两成组出现。从墓葬形制及出土器物判断，滕州向阳墓地的年代为西汉晚期、新莽到东汉早中期。

（王春云）

【泗水县北玉沟汉代墓地】

发掘时间：2018年7月~10月

工作单位：山东省文物考古研究院、泗水

县文物管理所

北玉沟墓地位于泗水县金庄镇北玉沟村东500米汇鑫产业园西南部，早年曾经进行过抢救性考古发掘，当时由济宁市考古所和泗水县文管所共同完成。

本年初，为配合泗水县汇鑫产业园工程建设，山东省文物考古研究院对产业园占压范围进行了考古钻探，当时发现有汉代墓葬12座。本年7月，开始对其进行配合性考古发掘工作。

经过两个多月的考古发掘工作，共发现有汉墓43座，主要分布在发掘区中北部偏东位置，清墓50座，主要分布在中南部。

汉代墓葬是从坑口下挖打破①层耕土层、②层红褐色风化岩土层及最下面基岩层修筑而成，墓葬口底基本一致。墓坑壁面多有加工修缮找平，修整十分平滑整齐，部分墓坑壁上还残留有涂抹白灰面的痕迹。墓坑内填土多经夯打，有夯层，比较硬实。墓向有南北向，也有东西向。

按照墓葬建筑材料的不同，可将汉墓分为土坑墓和石椁墓两类。

土坑墓：32座。主要是长方形土坑竖穴墓，有的墓葬在墓底还留有二层台，以生土二层台较为常见。单棺葬居多，极个别为一棺一椁，还带壁龛。形制较为规整，以长方形居多，规格较大。葬式多为仰身直肢葬。

石椁墓：11座。按照墓室多少可分为单室石椁墓和双室石椁墓，每一石椁墓多由2到3块顶盖板石、2块侧板石、2块端板石及1块底板石砌筑而成。其中单室石椁墓8座，石椁多置于墓坑坑底一侧，随葬品放在石椁之外，无一定规律，也无专门器物箱。双室石椁墓2座，并排双室，中有隔墙，椁室位置相错，深度有别。

汉墓中随葬品以陶器和铜钱为主，另有铜带钩、铁剑、铁环首刀、石琀、石塞、石蝉等。陶器大多为陶质容器，常见组合有鼎、盒、壶、盘、匜等陶礼器，外加日用陶器罐的器物组合。或者随葬一个或两个罐，然后在椁内随葬铜钱。整体来看，各墓葬随葬品数量并不多，大部分仅随葬铜钱、陶罐或者钱、罐组合。

其中M1为单室石椁墓，其东西两侧板、南北两端板内侧都刻有画像，为画像石墓。题材有北端板的凤鸟纹、南端板的常青树纹，及东侧板双龙咬尾穿璧纹，西侧板人物狩猎场景。

从汉墓间打破关系、墓向不同来看，墓地似有一定延续，可划成不同时期。结合出土铜钱、随葬品种类及其共存关系、画像石纹饰题材风格等判断分析，泗水北玉沟汉代墓葬年代可分成西汉中期、晚期及新莽至东汉初三个时期，以后两个阶段的材料居多。从随葬品及墓葬规格、等级分析，此次发掘墓地应是一处平民墓地。

通过本次发掘，揭露了一批汉代墓葬，进一步丰富了北玉沟遗址的文化内涵，对于了解和认识汉代当地墓葬形制、葬式葬俗及其所反映的物质文化、精神生活等有十分重要的意义。

清代墓葬多打破汉墓而存在，分布密集，区域集中，随葬品丰富，时代为清代中期晚段至清代晚期。

（赵芳超）

【枣庄市山亭区海子汉代聚落遗址】

发掘时间：2018年4月~12月

工作单位：山东省文物考古研究院

海子遗址位于枣庄市山亭区山城街道办事处海子村东北部，东临薛河支流西江，地形为山前平原，遗址面积约50000平方米。2017年6月至今，由山东省文物考古研究院主持对遗址进行了考古勘探和发掘，发掘面积6000平方米。主要收获如下：

发掘区西部发现1条南北向汉代沟，长度超过230米。沟内发现保存较好的石砌墙基及陶片铺成的道路。沟北端被一平面形状不规则的碎石铺面叠压，未发现拐角。由勘探情况知沟位于遗址的西部边界，推测为聚落界沟。

发现并清理汉代房址2座，为地面式，平面长方形，仅余不连续的石砌墙基和基槽。溷厕（畜圈厕所）9座，平面均为长方形，面积35平方米~70平方米，深1.2米~1.6米。建造方法为先于地面挖出基坑，在坑壁内侧垒砌石块或贴壁面立石板，多数于东、西一侧有两块立板构成的“通道”，“通道”底部向内倾斜。溷厕内堆积多分为上下两层，上层为大量的石块及瓦片，下层为深灰褐色含大量黑灰的堆积。经过取样分析，下层堆积粪甾醇含量高，其来源为人畜粪便。出土遗物以瓦片为主，多饰绳纹及瓦棱纹，另外见盆、瓮、罐等陶器残片。灰坑118个，集中分布于遗址东北部，直壁、平底的长方形灰坑数量较多，方向多接近正南北或正东西向，推测有特定用途。水井2口，井圈石砌，其中J3内发现4块扣合组成井栏的石板。发掘区西部发现4道宽15厘米~25厘米的“窄基槽”，槽内立有石板，推测为小面积农业用地的界隔。

唐代房址发现1座，破坏严重，大部不存，仅余一小段墙基，用石块及汉代瓦片堆砌。墓葬8座，布局分散，出土瓷罐、铜镜及铜钱等；灰坑85个、灶5座，集中于遗址东北部。清理清代墓葬4座、水井1口。

综合现有发掘成果，我们认为海子遗址存在一处具有相当规模的汉代聚落。聚落边缘有界沟、界墙，聚落内除供人居住的房屋以外，可能还有供养殖、储藏用的功能性建筑，以及小面积的农业用地。对于研究汉代基层聚落形态具有比较重要的意义。本次发现的半地穴石砌房址形制及功用都较独特，极少见于同时期其他遗址，可为汉代建筑形制、生业模式等方面的研究提供重要材料。

（吕 凯 刘文涛 张莺燕）

【禹城市百合新城东汉墓地】

发掘时间：2018年10月~11月

工作单位：山东省文物考古研究院

百合新城墓地位于禹城市客运南站东南方向永锋百合新城住宅楼基建工地范围内。山东省文物考古研究院对钻探发现墓葬进行了配合性考古发掘工作。

共清理砖室墓4座，按墓葬形制不同可分为单室墓和双室墓：其中M3、M4是单室墓，为带甬道、墓门及墓道单墓券顶墓；M1、M2是双室墓，为带甬道、墓门及墓道前后室双室券顶墓，且M2前室东侧还带有一耳室。

出土随葬品计86件/套，随葬品以陶器为大宗，器物组合有罐、尊、盘、案、耳杯、勺等，以生活用器为主，未见有模型明器。

砖室墓墓砖有花纹砖、画像砖及文字砖。花纹砖上纹饰有菱形线条纹、圆圈乳突纹及圆乳突卷云结合纹饰等，在东汉时期较为常见。画像砖及文字砖仅见于M1，画像砖1块，花纹为斗栱建筑侍女纹样，文字砖上文字为“主人高位至公车”。据汉代官职，公车应是接待臣民上书和征召的官职，所以M1墓主有可能是一定级别品官。

百合新城墓地为鲁西北地区新发现汉代小型砖室墓葬，4座墓葬墓向基本一致，且墓葬形制、随葬品种类相差不大，其时代应相近。尤其M2、M3、M4三座并排分布墓葬，随葬品种类趋同，有可能为一处小型家族墓地。随葬铜钱中发现有剪边五铢，据其出现及流行时间可大致推断这批墓葬年代上限为东汉中期，再结合墓砖纹样、墓葬形制及其他随葬品推测，墓葬年代应为东汉中晚期。

（赵芳超）

【济南市长清区赵家营东汉画像石墓】

发掘时间：2018年11月

工作单位：济南市考古研究所

为配合东福置业（山东）有限公司建设工程的实施，济南市考古研究所对长清区平安街道赵家营村北发现的一座汉画像石墓（编号 M1）进行了抢救性发掘。

墓葬形制为近“甲”字形砖石混筑多室墓，开口距现地表约 0.5 米，由墓道、墓门、前室、中室、后室组成，方向 205°。

墓道南端因被占压，仅发掘北半部，平面略呈梯形，直壁，南部有台阶，北半部为南高北低斜坡状；填黄褐色花土、未经夯打。墓门破坏严重，仅存门扉 1 扇，青石质，残，素面。

墓室通长 8.9 米（不含墓道），宽 3.32 米，墓口距墓底深约 3 米。土坑竖穴，直壁，墓底较平。墓葬早期被盗扰，砖墙无存，仅门槛处残存极少量铺地砖及填土中发现零星砖块。墓顶无存，形制不明。墓葬后室东北部被土方施工破坏。

前室，平面略呈长方形，南北长 1.4 米、东西宽 1.36 米；底部三面有条石状基石，素面；前室北门，即前室与中室相通之门，由门楣、门柱、门槛五石构成，门楣南北两面皆雕刻有画像，左门柱南、北、西三面有图案，中门柱南、北、东三面有图案，右门柱北面有图案；门槛素面；前室因被盗扰，仅在填土中发现碎砖块。中室因工程施工，东北角被破坏，西侧有长条形基石；中室北门，即中室与后室相通之门，由门楣、门柱、门槛六石构成；门楣因施工破坏，断为两段，南、北两面皆雕刻有画像；左门柱，工程施工中已被移动位置，西面有图案；中门柱四面皆有图案；右门柱南、北、东三面有图案；中室由于被盗扰，未见葬具痕迹，只在填土中发现少量人骨肢骨、釉陶碎片和铜钱一枚。后室，工程施工破坏严重，仅存西南角部分，平面应为长方形，西侧有两长条形基石，其内侧皆有图案，后室未见人骨及葬具痕迹。因墓葬早期遭到破坏，仅填土中有少量碎砖，因此建筑用砖尺寸不详。

该墓共出土石构件 20 件，其中画像石 10 件，画像 20 幅。分别为中、后室门楣石南北两面，门柱南北两面及侧面，后室地栿石内侧。雕刻技法则采用了铲地、减地阴线刻、浅浮雕手法。画像内容包括神兽祥瑞类和装饰纹样类，其中各门楣中部雕刻羊首作为主体纹饰，羊首下部两侧刻有对鸟、游鱼、瑞兽，上部两侧刻饰菱形纹、垂帐纹、波浪纹、三角纹等辅助纹饰；前、中室门洞和中、后室门洞立柱的内侧以方胜纹为主体纹饰，周边两重长方形边框内侧分别刻饰菱形纹和垂帐纹；其余立柱和后室地栿刻饰菱形纹、垂帐纹。

M1 由前、中、后三室构成，墓葬形制与济南北毕汉墓、青龙山汉墓、闵子骞祠堂东汉墓相近；画像雕刻技法为东汉晚期常见的减地浅浮雕，其画像石内容已趋向简单化，除了动物题材，大部分为几何装饰图案，由此推断墓葬年代为东汉晚期。墓葬的发掘对于补充和完善山东地区东汉晚期的丧葬礼制、社会经济生活等有重要价值；其中方胜纹图案在济南地区的画像石墓中较为少见，为这一地区的汉画研究增添了新资料。

（刘秀玲　房　振）

【济南市章丘区杏行地宋金遗址】

发掘时间：2018 年 3 月 ~8 月

工作单位：山东省文物考古研究院

杏行地遗址位于济南市章丘区龙山街道，城子崖遗址台地西北侧 90 米处，西邻武源河东岸。为配合城子崖国家考古遗址公园考古体验中心施工建设，对施工占压区域进行了勘探，并在其中心区域进行了考古发掘，发掘面积 315 平方米。共发现宋金时期冶炼炉 5 座，各种窖藏坑、灰坑 96 个，房址 3 处，并发现了大量的瓷器、陶器、铁器、骨器及冶炼器具，另发现清理了清代晚期至民国墓葬 10 座。

冶炼炉共发现5处。破坏严重，仅存炉底与地面之间的石灰圆底隔潮层。隔潮层有两种工艺，一为青砖铺圜底，白灰砌砖缝，上抹白灰。二为直接白灰砌成圜形底。上部破坏严重，炉的形制、高度不知。于2号炉东北侧，发现有工作间，平面呈圆形，长3.4米、宽3.1米。活动面有一层黄垫土，工作间西部有大量炉灰，并出土坩埚、炉条、炉球等冶炼器具。根据出土坩埚附着物化验得知，该冶炼炉功用为冶铁。

灰坑按平面形状可分为方形平底、圆形平底、不规则椭圆形圜底。其中方形平底灰坑和圆形平底灰坑最具特色，共18个，两种灰坑的边长或直径为2米~2.5米，方形坑沿一侧有2~4层台阶，踩踏痕迹明显。方形、圆形灰坑坑壁规整光滑，修葺痕迹明显，分布无规律，均打破生土，是该遗址中年代最早的遗迹。两种坑的最初功用应是储物坑，但通过打破关系及包含物可知，这两种坑可能使用时间不长即被当做灰坑使用。

房址共发现3处，因上层灰坑、墓葬打破，残存面积很小，都无法成形复原。其中F2座东向西，保存部分活动面，不见明显房基。房前两排圆柱形夯土，直径0.20米~0.28米（残存7个），功用应为廊柱柱础或是简易凉棚柱础。房址与冶炼炉地层相同，推测房屋痕迹与冶铸活动有关。面西的房屋是否还有对应房屋院落，因发掘面积有限，暂不清晰。遗址中出土板瓦数量巨大，时代为金代。推测此处或附近应有一定等级的建筑。

遗址内出土了大量的陶器、瓷器、骨器、铁器、蚌器及冶炼器具等。各类遗物中，最重要的是出土了窑口众多的瓷器。可修复者计有110余件，窑口涉及磁州窑、耀州窑、景德镇窑及山东本地窑口等，器型有碗、罐、盘、壶、盒、洗、缸、盏等，时代以金代为主。陶器有盆、罐、网坠、扑满、器座等，骨器有管、簪、骨牌等，铁器有“元丰新样”铁杈、铁铃等，蚌器有项饰、围棋子等，冶炼器具有炉球、炉条、坩埚等。

清理清代晚期至民国墓葬10座。墓葬类型有券顶砖室墓、土坑洞室墓、竖穴土坑墓等。墓室头端都有壁龛，墓向除M3为东西向外，其余皆东南—西北向。墓葬都是夫妻合葬墓，葬具都是单棺，葬式皆为仰身直肢葬。部分墓葬有迁葬现象。随葬品都置于壁龛内，主要有酱釉瓷灯、瓷罐、瓷壶。

宋金时期冶炼遗址在山东地区是首次发现，结合本次发掘出土窑口众多的精美瓷器、多种娱乐器具及“官”字瓷片，反映出该冶炼遗址有一定的规模和级别，为研究宋金时期山东地区的冶铁业发展及南北对峙时期的商贸活动都提供了较重要的实物资料。

（刘文涛　张　溯　张宗国）

【济南市章丘电厂宋至清代墓葬】

发掘时间：2018年3月~4月

工作单位：济南市考古研究所

为配合华电章丘发电有限公司（章丘电厂）2×F级（450-490MW）燃气—蒸汽联合循环热电联产建设项目，济南市考古研究所对该项目墓葬区域进行了考古发掘。共发现小型墓葬20座，其形制有土坑洞室墓7座、圆形砖室墓6座、土坑竖穴墓3座、长方形砖室墓2座、三合土夯筑单室墓1座，另有1座仅存墓道形制不详。

土坑洞室墓由墓道、墓门、墓室组成。方向分别为南向、东北向。墓道平面呈梯形，竖井式或台阶式，直壁、平底。墓门为拱形土洞门。墓室底部平面为圆形或椭圆形，平底、弧壁、弧顶，少数有棺床。此类墓葬因人骨散乱，葬式不详；多数未发现葬具痕迹；仅M18、M19为多人合葬墓，有木棺。随葬器物主要有瓷碗、瓷碟、瓷钵、瓷罐、灯盏、瓷瓶、铜钱等。根据出土器物推测此类墓葬时代分属金元、清代。

圆形砖室墓，破坏严重，形制由墓道、墓门、甬道、墓室组成。方向为南向。墓道平面呈梯形，直壁，南部有台阶。墓门、甬道皆被前期破坏或盗扰，形制不详。M1、M3 甬道两壁青砖错缝平砌，残存铺地砖。墓圹平面近圆形，圹内用青砖砌筑墓室，墓底设棺床，残存部分铺地砖，墓室内砖雕残存较少。其中 M3 砖雕保存较好，棺床南侧砖砌须弥座，束腰部分饰有壸门。墓室内壁一周均匀贴砌四根倚柱，柱头之间围砌一周阑额，柱头上置斗拱，均为把头绞项造，补间铺作四朵，倚柱之间的墓壁设有砖雕，东南为一灯檠，东壁为一桌两椅，北壁上部破坏严重，残余部分可见两侧设有倚柱，倚柱中间置一假门；西壁为一衣架，西南为一柜子。内壁上均有零星彩绘，因破坏严重，无法辨识。此类墓葬人骨凌乱，葬俗葬式不详；皆未发现葬具痕迹。随葬品有瓷碗、铜钱等。根据墓葬形制及出土器物判断，该类墓葬为宋元时期墓葬。

长方形砖室墓由墓道、墓门、甬道、墓室组成。墓道平面呈近梯形，竖井式，直壁、平底。墓门上部多被破坏，形制不详；M16 为拱形门，下部青砖错缝平砌，拱顶侧立砖砌成，外侧用小青瓦砌成花边。甬道两壁单砖错缝平砌，白灰勾缝。墓室平面长方形，青砖错缝平砌，设有壁龛。因破坏严重，皆未发现葬具痕迹及人骨。随葬器物有瓷碗、灯盏、瓷盘、铜钱、铜扣、耳饰等。根据墓葬形制及出土器物推测，此类墓葬年代为清代中晚期。

土坑竖穴墓平面长方形，直壁，平底。葬具一棺，均已腐朽或被破坏。人骨保存较差或被盗扰，可辨葬式者为仰身直肢，头向南。无出土器物。

三合土夯筑单室墓，形制由墓道、墓门、墓室组成。方向为东北向。墓道平面呈梯形，竖井式，直壁，底部略有斜坡。墓门仅存两侧砖墙。墓室为三合土夯筑，平面呈长方形，直壁，平底。墓室内壁用白灰抹平，上用阴刻线条勾勒砖、石。墓室南壁有一壁龛，顶呈拱形。根据现存人骨分析，该墓为多人合葬墓，葬具不详。随葬品有瓷碗、铁盅、铜钱等。根据墓葬形制及出土器物推测，该年代为清代晚期。

此次发掘的墓葬均为小型墓葬，其墓葬形制和随葬品组合与之前发现的济南地区宋代、明清时期墓葬形制基本一致。此前在华电章丘发电有限公司二期工程建设（本次建设用地东侧）中曾发现并发掘战国至清代墓葬 160 余座。此次考古工作丰富了济南地区宋元、清代的墓葬资料，为济南地区宋元、清代的葬制葬俗以及社会、历史研究提供了新材料。

（刘秀玲　郝　颖　郭俊峰　房　振）

【东营科技职业学院元明清墓地】

发掘时间：2018 年 8 月 ~12 月

工作单位：山东省文物考古研究院、东营市历史博物馆

为配合东营科技职业学院新校区的施工建设，山东省文物考古研究院对其待建区域进行了勘探、发掘。

截至本年底，共发掘墓葬 168 座，其中属于元末明初的有 9 座，属于明代有 57 座，属于清代的有 98 座，属于民国时期的有 4 座。

墓葬形制分属砖室墓、砖椁墓和土坑墓。砖室墓由斜坡墓道和砖砌墓室两部分组成，墓室分为长方形券顶和圆形穹隆顶，均有墓门，其中圆形穹隆顶砖室墓，墓门为仿木门楼结构，室壁上有简单的砖砌图案，内容可见桌椅、灯擎、衣架等，室内多有棺床，上面放置人骨，双人或者三人，碗、罐、盏、瓶等瓷器分置在棺床上或者室底近墓门处。长方形券顶砖室墓，墓门

砌筑形式简单，室内空间局促，内放单人或者双人，旁随葬瓷器、铜钱等；砖椁墓平地下挖较浅，多贴壁砌椁，椁顶多遭破坏，个别椁室外侧附属有放置骨灰葬的小型砖砌设施；土坑墓单人葬居多，此批砖椁墓和土坑墓，底部多见板灰和棺钉，尸骨保存较好，随葬器物多为酱色瓷罐、灯盏、板瓦、铜钱等。从墓葬形制和随葬器物分析，砖室墓及部分土坑墓应为明代，部分圆形穹隆顶墓时代可早至元末。砖椁墓和土坑墓明清时期均有，个别或下延至民国时期。

本次发掘收获丰富了广饶地区元明清时期墓葬资料，为研究这一时期葬制葬俗以及相关社会形态提供了新材料。

（王子孟　董　娜　燕晴山）

河南省

【卢氏盆地旧石器考古调查】

调查时间：2018 年 8 月 ~9 月；11 月 ~12 月

工作单位：河南省文物考古研究院

河南省文物考古研究院本年度分两次到卢氏盆地进行旧石器考古专项调查，重点沿卢氏盆地境内的索峪河、官坡河、潘河、沙河、横涧河、卜象河、文峪河、秦家河、范里河和寻峪河等河流两岸开展系统调查。

通过调查共发现旧石器地点 21 处，石制品 127 件，类型有石核、石片、刮削器、砍砸器、尖状器、断块等，原料有燧石、石英岩、脉石英等，年代为旧石器时代早、中、晚三期。其中庙沟河地点、寇家湾地点、庄子村地点、庙底村地点、黑马村地点等 5 处地点的石制品采自地层中，其余均为地表采集。

石制品总体特征可划分为两类，一类是以砾石为毛坯制作石器，剥片方法主要使用锤击法和砸击法，以砍砸器等大型工具为主；另一类以石片石器，以锤击法生产的石片为毛坯制作石器，类型有刮削器、尖状器等小型工具。

黑马村地点剖面 S7 中采集一件刮削器，为旧石器时代早期，庙底村地点一件石器采自 S2 古土壤条带中，为旧石器时代早期晚段，距今约 20 万年，十字路口村地点发现一件经过预制的小石核，初步判断可能为旧石器时代晚期，其余地点根据石器加工特点、风化程度等初步判断，可能属于旧石器时代中期。

此次调查发现的旧石器地点均为旷野。与灵宝盆地、三门峡其他地区及陕西洛南盆地的旧石器分布规律相似，几乎均为沿河流、冲沟分布，多处于河流二级阶地。

通过对卢氏盆地的旧石器遗址调查，初步判断卢氏盆地分布有较多的旧石器地点，石器数量虽然不多，但为探索中国旧石器时期南北文化之间的关系以及与环境变化的关系等课题提供了重要资料。石器尤其以旧石器时代中期为主，该地区曾发现了距今约 10 万年的“卢氏人”，处于现代人起源的关键时期，这些石器的发现对该地区现代人起源研究具有重要意义。

（赵清坡）

【舞阳张王庄新石器时代遗址】

发掘时间：2015 年 10 月 ~2018 年 1 月

工作单位：河南省文物考古研究院　舞阳县博物馆

张王庄遗址位于舞阳县城北马村乡张王庄村北，地处舞阳盆地西南边缘，距县城约 15 千米。遗址北距沙河 7.5 千米，南距澧河 4 千米，位于贾湖遗址南 5 千米处，处于泥河洼滞洪区的西南边缘。遗址中心地理坐标为北纬 33°33′56.4″，东经 113°39′40.6″，高程 68 米 ~69 米。张王庄遗址平面呈不规则椭圆形，东西长 350 余米，南北宽 150 余米，面积约 5 万平方米。

经国家文物局批准，2015 年 10 月 ~2016 年 1 月、2016 年 10 月 ~12 月、2017 年 11 月 ~2018 年 1 月，河南省文物考古

研究院在舞阳县博物馆的配合下，对张王庄遗址进行了发掘，发掘区位于遗址西北部，合计发掘面积2100平方米。共发现仰韶文化房址58座、灰坑（窖穴）540多座，出土有玉器（1件）、陶器（多残）、石器、骨器等，取得了较大收获。

张王庄遗址发现的房址分柱列式（可能属干栏式建筑）和半地穴式两种，以后者为主。在发掘区不同区域半地穴式房址门道朝向不同，偏南发掘区门向大都朝东南，而在北部发掘区门道则多朝西，个别朝北，两区域之间为较大房址，大房子面积达46平方米，是已发现同时期面积最大的房址之一，从而表明这里存在不同的居住区。在偏北发掘区北部基本不见房址，却为密集的灰坑，可能为仓储区。在遗址北部发现有古河道，古河道上据植物硅酸体分析结果已被认定有水稻田类遗迹，这是中原地区首次发现的新石器时代稻田遗存，意义重大。

出土的陶器群为扁柱状足跟带小按窝的鼎、旋纹罐、盆、钵、双耳壶（罐）等。石器较少，有磨棒、砺石、石铲等。玉器为1件完整的玉璜。

张王庄遗址是除贾湖外，舞阳一带发掘的另一处重要的新石器时代遗址，发掘所获遗存属于仰韶文化早期，年代基本紧接裴李岗文化，为研究仰韶早期豫中南地区的文化面貌、聚落形态、社会状况、农业经济以及贾湖一类遗存的去向等相关问题提供了重要材料。

（魏兴涛　李金斗　蓝万里　张小虎）

【荥阳市洄沟仰韶文化遗址】

发掘时间：2018年6月~9月

发掘单位：郑州市文物考古研究院

遗址位于荥阳市乔楼镇洄沟村东，国道310以南。为配合郑州市牛口峪引黄工程支线五标（荥阳洄沟段）项目工程，郑州市文物考古研究院共发掘面积1000平方米，清理各时期各类遗迹277处。其中以仰韶时期遗存为主，次为战国时期遗存和汉代墓葬，另有少量晚期墓葬。

仰韶时期各类遗迹共219处，目前判断有居住生活区和墓葬区两个功能区。居住区内房址仅发现一座，但灰坑数量较多，形状以圆形袋状为多，形制规整，多呈口小底大，壁弧状外涨略平滑，袋状，平底。个别灰坑坑壁上残留有明显工具痕迹。灰坑的性质就其形制规模观察，其大多应为窖穴或半地穴房址等。部分灰坑形制较大，口部或底部直径达4米左右，清理至灰坑底部时发现有植物残留物。墓葬区一处，清理竖穴土坑墓56座，墓葬排列有序，较少有打破关系，墓葬方向均向西，葬具均为单棺，葬式均为仰身直肢葬，多无随葬品。瓮棺17处，多分布于F1与墓葬区的边缘，方向多为东西向，形制较小，葬具均由两件陶器扣合组成，陶器多有陶缸、陶罐、大口尖底瓶、陶钵等，其组合多为陶缸与陶罐、大口尖底瓶与陶钵扣合而成，横放埋葬，深度多较浅，内均有小儿骨骼一具，多保存较为完好。

仰韶时期的出土遗物主要有陶器、石器、骨器、蚌器等。陶器器质以夹砂褐陶、灰陶为主，另有较多泥质红陶与灰陶，器形主要有罐形鼎、盆形鼎、罐、钵、器盖、尖底瓶、瓮、甑、盆等。纹饰以素面为主，部分饰弦纹、附加堆纹，另有少量绳纹和彩绘。石器有石锛、石球、石铲等。骨器有骨针、骨锥，蚌器有蚌镰等，另出土有大量动物兽骨等。

此次发掘的重要收获是获得了一批新的仰韶时期考古学实物资料。

（魏青利）

【荥阳市马沟新石器时代至西周时期遗址】

发掘时间：2018年5月~11月

工作单位：郑州市文物考古研究院

遗址位于荥阳市高村乡西北部马沟村东，牛口峪村西，S314 公路以北。配合河南焦郑黄河大桥开发有限公司国道 234 焦作至荥阳黄河大桥及连接线（荥阳马沟段）二期项目工程，郑州市文物考古研究院对该项目共发掘 1000 平方米。

发掘清理各时期各类遗迹 279 处，有灰坑、陶窑、墓葬、灰沟等。其中以龙山、二里头、西周时期遗迹居多。重要发现是二里头和西周时期的祭祀坑，以及西周时期的环壕。另发掘墓葬 78 座，以战国及汉代墓葬占绝大部分，分布较为集中，排列较为有序，方向一致。墓葬形制较为统一，时代特征典型，应是经过规划的战国和汉代时期家族墓葬区。

通过本次考古发掘，发现遗址从龙山时期人群开始在此活动，历经二里头和西周两个鼎盛繁荣时期，战国时期生活遗存几无，但已辟为墓葬区。汉代人类活动再次频繁，生活区和墓葬区均发现较多遗存，汉代以后，人类活动逐渐减少。各时期遗迹之间互相叠压打破，清理出土较多重要文物标本。本次发掘为我们研究龙山、二里头、西周、战国、汉代时期区域内人类的生产、生活和社会状况提供了实物资料。

【灵宝北阳平新石器时代遗址】

调查和勘探时间：2018 年 3 月 ~4 月

工作单位：河南省文物考古研究院、三门峡市文物考古研究所、灵宝市文物保护管理所、灵宝铸鼎原文物保护管理所

北阳平遗址位于灵宝市阳平镇北阳平村西约 500 米处，西临关子沟，东为阳平河，遗址坐落在关子沟与阳平河之间狭长黄土原上，北面边界为北部大冲沟，南至乔营村北侧洼地，一条东西向穿过遗址的乡村公路将遗址切成南、北两个部分。遗址南北长近 2000 米，东西宽 300 米 ~500 米，呈东北—西南走向。

为实施“考古中国·中原地区文明化进程”项目，联合考古队对灵宝北阳平遗址开展系统性的考古调查和勘探工作。

此次勘探面积约 90 万平方米，发现房址 35 座、壕沟 3 条、冲积沟 2 条、古河道 1 条、陶窑 9 座、道路 3 条、窖穴 1 座、墓葬数座以及大量灰坑等遗迹。其中仰韶文化房基 32 座，均发现有室内夯土硬面，多呈近方形（或五边形），部分房址室内火塘位置明确，基本可推定其门道朝向。面积大小不一，最小者十几平方米，最大者近 200 平方米。龙山时期房址均发现有白灰地面，面积均较小。3 条壕沟均为东西向，横向隔断遗址，宽 6 米 ~15 米，深 5.6 米 ~7.5 米，长度不等，平面形状较规整，向下内收较一致，明显为人工下挖而成，在壕沟内底部堆积中发现有灰土层和彩陶片，推测其开挖和使用年代为仰韶文化中期。古河道位于遗址的最南部，平面形状不甚规则，大致呈东北—西南走向，西端通向关子沟，东端通向阳平河，宽 70 米 ~110 米，最深处 12 米不底，堆积较深，多见淤沙和鹅卵石。灰坑发现数量较多，多在房址附近，部分灰坑较深，成片分布。另外发现窖穴 1 座，平面形状呈圆形，窖穴底部发现大量碳化粮食，堆积厚度约 30 厘米。

通过此次考古调查和勘探，对灵宝北阳平遗址的范围、面积、地层堆积、文化属性、遗迹分布、聚落布局及功能分区等情况有了较为全面的了解。灵宝北阳平遗址主体文化遗存为仰韶文化庙底沟类型，面积达 70 万平方米，为灵宝铸鼎原仰韶文化遗址群中面积最大的一处遗址。灵宝北阳平遗址对研究豫西地区仰韶文化中期文化发展程度、聚落布局及社会复杂化进程等具有重要的意义。

（李世伟　魏兴涛）

【灵宝市五帝新石器时代遗址】

勘探时间：2018 年 11 月 ~12 月

工作单位：河南省文物考古研究院、三门峡市文物考古研究所、灵宝市文物保护管理所

五帝遗址位于灵宝市大王镇五帝村东与吉家湾村西，遗址中心地理坐标为北纬 34°39′18.5″，东经 110°59′45″，最高处海拔 410 米，最低处海拔 365 米，高差近 45 米。遗址现状多为耕地及菜地，地势较低处被村子占压，平整土地等活动对遗址破坏较为严重。

为实施“考古中国·中原地区文明化进程”项目，联合考古队对灵宝五帝遗址开展系统性的考古调查和勘探工作。本次勘探采用普探加重点勘探的作业方式，每个探孔均进行记录、拍照，并将数据上传至考古勘探管理系统。勘探工作的主要收获有以下四个方面：

一、经过勘探，确认五帝遗址主体遗存为仰韶时代中晚期，这一时期遗存的分布面积约 75 万平方米。遗址东西两侧分别为干河及好阳河河道，两河交汇于遗址北端，遗址南部止于南壕沟，合围区域呈不规则四边形。

二、遗址南部发现的东西向壕沟，现存长度 700 余米，宽度 16 米 ~20 米，沟底距地表深度 7 米 ~11 米不等。壕沟东端为断崖，西端止于村民房屋。壕沟与东西两侧河流分别构成遗址的边界。

三、发现有数量较多的灰坑，另外发现 3 处房址。由于遗址经平整土地，对地貌改变较大，本次勘探发现的房址数量不多。但从地表及部分断面上暴露的陶片及灰土看，遗址原始规模及内涵应较丰富。

四、在对遗址低处及周边进行调查后，初步判断遗址形成前该区域附近有古湖泊，后水位下降，人们在原湖泊上活动，遗址废弃后水位再次上涨，水相黄土沉积再次覆盖遗址低处。我们对典型剖面也进行了取样，相关的分析工作正在进行。

通过此次勘探及调查工作，确认了五帝遗址的规模和基本内涵，初步了解了遗址古地貌与古环境的相关信息，为以后开展相关研究工作打下了基础。从遗址的规模看，五帝遗址在仰韶中晚期应是灵宝盆地东部最大的一处遗址，可能是该区域的一处核心聚落。遗址剖面的调查及古环境样品的分析，对理解该区域早期人地关系具有重要意义。

（李金斗　魏兴涛）

【鹤壁鹿台新石器时代至商周时期遗址】

发掘时间：2017 年 11 月 ~2018 年 10 月

工作单位：河南省文物考古研究院、郑州大学、鹤壁市文物工作队

鹿台遗址位于鹤壁市淇滨区钜桥镇刘寨村西，淇河东岸和北岸，遗址北邻申寨村，南至通往刘寨村的东西向水泥路，西邻在建南北向水泥路，面积约 10 万平方米。文化层堆积较厚，达 2.5 米，包含仰韶文化、龙山文化、商周、东周汉代等时期的文化遗存，其中以新石器时代文化遗存为主。

为配合国家南水北调中线工程建设，同时深入研究鹤壁地区淇河流域新石器时代文化面貌、文化发展水平以及该地区史前时期社会复杂化进程，河南省文物考古研究院联合郑州大学、鹤壁市文物工作队等单位对鹿台遗址进行考古发掘。

此次发掘面积为 1000 平方米，发现有龙山时期房基 10 座、汉代至西周房基 2 座、龙山时期陶窑 4 座、灶 4 个、柱洞 16 个、墓葬 2 座、灰坑葬 1 座、灰坑 300 余座。其中龙山时期房基保存状况均较差，9 座为圆形或近圆形，1 座为圆角长方形，分布较为集中、密集。圆形房基直径为 3 米 ~5 米，面积为 10 平方米 ~20 平方米，均发现有白灰地面，白灰地面上下叠压 1 ~4 层，部分房基内发现柱洞、灶、黑彩图案等，外侧发现有垛泥墙，未发现门道

和门槛等。陶窑均为龙山时期，3 座位于发掘区中部，1 座位于发掘区西部。Y1 仅保存烟道和火塘，为先后两次使用的陶窑，上下两个陶窑均为四个烟道，烟道和火塘上下叠压，近乎重合。Y2、Y3 保存状况较差，Y4 被龙山时期 F5 叠压（年代略早）。灶主要发现于发掘区西部，房址附近，平面形状有近圆形和椭圆形两种。灰坑葬内埋有人骨架两具，呈东西和南北向十字交叉叠压；上层人骨架为东西向，头部和下肢缺失，下肢被人为截断，下腿骨留有较为整齐的截断旧痕迹。下层人骨架为南北向，下肢缺失散乱；东南角发现一颗零乱头骨，头颅较小。灰坑发现数量众多，叠压打破关系较为复杂，平面形状有圆形、近椭圆形、不规则形等，以不规则形最多，结构有口大底小、斜壁或直壁、袋状坑等，以口大底小最多。出土遗物丰富，有陶器、石器、蚌器、骨角器、铁器、铜器等。

鹿台遗址是淇河流域一处大中型聚落遗址，内涵较为丰富，延续时间长达数千年，遗址为一个高土台，明显高于四周，呈西高东低，该土台的形成应是从周围取土堆垫而成，未见明显的大面积夯筑现象。仰韶时期文化遗物属于仰韶文化早期的后岗类型（或称为后岗一期文化），龙山时期文化属性为后岗二期文化，另外发现有少量商周时期文化遗物。鹿台遗址的发掘对研究豫北地区淇河流域仰韶文化后岗类型的分布、类型和年代，后岗二期文化的分布、类型、聚落布局、功能分区及社会分化程度，商周时期历史文化发展演变，以及东周汉代社会文化面貌等问题具有重要意义和价值。

（韩朝会　李世伟）

【博爱县柏山新石器时代遗址及汉代墓地】

发掘时间：2018 年 3 月 ~2019 年 1 月

工作单位：河南省文物考古研究院

遗址位于博爱县城北 7.5 千米柏山镇柏山村南，地处太行山南麓洪积冲积形成的山前倾斜平原地带，东距焦作嘉禾屯墓群 12 千米。为配合新建太原至焦作城际铁路河南段的建设工作，前期经过调查、勘探，对该墓地和新发现的遗址部分区域进行了抢救性发掘。共发现遗迹 73 处，其中房址 3 座，窑 2 座，灰坑 42 个，沟 5 条，墓葬 21 座。3 座房址中仅 F3 保存较好，其余两处房址都遭受不同程度的破坏，F2 残存活动面从上往下可细分为 6 层，层层铺垫、修整，且有夯打痕迹。两座窑分别是史前黄河流域地面式、半地穴式的典型代表，窑壁倒塌覆盖的陶钵等器物残片表明两座陶窑烧制的器物就近供居民使用。灰坑出土陶片数量众多、类型丰富，彩陶片纹饰以黑彩网格纹、条带纹为主，器型有仰韶晚期常见的高领罐、花边口缸、铲形鼎足等，具有大河村文化类型因素，冲沟是当地自然环境特征的见证，与遗址区上部深达 6 米多的淤土堆积相印证。墓地从东南人民路往遗址区延伸，多汉代洞室墓，1 座清早期墓，出土随葬品较丰富，质地可分为陶、瓷、铁、铜、石、漆木等 6 大类。

遗址地层堆积分为 13 层，其中第 3 ~ 9 层均为淤土层，第 10 层始进入文化层，其历史年代较为完整地涵盖仰韶、汉、唐、宋元至明清不同时期，对研究太行山南麓焦作地区的古环境地貌及变迁具有重要的意义。

柏山遗址是经科学考古发掘证实的太行山系南麓豫西北地区为数不多的仰韶时期文化遗址，对研究区域文化的发展和演变以及各自文化特征都有重要的价值；柏山遗址位于山麓出山口的洪积冲积地带，遗址区断面上分布的较多冲沟也印证了周围的自然环境特征，对于研究区域内的古地理环境和生态气候变化具有重要意义。

（包伟柯）

【社旗县毛堂新石器时代遗址】

发掘时间：2018 年 3 月 14 日 ~5 月 2 日；2018 年 10 月 ~12 月

工作单位：河南省文物考古研究院、北京联合大学、南阳市考古研究所

毛堂遗址位于南阳市社旗县东南部潘河街道办事处辖区，属于城乡结合部，东面为耕地，南邻毛堂自然村西邻兴隆路，北邻纬三路。遗址东西长 300 多米，南北长 800 多米，总面积约 27 万平方米，是目前已知的南阳盆地规模最大的新石器时代遗址。遗址文化层分布不均，厚薄深浅不一，文化堆积在 0.30 米 ~3.00 米。为明确该遗址的文化内涵及聚落形态，探讨与同时期临近地区考古学文化之间的关系，同时配合北京联合大学考古学专业研究生及本科生的考古实习工作，河南省文物考古研究院、北京联合大学及南阳市考古研究所联合组成考古队，对该遗址进行 2018 年度发掘工作。

2018 年发掘位置位于 2017 年发掘位置以东区域，该区域在前期钻探中发现有大量红烧土块。推测应属于该遗址居住区。该遗址文化内涵丰富，根据遗迹遗物判断应是屈家岭至石家河文化时期南阳盆地一处中心聚落。本年度发掘清理遗迹丰富，截至目前清理遗迹如下：

井 1 眼，灰坑 122 个，沟 52 条，房子 21 座，基槽 6 条，灶 2 个，墓葬 41 座，瓮棺葬 13 个，共计 258 处遗迹。截至目前清理出小件有陶、石、玉、琉璃、骨、铜等约 350 件。其中玉有玉凿、玉璜、玉饰件等。石有斧、凿、刀、镰、钺、球等，骨为骨器，铜为带钩，琉璃为琉璃塞，陶器有纺轮、陶杯、陶钵、罐、瓮、鼎、盆、缸、豆、壶、盂、器盖等。

此次发掘为研究南阳盆地新石器时代文化面貌的变迁以及南北文化的交流提供了新的实物资料。大型居址的发现为考察该遗址的聚落面貌提供了重要资料。

（张　雯）

【许昌新区和协医院新石器时代遗址】

发掘时间：2018 年 7 月 ~9 月

工作单位：河南省文物考古研究院

许昌新区和协医院遗址位于建安区尚集镇宋庄村，文峰路以西、尚四路以南、永兴路以北。配合许昌新区和协医院建设，河南省文物考古研究院对遗址进行了考古发掘。本次发掘汉墓四座，均盗扰严重。汉代陶窑 1 座，宋代水井 1 眼以及仰韶文化时期的红烧土房基 1 座（编号 F1）。

F1 为三间联排房，平地起建，不见基槽。建造顺序为先建中间（F1—1），该房间最为完整，西北部为门道。F1—1 南北约 4.3 米，东西约 4.0 米。木骨泥墙，墙体保存高度 0.2 米。房间东北部为灶台，保留有烧结面和灶壁，周围摆放有陶器。利用 F1—1 的东墙加盖 F1—2，南北 4.0 米，东西 3.5 米。灶台位于房间西北，烧结面保存较好，周围摆放有陶器。利用 F1—1 西墙加盖 F1—3，受限于 F1—1 门道位置，F1—3 面积较小，南北 2.7 米，东西 2.6 米。房间东北处发现有青灰面，应为灶台所在。

依据考古发现，对遗址进行了大面积的勘探，另发现仰韶文化时期房基 6 座以及汉墓和陶窑。

许昌新区和协医院遗址仰韶文化房屋建造技术与郑州大河村遗址如出一辙。从出土陶器分析，两者时代相近，同属仰韶文化晚期。F1 虽为三间联排房，但各不相通，每个房间均有灶台设施。这种现象为研究当时社会组织结构和家庭生活提供了实物资料。

（梁法伟）

【驻马店薛庄新石器时代至商周时期遗址】

发掘时间：2018 年 4 月 ~10 月

工作单位：河南省文物考古研究院、驻马店市文物考古管理所

薛庄遗址位于驻马店市驿城区老街街道办事处薛庄村东部，练江河南支流自遗址南部和东部蜿蜒流过，遗址西距著名的驻马店杨庄遗址仅 1.5 千米。联合考古队在遗址的北部和东南部遗存分布密集的区域进行了发掘。共揭露面积 4600 平方米，发现灰坑、灰沟、水井、房基、灶、窑、墓葬、瓮棺等各类遗迹现象 209 处，采集土样、测年碳样、树种鉴定样品及动物骨骼标本若干。发掘出土陶纺轮、陶鬲、陶罐、陶盆、陶甑、红陶杯、板瓦、石斧、石凿、石镞、骨镞、石钺及其他类型的文物标本 180 余件。薛庄遗址文化遗迹现象复杂，时代跨度较长，包含屈家岭文化、龙山文化、二里头文化、商周时期和汉代的文化遗存。

发掘表明，薛庄遗址文化遗迹现象复杂、出土遗物丰富，时代跨度较长，包含屈家岭、石家河、龙山、二里头、西周及汉代等时期遗存。结合钻探可知，遗址现存文化堆积集中于南、北两片分布。南区主要为龙山晚期遗存，北区遗存延续时间较长，其外围有龙山至汉代的壕沟环绕分布，构成“围沟”的形态。钻探还发现古河道一条，经测年，可早至距今 5000 多年，可能为练江河的古河道。此外，遗址北部有较大面积的汉代湖相沉积。

薛庄遗址文化序列连续不断，是驻马店乃至豫东南地区非常重要的一处古遗址，对于研究区域新石器时代文化的聚落分布、聚落等级和区域社会复杂化有比较重要的价值。另在遗址南部的古河道剖面中发现较多碳化木材、树叶等遗物，其所反映的古环境和古地貌，可作为河流泛滥阶地古遗址的代表。

（曹艳朋）

【许昌市颍河流域先秦遗址考古调查】

调查时间：2017 年 ~2018 年

工作单位：河南省文物考古研究院

许昌历时文化悠久，古文化遗址分布众多。为摸清许昌颍河流域古文化遗址分布状况，分布范围，文化性质、内涵等，河南省文物考古研究院组织技术人员对许昌市颍河流域进行全面调查。

调查区域为长村张乡、榆林乡、蒋李集镇和椹涧乡及襄城县颍阳镇部分地区，约 300 平方千米。同时对大路陈遗址及其周边地区进行重点勘探。调查新发现高庄、谢庄、西榆林、破庙王、乔孙、石门孙、石庄、大何村、张崔吴、大岗李、范庄、柳树王、韩营、桃园武、岗城、大胡庄、军张、小店、盛寨、侯庄和孙庄共计 21 处遗址。并对大路陈、圪垱、谢庄（G310）、寺台庙、郑庄、张堂古城、丁集、营孙及颍阳故城 9 处三普登记在册遗址进行了复查。

经勘探大路陈遗址面积约 25 万平方米，多被村庄占压。遗址地层堆积较为简单，文化层厚度约 0.5 米。2018 年配合大路陈村美丽乡村建设，河南省文物考古研究院对大路陈遗址进行了发掘，发掘面积 250 平方米。该遗址曾在 1986 年当地百姓起土时发现商代二里岗时期的青铜器墓葬，此后遗址被盗掘严重。遗址地层极为简单，上层覆土清掉后即为二里头文化层，下部为生土。覆土下暴露有商代二里岗上层一期墓葬 5 座。M2 为南北向长方形土坑竖穴墓，长 3.4 米，宽 1.94 米。底部椭圆形腰坑一个，长径为 0.7 米，短径为 0.64 米，深 0.5 米，内有殉狗。随葬品有铜斝、铜爵、玉柄型器、骨梳、石戈、陶爵等。二里头时期发现灰坑 36 座，出土遗物有大口尊、深腹罐、花边罐、圆腹罐、鼎足、豆柄、白陶鬶足、刻槽盆、平底盆以及陶坊轮、石斧、陶网坠等。初步分析属于二里头文化二期。

从调查采集到的遗物来看，包含仰韶、龙山、二里头、二里岗、东周、汉代及宋元时期的遗存，尤以东周遗存最为丰富。

新发现的数量较多的遗址进一步丰富了该区域的文化内涵，为研究不同时期的聚落分布及社会组织状况提供了较好的材料。大路陈遗址面积较大，遗址堆积持续时间相对较短，直接被二里岗上层一期墓葬打破，这种现象对于研究夏商政治变革具有重要意义。商代青铜器墓葬的存在也为调查提供了寻找商代大型聚落的线索。

（岳　梦）

【淮阳平粮台新石器时代遗址】

发掘时间：2018 年 3 月 ~12 月

工作单位：河南省文物考古研究院

平粮台遗址位于周口市淮阳县县城东南 4 千米大朱庄村西南，平粮台遗址考古勘探和发掘是国家重点文物保护专项补助资金支持的项目。2018 年，平粮台遗址报批发掘面积 200 平方米，钻探覆盖面积约 38 万平方米，皆位于平粮台城址外围。此次发掘有灰坑、灰沟、水井、灶、墓葬等各类遗迹 75 处，出土陶罐、钵、釜、壶、鼎、盒、碗、纺轮、瓷碗、盏、罐、壶、石斧、凿、镞、铜镜、带钩、钱、铁剑、削刀、玉蝉、耳塞、鼻塞、玻璃环等各种质地的小件 105 件（袋），陶瓷片 101 袋，分析测试样品 55 份。

通过本年度勘探和发掘，主要获得了以下两方面的认识：

1. 基本探明了平粮台遗址所依托的台地的范围，面积超过 50 万平方米。通过 GIS 分析，复原了古代的地貌，为下一步研究平粮台遗址龙山时期土地承载力和生业经济等问题打下了基础，同时，也为探索泛滥平原地区经济模式提供了新思路。

2. 通过发掘证实，在平粮台城址外围的西部存在有龙山时期的文化堆积，其年代和文化面貌与平粮台城内堆积一致，应同为平粮台遗址的组成部分。而在城址外南部、东部和北部不见新石器时代遗存。此外，在城址外西部还发掘出春秋时期的地层和较丰富的遗迹现象。平粮台所在的淮阳为古陈国所在地，发现的春秋时期遗存，有可能正是古陈国的遗存，这或许为探索古陈国的面貌提供了线索。此外，还发现一批元明清时期的瓷器，丰富了平粮台遗址的内涵。

另外，继续开展田野考古数字化记录与管理系统的平台建设。

（曹艳朋）

【荥阳市天悦湾 9 号院新石器时代及商代遗址】

发掘时间：2018 年 9 月 ~12 月

工作单位：郑州市文物考古研究院

荥阳市天悦湾 9 号院工程位于荥阳市郑上路以南，索河以西，兴华路以东。

郑州市文物考古研究院配合基建开展考古工作，发掘面积 500 平方米，以龙山和商代两个时期的发现最为重要，其间还发现二里头、西周、汉代等时期的各类遗迹。

龙山时期的遗迹主要有灰坑、房址、灰沟等。灰坑性质多为窖穴、水井或半地穴房基等。其中部分灰坑体积较大，坑口圆形微袋状，平底，填土分层，出土有大量陶器，器形有刻槽盆，瓮，罐，豆，器盖，盉、盆、碗等，推测为窖藏坑。部分灰坑坑壁抹有草拌泥，底部残存有谷类碳化物和灰色植物灰，可能为某种植物火烧后遗存，推测为粮仓。

商代发现有灰坑、墓葬、环壕、夯土墙等重要遗迹现象。环壕位于发掘区的北、西、南部，北连接索河，口宽 6 米 ~10 米，底宽 4 米 ~5 米，口部斜壁，下部竖直，底宽 4 米，平底。夯土墙基槽位于发掘区北部环壕内侧约 9 米处，口宽约 5 米，底宽约 3 米，内填红褐色花土，夯实，夯层厚度 0.08 米 ~0.15 米。墓葬内出土器物非常珍贵，有铜爵、陶斝、陶杯、陶盆等。

该项目发现有不同时期环壕围绕遗址，且有新石器晚期至三代的房址、窖藏坑、祭祀坑、夯土墙等重要遗迹现象，这些遗迹时代特征典型，反映遗址的规模较大和等级较高，应是从史前到三代重要的人类活动区域。荥阳是二里头文化和二里岗文化分布的核心区域，对该遗址应该开展周边相邻区域的调查和勘探。

（丁兰坡）

【郑州高新区欢河村龙山文化遗址】

发掘时间：2018 年 6 月 ~8 月

工作单位：郑州市文物考古研究院

遗址位于郑州高新区欢河村（西三环北延线东侧），东距贾鲁河不足 1 千米，北为米兰街（规划）、东为秋棠路、南为宏达路。配合河南荣田房地产开发有限公司郑州高新区欢河棚户区改造 D05—2#地块的开发工程，在工程项目施工范围内，经郑州市文物勘探管理办公室勘探，发现有古代文化层存在。经国家文物局批准，郑州市文物考古研究院对该项目进行了考古发掘。

通过考古发掘，清理龙山时期灰坑 386 个，沟 4 条，房址 1 座，窑址 1 座，墓葬 2 座；商代灰坑 4 个；宋代墓葬 3 座；明清墓葬 3 座，共计 404 处遗迹单位。

龙山时期的灰坑按平面形状可分为圆形、椭圆形、不规则形及长方形等，以椭圆形和圆形为主，部分不规则形，少量长方形。形制上多为直壁平底，有部分不规则状，还有少量斜壁内收和袋状坑。圆形和椭圆形灰坑较为规整，有些有多层堆积，各层堆积包含物不同；还有少量灰坑周边或附近分布有柱洞，或为灰坑的地面结构遗存，推测为当时人工挖制的窖穴。在 H113 内发现有两排相对完整的器物，共 10 件，均倒扣放置，推测为仓储性质的储藏室。灰沟长短宽窄形制走向不一，南北向及东西向各有两条，其中，G3 最宽处近 20 米，最深处可达 1.8 米，东西向横贯遗址中北部，堆积含有较多的螺壳、蚌壳等，推测其有引水及排水功用。房址发现 1 座，呈方形，发现有烧结的活动面和柱洞等遗迹。窑址发现 1 座，包括仅见残存的部分窑室及烟道部分。墓葬 2 座，均为长方形土圹竖穴墓，直壁平底，骨架保存一般，为侧身屈肢葬，无随葬品。

龙山文化时期文化遗物主要为陶器，以泥质灰陶占大宗，有相当数量的夹砂灰陶，还有少量的黑陶、黑皮陶和红褐陶。纹饰主要有蓝纹、横蓝纹、方格纹、弦纹、划纹及附加堆纹，少量磨光陶。器物种类较多，常见器形有罐、瓮、碗、盆、双腹盆、鼎、豆、钵、器盖、澄滤器、鬶、甗、斝、觚形器、杯、壶、缸、圈足盘、甑等，此外还有陶环、纺轮、陶垫等生活工具。除陶器外，还见有石铲、斧、凿、镞等石制品和骨锥、簪、镞、鹿角等骨角器，此外还有少量蚌刀、玉器等文化遗物。商代文化遗物常见有鬲、豆、钵、大口尊、盆、罐等陶器，多为泥质和夹砂灰陶，纹饰以绳纹为主。

此次的考古发掘基本确定了欢河龙山遗址的布局和性质。通过近几次的发掘，我们发现在遗址的东北部有较多的窑址，在遗址的西南部则为主要的墓葬区，而在各个区域内，都发现了较大的灰沟。结合遗址东侧的贾鲁河及南部勘探发现的古河道，表明了遗址内的灰沟与河道有密切的联系，对于引水及排水的功能不可忽视。尽管大规模的房址尚未发现，但相当数量的柱洞表明，遗址内应存在有较大规模的住宅区。从发现的遗迹及遗物的情况来看，该遗址应为一处龙山时期的中形聚落，依托贾鲁河等水系，有一定的布局规划，并持续了较长的时间。本次发掘对于进一步了解该遗址与周边的关系，遗址内部的演变等问题，提供了大量的翔实资料。

（刘青彬）

【开封市虎丘岗新石器时代至汉代遗址】

发掘时间：2018 年 9 月 ~12 月

工作单位：郑州大学历史学院考古系、开封市文物考古研究所、祥符区文管所

虎丘岗遗址位于开封市祥符区（原开封县）罗王乡王陈寨村西南岗地。西距开封市中心约 30 千米，西南距陈留镇约 20 千米，东南距杞县鹿台岗遗址约 38 千米。本年度发掘为配合郑州大学历史学院考古系 2016 级本科生田野实习而进行，发掘面积 550 平方米。共清理灰坑 101 座、墓葬 74 座、沟 3 条、窑 1 座。出土各类遗物 570 件（组），其中陶瓷器 304 件，骨角器 60 件，蚌器 25 件，石器 69 件，铜器 96 件（组），铁器 16 件。发掘遗存主要涉及龙山文化、殷墟文化、东周及秦汉三个阶段。龙山文化遗存主要是灰坑，另有少量灰沟、陶窑、墓葬。灰坑多不规则，斜壁或弧壁，圜底或底不平，少量袋状坑，较规则。灰沟多弧壁圜底，长条形。陶窑仅 1 座，但保存较差，仅存火塘及 3 条火道。墓葬为竖穴土坑墓，头向南，无随葬品。遗物主要是陶片，器形有深腹罐、鼎、圈足盘、碗、瓮、盆等。石器主要有铲、刀等。

殷墟文化遗存主要是灰坑，多圆形袋状，较深，应是窖穴，表明周边应存在居住址。出土遗物主要是鬲、簋、罐等陶器，石器有铲。

东周及秦汉遗存主要是墓葬，年代由战国晚期延续至西汉中期。多数开口于①层下，皆为长方形竖穴，无墓道，头向西、北者较多。形制可分为土坑墓、砖椁墓以及空心砖墓三类。竖穴土坑墓，平面近长方形，多斜壁，平底，规模较大者，有棺有椁，部分墓葬填土经过夯打，较硬，夯窝较大。砖椁墓，在底部四边墓壁砌砖，两侧壁砖多错缝平砌，层数为十数层，两端壁砖或立或横竖错砌，底砖平铺，多见棺痕，应有一棺。空心砖墓用小砖铺底，空心砖上下侧立砌四周墓壁，其上应盖有木板，但已腐朽，仅余白灰痕迹。墓葬随葬品主要是陶器，器形有罐、瓮、鼎、盒、壶、豆、盘、釜甑、钫、杯、勺、俑等；铜器有铜钱、铜镜、带钩，铜钱钱文为“半两”或“五铢”；另发现一枚骨质印章，两面印文“段过期”“段幼孺”。

虎丘岗东周及秦汉墓流行长方形砖椁墓，只砌四壁，不券顶，所用墓砖轻薄，此类墓葬形式及墓砖在同时期其他区域内较少见到；空心砖墓以空心砖砌壁，小砖铺底的构造方式也较为独特；除随葬器物外，墓主头端还常随葬小型动物骨架；这些都应是本区域内独具特色的丧葬习俗。

（张国硕　郑龙龙）

【许昌市塘坊李二里头二里岗文化及东周宋元时期遗址】

发掘时间：2018 年 5 月 ~10 月

工作单位：河南省文物考古研究院、许昌市文物考古研究管理所

塘坊李遗址位于许昌市经济技术开发区长村张乡塘坊李村北，西临延安路，南邻瑞昌路，北部为金龙街（规划），东部紧邻清泥河。遗址平面呈椭圆形，南北约 120 米，东部被开发区实验小学占压，目前长度为 100 米。本年度配合塘坊李新家园二期工程建设项目，河南省文物考古研究院联合许昌市文物考古研究管理所对遗址进行发掘，发掘面积 4800 平方米。

遗址地层堆积较为简单。第一层为耕土层，厚约 0.3 米。第二层为宋元文化层，厚约 0.5 米，出土有瓷片、砖瓦块等遗物。第三层为东周文化层，厚约 0.3 米，出土大量的鬲、豆、盆、罐等东周时期文化遗物。

本次发掘共清理灰坑 762 座，灰沟 10 条，墓葬 11 座，陶窑 2 座，灶 1 座，水井 5 眼。收集陶片、兽骨等 1500 余袋。其中

二里头时期的灰坑12座，出土遗物有大口尊、深腹罐、花边罐、刻槽盆、甑等；二里岗时期的灰坑13座，出土遗物有鬲、夹砂罐、簋、捏口罐、甗足等。宋元时期陶窑2座，墓葬3座，水井1眼。遗址主体为东周时期遗存，主要遗迹为灰坑和水井，出土遗物丰富。器物组合为鬲、盆、豆、罐，另有少量的盂、甑、钵等器物。其他遗物有铜刀、铜镞、石刀、石斧、蚌镰、牙器、蚌器、坊轮和网坠等。

塘坊李遗址时代涵盖了二里头文化、二里岗文化、东周和宋元时期。遗址文化内涵丰富，延续时间较长，结合历史文献和当地传说，对于认识许昌地区夏商文化面貌以及东周时期郑、许两国的关系具有一定意义。

（王　豪）

【新郑市龙湖镇房产建设用地夏商周遗存】

发掘时间：2018年9月~2019年1月
工作单位：郑州市文物考古研究院

发现的遗存位于新郑市龙湖镇郑新快速通道东、祥和路北、规划一路南侧。配合河南正商佳居置业有限公司峪景华庭（A块）工程项目开展考古工作。

该项目用地原属高岗缓丘地貌，经过长期的工农业生产及建房、砖窑厂取土、平整土地等活动，上部地层破坏殆尽，现地势较为平坦，为耕地、民房等。遗址呈西南高东北低状态，其核心区位于现项目用地偏南偏西区域，项目发掘区东北区域基本接近早期沼泽地带，湖相沉积层堆积冲积层较厚。

我院对该项目的考古工作共发掘6200余平方米，发掘龙山、二里头、二里岗、殷墟、春秋战国、宋等时期灰坑402座，墓葬5座，祭祀坑1座，灰沟2条等。

发掘区域内文化层扰乱较为严重，其中春秋战国时期地层保存较多。

灰坑以春秋战国时期较多，多呈圆形、近圆形、椭圆形、长方形等，一部分为不规则形，填土灰褐土，松散；商代灰坑以二里岗期为主，主要为圆形、近圆形、袋装坑、长方形等，较规则，基本属于窖藏坑之类，填土暗褐色，松散；二里头灰坑较少，主要为圆形、近圆形、长方形，亦属于窖藏坑之类，填土深褐色，松散；龙山时期灰坑极少，主要见于发掘区西南，残存较浅，灰坑开挖于沙质地层中，填土深褐色，出土陶片较少。

墓葬：宋代3座，为靴形土坑洞室墓，残存少量肢骨。商代2座，长方形土坑墓，较小，残存较少头骨、肢骨等。均无出土物。

祭祀坑：1座，圆形，身体卷曲，头骨向后反向扭折断贴着脊骨，下肢骨与盆骨叠折，属于人牲类祭祀。出土二里头时期陶甑等残碎陶片。

灰沟：2条。G1，东南至西北走向，开口于③层下，位于发掘区东北部，宽0.45米~0.56米，深0.4米~0.65米，填土灰褐色，稍粘硬，包含少量二里岗期陶片。G2，东西走向，开口于③层下，位于发掘区偏西南，宽0.35米~0.45米，深0.46米~0.6米，填土灰褐色，稍粘硬，含少量商代陶片。

出土遗物主要为陶器、石器、骨器、角器等。陶器主要为泥质灰陶：龙山时期陶片较少，器形有斜壁小平底碗，罐等，偶见极少黑皮陶；二里头陶片较多，常见有深腹罐、圆腹罐、敛口罐、瓮、刀形三足盘、深腹盆、圜底带鋬盆、斝、花边扁三足鼎、刻槽盆、豆、大口尊、器盖等；商代陶片主要为二里岗下层居多，有深腹罐、瓮、甑、大口尊、卷沿圆唇锥足鬲、镂空豆等，少量二里岗上层器物如大口尊、卷折沿鬲等及少量殷墟三四期器物如内敛实足削痕粗绳纹鬲等。东周陶器战国居多，有釜、豆、罐、盂、盆等。泥质红陶较少，见于战国红陶釜等。石器有穿孔石刀、斧、凿、铲等。骨器有卜骨、骨笄等。角器主要为鹿角器。

综合分析，该遗址时代跨度较长，从龙山晚期延续使用经历二里头、二里岗、殷墟、春秋至战国等时期，尤以春秋战国时期人类活动频繁，文化层堆积厚，多数地方直接扰乱到生土地层。遗迹灰坑较多且密集，显示聚落人口活动的集中度。遗物主要是实用生活器，礼器及仿铜器均少见，说明聚落等级不高。该遗址长期以来地势地貌较稳定，其偏东偏北区域属于地势较低的水泽洼地，适合古人类濒水高地的聚落栖息环境。

（黄富成）

【郑州小双桥商代遗址】

发掘时间：2018 年 4 月 ~12 月

工作单位：河南省文物考古研究院

为确认小双桥遗址各个区域的文化堆积及特点，深入探讨遗址的性质，探讨商代聚落结构及其反映的社会形态等问题，河南省文物考古研究院继续对小双桥遗址进行钻探和发掘。共发掘面积约 1525 平方米，重探面积 2800 平方米。

本年度的钻探工作主要在“周勃墓”台基上进行。“周勃墓”台基位于小双桥遗址中心区域，其周边因 20 世纪平整土地及取土破坏，形成高出现地表的土堆。堆土近似椭圆形，占地面积 2800 平方米，顶部距现地表高约 12 米。经过钻探，基本搞清了“周勃墓”台基的堆积形式。该封土堆现代覆盖层下有片状的红烧土堆积，再下为夯土筑成，夯土底部距地表 13 米。夯土台基现存东西长约 50 米，南北宽 40 米余，面积 2000 余平方米。在夯土台基表面，发现有建筑物的柱基及大片红烧土堆积。从夯土台基的分布情况及包含物推测，该夯土台基为商代高台夯土建筑基址。在夯土堆积中部，发现有打破夯土的长条形堆积及挖破夯土的洞室，疑为挖破商代夯土建筑的汉代墓葬。

本年度的发掘点在遗址中心区域外围，分别在岳岗村西南和小双桥西南两个地点进行。岳岗村西南的发掘点位于遗址Ⅳ B03 区，布设 10 米 ×10 米的探方 12 个，实际发掘面积计 1140 平方米。小双桥村西南的发掘点位于遗址Ⅳ A01 区，布设 5 米 ×20 米的东西向探沟 2 条，为了清理发掘区域暴露的墓葬，扩方约 155 平方米，实际发掘面积 355 平方米。两个地点共发掘面积约 1525 平方米。发掘灰坑 97 个，墓葬 8 座，水井 4 眼，道路 1 条，沟 4 条。文化遗存年代历商代、战国—西汉、西晋、唐宋等，以商代为主。出土文物以陶器为主，另有石器、骨器、铜器、玉器等。

在岳岗南地，发现 4 眼商代水井，其形制基本相同。上半部分为圆形，向下变为长方形或圆角长方形，到下部外张。4 眼水井中有 3 眼深 10.5 米左右，1 眼深近 8 米。1 眼井水位线 7.2 米，另外 3 眼水位线 4.5 米左右。水井废弃堆积年代区别不大，其水位线差别的原因需进一步工作确定。

本年度发掘所见商代文化遗存以白家庄期为主。在岳岗西南地，多个堆积单位中出土陶器特征复杂：有较明显的岳石文化因素；较多的卷沿圆唇鬲和折沿方唇鬲共出，且有卷沿鬲和略晚于商文化第六组的折沿方唇鬲共出的现象，须重新审视卷沿圆唇鬲的使用时间。

在商代陶大口尊内部，发现 2 个刻画的文字，古文字专家认为是“大”字。

发现有铜容器残件、玉璜形器、大型卜骨等重要遗物。

在小双桥村南地的发掘中未见商代地层和灰坑，但在晚期堆积中可见白家庄期的陶片。结合 2016 年至 2017 年 1 月该区域北部发掘情况，可以推断，小双桥遗址商代堆积中存在空白地带。这对于了解小双桥遗址的布局、遗存分布特征等有重要意义。

（李素婷）

【鹤壁辛村商周时期遗址】

发掘时间：2018 年 3 月 ~ 12 月

工作单位：河南省文物考古研究院、鹤壁市文物工作队

辛村遗址（原辛村墓地），位于鹤壁市淇滨区金山办事处，是豫北地区商周时期的重要遗址，也是 20 世纪初为数不多的经过考古发掘的遗址之一。近年来，河南省文物考古研究院围绕该遗址，持续开展工作。2018 年在遗址东南及西北分别发现铸铜及制骨作坊遗存。

铸铜作坊西距辛村 600 米，南临淇河，北部为福兴寺，面积约 20000 平方米。该地点发掘采取象限法，本年度发掘区均在第三象限内，共布置 10 米 × 10 米探方 26 个，部分扩方，实际发掘面积 2650 平方米。

发掘灰坑 300 多座，道路和灰沟数条，房址 2 处。可辨至少有 3 个烘范坑，1 个淘泥坑。陶范主要集中于发掘区东部及南部区域，以残片为主，数量多达 400 多块，可辨器形或纹饰者有 100 多块。作坊区内分布着大量祭牲类遗存，包括马、牛、羊、猪、狗等，应当与铸铜祭祀活动相关。发现少量的地穴式房屋，则可能与工棚相关。还出土与铸铜相关的遗物磨石、鼓风嘴、炉壁残片和少量铜渣。从保存较好的陶范形制、划纹可知，该铸铜作坊区时代包含西周、东周两个阶段，既铸造青铜礼器，也铸造车马器。

墓葬 33 座，时代主要集中于西周，另有 3 座为东周时期，少量灰坑葬。所有墓葬均散落于作坊区内，属于典型的“居葬合一”。多数带有腰坑，内有殉狗，以鬲簋豆罐为主，属于典型的周系墓葬。部分墓葬出土有铜锛、铜凿等与铸铜作坊有关的工具。仅有两座墓葬出土有铜礼器，分别出土爵觯与鼎簋，其中鼎簋者均为铅器。

制骨作坊位于辛村天桥西，北临鹤壁市快速通道。发掘面积近 975 平方米，清理骨料坑近 10 座，牛坑、马坑各 1 处，地面式建筑 5 座，2 座瓮棺葬。作坊区分布着极其丰富的废骨料、骨质半成品、粗骨质产品及少量蚌器。种属主要有牛、马、鹿、贝类等，其中以牛、鹿为大宗，仅完整的鹿角料多达 300 ~ 400 件，也有少部分马及鹿的肢骨。其中肢骨不仅使用了常用的肱骨、桡骨、股骨等长骨，跟骨及下颌骨也被用来制作骨器。骨饰品有较为完整的制作过程，从完整的肢骨到坯料再到最后的成品以及制作过程中产生的废料均保存完好。同一种器物，有骨制和角制两种材质，如环形饰品、骨簪、骨镞等。从伴生出土的陶器初步判定，该制骨作坊区使用年代为西周早中期，西周晚期即遭到废弃，之后再未重启。

此次发掘，是近半个多世纪以后，辛村遗址规模最大、收获最为丰富的一次：

1. 首次确认的卫国铸铜及制骨作坊区，填补了卫国考古的空白，有力地佐证了辛村遗址为一处具有诸侯国都邑性质的大型聚落群。

2. 通过对手工业生产区发掘，确认其与卫国王陵区的相对位置关系，有助于进一步完善了解辛村遗址聚落布局，为今后寻找相关高等级建筑及城防类建筑提供了思路。

3. 国内首次发现横跨西周、东周两个阶段的铸铜作坊区，对研究先秦时期铸铜技术演化、发展提供了坚实的实物资料。

4. 对制骨作坊的发掘和骨骼分析，可重建当时的制骨工业的工艺流程及专业程度，探讨与制骨工业相关的动物资源利用。

（高振龙　韩朝会　牛合兵）

【郑州市小李庄付庄工程用地商代及战国遗址】

发掘时间：2018 年 3 月 ~ 10 月

工作单位：郑州市文物考古研究院

小李庄、付庄遗址位于郑州市中原区

服装三街以东、漓江路以南，荣达路两侧。郑州市文物勘探管理办公室经勘探于项目用地东南部发现文化层。经上级文物主管部门批准，对其进行配合性考古发掘。

发掘面积9000余平方米，共清理灰坑459座，墓葬18座，窑1座。

商代灰坑65个。平面形状多为圆形或椭圆形，少数为不规则形。结构多为直壁或斜壁平底，个别为袋状坑。坑壁及坑底多无明显加工痕迹。少数灰坑出土有陶片，陶片以泥制、夹砂灰陶为主，少量红陶，可辨器形有鬲、罐、大口尊、簋、盆、爵等。

商代墓葬1座，竖穴土坑墓，保存状况极差，出土人骨一具，人骨腿部自关节处断掉，可能为殉葬之用。

战国灰坑173个，平面形状多近圆形，次为椭圆形，少数为长方形，不规则形。灰坑结构多直壁或斜壁平底，极个别为袋状。坑内填土未分层，多为灰褐土，土质较软，结构较松，含炭粒、烧土粒等。根据灰坑形制及填土包含物，推测其用途多为垃圾坑或填土坑，极少数为废弃窖藏坑。部分灰坑出土有陶片，以泥制灰陶为主，器形可辨者有盆、罐、豆、壶等。

战国墓葬1座。长方形竖穴土坑墓，墓底有熟土二层台，出土人骨一具，仰身直肢葬，头偏向西侧，双臂紧贴身体，双腿并拢，足部紧贴。近口处出土两枚贝币，一面钻孔。

陶窑1座。平面形状不规则，上部已坍塌，由操作坑、火口、火膛、窑床等四部分组成，未见出火口。根据其形制，推测其年代可能为战国时期。

东晋墓葬1座。“甲”字形砖室墓，由墓道，甬道、墓室三部分组成，墓道为斜坡墓道，墓室顶部已毁，仅余底部砖墙，由前、后室组成。人骨保存状况极差，葬式不可辨。出土有彩陶俑头两件（大小各一件），多子盒一件。

出土器物有陶器、石器、骨器等。以陶器为大宗。

商代陶器分二里岗期及殷墟期，在本次发掘中均出土，多泥质灰陶，另少见泥质夹砂灰陶、红陶。可辨器形有鬲、大口尊、簋、盆、罐、爵、豆、陶拍、陶纺轮等生产、生活用具。石器均为磨制，部分石器刃部使用痕迹较明显，器形有石镰、石刀、石凿，石斧、石铲等；战国时期遗存在本次发掘中出土较丰富，出土遗物可辨器型为：罐、盆、豆、鼎、盂、壶、小陶井等生活、生产用具。

通过本次考古发掘，为研究该地区商代至战国时期社会、文化、墓葬等提供了重要的实物资料。

（高赞岭　聂银超）

【荥阳广武车庄西周遗址】

发掘时间：2018年8月~12月

工作单位：郑州大学历史学院、郑州市文物考古研究院、荥阳市文物保护管理中心

车庄遗址位于河南省荥阳市广武镇车庄村周围。地处邙山南麓丘陵地带，南邻枯河，北距黄河7.5千米。地理坐标为北纬34°50′67″，东经113°15′22″，海拔127.3米。遗址核心区域东西长约800米、南北宽约300米，面积约24万平方米。郑州大学考古系曾于2014年在此进行发掘；为配合本科生田野教学实习，2018年选择车庄遗址区西部，俗称“西花园”地点展开发掘。发掘面积700平方米。

本次发掘共清理房址4座，墓葬11座，灰坑282个，沟2条，灶址7座，时代以西周早中期为主。房址大体可分深地穴式与半地穴式两类。如F4平面近圆形，直径约3米，残深1.4米~1.6米。墙壁一周可见7个不规则形壁龛及残存烟道。室内地面见1处倾斜状柱洞，可用于架设独木式梯子作为进出通道。据其倾斜角度推测房屋原深1.8米~1.9米。

11 座墓葬形制相近，均为小型土坑竖穴墓，长 1.8 米～2.4 米，宽 0.6 米～1 米。从方向看 7 座为东西向（5 西 2 东），4 座为南北向（3 南 1 不明）。除一座不可辨识外，其他均为单人葬且人骨呈现相似葬式，即仰身直肢并双手交叠放置于腹部。7 座墓中发现有葬具痕迹，均为单棺，个别可见编制物痕迹。至少 6 座墓葬填土经过夯打。4 座墓葬填土中发现有殉狗，其中 2 座同时设置有腰坑殉狗。部分狗骨较为散乱，并有残缺，可能经过肢解。墓葬中随葬陶器较少，仅 M21 中出土侈口折肩罐 1 件，M23 出土小口罐 2 件，但在 8 座墓中发现随葬海贝，均有穿孔，数量为 2～18 枚，多见于口部，其次为手、足部。

灰坑形制各异，其中 5 座埋置较完整兽骨，包括马坑 1 座，牛坑 1 座（怀孕母牛），猪坑 1 座，狗坑 1 座，猪（怀孕母猪，无头）狗合埋坑 1 座。此外，在 F3 的废弃堆积中也发现一大一小两具完整牛骨。推测这些迹象可能与祭祀活动有关。

出土遗物以陶片为大宗，按照质地可分为泥质和夹砂两类。按陶色划分则以灰陶为主，也有少量红陶、褐陶。常见纹饰为绳纹，还见有少量的弦纹、刻划纹、附加堆纹等。器类主要包括鬲、簋、罐、盆等。出土铜器主要为铜镞。石器器形有石刀、石陶拍、磨石等。骨角蚌器数量较多，器形有骨簪、骨刀、蚌镰、蚌刀等。

根据上述发现，车庄遗址是一处以西周早中期遗存为主的聚落遗址，具有“居葬合一”的特点。本年度发掘工作对于认识车庄遗址的性质、布局与发展过程，以及探讨郑州西北郊地区西周早中期文化面貌等问题具有重要价值。

（陈　博）

【荥阳官庄遗址两周及汉代手工业作坊遗存】

发掘时间：2018 年 3 月～12 月

工作单位：郑州大学历史学院、郑州市文物考古研究院、荥阳市文物保护管理中心

官庄遗址位于荥阳市高村乡官庄村西部，坐标北纬 34° 51.0381′，东经 113° 22.321′，遗址由南北相连的周代大城、小城及围壕组成，总面积超过 130 万平方米。2015 年以来，在遗址的中北部发现有丰富的周代及汉代手工业遗存。2018 年继续对大城中北部的手工业作坊区展开发掘，并且对小城西南部的大小城连接处进行了解剖。

本年度清理灰坑 246 个，灰沟 32 条，路面 6 个，房址 1 座，灶 2 个，墓葬 1 座，瓮棺 3 座等。以两周时期遗存为主，另有少量汉代和明清时期遗存。灰坑平面为圆形，结构有圜底、直壁和袋状。H2673 为一圆形袋状窖穴，口径 3.06 米，底径 3.38 米，残深 1.32 米。Z9 为一椭圆形灶，北部较宽，部分残缺，保留有灶门和灶膛，残长 92 厘米，残宽 80 厘米，残深 42 厘米。M81 为长方形竖穴土坑墓，墓口长 1.75 米，宽 0.54 米，未发现葬具，墓主人为侧身屈肢，头南面西，出土仿铜陶鬲一件。汉代遗迹较少，有砖瓦废弃坑和瓦棺葬。瓦棺葬有板瓦棺和筒瓦棺两类，墓主人均为婴幼儿。W27 墓圹呈长方形，长 0.6 米，宽 0.35 米，葬具由两片板瓦上下扣合，墓主人为一婴儿，仰身屈肢，骨骼保存一般。

出土遗物有陶器、铜器、石器、骨角蚌器等。陶器数量较多，有容器鬲、盆、豆、盘、罐、盂、器盖等；工具拍、垫、纺轮等。铜器约 10 件，器形有刀、镞等。石器约 180 件，器形有磨石、石斧、石钻头等。骨角蚌器约 120 件，器形有骨簪、蚌镰、蚌刀、穿孔蚌饰等。铸铜相关遗存本年度亦有重要发现，出土陶范、陶模、铜渣、炉壁残块等。陶范约 50 件，器类有容器、工具、车马器等。

经过本年度大城中北部区域的发掘，大致可确定官庄城址手工业作坊区的北界。此外，经过对小城西南部的解剖，确定了官庄小城城壕的建造年代约在两周之际，并于稍晚建造了大城城壕，这为确定官庄城址的形成与使用过程提供了关键线索。

（丁思聪）

【荥阳市恒大国际健康未来城项目战国汉代墓葬】

发掘时间：2017 年 9 月 ~2018 年 5 月

工作单位：郑州市文物考古研究院

郑州恒泽通健康置业有限公司郑州恒大国际健康未来城（一号住宅地块）项目工程，位于荥阳市中原路以北，桃贾路（X032 线）以西。

本年度郑州市文物考古研究院对该项目建设用地进行考古发掘，共清理战国墓葬 116 座，汉代墓葬 152 座。

战国墓葬形制均为长方形竖穴土坑墓，斜壁内收呈口大底小状，墓壁光滑平整，部分有工具痕迹，明显经过人为细致的加工，平底。墓室内未见椁痕，均有一棺，内置骨架一具，葬式有仰身直肢和侧身屈肢两种，保存状况较差，个别墓葬在头骨北侧墓壁上设有壁龛。

汉代墓葬形制主要分为三大类，第一类是“日”字形砖室墓葬，该形制墓葬多 4 ~5 座形成一组，排列较为紧密，大多座南向北或座北向南。墓葬间有共存现象，一排墓葬的墓道多与另一排墓葬的墓道相对应，一排墓葬的墓室与另一排墓葬的墓室相对应，极为规律有序。并列墓葬相邻者多共用一个耳室（过洞），从整体平面排列情况看，应为夫妻合葬墓，俗称“隔山葬”；第二类为“甲”字形砖室单室墓；第三类为“日”字形土洞墓。

战国墓葬出土有一大批随葬物品，有陶器、铜器、玉器、漆木器、铁器等，陶器器型有陶鼎、陶豆、陶壶、陶盘、陶匜、陶盒、陶盆、陶罐等，部分陶器有白衣红彩彩绘；铜器有铜镜、铜带钩、铜剑、铜车马饰件、铜漆木器饰件、铜环等；玉器有玉璧等小件；漆木器因腐朽严重，器形多不可辨，可辨有木圭等；铁器有铁带钩等。汉代墓葬出土器物中其种类亦较多，有釉陶器、陶器、铜器、铁器等，器型有陶罐、陶瓮、陶仓、陶灶、陶井、陶甑、陶奁、铜镜、铜洗、铜钱、铁剑、铁釜等。

这批墓葬分布于荥阳壇山南侧，分布较为集中，墓葬形制较为统一，时代特征典型，排列较为有序。战国墓葬距京襄城不远，应是郑国经过规划的公共墓葬区，汉代墓葬上迄西汉晚期，下至东汉中晚期，也是经过规划的公共墓葬区。本次发掘为研究战国和汉代公共墓地的演变、排列顺序提供了丰富的实物资料，对于研究郑州地区汉代社会文化的发展与延续及葬俗、葬制等有着重要的意义。

（丁兰坡）

【宜阳县经九路东周至唐宋墓地】

发掘时间：2018 年 8 月 ~12 月

工作单位：洛阳市文物考古研究院

墓地位于宜阳县城西北部，纬一路宜阳思源实验学校南 100 米处。南邻洛河，北靠香鹿山，地势平坦。墓葬分布较密集，共发掘 53 座墓葬，均为小型墓葬，出土器物 220 余件（套）。

东周墓葬：共 41 座，可分为长方形竖穴土坑墓和长方形竖穴土洞墓。长方形竖穴土坑墓，共 30 座。长方形竖穴土洞墓，共 11 座。大部分墓葬或墓道带有二层台，二层台的数量、宽窄相异。墓向以东西为主，葬具为一棺一椁，葬式分为仰身直肢葬和仰身屈肢葬。随葬品以陶器为主，伴随少量青铜器和玉器。器物组合多数为陶盆、罐或陶盆、罐、釜、蒜头壶等。其中两座墓葬出土有箭镞。根据其出土器物分析，该批墓葬时代应为春秋晚期至战国早中期。

唐代墓葬：1座，为刀把形土洞墓，盗扰严重，仅出土三彩骆驼一件、铁剪刀、铜饰等。

宋代墓葬：1座。为仿木结构的砖室墓。墓葬由墓道、甬道、墓室组成。墓道为长方形斜坡，长2.8米，宽0.48米～0.6米，深2.53米，甬道为砖券，长0.58米，宽0.48米，高1.36米。墓室位于甬道北侧，墓室顶部被盗扰破坏，墓室四壁为砖砌仿木门窗，墓室平面呈方形，底部方砖平铺。出土器物为铜钱50枚、黑釉盏2件。

此次发掘的东周墓葬中，竖穴土洞墓葬为大墓道小墓室，葬式多为屈肢葬。出土典型器物蒜头壶，青铜印章，为“半通印”加日字界格。是典型的秦人墓葬特征，该批墓葬对研究秦人东进过程中墓葬的演变及埋葬习俗提供了重要实物资料。

（张犁牛）

【潢川县余楼春秋墓地】

发掘时间：2018年11月～2019年1月

工作单位：河南省文物考古研究院　潢川县文物管理局

余楼墓地位于潢川县付店镇新春村余楼组西北400米的台地上，南距宁西铁路1000米左右。墓地东南方3000米就是高稻场春秋末年至战国时期楚系墓葬分布区和全国重点文物保护单位——黄国故城。该墓地处在一块狭长的西北—东南向台地上。该处较为偏僻，之前没有发现存在古代文化遗存。

2018年10月中旬，河南省信阳市潢川县亿隆环保科技项目在施工过程中发现一处春秋早中期墓地。之后河南省文物考古研究院与潢川县文物管理局对余楼墓地开展了考古勘探与发掘工作。经过2个多月的考古勘探确认，发现墓葬、马坑、车马坑共计22座。主要分布在南北向台地的西南部，分布范围南北长160米～190米、东西宽110米，面积约15400平方米。

目前已发掘墓葬13座，马坑1座，车马坑2座。已经清理的13座墓葬皆为长方形土坑竖穴木椁墓，单人葬，一棺一椁，南北向居多，东西向较少。按椁上部是否有马车可分为两类。有马车的有4座，马车放在椁板上面，因椁板塌陷而陷入椁内。车舆在北，车衡在南。其中，M7车舆两侧栏杆上部髹红漆，十分精美；无马车的共9座。M1出土有青铜匜、盆、盘等器物，椁内东西两侧还各出8个铜铃，或为荒帷类遗存的附件。铜匜较为完整，长流弧形上扬，深腹寰底，为春秋早期晚段遗物。M1椁室北部随葬两个青铜簠，可见“侯孙老”“盟姬”等铭文。

此外，从基建项目挖沟的虚土中，清理出大量青铜器残片，以簠居多，还有鼎。簠上有“黄子”“楚子”等铭文。

车马坑共2座，其中一座有髹漆车1辆，马2匹，车为一辀、一衡、一舆，车舆用条状植物编织并髹黑漆。另一座仅见轮槽和马骨朽痕。

综合出土遗物来看，墓地年代从春秋早期晚段至春秋晚期，有较大时间跨度，各墓葬之间有相对早晚关系。结合墓葬所处位置，推测余楼墓地为黄国被灭国之后的黄国某一公族墓地。主要收获如下：

1. 从年代序列来说，余楼墓地与黄国故城以西的高稻场春秋末年至战国时期墓葬衔接，序列更完整。对研究春秋时期淮河上游地区历史发展与文化演变具有重要价值。

2. 从列国关系来说，余楼墓地发现的“黄子”“楚子”铭文的铜簠，以及“侯孙×”嫁姬姓女的媵簠，对于深入了解春秋时期楚国、黄国及相邻姬姓侯国（或为曾国）之间的关系有重要价值。

3. 从手工业发展来说，本次在余楼墓地发现的马车，是历史上黄国马车的首次发现，这也是信阳地区目前发现的年代最早的马车。这对于研究淮河上游地区手工业发展及丧葬习俗的演变有重要价值。

4. 从楚国经略淮域来说，余楼墓地的发现以及传世黄子戌、黄子婁等春秋晚期黄国青铜器表明，楚灭黄以后，并未绝其祀。但文献没有记载楚人在黄地的经营、管理方式，是设县还是迁移，这些问题随着余楼墓地的发掘与研究，正在揭开它的神秘面纱。

（武志江）

【郑州南站东周汉唐遗址及战国墓葬】

发掘时间：2017 年 12 月 7 日 ~ 2018 年 8 月

工作单位：郑州市文物考古研究院

郑州铁路局郑州工程指挥部新建郑州至周口至阜阳铁路，在郑州南站及相关项目共发现古代文化层、灰坑、墓葬、陶窑、水井等各类遗迹 428 处。其中：畠店村站场标段：文化层 1 处（4000 平方米），灰坑、墓葬、陶窑、水井等各类遗迹 182 处；水牛张村动车所表段：墓葬、灰坑等各类遗迹 245 处。

郑州南站站场标段（畠店东南遗址）位于郑州航空港区三官庙办事处畠店村东南地，已发掘文化层面积 4100 平方米，共清理唐代灰坑 115 座、沟 1 条、陶窑 1 座。另发掘单元遗迹 155 处，其中：灰坑 93 座、墓葬 53 座、陶窑 6 座、水井 3 眼，遗迹时代涉及东周、两汉、唐代。

东周、两汉时期灰坑 21 座，平面形状为圆形、椭圆形，内壁平整，坑壁清晰完整，应为当时的窖藏。遗物主要以陶器残片为主，陶器可辨器型有鬲、釜、罐、盂、豆、盆等。陶质以灰陶为主，红陶次之，多见泥质灰陶、夹砂灰陶，少量夹砂红陶。纹饰以素面居多，少量弦纹及附加堆纹。另在部分灰坑内出土有牛角、兽骨等生产工具。

唐代灰坑 115 座，平面形状多为圆形、椭圆形，少量不规则形。根据形制结构及包含物推测用途应为窖藏、垃圾坑。出土有大量陶瓷片，陶片以泥质灰陶类居多，表面光素无纹饰，可辨有盆、罐等，另见少见的瓦片；瓷片根据口沿辨认器型多为瓷罐、瓷碗、盘、碟、执壶等生活用具，釉色多饰白釉、黄釉等，从瓷片断面上看应为白黏土胎。

清代灰坑 72 座，平面形状为圆形、椭圆形，周壁平整，坑壁清晰完整，应为当时的窖藏。仅在部分灰坑内出土有少量瓷碗片及瓷罐片。

墓葬 53 座，时代均为清代。形制结构一致为长方形竖穴土坑墓。这批墓葬墓底无葬具痕迹、人骨架及随葬品，推测为迁葬墓。

陶窑 9 座，时代均为汉代。窑室上部、火门、火道被毁坏，仅存底部部分烟道、窑室底部、火塘、工作间。无遗物，应已废弃或迁移，

水井 3 眼，时代为清代。平面均为圆形，内有小青砖垒砌而成，未出土任何遗物。

郑州南国铁动车运用所标段（水牛张墓地）位于郑州市中牟县冯堂乡水牛张村东北部一处南北向的高岗上，南北长约 200 米，东西宽约 80 米。距郑韩故城东部偏北约 28 千米，苑陵故城东部略偏南约 16 千米。

2018 年 6 月 ~8 月，郑州市文物考古研究院对该墓地开展了考古发掘工作，共发掘墓葬 104 座，均为东周墓葬。墓葬均为南北向竖穴土坑墓，少量墓葬骨架保存稍好，葬式均为仰身直肢，头向北；部分墓葬见棺痕。根据墓葬结构，可以分为壁龛墓、腰坑墓及无随葬品墓，其中带腰坑的墓葬 47 座、带壁龛的墓葬 36 座、无随葬品的墓葬 21 座。

M250 长方形竖穴式结构，位于发掘

区中部，开口于②层下。墓口距地表1.0米，平面呈长方形，南北长2.6米，东西宽1.8米~2.0米，填土为红褐花土，土质结构紧密。底部见棺痕，长1.9米，宽0.7米~0.8米；墓深1.1米。清理出人骨1具，保存较差，直肢葬，有腰坑。腰坑中出土随葬品3件，陶器组合为盂、豆、釜。

M265长方形竖穴式结构，位于发掘区东部，开口于②层下。墓口距地表0.5米，平面呈长方形，南北长3.0米，东西宽2.0米，填土为红褐花土，土质结构紧密。底长2.6米，宽1.6米，墓深1.4米。底部见棺痕，长2.1米，宽0.7米。清理出人骨1具，保存较好，仰身直肢葬，有腰坑。腰坑中出土随葬品陶片1袋，可修复器形为盂、釜。

M247长方形竖穴式，口大底小结构，位于发掘区中部，开口于②层下。墓口距地表1.1米，平面呈长方形，南北长3.0米，东西宽1.8米，填土为红褐花土，土质结构紧密。底长2.8米，宽1.6米，内置1棺（仅存棺痕），长2.2米，宽0.8米，深0.15米~0.20米，人骨无存，墓深2.8米。距墓口1.2米发现壁龛：东西宽0.8米，高0.4米，进深0.2米，清理出随葬品5件，陶器组合为鼎、豆、壶、盘、匜。

M279长方形竖穴式，口大底小结构，位于发掘区北部，开口于②层下。墓口距地表0.5米，平面呈长方形，南北长3.0米，东西宽2.2米，填土为红褐花土，土质结构紧密。底长2.6米，宽1.6米，内置1棺（仅存棺痕），长1.8米，宽0.6米；人骨无存，墓深3.1米。距墓口1.3米发现壁龛：东西宽1.0米，高0.8米，进深0.7米，清理出随葬品3件，陶器组合为鼎、鼎、壶。

结合以上实际发掘该墓地出土随葬品大部分为陶器，有少量的骨器、蚌器和铜璜。其中陶器185件，多为釜、盂、豆、壶、鼎、盘等陶器组合，另有两座墓陶器组合分别为鼎、豆、壶、盘、匜和鼎、壶。

通过发掘墓葬结构及随葬品组合分析，水牛张动车所标段墓地墓葬结构和随葬品组合及陶器器形较为一致，规律明显，初步判断多为战国早期墓葬，少部分延续至战国中期。该墓地位于韩国与魏国交界地带，包含有多种不同的文化因素，为研究战国早期郑国、韩国、魏国的历史和文化提供了珍贵的实物资料。

（高赞岭　朱少铮）

【伊川徐阳东周墓地】

发掘时间：2018年4月~12月

工作单位：洛阳市文物考古研究院

伊川徐阳东周墓地位于伊川县鸣皋镇徐阳村一带，其中心处地理坐标为北纬34°21′51.69″，东经112°13′09.51″，海拔高程283.3米~291.5米。墓地的西、北、南方向分别为熊耳（陆浑西山）、鹿蹄、伏牛诸山，其东为伊河西岸开阔谷地。

2018年度发掘区域位于Ⅰ区A1和B1发掘区，其中A1发掘区发掘面积400平方米，B1发掘区发掘面积1600平方米。主要收获如下：

A1发掘区，发现东周祭祀坑2座，此外还清理明清时期沟3条、西周到唐宋时期灰坑38个，出土有鬲、罐、盆、甑等各类陶器残片。

Mk2位于T1416内，平面近呈长方形，东西向。打破西周灰坑（H38）。口部呈长方形，底部东高西底，自东向西放置马牛羊头蹄四排，其中马头蹄1组，牛头蹄3组，羊头蹄12组。

H27位于A1T1414内，袋状坑，其东北部被H22打破接近至底部，内葬两人，葬式均为俯身葬。其中北侧人骨压于南侧人骨之上，北侧人骨头朝西南，面朝西北，上肢骨及右侧腿骨保存较差，无从辨识；

南侧人骨头朝西北，面朝东北，肢骨保存较好，双手交叉置于背后，压于盆骨之上，呈捆绑之势。

B1 发掘区，清理马坑 1 座，墓葬 37 座，出土遗物 164 件套。其中马坑 18MK1 内葬马两匹，未见有车痕，出土遗物有骨管；墓葬中除 1 座为宋代墓葬外，其余均为东周时期的长方形竖穴土坑墓，墓葬均为单人单棺葬，葬式多为仰身直肢，随葬器物置于棺内墓主身体周围，随葬遗物有盖陶鼎、盖陶罐、盖陶豆、盖陶壶、陶碗、石圭等。

通过本年度的发掘，我们对徐阳墓地性质、文化内涵、葬俗有了进一步认识。尤其是 A1 发掘区两座祭祀坑和 B1 发掘区马坑的发现，丰富了此前我们对徐阳墓地文化内涵的认识。B1 区域发掘的墓葬从随葬器物组合及特征分析，时代略晚于徐阳墓地 A1 区和 B1 区东部已发掘墓葬的年代，为今后开展对徐阳墓地整体研究提供了新的资料。

（马占山）

【洛阳市第五十八中学东周墓葬和汉代遗址】

发掘时间：2018 年 4 月 ~2019 年 4 月

工作单位：洛阳市文物考古研究院

该遗址位于洛阳市西工区纱厂南路和纱厂西路西南侧第五十八中学院内，发掘面积 580 平方米。地层堆积较简单，分为现代层和汉代层。

汉代层下发现汉代陶水管，根据位置及连接方式可分为两组。

第 1 组长 30 米，位于发掘区中部偏西，南北向。陶管道外施绳纹，内为布纹，对接，在连接处压有小块陶片。其中一处接口下面垫有空心砖残块。中部偏北有一段向东的分支，长 6.8 米，东西向，东接窨井。窨井为陶井圈四层叠砌而成，深 1.2 米，直径 0.8 米。井圈厚 0.03 米。北部有一向西的分支，长 4.7 米，东西向，东接第 1 组管道，西接窨井。窨井深 1 米，口大底小，口径 1.5 米，底径 0.9 米。管道长 0.46 米 ~ 0.72 米，直径 0.1 米 ~ 0.3 米。

第 2 组在发掘区东部，南北方向，长 5.8 米，南北向，管道长 0.32 米 ~ 0.36 米，直径 0.1 米 ~0.12 米，外施绳纹。

东周墓葬：23 座，均为小型竖穴土坑墓，开口于汉代层下，墓向以南北向为主，长 2.0 米 ~3.0 米，宽 1.0 米 ~2.0 米，深 5.1 米 ~10.6 米，17 座墓葬有单棺或一棺一椁，屈肢葬 11 座，直肢葬 1 座。随葬器物组合为陶鼎、盖陶壶、盖陶豆、陶碗、陶匜等。

该遗址位于洛阳东周王城遗址内偏北部，北距东周王城北墙约 540 米。陶水管遗迹位于汉河南县城的北侧，该位置属于汉代时期人口密集区，应该与具有一定级别的建筑有关，可能有收集雨水或排水的作用，此次发现为研究汉代城市建筑和布局及建筑的排水设施提供了重要的资料。

（马寅清）

【宜阳县韩都故城遗址】

发掘时间：2018 年 1 月 ~12 月

工作单位：洛阳市文物考古研究院

宜阳韩都故城遗址位于今宜阳县城以西 25 千米的韩城镇东侧，其址北依秦岭，南当熊耳，西望崤山，东近洛阳，是战国时期三家分晋后韩国的都城，在韩国的发展史上有重要意义。1984 年文物普查时被发现，2013 年被公布为第七批全国重点文物保护单位。

城址平面呈不规则长方形，南北长 1510 米 ~2150 米，东西宽 1630 米 ~1843 米，总面积约 310 万平方米。2013 年以来，我院对该城址进行了持续考古调查与发掘。2018 年，经国家文物局批准，我们在 2017 年工作的基础上，继续对城址中北部大型防御设施进行发掘，同时对城址中部勘探发现的两条道路L1（南北向）、L2（东西向）进行解剖发掘。

经过两年时间，对2017年发现的军事防御设施进行了全面揭露，该防御设施开口④层下，被晚期沟打破，打破生土。平面形状极不规则，口部距地表0.54米～4.8米，南北最长约46.7米、东西宽6米～36米，深2.8米～5.75米。大致分为北、中、南三部分，南部为地坑式平台，略呈长方形，东西长15.20米，宽6米～12.2米。底部较平坦，北部有防御生土挡墙，残高约2.5米。东北角发现一长方形土坑，东侧有一耳室，发现大量青石块，大小不一。且在耳室底部发现朽木痕迹，疑为滚木、礌石迹象。中部为东西向活动面，底部平坦，南壁为台阶状斜坡，台阶上发现箭镞数百个，大部分箭镞插入生土，北壁陡直，发现壁龛4个，底部平坦，踩踏痕迹明显，在南壁西南还发现疑似哨所的坑道，口部方形，底部台阶状，内部可蹲1人。中部西侧为南北向地下通道，通道底部为斜坡，两壁残存较多柱洞，通道南部东侧还发现一座窑洞式设施，窑洞口部与通道相通，窑洞内部宽约2米，因顶部坍塌，未清理到头。中部活动场所东北角通过通道与城墙相连接（因相连接处为现代坟，无法发掘）。此外，在防御设施周围东南和西南端发现柱洞14个，可能当时存在地面建筑。

在防御设施东北区域还发现人骨1具，无葬具，头朝西南，面向上，仰身曲肢两手交叉于腹部，腰部发现铜带钩1件，肋骨以及趾骨处发现铜镞2件，初步判断为战争而亡故简葬于此。

防御设施内填土由上至下可分3层，包含物基本相同。共出土各类遗物1000余件，除铜剑（残）、铜矛、铜戈、铜刀兵器外，其余多为铜镞，铜镞多为三棱带倒刺，四棱、二棱较少。此外还发现铁铲、铁镢等工具。

中部区域发现道路2条。L1南北向，开口⑤层下叠压生土，被汉代烧窑灰坑打破。宽13.65米～14.85米，路土厚0.25米～0.38米。可分4层，为汉代路土。

L2开口⑤层下，宽14.25米，厚0.53米。可分为9层3期，下限不晚于汉代。

L1、L2应为城内主干道路。

在发掘的同时，考古调查与勘探也在进行，主要发现有灰坑、墓葬、道路、夯土、沟、烧窑等遗迹现象。

此次调查和发掘，深化或修正了以往对宜阳韩都故城文化内涵的认识，为正确判断城内遗存分布情况和遗址内外功能布局提供了新的思路，也为学术研究和文物保护规划的编制提供了新的材料和依据。

（张犁牛）

【郑州高新区西四环战国遗址】

发掘时间：2017年9月～2018年2月

发掘单位：郑州市文物考古研究院

遗址位于郑州市高新区药厂街以南，西四环以东。配合郑州华堂文华科技有限公司华堂科技产业园项目工程开展考古工作。考古发掘主要揭露了一处战国时期的聚落，包括房址3座，灰坑332个，灰沟7条，水井8眼，窑址3座。另有仰韶文化时期灰坑1个，晚商灰坑3个，墓葬23座，宋代墓葬9座，明清墓葬30座。

战国时期聚落内的遗存包括房址、灰坑、灰沟、水井和窑址。房址均为长方形半地穴式，单间，部分有门道，门道为椭圆形，突出于房址外。房内活动面较薄，略经修整。房址内发现有柱洞及灶坑。灰坑形制多样，平面有圆形、椭圆形、长方形及不规则形等，剖面结构多为直壁或斜壁内收，有少量袋状坑。灰坑多经修整，底部一般较平，推测为当时的窖穴。灰沟位于聚落东部及南部，有西南—东北及南北走向，为较窄的长条形，推测为当时的排水设施。水井呈圆形，多经修整，直壁平底，底部有淤积堆积层，应为当时人类生产或生活取水使用。窑址为椭圆形半地穴式，上部被破坏严重，仅残存部分窑壁及红烧土痕迹。

晚商灰坑平面呈圆形，多经修整，直壁平底，推测为当时的窖穴。商代墓葬均为长方形土圹竖穴墓，埋葬较深，墓主骨架较为完整，均为仰身直肢葬。部分墓葬在墓主身下有腰坑，无随葬品，方向多为西南东北向。

宋代墓葬发现9座，均为长方形洞室墓，包括墓道、墓室两部分，墓道为长条形竖穴，墓室为掏制而成，少见随葬品。

明清时代墓葬多为长方形竖穴土圹墓，部分为侧室及洞室，分为单人一次葬及多人合葬，最多合葬数为三人。埋葬较深，墓主骨架保存一般，多为仰身直肢葬，基本不见随葬品。

战国时期出土遗物多为陶器，另有少量石器、蚌器等。陶器器形主要有罐、豆、盆、碗、杯、缸等，还有陶环、陶球等器物。泥质灰陶为主，夹砂灰陶次之，素面为大宗，纹饰有弦纹、绳纹、附加堆纹等。石器有铲、镰，蚌器有刀、镰等。商代灰坑出土有陶鬲、罐、簋、盆等，胎质较厚，造型朴实。陶色多为灰陶，纹饰以粗绳纹为主。清代墓葬内未见随葬品，仅出土少量铜钱。

本次考古发掘主要揭露了一处战国时期的聚落，清理了一批重要的文化遗迹，包括房址、灰坑、灰沟、水井和窑址，涵盖了人类生活和生产的主要设施，发掘出土了丰富的文化遗物，既有生活用品，也有生产工具，较为全面地反映了当时的生活和生产情况。

（刘青彬）

【舞阳县污水厂战国汉代遗址】

发掘时间：2018年7月~10月

工作单位：河南省文物考古研究院

拟建的舞阳县第二污水处理厂位于河南省舞阳县县城南部，舞阳县第一污水处理厂东侧，舞泉镇小李庄村南，三里河（古潕水）北岸二级台地上，东侧紧邻“铁路”。发掘面积3300平方米（含墓葬扩方面积）。共清理各类遗迹149处；其中有墓葬16座，窑炉4座，灶2个，水井18眼，灰沟21条，灰坑87个，池1处。

战国遗迹数量不多，主要以灰坑、水井为主，另有陶窑1座，房基1处，土灶2处。窑址是半地穴式，保存较好。长条形，由工作坑、火门、火膛、窑室、出烟口组成。窑室呈长条形，整体西高东低，斜坡状，口部两侧均匀分布4个出烟孔。灶平面呈不规则葫芦形，地穴式。

汉代遗迹主要以墓葬为主，另有部分灰坑及沟、井。

M11，西汉竖穴土坑双层双棺多箱墓，位于发掘区的西南部，T0304南部，开口于第②层下，为一西汉时期不规则形竖穴土坑墓。由墓道和墓室两部分组成。墓道：位于墓的南侧，平面形状不规则，南部被G15打破，中西壁有一0.5米直角拐弯，壁直，底部南高北低呈缓坡状。墓室位于墓的北部，平面形状呈长方形，壁直，底部因要保护未清理到底，墓室内置双棺，有红色漆皮痕迹。西部的为棺1，东部的为棺2。棺下有6个木箱框，分别编号为箱2~箱7，每个里面均有不同的陪葬品。

明代遗迹主要发现有3座窑炉和沟，清代遗迹以墓葬为主。

本次考古发掘为一次抢救性考古发掘，年代从战国到清代，有灰坑，窑炉墓葬等。通过对M11墓葬形制和出土遗物的分析，以及M2和M15纪年文字、纹饰青砖的出土推断这批古墓的年代为汉代。特别是M11竖穴土坑双层双棺多箱墓的发现，为研究汉代文化和丧葬习俗及埋葬特点积累了珍贵的实物资料。沟、灶、水井和灰坑的发现证明该遗址是一个战国、汉代时期完整的聚落，后因两次平整土地造成房址的不复存在，它为寻找古代舞阳县城提供了有力的佐证。龙形小陶窑的发现，较为重要。出土器物的综合研究发现，出土遗物70%为陶豆且有烧制变形的残次品，陶釜次之，推断此处可能有烧制陶器的窑场。

（赵　宏　时丽娟　赵　斌）

【项城市尹庄战国至东汉墓葬群】

发掘时间：2018 年 3 月 ~5 月

工作单位：周口市文物考古管理所

墓群位于项城市城南新区尹庄村北，天安大道北侧，南邻丁庄墓地，该墓群在项城市梦灏御园项目工程中发现。

共清理古墓葬37座，出土随葬品有陶器、青铜兵器、玉饰件、釉陶器等共计300余件。其中战国墓20座，均为竖穴土坑墓，墓主人头向北、东、南均有。这些古墓葬历史时期未有被盗扰痕迹，保存较为完整，随葬品器物组合较为典型，均为鼎、豆、壶或者鼎、豆、壶、盘、勺、匜组合，此类组合为战国中晚期至战国末期中原地区较为典型的随葬器物组合类型。其中M8和M30两座头向东的墓为侧身屈肢葬，为本地区少见，本地域古墓葬式一直流行商周时期传统的土坑竖穴仰身直肢葬，屈肢葬式是东周时期特别是战国时期北方流行的葬式。公元前478年楚灭陈，本地域悉属楚地，但是结合20座战国墓出土器物组合类型，仅仅发现一座典型鼎、敦、壶楚墓器物类型的墓葬，可以推测，战国中晚期，该区域虽已完全被楚国占领，但本地居民仍然保持中原民俗葬式葬俗，而区别于荆楚文化类型。

清理发现17座汉代墓葬，其中三座为带斜坡墓道的砖室墓，其余14座均为带斜坡墓道的竖穴土坑墓，出土随葬器物明显区别于战国时期鼎、豆、壶及鼎、豆、壶、盘、勺、匜器物类型，而更多随葬灰陶罐、陶灶、陶井等日常生活器皿。

尹庄墓地西北距离国家文保单位南顿故城遗址2.2千米，结合以往该地区发掘情况及37座墓葬形制、随葬器物推测尹庄墓地应为楚灭顿后战国时期平民公共墓地，且墓地持续使用到东汉晚期。

（韩严振）

【伊川新城故城遗址汉代遗存】

发掘时间：2018 年 5 月 ~12 月

工作单位：洛阳市文物考古研究院

伊川新城故城遗址位于洛阳市伊川县城东南1.5千米的城关镇古城寨村与平等乡古城村一带。故城北距洛阳城约35千米，是洛阳城的南大门。该遗址西部为低缓的丘陵和山地，东部为伊河，地理位置颇为险要。根据文献记载，新城故城在春秋时期为伊洛之戎和戎蛮子的聚居地，战国时期归属韩国，是战国中晚期韩国西部的重要城邑。秦时设新城县，汉魏沿其制。

该城址平面大体呈长方形，分为外城和内城两部分，内城位于外城的东南部。外城东西长1560米~1780米，南北宽1060米~1250米，总面积约192万平方米。2017年以来，经国家文物局批准，我们对新城故城遗址进行了全方位考古工作，完成勘探面积100万平方米，重点勘探20万平方米，发现城墙、护城壕、城门、灰坑、夯土基址等遗存，基本摸清城址范围，城门分布等情况。内城西半部遗存较为丰富，尤其是在内城中部发现有大面积夯土遗存。

2018年度在伊川新城故城遗址内城区域进行布方发掘。共发掘遗址面积1950平方米。通过发掘可知该区域地层堆积为：①层为耕土层，厚约0.15米。②层为明清层，厚约0.12米。③层汉代层，厚0.13米~0.6米。④层汉代层，厚0.3米~0.45米。主要在②层下发现3处夯土建筑基址及夯土墙和排给水管道遗存等。3处夯土台基呈东西向排列，西部台基与中部台基间距约5.3米，中部台基与东部台基间约5.5米。通过对西、中部台基解剖发现，夯土台基均可分为三期。遗址内出土有大量外绳纹内布纹板瓦、筒瓦残片、云纹瓦当、砖等建筑材料；还出土较多陶器残片、少量铜钱、铜镞、铁器等。陶器可辨器形有瓮、甑、罐、盆等，以陶盆为大宗，铜钱主要为磨边五铢、货泉、大泉五十等。根据出土遗物判断，最早期夯土台基时代应该在西汉早期，最晚期夯土基址时代应该在东汉时期。《汉书·地理志·河南郡》中载有新城县，书中云："新成，惠帝四年置。蛮中，故戎蛮子国。"此次发现的夯土建筑基址，体量大、保存好。应该与汉代时期官署建筑遗存有关。

（薛　方）

【洛阳市纱厂西路西汉墓葬】

发掘时间：2018年9月~12月

工作单位：洛阳市文物考古研究院

为配合保利大都会（西区）项目建设，在位于洛阳市西工区纱厂西路以北，棉麻路东侧，原白马集团厂区内进行考古发掘。在该区域共清理东周、汉代、唐、宋时期墓葬共291座，出土遗物的数量近4000件。其中以汉代墓葬为大宗，又以C1M16090和C1M16089最为特殊。

C1M16090由墓道、主墓室、侧室、廊道、耳室、坠室组成，方向0°。南北通长约15米，东西宽近14米，总面积约210平方米。

墓道竖穴土坑，长2.70米，宽2.30米。主墓室位于墓道正南部，南北长5.20米，东西宽2.30米。主墓室后部东侧为侧室，与主墓室相通。主墓室内清理出人骨架一具，葬式为仰身直肢葬。葬具为双棺，外棺长2米，宽0.70米；内棺长1米，宽0.39米。棺内发现大量随葬品，以玉器为主，包括玉璧、玉圭、玉玦、玉衣片等。墓葬北侧耳室及坠室内出土彩绘陶壶、青铜大盘、青铜壶、青铜手炉、铜豆、陶灶、铜杵臼等。

C1M16089由墓道、前室、后室、主墓室、耳室、坠室六部分组成，南北长约10米，东西宽约9米，总面积约90平方米。

墓道为竖穴土坑，长4米，宽1.4米~1.92米；前室长8.9米、宽1.4米；前室中部正对墓门为主墓室，主墓室长4.3米、宽约1.6米；东侧耳室长约3.56米、宽1.14米；后室长6.66米、宽约1.3米；后室西北部出一坠室，室长3.1米、宽约1.2米。该墓共出土遗物铜鼎、豆、盘、印章及陶器、铁器等36件套。

这两座墓葬墓道南北平行排列。C1M16090的西部耳室以一块空心砖与C1M16089相隔。根据C1M16089出土一枚双面铜印，一面印文为"耿大印"，另一面为"耿少翁印"，推测这两座墓葬为"耿"姓家庭墓葬。

通过墓葬形制、随葬品等几方面特征推断这两座墓葬的时代应该在西汉中晚期。这两座墓葬形制独特，出土文物数量种类多、等级高，其发现为研究西汉中晚期高级贵族的生活习惯、埋葬习俗等提供了极为难得的实物材料。C1M16090耳室内出土的一件青铜壶内还保存有近3500毫升液体，经过科学检测，该铜器中的液体为矾石水，是硝石（主要成分为硝酸钾KNO3）和明矾石［主要成分为KAl3（SO4）2（HO）6］的水溶液，是古人用的一种仙药。古代"仙药"矾石水的发现对于确定墓主人的身份有很大的作用，这两座墓葬的墓主人的身份很可能是古代的炼丹士，其家族很可能是炼丹世家。此外，墓中的随葬品如青铜大盘、壶、鼎、炉、陶灶等器物很可能与炼制丹药有关。

（薛　方　潘付生）

【浚县黎阳城遗址】

发掘时间：2018年4月~12月

工作单位：河南省文物考古研究院

黎阳城遗址位于鹤壁市浚县黎阳街道办事处河道村东，南部包紫金山、凤凰两山于城中，北部大部分为耕地，007 乡道从遗址中心东西穿过，将遗址分为南北两部分。黎阳城为西汉至北宋时期故城，天圣元年至六年（1023～1028）间毁于黄河水患。

为配合大运河文化带的建设，我院于4月～6月、10月～12月开始对黎阳城遗址进行考古调查及勘探工作，勘探面积约120万平方米。经考古勘探发现黎阳城平面近似长方形、呈南北向，南北长约1150米、东西宽约880米，面积约101万平方米。护城河与城墙同向，宽25米～40米。北、东、西三面城墙墙基保存较好且各有一城门，城南部仅发现护城河和湖泊水面。城内文化遗迹丰富，文化层堆积厚2米～3米。城内南北、东西主道路各1条。以城内东西向道路为中轴线将黎阳城分为南北两部分，生活区大多集中在北部，有道路、井、夯土基址、陶窑、灰坑、朽木堆积区等遗迹现象。城外护城河有连接黄河的入口，在东北部护城河有水系出口。

经过考古勘探，大致搞清了黎阳城的整体布局情况以及准确的遗址分布范围，各个区域的功能分区等。通过对黎阳城遗址护城河的考古勘探，搞清了黎阳城周围的水系网络图，纠正了以前对黎阳城认识上的一些谬误。为以后的发掘和保护提供了资料。

（周润山）

【周口市中原路汉墓】

发掘时间：2018年3月12日～13日

工作单位：周口市文物考古管理所

近期，周口市某建设单位在挖掘排水管道的施工中，发现一座古代墓葬，市文物部门闻悉后，立即派人进行了清理。

墓葬呈长方形，为东西向砖室墓。墓葬主要由东西墓道、封门、主室等3部分构成。墓道在东，拱形顶，平墙封门，墓底平铺一层东西向青砖，墓壁错缝平砌。开口于第③层下，开口距地表2.6米，底距地表3.6米，深1.0米。墓室东西长约3.62米，南北宽1.3米，残深1.0米。墓葬保存较好出土文物20多件，主要有红陶罐、釉陶甑、灰陶釜、釉陶灶、釉陶壶、釉陶井；青瓷壶、青瓷瓮；青铜釜、青铜膘衔、青铜当卢、青铜盖弓、青铜铺首；五铢钱、蚁鼻钱等。从出土文物来看墓葬时代应为西汉中晚期，墓主人的身份较高，因为在西汉能使用青瓷的人家身份地位都非常高。

本次发掘的墓葬是周口市为数不多的保存较好的汉墓，墓葬规模尽管不大，但是出土文物价值较高，其中青瓷瓮是周口市近30年内首次出土。原始瓷器最早出现在商代晚期，到东汉晚期我国的瓷器才算成熟。周口市西汉原始瓷本就不多，这次出土原始瓷器达8件之多，较为少见。它们的出土为研究我国瓷器的发展提供了丰富的实物资料。

【舞阳县贾湖遗址博物馆馆址汉代遗址】

发掘时间：2018年4月～7月

工作单位：河南省文物考古研究院

贾湖博物馆馆址位于漯河市舞阳县北舞渡镇的贾湖村。我院为配合贾湖遗址博物馆建设，对该区域进行了考古勘探和抢救性发掘，发掘位置位于贾湖遗址一般保护区，东距贾湖遗址约500米处，发掘面积1100平方米。

此次考古发掘共清理出汉代陶窑、沟坎、灰坑等遗迹120处，金元时期灰坑、沟等遗迹23处，清代墓葬5座，初步统计，汉代遗迹占发掘区遗迹面积的90%。出土遗物主要是陶器、铁器、原始青瓷和建筑砖瓦等，器形有盆、碗、甑、杈等生活用器。尤其是汉代陶窑、烧造带铭文的砖窑、烘焙设施和“卍”字形遗迹是新的发现，取得了重要收获。

“卍”字形遗迹（原H51）是此次发掘的重要发现，位于发街区中东部，平面呈“卍”字形，土色杂（类似于墓葬的五花土），质硬。遗迹外围呈方形，中间部分也为方形，生土。其中开挖深的部分为短边，浅的部分长边出头，形成“卍”字形。短的部分边长1.60米，长的部分边长1.80米，最深1.0米，最浅0.62米。填土内包含物极少，只见有少量红烧土颗粒和草木灰，遗物发现1陶壶口部，口部面有涂朱砂痕迹，疑为汉代祭祀的场所。“烘焙设施”位于发掘区东北，形制特殊，为研究汉代手工业生产提供了重要资料。元代灰沟内发现的贝壳堆积现象比较特殊，有待进一步研究。出土的百余件文物标本中的带铭文砖（方王）、原始瓷器、陶权等遗物，是此次考古发掘的重要收获。此次发掘为贾湖遗址汉代时期聚落的范围和汉代文化的研究提供了重要资料。

（赵　宏　赵　斌）

【商水建业森林半岛安置区汉唐墓葬】

发掘时间：2018年10月14日～11月8日

工作单位：周口市文物考古管理所

周口市文物考古管理所在配合商水建业森林半岛安置区二期的考古勘探中发现了30余座古墓，2座古窑址，3眼古井，1座灰坑，1条灰沟。并派人进行了清理。

这次发现的古代遗迹，主要有龙山文化时期的灰沟1条、汉代古井2眼、汉代灰坑1座，南北朝时期窑1座、宋窑1座。龙山时期的灰沟主要出土有陶器、石器；陶器可辨器型主要有深腹罐、灰陶鬲、灰陶钵、灰陶豆等。陶色主要以灰陶为主，有少量的黑陶、加砂陶。纹饰主要有绳纹、蓝纹、方格纹、附加堆纹。石器以残破的石斧为主。汉代灰坑主要出土有了陶盆、陶槽、陶井圈等大型实用器。汉窑和南北朝时期的窑均有操作坑，火口、火池、窑床、烟筲构成。但是宋窑多了一道隔梁。

这次发现的古墓葬一般开口距现地表0.3米～0.8米，深1.2米～1.8米不等。墓道分布各个方向，有向南的，向东的，向西的。宋墓1座，平面呈方形，墓道向东，带有甬道、前室、棺室，内葬3人，迁葬，无出土文物；唐墓2座，为单室墓，平面呈船形，涩砌顶，长约2.2米，宽约0.9米。一座未被盗扰，出土有黄釉瓷碗、黄釉四系罐、开元通宝等。汉代墓葬较多，均为半地穴式砖室墓，历史上盗扰严重，许多墓葬仅存土圹，墓葬从规模上分为一般墓葬、中型墓葬、大型墓葬；从结构上分单室墓、双室墓、多室墓，一般墓葬共有8座，长4.8米～6.6米，宽1.7米～4.6米，以单室墓为主，主要有墓道、甬道、耳室、后室构成，个别的墓葬有耳室和前室。中型墓17座，其中双室墓15座，多室墓2座，主长6.0米～8.0米，宽5.5米～6.5米，双室墓葬有双墓道，封门、甬道、前室、一个通道、两个主室构成，个别的带有耳室。多室墓主要有四室墓、三室墓两种，四室墓长5.5米，宽6.1米，有墓道、甬道、前室、后室各四个，之间有三个通道相通，南北各有两个耳室。三室墓长6.6米，宽3.7米，有墓道、甬道、前室、后室各三个，之间有两个通道相通。大型墓葬有两个，长达10米，宽10米，墓上有封土，平室呈十字形，均由墓道、甬道、前室、中室、左右侧室、后室室构成。但也被严重盗扰。

这批墓葬因埋藏较浅，均遭到严重的破坏，造成出土文物较少，大部为器物陶片，从残片上看主要有陶盆、耳杯、陶案、陶樽、陶罐、陶瓮、铜钱、铜镜等出土文物。其中八乳规矩镜是这次出土的珍贵文物。龙山文化遗存为我们研究商水龙山时期文化面貌提供了实物资料。

（焦华中）

【郑州市中原新区工程用地汉代墓葬】

发掘时间：2017 年 12 月 7 日 ~ 2018 年 8 月

工作单位：郑州市文物考古研究院

郑州市土地储备中心 14 – 156 – K01 – 01、05 号宗地，14 – 155 – K01 – 02、03 号宗地，位于郑州市中原新区杭州路以西，中原西路以北，扬州路以东。

本年度郑州市文物考古研究院对该工程进行配合性考古勘探及发掘，共清理汉代墓葬 14 座，汉代水井 2 座，陶窑 2 座，河道剖面 1 处。出土遗物丰富，其中有 2 座汉代墓葬出土了一批较为精美的随葬品。

东汉墓葬 14 座，多为甲字形墓，分为土坑墓与砖室墓。墓道方向东、西、南、北各不等，大多被盗扰，砖室墓仅剩部分残底及四壁砌砖，部分随葬品发现于填土中，包含陶鸡、陶猪、陶罐等陶随葬品。以 M4 与 M14 为例。

M4 为“甲字形”土洞墓，由墓室、墓道、耳室（南侧）组成，墓道向西。发现人骨 3 副，耳室内 1 副，腐朽只剩腿骨，墓室内 2 副，仰身直肢葬，头向东，南侧男性，北侧女性，仰身直肢葬，南侧人骨被盗洞打破，仅剩上半身，其头枕筒瓦。北侧人骨保存较完整。人骨上有棺灰痕迹，棺底铺白灰，棺四周发现较多锈蚀棺钉。大量出土东汉墓葬出土物组合，棺内人骨头部均发现铜镜各一个，上有草叶纹及“君宜高官”等图案和字样，人骨周边不规律散落若干“五铢钱”，另在墓室人骨北侧出土陶罐 5 个，陶猪 1 个，陶井 1 个，陶炉 1 个，陶灶、陶猪圈、陶案各 1 组，陶鸡（公母）1 对，在填土中发现陶瓦当 1 个。

M14 为砖券多室墓，墓道向南。由墓道、甬道、前室、后室、东西侧室六部分组成。墓道为斜坡墓道，封门砖部分保留，甬道券顶部分残存，另两耳室上保留部分券顶，主室及西侧室可见券顶或穹隆顶迹象，四室底部均铺砖，墓壁砖均保留。西侧室发现人骨 2 副，残损严重，棺痕明显，棺痕上残存红漆迹象，棺底铺白灰。西侧室北侧棺内，北部发现陶壶 1 个，陶柱 1 个，下压铁剑 1 把。主室西南角发现陶楼 1 件，三层，陶井 1 个，西北角发现博山炉 1 个，上镂空有蹲踞动物，主墓室北侧有陶灯 1 个，陶奁 2 个，陶壶 1 个，陶盏 2 个，主墓室东北角发现陶方盒 2 个，陶奁 2 个，陶灯 1 个，东侧耳室大量出土陶器，其中 6 个陶壶，陶罐 2 个，陶猪圈 1 个，陶方盒 1 个，陶灯 1 个，陶奁 1 个，执壶 4 个。北耳室内有陶壶 2 个，铜镜 1 个，陶灶 1 个。共 40 余件。

通过对该项目工程用地的考古发掘，确认了该处遗迹的文化性质与时代，同时获取了该区汉代墓葬较完整的考古发掘资料，对于研究区域内汉代葬制葬俗、社会生活、文化艺术等提供重要的实物资料。

（刘　启　高赞岭）

【郑州航空港区明星路工程用地汉代墓葬】

发掘时间：2018 年 10 月 7 日 ~12 月

工作单位：郑州市文物考古研究院

墓葬位于郑州航空港区明星路北、适愿街东、古城四路南、舜华路西合围区域内。配合郑州台科产业园有限公司郑州台湾科技园标准化厂房二期工程开展考古工作。该处原为一条近南北向的高岗，东距国家级重点文物保护单位苑陵故城仅 200 米，其所处区域及周围区域分布着众多的文物古迹，如其南部分布着城李墓区、庙后唐墓区，北部分布着机场汉墓群，以东周、汉代遗存最为丰富。我院以往的发掘工作中，在苑陵故城周边发现大量东周—两汉时期墓葬。此次工作共发掘清理汉代墓葬 122 座、灰坑 1 座、水井 1 眼。出土遗迹较丰富、时代文化延续较完整，同时出土了一批具有代表性的文化遗物。

墓葬122座，均为汉代时期。均开口在①层下。形制结构多为“刀把”形砖室墓、长方形竖穴土坑墓、长方形竖穴空心砖墓、“甲”字形砖室墓，少量“日”字形砖室墓、长方形砖室墓、长方形双墓道砖室墓、“甲”字形空心砖墓、“凸”字形空心砖墓。长方形竖穴土坑墓，壁面规整，平直，底部平整。长方形空心砖室墓，内置大型空心砖椁室，四周及上顶和底部均用空心砖砌成，砖面以压印而成的草叶纹、方格纹、乳钉纹等为饰。“甲”字形砖室墓、“刀把”形砖室墓、“日”字形砖室墓均由小青砖错缝平砌而成，部分“刀把”形砖室墓墓道为弯曲状。墓葬多遭盗扰，破坏严重，仅在少数墓葬内出土有陶壶、陶罐、陶奁、铜洗、铜殳、铜带钩、铜钱等随葬品。

汉代灰坑1座，开口于①层下，填土黄褐色，坑壁较规整，坑口平面近椭圆形，平底。未出土任何遗物。

汉代水井1眼，开口于①层下，填土黄褐色，井壁规整，坑口平面近圆形，径长0.7米~0.75米，深2.15米。未出土任何遗物。

通过考古发掘，出土了一批具有典型时代特征和较重要价值的文物。

汉代墓葬内出土随葬品以陶器为主，另有少量铜器等。主要器型有陶鼎、罐、盒、奁、壶等，纹饰以素面为主，另有弦纹、圈带纹等，部分陶器上有刻画文字、符号。铜器有铜洗、铜带钩、铜殳及铜钱等。

通过该项目工程的考古发掘和地形地貌分析，确认了该处墓地的文化性质与时代，该处区域大型公共墓地的出现有可能与苑陵故城内原住民有关，这为苑陵故城周边分布及文化发展与演变的研究提供了重要资料。为研究当时自然环境、社会发展、文化延续及演变、埋葬制度等提供了重要的实物资料。

（朱少铮　高赞岭）

【郑州市中原新区庙王安置区汉代墓葬】

发掘时间：2018年1月~8月

工作单位：郑州市文物考古研究院

郑州西流湖控股有限公司郑州市中原新区庙王安置区项目东地块，位于郑州市兰州路西侧，中原路北侧。在基建范围内，经郑州市文物勘探管理办公室勘探，发现古代墓葬7座，井1眼，窑址1座，灰坑1处。经国家文物局批准，郑州市文物考古研究院对该项目进行了考古发掘。

通过考古发掘，清理汉代墓葬6座，水井1眼，灰坑1处，清代墓葬1座，共计9处文化遗迹。

汉代墓葬按平面形状可分为甲字形和刀把形，按墓室数量可分为单室墓和双室墓，按形制结构可分为土洞墓和砖室墓两类。墓葬结构包括墓道、墓门、墓室等部分，有些带甬道。墓道按形制可分为斜坡式和斜坡加竖井式两类，以斜坡式为多，直壁。墓门一般由砖砌成，连接墓道与墓室。墓室多为掏制而成的洞室，一般立有壁砖，并铺有底砖。墓葬均为东西向，墓道位于墓室以东。其中，M6为一座封土墓，形制较大，结构较为复杂，整体为甲字形砖石结构双室墓，由墓道、墓门、甬道、左室、右室组成。墓道为斜坡式，至底部内收一级台阶。墓门为铺首衔环石门，已残，甬道由石块砌成。墓室以石块为基，楔形砖券顶，两室中部皆有砖砌隔墙，左右室有甬道相通。墓葬被盗较为严重，但整体结构保存较好。汉代水井为圆形土井，灰坑为圆形窖穴。

清代墓葬1座，为长方形竖穴土圹墓，形制较为简单。

汉代墓葬内随葬品主要为陶制品，以泥质灰陶为主，少量夹砂。器物以素面为主，少量弦纹、附加堆纹等，常见器形主要有陶罐、盆、案、奁、魁等。其他见有铜钱、铜饰件、骨饰件、石制品等。汉代灰坑及水井内见有板瓦、筒瓦等。清代墓葬内未见随葬品。

通过考古发掘，主要清理了一批汉代墓葬及其他遗迹，出土了部分文化遗物。发掘清理的封土大墓，由砖石砌成，长条形石块上有刻划符号，符合汉代黄肠石的特征，应为东汉黄肠石墓葬，有重要的研究价值。其西部的两座东汉墓，或为大墓的祔葬墓，周围原应有陵园和寝殿等附属建筑。大墓的发掘，对于了解东汉晚期的丧葬制度，墓葬结构及建筑方式等问题有重要的学术意义。

（刘青彬）

【洛阳白草坡东汉陵园遗址】

发掘时间：2018 年 4 月 ~12 月

工作单位：洛阳市文物考古研究院

白草坡村东汉陵园遗址属洛南东汉帝陵组成部分。遗址位于洛阳市洛龙区庞村镇白草坡村东北，属于洛南东汉帝陵核心区域的北端。墓冢封土已被夷平，封土直径约 125 米，墓道宽 10 米。在 2006 年配合郑西高速铁路建设过程中，洛阳市第二文物工作队曾对白草坡东汉陵园进行过初步的调查和发掘，发掘面积 3800 平方米；2017 年，洛阳市文物考古研究院对陵园遗址内的两条道路和疑似阙台遗迹进行了发掘，发掘面积 1600 平方米。

2018 年度具体发掘位置为陵园内最北侧的一组陵寝建筑单元，发掘面积 2000 平方米。2018 年 10 月 ~12 月，对陵园遗址东部区域进行考古勘探，勘探总面积约 4.3 万平方米。本年度发掘建筑单元为居住遗址，该区域内外围有垣墙环绕，内部院落东西向排列。发现并清理院落 2 处，夯土墙 4 条，院落内部分布着房址 8 处，水渠 4 条，仓窖 3 处，水井 2 处，另有踩踏面等遗迹。出土遗物以陶质建筑材料为主，还有陶质生活用器、铁器、铜器等。通过本年度的发掘，对该建筑单元的布局有了较为清晰的认识。该组建筑单元外围有垣墙环绕，内部为东向排列有序的院落，外围垣墙和院落之间有主排水渠，并发现大面积的踩踏面。院落一般南北长约 27 米，东西宽约 17 米。发掘的两处院落布局相似，北侧为房址，南侧为天井。天井东西两侧各有一条廊道，廊道用条形砖侧立包边。两组院落中间有隔墙，院落的门址位于南侧。每组院落的西北角有一个专门设置仓窖的小房间，仓窖平面呈椭圆形，用条形砖砌筑，有可能是用来存放粮食。天井的东南部分布有水井和渗井，渗井内的积水通过排水支渠汇流到院落外侧的主排水渠。

（王咸秋）

【洛阳定鼎北路西晋北魏宋明清墓地】

发掘时间：2018 年 8 月 ~12 月

工作单位：洛阳市文物考古研究院

墓地地处邙山南麓，位于洛阳市老城区定鼎北路西，魏紫路南，经八路东，为基本建设考古项目。此次发掘共清理古代墓葬 51 座，绝大多数墓葬被不同程度地盗扰，包括西晋墓 4 座，北魏墓 1 座，北宋墓 6 座，明墓 30 座，清墓 10 座。其中 44 座墓出土有随葬遗物，有陶生活用具、陶俑、铜钱、墓志等，共计 332 件（套）。

西晋墓均为长斜坡墓道的土洞墓。以 C8M3446 为例，该墓为长斜坡墓道带甬道方形墓室的土洞墓，封门位于甬道和墓室之间。封门用小砖砌筑，两侧平砌，中间部分竖砌，南北共砌三排。墓室经过盗扰，随葬品散落于墓室东西两侧，有陶鸡、陶鸭、陶空柱盆、陶灯、陶四系罐等。

北魏墓（编号 C8M3463）为长斜坡墓道砖券墓室的壁画墓，由墓道、第一道封门、前甬道、第二道封门、后甬道及墓室组成。第一道封门用两平一丁法小砖砌筑。前甬道呈东西宽的弧边长方形。第二道墓门现已破坏不存。后甬道平面呈长方形。墓室用砖砌筑，平面呈弧方形，墓室四壁残存有壁画，壁画内容仅见红彩绘的柱子下半部分，分布于东、北、西三壁的中间及墓室拐角处，在前甬道的东壁也有残存。墓室西侧为用方形青石摆砌的棺床，墓室北部偏东也有用方形青石平砌的供台。出土有铜饰、陶罐（残）、铁犁铧、墓志等。

北宋墓，以 C8M3447 为例。该墓为长斜坡带台阶式的墓道，墓道北端青砖铺地，墓室呈东西宽南北窄的长方形。在墓道北端近墓室处发现有椭圆形盗洞，墓内随葬品较少，有铜钱、铁钉及北宋大中祥符元年（1008）墓志等。

明墓均为竖穴式墓道近长方形墓室的土洞墓，个别墓葬的墓室内有用砖砌的棺床，部分墓葬有空心砖或青石质的封门。以 C8M3462 为例，该墓的墓道平面呈北宽南窄的梯形，墓室也为北宽南窄，北宽 5.4 米，南宽 4.4 米，南北长 5.2 米。墓室的中北部用空心砖和小砖砌出棺床。棺床上放置三具木棺，均腐朽严重。墓门位于墓道和墓室之间，为双层，北侧为石质双扇封门，南侧有一块空心砖。墓道长 2.4 米，宽 0.8 米。随葬品放置在墓室南侧及棺床上的木棺之间，东部棺和中间棺随葬品自北向南为陶床、陶侍俑、陶碗、陶椅、陶灯、陶蜡台等。墓室南部东西两侧各放置两个陶房，另有陶轿及多件陶俑。在西侧棺南侧有一空心砖祭台，上放置陶碟、陶飞禽。墓道东壁底部有一壁龛，内放置彩绘双人牵马俑、陶椅和 12 件仪仗俑，壁龛外用空心砖封堵。墓道上部填土中出土有墓志，分别为刘润及王夫人合葬墓志和刘润与王夫人、周夫人合葬墓志。

清墓均为竖穴式墓道长方形墓室的土洞墓。结构较为简单，墓道南向。以 C8M3418 为例，为双人合葬墓，东侧棺床痕迹明显，棺底铺青灰，；西侧人骨有明显的扰动痕迹，底无青灰，墓道与墓室之间用青砖封堵，出土有清代“顺治通宝”铜钱数枚。

该区域内墓葬以明代为主，出土物较为丰富，为研究明代墓葬的形制、特征、分期、组合等提供了珍贵的实物资料。特别是明代刘润夫妇合葬墓，是继明南京工部尚书沈应时家族墓地之后，洛阳地区明代考古的又一重要发现。同时发现的北魏元愉育母的墓葬，为北魏迁都洛阳以后年代稍早的一座，其位置信息、壁画内容都对研究北魏后期的政治、墓葬分布有重要价值。

（邓新波）

【洛阳新区伊洛路中梁壹号院晋唐墓群】

发掘时间：2018 年 12 月 ~2019 年 4 月

工作单位：洛阳市文物考古研究院

洛阳新区伊洛路南侧中梁壹号院古墓群位于洛阳市洛龙区伊洛路南侧，通衢路北侧，厚载门街东侧。经考古发掘，共清理 130 座古代墓葬，其中西晋墓 2 座，其余均为唐墓。

西晋墓 2 座，均为南北向的单室土洞墓和多室土洞墓。单室土洞墓平面呈“甲”字形，由墓道、封门砖、甬道和墓室四部分组成。墓道呈斜坡状，长 8.6 米、宽 0.8 米；墓室平面方形，长宽均 3.3 米、残高 1.1 米。多室土洞墓由墓道、封门砖、甬道、前室、后室和侧室组成。前室平面近方形，长 2.4 米、宽 2.3 米、残高 1.5 米，陶器多放置在前室四个角落；后室平面长方形，长 2.8 米、宽 1.9 米、残高 1.5 米。后室两人，头向南，东西并排；侧室位于前室东侧，内葬一人，头向西。两座墓葬均被盗，随葬品有四系罐、空柱盘、陶奁、陶勺、陶灶、多子槅、武士俑、男女侍俑、镇墓兽、牛车、铜镜、铜钱等。

唐墓为南北向的单室土洞墓，依墓葬规模分为中型和小型墓，盗扰严重。中型墓，9 座，全长均超过 10 米，由墓道、甬道和墓室组成，平面呈铲形，长方形墓室，长 3.1 米 ~3.7 米、宽 2.3 米 ~2.6 米，斜坡式墓道，长 9.4 米 ~ 14.5 米、宽 0.9 米 ~ 1.3 米。出土墓志 4 合；小型墓，119 座，由墓道和墓室组成，平面呈刀把形，墓室近长方形，长 2.2 米 ~ 2.8 米、宽 1 米 ~ 2.1 米。随葬品有陶俑、陶骆驼、陶马、陶鸡、陶猪、十二生肖俑、塔式罐、三彩杯、七星盘、白瓷罐、铜簪、铜钱、铁剪、蚌壳等。

该墓地的发掘为研究隋唐洛阳城城南墓葬区唐墓的分布情况增添了一批新资料。

（张　瑾）

【隋唐洛阳城宁人坊东南隅建筑遗址】

发掘时间：2018 年 4 月 ~ 12 月

工作单位：洛阳市文物考古研究院

为了进一步了解坊内东南隅建筑的布局结构和边界，2018 年在往年考古工作的基础上，以方形夯土台基为中心继续向东、西、北布方。即从宁人坊东坊墙至坊内十字街南大街部分和方形夯土台基向坊内十字街北大街部分进行考古发掘。

通过发掘发现，十字街南大街道路发掘部分宽 8.3 米，道路中间有大量南北向车辙，车辙宽 0.06 米 ~ 0.15 米，南北出探方。道路两侧有排水沟，排水沟紧邻道路，宽 0.95 米 ~ 1 米，深 1 米。

东侧排水沟以东有大量卵石及部分卵石铺就的散水，再向东有大量瓦片堆积。推测此处堆积可能属于坊内建筑。

再向东距十字街 40 余米处发现有坊内建筑，遗迹深度约 1.3 米，可见大量瓦片、烧土等堆积以及部分残留房址。这些现象附近曾钻探出大量小型磉墩，在往年的考古发掘中曾出土鎏金铜佛造像一尊，此区域可能仍属于文献记载的龙兴寺范围内。

在东坊墙处清理出了坊墙基槽，坊墙基槽由夯土筑成，宽 1.5 米。基槽以西属宁人坊坊内，在坊墙基槽上层地层中还发现了大量东北—西南走向的车辙，这些车辙叠压在坊墙及坊内建筑堆积之上，形成时代相对较晚。在车辙以下有较多的烧土、炭灰堆积，可能是坊内建筑。在坊墙附近的灰坑中还发现有一枚深色穿孔玉珠，疑似佛珠。

在方形夯土台基以北约 25 米的范围内未发现建筑遗迹，可能属该组建筑的院落部分，再向北的 9 米范围内，土质较硬发现有东西向砖铺散水，当属一处保存情况较差的房址。再向北 10 米有一宽 2 米的晚期沟，晚期沟以北 27 米范围内发现有大量踩踏面、砖铺散水、砖砌磉墩、卵石散水、柱础石等，是一处分布密集的房址区，发掘区房屋南北三间、东西三间，每间进深 3 米 ~ 7 米不等。再向北 10 米范围内发现较多卵石、灰坑，不见建筑遗迹，这部分可能是该组建筑的北院，再向北有一条东西向、土质较硬且纯净的夯土条带，边界平直。推测可能为该组建筑的北院墙基槽，南北宽 1.5 米左右，体量与坊墙相当。夯土基槽以北为坊内东西向十字街北大街路土。路土踩踏痕迹明显，分布有东西向车辙。南北宽约 15 米，东西出探方。

发掘区出土文物以长砖、板瓦、筒瓦等建筑构件为主。另外还有少量的陶盆、陶罐、陶碗残片，白瓷片，釉陶盏残片，三彩俑，瓷碗，铜钱等。

通过近几年的考古发掘，宁人坊的基本格局坊墙、坊门、坊内十字大街等框架基本清晰，占坊内四分之一的东南区域发现了大型夯土台基，其周围还发现了条状夯土、柱础石、房址、院落、小型道路、北墙基槽等遗迹，出土了经幢石、造像石、铜佛像等佛教相关文物，结合文献记载，至少其东南区域均在龙兴寺寺院范围内。特别是夯土台基以北百余米的龙兴寺北院墙基槽的发现，其体量与坊墙类似。我们在其他发掘区，除坊墙外均未发现类似的夯土基槽，该院墙向东只能与东坊墙相连接，向西则很有可能连接西坊墙，据此推测，龙兴寺可能占宁人坊南部半坊之地。

但坊内南大街以西尚未发掘，详细情况有待进一步的考古工作。

（屈昆杰）

【通济渠永城段码头沉船遗址】

发掘时间：2018 年 5 月 ~8 月

工作单位：河南省文物考古研究院、永城市文物旅游局

通济渠永城段作为隋唐大运河的重要组成部分，西接商丘夏邑，东连淮北濉溪，自西向东流经永城市马牧、酂阳、十八里、城关、侯岭等 5 个乡镇，全长 53 余千米，其走向与 S325 省道基本一致，省道路基压在河道南坡或南堤，河道中心偏在路北。在经过郑店、马牧、李店、酂阳、十八里、呼庄等一些重要村镇时，运河线稍偏北移。河南省文物考古研究院受河南省文物局委托，对永城市大运河沿线及其附属设施等文物遗迹进行考古调查与勘探工作。

经考古调查发现 1 片唐墓群、1 眼水井，勘探确认 4 艘沉船、1 处桥墩、1 条灌溉水渠等重要遗迹。勘探证实河道一般口宽 35 米 ~44 米，堤宽 12 米 ~15 米，底宽 18 米 ~22 米。大运河永城段沿线所见遗物材质多样、内容丰富。以瓷器为主，另有漆木器、石器、铁器、陶器、兽骨和用作船缝粘合剂的石灰腻子等其他质地器物，年代跨越隋唐至北宋不同时期。瓷器烧制涉及南方越窑、长沙窑、萧县窑、寿窑、吉州窑、景德镇窑、湖田窑等不同窑口，以及北方耀州窑、磁州窑、邢窑等不同窑系（口）。

沉船和桥墩的发现意义重要，充分说明了大运河历史上的漕运功能，其开凿促进沿线村庄以及城市建设的发展，对河南北部、东部地区经济发展有巨大影响，造就了洛阳、开封、商丘、卫辉、浚县、道口等一大批运河城镇的繁荣，也孕育了众多因运河而繁衍生息的村镇。同时也验证了永城作为大运河航运线上一个重要节点，对大运河的繁荣兴衰起着关键作用，进一步丰富了永城市大运河遗产的文化内涵。

（包伟柯）

【洛阳市洛龙区练庄村唐代墓地】

发掘时间：2018 年 5 月 ~7 月

工作单位：洛阳市文物考古研究院

墓地位于洛阳市洛龙区龙门大道西侧、关林路南侧，在隋唐洛阳城外郭城城墙、定鼎门南侧 1.5 千米处的唐代墓葬集中分布区域。墓地所在为洛阳市洛龙区关林街道办事处练庄村村庄改造项目所在地。该区域共发现墓葬 90 座，其中唐代墓葬有 53 座，西晋墓 1 座，宋墓 1 座，近代墓 7 座，时代不明墓 28 座。

墓葬以唐代墓葬为主，大部分唐代墓葬为小型带斜坡墓道的土洞墓，被盗扰严重，残存遗物较少。仅编号为 M171 的墓葬保存相对较好。

M171 为带长斜坡墓道的土洞墓：墓道向南，长 15 米，宽 1 米，深 7.6 米；墓室长 6 米，宽 5 米，深 1 米。墓门有封门砖，墓室被多次盗扰，但仍有遗物出土。出土的遗物：石墓志 1 合、陶器盖 1 件、镇墓兽 1 件，陶俑 14 件、陶俑头 8 件、瓷罐 3 件、蚌壳 1 件、铜钱 2 枚、铜饰 4 件、陶马 1 件。另外，该墓墓道两侧出土的石狮子 1 对，石羊 1 只。

该工地的发掘对研究洛阳地区唐代墓葬的分布，墓葬的形制，随葬品种类等具有一定的意义。

（潘付生）

【郑州市二七区铁三官庙村宋代壁画墓】

发掘时间：2018 年 10 月 ~11 月

工作单位：郑州市文物考古研究院

配合工程建设，墓葬位于郑州市二七区百盛路以东，芦庄路以北，三官中路西，百盛路以南。先期郑州市文物勘探管理办公室在建设用地范围内勘探发现古墓葬 3 座，另在施工过程中新发现 2 座，共计 5

座墓葬。

通过考古发掘，墓葬形制结构基本一致但盗扰严重，现将保存较完整墓葬简述概况如下：

M1 为“甲”字形墓葬，墓道为长方形竖穴式，底部为斜坡，口长 11.5 米，宽 0.7 米 ~1.5 米，深 0.5 米 ~3.5 米；墓室形制为圆形砖雕结构，直径约 5 米，现顶部坍塌无存，内部暴露一周斗拱结构，内饰红、白彩，部分脱落严重，另墓道连接墓室处暴露门楼部分，结构较完整，上部坍塌无存，现由普柏枋、阑额、上额、门额、门簪、槫柱、立颊、门砧组成，正面抹白灰泥，其上彩绘花卉图案。

M2 形制结构仍为“甲”字形，由墓室、墓道两部分组成，墓道为长方形竖穴式，底部为斜坡，口长 5.9 米，宽 1.05 米 ~3.1 米（北边接近墓门处坍塌），深约 4.2 米；墓室为近圆形，内置砖结构，但被晚期盗扰严重，仅存底部少许砖体结构，直径 5 米，深 4.2 米。

M3、M4、M5 形制结构一致为“甲”字形，由墓室、墓道两部分组成，墓道为长方形竖穴式，底部为斜坡，墓室为近圆形，内置砖结构，仍有被晚期盗扰的迹象，仅存底部少许砖体结构，另墓门残存部分门楼结构，因坍塌挤压严重变形。现墓室直径均约 4.2 米，深 4.3 米。

根据墓葬形制结合出土器物，5 座墓葬均为宋元时期。为加强砖雕结构壁画墓 M1 的保护及利用，我院科技部充分利用现代科技手段对该墓葬做好保护及搬迁工作，并保证资料的科学性、完整性，为将来进一步研究及开发利用打下基础。

墓葬出土了一批精美的陶器、瓷器、铁器等随葬品。尤其是壁画墓葬（M1），为中原地区经济、民俗、绘画艺术等诸多领域的研究，提供了可靠的实物资料。

（高赞岭）

【新郑市郭店镇宋金壁画墓】

发掘时间：2018 年 8 月 ~11 月

工作单位：郑州市文物考古研究院

墓葬位于新郑市郭店镇中华北路西、纬二路北。配合郑州乾龙物流有限公司仓储用地开展考古工作，共发掘墓葬 7 座，灰坑 5 座。根据墓葬形制及出土物，这几座墓葬应为宋金时期一家族墓地，均为迁葬砖室墓。其中 M5、M6 两座墓葬并列为一组，墓道为北向，墓室方正，其时代稍早。M1、M2、M3、M4 分布上述两座墓葬周边，墓道南向，墓室皆为圆形，体型庞大，建造费功，时代稍晚。M7 则呈长方形，较小较浅，实为未成年人墓葬，位于家族墓地的东部边缘地带。这批墓葬盗掘坍塌破坏严重，多数墓葬墓室内砖块残存较少，仅 M2 保存有部分砖雕斗拱及墓室墙壁，墓室墙壁壁画结构较完整。现就 M2 宋金壁画墓情况简介如下。

M2 平面呈圆头甲字形，方向 186°，为土坑竖穴斜坡阶梯式墓道及土坑竖穴圆形墓圹，墓室为八角形砖室墓。墓道现存长 5.2 米，宽 1.4 米，墓口处现深 3.5 米。墓室近圆形，直径 4.1 米，现深 3.5 米。该砖室墓葬残存下半部，斗拱以上的穹顶盗掘坍塌不存在。残存局部斗拱及斗拱以下结构，斗拱为一组五跳结构，拱间壁画为菊花，施白灰底红彩花瓣。墓室封门结构盗掘坍塌不存在，残存封门右侧一面挡沙墙防止沙土坍塌流淌墓室内。墓内填土黄褐花土，质地稍粘硬，包含较多碎砖块及少量礓石颗粒，出土三彩碗残片、黑瓷梅瓶残片、白地黑花瓷洗残片、青釉钧瓷炉残片、门钉、铁质铺首衔环等，四块头骨残块位于墓室北边，其中一片已粉化。墓室墙壁分为八面，除却封门一面不存在之外，其余七面保存尚好，墙体之间以黑色转角倚柱分隔。其中封门两侧的两面墙体靠近封门处遭破坏残缺不全。封门两侧的墙体壁画为两位站立执兵武士，长袍卷沿圆帽，发髻垂肩，属金人服饰。其余壁画呈现二十四孝、出行、奏乐等内容。墓室墙壁施较厚白灰为地，其上绘制人物图案、家居、帐幔、竹植、茶具、武器等，锦绣襦袍，色彩有红、黑、黄、青等，服饰冠帽等体现了北方少数民族风格和中原地区不同特色。

M2 壁画墓建造精巧，头骨残骸四具，为多人合葬迁葬墓。宋金时期，中原地区处于宋金对峙的前线，同时也是文化交流与融合普遍发生的区域，M2 壁画内容真实体现了南北民族融合与文化交流融汇的历史现象。

（黄富成）

【开封市十三中明代建筑遗址】

发掘时间：2018 年 6 月 ~8 月

工作单位：河南省文物考古研究院、开封市文物考古研究所

为配合开封市十三中综合教学楼的建设项目，对该遗址进行了抢救性发掘，发掘总面积约 1500 平方米，清理出明代晚期院落遗址东西 2 处，房屋共计 14 间，坍塌的屋顶结构 8 处；发现人骨遗骸 8 具；出土有丰富的建筑构件、瓷器、陶器、漆木器、铜器、玉石器等遗物。

东侧院落保存相对完好，坐北朝南，中轴线方向约 8°，南北通长 55 米、东西宽 21 米（院落南北两端、东西两侧均未完全揭露），已揭露部分包括南北四进院落。该院落基本符合传统的四合院式布局，存在一些个性化差异。中轴线上的主体建筑自南向北分别是面阔三间（F4）、五间（F5）和三间（F12），中间有铺砖甬道相通，F5 两侧配有厢房、F12 西侧有面阔两间的耳房。F5 和 F12 北部均设有抱厦，F5 及西厢房（F9）北稍间的室内地面均铺砌木地板，F12 及 F9 明间的室内地面则铺砌髹红漆的席子。另 F4 室内东南角和 F5 室内西南角均有“炕”类取暖设施，直接建在室内地面上，高约 50 厘米。东侧院落内出土有整体坍塌、保存较好的屋顶梁架或瓦垄结构四处，屋顶多为阴阳合瓦、未见斗拱的大木小式建筑。

遗址内出土有丰富的砖、瓦、正吻、垂兽、跑兽、梁架等建筑构件，门、窗、隔扇、天花等装修构件；另出土其他遗物 500 余件，主要包括瓷器、陶器、玉石器、铜钱等生活用品，仿古铜器等艺术品，桌、椅、柜、肩舆等漆木家具等，另出土有“大明崇祯十五年大统历”“《大明集礼》”“《易简方》”“《答语摘要》”等带字木雕版，以及“刊书付印房”“简逺堂”等牌匾等。

根据地层关系及文献记载可知，该遗址乃毁弃于明末崇祯十五年的洪水，遗址位于明末开封城官署区的西北角。该遗址的发掘为明代开封城的整体研究补充了珍贵材料。此次发掘出土的院落遗址以及瓦垄和梁架等屋顶结构为研究明代建筑布局、建筑技术、建筑风格提供了珍贵的实物材料。丰富的木作建筑构件、装修构件以及家具、用具，反映了明晚期的木作技术，同时有利于对古代榫卯结构的认识。遗址内带字木雕版、牌匾的出土，不仅为该遗址的性质推测提供了依据，同时也为研究明晚期印刷工艺提供了珍贵材料。

（曹金萍）

【开封明代永宁王府遗址】

发掘时间：2017 年 ~2018 年

工作单位：河南省文物考古研究院、开封市文物考古研究所

开封明代永宁王府遗址位于开封市鼓楼区省府西街路北、城隍庙街中段路西。据勘探，整个王府遗址范围南北通长约 200 米，东西宽约 115 米，包括东、中、西三路院落。2017 年 7 月至 2018 年 8 月，重点揭露了中路院落中轴线建筑群，院落地面距今地表深约 5 米，叠压在厚约 2.5

米的淤土层下。中轴线建筑自南向北包括四重三进院落，依次有王府大门、隔墙（照壁）、仪门、前厅房、后厅房、花园（假山、水池）等。遗址中共出土姿态各异的人骨遗骸15具，其中两具埋藏在前厅房明间铺地砖下。

遗址内出土陶、瓷、石、玉、金、银、铜、锡、琉璃、木、骨、角、贝等各类遗物1600余件（套），主要为生活用品、建筑构件、供器等。生活用品以青花瓷碗、碟、盘、杯等日用器皿为主。建筑构件材质主要有砖、石、木、琉璃等，其中琉璃构件主要有瓦当、滴水、鸱吻、脊兽等，纹饰有龙纹、花卉纹，釉色有蓝、绿两种。另出土银锭约700克、明代中晚期铜钱8000余枚。

大门台阶前出土万历四十年“昭代贤宗”木匾额1块，落款“永宁王府掌理府事肃溱立”“万历壬子岁仲冬吉旦”。

本次发掘明确了遗址性质。遗址内的建筑规格和体量、绿琉璃构件的使用、万历四十年永宁王府掌理府事肃溱立的“昭代贤宗”木匾额，综合体现了该遗址的性质当为明代永宁王府遗址。《明史》记载，永乐初年封周定王朱橚第六子朱有光为永宁王，至万历二十六年（1598），第八代永宁王因无子嗣而被除封号。

确证了遗址年代。据文献记载，崇祯十四年（1641）三月李自成围攻开封城，久攻不克，至崇祯十五年（1642）九月，决黄河口水灌开封城，城内建筑毁弃者十之八九，“水深数丈，浮死如鱼”，开封城遭受灭顶之灾。该遗址开口于厚厚的淤土层下，正是对崇祯末年洪水灾难在地层学上的真实反映，该遗址明确毁弃于崇祯十五年。

遗址中轴线院落建筑群布局明晰，建筑规模大、等级高，是目前国内已发掘的保存状况最好、遗物最丰富的明代郡王府遗址，是国内发现的唯一一座按照规制修建的明代早期郡王府，其发掘对研究明代郡王府规制具有重要意义。

遗址内出土丰富的建筑构件、瓷器、青铜造像等遗物，具有极高的历史、科学、艺术价值，为研究明末相关遗物的分期与特征提供了标准器。

（王三营　万军卫）

【鹤壁辛村明清时期李氏家族墓地】

发掘时间：2017年9月~2018年6月

工作单位：河南省文物考古研究院　鹤壁市文物工作队

李氏家族墓地位于鹤壁市淇滨区金山办事处辛村路口以西，占地约1600平方米。为配合鹤壁市新增省道225安平线南水北调桥至水泥厂段改建工程，河南省文物考古研究院联合鹤壁市文物工作队，对该墓地进行抢救性发掘。共发掘明清墓葬23座、墓地明堂1处。

墓葬均开口于①层下，早年土地平整，坟丘已荡然无存，现耕土层中散落有部分墓葬的石质墓碑、基座及供桌构件。依据墓葬形制，可分为竖穴土洞墓、竖穴土坑墓、石室墓、砖室墓、砖石混筑，后三类墓葬均带斜坡式墓道，且墓门为仿木结构门楼墓门。

M17、M18墓室上方填土中，铺设一层厚约0.2米碎石层。凡是石质墓门的西侧，均设置一处小门洞，直抵墓室。此类门洞尺寸非常之小，仅容身材瘦小的人匍匐通过。M18较为特殊，为墓地仅有的一座穹隆顶墓室，墓室内壁的东、西、南、北、中五个方位分别放置不同颜色石块，表面朱书文字，分别为：东—黑杂色—“岁星”、西—白色—“太白”、南—红褐色—“荧惑”、北—黑色—“辰星”、正中—土黄色—“镇星”，充满了浓厚的星辰信仰色彩。

规模最大的一座为M16，该墓坐北朝南，平面呈甲字形，方向190°，现存总长约14.7米。台阶状斜坡墓道，南北长约

10米，东西宽0.97米~1.8米，深约6.2米。纵列式石质拱券墓室，上方以青石碎片和卵石堆垒成一伏龟造型，以一整块三角卵石象征龟首，朝南，龟身紧贴北壁，微隆龟背，四肢略向外凸出，其中两后肢部位被盗洞破坏，两前肢斜向伸展至东西两壁，无尾。

1处墓地明堂，位于M17、M18两座墓道前端正中位置。为长方形土坑，底部以52块青砖和4块断砖砌成的乌龟形状，头部朝南，以左右各置1酱釉小瓷盏代表龟眼，以小铁犁铧象征左右前肢，中空龟腹，内部南北中轴线一字排列4组铜钱，每组3枚，上下叠压，中部小铁钉绑定，可辨识有景德元宝和天圣元宝；龟腹近左后肢和尾部处发现有破碎的蛋壳。

根据墓志和铜钱判断，该墓地使用年代最早可追溯至明代早段，最晚至清代中期，持续时间长达三百多年。由墓主辈分及明堂的空间位置分析，该墓地在最早使用时期，便经过严格规划：以明堂为中心，由北自南，前辈靠北、晚辈则居南；同一辈分中，由西北向东南一字展开，若第一排以西北为长，第二排则以东南为长。可见，此种排列顺序是昭穆制度在明清时期家族墓地的孑遗。

墓地中的龟式墓地明堂、龟式墓顶、以五色石为代表明器神煞、镇墓瓦等诸多葬俗与当时盛行的堪舆学说息息相关，折射了明清时期民间朴素的风水观；石质墓门设置小侧门洞、墓顶铺设碎石以防盗，表现了鲜明的地方特色，罕见于其他区域。该墓地布局清楚、构造完整，对完善明代墓葬体系、研究明清基层官绅墓葬制度与文化具有重要学术价值。

（高振龙　韩朝会　牛合兵）

湖北省

【钟祥市寨子山新石器时代遗址】

发掘时间：2017 年 10 月 ~2018 年 9 月
工作单位：湖北省文物考古研究所

寨子山遗址位于钟祥市洋梓镇大桥村三组向家畈南边寨子山。地处大洪山西南麓、襄荆通道汉江东岸的咽喉地带。北纬 31°14′34.25″，东经 112°40′39.38″，海拔 50 米 ~70 米。遗址面积约 10 万平方米。为配合枣潜高速公路的建设，对遗址进行勘探发掘。分三处发掘区和探沟 4 条，共揭露 600 多平方米。

第一发掘区位于寨子山东南山脚。主要发现 18 座长方形土坑竖穴墓、6 个瓮棺墓、1 座房子、66 个灰坑。时代为屈家岭文化至石家河文化早期时期。第二发掘区位于寨子山西边山坡上。主要发现油子岭文化晚期墓葬 14 座、屈家岭文化时期房子 3 座、油子岭文化早期房子 4 座。第三发掘区位于寨子山山鞍部。共清理屈家岭文化时期红烧土带 1 条、灰坑 1 个。TG4 位于寨子山山顶东北寨墙。发现屈家岭文化时期墓葬 3 座。

通过这次发掘，我们发现一批油子岭文化晚期墓葬，难得是人骨和随葬器都保存很好。这批墓葬揭示了复杂的早期丧葬文化，其分器合葬、一次和二次混合葬、随葬陶器明器化、随葬大量猪下颌等现象背后包含着复杂的人际关系、阶层关系、丧葬制度、财富分化和文化交流等，这些都是早期社会复杂化的具体体现。遗址出土的人骨及动物骨架保存较为完好，为体质人类学和族群 DNA 研究提供了很好的实物样本；在同一遗址不同区域分别发现油子岭文化晚期墓葬、屈家岭文化时期墓葬和石家河文化早期墓葬，为探讨三个时期的文化联系提供了难得的素材。在遗址东区出土的陶器器底或器腹上发现有较为复杂的刻划符号，填补了汉东地区屈家岭文化晚期至石家河文化早期这一时段的刻划符号发现的空白。这为文字起源的研究提供了非常重要的实物资料；发现了南方少见的彩陶；发现了南方稻作农业的直接证据——大量稻谷壳痕。

总而言之，通过这次勘探发掘，我们发现寨子山遗址是一处规模较大的新石器时期聚落遗址，其保存较好，内涵丰富，时间涵盖油子岭文化早期、油子岭文化晚期、屈家岭文化时期、石家河文化早期。该遗址的考古发现为长江中游文明进程研究提供了非常重要的实物资料。

（陆成秋）

【走马岭新石器时代城址】

发掘时间：2018 年 7 月 ~2019 年 1 月
工作单位：武汉大学历史学院考古系

走马岭遗址位于石首市东升镇走马岭村与屯子山村的交界处，地处长江（荆江段）南岸的冲击平原，北距长江约 10 千米，紧邻上津湖北部边缘，周边河流、湖泊众多，水网密集。基点坐标为北纬 29°40′13″，东经 112°31′07″，海拔 30.1 米。

2014 ~2016 年的工作得出以下认识：走马岭遗址发掘的新石器遗存可分为四类，

分别属屈家岭下层文化、屈家岭上层文化、石家河文化、煤山文化。走马岭城址包括走马岭内城和罗地山、碾子山、蛇子岭、蛇山、狗赶张、三角台以及之间分布的若干弧状人工台地、弧条形人工堆土组成的外城，构成内外城结构。外城北面有一个由屯子岗、虎山及其之间的弧状台地组成的“瓮城”。外城西面面对上津湖的开口两侧还各有一道分别由队屋台子、西边山组成的防御设施。走马岭内城外侧有一圈完整的护城河，外城外侧现存有断续的护城河，北面的“瓮城”外侧有相对完整的护城河，并与外城护城河连通。走马岭城址内城面积近10万平方米，总面积达到近50万平方米。走马岭城址的修筑年代不晚于屈家岭下层文化时期，历经屈家岭上层文化、石家河文化，至煤山文化时期废弃。

2018年的发掘分为两个部分，一是对走马岭内城北部居住区的发掘；二是对北面屯子岗墓地的发掘。

内城北部发掘区主要揭露出屈家岭文化时期居址聚落面，由4座房址、1条排水沟和若干灰坑组成。房址均为长方形地面式建筑，残留有基槽、柱洞等。结合往年在走马岭内城西北部、东部发掘情况来看，走马岭内城西北部、北部至东部城墙内侧高地为主要居住区，存在丰富的文化层，揭露出大量以房址为中心的聚落面。内侧西北部发现有多处大型连间排房，还出有玉璜、玉珠等玉器；内城北部及东部居住区也发现较多房址，有圆形单间、长方形单间、长方形或曲尺形双间等。这些房屋相比较而言面积、规模均偏小，属一般性生活单元。整体来看，走马岭城内掌握较多财富、地位较高的居住区位于走马岭内城西北部；走马岭内城北部及东部居住区居民地位相对较低。

屯子岗墓地位于走马岭城北“瓮城”城墙（屯子岗）南侧台地上，目前发现新石器时代墓葬十余座。均为长方形土坑竖穴墓。个别墓葬发现有生土二层台，还有少量墓葬发现有葬具朽痕。人骨均保存较差，残存有骨渣或牙齿。随葬品均为陶器，以黑陶为主，少量灰陶、红陶，器形有鼎、豆、罐、杯、簋等，年代以屈家岭下层文化为主。除墓葬外，在发掘区南部发现有较多长方形小坑，共计16个，其中11个大致沿东西方向直线分布，其周围还分布有大量圆形柱洞，共计50余个，大致可以看出长方形多间结构，未见基槽，结构十分特殊，或是与墓地有关的建筑设施，暂未清理，需要后面继续工作确认其性质。

（单思伟）

【荆门市屈家岭新石器时代遗址】

工作时间：2018年4月~2019年1月

工作单位：湖北省文物考古研究所、荆门市博物馆、荆门市屈家岭遗址管理处

屈家岭遗址是屈家岭文化的命名地，位于荆门市屈家岭管理区屈岭村和京山市雁门口镇高墩村，地处大洪山南麓向江汉平原过渡的山前丘陵地带。遗址总面积达2.84平方千米，是以屈家岭遗址点为核心，包括集殷家岭、钟家岭、冢子坝、九亩堰、大禾场、土地山和杨湾等遗址点为一体的新石器时代大型环壕聚落。

本年度的考古发掘，依旧为配合屈家岭考古遗址公园建设而进行，以期为现场展示提供材料支撑，同时继续探索聚落的功能区划。结合之前的工作情况，选择屈家岭遗址点中部岗地及南部岗地、殷家岭遗址点中部作为发掘区域。

本年度，在屈家岭遗址点中部岗地和南部岗地进行布方发掘，揭露了一批石家河文化和屈家岭文化遗存，其中包括一座屈家岭文化墓葬，对于进一步认识遗址的聚落布局及其演变情况提供了重要线索。

2018年7月~9月，对殷家岭遗址点

进行重点勘探，勘探面积约5万平方米，掌握了该遗址点的遗存分布范围及整体保存状况。2018年9月~2019年1月，在殷家岭遗址点中部区域进行布方发掘，揭露了一批油子岭文化晚期遗存，丰富了对该遗址点文化内涵和性质的认识。

此次发掘共出土各类文物200余件（套），均为新石器时代遗物。其中陶器数量最多，计有130余件（套），器类包括鼎、碗、豆、彩陶杯、曲腹杯、罐、壶形器和圈足杯等；石器60余件，器类主要为斧、锛、砺石和钺等；玉器1件，为饰件；铜矿石3件，年代为屈家岭文化晚期和石家河文化早期。清理各类遗迹150余个，其中墓葬1座，灰坑145个，灰沟1条，房址3座，年代分别为油子岭文化晚期及屈家岭文化晚期至石家河文化早期。

（罗运兵　陶　洋　张德伟）

【天门市石家河新石器时代遗址】

发掘时间：2018年3月~12月

工作单位：湖北省文物考古研究所、天门市博物馆

石家河遗址位于长江中游腹地、位于天门市石河镇土城村和卢岭村，江汉平原北部与大洪山南麓结合处的山前地带。石家河遗址主体位于东西两河之间，总面积达8平方千米，是长江中游地区目前发现面积最大、延续时间最长、等级最高的史前聚落遗址群。

此次共发掘了两个地点：一是罗家柏岭遗址，20世纪50年代在此发掘发现屈家岭文化时期的密集建筑，结合其他遗迹现象，推测该地为屈家岭—石家河文化时期的居住区和后石家河文化时期的玉石器加工场所。发掘目的在于继续了解屈家岭文化至石家河文化时期的高等级居住区，寻找是否在该区域东河两岸存在后石家河文化时期的玉石器加工场所。

二是蓄树岭遗址，目的在于了解该区域在石家河古城内的地位和功能，是否存在高等级居住区和祭祀场所。通过蓄树岭的发掘，确认蓄树岭遗址是石家河古城内一处重要的居住区，目前揭露的时代为石家河文化晚期至后石家河文化，发掘至第④层，发掘深度1米~1.2米。其下的堆积还较厚，应为更早时期的遗存。第④层为石家河文化地层，大部分未发掘，第②、3a、3b层均为后石家河文化层；蓄树岭是石家河遗址群目前发现的后石家河文化遗存最丰富的地点，密集分布的灰沟、灰坑以及残存房基的基槽，表明这里是石家河文化时期和后石家河文化一处非常重要的居住址。

（刘　辉）

【武汉黄陂区盘龙城商代遗址】

发掘时间：2018年10月~2019年1月

工作单位：武汉大学历史学院、湖北省文物考古研究所、武汉市文物考古研究所、盘龙城遗址博物院、芝加哥大学东亚语言文明系

为进一步了解盘龙城遗址小嘴铸铜遗存的分布、揭示盘龙城杨家湾北坡石头堆积遗迹的年代和性质，同时认识盘龙城遗址周边地貌及其遗存的分布状况，2018年度对盘龙城遗址小嘴、杨家湾北坡及南部外围区域展开了调查、勘探和发掘。调查面积约97万平方米，勘探面积6万平方米，发掘面积443平方米，涉及的主要遗存年代均属于商代早、中期。

小嘴地点的考古发掘为2017年度小嘴工作的延伸，在2017年度发掘区的西部布设探方，发掘面积195平方米。该区域发现多条灰沟汇聚于一处灰坑，并与此前发现的灰沟、房屋遗迹关联。在之前的考古工作中，我们发现这些灰沟和房屋遗迹可能与商时期的铸铜生产相关。目前的线索暗示出小嘴铸铜生产遗存可能进一步向西、

北分布，即向早年发掘的楼子湾、杨家湾南坡方向延伸。后者曾发现有贵族墓葬及制陶等手工业生产遗存。小嘴地点与楼子湾、杨家湾南坡之间的关系显现出这一区域有着较大规模的手工业生产活动。

杨家湾北坡在2014～2017年的工作中曾发现有大面积石头堆积的迹象。为摸清石头堆积的分布和性质，2018年度的工作一是在石头堆积最为密集的区域进行了重点勘探，勘探面积6万平方米；二是选择石头与文化层堆积丰富的地点进行解剖发掘，布设探沟4条，发掘面积198平方米。整个发掘区域石块分布密集，顺地层呈大面积斜坡状分布，在层位上确认石头堆积属于商代的人工遗迹。

盘龙城遗址及其周边区域的考古调查面积约97万平方米，主要沿盘龙城临湖及南部府河沿岸展开。本次调查在杨家嘴东面临湖位置新发现疑似大型建筑遗迹一处，同时进一步明确了盘龙城遗址主体位于当今府河河道以北、盘龙城大道以西，未至府河以南区域。

（孙　卓　路晋东　邹秋实）

【黄冈市黄州区寨上商周时期遗址】

发掘时间：2018年9月～2019年1月

工作单位：武汉大学历史学院、黄州区博物馆

寨上遗址位于黄冈市黄州区陈策楼镇豹子垴村西南部，巴河支流沙河图河东岸，为长条形台地，顶部平坦开阔，总面积2万余平方米。遗址于1981年全国文物普查时发现，2011年被公布为湖北省第六批重点文物保护单位。2018年武汉大学历史学院与黄州区博物馆对遗址进行发掘，在遗址南部布设探方22个，发掘面积550平方米，清理商周时期灰坑160个、小型房址1座，出土了大量陶、石、铜器及少量原始瓷、玉器等。

房址F1为圆形半地穴式，直径2.6米～2.72米，中心有一较大的柱洞，外围有7个小柱洞，推测为一座窝棚式建筑。部分灰坑内出土铜渣、陶范、砺石等冶铸遗物，应为铸铜生产的废弃物堆积。

陶器以夹砂红褐陶、夹砂灰陶为主，泥质灰陶次之，纹饰有绳纹、旋断绳纹、附加堆纹、旋纹、“S”形印纹等，陶器按文化类型可分为商文化、大路铺文化、西周文化三种，年代初步判断为中商至西周中期。商文化陶器有分裆商式鬲、斝、假腹豆等，大路铺文化陶器有鬲、鼎、双耳甗、滤盉、长方镂空豆、敛口钵等，西周文化陶器有联裆鬲、仿铜鬲、盆等。还出土陶网坠、纺轮、陶拍、陶垫、圆陶片及鸡、狗等陶塑动物模型。石器数量很多，器类包括砺石、凿、锛、斧、刀、镞、臼、锤、网坠等。玉器仅见环类小件玉饰。原始瓷均为残片，灰白胎，青灰色釉，器类以敛口豆为主。

发现了大量青铜冶铸遗物，有铜渣、炼渣、陶范、石范、铜块等，陶范包括圆鼎等铜礼器范，表明遗址内应存在铸铜作坊，且等级较高。铜器包括镞、刀、刻刀、锛及铜器残片等，其中镞、刀较常见，镞均为双翼镞，刀直背直刃，有的刀身有圆形穿孔。

出土动物骨骼经鉴定有猪、野生的中、小型鹿科，可能还有大型鹿科或牛科。结合遗址出土陶网坠数量很多，农业工具却很少的现象，推测当时的渔猎经济应占有相当比重。

寨上遗址的大路铺文化陶器与中原系统的商文化、西周文化陶器共存，为解决鄂东地区商周时期考古学文化的分期与年代问题，提供了契机。该遗址地处重要的铜矿分布带，大量冶铸遗物的发现，为探寻寨上遗址的铸铜作坊提供了线索，为研究鄂东地区的铸铜业生产提供了重要材料。

（王　洋）

【京山市苏家垄春秋时期遗址】

发掘时间：2018 年 8 月 ~2019 年 9 月

工作单位：湖北省文物考古研究所、北京大学考古文博学院、荆门市博物馆、京山市苏家垄文物管理所

苏家垄遗址位于京山市坪坝镇西侧，坐落于漳河北岸的二级台地上。遗址南距漳河河道约 200 米，北距苏家垄墓群约 900 米。为了进一步研究苏家垄遗址和墓群的关系，厘清遗址的性质、年代和文化面貌，从而进一步解决“金道锡行”所涉及的曾国矿料来源、青铜冶炼、铸造工艺以及曾楚两国关系等一系列重大学术问题，并配合国家文物局“考古中国——长江中游文明进程研究”重大课题，经国家文物局批准，湖北省文物考古研究所联合北京大学考古文博学院等单位对遗址进行了考古发掘。

本次发掘按照“统筹兼顾、突出重点”的思路，选取了 A、B、C 三个发掘区，其中 A 区为主发掘区，B、C 区为炼铜炉和炼渣遗存集中分布区。A 区位于坪坝镇中心小学东侧约 100 米，布置探方 40 个，面积 1000 平方米；B 区位于 A 区西南 350 米，布置探方 4 个，面积 100 平方米，主要围绕炼炉 L1 展开发掘；C 区位于 A 区东部 60 米，布置探方 3 个，面积 75 平方米，主要围绕炼炉 L2 及炼渣堆积展开发掘。

共清理遗迹 56 个，其中灰坑 43 个（H1 ~ H43），灰沟 2 条（G1、G2），水井 7 眼（J1 ~ J7），房址 1 座（F1），炼炉 2 座（L1、L2），窑址 1 座（Y1）。出土遗物十分丰富，包括石器、铜器、陶器和大量的冶炼遗物等。出土的陶器和陶片以夹砂褐陶、夹砂红陶和泥质灰陶居多，少量泥质红陶、夹砂灰陶和夹砂橙黄陶；纹饰以粗绳纹、间断绳纹、交错绳纹、凹弦纹、平弦纹为主，少量附加堆纹、暗纹、戳印纹和网格纹等；器形包括鬲、豆、罐、盆、盂、簋、甑、甗、瓮、缸、鼎、杯等。另有较多陶拍、纺轮、鼓风管等陶质生产工具和板瓦、筒瓦等陶质建筑材料。

根据出土陶器的特征，苏家垄遗址的主要年代为春秋中期或前后，部分遗迹遗物的年代可能早至春秋早期和晚至春秋中期以后。遗址主体年代与苏家垄墓地年代相重合，但其延续的时间较墓地要长。苏家垄遗址继承了以庙台子遗址为代表的曾国早期周文化体系传统，文化面貌一脉相承，与枣阳周台、随县狮子湾、随州王家台、广水巷子口等曾国同时期遗址具有高度一致的文化面貌，同时遗址出土的炼铜炉、大面积铜炼渣、铜矿石、鼓风管、铜锭等遗存，表明这是一处曾国春秋中期前后的大型居住和矿冶遗址。

本次发掘，再次获得了一批重要的关于曾国春秋时期生产生活，特别是铜矿冶炼的重要遗存，为研究曾国青铜器生产，周王朝经营南方、“金道锡行”铜矿资源管理等提供了重要的实物资料，也为苏家垄国家考古遗址公园建设和大遗址保护、展示、利用与研究提供了强有力的支撑。

（瞿　磊　张　吉　方　勤　熊北生）

【随州市枣树林春秋曾国墓地】

发掘时间：2018 年 10 月 ~2019 年 1 月

工作单位：湖北省文物考古研究所、随州博物馆、曾都区考古队

枣树林墓地隶属义地岗墓群，位于随州市曾都区东城办事处文峰社区一队、二队、十队，处于一座东北—西南走向的岗地上，南起汉东东路，北至青年东路。为完善两周时期曾国世系、分封、礼制，了解曾国与中央王朝、楚国及其他诸侯国关系等问题，湖北省文物考古研究所配合随州市城市建设，对枣树林墓地进行主动发掘，完成清理墓葬 5 座，其中包括土坑墓 3 座，砖室墓 2 座，其余墓葬正在逐步清

理中。现将已发掘的3座土坑墓情况简要介绍。

M130位于枣树林墓地东南角，墓葬上部被原八一水库破坏，仅存底部，长方形竖穴土坑木椁墓，一棺一椁，东西向，墓口长360厘米，宽266厘米~270厘米；墓底长344厘米，宽250厘米，残深54厘米~74厘米。墓壁较直，不见明显加工痕迹。墓葬填黄红色花土，较致密，不见夯打痕迹。棺椁均腐朽，仅见朽痕，椁室位于墓葬中部，长252厘米，宽150厘米，厚10厘米；棺室位于椁室北部，内铺有朱砂，长202厘米，宽74厘米，厚6厘米。椁内、棺外南部随葬器物6件，分别为铜鼎1、铜盂1，陶壶2，陶豆1，陶罐1；棺内随葬器物4件（套），分别为铜戈1，铜匕首1，玉玦2，玉琀若干。其中铜戈有5字铭文，释读为“中母舀之戈”。

M131位于M130北部，墓葬上部被原八一水库破坏，仅存底部，长方形竖穴土坑木椁墓，一棺一椁，东西向，长308厘米，宽168厘米，残深34厘米~44厘米。口底同大，墓壁较直，未见明显加工痕迹。墓葬填黄红色花土，土质较软，结构疏松。棺椁均腐朽，仅剩朽痕，椁室位于墓葬中部，长228厘米，宽110厘米~130厘米；棺室位于椁室北部，长196厘米，宽56厘米。共出土随葬品5件，均为陶器，计鼎1，壶2，豆1，盂1。

M132位于枣树林墓地东部、M131北部，墓葬上部被原八一水库破坏，仅剩底部，长方形竖穴土坑木椁墓，一棺一椁，东西向，长290厘米，宽224厘米，残深30厘米。口底同大，墓壁较直，未见明显加工痕迹。墓葬填黄灰色花土，土质较硬，结构致密。墓葬西部有一个近圆形的盗洞，棺椁均腐朽，仅见朽痕，椁室位于墓葬中部，残长185厘米~190厘米，宽144厘米，棺室位于椁室北部，残长100厘米~150厘米，宽54厘米。墓葬被盗扰，未出土随葬器物。

枣树林墓地发掘区北部及中部发现的带墓道大墓及附葬车马坑，其极有可能是曾侯之墓，为了解曾国世系、曾国高等级贵族墓地的埋葬习俗、墓葬排列顺序以及曾国同中央王朝、楚国等诸侯国之间的关系提供了详实资料。

（郭长江　陈　虎）

【荆州市楚纪南故城遗址】

发掘时间：2018年9月~2019年1月

工作单位：湖北省文物考古研究所

楚纪南故城2018年度考古工作为楚纪南故城大遗址保护延续项目。本年度考古发掘对象为楚纪南故城东垣南门，位于楚纪南故城东垣南段，位于楚纪南故城整体考古分区的J区南部、E区北部，向西联通城内、向东通向海子湖。东垣南门现存缺口处宽度约58米，两侧城墙基脚宽度约35米。本次考古工作目的是搞清楚纪南故城东垣南门的形制结构及与城内外的水陆交通网状况，为保护展示和开发利用奠定基础。

发掘面积1090平方米，共布10米×10米探方9个，5米×10米探方3个，4米×10米探方1个。由于该处为整个纪南城的地势最低处，破坏较为严重。发掘堆积层次分为6层：第①层为耕土层，第②层为扰乱层，第③④层为明清文化层，第⑤⑥层为唐宋文化层，其下即为城门遗迹，未见东周文化层。

整个城门复原宽度约为52.5米，有三个门道。中门道基部宽约16.5米，与南门道的隔墙门垛基部宽约6.2米，与北门道的隔墙基部宽度约6.8米。北门道基部宽约4.7米，北门垛基部宽度为6.8米。南门道及南门垛被现有水泥路占压，复原宽度当与北门道及北门垛相当。几个门垛现存长度接近，约15米，西部基本到头，东部被破坏。门道与门垛基本与城垣垂直。

门垛内发现柱洞、板槽之类的建筑痕迹。暂未发现门楼、门房遗迹。

通过发掘可以判定楚纪南故城东垣南门形制规整、体量巨大，应是出城的主要通道。此外，为配合东垣南门外护城河清淤，在该区域内调查发现了大量与城址同时期的灰坑、水井等居住遗迹和文化层堆积。据此线索，推测楚纪南故城东垣靠近庙湖，城内龙桥河及南护城河直接汇入大湖，东门区域形成较大规模的陆路通道或居住守卫区，水陆交通发达。

（闻　磊）

【云梦县江郭战国秦汉墓地】

发掘时间：2018 年 6 月 ~9 月

工作单位：湖北省文物考古研究所、云梦县博物馆

江郭墓地位于孝感市云梦县城关镇建新社区，龙岗自然组、江郭自然组和董家湾自然组共有地。西北距云梦睡虎地墓地约 3 千米，西距云梦龙岗墓地约 500 米。2018 年为配合龙胜华庭房地产工程项目的建设，由湖北省文物考古研究所承担江郭墓地的文物保护工作。

共发掘墓葬 56 座，其中砖室墓 11 座，土坑墓 45 座；遗物的类型和数量较为丰富，包括银、铜、玉石、瓷、陶和漆木器等，共计 200 余件套。

具体分期如下：战国中期晚段小型土坑竖穴墓 2 座，平行相邻分布，均为单棺，其中 1 座有头龛，随葬器物主要是鼎、壶、鬲、盂、豆与罐；战国晚期到西汉初期墓葬 40 座，22 座一椁一棺墓和 17 座单棺墓以及 1 座无葬具墓，一椁一棺墓只有头厢和棺室，未发现边厢，埋藏大部分较深，随葬器物主要是陶器和铜器，以及少量玉石器和漆木器，陶器主要有瓮、釜、盂、甑、罐、鍪和蒜头壶等日用陶器，不见陶礼器；铜器有铜鼎、铜盘匜、铜蒜头壶、铜鍪、铜勺、铜铃等；耳杯、漆奁等漆木器以及研磨石等石器，其中 M54 发现铜鼎、铜盆、盘匜等上发现毁器现象，而蒜头壶与鍪上未发现这种现象。另外还有 6 座唐代砖室墓、5 座宋代砖室墓以及 3 座明清土坑竖穴墓，由于埋藏较浅，破坏比较严重，唐墓随葬器物主要有铜镜银耳杯、银簪、陶盆与瓷盏，以及铜钱等；宋墓主要随葬碗、罐等瓷器，明清墓葬主要随葬碗、罐等瓷器以及铜镜。

此次发掘以秦汉之际的墓葬最为丰富，发现秦代毁器葬现象，是对湖北秦汉考古研究资料的一次补充。发掘了一批唐宋时期的墓葬，收获了一批重要遗物。

（赵　军）

【荆州胡家草场汉代墓地】

发掘时间：2018 年 12 月

工作单位：荆州博物馆

胡家草场墓地位于荆州纪南生态文化旅游区东北部的岳山村，北距沪渝高速 1200 米，西距郢城 920 米，南距汉宜高铁 120 米，东距海子湖大道 110 米。

2018 年 12 月为配合保利·公园壹号项目建设发掘古墓葬 18 座。其中西汉墓 11 座；东汉墓 3 座；宋代墓 2 座；明代墓 2 座。M12 位于胡家草场墓地西部，是墓地规模最大的一座西汉墓，墓坑形制为长方形土坑竖穴木椁墓，墓口距地表深 35 厘米。墓坑口长 770 厘米、宽 572 厘米；坑底长 654 厘米、宽 456 厘米；坑口至坑底深 532 厘米；方向 353°。葬具为一椁一棺，椁室由两条横向隔梁和一条纵向隔梁分割成头厢、边箱、足厢和棺室 4 个部分。椁室出土器物共计 110 件（套）。计有铜器 6 件、铁器 1 件、陶器 14 件、漆木器 80 件、竹器 7 件、杂器 2 件，在头厢内出土几个竹笥，竹笥内装有果核、种子以及简牍。

经过清理确认出土简牍分为竹简、木简和木牍三类。竹简和木简有 3000 余枚，

木牍有6块，竹简残片900余片。简牍基本内容主要有：历谱、编年纪、律令、病方、遣册等。

M12出土简牍数量较多，是近些年来郢城周边单座墓葬出土数量最多的一次；简牍内容种类丰富，和张家山M247出土汉简相比多了编年纪、日书以及病方三种；保存情况较好，卷束大致保持原状，每卷编绳清晰，对了解郢城周边西汉早期墓葬随葬的简牍类别及其与墓主之间的关系提供了新的资料。

M12随葬的编年纪和历谱，对于判断墓葬及整个墓地的绝对年代提供了重要的时代标尺，丰富了郢城周边西汉早期墓葬的纪年资料。

胡家草场墓地M12是荆州地区继张家山M247和M336汉简、印台汉简之后，又一次大量出土律令类简牍，尤其是从出土的目录简看，律、令种类多，丰富了认识西汉早期律令类的简牍资料，如张家山M247《二年律令》不见"厩律、朝律、葬律、祠律、尉卒律等"。另外也可以弥补其他汉简不足的律令内容，这批律令简的出土对于研究西汉早期法律史、汉代社会制度等具有重要意义。

（李志芳）

【郧西县羊皮滩魏晋至明清时期崖墓群】

发掘时间：2018年8月~9月

工作单位：湖北省文物考古研究所、十堰市博物馆

羊皮滩崖墓群位于十堰市郧西县景阳乡十里牌村，处于汉江北岸的悬崖岩壁上，东起泥沟口，西至官亭村，总长1300米，涉及面积约78000平方米。经国家文物局批准，为配合汉江白河（夹河）水电站工程建设，湖北省文物考古研究所联合十堰市博物馆对郧西羊皮滩崖墓群进行考古发掘工作。共清理崖墓52座，出土铜钱、珍珠耳坠、铁器、瓷片以及砖瓦等各类器物30余件。

羊皮滩崖墓均是在较陡峭的石壁上凿洞成墓，墓室较小且简陋，主要由墓口、封门、甬道和墓室等部分组成，少数墓葬墓口外开凿有平台。根据墓室的结构和形态，可分为两大类：一类为纵向墓室，墓口及甬道在墓室之前正中或偏于一侧，墓室前后长度较长，左右宽度较短，大多为长方形或"凸"字形墓，少数为"刀"字形墓。另一类为横向墓室，形制为墓口及甬道在墓室之前正中或略偏向一侧，墓室左右长度较长，前后宽度较短，多数呈左右较宽的"凸"字形或长方形，少数呈"刀"字形墓。

羊皮滩崖墓群的葬具可分为木棺及石棺两种形制。如：M45、M48墓室底部发现疑似棺木朽痕和铁钉，其葬具应为木棺；在M49墓室正中则发现较为完整的石棺。葬式以仰身直肢葬为主，多为一次葬。少数墓葬如M45发现三具人骨个体或存在二次葬。此外，在M45墓口外的崖壁上发现有四个栈孔，这为探究崖墓的开凿及下葬方式提供了可靠依据。

这批崖墓出土有"开元通宝"铜钱2枚、珍珠耳坠1枚、瓷片2片、陶盆1件及陶片若干，另发现墓砖6块、板瓦3件，其中有1块铭文墓砖（铭文模糊，不可辨识）。据此，我们初步判断这批崖墓的年代上限为魏晋南北朝，下限延续至明清时期。其中以唐宋时期为主体，同时个别墓葬如M31建造年代可能早至魏晋时期，而M9年代可能晚至明清时期。

根据现有考古资料，崖墓常见于云、贵、川及闽、赣山区一带，时代多集中在东汉至隋唐时期，墓葬结构繁简不一。与鄂西北临近的陕西商洛地区目前已调查发现崖墓4000余座，其分布特征是以丹江上游流域为中心，逐渐向南北两区域分散延伸，崖墓数量也由中心向两侧逐渐减少。而此次发掘清理的郧西羊皮滩崖墓群则处于商洛崖墓群的南侧，当地人把这种崖壁

上的墓穴称为“老人洞”。这批崖墓的发掘对研究汉江流域崖墓的开凿方式、埋葬风俗、民族属性及其形态变迁及文化内涵提供了详实材料。

（程小锋　黄旭初）

【武汉市黄陂区小江湾南朝墓】

发掘时间：2018 年 4 月 ~6 月

工作单位：武汉市文物考古研究所、武汉市黄陂区文物管理所

武汉市黄陂区天河街大兰村小江湾村民开挖鱼塘时，发现一座古代墓葬，随后进行了抢救性发掘。

墓葬位于武汉市黄陂区天河街大兰村小江湾以北约 100 米的岗地上，西南距汉十高速约 550 米，南距武汉市区约 20 千米，西距孝感市约 30 千米。

M1 为凸字形带双耳室砖室墓，方向 165°，全长 10.36 米、宽 5.96 米、残高 1.54 米。由墓道、封门墙、甬道、墓室、双耳室、排水沟等部分构成。墓道西侧近封门处有一处盗洞，现存开口近圆形，弧壁，圜底，直径 103 厘米、深 52 厘米。

墓道为斜壁坡形墓道，坡度 17°，长 380 厘米、开口宽 166 厘米 ~186 厘米、底部宽 158 厘米。

甬道分内、外两段，外甬道略宽于内甬道。外甬道内空宽 106 厘米、进深 72 厘米、残高 122 厘米。内甬道内空宽 106 厘米、进深 72 厘米、残高 65 厘米。

墓室呈纵长方形，内空长 540 厘米、宽 198 厘米、残高 78 厘米。

耳室附于墓室前部左、右两侧，两个耳室结构和大小相同，内空宽 94 厘米、进深 157 厘米、残高 75 厘米。

排水沟位于封门外侧中部，由封门下铺地砖引出，伸向东南方地势低洼处，平面走势呈弧形，为斜壁平底。现存沟口宽 40 厘米 ~62 厘米、沟底宽 40 厘米。

沟底铺设排水管，排水管由排水砖拼合而成，每块砖体正面有一截面为半圆形的凹槽，两块砖相合，形成截面为圆形的排水孔。砖长 35 厘米、宽 10 厘米、厚 5 厘米，凹槽截面直径 2.5 厘米、长 35 厘米。

共出土随葬品 52 件（套），种类有陶、瓷、银、铜、玉器等。M1 早年曾遭盗掘，随葬品多已脱离原来位置，甚至有不少遗物散布于填土中。墓室内发现零星棺痕，朽烂较为严重，因曾遭盗扰，散落四处，形制不详。骨架保存情况较差，仅存少量牙齿，葬式不辨。

根据墓葬形制及较为丰富的随葬品来看墓主人应属有一定的政治地位和经济实力的世家大族。根据出土器物及墓葬形制分析应为一处南朝晚期墓葬。本座墓葬出土陶、瓷器都是典型的南朝风格，但陶俑却与中原北朝陶俑风格接近，为一处南北文化面貌并存的墓葬。武汉地处长江中游南北交接地带，本座墓葬的发现，对研究武汉地区南北朝时期的历史文化、丧葬制度及南北文化的交流与融合，具有一定意义和价值。

（朱励博　许志斌）

湖 南 省

【澧县鸡叫城新石器时代遗址】
勘探时间：2018 年 9 月 ~2019 年 1 月
工作单位：湖南省文物考古研究所、四川大学考古系

鸡叫城遗址位于澧阳平原东部的澧县涔南镇鸡叫城村，北距澧水支流涔水约 2 千米，南距澧县县城 10 千米。城址平面呈圆角方形，东西长约 400 米，南北宽约 370 米，城内面积约 15 万平方米。以往的考古工作表明，鸡叫城遗址包含有油子岭、屈家岭和石家河文化三个时期的遗存，在屈家岭中晚期和石家河早期分两次筑城。

本年度为了解城址结构布局和文化堆积状况，对其进行了全面的考古勘探。勘探采用 5 米等距平行布设探孔，勘探面积 36 万平方米，主要取得了以下几点收获：

首先了解了鸡叫城城内文化堆积的种类和分布状况。城内除极少数探孔外，其余均有文化堆积分布，文化堆积种类丰富，较为普遍的有以灰白色、灰黄色和深灰色黏土为代表的文化层，以密集红烧土为代表的疑似建筑遗迹，以灰黑色黏土为代表的疑似灰坑、灰沟等遗迹，以及以淤泥类为代表的水相沉积。探孔深度普遍在 1.2 米 ~5 米之间，大多数探孔晚近堆积较厚，达 0.5 米 ~1.5 米，西部和北部文化堆积较厚，东南较薄。

其次，确认在鸡叫城建城以前，内部存在带有环壕的早期聚落，并基本判断出该环壕的范围和走向。1998 年和 2006 年的发掘均局部揭露了该环壕，此次勘探，根据淤泥类堆积尤其是青膏泥的分布，确认了该环壕的位置。早期环壕位于鸡叫城城内中部，西北处有一水道连接至外围沟渠，整体呈圆角长方形，面积约 4 万平方米，年代初步推断为油子岭文化时期。

最后，初步判断出城墙和护城河的位置，并发现四处疑似城门。勘探显示，现存西北、东北、东南和北部高台均为城墙，墙宽 20 米 ~60 米，城墙土种类较多，整体斑杂、较致密，无文化遗物或很少。西城墙北段和南城墙局部城墙土中夹有文化层，可将城墙分为两期。北、南、西及西北城墙有豁口，可能是城门所在。护城河与城墙之间普遍有 5 米 ~10 米的空地，护城河内堆积以灰色淤泥为主，另有细沙，宽 10 米 ~90 米，南、北较宽，东、西较窄，护城河西北及北部分别与长河堰及另外两条水系贯通。

（范宪军　于孟洲　杜战伟　石　涛）

【华容县七星墩新石器时代遗址】
发掘时间：2018 年 7 月 15 日 ~12 月 31 日
工作单位：湖南省文物考古研究所、中山大学社会学与人类学学院、华容县博物馆

七星墩遗址位于华容县东山镇东旭村，西南距华容县城约 30 千米。海拔 28 米 ~36 米。2018 年，为推动“长江中游文明进程”课题研究，经国家文物局批准后，湖南省文物考古研究所等单位对七星墩遗址进行主动性考古调查勘探和发掘工作，勘探面积 12 万平方米，发掘面积 400 平

方米。

考古工作证实，七星墩遗址是一处新石器时代的古城址，主体堆积的年代为屈家岭——后石家河文化时期。由内外两圈城墙和壕沟组成，内圈城墙大致呈圆角长方形，东西长约300米，南北宽约200米，面积约6万平方米。外圈城墙仅保留南墙和东墙南段，根据解密后的科罗娜卫星图片（1969年），外圈城墙的东墙北段和北墙东段清晰可见，外圈城壕（含）复原后面积约25万平方米。

2018年考古发掘面积400平方米，揭露的遗迹有城墙、墓葬、房址、窑址、灰坑、灰沟、红烧土堆积等。此次发掘的城墙顶部宽5.5米、底部宽35米、高6.4米。根据土质、土色、包含物和堆积形态，可以分为4层。筑墙材质为花土，由黄色、棕色、褐色粘土、黄色粗砂和青膏泥等组成，城墙堆积表现为不同质地颜色的土比较均匀地混杂在一起，这很可能是人为加工的结果，加工过程可能包括取土、晾干、自然分解、敲碎、混合搅拌等。此类形态的城墙土尚未见于其他报道。建筑方式推测有堆筑和夯筑两种。

出土文化遗物主要有陶器和石器，另发现一件铜粒。陶器以夹砂红陶为主，次为泥质灰陶，少量泥质黑陶，纹饰主要有绳纹、方格纹、蓝纹、附加堆纹、刻划纹、镂孔等，可辨器形有釜、缸、鼎、圈足盘、豆、筒形器、壶形器、器盖、纺轮等。石器均为磨制，有石斧、石锛、石凿、石镞和砺石等，石镞数量较多。

七星墩遗址由内外两圈城壕构成，是湖南规模最大的新石器时代城址，双重城壕结构在湖南地区尚属首次发现，在长江中游地区也不多见，对研究史前城址的发展演变具有重要意义。根据城墙与文化堆积的叠压打破关系和碳十四测年数据，初步判断城墙始建年代在公元前3000年，使用时间延续至公元前2000年前后。长江中游地区的史前城址大多在石家河文化晚期废弃，七星墩城址废弃时间更晚，对研究长江中游史前考古学文化兴衰、文明进程等有重要意义。该遗址所在的洞庭湖西北岸，北依长江、南扼洞庭、西接澧阳平原、向东顺长江而下可达江西、安徽、浙江等地，文化因素较复杂，是研究考古学文化交流、冲突、融合的重要区域。在七星墩遗址及其周边持续开展考古工作，必将有力推动“长江中游文明进程”课题研究的进展。

（王良智）

【澧县孙家岗遗址新石器时代墓地】

发掘时间：2018年10月~2019年1月

工作单位：湖南省文物考古研究所　澧县文物局

孙家岗遗址位于湖南省西北部，常德市澧县大坪镇大杨村。这是一处比周围高出1至2米的岗地，总面积22.9万余平方米。中心点地理坐标北纬29°39′40″，东经111°36′30″，海拔高度48.2米。墓地位于岗地东部，1991年曾在墓地南部发掘清理新石器时代墓葬33座，2016~2017年对墓地北区进行了全面揭露，并对墓地南区进行小面积发掘，发掘新石器时代墓葬105座，其中1座为瓮棺墓，其他皆为长方形土坑墓。2018年继续对南墓区进行发掘，发掘新石器时代墓葬91座，皆长方形竖穴土坑墓。

发掘区不见新石器时代地层堆积，近现代堆积之下为原生土面，所有土坑墓皆开口于生土面上。皆呈西南—东北向，据随葬品分布情况判断，头向西南，普遍在245°左右。墓圹长度普遍在1.9米~2.4米，墓圹宽度则普遍在0.6米~0.8米。保存较好墓葬残深普遍在15厘米~25厘米，皆不超过35厘米。部分墓葬遭近现代人类活动扰动，破坏较大，多仅余墓底，少量随葬陶器残片幸存在原生土面上，已无法复原出原墓圹的位置与大小。所有墓内人骨都已朽腐不见痕迹。

随葬品见陶器和玉器两类。陶器出土240余件。以广肩斜腹平底的带领罐为主，占陶器数量的七成以上。其他器类还见有盆、圈足盘、平底钵、高柄杯、斜腹杯、壶、豆、鬶、和器盖等，另见1件鼎和2件纺轮。普遍为泥质陶，陶色有红、橙红、红褐、灰、黑等。杯盘类器多为细腻精致的磨光黑陶，罐、盆类器多饰绳纹或蓝纹，并见少量方格纹，其他器类则基本素面。每一个土坑墓中，随葬罐类器数量不一，多者可达10件，但其他器类一般仅1~2件。玉器计28件，灰白色不透明。其中20件为玉器残粒，器形不辨，完整或较完整可辨器形者8件，有笄、鹰首笄和鸟首璜等，并见1獠牙神面牌饰。

部分保存情况较好的土坑墓中，可见葬具腐朽垮塌痕迹，判断当时已普遍使用了某种葬具。而根据墓圹内填土层位和其与随葬品间关系，以及随葬品在墓圹中的空间分布和其彼此相对位置，判断当时土坑墓中存在一种以破碎陶器垫于墓底，其上再放置葬具等的“垫器葬”葬式。

孙家岗遗址墓地的发掘为我们了解后石家河文化时期洞庭湖地区考古学文化面貌和社会情况提供了基础资料。

（赵亚锋）

【石门县宝塔商至宋代遗址】

发掘时间：2017年9月~2018年1月；2018年3月~5月

工作单位：湖南省文物考古研究所、石门县博物馆

宝塔遗址位于常德市石门县楚江镇宝塔社区，处于澧水南岸的一级台地上，距离上游的皂市遗址直线距离约15千米。为配合石门县“市民之家”工程建设，湖南省文物考古研究所主持对石门县宝塔遗址进行了考古发掘工作，发掘商至宋元时期的灰坑、沟、房子、墓葬等各类遗迹近500处，出土了大量陶器、石器、植物种子等遗物，其时代大体分属于商代、东周、汉晋、宋元四个时期，其中以商代遗存最为丰富。

商代遗存遍布整个发掘区域，主要为遗址的第3层及开口于该层之下灰坑、沟、房子等遗迹。其中灰坑数量最多，可大体分为灰土坑、砺石坑、烧土坑、沙土坑等不同的类型，或暗示它们具有不同的功能和用途。沟的数量也较多，已清理18条，其中位于遗址中部的G9为东西走向，开口宽度在2米以上，长度超过100米，是目前我们在遗址中发现的规模最大的水沟遗迹。商代的房子发现数量很少，均为半地穴式结构，面积10平方米~15平方米。窑发现两座，均为长条形，近似龙窑的特征。

商代的遗物也非常丰富，主要分陶器、石器两大类，另外还发现少量铜器。陶器主要有泥质黑衣红陶、泥质黑陶、泥质灰陶等。纹饰除常见的弦纹、绳纹、横人字形刻划纹、“S”形刻划纹、圆形镂孔、花边、附加堆纹等之外，还有圆形云雷纹、方形云雷纹、菱形云雷纹、扉楞、乳钉以及“十字形”镂孔等。陶器的器类以高领罐、宽凹沿釜、窄沿腹、釜形鼎、折盘豆、竹节柄豆、花边圈足碗、器盖等为主，另有鬲、簋、假腹豆等。石器的数量也比较多，主要器类有锛、斧、凿等。残铜片仅发现一片，难辨器形。植物遗存也比较丰富，经初步鉴定，主要有粟、水稻、小麦、黍、山胡桃等。

东周时期的遗迹较少，主要有灰坑、沟、灶等，遗物以陶器为主，器类主要为鬲、罐、盆、豆等，为典型的楚文化遗物。汉晋时期的遗存主要有墓葬三座，其中两座为长方形竖穴土坑墓，一座为盆、罐组合的瓮罐葬。其中，M2保存相对较好，随葬铜钵、陶罐各一件。宋元时期的遗存

主要有墓葬一座，随葬有多角坛、瓶等陶器各一件以及铜勺、铜钱等。

本次发掘是继皂市遗址的发掘之后对澧水流域另一处商代遗址的大面积揭露，对于进一步完善澧水流域商至西周时期遗存的年代序列具有重要价值。此外，本次发掘的其他时期遗物对于我们研究楚文化对澧水流域影响、汉晋及宋元时期本地墓葬的特点和文化面貌等问题提供了新的材料。

（盛　伟）

【岳阳市罗成遗址小舟罗东周遗存】

工作时间：2018 年 7 月 ~8 月

工作单位：湖南省文物考古研究所

罗城遗址位于岳阳市屈原管理区河市镇古罗城村，东南距汨罗市城区约 2 千米，属第七批全国重点文物保护单位。2018 年 8 月，因“罗子国城遗址保护利用设施建设规划项目”前期立项工作的需要，湖南省文物考古研究所组织人员对项目红线范围内的文物埋藏情况进行了考古调查和勘探，小舟罗新发现一处东周时期遗存。

小舟罗具体位于罗城遗址建设控制地带内，南距罗城遗址北壕约 250 米。经钻探发现，小舟罗东周遗存的保存状况较差，地层堆积较浅且分布不连续，遗迹丰富，主要为灰坑、灰沟等，未见存在高等级遗存的迹象。通过进一步的试掘工作，可知遗址的地层堆积情况如下：第 1 层为表土层，厚约 20 厘米；第 2 层为东周时期的文化层，厚 10 厘米 ~20 厘米，包含物有鬲、豆、罐等陶器残片。遗迹一般开口于第 2 层之下，直接打破生土。在所布 6 个 2 米 ×4 米的探沟中，只发现灰坑遗迹 2 个，分别编号 H1 和 H2，均暂未往下发掘。H1 的平面形状为不规则形，伸入 TG3 东壁、北壁内，长约 2.3 米，宽约 1.2 米，填灰黄色土，夹有炭屑、红烧土等，包含物有豆柄、罐等残片，时代为东周。H2 的平面形状接近圆形，部分伸入 TG5 的西壁内，直径约 1.7 米，填灰黑色土，并夹有较多的炭屑、红烧土等，包含物有鬲足、豆柄等，时代亦属于东周时期。

从小舟罗的位置和时代判断，小舟罗应当是罗城遗址城外的普通聚落。据过去调查资料，罗城遗址四周分布的遗址点还有多处，如东南有马头曹遗址、西北有熊家里遗址、西面有鸡公滩遗址等，这些遗址的时代与罗城遗址基本同时，应当是与罗城遗址城市功能互有关联的聚落。

（盛　伟）

【常德市索县城东周至隋代城址及墓地】

工作时间：2015 年 12 月 ~2016 年 1 月、2016 年 2 月 ~4 月、2018 年 10 月 ~2019 年 1 月

工作单位：湖南省文物考古研究所

索县城遗址位于常德市鼎城区韩公渡镇城址村，东北与现常德市区直线距离约 18 千米。遗址周边地势平坦开阔，现分布大片的农田、池塘，其往西约 2 千米处为沅水支流黄腊溪，往南约 1 千米为鹰湖。为配合索县城遗址保护规划的编制，湖南省文物考古研究所主持对索县城遗址进行了考古调查和钻探工作，并对城外玉米堆东汉墓地进行了抢救性考古发掘。

索县城遗址的勘探采用 RTK 以总基点正方向 5 米的整数倍距离布设探孔，逐孔进行钻探和记录，共钻探孔数量 9708 个，覆盖索县城遗址及周边约 57.3 万平方米面积的区域。经勘探发现，索县城由东西并列的大小两座城址组成，大城平面呈南北向长方形，南北长约 600 米（含城垣），东西宽约 400 米；四周为残高 1 米 ~6 米、残宽 7 米 ~55 米的夯土城垣。小城平面略呈梯形，南北长约 500 米（含城垣），东西宽约 300 米。大小城的四周外缘以及小城内有护城河。护城河最窄处宽 15 米，最宽处位于大城东侧，达 138 米。大城及小

城的四角发现有明显高出现存墙体的土台，因此推测其可能存在角楼一类的设施。大城四面城墙上均发现城门一处，其中南北城门可能为水门，东西城门可能为陆门；小城目前只发现南、北、东三门，其中东门与大城西门重合，南北门分别位于小城的东南角和东北角，且均为水门。在大城城内发现大型人工堆积的土台有三处，小城内发现两处，这些土台上很可能存在大型的建筑遗迹，不排除其中存在官署设施的可能性。大城内还发现一处面积超过两万平米的密集瓦片堆积区，考虑到其在位置上毗邻目前已发现的大型土台，因此推测这一带很可能是当时的建筑集中分布的区域。通过钻探并结合卫星图片分析，可确认在城址的北面存在一条人工开挖的河道将城址西侧的黄蜡溪和北壕沟相连通，由于这条河道与北壕沟的连接处位于大城的东北角，因此推测这条河道开挖的时间是与修筑大城基本同时的。此外，经钻探，初步确认城址的南面存在大面积的水域，有可能是当时七里湖的一部分。

玉米堆墓地位于索县城址以南约 150 米。本次发掘墓葬砖室墓十座，均因受到长期耕种活动的破坏而仅存墓底。其中，有六座墓葬未见任何随葬品，其余四座墓葬出土遗物相对丰富，主要有滑石器、陶器等。滑石器的主要器类为兽面具、灯、璧等，陶器的主要器类为灶、罐等。从墓砖纹饰、随葬品等判断，这批墓葬的年代均为东汉时期。

（盛　伟）

【益阳十字山战国至六朝墓群】

发掘时间：2018 年 10 月 ~2019 年 1 月

工作单位：湖南省文物考古研究所、益阳市文物管理处、益阳市赫山区文物管理所

十字山古墓群位于益阳市赫山区笔架山乡笔架山村青家湾组，为省级文物保护单位——笔架山古墓群三个墓群之一。十字山墓群位于湘江支流撇洪河上游东侧。墓群所在地为低矮丘陵地貌，北边山咀下有围山渠和简易公路，向北距凤凰湖农场湖堤约 500 米，东南边为连绵山丘。

为配合 G5513 长沙至益阳高速公路扩容工程的建设，在报请国家文物局审批发掘后，联合考古队对工程红线涉及的十字山古墓群范围进行了抢救性考古发掘。此次发掘共清理古墓葬 48 座，其中 41 座为战国晚期楚墓、7 座为六朝墓葬。共出土文物 140 余件（套），包括陶器、瓷器、铜器、铁器等。

十字山古墓群年代跨度大，战国晚期至西汉、六朝时期均有墓葬分布，主要以战国晚期至西汉时期墓葬为主。41 座战国至西汉时期墓葬中除 8 座墓未出随葬品，其余 33 座墓出土陶器、铜器、铁器等 130 余件（套）。其中，陶器有鼎、敦、壶、盂、高柄豆、矮柄豆、勺、匕、匜、罐等。十字山古墓群墓葬随葬陶器较少且多不成组合，少量（8 座）成组合墓葬随葬陶器初步分析可分为仿铜陶礼器和日用陶器两种不同组合，其中仿铜陶礼器组合以鼎、敦、壶组合为主，日用陶器以罐、盂、豆组合为主。有 19 座墓出土 19 件铜器，有镜、剑、矛、箭簇、戈等，不见铜礼器。铁器很少，仅 M17 有出土，锈蚀严重，可辨器型铁插。

十字山古墓群为省级文物保护单位笔架山古墓群的三个墓群之一，其分布面积大，墓群范围内共分布有墓葬近千座（1982 年、1997 ~ 1998 年益阳市文物部门曾发掘过 30 余座；2017 年湖南省文物考古研究座对十字山古墓群整个范围进行了较为详细的调查与勘探），该墓地墓葬基本上是以小型墓为主，不见出铜礼器的墓。根据墓葬形制及出土遗物，参照以往发掘资料成果可初步断定十字山古墓群土坑墓的年代为战国晚期至汉代，文化内涵以楚

墓为主。因此，十字山古墓群是一处以埋葬平民为主的墓地。十字山古墓群战国楚墓的发掘对于研究楚汉时期益阳县治以及益阳地区楚墓研究提供了新的考古学资料。十字山古墓群六朝墓葬虽然较少，出土遗物不多，但同样也为研究益阳地区古代丧葬习俗和地方史提供了新资料和新线索。

（何 赞 余晓福）

【益阳枇杷树山战国至明代墓群】

发掘时间：2017年12月~2018年6月

工作单位：湖南省文物考古研究所、益阳市文物管理处、益阳市赫山区文物管理所

枇杷树山古墓群位于益阳市赫山区桃花仑东路原益阳轴承厂内。墓群南面为羊舞岭，西面为会龙山，资水由西向东从墓群北侧约2千米流过。

为配合益阳市中央华府项目的建设，在报请国家文物局审批发掘后，联合考古队对工程红线范围内的枇杷树山古墓群进行了抢救性考古发掘。此次发掘共清理古墓葬98座，其中92座为战国晚期楚墓、2座为六朝墓葬、1座为唐代墓葬、2座为北宋墓葬、1座为明代墓葬。共出土文物430余件（套），包括陶器、瓷器、铜器、铁器、玉器等。

枇杷树山墓群年代跨度大，战国晚期、六朝、唐代、北宋、明代均有墓葬分布，主要以战国晚期墓葬为主。92座战国墓葬中除9座墓未出随葬品，其余83座墓出土陶器、铜器、铁器、琉璃器、玉器等400余件（套）。其中，陶器有鼎、敦、壶、盂、高柄豆、矮柄豆、勺、匕、匜、罐、杯、盘等。初步分析可分为仿铜陶礼器和日用陶器两种不同组合，其中仿铜陶礼器组合以鼎、敦、壶组合为主。有19座墓出土26件铜器，有鼎、匜、镜、剑、剑格、剑首、箭簇、戈、刮刀、砝码、天平、带钩等，铜礼器基本不见，仅M3、M67分别出土一件残鼎和匜。铁器很少，仅M2、M18、M41等3座墓有出土，锈蚀严重，可辨器型铁插。玻璃器较少，仅M3、M13出土有珠。玉器仅M21出土有玉珌。

枇杷树山墓群共分布有楚墓100多座（1983年、1991年益阳市文物部门曾发掘过11座），该墓地墓葬基本上是以小型墓为主，也基本不见出铜礼器的墓。根据墓葬形制及出土遗物，参照以往发掘资料成果可初步断定枇杷树山墓群楚墓的年代为战国晚期，文化内涵以楚墓为主。因此，枇杷树山墓群是一处以埋葬平民为主的墓地，应是当时生活在县城中的楚国部分中下层居民的归宿之地。枇杷树山墓群战国楚墓的发掘对于研究楚秦时期益阳县治以及益阳地区楚墓研究提供了新的考古学资料。枇杷树山墓群六朝、唐代、北宋、明代墓葬虽然较少，出土遗物不多，但同样可为研究益阳地区古代丧葬习俗和地方史提供新资料和新线索。

（何 赞 余晓福）

【衡东县青鸦村汉代墓群】

发掘时间：2018年9月~12月

工作单位：湖南省文物考古研究所、衡阳市文物局、衡东县文物局

青鸦村墓群位于衡东县大浦镇青鸦村，为配合衡阳东500kv输变电工程项目建设，湖南省文物考古研究所组织衡阳市文物局、衡东县文物局等相关单位，对工程项目用地范围内进行了抢救性考古发掘。

根据前期考古勘探结果，我们共布设10米×10米探方47个，发掘面积4700平方米，共发掘西汉晚期至东汉早期墓葬22座，其中土坑墓2座，砖室墓20座。

此次发现的墓葬中，土坑墓皆为竖穴土坑墓，一棺一椁，棺椁仅剩痕迹，随葬品一般放置于边箱之中。砖室墓性质差别较大，从墓坑形态上看，有竖穴土坑砖室墓和带墓道砖室墓，此外部分砖室墓还带

有砖砌排水沟。多数砖室墓墓砖烧制火候相对较低，故墓砖保存状况相对较差。且多数砖室墓曾遭受早期盗扰，加之晚期水土流失和生产活动，保存状况较差。

本次考古发掘共发现各类文物 119 件套，器类包含陶器、铜器、铁器和琉璃器等 4 大类。其中陶器主要以各种形态的陶罐居绝大多数，材质上可分为软陶罐和硬陶罐两种，其他器类还有鼎、壶、釜、仓、灶、纺轮等；铜器主要以铜镜、五铢钱等为代表；铁器有铁刀和支架；琉璃器发现有琉璃耳珰。

另本次发掘过程中，我们意外发现砖室墓 M11 墓砖上模印有“蜀郡广汉中”字样的大量墓砖。该墓发现时仅存下半部分，墓室长 3.8 米，宽 1.5 米，残深 0.6 米，墓室外有砖砌排水沟。该墓早期遭受盗扰，未见随葬器物保留，但从周边墓葬时代来看，应为西汉晚期至东汉早期。该墓葬是该地区首次发现明确四川地理信息的砖室墓，对研究两汉时期湖南与四川地区人口迁移与交往具有重要的学术意义。该墓葬现已进行拆分打包，运送至工作站进行妥善保存。

大浦地区自古以来就是南北交通要道，特别是汉代以后，该地区周边城址林立，人口众多，社会经济发达。青鸦村墓群的发掘，为我们研究该地区社会经济文化风俗等都提供了重要的物质材料。

（奚培坤）

【临武县黎坪村汉代墓葬】

发掘时间：2018 年 11 月 ~2019 年 1 月

工作单位：湖南省文物考古研究所临武县文管所

黎坪村古墓葬位于临武县汾市镇黎坪村村东南约 1 千米处的低矮山岗上，东南距渡头古城址约 1.5 千米。2018 年 10 月因乡村公路建设，古墓遭到破坏。经国家文物局批准，湖南省文物考古研究所对古墓进行了抢救性发掘，清理两汉时期墓葬 5 座。

墓葬有土坑墓和砖室墓两种，墓内棺椁、人骨均腐朽无存。土坑墓 4 座，均为长方形竖穴土坑墓，其中两座墓葬地表残存有低矮的封土堆，堆高 1.2 米 ~1.5 米。土坑墓均为小型墓，墓圹宽度在 1.3 米 ~2.8 米间，长度在 2.4 米 ~3.4 米间，深度在 3.1 米至 4 米间。砖室墓 1 座，为横前室双后室墓。斜坡墓道，甬道较短，前室横列，双后室纵向并列、各有门道与前室相通。两后室中部都有一条狭长的排水沟，宽度 25 厘米，沟内有细鹅卵石。

土坑墓随葬器物数量较少，在 3 ~ 15 件之间。有陶器、铁器、铜器、石器等，以陶器为主，常见陶器组合为鼎、盒、壶，另伴出土有五铢钱、棺钉等。

砖室墓被盗，出土 12 件器物均被损毁，有陶器和青瓷器等。陶器主要有罐、壶、釜、灶、屋等，青瓷器主要为陶器器盖。

根据土坑墓出土陶器组合以及出土五铢钱，推测其年代为西汉中晚期。而砖室墓出土的陶屋以及青瓷器等特征明显，年代为东汉中晚期。

黎坪村古墓葬是渡头古城聚落遗址的有机组成部分，5 座墓葬的发掘为研究渡头古城遗址的分期、年代以及聚落布局、埋葬习俗等提供了重要资料。

（陈　斌）

【临武县渡头古城汉至六朝遗址】

发掘时间：2017 年 10 月 ~12 月

工作单位：湖南省文物考古研究所

渡头古城遗址位于郴州市临武县汾市镇渡头村武水河南岸，西南距县城约 13 千米，是一处以渡头古城址为中心并包括了周边墓群的古城邑聚落遗址。

经国家文物局批准，2016 年 12 月 ~2017 年 1 月，湖南省文物考古研究所完成了渡头古城址的调查和钻探工作。2017年3月~12月完成对古城址的发掘工作，发掘面积共308平方米。2018年对发掘资料进行了初步整理。

此次发掘共清理遗迹63个，包括41个灰坑，12条灰沟，2条护城壕。出土遗物较丰富，有陶器、青瓷器、铜器和铁器，以陶器为主。陶器以板瓦、筒瓦数量为最多，板瓦、筒瓦多为夹砂灰褐陶，有少量的夹砂红陶，基本为绳纹，有少许的粗网格纹。其他陶器有罐、钫、钵、盆、球和瓦当等，纹饰常见方格纹、戳印纹和弦纹等。

根据地层叠压、打破关系以及出土遗物的不同，渡头古城址可分为四期：第一期以HG7为代表，年代为西汉时期。第二期以文化层⑤、⑥、⑦、⑧层以及H40、H41为代表，年代为东汉时期。第三期以HG6、H30、H31为代表，年代为两晋时期。第四期以文化层②、③、④层以及G4、H7为代表，年代为南朝时期。

通过考古发掘基本弄清了渡头古城址的年代和文化内涵，并确认其是临武县至六朝时期的县治所在地。它的设立与使用，为湘粤古道的开发以及维护大一统国家与地方的关系起到了桥梁作用。

（陈　斌）

【益阳汤家山六朝及宋代墓群】

发掘时间：2018年10月

工作单位：湖南省文物考古研究所、益阳市文物管理处、益阳市赫山区文物管理所

汤家山古墓群位于益阳市赫山区笔架山乡徐家坝村何家湾组。该墓群在十字山古墓群西南方向2千米处。

为配合G5513长沙至益阳高速公路扩容工程的建设，在报请国家文物局审批发掘后，湖南省文物考古研究所联合益阳市文物管理处、益阳市赫山区文物管理所对工程红线涉及的汤家山古墓群范围进行了抢救性考古发掘工作。此次发掘共清理古墓葬6座，其中4座为六朝墓葬、2座为宋代墓葬。共出土文物12件（套），包括陶器、瓷器、铜器、铁器、石器等。

汤家山古墓群墓葬数量较少，年代跨度较大，六朝、宋代均有墓葬分布。4座六朝墓葬均被毁严重，其中2座未出土随葬品，其余2座墓出土陶器、铜钱、瓷器、石器等8件（套）。2座宋代墓葬仅出土4件随葬器物，其中M5仅出土双系釉陶罐1件，M6出土铜镜1件、铜钱1枚计1件、板瓦1件。

汤家山古墓群墓葬数量较少（当地居民修建房屋时曾发现数座砖室墓葬，但均已被毁，另此次发掘前于发现墓葬周边进行勘探时未发现有墓葬），根据墓葬形制及出土遗物，参照以往发掘资料成果可初步断定汤家山古墓群砖室墓的年代为六朝与宋代。汤家山古墓群虽然墓葬数量较少且出土遗物不多，但为研究益阳地区古代丧葬习俗和地方史提供了新资料和新线索。

（何　赞　余晓福）

【耒阳宋元时期磨形窑址调查】

调查时间：2018年8月~9月

工作单位：湖南省文物考古研究所、耒阳市文物局

耒阳磨形窑发现于1984年第二次全国文物普查，1985年湖南省文化厅文物处与湖南省文物考古研究所对这处窑址进行了调查，了解了该窑址的产品特征和年代。本年度湖南省文物考古研究所和耒阳市文物局联合对磨形窑进行了更为详细的调查，先后调查了窑门前、枧上、匡家、龙家湾、瓦子坳、大南塘、板陂等处的窑址，对窑址的规模、技术体系等方面有了新的认识。

磨形窑位于耒阳市磨形乡的猫形山、瓦子坳、虾塘、瓦子窝、老背山、栾家岭、窑门前、南塘、凤形山一带，沿着黄沙河

分布，这条河流西距湘江支流舂陵水约5千米，这里山脉海拔在150米~200米之间，即便是今天仍交通不便，但这里有着优质的瓷土矿源，形成了分布范围达20余平方千米的窑场。从空间分布上来看，这些窑址主要集中在两个区域，一个区域是虾塘村瓦子坳，另一个区域是三泉村窑门前，两个区域均发现了南宋晚期和元代的窑址。

产品特征上，宋元时期磨形窑的胎体较白，釉色青白，较羊舞岭窑的青白瓷质量要高，而与醴陵窑的青白瓷质量相当，这应与当地富含优质瓷土有很大的关系。装饰纹样上，磨形窑南宋晚期流行印花，采集标本中见有回纹、莲瓣纹、花卉纹等，有少量的划花，部分纹样与羊舞岭窑、湖田窑相似。与羊舞岭窑和醴陵窑元代流行刻划花所不同的是，元代的磨形窑多以素面为主，纹饰很少。

窑炉结构上，结合我们调查和对窑门前元代窑址Y2的勘探可以看出，宋元时期的磨形窑均采用长斜坡龙窑，其中Y2宽2.05米，窑壁用砖砌筑，窑炉形制与宋元时期的羊舞岭窑和醴陵窑相同。

装烧方法上，磨形窑南宋晚期使用支圈覆烧法，窑具组合与羊舞岭窑、醴陵窑大体相同，均为垫钵、支圈及少量的倒置蘑菇状垫柱。从技术渊源来说，磨形窑与醴陵窑、羊舞岭窑等湖南青白瓷窑址一样都是江西窑业工匠迁入所带来的江西景德镇青白瓷技术，这一技术所使用的支圈覆烧，实际上是起到了匣钵的作用。入元以后开始使用涩圈叠烧法，器物大量采用圆形垫饼与直筒组合而成的筒状匣钵装烧，筒状匣钵高度及口径尺寸不一，根据装烧的器物而定。采集的垫饼两面均有垫烧痕，表明筒状匣钵可以层层叠摞，多次使用，与一次性的支圈相比，大大降低了窑具对瓷土的消耗，这一组合式筒状匣钵不见于醴陵窑和羊舞岭窑，是磨形窑工匠在制瓷过程中的技术创新。涩圈叠烧与组合筒状匣钵的搭配使用，充分利用了窑内空间，通过简易可行的方式，既保证了产品质量，也提高了产量。

（杨宁波）

【宜章老屋场明清村落遗址】

发掘时间：2018年3月~5月

工作单位：湖南省文物考古研究所　郴州市文物处

老屋场遗址位于郴州市宜章县天塘镇下燕村，地理坐标为北纬25°01′49.89″、东经112°46′52.24″，海拔高度325米，位于长乐水北侧河岸的一级台地上。为配合莽山水库工程建设，对老屋场遗址进行抢救性考古发掘。本次开10米×10米探方16个，发掘面积1600平方米，较为完整地揭露两排房屋建筑，房屋大多背靠山，坐北朝南，部分房屋结构保存较为完整，出土大量青花瓷器、陶器及部分铁器、铜钱等，根据出土的相关遗存判断这是一处明清时期村落遗址。

发现的主要遗迹为房屋、水塘、水池、沟、灰坑、灶等，所有遗迹都开口在第1层耕土层下。根据叠压关系及房屋建筑工艺可将遗迹分为两期。一期有F5、F6、F7、F9、F10、“之”形建筑、Z1、Z2。房屋建筑的特点是都为砖砌，用黏土、沙子作为粘合剂，并被二期房屋叠压。二期有F1、F2、F3、F4、F8、ST（水塘）1、C（池）1、C2、C3、C4、C5、C6、C7。墙基底部用鹅卵石砌筑，主要使用石灰作为黏合剂。房屋结构较一期略大。

出土的遗物有陶器、瓷器、铁器、玻璃器、铜器、石构件等。从出土的瓷器器形上看，为碗盘类的日常用瓷。从时代来看，除少量明代中晚期瓷片外，大部分为清代。从瓷器的产地上看，有少量为景德镇产的瓷器，大部分为本地土窑烧制。从纹饰上看，多为常见的龙纹、花草纹、写意山水纹等。

老屋场遗址是一处村落遗址，成排的房屋结构布局具有典型的湘南民居特点。从房屋建筑特点，结合出土的青花瓷器和钱币等遗物，并参考有关族谱记载，推测遗址从明代中晚期延续至清代中晚期。此处村落遗址与简氏族谱记载和当地老百姓口耳相传的传说相符，通过考古发现复原了此地明清时期简姓族人在此居住的历史。遗址与一条进出莽山的古道相接，该古道也是湘粤古道一条分支，连接广东清远与湖南宜章黄沙堡。明清时期，岭南食盐等物资运往湖南腹地，都要经过湘粤之间的古道得以实现交流。遗址出土较多各种类型的烟斗，或与商贩途经此地休息停留有关，推测该遗址可能还有驿站的功能。

（莫林恒　罗运强）

广东省

【广州市黄埔茶岭新石器时代遗址】

发掘时间：2017 年 8 月 ~2018 年 2 月

工作单位：广州市文物考古研究院

配合狮龙大道项目建设工程，经国家文物局审批，本院对工程建设范围的茶岭遗址展开了抢救性考古发掘。实际发掘面积 3113 平方米，共清理新石器时代晚期至夏商之际的墓葬 174 座，普通灰坑 111 座，窑穴类灰坑 19 座，柱洞 302 个，出土陶、石、玉等不同质地的小件文物 500 多件。另清理宋代墓葬 1 座，明清时期的窑址 1 处、房基 1 座、墓葬 2 座。从地层出土遗物来看，茶岭遗址除了新石器时代晚期遗存外，西周至春秋时期即广东地区“夔纹陶”阶段的远古先民也在此活动过，但未留下单纯的文化层堆积和遗迹。

新石器时代晚期墓葬均为窄长方形竖穴土坑墓，大小、深浅不一，人骨和葬具不存，绝大多数都是东西向排列，少量为南北向，不少墓葬、灰坑及柱洞间还存在打破关系。随葬器物组合多为鼎、豆、石锛，少数为鼎、豆、罐、石锛组合。普遍有碎物葬的习俗，有把完整陶器有意打碎铺在墓底，和墓底或填土中随葬陶器残片两种情况。陶器有鼎、豆、罐、釜等，玉器有钺、环、串饰，石器有锛、铲、环、镞、纺轮、砺石等。从随葬陶器的情况判断，相当一部分墓葬可能都跟二次葬有关。茶岭平坦的岗顶位置，是墓葬分布最为集中的区域，从规模和随葬玉石器的等级来看，有一定数量的墓葬等级相对较高，阶层的分化在当时可能已经存在。与居住、生活或者生产密切相关的诸多灰坑、窖穴、柱洞等遗迹显示，茶岭作为规模不小、延续时间不短的聚落被远古先民使用过，相当一部分形制规整、规模较大的灰坑推测是作为窖藏使用。

茶岭遗址是目前珠三角地区发现的文化堆积最为丰富、遗迹现象最为复杂、出土遗物最多的新石器时代晚期遗址。从文化特征来看，与粤北石峡文化有较为密切的联系，总体面貌属于石峡文化的范畴，同时又存在一些自身的区域特点。扁平足、瓦状足的陶鼎，玉石钺、长身石铲、玉环、玉镯等也体现出源自良渚文化的影响。

（张强禄）

【广州市黄埔甘草岭新石器时代遗址】

发掘时间：2017 年 9 月 ~2018 年 2 月

工作单位：广州市文物考古研究院

为配合中新广州知识城狮龙大道市政道路项目建设，经国家文物局批准，本院对工程范围内调查发现的甘草岭遗址展开了抢救性考古发掘。甘草岭位于广州市黄埔区九龙镇汤村盘铭里的西边，与茶岭隔水塘南北相望，原地表被硬化水泥砖路面覆盖，对遗址原有的文化堆积造成相当程度的破坏，文化层堆积基本无存，现地表下即出露早期遗迹。本次发掘共布设探方（沟）40 个，实际揭露面积 2900 平方米，共清理新石器时代晚期至战国阶段的墓葬 170 座，灰坑 81 个，其中普通灰坑 77 个，窖穴类灰坑 4 个。另外灰沟 3 条，柱洞约

40个，出土陶、石、玉等不同质地的文物200多件。

墓葬皆为长方形竖穴土坑墓，墓口上部多已被毁，墓坑普遍较小，大部分是原坑土回填，埋藏较浅。新石器晚期墓葬共有160座，方向以东西向为主，少数为南北向，部分墓葬有两三个并列的现象。个别墓葬之间或者墓葬与灰坑之间存在打破关系，柱洞基本是打破墓葬或灰坑，从层位上判断它是最晚的遗迹单位，但排列无序，看不出规律。从墓葬随葬器物来看，以夹砂陶鼎、釜和泥质软陶豆、盘为主，多残破，也有几件质地较硬的完整泥质矮圈足罐。“碎物葬”的习俗在甘草岭墓地很常见，这与粤北石峡文化相似。也有极个别的墓葬不见随葬品。

从陶器的时代特征来看，甘草岭遗址与茶岭遗址的年代相差不大，与石峡文化中晚期大致相当。墓葬和灰坑当中出土的夹砂陶鼎和泥质陶豆，以及玉环、玉琮等，都显示出来自粤北石峡文化，乃至环太湖良渚文化的深度影响，虽然从墓葬规模和玉石礼器的等级来看，甘草岭墓地要远低于前者，这也是文化传播影响力渐次减弱的必然结果。

（张强禄）

【东源县大顶山商周时期墓地】

发掘时间：2018年5月~8月

工作单位：广东省文物考古研究所、东源县博物馆

东源大顶山墓地位于东源县蓝口镇车头山村，地处粤北与珠三角地区接合部，东江上游。为配合新建赣州至深圳铁路工程建设，广东省文物考古研究所对东源大顶山墓地进行了考古发掘，发掘面积600平方米。本次发掘主要成果是清理14座商周时期墓葬，出土150余件文物，其中M3出土逾20件完整细纹陶，为以往广东省考古发掘所少见。

墓葬主要发现于山顶西坡上缘，均大致呈东西向。墓葬皆为长方形竖穴土坑墓，形制不一，无叠压打破关系。墓葬内填土较为纯净，似经过人工筛选。随葬器物有陶器、石器、玉器以及青铜小件。陶器分泥质和夹砂两类，以泥质陶为主，早期主要为泥质软陶，晚期为泥质硬陶，夹砂陶数量较少。陶器器类有豆、罐、瓮、尊、壶、圈足盘、器座和纺轮等，其中最具特色的是形式各异，但施有细席纹与菱格纹组合纹饰的陶器。石器有石锛、无阑式石戈、石铃舌、砥石等。玉器主要有领环、玉环以及玉配饰等。青铜小件可能为铜铃。墓地出土器物种类多样，器物风格见于珠三角、粤东、闽北、赣南以及浙南等周边地区。根据器物类型和纹饰组合大致将14座墓分为三期，分别为商早、商晚与西周早期。

大顶山墓地是广东先秦考古重要新发现，为广东商周时期考古研究工作补充了重要材料，填补了粤东北地区商周时期考古学文化空白。商代晚期与西周早期的墓葬变化以及器物风格的显著差异，展现了广东商周时期社会变革的缩影。以M3为代表的器物风格与浮滨文化相似，但有明显的地方特色，为了解浮滨时期粤东北考古学文化面貌提供了重要材料，也为建立浮滨文化地方类型或新的文化提供了重要线索。最后，东源大顶山墓地出土器物见于周边区域考古学文化，这为研究商周时期岭南与周边地区考古学文化交流与人群迁徙等研究提供了重要材料。

（李　博）

【广州市胸科医院西汉至明清墓群】

发掘时间：2018年7月~2019年1月

工作单位：广州市文物考古研究院

广州市胸科医院位于广州古城北郊的横枝岗，属于广州市地下古墓葬重点埋藏区。配合医院的整体改造工程，本院对医

院综合住院楼建设范围进行了抢救性考古勘探发掘，勘探面积8100平方米，清理墓葬97座，包括西汉墓葬14座、东汉墓葬5座、晋墓4座、南朝墓葬5座、唐代墓葬16座、南汉墓葬1座、宋代墓葬1座、明代墓葬12座，清代墓葬39座，共出土铜器、滑石器、陶瓷器等各类文物774件（套），采集墓砖等标本63件。

西汉墓葬均为竖穴土坑木椁墓，带斜坡墓道，部分墓葬椁室分为横前堂和后室，墓坑底部多有枕沟，随葬器物普遍比较丰富，以陶器为主，最多达76件（套）。东汉墓葬均为券顶砖室墓，全部被盗扰，随葬器物残存很少。晋、南朝墓葬均为券顶砖室墓，有斜坡墓道，墓室一般分前室、后室，部分墓葬有排水沟，其中东晋晚期M49保存较好，与东晋晚期M50为夫妻合葬墓，南朝时期M41保存较好，后室墓壁墓葬刻划“元嘉十七年正月”等铭文，与南朝时间M42为夫妻合葬墓。唐代墓葬为长方形券顶砖室墓，由斜坡墓道、封门、前室、后室组成，前室中部砌有渗水井，后室中部砌有棺床。五代南汉墓葬为长方形砖室墓，顶部结构不详，墓室正中砌有棺床，后壁有两个壁龛。宋代墓葬为二次葬，在椭圆形土坑内放置一个装殓人骨的陶罐。明代墓葬形制较多，有长方形竖穴土坑墓、灰砂合葬墓、砖室墓，还有二次葬，在土坑内放置两个装殓人骨的陶罐，并在地表有半圆形环首。清代墓葬均为小型竖穴土坑墓，长1.5米~2.5米，宽0.5米~0.8米，大部分未发现随葬器物。

南朝砖室墓M41规模大，结构保存完好，仅在后室顶部正中发现一个在南朝时期重新封砌的盗洞。该墓为“串”字形砖室墓，墓向56°。由墓道、排水沟、封门、甬道、前室、左右耳室、过道、后室组成。墓坑长11.3米、宽3.2米~5.36米，墓室内长10.16米、宽1.36米~2.16米，高2.52米~3.84米。斜坡墓道位于墓坑东端中部，排水沟在墓道底部南侧，排水沟内间距1.35米~1.5米不等留有厚约0.5米的生土台隔梁，起到支撑沟壁的作用。排水沟内设置上下两层排水管道，管道用陶质水管相套接构成。

封门砌于甬道内，由长方形砖、刀形砖两层顺砌平铺、一层侧立叠砌，最上部用刀砖丁砌。最上部封门砖砌于甬道承券内。封门上共3重券，每层券之间用长方砖平铺相隔。第3层立券上砌筑额墙，双隅长方砖错缝顺砌平铺，额墙中部上下构筑菱角牙子，菱角牙子中间构筑假直棂窗。

甬道平面呈长方形，券顶用长方砖、刀砖夹砌3重券。甬道底部为人字形铺砖。底部靠近封门处砌长方形渗水井，前壁南侧开有上下两个长方形出水口和墓道底部排水管相通。甬道后侧和前室连接处两侧壁中部上下构筑菱角牙子和假直棂窗。

前室平面呈方形，券顶用长方砖、楔形砖相间起券，横券顶。券顶顶部正中留有藻井。券顶外部砌有叠涩顶，东西两侧用长方砖错缝顺砌，层层出跳结顶，顶部用长方砖一丁一顺结砌4层覆盖。南北两侧用长方砖错缝顺砌至顶部。前室墓壁为三隅结构，丁顺相间错缝叠砌，砌于铺地砖上。前室四角各筑砖柱一个，两侧壁中部距底0.46米处构筑一层菱角牙子。前室底部为人字形平铺。左右耳室分别位于前室两侧中部。

过道平面呈方形，底部形成5级台阶。后室平面呈长方形，券顶用长方砖、刀砖相间砌筑3重券。墓壁为三隅长方砖丁顺相间错缝砌筑。四角各砌砖柱一个，应为灯台。南侧壁前部发现一块“元嘉十七年正月□□”铭文砖。后端在券顶下置双重承券，后壁内侧上部砌塔状壁龛，内置塔形假柱，下部构筑三层菱角牙子，其间构筑一层假直棂窗和一层矮假直棂窗。

在甬道渗水井、左右耳室内、前室后侧灯台上、后室假柱上随葬13件青釉碗、盆、钵、鸡首壶等器物，在后室南侧随葬4件滑石猪。

本次考古发掘成果进一步丰富了广州城区东北郊的古墓葬考古资料，对于研究古代广州地区葬俗以及历史地理变迁提供了重要实物资料。南朝时期M41规模之大、结构之精、保存之完整，为广州考古60余年首见。后室墓壁发现“元嘉十七年正月”铭文砖，确认墓葬年代为南朝宋元嘉十七年（440），这是广州地区首次考古发现带纪年砖的南朝砖室墓，为南朝墓葬的分期断代提供了重要标尺，对研究广州地区南朝时期的墓葬形制、建筑水平及南朝时期瓷器制造业也具有十分重要的意义。

（程　浩）

【广州港疗养院建设工地西汉至明清墓葬】

发掘时间：2018年7月~9月

工作单位：广州市文物考古研究院

广州港疗养院位于广州市越秀区横枝岗路70号，地处广州市“桂花岗—狮带岗—横枝岗”地下文物埋藏区内。此次配合广州港疗养院升级改造工程建设进行的考古发掘，共清理古墓葬23座，其中西汉墓7座、东晋墓2座、南朝墓3座、唐墓4座、明墓1座、清墓4座，以及年代不明晚期墓2座，共出土铜器、铁器、金器、玉器、石器、玻璃器、陶器等404件（套），采集标本砖16块。

西汉墓7座，除了一座墓仅存底部未知是否有墓道外，其余6座均为有墓道竖穴木椁墓。墓向均为东西向。大部分保存较好，随葬器物比较丰富，最少的有17件（套），最多的有126件（套）。从出土器物来看，年代均为西汉中晚期。M19规模最大、随葬品最为丰富，为双墓道竖穴木椁墓，墓室内有两套棺具和随葬品。从随葬品的情况推测墓主人均为男性，其葬俗值得注意。

东晋墓2座，均为砖室券顶墓，保存状况不佳，均被盗，残存随葬器物11件。

南朝墓3座，在工地范围内均只见排水沟，墓室部分在工地范围之外。三座墓的排水沟方向基本一致，为321°~325°。发掘长度从7.40米~19.60米不等。未发现随葬品。

唐墓4座，破坏严重，均只残存底部。共出土随葬品5件。

明墓1座，为夫妻合葬墓，破坏严重，仅存墓底石灰，葬具、人骨和随葬品均已不存。清墓4座，均为竖穴土坑墓。共出土随葬品9件。有两座墓保存状况较好，棺具和随葬品俱存。其中一座（M5）有墓志，根据志文可知墓主人为清北海镇总兵郑润材，清光绪三十年（1904）去世。

年代不明的晚期墓2座，仅存墓坑，葬具、人骨和随葬品皆无。

本次考古发掘的汉墓进一步丰富了广州汉墓的材料。三座南朝墓排水沟的发现，为今后在此地块周边的考古勘探、发掘工作提供了宝贵线索。清北海镇总兵郑润材墓的发现，为研究郑润材生平提供了新的重要资料。

（黄碧雄）

【广州市番禺区唐代曾边窑遗址】

发掘时间：2018年2月~5月

工作单位：广州市文物考古研究院

曾边窑遗址位于广州市东南番禺区新造镇曾边村和南约村交界处、地铁四号线新造站出口东侧原名为曾边坑的山岗上，往西不到700米即是珠江。

曾边窑遗址是广州地区乃至环珠江口区域一处重要的唐代民窑遗址，2010年被列入广州市番禺区登记保护文物单位，为配合广医南侧道路（南村大道—新化快速）工程，2014年6月至7月，本院会同番禺区文物管理委员会办公室对其进行了全面勘探与重点试掘，本年2月~5月对其进行正式发掘，发掘区域布方从二级台地至四级台地上，覆盖原试掘区，完成发掘面积约450平方米，发现唐代残窑1座、泥池1座、灰坑12座、灰沟4条，出土了大量陶瓷器。根据遗址的出土器物，初步判断遗址年代为晚唐，性质为民窑。曾边窑窑体因被严重破坏，其形态的具体判明还有待新的考古发掘成果。

曾边窑遗址是广州地区目前考古发现的唯一一座唐代窑址，也是广州发现最早的瓷窑遗址，为宋代广州陶瓷业的发展奠定了坚实的基础，在一定程度上填补了广东陶瓷发展史上的空白。这次发掘出土陶瓷器在器物类型、形状、挖足工艺以及装烧方式上都与新会官冲窑极为相似，著名的唐代马来西亚沉船"黑石号"出水陶瓷器中之前被判断为官冲窑产品的广东青釉瓷器很有可能部分来自曾边窑。曾边窑遗址是广东外销陶瓷业发达的重要物证，对于研究海上丝绸之路具有重要意义。

（陈　馨）

【广州市增城区明代莲花书院遗址】

发掘时间：2018年3月~6月

工作单位：广州市文物考古研究院

莲花书院遗址位于广州市增城区南香山东南山麓。南香山西距广州古城中心约36千米，海拔434.1米，是"广东三樵"之一的南樵，又名南樵山。本次配合莲花书院重建工程进行的考古勘探发掘，发掘面积1000平方米。

遗址南北宽30.5米，东西长59.0米，总面积约1700平方米，呈中轴对称结构，坐西北向东南，方向120°，建筑基址分布于两条小溪交汇岬角内人工堆填的五级平台上，五级平台从东南向西北逐级升高。遗址出土红砂岩柱础21个，麻石柱础9个。其中一件红砂岩残碑，表面刻有"乙巳春泉翁书（書）"。

结合文献记载可确认此碑"泉翁"指的就是湛若水。湛若水（1466~1560），号甘泉，广东增城人，明代理学家、教育家、书法家，历任南京吏、礼、兵三部尚书。碑文中的"乙巳"年为明嘉靖二十四年（1545），与文献记载吻合，从而确认本次发掘的遗址就是湛若水创办的莲花书院。

根据发掘情况分析，遗址第一级平台为书院的门楼，分三间；第二、三平台可能为书院的诸生馆；第四平台为书院的讲堂，分五间，两侧为翼廊；第五平台为书院的正堂及左右偏堂，都为三开间结构，两侧为从第四平台延伸而上的翼廊。这些结构与湛若水著《娥眉山莲花洞开创书馆记》的记载吻合。此外，遗址西北25米处有"海阔天空"摩崖石刻，其顶部刻有"中主石"，位于莲花书院建筑的中轴线上。遗址东南部门楼往下有向东南延伸的石砌小路，残长38米，推测是下山通往书院的道路。

莲花书院遗址的发掘具有重要的学术价值。第一，遗址时代明确，是明代正德、嘉靖年间书院兴盛的重要见证。第二，莲花书院建筑选址考究、布局科学合理，其正堂、偏堂、讲堂、门楼等基址都保存基本完好，与湛子洞、"海阔天空"和"中主石"石刻、石砌路面构成一个整体，对研究明代书院的建筑规划及空间布局具有重要意义。第三，莲花书院是湛若水创办的40余所书院中目前唯一经过考古发掘且保存完整的重要遗址，对研究中国古代书院特别是明代书院，以及湛若水生平和学术思想提供了十分重要的考古资料。

（张百祥）

【广州市番禺区新造明代家族墓地】

发掘时间：2018年8月~10月

工作单位：广州市文物考古研究院

广州市番禺区新造明代家族墓地位于新造镇南约村的红山北坡。配合广州市番禺区南大干线（市新路—新化快速路）

建设，本院对该家族墓地进行抢救性考古发掘。发掘面积420平方米，清理墓葬4座。

墓地整体结构用灰砂即三合土来板筑，自上而下，依山而建，由墓葬区及三级拜台组成。地面的还保存有垄环、享堂、山手等结构。

M1为长方形竖穴灰砂砖室夫妻合葬墓，方向325°。墓圹长2.5米、宽2.34米、深1.45米。墓室分东西两个独立的砖室，从发掘清理的结果判断，东砖室墓先入葬，西砖室墓为后入葬。东砖室长2.3米、宽1米、深1米。墓室底部残存有较明显的棺底板碎木屑及棺底板灰。人骨保存很差。墓室东北角及西北角各有一件魂瓶，为黑釉陶罐和酱釉陶碗组合而成，墓室外头部出土一合买地券，记载墓主为女性，生于正统六年十二月，终于弘治六年六月。随葬器物有铜钱8枚、银头饰2件、银耳饰2件。西砖室长2.35米，宽1米，深1米。底部残存较明显的棺底板碎木屑及棺底板灰。人骨保存较差，残存头骨、肢骨及肋骨，仰身直肢。随葬铜钱11枚、银头饰1件。

M2位于M1左侧，长方形竖穴土坑夫妻合葬墓，方向315°。墓坑长2.2米、宽1.3米、深1.7米。棺木已朽，人骨保存较差，残留头骨、四肢骨及脊椎，仰身直肢葬。随葬品共5个酱釉带盖小罐。

M3位于M1右侧，原周边应有垄环，发掘时已被破坏。长方形竖穴土坑墓，方向329°。墓坑长1.9米、宽0.5米、深0.84米。棺木已朽，保留有人骨，人骨保存一般，摆放整齐，为二次迁葬。出土5个带盖酱釉小罐。

M4位于M1和M3前方叠压在第二级拜台下，长方形竖穴土坑夫妻合葬墓，方向330°。墓坑长2.1米、宽1.3米、深1.45米。棺木已朽，人骨保存一般，仰身直肢葬。出土5件酱釉小罐，3件银饰头针及8枚铜钱。

新造明代家族墓地的发掘，对广东乃至岭南地区明清时期的灰砂墓葬形制、结构提供了实物资料，对研究这一区域明清时期的埋葬习俗有重要意义。

（覃　杰）

广西壮族自治区

【田林县八渡旧石器时代至新石器时代遗址】

发掘时间：2018 年 11 月 ~12 月

工作单位：广西文物保护与考古研究所

八渡遗址位于田林县八渡瑶族乡八渡村对面，地处驮娘江左岸一级阶地，距驮娘江水面垂直距离约 10 米。为配合田林县瓦村水电站建设，广西文物保护与考古研究所联合田林县博物馆对该遗址进行了抢救性考古发掘。

发掘面积共 379 平方米。出土大量石制品，以石核石器为主，石片石器很少，包括打制石器、磨制石器、加工工具等三大类。打制石器包括砍砸器、刮削器、尖状器等。磨制石器包括研磨器、凹刃石凿、双肩石铲、双肩石锛、石锛及斧锛类毛坯、半成品等。加工工具包括砺石、石锤、石砧等。此外，还有大量制作石器产生的石片、石核、断块等，其中包含较多锐棱砸击石片。

该遗址的文化堆积可分为早、晚两期，根据遗物特征和地层堆积状况判断，早期的年代应属旧石器时代晚期至新石器时代早期，晚期的年代属新石器时代晚期。八渡遗址的发掘为我们了解和研究百色地区史前文化的发展和演变及其与广西各地区、云贵高原的史前文化的关系提供了新的地层明确的考古实物资料。

（梁　优）

【田林县囊仙旧石器时代及明代至民国时期遗址】

发掘时间：2018 年 11 月 ~12 月

工作单位：广西文物保护与考古研究所

囊仙遗址位于田林县八渡瑶族乡八渡村东北约 200 米的山脚下，地处驮娘江左岸一级阶地，距驮娘江水面垂直高度约 15 米。为配合田林县瓦村水电站建设，广西文物保护与考古研究所联合田林县博物馆对该遗址进行了抢救性考古发掘。发掘面积 312 平方米。

共出土文化遗物 75 件，包括石器、瓷器、铜钱三种。石器表面被侵蚀严重，以砍砸器为主，偶见石片。瓷器皆为青花瓷，器形有盘、杯两种。铜钱均为清代钱币。该遗址文化堆积可分为早、晚两期。根据遗物特征和堆积状况判断，早期的年代应属旧石器时代晚期，晚期的年代应为明代至民国时期。囊仙遗址的发掘为我们了解和研究驮娘江流域甚至广西地区的历史时期、史前文化发展和演变提供了新的考古实物资料。

（梁　优）

【象州县娘娘村新石器时代遗址】

发掘时间：2018 年 1 月 ~8 月

工作单位：广西文物保护与考古研究所

娘娘村遗址位于象州县石龙镇娘娘村，为新石器时代晚期贝丘遗址，地表散落有磨制石器、陶片。因大藤峡水利枢纽工程建设，广西文物保护与考古研究所对娘娘村遗址进行发掘。发掘面积 1500 平方米。此次发掘的遗迹为灰坑和柱洞，共发现灰坑 16 个，柱洞 40 个。出土物以陶器、石器、骨器为主，以陶器为大宗，器形以罐、釜为主，纹饰以绳纹为主，另有少量附加堆纹；石器以磨制石器为主，有少量打制石器，磨制石器以斧、锛为主，有少量的石锤、石凿等；骨器数量较多，器形以锥为主，有少量的针、铲等。从发掘情况看，娘娘村遗址堆积较厚，文化内涵丰富，遗物众多，包含了较多新石器时代晚期文化遗存。此次出土的石器和骨器数量较多，文化面貌独特，对研究广西地区新石器时代文化有较重要意义。

（袁增箭）

【田林县那忙新石器时代遗址】

发掘时间：2018 年 3 月 ~7 月

工作单位：广西文物保护与考古研究所

那忙遗址位于田林县八桂乡者达村者达屯西约 1 千米的那忙坡上，地处驮娘江左岸的阶地上，距驮娘江河面垂直高度约 7 米。为配合田林县瓦村水电站建设，广西文物保护与考古研究所联合田林县博物馆对该遗址进行了抢救性考古发掘。发掘面积 700 平方米。

发掘出土文化遗物 3400 多件，以石制品为大宗，并发现数枚铜钱。石制品包括打制石器、磨制石器、加工工具等三大类。打制石器包括砍砸器、刮削器、尖状器等。磨制石器包括研磨器、凹刃石凿、石锛及其本成品等。加工工具包括砺石、石锤等。此外，还有较多制作石器产生的石片、石核、断块等，其中，有部分属于锐棱砸击石片。

根据遗物特征和地层堆积状况判断，该遗址的年代应为新石器时代中期或偏晚。那忙遗址出土了大量地层明确的文化遗物，为我们研究百色地区驮娘江流域甚至广西地区新石器时代的文化发展和演变及其与云贵地区文化的关系提供了新的地层明确的考古实物资料。

（梁　优）

【中留秦汉故城遗址】

发掘时间：2018 年 1 月 ~12 月

工作单位：广西文物保护与考古研究所

故城位于武宣县三里镇古立村勒马屯。广西文物保护与考古研究所因大藤峡水利枢纽工程建设对城址进行发掘，揭露面积 2940 平方米。秦汉遗存的分布范围约 8 万平方米，遗迹有高台、围墙、壕沟、道路、建筑基址、水井、灰沟、灰坑、柱洞、窑址等，遗物有瓦、瓦当、砖、陶瓷器、石器、铁器、铜器、矿渣、鼓风管等，其中包括 1 枚西汉“临”封泥、1 枚东汉“中溜丞印”铜印章、1 块东汉“布山”印文陶片。已修复器物标本约 700 件。

城址主要区域是中部的高台及南面临江缓坡，面积约 1.8 万平方米。高台是衙署区，坐北朝南，面临黔江，斜对大藤峡，远眺大瑶山。高台四周环绕壕沟，南面中轴线上是由江进城的道路，道路两边是建筑群和壕沟。这种布局从西汉延续到东汉。东汉后期，江岸发生塌陷，壕沟等设施也填满，活动空间往西拓展。

高台利用一座在周围突起的土山修筑而成，筑台时在低处垫高，顶面修平整，边缘有围墙，外壁一直陡斜至环壕底部，原高低落差超过 5 米。台面东西残长 70 米、南北宽 56 米。高台上的建筑，东西约长 60 米、南北宽 48 米，总面积约 2880 平方米，前中后共有三进，其中第三进保留塌落的瓦片数量最多，底中部铺垫的木地板炭痕仍清晰可见，中部厅堂木地板进深约 9.2 米、面阔 14.4 米。

根据考古发现及文献记载推断，该城址应是秦汉桂（郁）林郡所属的中留（溜）县故城。这是广西保存较好、布局清晰、结构独特的秦汉城址，对探究秦汉王朝在岭南地区的城邑建置和管理模式、推进当地历史研究和文化建设具有重要价值。城址出土的官印与县治的地望相合，这是考古发现与文献记载相互佐证的研究实例。高台官署建筑的木地板炭痕仍清晰可见，这是非常难得的秦汉建筑研究材料。中留县是秦代在广西境内最早设置的四个县之一，是秦汉王朝经略南方多民族地区的重要据点，它扼守的黔江，是中国西南地区经岭南地区入海的一条通道，是古代西南夷经由百越地区通向海洋的交通要道，反过来也是岭南文化传播西南地区的重要通道。

（蒙长旺）

【兴安县石马坪汉墓】

发掘时间：2018 年 9 月 ~11 月

工作单位：广西文物保护与考古研究所

石马坪汉墓位于兴安县城南约 16 千米的溶江镇莲塘村，属两汉时期，1963 年公布为广西壮族自治区重点文物保护单位。本年度，广西文物保护与考古研究所对部分墓葬进行了抢救性发掘。共发掘墓葬 4 座，其中砖室墓 1 座，同坟异穴土坑双室墓 2 座，土坑单室墓 1 座，所有墓葬上均覆盖有高大封土堆，墓葬方向大致相同，基本为东西向，墓道大致朝西。大部分墓葬被不同程度地盗掘，出土少量陶罐和铜、铁器。仅一座土坑墓未遭盗掘，出土铜镜、铜碗、陶罐、陶胡人俑灯、陶屋、陶灶、陶提筒、玉璧、玉蝉、水晶饰品、玉饰品、金戒、铜钱等一批精美的汉代文物。

（韦　璇）

【合浦县东较场路东汉至南朝墓葬】

发掘时间：2018 年 9 月 ~10 月

工作单位：广西文物保护与考古研究所

墓葬位于合浦县廉州镇东较场路北侧，广西文物保护与考古研究所对用地建设施工涉及的 18 座砖室墓进行了抢救性发掘，共清理“凸”字形墓葬 10 座、“中”字形墓葬 7 座、长方形墓 1 座，年代分属东汉、三国和南朝三个时期。

本次发掘共出土随葬器物约 120 件，质地有陶、瓷、铜、铁、滑石几种，以陶器为主，器类有罐、双耳罐、四耳罐、直身罐、熏炉、盒、甑、鐎壶、钵、簋、案、盂、碗、长颈壶、陶鸡模型、陶鸭模型陶井、陶仓、陶灶、陶屋、陶莲花座等；瓷器为南朝青瓷器，器类有六耳罐、碟、碗等；铜器器类有碗、盆等；铁器主要有铁制棺钉和铁剑等器类；滑石器均为滑石猪模型。

这些墓葬绝大部分遭受过盗扰破坏，但个别墓葬保存相对较好，对于合浦东汉至南朝墓葬的研究仍然具有重要的参考价值。

（黄登奎）

【梧州市龙圩区后背山六朝时期遗址】

发掘时间：2018 年 2 月 ~4 月

工作单位：广西文物保护与考古研究所

遗址位于梧州市龙圩区大坡镇松柏村委道院自然村南侧的后背山上。遗址分布范围约 5 万平方米。为配合西气东输二线广州至南宁支干线梧州压气站工程建设，广西文物保护与考古研究所对工程涉及的遗址部分进行抢救性考古发掘，揭露面积 1740 平方米，清理出灰坑 66 个、灰沟 5 条、柱洞数百个，出土陶器、瓷器、石器、铁器、鼓风管、炉渣等遗物。灰坑呈袋状、锅底状、筒形或亚腰形，口径 0.5 米 ~4 米、深度 0.2 米 ~4 米，以口小底大的圆形袋状坑居多，有部分灰坑周围有柱洞，坑底中间也有一个柱洞，说明这些坑原来是搭建有雨棚保护的。灰沟功能应是为了排水和防御。柱洞可能是干栏式建筑的基础。

后背山遗址是一处大型六朝聚落遗址群当中的一个遗址点，对于探究广西乃至岭南地区六朝时期的聚落形态有重要意义。

（蒙长旺）

【桂林市西山公园唐代寺院遗址】

发掘时间：2018 年 6 月 ~10 月

工作单位：广西文物保护与考古研究所

西山公园寺院遗址位于桂林西山公园内，文献记载为唐代西庆林寺故址之所在。为明确遗址的分布范围及文化内涵，广西文物保护与考古研究所对遗址进行了勘探、试掘。勘探面积 13000 平方米、试掘面积 264 平方米。

从勘探及试掘情况看，遗址可分为四期：第一期为早唐至武宗毁佛，这一期寺名为西庆林寺；第二期为唐末、五代时期，这一期的寺院名延龄寺；第三期为北宋时期，这时寺名有净惠寺和西峰寺；第四期为南宋至元初，此时寺名为西山寺和资庆寺。元代以后寺院彻底废弃，在勘探试掘过程中发现不少元明时期的墓葬。从对其中 19 座墓葬的发掘情况看，其埋葬方式既有一次葬，也有捡骨二次葬，年代从明早期至明晚期均有，部分可能早至元末。一次葬均为竖穴土坑墓，一般有棺钉和铜钱，铜钱多置于死者胸部，少者数枚，多者十余枚，墓坑中部两侧均各放置一个陶瓶，其放置位置凸出墓坑之外；二次葬有备葬具和无葬具两种，除铜钱外未见其他随葬器物。

在本次试掘中，除发现大量建筑遗迹外还出土了大批器物标本，不仅包括碑座、佛座等石构件及砖瓦等建筑材料，也包括大量陶瓷器，这些器物对于研究桂林唐宋以来建筑材料及陶瓷器的演变提供了丰富的资料。西山公园古代寺院遗址是目前桂林市保存面积最大、保存情况最好的一处唐宋寺院遗址，对于研究桂林乃至整个岭南地区的寺院遗址具有极为重要的价值。

（刘　勇）

【武宣县宋代旧县城址】

发掘时间：2018 年 3 月 29 日 ~9 月 18 日

工作单位：广西文物保护与考古研究所

旧县城址位于武宣县三里镇旺村村民委旧县自然村西面约 250 米的黔江左岸台地上，1987 年 7 月武宣县文物调查时发现。由于大藤峡水利枢纽工程的实施，广西文物保护与考古研究所会同武宣县博物馆组成联合考古发掘队，对大藤峡水利枢纽工程涉及的武宣县旧县城址进行抢救性考古发掘。此次发掘面积共 1575 平方米，按正南正北方向共布 5 米 ×5 米探方 61 个、探沟一条。整个遗址堆积共分为 4 层，总厚度 0.60 米 ~2.10 米。该城址出土大量地层明确的瓷器、陶器等遗物，主要是瓷碗、瓷碟、药碾、铜钱、瓦、瓦当、砖兽骨等遗物。瓷器为青瓷、青白瓷、酱油瓷、黑釉瓷等，有广西本地烧造的瓷器，也有江西、湖南等地烧造的瓷器。遗迹主要是城墙、墙基、排水沟、井、地窖、柱洞、路面、红烧土面；等等，墙基、排水沟保存不好，破坏严重，柱洞不成规律；井、地窖保存相对好一些。此次考古发掘与历史文献记载相佐证，武宣县的宋代县治所就在今旧县村。出土的铜钱，基本是“大观通宝”“咸元平宝”“元祐通宝”等，均为北宋时期的年号。出土的石碾，刻有“绍圣元年”，绍圣元年即 1094 年。这些遗物具有典型的宋代特征，其年代应是宋代。外来瓷器大量出土，说明当时的商业贸易交流比较发达，与黔江便利的水运资源有很大关系。这座宋代城址的考古发掘，对研究武宣县的历史、政治、经济、文化等具有一定价值。

（覃　芳）

【富川县马山南宋窑址】

发掘时间：2018 年 9 月 1 日 ~12 月 31 日

工作单位：广西文物保护与考古研究所

窑址位于富川县城北镇马山村，为配合贺州市富川县富阳至朝东二级公路改扩建项目，广西文物保护与考古研究所对窑址进行考古发掘，发掘面积 880 平方米。

本次发掘发现长斜坡式龙窑两条，产品以青瓷和酱釉瓷为主，器形以碗、盘、碟、盏、壶、罐等日常用瓷器居多，烧造方法为匣钵支钉叠烧。在出土器物中发现一件有“淳熙拾年夏孟月末旬周十七置用手记泛（范）”的莲瓣纹模具，明确该窑址的年代为南宋早期。

除马山窑址外，在其周边的岔山、秀水等地也发现一些窑址，这些窑址产品均较为相似，究其源流，应是衡州窑一系。衡州窑地处湖南南部，与富川县毗邻，从产品特征看，马山窑址出土器物与衡州窑几无二致，这对于研究宋代湖南与广西的瓷业交流具有重要意义。

（由　丹）

【武宣县陈家岭宋至明清时期窑址】

发掘时间：2018 年 3 月 ~5 月

工作单位：广西文物保护与考古研究所

陈家岭窑址位于武宣县武宣镇南，窑址属宋至明清时期，地表散落有少量磨制石器。因大藤峡水利枢纽工程建设，广西文物保护与考古研究所对陈家岭窑址进行发掘。发掘面积 775 平方米。此次发掘，共清理马蹄形砖瓦窑 6 座，长条形陶窑 1 座，龙窑 1 座。马蹄窑和长条形窑出土有较多砖、瓦和陶瓷残件，属明清时期。龙窑出土有大量的瓷器和装烧工具，包括青釉菊瓣纹碗、双鱼纹碗底、“太平”款青瓷碗、酱釉斗笠盏等瓷器，数量众多、类型丰富，年代以南宋晚期至元代早期为主，从侧面反映了宋元时期武宣的物质生活情况，其造型风格、艺术创作在广西陶瓷艺术史上占有重要地位。

（韦　璇）

海 南 省

【东方市荣村东晋至南朝遗址】

发掘时间：2018 年 10 月 ~12 月

工作单位：中国国家博物馆、东方市博物馆

荣村遗址位于东方市四更镇下荣村和上荣村村北，昌化江南岸，亦称付龙园遗址。中国国家博物馆曾于 2014 年初对遗址进行了调查、勘探及小规模试掘，本年再次进行发掘。本次发掘旨在探寻荣村遗址墓葬区，以期对整个遗址的功能分区和文化内涵有进一步认识。

发掘区域位于荣村遗址中部偏南方向，距付龙园遗址（荣村遗址）保护碑西南约 200 米处。共布设 10 米 ×10 米探方三个，布方面积共计 300 平方米，实际发掘面积 261 平方米。发现瓮棺葬 4 座，灰坑 41 个，坑及柱坑 100 余个，柱洞 700 余个。

瓮棺葬墓坑平面为长方形，墓坑内填土一般无包含物。葬具为两件或四件对扣的陶釜，一般无随葬品。陶釜内的骨骼大多保存状况较差，仅有几块残骨。其中仅一座瓮棺内骨骼保存状况稍好，可辨识出头骨、锁骨、肋骨和肢骨等。

灰坑按照口部形状大致可分为圆形、椭圆形、不规则形，坑壁见有直壁、斜直壁、弧壁等，底部多为圜底或平底，有些底部不平，部分壁面和底部有加工痕迹。灰坑中多包含有陶片、骨头、贝壳等。

柱洞在除表层土的各层下均有开口，平面形状一般为圆形或椭圆形，圜底较多，部分柱洞壁面或底部有不同程度的加工夯实现象，个别柱洞中可见明显的柱芯。柱坑形态差异较大，平面形状有长条形、椭圆形、不规则形，底部也有圜底、平底、不规则底等。从发掘区整体来看，柱洞、柱坑数量多，且互相多有叠压打破的情况，因此很难辨识出有规律的、成排分布的柱洞。此外，我们注意到部分小洞填土内含有数量较多的贝壳、螺蛳壳，且保存完整，尚不能确定是否为柱洞。

综上，本年发掘区域内仅发现 4 座瓮棺葬，未能发现成排成列的墓葬，推测此处可能为墓葬区的边缘地带。本次发掘发现了大量柱坑、柱洞等遗迹现象，与 2014 年的发掘情况相吻合，推测应为建筑类遗迹。根据最新碳测试显示，本年度发掘遗址的主体年代在东晋至南朝。

（牛健哲）

【琼中县明代水会所城址】

发掘时间：2018 年 7 月 ~8 月

工作单位：海南省文物考古研究所

水会所城址位于琼中黎族苗族自治县黎母山镇大保村委会水上市村。据相关历史记载，水会所为明代万历三十年（1600 年）平定黎族马矢叛乱后所建，全称为“水会守御所城”。

此次工作对遗址进行全面地表调查和局部勘探，并在东城墙布 2 米 ×4 米探沟一条，进行试掘，面积为 8 平方米。

通过此次考古工作，基本摸清了城址的结构布局和修筑方式。城大致呈长方形，东、西城墙长约 290 米，南、北城墙长约

310米，拐角为弧形。原设东、南、西3个城门，现西门已遭破坏。东城墙基本保存完好，南城墙略有残缺，北、西城墙破坏较严重。城墙为泥土构筑，形制简单，应为城墙外原地挖土垒筑而成，然后在两侧直接堆砌天然石块作为护坡，石块大小不一、形状不规则，挖土之后形成的沟即为护城壕沟。城内采集到石柱础、石碑座、砖、瓦等建筑构件，明代晚期青花瓷片、铜钱等遗物。

此次考古发现，与历史记载相一致，证明水会所城是现今海南岛保存较完好的明代古城之一，对研究明代卫所制度和海南岛古代城址发展提供了重要的实物证据，具有极高的学术研究价值。

（何国俊　王育龙　廖忠志）

重庆市

【涪陵区大河口新石器时代至明代遗址】

发掘时间：2018 年 4 月 ~8 月

工作单位：重庆师范大学西南考古与文物研究中心、重庆市文化遗产研究院

大河口遗址位于涪陵区义和镇朱砂村六组长江边的第二级阶地上，西南边是长江，隔江斜对岸与蔺市相望，东北距义和镇约 10 千米，地理坐标为东经 107°10′30″，北纬 29°41′8″，海拔高程为 165 米 ~180 米。其分布正好处在长江与一小溪河口交汇的缓坡台地上，遗址面积约 3000 平方米。

本次发掘面积共计 927 平方米。T1 ~ T4、T6、T7，主要是清理地层堆积中的古代遗物，扩方 1、扩方 2 主要是清理古窑炉（址），了解窑炉的结构。T5、T8、T9 主要是清理砖室墓。

T1 ~ T4、T6、T7 以及 2 个扩方，除 T3 和扩方 2 可分 4 层外，余下的几个探方都分为 3 大层，第③层皆为文化层，T3 第④层和扩方 2 第④层也为文化层，其下为生土层。第①层，近现代扰乱层，包含于植物根茎、石块、砖块、陶片、石器等。第②层，近现代扰乱层，包含有石块、砖瓦片、瓷片、陶片、石器等。第③层，文化层，包含有早期陶片、石器、动物骨骼等。第④层，文化层，包含有早期陶片、石器等。

新石器时代遗存出土有陶片、石器、骨器、动物骨骼等。陶器以夹细砂陶为主，其次泥质，少量夹粗砂陶；陶色以红褐、红、灰褐、黑褐色为主，少量青灰、黑皮陶；纹饰以素面、绳纹、箍带纹、水波纹为主，其次有方格纹、戳印纹、凹弦纹、瓦楞纹等。器形多为平底器，少许圈足器与尖底器，器型主要有高领敞口罐、盘口罐、瘦腹罐、鼓腹罐、花边口缸、圈足器、钵、杯、盖（豆盘）、纺轮等。石器数量较多，大多数经过磨制，有的通体磨光，有的局部（刃部及两侧）磨光，制作精致。制作方式有打制、磨制、钻孔、琢制等。石器个体偏小。器形主要有锛、斧、雕刻器、刀、凿、矛、镞等。骨器有骨针、刮削器等。

本次发掘共发现新石器时代灰坑 6 座（H1 ~ H6），窑址 2 座（Y3、Y4），墓葬 1 座（M1）。

H1、H2 位于 T1 内的中部略偏东，H4 位于 T1 内的西南部。H3 位于 T2 的东北角，H5 位于 T2 的北隔梁（略偏东），H6 一半位于北隔梁靠东部，另一半伸入到扩方 1 内（靠近扩方 1 的东南角）。H1、H2 开口在第②层下，打破第 3 层；H4 开口在第③层下，打破生土。H3、H5 开口于第②层下，打破第③层，H6 开口于第③层下，打破生土。其中以 H2 为代表，出土遗物数量最多。Y3、Y4 均位于扩方 2，开口在第③层下，打破第④层，平面呈不规则的椭圆形，推测该窑址可能是一座露天窑。M1 位于 T3 的中部略偏北，开口在第②层下（此处第③层已被破坏掉），打破生土，土坑竖穴墓，残存墓底，可见部分

人骨未发现随葬品。

本次发掘共发现汉代砖室墓3座（M2、M3、M4），六朝时期窑址1座（Y2）。

M2，墓室为长方形，规模较大。平面呈东西方向，墓室西半部皆被毁坏，仅存东边较少的部分。随葬器物比较集中的放置在墓室底部的东南端，共有33件。主要是陶器（共30件），其次石器（共3件）。M3，M4墓室呈“刀把”形，东西方向，由墓道、甬道、墓室三部分组成（墓道已被破坏），券顶破坏无存。M3仅残存墓室下半部，随葬器物多集中放置在较狭小的甬道内，层层叠叠，共51件（套），除1件铅器外、1件铜饰件、1套（25枚）铜钱币、1件铁器、1件石耳坠外，其余皆为陶器。M4仅残存墓室，随葬品绝大多数被盗，仅残留下9件陶器。Y2，位于T2的北部，部分伸入北隔梁外的扩方1内。窑炉局部被江水冲刷后暴露在外，窑室西壁及顶部均遭毁坏，整座窑炉由门道、火门、火道、窑室、烟道构成。门道平面呈八字形，外宽内窄，由南向北进入火门处，进火门处用3块长方形青灰砖叠砌而成，用于封堵火门，长、高均被破坏不得而知，现残长126厘米、残高40厘米。火门立面大致呈半圆形，设在门道与火道交界处，宽56厘米、高40厘米。火膛平面呈八字形，外窄里宽，券顶状，火膛顶部窑壁分二层砌筑，即先在靠火膛的内壁用一些半块或者小半块的墓砖（将一块完整墓砖敲击成3～4块）平铺，砖与砖之间缝隙用搅拌泥填充抹平，后经烘烧而成；火膛窑壁坚硬，内壁光滑，壁面涂抹一层厚0.3厘米～0.5厘米不等的乳白色防护（火）层，壁厚20厘米～50厘米，从壁外土层中可明显观察到因窑炉使用的时间长，从而形成一层厚约30厘米不等的砖红色烧结层。窑室连接着火道，平面近正方形，窑壁规整，床面平整，为了便于抽火，底部窑床床面略高于火道地面约20厘米，窑室里面的北窑壁上设三个平面呈正方形的烟道，烟道靠窑室的内侧用加工后的长方形薄石块竖砌而成，接近底部窑床处留有进烟口，窑壁厚约16厘米，窑壁外烧结层厚20厘米～25厘米，窑室南北长200厘米、东西宽248厘米、残高180厘米、窑床底厚26厘米。整座窑炉全长420厘米，其中门道残长120厘米，火道长216厘米，窑室长200厘米。

共发现明代窑址1座（Y1）。Y1，位于T2的中部，开口在第①层下，打破第②层、第③层及生土。该窑炉现只发现后面（北端）的部分窑室，面积约1.4平方米（据现残存窑壁的弧度计算，推测原窑室面积约5平方米左右），靠前面（南端）的原窑炉的工作面、火门、火道皆因近现代当地居民修建房屋时被挖掘破坏，故形状不得而知。底部的窑床面上残留有几块火候较高的板瓦，窑壁外土层中可明显看到窑炉使用时间较长，从而形成的一层围绕窑壁的砖红色烧结层。窑壁厚约16厘米、残窑壁周长204厘米、窑床底厚16厘米。

经过本年度对大河口遗址的考古发掘，使我们对这一带的古文化遗存的资料有了比较清楚的认识。这一地区长江两岸分布着较多的古遗址和古墓葬，年代至少可从距今5500年开始并一直延续到明清时期。大河口新石器时代遗址的考古资料是迄今为止涪陵地区新石器时代遗址内涵最丰富、遗迹现象最全面、出土遗物最多的一处遗址。我们深信，随着对大河口遗址发掘资料整理工作的全面展开，以及一些相关标本的检测结果的公布，必将会为对涪陵乃至重庆库区新石器时代文化遗存的深入研究提供一些更重要的信息。

（杨　华）

【合川区吊嘴新石器时代至明清遗址】

发掘时间：2018年11月～2019年1月

工作单位：重庆市文化遗产研究院

遗址位于合川区钓鱼城街道办事处佛耳村4社，地处嘉陵江左岸二级阶地，遗址东部临江部分被烧砖取土破坏。此次考古发掘面积共计500平方米，发现较为丰富的新石器时代晚期、汉代、唐代及明清遗存，以新石器时代晚期遗存为主，清理房址、灰坑、沟、柱洞等遗迹17座，出土了陶、石、瓷质器物标本100余件（套）。在考古发掘工作中，对周边区域开展了区域考古调查，使用RTK、多旋翼无人机全面记录遗存空间信息和影像，全面提取土样进行筛选、浮选，获取微小遗存和动植物标本。

通过本次考古发掘工作，获取了较为丰富的新石器晚期遗存，从文化面貌上看应属于玉溪坪文化，丰富和完善了嘉陵江下游地区考古学文化谱系，对于研究嘉陵江流域与长江流域考古学文化的交流与互动具有重要意义。

（代玉彪　燕　妮）

【涪陵区蔺市新石器时代晚期至明代遗址】

发掘时间：2018年12月~2019年1月

工作单位：重庆市文化遗产研究院、涪陵区博物馆

蔺市遗址位于涪陵区蔺市镇凤阳社区居委，地处长江右岸的二级阶地上，西距蔺市古镇约500米。为配合蔺市场镇防洪护岸综合整治工程（二标）建设，联合考古队对遗址进行了发掘清理，共发掘3738.50平方米，清理墓葬29座、房址3座、灰坑27个、沟3条、窑址2座、道路1条、采石场1处，出土各类文物初步统计1020件（套），遗存时代大致可分为新石器时代晚期、汉至六朝、宋元明等三个时期。

新石器时代晚期遗存集中发现于徐百合屋基的西北角，分布范围较小，包括窑址、灰坑及地层堆积。蔺市遗址既往发现的新石器时代遗存主要来源于地层堆积，本次发现的窑址、灰坑以及灰坑中出土的废弃窑变陶器残片表明了所在区域的作坊属性，为进一步认识蔺市遗址新石器时代晚期文化的分布特点与发展情况提供了新的重要材料。

汉至六朝时期遗存皆为墓葬，广泛分布于遗址沿江台地上。墓葬类型包括土坑墓、瓮棺、砖室墓以及石室墓，数量以土坑墓为主。土坑墓时代为西汉时期，部分墓葬棺椁痕迹清晰，或椁板仍存大半，对于汉代墓葬棺椁制度、丧葬礼俗研究具有重要意义。

宋元明时期遗存包括房址、灰坑、道路、窑址、沟、墓葬等，主要分布于天坪丘。天坪丘建筑基址背山面江，建筑呈院落式布局，左侧及后部残存开凿于基岩上的排水沟，院落内靠右侧位置分布有两座纵向分布的石砌天井，两座天井之间似有隔墙。其后厅进深相比右侧建筑要短，左侧建筑呈隔间串联式，每间面积较小，应为仓储类附属建筑。根据出土遗物及相关联遗迹，可知该建筑基址始建于宋代，最晚于明代晚期废弃，改为墓地与采石场。根据相关文献，蔺市早在唐宋时期即已设有驿站并形成市镇，并延续至元明清。天坪丘建筑基址的发现填补了以往蔺市遗址考古工作的空白，对于川渝地区宋代市镇与交通驿站研究具有重要价值。

（汪　伟　孙治刚）

【彭水县外坝商周及唐宋时期遗址】

发掘时间：2018年6月~12月

工作单位：重庆市文化遗产研究院

遗址位于彭水苗族土家族自治县绍庆街道临江村，地处乌江左岸的二级阶地，海拔高程约230米。本院对工程建设涉及的遗址保护区进行了抢救性考古发掘。此次考古发掘面积800平方米，共清理各类

遗迹61处，包括灰坑26、灰沟3、基槽2、窑址1、柱洞29，时代涵盖商周、汉、唐宋等不同时期，以商周时期遗存为主体。商周时期遗迹47处，包括灰坑22、灰沟1、基槽2、窑址1、柱洞21；汉代灰沟1；唐宋时期遗迹13处，灰坑4、灰沟1、柱洞8。

商周时期遗物以陶器为大宗，陶质以夹砂陶为主，占比85%以上，其中又以夹砂黑褐和夹砂黄褐陶为主，泥质陶数量较少，其中泥质灰褐陶稍多。器形以罐、釜、钵为主，其次为少量的尖底杯和尖底盏，其余包括器座、器足等。出土器物中另有少量石器、铜器，器形有细石器、石环、石斧、铜箭镞、铜锥。汉代遗物极少，仅出土数片陶片，为泥质灰陶，外表施细绳纹。唐宋时期遗物较少，均为瓷器残件，器形有罐、缸、盆、碗、盘、瓮等，部分残件为器壁施黄釉、白釉的粗瓷，个别青釉瓷片。

此次考古工作较为全面地了解了遗址的整体文化面貌，进一步确认该遗址的主体是商周时期遗存，是一处商周时期的大型生活居址。反映的主体文化因素与重庆峡江地区商周时期的考古学文化具有较多的共性，应属于石地坝文化的范畴，对乌江下游商周时期的相关考古学文化及不同区域间的文化交流和传播等诸多问题的研究都具有重要的价值。

（杨鹏强　范　鹏）

【开州区姚家坝商周至明清遗址】

发掘时间：2018年3月~9月

工作单位：重庆市文化遗产研究院、开州区文物管理所

遗址位于开州区赵家街道姚家村一社，地处浦里河右岸一级台地，分布面积约80000平方米。此次发掘面积共计1400平方米，发现丰富的商周、汉代、宋代、明清时期遗存，清理灰坑17座、房址4座、窑址3座、沟2条、灶2座、炉址1座，出土陶、瓷、石、铜、铁质小件及标本500余件。工作过程中，采取了RTK测绘、多旋翼无人机拍摄等科技手段，全面、准确记录历史文化信息。

通过本次考古发掘工作，抢救性保护了一批商周至明清时期考古遗存，初步确定了姚家坝遗址各时期聚落性质，基本弄清了遗址各时期遗存分布状况，为研究这一地区商周至明清时期聚落形态、资源与环境关系、社会经济发展状况以及宋代金属冶炼工艺提供了重要的实物资料。

（代玉彪　邹后曦）

【丰都空洞包汉代墓群】

发掘时间：2018年4月~6月

工作单位：重庆师范大学西南考古与文物研究中心、重庆市文化遗产研究院

空洞包墓群位于丰都县名山街道镇江村2组。墓群东北为杜家村，西南为观石滩村，西北为028乡道，东南面为长江，地理坐标为北纬29°92′，东经107°74′，海拔171米~199米。

本次发掘面积共计1075平方米，发现土坑墓1座，砖室墓8座。共出土铜、铁、陶制随葬品149件（套）。

M1为带甬道的砖室墓，方向145°，由甬道及墓室组成。墓葬平面呈“刀把”形。甬道墓圹长2.08米、宽2米，甬道砖墙内壁长1.91米、宽1.48米、残高0.47米~1.12米；墓室墓圹长3.65米、宽2.58米，墓室砖墙内壁长3.65米、宽2.58米、残高0.93米~1.2米。出土釉陶锺2件、陶灯1件、博山炉盖2件；陶狗1件、碗4件、钵3件、盆1件、猪1件、罐1件、房顶1件、动物俑双足1对、陶残件（鸭、青蛙）2件、人俑18件、俑头13件；铜耳杯扣5件、泡2件、盖弓帽1件、伞帽1件、摇钱树部件1件、钱若干；

铁钩3件、钉1件。

M2为带甬道的砖室墓，方向134°，平面呈“刀把”形，由甬道、墓室两部分组成。墓圹长5.92米，最宽处3米。甬道内壁长2.06米、宽1.52米、残高0.41米。墓室内壁长3.4米、宽2.4米、残高1.26米。该墓填土内出土釉陶博山炉座1个，陶罐1个以及人颅骨及肢骨碎块若干。

M3为砖室墓，平面呈长方形，方向为120°。墓圹残长4.30米、宽2.86米，墓室北壁砖墙残长4.06米、南壁砖墙残长3.6米，墓后壁砖墙残长0.44米，墓室砖墙残高0.16米～1.14米。该墓未出土任何随葬器物。

M4为砖室墓，方向130°，墓室平面呈长条形，长5.8米，宽2.34米～3.6米，墓室残存深0.62米～1.72米。墓室底部呈斜坡状，西高东低，墓室形制破坏严重，墓底未见随葬品。填土中出土釉陶锺1件；陶塘、罐、碗残片若干，俑头1件，耳杯残片1片，马腿2件，瓦当1件。

M5为砖室墓，方向262°，平面呈“刀把”形，由墓道、甬道、墓室三部分组成。墓顶缺失，情况不明。墓圹残长8.9米，最宽处3.16米。墓道为长方形斜坡墓道，残长2.3米，残宽2.5米。甬道位于墓室西北部，内长2.28米、宽1.7米、残高0.86米。墓室内长3.8米、宽2.34米、残高0.86米。在甬道与墓室相连处的铺地砖下方发现铜钱7枚。

M6为方形土坑墓，方向不明，墓室平面呈长方形，长4米，宽3.5米，残存墓室深0.7米～0.9米。该墓内出土陶甑1件、罐2件、陶碗1件、执物俑1件、俑头1件；铜鍪1件、棺饰1件、耳杯扣2套、铜钱若干；铁釜1件；填土内出土釉陶博山炉1件、陶碗1件。

M7为带甬道砖室墓，方向135°。墓室长3.68米～4.2米，宽2.45米～2.75米，残存墓室深0.2米～0.85米，甬道宽1.6米，长1.1米，破坏严重，残高0.1米～0.3米。该墓内出土釉陶锺1件、博山炉座1件、博山炉盖1件、釉陶灯2件；陶罐8件、钵4件、魁1件、盘1件、狗1件、猪2件、碗3件、盆2件、勺1件、井盖1件、杯1件、房1件、鸡1件、人俑15件、俑头4件、铜器口沿1件、铜钱若干；铁制环首刀1件；鎏金铜器残片若干。

M8为带甬道的砖室墓，方向120°。墓圹长5.3米，最宽处3.3米，甬道情况不明，现残存墓室平面呈长方形，残长4.3米，残宽2.55米，现存墓室深0.25米～0.83米。该墓未出土任何随葬品。

M9为带甬道的砖室墓，方向150°，平面呈刀把形。墓室墓圹线长3.2米，宽2.95米，甬道墓圹长2.2米、宽1.68米，墓深0.9米～1.3米。填土内出土器盖1件、带釉陶魁首1件以及大量的泥质红陶、灰陶碎片。

（蒋　刚　范　鹏　宋天宇）

【忠县溪口汉代墓群】

发掘时间：2018年5月～7月

工作单位：重庆市文化遗产研究院

溪口墓群位于忠县洋渡镇鱼洞村五组，地处长江东岸二级台地上，东临沿江公路，西望鱼中村，北接忠县，西南至长江。本年，溪口墓群考古工作队对溪口墓群进行全面的考古发掘工作。共清理墓葬6座、灰坑1个，灰沟1个，时代为西汉、东汉和清代。出土随葬品有陶、铜、铁、琉璃等109件。

竖穴土坑墓5座，平面多呈长方形或圆角长方形，个别墓葬墓底筑有熟土二层台。出土随葬品丰富，以大量生活实用器为主，陶器组合为罐、钵、盆、釜、甑，兼有少量小型模型明器，如陶井、陶仓等，金属器有铜釜、铜盆、铁釜和铁刀。从墓向来看，均顺江分布，大部分墓葬方向在北偏东42°~50°间，推测应为一个较为集中的墓葬群。

竖穴土圹砖室墓1座，平面呈“凸”字形，由土圹、墓室、甬道三部分组成。出土随葬品有铜器、铁器和陶器。其中陶器最为大宗，器类有罐、钵、盆、壶、釜等。

经初步研究，这批墓葬的年代集中在西汉晚期至东汉时期。本次发掘丰富了峡江地区两汉时期墓葬材料，为研究这一时期汉文化在西南地区的扩张、嬗变及与本土文化关系等方面提供了重要的物证。

（燕　妮）

【万州区万顺汉至六朝墓群】

发掘时间：2018年7月~9月

工作单位：重庆市文化遗产研究院、中国人民大学

万顺墓群位于万州城区以南的长江两岸沿江二级台地上，一般集中于伸入江中的缓坡山嘴。从地形看，是海拔较低处村落的后山墓地，是古代沿江居民理想的墓地选址。墓群由7个墓地组成：万顺墓地、晒网坝墓地、李家嘴墓地、上河坝墓地、小沱基墓地、包上墓地、银家嘴墓地，经过9次发掘完成（其中万顺墓地和李家嘴墓地此前分别经过部分发掘）。本次发掘对象为万顺墓地与李家嘴墓地，位于长江东岸的万州区新乡镇，与武陵镇隔江相望。

综合调查、勘探和发掘的情况，根据墓葬形制和随葬器物大致推断墓葬的年代为汉至六朝时期。本次发掘面积1300平方米，墓葬数量15座，其中包括土坑竖穴墓10座、砖室墓5座，出土文物标本约40件。

万顺墓地墓葬形制主要为“刀把”形、“凸”字形砖室墓和长方形土坑竖穴墓，随葬陶器组合为鼎、豆、壶、罐，常见陶钵和陶俑，随葬铜器为带钩、铜钩、铜铺首、铜饰等，铜钱多见五铢，年代为汉至六朝。

李家嘴墓地墓葬形制主要为窄长方形的土坑竖穴墓，随葬陶器主要为陶罐、陶豆，随葬铜器为单耳鍪、陶匜、铜矛、铜鐏以及铜剑，具有典型巴文化晚期特征，铜钱多见半两，年代为战国晚期。

墓葬整体分布比较密集，偶尔也存在打破关系。由于墓群处在消落区，受到江水长期的冲刷，表土层较厚，并淤积了大量泥沙，地表覆满杂草，包含较多的植物根茎、石块以及移民搬迁遗留的现代建筑垃圾。由于江水涨落和现代人类活动，埋葬较浅的墓葬受到严重扰乱。保存状况比较好的墓葬，随葬器物通常成排摆放，平行置于人骨的一侧，形成一套组合，部分墓葬的青铜器会叠压在陶器之下。这批考古遗存是古代三峡历史文化研究的重要第一手资料，对它的研究将有助于探讨万州区域内的古代社会状态及文化变迁。

（郭东珺）

【江津区大路山东汉至六朝时期墓地】

发掘时间：2018年4月~6月

工作单位：重庆市文化遗产研究院、江津区文物管理所

墓地位于江津区油溪镇盘古村二社，该墓地周边地貌为丘陵，其东侧为一条东北—西南走向的长条状丘陵，小地名为大路山，长江绕其外侧自西南向东北流去，墓地就位于大路山背江一侧的坡地上，东南距长江约780米。因该墓地被盗掘，经国家文物局批准后，重庆市文化遗产研究院对该墓地进行了抢救性发掘，共发现东汉至六朝时期砖室墓2座，出土有画像石棺2具及20余件随葬品。

1号墓由封门、甬道和墓室组成，墓室内有两具紧挨的画像石棺，画像题材十分丰富，其中左侧石棺的棺盖为柿蒂纹，前档为双阙，左侧为车马出行，后档为凤鸟，右侧为乐舞百戏；右侧石棺的棺盖上

刻有柿蒂纹、龙衔璧、鱼、蟾蜍等，前档为双阙图，左侧有秘戏、双人对拜、胡人等图像，后档为伏羲女娲，右侧为凤鸟衔鼎。石棺内仅发现有少量的铜钱币，墓道内出土有较多的随葬品，包括陶俑、陶罐、陶钵、铜钱币等。根据出土“直百五铢”钱和随葬品特点判断该墓的时代为蜀汉时期。

2 号墓的墓葬结构较为特殊，由封门、甬道、前室、过道、后室和后龛组成。因遭到多次盗掘，随葬品出土较少，另出土有大量的陶棺碎片。时代应为东汉晚期。

该墓地发现了川渝地区为数不多的合葬画像石棺墓，且部分图案在以往的发现中较少出现，为研究东汉至六朝时期的丧葬观念、宗教信仰等提供了非常重要的参考资料，值得注意的是在车马出行图上还发现了疑似马镫的图案，这为研究马镫起源和传播提供了十分珍贵的图像资料。

（牛英彬　范　鹏）

【忠县皇华城宋代遗址】

发掘时间：2017 年 2 月 ~9 月

工作单位：重庆市文化遗产研究院

遗址位于忠县忠州街道顺溪社区，三峡工程蓄水后面积约 1.5 平方千米，为三峡库区最大的江中岛。皇华城是宋蒙（元）战争山城防御体系的重要组成部分，现已公布为县级文物保护单位。

为配合开展三峡后续大遗址保护，我院对皇华城遗址开展调查与试掘工作。清理城垣 198 段，共 5645.74 米，由内城墙、外城墙及一字墙三部分组成，依保存现状可分为四类。城门发现 3 座，其中保存较好的拱券顶城门 1 座。试掘布置探沟 10 条，发掘面积 113.5 平方米。调查发现墩台、排水沟、道路、采石场、墓地、水井、古民居、摩崖题刻、码头、庙址、祠堂等各类文物点 55 处，确定城内遗存分布密集区 4 处，分别为大湾遗址、校场遗址、棕树坪遗址及南垭口遗址。其中大湾遗址发现有形制规整、保存较好的建筑基址，可能为衙署区。

通过本年度阶段性考古工作，初步探明了城址布局与功能分区，基本厘清了城址年代与沿革变迁，全面掌握了城墙类型与建筑特征，进一步丰富了城址历史文化内涵。皇华城整体保存较好，城址要素齐全，布局结构完整，文化堆积厚重，遗存类型丰富。城址较好地保留了宋末以来的原始状况，明清及晚近以来没有大规模破坏与重筑，相较其他山城，具有高度的原真性和完整性。

（蔡亚林　李大地）

【涪陵区龟陵城宋至明清时期遗址】

发掘时间：2018 年 10 月 ~2019 年 1 月

工作单位：重庆市文化遗产研究院、涪陵区博物馆

龟陵城遗址位于涪陵区李渡新区马鞍街道办事处玉屏社区一组，雄踞于长江北岸三台山上，分布面积约 30 万平方米。龟陵城本名三台城、三台砦，因外形似龟，亦称龟陵城。遗址始建于南宋，是一处宋元战争时期的山城，1266 年涪州守臣阳立重筑后至 1278 年为涪州州治所在地，1280 年城破后废弃。2017 年，我院与涪陵区博物馆对遗址开展了首次大规模的专题调查、勘探和主动性发掘工作，确认遗址由山顶环城、北外城、东外城、南外城和西外城五部分围合组成，山顶环城是整座城址的中心。

为廓清山顶环城的布局与功能，重庆市文化遗产研究院启动了龟陵城遗址第二期主动性考古发掘，发掘任务 2000 平方米。截至目前，考古工作仅限于山顶环城王子顶西侧建筑基址区，已实施发掘面积约 1200 平方米，发现有宋元和清代的房址、墙、道路、水沟、灰坑及柱洞等遗迹 40 余处，出土有汉至六朝几何纹砖，宋元

和清代的陶筒瓦、陶板瓦、陶瓦当、瓷碗、瓷盏、铜铲、铜象棋子、石狮残件等器物标本70余件。其中，宋代大型建筑基址的发现是本次考古工作的重要收获。

宋代大型建筑基址位于王子顶西侧发掘区中部，编号F6，坐东北朝西南，由建筑台基和月台组成。建筑台基揭露部分面阔约19米，月台面阔6.2米，建筑体量较大，应为具有一定规格的宋代建筑。结合该建筑基址东北部平行分布的宋代墙体来看，该区域应存在一片宋代建筑基址群，而F6即为该建筑群的第一进建筑。综合史料、地表石狮及地下建筑基址的发现，初步判断该建筑基址区可能就是宋末涪州衙署所在地。

（孙治刚　范　鹏）

【江津区宋至明清石佛寺遗址】

发掘时间：2018年7月～12月

工作单位：重庆市文化遗产研究院、江津区文物管理所

石佛寺遗址位于江津区圣泉街道办事处中渡村2社，地处长江北岸的一处袋状山谷的上部。该遗址是一处从宋代延续至明清时期的佛寺遗址，主要由建筑基址区、摩崖造像区、墓葬区等组成。重庆市文化遗产研究院于2016年对该遗址开展调查和试掘，2017年、2018年先后两次对该遗址开展考古发掘，发掘面积共计4000余平方米，出土有陶、瓷、铜、石等各类文物标本300余件。

建筑基址区可分为寺庙主体建筑区和石上建筑遗迹区，目前在寺庙主体建筑区发现有正殿、院落、前殿、厢房、龛前建筑等，其中正殿为一座进深三间、面阔三间的建筑，柱子用材为石柱是其重要的特点。结合地层堆积、出土器物、文献记载等分析，初步判断目前暴露的建筑基址时代多为明代；石上建筑遗迹区是位于正殿背后的四块巨石，其上有人工加工的建筑遗迹，包括平台、踏道、舍利塔基及地宫遗迹等，其中重要的发现是在巨石周围出土有大量宋代的建筑构件，包括瓦当、滴水、鸱吻等，从而证实了在宋代巨石上就已修建有建筑物。

墓葬区主要发现有宋墓4座、明墓6座，均为川渝地区普遍流行的石室墓。宋墓均为俗人墓，有双室墓和单室墓两种，墓室内雕刻有仿木结构建筑、花卉、动物、文字等，其中5号墓的封土石围、墓前小碑、镇墓兽等在以往发现的宋墓中不多见；明墓有单室和多室墓，其中单室墓又有八边形和方形两种，八边形墓为塔墓地宫，墓室内雕刻有佛像、花卉、仿木结构建筑等；方形墓内还发现有焚烧的骨殖，为火葬墓；多室墓门楣上有“广寿塔基”题刻。从墓葬形制、文字题刻及埋葬方式上看，这批墓葬与僧人墓有关。

石佛寺遗址是一处佛寺遗存要素齐全、时代沿革清晰、建筑布局独具特色的佛教遗址群，是川渝石窟寺中布局结构保存最为完整的佛寺遗址之一，也是西南山地古代建筑技术和建筑规划的杰出典范，对于研究川渝地区的佛教考古、建筑考古等具有重要意义。

（牛英彬　邹后曦）

【合川区何家湾宋明墓群】

发掘时间：2018年4月～6月

工作单位：重庆市文化遗产研究院、合川区文物管理所

重庆市文化遗产研究院在重庆三环路长寿至合川段文物保护工作中，发掘清理了何家湾宋、明代墓葬群。何家湾墓群位于合川区草街街道九石村，西北距渠江约1.4千米，西距合川城区约10千米。墓群地处浅丘南坡，北靠丘陵顶，南为何家湾院子，东西两侧为平缓的农地。本次工作发掘清理宋代石室墓5座、明代石室墓3座。出土器物20余件，包括碗、壶、罐、

盏等瓷器，另有金饰、铜镜等器物。

宋代墓葬坐北面南，呈两排上下分布，上排 M1、M2，下排 M5～M7。M1、M2 拱顶，墓前各置八字挡墙，门槛石下沿中部穿孔连接墓外排水沟。M1 墓室装饰丰富，后壁有仿木斗拱、屏风、座椅、门扇，侧壁见青龙、白虎、武士、侍女、瑞鹿，另有花草、瑞兽等图案。M2 装饰见于后壁和侧壁基座，内容与 M1 同部位相若。M5～M7 藻井顶，墓前各置八字挡墙，前为直出排水沟。墓室装饰见于后壁的屏风、门扇、座椅等图案。

墓葬保留了较为完整的墓外排水沟系统，M1 排水沟直出后弧曲向东，与 M2 直出排水沟交汇再向东南，M5～M7 排水沟均直出，延伸于岩石断坎处。从平面上看，上排墓葬排水沟弧曲蜿蜒绕开下排墓葬，体现了墓地规划的统一性。在装饰内容上，5 座墓的后壁图案均以屏风、门扇、座椅为主要内容，因规格上的差异，M1、M2 内容更为精细、丰富，M5～M7 则显简单，但也能体现题材的统一性。据此来看，宋代墓葬很可能为家族墓地，对于研究宋代社会物质生活、丧葬习俗、雕刻艺术史、服饰史等提供了更为丰富的实物资料。墓外排水沟系统的发现对于宋代墓葬营建，尤其对于墓葬排水系统的研究认识是重要的考古资料。

明代墓葬分散，为平顶石室墓，M3 位于 M2 排水沟东侧，部分压于排水沟东沿，M4 位于 M1 排水沟南侧，M8 位于 M7 排水沟东侧。在考古发掘过程中，清理了宋明墓葬间的近现代墓葬，在墓群周邻也有清代墓葬分布。明代墓葬、清代墓葬、近现代墓葬的分布，体现出墓地从宋以来使用的延续性。

（陈　东　李大地）

【璧山区皂角湾宋明墓群】

发掘时间：2018 年 4 月 2 日～7 月 24 日

工作单位：重庆市文化遗产研究院

皂角湾墓群位于璧山区璧城街道三角村 1 社，作为重庆璧山六旗乐园建设项目征地区 35 处地下文物点之一，重庆市文化遗产研究院对其进行了抢救性考古发掘。该墓群被竹林遮掩，原始暴露墓葬 3 座，后经勘探及探沟试掘等方式最终发现石室墓葬 30 座，墓葬时代分属宋、明两个时期。发掘面积 800 平方米，出土器物 131 件，主要见有瓷质碗、盏、双耳罐、谷仓罐等，另见数件铜（银）簪、带字后龛题刻（墓志）4 块。

皂角湾墓群规模面积大、出土器物丰富、墓葬雕刻精美，对于认识和研究该地区宋明时期墓葬制度，包括随葬器物的规格和内容，墓葬形制与社会民俗、历史背景、经济状况等提供了重要的实物资料。另外通过对该墓群的发掘可看出其时代具有延续性，既有时代特色鲜明的墓葬，亦有夹杂两种风格属于过渡时期的墓葬。

（黄　伟　李大地）

【忠县临江二队明代遗址】

发掘时间：2018 年 5 月 30 日～9 月 9 日

工作单位：重庆市文化遗产研究院、忠县文物局

临江二队遗址位于重庆市忠县洋渡镇沿江四社，地处长江右岸的二级台地，北濒长江、东临水扬溪、南依缓坡，西距洋渡镇约 3 千米。该遗址于 2008 年文物普查发现，2012 年调查初步确认为一处炼锌遗址，2013 年、2017 年作为三峡消落区考古项目，重庆市文化遗产研究院对其先后进行了两次抢救性发掘，发掘面积近 5000 平方米，揭露明代炼锌冶炼场 12 个，清理包括 18 座冶炼炉在内的炼锌遗迹 200 余处，出土以冶炼罐、冷凝窝为主的各类遗物近千件，遗存时代主体为明代中晚期。

本年度，重庆市文化遗产研究院、忠县文物局对该遗址进行了第三次抢救性考

古发掘，本次工作共完成勘探面积10000平方米，发掘面积2073平方米，揭露明代炼锌冶炼场4个，清理包含冶炼炉、坑、沟、柱洞、窑等各类遗迹139处，出土陶、瓷、铜、铁等各类遗物711件，采集了矿渣、煤炭、木屑、动物骨骼等各类检测标本数十件，利用了XRF便携式检测、三维建模等多种科技手段，取得了以下重要收获。

一是首次发现了遗址中的炼锌原料填装的相关遗迹，与冶炼场相结合，以实物证明了炼锌生产工艺流程中的原料填装和冶炼生产两大环节。以往的发掘发现了冶炼工作和废弃堆积等环节，但是原料填装等冶炼准备的工作流程并不明晰。本年度的工作首次发现了储料坑、拌料坑、储罐坑等与炼锌原料装填有关的遗迹，进一步完善了炼锌生产工艺流程。

二是进一步明确了工作区内各类遗迹的性质与功用，深化了对明代炼锌工艺流程的认识。根据以往的考古发现，工作区内以冶炼炉为核心，周围分布有柱洞等冶炼相关的遗迹，但对各类坑状遗迹的性质与功用判断缺乏更充分的证据。本次工作中，对遗迹内包含物进行了XRF检测，结合遗迹形制，可将其划分为堆煤坑、拌煤坑、蓄水坑、拌泥坑、储料坑、拌料坑等几类。

三是首次发现了遗址中的建筑遗存，拓展了炼锌冶炼场内的遗迹类型，丰富了遗址的文化内涵。本年度发现的F1保存较完整，三开一进，墙体以黄色黏土砌成，地面为细煤渣。房外南部有一条排水沟，并延伸至东部，西高东低。鉴于在房址内未发现冶炼炉或灶等遗存，我们认为该房址并非作坊或居住之用，其功能为临时存储。

重庆三峡地区炼锌遗址群是目前我国已发现的时间最早、规模最大的炼锌遗址群，临江二队遗址是重庆三峡地区炼锌遗址群中保存最完好、时代特征最明晰、遗迹类型最丰富的一个遗址，结合临江二队遗址的考古发现和相关文献记载，对于研究我国明清矿冶史、铸币史、赋税及地方政治社会等内容具有重要价值。

（肖碧瑞　邹后曦）

【巫溪县宁厂古镇明清盐业遗址】

发掘时间：2018年4月11日~11月1日

工作单位：重庆市文化遗产研究院

宁厂古镇盐业遗址位于巫溪县宁厂镇衡家涧社区和盐泉社区，北距巫溪县城约15千米。遗址地处后溪河狭长的南北两岸坡地上，起于后溪河与大宁河交汇处的接官亭，沿后溪河溯流而上至黄泥溪止，基本呈东西向带状分布，东西总长约4000米，南北宽100米~150米，分布总面积约5平方千米。遗址于后溪河口渡口形成县境内南北向的交通干道节点，在大宁河口交汇处南岸接往南至巫溪县城的栈道及古道，北岸接北至陕西镇坪、湖北竹县的古道。

本年度，我院对宁厂盐业遗址进行考古调查、勘探及发掘工作。完成调查面积约5平方千米，清理勘探试掘面积4200平方米，发掘面积2020平方米。基本厘清了整个宁厂古镇的生产、生活、商业系统、管理系统及宗教信仰。清理发掘明清时期制盐遗存1处，民国至近现代制盐遗址2处，包括制盐灶6处，炕盐灶2处，灰坑4处，灰沟6条，各种功用的卤水池40处，出土各种生产生活遗物18件。本次发掘清理仅清理到地表下约3米处的清代层，为保护现有遗存及发掘工作的安全，未能将文化堆积完全清理。不排除在清代文化堆积层下有更早的制盐遗存保存。

（周　勇　刘继东）

【合川区清代东岳庙遗址】

发掘时间：2018年6月~9月

工作单位：重庆市文化遗产研究院

东岳庙遗址位于合川区钓鱼城街道办事处黑岩村一社，地处嘉陵江右岸的小山丘上，东邻合川自来水厂，西接江润居民小区，南面较远处为三佛寺，现为合川区级文物保护单位。东岳庙始建于清代，1940 年江苏南通崇敬中学抗战内迁，初设校址于东岳庙。为配合合川花滩新城区的开发，本院展开对东岳庙遗址的揭露清理，揭露面积 4000 余平方米，基本廓清了遗址的布局结构，发掘结果显示，遗址建筑面积 3600 余平方米，坐北朝南，主要由山门、戏楼、天井、前殿（抱厅）、中殿（东岳殿）、后殿（佛爷殿）、配殿、养生池、奈河桥、花园几部分组成，后殿和配殿保存较好，地上部分大部尚存。东岳庙遗址布局结构清晰，保存较好，是合川城区为数不多的古代建筑遗存，对嘉陵江流域的民俗、宗教文化及古建筑的研究具有重要参考价值。

（胡立敏　袁东山）

四川省

【嘉陵江中游（阆中至仪陇段）考古调查】

调查时间：2018 年 3 月 ~4 月

工作单位：四川省文物考古研究院、南充市文化广电新闻出版局

嘉陵江古称阆水、渝水，发源于秦岭北麓的陕西省凤县代王山。全长 1345 千米，是长江的一级支流，亦是连接成都平原和三峡以西长江上游的通道，同时也通过汉水上游地区与湖北、陕西相连。这种连接表明嘉陵江流域对了解整个四川地区的先秦文化互动具有极其重要的意义。但该区域考古基础资料薄弱，不利于开展较为深入的研究。本年，文物考古工作者对该流域（阆中至仪陇段）进行考古调查，新发现新石器时代至汉晋时期古遗址（或墓地）27 处。

其中尤为重要的是 12 处先秦遗址，从出土器物来看，分别代表了三个不同时期，以南部县王家坝遗址下层为代表的遗存，出土器物独特，且与其他遗存差异明显，代表本区域较早的文化遗存，其年代当在新石器时代晚期。而阆中市的郑家坝、王家咀、朱家山坪上、姜家坝、彭城坝、羊角坝、蓬安县的西河村、仪陇县的报本寺、汤家坝等 8 处遗存，出土器物中的小平底罐、高柄豆、尖底杯、鼓腹罐等与三星堆的 3、4 期至成都十二桥文化的早期遗存较为接近，其年代相当于商周时期。阆中市的兰家坝、白沙坝等出土的部分器物则与渝东峡江和川东地区东周时期的遗存较为接近，应为东周时期的遗存。

调查发现的 12 处新石器时代晚期至商周石器遗址，集中展示了嘉陵江中游地区先秦时期的全景。为进一步廓清区域聚落的演变提供了重要材料。从调查的情况来看，先秦时期的遗存主要分布在嘉陵江的二级阶地上，且具有背山面水的特点，遗址大部分处于靠近嘉陵江的一侧。从遗址的规模来看，大部分遗址的面积不大，从几万到几十万平方米不等，超过 100 万平方米的超大型遗址仅见于阆中市区（王家咀、兰家坝、姜家坝、朱家山坪上）和彭城坝。其中彭城坝遗址出土的虎纹铜戈，说明其属于商周时期的核心聚落，而兰家坝遗址出土的铜钟、铜鼎、铜器座均为东周时期，表明其在东周时期为该区域的核心聚落，这可能与文献中记载的巴国迁徙到阆中有关，也可能与张仪所灭之巴有关系。

（陈卫东　郑禄红）

【宜宾至攀枝花高速公路考古调查】

调查时间：2018 年 3 月 ~6 月

工作单位：四川省文物考古研究院、宜宾市博物院、凉山彝族自治州博物馆、攀枝花市文物局

宜攀高速公路（又称沿江高速）从宜宾市沿金沙江而上，经过宜宾新市镇，进入凉山州雷波、金阳、宁南、会东、会理，最后到达攀枝花市区。路面为双向四车道，设计速度每小时 80 千米。其中，宜宾市境内约 112 千米，凉山境内约 309 千米，攀

枝花市境内约 48 千米，整个线路全长约 469 千米，其中大部分在凉山境内。是国家高速公路网 G4216 成都至丽江高速公路的重要组成部分。

为配合宜攀高速公路建设，联合考古队对设计线路沿线开展了文物考古调查，共计发现文物点 46 处，其中古代遗址 6 处。东咀遗址、放光寺遗址、大寨子遗址、黑泥沟遗址为新石器至秦汉时期的聚落遗址，在这些遗址内发现并采集了少量夹砂灰褐陶片、石制品、陶拍等，其中东咀遗址曾于 2005 年、2006 年开展过试掘，出土了大量早期陶片、石斧等，并清理了数座带基槽的房址。弹冠驿窑址采集到数量丰富的绿釉、褐釉瓷片及大量的匣钵、支钉等，可辨器类有敞口罐、带把小罐、圈足碗等。瓜子地冶炼遗址紧邻金沙江北岸，为第三次全国文物普查的文物点，调查时在遗址点分布范围内发现多处炼渣堆积和一处炼炉。弹冠驿窑址和瓜子地冶炼遗址其年代可能是南宋至明代。

其余 40 处均为明清时期的墓葬（地）。明代墓葬主要为双室或多室的石室墓，清代墓葬主要是清代晚期墓葬，以神主碑形制居多，石碑雕刻精美，碑文隽秀，部分碑文篆刻有墓主祖籍和生平事迹，为明清时期四川移民研究提供了不可多得的实物材料。

（陈　苇　罗培红　补　琦　张鸿春）

【西昌市高官营新石器时代遗址】

发掘时间：2018 年 6 月 ~ 12 月

工作单位：四川省文物考古研究院、凉山彝族自治州博物馆、西昌市文物管理所

高官营遗址位于西昌市阿七乡大田村 1、2、3 组，地处安宁河西岸的二级台地上，北部与松树山遗址、大厂遗址隔沟相望，南邻大田遗址。四川省文物考古研究院等单位开始对高官营遗址进行考古发掘，共发掘 10 米 ×10 米探方 44 个，合计面积 4300 平方米。

遗址以大田村 1、2 组之间的水泥路为界分为南、北区。北区以新石器晚期遗存为主，共发现这一时期的灰坑 10 个、沟 3 条，出土遗物包括陶器和石器等，陶器基本都是夹粗砂陶，橙红陶占绝大多数，纹饰以附加堆纹、唇部压印齿状纹数量最多，也最具特征，另有一定数量刻划纹、绳纹等，器形有高领罐、罐、双耳罐、带流壶等，都为平底器。出土石器 31 件，以打制为主，包括网坠、砾石、刮削器等，磨制石器包括穿孔石刀、凿等。

南区主体文化内涵与大石墓一致，发现这一时期的各类遗迹 87 个，其中灰坑 47 个，大多形状较小，有圆形、椭圆形和不规则形等；房址 28 座，除少量为干栏式建筑，绝大多数为半地穴式，平面呈方形或长方形，单间面积 5 平方米 ~ 10 平方米，部分为两个房间的套间，房屋中间都有烧土、炭灰等用火痕迹；沟 12 条，多为长条形，疑似居住周边的排水沟；柱洞 566 个，基本都是圆形，直径 10 厘米 ~ 40 厘米，深 10 厘米 ~ 45 厘米，有的洞周壁或底部用鹅卵石加工规整。出土陶、石、铜等类小件共 126 件。陶器多夹砂灰陶，器形有罐、双耳罐、钵、纺轮、网坠等，其中陶容器可复原 14 件。素面为主，纹饰多刻划纹、叶脉纹、S 纹等，大部分为平底器，小部分为矮假圈足。石器 79 件，以磨制为主，包括穿孔石刀、石斧、砾石、刮削器等。铜器仅有 3 件，包括 1 件微型铜钺和 2 件铜残片。

高官营遗址所在的安宁河流域是青藏高原东麓古代文化传播带的重要区段，发现的新石器晚期堆积是目前安宁河流域为数不多经过考古发掘的史前遗存之一，对于认识这一区域史前考古学文化内涵和建立年代发展序列具有非常重要意义。遗址大石墓时期的遗存非常丰富，发现了大量

房址、灰坑、沟等，揭示了这一时期不同于单纯大石墓本身所反映的社会面貌和文化内涵，从而极大地丰富了研究安宁河流域战国至秦汉时期考古学文化的实物资料。

（辛中华）

【西昌市马家包包新石器时代至魏晋时期遗址】

发掘时间：2018年6月~9月

工作单位：四川省文物考古研究院、凉山彝族自治州博物馆、西昌市文物管理所

马家包包遗址位于西昌市琅环乡五星村6组，地处安宁河中游西岸二级台地上，东距安宁河约300米，靠南边约400米是李家湾遗址，地势西高东低。遗址呈东西向长方形分布，成昆铁路复线从遗址中穿过。

2016年5月~6月，四川省文物考古研究院对该遗址进行考古调查，确定该遗址为一处先秦时期聚落遗址。本年，联合考古队对马家包包遗址进行考古发掘，发掘位置为成昆铁路复线占地区域，共计发掘面积625平方米。

本次发掘区内地层统一，可分5层。共清理了16座房址、1座竖穴土坑墓、1座瓮棺葬、1条沟、79个灰坑以及大量零散分布的柱洞。出土小件标本800余件，主要有石器、陶器等两大类。石器分为打制石器和磨制石器；以打制石器为主，包括盘状砍砸器、石杵、石片、石核、网坠、砺石等；磨制石器有石刀、石斧、石凿等。陶片主要出在地层，遗迹内相对较少，以夹砂为主，陶色有红褐、灰褐、灰、黑陶等。可辨器形有附加堆纹口沿罐、肩部饰乳钉侈口罐、带耳罐、碗（钵）、盆、杯等。瓮棺葬中出土的组合陶器为单耳釜、敛口罐；土坑墓中出土一件陶罐。

总体来看，该遗址的早期遗存文化面貌与横栏山遗址、棲木沟遗址早期遗存、李家湾遗址早期遗存相近，年代在新石器时代晚期，属于横栏山文化。而商周时期遗存与李家湾遗址、大洋堆遗址二期遗存、安宁场遗址早期遗存、高坡遗址相同，年代在商末周初时期。马家包包遗址以单耳釜、敛口罐组合的瓮棺葬遗存，其面貌与李家湾遗址和蚂蝗坎遗址的汉晋时期遗存相近，推测其年代为东汉至魏晋时期。此外，遗址部分叠压于晚期层位下的近圆形灰坑，坑内堆积大量灰烬，可能与南诏、大理实行火葬有关，其年代为唐宋时期。

该遗址的发掘，将有助于推动安宁河谷及其周邻地区古代遗存的文化性质、时空框架、人群族属等问题的研究。

（陈 苇 补 琦 姜先杰）

【会理县李家坪新石器时代遗址】

发掘时间：2018年3月~6月

工作单位：四川省文物考古研究院、凉山州博物馆、会理县文物管理所

李家坪遗址位于会理县新安傣族乡新开田村五组，小地名李家坪。遗址地处城河东岸的山前缓坡地带，西部断崖下为城河，高出河面近百米。遗址年代为新石器时代晚期，面积约4500平方米。发掘面积1000平方米。

共发掘遗迹37座，其中房址3座，灰坑29座，灰沟1条，灶址4座。房址包括2座方形半地穴式和1座圆形地面式两种，有柱洞，门道、烧土堆或灶。共出土遗物166件，其中采集品3件。绝大部分为石器，种类包括斧、锛、凿、刀、杵、网坠、石球、矛、镞、纺轮、砍砸器、刮削器等生产生活用具及石镯、石环等饰品，骨蚌器数量较少，有骨针、骨锥，穿孔蚌器，饰品有圆形蚌片。出土大量陶片，陶色主要有黑陶、黑褐陶、褐陶、红褐陶、黄褐陶、灰褐陶、灰陶。早期陶片，泥质陶和夹砂陶数量相差不多，黑陶占多数，流行施绳纹；晚期陶片多为夹砂陶，褐陶系占

多数，流行素面。器形均为平底器，以侈口罐为主，另有高领罐、直口罐、敛口罐、花边口罐、带耳罐、鼓腹罐、折腹罐、敛口钵等。

李家坪遗址出土了较多新石器时代晚期的遗物，年代为距今4000多年，为研究金沙江中游地区新石器时代晚期文化提供了宝贵资料，对城河流域乃至金沙江流域新石器时代晚期文化的谱系研究也具有重要意义。

（高　寒）

【会理县河东田新石器时代及明清时期遗址】

发掘时间：2017年11月~2019年1月

工作单位：四川省文物考古研究院

河东田遗址位于会理县新安傣族乡新开田村3、8、9组间，地处城河东岸一、二级台地，东临新田坡山，西与河头地遗址隔河相望，小地名为河东田。2009年3月开展城河下游考古调查时发现此处有石棺葬，2011年5月至7月开展乌东德水电站考古调查时发现该遗址。为配合乌东德水电站的建设，联合考古队于2017年11月开始对河东田遗址进行考古复查、钻探工作。2018年3月开始正式发掘工作，至2019年1月中旬，已完成发掘面积14400平方米。

发掘表明，河东田遗址是一处涵盖新石器时代、唐宋时期、明清时期的重要古文化聚落遗址。已发掘了不同时期的房址、墓葬、灰坑、窑址、水沟、烧土坑、石头堆积、瓷片堆积等各类遗迹现象136处，出土各类陶、瓷、石、铜、铁等各类文物208件。

灰坑85座，平面形状有圆形、椭圆形、不规则形等。新石器时代灰坑2座，均为不规则形，出土少量的陶片，均为夹砂陶，褐陶较多，纹饰有刻划纹、戳印纹、弦纹等，无可辨器形；其余灰坑均为明清时期，其中圆形袋状坑分布较多，坑壁规整，出土大量陶瓷片、兽骨、炭粒等，性质尚待进一步确定。

窑址16座，窑址形制基本一致，均为东西向，长度基本在100厘米左右，窑体上半部分遭到破坏，均有窑室与操作间组成，窑室平面为圆形，整体呈馒头状，操作间平面多为椭圆形，西高东低呈倾斜状，整体平面呈马蹄形，窑室居东，操作间居西。窑址内底部均有一层2厘米~4厘米的灰烬，填土中发现有少量的陶瓷片，未发现与烧制相关的物品。窑址的年代均为明清时期。

石棺葬墓13座，分布较为分散，平面基本为梯形，形制较为一致，3座东西向，10座南北向。通长0.62米~2.01米、宽0.24米~0.56米。类型三种：仅有盖板（1座）；有盖板和底板（1座）；有盖板和侧板（10座）；盖、侧、底板均有（1座）。5座有随葬品出土，随葬品多置于脚端，数量1~2件。器类有陶器、石器、贝器等。陶器以夹砂褐陶、灰黑陶为主，陶器有壶、罐、杯等；石器有石凿等，贝器有装饰品等。石棺葬的年代根据层位关系和出土遗物推断年代为新石器时代。

房址3座，2座柱洞式，1座地面式建筑，柱洞式保存状况较差，平面呈圆形，直径2米~4米，面积在3.2平方米~12.5平方米，由一圈排列整齐有序的柱洞合围形成，柱洞数量在8~10个之间，门道位于西部，房址内外不见活动面。房址内未发现出土遗物。地面式建筑有一圈石块堆砌而成，西部被后期破坏。根据层位关系推断年代为新石器时代。

根据遗址内已发掘探方的层位关系及出土遗物来判断，13座石棺葬、3座房址及2个灰坑应为新石器时代遗存现象，1处瓷片堆积为唐宋时期遗存，其他遗存应为明清时期。

河东田遗址石棺葬目前共发现13座，

除墓向外，形制与结构基本一致，基本不见底板石，石棺葬出土随葬品较少。墓葬分布较为分散，可能与后期人类活动改土种田有关。有三组墓葬，排列整理有序，可能为聚族而葬。

河东田遗址南北部的③层或④层出土有早期陶片，红褐陶、灰陶、黑陶均有，多为夹砂陶，纹饰有刻划纹、戳印纹、弦纹等，还可见花边口沿或口沿有戳印纹，这一特征与城河流域的猴子洞遗址、大坪子遗址相近，与云南龙川江流域的大墩子遗址、莱园子遗址的新石器时代器物也较为一致。

（连　锐）

【会理县河头地新石器时代至明清遗址】

发掘时间：2018 年 1 月 ~12 月

工作单位：四川省文物考古研究院、凉山彝族自治州博物馆、会理县文物管理所

河头地遗址位于凉山州新安乡新田村 2、3、4、8 组，与河东田遗址隔城河相望。遗址位于城河西岸的坡地上，地势西高东低，西部为新安傣族自治乡政府及其居民所在地，南部和北部均有一条冲沟。东部紧靠城河。乡村公路从遗址的西面穿过。遗址南北长约 400 米，东西宽约 300 米，面积约 12 万平方米。地理坐标为北纬 26°10′06.1″，东经 102°06′09.8″。

2011 年，四川省文物考古研究院对乌东德水电站淹没区进行文物考古调查时发现该遗址。2017 年 11 月至 12 月，四川省文物考古研究院对该遗址进行了考古勘探调查，基本弄清了遗址堆积情况和分布范围。本年，联合考古队对河头地遗址Ⅰ区和Ⅱ区进行了第一次考古发掘，总共发掘面积 12000 平方米，共清理新石器至元明清时期灰坑等遗迹 350 余个，出土陶、瓷、铜、铁、石、骨等小件器物（标本）400 余件。

新石器时代遗存：该时期遗存发现于遗址的Ⅱ区东部及南部。清理的遗迹有墓葬、房址、灰坑。墓葬主要为石板墓（石棺葬），随葬品较少；房址主要为柱洞组成的地面建筑；灰坑平面形状有圆形、椭圆形和不规则形。出土遗物主要有陶器和石器。陶器修复器物较少，主要为陶片。陶质陶色上主要为夹砂黑褐陶、泥质黄褐陶，纹饰有绳纹、附加堆纹、戳印纹、刻划纹等，可辨器形有罐、壶、钵等。石器有打制石器和磨制石器，可辨器形有斧、锛、凿、磨石、砍砸器、刮削器、石核、石器剥片等。

元明清时期遗存：该时期遗存发现于遗址Ⅰ区和Ⅱ区，主要集中分布于Ⅰ区。清理的遗迹有房址、灰坑、陶窑、沟、井、灶等。出土遗物主要为陶瓷片，另有少量铜器、铁器、石器、骨器等。瓷片主要为青瓷、青花瓷、酱釉瓷等，可辨器形有碗、盘、缸、壶、瓶等；陶片主要为红褐陶，另有少量灰褐陶、黑褐陶，纹饰附加堆纹、波浪纹、篮纹等，可辨器形有钵、碗、釜、杯、罐、缸、坛、网坠等；铜器可辨器形有铜簪、铜扣、铜镯等；铁器可辨器形有铁刀、铁钉、铁钩等；骨器主要为骨簪；石器均为磨制石器，可辨器形有石箭镞、石刀、石斧、石锛、石凿等。另外在地层和遗迹中均有大量兽骨出土，包括角、头、牙齿、上颌骨、下颌骨、肋骨、腿骨等。

本次发掘出土的瓷器在釉色、器形、花纹等方面均与会理本地的鹿厂窑以及云南的玉溪窑类似，其时代应与其相当，应在元明清时期。本次发掘清理了大量遗迹，出土了大量陶瓷片及动物骨骼，对研究当地明清时期的生活模式、人地关系及生业形态提供了重要实物资料。同时发现了部分新石器时期遗存，这对于城河流域史前时期文化序列建立提供了重要的实物资料。

（李万涛）

【会理县大劈山新石器时代石棺葬墓地】

发掘时间：2018 年 3 月 ~12 月

工作单位：四川省文物考古研究院、会理县文物管理所

大劈山墓地位于会理县新安傣族乡新田村五组。该墓地位于城河东岸的大劈山山坡上，北为断坎，南与小营盘山石棺葬墓群相连，东靠大山，西临城河。为配合乌东德水电站工程建设，组建的联合考古队对该墓地进行了考古发掘，发掘面积为 4000 平方米，发现并清理了石棺葬 214 座。

此次清理的墓葬均为耕土层下开口，没有发现古代文化层堆积。墓葬大体上成排分布，较为密集。葬式多为单人仰身直肢葬，发现少量二次葬。墓葬均为竖穴土坑，用石板或石块砌成石棺。墓向大多为北偏东，头枕山坡，脚朝城河。墓葬形制多见平面呈头宽足窄的长方梯形，个别墓葬带头箱或者脚箱。建造方法是先在地面挖一长方形竖穴土坑，然后用大小不等的天然青砂石板竖置围砌成石棺，部分墓葬用数块石板作盖，还有一些墓葬铺垫石板作底。根据墓葬形制可分为三类，第一类为仅有盖板，出现年代较早；第二类为盖板、侧板均有，仅缺少底板；最后一类为完形石棺，包括盖板、头脚端挡板、侧板和底板。判断不同形制石棺有时间上的演变发展关系。

发掘共出土陶器、石器、贝器、骨器等小件器物共 110 余件，提取人骨标本 100 余具。墓葬随葬品较少，随葬陶器常见一个或两个陶罐，器形主要为平底罐，发现部分带耳器，以夹砂陶为主，泥质陶次之。随葬石器包括锛、杵、镯、璧、纺轮等器形，骨器主要为饰品，随葬贝、蚌饰品较为常见。对提取的 100 余具人体骨骼通过初步的体质人类学观察，发现大劈山人群存在较为普遍的拔牙习俗，上颌齿槽保存较好的个体都有发现拔牙现象。通过可观察的人骨材料可确定有 16 例墓葬存在割肢葬葬俗，多见人体头颅切割后放置于胸部或者腹部进行埋葬，四肢基本位于正常体位。从墓葬形制及出土物初步判断墓葬年代可早至新石器时代晚期。

大劈山墓地规模大，墓葬形制多样，分布集中，排列有序，相互打破关系较少，应该为一处有规划的部落或家族墓地，对该墓地的全面揭露为研究石棺葬墓地的规划、演变和石棺葬人群部落的社会文化内涵提供了珍贵的材料。

（刘化石　李江涛　张　燕　唐　翔）

【成都市郫都区盛家院商周遗址】

发掘时间：2018 年 4 月 ~6 月

工作单位：重庆师范大学西南考古与文物研究中心、成都市文物考古研究所

盛家院遗址位于成都市郫都区红光镇金土社区盛家院，地理坐标北纬 30°47′22.17″，东经 103°57′04.40″，海拔高度 539 米。遗址位于成都平原腹地，地势平坦，四周为城市建设用地。东南距金沙遗址约 13 千米。本次发掘面积为 382.5 平方米。

遗址晚期地层被破坏严重，多数遗迹已不存。故本次发掘仅清理出少量商周时期遗迹，包括灰坑 5 座，灰沟 10 条，窑址 1 座。同时，出土了大量的陶片（以夹砂红褐、黄褐陶为主）和极少量石器。地层中少有完整器。陶器质地分为夹砂和泥质两大类，以夹砂陶居多，泥质陶数量较少。夹砂陶以褐陶（黄褐、红褐）为主，陶色多不均匀，灰陶次之。泥质陶中以灰陶为主。陶器以素面为主，纹饰主要有绳纹、弦纹、网格纹、菱形纹、附加堆纹、镂空等。可辨器形有尖底杯、小平底罐、敛口罐、高领罐、矮领罐、束颈罐、敛口广肩罐、、敛口鼓肩罐、敛口折肩罐、盆、缸、瓮、簋形器、器座、器盖、豆柄、筒形器、

纺轮等。

本次发掘遗存大体上同新一村遗址的第⑥、⑦层相似。陶系以夹砂褐陶为主，夹砂灰陶次之。纹饰以素面为主，少量菱形纹、方格纹、弦纹、绳纹等。器物组合为敛口罐、矮领罐、盆、瓮、簋形器、器座、筒形器等。除此之外还有少量的泥质尖底陶杯，多数器壁较厚，少数较薄。

本次发掘最为重要的收获是发掘商周时期陶窑1座。该陶窑系目前成都平原地区保存最为完整的窑址。其中窑室内，由火道侧向窑室后部整齐地摆放着三排筒形器，呈3—3—2队形排列。该窑址的发掘为探讨成都平原出土的商周时期筒形器的功能提供了证据，对研究成都平原地区商周时期的手工业具有重要的学术意义。

（蒋　刚　杨占风　蹇泽研　谢小波）

【德昌县大坪坎商代东周及唐宋遗址】

发掘时间：2018年7月~9月

工作单位：四川省文物考古研究院、厦门大学历史系、德昌县文物管理所

大坪坎遗址位于德昌县德州镇，安宁河南岸的二级台地上。台地西面为方家二组居民区，遗址中心区向东约800米为老成昆铁路线。遗址呈南北长条形分布。为配合成昆铁路（峨米段）扩能改造工程建设，联合考古队对该遗址进行了考古发掘工作，发掘面积800平方米。

本次发掘共发现房址5座、灰坑8座、灰沟5条。出土器物主要有陶器、瓷器及石器，其中陶器有罐、杯等，瓷器有碗、盏等，石器有斧、镞、刮削器等，年代范围包括商代早期、东周时期及唐宋时期三个阶段，文化内涵丰富。

典型遗迹如F4，开口于③层下，属商代早期。南北长282厘米、东西宽244厘米，面积约6.88平方米。平面坐西朝东，四周分布3排9个圆形柱洞，直径18厘米~26厘米、深20厘米~24厘米。柱洞内填土为灰褐色，土质较软，结构较疏松，无明显夯筑痕迹，也无包含物。房址西南部有一烧结面，烧结面近椭圆形，长110厘米、宽102厘米，推测为房址内火塘遗迹。

H4位于遗址南部，③层下，亦属商代早期。平面呈不规则形，弧壁，底部不平呈二级台阶状。坑口长径260厘米、短径180厘米、深20厘米~70厘米；坑底长径70厘米、短径50厘米。坑内填土为褐色夹青灰色，土质较软，结构较疏松，含有少量炭粒。出土较多陶片，以夹砂灰陶为主，纹饰有堆叠纹、刻划纹等，可辨器形为罐。

本次发掘，明确了大坪坎遗址范围内存在商代早期至东周时期及唐宋时期的文化层堆积。发掘中发现了多处以商周时期为主的各类文化遗存，出土了大量具有地域特色的陶器等古代遗物；发掘过程中对部分遗迹进行了炭样采集，用于后期测年工作；对灰坑、灰沟等遗迹的土样进行了全部收集，并进行了初步的浮选工作，带回实验室进行观察。

大坪坎遗址是安宁河流域一处重要的商周时期聚落遗址，为探索和研究安宁河流域的商周时期考古学文化提供了一批新的考古资料。

（张闻捷　陈　苇　王　勇）

【西昌市蚂蝗坎商周汉晋及明清时期遗址】

发掘时间：2018年7月~12月

工作单位：四川省文物考古研究院、凉山彝族自治州博物馆、西昌市文物管理所

蚂蝗坎遗址位于西昌市月华乡宁乐村，地处安宁河中游西岸二级坡地上，西靠轿顶山余脉牛背山，东临安宁河，属于山间河谷扇形坡地，地势西高东低。

本年联合考古队对蚂蝗坎遗址进行考古发掘，发掘区位于遗址南部成昆铁路复线所占区域，共计发掘面积3600平方米。共清理商周、汉晋及明清时期的墓葬、灰坑、灰沟、房址、柱洞、墙址等各类遗迹180余处。出土各类陶、瓷、铜、铁、银、石、琉璃、漆器等小件400余件，各类标本数千件。

商周时期遗迹主要分布于发掘区东南部，共清理出墓葬10座，房址2座，灰坑16座，灰沟3条。出土遗物以陶器为主，另有少量石器、铜器等遗物。陶器绝大多数为夹砂质，零星为泥质，颜色主要为黑褐、红褐，黄褐、灰褐次之。纹饰以素面为主，有少量绳纹、弦纹、刻划纹、叶脉纹、附加堆纹、乳钉纹等。可辨器形有壶、杯、碗、钵、罐、盆、釜、器盖、水注、纺轮等。石器绝大多数为打制，少量为磨制。主要有砍砸器、斧、锛、凿、刀、杵、网坠、箭镞、砺石等。铜器仅两件均出土于墓葬内，一件为铜钏、另一件为铜削刀。

汉晋时期遗迹主要分布于发掘区中南部，共清理出墓葬43座，房址1座，灰坑19座，灰沟9条。出土遗物大多数为陶器，另有少量铜、铁、银、玛瑙、漆器等遗物。其中陶器大多数为夹砂质，颜色主要为红褐，黄褐、灰褐次之；少量为泥质，颜色有灰褐、青灰等。器物表面多带有纹饰，有绳纹、栉纹、弦纹、水波纹等，个别为素面。可辨器形有碗、钵、杯、罐、釜、甑、纺轮等。铜器保存状况一般，器形有铜铃、“五铢”铜钱、铜饰品残件等。铁器保存较差，器形有钉、削刀、箭镞、纺轮轴等。玛瑙质器物仅见一件，为一颗玛瑙珠。漆器亦仅有一件，为漆盘残件。

明清时期遗迹主要分布于发掘区北部，共清理出墓葬17座，房址1座，灰坑4座，灰沟2条。出土遗物以瓷器居多，少量陶、铜、铁、石、琉璃器等。器形有碗、盘、杯、壶、盆、罐、瓮、灯等。少量陶器为夹砂质红褐色陶，器表拍印有席纹、绳纹等，造型为釜、罐等。

蚂蝗坎遗址的发掘，为安宁河流域及其周邻地区商周、汉晋、元明清不同时期增添了新的墓葬材料，对研究该地区的丧葬习俗、族群分布、文化交流等具有十分重要的意义。

（陈 苇 补 琦 姜先杰 刘灵鹤）

【彭州市青石村商周及宋代遗址】

发掘时间：2018年7月～12月

工作单位：成都文物考古研究院、彭州市博物馆

遗址位于彭州市致和镇青石村2组，遗址现存面积约2000平方米，地理位置为北纬30°56′23.15″，东经103°55′2.27″，海拔580米。

2018年6月，受彭州市统一建设集团有限公司委托，成都市文物考古工作队对沙西线彭州支线公路项目征地红线范围内进行了考古调查与勘探工作，发现该文物点，7月开始进行考古发掘。分布10米×10米探方2个，5米×5米探方25个，面积合计825平方米，发现有商周、宋代两个时期文化遗存。

商周时期遗存分布于整个发掘区，遗迹现象有灰坑、灰沟、卵石堆积等，出土物均为陶器，陶片以夹砂陶为大宗，泥质陶较少，器形有绳纹罐、小平底罐、鼓腹罐、高柄豆、尖底杯、器盖、瓮、篦形器等。从器物组合判断，属于十二桥文化时期。

宋代遗存分布于发掘区中西部，遗迹现象有房址、道路、墓葬等。

房址F1坐西朝东，分为两室，每室朝东位置均发现有门道。两室之间未发现隔墙，根据卵石基础的高低不同而分为两室。北室略高于南室。F1四周用鹅卵石砌筑墙基，为土木结构房基。室内底部也铺有大量鹅卵石，应起到加固和防潮的功能。卵

石上有一层垫土层。门道位于东部，朝向路基。

道路L1紧邻F1东侧门道，南北向。L1底部有一层卵石堆积，上有踩踏面，土质较硬，踩踏面内包含较多宋砖和陶瓷片。因发掘面积有限，长度不明，宽约3.5米。

墓葬共3座，均为砖室墓，平面呈长方形。由墓道、排水沟、封门、甬道、墓室、壁龛等几部分组成。墓道呈斜坡状。排水沟多位于墓室四周。墓室与墓圹间填有大量鹅卵石，推测用途为防盗。墓室有单室、多室两种。墓室四壁用长方形花纹砖或者素面砖错缝平铺，墓底用素面砖平铺。葬具均为木棺。其中M1和M2在墓室底部中间位置发现有腰坑。腰坑四壁分别用三层长方形素面砖竖砌。出土随葬品陶器有鸡、武士俑、镇墓券等；瓷器有武士俑、龙形俑、四系罐、双系罐、捏制的双耳杯、壶、碗等；铜器有湖州铭文镜、铜钱等。铜钱文字有“五铢”“货泉”“开元通宝”“乾元重宝”“天圣元宝”“治平元宝”“元丰通宝”“绍圣元宝”“正隆元宝”“咸平元宝”“崇宁通宝”“崇宁重宝”等。根据墓葬形制和随葬品判断，墓葬时代为北宋晚期至南宋早期。

本次发掘意义有两点：其一对于成都平原早期文明的演变过程及三星堆文明进入成都平原的路线研究提供了很好的契机。关于三星堆文明是通过哪条路线进驻成都平原腹地发展成为金沙文明的，学术界一直众说纷纭。通过近几年在成都地区的考古工作来看，已基本确定三星堆文明应是以彭州，新都为纽带进驻成都平原腹地的。春二，M1底部腰坑出土的镇墓券刻有八卦、天干、地支、五行、二十四山、二十八星宿、天地人鬼四路等，对于研究彭州地区宋代时期道教遗存的分布和特点、理气派的风水堪舆理论和形势派的盛行地域范围等均有着重要意义。

（杨　洋）

【德昌县罗家坡遗址】

发掘时间：2018年7月~9月

工作单位：四川省文物考古研究院、重庆师范大学西南考古与文物研究中心、德昌县文物管理所

罗家坡遗址位于德昌县阿月镇9~13组。地处安宁河西岸距安宁河500米左右的二级台地上，属于山间扇形坡地，地势西高东低。本次发掘分为南北两区，北区（Ⅰ区）、南区（Ⅱ区）面积均为500平方米，面积总计为1000平方米。

本次发掘清理出较多先秦时期的遗迹，包括1座土坑墓，1座房址、9个灰坑、4条灰沟，以及大量柱洞，并出土了少量的陶片、石器等遗物。房址为方形，房址中间保留有较好的用火痕迹。土坑墓中出土遗物为喇叭口、直壁、平底的素面小陶罐；灰沟中出土较多石器，包括砍砸器、刮削器、石核、石片、磨石、石杵和石刀等；柱洞中出土1件陶纺轮。遗址中出土少量陶片，主要为夹砂灰褐陶和黄褐陶，不见可辨器型。

罗家坡遗址遭晚期破坏较为严重，尤其是近年的大规模移民改土活动致使文化堆积破坏殆尽，文化层保留贫乏，出土遗物较少，几无可辨陶器器形，从零星的陶片来看年代可能属于大石墓时期。其中本次发现的土坑墓学术价值较高，土坑墓出土的素面平底陶罐系安宁河流域首次发现，根据陶器的总体特征来看应属于大石墓时期，但是与大石墓出土陶器区别明显，二者是什么关系有待今后更多的考古发现。

（蒋　刚　陈　苇　谢小波　王　勇）

【德昌县长田坎战国至明清遗址】

发掘时间：2018年7月~10月

工作单位：四川省文物考古研究院、兰州大学历史文化学院、德昌县文物管理所

长田坎遗址位于德昌县德州镇果园村

13组，后方自南向北由鸭嘴山、杨家山、老虎山环绕，北距村道100米，南部400米处有一条东西向冲沟。成昆铁路复线横穿该遗址。整个遗址呈缓坡状，东西向分布，西高东低，现主要辟为梯田。

2014年5月~7月，四川省文物考古研究院对该遗址进行考古调查，确定该遗址为一处先秦至明清的典型遗址。本年度联合考古队对长田坎遗址进行考古发掘。由于遗址分布面积较大，因此根据调查情况将铁路拟穿过的遗址中部作为本次发掘重点区域，共计发掘面积800平方米。

本次发掘共发现灰坑18座、柱洞5个、灰沟2条、墓葬2座、房址1座。共出土陶片近百块、石器17件、铜钱3枚、铜锁1把、铁器4件、瓷器标本130多件，可复原30多件。

这些遗存可以分为两类：第一类是早期遗存，属战国晚期至秦汉，以夹砂黄褐、灰褐陶为主，陶质较差。无完整器和可复原器，多为罐、杯类碎片，不见带流器。从器底看，多为平底，圈足较少。陶器多为素面，仅发现一件施叶脉纹的平底。石器皆为打制石器，未发现磨制品。器形较大，多为砍砸器。部分砍砸器刃部修整和使用的痕迹明显，打击点清晰可见，部分石制品打击点较模糊。第二类是晚期遗存，属元、明、清三代。出土遗物以瓷器居多，主要有四类：第一类，青花瓷，图案多为人物、花鸟、杂宝和符号。第二类，青瓷，多呈青灰胎，绿釉较暗，开片细密，多素面，少量内底有模印菊花。多见厚圈足，内底留有支钉叠烧印痕，少量支钉残留在内底。第三类，褐彩瓷，常见模印图案，凹处施褐彩，再上青釉。第四类，酱釉瓷，多呈土黄、土灰胎，酱色薄釉，饼状足。除瓷器外，还见有“乾隆通宝”“嘉庆通宝”等清代铜钱。另外，铜锁、钥匙、板瓦、筒瓦、砖等日常生活遗物也在本次发掘中出土。

长田坎遗址的发掘，不仅为战国晚期安宁河流域的居址材料增添了新的内容，同时还为元末、明、清三代川西南地区瓷器的生产和流通提供了新的线索，也为明清时期德昌地区的丧葬习俗补充了新的资料。

（任瑞波　陈　苇　王　勇）

【会理县三台地战国及明清遗址】

发掘时间：2018年3月~5月

工作单位：四川省文物考古研究院、会理县文物管理所

三台地遗址位于会理县鱼鲊乡鱼鲊村4组（现属黎溪镇），遗址西邻金沙江，东靠大山和鱼鲊村4组民居，南北两面各为一条冲沟。遗址南北长约300米，东西宽约220米，面积约6.6万平方米，为配合乌东德水电站枢纽工程的建设，联合考古队对三台地遗址进行了考古发掘工作，发掘面积2009平方米，共发掘战国至汉代、明清时期的房址、灰坑、水沟各类遗迹20个，出土各类铜器、陶器小件几十件。

战国至汉代时期遗迹共发掘灰坑3个、房址1个，灰坑多为椭圆形，保存状况较差；房址为地面建筑，仅残存柱洞底部。在地层中出土有少量陶片，以夹砂陶为主，其中以红褐陶、黄褐、灰黑陶为主，陶色多不均匀。纹饰以素面为主，有少量绳纹、刻划纹、弦纹等，可辨器形有平底罐、花边口沿罐、钵、盆等。

明清时期遗迹共发掘灰坑15个、沟1条，灰坑多为椭圆形，少数不规则形，沟呈带状。出土遗物有陶瓷器、铜器。陶瓷多为瓷片，瓷片以青釉瓷片为主，少量青花瓷片，可辨器形有杯、碗、碟、罐、壶、盆等，陶器为少量陶珠，铜器均为清代中晚期铜钱。

三台地遗址发现的战国晚期遗存丰富了这一时期该区域的考古材料，为研究该区域战国晚期及明清时期的考古学文化面

貌，以及与周边文化的交流等问题提供了新线索。

（郑万泉　何　鑫）

【成都至乐山高速公路基建项目考古调查】

调查时间：2018 年 1 月 ~2 月

工作单位：四川省文物考古研究院、成都市文物考古研究院、眉山市文物局、乐山市文物保护局

为了解成都至乐山高速扩容建设项目地面、地下文物分布情况，联合考古队对该项目进行了前期考古调查勘探工作。本次工作范围为成都、眉山、乐山等地 3 市 7 县（区），路线设计长度约 130 千米，调查共发现古墓葬 4 处、古遗址 1 处，皆为新发现文物点。时间早至汉，晚至明清，前后跨度近 2000 年。

新津县发现两处汉代崖墓文物点，两处崖墓早期遭破坏较严重，保存较差，皆为单室崖墓。还有两处为明清时期古墓葬遗址，计明墓 1 座、清墓 1 座。明墓仍有封土堆，并见有盗洞。清墓由墓碑和墓塚组成。墓碑为长方形单碑，保存一般。墓塚为土塚，外侧未见条石围砌。

成都市双流区的一里坡遗址，时代为明清。遗址位于小山坡顶一较大的平台上，地表散见有青砖，断面上含有较多青花瓷片。

（刘　睿）

【南亚廊道（四川段）考古调查】

调查时间：2018 年 3 月 ~10 月

工作单位：四川省文物考古研究院

2017 年，我院南亚廊道考古调查项目获批成为国家文物局重点文物保护项目。本年，我院对南亚廊道上的金牛道（广元段）、松潘驿道（若尔盖—茂县段）进行了详细的调查。

广元朝天段古道是目前已有古道中时间跨度最大的，其路线变化显著，展现了古道因为经济的发展、技术的进步，在线路选择和修筑方式的变化，堪称天然的交通史博物馆。

广元剑阁段最为典型的特征为全县古道线路基本明确，石板路和行道树（皇柏）保存较好，沿途古木参天号称翠云廊。剑阁县部分路段已经列入全国文物保护重点单位。

若尔盖为典型的草原环境，古道难觅踪迹，但是从阿西茸乡到阿西草原过热尔郎山一直到红星镇，沿途均有小型城或关哨，推测为一条重要的草原交通线路。另有一条沿求吉河—白龙江到红星的路，因为求吉河下黄寨以下、白龙河康多村以上（近腊子口）为峡谷，山高水急，估计道路开通时间较晚。若尔盖可从巴西镇经包座乡穿森林翻郎架山过两河口（现牧场村）到松潘县城，沿途古道有少量路段保存，但走向清晰。

从松潘到叠溪有 19 座关堡，所有的关堡都位置明确，城墙残迹尚存。其中不乏如镇番堡、靖夷堡、永镇这样城圈保存基本完整的古关堡。从两江口往下到茂县为干旱河谷，古道在左，今道在右，古道保存较好，其中的部分路段为从绝壁上开凿出来。这种古道沿线关堡相继的防御性古道，关堡保留，古道多在绝壁上开凿，与剑阁古道多由石板铺成存在明显区别，应该是现存古道路段中不可多得的精品。

（万　娇）

【渠县城坝西汉至魏晋时期遗址】

发掘时间：2018 年 4 月 ~12 月

工作单位：四川省文物考古研究院、渠县历史博物馆

为配合大遗址考古，在前期考古工作的基础上，联合考古队对渠县城坝遗址进行了第五次年度发掘。本年度发掘总面积 1800 平方米，分三个发掘区展开。根据性

质划分，这三个发掘区可分为城址区、窑址区及津关区，均取得重大成果：

1. 城址区：城址位于遗址东北部的三级阶地上，平面略呈方形，但东北部城墙因地势原因而向内曲折，南北长约260米，东西最宽处约240米，面积近5万平方米。本年度主要对城址西南部进行发掘，发现并清理城壕、城墙、城门、街道、建筑基址、水井、窖穴、排水渠等遗迹。各遗迹互相关联并组成有机的整体，全面立体地展示出了城址内结构布局情况。且布局清晰，遗迹众多，保存完好、内涵丰富的汉晋时期遗址在四川乃至整个西南地区也极为少见。而砖石构筑的西城门、宽10余米街道、大量使用石材构筑大型建筑基址，在目前汉晋县城遗址考古中均极为罕见。从考古发现看，城坝城址从西汉早期延续至魏晋时期，与历史文献记载也基本相符。这些发现不仅对于研究城址内涵、分期具有重要意义，亦对于研究汉晋城址的建置与发展具有着重要价值。

2. 窑址区：位于城址外西部约50米处的一处高地，共清理3座窑址，并排而置，均坐西朝东，形制为半地穴式，系先在生土中挖成土圹，而后加工构筑陶窑的相关部分，其结构分为操作间、火门、火膛、窑室和排烟设施等五个部分。排烟设施均由三个烟道组成，即中间一个主烟道，两侧各有一个辅烟道，其形制与汉长安城发掘的诸多陶窑基本相似。这3座陶窑排列分布有序，窑内出土大量的板瓦与城内出土板瓦形制相同，表明应是统一管理，专门为城内建筑烧造而建的。

3. 津关区：处于城坝遗址的二级阶地上一般聚落区，靠近渠江，地势平坦。从发掘情况看，该区域文化堆积较厚，年代序列清晰，从西汉延续至魏晋，同时还出土了大量板瓦、筒瓦、瓦当等建筑用材，精美的竹编器及10余枚竹木简牍等。从其所处位置来看，位于渠江的回水区域，距离水面20多米高，是极便控制、瞭望的一处点位。再结合出土的竹木简牍中包含的爰书、通关文件等，判断这里应该是一处重要的“津关”（即在水陆要冲地带所设立的关口）遗迹。其中一枚简牍上有“派江州发吏一人”等字，也表明其可能是沟通长江水系的重要关口。目前考古所见关隘多发现于陆路，水路关隘少见，其价值不言而喻。

城坝遗址本年度考古同样出土了大量西汉至六朝时期重要文物，其中最为重要的则是“宕渠”文字瓦当及竹木简牍的出土。“宕渠”文字瓦当均出土于城址内，目前已出土近10件，保存较好的有3件，确证了城坝遗址即是文献记载秦汉时期“宕渠”城所在地。而竹木简牍的出土在四川地区考古中同样十分罕见，除去青川战国木牍、老官山汉墓医简，这是第三次发现，大大填补了地方史料的缺佚，蕴含巨大的学术价值。目前已出土竹木简牍近200枚，其出土地点广泛，包括水井、灰坑及地层中。延续时间较长，从西汉早期至东汉中晚期。记载内容丰富，包括汉代启蒙识字课本“仓颉篇”、爰书、习字木简、书信等，以及带有“河平二年”“竟宁元年”等纪年的官文书。

结合以往的考古调查、勘探和发掘工作，尤其是本年度的考古发现，我们基本厘清了城坝遗址功能分区，即由城址区、津关区、窑址区、墓葬区、水井区等部分组成，初步构建起遗址自战国晚期至魏晋时期的年代序列。从目前所发现的遗物和遗迹来看，城坝遗址呈现出渠江流域晚期巴文化的复杂性和交融性，以及与周边地区的文化互动。反映了其特殊的地理空间和政治空间内复杂的族群关系，同时，这些发现对于进一步探讨秦汉帝国对西南地区的经营及其地方行政制度建设提供了重要材料。

（陈卫东　郑禄红）

【新津县桥津上街汉唐宋明清遗址】

发掘时间：2018 年 1 月 ~6 月

工作单位：成都文物考古研究院、新津县文物管理所

桥津上街遗址位于新津县五津镇中国民航飞行学院新津分院西北门，小地名林家院子。遗址西侧约 500 米即岷江干流金马河。地理位置为北纬 30°25′18.65″，东经 103°50′7.8″，海拔 455.3 米。

因新津县住房保障中心在此地修建安置房项目，2017 年 8 月新津县文物管理所进行勘探时发现该遗址，随后成都市文物考古工作队对该遗址进行发掘。布 10 米 × 10 米探方 20 个，发掘面积 2000 平方米，发现有汉代、唐代、宋代、明代、清代和近现代等各时期文化遗存。

西汉时期遗存为此次重要发现。汉代地层之上有厚约 1 米的洪水淤积层，对于汉代堆积起到了很好的保护作用。遗迹现象有灰坑、灰沟、房址（仅存柱洞、基槽和卵石堆积）。其中木骨泥墙式房址 1 座，干栏式房址 4 座，土木结构房址 4 座。瓦片等建筑构件发现很少。汉代房址大概以 G41 为界分为东西两部分，F5 和 F7 位于沟东部，F6 和 F8 位于沟西部。G41 由北向南流，最终汇入古河道，古河道最终汇入岷江。另外，F7 东部另有 2 条人工开挖的小河沟，向东汇入另外一条古河道。水井 J10 用圆形井圈砌筑，上部被唐宋时期灰坑扰乱。出土遗物陶器有釜形鼎、折腹钵、釜、瓮、凸棱纹盆、甑、卷云纹瓦当等，铜器有“半两”和“五铢”铜钱等。

唐宋时期遗存分布于发掘区西部和北部，遗迹现象有排水系统、灰坑、灰沟和房基。排水系统经过精心规划，与南部河道相接，系先挖基槽，然后用石板砌筑，顶部覆盖石板，现大部分已经被晚期人为活动破坏。排水系统围成的台地和周围发现有房基、灰坑等遗迹。从残留的柱础和基槽等推测房屋仍是土木结构建筑，房基编号为 F2 和 F3。出土遗物有圈足碗、黑釉盏、酱釉罐、四系罐、小罐、饼足碗、饼足杯、五足香炉、三彩器、莲花纹瓦当、盘口执壶、花纹砖、砚台等。

明代遗存分布于发掘区南部，发现房址 F1 一座。F1 主体为土木结构建筑，残留有多个方形和圆形柱础，柱础内填鹅卵石。以 F1 为中心，房子周围发现有石条垒砌的水井、灰坑、排水沟等与房子有关的生活配套设施。F1 上叠压大量建筑构件，有琉璃釉瓦当、兽面纹瓦当、“王”字瓦当、筒瓦、板瓦、滴水及大量生活瓷器，可见该房屋等级较高。

清代遗存分布于发掘区西部，均为墓葬。共发现 24 座，大致可以分为石室墓，砖室墓和灰椁墓三类。出土遗物有酱釉罐，碗，花卉纹杯，葡萄纹盘，“永乐年制”伪托款杯，玉璧底碗等。

此次发掘的意义有三点：1. 基本厘清了桥津上街遗址的历史变迁。遗址汉代时期已经形成一处较大规模的聚落；东汉至六朝时期洪水经常肆虐形成数层淤积土，居民迁离；隋唐时期，新津县城迁至此地；清代变为墓葬区；民国时期因五津机场的修建该地再次繁荣起来。

2. 遗址西汉时期遗存极为丰富，应为一处较大规模的汉代居址，等级与乡里一级相匹配。它与山东枣庄海子遗址同为汉代“里”一级基层聚落，此次发现的几条排水沟可能也与海子遗址相似，属于聚落边缘的界沟。此外，房址 F7 从其门道处铺设卵石，房内发现有三面用筒瓦围起的排水设施和陶灶，周围散落大量折腹钵、罐、釜等生活用器，还有少量纺轮和“半两”“五铢”铜钱等，推测 F7 的用途或是商肆厨房遗迹。桥津上街西汉时期遗存是研究汉代基层聚落不可多得的资料，对于研究成都平原汉代先民的聚落分布、经济生业模式、地形地貌等有着重要的意义。

3. 发现的唐宋时期大型庭院基址，相关配套建筑设施和遗物等为确认新津隋唐县城旧址提供了重要依据。据《新津县志》载："北周孝闵帝元年（557）始析隆山县北部置新津县。县治六门水（今邓公场附近）……隋大业三年（607）（一说大业二年），新津隶蜀郡，县治由六门水迁至皂里江（今金马河）东岸的坝上，即今五津镇机场……唐垂拱二年（686），分益州，置蜀、彭、汉三州。新津属蜀州（州治在今崇庆县治地），隶剑南道。县治由皂里江东岸坝上移至南河北岸即今武阳镇。"

（杨 洋）

【成都市金牛区凤凰山基建项目汉唐宋墓地】

发掘时间：2017 年 9 月 ~2018 年 4 月

工作单位：成都文物考古研究院

拟建设的凤凰山"露天音乐"广场位于成都市金牛区凤凰山南麓，范围大致为北星大道以东、三环路以北、熊猫大道以南的区域，为配合此项建设，本院对工程范围内进行考古勘探调查。根据调查发现工程范围内有古代墓葬，总计发掘面积 2077 平方米，清理遗迹 52 处，汉代至宋代墓葬 49 座，宋代灰坑 3 处，墓葬大多破坏、盗扰严重，出土随葬品上百件。

共发现汉墓 7 座，土坑墓 1 座，砖室墓 6 座。唐宋时期墓葬 42 座，宋代火葬墓 15 座。出土汉代漆木器、五铢钱、陶盏、五铢钱等，唐宋时期瓷罐、碗、陶俑、买地券、"开元通宝"等。M44 为宋代双室券顶砖室墓，坐西朝东，原有墓道被破坏，墓葬由墓圹、南北两个墓室组成。东西残长 4.08 米、宽 4.2 米、高 2.08 米。两墓室结构基本一致，均为双层长条形青砖错缝垒砌并宽向弧起形成券顶，墓室内长 2.9 米、内宽 1.2 米。墓室内以 9 根条石横向平铺一层作为防盗措施将墓室隔成上下两层，上层高 0.54 米、下层高 0.94 米，条石长约 1.4 米、宽 0.28 米、厚 0.3 米。墓室上层为无随葬品，墓室下层铺设木棺及放置随葬品，南室底部有腰坑。出土武士俑、瓷碗、双系罐、买地券、真文石券等。

成都市金牛区凤凰山曾多次发现汉代、明代墓葬，此次对凤凰山南麓大范围调查发掘，发现墓葬多为唐宋时期中小型墓葬。发掘对认识整个墓群的发展过程及该区域内墓葬选址、形制和随葬器物的发展演变序列等均有重要意义。

（向 导 谢 涛）

【宜宾市翠屏区锣耕田汉代崖墓群】

发掘时间：2018 年 6 月 ~8 月

工作单位：四川省文物考古研究院、宜宾市博物院

锣耕田墓地位于宜宾市翠屏区西郊街道高桥村高桥组，东邻金沙江，北邻成贵高铁。为配合宜宾市金沙江公铁两用桥北连接工程的施工，联合考古队对该崖墓群进行了考古发掘，共发掘汉代崖墓 12 座，出土各类陶、石、银、铜、铜鎏金、玻璃、水晶、漆器等各类文物小件近 400 件。

墓葬可分为上下两排，上排 5 座，下排 7 座。从墓葬形制上来看，大多数墓葬为单室墓，有墓道、墓门、甬道、墓室、侧龛五部分组成。多使用侧龛或后龛，部分侧龛内凿有单眼灶、双眼灶或三眼灶。排水系统多采用内高外低的方式自然排水，部分墓室在左右两壁的基脚处开凿有排水槽，墓门前方多有蓄水槽，墓道中部或一侧凿有排水沟，排水沟内多填埋鹅卵石，个别为陶质筒瓦，部分墓葬在排水沟上盖有大石块。

本次墓葬中发现的葬具可分为崖棺、石棺、瓦棺、独木棺和石椁木棺五种。崖棺是利用山体岩石凿成棺身形状，棺盖另

配，有 M3 和 M5 两具，其中 M3 为单棺，棺盖为青石，上面浅浮雕柿蒂纹；石棺由青石整体凿成棺身，青石棺盖另配，共发现四具；瓦棺用陶土烧制呈棺材形状，仅在 M7 中发现有残件；独木棺由整木凿成棺身，木质棺盖另配，在 M8 内发现一具；石椁木棺用石棺作为外郭，用木棺作为内棺，仅在 M8 内发现一具，其石棺雕刻较为精美，头挡为伏羲或女娲，脚挡为单阙，左侧壁为西王母、凤鸟，右侧壁为亭下对坐两人、联钱纹等，木棺保存较好，棺身基本完整，棺盖残破倒置在棺底，木棺所用木板较薄，其大小与石棺内壁相当，部分木棺棺身紧贴石棺内壁。

锣耕田崖墓群的发掘为我们认识宜宾地区东汉时期的丧葬习俗提供了新的材料，尤其是大量各类精美文物如摇钱树残件、车马明器配件、各类模型明器、生活用器等的出土，极大地丰富了该地区东汉时期的物质文化遗存，具有重要的学术价值。

（郑万泉）

【乐山市市中区禾丰村崖墓群】

发掘时间：2018 年 5 月 ~7 月

工作单位：四川省文物考古研究院

禾丰村崖墓群位于乐山市市中区临江镇稻禾香村 12 组（原禾丰村 2 组），崖墓群占地面积约 16000 平方米。配合成昆铁路扩能改造工程建设，本院对该墓葬群进行了考古发掘工作。经过近 2 个月的考古发掘工作，共发现崖墓 21 座。考古发掘区可以分为东西向一字排开的崖墓 11 座和南北向一字排开的崖墓 10 座，两大组成部分。

墓葬可以分为单穴墓、双穴墓两大类，其中双穴墓 2 座，单穴墓 19 座。墓葬长度在 5 米 ~25 米之间，大部分墓葬长度在 15 米 ~20 米之间。单穴墓又可以分为仅有一个墓室和前、后两个墓室两种形制。墓葬前室一般较短，长度在 2 米 ~5 米之间，没有附属设施。后室一般较长，长度普遍在 10 米左右，发现有棺室、棺床、侧室、灶等设施。墓顶均为平顶。墓室不见装饰。墓葬主室与甬道、墓道基本呈一条直线。墓室底一般后高前低，便于排水。

因为早期遭到盗掘，大部分墓葬没有发现随葬品，仅有约 8 座墓葬出土随葬品，且大部分破损严重。出土器物以陶器为主，有少量瓷器。陶器主要为两大类：生活用器和陶俑。生活用器可辨器形包括罐、钵、盏等。陶俑有人物俑和动物俑两种，人物俑破损严重，主要有俑头等，人物表情丰富；动物俑有鸡、狗等造型，破损严重。瓷器均为生活用器，可辨器形有罐、碗、盏等。

整个墓地布列整齐，没有发现打破现象。墓葬多数受破坏，部分坍塌严重。该崖墓群是乐山地区近年来较大规模的一次崖墓群考古发掘工作，为四川崖墓研究提供了一批新的实物资料。

（郭　富）

【江油市烟堆山西晋至南北朝崖墓群】

发掘时间：2018 年 5 月 ~8 月

工作单位：四川省文物考古研究院、绵阳市博物馆、江油市文管所

本项目为配合九寨沟（川甘界）至绵阳段高速公路建设的考古发掘工作。联合考古队对该墓群涉及建设范围内的墓葬进行了抢救性考古发掘工作。

江油烟堆山崖墓群位于江油市彰明镇涪江东岸 1 千米的烟堆山上，西侧为宝成铁路，涉及南江、福田等村，为江油市市级文物保护单位。烟堆山大体呈南—北走向，北高南低，山体高约 40 米。崖墓开凿在泥质红砂岩上，岩体较软，发掘区域位于遗址群中南部区域。此次发掘涉及面积约 3000 平方米，共发掘崖墓 26 座。所发掘崖墓均位于山体西侧上部区域，并明显沿山脊线分布，呈北高南低的趋势。墓葬

皆坐东朝西，面向涪江。

墓葬以单室墓为主，有少量疑似为双室墓结构，规格多在 4 米 ~6 米之间。墓葬形制简单，少数有棺台、后龛、封门槽等，未见有侧室、侧龛、灶等设施及画像、仿木建筑雕刻。墓门多用封门砖垒砌封闭，也有少量采用封门石者。墓室平面分纵长方形和横长方形两种。

出土器物包括陶器、瓷器、铜器、铁器等类别。陶器类有罐、钵、盘口四系壶等，以灰陶为主。瓷器多为灰白胎，火候高，施青釉，大多为内层施满釉、器表施半釉，可识者有带盖四系罐、碗、盏等器形。其他类有铜釜、铜簪、铁剪、铁刀等。钱币类表面腐朽较严重，可辨者有剪边五铢、直百五铢等。个别墓内发现有明显二次葬痕迹，一般有 2 具颅骨和若干肢骨集中摆放，骨骼保存较差。

此发掘未见陶俑、陶动物等东汉中晚期崖墓常见随葬品，青瓷器占有较多比例，且流行四系罐、碗等物品。参考以往资料，烟堆山崖墓年代主要集中在上限为西晋晚期，下限在南北朝时期，但也不排除少量早至蜀汉时期墓葬。

彰明镇位于江彰平原上，原为彰明县，南北朝时期已设县建制，历史悠久。四川省文物考古研究院曾于 20 世纪 50 年代，对彰明地区涪江东岸一带进行过两次崖墓的考古发掘工作，对确立四川地区东汉末至南北朝时期崖墓的判断标准起到重要作用。此次发掘工作对我们认识江彰平原及涪江流域，乃至四川地区南北朝时期丧葬习俗和社会生活面貌有重要帮助。

（刘　睿）

【成都市通锦桥路唐五代及清代城墙遗址】

发掘时间：2018 年 10 月 ~2019 年 1 月

工作单位：成都市文物考古研究院

本年度，我队为配合成都市青羊区国投建设发展有限公司“通锦桥上市土地项目”建设，对该地块进行了考古发掘，发掘面积约 2000 平方米。发现了一段古城墙的夯土和包砖砌石部分，为东西走向，略呈弧形，其中西侧城墙保存较好。可分为唐五代、清代两个时期。

该城墙最早筑于晚唐时期，残存长度约 170 米，宽 8.9 米 ~12 米。整个墙体内为夯土，外砌包砖，夯土残高约 1.6 米。包砖的砌法是先挖基槽，在槽内筑一层夯土，再在夯土上铺一层泥夹卵石，其上再砌包砖。晚唐时期城墙两侧均为砖墙，残高约 1.5 米，用砖规格不一，有汉六朝时期花纹砖和唐代素面砖。外墙一侧有散水。宽约 1 米，铺法规整，分斜铺、平铺两种构建方式，散水外侧以丁砖固定。

明代城墙仅见夯土墙体，叠压于唐代城墙两侧，未见包砖。

清代城墙在唐宋时期城墙垮塌堆积基础上修建，仅存北侧基础，墙体及砖墙均已不存。修建方式基本与唐代城墙相似。平整地面后开挖基槽，基槽分夯筑三合土，厚度约 33 厘米，三合土上再垒砌红砂石条，顺铺或错缝平铺，石缝间以石灰浆勾缝。

此次城墙的发掘工作，为研究成都古城墙不同时期的变迁过程、位置和修建方式等进一步补充了资料，对研究成都城市与社会面貌提供了不可多得的实物资料。

【蒲江县铁溪村宋代冶铁遗址】

发掘时间：2018 年 6 月 ~12 月

工作单位：成都文物考古研究院

遗址位于蒲江县鹤山镇铁溪村 1 组，处于浅丘东坡，整体沿山势呈西北—东南向分布，发掘面积 3000 平方米。

共清理燃料窑 1 座、冶铁炉 2 座、炒钢炉 13 座、炉渣坑 6 个、房址 4 座、排水沟 2 条、炉渣堆积 1 处。出土有炼渣、耐火砖、炉壁、铁矿石、积铁块、木炭及瓷片等。

燃料窑由窑顶、窑壁、窑床，窑门、烟道和工作面组成，平面形制呈马蹄形，长6.3米、宽2.1米、高1.2米~1.8米。窑顶呈穹隆形，窑壁较竖直，其上存人工修整和烟熏痕迹，窑床底部存一层厚约0.5米的炭渣，窑内填土含卵石块、木炭渣和少量铁渣。冶铁炉2座，由窑壁、窑床、火塘、排渣沟、鼓风口等组成，窑炉平面形制多为椭圆形，火塘内深20厘米，炉底有凹坑连接排渣沟到窑外，排渣沟长80厘米、深1厘米~20厘米、宽16厘米~18厘米。炒钢炉13座，分布于冶铁炉周边，平面多呈椭圆形，内圈直径40厘米~54厘米、外圈直径60厘米~75厘米、烧结面厚5厘米~14厘米，附壁铁水厚2厘米~7厘米，大部分炉底残留积铁块，部分炒钢炉由积铁块填满。炉剖面形制多为U形，深约28厘米。炉渣坑6个，平面略呈长方形，多分布于冶铁炉附近。房址4座，位于遗址西北侧和冶铁炉上。按功能可分为两种，F1和F2推测为冶铁人工棚，F3和F4推测为冶铁炉保护棚。排水沟2条，皆围绕冶铁炉呈半包围状。

从发掘情况判断，该遗址活动面位于宋代地层之上，各遗迹内亦仅出土宋代瓷片，结合各遗迹形制（与沙子塘、铁屎坝、水泉沟等遗址相似），判断该遗址时代为宋代。

该遗址功能分区明显，目前可确认的有烧炭区、冶炼区、生活建筑区等。通过对冶炼遗物检测分析和观察，该遗址用青杠树烧制的优质木炭作为燃料，用赤铁矿铁石作为主要冶铁原料，且在冶炼过程中使用大量石英石作为耐火石或造渣材料。同时，在铁渣中发现了大量处于冶炼状态的铁颗粒的富集。据此，判断该遗址为一处宋代集燃料烧制、生铁冶炼及生铁制钢为一体的较大型钢铁冶炼遗址，各环节对应遗迹保存较完整，功能明确，具有非常重要的研究价值。

（龚扬民　杨颖东　马春燕）

【江油市合江村宋代窖藏】

发掘时间：2018年7月

工作单位：四川省文物考古研究院、绵阳市博物馆、江油市文管所

2018年7月4日，江油华夏历史文化科技产业园项目在施工过程中，发现一处宋代窖藏。窖藏位于江油市太平镇合江村11组，小地名魏家院子，具体位于绵江公路东侧壳牌石油加油站后方。联合考古队对该处窖藏进行了抢救性考古发掘工作。

该窖藏位于施工现场新修一条排水沟的沟边，因雨水冲刷暴露出来。窖坑南部已破坏，开口于耕土层下，平面呈椭圆形。现南北残长1.4米、东西宽约0.8米、深0.85米。坑内填土为黑褐色砂石，含较多鹅卵石及少量陶瓷片。器物置于一四系釉陶缸内，缸体侧壁残损。顶部有铁质圆形缸盖，已断裂。陶缸施酱釉，高0.83米、口径0.42米、底径0.2米。

此次共计出土青铜器3件、陶瓷器36件（含四系釉陶缸）、铜钱17枚（可辨者为崇宁通宝）及部分铁器。瓷器层层置于缸内下部，均为龙泉窑系青瓷，器形包括碗、斗笠盏、盘、高足杯等，部分器物内壁底部见有莲瓣纹和双鱼纹。3件青铜器置于瓷器之上。包括2件双耳铜壶和1件卧鹿盖香炉。香炉内装有钱币及铁器残件（器形不明）。该窖藏出土双耳铜壶在器形上与江油市厚坝镇犀牛寺南宋窖藏出土双耳铜壶较相似。结合瓷器特征，窖藏年代在宋末元初这一时期。

该地所处区域为四川地区江彰平原，历史上经济发展较充分，新中国成立后曾有宋代窖藏出土，但本次为首次集中出土龙泉窑系瓷器，这对研究该地区宋元之际社会经济发展、生活面貌等有较重要意义。

（刘　睿）

【青神县四亩田宋代墓地】

发掘时间：2018 年 11 月～12 月

工作单位：四川省文物考古研究院、青神县文物保护管理中心

墓地位于青神县南城镇百花村 3 组，小地名为“四亩田”。本年 10 月底，百花村村民在自家承包的橘子园内开挖灌渠时发现该墓地。

墓地地处岷江及其一级支流思蒙河之间的冲积平原之上，大体呈南北向分布。此次发掘共布设 3 条探沟，实际发掘面积 130 平方米，清理墓葬 7 座，包括 4 座仿木构石室墓、2 座砖室墓、1 座石椁墓。墓葬方向均坐东向西，背靠岷江，朝向思蒙河。仿木构石室墓、砖室墓均为带短墓道的土圹单室墓，墓室平面形近前宽后窄的梯形。它们两两成组南北向并列分布，可能为同茔异穴的夫妻合葬墓。仿木构石室墓以红色细砂岩砌筑，墓室设有封门、棺床、侧龛、后龛，券拱顶或叠涩拱顶。砖室墓以素面条砖砌筑，前有砖石封门，侧壁、后壁类似简化的空斗墙，侧壁靠封门处有拱肋柱、侧龛，肋拱顶。石椁墓为土圹双椁室墓，平面呈长方形，以红色细砂岩砌筑，顶部缺失。此次发掘共出土 30 余件随葬品，有瓷、陶、铜、铁等材质。瓷器器形有盘口壶、碗、盏、执壶、小罐、水注等，釉色以黄褐、绿釉为主，均为当地坛罐窑的产品。陶器为鐎斗，夹砂灰陶，可能为实用器。铜器为簪，双股“U”形，素面无饰。铁器为铁钱，锈蚀严重，仅 1 件钱文可辨，为“宣和通宝”。以上仿木构石室墓、砖室墓时代为北宋中晚期至南宋早期，石椁墓时代为清代晚期。

此次发掘的北宋时期墓葬其形制具有较多地域性特点，出土一批窑口归属明确的成组瓷器，对于探讨宋代成都平原与川南丘陵地区过渡地带的丧葬习俗，以及开展西南地区宋代墓葬考古学、陶瓷考古学的研究都有着较为重要的参考价值。

（任　江　邱　钊）

【江安县柏树湾宋代墓地】

发掘时间：2018 年 5 月～7 月

工作单位：四川省文物考古研究院、宜宾市博物馆、江安县文物管理所

柏树湾墓地位于江安县江安镇青苔坎村苦竹林组柏树湾。本年 4 月，在江安县天堂湖市政工程建设施工中柏树湾墓地被首次发现。联合考古队对墓地内处于施工范围内的墓葬展开了抢救性发掘，共清理了宋代石室墓 11 座、砖室墓 1 座，其中石室墓包括 1 座三室墓、2 座双室墓和 8 座单室墓，8 座单室墓应为 4 组同坟异穴合葬墓。本次清理的 12 座墓葬分布较为集中，类型较多，部分墓葬结构保存较好，但所有墓葬均在早年的生产生活或最近的基本建设施工中受到严重破坏和扰动，未见明显的封土，封门石受损，墓室全部或局部暴露在外，未见葬具与遗骨，仅在 M1 墓室中出土一件陶罐。

（万　靖）

【安岳县柏树湾宋墓】

发掘时间：2018 年 10 月～11 月

工作单位：四川省文物考古研究院、安岳县文物局

柏树湾宋墓位于安岳县团结乡桂香村二社，小地名柏树湾。墓葬位于一处小山脚下，前临长河。为配合成资渝高速公路建设，联合考古队对此墓进行了抢救性考古发掘工作，共清理墓葬 2 座。

该墓为夫妻合葬同穴异室墓，墓向坐北朝南。墓圹直接开凿在原生岩层上，左壁、前壁及墓道均被现代施工破坏。墓圹现残长 5.8 米、宽 5.8 米、深 2.9 米。墓圹内建单室石室墓两座，间距 0.9 米。自西向东编号 M1、M2。两墓结构形制、规

格基本一致。以 M1 为例，墓门高 1.48 米、宽 1.04 米。墓门外侧以三层条石垒砌封闭。墓室面阔 1.78 米、进深 2.92 米、高 2.74 米。墓室底部有棺床，四周有排水槽。两壁有侧龛，侧龛素面。后壁有后龛。墓顶为藻井样式。

墓内雕刻主要集中在过梁、藻井及后龛位置。主要为浅浮雕形式。过梁部分雕刻分两层，上层为双排斗拱，下层两端为摩羯纹，中部为卷草或花卉纹样。藻井四壁单刻菱形边框，内刻花卉、人物等内容。部分花卉上见有红、绿彩绘痕迹。顶部为祥瑞图案，其中 M1 为棋盘式纹样，M2 为双凤图。M1 后龛为鹿衔嘉禾图，M2 后龛为打渔图。

两墓皆被盗，盗洞皆位于墓室顶部一角，呈扇形，半径约 0.5 米，推测为同期形成。墓内仅出土陶片数枚，部分陶片外带褐釉，并见有流釉现象。根据墓葬形制及墓内雕刻，判断为宋代墓葬。该墓主体结构保存较为完整，室内雕刻精美，是安岳地区较为重要的宋墓资料。

（刘　睿）

【眉山市彭山区江口明末战场遗址】

发掘时间：2018 年 1 月 ~4 月

工作单位：四川省文物考古研究院、彭山区文物管理所

经国家文物局批准，联合考古队对江口明末战场遗址开展了第二次考古发掘。本年度的工作于 2018 年 1 月 24 日正式开始，前后历时近 3 个月，发掘面积 10000 平方米。

江口明末战场遗址上一年的发掘出水与大西政权直接相关的文物上千件，实证了“张献忠江口沉银”的传说。本年度的考古工作以确认遗址性质、了解遗址范围和文物的分布规律、寻找战争遗物遗迹，尤其是与沉船相关的遗物为目的，开展相关调查和发掘工作。考古调查分为陆地调查和水面探测，二者结合，初步将遗址划分为大码头、望江台、巫店子、大石包和老虎滩五个区域。本年度分别在望江台和巫店子两个区域内开展了考古发掘，总计出水文物 12000 余件，其中最为重要的是发现了一枚蜀王金宝。据明史记载，皇子封亲王，授金册金宝。世子承袭王位，止授金册，传用金宝，也就是说每个藩王府只有唯一一枚金宝，因此较金册显得更为稀少和珍贵。本次发掘出水的这枚金宝，虽然残损，但可清楚地辨识出印面的篆书蜀字，当来自蜀藩王府。还出水了大量的铁刀、铁剑、铁叉等冷兵器以及箭头、铁钩、船钉等船具，此外首次发现以三眼铳为代表的火器。

本年度考古发掘更加重视科技应用。考古探测方面强调多源数据、多种方法相结合，以磁法和激发极化法进行直接探测，以电阻率法和两栖雷达进行间接探测，然后对探测数据进行融合处理和综合解译。信息提取方面强调多维数据的采集，对发掘区域和出水文物进行三维激光扫描，获取高精度纹理信息。通过对三维点云数据和影像的处理，实现多维海量数据的互动，研发可视化程序。此外，本次考古发掘工作面向全国公开招募志愿者，收到报名表 600 余份，录取八人，来自全国多个省份，包括来自伦敦大学的中国海外留学生。志愿者进行岗前培训后，根据特长被分配到不同岗位，独立承担工作，全程参与考古发掘。

本次考古发掘出水的大量兵器，尤其是火器的发现，为确认这一处古代战场遗址提供了更多证据。出水的蜀王金宝，也是国内首次发现明代藩王的金宝实物。还有发现的诸多铭刻川内地名的银锭，为张献忠在四川的活动范围提供了实物证据。同时大量的箭头、船钉，为我们认识沉船地点提供了新线索。

（刘志岩）

【自贡市自流井区猫儿山明代墓地】

发掘时间：2018 年 11 月 ~2019 年 1 月

工作单位：四川省文物考古研究院、自贡市自流井区文物管理所

猫儿山明代墓地位于自贡市自流井区舒坪镇金鱼村，2018 年 11 月，自流井工业园区建设时发现。该墓地依山而建，分布在猫儿山的山腰上，上下共有三排，上面两排是墓葬，最下排是石质祭台。墓葬墓向均为坐东南朝西北，分布十分密集，墓旷间多有叠压打破关系。从分布方式、墓葬形制、出土遗物等，推断该墓地应为一处家族墓地。墓地总面积约 600 平方米，共清理明代墓葬 17 座和石质祭台 2 座，其中砖室墓 1 座，石室墓 16 座；包括单室墓 6 座，双室墓 5 座，3 室墓 1 座，4 室墓 3 座、7 室墓 1 座和 8 室墓 1 座。出土铜簪、釉陶罐、釉陶碗、瓷碗等小件 27 件，另有人骨 38 具。

该墓地的石室墓均仅有简单雕刻或无雕刻，比较重要的是 M7，是砖室双室墓。M7 虽然受严重盗扰，墓室内仅余人骨 1 具而无其他随葬品，但其画像砖烧造精美，题材丰富，组合特殊，题材除常见的阁楼、隔扇门、花瓶、莲花和多种几何纹样外，另有双龙戏珠、鸾凤和鸣等罕见题材。同时，该墓地人骨保存状况较好，除 M9 外各个墓室内均多有人骨发现；其墓主以男性成员居多，以仰身直肢居多，除一次葬外，还有数量较多二次葬和火葬现象。

该墓地虽受到比较严重的破坏，出土遗物不太丰富，但是其整体规模较大，分布密集，排列规整，是自贡地区发现的最大的明代家族墓地；其砖室墓题材组合川内少见，人骨出土数量较多；其发掘为研究川南地区明代墓葬形制、丧葬习俗以及这一地区的经济、文化提供了重要的材料。

（郑喆轩）

贵州省

【凯里市里皋商周时期遗址】

发掘时间：2017 年 4 月 ~9 月
工作单位：贵州省文物考古研究所

里皋遗址位于凯里市湾水镇鱼梁村里皋组，清水江支流重安江西岸二级台地上。该遗址于 2015 年 8 月配合贵州省清水江旁海航电工程进行考古调查时发现。于本年 4 月 ~9 月，对其进行抢救性发掘，目前发掘面积 800 平方米。地层堆积共 9 层，其中第⑤~⑨层为早期地层，出土有较多的陶器残片、石制品及燧石制品等。目前发现的遗迹主要是灰坑。

里皋遗址出土遗物有陶器、石制品及植物种子等。陶器有小平底罐、圈足器、平底器，及敞口、侈口、直口、敛口器等；石制品主要为燧石制品。植物种子为川楝子和荸荠。从出土遗物特征看，该遗址早期遗存可分为早晚两期。

早期为⑨~⑦层，器形主要有花边口沿器、直口器、撇口器、平折沿器、小平底罐、平底器，少量的圈足器及器盖等；纹饰以绳纹、交错绳纹为主，其次为凹弦纹、戳印纹、刻划纹；陶质陶色以夹细砂灰陶、灰褐陶为主，偶见泥质陶。晚期为⑥~⑤层，器形较为复杂，可能是受周边文化影响所致，器形仍有花边口沿罐、平折沿器、撇口器、直口器、平底罐等，新出现高领罐、圈足豆、圈足碗等，纹饰仍以交错绳纹较为常见，其次为凹弦纹、戳印纹等，不见或少见刻划纹，新出现方格纹；陶质陶色也较为复杂，夹细砂灰陶比例减少，泥质陶比例增多，新出现夹细砂红褐陶等。

里皋遗址从出土遗物的特征看，早期受到峡江地区影响明显，比如小平底罐等，晚期又受到沅水流域影响明显，如高领罐、圈足豆等。里皋遗址可能处在两个文化圈的交汇地带。为研究清水江流域的文化交流提供了可供借鉴的材料。第一次在清水江流域发现商周时期保存完好的植物种子为我们研究清水江流域商周时期居民的生业方式提供了重要的实物线索。

（李二超　张合荣）

【余庆县官仓村元代砖室墓】

发掘时间：2018 年 6 月 ~7 月
工作单位：贵州省文物考古研究所、余庆县敖溪镇人民政府

官仓村砖室墓位于遵义市余庆县敖溪镇官仓村中寨组三教堂，墓葬背山临水，后靠香炉山，前临敖溪河，面向顺心营盘。地理坐标北纬 27°33′23.6″，东经 107°37′43″，海拔 767 米，距余庆长官司衙署遗址约 3 千米，距敖溪集镇不到 4 千米。2012 年修建的“小型农田水利工程”水渠，由东向西从墓葬封门横穿而过，墓门遭受破坏，墓室暴露在外，破坏较为严重。本年 6 月，贵州省文物考古研究所联合敖溪镇人民政府对该墓进行了抢救清理。

发掘表明，该砖室墓系同穴异室合葬墓，墓向 169°，系用四种不同形制的墓砖修砌而成，每种砖的用途不尽相同。整个墓圹前宽后窄，上大下小，平面和剖面形

状呈梯形。以墓向方向为参考，分左、右两个墓室，结构基本相同，大小略有差异，为券顶式砖室墓，左侧墓室长3.27米、宽1.62米、高1.74米，起券高度0.97米，右侧墓室长3.27米、宽1.65米、高1.78米，起券高度0.99米。左、右墓室均有棺床，分为两层，表面一层用方形砖铺设，下层为薄长方形砖横向错缝平铺而成，在棺床下正中心位置处，放置有一枚宋代钱币，左室为“皇宋通寶”，右室为“聖宋元寶”。墓室封门遭受到不同程度的破坏，仍残余一部分，封门外侧有0.3米高的抵门墙。葬具为木质棺材，保存较差，均已腐朽，左室保存相对较好，棺材残长2.07米、残宽0.91米。

砖室墓遭受了一定程度的破坏，清理时在墓室出土少量随葬遗物，包括金、银、铜、铁、木等不同材质的器物，共计166件。金器有金瓜棱式葫芦耳环2件，金花簪首3件，金梳背1件，银器有纽索式银钗2件，2件下颌托，铜质器物仅有两枚宋代钱币，铁质器物均为棺钉，木质器物有1件木梳。

根据田野调查、墓葬形制、出土遗物等推测，该墓葬为元代。

（许国军　谢长勇　李　虎）

【瓮安县飞练湖明代墓葬】

发掘时间：2018年3月~6月

工作单位：贵州省文物考古研究所、瓮安县文化和旅游局

草塘安抚司，在播州宣慰司东一百一十里。元为旧州草塘等处安抚司，隶播州宣抚司。草塘安抚司宋氏于洪武五年（1372）随播州宣慰使杨铿降，朝廷仍置播州宣慰使司，杨铿、罗琛皆仍旧职，草塘成为播州所领安抚司之一。万历二十八年（1600）播州杨氏毁于“平播之役”，二十九年（1601）废草塘安抚司，宋氏降为土县丞。

2018年3月22日，瓮安县文化和旅游局在该镇飞练湖湿地公园建设过程中发现一墓葬，我所立即组织人员赶赴现场进行调查，发现墓葬三座，分别编为M1、M2、M3。经国家文物局批准，联合考古队对该墓地进行了清理，取得了重要收获。

墓葬位于瓮安县银盏镇飞练社区龙家扁营盘坡，三座墓葬处于同一封土之下，封土东西长13.5，南北残长2米，残高1.2米。封土下三座墓葬并列分布，M2居中，M1和M3分列于左右两侧，墓葬均坐南朝北。

M1为竖穴土坑双室石墓，墓葬以青石构筑墓室，外有封门石，内壁面素面、光滑，底板石凸起形成棺床。M2为单室墓，墓室用石灰和碎石构筑而成，墓室顶部及墓壁上部已被破坏，清理时仅在墓室底部发现一具残损人骨，并未见随葬品。M3与M1结构相同，为双室石墓，但已被破坏，墓室不存。从墓葬形制和墓葬构筑的情况分析，三座墓葬应该同属于一个时期，墓葬建于明代，从封土来看，M1和M3略晚于M2。而三座墓葬同处于一封土下，M1墓主均为女性，M3随被毁坏，但出土了大量金银首饰，应该为女性墓，M2居于中间，因此三墓极有可能同属于一个家庭，或与草塘安抚司宋氏密切相关。

目前三座墓葬的现场清理工作已经结束，更多关于墓主及其出土文物相关历史信息待进一步研究。三座墓葬的发现和发掘，出土了贵州明代最为完整的彩绘漆棺，为我们研究贵州明代墓葬葬俗和葬制提供了丰富的资料，对瓮安历史、播州丧葬制度及土司制度研究具有重要意义。

（彭　万）

【遵义市红花岗区清代遗址群】

发掘时间：2018年12月

工作单位：贵州省文物考古研究所

沙滩位于遵义县东北部，新舟镇南部，

距遵义市40千米，距新舟集镇11千米的乐安江畔，占地纵横约2.5千米，现属新舟镇沙滩村。遵义沙滩孕育了以郑珍、莫友芝、黎庶昌为代表的一大批文化名人，崇尚“渔樵耕读”，其学术成就影响深远。在配合沙滩历史文化名村建设的考古调查中，我们主要收获如下：

通过调查我们共发现遗址3处，墓葬30处，遗址分别是黎庶昌新公馆遗址、郑珍望山堂遗址、禹门山营盘遗址，墓葬主要是沙滩文化三个代表人物黎庶昌、郑珍和莫友芝的家族墓地，其中以黎家最为完整，从第一代黎朝邦到第十代黎庶昌均有发现。

沙滩文化是清代后期出现在黔北山区的一种地域性文化。沙滩是黎氏家族聚居的村落，与附近郑氏望山堂、莫氏青田山庐衡宇相望。黎、郑、莫三个家族互为师友，结为姻娅。自乾隆至清末民初的100多年间，三个家族中涌现了几十位诗文作家和学者，刊行诗文集和学术著作100多种；其代表人物郑珍、莫友芝和黎庶昌，成了享誉海内外的文化名人，在中国文学史和学术史上都占有相当的地位。抗战期间，浙江大学史地研究所编写的《遵义新志》，把黎、郑、莫三个家族共同创造的丰硕文化成果及所体现的人文精神，统称为“沙滩文化”。

此次调查是沙滩文化考古遗存最完整的梳理，由明末至清末各时期的代表人物墓葬和沙滩文化高峰时期遗址的发现，为研究沙滩文化提供了宝贵的材料。

（陈　卿　韩　东　韩继泽）

云南省

【耿马佛洞地遗址】

发掘时间：2017 年 11 月 ~2018 年 2 月；
2018 年 7 月 ~10 月

工作单位：云南省文物考古研究所、临沧市文物管理所、耿马傣族佤族自治县文物管理所、镇康县文物管理所、中国科学院古脊椎动物与古人类研究所

耿马佛洞地遗址位于耿马县勐简乡的飞地二叠纪灰岩穿洞的燕子洞东南向洞口大厅内壁，坐落在怒江一级支流南汀河断裂带西北盘边缘。

发掘布正方向大探方 1 个，按 5 米 ×4 米的面积布设探方，以 1 米 ×1 米分割小探方记录（中间不加隔梁）。在该洞大厅西侧建立总基点，以总基点为坐标原点，建立 4 个象限，分别为东北Ⅰ、东南Ⅱ、西南Ⅲ和西北Ⅳ。测量定位用全站仪，并进行外景航拍、发掘区域三维建模。在面积限制为 20 平方米的情况下最大限度解剖地层，此次发掘采用文化层结合水平层方法从新到老，逐层揭露，对地层微环境、孢粉、浮选及各种科学检测手段及年代采样进行科学采集。

经发掘，探方堆积厚度为 3.85 米 ~5.00 米，区分出 10 个文化层包括 34 个文化亚层、6 个活动面一个巨型打破坑及几个小坑、6 个灰堆。发掘过程全面运用考古工地管理数字平台、全站仪测绘、航拍、多种科技考古手段的实施和文物现场保护技术，通过系统的采样、全面筛选和浮选、土壤磁化率同步测量、标本坐标数字记录、影像记录及探方三维建模记录等发掘方法，获编号标本 2470 件，干筛、重浮及轻浮标本数十万件。

石制品，既包括锐棱砸击石锤、西维多利亚石核、大型石核工具陡刃砍砸器（基纳多重修理）、似勒瓦娄瓦石核和石片、孔贝哇石核和石片、普通石核、似盘状石核、柱状石核、倒锥状石核、西维多利亚石片、似勒瓦娄瓦石叶、非几何形和几何形细石器、锯齿刃器、石钻、砸击石核和石片等，亦发现少量磨研器、磨刃石器，局部磨光石器和骨器、石臼、磨盘等，以及石器间接加工工具的骨、角器。

出土的动物包括鱼类、两栖类、爬行类、鸟类和哺乳类。哺乳类以食草类和小哺乳为主：刺猬、鼩鼱、树鼩、豪猪、竹鼠、绒鼠、松鼠、鼯鼠、仓鼠、河狸、小家鼠、黑鼠、鼠科属种未定，蝙蝠，猕猴、长尾叶猴，大型猫科、狗、獾、猞猁，侏儒猪、鹿类和麂类、牛、羊等；蚌、蚬和螺，粪便。

出土的植物包括松、牡竹、山楝、皂荚、巨竹、青钱柳、龙脑香、青冈、臭椿、香椿、朴、胡桃、合果含笑、桦、木莲、菠萝蜜等二十多种木炭；青冈、栎、刺葵、朴、胡桃、樱等、雀麦、车前、葡萄等近二十种果实和种子。三七和稻也有出现。经过碳 14 测年，遗址的时间初步结果为第⑤层为距今 3000 ~4000 年，第⑦ ~ ⑨层为距今 11000 ~18000 年，第⑩层待测。

（高　峰）

【剑川县海门口新石器时代遗址】

发掘时间：2018 年 10 月 ~12 月

工作单位：云南省文物考古研究所、四川大学考古学系、剑川县文物管理所

遗址位于剑川县甸南镇海虹村及天马村北，剑湖南部黑惠江自北而南从中穿过。本次工作为遗址的第六次发掘。发掘前对遗址进行了钻探，钻探区域分为海尾河西、河东两部分。河西区主要集中于 2016 年发掘区南，面积约 36000 平方米。河东区为本年度重点勘探区域，勘探面积约 275000 平方米。钻探后确认遗址河东区域面积约 93000 平方米，已探明的河西区面积为 145000 平方米。现海门口遗址总面积约 238000 平方米。

在河东、河西两个区域共布设 5 米 ×5 米探方 45 个，1 米 ×5 米探沟 13 个，实际发掘面积 1190 平方米。发掘区主要在河东和河西区。发掘清理了较多的遗迹，有灰坑 123 个，房址 28 座，墓葬 4 座，沟渠 20 条，烧土堆 3 个，窑 1 座，井 1 座。出土大量陶器、石器、木器、铜器、动植物遗存等遗物。

墓葬 M1 – M3 为竖穴土坑墓，墓圹狭窄，仅能容尸，无随葬器物或很少，时代为新石器时代晚期；M4 为瓮棺葬，时代为南诏—大理时期。灰坑，根据平面形制，可分为平面呈圆形、长方形、椭圆形、不规则形四类。房址可分为半地穴式、干栏式、基槽式三类。水沟多紧邻柱洞群。有些存在明显的人工加工痕迹。井 1 座（J1），为新石器时代晚期人工开挖，平面近圆形，旁有方便取水的台阶。

河西和河东发掘区出土器物差异甚大。河西发掘区出土器物以陶器为主。陶器以夹细砂黄陶、夹细砂褐陶为多，少量泥质灰陶。器形有罐、盆、钵、杯、纺轮等。纹饰多见于上腹部，有刻划纹、戳印纹、绳纹、附加堆纹、乳钉纹、压印网格纹、弦纹、水波纹等，其中以刻划纹、戳印纹最为典型。石器有刀、锛、箭镞、斧、凿、针等。铜器仅在第⑤⑥层有少量发现，器形有箭镞、构件等。河东发掘区出土陶器以夹砂黑陶为主，有部分灰陶。器形有罐、带流瓮、钵、盆等。其次为木器，有锄、叉、桨、碗、勺等。铜器有箭镞、镯、耳环、构件、饰品等。极少量石器。另有大量动植物遗骸出土。

本年度的考古发掘工作取得一些重要的成果。基本确认了河东区遗址边界，并对其文化内涵有了初步了解。河东、河西两个区域在时代上大致可以衔接，干栏式建筑、磨光黑陶及部分石器存在明显的延续性。新发现的河东区拓展了海门口遗址的范围，并丰富了遗址的文化内涵。

（闵　锐）

【广南县大阴洞新石器时代至青铜时代遗址】

发掘时间：2017 年 12 月 ~2018 年 1 月

工作单位：云南省文物考古研究所、文山壮族苗族州文物管理所、广南县文物管理所

遗址位于广南县县城北面坝美镇者卡村委会者乎村珠西公路西侧。该洞为在喀斯特地貌中发育的天然石灰岩溶洞，一条地下河从洞中穿过，并在洞外汇入从洞口北侧自南向北流过属于珠江水系的奎南河。2017 年 12 月至 2018 年 1 月为配合当地旅游开发，云南省文物考古研究所对该遗址进行了抢救性考古发掘，发掘面积 300 平方米。通过发掘取得了重要收获，发现了云南目前规模最大的早期洞穴墓地。

大阴洞由前后两个洞厅组成，前洞厅与洞口由斜坡相连，后洞厅有狭窄的通道向深处延伸，洞内总面积约 1500 平方米。发掘时我们将前洞厅命名为Ⅰ区、后洞厅命名为Ⅱ区。

遗址内早期文化堆积分布范围小且不

连续，主要集中在Ⅰ区灰坑周围区域，位于约5厘米厚的表土层下，且只有一层，厚度5厘米~20厘米不等。堆积为略粘的黄灰色土，其中夹杂有炭屑和陶片、纺轮、石器等遗物。

遗迹现象发现有灰坑和墓葬两种。

灰坑共发现12个，均分布在Ⅰ区，平面多呈不规则形，长径不超过100厘米，深度5厘米~20厘米不等。灰坑内堆积多为大量的炭屑和红烧土，出土有陶片、纺轮、石器以及炭化稻等遗物。位于Ⅱ区墓地范围内的H14较为特殊。该灰坑尺寸不大，略小于未成年个体的墓葬，坑内放置了一具动物骨骼。

墓葬共发现17座。其中16座墓葬集中位于Ⅱ区深处，另外一座未成年个体墓位于Ⅰ区H8傍边紧靠洞壁处。这批墓葬均为竖穴土坑墓，墓坑形状不规整，人骨保存较好，葬式多样。葬式有仰身直肢葬、屈肢葬、二次葬等。墓坑尺寸因为葬式和墓主身材的不同差别很大，总体而言墓坑的尺寸刚好能容纳以各种形式放入的墓主个体。墓葬随葬器物较少，只有部分随葬有陶釜、纺轮和石箭镞。

遗物有陶器、石器、骨器和炭化稻等。陶器主要为大量的陶片、少量可复原的整器和较完整的陶纺轮。陶器有两种风格，一种为表面装饰绳纹的夹砂褐陶，另一种为表面磨光的泥质黑陶。第一种风格的陶器数量最多，可辨器型以圜底釜为主，另有少量带耳罐、平底器和杯。第二种风格的陶器数量较少。纺轮共33件，大多呈算珠状，某些表面装饰有同心圆纹和卷曲线纹。石器有箭镞、凹刃器、石斧和石锛四种器型，均为磨制，另外还有部分砺石。其中箭镞14件、凹刃器7件、石斧6件、石锛7件、砺石23件。骨器数量较少仅4件，其中两件器形为骨镯和角锥。炭化稻在地层和灰坑填土中均有发现，从形态上来看为粳稻，为滇东南区域首次发现。

针对大阴洞遗址的发掘，获得了大批实物资料，对于古代人类活动和文化的研究有着重要意义。特别是洞穴内的早期墓地，为目前云南此类遗存中时代最早、规模最大。我们对T3二层、H10填土、H12填土这三个单位中出土的炭化稻进行了^{14}C测年，结果分别为2920 +/-30BP、2600 +/-30BP、3080 +/-30BP。通过遗存的对比分析结合测年结果，我们初步判断大阴洞遗址的主体年代为云南新石器时代晚期至青铜时代早期。值得一提的是我们在Ⅰ区的T1中还发现有部分旧石器时代的遗物。

（万　杨　刘　波　张泽涛）

【武定县长田新石器时代至青铜时代遗址】

发掘时间：2018年1月~7月

工作单位：云南省文物考古研究所、楚雄州博物馆、武定县文物管理所

遗址位于武定县己衣乡长田村西南约300米。为配合乌东德水电站工程建设，云南省文物考古研究所联合楚雄州博物馆、武定县文管所等单位，对受工程建设影响的长田遗址进行了抢救性考古发掘工作。

此次发掘采用探方法，共布正南北向10米×10米探方100个，发掘面积10000平方米。遗址中心区位于发掘区西北侧，文化堆积最厚处达4.8米。共清理石板墓34座、灰坑13个、房址5座、沟3条、灶1个，另有多处野外临时用火痕迹及垃圾倾倒痕迹。出土大量陶片、石制品、动物骨骼等，从出土遗物判断，该遗址年代属于云南新石器时代晚期向青铜时代过渡阶段。

石板墓，以大致加工成长方形的石板竖直砌于墓坑边缘，较完整的墓葬头端宽于足端，平面近窄长梯形；多有盖板，盖板多厚于墓室石板，形制不规则，几块盖板平行覆盖于墓室之上，由于埋藏浅，部分盖板已不存；仅少量石板墓有一块石板

铺于墓底，或位于人骨腰部，或位于足端。部分墓葬保存的人骨基本完整，多单人仰身直肢葬。随葬品多为 1 ~ 2 件陶器，有罐、壶、钵，有的墓内发现了细小的圆形穿孔蚌片，由于人骨已不存，蚌片摆放位置不明。

5 座房址，其中 3 座为浅地穴式，有明显的活动面，平面形状不规则，面积小；2 座为半地穴式，平面近长方形，面积稍大。

出土陶器以罐、壶、折腹钵为常见器形，其中罐类器形最为丰富，包括侈口罐、折沿罐、小口罐、长颈罐、深腹罐等。均为夹砂陶，内壁多打磨光亮。纹饰以刻划波浪纹、戳印圆圈纹、点线纹为主，有较多乳钉纹；部分陶器口沿内外壁均有纹饰，口沿内壁近唇部，多饰一周由细密点线组成的三角形纹。遗址中还大量存在一类制作粗糙的陶器，手制，内壁残留泥条盘筑痕迹，侈口，圆鼓肩，肩部多饰纵向刻划平行线纹，该类器物可能为圜底，未发现同类的平底器。遗址中还有少量细小的陶器，捏制，器形不规整。

遗址出土大量石制品，成型的磨制石器以条形斧、锛、穿孔石刀、镞为主；另有大量石坯，包括了从砾石到成型石器的各个阶段的石器半成品。

该遗址出土遗物具有典型的金沙江流域新石器至青铜时代考古学文化特征，出土的大量石器资料，为研究该时期石器制作工艺提供了不可多得的材料；大量动物骨骼、通过浮选获得的植物资料，为研究当时人类的生产生活情况提供了科学依据。

（何林珊）

【武定县以鸡嘎新石器时代至青铜时代遗址】

发掘时间：2018 年 1 月 ~7 月

工作单位：云南省文物考古研究所、楚雄州博物馆、武定县文物管理所

遗址位于武定县己衣镇新民村委会以鸡嘎（以进干）村东侧约 500 米处，金沙江南岸的二级台地上，本年度为配合乌东德水电站工程建设，经国家文物局批准，由云南省文物考古研究所主持对该遗址进行考古发掘。

本次工作是对遗址的全部范围进行发掘，面积共 5000 平方米。布设正南北向 10 米 ×10 米的探方 50 个。发掘文化层堆积厚 35 厘米 ~206 厘米，中心区位于遗址北半部分，文化层堆积由北向南逐渐变薄。地层可分为统一的 9 层：第①层为现代耕土层；第②至第⑤层为近代文化层和淤沙沉积；第⑥至第⑨层为早期文化层，根据遗物特征推断时代为新石器晚期至青铜时代。早期文化层中夹杂着大量的红烧土颗粒及有木骨痕迹和草筋的红烧土块。发现的遗迹及遗物主要集中在早期文化层中，遗迹有石板墓 6 座、房址 4 个、灰坑 40 个、窑址 3 个、灶 24 个、沟 1 条，遗物主要为大量陶片、石器等。

石板墓仅一座较完整，M1 位于遗址中部，开口第⑧层下，打破第⑨层及生土。平面长方形，头端略宽，脚端略窄，四周及底部用长方形薄石板围起，上部盖以略厚的石板，骨骼保存状况较差，仅残留头骨及部分肢骨，未见随葬品。其余 5 座墓葬仅残存部分石板，均未见随葬品。

房址发现 2 座，形制相同。地面发现有排列较为规律的柱洞，平面长方形，长 4.1 米 ~5.2 米，宽 3.1 米 ~3.9 米。灰坑平面形状以圆形为主，多为垃圾坑，另有两个窖藏坑，其中一个窖藏坑内埋藏了 11 件石斧，石斧刃部锋利，器型体量较大，均为完整器，另一个窖藏坑内有 21 件石器，大部分为石斧，少量石锛及石凿，均为残件。

出土遗物主要为陶器和石器，遗物多集中在新石器时代文化层中。陶片多为夹

砂褐陶、夹砂红陶，少量泥质灰陶。器型多为罐、钵、壶等，纹饰有粗绳纹、细绳纹、篮纹、弦纹、戳印纹、压印纹、圆圈纹等。石器类型有石斧、石锛、石凿、穿孔石刀、石箭镞等，石斧多为长条状，刃部磨制极为锋利，石锛平面为梯形，器型较小，少量穿孔石刀及石箭镞。另外有一种器型为两用器，一端为石凿，另一端为石锛。

以鸡嘎遗址为金沙江中游的河旁台地遗址，此次发掘的文化遗物及遗迹说明至少在新石器时代开始就有人类在该区域活动，并留下了丰富的文化遗存，展现了金沙江流域多元的文化，对于了解和复原该流域古代历史文化、民族交流及文化传播提供了难得的实物资料。

（李小瑞）

【武定县新村新石器时代至青铜时代遗址】

发掘时间：2018 年 9 月 ~12 月

工作单位：云南省文物考古研究所、武定县文物管理所

遗址位于武定县已衣镇新民村委会新村以西，紧邻村舍。为配合乌东德水电站工程建设，云南省文物考古研究所联合武定县文管所等单位，对受工程建设影响的新村遗址进行了抢救性考古发掘工作。

此次发掘共清理 10 米 ×10 米探方 32 个、受地形地势限制的不完整探方 14 个，均正南北向，清理面积 4000 余平方米。共清理墓葬 97 座、灰坑 4 个，出土了大量陶片、石器、石制品及少量铜器、骨器。从出土遗物判断，该遗址年代属于云南新石器时代晚期向青铜时代过渡阶段。

97 座墓葬集中分布于发掘区东侧，紧邻新村；以石板墓为主，共计 67 座，土坑墓 23 座，瓮棺葬 3 座，另有 4 座墓葬，以少量石块或自然砾石放置或围砌于墓边。石板墓基本成排分布，排列较有规律。墓室多近长梯形，头端宽于足端。土坑墓共清理 23 座，墓坑浅。土坑墓、石板墓，墓向均以东南—西北向为主，墓主头端多朝向东南；以单人仰身直肢葬为主，有少量二次葬，仰身直肢葬与二次葬的合葬墓仅一座。部分墓葬人骨腐朽严重。其中单人仰身直肢葬，肢骨多位于正常生理位置，而肋骨、椎骨、锁骨等较凌乱。墓主既有成年人，也有婴幼儿、未成年个体，且婴幼儿、未成年个体，享有与成年人一样的葬制，甚至规格超过了成年人。随葬品以陶壶为主，有少量罐、钵，有类似于明器的小陶器，火候极低；有随葬海贝的现象，较多的随葬 6 枚，较少的仅 1 枚。

该遗址文化堆积大致可分为早晚两期。晚期以③ ③b 层及其下开口的各墓葬为代表，早期以⑤ ~ ⑩层出土遗物为代表；第② ④层为纯净沙层，应为遗址间歇层。早晚期堆积均出土了大量陶片、石制品及动物骨骼。石制品早晚期差异不大，均以斧、锛类石坯、锛、斧、镞为主，有较多纺轮、凿、穿孔石刀等；另有大量石片、残块石核等。陶器，晚期多素面，纹饰以粗绳纹为主，完整器出于墓葬中，以罐、壶类为主；早期纹饰陶器数量更多，以点线纹、刻划波浪纹、交叉线纹为主，有少量中绳纹陶片；器类以各种形制的罐为主，有少量钵等；口沿内外壁磨光陶片占一定比重。

新村遗址是金沙江中游南岸一处重要的新石器时代晚期遗址，部分堆积可能已进入了青铜时代早期。遗址中，饰点线纹、刻划纹的陶罐、陶钵、条形石斧、梯形石锛、穿孔石刀等文化特征的遗存，广泛分布于金沙江流域及其支流，如安宁河流域等。清理的石板墓、土坑墓中，未见随葬青铜器。新村遗址墓葬的发现，对研究金沙江流域石板墓的族属、分布及源流，提供了不可多得的材料。

（何林珊）

【元谋县江边青铜时代遗址】

发掘时间：2018 年 2 月 ~8 月

工作单位：云南省文物考古研究所、元谋县元谋人博物馆

江边遗址位于元谋县江边乡龙街村委会江边村和龙街村所在的金沙江二级阶台地上，龙川江在遗址东侧由南向北汇入金沙江干流。为配合乌东德水电站建设工程，本年度由云南省文物考古研究所主持对该遗址进行了考古发掘，发掘面积 15000 平方米。

本次发掘工作共发现并清理了早期墓葬 204 座、灰坑 139 个、沟 45 条。出土器物 1904 件（套），其中陶器 1505 件、铜器 80 件、石器 168 件、骨器 130 件。发掘发现的早期遗存主要以墓葬为主，并在发掘区的东北部边缘清理了一些早期文化堆积。其余类型的遗迹除少数灰坑外时代较晚。

墓葬是此次工作最重要的发现，204 座早期墓葬中除 1 座为石棺墓外，其余均为竖穴土坑墓。墓葬主要分布在发掘区中部的半坡处，呈排状布局。数量较多的大长宽比墓葬是这批墓葬的一个特点。墓葬人骨保存较好。葬式以单人仰身直肢葬为主，发现少量二次葬，另外有合葬、叠葬的情况。这批墓葬还反映出诸多特别的葬俗，从田野工作中可以直观看到的有停尸、火烧、口含贝、天然鹅卵石随葬、动物骨骼随葬、碎物葬六种。

随葬器物以陶器为主，组合固定，多为大罐、带流罐和带耳罐、高足器的组合，另有纺轮等器物。一些墓葬还发现有石网坠、海贝、穿孔圆饰、蚌器以及铜器等器物。铜器器型有剑、矛、戈、锸、镯等。

初步判断以墓葬为代表的早期遗存应属于先秦时期云南青铜时代较早的阶段。大量保存较好的人骨在云南并不多见，它们为区域内古代体质人类学研究提供了最直接的材料。

（万　杨　车德才）

【金平龙脖河矿冶遗址考古调查】

调查时间：2018 年 12 月

工作单位：云南省文物考古研究所、四川大学历史文化学院、红河哈尼族彝族自治州文物管理所、金平苗族瑶族傣族自治县文物管理所

遗址位于金平苗族瑶族傣族自治县东部猛桥乡卡房村委会龙脖河矿区龙脖河和红河交汇的三角地带。该区域北面与河口瑶族自治县以元江为界，东面与越南隔河相望。通过多年的考古工作，我们在遗址范围内找到与冶炼相关的点 10 个、古矿洞点 1 个、铜器出土点 1 个；确定了遗址以铜矿开采、冶炼为主体的性质；建立起遗址范围内龙脖河铜矿带龙达矿段东部区域早期冶炼点分布的空间框架；对已发现早期冶炼点的范围、保存情况、文化面貌、年代等有了一定程度的认识；对遗址所反映的生产技术有了一定程度的了解。本年 12 月我所与四川大学合作再次对该遗址开展考古调勘工作。本年度工作包括以下四个方面：

一、在 1、2、3 号冶炼点所在区域建立永久基点，并采用航拍测绘的方式获取了这 3 个点完备的空间地理信息数据，建立起统一的坐标系统。

二、对 1、2、3 号冶炼点进行重点勘探，对这三个冶炼点平面空间的范围面积以及纵向空间的早期文化堆积结构形成了更为深入的认识。三个冶炼点的具体情况分别如下：

1 号冶炼点堆积分布范围约 3000 平方米。早期文化堆积仅有一层，为黄黑色黏土，土质疏松，包含少量红烧土、炭屑、陶片和炼渣，厚度 15 厘米 ~20 厘米。

2 号冶炼点堆积分布范围约 1000 平方米。该点发现的早期文化堆积的性状与 1 号冶炼点相同，也只有一层，其分布呈不连续状，且大多裸露于地表。

3 号冶炼点堆积分布范围约 3000 平方米。此处在这三个冶炼点中堆积最厚且遗迹丰富。早期文化堆积可分为 3 层：第①层为黑灰色沙土，颗粒较细，土质疏松，或叠压于地表层以下或直接裸露于地表；第②层为黄褐色泥沙土，颗粒细小，土质疏松，较纯净；第③层为灰黑色沙质黏土，土质较致密，包含有少量炭屑、红烧块和陶片。

三、对 1、2、3 号冶炼点已经暴露的遗迹进行清理。共清理炼炉五座，编号 L2 ~ L6。五座炼炉均被破坏，其完整度都不到二分之一。从残存的炉体上均能看到烧结的炉壁，但没有观察到鼓风口等其他结构。炉内堆积均包含有炼渣、炭屑、红烧土和陶片等。根据残存的炉体判断，这五个炼炉为碗式炉的可能性较大。在对上述炼炉进行清理获取信息的同时，还科学采集了测年样本和炼渣样本。

四、对 9 号点所在的龙脖河铜矿带龙达矿段西部进行区域系统调查，基本排除了有更多遗存分布的可能性，进一步明确了遗址的边缘。

本次工作的收获让我们对遗址的认识更进一步，在解决相关问题的同时也为日后的发掘以及其他更为深入和全面的考古工作夯实了基础。

（万　杨　何俊英）

【晋宁石寨山古墓群考古调查】

调查时间：2019 年 4 月 ~12 月

工作单位：云南省文物考古研究所、晋宁区文物管理所

本度完成石寨山古墓群大遗址考古的工作如下：

完成了河泊所村南至下西河、墩上村之间约 1 平方千米的考古勘探。勘探采用洛阳铲进行，发现台地、水域和沙埂。沙埂将整个区域分为南北两部分，沙埂长 2 千米 ~3 千米，目前还没有到头。要了解沙埂的用途是什么还需要进一步的考古工作。

完成了滇池西南部——昆阳冲积平原西南、西北部山区和半山区的考古调查，调查勘探总面积近 100 平方千米。对原有遗址进行复查，新发现一个遗址。

完成易门至禄丰一带的冶金考古调查，发现古矿洞、冶炼遗址等 3 处，其中，有 2 处与青铜时代有关，需要进一步工作，以了解其具体时代以及文化面貌。该项目与南京信息工程大学合作进行。

完成昆阳堡孜至兴旺村 200 万平方米的普探工作，发现螺蛳堆、文化层和古水域等遗迹现象。其中，螺壳堆积 22 处，冲沟 3 条。其中，螺壳堆积南北长 500 多米，宽约 15 米，厚 40 厘米 ~50 厘米。从剖面观察，应该是人类有意识地铺筑的，其前后连接起来，长度在 1000 米以上，具体用途不明，有待进一步的考古工作，该项目通过政府采购方式，委托陕西龙腾考古勘探有限公司承担。

完成河泊所遗址 1800 平方米的考古发掘。清理三个时期的堆积。

（蒋志龙）

【大理市太和城遗址】

发掘、调查时间：2017 年 11 月 ~2018 年 2 月、2018 年 3 月 ~12 月

工作单位：云南省文物考古研究所、大理州文物管理所、大理市文物管理所

对大理市太和城遗址的发掘与调查分为两个时间段，现介绍如下：

2017 年 11 月 ~2018 年 2 月，此次的发掘位于太和城遗址内城西北部、内城东侧两个地点，发掘面积共 1500 平方米。内城坐西向东，在内城西北部发掘区布设 10 米 ×10 米探方 13 个，揭露内城西城墙北段、北城墙西段及建筑台基 1 处，发现建筑基址 1 处、石墙 7 道、沟 4 条、灰坑 4

座、道路1条。

西城墙残宽3米，残高0.3米～2.1米，采用红褐色黏土夯筑，质地坚硬，夯层厚3厘米～5厘米，夯面明显，夯面上稀疏分布有直径约6厘米的圆形夯窝。北城墙西段保存较差，采用红褐色粘土夯筑，宽6米，两侧以大石块包边。内城北城墙北侧发现一条宽约5米的道路。西城墙与北城墙交汇处被一条宽约8米的水沟冲毁。

内城西部为一南北长约100米、东西宽约50米的夯土台，发掘揭露出该夯土台西北部。夯土台北侧边缘厚1.5米～1.8米，上层采用红褐色黏土夯筑，下层采用黑褐色土夯筑。红褐色夯土与黑褐色夯土之间有凹槽卯合，凹槽宽30厘米～50厘米，深33厘米～50厘米，间距2.5米。夯土台北缘有一道宽1.7米的石墙东西向分布，揭露部分长26米，石墙西端连接西城墙，两侧边垒砌规整，中间填充较小的石块。该石墙南侧1.5米是一个建筑台基，台基残存西北角，边缘采用石块分内外两层包砌，高0.7米，石块底部以板瓦铺垫连接为排水槽。台基内为大量的砂石填土。发掘区南部揭露出一建筑基址的北墙及排水沟。建筑基址坐西向东，北墙以石块垒砌，宽0.5米～0.7米，揭露部分长11米。北墙下有一条石砌排水沟，排水沟宽0.35米，两侧垒砌整齐，排水沟填土内发现有大量瓦片及璧形足釉陶碗等器物。排水沟北侧4.5米平行分布有一道宽0.75米的石墙，石墙与排水沟之间为平整的活动面，活动面上发现瓦片及风字形砚台等器物。

内城东侧发掘区布设10米×10米探方2个，揭露出排水沟1条。排水沟宽0.46米、深0.3米～0.5米，沟底铺垫有石块，两侧垒砌整齐，石缝间填充花土，紧密坚硬。揭露部分排水沟呈曲尺形分布，拐角处做加宽处理。排水沟北侧、东侧均为夯土，似为建筑基址；南侧、西侧均为铺石及垫土，似为天井。发掘共出土有字瓦、瓦当、陶器等标本器物220余件。

2018年3～12月，我们对遗址进行了调查勘探，在太和城中部发现东隔墙。东隔墙从北城墙中部拐角处沿等高线呈曲弧状往南延伸，穿越葶冥溪连接至南城墙中部，南北长约1670米，宽约7.3米。东隔墙将呈甬钟形的太和城拦腰截断，划分为东西两半，进一步增强西半部核心区域的防御功能。通过试掘发现东隔墙接于北城墙南侧，北段采用青黑色淤土夯筑。东隔墙中段及南段，墙东侧均用石块包砌，夯土坚硬。靠近葶溟溪的东隔墙西侧，覆盖有较厚的冲积沙石，应为葶溟溪泥石流泛滥所致。

通过钻探结合试掘的方式，对内城范围做进一步核实。内城东西长210米、南北宽150米。城墙宽6米～8米，采用红褐色黏土夯筑，局部掺杂碎瓦片或石块，夯层紧密。内城西部为南北长约100米、东西宽约50米的夯土高台，夯土台东侧边有石墙围砌，夯土台上发现石墙及磉墩。内城中部发现有石墙及绿釉铺地砖等建筑遗迹，石墙宽1.1米、残高0.7米，绿釉铺地砖斜向平铺，砖宽30厘米、厚3.5厘米。内城东门区域发现部分石墙、夯土、铺石面，推测与城门结构有关。

内城以东区域普遍发现有夯土、石墙、水沟等遗迹。夯土应为建筑基址，因后期扰动较为严重，建筑规格及布局不详。2016年发掘的金光寺建筑基址北侧发现有一道宽1.9米的石墙东西向延伸，石墙北侧有方砖斜铺，方砖边长40厘米。金光寺建筑基址东侧，发现夯土、磉墩及砖砌下水道等遗迹。

内城东侧约160米，有草帽街古道呈圆弧状南北向延伸。通过在不同部位上对草帽街古道进行解剖，发现该古道自南诏时期延续使用至今，叠压关系明显。南诏时期路面多以小石子夹杂灰土铺筑，路宽约 10.5 米，分左右两幅，幅宽约 4.5 米，两幅之间间隔有宽约 1.5 米的水沟。宋元以降道路多以较大的石块镶嵌平铺，大石块之间以小石块填充，铺设规整。

德化碑北侧的红豆杉园内普遍发现有柱洞、瓮棺葬等青铜时代遗迹，出土有较多的红衣陶片。南诏时期遗存除了南北向干道以外，还发现有夯土面、石墙等遗迹，但较为零散。德化碑东侧区域，近现代活动频繁，分布有 3 米 ~4 米厚的近现代垫土层，垫土层以下即为冲积沙石。在德化碑西侧发现有活动面及石墙。

对南城墙西段进行钻探时发现 3 个马面，间距约 60 米。马面突出城墙约 9 米，平面呈梯形，外缘宽 7 米 ~8 米，靠近城墙部分宽约 13 米。

（朱忠华）

【陇川县元明时期景允城遗址】

发掘时间：2018 年 1 月 ~4 月

工作单位：云南省文物考古研究所、德宏州文物管理所、陇川县文物管理所、瑞丽市文物管理所、云南大学

遗址位于陇川县城子镇城子村委会撒定下坝社西北侧的丘陵地带。为配合腾冲至陇川高速公路项目建设，我所联合相关单位对施工建设影响的区域进行了抢救性考古发掘工作，发掘面积 3000 平方米。

发掘区域位于公路建设区域影响的北城墙及东城墙附近和城址西南部，分别对北城墙、东城墙及其外围壕沟进行解剖发掘。明确北城墙的构筑方式：首先利用原生山体，稍加修整，再于山体上面逐渐堆筑加高，形成墙体。其堆筑方向顺山势由北向南，均呈斜向堆积，墙体未发现夯筑痕迹。北墙体最宽 15.54 米、高 2.33 米。墙体外侧有防御性壕沟，口大于底，沟壁呈斜壁内收，底为平底。

东墙体构筑方式与北墙体略有差异：首先于原地表稍加修整，再于其上逐渐堆筑形成墙体。墙体亦未发现夯筑痕迹。东墙体残宽 9.73 米、高 6.2 米。墙体外侧亦有防御性壕沟，口大于底，沟壁呈斜壁内收，底为圜底。

发掘工作尤以在城址西南部区域的收获较多。发掘探方地层堆积相对简单，普遍为 5 ~6 层，较深的探方有 7 层堆积。共清理房址、窑址、灶址、火塘、灰坑、沟等遗迹 60 多个。

揭露房址 7 座，均为晚期房址。早期发现栽插木桩柱的柱洞少数成排分布，多数则较为零乱，推测早期房址存在“干栏式”建筑。晚期房址则为地面起建式，以石础立柱。如 7 号房址，南北向建筑，仅残留部分墙基，构筑方式：在地面上用鹅卵石和碎瓦堆砌而成，内外侧均用鹅卵石码砌整齐，中间用碎瓦填实，未见基槽。其平面呈长方形，面阔 14 米，进深 11 米，面积 154 平方米。房址内部分间情况不明。

清理窑址 6 座。按平面形状可分为长条形和葫芦形。1 号窑址平面呈不规则长条形，长 4.34 米、宽 0.5 米 ~0.6 米、深 2.3 米。窑坑上部有红褐色烧结层，质地坚硬，窑内南部留有台阶，窑坑未发现火门。推测装坯及取出产品均从顶部出进，用泥封顶并留有排烟孔。根据窑内堆积较多的砖块，推测为烧制小型砖块的窑址，其烧制手法较为独特。葫芦形窑址揭露 5 座。2 号窑址保存相对完整，一端略大，另一端略小，较大一端口部有红褐色烧结层。

清理灶址和火塘 6 座。灶址平面呈椭圆形，灶坑直壁、平底，上部及口部有红褐色烧结层，并有排烟孔。火塘平面呈不规则椭圆形，直壁、平底，坑壁上部有红褐色烧结层。清理灰坑 38 个，有圆形和椭圆形等形状，大多弧壁内收。

本次发掘出土遗物主要为大量的砖、瓦、瓦当、滴水、吻兽、石础等建筑构件，

同时还伴出较多的陶、瓷片及少量的铜器、铁器。砖可分为长方形和方形，瓦有筒瓦及板瓦两类。瓦当和滴水多饰有卷草纹、螺旋纹及云纹等纹饰。出土铁器多为小刀类工具。出土的建筑构件既融合了汉文化的诸多因素，同时亦有本地区的民族特点。

根据史料记载，元初，在今瑞丽、陇川境内始设平缅路及麓川路。本次发掘未发现钱币或其他有关纪年的出土器物。根据出土遗物特征，结合有关史料记载，判断景允城的使用年代为元明时期。此次发掘工作对于我们了解和认识陇川境内元明时期的城址规模、格局、村落建筑的布局结构等方面提供了一批重要资料。所获资料对于研究元明时期边疆区域的历史文化等方面，具有重要的价值和意义。

（康利宏）

【绥江县南岸明清时期墓地】

发掘时间：2018 年 4 月 ~5 月

工作单位：云南省文物考古研究所、昭通市文物管理所、绥江县文物管理所

墓地位于绥江县南岸镇南岸村真武山上，东临金沙江右岸仅百余米，东南距绥江县城 16 千米。为配合拟建的昭乐高速（串丝至新市段）珍珠坝大桥建设，文物部门对施工影响区域的墓葬进行抢救性发掘，发掘面积1000 平方米。

经过发掘，清理各类墓葬 11 座，出土各种器物 20 余件（套）。发掘的 11 座墓葬，都为各种类型的石室结构墓葬。石室结构墓葬，大多为多联墓室。由于后期的人为影响和水土流失等原因，很多墓葬暴露在外，仅墓穴的中下部埋在地表土之下。发现的石室墓，几乎都是单室墓、双室墓、三室墓、五室墓甚至最多者达八室墓，也就是一间墓室、两间墓室、三间墓室或者五间墓室甚至八间墓室连在一起建造的，墓室与墓室之间有空间相通。或者换句话说，一个大土坑之中，修建有多个墓室，最多的达 8 个，室与室之间相通，每室又有独立的石墓门。发现的墓葬墓顶有半圆顶、覆斗顶、平顶几种。墓葬墓室都由很多大条石砌成，这些石条整齐见方有棱，用的是上好的青石条。很多墓葬的墓室内有雕刻，有人物、花卉等图案，雕工精致，部分还有头龛。此外，结合墓葬形制和出土器物，发现位于墓地东北区的墓葬普遍规格要高不少，结构精致，石雕也更为考究，而位于墓地西南区的墓葬，相比于东北区，要寒酸许多，很多墓室甚至没有石雕，墓葬结构制作也较为简单，似乎存在人为的位置划分。

出土器物根据质地分为陶（瓷）器和金属物，陶（瓷）器为墓地出土的大宗，都为各类酱釉罐等，金属物为金耳环。酱釉罐都为夹砂陶，普遍为侈口、束颈、溜肩、弧腹、小平底，大部分器物在近器底部施釉。部分酱釉罐造型制作奇特，近似多层宝塔状，部分器物带有器盖。大部分器物为素面，但特别值得一说的是，在多件酱釉罐的陶器肩部，贴筑有凸起的龙纹，十分形象。

南岸墓地与金沙江昭通段从巧家至水富县发现的各类石室结构墓葬都是相同的，其年代当时判定为明清时期。结合墓地较大的规模以及历史上在南岸镇设置的“马湖府”等，我们完全可以判断南岸墓地的鼎盛时期在明代，推测南岸墓地的部分墓葬的墓主人就是当时“马湖府”有官府背景的人。

（胡长城）

【威信县白岩寨明清时期墓地】

发掘时间：2018 年 5 月 ~7 月初

工作单位：云南省文物考古研究所、昭通市文物管理所、威信县文物管理所

墓地为第三次全国文物普查时新发现的文物点，位于昭通市威信县扎西镇田坝村白岩寨村民小组东侧后山上，西侧不远为威信县境内田坝至沟林的公路。为配合四川成都至贵州贵阳高速铁路（简称“成贵高铁”）的建设，文物部门对施工影响区域的墓葬进行抢救性发掘，发掘面积800余平方米。

经过发掘，清理各类墓葬12座。墓葬大多建于土坎间，墓葬形制都为用石板拼砌而成的石室结构，多为双墓门，部分随葬生活用具。大部分墓葬由于破坏，未发现随葬品，仅在几座墓葬中出土几件残损的陶（瓷）器。发掘的墓葬，为各种类型的石室结构墓葬，都为双联墓室。每室又有独立的石墓门，墓室与墓室之间有空间相通。发现的墓葬墓顶都为平顶，部分墓室盖板无存，仅埋在地表土之下的墓穴侧板尚存。墓室都由很多大条石砌成，这些石条加工粗糙，不是十分规整。几乎所有墓葬的墓室结构简单，墓室内没有任何雕刻，墓底也没有垫棺石板，仅部分墓室头端部分有头龛。出土器物为各类陶（瓷）器，器型有罐、壶、碗等。罐都为夹砂陶，素面、带耳、平底。壶类数量较少，为青瓷器，盘口、鼓腹、带耳、平底。碗为青花瓷碗，残破严重。

白岩寨墓地与金沙江昭通段从巧家至水富发现的各类石室结构墓葬都也是一致的，这些墓葬的年代都定为明清时期。查阅历史资料，白岩寨墓地应该与明清时期存在于此地的“芒部”及“威信长安司”有很大的关系。滇东北的镇雄、威信一带，从唐高祖武德开始，一直是彝族部落首领芒部的居住地，由于宗族兴盛，其子孙以祖名号为“芒部”。芒部自元世祖以来为彝族土司、土目陇氏当政世袭。明世宗嘉靖五年（1526）四月，朝廷实行“改土归流”，改芒部军民府为镇雄军民府，下置怀德、归化、威信（治今三桃乡新街村）、安靖（治今旧城村）四个长官司。其中，现今威信县境大部分属于威信长安司（简称威信司）。在现今的威信境内的长安、旧城、三桃等地，也发现有与白岩寨墓地墓葬结构完全一致的石室墓，只是墓葬结构、规格稍高些，说明这些石室墓葬应该属于同一时期同一族属的人的遗存。结合史料，这类遗存只能是“芒部”及“威信长安司”的遗存。

（胡长城）

西藏自治区

【革吉县梅龙达普洞穴遗址】

发掘时间：2018 年 7 月下旬 ~9 月上旬

工作单位：西藏自治区文物保护研究所、中国科学院古脊椎动物与古人类研究所、阿里地区文物局、革吉县文化局

遗址位于阿里地区革吉县，南距革吉县城约 30 千米，洞穴面向西南，高出狮泉河面约 40 米，遗址海拔 4600 余米。梅龙达普遗址由一字排开的两个独立洞穴组成，其中 1 号洞规模巨大，面积达 1000 余平方米，保留有包含文化遗物的地层堆积。2 号洞面积约 250 平方米。

本年度野外发掘布设了两个探方。其中 T1 面积为 1.5 平方米，位于洞口暴露的地层剖面附近。遗址地层堆积可见有明显的五个炭屑层和砾层互层，炭屑层内遗物较为集中，砂砾层中遗物较少。T2 探方面积为 4 平方米，出土遗物与 T1 相似，上部地层复杂，存在后期扰动，下部为洞穴坍塌堆积，不见文化遗物，仅有少量动物骨骼。

本年度发掘出土有典型的细石核、细石叶和加工精致的石器，石料为优质的燧石、玛瑙和黑曜石，红褐色、黑色陶片伴生。细石核的类型以锥形和半锥形石核为主，细石叶窄而长，十分规整。此外还有大量的石片，但不见石片石核。石器包括边刮器、端刮器，加工细致。陶片包括红褐色加砂陶片和黑色泥质陶片，不见完整器物。

从出土的遗物来看，该洞穴可分为两个明显的体系，一是利用燧石等优质材料制作细石核、剥取细石叶和加工端刮器等，与陶片共生；二是使用板岩、角页岩生产石片和工具。本年度发掘发现了细石叶和陶片共存的地层，应属于新石器时代中晚期，但石片组合的原生层位尚未揭露。上部地层的碳样测年结果显示该洞穴遗址距今至少 4000 年。从技术角度来看，石片组合时间可能会更早。除丰富的文化遗物和动物骨骼外，在洞内还发现有以红色赭石绘制的岩画。

该洞穴是青藏高原发现的首个史前洞穴遗址，也是高原腹地目前有明确地层信息的细石叶文化遗址，该遗址的发现对于探讨青藏高原西部地区古人类生存活动、迁徙演变、人群互动交流等具有重要的意义，尤其是为研究掌握细石器技术的人群在高原腹地活动的时间和生计方式提供了最强有力的证据。

（谭韵瑶　靳英帅　张晓凌　何　伟　王社江）

【札达县格布赛鲁墓地】

发掘时间：2018 年 7 月 19 日 ~9 月 24 日

工作单位：西藏自治区文物保护研究所、陕西省考古研究院、西北大学、阿里地区文化（文物）局、札达县文物局

墓地位于札达县城以北约 10 千米的桑达沟台地上，行政上隶属于托林镇托林村，是格布赛鲁遗址的重要组成部分。格布赛

鲁遗址坐落于桑达河两岸台地上，分为东、西两个区域，墓地主要集中在遗址东区；东区墓葬又可分为南、北两个部分。

本年度发掘区位于格布赛鲁墓地北部，在发掘区内布设了6个探方，共清理了3座墓葬、1处石框遗迹和几处灰坑、建筑、沟等晚期遗迹，发掘面积386.5平方米。

此次清理的3座墓葬，形制均为双室土洞墓，由墓道、甬道和东、西墓室构成。其中，M1人骨完整，但分布散乱，怀疑被盗扰严重，葬式尚不明；其余M2、M3为二次捡骨葬的可能性较大。3座墓葬均无葬具。出土了陶器、金属器、竹木器及贝类制品等，其中，陶器以夹砂红陶为主，器形以圜底罐居多。值得注意的是，本年度新出土的陶器器形有双耳四足杯，在以往材料中未曾发现过。该器形不仅在格布赛鲁墓地出土，而且在本年度的皮央东嘎遗址群中也有发现，另外，在本年度的桑达隆果墓地发现了器形相同的双耳四足木杯。金属器包括少量铜、铁制品，保存状况一般；竹木器包括四足木盘等，保存状况差，可修复的几乎为零。另随葬较大量的动物骨骼，包括牛、马、羊骨等。发掘的石框遗迹S1，根据其平面布局及制作方法与周边地区已发现的类似遗迹现象比较，初步判断其性质为祭祀遗迹的可能性较大，有待进一步考证，出土有若干碎骨骼、碎陶片。另外，几处灰坑、石墙和沟等，均为晚期遗迹，出土了若干骨骼、陶片以及少量白色石珠。

根据^{14}C测年结果，本年度清理的3座墓葬和石框遗迹S1的绝对年代为距今2620～2150年，与2017年度的格布赛鲁二期遗存年代（距今2120～2310）相同，从墓葬形制上来看，也均是土洞墓，应属同一种文化面貌。后续的整理工作正在进行中。

本年度的发掘对进一步了解格布赛鲁墓地的古代文化提供了新的实物资料。

（夏格旺堆　扎西次仁）

【札达县皮央·东嘎墓地】

发掘时间：2018年7月～8月

工作单位：四川大学考古学系、札达县文物局

皮央·东嘎遗址群位于札达县托林镇东嘎村，处在县城以北约30千米的一条近东西向的沟谷之中，沟谷中的河流为象泉河的支流。该遗址群包括皮央遗址区和东嘎遗址区，所在的地理坐标范围在北纬31°40′～31°41′，东经79°47′～79°49′，海拔4030米～4200米。皮央·东嘎遗址群内的古代遗存类型多样，包括石窟、佛寺、佛塔、墓葬、居址、岩画等，时间跨度大，早可到早期青铜时代，晚可至16世纪，对认识和研究札达盆地乃至西藏西部不同时期的历史、人群、宗教、文化交流等具有十分重要的意义。

考古队于2018年7月19日开始在皮央·东嘎早期墓地开展田野考古工作，取得了丰硕的成果。共发掘墓葬24座，其中包括抢救性清理的墓葬5座，均位于东嘎村皮央组。24座墓葬分属于5个不同的墓地，其中格林塘墓地3座、吉翁墓地14座、卡基墓地3座、皮央组墓地2座、日波墓地2座。除格林塘墓地外，其余4处墓地均为本年度新发现。这批墓葬的年代延续时间较长，从公元前5世纪一直延续到公元10世纪前后。

本年度发掘具有重要的学术价值和社会意义。第一，新发现了几处墓地和遗址，有助于重新认识和定义皮央·东嘎遗址区的范围和内涵。第二，出土了大量的文物，其中很多文物在札达县乃至整个阿里地区属于首次发现；同时本次发掘，采集了大量的标本用于冶金、植物、动物等方面的分析，这对于我们研究和认识札达县乃至西藏西部早期阶段的历史文化具有重要的意义。第三，早期墓葬中出土的纺织品、铜柄铁剑、蚀花石珠、蚌壳等文物显示，札达县在早期阶段就不是一个封闭的区域，

而是与周边地区和文明之间存在交流和联系，这对于探讨西藏西部的早期交通具有重要的价值。

（李 帅 杨 锋）

【札达县桑达隆果墓地】

发掘时间：2017年9月~2018年9月

工作单位：西藏自治区文物保护研究所、西北大学文化遗产学院、阿里地区文化（文物）局、札达县文物局

墓地位于札达县北约2千米的象泉河北岸。墓地东西长约1000米、南北宽约500米，以桑达沟为界将墓地分为东西两区。墓地是在札达县城修建加油站时被发现，随后联合考古队对桑达隆果墓地进行了抢救性发掘。

墓葬可分为四种形制：单室土洞墓、双室土洞墓、竖穴土坑墓、堆石，其中土洞墓所占比例最大，填土以鹅卵石和沙土为主。墓内少有葬具，仅2017ZSWM3内出土有木棺。埋葬方式亦可分四类：捡骨葬、肢解葬、仰身直肢葬、屈肢葬。部分墓葬有多次使用的痕迹，如2018ZSEM2、2018ZSE M3，这种多次反复使用的墓葬在西藏是第一次发现。部分墓葬发现有祭祀坑，坑内出土有人头骨、动物骨、海贝等祭祀之用遗物。

出土遗物种类丰富，有陶器、铜器、铁器、木器、珠子、扣器、草编器、金器、海贝、骨骼等。从随葬品的种类，数量，可看出墓主有明显的贫富差距。^{14}C测年数据证明这批墓葬的年代为公元前200年至公元200年，这对我们研究早期吐蕃时代上部阿里的社会形态提供了丰富的资料。

（何 伟 拥 措 童 艳）

【措美县达玛墓地】

发掘时间：2018年6月11日~21日

工作单位：西藏自治区文物保护研究所、山南市文化（文物）局、山南市博物馆、措美县文化局

墓地位于措美县乃西乡鲁迈村境内，于2009年被公布为自治区级文物保护单位，根据全国第三次文物普查资料登记，达玛墓地分为A、B两区，分别位于雄巴拉山南北坡，A区位于雄巴拉山南坡，属于达玛自然村境，大致有20座石棺墓；B区位于雄巴拉山北坡，属鲁迈行政村境，B区周边存有200座墓葬，主要类型为石板封土石棺墓。

由于国道219线公路新改建工程康马县至措美县古堆乡段16标段施工致使达玛墓地B区域数十座墓葬受损，2018年6月中旬，对达玛墓地B区因施工受损的墓葬进行抢救性发掘工作，共发掘清理受损墓葬15座、祭祀坑3处，现场对发掘区采取航拍、绘图、摄影、文字记录等方式留存资料。

根据达玛墓地B区清理墓葬情况，墓地主要为石板封土石棺墓为主，石棺地表皆以石板交错垒砌呈梯形、长方形状石封堆。石棺见于墓葬边框靠中，距地表深度1米~2.5米不等处。

石棺四壁均采用石板砌筑，其中部分石棺由盖板、侧板构成，基本无底板。墓葬型制可分为：梯形外边框圆形内框竖穴石棺墓、塔形封土墓、竖穴石棺墓、椭圆形祭祀坑、竖穴祭祀坑。墓葬为石棺内埋葬人骨，保存情况均较差，有捡骨葬、侧身屈肢葬；祭祀坑内以殉马为主，还包括殉羊、牛、犬等动物，动物骨骼保存较好。从出土物来看，石棺墓内随葬物较少，仅包括少量的陶罐、陶器残片、贝饰、铁箭镞、青铜套尖木饰等，陶罐保存较完整，均为圜底罐。

据^{14}C结果，墓葬最早距今1690±30年，最晚距今1480±30年，约为中原魏晋至隋唐时期，墓地沿用年代至少为200年。

此次抢救性发掘工作是对达玛墓地受

损墓葬的抢救性保护措施，收获了一些骨骼、陶器、铁箭镞等实物材料，留存了一批摄影、绘图、文字资料，对此区域的古代文化遗存有了初步的了解，也为了解措美县石棺墓遗存与周边地区石棺墓关系提供了些许实物资料与线索。

（罗布扎西　童　艳　拥　措）

【班戈县欧聂墓地】

发掘时间：2018 年 8 月下旬 ~9 月上旬

工作单位：西藏自治区文物保护研究所、那曲市文物局、班戈县文广局

欧聂墓地位于班戈县门当乡那拉姆村东北约 5.4 千米，地处名叫丹木给的东西走向小河沟南侧（左岸）名为欧聂龙巴（欧聂沟）的山坡上，海拔 4654 米。墓地所处坡地有两条冲沟，西侧欧聂龙巴由西南流向东北，在坡脚与东侧冲沟汇流并注入丹木给。墓葬分布于欧聂龙巴两侧，有 20 座左右墓葬。

2016 年 10 月中旬 ~11 月上旬，先对墓地进行了实地考察。2017 年向自治区文物局提出了《2018—2020 年那曲地区考古工作计划》。本年 6 月，自治区文物局在《关于对欧聂墓地进行抢救性考古发掘的批复》（藏文物字［2018］269 号）中同意对欧聂墓地开展相关发掘工作。基于此，本所按照相关规定，向国家文物局提出对欧聂墓地进行抢救性考古发掘的申请。随后联合考古队正式对欧聂墓地进行抢救性考古发掘，最终发掘面积为 98.16 平方米，墓葬 5 座。

墓葬皆为竖穴沙坑石棺墓。墓主人葬式至少有俯身直肢葬、二次葬等两种。其中 M5 的俯身直肢葬极为罕见。

随葬器物数量很少，出土有 1 件铜釜、2 件圜底陶罐等容器，另外还出土了陶纺轮、骨器、珠饰以及尚未辨识的铁器残块。对 M5 出土的纺织品作的初步鉴定表明，为桑蚕丝材质的斜纹经锦。

测年数据显示，M2、M4、M5 的年代在公元 7 世纪初至 8 世纪初，即隋末至唐前期。

欧聂墓地是班戈县境内首次经过科学考古发掘的墓葬遗存，隋唐时期斜纹经锦的发现，为进一步探讨羌塘高原色林错以东区域的历史文化提供了重要线索。

（陈祖军）

【昂仁县堂嘎朗古墓群】

发掘时间：2018 年 6 月 7 日 ~8 日

工作单位：西藏自治区文物保护研究所、昂仁县文化（文物）局

墓群位于昂仁县卡嘎镇布嘎村西侧约 1.7 千米处的雅鲁藏布江左岸二级台地上，为新发现文物点。因小地名为堂嘎朗，故命名为堂嘎朗古墓群。古墓群中心地理坐标为北纬 87° 27′ 33.99″，东经 29° 06′ 05.85″，海拔高程为 4093 米。墓葬分布于该二级台地西北侧的山坡缓坡地带上，呈带状分布。墓地东西长 800 米，南北宽约 200 米，墓地实际面积约 200 亩，共计分布 132 座墓葬。墓葬形制为用石块垒砌的石丘封堆，大者约 15 米 ×15 米，小者约 2 米 ×2 米，石丘可见高度 0.5 米 ~2.7 米。

由于该地点拟建设桑德水利枢纽工程的施工生活区，为进一步明确该遗址的性质，考古工作人员对墓地中部最南侧的一座小型墓葬 M1 进行了考古试掘工作。经试掘发现该墓葬形制为呈“回”字形的石丘墓葬。M1 外围石墙平面呈规整的梯形，长度为 7 米，宽为 6 米，另外两边依山势修整，并未见石墙。M1 内围墓室石墙呈长方形，长度为 2.45 米，宽为 2.1 米。墓室上部用大型石块封顶，墓室内均由填土埋藏，发现散乱的人骨，至少有 2 具遗骨葬。

贝塔实验室对 M1 出土人骨的 ^{14}C 测年为距今 1190 ± 30 年，树轮矫正 89% 可能的年龄为距今 1184 ~1052 年。

根据墓葬的形制、^{14}C 测年数据，堂嘎朗古墓群确定为吐蕃晚期（唐末）的古墓葬，它的发现有效补充了该区域吐蕃时期的考古材料。

（赤列次仁）

【札达县曲龙遗址】

发掘时间：2018 年 7 月 ~9 月

工作单位：陕西省考古研究院、西藏自治区文物保护研究所、西北大学文化遗产学院、阿里地区文化（文物）局、札达县文物局

本年度对曲龙遗址琼隆地点的一组居住遗迹、一座佛塔和布让曲拉地点的一座石构遗迹进行了考古发掘。

居住遗迹位于琼隆地点Ⅲ区，由 D7 ~ D11、D53 ~ D54 七座洞室与 Y1、Y14 两座院落组成。其中 14 号院落（Y14）、53 ~ 54 号洞室（D53 ~ D54）、1 号院落上部塌落的竹席与棚木顶部结构为本年度的新发现，出土陶、木、铁、石、骨等各类遗物 80 余件（组）。

根据遗迹之间的叠压打破关系可知，D53 遗迹年代最早，D54、D10、Y14 次之，D7、D9 再次之，D8、D11 与 Y1 为最晚的一组遗迹。位于Ⅱ区的六号佛塔，由石构塔基、内回廊、外回廊、塔心组成，装藏有后弘初期至古格时期的擦擦、写经、唐卡以及木器、铁器、织物等数千件（组）。石构遗迹位于布让曲拉垭口，现存部分南北宽 12.6 米、东西残长 18.1 米，边框规整，石块构筑，局部有立石，出土陶、铜、铁、石、人骨等各类遗物 40 余件（组）。

本年度对曲龙遗址开展的首次科学考古发掘取得了重要收获，确认了遗址内存在早、晚两个时期的遗存。萨扎地点出土有单耳陶碗、铜釜、铜罐、铜铃、铜环、铜戒指、铁剑、石纺轮、料珠、串饰、木器、木棺、金饰片、人骨、动物骨骼等 80 余件（组），是早期遗存的重要组成部分。

（席　琳）

陕西省

【南郑疥疙洞旧石器时代遗址】

发掘时间：2018 年 3 月 ~9 月

工作单位：陕西省考古研究院、中国科学院古脊椎动物与古人类研究所、汉中市文物旅游局、南郑区龙岗寺文物管理委员会办公室

陕西南部是我国南、北地区的过渡地带，是研究南、北旧石器文化关系的重要地区。其中汉中盆地，是陕西旧石器时代遗存的重要分布区，尤以南郑梁山地区的发现最为丰富和重要。近年来，陕西省考古研究院、中国科学院古脊椎动物与古人类研究所、南京大学等单位在汉中盆地开展了持续工作，为科学认识汉中盆地旧石器时代遗存的年代和石器工业面貌，提供了重要资料。既有的考古成果初步表明，早在距今 120 万年的汉中盆地已有古人类活动，距今 60 万年左右人类活动进入繁盛期，并延续至距今 7 万年左右。鉴于汉中盆地的旧石器遗址均为旷野阶地型遗址，文化遗物以石制品为主，较缺乏动物化石，亦缺乏晚更新世晚期的旧石器时代遗址，陕西省考古研究院与中国科学院古脊椎动物与古人类研究所联合在梁山地区开展了洞穴调查工作，并对疥疙洞遗址进行了发掘。

该遗址位于汉中市南郑区梁山镇南寨村西的梁山余脉上，北距龙岗寺遗址约 3 千米。近年来因农田水利工程建设，遗址数次在雨季被淹没，基于该遗址的重要学术价值和严重的文物安全隐患，2018 年我们对该遗址进行了抢救性发掘。

本年度主要对洞内堆积进行了发掘，布设 1 米 ×1 米探方 12 个，发掘面积 12 平方米。发掘采用文化层与水平层相结合的方法，以 5 厘米为一水平层，全程使用手铲发掘，对所有可见出土物测量三维坐标以及倾向、倾角、长轴等产状信息；以 1 米 ×1 米为单位，除采集检测所需土样外，其余堆积物全部进行了水洗和筛选，重点单位进行了浮选，并开展航拍、航测工作。

遗址地层堆积共分 8 层，文化堆积厚 1.6 米，其中第②层出土遗物最丰富，其次为第③、④层，其他各层均很少。已发现人类活动面 1 处，出土石制品、烧骨、动物化石等遗物 4500 余件。发掘后期因雨水影响，地下水位上升，为整体保留人类活动面信息，除 2 个探方发掘至底部基岩外，其余探方均停留在人类活动面的上部层位。人类活动面位于第②层底部，踩踏痕迹明显，动物化石、石制品分布相对集中且有规律。石制品 500 余件，原料以石英和石英岩为主；类型包括石核、石片、工具、断块、碎屑等；石制品个体以中小型为主，未见 20 厘米以上的大形制品；剥片主要采用锤击法；工具以小型刮削器为主，兼有少量尖状器、砍砸器和重型刮削器，尚未见手斧、手镐、薄刃斧等阿舍利类型器物；主体上接近于中国北方以小石片为主的工业类型。动物化石 4000 余件，以碎骨为主，见有牙齿标本 700 余件，初

步鉴定有鹿科、牛科、剑齿象、犀、野猪、大熊猫、熊、狼、鼬、豪猪以及一些未鉴定到种的小型食肉类和啮齿类，其中绝大多数为鹿科和牛科动物，动物群属于中国南方“大熊猫—剑齿象”动物群较晚的阶段。

根据出土遗物初步分析，疥疙洞遗址应为一处原地埋藏的晚更新世晚期人类居住遗址，其发现和发掘具有重要的学术意义。首先，汉中盆地以往发现的遗址和地点均位于旷野阶地上，疥疙洞遗址作为该地区首次发现和发掘的洞穴遗址，提供了有别于旷野栖居的另外一种洞穴栖居模式。其次，梁山地区以往发现动物化石数量较少，疥疙洞遗址发现的动物化石数量众多、种类丰富，具有较为浓厚的南方色彩，为研究梁山地区动物种群、生态环境及人与动物关系提供了新的资料。最后，疥疙洞的发现填补了梁山地区乃至汉中盆地晚更新世晚期的人类活动信息，其石器工业面貌显示出鲜明的北方特点，为研究汉中盆地旧石器时代的石器加工技术、人类行为方式、旧石器时代文化发展序列及其演变过程提供了新的资料。

（张改课　王社江）

【西安市高陵区杨官寨庙底沟文化遗址】

发掘时间：2018 年 1 月 ~12 月

工作单位：陕西省考古研究院、高陵区文体广电旅游局

本年度继续对杨官寨遗址东区墓地的东北部进行发掘，发掘面积 1000 平方米，确认庙底沟文化墓葬 73 座。截至目前已累计发现庙底沟文化墓葬 416 座，本年度清理的 65 座杨官寨庙底沟文化墓地，均为小型墓葬，形制仍以偏洞室墓为主，兼有少量竖穴土坑墓；开口呈长方形，平面规格长 1.76 米 ~2.45 米、宽 0.4 米 ~0.89 米，深度不超过 1.04 米；墓向皆东西向，集中在 245°~288°的范围内；葬式均为单人一次葬，仰身直肢，头向西；随葬器物较少，个别墓葬中发现有葫芦口平底瓶、钵、杯等陶器。

微观分析方面，我们从 M183 墓主骨架周围土样中鉴定出了大量芦苇盾形植硅体，结合人骨摆放姿态，尤其是并拢的足部，推断当时存在以芦苇类编织物殓尸的现象。通过对墓葬的解剖发掘，在个别墓葬中发现了分层填埋的堆积证据，即在墓主下葬之后，先用料姜石掩盖尸骨，再以土填埋墓葬，反映出了当时先民复杂的丧葬习俗与丧葬制度，为探索庙底沟文化时期丧葬文化提供了重要的实物资料。

基于田野工作中的科学发掘和系统采样，继续加强在^{14}C测年、体质人类学、DNA 全基因组、碳氮同位素、锶同位素、动物考古、植硅体、淀粉粒等方面的多学科合作研究。其中部分合作研究已取得初步成果，为探讨庙底沟文化时期的生业、环境、人群血缘关系、社会结构等提供了依据。尤其是全基因组 DNA 研究取得了突破性进展，研究显示，杨官寨遗址先民男性基因稳定，女性基因多样，而且男性与男性、女性之间有稳定的遗传关系，女性与女性之间仅发现一例遗传，这说明，以杨官寨遗址为代表的庙底沟文化时期聚落中男性已在社会生产生活中占据主导地位，可能已经出现了“从夫居”或“族外婚”的婚姻形态。

另外，借助地球物理勘探技术，对遗址东区墓地范围内部分未发掘区域的地下遗存分布情况进行了勘测，并与传统考古勘探、发掘相互补充、借鉴，尝试了解更大区域内的墓葬分布情况，探寻出一条新的手段用于地下文化遗存分布的探测。

本年度的发掘显示，杨官寨庙底沟文化墓地范围继续向北延伸，墓葬绝大多数为东西向，形制仍以偏洞室为主，占比达 81%，墓葬规格与以往相似均是小型墓，少量墓葬内出土随葬品。另外，碳氮同位

素研究显示，墓主人在食物结构方面没有显著差异，据此，初步认为东区墓地应为杨官寨遗址普通居民的公共墓地。

（杨利平　殷宇鹏　胡　珂）

【旬邑县西头新石器时代至明清时期遗址】

发掘时间：2018 年 4 月 ~8 月

工作单位：西北大学文化遗产学院、陕西省考古研究院、旬邑县文物旅游局

西头遗址位于旬邑县张洪镇原底社区西侧约 1 千米的西头村，遗址位于旬邑县张洪塬的西侧边缘地带，西、北两侧为百子沟及小型冲沟，东、南侧为张洪塬，西南侧距泾河约 5 千米。遗址属于渭北地区典型的台塬地形，遗址主要分布在台塬顶部及斜坡状边缘地带。遗址面积约 80 万平方米。

为了探索“古豳地”先秦时期文化变迁与聚落演进，联合考古队对该遗址进行了考古发掘。此次发掘选址在遗址南侧临近河谷的平缓台地上，发掘工作分为两个发掘地点，南头村地发掘面积 625 平方米；鱼嘴坡地点发掘面积 690 平方米。发掘总面积 1315 平方米。南头村地点清理灰坑 194 座、墓葬 3 座、窑址 1 座、灰沟 2 条、灶址 2 座；鱼嘴坡地点清理房址 4 座，灰坑 129 座，灰沟 9 条，墓葬 12 座。出土陶器、时期、骨器、铜器等千余件。从出土遗物来看，此次发掘所获遗存的年代为仰韶时期、龙山时期、先周时期、西周时期、汉唐时期及明清时期。

西头遗址堆积丰富，遗存年代延续时间较长。通过发掘所获可以得出，该遗址所见遗存主要包括仰韶文化早、中、晚期，庙底沟二期文化、新石器时代末期遗存、晚商、西周、汉唐、明清等多个时期，其主体为新石器时代晚期至西周时期。通过与周边地区遗存的比较来看，该遗址所见新石器时代晚期遗存具有一定的区域特色，多见夹砂灰黑陶带耳罐，器表饰粗绳纹，此类遗存与关中地区的客省庄文化，陇东地区的齐家文化均有一定差异，其或属于该区域具有自身特色的一类遗存；在鱼嘴坡地点发掘所获的晚商时期遗存，其文化面貌与以往发掘的碾子坡文化近似，并与 2016 年发掘的旬邑枣林河滩遗址先周时期遗存十分相近，可以判断鱼嘴坡地点所见遗存应属于碾子坡文化范畴。西头遗址发掘所获，为该区域先秦时期文化面貌及聚落形态的深入研究都提供了十分重要的考古资料。

（豆海锋　翟霖林　刘　斌）

【西安市雁塔区马腾空新石器时代至明清时期遗址】

发掘时间：2018 年 1 月 ~12 月

工作单位：陕西省考古研究院

马腾空遗址位于西安市雁塔区等驾坡街道马腾空村的浐河西岸二级台地上。本年度对遗址中心布方区西部剩余的 4 排探方进行发掘，完成面积约 2300 平方米。清理史前、战国、唐及唐代以后灰坑 611 个；史前、春秋、战国、秦、汉代、唐代、清代墓葬 163 座、瓮棺葬 26 座；房址 35 座、沟 13 条、陶窑 14 座。

历年发掘表明，马腾空遗址的文化层堆积可分 6 层，从仰韶文化晚期开始，经东周延续到隋唐及至明清等不同时期，其中东周时期文化遗存最丰富。分述如下：

第⑥层为仰韶晚期文化层，清理了 11 座半地穴式房址。房址大多沿用时间较长，形成不同时期的活动堆积。F131 面积最大，近 70 平方米，有两期 3 层堆积。发现的 34 座仰韶晚期墓葬位于房址周围，墓主均仰身直肢，头南足北，无葬具与陶容器随葬，少量随葬石铲、石锛、石斧、石钺等石器与骨簪、骨笄、陶环等。

第④、⑤层的东周文化层是本遗址堆积最厚、遗存最丰富的地层。居址区位于

南部，发现有房址、半地穴房址、窖藏坑、灰坑、陶窑、沟、墓葬、瓮棺等遗迹。半地穴房址是该时期最具特点的建筑形式，在距底面一定距离的坑壁上有基本对称的凹槽或浅洞，据此推测当时房址近底面处铺有悬空的圆木或木板作为框架。墓地区位于居址北部，由东向西、西南，由早到晚分布，清理的270余座东周时期秦墓，葬式、随葬品与关中西部秦墓基本相同，葬式清楚的墓葬除1座头西足东、仰身直肢、随葬鼎、甗、盆3件铜器的墓葬外，其余都为屈肢葬；晚期有打破东周文化层的墓葬和瓮棺葬，时代最早可到春秋中期，与居址的形成时期相当或稍晚于居址，春秋时期的陶鬲有少量的柱足鬲。史载秦武公十一年（公元前687年），“初县杜、郑，灭小虢”，《史记正义》引《括地志》云“杜”在长安县东南，马腾空遗址东周时期文化层的形成年代应与春秋中期秦武公设立杜县的时代相当。

第③层为唐代文化层，发现有大型建筑墙基、鸱吻和瓦当等建筑材料、多联灶、卵石道路遗存、灰坑等。根据以上发现，结合灰坑内出土的1件放于陶罐内的陶佛像头表明此处在唐代可能是唐长安城周边众多的佛寺之一。

马腾空遗址的发掘是浐河流域一次比较重要的考古发掘，对于了解浐河中上游史前、东周、秦到唐代的文化面貌增添了新的资料，尤其是东周文化层发现的墓地与居址，是关中地区揭露最为全面的秦人聚落；发现的比较密集、成排分布的半地穴式房址，对于研究东周时期县邑之外的更低等级聚落的布局与变迁、建筑形式提供了新的资料；发现的数量众多的东周时期秦墓，是继西安半坡、蓝田泄湖等战国墓地发掘以来，在浐河流域最大的一次发掘，对于了解渭河以南西安地区秦墓的分布与秦文化东进提供了新的考古资料。

（王志友　徐雍初）

【神木市石峁龙山文化遗址】

发掘时间：2018年1月～12月

工作单位：陕西省考古研究院、榆林市文物考古勘探工作队、神木市石峁遗址管理处

本年度完成了皇城台门址和东护墙北段上部的清理揭露，并对皇城台台顶东南区域开展发掘。

自2016年发掘以来，皇城台门址历时三年，得见全貌。由东向西、自下而上，依次由广场、外瓮城、南北墩台、内瓮城、主门道等建筑设施构成。登临者需沿斜坡石板道路穿过三重门道、经历三道拐折方可抵达皇城台台顶。值得一提的是，在主门道内清理出一些壁画残片，画幅保存最大者约30厘米见方，白灰面作底，以红、黄为主色，细黑线勾边，绘出菱形、勾连等几何形图案。

东护墙北段上部的发掘情况与往年的发现相同，覆盖墙体的“弃置堆积”内出土的各类遗物数量很大，石砌护墙本体揭露最高处高达十余米，巍峨壮观、气势宏伟。

在皇城台台顶东南区域的考古工作属“摸索式”发掘。沿主门道铺石路面向上追索，清理出大面积处理平整、踩踏清晰的活动面，这片活动面南侧似有石墙围封，形同门址广场，暂称为“台顶广场”。台顶广场北端矗立一座夯土筑芯、砌石包边的大型台基，现已发现的大型夯土墙房址和石砌墙房址均位于此台基之上，将此台基暂称“大台基”。大台基大致呈南北向长方形，发掘表明南护墙长约80米、最高处高约4米。本年度最为重要的发现是大台基南护墙处发现的30余件石雕，这些石雕大部分出土于南护墙墙体的倒塌石块内，还有一些镶嵌在南护墙墙面上。从目前观察统计来看，这些石雕绝大多数为雕刻于石块一面的单面雕刻，以减地浮雕为主，雕刻内容可分为人面、神面、动物、神兽

等，有一些画面长度近3米，以中心正脸的神面为中心，两侧对称雕出动物或侧脸人面，体现出成熟的艺术构思和精湛的雕刻技艺。层位关系和测年数据表明，大台基南护墙年代不晚于公元前2000年左右的龙山时代晚期；从使用背景来分析，这些石雕可能来自其它高等级建筑，在修砌大台基时嵌入南护墙。目前看来，这些石雕与4000多年前石峁先民砌筑石墙时放置玉器、起修建筑时以人头奠基的精神内涵相同，代表了石峁先民对皇城台大台基的精神寄托，赋予皇城台大台基精神力量。

2016～2018年的考古工作表明，皇城台系石峁城址的最核心区域，当已具备了早期“宫城”性质，或可称为“王的居所”。石峁城址以皇城台为核心，层层设防、众星拱月般的城垣结构奠定了古代中国乃至整个东亚地区以宫城为核心的都城布局。

（孙周勇　邵　晶　邸　楠）

【横山县王皮庄龙山文化遗址】

发掘时间：2018年6月～8月

工作单位：陕西省考古研究院、榆林市文物考古勘探工作队、横山县文物稽查局

王皮庄遗址位于横山县赵石畔镇王皮庄村，西距芦河约1千米，面积约百万平方米。本年度发掘面积共2000平方米，分别在窑洞沟上圪梁地点和高石畔地点进行工作。两个地点发现的遗迹和遗物均较少，其中窑洞沟上圪梁地点发现房址3座、灰坑16个；高石畔地点发现房址2座、灰坑5个。陶器以灰陶为主，有斝、罐等，陶片特征与横山贾大峁、红梁、高家洼等芦河两岸遗址出土器物特征一致，年代为龙山时代早中期。

这些遗存丰富了陕北地区龙山早中期的聚落和社会形态研究资料，发现的动植物等遗存为研究当时的生业方式、环境等提供了重要资料。

（郭小宁）

【西安市长安区西周丰镐遗址】

发掘时间：2018年5月～12月

工作单位：陕西省考古研究院

本年度丰镐遗址继续在花园村东街地点北侧开展考古发掘工作。发掘面积800平方米，清理灰坑94个、墓葬5座、水井2眼、道路2条，出土铜、石、骨、蚌等各类材质的小件器物118件。陶器以鬲、豆、罐、盂为主，与铸铜有关的小件青铜工具仍有出土，还出土陶模和陶芯各一件。

陶模为泥质灰陶，残高约8厘米，半环状，上端饰有牛首，雕刻简练，推测应是铜簋或铜罍的环耳模。陶芯为夹砂灰陶，圆柱状，应是铸造铜鼎足之类部件的内芯，一侧尚有铜液凝固留下的残迹。以上两件器物直接与铸铜有关，进一步证实花园村东街发掘地点应是丰镐遗址铸铜作坊所在地。

水井开口平面呈圆角长方形，井口长1.6米～1.9米，宽1.3米～1.5米，深6.5米～7.5米；井壁竖直，长边两侧有对称脚窝，井壁上可见打水时的剐蹭迹象；水井内填土多为黄褐色，致密紧实，包含物很少，接近井底填土湿度变大，呈淤泥状。墓葬均为小型竖穴土圹墓，随葬品稀少，个别墓葬随葬有陶鬲、陶罐、陶豆等。灰坑有圆形袋状坑、椭圆形坑、不规则形坑等；部分灰坑体量较大，长度近5米，深度约4米。数座灰坑内发现了集中弃置的制骨废料，多为关节头。数量较多的骨料说明花园村附近可能有制骨作坊遗址。

本年度的考古发掘进一步揭露了丰镐遗址的文化内涵，为研究西周都城的聚落结构、手工业分布区及考古学文化等提供了实物资料。

（岳连建　杨　磊）

【凤翔县秦雍城豆腐村建筑遗址】

发掘时间：2018年9月~12月

工作单位：陕西省考古研究院、北京大学考古文博学院、宝鸡市考古研究所

秦雍城城址区的考古工作以“全面调查、区域勘探、重点发掘”理念为指导，2012~2014年雍城城址区的考古勘探，基本厘清了城址区各遗迹分布情况及文化内涵。为进一步推进秦雍城大遗址“保护、展示、研究”背景下的考古工作，联合考古队2015年发掘了马家庄三号建筑西侧附属建筑遗址。本年度为配合北京大学考古文博学院田野考古实习，三家单位再度合作，对雍城遗址核心区即马家庄一号建筑（宗庙建筑）与马家庄三号建筑之间的一组建筑遗址进行发掘，以进一步了解雍城核心区建筑遗址的年代、布局结构和性质。截至12月底，发掘探方70个，已发掘至探方第③层花土层，距地表深0.8米~1米。现阶段发掘情况表明，该区域建筑保存较好，时代单一，未经后期建筑扰乱，通过出土建筑材料判断其年代与马家庄宗庙建筑属于同一时期。

此次发掘进一步明确了该区域遗迹相关情况，发现的遗迹有建筑基槽、夯土、建筑外围垫土等，对建筑基址形制、规模以及废弃情况有了进一步了解。发掘情况与勘探成果基本相符，验证了对该区域勘探的可靠性，有利于进一步研究判断马家庄宫区各建筑的内涵、性质。

根据考古勘探，发现马家庄宫区由内、外壕沟构成“内城”和“外城”。“内城”内以马家庄一号建筑为中心，较有规律地分布着密集的大型建筑遗址，尤其宗庙遗址以西的几座建筑遗址，单体建筑面积数倍于宗庙单体建筑，表明这几座大型建筑遗址可能等级更高。从其与宗庙一号建筑遗址位置及“左祖右社”的关系推断，可能为春秋时期秦穆公所筑之宫殿群，即朝寝建筑。过去一直认为与马家庄宗庙有一定关系的三号建筑遗址，根据其与新发现的位于马家庄一号建筑以西的大型宫殿群的关系判断，其应为“左祖右社”中的社稷遗址，即以本年度发掘的大型建筑（朝寝）为中心，东侧为宗庙（马家庄一号建筑），西侧为社稷（马家庄三号建筑）。

（田亚岐　杨武站　陈爱东）

【秦咸阳城遗址】

发掘时间：2018年1月~12月

工作单位：陕西省考古研究院、秦汉新城文物局、秦咸阳宫遗址博物馆

本年度继续开展府库建筑遗址（ⅡB2JZ2）的发掘工作。该建筑平面呈曲尺形，方向80°。东西长105.8米，南北宽20.3米，四面垣墙宽2.4米，内部由宽3.3米的夯土隔墙分为五个单元（F1~F4、F8），东南角南墙外有长方形附属设施1处（F7）。确定建筑东南部有门道一处，宽2.8米，不设门槛、础石。建筑北部发现蓄水池2处、水管道1条、灰坑1处、建筑废料填埋坑1处、石料堆1处。

F3内共提取石磬残块约650千克，发现不同编组的“五音”文字。同出铜甬钟柄部残件、环首铜帽饰、铜铃饰、铁钩、铜环等，多例“博望”刻字，与南阳郡有直接联系。这些遗物说明此处曾存放国家礼乐器具组合，以及与悬架、敲击有关的配件和小型乐器。

宫区6号建筑遗址是秦咸阳宫区内已知最大体量的高台建筑。本年度正式启动该遗址的发掘工作。夯土台基南部发现陶水管道2条、壁柱2根；台基顶部发现夯土隔墙及壁柱槽、踏步、斜坡道、涂朱地面等；台基北部清理长方形房址1座、夯土墙1道。台基夯土落差达11.3米。

聂家沟建筑遗址（ⅡB1JZ4），清理院落一处。北、东、西夯土垣墙宽3米。东墙外有半地下式房屋三间，每间面积10平

方米～12平方米，隔墙宽1米，南北连通。门道皆位于东侧，宽约0.8米，斜坡道式，坡道底部铺设规整的陶片护边。最北部房间（F1）内有完整的小型灶一处，火门、灶眼、烟道等部分系在生土中掏掘而成。院落内活动场地面积约145平方米，偏西南处有规整的方形灰坑5座，内填较纯的草木灰或细沙，推测为手工业生产遗留物，南部暴露陶窑烟道三个，窑室及操作间尚未揭露。

为解决秦咸阳城宫区西、南边界及建筑性质等问题，对牛羊沟第二组建筑基址（ⅣA1JZ2）开展试掘。遗址上部扰乱较为严重，秦代遗迹有夯土、水井、排水管道、散水等类型。宫区6号建筑遗址、聂家沟建筑遗址、牛羊沟第二组建筑基址的发掘尚在进行中，了解其整体建筑面貌还待进一步开展工作。

寻找建筑损毁、配套设施和营造过程等信息的工作，体现了考古发掘的科学性，也是本年度发掘工作的亮点。在府库建筑的北侧发现的水池和水管道，或许不仅可以降低北部高处降水对建筑的破坏，所积蓄的水还可作为消防之需。填埋坑包含物以形体较大的板瓦、筒瓦残片为主，石料堆所见材质同房间内使用的柱石一致，说明在建筑营造完成后有将废弃物集中处理的行为。清理确认了建筑顶部焚烧倒塌堆积与地面挖掘痕迹的层位叠压关系，厘清了建筑被破坏的过程，了解了多处地面坑洼不平的成因，也为分析府库内储藏物品的种类、排放方式提供了辅助资料。

（许卫红　张杨力铮）

【宝鸡市陈仓区吴山祭祀遗址】

发掘时间：2018年9月～12月

工作单位：中国国家博物馆、陕西省考古研究院、宝鸡市考古研究所、宝鸡陈仓区博物馆

吴山遗址东南距雍城大遗址约48千米。经2016年的考古调查、勘探，共发现各类遗迹单位106处，大部分布于遗址核心区域范围内，其中祭祀坑92座、灰坑5座、冲沟1条、铺石范围1处、瓦片堆积范围1处，确认遗址面积达到8万平方米。

本年度，联合考古队重点对位于遗址中部台地的祭祀坑进行发掘，发掘面积共计800平方米，发掘祭祀坑8座。祭祀坑形制基本一致，全部为东西向近似方形的车马祭祀坑。每座祭祀坑长约4.3米，宽3.8米～4.0米，深度0.3米～2.8米不等。祭祀坑内均为四马一车，马骨保存相对完整，头向东，背向吴山主峰。马身佩有马衔、马镳等青铜马具，与身后的马车处于驾乘状态；马车保存较差，木质部分基本腐朽不见，仅存马车的青铜、铁质构件。车舆内放置祭祀用的玉人、玉琮以及箭镞，玉人男女各一个，与玉琮叠放于车舆的前部。车舆旁侧或马骨旁侧还放置铁锸一件。8座车马祭祀坑，除K4与K5被盗外，其余6座均保存较为完整，出土玉人、玉琮组合6件套，青铜、铁质车马器8套，铁锸8件，共计223件（组）。

通过本年度的发掘工作，基本可以确认该遗址与凤翔血池秦汉祭祀遗址内涵相同，年代较血池略早。这将秦汉国家祭天遗址的发现时间又向前推进了一步。另外相较血池而言，吴山祭祀遗址车马坑出土了一件特殊的器物——铁锸，铁锸属于农具，普遍出现在祭祀坑中，表明铁锸已经不仅仅是农具，而且是与玉器、车马同属祭品，针对特别祭祀对象，这对判断吴山祭祀遗址的性质有重要的参考价值。

（游富祥　陈爱东）

【咸阳市渭城区坡刘战国墓地与汉代建筑基址】

协作单位：陕西省考古研究院、义陵文管所

工作时间：2018年3月～12月

该项目位于咸阳渭城区渭城镇坡刘村东和摆旗寨村北，共发掘墓葬252座、汉代建筑基址2处。

坡刘村东（项目北区）为战国、秦墓区和汉代建筑基址区域。秦墓均为中小型竖穴土坑墓和竖穴墓道洞室墓，分为四个集中埋葬区域，排布密集、少有打破关系，对研究战国、秦墓地制度等相关问题提供了基础资料。其中M44出土蒜头壶1件，似为青釉，为秦汉原始青瓷的研究提供了重要资料。

汉代建筑基址区域共布设10米×10米探方63个，发掘汉代夯土墙基一处。夯土墙基东西长86米，南北宽61米，墙基宽3.75米~3.8米，四周围合成一个封闭的空间，因破坏严重，墙基内未发现同时期的建筑设施，该墙基打破战国秦墓，又被唐宋墓葬打破，在围墙范围内发现大量筒瓦、板瓦等建筑材料，瓦分麻点纹和布纹两种，年代应为西汉时期，其性质有待进一步研究。

摆旗寨村北（项目南区）共发掘墓葬64座，其中汉代墓葬32座、十六国墓葬4座、北周至隋墓葬14座以及少量明清墓葬。北周墓葬均为斜坡墓道土洞墓，分为无天井、1个天井、2个天井三种形制，共出土器物十余件，有瓷碗、瓷罐以及布泉、宽沿五铢等钱币，另有墓志两方，其中畅寿墓志记载归葬旧茔，为研究这一时期中小型墓葬的葬制、葬俗及家族葬提供了基础资料。

（耿庆刚　赵汗青）

【西安市长安区茅坡战国汉及隋唐墓群】

发掘时间：2018年1月~12月

工作单位：陕西省考古研究院

茅坡墓群位于长安区郭杜街道西长安街与子午大道十字的西北角，原为茅坡村村址。本年度在约8万平方米的“L”形地块内，共发掘清理古代墓葬265座，出土了包括铜器、陶器、瓷器、三彩及漆器等各类文物2000余件（组）。墓群内墓葬分布密集，时代跨度大，有战国晚期—秦代墓、汉墓和隋唐墓。

战国晚期—秦代的墓葬数量最多，共141座。有竖穴土坑墓15座，竖穴墓道直线洞室墓126座。墓葬方向多东西向，少量南北向。该时期的墓葬规模小，级别相对较低，但排列整齐，南北向成列，东西向成排，且多成对分布，相互间少有打破关系，部分墓葬有围沟，显然是经过有序规划进行埋葬的。墓葬内葬具保存较差，仅能根据棺内草木灰痕迹判定葬具情况，多为单棺，少量有椁。墓主骨骸腐朽严重，能辨葬式者少，有屈肢葬和直肢葬之别。随葬器物放置在墓道或墓室两侧的壁龛内以及墓室棺外头端位置。以动物肢体为殉牲的现象普遍。出土器物主要有铜器、陶器、漆器及铁器等。铜器多为带扣、铜镜、铜剑及铜钱等。漆器保存相对较差，仅见有漆皮痕迹，多置于墓主头端的棺外。陶器有鼎、盒及壶的仿铜陶礼器组合以及钵、甑、大口罐、小口罐、瓮和缶等日用陶器组合。

汉代墓葬80座，形制多样，有竖穴土坑墓6座、竖穴墓道直线洞室墓48座、斜坡墓道土洞墓5座和斜坡墓道砖室墓7座。其中M135形制较为特殊，两个墓室共用一个墓道。出土器物包括日常生活类铜器、陶器，模型类明器，人和动物形象的陶俑，铁器及漆器等。

隋唐时期墓葬44座，均为斜坡墓道刀形墓，墓道方向朝南。其中小型斜坡墓道洞室墓36座，竖穴墓道洞室墓3座，斜坡墓道1天井墓2座、2天井墓1座、3天井墓2座。该时期墓葬盗扰严重，出土器物多为各类红色陶俑、镇墓兽及塔式罐等。2座3天井墓葬中的随葬品残碎较甚，见有大型陶马、骆驼和三彩骆驼、三彩马和天王俑残片。M154出有墓志一方，显示该墓时代为武周时期。

茅坡村南距可能为秦杜县县址的杜城村约2.5千米，长期以来在茅坡村周围发掘了大量的战国晚期——秦代的秦人墓葬，表明该区域应是当时一处大型的公共墓地。此次发掘的秦墓与以往发掘同时期墓葬特征类似，应是上述大型墓地的组成部分。墓群内发现的汉唐时期墓葬，无论是墓葬形制还是随葬器物，都与以往发掘的同时期墓葬类似，为该时期墓地的分布和埋葬制度等积累了材料。

（孙伟刚　田有前　马金磊　李彦峰）

【咸阳市渭城区窦家村战国秦汉墓地】

发掘时间：2017年10月~2018年9月

工作单位：陕西省考古研究院、空港新城文物局、顺陵文管所

该项目位于咸阳市渭城区北杜街道窦家村，属渭北黄土台塬地带，南高北低，地形较平坦。总计发掘墓葬248座，建筑遗址300平方米，出土文物1201件。南区共发掘墓葬27座，其中汉代墓葬8座，出土器物178件；唐代墓葬5座，出土器物18件；宋代墓葬6座，出土器物3件；明代墓葬2座，出土器物9件；清代1座，出土器物3件；时代不明者5座。经发掘证实1处遗迹为汉代房址（F1）。南区以外发掘墓葬221座，秦墓葬90座，汉墓90座，十六国墓葬1座，唐代墓葬3座，37座墓葬年代不详，南区以外出土器物990件，陶器795件，铜器82件，铁器38件，石器14件，琉璃饰品2件，泥器2件，玉器1件，银器2件，瓷器1件，铅器2件，骨制2件，钱币46组。

南区F1为长方形半地穴式结构，周围分布有柱洞，在西南部发现有门道，根据开口层位及出土较多的遗物推断为一处汉代半地穴式房址。灰坑1处，平面略呈椭圆形，有一圈台阶，宽度不等，半地穴房址证据稍显不足，根据其包含物判断应为一处汉代灰坑遗迹。南区以外发掘古道路一条，开口于②层下，东西走向，宽度4.20米，长约500米，两边伸出项目用地范围，未见出土器物，依据地层推测为秦汉时期。

本次考古发掘的墓葬年代跨度长，从秦汉持续到明清，遗址年代为秦汉，为咸阳地区的古代丧葬习俗墓葬制度等研究提供了实物资料。

（肖健一　胡松梅）

【咸阳市渭城区龚西秦汉墓葬】

发掘时间：2017年11月~2018年5月

工作单位：陕西省考古研究院、渭陵文管所

龚西秦汉墓葬位于咸阳市渭城区渭城镇龚西村北，发掘墓葬93座，其中战国秦墓70座。

秦墓包括大量小型墓葬和一座规模较大的中型墓葬M8。小型墓葬分竖穴土圹墓和竖穴墓道洞室墓两种，以竖穴墓道洞室墓为主；葬具多为单棺，亦有一椁一棺、一椁双棺；葬式分仰身直肢、仰身屈肢、侧身屈肢等，仰身直肢葬占一半左右；随葬器物以仿铜陶礼器和日用陶器为主。M8为竖穴墓道洞室墓，墓道口大底小，为斗形；墓口长约8.3米、宽7.8米，距墓底深11米，四壁有脚窝；墓室在墓道东部，长约6米，宽约3米；葬具为一椁两棺，出土随葬器物有鼎、壶、扁壶、盘等铜礼器以及大量的车马器、兵器等，棺内出土有数量丰富的玉器，是咸阳周围保存较好的数座中型秦墓之一。

龚西秦墓的发掘对研究中高等级墓葬、秦墓地制度、社会层级结构等问题提供了重要资料。

（耿庆刚　赵汗青）

【凤翔县雍山血池秦汉祭祀遗址】

发掘时间：2018年6月~12月

工作单位：陕西省考古研究院、中国国家博物馆、宝鸡市考古研究所、凤翔县文化旅游局

通过近三年的大规模调查勘探和选择性发掘，已确定血池遗址系目前我国秦汉时期“祭天”遗址中，与文献记载完全对应，由坛场、祭祀坑、建筑、道路、外环沟及本体以外的相关设施所构成的完整“雍畤”文化遗存。

为进一步了解血池遗址布局、内涵、年代和属性，本年度在总结前两年发掘成果的基础上，选择位于遗址中山梁南部的祭祀坑作为发掘对象，同时对东山梁的道路进行了局部发掘。发掘的车马祭祀坑与2016年度所发掘的类型较为相近，均以长方形竖穴深坑、窄长形竖穴坑以及长方形竖穴洞室坑为主。出土玉器、铜器、铁器、石器、骨器共计454件（组），以玉人、玉璜、玉琮、车马器及铁器为主。从发掘出土的大量建筑材料观察，多为外饰竖直粗绳纹，内壁布纹的筒瓦，外饰斜向粗绳纹，内素面的板瓦，回纹铺地砖等典型的西汉时期建筑材料，但也有一部分建筑材料显现出战国晚期的特点，进一步明确了血池遗址性质、年代问题。发掘出土的“上畤”“下祠”“上”等陶文，为“秦四畤”和“汉五畤”之间的传承关系提供了参考和借鉴。本年发掘出的道路宽3.5米~3.8米，是从山下登临山顶祭祀坛场的主通道。

在发掘工作进行的同时，全面完成了持续4年血池遗址本体范围之内的勘探任务，明确了该遗址470万平方米总体布局范围内各功能区的内涵和属性，为下一步制定保护规划提供了详实的依据。此外，血池周边区域的调查勘探结果及灵山南坡、“列王坟”等地的考古新发现，为下一步探寻“吴阳下畤”、雍畤祭祀场地与京城之间“通权火”礼仪提供了重要线索。

（田亚岐　杨武站　陈爱东）

【西咸新区空港新城卓邢村秦汉及十六国墓葬】

发掘时间：2017年10月~2018年12月

工作单位：陕西省考古研究院、空港新城文物局

空港新城卓邢村墓葬位于自贸大道以西，熙平大街两侧，是空港新城的储备用地项目，由三个地块组成。为便于发掘记录，自西向东顺时针方向分三个区域进行了发掘，累计发掘古墓葬185座。

在已发掘的墓葬中，可确定时代的秦代墓葬121座、汉墓56座、十六国时期墓葬1座、清代墓2座，时代无法判断者5座。

秦代墓葬形制可见有平面呈“凸”字形的直线型洞室墓、偏洞室土洞墓，常见的器物有鼎、盒、豆、罐、缶、蒜头壶、茧形壶、釜、甑、带钩、铜镜等。

汉代墓葬以长斜坡单室土洞墓为主，平面多呈“甲”字形，出土器物可见罐、奁、勺、仓、灶、耳杯以及陶塑动物鸡、鸭、猪等，此外部分墓葬还出土有铅饰、骨饰、五铢铜钱等。

十六国墓葬，系长斜坡台阶墓道多室土洞墓，墓葬整体平面近似于“中”字形，方向76°，水平全长21.6米，是由墓道、过洞、天井、甬道和前、后墓室六部分组成，早期被盗扰，仅出土骑马俑、陶鸡、陶磨、陶灶、“大泉五十”等。

（段　毅）

【西咸新区秦汉新城秦汉至唐宋墓葬】

发掘时间：2017年9月~2018年2月

工作单位：陕西省考古研究院

墓葬位于西咸新区秦汉新城，共发掘墓葬21座，时代从秦汉到唐宋时期，其中秦汉墓9座、隋唐墓7座、宋金墓5座。

M2、M3为秦末汉初墓葬，竖穴土圹木椁墓，出土文物160余件（组），墓主随身敛葬有丰富的玉璧、环等礼器，青铜

器有鼎、壶、钫、盘、匜、盉、鉴等礼器和剑、戈等兵器组合，鉴内置漆木器，且有牛、猪等祭祀牲肉祔葬。两墓南北比邻，推测两位墓主可能存在某种亲缘关系。

M4 全长 39.7 米，坐西朝东，长斜坡墓道中段略弯折，配置有天井，墓道与天井壁面设置四重台阶，形制少见，时代应属西汉晚期。M4—3 水平全长约 30.3 米，坐北朝南，墓室打破 M4 墓室改建而成，此类现象较罕见。随葬品以骑马俑、跽坐俑和榻、案、耳杯、轺（马）车等生活明器为主，兼有少量马、鱼、蟾蜍等陶塑动物俑，器形器类关中地区少见，初步推测为东汉晚期至三国魏晋时期墓葬。东石羊庙村 M11 和 M11—1 为西汉晚期墓葬，M11 系竖穴土圹类椁式砖室墓，墓主使用了木质一椁一棺葬具，木棺或为嵌玉漆棺，墓主身份等级较高，M11—1 或为其祔葬墓（坑）。

M5 和 M6 为北周末隋初墓葬，天井南、北两壁口底收分较甚，残存些许壁画，随葬品有陶碗、罐、壶、铜带具等器物。4 座唐墓系盛唐后期或中晚唐墓葬，随葬品以塔式罐为主，罐座矮小，罐腹圆鼓略长，细尖塔状盖纽，墓葬形制多为直背式或弧背式的“刀”形土洞墓。

M4—2 为五人同棺合葬墓，两男两女分处棺内东、西两侧，一幼儿屈居脚下，葬俗特殊，且有二次葬迹象，根据随葬品陶罐、釜特征推测为宋金时期墓葬。

该项目墓葬发现呈线性分布，墓葬时代跨度较长，为沿线地区考古研究提供了新的资料。

尤其是坡刘 M2、M3 出土文物丰富且未遭盗掘，殊为难得；坡刘 M4—3 出土了陶骑马俑群、数量较多的陶明器，以及陶车等，是咸阳地区新发现的器物组合，为当地东汉晚期至三国魏晋之间考古研究提供了新的突破点。

（苗轶飞）

【三原县天井岸汉代礼制建筑遗址】

发掘时间：2018 年 6 月 ~ 8 月、11 月 ~ 12 月

工作单位：西北大学文化遗产学院、陕西省考古研究院、咸阳市文物考古研究所

天井岸汉代礼制建筑遗址位于三原县西北部的天齐塬上，距三原县城 15 千米。该遗址主要由天井坑和五处呈梅花桩分布的夯土台体组成，其中天井坑平面呈不规则圆形，南北 315 米，东西 260 米，深 32 米；夯土建筑台体平面呈方形，边长 11 米 ~ 16 米，高 5.5 米 ~ 10 米。该遗址对研究汉代祭祀文化，以及考古学上汉文化特征，汉文化中南向理念，都市布局规划中的中轴线的发展和确立有重要的学术意义。

2018 年 6 月 ~ 8 月，联合考古队对东夯土台进行了考古发掘。东台体夯层厚度 8 厘米 ~ 15 厘米。台体南侧基础部分分布有柱础遗迹，柱础宽度在 25 厘米 ~ 30 厘米之间，柱础外侧地面有厚约 2 厘米的踩踏面。夯土台体外侧两重壕沟形制规整，整体呈西南—东北走向，沟内填土堆积清晰，壕沟剖面呈“U”形。壕沟正对台体东、西、南、北处为当时的门道。东夯土台在发掘过程中出土了大量西汉时期建筑遗物，如“千秋万岁”“长乐未央”“卷云纹”等瓦当以及大量外绳纹内布纹、外绳纹内菱格的板瓦、外绳纹内布纹筒瓦、“回”纹铺地砖、素面砖等建筑遗物。

2018 年 11 月至 12 月，考古队对西夯土台进行了考古发掘，清理出台体西侧及南侧基本的建造形制。西夯土台遗址主要由夯台台体以及外侧方形壕沟组成，柱础石、地面铺砖等遗迹清晰，中心建筑、廊房、排水沟、散水等建筑形制清楚。台体底部柱础间隔 1.9 米 ~ 2 米，柱础宽 25 厘米 ~ 35 厘米，南侧夯土台基侧壁发现有白色墙帐。台体南侧正中间位置发现踩踏面。台体正对东、南、西、北四个方向分别分

布有门道。外侧壕沟剖面呈“U”形，沟内均为深褐色回填土，沟壁有脚窝。西夯台周围发掘出土了“长生未央”“千秋万岁”等瓦当以及大量素面砖、“回”纹铺地砖、外绳纹内布纹板瓦、外绳纹内布纹筒瓦等建筑遗物。

《汉书·地理志》载：“左冯翊，谷口县，九嵕山在西，有天齐公、五床山、仙人、五帝祠四所。”《史记·封禅书》云：“盖天好阴，祠之必于高山之下，小山之上。”今巨坑位置，恰建于源丘之上，西邻高峻的嵯峨山，与“高山之下，小山之上”地形相合。经过初步推断天井坑应该是当时的“天齐祠”，五处夯土台基为当时的“五帝祠”，从出土遗物判断，天井岸汉代礼制建筑遗址的年代应该是西汉中晚期，尤以西汉晚期为主。

（段清波　同杨阳　薛　程）

【西安市汉代渭桥遗址】

发掘时间：2018 年 1 月 ~12 月

工作单位：陕西省考古研究院、中国社会科学院考古研究所、西安市文物保护考古研究院

渭桥遗址位于汉长安城遗址北城墙以北的渭河故道，处于今西安市北三环路西段南、北两侧及未央区草滩镇王家堡小学以北一带。2012 年 4 月以来西安地区共确认 3 组 6 座桥梁遗址，结合调查及以往考古资料，在咸阳、西安地区渭河故道和今渭河河道内共发现汉、唐等不同时期的渭桥 6 组 9 座。

本年度在厨城门一号桥中部被村民挖沙破坏区域，进行了抢救性考古发掘。T4 发掘面积 300 余平方米，清理出汉代残船 1 艘、桥桩 122 个、石构件 58 件。最重要的发现是在 T4 发掘区东侧发现的汉代残船，东、西两端分别被两次挖沙破坏，残宽 4.8 米、残长 2.8 米。从榫卯结构看，与 2015 年清理的桥北端岸边出土的古船相同，但其规模远大于后者，是目前发现最大的汉代木板船。在 2 个桥桩底部发现尖状铁质构件，表明在桥的某些关键部位，为使桥桩深入河床稳固桥梁，使用了铁质辅助构件，搞清了以前采集的此类构件的用途，增加了秦汉时期桥梁建筑技术的实物资料。采集和出土的石构件上的刻文，丰富了桥梁建造工匠及机构的内容。

（王志友　徐雍初）

【西咸新区秦汉新城白庙村汉代遗址】

发掘时间：2018 年 6 月 ~9 月

工作单位：陕西省考古研究院

遗址位于白庙村东，秦汉大道以西，汉安陵以北约 1.8 千米处，属于安陵邑建设控制地带，地理位置尤为重要。共清理遗迹 13 处，其中窑址 4 座、道路 1 条、房址（建筑基址）4 处、灰坑 3 处、古井 1 处。

陶窑和 3 处建筑基址发现较为重要。陶窑以多个窑室共用操作间的形制为主。从残余的遗物看，其功用分别为烧砖，烧瓦和烧造陶器。建筑基址 F2 的基础部分堆积厚度达到 2 米，南侧布设曲尺形长达 30 余米的“十”字形纹样散水，用瓦立砌而成。从采集的瓦标本来看，既有早期的瓦也有时代更晚的瓦，综合研判，该建筑基址与安陵不属于同一时期，有可能是利用安陵邑废弃后的材料建造而成，亦不排除该组建筑是后期维修安陵邑所建。从规模来看这组建筑应不属于一般的民居，这点从出土的散水就可判断。该建筑基址的北部被一条东西向的道路打破，因此该建筑基址废弃的时间与道路的修建时间相关。这条贯穿东西的道路在以往其他考古发掘中亦有发现，由于出土的包含物较少，其具体时代难以判定，可能属于汉代。

（段　毅）

【西安市汉霸陵与废昌陵】

发掘时间：2018 年 1 月 ~12 月

工作单位：陕西省考古研究院、西安市文物保护考古研究院

本年度西汉帝陵项目主要延续2017年对霸陵遗址（薄太后南陵外藏坑、江村大墓外藏坑）的考古发掘工作，并对汉成帝废昌陵进行考古调查与勘探。

霸陵遗址（薄太后南陵外藏坑、江村大墓外藏坑）的发掘工作分为3处地点。截至目前，南陵与江村大墓东北区域发掘点均已完成探方表土的揭取，开始清理盗洞，发掘坑内填土。另外，在南陵封土西侧中间偏北位置发现砖铺道路一段，残长19.0米，宽约1.5米，砖为“回纹”方砖，边长0.35米。

江村大墓西南区域发掘点发掘外藏坑5座。目前，除第27号坑之外，其余4座坑均已开始清理坑内文物、遗迹。发掘情况显示，外藏坑为带有坡道（部分无）的长方形竖穴形制，底部为木椁。陪葬品全部放置于木椁之内。第22号坑长9.6米，宽5.4米，距地表深4.5米。其底部的木椁高约2.0米，东西长3.8米，南北宽2.7米。坑内西半部分清理出土着衣陶俑6件，半裸半塑（上身裸体，下身塑袍）陶俑7件。陶俑附近发现带钩、弩机等文物数十件。东半部发现大量红、黑、褐色漆皮，并有较多带扣、节约等铜质车马器小件。根据车马器的数量来看，推测埋藏两套明器车马。

第32号坑长3.3米，宽1.8米，距地表深7.6米。底部有木椁结构，清理出土马骨1具，陶盆、陶罐、塑衣陶俑各1件。第29号坑的形制、规模、文物内涵与第32号坑相同。

第38号坑长6.3米，宽5.0米，距地表深4.2米。根据残存的板灰遗迹来看，木椁东西3.6米，南北1.9米，高约1.9米。坑内西半部出土着衣陶俑3件，半裸半塑陶俑8件。陶俑附近有铁戟、铁剑、弩机等文物。坑内东部发现车軎、盖弓冒等较多车马器小件，并清理出黑色木车轮遗迹一段。此外，还发现铜滴漏、铜灯、陶罐、陶盆等文物。坑内较多区域出现黑、红、褐色漆皮，相互叠压，难以辨识。

第27号坑东西长34.8米，宽1.0米~10.6米，距地表深2.0米~7.0米。目前发掘深度1.0米~6.0米，清理盗洞11处，出土椭圆形带铭文卵石，明器瓦当、排水管等文物数十件。

除霸陵遗址（薄太后南陵外藏坑、江村大墓外藏坑）的考古发掘工作之外，本年度还对汉成帝废昌陵进行了考古调查与勘探。

昌陵位于西安市灞桥区新筑街办与临潼区斜口街办交界的窑村、吕家堡一带，系西汉成帝于鸿嘉元年（公元前20年）修建，后因其地势低洼，需大量垫土增高，耗费巨大，被迫停工废弃。

本次考古工作于2018年5月开始，调查区域大约20平方千米，勘探面积约397万平方米，基本确定了现存的垫土范围，陵邑的位置与范围。勘探情况表明，现存垫土范围南北长880米~965米，东西宽681米~877米，面积约64万平方米，垫土厚度3.0米~14.5米。昌陵邑位于陵区以北，海拔高程389米左右，低于陵区40余米。根据勘探发现的围沟以及遗迹分布情况来看，其东西范围约4400米，南北范围约3000米，总面积约13平方千米。

通过本年度的考古工作，逐步了解了霸陵部分外藏坑的文物内涵，基本确认了汉成帝废昌陵的位置和大致范围，为相关文物遗存的保护提供了依据，推动了西汉帝陵的考古研究工作。

（马永嬴　曹　龙）

【兴平市陈王西汉墓地】

发掘时间：2018年8月~12月

工作单位：陕西省考古研究院、茂陵博物馆

该墓地位于兴平市南位镇陈王坡村南，咸阳原西段南部边缘，为黄土台塬地貌。

本年度为了配合新建银川至西安铁路西平线礼泉站至茂陵站增建二线工程，对陈王墓地进行了考古发掘。共发掘墓葬10座，形制多样，包括竖穴土圹墓、竖穴墓道洞室墓、斜坡墓道洞室墓等。墓葬保存状况较差，人骨及葬具基本不存。出土器物以空心砖为主，另有少量陶器、车马器等。其中M35为南北向竖穴土圹墓，葬具为一棺一椁，有彩绘漆皮残留，木椁周围、上下堆积大量木炭，出土有少量车马器，时代为西汉早期；M40为东西向斜坡墓道洞室墓，由墓道、封门、耳室、前室、后室等组成，后室有大面积木椁底板遗迹，出土有玉璧残块，时代为西汉中晚期。此外，M33墓室底部铺设空心砖4块，M36墓道壁发现清晰的工具痕迹。

陈王墓地西汉早期墓葬的发现对了解茂陵设立前的当地历史提供了资料，空心砖墓的发现为西汉中期移民、文化交流研究提供了新资料。陈王墓地位于茂陵陵区范围内，发掘工作对茂陵深入研究具有重要意义。

（杨武站　赵海晨）

【西咸新区秦汉新城黄家寨汉代墓群】

发掘时间：2018年7月~12月

工作单位：陕西省考古研究院、安陵文物管理所

黄家寨汉代墓群位于西咸新区秦汉新城高庄街道黄家寨村，截至目前共发掘墓葬143座，出土各类器物千余件。

此次发掘的墓葬多数为汉代墓葬，时代由西汉早期至东汉晚期。墓葬形制包括竖穴土洞墓、斜坡墓道土圹墓和斜坡墓道土洞（砖室）墓，其中部分斜坡墓道土洞墓带有一个横穴式天井，其宽度大于墓道，与墓室相当。这批墓葬的出土器物，属西汉时期的主要为鼎、盒、壶等仿铜陶礼器和樽、罐、仓、灶、井等生活明器，同时还出土了大量的车马明器和铁器；到了东汉以后增加了案、盘、耳杯等墓内祭奠器物以及猪、鸡、狗等家禽家畜器。

黄家寨村位于汉惠帝安陵陵邑以北约4千米，第三次全国文物普查期间在黄家寨汉代墓群周边还调查发现了北舍汉墓、福隆庄汉墓、苏唐王汉墓、蒋刘汉墓，时代与之都比较接近，初步推测在该区域应该分布着大量两汉时期的墓葬，墓葬的主人或许与汉初西汉政府对帝陵陵邑周边的大量移民有一定关联。

（王　东　于有光）

【西安市长安香积寺村汉墓】

发掘时间：2018年8月~12月

工作单位：陕西省考古研究院

该发掘项目位于郭杜街道香积寺村村东，西临子午大道，北临神禾二路。共发掘古墓葬65座（汉墓61座、唐墓1座、清墓3座），出土各类文物300余件（组）。

发掘的汉墓皆为小型墓，时代自西汉早期至东汉早期。墓葬形制为竖穴墓道土洞墓和斜坡墓道土洞墓或砖券墓。出土物有陶器、陶俑、铜镜、铜币等。墓主多为下级官吏或平民。以M39为例：该墓系竖穴墓道单室土洞墓，墓道朝西，呈长方形，长3.4米、宽2米、深4.8米；墓室为土洞木椁，进深3.7米、宽1.5米，底部可见横向铺设的木椁底板。墓室未被盗掘，随葬陶鼎、陶盒各1对，陶璧6枚，陶俑1对。墓主人遗骨已无存，但陶璧摆放方式似围绕墓主人遗体。根据出土遗物判断，该墓下葬年代应为西汉早中期，墓葬形制处于洞室墓成熟前的过渡阶段，仍保留有土圹木椁墓的孑遗，具有一定的代表性。

此次发掘地点位于汉长安城正南约19千米，汉杜陵县西南约12千米，埋葬的大约是汉长安城周边乡里的居民，对于研究

西汉京畿地区小型墓葬制度及社会生活具有一定的参考价值。

（李　明）

【富平县庄里汉墓】

发掘时间：2018 年 5 月 ~10 月

工作单位：陕西省考古研究院、富平县文物旅游局

本年度共计发掘墓葬 16 座，其中汉代墓葬 10 座、明清墓葬 2 座、近现代墓葬 4 座。

汉代墓葬大多为长斜坡墓道砖室墓，个别为长斜坡墓道土洞墓。砖室墓多有在墓葬封门处外斜的长斜坡墓道，墓室以砖封门，墓室为前后两室，前室为砖券穹隆顶，后室为拱顶。出土器物有铜镜、陶井、陶盘、陶斗、陶耳杯等，判断为东汉时期墓葬。明清墓葬均为竖穴墓道土洞墓，规模较小，陪葬品仅见个别黑釉瓷碗。

此次发掘有助于了解富平西北庄里地区的墓葬随葬品、早期墓葬形制等内容，为研究关中地区汉代及晚期墓葬提供了重要的资料。

（李　坤）

【西安市幸福林带建设工程汉至明清时期墓葬】

发掘时间：2018 年 1 月 ~10 月

工作单位：西北大学文化遗产学院、西安市文物保护考古研究院

2018 年，联合考古队为配合西安市幸福林带建设工程二工区（位于高楼村西侧，地理坐标北纬 34°15′36″，东经 109°00′49″）、三工区（位于东小寨村西北侧，地理坐标北纬 34°16′58″，东经 109°00′40″）基本建设，对西安高楼村、东小寨村的古代遗存进行了发掘。共发掘汉墓 6 座，魏晋墓 4 座，唐墓 192 座，明清墓 29 座，灰坑 10 个，井 1 口。出土物种类丰富，包括陶瓷器、陶俑、金属器、玉石器及骨蚌器等。

陶器约 488 件，包括瓮、瓶、壶、盘、甑、魁、奁、瓢、案、勺、耳杯、虎子、瓦当、罐、塔式罐、钵、碗、盏、擂钵、四面小佛塔、砚及盆等。瓷器约 44 件，包括杯、盒、盒盖、盏、瓶、钵、壶、唾壶、水盂、瓷铃、罐及碗等。三彩器约 9 件，包括弇口瓶、罐、盒、瓶、杯、三足炉及狮子等。釉陶器约 4 件，包括壶、杯等。

陶俑约 387 件，包括人俑、骑马俑、镇墓俑、动物俑及模型明器等，其中人俑约 231 件，包括大小男、女立俑、半身胸像俑、牵马（驼）俑、昆仑俑、侏儒俑及胡人头等。动物俑约 86 件，包括家禽家畜俑、大型骆驼俑、马俑及小型鸡俑、骆驼俑等。镇墓俑约 34 件，包括天王（武士）俑、镇墓兽及生肖俑等。模型明器约 30 件，包括水井、粮仓、灶台、陶灯、车轮、马车、房屋及践碓等。

金属器中以铜器为主，约 1180 件，包括铜钱、铜镜、铜镜钮、铜钗、铜簪、铜耳环、铜臂钏、铜配饰、铜提梁罐、铜洗、铜匙、铜合页、铜铁带具、铜马镫、铜尺、铜耳挖、铜镊子、铜纽扣、铜泡钉、铜铃、青铜立佛像等。铁器约 180 件，包括铁釜、铁魁、铁券、铁环、铁刀、铁剑、铁镰刀、铁剪刀、铁镜及铁钉等。

此外，出土有玉石器约 42 件，包括棋子、骰子、滑石握手、滑石梳背、穿孔石器、小石子、鹅卵石、豹斑石碗及玉簪头等。骨蚌器约 43 件，包括蚌壳、骨梳及骨簪等。其余尚出土有串珠、泥质冥币、泥球、泥塑等。

（冉万里　全　刘　涛　付胜龙　段成刚）

【绥德县柳家庄汉至明清墓地】

发掘时间：2018 年 1 月 ~10 月

工作单位：陕西省考古研究院

该墓地位于榆林市绥德县柳家庄，共有上塔、佛庙梁、五里湾村北河川、拦马

关等四处。

本次共发掘墓葬164座，其中汉代墓葬28座，均为竖穴土坑墓，带有生土二层台，部分墓葬带有小龛，墓葬方向在240°~270°之间，葬具保存较差，见有木椁痕迹，出土有铜鼎、铜带钩、铜镜、陶罐、陶壶、陶钫等；明清墓葬136座，均为竖穴墓道土洞墓，墓葬方向多朝东或东北，有的墓葬砌出照壁，墓室采用石片起券，葬具为木棺，出土有黑瓷罐、黑瓷碗、朱书板瓦等。共计出土器物545件，其中铜器94件、陶器78件、铁器9件、玉器1件、瓷器261件、杂器102件。

此次发掘对明清墓葬的揭露较为全面，墓葬面貌统一，葬俗一致，地域特点鲜明，为陕北地区明清时期墓葬的考古研究提供了新的实物资料。

（苗铁飞）

【西咸新区秦汉新城南郭村汉十六国及唐代墓葬】

发掘时间：2018年5月~11月

工作单位：陕西省考古研究院、秦汉新城文物局

天汉大道南北线路南郭村段，南起郭村南壕南口与X234乡道交汇处，北至郭村东北角与东郭村西南角。

本年度在该建设区域内累计发掘古墓葬37座，夯土建筑基址2处，共计出土文物128件。其中汉墓27座，墓葬形制有竖穴墓道土圹、竖穴墓道土洞、竖穴土圹、斜坡墓道土洞或砖室几种。陶器既有灰陶亦有釉陶器，灰陶主要器物有囷、仓、井、灶、灯、鼎、壶、钫、奁、罐、盆、灯、瓶等；釉陶器可见鼎、壶、罐。金属质文物有铜铺首、铜镜、带钩、柿蒂花、铁剑、铁釜和半两、五铢、货泉等铜钱。

十六国墓葬1座，为长35米、深12米的斜坡墓道两天井土洞墓，墓葬被盗严重，仅出土泥质灰陶罐、钵、壶和青釉盘口鸡首壶各1件。

唐墓5座，墓葬形制有斜坡墓道和竖穴墓道土洞墓两种，其中有的斜坡墓道带一个天井，出土物极少，5座墓葬仅出土8件遗物，有陶罐、铜带扣、铜（银）簪、开元通宝钱。

除墓葬外，还对分布于路段建设范围内，打破夯土墙的墓道进行了局部解剖，发现宽度约3米，堆积厚度3米~4米夯土基址两处，囿于发掘面积，其属性尚难判断。

（段　毅）

【西咸新区秦汉新城北舍村汉唐墓葬】

发掘时间：2018年8月~10月

工作单位：陕西省考古研究院、秦汉新城文物局

该项目位于西咸新区秦汉新城正阳镇北舍村区域，西侧紧邻秦汉大道。项目分为4、5号两个地块，本次发掘的5号地块占地面积108529平方米，发掘各时代古墓葬22座，汉代窑址4座，灰坑2处，出土各类文物120件（组）。

22座墓葬中，东汉墓9座，有长斜坡墓道砖室墓7座，土洞墓2座，除一座为单室外，其余皆为多室结构，出土器物有罐、奁、耳杯、仓、井、灯、灶、甑、盆、壶、瓶、勺、魁等生活用具，还伴出鸡、鸭、猪、狗等陶塑动物。

8座唐墓中，墓葬形制可分为两种，即平面为“刀”形的斜坡墓道土洞墓和竖穴墓道弧背“刀”形墓。这批唐墓随葬器物出土较少，共计8件，器形可见塔式罐、侈口罐、敛口罐、钵、带扣及“开元通宝”。

4座陶窑形制结构大体相同，均由进入操作间的台阶式过道，操作间以及窑室组成。由于该批陶窑早期遭到毁坏，所填遗物较为杂乱，未出土能表明其年代的遗物，但从陶窑附近发现的众多东汉砖室墓

来看，用砖量非常大，不排除陶窑是为这批墓葬用砖所建造，判断其时代大致为东汉时期。

（段　毅）

【西安市高陵区坡吉村汉唐元代及明清墓地】

发掘时间：2018 年 5 月 ~10 月

工作单位：陕西省考古研究院

坡吉村墓地位于西安市高陵区崇皇街道坡吉村北侧，渭阳路东侧。本年度清理墓葬 17 座，包括汉代墓葬 6 座，晚唐五代墓葬 1 座，元代墓葬 2 座，明清墓葬 8 座，共出土各类器物 146 件（组）。

汉墓均为斜坡墓道洞室墓，其中 4 座为东西向，2 座为南北向，随葬陶器有鼎、盒、壶、钫、罐、仓、灶、奁、熏炉，铜器有弩机、马镳、马衔和车辖軎等模型车马器。晚唐五代墓葬为斜坡墓道洞室墓，随葬有陶罐、铜带具、铜钱和料珠等。两座元墓均为南北向竖穴土洞墓，随葬器物有陶罐、瓷碗和铜钱等。明清墓葬中有 6 座为南北向竖穴土洞墓，另 2 座为斜坡墓道砖室合葬墓，随葬有陶罐、陶香炉、瓷碗和铜钱等。

M7、M8 两座明墓均为西北—东南向，由墓道、前庭、墓室三部分组成，墓室为 3 个并列相连的砖券洞室，两座墓均有砖砌仿木构门楼。M7 门额文字自东北向西南依次为“郑氏之墓”“明处士少庄权公配刘氏之墓”“裴氏之墓”。M8 门额文字自东北向西南依次为“赵氏之墓”“明处士南庄权公之墓”“聂氏之墓”。根据 M8 所出买地券可推知 M7、M8 墓主应为高陵县永宁里庆安乡权家庄人士（今黄家塬）。

此次发掘的 6 座汉墓北邻朝南村墓地，与古城村遗址相距约 5.5 千米，可能与汉代左冯翊葬地有一定关系。所发现的两座元代墓葬，丰富了高陵地区该时期墓葬的研究资料，而保存完整的两座明代墓葬，为高陵地区明清时期墓葬形制、葬俗及建筑艺术研究提供了新资料。

（杨广帅）

【咸阳市渭城区雷家村十六国墓地】

发掘时间：2017 年 7 月 ~2018 年 8 月

工作单位：陕西省考古研究院、空港新城土地规划（文物）局

该墓地位于咸阳市渭城区周陵街道雷家村以西，南距周陵街道办约 1.5 千米，东距西安咸阳国际机场约 1.5 千米，系咸阳北原三级台地，为古代墓葬密集分布区。

该墓地共发现 12 座墓葬，分南北两排，每排 6 座。南北间距 2 米 ~5 米，东西间距 5 米 ~10 米。墓葬均坐北向南，方向 170°~178°，均为斜坡墓道土洞墓，由墓道、封门、甬道和墓室等部分组成。

墓葬的墓道坡面以斜坡带台阶状居多，其东、西两壁中部略内收。封门有土坯、砖砌两种。北排墓葬的封门均为砖砌，南排墓葬封门多为土坯。甬道为拱顶土洞式，顶部弧度较小。墓室形制分为单室、前后室和前后室带侧室三种。人骨在前、后、侧室均有发现，其中侧室人骨多为迁葬。

墓葬内出土随葬品以陶器为主，另有少量铜器、铁器。陶器有武士俑、男侍俑、女侍俑，鞍马、牛车，井、仓、灶、碓，陶罐、连枝灯，猪、鸡等动物模型；铜器主要有铜铛、铜盆、铜镜、铜印章、铜钱和铜饰件，如“丰货”钱，“副部曲将”和“军司马”印等；铁器有铁镜、铁刀、棺钉等。

这批墓葬排列整齐有序，形制多样，出土物种类齐全。北排墓葬年代在十六国早期，南排墓葬在前秦、后秦时期，是一处完整的家族墓地。

（赵占锐）

【西安市隋唐长安城安仁坊遗址】

发掘时间：2017 年 4 月 ~2018 年 12 月

工作单位：西安市文物保护考古研究院

小雁塔历史文化片区综合改造一期项目博物院南地块位于西安博物院南侧，西临朱雀大街，东临夏家庄，北临荐福寺路，南临体育场北路。发掘工作自2017年4月开始，共发掘6000多平方米，揭示出安仁坊南墙、西墙遗址、安仁坊宅邸遗址，光福坊北墙遗址，外郭城第八横街遗址及两侧水沟，朱雀大街遗址及东侧水沟等，出土一批建筑构件及文物等，对于了解隋唐长安城的形制布局具有重要意义。

工地中部发现一组唐代宅邸建筑基址。已发现10个房址，大致位于东西相连的几个院落内，排列有序，有的以长廊连接。房基以夯土筑成，四周多见包砖散水，个别房内见铺地方砖。其中一座房基内发现11个砖砌长方坑，坑内可见红烧土块、灰烬等。在其中一处长方坑外侧埋藏一陶罐，内存数枚开元通宝。此遗存可能与祭祀活动有关。在其中一处房址附近发现一些彩绘千佛壁画残片，推测原为宅邸内的佛堂或禅室。在其中两个房基外侧各发现有一大陶缸，为防火备用。院内发现有多角亭、道路、排水沟等多处遗迹。在院落南侧，发现一处门址，残存铁门钉。该宅邸遗址可大致分为早晚两期，晚期遗存保存很差。

该宅邸院落位于安仁坊西南隅，规模较大，应是唐代达官贵人的一处宅邸。根据文献记载，安仁坊西南有汝州刺史王昕宅，与坊东南的赠尚书左仆射刘延景宅“甲第并列，京城美之”。这是隋唐长安城宅邸遗址的首次发现，对于了解宅邸布局、结构及功能都有重要意义。

该工地出土有砖瓦、陶瓷残片、三彩人面埙、玉“开元通宝”残片等。在第八横街南侧水沟内出土了唐代苏州进贡鱼鲊的封泥遗存，在安仁坊宅邸遗址附近还出土有鎏金小铜佛等。这些发现对研究唐代地方进献的口味贡、唐人的社会生活及佛教信仰等具有重要意义。

（张全民　郭永淇）

【西安市隋唐长安城大宁坊遗址】

发掘时间：2018年2月~12月

工作单位：西安市文物保护考古研究院

配合西安市新城区杨家村综合改造项目，对隋唐长安城遗址进行了发掘。该项目位于新城区长乐路搪瓷北巷，西临西安市供电局住宅小区，北临五三二处家属院。发掘面积约3000平方米。

通过考古发掘，清理出长乐坊南墙、大宁坊北墙、两坊之间的外郭城第二横街以及南侧水沟、跨沟小桥、南北向水沟等遗迹，出土了砖瓦、瓦当、石条等建筑构件以及陶、瓷、骨、玉各种文物及残片。根据现场发掘情况，长乐坊南墙与大宁坊北墙距现代地表1米~1.5米，宽度为2.8米~3米，残存厚度0.5米~0.8米，夯层厚约0.1米。在长乐坊南墙和大宁坊北墙之间，发现有外郭城第二横街的遗存。第二横街南北宽约30米，南侧发现有与横街平行的水沟。在水沟上发现一处木石结构的小桥遗址，南北走向。小桥东西宽5米多，南北跨度超过2米。小桥南北两侧皆有压栏石护岸，石条长短不一，大部分石条已脱落。在水沟内侧靠近石条处，各发现一排柱洞，原应安插有木桥桩。在小桥西侧，还发现一条南北向的水沟，从大宁坊汇入第二横街南侧水沟内。在小桥南侧发现宽约4米的道路，通向大宁坊内，其上可见南北车辙，推测与大宁坊北门相连。但由于遗址破坏严重，大宁坊坊门墩台遗迹保存较差。在大宁坊内，还发现有一条南北向道路，宽约9米，与古桥位于同一南北线上，推测为坊内南北向的十字街，因中间有障碍物未能发掘。在工地南部偏东，发现一条东西走向的道路，南北宽约5.3米。此路距大宁坊北坊墙160余米，推测为大宁坊东北隅小十字街的横街。在小桥北侧的长乐坊坊墙上发现有豁口，推测此处为长乐坊南坊门，因破坏严重，未见坊门墩台遗迹，但在坊内发现一处长方形夯土，东西长约 3 米，南北宽约 2 米，厚约 0.2 米。此外在该工地东北侧，发现有一处建筑遗址，位于大宁坊内，有砖砌的散水、还有一段宽约 1 米、残长约 1.4 米道路，由鹅卵石铺成，但遗迹破坏严重，分布零乱。

（张全民）

【富平县银沟唐至元代遗址】

发掘时间：2018 年 2 月 ~12 月

工作单位：陕西省考古研究院、富平县文物旅游局

银沟遗址位于渭南市富平县城区二环内东北角旧县村与华朱村，总面积达 2.3 平方千米，是唐代至元代富平县城所在，遗址内南部地表分布有大量的瓷器碎片。

本年度发掘区域地层分为四层，第①层为现代耕土层；第②层为明清以后至现代层；第③层为金元层；第④层为唐末至宋代层。该区域发掘有唐代灰坑，但没有唐代地层。

揭露遗迹壕沟（G3）1 处，灰坑 15 个，井 1 口，道路（L4）1 条。出土遗物以陶器为主，还发现瓷片、琉璃片、卵石、石块、瓦片、砖块、铁渣等。出土遗物可辨器形以生活用具居多，有中小陶罐、中小陶盆、陶灯、陶盏、陶扑满、瓷碗、瓷盘等，还有部分宗教（佛教）遗物，如石质菩萨头像。

H173 是一座靴形灰坑，开口②层下，开口呈圆形，直径 1 米，深 2.5 米，底部直径 2.8 米。坑内堆满绿色土，推测为有意存储。填土中杂有砖瓦残块、陶片、红胎三彩碎片，时代判断为唐代。

L4 呈东西分布，位于 G3 南侧，被 G3 打破。L4 宽 2.5 米，路土厚 0.07 米。根据路土中夹杂的陶瓷碎片判断，道路时代为唐末至宋代前期。

G3 确认为南区北围沟东段，但没有发现同时的夯土墙遗迹。G3 开口②层下，口宽 14.7 米，深 6.8 米。坑内堆积黄土，包含少量砖瓦石块、陶瓷碎片，遗物时代特征指向为唐、宋、元代，判断 G3 建设时代为北宋前期，废弃时代为元末。G3 北侧有灰坑，判断为手工业遗迹。

另外，琉璃瓦分布区未发现夯土建筑基址。

依据发掘所见判断，银沟遗址南区北侧唐代时为手工业区，宋代转变为居民区，并修建围沟，至元末毁坏废弃。后来这一区域地表破坏严重，原始地面不存。可以确定银沟遗址存在制陶业，根据出土铁渣和骨器废料判断，应该有与之相关的手工业生产活动。

（于春雷）

【富平县唐章陵】

发掘时间：2018 年 1 月 ~12 月

工作单位：陕西省考古研究院、富平县文物旅游局

本年度，唐代帝陵主要对唐文宗章陵陵园内石刻和东西两侧蕃酋殿遗址进行发掘和清理。考古发掘前，陵园内仅有 2 件石刻外露，通过发掘共清理出神道石刻 39 件。本次工作对所有出土石刻进行了清理、文字记录以及三维数字化信息采集。同时，对西侧蕃酋殿开展了发掘工作，清理出建筑基址 1 处。

章陵西蕃酋殿遗址紧邻南门西侧门阙南部，勘探发现其东侧散水遗迹和西南部石刻。发掘得知，章陵蕃酋殿夯土台基平面呈曲尺形，方向北偏西 7°，南北边略长于东西边，下部保存较好，上部破坏严重。南北长 20.45 米，东西宽 5.3 米 ~ 16.2 米。台基两侧和后部均有 1.05 米宽的墙基保存。台基南部短边的北侧保存有一段高约 9 厘米，长约 1 米的底部涂红墙皮，厚 0.5 厘米。下部原有包砖，现已不存。台基一周原应有散水，现东北部、西侧转角处尚存一段较为完好的散水线道单排立砖

和外侧挡砖。砖瓦堆积主要集中在台基的西北侧。东蕃酋殿遗址保存较差，尚待进一步发掘。

本次对帝陵东、西蕃酋殿的发掘，出土石刻13件，多件保存有文字题刻信息，对研究唐中后期对外交往史，补充唐代服饰制度资料等方面均具有重要意义。

（胡春勃）

【西咸新区空港新城唐代唐从心墓】

发掘时间：2018年3月~7月

工作单位：陕西省考古研究院、北杜文管所

唐从心墓位于西咸新区空港新城周陵街道杨家村，保存比较完整，地表残留有近2米高的封土，墓道南侧发现有门阙、角楼等墓前建筑，整个墓葬全长约52米，由长斜坡墓道、过洞、天井（5个）、壁龛、甬道、前室和后室七部分组成，出土文物200余件组。

墓道东西两壁保存完好，表面施白灰墙皮，其上有彩绘壁画，自南向北依次为导引飞禽、青龙白虎、仪仗出行等内容；北壁在过洞上方绘阙楼图。第一过洞东西两壁描绘胡商牵马、牵驼的形象，其中骆驼为单峰驼，驼峰上均载有货物；第一天井两侧则描绘有代表墓主身份等级的列戟图。壁龛共发现6个，其中4个保存比较完整，出土骑马俑、戴风帽的立俑、胡人俑和陶牛、陶马、陶骆驼等。

前、后室错落排列，均为方形，长度7米左右，墓室四角呈外弧形，整个墓室高大、宽敞，由于盗扰严重，墓室内几乎没有出土随葬品，从散落的壁画残块推测墓室应绘有壁画。后室西侧发现青石质棺床，表面阴刻壸门瑞兽。

志文记载墓主为唐金紫光禄大夫、上柱国上庸郡开国公、歙州刺史唐从心，祖父唐俭、父亲唐嘉会史书均有记载，唐氏家族与李唐皇室渊源颇深。此次唐从心墓的发掘一方面为寻找、确认唐氏家族后期墓地所在提供了重要线索，另一方面壁画里的胡人、载物骆驼以及出土的胡人俑都是古丝路文明的重要物证。

（王　东）

【西咸新区崔家村唐代麴承嘉墓】

发掘时间：2017年11月~2018年7月

工作单位：陕西省考古研究院、秦汉新城文物局、周陵文管所

该墓葬位于咸阳市渭城区周陵街道李家村南耕地内。据出土墓志可知墓主为高昌国王麴文泰曾孙麴承嘉，唐久视元年（700）葬于咸阳原，开元十四年（726），夫人史氏合葬于此。

墓葬为斜坡墓道多天井单室砖券墓，平面呈刀把形，坐北向南，方向176°。墓葬南北长38.9米，墓葬原始开口距现地表深0.5米，墓室底距现地表深8.7米。由墓道、5个过洞、5个天井、6个壁龛、封门、甬道、墓室等部分组成。墓室破坏较为严重，仅存底部几块完整的铺砖，未发现人骨及葬具。

墓葬内从墓道至墓室原满绘壁画，由于盗掘、水浸等原因破坏，仅存部分壁画。墓道东西两壁绘制有导引人物、青龙白虎、牛车、狩猎出行等图像；第二天井两壁各绘一株树木，分别为无花果树和石榴树；甬道两侧壁绘有百合、飞鸟、侍女等图像。墓室四壁现为生土壁面，仅存底部少量白灰面。

墓内共出土随葬品53件（组），多发现于壁龛内，以陶俑为主。另外，在墓室入口处，发现青石墓志两合，为墓主麴承嘉和夫人史氏墓志。麴承嘉，父崇裕，祖智湛，曾祖文泰。夫人史氏，祖为隋将领史大奈。甬道至墓室部分，破坏极为严重，原始壁面及砌砖均已无存，墓室内余砖不足300块。结合两《唐书》记载，墓主之父在武则天执政期间，平定越王李贞叛乱，

故推测在“中宗复位”之后，官方对该墓进行了破坏。

墓葬内的壁画和墓志是此次田野发掘的重要发现。墓道壁画中的人物形象和完整的牛车图像，天井下绘制的两株外来树木，都是极为珍贵的考古图像资料。出土墓志是目前发现的首方高昌麴氏王朝王族成员墓志。唐贞观十四年，高昌国灭，其王室成员迁至长安。他们在长安的生活情况及死后的埋葬地，一直未能了解。麴承嘉墓的发现和清理，为这些问题的解决提供了重要的文字资料。

（刘呆运　赵占锐）

【西咸新区空港新城窦家村唐代墓葬】

发掘时间：2018 年 5 月 ~6 月

工作单位：陕西省考古研究院、空港新城土地规划（文物）局

空港新城窦家村唐墓位于空港新城新修万联大道与新修熙平大街十字交汇处，在原咸阳市渭城区周陵街道窦家村西北农耕地内。由于该墓是在开挖地下管道时被发现，因此发掘前第一过洞和第一天井已被破坏。

该墓为斜坡墓道多天井单室土洞墓，平面呈“刀把”形，坐北向南，方向 172°。南北水平总长 20.08 米，墓室底距现存地表深 7.6 米。由墓道、2 个过洞、2 个天井、4 个壁龛、土坯封门、甬道、墓室等部分组成。墓道为斜坡状，坡道较陡，壁面平整竖直。过洞为弧顶土洞式，顶部有横向凹槽状工具痕迹。壁龛开于天井下，拱顶式，土坯封门。墓室平面近方形，穹隆顶。在墓室中部发现少量人骨，多已朽成骨渣，仅收集四颗牙齿，保存较差。据鉴定，墓主为一青年个体。

墓内共出土随葬品 20 件（组），多发现于壁龛和甬道内，有彩绘陶俑、铜饰件、塔式罐等。最重要的发现是出土了 12 件彩绘陶俑，陶俑均形体高大，达 70 厘米左右，制作逼真，且表面彩绘鲜艳，如新作一般。另外，在甬道发现的镇墓兽和天王俑均有贴金彩绘，十分华丽。在清理东三龛和西四龛的过程中，发现龛内原放置木箱，现已腐朽，箱内散落铜片、琉璃珠等物品，推测原放置精美饰品。墓室中部，发现一周鎏金镂空铜饰，原应是镶嵌在木箱上。

根据考古发现，推测墓葬的时代应为盛唐时期（武则天至玄宗时期）。该墓是唐代墓葬研究领域的一次重要发现。同时，发掘过程中，我们根据龛内陶俑的放置位置，确定了陶马、陶骆驼和胡人俑的关系，有助于胡人驭马、驭驼形象的系统研究，也为丝绸之路及中西文化交流研究提供了重要实物资料。

（赵占锐）

【神木市小庙北宋高氏家族墓地】

发掘时间：2018 年 5 月 ~11 月

工作单位：陕西省考古研究院、榆林市文物考古勘探工作队、神木市文体广电局

该墓地位于神木市店塔镇丰台山村西南、前沟村东北，共发掘北宋墓葬 5 座。墓葬均为台阶（竖穴）墓道单砖室墓，顺坡势呈扇形分布，墓道向心。圆形墓圹内砌筑多边形仿木构穹隆顶砖室，再以壁画装饰各壁面，尤以 M7 墓室壁画保存最为完整且绘制细腻，其余墓葬因被盗扰破坏较甚，壁画脱落殆尽。

M7 水平长 8.56 米，方向 240°，墓道护壁及甬道壁面为裸壁，未作壁画。墓室砖砌八边形，进深 3.52 米、宽 3.46 米、高 3.55 米，周壁及穹隆顶壁面均涂抹麦草泥地仗层与白灰层，除穹隆顶下部壁面有留白外，其余壁面皆绘制壁画，彩涂倚柱、额、枋、斗拱、椽等仿木构件。西壁（墓口）南北两侧壁面上部相对绘制仪鱼和伏听，下部壁面相对绘制公鸡和卧犬；西北

壁绘双手执斧钺、腰悬配剑的武士和双手端持长柄行炉的仕女；北壁绘一静立的男子，身后有廊房、辘轳井及枯木等建筑景物；东北壁绘三人庖厨图；东壁绘三名女性，可能代表男墓主的三位妻室；东南壁绘两侍女备宴图；南壁绘男子庭院静坐图，旁立一男侍者，身后为房屋建筑，端坐于椅上的男子可能为男性墓主高世忠（卫臣）；西南壁绘双手执斧钺、腰悬配剑的武士和双手捧花卉的仕女，与西北壁绘画相对应，人物均面向墓口。穹隆顶周壁用红、橙、黄彩及淡墨平涂彩画仿木结构的枋、斗拱、椽等构件，顶绘太阳，以像苍穹。根据墓口出土墓志可知，该墓为北宋元丰五年（1082）“宋故内殿承制阁门祗候骑都尉麟州俄儿族巡检”高世忠（卫臣）及其妻室苗氏、折氏、雷氏等人的合葬墓，残留石灯、漆木器、铜钱及陶楼建筑模型等随葬器物 7 件（组）。

小庙墓地 4 座砖砌仿木结构壁画墓排布规整有序，墓葬形制结构统一，出土的五色石函、歇山顶楼阁、莲花座等随葬品为陕西其他地区同时代墓葬所罕见，为研究宋代物质文化生活提供了鲜活的图像资料和实物资料。根据 M7 出土的墓志推测，这应是北宋时期高氏家族墓地，志文所载有助于研究北宋民族史、丧葬制度以及宋夏之战等问题。

（苗轶飞　邢福来）

【蒲城县洞耳村元代壁画墓】

发掘时间：2018 年 3 月 ~ 12 月

工作单位：陕西省考古研究院、蒲城县文化旅游局

洞耳村蒙元壁画墓，位于渭南市蒲城县紫荆街道洞耳村西部果园地内。该墓为蒙古至元六年（1269）夫妻合葬墓，曾于 1998 年进行过发掘，后对墓葬进行了保护性回填。考虑到该壁画墓图像资料对于研究蒙元时期社会生活史的重要性，本年 3 月报请国家文物局批准同意后，重启该墓的考古发掘工作，并对壁画实施异地搬迁保护。

洞耳村蒙元壁画墓，系竖穴土圹台阶式墓道、砖券蒙古“毡帐”式墓室，方向 177°，全长 8.96 米。修筑方式为先在地表开挖边长 2.2 米 ~ 2.4 米的近方形墓圹，墓圹和墓道间挖凿土洞与之畅通，再在墓底以八边形制起筑穹隆顶砖室和券顶甬道，墓室北部砌出棺床。甬道和墓室砖墙涂刷厚 0.3 厘米 ~ 1.1 厘米的石灰壁面，然后再根据墓葬空间进行画面布局起稿作画、涂色、定稿等，壁画面积约 25 平方米。甬道东壁绘停舆图，西壁绘放牧图。墓室进深 2.5 米、宽 2.4 米、高 2.75 米，直壁北壁绘墓主夫妇并坐图，墨书墓主名讳、籍贯及纪年等，两侧各绘男、女侍者，东壁绘乐舞迎归图，西壁绘离别壮行图，东南角和西南角绘双马静立图；直壁之上一周绘帷幔和木枋，顶周壁绘四幅婴戏图，以火焰珠纹相间隔。

该墓壁画历经数百年而颜色不改，画面保存完好，再现了墓主夫妇日常生活的真实情景。壁画对蒙元时期服饰和生活器具描绘细致入微，为研究蒙宋对峙时期蒙古统治区的物质文化和社会面貌提供了极好的材料。

第一次发掘时，未能发掘墓圹，墓道也未完全发掘，此次发掘，对墓葬做了整体揭露，确保墓葬资料更加完整。由于甬道壁画较为模糊，对其进行了临摹，并对全部壁画重新绘制线图和高清扫描，另外对墓葬的外部结构和内部壁画进行了三维扫描。本次发掘对壁画进行了红外、紫外、光波等多方面的检测和分析，在一定程度上了解了壁画颜料的成分和绘制技法。

值得一提的是，洞耳村壁画墓 1998 年第一次发掘时，距埋葬时间近 730 年，壁画犹如新绘，颜色鲜艳，保存极好；20 年后，2018 年再次打开墓室，保存仍然与新

绘相差无几。壁画保存一直是一个比较困难的课题，此次洞耳村蒙元壁画墓的发掘为古代壁画的保护提供了一个十分重要的范例。

（苗铁飞　邢福来）

【西安市高陵区高泾路清代墓葬】

发掘时间：2018 年 1 月 ~5 月

工作单位：陕西省考古研究院、高陵区文体广电旅游局

本次抢救性清理清代墓葬 7 座，包括 2 座带斜坡墓道和前庭的石室墓、2 座带斜坡墓道和前庭的砖室墓、1 座竖穴墓道土洞墓及 2 座竖穴土坑墓。其中 4 座石室墓和砖室墓结构繁复、设计精美，均南北走向，坐北朝南或坐南朝北。

墓葬由墓道、前庭、墓室等部分组成。墓道为斜坡墓道，前庭的两侧分别装饰有翼墙，前庭与墓室之间建造有仿木结构门楼，门楼上装饰以浅浮雕、线刻或减地刻等技法雕刻而成的人物故事、瑞兽、花草、祥云等图案，门楣处题刻有墓主姓氏等文字，墓室以青砖或石块垒砌而成，分为并列三室或并列四室，各个墓室之间通常有“灵道”相连通，单室内分别埋葬一人。葬具以单棺为主，少量为一棺一椁，有的无葬具。

出土各类文物共计 139 件，按质地可分为瓷器、铅器、铜器、银器、铁器等，其中瓷器有盏、碗、罐、盆、碟等；铅器有盒、壶、灯；铜器有铜饰、带扣以及铜钱；银器仅银条一类；铁器有铁凿。

在 4 座砖室墓和石室墓中还分别出土 1 合石质墓志，根据出土墓志志文记述及墓门门楣题刻，判定墓葬时代为清康熙至乾隆年间，分属鱼氏、周氏两个家族。M1 墓主鱼飞汉生前曾任内府工科左给事中，M2 墓主鱼海源为鱼飞汉之孙，历任户部江南司员外郎、福建司郎中、湖南长沙府知府。M4 墓主周际棫为 M5 墓主周资陈之父，因其子资陈官居正五品詹事府左春坊左庶子一职而得诰赠同等封号。这 4 座墓葬相距一千余米，并按家族分区域埋葬，各家族内部墓葬的朝向、形制结构一致。

本次发掘的清代墓葬形制多样，保存较完好，墓葬内的石构件雕刻十分精美，出土的 4 合石质墓志中带有明确纪年及翔实的墓主生平，且可与县志等文献记载相互对照，为研究关中地区清代的建筑形式、石刻艺术、墓葬形制、丧葬制度等提供了宝贵的实物资料。

（杨利平　殷宇鹏　胡　珂）

甘 肃 省

【夏河县白石崖1号洞旧石器时代遗址】

发掘时间：2018年7月、12月

工作单位：甘肃省文物考古研究所、兰州大学

白石崖1号洞，俗称白石崖溶洞，是当地藏传佛教寺院白石崖寺的进修洞和夏河县著名的旅游景点，位于甘南藏族自治州夏河县甘加乡白石崖村西北方向400米处达里加山石崖上，地理坐标：北纬35°26′54.44″、东经102°34′13.31″，海拔3282米。该洞穴内部空间较大，由长达70余米的洞穴入口及高度差异较大的4个洞室组成。洞穴入口总体呈5°左右向上倾斜延伸，在距洞口14米、34米、44米处出现的小平台保留了松散地层堆积，为便于开展工作，分别命名为第一、二、三平台。

本年的发掘是在洞穴入口的第二和第三平台进行布方，共发掘T1和T2两个探方，均为1米×2米，共计4平方米。其中T1探方位于第三平台，布方靠近北侧洞壁，总发掘深度约距地表1.5米。T1探方文化层仅限于地表以下40厘米内，出土记录三维坐标的石制品近100件、动物骨骼60余件。T2探方位于第二平台，布方同样靠近北侧洞壁，总发掘深度为距地表1.6米。按土质土色、包含物等状况可将T2探方已发掘地层分为10层，每一层位均有石制品和动物骨骼出土，第10层尤为丰富，但由于受客观原因限制，未发掘到底，探方东南部发现一处灰坑（H1），灰坑内填土松散，出土大量石制品和动物骨骼，但发现有布纹瓦片，推测该灰坑为历史时期遗迹。T2探方出土记录三维坐标的石制品1300余件、动物骨骼500余件。

白石崖1号洞出土石制品遗存以打制石片为主，同时有石核、工具和断块，石片多未经修整，但有使用痕迹，较多石片具有砾石面，石料主要为变质石英砂岩、角岩、石英、板岩，与洞穴前的河滩砾石材料一致。动物骨骼以较破碎的四肢骨为主，目前已鉴定出的动物种属有犀牛、野牛、野马/驴、鬣狗和野羊/羚羊。在发掘过程中，系统采集了AMS^{14}C和光释光测年样品。已经获得的部分AMS^{14}C测年结果显示，T1探方文化层形成于距今4000年左右，T2探方第⑥文化层形成于距今4万年左右，文化遗存最为丰富的第⑩层文化层年代推测更为久远。初步研究结果显示，白石崖1号洞是目前青藏高原已知最早的旧石器时代遗址，其丰富的文化遗存将为进一步了解青藏高原早期人类活动提供重要信息，该遗址具有重要的学术价值。

（张东菊　夏　欢）

【环县楼房子旧石器时代遗址】

发掘时间：2018年7月~9月

工作单位：北京师范大学历史学院考古教研室、甘肃省文物考古研究所

楼房子遗址位于环县曲子镇楼房子村柏林沟内1千米处，距县城约60千米。地理坐标：北纬36°20′49.1″，东经107°20′46.3″，海拔1227米。柏林沟终年只有细小流水，汇入合道川后作为一级支流汇入

环江，其下游在庆阳附近称为马莲河。环江发育有二级阶地，楼房子遗址所在地貌部位属于二级阶地。

本次发掘是在2011～2012年度发掘基础上继续向下发掘，至底部基岩层，发掘面积约22平方米，发掘平均深度为65厘米，共完成两个层位的发掘工作，出土动物化石、石制品等标本共计12000余件。

出土石制品9520件，原料岩性有硅质岩、脉石英、石英砂岩等，原料来自当时柏林沟河床上的砾石。石制品类型包括石核、石片、工具、断块及碎片等，工具类型主要以刮削器、凹缺器、尖状器等为主。

出土动物化石标本3130件，现有的大哺乳动物标本显示，楼房子动物群属于萨拉乌苏组动物群，时代属于晚更新世。楼房子动物群出产数量极其丰富的披毛犀化石，其组成以适应干旱草原环境的披毛犀、野驴、转角羚羊及其他羚羊等有蹄类为主，缺乏喜暖湿的长鼻类、水牛等化石。小哺乳动物标本尚在筛洗鉴定中。

此外，发掘过程中发现有些化石上有火烧痕迹，同时又有大量石制品出土，这对研究楼房子人的狩猎行为以及该遗址的使用性质，并进而确定旧石器时代中期人类的狩猎行为是一个非常难得的材料。

楼房子遗址是目前陇东地区保存较好的一处旧石器遗址，从出土资料分析来看，为旧石器中期文化堆积，本次发掘与2011～2012年度发掘共同完成了对遗址完整的地层剖面的揭露，从而有利于为整个陇东地区提供旧石器时代参考剖面，也为我们解决现代中国人的起源、文化因素交流等问题提供宝贵资料。

（慕占雄）

【临洮县大崖头马家窑文化遗址】

发掘时间：2018年5月～6月

工作单位：甘肃省文物考古研究所、北京大学考古文博学院、美国哈佛大学人类学系

配合“甘肃洮河流域新石器至青铜时代文化与社会之演进”项目本年度调查与发掘，其间中美联合考古队对临洮县大崖头遗址进行了第一次发掘，同时延续前期工作对临洮县寺洼遗址进行大范围调查。

大崖头遗址包含马家窑文化与齐家文化两类不同时期遗存，本年度发掘位置选在遗址东部，发掘区遗迹主要为马家窑文化马家窑类型，发掘面积29平方米。在地磁探测数据支持下，选择在3个地点布设探方或探沟，发掘确认地层堆积较为简单，耕土层下即暴露遗迹。T1清理灰坑2处，其中H1出土大量木炭，并收集大量陶片、兽骨、石块和小件等遗物。T2、T4西距T1约80米，清理灰坑6个，出土大量陶片、兽骨和石料等遗物，其中H14内出土人骨1具，初步鉴定为23岁以下男性个体。T3东距T2约10米，清理灰坑5处、灰沟2条，出土大量陶片、兽骨和石料等遗物。

寺洼遗址调查以地表踏查与采集为主，调查地点位于遗址西南部，调查面积约30万平方米。调查确认了遗址西南部的分布范围和边缘界限，为下一步调查和发掘工作奠定了重要基础。

（周　静　傅罗文）

【临洮县寺洼新石器时代遗址】

发掘时间：2018年6月～11月

工作单位：甘肃省文物考古研究所、中国社会科学院考古研究所

为全面了解寺洼遗址的文化内涵，开展“洮河流域新石器时代晚期至青铜时代聚落与社会研究”项目，联合考古队对该遗址进行了21世纪以来的第一次发掘。主要目标包括三个方面：1. 通过局部区域的发掘，初步了解寺洼遗址的文化面貌；2. 获取部分遗迹、遗物信息，以解决该遗址因未进行过大规模发掘而造成的资料相对

匮乏的问题；3. 提取多学科分析样品，获得该遗址马家窑、寺洼等文化生产、生活及自然环境的新资料，为相关保护工作提供科学数据。

寺洼遗址包含马家窑文化与寺洼文化两类不同时期遗存，本年度发掘地点选在遗址北部，鸦沟西侧和东侧两处台地上。其中，鸦沟西侧台地共布设探方15个，揭露面积375平方米，清理马家窑文化等不同时期灰沟2条、灰坑74处；鸦沟东侧台地布设探方4个，揭露面积100平方米，主要清理寺洼文化墓葬8座。两处发掘区均未完成清理，下年度将继续在此开展发掘工作。目前，已暴露且尚未清理的遗迹主要有房址3座、墓葬2座及大量灰坑。本年度发掘收集了大量陶、石、骨等人工遗物和自然检测样品，进一步丰富了学术界对寺洼遗址不同时期文化堆积及各类遗存的认识，为遗址的保护、开发及相关学术问题的研究提供了重要资料。

（周　静　郭志委）

【武威市凉州区海藏齐家文化遗址】

发掘时间：2018年10月~11月

工作单位：甘肃省文物考古研究所

为配合武威海藏湖生态治理工程项目，2017年10月本所对武威市凉州区金羊镇海藏遗址进行调查钻探，从调查和钻探发现遗物判断应该为齐家文化时期的聚落遗址。本年10~11月对该遗址进行抢救性发掘，共发掘1000平方米，清理墓葬3座和灰坑1处，未发掘完毕。墓葬为居址内埋人现象，目前发现墓葬3座，形制为长方形竖穴土坑墓，葬式为侧身屈肢葬或仰身直肢葬。墓葬内随葬有大量的遗物，主要包括陶器、骨器、石器及白色石块、动物下颌骨。随葬白色石块主要位于人骨头部、胸部、盆骨及下肢骨附近，部分白色石块涂抹红色，可能是朱砂。随葬石璧位于头部、胸部、盆骨及下肢骨附近，石璧一般成串为1组，部分石璧之上有红色的朱砂涂抹。灰坑为圆形袋状平底，推测为圆形窖穴。出土遗物主要包括陶器、石器、玉器、玉料及石块、动物遗存等。陶器主要包括泥质红陶、夹砂红陶和夹砂灰陶，有少量彩陶片，大量为典型的齐家文化器物，极少量为西城驿文化彩陶。石器包括农业生产工具和玉器加工工具，农业生产工具主要为石刀，玉器加工工具包括磨石及砣具，以及大量的石璧及璧芯。玉器主要包括玉锛、玉片等，同时还发现了玉料及大量白色石料块。

根据灰坑、墓葬形制及出土的器物判断该遗址为一处典型的齐家文化时期玉器加工的聚落遗址，为研究齐家文化聚落形态、玉石器手工业考古研究具有重要的意义，同时为齐家文化玉器研究和早期玉石之路研究提供了丰富的资料。墓葬及遗址大量的出土石璧及璧芯、石料和白石块，与该遗址西南部皇娘娘台遗址出土器物一致，为探讨两者的关系提供了资料，同时对探讨齐家文化的葬俗、玉石器加工研究提供了丰富的材料。随葬大量的白色石块和石璧，且部分之上涂抹红色朱砂，可能是某种特殊的葬俗，也可能是财富的象征，是对特殊资源（玉石资源）占有的象征。该遗址出土了西城驿文化的彩陶片，对探讨齐家文化与西城驿文化的关系问题，乃至认识早期文化传播和人群互动提供了重要的证据。

（杨谊时　陈国科）

【漳县墩坪新石器时代及汉代遗址】

发掘时间：2018年3月~8月

工作单位：甘肃省文物考古研究所

墩坪遗址在2014~2017年发掘西区发掘的基础上，本年为配合渭武高速建设项目，对该项目路段涉及的漳县墩坪遗址东区进行发掘，发掘面积约3000平方米，清理齐家文化房址9座、灰坑8处，寺洼文化、汉代墓葬78座。

齐家文化遗址：发掘面积约300平方米，清理房址9座，灰坑8处。房址除F14较完整外，其余8座均被汉代墓葬打破，形制有椭圆形和圆角长方形，圆角长方形房址南北长约350厘米~402厘米、东西宽约288厘米~352厘米；椭圆形房址直径约246厘米~400厘米。房址皆为半地穴式，有门道、灶、柱洞等，个别房址门前有小型活动场。除F12外其余8座房址都残存有白灰地面及墙裙，门向均朝南，灶位于地面中部，直径约44厘米~88厘米，呈圆形或椭圆形，灶面与地面齐平或呈浅凹形。灰坑，有袋状和锅底状两类，直径约100厘米~150厘米，深约50厘米~90厘米，出土遗物有石斧、石刀、骨锥等，陶片主要为泥质红陶和夹砂陶灰陶，泥质陶多素面，部分饰篮纹，夹砂陶多施绳纹、附加堆纹等。

寺洼文化墓葬：该时期墓葬大多分布于遗址东区台地边缘，本次发掘清理10座，一部分被汉代墓葬打破。墓葬形制均为东西向长方形土坑竖穴墓，由于地表破坏严重，墓框较浅，一般长343厘米~238厘米、宽79厘米~123厘米、深10厘米~210厘米。葬式有一次葬、二次葬，一次葬为仰身直肢，头朝西，二次葬人骨较凌乱。多数墓葬在填土内随葬牛、羊头骨或肩胛骨。随葬品以陶器为大宗，集中置于头端或脚端，个别墓葬置于西壁半圆形龛内，亦有青铜环首刀、銎首斧、项饰、钏、泡、扣、铃及贝、绿松石、石刀等。

汉代墓葬：共发掘墓葬68座，可分竖穴土坑墓和洞室墓两类，土坑墓有长方形竖穴土坑和带斜坡墓道的“甲”字形竖穴土坑墓。竖穴土坑墓有两类：A类带斜坡墓道的“甲”字形竖穴土坑墓，共清理29座。该类墓葬墓室平面呈东西向长方形，墓室东西长约180厘米~550厘米、南北宽约100厘米~270厘米、深约86厘米~420厘米。墓道长条形斜坡状，少数墓葬墓道位于墓室东端朝东，而多数墓葬墓道位于墓室西端朝西。由于平填整地原地貌被改变，墓室深浅不同。有单人和双人合葬，葬式为仰身直肢，头向多与墓道朝向相反，脚端朝墓道方向。有棺椁葬具，多数在棺椁下有垫木，一种方法是墓室底部两侧棺椁下用两根方木纵向做支撑，其上横向铺垫宽约30厘米、厚约6厘米的板木，另一种方法是直接在墓底横向掏凹槽铺半圆形木板。多数墓葬在墓道与墓室衔接处墓道底部随葬牛、羊头骨及蹄骨，有些墓葬有意放置，头骨正置，额部朝上，吻部朝向与墓道朝向一致，有些随意放置，较杂乱。随葬品以陶器为主，主要有罐，灶，盘口壶等，多放置在墓主左、右侧或脚部，并有少量漆器、铁器和铜钱等，多数墓葬棺内人骨下垫草木灰或人骨周围放置不同颜色的鹅卵石。

B类为长方形竖穴土坑墓，共清理17座。墓向东西向，墓室平面长方向，东西长约166厘米~368厘米、南北宽约66厘米~211厘米、深约15厘米~34厘米。有的墓葬在墓室左、右两侧或四周有生土二层台。有单人和双人合葬，葬式为仰身直肢，头东脚西。少数有棺椁葬具，棺椁下墓底铺垫横向宽约30厘米、厚约6厘米的垫木。随葬品以陶器为主，还有少量漆器、骨器、铁器和铜器。墓主周身多放置以白色为主的鹅卵石。有些墓葬墓主胸前或手部放置动物肩胛骨，并随葬有殉牲马、牛、羊的头骨和蹄骨。

洞室墓3座。长条形斜坡墓道，2座墓道朝西，1座墓道朝东。墓室呈弧顶长方形，长220厘米~370厘米、东西宽116厘米~180厘米。有单人葬和双人葬，仰身直肢葬，有棺椁葬具。随葬有陶器、漆器等。

墩坪遗址东区墓地发掘不仅对墩坪墓地不同时期墓葬的分布有了进一步的了解，

对漳河流域汉代墓葬的形制特点、丧俗、葬制有了新的认识。为齐家文化、寺洼文化的研究提供了新材料。

（毛瑞林）

【漳县西坪齐家文化至汉代遗址】

发掘时间：2018 年 8 月 ~ 12 月

工作单位：甘肃省文物考古研究所

西坪遗址位于漳县县城西约 15 千米三岔镇三岔村北约 50 米的漳河二级台地上，台地北高南低，遗址主要分布于台地中、南部。东到林背沟，西接寺沟，与墩坪遗址以寺沟为界，遗址面积约 20 万平方米。为配合渭武高速建设项目，2016 ~ 2017 年对该高速公路涉及的西坪遗址范围内进行全面勘探，勘探面积约 3 万平方米，发现齐家文化至汉代不同时期遗迹 10 余处，墓葬 28 座，主要分布于西坪遗址西部台地南部边缘三、四、五级梯田内。本年 8 ~ 12 月根据勘探资料对该遗址进行抢救性考古发掘，发掘面积约 3000 平方米，清理齐家文化房址 3 座、灰坑 1 处，寺洼文化墓葬 1 座，汉代墓葬 25 座。

齐家文化遗址位于遗址区北部，由于平田整地破坏遗址内不见文化堆积，在地表散落有大量的陶片，发掘清理房址 3 座，灰坑 1 处。3 座房址相连，呈“一”字排列，保存较完整，平面形制长方形，最小房址南北长约 356 厘米 ~ 365 厘米、东西宽约 338 厘米 ~ 340 厘米、壁残高约 37 厘米；最大房址南北长约 388 厘米、东西宽 430 厘米、壁残高约 112 厘米。房址皆为半地穴式，地面施白灰面，门向均朝南，位于南墙中部，门宽约 60 厘米 ~ 85 厘米。灶呈圆形，位于房址地面中部，直径约 105 厘米 ~ 120 厘米，灶面与地面齐平或呈浅凹形，灶面外侧有宽约 20 厘米的火圈痕迹。灰坑清理 1 处，袋状，口直径约 200 厘米、深约 180 厘米、底径约 290 厘米，其堆积可分 5 层，遗物多为泥质红褐色篮纹陶片。

寺洼文化墓葬清理 1 座，位于遗址北部东段，为带头龛长方形土坑竖穴墓，南北长约 290 厘米、东西宽 103 厘米 ~ 120 厘米、深约 90 厘米，由于被盗未见人股，头龛位于南壁，平底弧顶，内有陶器、铜泡等随葬器物 9 件，墓底有葬具板灰。

汉代墓葬 25 座，有竖穴土坑墓、土洞墓及砖室墓。

砖室墓 16 座。有单室墓和双室墓，双室墓 2 座，单室墓 11 座。由斜坡墓道、照墙、甬道、墓室构成，个别墓葬在墓室东、西壁设置灯台。双室墓由前后室组成，平面呈“吕”字形，单室墓平面长方形。墓室长 187 厘米 ~ 533 厘米、宽 83 厘米 ~ 319 厘米，墓道长 402 厘米 ~ 108 厘米、宽 70 厘米 ~ 185 厘米，甬道长 130 厘米 ~ 333 厘米、宽 73 厘米 ~ 108 厘米，照墙高 143 厘米 ~ 376 厘米，部分墓室顶部坍塌，个别墓室底无铺地砖，墓顶有券顶、穹窿顶和覆斗顶。葬式有单人葬、多人合葬两种形式，多人合葬采用多次葬的方式，人骨扰乱严重，有的聚拢堆起，个别墓葬葬有 10 余个个体。由于被盗，随葬品较少，主要为泥质灰陶罐，另有陶灶、铜钱、铜簪、铜镜等。

土洞墓 3 座。有竖穴墓道土洞墓和斜坡墓道土洞墓。竖穴墓道土洞墓由长方形竖穴墓道和墓室两部分组成，墓道与洞室呈“直线式”结构，墓道为长方形土坑，墓室呈弧顶长方形，墓室宽度基本与墓道相同。墓道长 250 厘米 ~ 280 厘米、宽 80 厘米 ~ 100 厘米，墓室长 145 厘米 ~ 258 厘米、宽 80 厘米 ~ 138 厘米。葬式单人仰身直肢葬，有木棺葬具，随葬品较少或无随葬品；斜坡墓道土洞墓 6 座，有长条形斜坡墓道、甬道、洞室构成，但部分无甬道，洞室弧顶长方形或弧顶梯形，墓室一般长 240 厘米 ~ 340 厘米、宽 120 厘米 ~ 180 厘米、高 113 厘米 ~ 150 厘米，墓道长 500

厘米～805 厘米、宽 92 厘米～153 厘米、甬道长 70 厘米～196 厘米、宽 76 厘米～90 厘米。有单人葬和双人合葬，有木棺葬具，葬式为仰身直肢葬，随葬品主要为泥质灰陶罐。

本年西坪遗址发掘墓葬主要为汉代墓葬，墓葬形制以带斜坡墓道的洞室墓和砖室墓为主。多有棺椁葬具，有单人葬和合葬两种形式，葬式为仰身直肢葬，部分墓葬出现多人合葬的葬俗。随葬品以陶器为大宗，器形以罐、灶为主要组合，另有部分漆器、铁器及少量铜器等。此次发掘为漳河流域汉代的经济、政治、文化的研究提供了丰富的实物资料。

（毛瑞林）

【灵台县桥村新石器时代遗址】

发掘时间：2018 年 7 月～12 月

工作单位：甘肃省文物考古研究所、北京大学考古文博学院

“考古中国——河套地区聚落与社会研究”项目是国家大遗址保护“十三五”专项规划重大课题之一，是跨区域的综合性考古研究项目。为配合项目总体学术目标的落实，并为构建甘肃陇东地区史前考古学文化谱系和框架。本年，联合考古队对桥村遗址进行了 21 世纪以来的首次发掘。

借助考古调查地理信息系统工作平台，并采用传统野外踏查与地理信息系统调查相结合的方法，对桥村遗址南部约 6 平方千米的范围开展系统调查。调查过程中共采集剖面记录点 255 处、地表记录点 16 处，采集陶片记录点 149 处、土样与植硅石记录点 80 处、木炭记录点 8 处、骨骼记录点 28 处、各类小件记录点 21 处。确认遗迹类型包括房址、陶窑、灰坑和墓葬等四类，采集陶器标本包括鬲、斝、豆、罐及缸等不同器类。同时，也对遗址中心区分布墓葬中的人骨进行采集并测年，数据显示遗址年代下限已进入青铜时代早期。

在调查资料分析结果的指引下，我们明确了遗址中心区并开展发掘。发掘区位于桥村社东北侧台地上，发掘范围围绕钻探确认的夯土密集区，揭露面积 400 平方米。发掘确认龙山时代遗迹包括成排分布的长方形槽形坑、灰坑和灰沟等。其中，成排分布的长方形槽形坑几乎遍布整个发掘区，初步推测该结构可能与大型筑台的基础结构有关。同时，出土了大量陶、石、骨、蚌等各类遗物，陶器类型包括鬲、斝、罐、缸、豆等不同种类，槽型板瓦、筒瓦等各类陶瓦标本数量也较多，工具类包括陶模、陶拍、陶簪、石刀、骨锥等，也发现了玉璜、卜骨等与祭祀活动有关的遗物。

（周　静　张　海）

【宁县石家东周墓地与遇村两周遗址】

发掘时间：2018 年 4 月～12 月

工作单位：甘肃省文物考古研究所、南京大学历史学院、洛阳市文物考古研究院

石家墓地、遇村遗址位于庆阳市马莲河以东、九龙河以南的早胜原上，现隶属于宁县早胜镇。

本年，甘肃省文物考古研究所在南区共清理石家墓地东周时期墓葬 12 座，车马坑 1 座。墓葬形制皆为南北向竖穴土坑墓。葬式以屈肢葬为主，发现少量仰身直肢葬。车马坑为南北向，车马同坑，分层放置。随葬品以青铜礼（容）器、青铜兵器、车马器、丧葬器及墓主人近身之物等为主。在北区甘肃省文物考古研究所与洛阳市文物考古研究院联合抢救性清理东周时期墓葬 133 座。墓葬形制为南北向竖穴土坑墓。墓葬分布密集，墓葬面积较小，埋葬深度较浅，葬式上以屈肢葬为主，且下肢屈肢较甚，随葬品出土较少，等级上多属小型墓。

遇村遗址由甘肃省文物考古研究所与南京大学历史学院联合抢救性发掘，共清

理遗迹120处。其中墓葬22座（分南北向墓葬与东西向墓葬）、马坑1座、灰坑80处、灰沟13条、窑址1座、房址1座、祭祀坑2座。地层堆积较厚，遗迹之间打破关系复杂。出土遗物丰富，按质地可分骨器、陶器、蚌器、玉器、石器等。

通过三年来的考古发掘，石家墓地年代集中在春秋早中期，少数墓葬可能延续至春秋晚期。墓地层级结构基本清晰，第一等级墓：墓室面积15平方米以上，用鼎6~8件，一椁重棺；翣（角）6~12件。第二等级墓：墓室面积6平方米~14平方米，鼎多为3件，一椁一棺或重棺或一棺，翣（角）6件以下。第三等级墓：墓室面积1平方米~2平方米，无鼎，无棺椁，无翣（角）。墓地文化面貌复杂，以周文化为主体，从族属上定义可能非姬姓周人。出土器物特点上，另包含有秦文化、北方草原文化、南方文化等因素。

遇村遗址发现的东西向墓葬，形制特点带腰坑，流行仰身直肢葬，随葬品多置于二层台上，与石家墓地人群葬制差异性较大。遗址年代延续长，从西周时期延续至春秋时期。遗物内发现大量春秋时期陶片、槽形板瓦等，对石家墓地“居址”判断有重要指示性作用。

宁县石家墓地、遇村遗址考古发现的高等级墓葬、居址，是近年来两周考古一处重要考古成果，弥补了过去文献有关西北地区两周封国部族记载的不足，增强了学术界对两周时期西北地区考古学文化及其所反映的政治格局的新认识。

（王永安　张俊民　孙　锋）

【礼县六八图战国时期遗址】

发掘时间：2018年8月~11月

工作单位：甘肃省文物考古研究所

六八图遗址位于红河流域的礼县红河乡六八图村西北的黄土台地上，红河东北岸。遗址所处台地西北高、东南低，东、西两侧各有一条天然沟壑，向北延伸是比较平坦的缓坡地带。上寺河、下寺河汇流成红河后由西北向东南在遗址前流过。遗址东西宽约400米，南北长约800米，面积约32万平方米。在遗址区中发现多处暴露的灰层、灰坑和其他遗迹现象，灰层厚0.5米~2.5米。遗物内含丰富，主要有鬲、罐等器物残片，多夹砂灰陶，饰粗细不同的绳纹，还有部分仰韶晚期的红陶片。

红河流域是西汉水上游重要的支流，相传现存于国家博物馆的秦公簋出土于此。2004年调查发现大量的灰坑、灰层等遗迹，采集到大量周代绳纹灰陶片。之后历次复查证实了六八图遗址是红河流域重要的一处大型秦文化遗址，是秦文化在西汉水流域分布的三大文化圈之一。目前勘探工作还在进行，发现以墓葬为主，但是盗掘非常严重，如果不及时进行抢救性清理，很可能造成像赵坪遗址那样十墓十空的惨状。因此本年对礼县六八图遗址的发掘首先以抢救未被盗掘的墓葬为主。

2017~2018年本所对六八图遗址进行考古勘探。共发现各类遗迹现象744处，其中墓葬538座，占72%。墓葬以东西向墓葬为主，多为东西长4米以下的小型墓葬。本年8月15日正式对六八图遗址进行发掘，共分为3个发掘点，其中A发掘点发掘墓葬6座，B发掘点发掘墓葬18座，C发掘点发掘墓葬8座。共发掘各类墓葬32座，其中竖穴土坑墓28座、洞室墓4座。随葬品多置于棺椁之间，有铜器、陶器、玉石骨角器等百余件，以陶器为大宗。完整陶器有60余件，器形有罐、鬲、盆等。初步判断其年代多为战国晚期到秦。多座墓葬均出有带有地方特色的红褐色夹砂陶器，如铲足鬲、夹砂红陶罐等。这种文化因素在毛家坪遗址中也有反映，在关中地区大量出现，可能为地方文化与秦文化融合过程的残留。

此次发掘是对甘肃东部秦文化研究序列的补充。墓葬出土的器物含有夹砂红褐陶的特征，这可能属于当地西戎文化因素，可能是正向秦文化融合的当地文化特色，这为我们研究秦人的主要来源提供了重要线索。

（侯红伟）

【张家川马家塬战国墓地】

发掘时间：2018 年 3 月 ~12 月

工作单位：秦文化与西戎文化研究联合考古队

马家塬墓地的考古发掘项目已进行到第 13 年。截至本年底，马家塬墓地共发现并揭露墓葬 77 座、祭祀坑 3 座，出土保存程度不同的车辆遗迹 68 乘。

本年度的田野考古工作内容包括勘探、发掘和出土动物骨骼鉴定。

1. 考古勘探

对墓地的西北、中部及东部进行二次勘探，勘探总面积约 36000 平方米，新发现墓葬 11 座，其中战国晚期的秦代墓葬 4 座，分布于墓地东部和中北部；清代家族墓葬两组 7 座，分布于墓地现重点保护区域外东北部。

2. 考古发掘

完成勘探中发现的 4 座战国晚期的秦代墓葬的清理。编号 M77—M80，M79 被盗，其余 3 座保存完整。皆为小型竖穴北偏土洞墓。其中 M78、M79 的竖穴内各出土素面马车一辆。以 M78 为例，竖穴开口近似梯形，上部被破坏，现深 2 米。竖穴内放置带珥的马车一辆，轮、舆拆分放置，辀首朝东；舆前自东向西、分组成排放置马、牛、羊的头及蹄；马头上散置马具 2 组，洞室口有拆下的车轭 1 件，两轮附近各 1 件铜軎。洞室置于竖穴东北角下端、向北掏挖而成，底面近长方形，墓室头端东壁下设耳形角龛。洞室中部放置棺木 1 具，棺、龛间随葬漆盘 1 件，泥质灰陶罐 2 件，夹砂铲足鬲 1 件，木梔 1 件。完成 11 座墓葬中 11 乘车迹的解剖，以及 4 乘车迹的再清理并整体套箱。

3. 动物骨骼鉴定

对遗址 54 座墓葬和祭祀坑内出土的上千个动物骨骼个体进行提取、鉴定和初步整理工作。

本年度的田野考古工作明确了墓地的布局和范围，墓葬的结构和形制种类，葬式和葬俗，随葬品的器类与组合；车辆种类、结构及装饰；祭祀坑的性质、殉牲的种属、年龄和基本特征等。这让我们对马家塬墓地的文化内涵有了更为丰富和细致的认识，同时为编制马家塬遗址保护规划提供了更为详细的考古资料。

（谢　焱　刘兵兵）

【张掖市汉代黑水国遗址】

发掘时间：2018 年 4 月 ~12 月

工作单位：甘肃省文物考古研究所

为配合 G312 国道张掖、甘州至临泽一级公路建设项目，2017 年 10 ~11 月本所对 312 国道 2659 ~2662 千米北侧涉及黑水国遗址保护范围进行调查勘探，发现大量汉代墓葬。本年 4 ~12 月对黑水国遗址墓葬进行抢救性发掘，总共发掘墓葬 119 座。墓葬类型主要包括长斜坡墓道竖穴土坑木椁墓、长斜坡墓道土洞墓、长斜坡墓道砖室墓，个别竖穴偏洞室墓和竖穴直洞室墓。长斜坡墓道竖穴土坑木椁墓 6 座，由长斜坡墓道及深竖穴组成，一般有椁有棺，椁由圆木或方木构筑，椁内置单棺或双棺，随葬品位于椁内。长斜坡墓道砖室墓 53 座，由长斜坡墓道和砖室组成，大部分为单室，少量为双室，部分附有耳室，墓室全部为券顶，墓室后端放置单棺或双棺，墓室前端放置随葬品。长斜坡墓道土洞墓 50 座，由长斜坡墓道和土洞组成，洞室为拱顶或者近平顶，大部分墓室有棺木，洞室后端放置单棺或双棺，墓室前端放置随葬品。墓道和墓室之间一般由砖、土坯、圆木等封门。棺木之上或者棺底多铺有席子，部分墓葬棺底有一层草木灰。葬式以仰身直肢葬为主，少量的二次扰乱葬。出土随葬品主要包括陶器、铜器、铁器、漆器、木器，珠饰。陶器组合主要包括鼎、罐、壶、灶或盆、罐、壶、灶，部分墓葬还随葬陶灯、耳杯、陶樽、博山炉、陶案、掷壶等，部分陶器饰有彩绘。铜器主要包括铜钱（五铢钱、“大泉五十”等）、铜镜、弩机、带钩、铜铃、铜印章以及车马明器。漆器由于腐朽严重，从残存的漆皮可辨器器形包括案、盘、耳杯、盆等，部分漆器镶嵌有铜耳饰。木器腐朽仅存灰痕，可辨器形为木案。珠饰主要是口琀、耳珰、头部装饰料珠等。大部分墓葬存在殉牲，殉牲有完整的鸡，个别墓葬随葬有完整的羊或者羊腿。

通过将墓葬的排列分布与其它地区比较，认为其应该为多个家族墓地形成的大型公共墓地。根据墓葬形制演变，棺椁形制及器物组合演变及其与周边地区汉代墓葬比较，认为其年代属于西汉晚期至东汉时期，大致可以分为3期，一期为西汉晚期，二期为西汉末至东汉早期，三期为东汉中晚期。虽然墓葬破坏严重，但是墓室建造结构、棺椁形制及葬俗、葬式保留清楚，为研究张掖地区乃至河西走廊中部地区汉代埋葬制度、丧葬习俗提供了丰富的资料。通过大范围的清理发掘，搞清了黑水国遗址墓葬的分布，为认识汉代对该区域开发历史研究提供了丰富的资料。

（杨谊时　陈国科）

【武威市西夏亥母寺遗址】

发掘时间：2018年7月～12月

工作单位：甘肃省文物考古研究所、甘肃地质灾害防治工程勘察设计院

本年对亥母寺遗址的发掘工作在2016～2017年的基础上，对01、02窟进行全面发掘。对02窟Ⅱ室封砌范围开挖探洞，以探明其内部延伸范围。并在01、02窟窟口前端的平台布设探方5个，以明确洞窟的入口方式和形制结构。目前，彻底完成01、02窟的发掘工作，共清理擦擦堆积7处、佛造像残块堆积3处、灰坑2座、房址5座。

现存洞窟皆由窟前建筑和洞窟主体两部分构成。窟前建筑遗存以清中晚期的地面式排房建筑为主，另残存晚期青砖建筑基址、近现代护坡和庙宇等建筑。洞窟主体因各窟形制差异略有不同，但整体来看，皆由形制各异的窟室和连接窟室的内外通道组成。01窟平面形制极不规整，洞窟主体由窟门、前室、后室以及连接前后室的窟内通道四部分构成。02窟由入窟通道、Ⅰ室、Ⅱ室、Ⅲ室及窟内通道构成。其中，01窟南壁与02窟Ⅰ室有通道相连，将两座洞窟连接为一个整体。这两座洞窟出土物均以佛教类遗物为主，与03窟出土生活类遗物为主的文化内涵差异较大。据此，初步判断亥母寺遗址各洞窟具有使用功能上的差异。

本年度出土遗物与前两年无异，仍以文献、佛教遗物、生活用品及建筑构件四大类为主，兼有箭镞、钱币、卜骨等物。文献方面的新发现为明、清时期的汉文公文档案及完整的西夏文书籍。佛教遗物新发现造像残块若干，有佛头、佛冠、手指、脚趾、飘带残块及各类饰件等。统计擦擦11.06万余枚，划分了不同的类型。

经过三个年度的考古发掘，基本明确了亥母寺遗址的空间布局、窟内结构及遗址的营建方式。即先在山坡底部修整出一个完整的平台，然后自平台向山体凿挖开窟，最后以窟口两侧的山体为界，在平台上搭建庙宇。这对探讨西夏时期的佛教建筑布局及形制演变，具有重要的参考价值。出土的各类遗物，数量大、种类多、内涵丰富，为深度解析亥母寺遗址的历史沿革和文化内涵，提供了客观全面的材料。大量西夏文文献的发现，则对西夏语言文字、社会历史、宗教仪轨和装帧印刷等方面的深化研究起到了积极的促进作用。

（蒋超年　赵雪野）

青 海 省

【民和县喇家新石器时代遗址】

发掘时间：2018 年 7 月 ~11 月

工作单位：青海省文物考古研究所、四川大学考古学系、喇家遗址博物馆

喇家遗址位于民和县官亭镇喇家村，地处黄河上游的官亭盆地，坐落于黄河北岸的二级阶地上。遗址分布范围东西长约 880 米，南北宽约 750 米，占地面积约 67.7 万平方米。

本年度的发掘区域主要位于Ⅴ2 区高压电缆管道、Ⅷ1 区南缘台地、Ⅷ3 区环路、Ⅷ1 区道路护坡 4 个地点，发掘面积接近 1000 平方米，共发现遗迹 129 处，其中房址 8 座、墓葬 1 座、冲沟 1 条、灰坑 114 个，柱洞 5 个，此外，还发现疑似祭祀遗迹，保存序列完好的砂层，古地震留下的多处裂缝。出土遗物较为丰富，主要有陶器、玉器、石器、骨角器、漆器等数百件标本。据初步整理，本年度发现有马家窑文化、齐家文化、辛店文化山家头期等遗存。

马家窑文化共发现 7 个灰坑，以 H384、H409、H432 为代表，出土彩陶壶、彩陶盆、彩陶钵、粗陶罐等器物，从陶器特征观察，与喇家遗址 2014 年、2016 年清理的几座灰坑年代接近，同属马家窑文化偏晚阶段（林家上层）。

齐家文化遗存最为丰富，Ⅴ2 区高压电缆管道 F67 居住面发现大量遗物，其中，陶仓形器与 2016 年出土的器物形制相同，极为珍贵；Ⅷ1 区南缘台地齐家文化遗迹数量众多，打破关系极其丰富，并发现大量方形灰坑和两条完整的地裂缝，该区域齐家文化遗迹年代普遍早于喇家遗址被灾难毁坏的时间节点。Ⅷ1 区道路护坡 F68 目前清理出三具人骨和十多具猪骨，其分层掩埋和人、猪合埋的方式极为特别，再结合附近祭坛、广场以及猪骨、人骨的摆放位置、相互关系等推测其可能是一处祭祀坑；Ⅷ3 区环路区域发现目前为止保存序列最为完整的砂层，在砂层下发现有齐家文化生活废弃堆积和淤积层交错分布，从目前发掘和后期勘探情况来开，该地点可能为一条西北—东南走向的冲沟，宽约 23 米，今年的发掘区域刚好处于冲沟的中间。

辛店文化山家头期遗存的发现是意外之喜，虽然出土遗物较少，但将辛店文化的分布范围扩大到喇家遗址最南端，说明辛店文化先民在该遗址有着较为频繁的活动。

总体而言，本年度田野发掘工作，基本摸清了马家窑文化的分布范围，进一步了解了齐家文化早期遗存面貌，揭露了疑似祭祀和冲沟等重要遗存现象，从层位上明确了地震裂缝的年代，不仅丰富了喇家遗址先秦时期各文化阶段聚落布局和区域性特点，而且为探究喇家遗址各自然灾难的相互关系、时间节点及其废弃过程提供了极为关键的信息。

（马　骞　杜战伟　甄　强　王倩倩）

【祁连县柳沟台青铜时代遗址】

发掘时间：2018 年 6 月 ~10 月

工作单位：青海省文物考古研究所

柳沟台遗址位于祁连县黄藏寺村西北

角，黑河东岸的第二台地上。为配合黄藏寺水利枢纽工程的建设，本所对柳沟台遗址进行了考古发掘工作，发掘面积共2500平方米，共清理出房址1座，灰坑114个，基槽3条，灶1座。

出土物：石器、陶器、骨器、铜器、贝类小件1000余件。其中，石器主要有：石核、石片、盘状器、刮削器、研磨器、尖状器、砍砸器、石网坠、石叶、石球、石杵、石刀、石矛、石镞、砺石等。陶器有：双耳彩陶罐、四耳彩陶罐、夹砂粗陶瓮、单耳陶杯、方形杯、陶豆、器盖等。骨器有：骨锄、骨针、骨锥、骨箭镞、骨铲、骨刀等。铜器有：铜刀、铜残片。贝类有：蚌壳、海贝。

发掘获得不少收获，仅根据目前发掘的众多遗迹单位，柳沟台遗址可认定为一处青铜文化时期的居住地。从出土的遗物分析，该遗址出土了较多打制石器，特别是石核337件，铜器11件。灰坑共114个，从灰坑中收集到26小袋鱼骨，结合出土的网坠、兽骨等，说明该遗址是一处较集中的生活区，也是一处加工打制石器较集中的区域，这反映了柳沟台遗址是一处有人类长期固定居住的居所，存在渔猎经济，其经济特点可能是以狩猎、畜牧经济为主体。根据出土较少的磨制石器特点，反映了该地区当时的农业经济发展较慢。

从出土遗物来看，柳沟台彩陶纹饰相对较少，目前已知的有双耳彩陶罐、四耳罐，受河西走廊四坝文化彩陶罐影响，另一种动物变形彩陶纹饰与大通上孙家寨卡约文化相近。柳沟台遗址可能同时具有这两种文化因素。四坝文化主要分布河西走廊中西部，南抵祁连山北麓。祁连县黄藏寺柳沟遗址，也应该在这一地区分布的范围内。柳沟台遗址是青海祁连境内，首次发现的四坝文化遗存。本次发掘丰富了甘青地区的文化脉络分布，对我们认识当时聚落形态有一定的帮助。

（胡晓军　冶紫娟）

【互助县班家湾汉墓】

发掘时间：2018年11月

工作单位：青海省文物考古研究所

班家湾墓葬位于互助县班家湾山前坡地山城地村民雷发元地界上，修建现代墓葬时，发现一处有青砖的墓葬，上报县公安局和县博物馆。随后，省文物局和省考古所至班家湾实地踏勘，确定为早期墓葬。本年获得省文物局及国家文物局批准发掘。

墓葬形制：2018年QHB—M1墓葬由土圹、斜坡墓道、前、后室穹隆顶及前、后甬道组成。前室穹隆顶早期被盗，现已塌陷。后室穹隆顶2016年新建现代墓时，遭到破坏。

出土文物7件。根据班家湾M1墓葬形制及出土一枚连珠纹柿蒂纽铜镜、五铢铜钱及陶灶形制，墓葬年代定为东汉中期。

墓室共出土九个人头骨，仅残存三个棺具。人骨摆放位置看不出葬式，骨骼零乱。人头骨众多，推测该墓为家族合葬墓。头骨与骨骼数量存在明显不符现象，可能存在着迁葬习俗。

（胡晓军　李永虹）

【丝绸之路——南亚廊道（青海段）考古调查】

调查时间：2018年6月~10月

工作单位：青海省文物局、青海省文物考古研究所、西北大学文化遗产学院

为配合丝绸之路“南亚廊道”跨国系列世界文化遗产的申报活动，为其提供学术支撑，在国家文物局的要求下，联合考古队在2017年调查的基础上再次展开了丝绸之路南亚廊道青海段的考古调查及勘探工作。

本年度调查的宗旨主要以文物普查资料为线索，对青海西部草原地带文物遗迹的分布、内涵、价值等进行初步了解，为下一阶段专题性的重点调查提供方向，故以踏勘为主，调查范围十分广泛，涉及五

州（果洛州、玉树州、海南州、海西州、海北州）十六县（玛沁县、甘德县、达日县、班玛县、玛多县、囊谦县、共和县、兴海县、贵南县、贵德县、天峻县、乌兰县、刚察县、海晏县、门源县、祁连县）。同时对去年调查的部分重要城址进行了测绘和三维建模，对青海海南州那亥列、伏俟城两座古城遗址进行了钻探调查。

通过此次调查，我们主要收获如下：

1. 基本摸清了调查区域的遗存分布状况，调查包括城址、烽燧、寺院、墓地、遗址、古塔、岩画、摩崖造像、古民居、石器地点、古道等，共计135处，其中新发现15处。同时对去年调查的部分重要城址进行了测绘和三维建模。其中主要调查古城38座，烽燧14座，岩画14处，盐场9处，古道2段。

在调查过程中，我们对上述遗址点进行了详细的文字描述和测绘及三维建模，系统采集了古城内测年标本及相关检测标本，对古城进行了测年，基本确认了相关古城的年代。

2. 对伏俟城、那亥列古城进行了详细的勘探，基本确认了那亥列内城城内建筑，城内建筑以东门轴线为中心分为三组，略呈“凹”形分布。东面两组对称分布于城内南北两侧，平面呈东西向长方形，墙基宽1.7米，探孔内发现有陶片、骨骼和漆皮等。西面一组靠近内城西墙，东西长74米、南北宽67米，墙宽2.7米～4.6米，其东墙开一门，门宽5.03米。外城城墙现存稍隆起于地面，墙体内铺垫数层石子层，北墙全部、东墙和西墙北段均被河流冲毁，南墙保存基本完整，墙外侧发现有壕沟。墙体宽3.1米～4.7米，壕沟宽1.7米～2.7米，南墙长1451.6米。东面有平行并列的两道墙体，二者间距363米～454米。东面两道墙体上均发现有门址，靠东面第一道墙中部正对内城东门位置开有一门，门宽6.6米、进深17.2米，门内外两侧均有一对门阙（或称墩台）。东门第二道墙开有两门，偏北一门在第一道墙门址稍偏北位置，宽7.6米，两侧也有墩台；偏南一门距南墙191米，门道宽8.6米，门道周围未发现墩台。另外，在外城南墙内中部发现数处房址和灰坑，探孔内发现有大量灰烬及个别动物骨骼。内城西北角的两个盗洞内发现大量瓦片，板瓦按照外面纹饰分绳纹、折线（叶脉）纹、四叶纹、麻点纹等，瓦内面多饰麻点纹；筒瓦外多饰绳纹和折线纹，内面麻点纹。板瓦、筒瓦外面发现有模印和刻写的“天”字。那亥列古城经钻探，在城内发现夯土建筑基址四处和三段道路遗迹，路面踩踏层厚5厘米～10厘米。城内靠近东墙、南墙内侧距地表0.3米～0.5米发现大量灰层，灰层厚1米～2米，内含木炭、陶片、草木灰等。探孔内采集的动物骨骼经鉴定有绵羊、山羊、鹿、黄牛、马、鹿以及鼠类。西墙外正西方向190米～260米的丘陵顶部台地上，钻探发现四处夯土遗迹，平面分别呈长方形、曲尺形，夯层厚0.5米～0.7米，夯层下是由砾石层平铺而成的地基，当为建筑基址。城内采集的木炭和动物骨骼标本测年数据为1025～1256年。可知那亥列城为宋代所建。

3. 2018年度丝绸之路南亚廊道青海段的考古调查，对广阔的青海西部草原地带不同类型文化遗存的时空分布、性质内涵及保存状况等了解的基础上，明确了今后工作的重点和方向。积极开展多学科、多领域、多部门的协同合作，充分利用现代科技考古手段对重要遗存进行深入细致的解剖，为丝路南亚廊道进一步的研究和未来的申遗工作提供坚实的基础。

（王忠信　刘卫鹏　李冀源　曹　凯　杜　玮）

宁夏回族自治区

【银川市水洞沟旧石器时代遗址】

发掘时间：2018 年 5 月 ~11 月

工作单位：宁夏回族自治区文物考古研究所、中科院古脊椎动物与古人类研究所、灵武市文物管理所

水洞沟遗址位于银川市东南 28 千米处，西距黄河 18 千米，该遗址由 12 个地点组成，地质时代从距今约 4 万年的晚更新世末期直至全新世早期，涵盖了旧石器时代晚期之初至新石器时代早期的不同文化堆积。文化类型多样，包括石叶、石片、细石叶工业、有意识的用火、象征行为等。水洞沟遗址是我国最早发现并发掘的旧石器遗址，迄今该遗址已经发现 12 个地点，其中最为重要的是水洞沟第 1 地点（SDG1）和第 2 地点（SDG2）。

此次发掘以水洞沟第 1 地点的 1980 年原有发掘探方位置为中心，向北、西、东分别扩展，打开一个面积约 150 平米的发掘面。布 5 米 ×5 米探方 6 个进行发掘。同时参照旧石器考古野外工作方法，记录所有遗物和遗迹的空间坐标，对重要遗迹与地层进行多视角三维重建，并对所有发掘出土进行水洗。对重点遗迹和重点层位发掘出土进行全面浮选。采集^{14}C测年样品，并采集地层和重点遗迹单位的土壤微形态样品进行分析，廓清发掘地层的成因。在 1980 年探方的西南角开挖一个 2 米 ×2 米的探方，抽调精干队员先期将这一区域逐层向下发掘，率先进入旧石器文化层，以探明遗址地层与埋藏情况。

共出土石制品 1363 件，动物化石 322 件，碳样采集 86 个，陶片 20 片，装饰品 10 件。

水洞沟第 1 地点根据已有发掘材料显示其包含了旧石器与新石器时代两个文化层位。目前发掘的新石器时代文化层，出土有打制石器、磨光石斧、磨盘、磨石、陶片、细石器以及装饰品等重要文化遗物。长期以来，学术界一直关注该遗址更新世地层堆积中的旧石器文化层，却忽视了遗址上部全新世堆积中的新石器时代文化层。本次发掘出土相当重要的遗物类型，如骨制和贝壳磨制的串珠装饰品，这充分说明该地点的重要性不仅体现在其独特的旧石器时代文化遗存，对于西北地区新石器时代早中期文化研究也有着十分重要的作用。

（郭家龙　彭　菲　王惠民）

新疆维吾尔自治区

【塔什库尔干机场遗址群】

发掘时间：2018 年 9 月 ~12 月

工作单位：新疆维吾尔自治区文物考古研究所、北京大学考古文博学院

塔什库尔干机场位于塔什库尔干县县城东南约 15 千米的阿克塔木，此次考古工作是配合塔什库尔干机场建设所进行的抢救性发掘，涉及达吾提斯曼墓葬、铁林阿尕勒墓地和沙依地尕墓地，共发掘墓葬 40 座，此外在发掘工作中还发现库孜滚石器遗址，除进行调查和地表采集外共发掘遗址面积 400 平方米。

墓葬封堆低平，部分封堆边有深浅两种颜色石块排列而成的黑白条状石带，也有的石带由单一浅色石块构成。多为竖穴土坑，部分有短墓道，墓室深度较浅，多小于 1 米，头向西或西北。出土文物比较少，有眉笔、眉石、骨笛、少量铜饰件和陶器。这些墓葬从位置环境、墓葬形制、出土文物来看和以北不远的香宝宝墓葬和曲曼黑白条石带墓葬基本相似，初步判断其文化特征和年代也基本一致，为春秋战国时期墓葬。

库孜滚遗址位于塔什库尔干乡库孜滚村，库孜滚沟口洪积扇上，南北长约 13 千米，东西长约 7 千米，分布面积约 50 平方千米。石器主要分布于黑色戈壁滩地表，首先通过调查大致确定了遗址范围，之后在机场建设范围内对地表石器进行了采集，采集了数以万计的各类石器，其次还在局部区域进行了考古发掘，其中在Ⅲ区地层中的发掘共获得标本 661 件，均为石制品，工具所占的比例极低，修理多局限于刃缘，以不规整的锯齿刃器、刮削器等为主。发掘过程中基本未见到修理工具产生的小石片，显示遗址并非石器使用和消费的场所，而应当是一处石器加工场。

由于原料和遗址的石器加工场性质，所发现的遗物中缺少典型的工具组合，给遗址的年代判定造成了比较大的困难。从石叶工业成熟、缺少陶片等更晚近的文化因素的情况看，处于旧石器时代晚期较早阶段的可能性较大，但亦有可能已经进入全新世，还需要结合年代测定的结果具体分析。

库孜滚遗址作为一处有明确地层的代遗址，面积广大、遗物数量丰富、地理位置独特，为探讨该地区技术和人群的来源、人类对高海拔地区的适应等重要的新问题提供了宝贵的材料。进一步的材料整理和多学科综合研究工作将为理解这一阶段的石器技术、人群规模、生存环境等问题提供更多信息和新认识。

（艾　涛　冯　玥）

【新源县加嘎村青铜时代墓地】

发掘时间：2018 年 5 月

工作单位：新疆维吾尔自治区文物考古研究所

墓地位于新源县别斯托别乡加噶村西南，县城东 4 千米处。墓地地处恰普河北岸冲击平原上，地势平坦开阔，12 座墓葬四周为农田环绕。墓葬大致呈南北向链状

排列。为配合基建项目，2012年5月，本所对其中5座墓葬进行了发掘．本年5月底，为配合新源县哈萨克医院项目建设，再次对该墓群的2座墓葬进行了考古发掘。

本年发掘区位于2012年的西部，相较后者而言，此次发掘的2座墓葬体量较大。二者的地表封土、墓室均见不同程度的扰动，其填土内多见与墓葬年代相去甚远的晚期陶片、活动遗迹及现代生活垃圾。墓葬地表封土分层堆积而成，直径在30米～50米，高度2米～3米。墓室内填戈壁石子及黄土混合物，墓底残存的木框葬具，因破坏严重，具体形制不明。封土及墓室填土内出土花边鋬耳陶鍑残片，墓底出土金箔片、铜器、人、牛、羊骨等。

2座墓葬在地表封土、墓室数量及构筑方式等方面存在较大差异。如M1地表封土以土堆为主，其间夹杂戈壁石子，再在土堆外缘至腰部用卵石摆放宽2米左右环形石圈，平面呈圆形石圈土堆。墓葬开口于封土中部下的原生砂砾层，平面呈方形，竖穴，直壁，平底，四壁填充砾石夹杂黄土，于墓室周边形成熟土二层台，南北二层台上棚盖松树木板用以封护墓主、葬具及随葬品；M2地表封土则是以黄土为主，其间夹杂戈壁石子的高大土丘。封土中、南部向下掏挖A、B两室，其中A室为主墓室。两座墓室均开口于原生黄土层，平面呈圆角长方形，竖穴、直壁、平底，墓口处用木板南北横向棚盖整个墓室。二者均被严重盗扰，

本次发掘的2座墓葬与巩乃斯河流域的新源县阿尤赛沟口墓地、别斯托别墓地已发掘的墓葬在墓群布局、封土堆积、墓室结构、出土遗物等文化特征上存在较大相似性，其年代及文化属性表现出强烈的一致性。

（张　杰）

【伊吾河流域史前遗存调查】

调查时间：2018年6月～8月

工作单位：西北大学文化遗产学院

伊吾河流域位于欧亚大陆腹地，天山山脉最东端，是欧亚大陆东西交通和古代文化交流的要冲，是我国古代游牧文化和草原文明形成和发展较早的重要区域。该流域属温带山地干旱气候，地形地貌多样，总长71千米，流域面积1100平方千米。伊吾河流域史前聚落遗址群，处于相对隔绝的地理环境中，考古学文化相对单纯，具有鲜明的地方特色，同时又与周边其他考古学文化存在着广泛的交流与互动。

2017年6月～7月及2018年6月～8月，本院对伊吾河流域进行了详细的区域系统调查工作，共调查高山区、山前台地、丘陵河道、绿洲戈壁不同地形地貌环境下青铜时代至早期铁器时代聚落遗址45处，其中新发现大中型聚落遗址3处，小型聚落遗址10余处。此外，对已知遗址的补充调查均有新的发现和收获，厘清了各遗址的具体范围、遗迹分布等情况。较为重要的发现包括阔拉遗址、托背梁南河滩城址、尖家坡墓地、拜其尔南遗址等。

阔腊遗址早期高台居址为目前新疆已知规模最大的石构建筑遗址群，南北250米，东西150米，占地面积35000平方米。该居址由位于遗址东南部高约7米，底径70米的高台以及周边石构居址组成。

托背梁南河滩遗址为东天山地区保存最完整的青铜时代晚期城址，遗址由城址、城址东北部大型墓地、城址南北两侧分布的密集石构居址构成，总面积约140000平方米。石构城址位于遗址区中部，东西向长方形，东西长250米，南北宽50米。北侧城墙保存较好，中部宽约7米，残高1米～1.5米，城墙东部现存边长7米的方形马面1座，其余三面城墙仅存墙基。调查发现了保存完好的东、北两处门址，北门外尚保存长约70米，宽1米～3米的石砌道路。城内发现大型石构建筑1处，东西25米，南北35米。城址东北分布有面

积25000平方米的墓葬区，墓葬均为圆形石圈墓，直径3米~5米。城址南北两侧台地上，分布大量石构居址。

尖甲坡墓地为东天山地区等级最高、建制最为完善的墓葬群。该墓地由2座大型墓葬及其附属的殉牲坑、陪葬墓、立石、祭祀堆等构成。主墓M1封堆直径46米，环绕宽15米的壕沟。封堆西北侧为27座殉牲坑，直径1米~8米，东部为南北向分布陪葬墓9座，直径5米~12米。墓葬周边分布各类祭祀坑15座。M1东向分布立石约169座，长约900米。

拜其尔南遗址位于拜其尔墓地东南，呈南北向密集分布，在南北长850米，宽100米的范围内，共发现石围居址200余座。居址平面均呈规整圆形，可分为大中小三级。其中，大型居址20余座，直径12米~20米，集中分布于遗址南部；中型居址170余座，直径8米~12米，小型居址10余座，直径5米~8米，密集分布于遗址中北部。按其地面形制推测为帐篷底座，可能为目前我国已知最早、规模最大的军营遗迹。

另外，对各遗址均进行了航空摄影测量，并完成500余处（座）遗迹的三维模型构建，完成图纸300余幅，绘制遗物图纸200余件。调查采集大量陶、石、铜、铁等遗物，并对各遗址采集到的动植物遗存完成鉴定、测年。

通过近两年来的基础调查与资料整理工作，初步完成了伊吾河流域史前文化的年代框架构建，揭示了伊吾河流域青铜时代至早期铁器时代游牧民族聚落遗址的特征和分布规律，完善了古代游牧民族聚落考古研究的理论和方法。

（习通源）

【阜康市白杨河中下游青铜时代至唐代墓地】

发掘时间：2018年4月~10月

工作单位：新疆维吾尔自治区文物考古研究所

墓群位于阜康市上户沟哈萨克民族乡白杨河中游和下游西岸地带，西北距阜康市约40千米。为配合阜康市抽水蓄能电站对外交通公路工程，本所2017年、2018年对项目涉及的白杨河中下游地区墓葬进行了发掘，共清理墓葬478座、殉葬坑22个。墓葬有石棺墓、竖穴土坑、竖穴偏室、竖穴洞室及带殉葬坑的大型墓葬等多种类型。

石棺墓集中分布在白杨河中游西岸台地上，地表不见封堆，共清理石棺墓290座。墓葬埋藏较浅，石棺有大、中、小三种类型，均为东西向长方形，小石棺为婴幼儿葬，其余为成人墓葬。墓葬多被盗扰，多数个体仅存下肢骨，仅1座墓葬人骨完整。以单人葬为主，有个别双人葬、三人葬，从残存骨殖判断，葬式均为头东足西，侧身屈肢。晚期有在墓室外东侧放置一件陶器的葬俗，陶器有素面、彩陶，底部均穿一孔。随葬品以滑石珠为主，有少量陶器和小件铜器，见少量绿松石珠。

竖穴土坑墓，墓穴形制有圆角长方形、椭圆形，部分墓室一侧有二层台。以单人葬为主，有少量多人葬，随葬器物有陶、铜、铁、骨器等。竖穴石室墓，墓室较深，多为单人葬，部分墓葬被盗扰，人骨不全，出土陶、铜、铁器等。竖穴偏室墓、竖穴洞室墓墓室均较深，墓主人位于偏室或洞室内，墓室一侧或墓道内殉马。随葬铜器、铁器箭箙及耳环、牌饰等装饰品，均不见陶器。

竖穴木椁墓，墓室深约4米，其中有焚烧木椁的葬俗。在白杨河下游沟口分布有带殉葬坑的大型墓葬，墓葬封堆高大，大致呈南北向链状排列。墓室底部见木椁痕迹。主墓位于南侧，墓口西侧随葬双耳陶罐1~4个不等，殉葬坑位于北侧，数量1~8个不等，墓室深约5米，多被盗掘，仍残留有金耳环、金丝、金羊饰、云纹金饰等金饰以及彩陶器；殉葬坑内殉有骆驼或马，以殉马为主，有1例殉人。

从年代来看，石棺墓年代最早，从青铜时代晚期延续至早期铁器时代；竖穴土坑墓是分布最广、沿用时间最长的墓葬类型，从早期铁器时代延续至唐代；竖穴木椁墓年代约在战国中晚期；竖穴石室墓大体在汉代前后；竖穴偏室、竖穴洞室墓为晋唐时期出现的新的墓葬类型，代表了晚期遗存。

白杨河中游石棺墓群所在台地，共清理墓葬403座，其中石棺墓290座，竖穴土坑墓113座，石棺墓数量众多，分布集中，类型丰富，是目前新疆发现的规模最大的石棺墓群，晚期逐渐向竖穴土坑墓过渡，是研究青铜时代晚期至早期铁器时代墓葬发展演变的重要资料；白杨河下游带殉葬坑的高等级墓葬，在博格达山北麓地区尚属首次发现，与博格达山以南吐鲁番交河沟北车师贵族大墓葬俗极为相似，二者之间应有密切的关系。白杨河流域发掘的多种墓葬类型，极大地丰富了博格达山北麓地区的考古资料，对构建该区域考古文化序列、深入研究东天山地区文化交流演进具有重要价值。

（闫雪梅、张铁男、张奋强）

【博尔塔拉河流域考古调查】

调查时间：2018年7月~9月

工作单位：中国社会科学院考古研究所、温泉县文物局，北京科技大学

本年7月~9月，中国社会科学院考古研究所博尔塔拉河流域青铜文化课题组按照预定的学术计划开展博尔塔拉河流域（上游）的考古、民族学调查工作。此次田野调查得到了新疆维吾尔自治区文物局、博尔塔拉蒙古族自治州文物局和温泉县文物局的批准和大力支持，野外工作得以顺利开展。

参加本年度调查的人员主要有中国社会科学院考古研究所丛德新、温泉县文物局尚国军、北京科技大学的谭宇辰博士。此外温泉县文物员单志政也参加了部分遗址的调查。

本年度调查主要的学术目的是配合即将开展的阿敦乔鲁报告整理工作，对以阿敦乔鲁遗址为中心的博尔塔拉河上、中游以及鄂托克赛河等地区，开展相关的考古学和民族学的调查，补充有关资料。

温泉县整体位于博尔塔拉河上中游，博尔塔拉河发源于天山西部的莫生达坂，向东流经整个县域，上游落差较大，在穿过距发源地70余千米的温泉县城（海拔1300余米）之后，伴随着地势平缓，下切的特点逐渐消失，开始进入平缓的开阔地带。博尔塔拉河流域上、中游位于阿拉套山和别珍套山之间的河谷地带，海拔3000米以上常年积雪。北侧的山前洪积扇地区海拔在1300米~2400米之间，低矮小山、丘陵与开阔的草场相间。植被特点是以耐旱植被为主，主要植被有菰茅、针茅以及低矮灌丛等植物。

一　范围

调查主要可以分为三个区域，即温泉县城以西区域（高、低海拔区域）和以东的山前坡地，大河流域附近耕地等。主要的遗址（墓葬）地点包括哈夏林场（场部）、纯科克（公元前16~前13世纪）Ⅰ、Ⅱ、Ⅲ遗址、米尔其克钨矿、木呼尔浩希库夏、呼和托哈牧业二队（阿合塔姆）、呼和托哈种畜场农二队（公元前13世纪）；卡昝的捷麦克沟—民族学调查、温泉防疫站、查干乌苏河西侧小山遗址、哈夏林场托斯哈尔沟、莫逊达坂沟粮站（陶哈其沟）、哈尔努、蒙克沟等。

二　方法

以实地踏查、结合小飞机拍照的方式，并结合对重点遗址进行了试掘（1米×2米）。采集、发掘获得了一些重要的标本，

本年度及时进行了浮选及测年分析。

三　主要（新）遗址调查收获

纯科克遗址（群）：

位于温泉县阿茨队以东，昆得仑牧场水工乡北，在县城的东北约 18 千米。遗址位于通向北侧阿拉套山的沟谷之中，地处山坡南侧缓坡地带。海拔 1690 米。纯科克遗址群基本可以分为三处，从 1566 米至 1690 米的高度，逐渐伴随山地的抬升，沿着朝阳坡分布。其中Ⅰ号遗址由四处房址（建筑址）构成，朝向为南侧或东南侧，个体均较大，平均范围为 20 米×15 米，分单石圈和双石圈两类，位于西侧地表保存比较清晰的房址显示，存在至少“两进”院落的形态，南北两间前后相继，总跨度 30 米～35 米。其他地表建筑还有单圈石围的不规则形建筑类型。纯科克Ⅰ遗址现场采集一件石器，整体扁平，略近舌形，两侧呈亚腰形状，一端略残，长 14.1 厘米。

纯科克Ⅱ号遗址与Ⅲ号遗址相邻，位于一条干涸的季节河沟内，平面结构为两个南北相联的双石圈建筑，沿水流的方向上下相接。平面略呈长圆形，宽度 12 米～13 米，与冲构的宽度接近；长 14 米～15 米。边缘部分利用冲沟边缘的陡峭地势，有些部分保存的墙体有三层之多，残高 30 厘米～50 厘米。两个石圈建筑整体（平面）上略有落差，在上游保存有入水口（缺口）；同时，冲沟北侧的平台之上，也有房址的残基。

纯科克Ⅲ号所处的海拔高度为 1690 米，遗址被新修的简易公路破坏了一部分。该遗址共有三间相连的建筑，房址北依一座西北—东南向的山丘，呈南北向，其中偏北侧的两间基本为长方形，南北向。F2 形制较为规整，呈长方形，南北长 20.6 米，东西宽 13 米；墙体由双石围构成，宽 1.1 米～1.3 米。门道位于南墙中部，狭长，宽约 0.7 米，长 4.2 米。门道两侧墙体的南侧，各保留有两个呈半圆形的护坡；F2 在东、西墙的中部，有两块横向放置的（较大）石块，似乎显示其北半部可能为独立或者扩建的部分；并且在西侧中部发现了缺口，不排除另有出入口的可能性；F2 南墙外侧，自门道的口部起，有一条东西向的墙体（南墙），整体宽度为 18 米，略宽于 F2 南墙，该墙体在东西顶端开始各自向南延伸，西壁略直，东壁则呈弧形，然后闭合，形成一座南北进深 7.4 米，面阔 15.8 米的不甚规则的院落。

对纯科克Ⅲ号遗址的采集和试掘获得了陶片及少量家畜骨骼。AMS 测年数据显示的年代为公元前 16～前 13 世纪。

呼和托哈种畜场遗址：

呼和托哈种畜场位于温泉县城以东约 40 千米的呼场农二队，地势平坦，鄂托克赛河从其西北处经过，向东汇入博尔塔拉河。遗址基本位于河流下游的河滩地（河床）之上，北侧约 7 千米即为博尔塔拉河主河道，地表分布大量的鹅卵石。遗址的北侧有自然冲沟，南侧为旱地作物农田。从断崖处可知，保存的黄土层较薄，厚度在 50 厘米～70 厘米，其下即为砂砾层。遗址所处及周围 2 千米范围内曾经采集到大量的磨制石器，多数为磨盘和亚腰形石器（铲）。由于农田开垦，在平整土地的过程中已将包含有文化层的堆积破坏殆尽，只有较高处上保留一些灰烬土和陶片。

从试掘获得的零星现象可知，此处应是一处居住址，目前仅保留了部分踩踏面痕迹；在清理的过程中，发现了陶片和家畜的骨骼。陶器的器形包括罐、钵等，有夹砂红陶和褐陶两类，在零星的陶片内壁也发现拍绳纹的现象。

AMS 测年结果显示的遗址年代处于公元前 13 世纪前后。

哈尔努遗址

哈尔努遗址坐落于别珍套山间谷地，海拔 2830 米。位于温泉县城西南约 40 千米。从县城出发，经前往莫逊达坂的山谷，逐渐抬升，抵达黑湖。此处原为温泉县扎勒木特乡的夏季牧场，附近有一片小水域，是夏季的汇水中心，名哈尔努（蒙语“黑湖之意”）。遗址位于黑湖西北处一座东西向石壁之下，北依石崖，南对黑湖及周围的开阔谷地，南北均有高山环绕，南侧山脚下有丰富的地表水流，夏季植被茂密。

遗址基本可以分为三处相连的部分，居中的一处（F1）范围较大。方向为北偏东284°。遗址亦为双石圈建筑形式，北侧以石壁为墙，西壁略呈弧线向南延伸，长度为28.2米，东壁不甚规则，逐渐向西内收，长17.8米，整个建筑遗迹的宽度约19.8米，南壁宽13.7米，整体略呈一个半圆形的形态。墙体均为双石圈，宽度1.1米~1.4米。遗址的地表呈北高南低的态势，落差近1.65米。整体结构呈三个台阶式的建筑组合，其内部还可以分出若干个建筑个体，比较明显的是石壁之下，房址内东西各有一个小建筑遗迹，略近横长方形，大小分别3.3米×4.4米和6.8米×3.8米；

F1主体则是一个四边不对称的四边形建筑，建筑内南部有一道东西向隔墙。在F1的南部外侧，也保存一道弧形的石墙，向东一直延伸至下一组建筑群之中。

试掘以及地表采集发现了羊骨、石器、陶片等遗物。石器中长条形磨盘较多，此外还有方形小型石英石打制的。陶片以夹砂褐陶为主，陶胎内掺杂小砂砾和植物茎秆，素面；有的似经过简单的打磨，表面比较光滑。在陶片上还发现在口沿处有条形附加堆纹，其上有均匀的指窝压痕。

根据AMS测年结果，显示该遗址的年代在公元前16世纪，甚至更早。

四　主要收获

1. 通过本年度的调查工作，我们对博尔塔拉河上、中游遗址（迹）分布特点有了进一步的认识。博尔塔拉河流域青铜时代建筑址的分布特点，强调对小环境的适应或依赖，地形适宜处即可安家，保存下来的遗存分布广泛程度，甚至高于现代牧民的密度；纯科克Ⅱ号遗址显示的结构特点，结合民族学调查资料，与当今依然存在的“沉淀”“存储”水塘设施有类似之处。

2. 通过本年度的调查和试掘，获得了新的重要数据（资料），为认定博尔塔拉河流域青铜时代遗址性质提供了重要的依据。结合对现代羊粪和古代羊粪的成分对比，进一步确定了高海拔地区季节性遗存的存在，这对于研究古代博尔塔拉河流域游牧的发源、模式都具有十分重要的意义；

3. 本年度的田野调查使课题组进一步积累了博尔塔拉河下游地区遗存的分布规律和形态，为下一步的田野工作积累了重要的数据，也为全面探索博尔塔拉河流域青铜时代文化遗存的面貌提供了有益的方向。

（丛德新）

【轮台县奎玉克协海尔两周至汉代古城遗址】

发掘时间：2018年7月~12月

工作单位：新疆维吾尔自治区文物考古研究所、北京大学考古文博学院

遗址位于轮台县境内。西北距轮台镇约20千米。西北7.9千米为阔纳协海尔古城，东北9千米处为卓尔库特古城。古城地处轮台镇东南喀拉塔勒河冲积荒漠地带，地势平坦，地表为粉沙状的盐碱土，生长有稀疏的红柳、骆驼刺等耐旱植被。

奎玉克协海尔古城深埋地下，地表可见部分由城垣与中部高台组成。城垣平面呈不规则圆角长方形，周长约900米。东西长约260米、南北长约310米。现存残高1米~2米不等。城垣西北角和南垣有两处明显的豁口，分别宽约7米和20米。中部高台平面呈椭圆形，周长约340米，

东西长约90米、南北长约120米，最高处距地表残高约6.5米，南北各有一凹陷坑。城址已被列为自治区级文物保护单位。

本年，新疆文物考古研究所联合北京大学考古文博学院对奎玉克协海尔古城遗址进行了主动性发掘，取得了一些收获。

本年的发掘区集中于南部缺口与城址东北部的城墙解剖处。主要以搞清城墙的构筑方式以及城门的位置、结构、形制为目的，共发掘5米×5米探方38个，面积910平方米。清理出不同时期遗迹单位36处，出土石、铜、铁、陶等各类小件遗物83件以及大量的陶片与动物骨骼。

城址东北角探沟由10个4米×5米的探方构成，发掘面积200平方米，清理出灰坑3个，柱洞2个，出土石、铜、陶、骨等各类小件遗物18件以及相当数量的陶片与动物骨骼。发掘区域的堆积大致可分为⑩层，①~⑤层为晚期自然的水积或风积堆积；⑥~⑦层为城址废弃后自然形成的堆积层；⑧层为城址修筑和使用期间形成的文化层，该层底部距现地表深3.4米~3.6米，为城墙修筑时原始地表；⑨层下为早期文化层堆积；再向下为青沙堆积，并不纯净，因地下水渗出缘故无法继续向下发掘。

城墙系在原地表向下掘一深约0.5米的基槽，就地取土取沙堆积成高约1米的墙心，之后再向外取土内抛堆筑墙体，墙体墙基宽15米，残高约7.6米，有多次补筑的痕迹。

城外有壕沟，壕沟宽约12.5米，深约1.5米，沟内堆积复杂，有多次开挖的现象。城址南部缺口区域共发掘探方28个，其中T1327向南扩2米，共发掘710平方米。清理出城墙墙体1段，不同时期的灰坑20个、柱洞3个、灶址3处、墓葬2座、沟1条。出土陶、铜、石等遗物65件及相当数量的陶片与动物骨骼。

城址南部堆积较为复杂，因城墙的隔断，城内外堆积区别较大。现存墙体北低南高，宽约20米，北部残高0.8米，南部残高4.3米。南部缺口发掘前被普遍认为是城门所在，但从现有发掘迹象看，该缺口应是开口于②层下的晚期沟破坏所致，沟底东西两侧的墙体相连，经勘探残高尚有1米多。城门的位置、结构和该段墙体的结构都尚需进一步解剖。

通过本年的田野工作，我们明确了城址城墙建造方式为堆土成墙，墙外有壕沟。城墙墙基残宽15米~20米，残高4米~7米。基本搞清了南部缺口的成因，系晚期沟破坏而致。厘清了城内外的堆积情况。结合地层堆积、出土遗物以及南部缺口发现的2座墓葬，参考^{14}C测年数据，初步推断该区域在公元前750~前400年时即已有人类活动，遗留下深厚的堆积，城址建造于公元前350~前150年，废弃于公元前200~前50年。奎玉克协海尔古城遗址的发掘对于我们认识和建立春秋战国至西汉时期塔里木盆地北缘考古学文化面貌和年代序列具有重要的意义，为西域都护府的探寻提供了重要的线索。

（党志豪　李春长　徐佑成
艾　尼　侯知军　孙青丽）

【黑山岭绿松石采矿遗址】

发掘时间：2018年9月~11月

工作单位：西北大学、新疆文物考古研究所、北京科技大学

黑山岭遗址地处哈密伊州区与巴州若羌县交界地带的无人区内，位于敦煌、哈密和罗布泊三大绿洲的中间地带。黑山岭遗址为一处古人开采绿松石的矿业遗址，古代采矿遗迹数量众多，持续采矿时间长，年代跨度大，功能分区非常完善，是一处难得的古代早期采矿工业遗址群。

本年9月~11月，对该遗址进行了系统调查、发掘工作。调查发现黑山岭绿松石矿业遗址群及采矿坑沿着黑山岭山脉呈

东西向线性排列，可能受到了矿脉分布规律的影响。截至目前，此次调查黑山岭遗址分布范围约8平方千米，发现采矿遗址20余处。这些遗址可分为古代采矿工具加工区、采矿区、选矿区、生活区，功能分区完善，是一处较大的古代早期采矿工业遗址群。发掘出土遗迹主要为踩踏面、灰坑。发掘出土大量的古代遗物，包括陶器、铜器、石器、骨器、纺织品、皮毛制品、木器、绿松石料、植物编制物、玉髓料以及丰富的动植物遗存。这些种类丰富的遗物为我们研究采矿工人的采矿技术、社会组织和工地生活提供了详实的资料。

结合发掘的陶器类型及^{14}C测年结果，初步认为该遗址的年代约为公元前一千纪，陶器所反映的考古学文化类型与骟马文化有一定的关系，囿于发掘面积较小，调查还未完成，具体认识还需开展进一步考古工作。

本年工作的初步认识为：黑山岭绿松石采矿遗址是目前新疆发现规模最大的一处古代采矿遗址，也是我国现存规模较大的一处早期绿松石采矿遗址群。它的发现对探寻中国古代众多绿松石器原料的来源提供了一条重要线索。此次发掘工作为了解当时的采矿工业聚落特点、采矿技术与方法和矿人的生活状况和社会组织等提供了重要的考古材料，可以为解决我国早期绿松石产地以及边疆与内地的早期资源联系提供考古学支持。我们希冀借助对黑山岭遗址的发掘探索一套适用于我国的采矿遗址的发掘方法，为我国大量存在的矿业遗址提供田野考古学发掘和研究的经验。

（先怡衡　任　萌　李延祥）

【尼勒克县克其克苏布台战国墓地】

发掘时间：2018年9月

工作单位：新疆维吾尔自治区文物考古研究所

本年9月，为配合G577精河至伊宁段公路建设，本所对施工范围内涉及的克其克苏布台墓地进行了考古发掘，清理墓葬4座，出土遗物数件。

墓地位于伊犁哈萨克自治州尼勒克县苏布台乡克其克苏布台村以北近4千米处的山丘上，北依博罗科努山，东西两侧均为山间河谷地带，南侧为冲击平原。4座墓葬呈两两南北链状排列，墓葬地表封土或为石圈土堆结构，或为纯黄土堆，直径5米~15米不等，高度略高于现地表。墓室开口于原生黄土层，流行单墓室，依据墓室结构可分为竖穴土坑墓和竖穴偏室墓。竖穴土坑墓墓室填土内见用以棚盖墓室的草席、原木等遗物，部分墓葬的墓口见殉牲现象。竖穴偏室墓由竖穴墓道和横穴偏室两部分构成，墓道平面呈圆角长方形，竖穴，直壁，平底，其内普遍填石，部分墓葬的墓道底部与偏室之间形成生土二层台。偏室开口于墓道的方位有东、西之别。个别墓葬的偏室以石片铺盖墓底，墓主置于其上。出土遗物主要有素面折沿铜镜、铁刀、铁簪、银耳环、玛瑙珠饰、贝类珠饰等。

本次考古发掘的同一空间区域内的4座墓葬在地表封土、殉牲现象、埋葬个体、尸姿方位、出土遗物、墓室结构及其棚盖、封堵方式等丧葬习俗方面表现出较鲜明的文化特征。结合近些年伊犁河谷的发掘材料，我们认为这批墓葬的主体年代当在战国前后，个别墓葬的年代、文化属性等相关问题的解决需要后续深入的研究。

（张　杰　朱永明）

【察布查尔县阿布散特尔东周及唐代墓群】

发掘时间：2018年5月

工作单位：新疆维吾尔自治区文物考古研究所

本年5月，为配合G219（都拉塔口岸至昭苏县）公路建设，本所对道路施工所涉及的墓葬及石构遗迹进行了考古发掘。其中，发掘墓葬 88 座，石构遗迹 20 处，出土遗物 70 余件（组）。

墓群位于察布查尔县爱新舍里镇七大队的戈壁荒滩上。墓群东临洪纳海沟，西与农四师六十七团农一连仅一路（G219 线）之隔。该墓群包括三处子墓群，由北往南依次为阿布散特尔北墓群、阿布散特尔Ⅰ号墓群（分为 A、B 两区）、阿布散特尔Ⅱ号墓群。三者南北线状排列，两两相距 1.5 千米。墓葬所在的洪纳海沟西岸二、三、四级台地地势平坦，其上生长低矮的牧草，少部分被开垦为耕地。结合墓群所在的空间区位、墓葬形制、埋葬方式及出土遗物，这批墓葬大致可以划分为东周前后和唐代前后两段。

墓葬呈线状或片状构筑在不同的台地上。东周前后的墓葬主要集中分布在四级台地上，东西向线状排列，其间距较大，分布相对稀疏。墓葬地表封土在原地表摆置圆形石圈，石圈有单、双环石圈之分。封堆的直径多为 5 米～10 米，依墓室结构差异，可分为竖穴土坑墓和竖穴偏室墓，流行单人、仰身直肢、头西脚东的埋葬方式。墓主头端放置陶罐、陶钵、铁刀和羊荐椎。随葬品组合相对固定且比较单一。陶器大多为素面，少数器表口沿外饰锯齿纹等纹样。唐代前后的墓葬呈大分散、小集中的片状分布态势。墓葬在原地表摆置圆形石堆，直径在 5 米～10 米，少数墓葬则在 10 米～20 米。墓室位于封堆中部下，平面呈圆角长方形、东西向或南北向浅竖穴，室内填砂砾，个别墓室口见石板南北横向棚盖现象。墓主流行头西脚东或头北脚南的单人仰身直肢葬，但其中也有相当数量的墓葬墓底见零星人骨，甚至不见人骨，少数墓葬为二次迁入葬。墓室为竖穴土坑或竖穴偏室，室内普遍不见随葬品，个别墓底放置羊腿。出土遗物见铜质舟形器、马具、金耳环、银环、骨锥、宝石等。石构遗迹为地表堆积圆形石堆，直径 5 米～10 米不等，高度略高于地面，石堆揭去后未发现其他遗迹现象。

本次考古发掘的墓葬数量较多，出土遗物少（个别墓葬例外），但墓群所处的空间区域及其蕴含的文化内涵在构建区域性考古学文化序列，探讨与周邻地区文化谱系关系及草原地带生业发展模式等方面具有重要的学术意义。东周时期的墓葬形制及其出土遗物进一步明确了索墩布拉克文化的分布范围，显现了伊犁河南岸及区域性文化特征，丰富了其文化内涵。唐代前后的墓葬发掘数量相对较多，除个别墓葬出土遗物相对丰富外，绝大多数墓葬不见随葬品。这批墓葬出土遗物的匮乏及墓葬普遍见零星人骨，甚至不见人骨的现象耐人寻味，值得深究。

（张　杰　朱永明）

【轮台县卓尔库特战国至魏晋古城遗址】

发掘时间：2018 年

工作单位：北京大学考古文博学院、新疆维吾尔自治区文物考古研究所

卓尔库特古城位轮台县东南约 24 千米荒漠中。1928 年，黄文弼最先到卓尔库特古城调查。2016 年开始，联合考古队对该城开展调查、钻探。据我们近年调查，卓尔库特古城共有内、外两重城圈。内城东北角高台为一处高台小城。外城面积 378460 平方米，周长 2338 米。

本年度计划发掘区域包括内城门、内城中高台、内城东高台三处地点，面积合计 1000 平方米。受春夏季洪水影响，内城门、内城中高台两处地点无法正常开展考古发掘。临时调整发掘方案，集中发掘内城东高台部分。

据原先钻探结果，在内城东高台有成排房址。本年发掘该区域，验证了先前钻探判定基本正确。目前业已发掘房址 3 座（包括柱洞多处）、灰坑 11 座、井穴 1 座、

高台城门址 1 处。

3 处房址中，其中 F2 为现代房址。F1、F2 为两处较大古代房址。

F1 依通贯高台中部的长墙而建，东墙即为长墙一部分。最厚处（北侧）宽 3 米，最窄处（南侧）宽 2 米。F1 前后经过数次改建。东墙长度 11 米，两侧间东西宽约 15 米。F1a 北墙从底部至顶部残高 5.2 米，由内向外侧倾斜，土坯墙外加抹泥皮，泥皮保存较完好。北墙中部有两处壁柱槽，底面长方形，宽 60 厘米，深 30 厘米。第③、④期残存柱洞 18 处，部分仍有木柱残件。柱洞直径 25 厘米。柱间距 1.1 米，上架方梁。F3，第①期起建层位与 F1 同。第②期、第③期分别补筑、改筑西墙、北墙。门道在东侧，因位于探方外，本年度未扩方发掘，待今后发掘。F3 废弃后被大灰坑 H10 打破。F3 内发现 6 处柱洞，均立于第①期，柱洞直径约 25 厘米。个别残存木柱残块。根据顶部倒塌堆积残块可知，F1、F3 顶篷均为细木棍加苇席编成，覆以土坯。F2 为现代房址，建于 H10 之上。墙基打破 H10。残存东墙、南墙局部。

井穴 J1，打破 F1b 第④期，为 F1 第⑤期所叠压。J1 大致呈直筒形，口部直径 2.3 米，底部直径 2.4 米，深 5.9 米。J1 内堆积为倒塌土、灰土。出土大型广口陶缸残片，细泥红陶，形制与库车地区出土魏晋时代酒瓮相似。

高台东侧筑有大围墙，底宽 8 米，土坯垒砌。门道宽约 6 米。南侧上部经过两次改建。后期在围墙与高台中部长墙间土坯加砌一堵隔墙，土坯形制不规整。

出土有陶器、骨器、铜器、石器、铁器、兽骨等。系统测年数据表明年代为战国中期至魏晋，主体时段落在西汉中期至东汉，与西域都护府时代吻合。

通过 2018 年发掘，得出以下初步认识：(1) 卓尔库特古城内城东部营建高台建筑，高台外加筑大围墙，这种形制极为特殊，在新疆及中亚地区均较罕见；(2) 内城东部高台为夯筑台基的高台建筑，上部依南北长墙以土坯建一组大型房址；(3) 房址为土坯棚架式，土坯多用河泥裁切，规制不统一；不同时期土坯做法不一，晚期见三合土土坯；(4) 房址规模体量较大，为目前新疆地区房址中单体最大；(5) 房址经过多次改建再利用，可能与卓尔库特古城性质、功能的变化有关；(6) 根据地层堆积和出土遗物，东部高台建筑中上部主体不晚于汉，下层建筑时代更早；(7) 汉代器物具有长安地区典型特征，魏晋时期器物明显受到龟兹影响，未见唐以后出土遗物；(8) 从内城东部高台建筑体量、规模推测，卓城在汉至魏晋时代应为塔里木盆地东北沿一处高等级城址。

卓尔库特古城的发掘对于确定西汉西域都护府遗址所在迈出了重要一步，对于研究中央政府治理新疆、丝绸之路考古、欧亚古代城市考古具有关键性意义。

（陈 凌）

【奇台县石城子汉代遗址】

发掘时间：2018 年

工作单位：新疆维吾尔自治区文物考古研究所

遗址位于奇台县半截沟镇麻沟梁村，地处天山山脉的山前丘陵地带，地势北高南低，落差最高可达 200 米，地形险峻。遗址平面为长方形，面积约 11 万平方米。北面和西面为高大的城墙，东面和南面临深涧，涧底为麻沟河。城内西北部依托西、北城墙构建子城。古城地势险要，易守难攻，军事防御的色彩十分浓厚。2014 年，本所向国家文物局正式申请主动性考古发掘，截至本年，已连续发掘 4 年。本年度发掘范围包括城门和墓葬，其中城门发掘面积 600 平方米，清理出门道 1、墩台 2、回廊 2、散水 2、房址 4、柱洞 62、踏步 1、沟槽 1 等遗迹。门道中西部有木制门限和门枕，均已被烧焦；墩台、回廊和散水的建筑结构与城墙墙体一致，为夯筑；房址内有大量坍塌瓦片、朽木、红烧土块和灰烬，火烧痕迹明显；柱洞含柱槽和排插柱，部分柱洞内残留有烧焦的木柱，踏步和沟槽均呈梯形。出土遗物以建筑材料居多，另有少量陶器和骨器，金属器罕见，五铢钱1枚。墓葬位于城西约200米处，发掘墓葬9座，殉马坑、窑址和清代房址各1座。墓葬包括竖穴土坑墓6座，竖穴偏室墓2座和竖穴二层台墓1座。出土遗物包括陶、铜、铁器及钱币等；殉马坑内葬马一匹，无随葬品；窑址平面大致呈梯形，由前室、火门、火膛、窑室和排烟设施五部分组成，窑室内出土有板瓦、筒瓦、瓦当等建筑材料，与遗址内出土同类器物的建筑工艺和纹饰相同。

本年对石城子遗址的考古发掘进一步清晰认识了遗址的形制布局和建筑规模，同时也对周边相关遗存有了深入了解，勾勒出石城子遗址文化背景，更加明确两汉时期中原王朝在西域构建的军事防御体系，是对西域实施有效管辖的历史实证。

（田小红　冯志东　吴　勇）

【特克斯县喀甫萨郎遗址】

发掘时间：2018年

工作单位：新疆维吾尔自治区文物考古研究所

遗址及Ⅳ号墓地位于喀拉峻景区服务区北侧的山梁上。2017年秋季曾在此发掘墓葬60座，墓葬形制丰富，年代上至早商时期，下至唐代前后。本次发掘其中墓葬1座，房址1处，发掘面积共计300平方米。

墓葬地表封土为椭圆形石堆，且叠压在遗址的活动面上。墓室开口打破遗址活动面，表明墓葬的相对年代晚于遗址。墓室内填五花土，填土内夹杂大量碎块状盐碱壳。墓底人骨凌乱，北壁处出土一副辔头及衔镳组合的马具。目前揭露的房址为半地穴建筑，构筑方式为在原地表下挖30厘米、平面呈梯形，浅土坑，东侧较宽，西侧略窄。坑外缘的北、东、南放置成排的石块。面积约10平方米。坑内堆积30厘米的五花土，其间夹杂兽骨、石杵等遗物。坑内堆积没有明显的层位，向下清理15厘米~30厘米时，8个直径大小不等、深浅有别的柱洞开口显露出来。坑内堆积全部清理完毕后，坑底青灰色的踩踏痕迹清晰可见，坑底东南角为一处灶址。灶址填土内残留青色烧灰、烧结土块、少量木炭等。灶底烧结面厚达10厘米。该房址面积小，形制简单，作为临时居所的可能性较大。

本次考古发掘中，发掘墓葬1座，从墓葬形制、出土遗物判断，其年代当属唐朝前后。遗址发掘工作未能全面完成，更多周详的信息需要后续田野考古工作的支撑。

（张　杰　朱永明）

【奇台县唐朝墩古城遗址】

发掘时间：2018年7月~10月

工作单位：中国人民大学历史学院考古文博系、新疆文物考古研究所、奇台县文物局

古城遗址位于昌吉回族自治州奇台县城东北角，东邻水磨河，地处天山东段博格达山与古尔班通古特沙漠之间东西交通要道之上。本年度发掘面积为600平方米，共布探方发掘点三处，两处位于城内东北部，一处位于城中偏北处；共布探沟两条，一条位于北墙偏西处，另一条位于东墙偏北处。本次发掘主要是为了摸清城址的形制、考察城址的年代、了解城内遗迹情况以及古城后续的保护、展示和利用，主要有以下三方面收获。

（1）城址的形制结构：结合科罗娜卫片和勘探结果，我们对唐朝墩古城遗址做了初步的复原：其平面近不规则长方形，整体呈北偏西10°，东墙沿台地走势而建，

城址东西宽约341米，南北长约465米，按唐代里程换算，即东西220步、南北300步（1里），规模约为唐代一坊之大小。由于光绪年间修奇台县城，从城址西南穿过，破坏了古城的西南区域，形成了现在不规则的平面形状。

（2）遗存面貌：本年度发掘共清理灰坑190个，灰沟11条、房址5处、水井4口、墓葬2座。遗物类型丰富，有铜、陶、铁、玉、石、骨角器等。此次发掘还发现了一处浴场遗迹，其建筑风格与罗马式浴场极为相似。该浴场东南部有入口，为土坯建筑。浴场内部主要由红砖建筑，南北长近15米，东西宽12米。中间有一八边形房间，长宽皆6米。北部设有烧火的灶，西北角有供水的水井。地面为灰色的硬面，下设火道，连接火道的西侧设烟道，室内残留的壁面上有多层白灰，部分白灰壁面上残留有彩绘。

（3）城址年代整个城址主要包括3个时期的遗存，以地层堆积最完整的东北角发掘区为例：①层为表土层；②、③层为第三期遗存，发现有房址F1，年代约为蒙元时期；④~⑥层为第二期遗存，发现有房址F3，年代约为唐晚期至高昌回鹘时期；⑥层下至生土为第一期遗存，发现有H66、J2等遗迹单位，年代约为唐早期至中晚期。

城墙夯层采样^{14}C测年数据为596±42AD，这印证了唐朝墩古城始建于唐代。考虑到城址的形制和位置，结合史料记载，判断其应为唐代庭州所辖蒲类县县治所在。

（戎天佑）

【塔什库尔干县石头城遗址】

发掘时间：2018年6月~12月

工作单位：新疆维吾尔自治区文物考古研究所

遗址位于塔什库尔干塔吉克自治县县城北侧，地处被称为“世界屋脊”的帕米尔高原。2015年起，本所因开展《塔什库尔干县石头城遗址综合研究项目》而开始对其进行考古发掘，本年的发掘工作主要在前一年的基础上进行，共申报发掘面积500平方米。

对石头城外城东门通道所在区域进行的进一步清理发现了底部摆放相对整齐的石块。石块表面有经长时间摩擦形成的光滑面，初步判断是人的长时间进出所致，为判断该通道作为城址某一时期的城门入口提供了更多的证据。对内城北墙的进一步发掘清楚了内城和子城连接处墙体的形制结构，并在其外侧新发现一段明显偏晚的墙体，当为后期对城墙的增补而形成，这一特征也和其他区域城墙的发掘结果相吻合。该发掘区的工作确定了外城、内城、子城在该位置的空间关系，对于整个石头城布局的判断有重要的作用；对东子城高台区建筑遗址的发掘清理出房址、北门及走廊遗存，并发现三处圆形角楼，其中有烧火痕迹，应为空心构造，并有通道与房址相连，从规模和墙体修建水平上看，这明显是一处高规格的建筑设施，可能是一处军事堡垒或者佛寺遗址。在外城东北角外墙墙基上的一处烧纸堆中出土少量纸质文书，其内容多物品清单，还见有书写的唐诗《芙蓉楼送辛渐》残片，从其位置和同时出土的一枚“道光通宝”来看，这些文书的年代为清代，对了解当时戍边将士的物质和精神生活都具有一定价值。除此之外整个遗址发掘出土遗物较少，主要是一些夹砂陶片、石膏片和动物骨头，小件器物很少。

本年石头城遗址考古工作取得了一些收获，提升了我们对石头城和古代葱岭地区的认识和了解，对证明新疆各民族是中华民族血脉相连的家庭成员，体现新疆历来是多民族聚居和多种宗教信仰并存地区，进一步探讨历代中原王朝对新疆的管辖和治理具有重要价值。

（艾　涛　张相鹏）

第三篇

赴外考古

究所、蒙古国国立民族博物馆

【蒙古国车勒县石特尔匈奴墓地】

发掘时间：2018 年 6 月 ~8 月

工作单位：中国国家博物馆、蒙古国国家博物馆

墓地位于蒙古国中央省车勒县石特尔山西侧缓坡地带，分东、西 2 区。东区面积约 10 万平方米，包含墓葬 200 余座；西区面积约 10 万平方米，包含墓葬 200 余座，总计 500 余座匈奴墓葬。

本年度发掘东区墓地大、中、小型墓葬各 1 座，总计三座，大型墓石堆直径约 12 米，中型墓约 9 米，小型墓 6 米 ~7 米。石堆下为竖穴土坑，方向基本为西北东南向，墓内填石。大型墓（M2）葬具一棺一椁，墓主人男性，仰身直肢，随葬金饰小件、青铜器、漆器、鸣镝、骨筷、箭镞、铁质腰带牌饰、日用陶器等。中型墓（M1）葬具一棺一椁，墓主人男性，仰身直肢，随葬箭镞、铁质腰带牌饰、日用陶器等。小型墓单棺无椁，墓主人男性，仰身直肢，随葬箭镞、铁质腰带牌饰、日用陶器等。

三座墓历史上曾被盗掘，人骨被毁坏，器物被砸碎，但并未带走，应是有目的报复。其中 M2 附属 2 座殉人墓，墓内各放置一具幼儿骸骨，年龄 12 岁左右，人骨不全，惨遭肢解，各随葬铁质短剑一柄。

本次发掘墓葬年代依据发掘品判断属于公元前 1 世纪至公元 1 世纪，相当于中国西汉晚期至东汉，所发掘器物包含汉式的青铜器、漆器与骨筷，对了解当时汉文化对匈奴贵族、平民的影响提供了很好的材料，同时也为研究匈奴低阶贵族与平民葬俗制度提供了很好的材料。

（游富祥）

【蒙古国艾尔根敖包遗址】

发掘时间：2018 年 6 月 25 日 ~8 月 26 日

工作单位：中国人民大学北方民族考古研究所、蒙古国国立民族博物馆

蒙古国位于欧亚草原腹地，自古以来便是北方游牧民族活动的中心地带，匈奴、鲜卑等都曾在此留下大量的活动遗迹。为了对蒙古国境内和我国北方草原地带的考古学文化进行对比研究，中国人民大学北方民族考古研究所与蒙古国国立民族博物馆合作项目“一带一路视野下的漠北草原考古”，在蒙古国鄂尔浑省吉尔嘎朗图苏木的艾尔根敖包墓地进行。该项目共分三期，本年度完成了第一期考古发掘。

艾尔根敖包墓地位于鄂尔浑省吉尔嘎朗图苏木以东约 7 千米的艾尔根敖包山前地带，因其最高峰顶部有祭天的敖包而得名，墓地位于山峰东南侧的缓坡地带。2010 年在文物普查中被发现，2014 ~2017 年曾由蒙古国国立民族博物馆对其进行了三次发掘，共发掘不同类型墓葬 13 座。早在 2016 年召开的“第二届中蒙俄联合岩画科考与论坛”上，中国人民大学历史学院魏坚教授便提出该批墓葬与内蒙古地区已发现的鲜卑墓葬存在一定联系，极有可能与鲜卑西迁南下的遗存有关，因此双方于 2017 年商定了合作研究的意向，于本年正式开展发掘。

本年度的发掘历时 50 天，共清理了一座带墓道的洞室大墓、一座竖穴土坑墓和一座竖穴洞室墓。根据墓葬地下建筑，可判断出带有墓道的洞室墓和竖穴洞室墓与分布在内蒙古乌兰察布市察右中旗的七郎山鲜卑墓颇有相似之处，同时从出土木棺葬具、陶器、桦树皮器残片、陶灶残片等遗物看也有一定的匈奴文化因素。竖穴土坑墓的葬俗与随葬小型动物头骨的习俗则更接近匈奴贫民墓。发掘过程中对出土的木棺和桦树皮等有机文物皆进行了现场文物保护，三具人骨也分别提取 DNA 进行研究。

从本次发掘情况来看，该墓地的建筑结构具有浓郁的鲜卑文化特征，但遗物中

也有匈奴文化因素的器物存在。艾尔根敖包墓地的发掘对我们研究蒙古高原古代史、古代民族文化的迁徙与交融尤其是匈奴退出漠北草原、鲜卑人群的迁徙及民族融合具有非常重要的意义，为中国鲜卑时期的历史和蒙古国古代史研究增添了新的材料。

（李思佳）

【蒙古国朝伦昂古其特和塔黑拉嘎遗址】

发掘时间：2018 年 7 月 20 日 ~8 月 18 日

工作单位：吉林大学、蒙古历史与考古研究所

本次发掘和调查的对象为图音河中游的额勒济特苏木的朝伦昂古其特和塔黑拉嘎两个地点的石板墓群和岩画等。中方队员由带队教师潘玲教授、王立新教授以及 8 名学生组成，蒙方队员由带队教师巴图赛罕教授、阿木尔毕力格讲师、书海讲师以及 6 名学生组成。

在朝伦昂古其特第一地点发掘大型石板墓 4 座，均早期被扰，其中 1 座还见有现代盗坑。塔黑拉嘎地点的石板墓群则为今年进行野外工作时的新发现，此次发掘小型石板墓 5 座，有 3 座保存完整，2 座早期被扰。

在发掘的同时，考古队还专门抽调队员对两个地点的岩画作了系统的调查和记录，拍摄和记录岩画近 600 幅。岩画制作技法以密点敲凿法为主，还有少量采用刻划法和磨刻法。图案多见单体或多体的静态剪影式或粗线轮廓式动物形象，也见少量射猎、动物交媾与马车等图案。岩画的年代跨度较大。

此外，发掘过程中还在朝伦昂古其特地点清理了突厥时期和蒙元时期岩棚墓各 1 座。

按照蒙古国际合作发掘的惯例，蒙古历史与考古研究所 3 名学者与发掘队抽调的学生合作，在两个发掘地点附近开展了为期 10 天的考古调查。从以往的发现来看，蒙古国与俄罗斯西伯利亚地区的石板墓被盗的比例非常高，骨架多破坏严重，随葬品多已不存。此次发掘所见完整人骨与随葬品不多，却弥足珍贵，可谓蒙古地区近年石板墓考古发掘中的重要发现。和蒙古国其他地区石板墓不同的是，此次发现的石板墓围墙或盖板上多见岩画，有些岩画石材明显是建墓时从别处开采而来。塔黑拉嘎地点还发现有石板墓打破赫列克苏尔的层位关系。以上发现，对深入研究蒙古国境内岩画的分期、岩画与石板墓的相对年代关系、石板墓遗存与赫列克苏尔遗存之间的早晚关系，乃至廓清石板墓遗存的分期与分区、石板墓遗存与中国北方地区同时期遗存之间的关系等问题，具有十分重要的学术意义。

本次发掘标志着吉林大学考古学科平台的拓展，也是吉林大学考古学院迈向国外进行考古发掘的重要举措。按照双方签订的校际合作协议，此项联合发掘工作还将在未来两年继续开展。

（潘　玲）

【蒙古国与俄罗斯区域考古调查】

调查时间：2018 年 8 月 ~9 月

工作单位：中国人民大学北方民族考古研究所、蒙古国科学院历史与考古研究所

蒙古国和俄罗斯与我国北方相毗邻，作为早期草原丝绸之路和欧亚草原游牧文化带的重要组成部分，一直以来都受到北方民族考古研究学者们的关注。在魏坚教授的带领下，中国人民大学北方民族考古研究所先后对蒙古国阿尔泰地区、俄罗斯联邦布里亚特共和国和卡尔梅克共和国境内的考古遗存进行了调查。

本年 8 月 3 日 ~7 日，魏坚教授与特尔巴图研究员一行对蒙古国阿尔泰地区青铜时代至突厥时期的考古遗存进行了考察，先后调查了巴彦乌列盖省境内的达延淖尔

与呼日根淖尔等处，发现大量克尔木齐文化祭台、赫列克索尔石圆圈墓、巴泽雷克圆形积石堆墓、部分匈奴墓和突厥石人石堆墓。克尔木齐文化祭台多长方形，边长为30米~40米，外围立石板边框，其上有刻画人像。发现的突厥石人石堆墓分布较为广泛，排列整齐，石雕像保存较好。在调查过程中还参观了西别克海尔汗遗址的巴泽雷克类型和鲜卑时期墓葬。在西别克海尔汗山共发现3个地点的青铜时代岩画，不仅有大量动物形岩画和狩猎图景，还发现有相向跳舞的侧视人像岩画、车辆岩画与鹿石风格岩画等。

本年9月7日~14日，魏坚教授一行赴俄罗斯联邦布里亚特共和国参加了“第九届蒙古、贝加尔西伯利亚和中国北方古代文化国际学术研讨会”，并在会后考察了贝加尔湖地区石器时代至早期铁器时代墓葬、匈奴伊沃尔加古城址和恰克图口岸。随后于9月16~20日赴俄罗斯联邦卡尔梅克共和国考察了伏尔加河流域新石器时代晚期至青铜时代的大封土台墓葬，同时还参观了小杜尔伯特地区青铜时代的洞室墓文化墓葬和巴上泰古城及出土遗物。

此次针对蒙古国及俄罗斯的区域考古调查延续时间长，考察范围广，不仅使我们明确了境外草原地带的考古学文化分布面貌，同时也为我们探讨欧亚草原腹地的文化间交流模式提供了新材料。中蒙双方的联合考察活动不仅深化了各国的历史研究，也为今后两国间的考古合作打下了坚实的基础。

（李思佳）

【越南冯原文化遗址考古调查】

调查时间：2018年12月21日~30日

工作单位：四川省文物考古研究院、越南国家历史博物馆

受越南国家历史博物馆的邀请，四川省文物考古研究院派遣学者对越南中北部地区进行考古调查，本次调查的目的是了解越南冯原文化的分布状况和主要的文化内涵，为下一步的考古工作奠定基础。基于此，我们对越南中北部4个省10处冯原文化时期的遗址进行调查，这些遗址包括清化省的仙脚丘遗址、花禄遗址和夔渚遗址；义安省的蟒山遗址和寺丘遗址；富寿省的仁村遗址、安道遗址、高社遗址和区塘遗址；永福省的铜荳遗址。这些遗址主要分布在土丘、贝丘和平原上，以土丘为主，遗址的面积均不大。并采集了100余件陶器和石器标本，年代主要集中在冯原文化时期（相当于我国的夏商时期）。与此同时，为深入地了解不同区域遗址的文化内涵，中越双方还考察了5座博物馆和库房，并举行了5次座谈会，首次全面系统地了解了越南冯原文化遗存的分布规律和文化内涵。

同时，中越双方就2019~2023年度的考古工作进行了磋商，并初步达成共识，双方于2019年9月起，对越南永福省铜荳遗址进行考古发掘，该遗址也是目前越南唯一的一处国家级考古遗址。遗址堆积厚达3米，历经冯原文化、铜荳文化和扪丘文化，是了解越南史初（相当于我国的夏商周时期）的重大遗址。该遗址的发掘对解决越南早期国家的形成及其与古蜀王朝的关系等问题具有重要意义。

（陈卫东）

【老挝琅南塔省与沙湾拿吉省考古调查】

调查时间：2018年7月

工作单位：云南省文物考古研究所、四川大学历史文化学院

根据《中华人民共和国云南省文化厅（省文物局）　老挝人民民主共和国信息文化与旅游部遗产司文化领域合作（2017—2022）谅解备忘录》，应老挝国家信息文化旅游部遗产司的邀请，组成联合调查团，对老挝西北部山区的琅南塔省和

南部河谷平原的沙湾拿吉省开展了为期12天的考古调查。

7月18日~20日，联合调查团对琅南塔省西南部那勒市（Nalae district）的冶铁遗址进行了考古调查。这是一处公元8~9世纪的冶铁遗址群，最初由日本考古学家Hideyoshi Kavasima在2008年发现，总共有3个地点，皆以距离遗址最近的村庄命名，分别是Rmet、Saprim和Tako Kao，其中Rmet地点和Tako Kao地点进行过考古发掘，3个地点共发现圆形直壁冶铁炉14座，大部分已被破坏。Rmet地点发掘面积约30平方米，发现排列成一字形的冶铁炉7座，另外有部分瓷片、石英、赤铁矿和大量有流纹痕的炼渣。根据冶铁炉的平面分布规律以及出土遗物的特征，发掘者认为Rmet遗址是一处规模庞大、组织有序的进行冶铁生产活动的遗址。Tako Kao地点仅发现两座冶铁炉，情况与Rmet地点类似。

琅南塔省发现的唐代冶铁遗址是我们首次进行调查的老挝古代冶铁遗存，为我们开展中国南方及东南亚大陆早期冶金考古遗存的对比研究提供了重要参照。

7月22日~24日，调查团对沙湾拿吉省的3个地点进行了考古调查。第一个地点是Vilabouly市的sepon矿区，本次调查的地点是老挝遗产司推荐的Theng Kham East和Ban NamaHee两个遗址，因去往两个遗址的道路被洪水阻断，无法到达现场进行实地踏查，我们从老挝遗产司提供的相关报告和资料中详细了解了这两个遗址的情况。Theng Kham East遗址位于sepon矿区内，这一地区古代文化堆积的厚度超过2米，MMG公司在采矿过程中发现了分布密集的古代采矿竖井，这些竖井平面为圆形，深度超过30米，除了支撑井壁的大量木桩外，还发现了坩埚、铜锭、铁器、铜釜、铜戈等遗物。Ban NamaHee遗址位于矿区外，距离矿区约15千米，也是一个采铜炼铜遗址，遗址保存情况较好，调查时也发现了数量较多的铜锭和部分坩埚，其性质与Theng Kham East遗址相同。

第二个地点是phalanxai市。在距离一个名为Namak mee的村庄很近的一片树林中发现了一面铜鼓，鼓面朝下，足部外侈，鼓胸至鼓面仍埋于地下，腰部及耳可见，铜鼓出露地表部分高27厘米，底径78厘米，壁厚0.4厘米。从形制特征看应是石寨山型铜鼓。

第三个地点位于沙湾拿吉省省会Kaison市的Pak Bor Site村，是一处明清时期的陶窑遗址，遗址位于湄公河东岸一级台地上，地势平坦，周围有水稻田分布，因周围开挖鱼塘，部分遗址堆积已遭破坏，从可观察到的断面看，文化层堆积厚度约50厘米，遗址残存面积约2500平方米~3000平方米。地表可见大量散布的残碎陶片，陶色以橙红、灰为主，火候普遍较高，从陶器口沿残片推测有釜、钵、罐等器形。这个陶窑遗址尽管年代相对较晚，但是也为我们了解老挝晚期的陶器群提供了珍贵的原始材料。

（周然朝）

【老挝沙湾拿吉省Thengkham East遗址】

发掘时间：2018年12月

工作单位：云南省文物考古研究所、四川大学历史文化学院

根据《中华人民共和国云南省文化厅（省文物局）老挝人民民主共和国信息文化与旅游部遗产司文化领域合作（2017—2022）谅解备忘录》，应老挝国家信息文化旅游部遗产司的邀请，在本年7月赴老挝考古调查的基础上，对沙湾拿吉省维拉波利市sepon矿区开展了为期30天的联合考古发掘与调查工作，取得重要收获。

发掘由中老双方联合进行，中方负责机构为云南省文物考古研究所，四川大学作为项目合作方参与其中。老方负责机构

为老挝国家信息文化旅游部遗产司，其下属的考古处负责具体实施。

发掘地点名为 Thengkham East 遗址，位于矿区中部偏北区域。发掘前进行了小规模勘探，勘探地点位于发掘区东部，共布设 5 米×20 米探沟 1 条，5 米×15 米探沟 1 条。勘探面积 175 平方米。清理地层 2 层，出土遗物以陶片、坩埚残片、炼渣居多，另有木炭、矿石、烧土等，总计出土遗物 179 件（片），在距离勘探地点很近的断面上还发现了 16 座古代采矿竖井。本次发掘共布设 10 米×10 米探方 3 个，发掘面积 300 平方米，发掘深度 0.1 米～1 米，清理地层 4 层，其中第②、③、④层为古代文化层，发现灰坑 3 处，出土包括铜、石、陶、骨等质地在内的遗物 3000 多件（片）。另外，我们在遗址周围也进行了小范围的考古调查，采集到部分陶片、石器和铜器，与遗址所出同类器物相似。

Thengkham East 遗址的发掘是云南省文物考古研究所在老挝境内进行的第一次联合考古发掘工作，也是云南省文物考古研究所自 2013 年与老挝开展文物考古研究合作以来具有实质性意义的一次田野工作。通过分析本次发掘出土的遗迹及遗物可知，Thengkham East 遗址是一个具备铜矿原料开采、矿石冶炼、铜锭生产 3 个生产环节的古代采铜炼铜遗址，结合调查掌握的信息，sepon 矿区内还存在若干与此类似的遗址。Thengkham East 遗址是我们了解整个矿区采铜炼铜及铜器生产遗址群的一个理想切入点，为下一步由点及面，全面推进这一地区古代考古学遗存的调查、发掘及研究奠定了良好的基础。

（周然朝）

【柬埔寨吴哥古迹】

发掘时间：2018 年

工作单位：中国文化遗产研究院

柬埔寨王国是“一带一路”沿线的重要国家，是东南亚一个具有悠久历史的文明古国，曾经创造了 9～15 世纪光辉灿烂的吴哥文明。1993 年，柬埔寨和联合国教科文组织发起了拯救吴哥古迹国际行动，中国派代表团参加首届吴哥古迹保护国际大会，明确表示参加拯救吴哥古迹国际行动。1997 年，中国文物研究所（中国文化遗产研究院前身）正式组建“中国吴哥古迹保护工作队”。从此，拉开了中国吴哥古迹保护和考古的序幕。本年，为进一步推动柬埔寨吴哥古迹考古与研究，中国文化遗产研究院对吴哥的核心古迹王宫遗址开展了资料收集与考古调查，在吴哥外围的一处大型遗址崩密列进行了考古勘探与发掘，对更远的吴哥古迹柏威夏寺展开了考古调查与测绘等。

王宫遗址是柬埔寨吴哥古迹中最重要的文物遗迹之一，位于吴哥王城的核心地区，是吴哥王朝统治者进行政治、宗教和生活活动的中心，同时也是最高王权的象征。其主体建筑——空中宫殿是现存最为完整的庙山建筑之一。王宫遗址的文物遗存的构成多元复杂，包括空中宫殿庙山建筑、围墙、多处平台及砖石结构的建筑遗址、砂岩石及角砾岩石的水池、院落的五座塔门以及大量埋藏于地下的各类文物等；其后期文化层的叠加和自然堆积较厚，王宫大范围的格局、功能和用途不清。王宫遗址是中柬双方协商提出的继茶胶寺后援柬三期的项目地点。资料表明，吴哥王宫自 19 世纪下半叶就受到了关注，通过考古清理和发掘工作，法国学者发现了空中宫殿与大砂岩水池北部区域的建筑遗迹，揭露了王宫的地下埋藏情况。但与王宫的复杂性和重要性相比，我们对王宫的认知十分有限。中国文化遗产研究院多次赴现场对王宫遗址开展了勘查测绘和考古初步调查，在初步了解王宫遗址的位置、范围、各单体建筑遗址的分布情况、形制、规模、建筑保存现状等的基础上，编制了包含考古专项在内的王宫遗址修复项目可行性研究报告和立项建议书。本年1月，中柬两国签署了吴哥古迹王宫遗址修复项目的立项换文。

崩密列位于吴哥古迹群以东40千米，距离暹粒77千米，于1992年列入《世界文化遗产预备名录》。它的规模巨大，遗址壮观。崩密列的保护研究存在较大空白，学术界不能确定其建造的时代、背景、功能和格局。柬方高度重视与中方在崩密列开展的合作研究。中国文化遗产研究院与柬埔寨吴哥古迹保护与发展管理局签署合作谅解备忘录，旨在共同收集相关资料，联合开展研究工作，就崩密列的保护和修复达成共识。为推进崩密列的研究与保护中柬双方成立了联合考古工作组，共同开展崩密列的考古与研究工作。2017年，中国文化遗产研究院设立了基本科研业务费课题“柬埔寨吴哥古迹崩密列建筑考古与修复实验”。本年，中柬双方共同开展了崩密列的资料收集，初步调查了崩密列的周边环境和地理位置。它位于吴哥古代交通要道的十字路口，周边是为吴哥核心建筑群提供砂岩石原料的采石场，有一条人工运河自西向东流过。通过激光雷达技术获取了崩密列被森林覆盖下的景象，显示出不同的“区域”、纵横交错的“道路”以及“街区”空间，构成了疑似“城市”的格局。同时，联合工作组重点开展了崩密列东神道的考古调查、测绘、考古勘探和考古发掘，揭露了东神道五个不同部分的建筑结构、形制和建造程序，发掘面积187平方米，发掘出土了近500件的遗物，包括建筑陶器、本地陶器、中国瓷器、铁器等。由于崩密列的保护方法与修复理念在国际上存在争议，工作组在建筑考古的基础上，还对东平台进行了建筑考古复原研究和虚拟修复实验研究。

柏威夏寺位于柬埔寨柏威夏省西北与泰国接壤的边境地区，距吴哥古迹群直线距离约140千米。柏威夏寺地处扁担山山脉一处山崖顶端，建筑依山势对称分布在自北向南的轴线上，建筑充分融合了自然景观与宗教功能。一号塔院内的中央圣殿至今仍是宗教圣地。由于柏威夏寺受各种自然环境、人为等因素的影响，建筑结构发生了严重变形，部分严重倒塌。中国文化遗产研究院多次赴柏威夏寺开展资料收集、初步调查和测绘，发现了古代采石场、水池、古道、围墙、排水系统等遗迹，对柏威夏寺的地理位置、周边环境、建筑分布情况、石刻及建筑残损现状等有了初步了解。为探明建筑的基础结构，开展了地质雷达探测，并对局部受损的建筑地基进行发掘。基于考古结果，我们对柏威夏寺独特的建筑基础构造有了一定了解，对柏威夏寺出现不均匀沉降的原因进行了初步分析。在前期工作的基础上，形成了柏威夏寺前期工作相关报告，为柏威夏寺Ⅰ、Ⅱ、Ⅲ号塔门修复项目立项进行了必要的前期准备与预研究。

（黄雯兰）

【斯里兰卡阿莱皮蒂遗址】

发掘时间：2018年8月6日~9月15日

工作单位：上海博物馆、斯里兰卡中央文化基金会

阿莱皮蒂遗址位于贾夫纳地区的凯茨岛，西临保克海峡，距现在海岸线约160米。1977年英国考古学家John Carswell因一个偶然的机会，对该遗址抢救性发掘了10平方米，出土了大量的中国瓷器。遗憾的是，由于当时条件所限，对于遗址的埋藏环境、范围与性质都未能很好地解决，发掘材料缺乏详细的统计数据，未能全部发表材料，部分瓷器的产地不能明确。因此，该遗址尚有进一步发掘与研究的价值，以前的发掘资料也有必要全面整理发表。

阿莱皮蒂遗址所在地为低地平原，海拔3米~4米，地表为细沙，较为平坦，

长有椰树等植物。在开始发掘前，我们使用全站仪建立了遗址的相对坐标系，测绘了附近的道路、房屋等参考点，并对遗址进行了航拍，制作了遗址的高程图。

通过本次工作，确认遗址主要堆积范围东西约 25 米、南北约 15 米。南半部宽约 7 米的区域被 1977 年挖沙及现代道路破坏。由于洛阳铲在沙地无法进行勘探，因此在发掘时利用修路形成的断坎，切出一个剖面，以观察地层的堆积状况，然后又通过探沟确定了遗址的堆积范围，进而对主要埋藏区域进行了全面的发掘。

本次共发掘 92.4 平方米，地层堆积分为 4 层，土质、包含物相近，均为细沙，土色根据有机质含量的不同，距地表越近，颜色越深，4 层以上包含大量的树根，颜色较黑，4 层及以下，几乎没有植物根茎，为纯净的浅黄褐色沙土层。土样全部用 3 毫米的筛子过筛，对绝大部分的瓷片（筛选出的除外）都进行了三维坐标的测定，每层的遗物都进行了三维建模与绘图。除了在地表下发现两个现代树坑外，未发现其他遗迹。

遗物总计发现 650 多片，主要分布在第 3、4 层的界面，中心区域堆积较密集，边缘堆积较稀疏。来自中国的瓷片超过 600 片，另有少量本地及印度的印纹红陶片，以及可能来自马来半岛或印度尼西亚的细陶军持残片。来自中国的瓷器以广州窑口为主，西村、潮州窑为大宗，器形有碗、盘、盆、碟、壶等，另有部分青釉罐、盆。数量较多的还有一类青白瓷唇口碗，可能为福建产品。此外还发现有 9 片耀州窑青瓷碗残片，根据碗底的不同，至少属于三件器物。另有少量精美的刻划花青白瓷，其产地尚不明朗，需要进一步调查与研究。

综上，虽然没有发现任何船体构件，该遗址也不是沉船事故的第一现场，但这批器物仍可能是一批弃置船货。阿莱皮蒂遗址周边的海域海水较浅，很大的可能是货船遇到极端天气搁浅在近岸处，船员将货物抢救到岸上不远处，破碎的器物就地丢弃，完好的再运走。关于遗址的年代，出土耀州窑瓷器与国内纪年瓷可资对比，已有学者进行过讨论，约在北宋晚期，即 11 世纪末。

本次工作除发掘之外，还对贾夫纳地区进行了较为全面的调查，贾夫纳地区隔海与印度大陆相望，地理位置非常重要。共计调查了 20 余个遗址点，对各个遗址点的文化面貌有了初步的了解，在部分遗址点发现了来自中国的元代枢府瓷、明清时期的青花瓷等遗物。据当地文献记载，凯茨堡遗址可能是整个斯里兰卡较早的港口。由于地理位置重要，1629 年葡萄牙殖民者在该遗址上建立了城堡，之后到 17 世纪晚期，荷兰人又控制了该城堡。

在调查的基础上，我们对凯茨堡遗址进行了小面积试掘。首先对遗址进行了航拍、三维建模与高程图测绘，采集基础数据。其次在城堡内外各布设了 1 条探沟，共发掘 10 平方米，出土了早至公元前 2 世纪的陶片，建立了该遗址的年代标尺。

（王建文）

【孟加拉国毗诃罗普尔古城】

发掘时间：2014 年 ~2019 年

工作单位：湖南省文物考古研究所（孟加拉国）阿格拉厦·毗诃罗普尔（Agrashar Vikrampura）基金会

毗诃罗普尔（Vikrampura）古城的考古工作，是 2010 年由孟加拉国阿格拉厦·毗诃罗普尔（Agrashar Vikrampura）基金会发起的。2013 年，孟加拉国 Oitihya Onneswan 考古研究中心的考古学家，首次在纳提什瓦（Nateshwar）遗址进行了考古发掘。2014 年 12 月 ~2019 年 1 月，湖南省文物考古研究所和孟加拉国阿格拉厦·毗诃罗普尔基金会组成联合考古队，先后四次对纳提什瓦遗址进行了大规模的考古发掘，发掘面积6000多平方米，取得了重大成果。

纳提什瓦遗址的佛教寺院遗址可分为两个不同时期。第一期遗迹是一组庞大的塔院（stupa court）与僧院（vihara）的综合体，其中塔院位于寺院的中部，包括四座神殿、一座带有居住和储藏功能的公共房子、主干道和神殿周围的广场。僧院位于寺院的边缘，包括若干座僧舍及经多次修缮的食堂建筑、浴室和排水沟。一道曲折形隔墙将塔院（神圣空间）与僧院（生活空间）分割开来。第二期遗迹主要为“十字形”中心神殿建筑及多边形塔等附属建筑，是孟加拉国金刚乘建筑的典型范例。通过地层学和一系列测年数据，并结合当地的历史文献，第一期年代在公元780～950年，修建于德瓦王朝（750～800年）时期，延续至旃陀罗王朝（900～1050年）的前期。第二期年代在公元950～1223年，这段时期为旃陀罗王朝后期、跋摩王朝（1080～1150年）和犀那王朝（1100～1223年）时期。据考证，这三个王朝都曾建都于毗诃罗普尔。作为阿底峡尊者的故乡，毗诃罗普尔的名字也出现在藏文史料中。

2018年12月～2019年1月，中孟考古团队开始了系统的城址考古调查，取得了重要的收获。初步认定，城址周围的拖莱索里（Dhaleshwari）河和莫喀第（Mirkadim）等人工运河构成了古城的四面边界，城址南北长约8千米，东西宽5000米～6000米。其中，巴尔巴来（Ballal Bari）遗址位于城址中部偏北，应是当时的王宫所在地，遗址为一方形土台，边长约320米，高出四周低地约2米～3米，土台四面壕沟宽约60米。拉库罗普尔（Raghurampur）遗址位于城址的中部偏西南，为四周僧舍环绕的大型佛教中心，周围还有多个单体建筑，共同构成庞大的佛教建筑群；拉库罗普尔遗址南1千米的金刚瑜伽（Bairajogini）村相传为阿底峡的出生地，曾清理出木船残骸、雕刻木柱和大量的石质建筑构件；纳提什瓦遗址位于拉库罗普尔遗址西约2千米；上述三个遗址共同构成城址内庞大的宗教区域。此外，古城内分布着星罗棋布、大小不一的台地，一般高出周围作为耕地的低地2米～3米，有些本身就是古城居民的聚落，通常可以采集到陶器等生活用品。毗诃罗普尔城址考古是一项长期的任务，更详细的情况有待于未来的进一步工作。

（柴焕波　莫林恒　李意愿）

【斯里兰卡曼泰港遗址调查】

调查时间：2018年12月18日～28日

工作单位：四川大学考古系，斯里兰卡凯拉尼亚大学

本年，中斯联合考古队对斯里兰卡曼泰港遗址进行了钻探考古调查。曼泰港位于斯里兰卡西北部马纳尔（Manner）地区，为一座带椭圆形双重城垣的濒海城址。其地理位置险要，踞印度洋航线之中心，是公元前4世纪～公元11世纪印度洋最具盛名的古代港口之一。1886年至今，各国考古学家对曼泰港遗址共进行过7次发掘，本次调查是中国学者首次参与并主导曼泰港遗址的考古工作。

曼泰港遗址中斯联合考古队在以往发掘极少涉足的遗址北部城垣内北纬8°57′35″～8°57′38″、东经79°57′40″～79°57′48″的范围内进行了钻探调查。有效掌握了遗址北部城垣内的堆积情况，并探及珊瑚石建筑遗存；基于钻探调查所获成果，中斯双方商定该区域为来年起曼泰港遗址的重点发掘区之一。

在钻探及地表遗物调查时发现各类遗物750件，包括金属、陶瓷、玻璃、石、贝等多种材质。经初步分类观察，金属类遗物疑为与本地金属冶炼活动有关的铜、

铁炼渣。陶瓷类遗物多元且来源复杂，串联整个地中海—印度洋—太平洋地区，包括罗马陶器、斯里兰卡本地及印度南部陶器、中国瓷器、来自中东地区的伊斯兰釉陶器及产自东南亚地区的陶器。调查所见中国瓷器相当于晚唐五代至北宋初期的9～10世纪，属中国古代陶瓷外销的第一个高峰时段，表现为由越窑青瓷、长沙窑青釉彩瓷、邢窑及巩义窑等北方窑口烧造的白瓷及白釉绿彩器、广东青瓷组成的早期中国陶瓷贸易的“四组合”。玻璃器或来自西亚等地，有玻璃容器残片、手镯等装饰品及玻璃珠等。石制遗物主要为各类穿孔珠饰，形态、大小不一，材质有肉红石髓、玛瑙、水晶等。大量的印度太平洋成品珠饰与经过精、粗加工的石料一并发现，显示曼泰港存在珠饰加工业的可能。贝制遗物多为表面可见切割、打磨等加工痕迹的贝制品。本年度调查所见遗物既反映了曼泰港活跃的海上贸易，又体现了其发达的本地手工业生产活动；大量的外来遗物蕴含了复杂的文化来源，是曼泰港曾担任印度洋东西交汇枢纽港这一重要角色的实物证据。

未来中斯双方将在曼泰港遗址共建考古基地，通过系统的发掘资料的积累，逐步解决曼泰港遗址始建及废弃的年代范围、聚落结构、生态环境与动植物利用、海上贸易与聚落发展的关系等问题。

（范佳楠）

【吉尔吉斯共和国红河古城西侧佛寺遗址】

发掘时间：2018年6月～8月

工作单位：陕西省考古研究院、吉尔吉斯共和国科学院历史与文化遗产研究所

红河古城位于吉尔吉斯共和国楚河州坎特镇，因红河村而得名，距离首都比什凯克约30千米。本年，中吉联合考古队对红河古城西侧佛寺遗址进行了考古发掘。

西侧佛寺遗址主要由三个土堆组成：西边一个、东边两个。其中，东北部的土堆于2011～2016年发掘过，结果显示其为一处佛殿建筑。本次主要发掘位于东南部的土堆。本次工作综合运用勘探、RTK测量、全站仪测绘、无人机航拍、三维扫描等多种手段，对红河古城进行了全方位记录。

此次对红河古城西侧佛寺遗址的勘探，是第一次将中国考古中常用的勘探技术运用到吉尔吉斯共和国境内的考古工作中。重要的收获之一是厘清了佛寺围墙遗迹范围。佛寺围墙主要分布于寺院的南、西、北三面，由于晚期水渠的破坏，未发现东面的围墙遗迹。

通过运用多种测绘手段，也是第一次对整个红河古城遗址分布区进行了大面积测绘。结果显示，整个红河古城由内城和外城组成，均呈长方形。外城利用了内城的西墙和北墙，将内城包在其中。外城东西长980米，南北宽750米；内城南北长440米，东西宽360米。整个遗址区东西最长1800米，南北最宽1600米，总占地面积约2平方千米。从早期的调查测绘图可以看出，在整个大城的东侧，还有一个范围更大的外郭城，除北墙残存一些遗迹外，其余外郭城墙均无迹可寻。

本次发掘共布10米×10米的探方2个，发掘面积200平方米。从文献记载及现场发掘情况看，该土堆曾被人为挖掘过。遗址主要分为两层，上层为晚期挖掘的二次堆积，下层为倒塌的土坯砖堆积。除部分墙体可以确认外，其余土坯砖均散乱分布。遗址内还出土了大量的陶片和砖块，以及少量钱币、铜耳环、铜片等遗物。初步推断，遗物年代为10～12世纪，属于喀喇汗时期。

此外，陕西省考古研究院还派出文物保护人员，开展现场文物提取保护、小件

铜器保护修复以及发掘区的覆盖保护工作。本次考古工作取得了重要的阶段性成果。初步确认了西侧佛寺遗址的围墙范围，第一次对整个红河古城遗址进行了比较精确的测绘，同时也积累了在中亚地区发掘土坯类遗迹的相关经验。通过发掘，确认本次发掘点是一处建筑基址，建筑的具体性质尚待进一步考古工作来确定。

（田有前）

【乌兹别克斯坦拉巴特遗址】

发掘时间：2017 年 5 月 ~7 月、2018 年 5 月 ~7 月

工作单位：西北大学、乌兹别克斯坦考古研究所、铁尔梅兹大学考古系

拉巴特遗址位于乌兹别克斯坦苏尔汉达利亚州拜松市南约 3 千米的拉巴特村，地处拜松河西岸台地边缘，拜松河自南向北流经遗址东侧。其距古代索格底亚纳与巴克特里亚的分界“铁门关”约 20 千米，为西天山地区文化交流的必经之地。2015 年西北大学文化遗产学院在该区域进行考古调查时发现该遗址，因当地居民修建房屋严重破坏遗址西部区域，遗迹暴露在地表；中乌联合考古队，协同铁尔梅兹大学考古系对遗址进行了考古发掘。

在上一年的工作基础上，本年为全面认识遗迹分布特点和遗址的文化面貌等问题，将发掘区域定在遗址北部和西部，共发掘墓葬 41 座、古代引水渠 1 条、灰坑 3 座。西部墓葬形制以带木质葬具的竖穴墓为主；北侧以竖穴墓道偏室墓为主，墓道填充泥砖或河卵石，起到封门作用。成年男性随葬工具、武器，未成年及成年女性随葬装饰品。此次发掘获取了一批珍贵的实物资料，其中包括陶器、玻璃器、石器、铜器、铁器、金器等，极大地丰富了该遗址的文化内涵。另外，在发掘过程中，考虑到个别墓葬遗物保存情况及现场清理条件限制因素，整体打包提取 4 座墓葬。勘探工作同步进行，钻探队对遗址周边进行了系统勘探，探清了遗址边界及相关遗迹范围，促进了对该遗址的全面认识。综合已有的研究成果、^{14}C 测年数据等，认为该遗址与塔吉克斯坦南部贝希肯特谷地的阿鲁克陶、考库姆、图尔喀以及吉萨尔盆地图尔—哈纳遗址等同属于公元前后的遗存。

此外，本年 11 月 ~12 月，中乌联合考古队在乌兹别克南部苏尔汉河州迪诺、乌尊两市进行田野调查，复查达尔弗津特佩、卡尔查延、比什卡帕等 4 座城址，在卡尔查延和比什卡帕东侧台地上各新发现 1 处大型墓地并进行大面积钻探，对两处墓地的遗迹分布状况有了初步认识，为后期工作可持续性开展奠定了坚实的基础。

（王建新　梁　云　唐云鹏）

【塔吉克斯坦贝希肯特谷地调查】

调查时间：2018 年 9 月 ~10 月

工作单位：西北大学丝绸之路考古中心、洛阳市文物考古研究院，塔吉克斯坦历史、考古、民族研究所考古部

贝希肯特谷地位于塔吉克斯坦哈特隆州西南部，处于塔吉克斯坦、乌兹别克斯坦、阿富汗三国接壤区域。谷地属于西天山余脉南部、阿姆河北部的大地理单元，南北狭长状，南北长约 50 千米，东西宽约 7 千米，是一处地理环境相对封闭的区域。苏联考古学家曾在这一区域开展工作，调查发掘了阿鲁克陶、考库姆、图尔喀墓地等，获得了一批重要考古资料，属于公元前 2 世纪至公元 1 世纪的游牧文化遗存。

西北大学丝绸之路考古中心同洛阳市文物考古研究院，塔吉克斯坦历史、考古、民族研究所考古部组成联合考古队，由西北大学梁云教授担任领队，中方参与人员 11 人、塔方参与人员 7 人，对贝希肯特谷地进行了全面的调查与重点踏查。共调查墓葬群 9 处，特佩（Tepe）遗址（即小城

址）5处，其中，喀什喀尔墓地、杜斯提特佩为本次新发现。喀什喀尔墓地位于贝希肯特谷地北部，墓葬集中分布在距离较近的四座山丘上，共计有墓葬50座、房址1处，在地面均有明显的封堆或石块垒砌标识，同时地表分布有大量月氏—贵霜时期文化的陶片。选择性的发掘了墓葬4座，发掘面积194平方米（一号地点13米×13米探方，四号地点5米×5米探方）。四座墓葬分别为石堆墓、石圈墓、瓮棺葬，人骨均经过扰动，出土遗物主要为陶器、铜器、铁器、金器、石器等，陶器器类有罐、钵、高足杯、盘、瓮、碗等；铜器有钱币、耳环、铜镜、铃；铁器见有戒指；金器见有金泡；石器主要为串珠。结合出土遗物及墓葬特征，此次发掘所获遗存的年代为贵霜时期。

结合周边遗存的调查资料，可以初步得出：在塔吉克斯坦的西南部，分布着一支月氏时期的，有其自身特点的古代游牧文化遗存。该遗存的发现对于研究月氏、贵霜的考古学文化具有重要作用。贝希肯特谷地地理环境相对独立封闭，历史时期自然环境较好，位于希腊巴克特里亚时期到贵霜时期文化的核心区域，月氏至贵霜时期遗存的调查发掘，对于我们建立完整的大月氏前后时期考古学文化序列、填补该地区乃至整个北巴克特里亚地区研究空白均具有重要意义。

（梁　云　韩　烁）

【哈萨克斯坦拉哈特古城遗址】

发掘时间：2018年7月~8月

工作单位：陕西省考古研究院、哈萨克斯坦共和国伊塞克国家历史文化博物馆

中哈联合考古队在2017年工作的基础上，再次对拉哈特（Rahat）古城等遗址进行考古调查与发掘工作。

拉哈特遗址是位于哈萨克斯坦境内丝绸之路天山北线上的一处重要遗址。本年度发掘面积278平方米，清理墓葬15座、马坑2座、灰坑多个、沟道2条。测绘调查伊塞克博物馆保护的墓地区域20平方千米，测绘调查喀斯特克中世纪古城遗址60万平方米。发掘期间，还对伊塞克博物馆保护区域内多处大型封土墓葬进行踏查了解。

工作期间，将现场踏勘、钻探勘查、传统发掘、普通记录与RTK测绘、三维摄影、高空航测等多种现代技术相结合，获取了较丰富的考古资料。清理发掘了墓葬、马坑、灰坑、沟道等遗迹单位，出土有铁器、铜饰件、石器、陶片、陶纺轮、草拌泥块等遗物60余件。

在拉哈特一号高台南侧壕沟内布设的TG4，清理深度达5.4米，在底部发现有一条沟道，推测是引水渠道的局部。墓葬多为偏室墓，少数为土圹墓，不见随葬器物，时代推测在中世纪。

此次发掘的遗迹遗物年代为公元前5~前3世纪和公元9~10世纪。通过获取的物质遗存表明，曾经有多个人群先后在拉哈特遗址停留过。本次发掘为进一步了解该区域考古学文化的面貌和历史变迁信息，以及对该遗址的深入、全面研究积累了考古资料。

（丁　岩　苗轶飞　赵汗青）

【伊朗内沙布尔市Borj Tepe遗址】

发掘时间：2018年11月3日~27日

工作单位：中国科学技术大学、伊朗内沙布尔大学

中国科学技术大学“丝绸之路考古队”与伊朗内沙布尔大学考古系合作，对伊朗拉扎维呼罗珊省内沙布尔市东南的Borj Tepe遗址进行了全覆盖式调查。这是“伊朗东部史前文化与社会——拉扎维呼罗珊省Borj Tepe遗址联合发掘与研究”项目的第一期工作。

本项目的学术目的是：获取丝绸之路沿线伊朗东北部地区史前至历史时期的实

物资料，为理解伊朗东北部史前至历史时期的文化与社会提供实证，为深入理解欧亚大陆东西方文化之间的交流及背后的人群、社会和环境积累更多证据。

Borj Tepe 遗址位于伊朗东北部拉扎维呼罗珊省的内沙布尔盆地东部，内沙布尔市区东南 20 千米，北距彼纳路德山 8 千米，是该地区面积最大的史前土丘遗址之一。

中伊联合考古项目计划五年内完成，2018 年度工作的主要目标有两个：（1）确定遗址的确切范围、实际面积、年代跨度；（2）摸清各时期遗存的分布区域、范围。主要工作方法是钻探和地表全覆盖调查，在土丘外围的东北、西北、西南、东南分别进行钻探，结果显示，土丘外围 20 米内仍有文化层分布，厚度为 50 厘米 ~ 80 厘米。在土丘表面全覆盖式调查，以 10 米 × 10 米的方格为一个工作单位，共布方格 1111 个。按方格逐一采集所有遗物，现场进行分类、初步分期、统计。

第一期工作取得如下收获：

（1）确定了 Borj 遗址的确切范围和实际面积，该遗址高 8 米 ~ 10 米，东西长 420 米，南北宽 370 米，报道面积约 13.5 万平方米（本次 RTK 实测面积 11.1 万平方米），保存相对完好。

（2）根据地面遗物的时代特征，确定了遗址的年代跨度。土丘表面遗物丰富，以不同时期的陶片为主，还有少量石制品、装饰品、骨骼等。根据陶片的陶质、陶色、彩绘、纹饰等特征，推断该遗址的年代跨度为新石器时代晚期至伊斯兰时期。其中，铜石并用时代的陶片数量最多，铜器、铁器时代次之，新石器时代的陶片数量较少。

（3）大致摸清了各时期遗存的分布范围、变迁过程，为选择发掘地点和范围提供基础。将数据输入统计系统，绘制遗物分布图。数据显示：Borj 遗址各时期先民的活动范围并非原先认为的分片分布，而是后期先民在前期先民的活动范围内持续活动。

（4）在伊朗推广了探铲钻探和 RTK 测绘方法，工作方法和结果得到伊朗同行的认可和好评。

（张居中）

【伊朗纳德利土丘遗址】

发掘时间：2018 年 7 月 15 日 ~8 月 31 日；

工作单位：南京大学

在 2016 年工作的基础上，我们在土丘内开挖了一条长 55 米、宽 2 米的大探沟。探沟中发现五层青铜时代的土坯砖建筑，其中最外围的一道土坯围墙可能是早期聚落的围墙。发现大量陶片、石器、骨器和少量小型铜器，铜器的发现与西亚青铜时代的冶金技术密切相关。此外，在土丘下一灰坑内发现不少仿华的伊斯兰时期青花瓷片。采用多学科合作的方式对纳德利土丘遗址进行研究。如使用探地雷达来了解土丘及其周边的地层堆积；在探沟内分层采集土样、炭屑和骨头样品，用于研究沉积年代与环境；采集了遗址内发掘的动物牙齿，用于锶同位素分析，以此研究当地动物活动情况等。此次发掘，对研究土丘的起源、了解古代居民的经济形态、完善伊朗北呼罗珊省的考古文化序列等有重要意义。

（张良仁）

【意大利索拉诺市拉比阿吉奥拉遗址】

发掘时间：2018 年 1 月 22 日 ~2 月 9 日、7 月 27 日 ~8 月 25 日

工作单位：中山大学社会学与人类学学院、意大利托斯卡纳“文化与疆域”协会

拉比阿吉奥拉遗址位于意大利托斯卡纳大区格罗塞托省索拉诺市索瓦纳镇的拉比阿吉奥拉葡萄园内，中心位置的地理坐标为北纬 42°40′39″、东经 11°38′18″。该遗址发现于 2004 年的一次考古调查，2008 ~

2017年进行了数次发掘。拉比阿吉奥拉遗址沿用时间长，内涵丰富。遗址主体是始建于公元前5世纪即埃特鲁利亚时期的房屋基址，用灰黄色凝灰岩砌成，出土陶器、小人像等。在公元前2世纪即罗马时期，原有的宅邸被改建和扩建。中世纪时期，宅邸废弃，成为伦巴第人的墓地。18世纪时，该遗址被改建为包括马厩、橄榄油作坊在内的农宅。

本年度的第一次发掘在主体建筑外的东北部进行，沿建筑的主轴线方向向北布设一条约2米×5米的探沟，目的是探明宅邸水池的水管走向。在表土层下发现一座墓葬，墓圹平面略呈不规则的长方形，出有大量人骨，包括头骨、变形的下颌骨、碎肋骨、短肢骨、尾椎骨等，葬式不明。由于所发现的人骨属于几个不同的个体，年龄、性别各不相同，初步判断可能是一处此前在索瓦纳地区较为少见的伦巴第时期的丛葬坑。

第二次发掘在主体建筑外的东南部和西北部进行，采用自由发掘法，目的是探明宅邸周边的布局及伦巴第时期墓地的分布范围。遗址东南部为倾斜堆积，其中地层2004（注：意方地层编号系统）为黏土，土质坚硬、夹杂碎石与陶质构件，应是建筑物废弃层。该层下叠压有凝灰岩质及砖质建筑基址，通过发掘基本探明其走向，根据石材和建筑技术初步将其分为埃特鲁利亚和罗马两个时期。遗址西北部也发现有埃特鲁利亚时期和罗马时期的建筑基址，并在该基址西部发现可能是碎砖铺砌的道路遗迹。这些建筑基址的性质以及与主体建筑的关系尚不明确，有待更大面积的发掘探明。

（周繁文）

【肯尼亚吉门基石旧石器时代遗址】

发掘时间：2018年

工作单位：河南省文物考古研究院、山东大学、洛阳市文物考古研究院和肯尼亚国家博物馆

联合考古队，于2018年9月18日抵达肯尼亚裂谷地区的吉门基石遗址（Kimengich Site），开始第二年度中肯旧石器联合考古项目。

吉门基石遗址（Kimengich Site）位于东非肯尼亚首都内罗毕西北约300千米的裂谷地区巴林戈郡，地处东非大裂谷那图河流域。遗址位于丘陵地带，地表均为火山灰堆积，植被较少。经雨水冲刷，大量石制品、动物化石等在地表上暴露。

2018年完成发掘面积32平方米，出土石器、哺乳动物化石331件，石器类型包括石核、石片、细石叶、刮削器、砍砸器、手斧等。尤其在距地表0.4米~0.8米的地层中出土30余件细石叶、边刮器、鸵鸟蛋壳等，石器原料以燧石为主，仅少量黑曜岩。在发掘地层中发现的细石器是本年考古的亮点之一，东非大裂谷地区的细石器最早可达7万年。这里发现的细石器对智人走出非洲增加了重要证据。

2018年，在巴林戈地区新调查发现旧石器地点13处，奈瓦沙地区1处，石制品2000余件。其中12处以细石核、细石叶、端刮器、琢背小刀等小型器物为主，原料均为燧石和黑曜岩，属旧石器时代晚期；另2处以手斧、薄刃斧、砍砸器等大型器物为主，原料均为玄武岩，初步判断应属旧石器时代早、中期。其中19地点地表约300平方米范围内，可见1000余件石制品，为同一种原料，有石料、石核、石片、断块、石器及大量1厘米左右的碎屑，类型涵盖了石器制作过程中所有副产品，应为一处石器制造场。

经过两年的考古调查、发掘，初步证明，东非大裂谷巴林戈地区分布有非常丰富的旧石器时代文化遗存，对探索早期人类起源、现代人起源等国际学术课题具有十分重要的意义。

（赵清坡）

第四篇

学术会议

【“浙江省考古学会第六届会员代表大会、第六届理事会换届会议暨2018年度浙江重要考古发现汇报会”在浙江省杭州市召开】

2018年1月5日~6日浙江省内各地市文博单位及大学共计50家会员单位派代表参加了此次会议。会议按照章程进行了浙江省考古学会第六届理事换届选举工作，选举出会长1人、秘书长1人、副秘书长2人、法定代表人1人、副会长3人、常务理事11人、理事46人。经常务理事会研究讨论，拟在省考古学会下设立科技考古、水下考古、公众考古、考古遗址公园4个专业委员会，对相应筹备工作做了分工和进度安排。

1月6日召开了“2018年度浙江重要考古发现汇报会”，共汇报来自全省4家考古所选送的16个考古项目。经浙江省考古学会常务理事会和各考古所所长评议，最终德清中初鸣良渚文化制玉作坊群遗址等10项被评选为“2018年度浙江重要考古发现”。

【“两周封国暨晋文化考古学术研讨会”在山西省临汾市召开】

2018年1月5日~8日，由中国考古学会两周考古专业指导委员会、山西省考古研究所、山西大学北方考古研究中心、临汾市旅游发展委员会、襄汾县人民政府共同主办的“两周封国暨晋文化考古学术研讨会”在山西省临汾市召开。来自北京、吉林等地70余位科研院所和高校的学者参加了本次会议。会议围绕“两周墓葬制度及两周器物研究”“晋文化及两周考古其他相关研究”两个主题展开深入探讨，并有学者介绍了近年来两周考古的新发现。会议期间学者们参观了陶寺北墓地发掘现场，并到山西省考古研究所侯马工作站观摩翼城大河口墓地、绛县横水墓地出土文物。

（崔俊俊）

【“2017湖南考古汇报会”在湖南省长沙市召开】

2018年1月14日，由湖南省文物局主办、湖南省文物考古研究所承办的“2017湖南考古汇报会”在湖南宾馆成功召开，来自全省文物系统业务人员代表、省高校文博专业师生代表、社会公众考古志愿者、新闻媒体记者160余人参加了本届汇报会。

“湖南考古汇报会”是湖南考古界一年一度的总结当年考古与文化遗产保护成果的大会，本次大会特邀请了北京大学考古文博学院秦大树教授为大家带来一场题为《陶瓷考古的理论与实践》的精彩演讲，之后全省共14名项目负责人对所负责的考古业务工作分别做了汇报发言。

（乔卓俊）

【“中国社会科学院考古学论坛·2017年中国考古新发现”在北京举行】

2018年1月16日，由中国社科院主办、社科院考古研究所和考古杂志社承办的“中国社会科学院考古学论坛·2017年中国考古新发现”在北京举行。论坛揭晓了2017年中国考古新发现的6个入选项目，分别为新疆吉木乃县通天洞遗址、济南市章丘区焦家新石器时代遗址、福建明溪县南山遗址、湖北京山县苏家垄周代遗址、河北行唐县南桥镇故郡东周遗址、吉林安图县宝马城金代遗址；公布了6个入围项目，分别为广西隆安县娅怀洞遗址、陕西高陵县杨官寨遗址庙底沟文化墓地、甘肃宁县石家东周墓地、西安市秦汉栎阳城遗址、山东青岛市黄岛区土山屯汉代墓地、四川眉山市彭山区江口沉银遗址；还发布了1项国外考古新发现，即蒙古国后杭爱省和日门塔拉匈奴城址。会议邀请6名入选项目负责人就相关考古新发现作学术报告，同时邀请专家现场点评。入选及入围的各项目单位相关人员及在京考古、文博等人员参加了此次论坛。

【“‘帝国重现：古罗马与汉代中国文明’研讨会”在北京大学举行】

2018年4月9日~11日，“‘帝国重现：古罗马与汉代中国文明’研讨会”在北京大学考古文博学院A座101报告厅举行。北京大学考古文博学院院长杭侃首先代表学院欢迎嘉宾的光临，希望会议的召开能够促进中英双方学者在相关问题上进行深入的交流。随后，北京大学副校长王博、伦敦大学学院考古学院院长Sue Hamilton、中国考古学会秦汉考古专业委员会常务副主任白云翔分别致辞。为期两天的研讨会，中外学者交流了货币、贸易与经济，帝国、都市化与手工业产品的转型，物化的帝国意识，中心与边缘：帝国整合及其局限性五大议题，并与前来参加会议的诸位学者和同学进行了深入的交流。

【“第三期环境考古主题研讨沙龙”在北京联合大学举行】

2018年4月14日，“第三期环境考古主题研讨沙龙”在北京联合大学应用文理学院融创楼一楼会议室举行。国内外共21所科研院校考古专业的50多名学者参与了此次沙龙。本次沙龙的主题是“考古文化交流与地理环境”，赵志军、韩建业、崔剑锋、李昱龙等4位学者分别做了专题报告，参会学者还就中西交流、农业技术传播、古气候影响等相关问题进行了热烈的讨论。

【“对话与合作：中俄黑龙江流域考古论坛暨‘中俄黑龙江流域文化遗产保护与研究中心’揭牌仪式”在黑龙江大学举行】

2018年4月19日~20日，“对话与合作：中俄黑龙江流域考古论坛”在黑龙江大学召开，论坛由黑龙江大学主办，黑龙江大学历史文化旅游学院、俄罗斯研究院和俄罗斯阿穆尔州文化遗产保护中心共同承办，黑龙江省文物考古研究所和金上京历史博物馆协办。来自国内外近20所高校、科研机构的40余位专家学者参加了此次会议。开幕式上，黑龙江大学历史文化旅游学院与俄罗斯阿穆尔州文化遗产保护中心为双方组建于2015年的“中俄黑龙江流域文化遗产保护与研究中心”揭牌。论坛先后进行了四场研讨，专家们交流了各自近些年来的考古新发现和研究成果，又就黑龙江流域考古合作问题进行了热烈而又深入的讨论。

（王乐文）

【“江南土墩墓国际学术研讨会”在常州博物馆举办】

2018年4月21日~22日，由南京博物院、常州博物馆和镇江博物馆联合主办的“江南土墩墓国际学术研讨会”暨“山下青山——2016~2018金坛土墩墓考古发现展”在常州博物馆举办。来自国内外专家学者百余人参会。会议围绕近年来江苏金坛地区土墩墓的考古新发现、发掘新方法，研究探讨土墩墓起源发展、营建堆筑、葬礼葬俗等相关问题。

（李　政）

【“考古视野下的‘丝绸之路’国际论坛”在陕西省西安市召开】

2018年5月12日，由国家文物局、陕西省人民政府主办，陕西省文物局承办，陕西省考古研究院、西北大学文化遗产学院协办的“考古视野下的‘丝绸之路’国际论坛”在陕西省西安市开幕。陕西省文物局局长罗文利主持开幕式。

来自哈萨克斯坦、吉尔吉斯共和国等国的15位学者及来自国内各高校和科研机构的专家学者260余人出席论坛。开幕式结束后，开展了为期两天的学术报告，专家学者们就考古新发现、最新研究成果进行报告并分享学术心得，并倡议成立“丝绸之路考古联盟”，发表“国际丝绸之路考古与文化遗产保护西安共识”。

【“‘山地考古’的可能性——亚洲山地考古联合实验室学术工作坊”在四川大学举行】

2018 年 5 月 16 日，“亚洲山地考古联合实验室第一次学术工作坊”在四川大学科华苑 4 楼会议室举行。本次会议主题为“山地考古”的可能性，由四川大学和美国圣路易斯华盛顿大学共建的亚洲山地考古联合实验室主办。四川大学、美国圣路易斯华盛顿大学、西藏自治区文物保护研究所、四川省文物考古研究院、成都文物考古研究院的十余位学者参与报告，考古界众多同仁参加了此次会议。会议分为三个板块，涉及“山地考古”的概念与意义、分享考古材料以及探讨研究方法。

【“亚洲古代人群的健康、疾病和生活方式——全球健康史计划亚洲模块组织会议”在吉林大学召开】

2018 年 5 月 17 日 ~ 18 日，由吉林大学边疆考古研究中心主办的“亚洲古代人群的健康、疾病和生活方式——全球健康史计划亚洲模块组织会议”（Health，Disease，and Lifestyle in Asia：Global History of Health Organizational Conference）在吉林大学召开。来自美国俄亥俄州立大学、英国杜伦大学、德国图宾根大学等 8 个国家 23 所世界顶尖大学的 30 余位国际著名生物考古学家参加了此次会议，正式启动了“全球健康史计划亚洲模块”。会议围绕“亚洲地区的古代人群健康水平”这一主题，分别从古病理学、生业模式、创伤暴力等三个主要议题进行讨论。与会专家学者对“全球健康史计划—亚洲模块”项目的构架、工作标准等问题进行了探讨，提议成立吉林大学生物考古学国际研究院并聘请克拉克·拉森院士担任荣誉院长，这将成为世界首家专门的生物考古学研究机构。会后，经与国际合作与交流处、人才工作办公室沟通，拟聘任克拉克·拉森为我校首位外籍双聘院士。

（张全超）

【“第八届东亚考古学会国际会议”在南京大学召开】

2018 年 6 月 8 日 ~ 11 日，“第八届东亚考古学会国际会议”在南京大学仙林校区国际会议中心召开。会议代表来自中国、日本、韩国、蒙古国、俄罗斯、菲律宾、越南、泰国等。参加人数共计 400 余位，收到论文 250 余篇。本次会议实行分组制，共分 36 组。会议的主题为“东亚考古”，主要讨论了各国考古发现和研究成果，涉及的具体内容包括农业起源、奢侈品生产、游牧民族、丝绸之路等。

【“刘敦愿先生百年诞辰纪念暨考古学术研讨会”在山东大学召开】

2018 年 6 月 24 日，为纪念山东大学考古专业创始人，我国著名的历史学家、美术理论家、考古学家刘敦愿先生百年诞辰，山东大学历史文化学院、山东大学文化遗产研究院及山东大学博物馆联合举办“刘敦愿先生百年诞辰纪念暨考古学术研讨会”。来自中国社会科学院、中国国家博物馆、中央美术学院等 40 余家科研机构及文博管理机构的 150 余名专家学者参加活动。活动由山东大学历史文化学院院长方辉主持。会议共收到 53 篇学术论文，内容涵盖刘敦愿先生为人治学的回顾与评价、史前至历史时期的考古学专题研究、大遗址保护等相关问题。

【“湖南省考古学会第十三次年会”在湖南省澧县召开】

2018 年 6 月 25 日 ~ 28 日，由湖南省

文物局、湖南省考古学会、湖南省文物考古研究所主办，中共澧县县委、澧县人民政府承办，澧县文物局、澧县城头山国家考古遗址公园管理处协办的“湖南省考古学会第十三次年会在湖南省澧县召开”。会议期间，湖南省考古学会进行了改选议程，会议选举产生了湖南省考古学会第九届理事会，共产生53名新的理事会成员；同时选举产生了湖南省考古学会第九届常务理事、理事长、副理事长和秘书长。湖南省文物考古研究所所长郭伟民研究员再次当选为新一届湖南省考古学会理事长。

（乔卓俊）

【“全国考古遗址保护与利用论坛·城头山2018”在湖南省澧县召开】

2018年6月29日~7月1日，由中国考古学会文化遗产保护专业委员会、湖南省文物局、湖南省考古学会主办，湖南省文物考古研究所、中共澧县县委、澧县人民政府承办，澧县文物局、澧县城头山国家考古遗址公园管理处协办的“全国考古遗址保护与利用论坛·城头山2018”在湖南省澧县召开。出席本次会议开幕式的领导和嘉宾来自全国多个省市，共计100余人。

会上，来自中国社会科学院考古研究所、北京国文信文物保护有限公司、浙江省文物考古研究所、江西省文物考古研究院、湖南省文物考古研究所、大明宫遗址区文物局、山东大学历史文化学院的11位专家分别带来了11场精彩的专题学术报告。报告内容涵盖大遗址保护与展示利用、考古发掘现场出土文物保护等方面。

（乔卓俊）

【“人类骨骼考古专业委员会青年学者研讨会”在郑州大学召开】

2018年7月23日，“人类骨骼考古专业委员会青年学者研讨会”在郑州大学新校区召开。参与此次研讨会的有中国社会科学院考古研究所、山东大学、西北大学、南开大学、中国人民大学、郑州大学、河南省文物考古研究所、安阳师范学院、加拿大阿尔伯塔大学、英国南安普顿大学、美国华盛顿大学的专家学者和学生共计约20人。除人骨考古学个案研究展示之外，与会的专家、学者对关于中国特色的人类骨骼考古发展方向、如何理解人类骨骼考古的多学科研究问题进行了讨论。

（周亚威　李　凡）

【“‘稻的植物考古学——前沿与反思’国际学术研讨会”在北京大学举行】

2018年8月4日~5日，由北京大学中国考古学研究中心、北京大学考古文博学院、伦敦大学学院考古系和中国文化遗产保护与考古学研究国际中心共同举办的“‘稻的植物考古学——前沿与反思’国际学术研讨会”在北京大学举行。来自伦敦大学学院、九州大学及国内20余所高校及科研单位的代表参加了本次会议。会议围绕当前研究中的前沿问题，分“稻的遗传学研究”、“稻的驯化实证”“稻的生态多样性”“稻的驯化模式”“稻的传播与稻粟（黍）混作”等主题，邀请各领域顶尖学者进行了主题发言，并就各个问题与所有与会代表进行了深入细致的讨论。

【“东宁旧石器考古成果论证暨绥芬河流域考古论坛”在黑龙江省东宁市举行】

2018年8月23日~25日，由黑龙江省文化厅主办，黑龙江省文物考古研究所、吉林大学考古学院和东宁市人民政府承办的“东宁旧石器考古成果论证暨绥芬河流域考古论坛”在黑龙江省东宁市举行。来自自国内外20余位专家学者参加会议。与会专家认为，联合考古调查队对新发现的旧石器性质的定位是比较准确的，其为研究旧石器时代晚期以来史前人群在绥芬河流域的文化技术发展和生存适应活动，以及整个东北亚人群的迁徙交流与互动提供了非常重要的第一手材料。此次考古论坛，中俄两国学者在充分交流各自境内绥芬河流域考古发现的基础上，还就绥芬河流域考古研究中的重点和热点课题展开了讨论。

（关燕妮）

【“2018年宜兴与太湖西部早期文明专家座谈会”在宜兴市博物馆举行】

2018年8月25日，由南京博物院、无锡市文化遗产保护和考古研究所、宜兴市文化广电新闻出版局主办的“2018年宜兴与太湖西部早期文明专家座谈会”在宜兴市博物馆举行。来国内学者代表共计40余人参会。25日上午，专家学者在宜兴市博物馆参观了下湾遗址考古成果展，对遗址和墓葬出土的各式陶器、玉石器、骨器等实物资料所富含的文化性质、型式纹样等做了现场交流和初步探讨。25日下午座谈会上，与会专家深入交流研究了墓葬区中发现的“最早土墩”墓葬的形成原因、葬礼葬俗、社会结构和人群归属，详细探讨了遗址居址区的文化因素、功能分区等。

（曹　军　闫　龙）

【“第二届丝绸之路考古论坛”在西北大学举办】

2018年9月8日～11日，西北大学文化遗产学院与陕西省考古研究院和丝绸之路考古联盟联合举办了“第二届丝绸之路考古论坛”。来自西藏、新疆等地考古所所长、业务骨干参与了本次会议学术交流。论坛由学术汇报、业务交流与考察交流等环节组成。在8日进行了学术汇报，一共分为三场，有11位学者汇报了自己在丝绸之路考古研究方面的新收获与重大学术成果，主要讨论了丝绸之路早期文明互动与交融、丝绸之路的开拓与东西互鉴、生业模式与技术传播和文明起源与早期国家议题。9日～11日，与会专家学者前往石峁遗址、芦山峁遗址和统万城遗址进行现场考察交流。

（西北大学文化遗产学院研究生学生会）

【“中国社会科学论坛·早期都邑文明的发展研究与保护传承暨陶寺四十年发掘与研究国际论坛研讨会”在山西省临汾市召开】

2018年9月14日～17日，由中国社会科学院学部主席团、中国社会科学院考古研究所、中国考古学会、山西省文物局、中国临汾市委、临汾市人民政府主办的“中国社会科学论坛·早期都邑文明的发现研究与保护暨陶寺四十年发掘与研究国际论坛”在山西省临汾市举行。国家文物局、山西省文物局及临汾市有关负责人出席开幕式。来自国内外部分高校及科研院所等单位的专家学者、媒体代表共百余人应邀参加了此次会议。会议围绕陶寺文化研究、早期都邑文明、大遗址文化遗产保护与传承等内容展开讨论。

【“两周古城与大遗址保护研究学术研讨会暨第四届中国文化研讨会”在郑州大学召开】

2018年9月18日～21日，由中国考古学会两周考古专业委员会、中国考古学会古代城市考古专业委员会、河南省文物考古研究院、郑州大学历史学院、香港承真楼等机构联合主办，河南省文物考古研究院与郑州大学历史学院承办的“两周古城与大遗址保护研究学术研讨会暨第四届中国文化研讨会”在郑州大学新校区召开。来自国内外共30多位文化遗产保护专家出席了此次会议。与会国内外学者就城址考古发掘与研究理念、新方法的运用、城市考古的复杂性以及城址发掘后的保护、利用与展示展开了交流和探讨。

（李　凡）

【“曾侯乙编钟出土四十周年学术研讨会”在湖北省博物馆召开】

2018年9月19日~20日，“曾侯乙编钟出土四十周年学术研讨会”在湖北省博物馆召开。来自中国大陆、美国、韩国、德国、中国台湾的50余位考古、古文字、音乐专家齐聚一堂，总结40年来曾侯乙编钟等曾侯乙墓出土文物研究成果，结合近年来曾国考古新发现，展望未来曾国历史、考古、文化研究趋势。

9月19日上午，“曾侯乙编钟出土四十周年学术研讨会”在湖北省博物馆举行开幕式，湖北省人大常委会副主任周洪宇，湖北省文化厅党组书记、厅长雷文洁，中国社会科学院学部委员、中国考古学会理事长王巍，美国文理科学院院士、美国旧金山亚洲艺术馆馆长许杰，北京大学考古文博学院教授、湘鄂豫皖四省楚文化研究会理事长高崇文，中国钱币博物馆原馆长、曾侯乙墓考古队副队长黄锡全，韩国釜山大学教授、韩国国乐协会会长崔昍（音贤），美国文理科学院院士、美国加州大学洛杉矶分校教授罗泰，台湾鸿禧美术馆馆长廖桂英分别致辞。参加过曾侯乙墓发掘、整理和研究的郭德维、陈振裕、陈中行等考古工作者也出席了开幕式。湖北省博物馆原馆长、曾侯乙墓考古队队长谭维四通过视频，欢迎各位专家学者的到来，表达了进一步推动曾侯乙编钟研究的美好期望。

【“‘从大汶口到城子崖——新石器时代晚期的黄河下游’学术研讨会”在山东省济南市召开】

2018年9月19日~21日，“‘从大汶口到城子崖——新石器时代晚期的黄河下游’学术研讨会”在山东省济南市章丘区召开。会议由山东省考古学会主办，山东省文物考古研究院、济南市章丘区人民政府、山东大学历史文化学院承办。来自中国社会科学院考古研究所、北京大学等9所国内高校及16家省级文博科研机构的120余名学者参会。会上共有34名学者发言，内容主要有：泰安大汶口遗址、章丘城子崖遗址近年的新发现；运用动植物遗存、墓葬材料、聚落调查资料对大汶口—龙山文化生业经济、环境状况等方面的研究；与河南，晋南，辽东，长江中，下游，淮河流域龙山时代诸考古学文化的比较研究，探讨了大汶口—龙山文化与周边地区的文化交流和影响等问题。最后，山东大学栾丰实教授总结发言。

（刘　晨　高明奎）

【“2018浙江省第三届田野考古培训班”在浙江省海宁市举办】

2018年10月8日~2019年1月3日，由浙江省文物局主办、浙江省文物考古研究所承办的“2018浙江省第三届田野考古培训班”如期完成。经过三个月的刻苦训练，学员们熟悉了考古发掘的流程，学会了正确使用手铲、直铲等考古工具，掌握了清理遗迹单位、考古绘图等一整套考古技能，基本具备了独立开展工作的能力。

田野考古培训将实践操作与理论授课相结合，由省考古所老师将考古方法系统地传授给年轻考古工作者。至今，田野考古培训班已成功举办三期，受训学员涵盖全省26个县市，基层考古队伍的专业能力得到了明显提升。

【“纪念马桥文化命名40周年学术研讨会”在上海召开】

2018年10月10日~12日，由中国考古学会夏商考古专业委员会、上海博物馆、中国人民政治协商会议上海闵行区委员会主办，闵行区文化广播影视管理局、马桥镇人民政府承办的“纪念马桥文化命名40周年研讨会”在马桥文化命名地——上海闵行区马桥镇举办。来自浙江省文物考古研究所、南京博物院、北京大学等30余位专家学者参加了此次会议。七位学者受邀做了主旨发言，围绕马桥文化的考古发现与价值认识、马桥文化的多样性与交流等内容进行发言和讨论。会议期间，马桥文化展示馆正式开馆，并面向公众开放。此外，陈杰编著的《马桥文化探微——发现与研究文集》《追寻马桥文化》两本新著发布。

（郑秀文）

【“西南考古协作会暨中国西南与东南亚、南亚考古发现及研究学术研讨会”在云南省剑川县召开】

2018年10月11日～12日，由云南省文物考古研究所、四川大学历史文化学院、大理州文化体育局、剑川县人民政府主办，剑川县文化体育广播电视局、大理州文物管理所承办的“2018年度西南考古协作会暨中国西南与东南亚、南亚考古发现及研究学术研讨会”在云南省剑川县召开。除协作会成员单位外，还有来自北京大学、同济大学、凉山州博物馆等单位的共五十余位代表参会。代表们围绕“中国西南与东南亚的青铜文化”“中国西南与东南亚、南亚的古代交通与文化交流”两项主题进行发言，共提交论文15篇。研讨会结束后，西南各省、市考古单位的负责人召开了工作会议，针对若干考古协作中的具体问题进行了沟通和交流。本次会议集结了诸多西南考古的一线工作者，有力地推动着西南考古的发展。

【“殷墟科学发掘九十周年纪念大会暨殷墟发展与考古论坛”在河南省安阳市举行】

2018年10月13日～14日，由中国社会科学院考古研究所、河南省文物局、安阳市人民政府主办，安阳师范学院、北京清华同衡规划设计研究院协办的“殷墟科学发掘九十周年纪念大会暨殷墟发展与考古论坛”在河南省安阳市举行。来自海内外的200余位学者会聚一堂，在为期两天的会议上围绕殷墟的发掘、相关考古学研究和文化遗产的保护、利用、传承等话题进行深入探讨和切磋。

【“全国第14届科技考古学术讨论会”在西北大学举行】

2018年10月16日～20日，由西北大学文化遗产学院、中国科技考古学会（筹）、中国科学院大学人文学院考古学与人类学系、中国社会科学院考古研究所科技考古中心主办，文化遗产研究与保护技术教育部重点实验室和西北大学科技考古学中心承办的“全国第十四届科技考古学术讨论会”在西北大学举行。来自国内高校和文博单位120余位专家学者齐聚西北大学，在为期四天的会议上围绕生物考古与农业考古，文物研究与文物保护，冶金考古与陶瓷考古等议题分享新发现、交流新思想、探讨新问题。会议特别邀请英国伦敦大学学院Ian Freestone教授，参会进行学术交流。

（西北大学文化遗产学院研究生学生会）

【“青铜器、金文与齐鲁文化学术研讨会”在山东省潍坊市召开】

2018年10月18日～20日，“青铜器、金文与齐鲁文化学术研讨会”在山东省潍坊市召开。会议由山东省考古学会、北京大学历史学系主办，北京大学出土文献研究所、山东省文物考古研究院、潍坊市文物局、潍坊市博物馆承办，来自国内外60余家学术机构的百余名专家学者参加了研讨会。此次会议共收到70余篇论文或提要。内容主要涉及商周青铜器的发现和研究，近年新出土青铜器和金文的研究，山东地区古代青铜器研究等内容。

本次会议是继2015年莒县举办“青铜

器与山东古国学术研讨会”、2016 年曲阜举行“保护与传承视野下的鲁文化学术研讨会”、2017 年在临淄举行的“传承与创新：考古学视野下的齐文化学术研讨会”后举办的又一次主题鲜明且大规模、高规格的全国性学术会议。

（董文斌）

【“百越文化遗产学术研讨会暨百越民族史研究会第十八次年会”在广西南宁市召开】

2018 年 10 月 18 日 ~21 日，“百越文化遗产学术研讨会暨百越民族史研究会第十八次年会”在广西南宁市举行，此次会议由中国百越民族史研究会、广西壮族自治区文化厅主办，广西壮族自治区文物局、广西文物保护与考古研究所、广西文物保护研究设计中心联合承办。来自国内外 30 余家高校及考古文博单位共 80 名专家学者参加了会议，共同探讨百越文化研究最新成果。会议结束后，与会嘉宾参观考察了左江花山岩画。

【“陕西省考古院成立 60 周年纪念暨秦汉考古与秦汉文明学术研讨会”在陕西省西安市召开】

2018 年 10 月 19 日，由陕西省考古研究院主办，中国考古学会秦汉考古专业委员会、陕西省考古学会协办的“陕西省考古研究院成立 60 周年纪念暨秦汉考古与秦汉文明学术研讨会”在陕西省西安市召开。来自国内外秦汉考古方面的专家学者及陕西文物系统工作者等共 300 余人参加开幕式。刘庆柱先生与焦南峰先生分别作了主题发言。会议共四个主题，分别为“都城与城市”、“聚落与遗物”、“帝陵诸侯王陵列侯墓”以及“墓葬·墓仪·文化”。

【“中国考古学研究·第二届中日论坛”在四川大学召开】

2018 年 10 月 20 日 ~21 日，由中国考古学会、日本中国考古学会主办，四川大学历史文化学院考古学系承办的“中国考古学研究·第二届中日论坛”在四川大学江安校区法学院 2023 会议室召开。论坛以新石器至秦汉时期的中国考古学研究为主题，围绕“生业·文明”、“习俗·交流”、“技术·社会”及“族属·文化”四个话题依次展开深入研讨。共有来自中日知名大学及科研单位的 50 名学者参会，共提交发言 31 篇。相近研究领域的中日学者聚焦同一热点问题阐述见解并相互讨论，7 位点评专家到场进行了评议。

（范佳楠）

【“第二届中国考古学大会”在四川省成都市召开】

“第二届中国考古学大会”是于 2018 年 10 月 22 日 ~24 日在四川省成都市召开的一次考古学盛会，本次大会由中国考古学会、中国社会科学院考古研究所主办，四川省文物考古研究院、成都文物考古研究院、四川大学历史文化学院承办。

此次大会主题为“古代文化交流的考古学研究”，大会设置了大会开幕式、颁奖仪式、主题报告、分会场讨论，乃至公共考古讲座等环节。这次考古学大会将“终身成就奖”授予 95 岁高龄的著名考古学家、陕西省考古研究院研究员石兴邦先生，18 个考古发掘项目分别荣获“田野考古奖”一、二、三等奖，11 部考古学著作荣获“金鼎奖”，10 位青年学者荣获“金爵奖”。此外，在会议期间还颁发了考古资产保护“金尊奖”。开幕式后的 6 场主题报告涵盖了当前中国考古的三大热点课题：现代人起源、农业起源、文明起源，并突出了巴蜀考古的成果和意义。本次大会共设置了 16 个专业委员会进行分组讨论。由于近年来四川考古与文化遗产保护成绩显著，本次会议特设古蜀文明及四川考古专场。届时，诸多业内专家、学者针对四川考古热门议题开展讨论。会议上，专家、学者们围绕“四川史前及古蜀研究”“科技考古应用”“两周及秦汉考古”“唐宋明清考古及文物保护”四个议题进行发言，开展讨论。此外，大会期间，四川还推出 16 场公共讲座，以及六大系列主题展。

【“中国文明起源的中心和边缘学术研讨会”在重庆师范大学召开】

2018 年 10 月 25 日～27 日，“中国文明起源的中心和边缘学术研讨会”在重庆师范大学城校区“三春湖”会议厅召开。会议由《历史研究》编辑部、重庆师范大学、四川大学、中国殷商文化学会主办，重庆师范大学历史与社会学院承办。出席此次会议的有中国社会科学杂志社《历史研究》编辑部、中国社会科学院、北京大学等科研机构及高校的专家学者。会上讨论了上古方位意识与“天下一统”理念，中原与东夷的文明起源及其早期发展情况，欧亚大陆史前农业与牧业关系及其与中国文明起源的密切联系，史前战争、礼与中原文明中心崛起，庙子沟原始聚落文明，甘青地区文明起源过程中存在的扩展与变异等。

【“首届‘陶瓷之路——陶瓷考古新发现与新研究’京师论坛”在北京师范大学举行】

2018 年 11 月 2 日～4 日，由北京师范大学历史学院和中国考古学会宋辽金元明清专业委员会举办的“首届‘陶瓷之路——陶瓷考古新发现与新研究’京师论坛”在北京师范大学前主楼举行。会议包括四个议题“中国古代陶瓷的生产、管理、技术与组织”“中国古代陶瓷的国内流布与海外行销”“中国古代陶瓷市场与消费”“中国古代陶瓷的学术史研究”。来自全国 21 个单位的 21 名学者做了学术报告。北京师范大学历史学院院长杨共乐教授和宋辽金元明清专业委员会主任杭侃教授分别做了开幕式讲话和闭幕式总结发言。

【“第二届博物馆学青年学者论坛”在山东大学召开】

2018 年 11 月 3 日～4 日，“第二届博物馆学青年学者论坛”在山东大学中心校区召开。该论坛由山东大学历史文化学院发起主办，旨在为关注博物馆学研究的广大青年打造一个多学科背景的交流平台、与业内知名专家的直接对话平台及与业内学术刊物的沟通平台。

本次论坛的主题为“博物馆与教育”，在为期一天半的日程中，论坛共进行了 3 场主旨报告、17 场论文报告、10 幅论文海报，以及一场学术沙龙活动，论坛的具体内容将通过后续的会议纪要进行发布。本次论坛共有 109 名青年学子和青年从业人员参与。

【“‘跨越边界：中国华南与越南的考古学文化接触与交流’学术研讨会”在中山大学举行】

2018 年 11 月 5 日～8 日，由中山大学社会学与人类学学院主办的“‘跨越边界：中国华南与越南的考古学文化接触与交流’学术研讨会”在中山大学南校园马丁堂二楼学术报告厅举行，来自中国和越南的 40 多位专家学者参加了本次会议，就我国华南地区及越南境内聚落和城址考古、船棺研究、陶瓷生产、交通系统、佛教艺术交流等议题展开热烈讨论。

（韦伟燕）

【“湖南省 2018 考古勘探培训班”在湖南省澧县举办】

2018 年 11 月 5 日～11 日，由湖南省文物局主办，湖南省文物考古研究所、常德市文物局、澧县人民政府、澧县文物局共同承办的“湖南省2018考古勘探培训班”在湖南省澧县成功举办。来自全省14个市州，50余个区县的65名学员参加了此次培训。培训分室内授课与田野实践教学两部分。室内授课由省文物局考古处何春平副处长讲授“文物保护工作中的基本理念和相关政策”；四川大学历史文化学院于孟州副教授讲解“田野考古调查勘探的理论与技术方法”；四川大学历史文化学院杜战伟、湖南省文物考古研究所赵亚锋和王良智分别就青海喇家遗址、澧县孙家岗遗址等文物点的考古调勘工作案例，向学员们讲解了考古调勘工作的方法、流程与技术路线以及能够达到的成果等。田野实践地点位于澧县鸡叫城遗址，学员由老师傅带领进行了考古钻探实践与钻探记录整理。

（乔卓俊）

【“全国高校考古、文博专业学科建设工作会议”在浙江大学召开】

2018年11月8日~9日，由浙江大学文物与博物馆学系承办的“全国高校考古、文博专业学科建设工作会议”在浙江大学紫金港校区启真酒店召开。本次会议由中国考古学会、国务院学位委员会考古学科评议组主办。全国近50家开设考古、文博专业高校的学科负责人等80余人参加本次会议。在会议期间，与会代表共同商讨我国考古、文博专业人才培养的现状、存在问题和解决对策；审议国务院学位委员会委托评议的《考古学科研究生核心课程指南》等学科建设文件；筹备成立“中国考古学会考古学科人才培养专业委员会”等。

（吴舒洁）

【“湖北出土简帛日书国际学术研讨会”在湖北省武汉市召开】

2018年11月8日~12日，由湖北省博物馆、湖北省文物考古研究所、武汉大学简帛研究中心、芝加哥大学顾立雅中国古文字中心共同举办“湖北出土简帛日书国际学术研讨会”在湖北省武汉市召开，来自中国、美国、法国、德国、日本、韩国等日书研究领域的数十位专家学者参加会议。会议主要围绕湖北九店楚墓、云梦睡虎地秦汉墓、随州周家寨汉墓出土简牍之《日书》整理和研究等问题展开了深入的学术研讨和交流；研讨会期间，与会专家近距离观摩了周家寨汉墓等新出日书竹简；研讨会后，专家们还前往湖北云梦、随州简牍出土地进行了考察。本次会议是近年来召开的国内出土简帛日书研究规模较大、参会国际学者最多、水平最高的《日书》研究学术会议之一，对湖北出土简帛日书乃至简牍文书研究起到重要推动作用。

【“中国古代都城考古新发现国际学术研讨会”在南京大学召开】

2018年11月11日~15日，“中国古代都城考古新发现国际学术研讨会”在南京大学召开。会议由中国考古学会古代城市考古专业委员会、中国考古学会三国至隋唐考古专业委员会、南京市文化广电新闻出版局、南京大学历史学院主办。南京市考古研究院、南京大学历史学院考古文物系、南京大学文化与自然遗产研究所、《大众考古》编辑部承办。此次会议共计80人参加，提交论文45篇。

【“鱼类骨骼考古：理论、方法与实践学术研讨会”在中山大学举行】

2018年11月16日~19日，由中山大学社会学与人类学学院主办的“鱼类骨骼考古：理论、方法与实践学术研讨会”在中山大学南校园马丁堂二楼学术报告厅举行，来自中国、法国、葡萄牙的20多位专家学者参加了本次会议，就鱼类骨骼考古的理论、方法和实践等议题展开热烈讨论。

（余　翀）

【“国家文物局十三五重点研究项目2018年度推进会暨芦山峁遗址考古现场会”在陕西省延安市召开】

2018年11月24日~25日，由陕西省文物局、延安革命纪念地管理局主办，陕西省考古研究院、延安市文物研究所承办的“国家文物局十三五重点研究项目2018年度推进会暨芦山峁遗址考古现场会”在陕西省延安市召开。中国社会科学院、国家博物馆、各省级相关文博考古科研机构和高等院校的60多位专家学者参加了会议。会上，陕西省考古研究院、湖南省文物考古研究所、浙江省文物考古研究所、河南省文物考古研究院相关负责人分别介绍了“河套地区聚落与社会研究”项目、“长江中游文明进程研究”项目、“长江下游区域文明模式研究”项目及“中原地区文明化进程”项目进展情况，延安芦山峁考古项目负责人汇报了芦山峁遗址考古工作的收获。来自全国的考古学者、专家还考察了芦山峁遗址发掘现场、观摩了芦山峁出土文物标本及考古工作集成平台，并举行了芦山峁考古项目座谈会。

【“第二届女性考古与女性遗产学术研讨会”在南京大学召开】

2018年11月24日~25日，“第二届女性考古与女性遗产学术研讨会”在南京大学召开。本次会议由南京大学历史学院主办，南京大学文化与自然遗产研究所承办。此次会议继续围绕“女性考古与女性遗产”的主题，全面交流和展示近年来女性考古与女性遗产研究的新成果以及学术热点难点，共同探索进一步推动中国女性考古与女性遗产事业发展的新理念、新思想。参会50人，论文共有35篇。

【“‘立足实际，放眼未来——博物馆学学科建设与社会服务’学术研讨会”在首都师范大学召开】

2018年11月29日，由首都师范大学历史学院、博物馆发展研究中心、公众考古学中心主办的“立足实际，放眼未来——博物馆学学科建设与社会服务研讨会”在首都师范大学召开。来自国家文物局、中国博物馆协会、中国社会科学院大学、国家博物馆、故宫博物院、首都博物馆、中国文化遗产研究院、北京市文物局、山东大学、上海大学、首都师范大学、《博物院》杂志的21位资深专家出席会议并发言。本次会议聚焦“博物馆与社会服务”和“博物馆学科体系与人才培养”两个主题，参会专家密切结合自身在博物馆一线的工作实际与高校的教学实践，围绕我国博物馆学学科体系建设的现状与问题、新时期博物馆服务社会面临的机遇与挑战展开了热烈讨论。

（钱益汇）

【“中国南方先秦考古学术研讨会暨‘锁匙——先秦印纹硬陶·原始瓷器特展’”在浙江省杭州市召开】

2018年11月29日上午，“中国南方先秦考古学术研讨会”在浙江省杭州市开幕。会议由中国考古学会夏商考古专业委员会、中国考古学会两周考古专业委员会、浙江省文物局主办，浙江省文物考古研究所、杭州南宋官窑博物馆承办。来自国内高校和科研机构130余名与会代表围绕中国南方先秦考古新发现、考古学文化研究，原始瓷、印纹陶、青铜器等物质文化研究等主题作报告。会议同时举办了“锁匙——先秦印纹硬陶·原始瓷器特展”。展品除了浙江各县市出土的成组印纹硬陶和原始瓷器，还汇集了河南二里头、郑州商城、殷墟等地出土的精品，总共近300件组。与会代表就展览文物所反映的问题和展陈设计等进行了热烈的交流和探讨。

（浙江省文物考古研究所）

【“2018 亚太地区古建筑保护与修复技术高级人才培训班——中国古典建筑的鉴定与分析”在南京大学开班】

2018 年 12 月 3 日 ~9 日，联合国教科文组织亚太地区世界遗产培训与研究中心（WHITRAP）苏州中心与南京大学历史学院联合举办了“2018 亚太地区古建筑保护与修复技术高级人才培训班——中国古典建筑的鉴定与分析”。培训班的成功举办，对建筑遗产保护、研究领域内理论与实践两层面的勾连与互动产生了十分积极的影响。

【“丝绸之路上古代玻璃的科技考古研究国际学术研讨会”在西北大学召开】

2018 年 12 月 8 日，由西北大学文化遗产学院主办，西北大学科技考古学研究中心承办的“丝绸之路上古代玻璃的科技考古研究国际学术研讨会”在西北大学召开，多国学者学子齐聚西安。此次研讨会共有 11 位学者作了学术汇报，围绕丝绸之路上的古代釉砂制品和玻璃的技术、工艺与贸易等问题，进行了深入的讨论与交流。

（西北大学文化遗产学院研究生学生会）

【“第三届国博遥感考古年会”在中国国家博物馆召开】

2018 年 12 月 17 日 ~18 日，“第三届国博遥感考古年会”在中国国家博物馆召开。会议由中国国家博物馆主办，邀请了来自中国社会科学院考古研究所、中国科学院空天信息研究院、中国测绘科学院、水利部遥感技术应用中心、台北中研院人文社会科学研究中心等科研机构以及北京大学、清华大学等高校的 60 余位专家、学者。会议以航空与航天对地观测技术在考古学研究领域的应用为主题，张爱冰先生发表了题为《俞伟超先生与中国田野考古的转型》的演讲，信立祥、赵化成、杨林、郝国胜、戴向明先生追忆了俞伟超先生开创中国水下考古、航空考古的卓越贡献。18 位学者围绕上述主题，介绍了遥感、摄影测量的前沿技术和遥感考古的新成果。中国国家博物馆与喀什地区文物局编著的《喀什大遗址航空摄影考古调查》在本次会议首次发布。

（李　刚）

【“‘祭天与古代文明’学术研讨会”在西北大学召开】

2018 年 12 月 29 日 ~30 日，由西北大学文化遗产学院、陕西省考古研究院、《中原文化研究》杂志社联合举办的“‘祭天与古代文明’学术研讨会”在西北大学文化遗产学院博望讲座厅召开。此次会议以祭祀天、地、人祖为主题讨论了祭天与古代文明，共有 31 位学者作了学术汇报。

（西北大学文化遗产学院研究生学生会）

第五篇

对外学术交流

【中国社会科学院考古研究所】

出访

2018 年 2 月 26 日 ~3 月 2 日，受奈良文化研究所松村惠司所长的邀请，中国社会科学院考古研究所所长陈星灿研究员、副所长朱岩石研究员、科研处负责人刘国祥研究员出访日本，进行学术访问。陈星灿所长代表中国社会科学院考古研究所与奈良文化财研究所签署友好合作协议，于 2 月 27 日进行了两所所长会见和共同签署仪式。陈星灿所长、朱岩石副所长及科研处负责人刘国祥研究员代表考古所与奈良文化研究所就未来两所之间下一步的学术合作具体内容进行了深入探讨。

2018 年 3 月 15 日 ~20 日，受日本金泽大学中村慎一的邀请，中国社会科学院考古研究所史前考古研究室主任李新伟研究员、史前考古研究室赵春青研究员前往日本进行学术访问，参加由日本金泽大学教授中村慎一主持的“稻作文明与中国文明”学术讨论会。讨论会在日本四国岛上的爱媛大学举行，李新伟在会议上作了《公元前 6000 以来中国稻作与粟作农业地域社会复杂化的比较研究》的主旨演讲，赵春青研究员作了《新砦文化与早期夏文化研究》的主旨演讲。

2018 年 3 月 20 日 ~23 日，受日本明治大学邀请，由中国社会科学院考古研究所副所长朱岩石研究员率团出访，团组成员有考古研究所洛阳工作站站长钱国祥研究员、考古研究所西安研究室主任刘振东研究员，历史研究所黄正建研究员、陈志远副研究员，以及国际合作局亚非处项目官员熊淑娥博士。会议以古代的中日交流为主题，本所朱岩石研究员、钱国祥研究员和刘振东研究员分别作了题为“6 世纪东亚佛教寺院遗迹的考古学研究”、“汉魏洛阳城太极殿的考古新发现”和“从考古新发现看汉魏墓制的变化”的学术演讲。

2018 年 3 月 25 日 ~6 月 13 日，为了主持科潘遗址的考古发掘和研究，以及中美洲考古研究的进一步展开，受加州大学洛杉矶分校、洪都拉斯人类学与历史研究局的邀请，中国社会科学院考古研究所史前考古研究室主任李新伟研究员前往美国加州大学洛杉矶分校和洪都拉斯科潘玛雅遗址进行了学术访问和考古发掘工作。

2018 年 5 月 16 日 ~19 日，应韩国文物研究院的邀请，中国社会科学院考古研究所所长陈星灿研究员赴韩国访问了该研究院，其间到晋州古城遗址、釜山加德岛城址进行了现场调研，观摩了韩国文物研究院等单位发掘出土的旧石器时代、新石器时代和高丽时代的文物，参观了釜山近代历史博物馆、东亚大学博物馆，并在东亚大学作了《史前时代的东西方文化交流》的学术报告。

2018 年 6 月 15 日 ~19 日，受奈良县立橿原考古研究所的邀请，中国社会科学院考古研究所白云翔研究员赴日本参加学术会议并举办学术讲座，并就山东省临淄齐故城出土镜范与铜镜的考古学研究等进行交流。

2018 年 7 月 22 日 ~27 日，受罗马尼亚雅西郡摩尔多瓦国家博物馆的邀请，中国社会科学院考古研究所史前考古研究室主任李新伟研究员、夏商周考古研究室施劲松研究员和边疆民族考古研究室王鹏助理研究员赴罗马尼亚进行学术访问，并现场调研古特尼文化的文化面貌和遗址保存状况。

2018 年 9 月 2 日 ~13 日，受加州大学洛杉矶分校、墨西哥人类学与历史研究局及洪都拉斯人类学与历史研究局邀请，中国社会科学院学部委员、考古研究所所长陈星灿研究员和夏商周考古研究室主任徐良高研究员（9 月 6 日 ~17 日）、史前考古研究室主任李新伟研究员（9 月 2 日 ~24 日）赴美国、墨西哥和洪都拉斯进行学术访问，并商讨科潘项目下一阶段合作规划。

2018年9月2日~13日，受葡萄牙科英布拉大学的邀请，中国社会科学院学部委员、考古研究所所长陈星灿研究员随院团出访葡萄牙。访问期间，代表团与科英布拉大学联合举办了“丝绸之路：从历史走向未来”学术研讨会，实地调研了葡萄牙宪法法院，与里斯本自治大学校长一行人座谈并与该校法学院联合举办了“中欧/中葡关系：现状与未来”研讨会。其间，代表团就中葡关系、中欧关系、中葡在“一带一路”倡议框架下的合作等主题与葡方做了深入交流。

2018年9月10日~15日，应俄罗斯科学院西伯利亚分院蒙古佛教和藏学研究所的邀请，中国社会科学院考古研究所汉唐考古研究室主任董新林研究员出访俄罗斯，参加题为“蒙古、贝加尔、西伯利亚和北中国的古代文化交流国际研讨会”，并在会议上作了“辽上京遗址考古研究新成果”的报告。

2018年9月25日~10月12日，受英属哥伦比亚大学的邀请，中国社会科学院学部委员、考古研究所王巍研究员赴加拿大进行学术访问，并作有关中国古代文明起源研究新进展的讲座。

2018年9月30日~10月6日，受乌兹别克斯坦科学院考古研究所的邀请，中国社会科学院考古研究所副所长朱岩石研究员赴乌兹别克斯坦进行了访问，就发掘中存在的一些问题与中方考古队员现场讨论，与乌方项目负责人马特巴巴耶夫教授就明年的合作计划、成果出版等进行了会谈，并落实在乌兹别克斯坦国家博物馆“中乌联合考古发掘成果展”展览有关安排。

2018年10月23日~29日，受埃及文物部邀请，中国社会科学院学部委员、考古研究所所长陈星灿研究员和中国社会科学院学部委员、考古研究所王巍研究员赴埃及进行学术访问，并签署了《中国社会科学院考古研究所与埃及文物部合作和互助协议》和《中埃卢克索孟图神庙联合考古项目协议》。在卢克索与卡尔纳克神庙区与其负责人进行会面，实地访问了孟图神庙遗址的现状，共同商讨了在该地区进行联合考古所需的准备工作以及具体的工作计划。

2018年11月4日~12月3日，受加州大学洛杉矶分校、洪都拉斯人类学与历史研究局的邀请，中国社会科学院考古研究所史前考古研究室主任李新伟研究员赴美国及洪都拉斯进行学术访问及考古发掘工作。

2018年12月18日~20日，受韩国忠北大学的邀请，中国社会科学院考古研究所汉唐考古研究室主任董新林研究员赴韩国参加“文化遗产上的生与死”大学人文力量强化事业（CORE）国际学术会议，并作《略论中国唐宋墓葬的生死观》的学术报告。

来访

2018年3月15日，日本奈良文化财研究所玉田芳英、石桥茂登等一行6人到中国社会科学院考古研究所进行学术访问，并与朱岩石副所长进行座谈交流。

2018年3月27日，日本东亚大学黄晓芬教授到访中国社会科学院考古研究所，并作题为《越南交趾郡治LUY LAU嬴遗址的调查与探索》的学术讲座。

2018年3月28日~30日，日本东北学院大学佐川正敏教授访问了中国社会科学院考古研究所西安研究室，参观了陈列室、观摩了汉长安城遗址出土的砖瓦资料，并于30日下午举办了一场题为《从东北亚的视角看古代制瓦技术和砖瓦窑》的学术讲座。

2018年4月4日，俄罗斯科学院院士莫洛金·维亚切斯拉夫·伊万诺维奇教授到访中国社会科学院考古研究所，并作题为《俄罗斯科学院西伯利亚分院考古学与民族学研究所最新考古发现与研究成果》的学术讲座。

2018 年 5 月 2 日，俄罗斯伊尔库茨克国立大学 VladimirBazaliski 教授一行 3 人和香港中文大学中国考古艺术研究中心主任邓聪教授一行 3 人到中国社会科学院考古研究所进行访问，参观了陈列室和文保中心，邓聪教授作了题为《欧亚大陆史前玉器技术扩散》的学术讲座。

2018 年 5 月 14 日，乌兹别克斯坦国家博物馆馆长 Jannat Khamidovna Ismailova、Alisher Ismailova 一行到访中国社会科学院考古研究所，并与中国社会科学院考古研究所所长陈星灿研究员、副所长朱岩石研究员座谈交流。

2018 年 5 月 24 日，美国印第安纳大学 K. Anne Pyburn 教授一行 2 人到中国社会科学院考古研究所进行学术访问。其间参观了文保中心及陈列室，并与中国社会科学院考古研究所所长陈星灿研究员进行会谈。

2018 年 6 月 5 日，加拿大西蒙菲莎大学（Simon Fraser University）环境学院副院长、古代 DNA 实验室主任杨东亚教授到中国社会科学院考古研究所进行学术访问，并作题为《古基因组学和考古学的整合》的讲座。

2018 年 6 月 15 日，哈佛大学人类学系傅罗文（Rowan K. Flad）教授到访中国社会科学院考古研究所，并作了题为《洮河流域史前文化考古调查与试掘初步收获》的学术讲座。

2018 年 6 月 22 日，斯里兰卡驻华大使、外交部部长助理苏米特·纳肯达拉（Sumith Nakandala）先生到访中国社会科学院考古研究所，并与中国社会科学院考古研究所所长陈星灿研究员进行会谈。

2018 年 9 月 5 日，明治大学石黑研究员一行到访中国社会科学院考古研究所，参观了陈列室并进行学术交流。

2018 年 10 月 13 日 ~15 日，英国伦敦大学考古学院伊恩·弗里斯通（Ian Freestone）教授访问中国社会科学院考古研究所洛阳工作站，并进行学术交流。

2018 年 10 月 19 日，巴基斯坦旁遮普大学人文学院院长、历史学系主任伊克巴尔·查瓦拉教授（Professor Dr. Iqbal Chawla）及巴基斯坦旁遮普大学考古系主任穆罕默德·哈米德教授（Professor Dr. Muhammad Hameed）到访中国社会科学院考古研究所，并分别作了题为《巴基斯坦考古学史：以旁遮普大学考古学系为中心》、《巴基斯坦哈拉帕遗址的研究现状和未来工作展望》的学术讲座。

2018 年 11 月 1 日，费尔干纳大学穆罕默德江·伊萨米丁诺夫教授、塔什干大学鲁斯坦·苏莱曼诺夫教授一行 4 人到访中国社会科学院考古研究所，并与副所长朱岩石研究员座谈交流。

2018 年 12 月 5 日，罗马尼亚文化中心的鲁博安（Constantin Lupeanu）主任、罗马尼亚艺术家、库库特尼文化专家 Patrascanu Andra 和 Antonio Stefania、以及罗马尼亚文化中心秘书 Nana Antonia 到访中国社会科学院考古研究所，并作了一场关于罗马尼亚史前文化的讲座，题为《从新石器时代到现代罗马尼亚百年大一统——兼论库库特尼和仰韶文化宇宙观的相似性》。

（王一杰）

【吉林省文物考古研究所】

2018 年 9 月 17 日 ~21 日，应日本长崎县埋藏文化财中心邀请，吉林省文物考古研究所一行五人前往日本长崎县开展考古文化交流活动。访问了位于壹岐岛上的长崎县埋藏文化中心、一支国博物馆、原迁遗址以及部分日本古坟时代、江户时代遗址及古代建筑，与该中心负责人以及各研究部门负责人进行了座谈。就海上丝绸之路等问题与日本学者交换了意见。

（徐　廷）

2018年10月30日～11月7日，由Н. Г. 阿尔杰米耶娃研究员任团长的俄方六名学者代表团访问了吉林省。代表团先后对珲春市博物馆、延吉市博物馆、通化市博物馆、集安市博物馆以及集安高句丽太王陵、将军坟、山城下墓区、丸都山城等已开放的考古遗址进行了考察。双方学者在长春进行了学术座谈。

（解　峰）

【黑龙江省文物考古研究所】

2018年5月25日，俄罗斯科学院物质文化史研究所米尼亚耶夫·谢尔盖教授和俄罗斯科学院彼得大帝人类学与民族学博物馆莫伊舍夫·瓦策斯拉夫教授，到黑龙江省文物考古研究所进行学术交流访问。

2018年5月27日～28日，俄罗斯科学院西伯利亚分院考古学与民族学研究所阿尔金·谢尔盖、涅斯捷罗夫·谢尔盖，阿穆尔州文化遗产保护中心科瓦连科·斯坦尼斯拉夫到黑龙江省文物考古研究所交流访问。

2018年5月30日下午，阿尔金·谢尔盖研究员以《石勒碦河流域的考古新发现》为题作了学术讲座。讲座以翔实的第一手资料，介绍了近年黑龙江源头支流石勒碦河流域新石器至靺鞨文化时期的考古新成果。

（关燕妮）

【浙江省文物考古研究所】

出访：

2018年1月24日～30日，研究馆员王宁远、馆员陈明辉二人赴日本金泽大学开展关于“稻作农业与中国古代文明形成过程”研究课题的学术交流访问。

2018年4月1日～15日，研究馆员蒋乐平、郑云飞、孙国平三人赴美国参加“美国考古学会第83届年会”。会上，三人分别就《水稻驯化多中心的考古学证据》、《9000年前的彩陶、环壕——义乌桥头遗址新发现》、《关于浙江新石器时代早中期自然环境演变与史前文化的发现和思考》作学术汇报、研讨。

2018年5月22日～6月1日，王海明、方向明、刘建安、孙瀚龙（延续工作至6月13日回国）、何茵茵赴洪都拉斯参观科潘考古遗址。此次考察交流旨在更好地贯彻“走出去”的精神，到世界古代文明发源的核心区进行考古发掘。

2018年5月28日～6月1日，刘斌、黄昊德、李辉达赴韩国与韩国国立罗州文化研究所就“东亚地区先秦两汉土墩墓”课题进行学术交流，签订未来双方学术研究合作协议，踏查韩国同时期土墩遗址，探讨研究方法及工作进展。

2018年10月24日～11月26日，崔彪赴阿曼、阿联酋参加美国盖蒂保护研究所与阿联酋阿布扎比文化旅游局联合举办的“2018年国际土建筑与土遗址保护培训班”。

2018年11月12日～22日，郑嘉励、芮国耀、时萧、沈晓文赴美国、洪都拉斯参加中国社会科学院考古研究所科潘考古项目。

2018年11月28日～12月8日，刘建安赴德国参加文化遗产培训团。

2018年12月16日～21日，郑云飞赴日本奈良教育大学开展学术交流。

来访：

2018年1月16日～18日，中日合作课题“稻作农业起源”的日本合作方到访，赴余姚田螺山、良渚等进行研究探讨。

2018年2月26日，中日合作课题“稻作农业起源”的日本合作方到访，赴余姚田螺山、良渚等进行研究探讨。

2018年3月4日，熊本大学小畑弘己

等到访余姚田螺山遗址。

2018 年 7 月 3 日，久保田慎二、宫田、村上等到访良渚遗址。

2018 年 7 月 22 日，菊地大树（社科院），丸山真史（东海大学）到访良渚遗址。

【杭州市文物考古研究所】

2018 年 1 月 29 日上午，日本明治大学讲师石黑久子到杭州市文物考古研究所进行学术访问和交流。观摩了近年来考古所在一些大型的考古项目中出土的墨书瓷器标本，并从器物造型、胎釉、装饰等一系列问题出发，与考古所业务人员进行了深入交流。此外，双方还就历史上中日贸易的其他问题进行了探讨。

2018 年 7 月 4 日，韩国国立江华文化研究所所长李圭勋一行 5 人到杭州市文物考古研究所进行学术访问。访问期间，对德寿宫遗址进行了实地考察。并就南宋临安城遗址、高丽青瓷等问题与市考古所相关工作人员进行了深入的交流讨论。

2018 年 9 月 18 日，日本法政大学盐泽裕仁教授，在复旦大学文史研究院李星明教授和朱溢研究员的陪同下，来杭州市文物考古研究所进行学术访问。先后实地考察了临安区吴越国光孝明因寺（宋净土禅寺）遗址和上城区南宋德寿宫遗址，并就吴越国建筑技艺、佛教美术等问题，与考古所业务人员进行了深入交流探讨。

【四川省文物考古研究院】

2018 年 12 月 11 日 ~17 日，雷雨、陈卫东受意大利那不勒斯国家考古遗址博物馆的邀请，参加《中意考古、文化遗址保护国际研讨会》，在会上雷雨作了《沉睡数千年一醒惊天下——三星堆的发现、发掘与研究》的报告。陈卫东作了《考古、价值与阐释——以宣汉罗家坝遗址公园规划为例》的报告。

（陈卫东）

【云南省文物考古研究所】

2018 年 1 月 15 日 ~20 日，应美国宾西法尼亚大学的邀请，古人类部吉学平研究员赴美国俄亥俄州克利夫兰自然历史博物馆参加“昭通水塘坝化石地发现和研究十年专题研讨会”。吉学平还与该博物馆的同行进行了交流。

（吉学平）

2018 年 5 月 21 日 ~25 日，应日本爱媛大学东亚古代铁器文化研究中心村上恭通教授邀请，刘旭研究员及四川大学历史文化学院李映福教授访问了日本。访问团与爱媛大学东亚古代铁器文化研究中心同行就古代铁器保护及研究工作进行了深入的探讨，并共同签署了《中日联合开展中国云南省出土铁器保护与研究合作意向书》。刘旭研究员作了题为《云南的青铜时代——基于考古学的视角》的学术报告。

（刘　旭）

2018 年 9 月 23 日 ~28 日，应越南社会科学院和印度—太平洋史前学会的邀请，古人类部吉学平研究员、考古部蒋志龙研究员参加了“第 21 届印度—太平洋史前学会（IPPA）大会”。蒋志龙与美国芝加哥大学人类学系副教授在小组会上共同作了“Dian Archaelogy：60 years after Shizhaishan”的学术演讲。此行还与美国、德国合作者以及国内外同行进行了交流。

（吉学平　蒋志龙）

2018 年 12 月 11 日 ~12 日，云南省文物考古研究所邀请国际著名铁器保护专家村上恭通教授、冶金考古专家李映福教授以及铁器保护专家杨盛副研究员作为培训老师，对我所文物修复实验室的 6 名工作人员进行了铁器保护的培训。

（狄江海）

【陕西省考古研究院】

2018 年 1 月 15 日 ~3 月 6 日，邸楠赴

日本奈良县立橿原考古学研究所研修。

2018年1月16日～20日，受美国费城富兰克林博物馆邀请，谭青枝赴美国费城进行了学术考察及文化交流活动，以《漫谈秦手工业生产的标准化——以秦始皇陵出土文物为例》为题作主题演讲。

2018年6月25日～7月27日，由陕西省考古研究院与加州大学洛杉矶分校、西北大学合作的“中美田野考古学校第八期培训班”在杨官寨遗址举办，来自美国、加拿大、波多黎各、中国内地、中国香港等国家和地区的16名学员参加培训。

2018年7月4日，加州大学洛杉矶分校罗泰教授应邀赴陕西省考古研究院，分别以《汉代编钟及其有关问题》为题作学术讲座。罗泰结合最新考古发现就汉代编钟及其有关问题提出新的观点。

2018年9月3日～7日，许卫红赴英国进行《秦始皇和兵马俑》展览学术交流工作并作《秦始皇的城和秦始皇的“兵”》的主题报告。

2018年9月22日～29日，邵晶、杨利平赴越南顺代参加“第21届环太平洋史前社会国际学术会议”，分别以《中国北方地区龙山时代石城聚落涌现之因——以榆林寨峁梁遗址为例》《中国文明起源的重要节点——以陕西关中地区杨官寨遗址考古发现与收获为例》为题作学术报告。

【甘肃省文物考古研究所】

2018年7月22日～27日，为开展中国史前彩陶的综合研究，探讨中西方彩陶文化的异同和交流，应罗马尼亚雅什郡摩尔多瓦国立博物馆的邀请，甘肃省文物考古研究所王辉赴罗马尼亚雅西郡参加学术研讨会，并访问了罗马尼亚东北部雅什郡周边的多处博物馆和考古遗址。

2018年9月14日～18日，应亚洲铸造技术史学会邀请，甘肃省文物考古研究所王辉赴日本参加“亚洲铸造技术史学会”国际会议，并作题为《近年来甘肃早期铜器的发现和研究》的报告。就甘肃早期铜器的特征与技术、甘肃早期铜器的起源与发展等方面进行了探讨和研究。

2018年11月13日～26日，应奥地利维也纳大学、中国南京大学和伊朗文化遗产与旅游研究所邀请，甘肃省文物考古研究所王辉、陈国科赴伊朗参加“第三届丝绸之路沿线考古学及文物保护国际会议”。

2018年12月17日～20日，应韩国庆北大学校史学科BK事业团、武汉大学简帛研究中心、香港中文大学历史学中国历史研究中心邀请，甘肃省文物考古研究所张俊民赴韩国参加“通过简牍材料看古代东亚史研究国际论坛”会议，并提交论文《〈居延汉简（贰）〉释文商榷——简牍文书的再整理》。

【北京大学】

出访：

2018年1月2日，周双林副教授应Agrashar Vikrampur Foundation邀请出访孟加拉国，参加遗迹保护的论证会。

2018年2月3日～14日，林梅村教授应法国高等实践研究院邀请出访法国、希腊、德国，考察希腊化艺术相关遗址和文物。

2018年3月16日～27日，林梅村教授应英国杜伦大学邀请出访英国，参加“一带一路”国际学术讨论会，演讲题目为《丝绸之路考古新发现》。

2018年3月18日～24日，杭侃教授应英格兰遗产委员会邀请出访英国，参加“双墙对话”（中国长城与英国哈德良长墙）学术研讨会。

2018年3月20日～4月1日，张剑葳助理教授应美国亚洲研究学会、范德堡大学邀请出访美国，参加学术会议及与大学交流合作。

2018 年 5 月 7 日 ~14 日，邓振华助理教授应伦敦大学学院邀请出访英国，参加“作物驯化与走向农业之路的比较研究”学术研讨会，洽谈合作研究。

2018 年 6 月 9 日 ~21 日，倪润安教授、崔剑锋副教授、曹大志助理教授应蒙古国游牧文化研究国际学院邀请出访蒙古国，开展合作研究。

2018 年 6 月 29 日 ~8 月 20 日，魏正中教授应欧洲南亚考古与考古与艺术协会等邀请出访意大利、德国参加国际学术会议，赴意大利中国美术史博物馆进行研究。

2018 年 7 月 29 日 ~8 月 8 日，王幼平教授应俄罗斯科学院西伯利亚分院考古研究所邀请出访俄罗斯，参加“亚洲旧石器考古学会年会”，演讲题目为《河南登封西施遗址的石叶工业》。

2018 年 8 月 13 日 ~20 日，林梅村教授应皇家安大略博物馆邀请出访加拿大，开展合作研究。

2018 年 8 月 27 日 ~9 月 12 日，张颖助理教授应日本茶之水女子大学、土耳其中东科技大学邀请出访日本、土耳其参加学术会议，演讲题目为：《长江下游地区的资源和环境》及《中原地区的湿地开发——动物考古学视角》。

2018 年 9 月 1 日 ~5 日，周双林副教授应新加坡中华总商会邀请出访新加坡，与新加坡国立大学建筑系合作，对商会总部的中国传统琉璃九龙壁进行现状调查、病害监测和分析，并进行保护、加固及防水的实验，最后提交保护方案。

2018 年 9 月 3 日 ~15 日，韦正教授应阿尔泰国立大学、俄罗斯科学院西伯利亚分院、蒙古学、佛学及藏学研究所邀请出访俄罗斯，其中 9 月 3 日 ~8 日赴巴尔瑙尔市参加阿尔泰国立大学主办的第二届“欧亚大陆考古实际问题的现代解读”国际学术会议，9 月 9 日 ~15 日在乌兰乌德参加第九届“蒙古、外贝加尔、西伯利亚和中国北方古代文化”国际会议。

2018 年 9 月 14 日 ~18 日，胡钢副教授应亚洲铸造技术史学会邀请出访日本参加“亚洲铸造技术史学会大会”并发表研究报告，演讲题目为《古代青铜器不同红铜纹饰工艺比较》。

2018 年 9 月 14 日 ~21 日，陈建立教授应亚洲铸造技术史学会邀请出访日本参加“亚洲铸造技术史学会大会”并发表研究报告，演讲题目为《从铸铜原料看商周时期青铜工业的中原与边疆》，并访问了日本国立历史民俗博物馆。

2018 年 9 月 21 日 ~30 日，王幼平教授、邓振华助理教授应越南社会科学院考古研究所邀请出访越南，参加“第 21 届印度—太平洋史前学会（IPPA）大会”。王幼平演讲题目为《华南晚更新世人类行为复杂化》《华南岛屿区石片石器的发现与意义》，邓振华演讲题目为《农业向台湾及岛屿东南亚地区的早期传播：植物考古的新证据》。

2018 年 9 月 22 日 ~27 日，秦大树教授应南岛—太平洋史前学会邀请出访越南，主持“东亚、东南亚制瓷业工艺技术的发展与交流”并发言，演讲题目为《东亚、东南亚制瓷业工艺技术的发展与交流》。

2018 年 10 月 2 日 ~7 日，秦岭副教授应金泽大学历史言语文化学系邀请出访日本，进行合作研究。

2018 年 10 月 16 日 ~21 日，曹宏副研究馆员应加拿大皇家安大略博物馆/北山堂基金会邀请出访加拿大，参加“2018 中国艺术博物馆论坛”，演讲题目为《如何通过数字技术实现理想的展览》。

2018 年 11 月 11 日 ~29 日，陈建立教授、韦正教授应伊朗文化遗产与旅游研究所邀请，出访伊朗，参加“第三届丝绸之路沿线考古学及文物保护国际会议”并考察伊朗考古工作，陈建立教授演讲题目为《先秦时期金属工业的中原与边疆》，韦正教授演讲题目为《从建筑技术浅谈汉墓所见中外文化交流》。

2018年11月17日~30日，秦大树教授应荷兰莱顿大学考古学院邀请出访荷兰，对大航海时期荷兰东印度公司开展的海上贸易资料进行搜集与研究，与相关学者交流，考察相关的遗址和博物馆，指导博士生的研究。

2018年11月24日~12月2日，张海副教授应埃中文化交流协会邀请出访埃及，考察与商讨合作。

2018年12月6日~9日，韦正教授应韩国昌原大学庆南学研究中心邀请出访韩国，参加“阿罗伽耶国际学术会议”。

2018年12月10日~23日，秦大树教授应法国科学院东亚文化研究所—汉学研究所研究院邀请出访法国，调查凯布朗利博物馆和尼莫自然历史博物馆中收藏的马达加斯加出土中国瓷器。

2018年12月12日~16日，林梅村教授应东京艺术大学邀请出访日本，参加“中日和平友好缔约40周年纪念活动《丝绸之路国际研讨会》”，演讲题目为《西域文化的发明与其展开》。

2018年12月26日~2019年1月10日，吴小红教授应华盛顿大学邀请出访美国，访问堪萨斯大学和华盛顿大学人类学系，参观考察科技考古教学和实践活动，实验室装备和设施等，同时开展合作研究。

来访：

2018年4月3日~6日，北京大学主办“西伯利亚考古系列讲座”，俄罗斯科学院院士莫洛金（Molodin Viacheslav）教授作了题为《神秘的西伯利亚：最新考古发现》《塞伊玛—图尔宾诺问题研究现状》《巴泽雷克文化的发现与研究》的学术讲座。

2018年4月16日，加州大学洛杉矶分校寇岑研究所叶娃研究员应北京大学的邀请，在北京大学作了题为《杨官寨灰坑H85的多学科综合研究》的学术讲座。

2018年10月10日~12日，北京大学主办“鱼类考古系列讲座”，马德里自治大学生物学院Arturo MoralesMuñiz教授作了题为《鱼类考古概述》《地中海地区的史前渔业》《过度捕捞在考古中的表现》《古代地中海的捕鱼模式》《鱼类骨骼解剖与鉴定》的学术讲座。另外来自斯德哥尔摩大学考古学和古典学系László Bartosiewicz教授所做的讲座题目为《多瑙河中游盆地冲积平原的渔业》《埋藏学与资源多样性》《鱼类尺寸复原研究方法》《鱼类消费中所见之信仰》《地位和味道》《鱼类骨骼鉴定》。

2018年10月11日，伦敦大学学院考古系Ian Freestone教授应北京大学的邀请，在北京大学作了题为《从科技研究角度考察公元1千纪的罗马玻璃生产》的学术讲座。

2018年10月13日~14日，北京大学主办“骨器的考古学研究系列讲座”，中欧大学中世纪研究院副教授Alice M. Choyke作了题为《史前的骨器——材料与技术》《如何理解骨器的用途：类比与实验考古》《中世纪的骨器加工：普通手工艺品与城市工业化作坊》《骨器研究：风格、仪式、与装饰》《平粮台遗址出土骨器的观察与分析》的学术讲座。

2018年10月24日，牛津大学考古与艺术史研究实验室荣誉研究员、威斯敏斯特大学教授伍德（Nigel Wood）应北京大学的邀请，在北京大学作了题为《中东陶工对中国贸易陶瓷器的响应——从公元9世纪至14世纪》的学术讲座。

2018年11月12日~14日，北京大学主办“日本古坟时代考古的系列讲座”，日本明治大学佐佐木宪一教授作了题为《古坟时代考古概述及日本的中国考古学研究》《大塚初重教授对古坟时代考古的贡献》《国家形成的考古学观察——以东部边远地区的常陆国为中心》的学术讲座。

2018年11月15日~17日，北京大学主办“古代玻璃科技考古系列讲座”，英国诺丁汉大学Julian Henderson教授作了题为《玻璃的起源》《古代玻璃的科技分析》《玻璃与丝绸之路》的学术讲座。

【吉林大学】

2018年3月22日~25日，应韩国汉阳大学孔子学院、汉阳大学博物馆的邀请，吉林大学赵宾福教授及四位合作博士后徐昭峰教授、孙永刚教授、成璟瑭教授、王闯博士访问韩国并参加学术会议。五位中方学者参加了23日在汉阳大学博物馆会议室举行的“中国东北地区与朝鲜半岛的史前文化”学术会议，分别作了五场学术发言。会议期间国立忠北大学校长金铢甲教授与吉林大学考古学院院长赵宾福教授双方交换了看法。

（成璟瑭）

2018年5月28日~6月2日，应韩国国立釜山大学考古学系邀请，吉林大学王培新教授、宋玉彬教授、王立新教授及博士研究生陈醉、卢成敢赴韩国釜山参加由釜山大学考古学系举办的“釜山大学—吉林大学考古学科学术交流周”活动。王立新教授、王培新教授、宋玉彬教授分别作了《欧亚大陆北部地区的珍珠纹陶器》、《渤海王城规划布局》及《文字瓦视角下的渤海佛教遗存研究》报告，博士研究生陈醉、卢成敢分别作了《内蒙古哈民忙哈遗址陶器生产的专业化》《试析渤海未使用兽面纹瓦当原因》报告。

（王立新）

2018年6月3日~10日，吉林大学边疆考古研究中心邵会秋副教授应邀赴法国巴黎参加了“史前和原史科学世界联盟第十八届国际会议”。邵会秋副教授与美国宾夕法尼亚大学东亚系博士Annie Chan合作提交了“On funerary architecture, accoutrements, and activities and the permeation of the Bronze Age Andronovo Culture through Xinjiang”的大会发言。

（邵会秋）

2018年9月9日~15日，吉林大学考古学院杨建华、王立新、潘玲教授和邵会秋副教授应邀赴俄罗斯乌兰乌德参加第九届“蒙古、贝加尔西伯利亚和中国北方古代文化”国际学术会议。潘玲教授以《公元1—2世纪中国北方和蒙古的腰带具的演变》为题进行了大会发言，杨建华教授、王立新教授和邵会秋教授参加了分组讨论，发言题目分别为《东周时期北方腰带饰的起源于传播》、《东北亚的早期陶器的新发现和研究展望》和《中国北方和欧亚草原的几种动物纹装饰研究》。

（邵会秋）

2018年9月9日~16日，冯楠访问意大利都灵，参加IIC主办，意大利分会IGIIC、都灵市，以及都灵市旅游局共同举办的国际修复协会的2018年都灵会议，会议主题为“预防性保护：艺术品的状态”。在会议期间与来自美国、英国等地的大学学者、博物馆及文化遗产专业人士进行了交流。

（冯　楠）

2018年11月21日~12月5日，考古学院教师杨建华、林雪川、邵会秋、权乾坤及硕士研究生张文珊一行，赴俄罗斯西伯利亚米努辛斯克市，同米努辛斯克博物馆开展交流合作工作。此次工作的主要内容是拍摄和整理米努辛斯克博物馆馆藏青铜器，团队共计完成了600余件青铜器精品的拍摄和整理。未来双方将在此基础上合作出版一本米努辛斯克博物馆青铜器图录。

（邵会秋）

【山东大学】

2018年3月18日~20日、5月27日~

6月1日、10月10日~24日，莱顿大学考古学院 Thijs van Kolfschoten 教授来我校进行学术交流。

2018年3月19日~6月21日，耶鲁大学 Anne Underhill 教授来我校进行学术交流。

2018年3月28日~4月3日，德国考古研究院欧亚考古研究所 Mayke Wagner 教授与柏林自由大学地质科学研究所 Pavel Tarasov 教授来我校进行学术交流。

2018年4月26日，埃及开罗大学 Mohsen Negm 来我校进行学术交流。

2018年5月27日~6月1日，英国自然历史博物馆 Silvia Bello 研究员来我校进行学术交流。

2018年6月6日，美国圣路易斯华盛顿大学刘歆益来我校进行学术交流。

2018年6月27日~30日，美国圣路易斯华盛顿大学 Tristram R. Kidder 来我校进行学术交流。

2018年8月1日~15日，纽约大学 Rod Campbell 教授来我校进行学术交流。

2018年10月25日~27日，山东大学历史文化学院院长方辉教授等一行4人参加了在美国纽约哥伦比亚大学举行的“早期城市和经济：帝国兴起前山东半岛城市化、区域政治与经济网络的发展（Early City and Economic）”国际学术研讨会。本次会议由山东大学与哥伦比亚大学、耶鲁大学、山东省文物考古研究院及中国社会科学院考古研究所联合主办，哥伦比亚大学唐氏早期中国研究中心承办。会议围绕地域聚落系统及文化背景、早期城市组织结构的变化、青铜时代晚期的城市与经济、消费与生产：早期城市与区域经济网络等4个中心议题展开，共进行了15场专题报告和讨论。历史文化学院方辉教授、栾丰实教授、王芬教授、陈雪香副教授分别在会议上作了题为《动物牺牲与族属认同》《苏鲁沿海地区史前城址结构的演变》《章丘焦家遗址——海岱地区大汶口文化城址的新发现》《从鲁北到殷墟——夷式簋、盔形器与海盐流通》的学术报告。

2018年11月3日~18日，安大略皇家博物馆沈辰教授来我校进行学术交流。

2018年11月9日~12月11日，美国芝加哥菲尔德博物馆 GaryM. Feinman 和 Linda M. Nicholas 教授来我校进行学术交流。

2018年12月6日~13日，多伦多大学 Gary W. Crawford 教授来我校进行学术交流。

2018年12月14日~18日，波尔多大学 Francescod Errico 教授来我校进行学术交流。

2018年12月16日~21日，夏威夷大学焦天龙教授来我校进行学术交流。

【西北大学】

2018年3月23日，由国际古迹遗址理事会西安国际保护中心、西北大学文化遗产学院、等单位主办的“碎叶城考古——丝绸之路上的重要贸易、政治及文化中心”学术讲座在西北大学文化遗产学院博望讲座厅举行。吉尔吉斯斯坦科学院文化遗产中心主任巴克特·阿曼巴耶娃受邀到访，介绍了碎叶城从20世纪30~50年代到现在的考古发掘成果。另外《哈萨克斯坦浴火重生的斯基泰人文物》学术讲座，邀请了哈萨克斯坦著名美术家、可移动文物修复专家克里木·阿勒腾别科夫到访，主要介绍了伊塞克金人服饰的复原。

2018年5月11日，哈萨克斯坦考古学家、中亚国际研究所所长、哈萨克斯坦考古学会副主席迪米特·沃亚金博士受邀参加“丝绸之路中亚专家系列讲座”第二期、西北大学“博望论坛”第三十期的讲座，以《哈萨克斯坦塔拉兹古城考古、应用与保护》为题主要介绍了古代塔拉兹考古研究的特点和塔拉兹古城应用方向的发展。

2018 年 6 月 15 日，西北大学文化遗产学院“博望论坛”第三十五期，邀请了澳大利亚悉尼大学考古学系主任、悉尼大学丝绸之路研究教授艾丽森·贝茨（Alison Betts）作《遗失于克孜勒库姆沙海中的艺术瑰宝：乌兹别克斯坦阿克汗—卡拉王城的考古发掘》的学术讲座。主要介绍了卡拉卡尔帕克—澳大利亚联合考古队对阿克汗—卡拉遗址的发掘工作。

2018 年 6 月 21 日，埃尔米塔什博物馆中亚、高加索及克里米亚部主任卢澎沙教授受邀参加“丝绸之路中亚专家系列讲座”第三期、西北大学“博望论坛”第三十六期讲座，以《古代花剌子模考古》为题，主要讲述了花剌子模悠久的历史，以及花剌子模的考古、文化等问题。

2018 年 9 月 11 日，美国加州大学洛杉矶分校扣岑考古学研究所及艺术史系罗泰教授作《张光直先生与他的学生》的学术讲座，主要探讨了张光直对美、中考古人才培养方面的巨大贡献，并涉及了美国人类学界的学术状况等内容。

2018 年 9 月 13 日，西北大学“博望论坛”第三十七期，邀请了国际山地综合发展中心的斯皮瓦里尼·乔杜里先生作《温故而知新——冈仁波齐圣域景观保护和发展倡议》的学术讲座，主要讲述了冈仁波齐圣域景观保护与发展倡议，该动议始于 2009 年，2012 年 ~2017 年全面实施。本讲座也举例分析了跨喜马拉雅地区合作所面临的挑战和解决方案。

2018 年 9 月 26 日 ~30 日赵丛苍教授赴美国参加由 Mashantucket Pequot Museum & Research Center 举办的第十届“冲突领域国际学术研讨会”。赵丛苍教授以《中国军事考古学研究》为题发表演讲。

2018 年 10 月 16 日西北大学“博望论坛”第四十三期，邀请了伦敦大学学院考古系教授 Ian Freestone 作“The Roman Glass Industry of the First Millennium CE”学术讲座。主要讲述了公元前 50 年到公元 850 年罗马（泡碱）玻璃生产的规模、罗马玻璃的配方以及成分特点、玻璃原料的配方和玻璃的生产模式和制作技术等方面的内容。

2018 年 10 月 22 日 ~11 月 2 日，西北大学文化遗产学院、国际古迹遗址理事会西安国际保护中心在西北大学主办了《欧亚草原红铜与青铜时代考古》系列讲座，邀请了俄罗斯科学院考古研究所考古与遗产部研究员阿列克谢·科瓦列夫，为大家系统介绍了欧亚草原红铜、青铜至早期铁器时代重要考古发现与最新研究进展情况。

2018 年 10 月 26 日，西北大学“博望论坛”第四十六期，邀请了费尔干纳国立大学历史系教授作《古代农耕文化传播到中亚东北部的过程》的学术讲座。本次讲座主要围绕费尔干纳河谷的早期农业问题，还对费尔干纳盆地与南部地区农业文化进行比较研究。西北大学“博望论坛”第四十七期，邀请了塔什干国立大学苏莱曼诺夫·鲁斯塔姆教授作《作为古代人群迁徙十字路口的中亚地区》的学术讲座。讲座内容分为两部分，第一部分是关于中亚地区文化的探讨。第二部分是关于中亚地区人群的探讨。

2018 年 10 月 30 日，西北大学“博望论坛”第五十一、五十二期，邀请了纽约大都会博物馆亚洲部孙志新研究员作了《“忽必烈的世界”特展及其策划与实施》和《秦汉文明与中外交通》两场学术讲座。分布讲述了《“忽必烈的世界”特展及其策划与实施》的策划背景以及特展的内容与形式。以及秦汉时代中国政治上统一而文化上多元的国家模式的形成。

2018 年 11 月 30 日，西北大学“博望论坛”第六十六期，邀请了意大利博洛尼亚大学文化遗产保护修复科学专业 Alessandra Bonazza 教授作《环境变化中建筑遗产和文化景观的风险评估和适应性保护》的学术讲座。主要讲述了气候和污染物对石质文物保存的影响、石质建筑病害机理和损害方程、石质建筑遗产和文化景观的风险评估和建筑遗产和文化景观的适应性保护四个方面的内容。

2018年12月5日~11日，西北大学“博望论坛”第六十八、六十七期，邀请了美国历史学家、考古学家王国豪（Lyndon A. G. Arden-Wong）分别作了《东部回鹘考古概述》和《粟特人对东部回鹘文化的影响：以建筑和宗教为例》的学术讲座。

【四川大学】

2018年7月1日~18日，邀请美国圣路易斯华盛顿大学的T. R. Kidder教授到四川大学为学生开设国际周短期课程。

2018年11月13日~21日，白彬教授应达特茅斯学院邀请，赴美国汉诺威出席“道教考古与道教铭刻材料国际学术研讨会”，并以《四川丹棱道教造像的调查与研究》为题作大会发言。

2018年12月18日~28日，霍巍教授等一行5人前往斯里兰卡曼泰港口遗址进行考古调查，为新建海外考古实习基地，为即将展开的海外考古发掘进行前期准备。

2018年12月28日，李映福教授应邀赴日本参加由爱媛大学举办的“东亚地区的中世冶铁”国际研讨会，并在会上以《中国唐宋时期的冶铁考古》为题作主题发言。

【郑州大学】

2018年5月7日~14日，崔天兴、朱津等赴希腊，参加郑州大学和雅典科技教育学院合作的Erasmus+欧盟资助项目。

（崔天兴）

2018年7月28日，斯坦福大学东亚语言与文化系刘莉教授访问郑州大学历史学院，签约成为历史学院客座教授，并参观了郑州大学位于荥阳官庄的田野考古项目、古荥的文物整理基地以及南校区新建立的科技考古实验室。

（赵　昊）

2018年9月3日~7日，赵昊在土耳其安卡拉参加了“国际动物考古学会2018年度年会”，在会议期间发表了题为*Mass-boneworking Industry in the Western Zhou Period*的演讲。

（赵　昊）

2018年9月23日~29日，张莉在越南参加了“第21届印度—太平洋史前学会（IPPA）大会”，在会议期间主持了“迈向青铜时代的早期中国”专场，并发表了题为《二里头国家的形成》的演讲。

（张　莉）

【南京大学】

2018年4月15日~25日，水涛赴巴基斯坦，选择2018年度巴基斯坦考古发掘遗址点。

2018年5月20日~28日，水涛、张良仁赴俄罗斯、伊朗，与俄罗斯、伊朗有关部门洽谈合作考古相关事宜，并考察部分文化遗产项目。

2018年6月4日~11日，水涛赴乌兹别克斯坦，应邀参加国际会议和实地考察活动。

2018年7月1日~8月14日，张良仁赴伊朗，商谈合作考古挖掘。

2018年7月25日~27日，南京大学考古文物系教授、博士生导师贺云翱应日本明治大学邀请，在该校作了《中国南通如东掘港古国清寺的考古发现与有关问题探讨》的演讲。

2018年8月12日~9月10日，张良仁赴俄罗斯，商谈中俄合作考古挖掘。

2018年10月11日~14日，南京大学考古文物系教授贺云翱应韩国高丽大学邀请，在该校作了《中国东部沿海有关大唐新罗日本三国交流史考古发现与讨论》的演讲。

2018 年 11 月 1 日 ~ 30 日，水涛赴巴基斯坦，主持考古挖掘工作。

2018 年 11 月 14 日 ~ 15 日，张良仁教授赴伊朗东阿塞拜疆省大不里士市参加“第三届丝绸之路沿线考古学及文物保护国际会议”，张良仁教授发表的演讲为《伊朗纳德利土丘的考古发掘》。

【南京师范大学】

2018 年 11 月 12 日，韩国高丽大学文化遗产融合学部赵胤宰教授受南京师范大学文博系邀请，在仙林校区为文博系师生作题为《从考古及文献材料看百济与南朝的交流》的报告。介绍了百济的历史背景，指出百济王国是起源于朝鲜半岛中部汉江流域的马韩部落的一支。

2018 年 12 月 18 日，日本法政大学盐泽裕仁教授受南京师范大学文博系邀请，在仙林校区为文博系师生作了题为《日本的禅茶文化与中国漆器》的讲座。盐泽先生分析了漆器与日本禅文化及茶文化的关系，并通过展示大量图片，介绍了日本国内所藏的中国漆器。

2018 年 12 月 22 日，南京师范大学文博系刘可维副教授赴日本金泽大学出席“东亚身份制与支配秩序研究之新发展”之国际学术会议，作题为《从“汉魏故事”到西晋“新礼”——汉晋间的丧葬礼仪》的学术报告。

（王志高　黄　洋）

【中山大学】

2018 年 1 月 22 日 ~ 2 月 9 日，中山大学社会学与人类学学院讲师金志伟、周繁文带领 2017 级研究生参加中、意合作发掘项目“意大利托斯卡纳大区索瓦纳拉比阿吉奥拉遗址 2018 年度发掘项目”，该项目由意大利托斯卡纳地区的“文化与疆域”协会组织。

（周繁文）

2018 年 3 月 21 日 ~ 27 日，中山大学社会学与人类学学院教授郑君雷、专职副研究员余翀应邀赴澳大利亚国立大学进行学术访问，并参加“越南北部与华南地区考古学研究合作”会议，余翀副研究员发表论文《华南地区新石器时代至青铜时代家猪驯化的初步研究》。

（余　翀）

2018 年 7 月 22 日 ~ 8 月 19 日，中山大学社会学与人类学学院助理研究员韦伟燕应邀赴越南河内国家大学所属社会科学与人文大学历史系、广宁省博物馆、北宁省博物馆交流访问。

（韦伟燕）

2018 年 7 月 23 日 ~ 26 日，中山大学社会学与人类学学院郑君雷教授应邀赴越南河内国家大学所属社会科学与人文大学历史系、广宁省博物馆、北宁省博物馆进行学术访问。

（韦伟燕）

2018 年 7 月 27 日 ~ 8 月 25 日，中山大学社会学与人类学学院讲师周繁文、辅导员李粤丹带领 2015 级本科生、2017 级研究生参加中、意合作发掘项目“意大利托斯卡纳大区索瓦纳拉比阿吉奥拉遗址 2018 年度发掘项目”，该项目由意大利托斯卡纳地区的“文化与疆域”协会组织。

（周繁文）

2018 年 8 月 31 日 ~ 9 月 7 日，中山大学社会学与人类学学院专职副研究员余翀应邀赴土耳其安卡拉参加“第 13 届国际动物考古学会（ICAZ）大会”，并主持“东亚地区古代动物利用与仪式性使用的多样化”讨论组。

（余　翀）

2018 年 9 月 23 日 ~ 28 日，中山大学社会学与人类学学院专职副研究员余翀与助理研究员韦伟燕应邀赴越南顺化参加“第21届印度—太平洋史前学会（IPPA）大会”，余翀作《岭南及周边地区新石器时代至青铜时代的生业模式初探》发言，韦伟燕作《跽坐胡人俑铜灯：公元1至3世纪越南北部青铜制造业的专业化生产及其与中国南方的交流》发言。

（余　翀　韦伟燕）

【武汉大学】

2018年5月1日~31日，张昌平受法国高等实验研究院杜德兰教授邀请，访问一个月。5月4日、16日、18日、23日，张昌平分别在远东学院教学楼做四场演讲，题目分别为：《盘龙城遗址在新世纪考古工作中的新收获》《曾国：一个名不见经传的周代诸侯国的考古学构建》《古代中国青铜器铸造技术与装饰、造型的互动》《中国青铜时代早期青铜器鋬、耳、足的铸造工艺》。

2018年8月~2019年7月，李英华应美国哈佛燕京学社邀请，在哈佛燕京学社访问。

2018年9月13日下午，美国加州大学洛杉矶分校艺术史学系及扣岑考古研究所教授罗泰（Lothar Von Falkenhausen）先生，受武汉大学历史学院考古系之邀，为武汉大学师生们作了一场题为《中国早期编钟的新发现及其意义》的学术讲座。

2018年9月15日~10月15日，张昌平受美国哈佛大学教授付罗文和普林斯顿大学教授贝格立教授邀请，访问一个月。9月17日、10月4日，张昌平分别在哈佛大学人类学系、艺术史系作两场演讲：《曾侯乙帷帐的复原研究》《盘龙城遗址在新世纪考古工作中的新收获》。10月8日，张昌平参加普林斯顿大学艺术史系贝格立教授举办的“关于早期中国艺术发展研讨”，作早期中国青铜器技术发展的专题发言。

2018年9月起，何晓琳受武汉大学“青年拔尖人才培养出国研修计划”资助，到哈佛大学人类学系做为期一年的访问学者。2018年12月6日在人类学系作学术报告，题为《台家寺遗址考古收获》（Archaeological Explorations of Taijiasi Site）。

【山西大学】

2018年1月~7月，王炜赴日本京都大学进行访问交流。

2018年2月~8月，邓惠赴德国慕尼黑大学进行访问交流。

【北京联合大学】

2018年7月23日~8月6日，英国威尔士三一圣大卫大学22名师生达到北京联合大学开展为期15天的暑期考古学校访问，来访英国师生在故宫、十三陵等遗址、博物馆，以及北京副中心、西安等地的考古发掘现场参观体验。

2018年8月6日~22日，应英国威尔士三一圣大卫大学邀请，北京联合大学历史文博系文物与博物馆学专业、历史学专业共10名学生由张雯老师带队，赴英进行考古与文化遗产暑期专业实习，包括课程讲座、专题研讨、当地文化遗产地考察调研、考古现场及重要博物馆参观体验等内容。

【中央民族大学】

2018年6月15日，美国科学院院院士、匹兹堡大学教授（Robert Dick Drennan）周南来访，作了题为《比较考古学视野下的早期酋邦区域组织》的演讲，介绍了独创的量化方法，从古代社会人口变化、社会分工等方面全面地比较了全球不同地区早期人类社会复杂化过程中表现出来的共性和特性。

2018年6月23日~28日，美国艺术与科学院院士、美利坚大学人类学系教授

Chap Kusimba 来访，作了题为《古代中国和东非的联系》、《古代东非的海洋贸易网络和城邦国家》、《抢夺性贸易与经济灾难：7 世纪印度洋经济的警示》和《古代东非和印度洋地区的交流规模和网络》的演讲，根据自己在非洲几十年的考古研究，系统全面地介绍了非洲东海岸考古、古代非洲和中国的交流、古代印度洋地区的贸易等。

2018 年 8 月 ~2019 年 8 月，李冬冬出访美国匹兹堡大学。2018 年 11 月 7 日，参加匹兹堡大学中国考古讨论会，作题为《量化方法和系统区域调查方法在中国的应用》的演讲。

（李冬冬）

【首都师范大学】

2018 年 4 月 18 日，受首都师范大学历史学院邀请，英国莱斯特大学考古学与古代史系 Huw Barton 教授作了《北非 Haua-fteah 洞穴距今 3.1 万年前大型种籽类植物的利用》学术报告。

（王　涛）

2018 年 6 月 14 日，受首都师范大学历史学院邀请，考古学家、美国科学院院士、匹兹堡大学教授周南（Robert Dick Drennan）先生到访首都师范大学，并被聘为“荣誉教授”，并以《作为人类共同体的酋邦：全球比较的视角》为题，做了学术报告。

（王　涛）

2018 年 8 月 31 日 ~9 月 9 月，尤悦博士到土耳其安卡拉中东科技大学参加“第 13 届国际动物考古学会（ICAZ）大会”，发言的演讲题目为《新疆喀拉苏墓地出土马骨反映的早期铁器时代的驯马策略》（*Horse Exploitation by Nomadic People in the Early Iron Age—the Zooarchaeological Case Study of Tomb* 15 *in Kalasu Cemetery*, *Xinjiang*）。

（尤　悦）

2018 年 12 月 15 日 ~28 日，受美国堪萨斯大学博物馆研究中心邀请，钱益汇教授赴美和加拿大访问。15 ~21 日在堪萨斯大学期间，分别与博物馆研究中心负责人和国际交流处展开座谈，讨论人才培养、课题合作等内容，同时对阿特金—纳尔逊博物馆进行访问交流。21 ~28 日，从美国赴加拿大皇家安大略博物馆进行访问，受到该馆沈辰副馆长的接待，在该馆期间，通过参观、座谈、培训等方式，达到了预期访问目的。

（钱益汇）

【重庆师范大学】

2018 年 9 月 ~2019 年 9 月，孔令远教授赴美国孟菲斯大学考古学系作访问交流。

【浙江大学】

出访

2017 年 10 月 ~2018 年 10 月，陈虹副教授赴加拿大多伦多大学访问交流。

2018 年 6 月 1 日 ~3 日，傅翼副教授赴英国伦敦参加“Art, Materiality and Representation”会议，并作发议演讲，题目为“Collaboration and preservation of intangible heritage: The case of Haining Shadow Play, China”。

2018 年 7 月 22 日 ~25 日，张晖副教授赴西班牙巴塞罗那参加会议“The 2018 Gordon Research Conference on Scientific Methods in Cultural Heritage Research”，并作会议演讲，题目为“Bidirectional electromigrating treatment with quaternary ammonium salt for protecting reinforced historic concrete buildings”。

2018 年 8 月，郭怡副教授赴日本东京大学访问交流。

2018 年 8 月 14 日 ~21 日，张晖副教授带领本系本科生赴以色列海法大学进行暑期交流。

2018 年 10 月 16 日 ~20 日，张颖岚教授、张晖副教授随同浙江大学文化遗产代表团访问以色列海法大学、希伯来大学和以色列国家文物局，就今后与以色列相关院校机构的合作达成了多项意向。

来访

2018 年 3 月 29 日，日本东京大学米田穰教授受邀到我系访问交流，并为我系师生作了《日本 Jomom 时期狩猎采集调查报告》讲座。

2018 年 4 月 30 日，国际古际遗址理事会河野俊行会长受邀为我校师生作了《世界遗产发展与变化》讲座。

2018 年 6 月 6 日，英国剑桥大学梅建军教授受邀到我系访问交流，并为我系师生作了《中国早期铜和青铜冶金的发展：新发现和新认识》讲座。

2018 年 11 月 1 日 ~13 日，新加坡南洋理工大学 Laura Longo 副教授受邀到我系访问交流、开展专题讲座。

（吴舒洁）

【黑龙江大学】

2018 年 4 月 20 日，俄罗斯阿穆尔州历史文化遗产保护中心考古部主任科瓦连科·斯塔尼斯拉夫·维克多洛维奇在黑龙江大学讲学，题目是《俄罗斯阿穆尔州新石器时代考古发现与研究》。

2018 年 4 月 21 日，俄罗斯俄罗斯科学院西伯利亚分院考古学和民族学研究所考古部负责人涅斯捷罗夫·谢尔盖·巴弗洛维奇在黑龙江大学讲学，题目是《俄罗斯阿穆尔州靺鞨文化遗址最新研究》。

2018 年 5 月 24 日，俄罗斯科学院物质文化史研究所谢尔盖·米尼亚耶夫在黑龙江大学讲学，题目是《俄罗斯匈奴考古的新发现》。俄罗斯科学院彼得大帝人类学和民族学博物馆维亚切斯拉夫·莫伊舍夫教授讲学的题目是《俄罗斯远东人口史：颅骨度量与非度量数据的整合》。

2018 年 12 月 25 日，黑龙江大学考古学专业王乐文应俄罗斯阿穆尔州文化遗产保护中心邀请，在布拉戈维申斯克市的阿穆尔州图书馆讲学，题目是《黑龙江大学近年来的考古发掘与研究》。

（蒋 辉）

【中国人民大学】

2018 年 1 月 23 日 ~30 日，应澳大利亚悉尼大学、墨尔本蒙纳士大学邀请，中国人民大学考古文博系教师魏坚、李梅田、张林虎、陈晓露赴该两校交流访问，并对悉尼博物馆、墨尔本美术馆及悉尼土著人岩画遗址进行了考察。

2018 年 7 月 4 日 ~15 日，根据瑞士日内瓦大学—中国人民大学联合种子基金项目（为期三年）的安排，中国人民大学考古文博系魏坚、魏离雅等师生一行 10 人赴瑞士对日内瓦（Geneva）、尼翁（Nyon）、马蒂尼（Martigny）、穆尔腾（Murten）、阿旺什（Avenches）、奥古斯塔·劳里卡（Augusta Raurica）、巴塞尔（Basel）等地点开展了为期 10 天的考察发掘活动，并赴比利时布鲁塞尔（Brussels），与根特大学考古系主任布赫索瓦教授进行了会谈。

2018 年 7 月 4 日 ~15 日，应西伯利亚联邦大学邀请，中国人民大学考古文博系王晓琨副教授带领 5 名研究生，参加“中国—俄罗斯文化研究中的考古资料与野外考古研讨会”。在研讨会上，中国人民大学考古师生介绍了中国墓葬发掘、岩画研究等方面的内容，西伯利亚联邦大学曼德雷卡教授介绍了比斯古诺夫卡遗址的发掘概况。

2018 年 11 月 13 日 ~26 日，受伊朗文化遗产与旅游研究所的邀请，中国人民大学考古文博系李梅田教授赴伊朗大不里士参加“第三届丝绸之路沿线考古学及文物保护国际会议”，并提交和宣读论文“The Southwards Extension of the Silk Road in Medieval China：An Observation on the Tomb Images and Kiln Ceramics in Central China”。会后考察了德黑兰、色拉子等地考古遗址12处。

【中国科学技术大学】

2018年6月25日~7月2日，“‘丝路考古与波斯文明’2018年暑期研修班”在安徽省合肥市开班，研修班邀请了伊朗内沙布尔大学考古系专家。哈桑·萨德奇·萨马尔扬尼作了《伊朗文明的发展及其在波斯土地上的固化》的专题报告。哈桑·巴萨发以《铜铁时代呼罗珊与中亚（北伊朗）考古：以大呼罗珊通道为中心》为题进行讲解。欧姆兰·伽勒江作两场报告，分别为《东伊朗史前文化的考古理论与实践——新石器时代和铜石并用时代》、《东伊朗的铜器时代：中亚与印度—伊朗边界上的互动》。哈桑·纳米作了题为《呼罗珊地区丝路遗址调查及组织化需求》的报告。

2018年9月10日~12日，应中国科学技术大学科技考古实验室和科技史与科技考古系邀请，牛津大学考古学院副教授Anke Marion Hein来校做中国史前考古系列讲座，题目分别为《中国渭河流域陶器生产的民族考古研究》、《金属、盐业与马头骨——从盐源考古看史前文化交流与远距离人群迁移》、《从甘肃和随点看中国西北地区史前制陶技术》。

2018年10月29日，应中国科学技术大学科技史与科技考古系邀请，希腊国家研究基金会历史研究所研究主任，国际科学史研究院常务秘书埃夫西米奥斯·尼古拉季斯作了题为《罗马贵族的便携式天空：安提凯希拉机械》的讲座。

2018年12月11日、13日，应中国科学技术大学科技考古实验室和科技史与科技考古系邀请，麻省理工学院考古材料研究中心实验室主任William Gilstrap来我校做了两场讲座。讲座题目分为是*Analysis oh Yangshao culture painted pottery from central Northwest China：Provenance，painting technology and post-depositional problems*、*Archaeological Ceramics：Understanding Material Cultere through Materials Science*。

【云南大学】

2018年10月9日~10日，应云南大学历史与档案学院以及资源与环境学院的邀请，南非维特沃特斯兰德大学（University of the Witwatersrand）的考古学家、古人类学家凯瑟琳·库曼教授和罗纳德·克拉克教授夫妇对云南大学进行学术访问，并作了题为《非洲的旧石器时代及其与中国旧石器时代的相关重要对比》（The African Stone Age and some important Comparisons with China）和《早期人类祖先的披露——一个完整南方古猿骸骨的发掘故事》（*An Early Ancestor Revealed-The Story of a complete Australopithecus Skeleton*）的讲座。

【安徽大学】

2018年6月4日~17日，应乌兹别克斯坦科学院考古研究所邀请，安徽大学历史系考古专业张爱冰教授、魏国锋副教授赴乌兹别克斯坦参加“中乌联合考古会议”并进行学术访问，就中西文化交流和冶金技术的传播问题开展了学术交流。

（魏国锋）

第六篇

考 古 教 学

2018 年毕业的本科生人数

北京大学考古文博学院考古学专业	29 人
北京大学考古文博学院考古学（文物建筑方向）专业	12 人
北京大学考古文博学院文物与博物馆学专业	3 人
北京大学考古文博学院文物保护技术专业	1 人
吉林大学考古学院考古学专业	38 人
吉林大学考古学院文物与博物馆专业	33 人
山东大学历史文化学院考古与博物馆学系考古学专业	25 人
山东大学历史文化学院考古与博物馆学系文物博物馆学专业	11 人
西北大学文化遗产学院考古学专业	31 人
西北大学文化遗产学院文物保护技术专业	30 人
西北大学文化遗产学院文物与博物馆专业	20 人
四川大学历史文化学院考古系考古学专业	23 人
四川大学历史文化学院考古系文物与博物馆学专业	12 人
郑州大学历史学院考古系考古专业	29 人
南京大学历史学院考古文物系考古学专业	12 人
南京大学历史学院考古文物系考古学专业（文物鉴定方向）	15 人
南京师范大学社会发展学院文物与博物馆学系	21 人
厦门大学人文学院历史系考古专业	12 人

续表

中山大学社会学与人类学学院考古学专业	21人
武汉大学历史学院考古系考古学专业	14人
山西大学历史文化学院考古学系	30人
南开大学历史学院考古学及博物馆学专业	20人
复旦大学文物与博物馆学系文物与博物馆学专业	27人
北京联合大学应用文理学院历史文博系文物与博物馆专业	41人
北京联合大学应用文理学院历史文博系文化遗产专业	72人
中央民族大学民族学与社会学学院考古文博系文物与博物馆学专业	36人
首都师范大学历史学院考古学与博物馆学系考古学专业	20人
辽宁师范大学历史文化旅游学院文物与博物馆学专业	22人
辽宁大学历史学院考古学系考古专业	9人
重庆师范大学历史与社会学院考古文博系文物与博物馆学专业	46人
浙江大学艺术与考古学院考古与文博系	34人
中国人民大学历史学院考古文博系考古学专业	6人
安徽大学历史系考古学专业	16人

补遗：山西大学历史文化学院考古学系2017年毕业生30人。

注：广西师范大学、北京师范大学历史学院考古与博物馆专业、黑龙江大学历史文化旅游学院考古学专业、中国科学技术大学人文与社会科学学院科技史与科技考古系、云南大学历史与档案学院历史系目前本科不招或者本年无毕业学生，特此说明。

2018 年毕业的硕士研究生

北京大学考古文博学院

文物与博物馆专业硕士（不分方向）

路双嘉：《八里岗遗址仰韶文化早期人群健康状况研究》

指导教师：何嘉宁

李准烨：《张家坡西周墓位形态初探》

指导教师：雷兴山

刘思源：《早期秦文化研究综述》

刘朗宁：《高本汉的中国商周青铜器研究》

王　晶：《西周玉器工艺研究——以晋侯墓地、天马—曲村邦墓地、周原姚家墓地出土玉器为中心》

指导教师：孙庆伟

廖润贤：《春秋战国时代齐地玉器研究》

指导教师：张　辛

何　康：《汉唐墓葬屏风随葬样式之变》

陈婧修：《北朝墓葬“石堂”研究》

指导教师：沈睿文

汪　淼：《海昏侯墓出土鎏金青铜器工艺与腐蚀相关性研究》

指导教师：胡　钢

杨鹏宇：《徐州狮子山西汉楚王陵西一耳室的初步整理与研究》

指导教师：韦　正

安妮娜：《东汉帝陵空间分析试探》

指导教师：杨哲峰

郭三娟：《冀南豫北地区宋元时期制瓷业整体性和差异性研究——以观台磁州窑、鹤壁窑、当阳峪窑为例》

指导教师：秦大树

王一臻：《绍兴兰若寺宋代墓园建筑复原研究》

黄青岩：《重庆四川地区南宋石室墓建筑史料研究——以合川钓鱼城南宋墓为中心》

罗登科：《重庆市合川区钓鱼城范家堰遗址建筑复原研究》

李松阳：《基于考古现场几何重建理念的记录技术体系初探——以绍兴兰若寺宋墓遗址为例》

指导教师：徐怡涛

刘　畅：《公众考古内涵分析》
孙曦萌：《当考古文博遇上公众表达：基于媒体平台的博物馆舆论研究》
指导教师：徐天进
谢依伊：《贵州省贵安新区史前洞穴的保护研究》
陈依琳：《贵州省考古与人类学博物馆基本陈列定位研究及设计》
指导教师：孙　华
黄天翊：《碧山村乡村建设与乡土遗产保护个案研究》
樵馨蕊：《“全国博物馆十大陈列展览精品活动”对中国博物馆展览的启示——以第十四届获奖展览为例》
邱松鹤：《2007 年以来香港历史建筑保护的公众参与研究》
于　策：《国际的民族学、人类学博物馆的比较研究》
章亿安：《乡村振兴战略下大遗址的展示利用——以贾湖遗址为例》
指导教师：杭　侃
高海彦：《南方地区木建筑的材料保护——以义乌黄山八面厅的木质材料保护为例》
邹非池：《防水材料在室外大型铁质文物上的应用研究》
指导教师：周双林
赵可益：《基于全纳教育视角下的博物馆特殊群体教育服务》
指导教师：宋向光

吉林大学考古学院

专业方向：旧石器考古
刘石拓：《穆棱河流域上游旧石器工业研究》
林　森：《牡丹江流域旧石器工业研究》
指导教师：陈全家
高黄文：《黑龙江省泉眼河南遗址旧石器时代石制品研究》
李元初：《中国旧石器时代出土的装饰品研究》
朱艺欣：《海浪河流域旧石器工业研究》
指导教师：方　启

专业方向：新石器考古
朱冠星：《三星村遗址分期及相关问题研究》
徐韶钢：《阜新代海墓地研究》
指导教师：赵宾福
张　硕：《生之时空：舞阳贾湖遗址新石器时代生活遗迹研究》
指导教师：段天璟

专业方向：史前考古
苑　旺：《嫩江流域新石器至夏商周时期生产工具研究》
李　焱：《新岗遗址崧泽文化墓葬的分期与布局研究》

指导教师：赵宾福
　霍　耀：《花边鬲研究》
指导教师：王立新

专业方向：夏商周考古学
　杨习良：《淮河流域周代陶鬲研究》
指导教师：王立新
　王建峰：《殷墟青铜生产工具初步研究》
指导教师：井中伟

专业方向：中国北方青铜时代考古
　石嫦静：《中国北方地区先秦时期马镳研究》
　王雪岩：《中国北方地区商周时期食草动物纹装饰研究》
指导教师：邵会秋

专业方向：战国秦汉考古
　白宝玉：《姜屯汉墓再研究》
指导教师：滕铭予
　胡　娟：《北京地区东汉晚期至西晋时期墓葬研究》
指导教师：潘　玲

专业方向：两汉魏晋考古
　李海波：《辽阳苗圃墓地两汉魏晋墓葬的研究》
指导教师：赵宾福

专业方向：隋唐考古
　徐晨晨：《隋唐洛阳城出土的唐宋瓦当研究》
　孙晓彬：《论田村晃—渤海瓦当研究》
指导教师：宋玉彬

专业方向：宋元考古
　刘　坤：《宣化唐—辽代墓葬研究》
　侯　璇：《辽代带具初探》
　王春委：《元明清时期内河沉船初步研究》
指导教师：冯恩学
　田　娜：《宋代墓志的考古学研究》
　徐　婧：《宋元时期闽江流域出土瓷器研究——以墓葬和遗址为中心》
　王雪百：《辽宁地区辽金时期城址的初步研究》
　冯方涛：《元代金银首饰的初步研究》
　王　琳：《江西地区元、明时期墓葬初步研究》

指导教师：吴　敬

专业方向：东北考古
　林朝阳：《红山文化房址研究》
指导教师：成璟瑭

专业方向：陶瓷考古
　刁颖瑞：《辽代陶瓷的装饰研究》
　刘　畅：《北方地区唐代瓷器装饰初步研究》
　聂璐铭：《中国北方地区北朝至唐代黑釉瓷器的考古学研究》
　徐　潇：《北方地区金元时期钧瓷初步研究》
　张　凯：《五代至元耀州窑青瓷的流布》
　周　瑞：《山东出土宋金元瓷器初步研究》
指导教师：彭善国

专业方向：体质人类学
　张雯欣：《新疆吐鲁番加依墓地青铜——早期铁器时代居民牙齿磨耗研究》
　熊叶洲：《人像复原技术在考古学中的应用》
　赵惠杰：《山西绛县雎村墓地人骨研究》
指导教师：张全超
　王永笛：《下坂地墓地出土人类遗骸研究》
指导教师：魏　东

专业方向：动物考古
　王雪颖：《后套木嘎遗址 2013 年出土动物骨骼及相关问题研究》
　王雅艺：《后套木嘎遗址 2014 年出土动物遗存研究》
指导教师：陈全家

专业方向：环境考古
　程庆花：《GIS 支持下的中国东北东部地区旧石器时代遗址分布的环境考古研究》
指导教师：汤卓炜

专业方向：科技考古
　孙玮璐：《石峁遗址古代羊的分子考古学研究》
指导教师：蔡大伟

专业方向：文化遗产
　王晓玲：《长春市伪满时期建筑群文化遗产资源考察》
指导教师：成璟瑭

专业方向：文物遗产与博物馆
　巩小琳：《“十大陈列展览精品”评选视角下的博物馆陈列展览发展研究》
　张雪松：《崧泽文化晚期墓葬与良渚文化早期墓葬出土玉器的比较研究》
　王筱溪：《吉林省非国有博物馆现状研究》
徐子闫晓姣：《张家口地区中小型博物馆现状调查及思考》
指导教师：李伊萍
　徐子涵：《良渚玉琮的发现过程及研究历程》

专业方向：文物与博物馆学
　雷宇雯：《考古出土东周时期玉剑具的初步研究》
　梁静瑶：《辽宁本溪湖工业遗产群保护利用研究》
　夏笑笑：《大连金家街工业建筑遗产的保护与利用研究》
　袁靖棋：《白城地区非物质文化遗产保护现状研究》
　王佳艺：《中国博物馆建筑造型研究——以国家一级博物馆为例》
指导教师：吕　军

专业方向：朝鲜半岛考古
　李　楠：《辽河流域商周之际的考古学文化研究》
指导教师：成璟瑭

山东大学历史文化学院考古与博物馆学系

专业方向：考古学
　李　琪：《黄河中上游新石器时代人物形象研究》
　阴瑞雪：《海生不浪文化研究》
指导教师：栾丰实
　刘艳菲：《东周量制问题研究》
指导教师：王　青
　宋晓航：《邢台柏乡赵村遗址商代遗存的综合研究》
　王子婵：《考古磁学测年研究述评》
指导教师：方辉
　张　强：《大汶口文化葬仪与社会权利分配——以宴饮器具的情境考古研究为中心》
指导教师：王芬
　赵星宇：《展览信息传播效率影响因素研究——基于山东博物馆 7 号展厅观众学习体验研究实例》
指导教师：陈淑卿
　赵珍珍：《淮河中游龙山时代农业研究》
指导教师：靳桂云

文物与博物馆专业硕士（不分方向）

郭晓娜：《丁山先生和他的殷商地理氏族研究》

曹　帅：《战国楚墓遣策所见赗赙“礼物”研究》

指导教师：方　辉

曹迎昕：《焦家遗址大汶口文化陶器的制作工艺及相关问题研究》

昝金国：《淄博地区遗址类全国重点文物单位的展示和利用研究》

指导教师：王　芬

房书玉：《焦家遗址人口迁徙的锶同位素研究》

指导教师：栾丰实

侯婧怡：《城市规划区内中小型遗址的保护模式研究》

王晓晨：《芝罘区近代建筑类文物保护单位的保护与利用研究》

指导教师：陈淑卿

侯银丰：《芙蓉街——百花洲历史文化街区保护与发展研究》

指导教师：李慧竹

李京震：《商周时期玉鱼的浅析》

指导教师：王　青

王珍珍：《山东滕州北台上遗址植物大遗存分析》

指导教师：陈雪香

魏　娜：《胶东地区周代农业活动和野生植物利用考察》

吴瑞静：《大汶口文化生业经济研究——来自植物考古的证据》

指导教师：靳桂云

杨小川：《龙口玉泉寺梁架彩画艺术研究》

谢奇伶：《“乡村如何记忆？”——龙口市西河阳村“乡村记忆工程”研究》

指导教师：王建波

赵文丫：《广西隆安娅怀洞遗址动物遗存的鉴定与分析》

指导教师：宋艳波

西北大学文化遗产学院

专业方向：旧石器时代考古

刘冯军：《新疆骆驼石石器制造场的石制品研究》

指导教师：朱之勇

专业方向：新石器时代考古

李　雨：《仰韶时期烧土类房屋遗存成因分析》

指导教师：钱耀鹏

专业方向：商周考古

罗　丹：《宝鸡石鼓山墓地青铜器文化因素分析》

程正荣：《西安马腾空东周时期秦墓初步研究》

指导教师：赵丛苍

张亚楠：《毛家坪遗址周代制陶工艺研究》
马芳芳：《马家塬墓地西戎文化研究》
王　璐：《渭河上游周秦汉时期遗址的聚落考古学研究》
指导教师：梁　云

专业方向：秦汉考古
木拉别克·斯瓦克：《新疆塔什库尔干上游青铜时代至早期铁器时代考古学文化遗存研究》
指导教师：王建新
金　银：《战国至秦汉时期六博棋具研究》
指导教师：徐卫民

专业方向：魏晋隋唐考古
王荔君：《北朝至隋唐时期克孜尔石窟与莫高窟舍身济世类本生故事的考古学研究》
段敏鸽：《唐代长安地区小型墓葬研究》
指导教师：冉万里

专业方向：文化遗产管理
李金芮：《关中地区城隍庙价值传承策略研究》
庄袁俊琦：《符号化的传统村落：论地方意义的重构及其对策》
指导教师：刘军民
张兵圆：《遗产、价值与实践：韩城古城文化价值探讨》
指导教师：段清波　吴铮争
李　勃：《乡土建筑遗存保护传承研究——以韩城市西庄镇祠庙建筑为例》
指导教师：葛承雍　刘军民

专业方向：文物保护学
何　静：《陕西淳化枣树沟脑遗址出土骨器的初步研究》
指导教师：凌　雪
杨曾欣：《哈密天山北路墓地出土铜器的科学分析》
指导教师：赵西晨　刘　成
朱瑛培：《新疆鄯善县洋海墓地出土玻璃珠的成分体系和制作工艺研究》
张　鋆：《两京地区出土唐三彩中蓝彩的成分特征与施彩方法研究》
指导教师：温　睿
景雅琴：《榆次猫儿岭秦至汉初墓葬出土人骨的体质类型分析》
指导教师：陈　靓
张昕瑞：《汉阳陵出土铁器制作工艺与保存现状研究》
指导教师：铁付德　孙满利
张亚旭：《莫高窟196窟壁画保存现状研究》

指导教师：王旭东　王丽琴
周鹏程：《辽宁义县奉国寺壁画保存状态勘查与制作工艺分析》
指导教师：刘　成
朱博文：《考古现场脆弱粗砂陶常用加固剂加固效果与分布方式预研究》
指导教师：杨　璐
由　蕊：《常见污染气体对丝织品性能及结构的影响》
指导教师：王丽琴
崔梦鹤：《陕西地区红军标语保存现状及保护对策研究》
指导教师：孙满利

专业方向：文物与博物馆
范檬萌：《贺兰山蛙形人岩画研究》
指导教师：赵丛苍　尹夏清
朱　桐：《延安芦山峁遗址考古发掘与研究》
指导教师：钱耀鹏
贺黎民：《石峁遗址城墙营建技术研究》
指导教师：陈洪海　孙周勇
李翰隆：《陕北榆林地区公元前三千纪—两千纪居民体质健康研究》
指导教师：陈　靓
师亚璇：《甘青地区史前时期墓地分布研究》
王　莹：《瞿昙寺壁画中动物图像研究》
时　婷：《“互联网+”在纪念馆教育功能实现中的应用研究》
闫　石：《我国博物馆教育专门人才培养体系研究》
指导教师：陈洪海
王　希：《下湾遗址夏商时期遗存研究》
指导教师：陈洪海　郭伟民
肖国强：《新疆吐鲁番加依墓地的发现与研究》
指导教师：王建新
巩相池：《三水河流域商周遗存初步研究》
高巧荣：《关中地区商周时期甲骨形态研究》
指导教师：豆海锋
文　阳：《宝鸡郭家崖遗址南区东周秦墓相关问题研究》
指导教师：徐卫民　田亚岐
郑　豪：《湖北荆门黄付庙楚墓出土战国陶器科学研究》
指导教师：凌　雪　荣　波
王雪娇：《汉阳陵陪葬墓园外藏坑出土漆器的实验室考古与保护》
指导教师：孙满利　郭青林
夏　佑：《咸阳坡刘村东汉墓出土陶器制作工艺分析》
张淇馨：《陕西高陵杨官寨遗址出土尖底瓶制作工艺研究》
指导教师：刘　成　赵西晨

石牧阳：《北方地区出土宋元时期瓷器的团花纹饰研究》
指导教师：冉万里
卞　尚：《陶质文物彩绘加固工艺试验研究》
指导教师：王丽琴　夏　寅
曾行娇：《砂岩类石质文物脱盐材料效果实验室评估研究》
指导教师：王丽琴　马　涛
商栋梁：《科技方法在青铜器真伪鉴定中的应用研究》
指导教师：刘　成　尹夏清
何汪维：《西北大学太白校区的校园遗产保护与可持续发展探索》
指导教师：刘军民　王　伟
刘　佳：《武关城遗址保护与利用研究》
王睿哲：《世界灌溉工程遗产郑国渠的保护利用研究》
指导教师：刘军民　周　萍
宋子琪：《宝鸡申新纱厂旧址保护与再利用研究》
指导教师：吴铮争　贺　林
何　川：《陕西博物馆地域文化特色教育活动的策划与研究——以半坡文化为例》
指导教师：陈理娟　何　宏
王璐瑶：《老年群体博物馆教育研究——以秦始皇帝陵博物院为例》
指导教师：吴铮争　侯宁彬
李昕蒙：《西安博物院文化创意产品开发研究》
李　兰：《地域文化特色在城固县博物馆中的表达分析》
指导教师：徐卫民　王　梅
赵　祎：《陕西历史博物馆与西安地区高校合作问题及对策研究》
指导教师：周剑虹　庞雅妮
程威嘉：《图像化界面文化遗产信息数据库设计与实现——以新疆岩画为例》
指导教师：刘　成　铁付德
张若怡：《新媒体在博物馆信息传播中的作用——以弘博网为例》
指导教师：徐卫民
刘　伟：《陕西省榆林市米脂古城老街活化策略研究》
指导教师：吴铮争　王　伟

四川大学历史文化学院考古系

专业方向：先秦考古学
张寒冬：《西南地区晚更新世至全新世中期技术和人类行为的演变：以招果洞遗址的石器和骨器工业为例》
唐　莉：《西藏腹地公元前第一千纪的牧业研究：来自邦嘎的植物考古证据》
指导教师：吕红亮
赵　丹：《喇家遗址 2014—2015 年植物遗存分析报告》
指导教师：宋吉香
张世轩：《重庆地区楚墓及相关问题研究》

指导教师：于孟洲

专业方向：秦汉至元明考古
周　静：《陕西米脂卧虎湾墓地战国秦汉墓葬初步研究》
权文婷：《四川简阳天府机场崖墓的初步研究》
指导教师：白　彬
孙晓晨：《西安南郊战国晚期至西汉初期中小型秦墓初步研究》
杜　沁：《苗族苗王世袭制度初探》
指导教师：霍　巍

专业方向：专门考古（西南考古）
莫雷笛：《考古器物形态分析的数学方法——以茂县营盘山石棺葬墓地陶豆为例》
角田优里：《成都平原蜀文化酒器的初步研究》
赵棁丞：《重庆地区先秦两汉铁器的初步研究》
邹　义：《基于 VR 技术的公众考古应用研究》
沙丽风：《泰国崖洞葬的起源》
指导教师：李映福
吴　鹏：《晚期蜀文化社会的考古学观察》
指导教师：赵德云

专业方向：专门考古（美术考古）
焦　蒙：《东周铜器画像研究》
彭　波：《云阳丝栗包遗址夏商遗存分期与文化性质研究》
宋　丹：《汉代“厅堂楼阁拜谒图”研究》
指导教师：罗二虎

文物与博物馆专业硕士（不分方向）
黄砾苇：《茂县营盘山石棺葬墓地出土陶豆的定量分析》
曾　宇：《魏晋至五代时期出土石砚初步研究》
指导教师：李映福
王　楠：《中国出土先秦镶嵌绿松石制品研究》
代秀丽：《中国早期圆板具钮镜研究》
指导教师：代丽娟　赵德云
邱阳乐渝：《玉山载灵——三星堆、金沙遗址出土玉器综合性研究》
赵　兵：《成都博物馆宣传模式研究》
钟紫伊：《“交子传奇——交子·成都人的金融智慧”展陈策划》
王　雅：《浅析博物馆陈列展览主题结构层次的演绎——以攀枝花中国三线建设博物馆为例》
高瑜雪：《浅析成都地区智慧博物馆的发展现状和建设方向》
指导教师：霍　巍

曾　凯：《皖西地区两汉墓葬研究》
唐　静：《汉代带柄牌饰研究》
王　鹏：《成都华阳板凳湾墓地崖墓的发现与初步研究》
欧亚菲：《四川地区宋代武士俑初步研究》
胡　程：《试论新形势下博物馆的品牌宣传推广策略——以成都金沙遗址博物馆为例》
指导教师：罗二虎
胡　月：《新疆出土汉唐蜀地丝织品及相关遗物整理研究》
王苒滢：《四川唐宋时期摩崖造像中供养人像的整理与研究》
指导教师：董华锋
张倩影：《成都博物馆近藏东汉陶石插座研究》
指导教师：王　煜
付卫杰：《青州龙兴寺北齐圆雕佛像的类型与分期》
程　龙：《明蜀王府宫城苑囿建筑群遗址出土瓷器研究》
指导教师：白　彬　雷玉华　易　立
周志坚：《金代墓葬中的仿木结构》
指导教师：马晓亮
冯萍莉：《四川博物院展陈有机质文物展柜的温湿度风险评估》
指导教师：罗雁冰
付茂原：《“东西汇流——丝绸之路沿线体育文化交流文物精品展”展览策划》
王美霖：《新视野下博物馆历史陈列的探索》
付　泉：《工业遗产博物馆征集策略研究——以三峡工程博物馆筹建处藏品征集工作为例》
喻子曦：《博物馆展览延伸体验项目策划与实施》
指导教师：周　静
杜彤昕：《博物馆临时展览观众认知的评估研究》
指导教师：李　林
钟晓寰：《成都市非国有博物馆调查研究》
指导教师：李晓涛
李知荑：《中国博物馆皮影展陈研究》
指导教师：陈长虹
杜卓然：《基于分众理论的博物馆教育活动研究——以陕西历史博物馆为例》
指导教师：谌海霞
雍　倩：《格萨尔王展览馆展陈大纲》
指导教师：达瓦扎西

郑州大学历史学院考古系

专业方向：先秦考古
郑恒胜：《河南渑池关家遗址仰韶文化遗存研究》
张贤蕊：《沟湾遗址出土史前陶器的制作工艺与产地研究》

指导教师：靳松安
　张　远：《中原地区夏商陶窑研究》
　于有光：《中国早期城市瓮城研究》
指导教师：张国硕

专业方向：汉唐宋元考古
　周阵锋：《秦封泥所见关中诸郡秦县研究》
　白若冰：《济源地区汉墓研究》
　石　静：《中原地区出土汉代瓦当研究》
　李镇廷：《洛阳地区中小型汉墓随葬品的摆放位置研究》
指导教师：韩国河
　赵　丹：《河南地区秦墓研究》
　杨　硕：《洛阳地区汉晋及北魏墓葬出土陶俑研究》
指导教师：赵海洲
　刘梦娜：《宋代饮食文化的考古学考察》
指导教师：陈朝云

专业方向：文化遗产与博物馆
　李思雨：《郑州大运河遗产之惠济桥研究》
指导教师：任　伟
　孙婧文：《蒙元三都外城城门发展研究》
指导教师：孙　危
　赵慧君：《从墓地到摇篮：乔治·布朗·古德博物馆思想与实践研究》
指导教师：徐　玲

文物与博物馆专业硕士（不分方向）
　杨红艳：《三门峡盆地仰韶文化彩陶生产与聚落形态研究》
指导教师：崔天兴　魏兴涛
　赵　键：《沟湾遗址出土石器的淀粉粒残留物分析》
指导教师：陶大卫
曹叶安青：《阿尔泰山以东地区图案化古代石刻鹿雕像研究》
　王　亚：《东夏国乱世立国原因浅探》
指导教师：孙　危　武　玮
　张　越：《西汉水上游地区先秦聚落选址分析》
指导教师：惠夕平　杨文胜
　吕黎明：《〈合集·第七册〉非王卜辞所见祭名祭法的整理与研究》
　党彦杰：《〈补编〉所见祭祀材料的整理与研究——以宾组卜辞为例》
　金启明：《宾组战争卜辞初步整理》
指导教师：王建军　贾连敏
　姚　星：《商代西周遗址中出土早期玉器研究》

徐　冬:《荥阳官庄春秋铸铜遗址分期研究》
指导教师: 郜向平　杨文胜
王冠涛:《铜器铭文所见楚君名号集证》
指导教师: 田成方　樊温泉
冯淑玲:《中原地区秦汉青铜炊具初步研究》
指导教师: 赵海洲　顾万发
郭姣姣:《洛阳东汉帝陵发现与研究学术史考察》
指导教师: 赵海洲　史家珍
聂银超:《南阳盆地东汉墓研究》
指导教师: 赵海洲　刘海旺
赵倩卉:《对古代蒸馏器的再认识》
李园园:《黄冈市博物馆青铜器与纸质文物保存状况调查》
指导教师: 姚智辉　任　伟
李妍芳:《北宋三渠与中原水利文化遗产研究》
秦雪静:《明代河东盐池碑刻整理与初探》
陈丹丹:《神垕古镇陶瓷生产空间的形成与演变》
指导教师: 王　琳　李素婷
张艺博:《北宋汝窑制瓷工艺浅析》
指导教师: 许俊平　武　玮
武智雯:《嵩山地区古代佛塔形制演变研究》
指导教师: 任　伟　张　霆
李闪闪:《河南地区北宋时期佛塔的考古学探讨》
段瑶琼:《陇东地区石窟寺研究》
指导教师: 李　锋　张志清
刘艺彤:《博物馆观众反馈调研——基于观众反馈文本内容》
张　萌:《汉中地区博物馆发展现状调查——以勉县武侯祠博物馆为中心》
龚博茹:《国内博物馆学术讲座现状调查》
肖露露:《红色文化视野下确山竹沟革命纪念馆的调查》
指导教师: 徐　玲　武　玮
万　鑫:《中国世界文化遗产的外宣翻译研究——以河南世界文化遗产为例》
王　丹:《文化遗产保护视域下的中国考古纪录片研究》
指导教师: 韩国河
吕恩子:《国内博物馆对外交流展览研究——以河南博物院为例》
指导教师: 韩国河　徐　蕊

南京大学历史学院考古文物系

专业方向: 新石器时代考古
张　素:《鱼山、乌龟山遗址出土磨制石器研究》
指导教师: 黄建秋

专业方向：青铜时代考古
濮文清：《人类学视角下的中国性别考古学》
黎杰津：《马来西亚考古综述》
指导教师：赵东升

专业方向：战国秦汉考古
付　威：《战国至汉代图形印初探》
指导教师：周晓陆

专业方向：汉唐考古
秦　颖：《西汉时期木椁墓木质葬具研究》
指导教师：张学锋

专业方向：三国两晋南北朝考古
程酩茜：《汉唐墓葬中的施帐现象研究》
指导教师：贺云翱

专业方向：书画鉴定
信香伊：《文徵明的青绿山水画鉴定》
毛代炜：《王渊的绘画及其鉴定》
指导教师：杨　休

专业方向：杂项鉴定
崔　璨：《秦泥封的发现与鉴定》
指导教师：周晓陆

专业方向：中国古代建筑史
张　灵：《从考古发现看大高云殿的院落格局演变及其复原》
指导教师：杨　休　周学鹰
裴　桐：《仿唐木构建筑彩画研究与应用——以抚远东极阁为例》
指导教师：周学鹰

专业方向：伊朗考古
刘彬彬：《伊朗北呼罗珊省新石器至铜石并用时代的黑彩红陶研究：“切什梅阿里彩陶文化带”的新思考》
指导教师：张良仁

文物与博物馆专业硕士
专业方向：新石器时代考古
徐　航：《鱼山遗址Ⅱ期河姆渡文化陶器造型研究》

张　君：《宁波大榭史前制盐遗址出土石锛研究》
指导教师：黄建秋
吴梦蕾：《黄河、长江下游新石器时代大口缸研究》
指导教师：水　涛

专业方向：夏商周考古
张　鹏：《商代后期关中西部考古学文化的再审视——先周历史的考古学观察》
指导教师：水　涛
张婉颖：《双洎河流域夏商时期聚落的考古学研究》
高晨瑞：《宋代汉族女性裙装研究——以出土文物为例》
指导教师：赵东升

专业方向：战国秦汉考古
张慧华：《汉至南北朝踏碓的考古学研究》
门君君：《峡江地区汉墓出土炊爨器具的考古学研究》
指导教师：刘兴林

专业方向：汉唐考古
张安可：《关中地区唐代墓葬壁画植物图像研究》
魏文思：《宋元时期壁画墓中茶酒题材研究》
指导教师：张学锋

专业方向：魏晋南北朝考古
刘美斌：《北朝畏兽研究》
吴浩楷：《北魏悬裳座佛像研究》
陈天璐：《北魏女性丧葬礼俗研究》
马一凡：《北魏时期的彩绘木棺研究》
指导教师：吴桂兵

专业方向：文化遗产研究
潘禾玮奕：《新石器时代晚期至夏商时代黄河中上游玉器研究——兼论早期玉石之路的形成》
武云昊：《秦汉岭南地区海洋文化因素的考古学观察》
杨　腾：《皖北汉墓若干问题研究》
陈卓雅：《江苏地区汉墓出土动物俑的研究》
指导教师：贺云翱

专业方向：非物质文化遗产
黄乐琪：《苏州桃花坞木版年画色彩成因探究及其他》
李瀚诚：《美术工艺与工艺美术——兼论传统手工艺的评价体系》

牟　倩：《传统手工艺知识体系剖析——以工艺传说故事为例》
王永强：《“苏作”工艺传承与振兴研究——以苏州镇湖苏绣、光福玉雕为中心的考察》
指导教师：徐艺乙

专业方向：文物保护
华佳晨：《考古出土饱水木质文物的加固脱水比较研究——以安徽、江苏出土的战国秦汉时期木质文物为例》
指导教师：王晓琪

南京师范大学社会发展学院文物与博物馆学系

专业方向：新石器及夏商周考古
金　茜：《新石器时代原始宇宙观的初步研究——以良渚文化为中心》
指导教师：徐　峰
范芷岩：《青海诺木洪文化若干问题研究》
指导教师：汤惠生

专业方向：汉唐考古
程引引：《徐州地区两汉陶俑研究》
指导教师：王根富
周梦圆：《两晋南朝金属簪钗研究》
指导教师：周裕兴
魏睿林：《杨吴、南唐墓葬形制结构及相关问题研究》
指导教师：王志高

专业方向：宋元明考古
李　慧：《宝山辽墓壁画考证及相关问题研究》
指导教师：陈声波

文物与博物馆专业硕士
专业方向：博物馆学
蔡智澎：《博物馆入境展览中的对比展览——以南京博物院“帝国盛世”展为例》
指导教师：陈声波
郭晓依：《论博物馆在非遗保护传承中的作用——以南京地区两座博物馆为例》
孙梦露：《立足于馆藏文物的博物馆文创产品的开发与营销——以六朝博物馆为例》
指导教师：王志高
孙心妍：《博物馆文创产品的开发与营销研究》
指导教师：周裕兴
葛　杨：《宗教场所的博物馆化初探——以南京地区佛寺为中心》

指导教师：徐　峰
　何嘉欢：《洛阳古代艺术博物馆展陈分析》
　刘万春：《论生态博物馆在传统村落保护中的作用》
指导教师：王根富

专业方向：文化遗产
　邬家瑶：《试论草原都城遗址的保护和展示——以元上都为例》
　杨亚丹：《河北重要古桥的保护与展示》
指导教师：陈声波
　张吉妮：《南京六合重要文物保护单位的保护利用研究》
　王　倩：《丹阳地区南朝陵墓石刻的保护与利用》
指导教师：周裕兴
　郭雅婷：《基于佛教文化体验的南京大报恩寺遗址公园开发模式研究》
指导教师：徐　峰
　徐竞之：《南京民国建筑保护与利用》
指导教师：王根富

厦门大学人文学院历史系
专业方向：商周考古
　熊谯乔：《楚墓出土木俑研究》
指导教师：张闻捷

文物与博物馆专业硕士
专业方向：新石器时代考古
　张夏彤：《湖北十堰双坟店新石器时代晚期聚落遗址研究》
指导教师：王新天

专业方向：商周考古
　王君妍：《楚墓出土绕线棒研究》
指导教师：张闻捷

专业方向：汉代考古
　胡志群：《江西汉墓初步研究》
指导教师：张闻捷

专业方向：宋元考古
　周柳蕉：《福建地区宋元墓葬研究》
指导教师：黄向春

专业方向：陶瓷考古

李怡然:《繁昌窑青白瓷窑业技术初探》
郑柳婷:《考古学视角下德化瓷帮古道的社会观察》
胡　珊:《16 至 18 世纪外销瓷盘边饰的研究》
指导教师:刘　淼
苏新贵:《明州罗城城墙遗址（望京门段）出土黑釉瓷器的初步分析》
王华芹:《墨书瓷器初步研究——以明州罗城城墙遗址（望京门段）出土墨书瓷器为例》
指导教师:王新天

专业方向:文化遗产保护
叶舒颖:《明州罗城城墙遗址（望京门段）保护初探》
指导教师:王新天

专业方向:玉器研究
蔡冰清:《海昏侯刘贺墓出土玉剑饰研究》
吴　函:《海昏侯刘贺墓龙凤形物饰玉器研究》
指导教师:蔡保全

专业方向:科技考古
唐桂桃:《河南巩义花地嘴遗址出土石刀表面植物微体遗存分析》
王　淼:《霞浦屏风山贝丘遗址猪骨碳氮稳定同位素分析及相关问题研究》
指导教师:葛　威

中山大学社会学与人类学学院
专业方向:汉唐考古
陈　铭:《西汉诸侯王墓的考古地理学研究》
王　蒙:《三国两晋南北朝时期墓葬出土铜镜的类型与分期》
指导教师:刘文锁
盛优优:《想象的世界——唐代墓葬乐舞图像的文化表述》
指导教师:李宁利

专业方向:陶瓷考古
沈柏霖:《长沙窑褐、绿彩瓷研究》
指导教师:朱铁权

专业方向:越南考古
裴维英:《越南北部东山文化船棺葬研究》
指导教师:郑君雷

文物与博物馆专业硕士
专业方向：陶瓷考古
　杨子彦：《石寨山文化陶器研究》
　程　璐：《开埠时期龙州建筑研究》
指导教师：谭玉华　郑君雷
　李博宁：《安徽萧县欧盘窑隋唐时期出土瓷器科技研究》
　丁晓艺：《“南海一号”沉船出水金器及金饰器物的科技研究》
　罗　声：《虎门炮台三合土材料的科技研究》
指导教师：朱铁权

专业方向：汉唐考古
　刘　存：《重庆云阳县唐家湾墓地发掘报告》
指导教师：王　宏

专业方向：明清考古
　叶增柯：《河南鹤壁辛村北明清墓地 2017 年发掘简报》
指导教师：王　宏

专业方向：文物与博物馆学
　魏　媚：《广州市文物保护单位管理研究》
指导教师：王　宏
　鞠依珮：《博物馆考古发掘品管理利用研究》
　史　婕：《博物馆文化创意产业的运营和发展——以文化创意产品为视角》
指导教师：周繁文
　付聪颖：《智慧博物馆建设初探——以广东省博物馆为例》
指导教师：金志伟
　叶　娟：《华侨文物的价值、鉴藏及相关问题研究——以江门华侨文物为中心》
　廉　婕：《广州市产权复杂不可移动文物的保护与管理研究》
指导教师：李宁利

武汉大学历史学院考古系
专业方向：旧石器时代考古
　李　桓：《菲律宾史前考古研究概述》
指导教师：李英华

专业方向：新石器时代考古
　李　佳：《京津冀地区的新石器时代文化》
　王生慧：《妯娌文化研究》
　李一帆：《淮南小孙岗遗址研究》
指导教师：陈冰白

胡清波：《顺山集遗存研究》
毛智周：《新郑望京楼遗址夏商城址研究》
指导教师：余西云

专业方向：夏商周考古
赫德川：《从考古学角度观察南阳盆地春秋中晚期诸侯国的存续》
苏　昕：《盘龙城遗址石制品初探——以石制品材质为中心》
指导教师：张昌平

专业方向：秦汉考古
谢晓庆：《汉墓出土四神禽兽纹镜研究》
指导教师：徐承泰

专业方向：魏晋南北朝考古
王　含：《从墓葬文化看古坟、三国时期的日本与朝鲜半岛的文化交流——兼论东亚地区交流》
刘德凯：《魏晋南北朝銙带的考古学研究》
指导教师：王　然

专业方向：陶瓷考古
侯　芝：《长沙万达广场工地六朝至唐宋时期出土瓷器研究——兼谈长沙古城址的相关问题》
指导教师：贺世伟
孙　燃：《黄河中下游地区新石器时代陶窑研究》
指导教师：李清临

文物与博物馆专业硕士（不分方向）
颜　奕：《海岱地区新石器时代城址研究》
指导教师：陈冰白
王智超：《大路铺文化研究》
冯国威：《东山村崧泽文化墓地研究》
王慧杰：《石峡文化研究》
易　波：《中国第一个核武器研制基地非物质工业遗产保护研究》
指导教师：余西云
段董念：《盘龙城陶器标准化研究》
指导教师：张昌平
廖秋菊：《北京大学藏秦简牍已刊六篇集释》
指导教师：宋华强
刘　振：《湖北秦汉墓葬出土铜容器研究》
指导教师：徐承泰

王凯迪：《从两汉时期 TLV 镜看古人的空间观念》
指导教师：晏昌贵
杨蕊萦：《西安地区北朝隋唐墓志盖的装饰研究》
周　霖：《萧县白土窑出土遗物分期的初步研究——以文化馆前窑址 T0102、T0103、T0104、T0204 资料为例》
指导教师：贺世伟
李政澄：《明清时期的冥途路引暨当代东北地区冥引的初步考察》
指导教师：刘安志
张晓珑：《湖北省博物馆馆藏文物保存环境调查研究》
指导教师：李清临
秦思琪：《大英博物馆的运营模式及其对中国博物馆建设的启示》
指导教师：徐友珍
孙小茹：《区域文化与区域博物馆——以山西晋中区域博物馆为中心研究》
张　淼：《我国博物馆青少年儿童教育现状研究》
指导教师：杨国安
王玉寒：《彩陶陈列展览的基础理论与方法》
指导教师：杨　华

山西大学历史文化学院考古学系

专业方向：史前考古
丁志姣：《黄河中游地区仰韶文化打制石器研究》
指导教师：李　君
裴学松：《稷山郭家枣园遗址新石器时代遗存研究》
指导教师：王小娟

专业方向：商周考古
贾高强：《宝鸡（弓鱼）伯墓地研究》
贾文涛：《晋陕高原李家崖文化时期相关遗存研究》
指导教师：谢尧亭

专业方向：科技考古
苏俊吉：《大同水泊寺北魏墓群人和动物骨骼的 C、N 稳定同位素分析》
指导教师：侯亮亮

文物与博物馆专业硕士（不分方向）
袁　媛：《中原地区新石器时代圆陶片研究》
车环宇：《柳林盘子会的保护与利用研究》
李　典：《汉字分化及未来发展趋势研究》
刘文霞：《新媒体环境下博物馆文化创意产品研究》
指导教师：王小娟

吴　悠：《湖北黄石阳新大路铺遗址研究》
韩　婧：《三星堆祭祀坑出土青铜容器研究》
温卓尔：《东周秦国铜容器研究》
次鹏翔：《我国高校博物馆的发展——以山西大学陈列馆为例》
指导教师：陈小三
董杨柳：《黄河中下游西周早期青铜器墓葬研究》
张　琪：《西周晚期铜器墓葬研究》
高宏亮：《新绛孝陵陶窑址遗存研究》
康　莎：《当代新建博物馆比较研究——以大同博物馆和晋国博物馆为例》
指导教师：谢尧亭
许瑜虹：《魏晋南北朝玉器与玉文化研究》
薛　晋：《北魏平城布局初步研究》
李饰言：《现代测绘技术在旧石器考古中的应用》
崔　灿：《晋祠园林建筑历代演变研究》
光旭敏：《农业类遗产保护研究——以大寨为例》
佟　岩：《文物在电视媒体上的呈现研究》
指导教师：李　君
李倩楠：《古代鐎斗初步研究》
王　涛：《山西考古学背景下的技工发展史》
指导教师：宋艳花
周晓晴：《太原市程家峪古村落的调查》
李小帅：《安徽省非国有博物馆调查》
指导教师：侯亮亮

南开大学历史学院考古学与博物馆学系
专业方向：秦汉魏晋南北朝考古与物质文化研究
郑佐一：《汉代诸侯王墓丧葬礼俗的考古学观察》
指导教师：刘尊志

专业方向：中国古代建筑
王超然：《东周宫室建筑技术和建筑思想探讨——基于有关建筑遗存资料的整理和研究》
指导教师：贾洪波

专业方向：陶瓷考古
侯孟超：《唐宋时期砖瓦窑研究》
指导教师：袁胜文

文物与博物馆专业硕士
专业方向：先秦时期考古与物质文化研究

　岳　敏：《北辛文化生产工具研究》
指导教师：陈　畅

专业方向：夏商周考古与物质文化研究
　李乐然：《石楼与保德类型青铜器的整理与研究》
　杨　雯：《战国时期燕赵中山国墓葬青铜容器研究》
　路灵玉：《蹴鞠起源及汉代蹴鞠发展探讨》
指导教师：贾洪波

专业方向：秦汉魏晋南北朝考古与物质文化研究
　周　绅：《汉画像石文字刻铭研究》
　谢佳芮：《苏鲁豫皖交界地区汉代画像石中的兽类图像研究》
　范嘉嘉：《北朝服装的类型学研究——以华北地区为例》
指导教师：刘尊志

专业方向：博物馆理论与实践
　韩毅男：《儿童观众参观行为调查研究——以天津自然博物馆、天津博物馆为例》
　何曼榕：《天津市民办博物馆教育活动调查研究》
指导教师：黄春雨

专业方向：陶瓷考古
　史秋童：《川渝地区宋墓出土瓷器研究》
　刘　涛：《清代康熙时期御窑厂仿古瓷研究》
指导教师：袁胜文
　卢震烁：《宋元明清陶瓷坐墩研究》
　周德奖：《卵白釉瓷器研究》
　毕　莹：《明清瓷器高士图研究》
指导教师：刘　毅

专业方向：中国古代玉器
　张　策：《殷商西周玉凤及相关问题研究》
指导教师：袁胜文

复旦大学文物与博物馆学系
专业方向：考古学
　诸　诣：《瓯窑的初步研究——以永嘉坦头窑址为例》
指导教师：陈　淳

专业方向：博物馆学
　陈泓宋：《我国博物馆网上纪念品商店的发展对策研究》

赵郁颖：《我国博物馆提升面向老年观众的公关文化服务的对策研究》
指导教师：郑 奕

专业方向：文物保护
孟 瑶：《生物表面活性剂对纸张污渍的清洗作用研究》
王欣然：《贵州传统手工造纸工艺研究》
指导教师：陈 刚

专业方向：文化遗产
崔 璨：《黄金时代：十八世纪法国金属镶嵌的中国瓷器》
邱宁斌：《割据时代的瓷器与瓷业——以晚唐五代官方制瓷为中心》
指导教师：刘朝晖

文物与博物馆专业硕士
专业方向：考古学
刘祥宇：《公众考古夏令营活动研究》
王童雨：《中国对外文物交流与合作研究》
指导教师：高蒙河
刘 沁：《统计学方法在出土汉印研究中的应用》
张 磊：《宁波奉化下王渡遗址Ⅰ期考古发掘复旦大学发掘区考古发掘报告》
指导教师：潘碧华

专业方向：博物馆学
许 高：《我国抗战遗址类纪念馆陈列展览的内容设计》
黄安琪：《考古遗址博物馆展示中的考古资料运用问题研究》
指导教师：陈红京
郝芸多：《郑州博物馆基本陈列“创世王都”展览内容设计方案》
林禹岑：《G20 杭州峰会史料展示厅展览内容策划方案》
赵 娜：《郑州博物馆基本陈列“天地之中”展览内容设计方案》
朱熠蕾：《富阳博物馆基本陈列展览内容设计方案》
指导教师：陆建松
牛李佳：《我国博物馆藏品数字图像的利用研究》
邱明敏：《众包众筹在我国博物馆的应用研究》
孙 悦：《提升我国博物馆智能移动应用水平的对策研究》
王天洁：《我国博物馆的夜间活动研究》
指导教师：郑 奕
卓婉璧：《我国科学类博物馆内的亲子互动研究》
指导教师：周婧景

专业方向：文物保护

张　勇：《藏族地区传统造纸工艺研究》
张泽广：《文物修复用漂白剂对手工纸理化性能的影响》
赵汝轩：《荛花的制浆造纸工艺研究》
指导教师：陈　刚

专业方向：文化遗产
周紫檀：《村落文化景观展示研究——以贵州省石阡县楼上村为例》
指导教师：赵晓梅
刘　奥：《从规范到典范——历代存世〈千字文〉墨迹和题跋的整理与研究》
指导教师：吕　静
许雨晨：《17 世纪日本江户遗址出土古染付研究》
杨　子：《关中地区出土宋金元瓷器初步研究》
指导教师：刘朝晖
周文钰：《我国石窟寺保护性窟檐建筑理念与实践研究》
缪　璟：《村落文化景观评价方法的研究——以贵州为中心》
指导教师：杜晓帆
顾艳艳：《紫砂茶器与明代文人的结缘——以吴门画家的画作为视角》
指导教师：朱顺龙

北京联合大学应用文理学院历史文博系
专业方向：旧石器考古和古人类学
李　泉：《湖北省荆州市鸡公山旧石器时代遗址石制品初步研究》
指导教师：冯小波

专业方向：先秦考古
阿如娜：《西辽河流域新石器时代房屋研究》
袁　晓：《伊犁河上游早期铁器时代墓葬分期和谱系研究》
曾宝栋：《苏贝希文化研究》
杨　凯：《北京先秦时期重要遗址的保护和利用》
指导教师：韩建业
李亚萍：《仰韶文化时期河南南北区生业经济对比研究》
指导教师：韩建业　张俊娜
商安琪：《良渚文化神徽研究》
王楚宁：《海昏侯墓孔子屏风考释与研究》
恩子健：《海昏侯墓木楬签牌研究》
指导教师：武家璧

专业方向：汉唐至宋元考古
盖旖婷：《唐长安城西市遗址出土骨器及骨料研究》
陈琳旭：《北京地区唐辽金元墓壁画研究》

张一夫：《北京西山地区寺院所藏石碑的考古学研究》
韩　璐：《北京五塔寺石碑的考古学研究》
张　迎：《北京东岳庙石碑的考古学研究》
指导教师：陈悦新

专业方向：文化遗产区域保护规划
白　芸：《历史文化保护区文化感知研究——以北京什刹海为例》
指导教师：孟　斌
张静雨：《北京历史文化街区街巷肌理研究——以北京什刹海历史文化街区为例指导》
史梦頔：《北京城市文化遗产保护中的公众参与意愿与路径研究——以什刹海地区为例》
指导教师：张景秋
崔亚凝：《游客感知视角下的北京历史文化街区意象研究——以国子监地区为例指导》
指导教师：张远索

中央民族大学民族学与社会学学院考古文博系
专业方向：考古学
李娜：《试论良渚文化玉雏形器》
指导教师：杨　楠
杨亚旭：《中国凹穴岩画的分区研究》
指导教师：张亚莎
兰心仪：《试论关中地区西周墓葬的时代及地域特征》
曲欣玓：《关中地区西周墓葬陶器组合研究》
指导教师：马　赛
杨全：《汉代司隶地区多人合葬墓研究》
指导教师：刘连香
刘　萍：《阿斯塔那古墓群的家族葬制》
指导教师：肖小勇
薛中扬：《东魏北齐壁画墓仪卫图像研究》
李　坤：《辽代出土串珠类璎珞研究》
指导教师：戴成萍

专业方向：文化遗产保护
李秀梅：《故宫博物院藏〈册封琉球全图〉研究》
贾桢：《中央民族大学民族博物馆藏清代大理府赵州民间契约文书研究》
指导教师：张铭心

专业方向：出土文献研究

龙　珂：《由墓志论琅邪王氏在东晋南北朝的发展》
指导教师：刘连香

文物与博物馆专业硕士（不分方向）
张博文：《大黑沟岩画初探》
孙　源：《黄河石林岩画分期研究》
郭晓云：《甘肃牦牛岩画研究》
指导教师：张亚莎　李　彤
陈晓杰：《石家河文化玉器研究的学术史考察》
指导教师：杨　楠　孙国平
任嘉妮：《关中地区商周时期青铜生产工具试析》
指导教师：马　赛　孙周勇
任艳艳：《滇西地区青铜时代墓葬研究》
指导教师：朱　萍　冯　好
王煜玲：《邺南城宫城区内汉代墓葬的发现与研究》
指导教师：戴成萍　朱岩石
董兆亚：《河北地区汉代洞室墓研究》
指导教师：肖小勇　李文瑛
魏婧洁：《汉代墓葬出土勺形器研究》
陆薪羽：《六朝多杯盘研究》
指导教师：刘连香　赵春青
王丹凝：《“白金三品”与“外文铅饼”关系解析》
指导教师：袁凯铮　成　倩
伍雅涵：《北朝的帷帐研究》
指导教师：肖小勇　朱岩石
谢　玥：《石刻所见中时期柔然可汗后裔考证》
指导教师：刘连香　冯　好
王　睿：《辽宁盖州玄贞观建筑彩画保护研究》
指导教师：马赞峰　郭　宏
张玉琴：《宋金壁画墓“开芳宴”图像人物身份再思考》
指导教师：肖小勇　徐良高
杨瑛楠：《中央民族大学博物馆藏大理清代契约文书的基础研究——以分类和要件分析为中心》
指导教师：张铭心　冯　好
白旭：《中央民族大学藏云南清代土地契约的类型与文本分析》
指导教师：张铭心　们发延
张方怡：《清代赊店镇现状调查分析初探》
指导教师：戴成萍　们发延
江祥梅：《安徽黟县徽派建筑雕刻装饰题材研究》
指导教师：张薇薇　张　荣

段航燕：《试析我国藏族节庆中的妇女背饰》
指导教师：祁春英　们发延
许舒雯：《石质文物病害检测及三维病害图绘制的应用——以永陵王建墓为例》
指导教师：袁凯铮　郭　宏
李　洋：《甘孜白利寺壁画的病害调查与制作工艺分析》
杜芳芳：《馆藏金属文物保存环境参数研究》
指导教师：马赞峰　郭　宏
冯倩倩：《历史再现：安庆市博物馆基本陈列研究》
龙亚兰：《湖南山江苗族博物馆收藏与展示之研究》
指导教师：潘守永　黄　琛
金珊徐美：《关于北京市大学生对博物馆宣传方式偏好的研究》
指导教师：朱　萍　冯　好
吕　珍：《民大博物馆馆藏的朝鲜族洞箫研究》
指导教师：郑喜淑　刘　军
孟　爽：《博物馆视域下的民俗物件解读——以豫南民俗博物馆为例》
指导教师：潘守永　祁庆国
秦菲菲：《数字技术在城市考古中的应用——以盖州青石岭高丽山城为例》
指导教师：张薇薇　刘建国
王　翘：《日本九州、近畿地区出土的7—11世纪越窑茶具研究》
指导教师：戴成萍　杨　林

首都师范大学历史学院考古学与博物馆学系

专业方向：新石器时代考古
秦存誉：《孟津妯娌史前遗存及相关问题研究》
项一力：《关中地区仰韶文化聚落形态研究》
指导教师：袁广阔
尉舒雅：《甘青地区新石器时代遗存中动物形象的考古学探索》
指导教师：朱光华

专业方向：汉唐考古
杨馥华：《幽州地区唐墓研究》
孙　磊：《百年以来铜镜书目的整理与研究》
指导教师：后晓荣

专业方向：宋元考古与陶瓷研究
冯琪琪：《两宋舍利容器研究》
指导教师：袁　泉

专业方向：科技考古
陈　平：《北京平谷上宅遗址陶器分析》

指导教师：王　涛
　张　璐：《新疆石人子沟遗址出土动物遗存新材料研究》
指导教师：尤　悦　袁　靖

文物与博物馆专业硕士
专业方向：文物修复与保护
　于　燕：《一件青铜甗的保护与修复》
　许　丹：《青铜器病害初步研究——以小屯张家坡四件青铜器为例》
指导教师：袁广阔
　杨　淼：《江苏大云山汉墓 M1 甲胄实验室考古研究》
指导教师：袁广阔　李存信

专业方向：科技考古
　袁若晨：《河南平顶山蒲城店遗址陶器遗存初步研究》
指导教师：王　涛

专业方向：中国考古
　刘星彤：《大地湾遗址出土彩陶及相关问题研究》
指导教师：袁广阔　尤　悦
　王囡：《先秦时期镶嵌绿松石制品的考古发现与初步研究》
指导教师：朱光华
苗袁龙飞：《江浙宋墓出土金银器研究》
　孙鑫莹：《山东地区宋代墓葬研究》
　张　谨：《宋代出土漆器研究》
指导教师：袁　泉
　王克瑞：《山东地区东周时期带钩研究》
　白雪华：《二十世纪中叶以来中国建筑考古学史初探》
指导教师：钱益汇

专业方向：文物鉴定
　张金鑫：《艺术品市场调节期高价竞品频出现象的历史学分析》
指导教师：宁　强

专业方向：艺术考古
　鲍海霞：《南阳地区汉画像砖石中的女性形象研究》
指导教师：宁　强
　高　晗：《论望都汉墓壁画研究》
指导教师：孙冬虎

专业方向：博物馆学

王　然：《博物馆教育资源开发模式的构建——以馆校模式为例》
戴　茹：《北京市西城区博物馆的现状调查与分析》
夏美晨：《互动体验与博物馆儿童教育模式初探》
马　煜：《试论地域文化与博物馆发展——以首都博物馆为例》
汪乔燕：《西北地区中小型国有博物馆社会教育活动研究——以新疆哈密博物馆为例》
孟宝华：《北京市非国有博物馆现状及发展探究》
王　琳：《试论博物馆经济与未来发展——以故宫为例》
指导老师：钱益汇

专业方向：文化遗产学
刘思蒙：《戏曲类非物质文化遗产传播策略探索——以青春版〈牡丹亭〉为例》
指导老师：钱益汇
徐　丹：《京式旗袍作为非物质文化遗产的价值论证及其活态传承保护研究》
指导教师：宋卫忠
胡佳奇：《非遗视野下北京曲艺艺术特征研究》
孙玉洁：《非遗视野下湘绣的发展现状研究》
指导教师：马保春
赵魏斌：《非遗保护视角下冀派内画艺术传承与发展研究》
指导教师：符　静
李伟伦：《金中都文化遗产现状与保护》
指导教师：郗志群
王　珅：《杨柳青木版年画的生产性保护研究》
指导教师：高永平

广西师范大学历史文化与旅游学院考古学及博物馆学专业
专业方向：区域考古
白丽群：《桂林唐代佛教遗存研究》
指导老师：廖国一　林　强
鞠振义：《两广地区宋代窑址出土瓷茶具的初步研究》
指导教师：陈洪波　谢光茂
李美燕（同等学力）：《西江中游铜鼓文化研究》
指导教师：陈洪波

专业方向：博物馆学
李梦玉：《莫高窟文化遗产在敦煌当地教育推广的调查研究》
指导老师：吴伟峰　陈洪波
梁炜（同等学力）：《“博物馆＋文化创意产业”发展策略初探》
指导教师：陈洪波

专业方向：文化遗产保护
　邹珺羚：《中国传统漆艺的生产性保护研究——以桂林漆器非物质文化遗产为例》
指导老师：黄启善　陈洪波

辽宁师范大学历史文化旅游学院文物与博物馆学系
专业方向：新石器时代考古
　宁　一：《巴彦淖尔岩画研究》
　李彩云：《乌兰察布岩画研究》
　文　茜：《阿拉善岩画研究》
指导教师：田广林
　韩宇宁：《辽东北部地区新石器至青铜时代聚落与社会研究》
　朱　敏：《嫩江流域新石器时代聚落与社会形态演进》
指导教师：徐昭峰

专业方向：夏商周考古
　李宇晨：《三晋地区东周青铜器蟠螭、蟠虺纹研究》
　李志强：《两周时期折肩高弧裆铜鬲研究》
指导教师：张德良

文物与博物馆专业硕士（不分方向）
　李　云：《鸭绿江、图们江、乌苏里江流域的新石器时代聚落与社会研究》
　姜　超：《辽南地区积石冢调查与研究》
指导教师：徐昭峰
　全博涵：《辽西地区新石器时代出土玉玦研究》
指导教师：田　野
　史晚晴：《三晋两周地区东周铜镜研究》
　高　跃：《战国时期楚木俑研究》
指导教师：张德良

辽宁大学历史学院考古学系
专业方向：史前及夏商周考古
　于佳灵：《东大杖子墓地葬制初步考察》
指导教师：华玉冰

专业方向：秦汉至元明清考古
　张瑞强：《公元 1 到 6 世纪中原地区城址防御设施考古学研究》
指导教师：张星德
　李鹏程：《山西省大同市水泊寺廉租房墓地人骨研究》
指导教师：陈　山

专业方向：文化遗产与博物馆
　刘雅婷：《南满铁路（辽宁段）点、线、网时空布局及相关特点研究（1898—1952年）》
指导教师：丁　辉

重庆师范大学历史与社会学院考古文博系
专业方向：区域考古与历史文化
　李振豪：《长江中下游新石器时代太阳崇拜研究》
指导教师：武仙竹
　权　莎：《宋辽金元时期压胜钱文物价值探究》
指导教师：邓　晓

专业方向：先秦考古
　余菀莹：《嘉陵江中下游地区先秦考古学文化初探》
指导教师：杨　华
　罗诗谦：《钟离国的考古发现与研究》
指导教师：孔令远

文物与博物馆专业硕士
专业方向：区域历史文化研究
　嵇梦帆：《印度河流域早期文明进程浅探》
指导教师：刘俊男

专业方向：文化遗产保护
　张　欣：《余家坝遗址战国青铜文物腐蚀产物的科技分析》
指导教师：郑利平
　许文明：《四川乐山西坝窑研究》
指导教师：邓　晓
　甄宏达：《从琉璃厂到潘家园——北京文玩文化的演进》
指导教师：蒋　刚
　冯　玲：《中山古镇历史文化遗产及其传承保护》
指导教师：武仙竹

专业方向：文物研究
　王天盼：《秦公钟集注与释义》
指导教师：孔令远
　陈昱曈：《川渝地区汉代胡人吹箫俑的研究》
　周　盈：《峡江地区出土乐舞俑初步研究》
指导教师：袁艳玲

黑龙江大学历史文化旅游学院

专业方向：北方考古

钟　雪：《中国新石器时代动物造型玉器初步研究》

胡　良：《夏家店上层文化生业模式量化研究》

指导教师：石　岩

杨彦达：《三江流域及俄罗斯日本海沿岸新石器时代菱形纹研究》

杨笑妮：《燕文化墓葬研究》

杨　倩：《燕国青铜容器研究》

石蒙蒙：《中国境内出土鸣镝研究》

指导教师：王乐文

中国人民大学历史学院考古文博系

专业方向：考古学

张　倩：《苏尼特岩画研究》

朱　鹏：《北魏北方军事防御体系研究》

指导教师：魏　坚

农　桑：《中国北方地区先秦时期马形象的考古学研究》

石思佳：《莫呼查汗和拜城多岗墓地分析》

指导教师：韩建业

乔汉英：《鄂城六朝墓葬与武昌城研究》

严秀娟：《长江下游地区孙吴墓葬研究》

李艳楠：《北魏平城时代考古中的服饰遗存研究》

指导教师：李梅田

专业方向：文物与博物馆

邢增锐：《东谷坨遗址 2016 年出土石制品研究》

指导教师：仪明洁

苏天敏：《红山文化社会复杂化研究——以蚌河流域考古调查为例》

刘倩怡：《小河沿文化墓葬的考古学研究》

严辉发：《楚墓葬礼的转型——以包山二号墓为例》

指导教师：吕学明

罗　璇：《苏、浙、赣地区商时期青铜器研究》

指导教师：曹　斌

陈少兰：《新疆早期铁器时代装饰习俗研究》

康晓慧：《新疆地区早期铁器时代仰身直肢葬分期与谱系研究》

指导教师：韩建业

郭东珺：《关中十六国墓葬的年代和族属研究》

杨　好：《岳州窑研究》

指导教师：李梅田

陈快快：《北魏洛阳城布局新探》

王红艳：《晚唐五代时期南方地区青瓷的窑业格局》
张美晨：《日本出土的晚唐五代时期越窑系青瓷——以鸿胪馆为中心》
邓文君《浙江地区五代北宋越窑系青瓷的窑业格局》
指导教师：刘　未
公　雪：《唐代北庭大都护府守捉城的考古学研究》
肖冬男：《辽代旗鼓制度研究——以辽墓壁画为中心》
金　菁：《韩国百济时期莲花纹瓦当研究》
指导教师：魏　坚
逄　源：《文化差异与文化整合：博物馆出境展览策略研究》
苏　振：《中小型博物馆授权经营分析与规划——以江苏地区为例》
楚梦琴：《民俗文化的传承之路——以民俗博物馆为依托》
指导教师：张林虎

中国科学技术大学人文与社会科学学院科技史与科技考古系

专业方向：科技考古
孙亚男：《郑州地区仰韶时代至青铜时代先民植物资源利用与陶器功能的淀粉粒分析：以青台遗址和东赵遗址为例》
张　娟：《安徽江淮地区龙山时代至商周时期农业结构研究》
指导教师：张居中　杨玉璋
袁明月：《长沙窑铜釉、铜彩装饰初探》
指导教师：秦　颖
李程浩：《富阳泗洲宋代造纸遗址造纸原料与造纸工艺研究》
指导教师：龚德才
王晓然：《希腊 Sarakenos 洞穴遗址人类来源与动物资源域研究：以锶同位素方法为中心》
指导教师：金正耀

专业方向：文物保护
熊　川：《数字化背景下文物描述受控词汇研究》
指导教师：黄明玉
陈　雯：《清代徽墨的科学分析和保护研究》
陈亦奇：《书画装裱中局条的研究》
何雅琼：《书画装裱形制研究及装裱设计软件开发》
章静茹：《书画装裱技术的科学化探讨——以贴条工艺为例》
指导教师：龚德才

云南大学历史与档案学院历史系

专业方向：考古学
郭雪洁：《豫中地区煤山文化发展阶段研究》
指导教师：何　强

李　炎：《成都十二桥文化墓葬研究》
高　源：《滇文化墓葬棺椁制度研究》
姬亚丽：《当阳峪窑绞胎瓷研究》
指导教师：陈　果
王丽华：《云南江川光坟头遗址出土骨角牙蚌制品相关问题研究》
指导教师：李安民
韩佳睿：《云南德宏州上座部佛塔研究》
指导教师：李东红
黄咪咪：《云南南传上座部佛教寺院装饰图案的文化构成研究》
指导教师：街顺宝

专业方向：博物馆学
乔　健：《博物馆与高中非正式课程资源开发利用研究》
指导教师：李安民
李　霞：《博物馆公共教育研究——以云南省博物馆为例》
肖　洵：《博物馆在非物质文化遗产保护中的作用研究》
邝亚娟：《曾昭燏的博物馆学思想研究》
指导教师：沈　宁
楚尧钦：《儿童博物馆教育功能研究》
指导教师：陈　果

专业方向：文物学
杜祥乾：《西周时期晋国高等级墓葬出土玉器的研究》
指导教师：赵　美
周　磊：《南诏大理国迦楼罗造像研究》
指导教师：李东红
师睿婕：《南诏—大理国时期毗沙门天王造像研究》
指导教师：王　璞
孙睿之：《曲阜孔庙北宋碑刻研究》
张立佳：《昆明碑林博物馆馆藏碑刻研究》
指导教师：刘　强

专业方向：文物保护技术与文化遗产保护
马李芮：《昆明地区文庙调查与研究》
指导教师：李东红
汪彪彪：《云南地区紫外辐射对石质文物的损伤研究》
赵　扬：《地理信息系统在昆明大营庄遗址出土文物中的应用研究》
指导教师：刘　强
吴海舟：《昆明、桂林两地飞虎队相关遗迹的利用、保护比较研究》
指导教师：李安民

安徽大学历史系

专业方向：史前考古
　姚倩星：《侯家寨遗址出土陶器分期研究》
指导教师：张爱冰

专业方向：商周考古
　陈　晨：《钟离国的考古发现与研究》
指导教师：宫希成

专业方向：秦汉考古
　唐天航：《六安双龙墓地出土铜镜年代再研究》
指导教师：王　峰

专业方向：科技考古
　郑晓平：《安徽沿江地区商周矿冶遗物的科技研究》
指导教师：魏国锋

专业方向：文化遗产
　王万峰：《安庆大观亭历史文化遗产研究》
指导教师：朱华东

文物与博物馆专业硕士（不分方向）
　秦金娇：《淮河中下游地区距今7000—5000年出土陶器的科技研究》
指导教师：魏国锋
　吕刘勇：《合肥地区非国有博物馆发展的调查研究》
　朱亚婷：《安徽省博物馆（院）展陈史研究》
指导教师：江小角
　张　鹏：《皖西博物馆基本陈列的初步研究》
指导教师：王　峰
　李传奇：《安徽马鞍山市博物馆展陈设计文本》
指导教师：周崇云
　史业鹏：《寿县博物馆展陈大纲及相关问题研究》
指导教师：张钟云
　韩大洋：《徽州书院的保护和利用研究》
指导教师：李　虹

北京师范大学历史学院

专业方向：旧石器时代考古
　王　琳：《下川遗址水井背地点石制品研究》
指导教师：杜水生

中国社会科学院研究生院考古系

专业方向：中国新石器时代考古
　许鑫城：《资源与族群：史前至殷墟时期朱砂葬研究》
指导教师：陈星灿

专业方向：夏商周考古
　葛　韵：《试论东亚大陆复合范铸件的起源与初步扩散》
指导教师：许　宏
　吴健聪：《殷墟刘家庄北出土铅锭的整理与分析》
指导教师：唐际根

专业方向：汉唐考古
　李　斌：《秦汉瓦当的考古学研究》
指导教师：白云翔

专业方向：动物考古
　韩　雨：《2013 年辽上京城址出土的动物遗存研究》
指导教师：袁　靖

专业方向：遥感考古
　任　琳：《文物考古工作中的三维重建技术探讨》（同等学力申请硕士学位）
指导教师：刘建国

2018年毕业的博士研究生

北京大学考古文博学院

专业方向：旧石器时代考古

　李昱龙：《华北地区石叶技术源流——河南登封西施遗址及相关研究》

指导教师：王幼平

专业方向：新石器及夏商周考古

　艾婉乔：《中国西北地区史前串珠的研究——旧石器晚期至公元前1500年》

指导教师：李水城

　高　玉：《环太湖地区史前稻作农业研究》

指导教师：张　弛

　干小莉：《滇苗（夷）图的整理》

指导教师：孙　华

　胡传耸：《东周度量衡研究》

指导教师：徐天进

专业方向：汉唐考古

　金智铉：《汉魏晋南北朝的彩绘釉陶瓷研究》

　何月馨：《唐代葬仪研究》

　范佳楠：《新安沉船与东亚海上贸易》

指导教师：齐东方

　李云河：《关中地区东汉至北周墓葬的考古学研究》

指导教师：杨哲峰

　徐斐宏：《北朝晚期至唐初墓葬的演变》

指导教师：韦　正

　郭凤妍：《北魏平城时代的武州山石窟寺——试述石窟寺的外来影响》

指导教师：李崇峰

　卢亚辉：《武则天时代墓葬的考古学研究——基于初盛唐墓葬与政治文化集团的考察》

指导教师：沈睿文

专业方向：宋元考古

　王书林：《北宋西京城市考古研究》

指导教师：杭　侃

专业方向：陶瓷考古

陈冲：《景德镇明代民窑青花瓷分期研究》

指导教师：秦大树

专业方向：中外交流考古

李　晴：《洪武瓷器有关发现与元末明初海上丝绸之路》

指导教师：林梅村

专业方向：博物馆学

王思渝：《价值与权力：中国大遗址展示的反思》

指导教师：杭　侃

吉林大学考古学院

专业方向：史前考古

李彬森：《中国北方地区新石器时代早期遗址的废弃过程研究》

指导教师：陈胜前

专业方向：新石器时代与青铜时代考古

郭梦雨：《环杭州湾地区新石器时代考古学文化研究》

指导教师：赵宾福

魏　凯：《周代前期南土文化格局的考古学观察》

指导教师：井中伟

金东一：《玉皇庙文化青铜器研究》

指导教师：杨建华

专业方向：西亚考古

马欢欢：《西亚印章系统的发展和演变》

指导教师：杨建华

专业方向：外国考古学

战世佳：《宾福德的学术思想研究：中国考古学的视角》

指导教师：杨建华

专业方向：体质人类学

朱晓汀：《江苏兴化蒋庄良渚文化墓葬人骨研究》

阿娜尔：《内蒙古准格尔旗川掌遗址人骨研究》

指导教师：朱　泓

张　群：《宁夏中卫常乐墓地人骨研究》

指导教师：张全超

山东大学历史文化学院考古学与博物馆学系

专业方向：考古学

张小雷：《淮河流域新石器时代文化格局研究》

姜仕炜：《红山文化社会复杂化研究》

指导教师：栾丰实

王清刚：《龙山时代海岱地区与南邻文化区互动关系研究》

指导教师：王　青

崔叶舟：《魏晋南北朝香炉研究》

指导教师：方　辉

西北大学文化遗产学院

专业方向：新石器考古

王　叶：《半坡类型墓葬使用过程研究》

指导教师：钱耀鹏

田　多：《公元前一千纪东天山地区的植物考古学研究：以石人子沟遗址群为中心》

指导教师：陈洪海

专业方向：汉唐考古

朱晨露：《西汉帝陵陵园考古研究》

指导教师：焦南峰　段清波

专业方向：文化遗产管理

赵景龙：《中国高校博物馆研究》

指导教师：陈洪海

薛　程：《中国长城墙体建造技术研究》

指导教师：段清波

赵　戈：《考古类型学与时段理论视野下中国古代防护装具研究》

指导教师：冉万里

专业方向：文物保护学

马珍珍：《中国古代彩绘文物蛋白胶料气—质联用鉴定技术的优化研究》

指导教师：王丽琴

杨善龙：《中国西北地区夯土遗址盐害特征及防治研究》

指导教师：王旭东　孙满利

四川大学历史文化学院考古系

专业方向：专门考古（宗教考古）

张　亮：《川西石窟研究》
赵　川：《宋元明道教法印的考古学研究》
指导教师：白　彬

出站的博士后：
陈　果：《滇文化墓葬制度研究》
合作导师：罗二虎
李星丽：《基于叙事理论的民族类博物馆展陈设计研究》
合作导师：霍　巍

郑州大学历史学院考古系
专业方向：新石器时代考古
张　建：《汉水中游地区史前社会复杂化进程——聚落和生业模式变迁研究》
指导教师：靳松安

专业方向：夏商周考古
周　剑：《商周合葬墓研究》
郑龙龙：《中原地区夏商城邑石器工业研究》
指导教师：张国硕

专业方向：秦汉考古
司晓洁：《北朝女性墓志考古学研究》
张家强：《论郑州地区商周之变》
指导教师：韩国河

南京大学历史学院考古文物系
专业方向：新石器时代考古
高鹏杰：《藤花落遗址出土磨制石器研究》
指导教师：黄建秋

专业方向：秦汉考古
许　超：《宁波地区汉唐港城的考古学研究》
指导教师：刘兴林

专业方向：东方建筑
李思洋：《唐长安西明寺遗址建筑考古学研究及复原探讨》
指导教师：周学鹰

专业方向：建筑遗产
朱庐宁：《南京历史街区研究》

指导教师：贺云翱

专业方向：文物鉴定
车旭东：《唐寅书画鉴定研究》
指导教师：周晓陆 杨 休

出站的博士后：
专业方向：夏商周考古
丁 新：《中国文明的起源与诸夏认同的产生》
合作导师：水 涛

专业方向：汉唐考古
刘芳芳：《广陵地区出土汉代漆器研究》
合作导师：贺云翱

专业方向：文化遗产研究
黄 诚：《中国三教寺宗教遗产探真》
晁 舸：《意大利学派修复理论初步研究》
合作导师：贺云翱

南京师范大学社会发展学院文物与博物馆学系
专业方向：新石器及夏商周考古
施兰英：《青海地区青铜时代考古学文化源流探讨及与周邻文化互动研究》
指导教师：周裕兴

专业方向：博物馆学
季 晨：《苏南农村博物馆研究》
指导教师：周裕兴

中山大学社会学与人类学学院
专业方向：考古学及博物馆学
黄果娴：《后冈一期文化谱系研究》
王 洋：《西周墓地结构研究》
黄渺淼：《三国两晋南北朝瓦当研究》
陈德好：《黄冈河流域明清时期碑铭的调查和研究》
指导教师：许永杰
张晓斌：《广东海上丝绸之路史迹保护管理研究》
指导教师：郑君雷

出站博士后
　专业方向：佛教考古
　高海燕：《新疆地区大、小乘佛教图像的个案研究—以两种本生故事和背光化佛为中心》
合作导师：姚崇新

专业方向：中外文化交流
　郑燕燕：《早期佛舍利信仰与埋藏制度研究：以古代印度和西域为中心》
合作导师：姚崇新

武汉大学历史学院考古系
专业方向：新石器时代考古
　单思伟：《屈家岭文化研究》
指导教师：余西云

专业方向：隋唐考古
　曹　昭：《长江中下游地区隋唐墓葬研究》
指导教师：张昌平

山西大学历史文化学院考古学系
专业方向：汉唐考古
　宋国栋：《回纥城址研究》
指导教师：石金鸣

南开大学历史学院考古学与博物馆学系
专业方向：秦汉魏晋南北朝考古与物质文化研究
　包桂红：《内蒙古长城地带东周秦汉时期墓葬》
指导教师：刘尊志

专业方向：中国古代陵墓
　白瑶瑶：《明代墓葬出土明器研究》
指导教师：刘　毅

复旦大学文物与博物馆学系
专业方向：考古学
　马晓光：《环太湖流域史前陶鼎研究》
指导教师：高蒙河

专业方向：文物学
　杨小语：《元明清瓷器中的藏文化因素研究》

指导教师：蔡达峰

首都师范大学历史学院考古学与博物馆学系

专业方向：出土文献学

宋　磊：《战国秦汉司法演变诸问题研究》

指导教师：刘乐贤

浙江大学艺术与考古学院考古与文博系

专业方向：文物与博物馆

邵晨卉：《区域博物馆研究——区域博物馆及其使命、特点与展览建设》

许　捷：《叙事展览的结构与建构研究》

指导教师：严建强

专业方向：古文字

吴　超：《叶家山曾国墓地出土铜器铭文的整理与研究》

李方重：《楚简文字“篆变”现象及相关问题研究》

指导教师：曹锦炎

中国人民大学历史学院考古文博系

专业方向：考古学

刘汉兴：《长安城郊汉代墓地研究——以黄渠头墓地为中心》

郝园林：《清代伊犁河谷城址的考古学研究》

李雨濛：《鄂尔多斯石刻整理与研究》

指导教师：魏　坚

中国科学技术大学人文与社会科学学院科技史与科技考古系

专业方向：科技考古

崔启龙：《河南舞阳贾湖遗址石制品研究》

杨桂美：《凤阳明中都遗址出土琉璃瓦制作工艺及产地来源的研究》

指导教师：张居中

吴晓桐：《龙山时期黄河流域的人群迁移与资源流通》

许应媛：《战国至西汉漆器区系结构变化研究》

指导教师：金正耀

出站的博士后：

专业方向：科技考古

罗武宏：《更新世末以来中国普通野生稻时空分布状况及其区域环境背景研究》

合作导师：胡化凯　张居中

张兴香：《同位素视角下的人类迁徙、生业环境与动物资源研究》

合作导师：金正耀

专业方向：文物保护
　俞　翔：《南昌海昏侯墓出土植物遗存降解及变色机理研究》
　龚钰轩：《山西平遥清虚观馆藏纱阁戏人的科学研究与保护》
合作导师：龚德才

安徽大学历史系

专业方向：商周考古
　朱华东：《安徽淮河流域出土商至春秋时期青铜器研究》
指导教师：陆勤毅
　王　箐：《楚国物质生活文化研究》
指导教师：刘信芳

出站的博士后：
专业方向：文化遗产
　万四妹：《医疗社会史视角下的明清新安医者群体研究》
合作导师：刘伯山

北京师范大学历史系

专业方向：旧石器时代考古
　李　璇：《河南栾川龙泉洞遗址古人类石器技术及其生存行为》
指导教师：杜水生

中国社会科学院研究生院考古系

专业方向：中国新石器时代考古
　刘　岩：《后过程考古学理论体系的研究与实践》
指导教师：陈星灿

专业方向：夏商周考古
　汤毓赟：《殷墟墓葬青铜礼器的组合与构成》
指导教师：唐际根

专业方向：汉唐考古
　罗瑾歆：《唐长安宫城研究——兼论中国古代宫城形制的演变》
指导教师：刘庆柱

专业方向：动物考古
　刘一婷：《商周墓葬用牲制度研究》
　左豪瑞：《中国北方先秦时期家羊的动物考古学研究》
指导教师：袁　靖

专业方向：植物考古
　刘　昶：《环嵩山地区文明化进程的植物考古研究》
　郑晓蕖：《江淮东部新石器时代晚期到末期植物考古学研究》
指导教师：赵志军

补遗

山西大学历史文化学院考古学系2017年毕业生

硕士：

专业方向：史前考古
　韩佳怡：《华北旧石器时代晚期人类行为模式——植物加工工具分析》
指导教师：宋艳花
　姬凌飞：《桑干河流域旧石器时代晚期文化与环境关系研究》
指导教师：李　君

专业方向：商周考古
　张　恒：《西周仿铜陶礼器墓研究》
指导教师：谢尧亭

专业方向：科技考古
　任冠宇：《原平辛章遗址人牙结石中的微体化石分析》
指导教师：侯亮亮

文物与博物馆专业硕士（不分方向）
　刘文涛：《长治出土唐代潞州墓志初探》
　黄明秋：《江西地区生产的元代高足杯研究》
　王晓芬：《博物馆青少年教育的影响分析——以山西博物院“小小讲解员团队”活动为例》
　邢卫波：《郭峪村古建筑调查与保护利用的初探》
指导教师：李　君
　荆泽健：《陶寺遗址聚落与文化结构分析》
指导教师：谢尧亭
　张晶莹：《北朝到五代中原北方佛像带结的研究》
　冯宵慧：《山西地区宋元时期白地黑花瓷器初步研究》
　刘　丹：《遗址信息解读与史前遗址博物馆展示关系的研究》
指导教师：宋艳花
　张梦杰：《秦汉至隋唐时期交龙纹初步研究》
指导教师：宋艳花　韩炳华
　靳艳芳：《晋东南炎帝文化遗存初步研究》
　王瑞钢：《山西太原开化寺连理塔初步研究》

　王　楷：《宋金出土瓷香炉初步研究》
指导教师：韩炳华
　林聪荣：《广西恭城县秧家出土青铜器研究》
　牛玉环：《隰县瓦窑坡墓地铜器墓的年代分析》
　呼丽娟：《青铜器中的古建筑元素浅析》
　岳　媛：《博物馆教育项目的策划与实施——以山西博物院为例》
指导教师：陈小三
　段丽芳：《革命纪念馆中的儿童教育研究——以八路军太行纪念馆为例》
　牛文凤：《陕西地区遗址保护、展示利用现状及问题分析》
　王雁翔：《博物馆“情景再现”模式探究》
指导教师：侯亮亮
　解　晋：《山西地区古代窑址采集瓷片研究》
指导教师：王晓毅

博士：
专业方向：史前考古
　任海云：《太行山旧石器遗址综合研究》
指导教师：石金鸣

专业方向：艺术考古
　蒋　莉：《先秦玉器纹饰艺术研究》
指导教师：孔富安

中国社会科学院研究生院考古系 2017 年毕业生
硕士：
　专业方向：夏商周考古
　董　好：《殷墟墓葬中的工具随葬》
指导教师：唐际根

专业方向：汉唐考古
　庞文平：《邺城北朝陶瓷窑址的考古学研究——以曹村窑为中心》
指导教师：朱岩石
　南东云（韩国）：《唐及统一新罗宫城池苑考古学比较研究》
指导教师：龚国强
　张效儒：《中原地区秦汉至北朝都城瓦件的考古学研究》
指导教师：钱国祥

博士：
专业方向：夏商周考古
　吉野彩美（日本）：《东亚地区早期非墓葬出土青铜器现象比较研究及相关问题探

讨》
指导教师：王　巍

专业方向：汉唐考古
韩　茗：《六朝铜器的考古学研究》
指导教师：白云翔

专业方向：古文字学
刘佳佳：《西周金文法制研究》
指导教师：冯　时

专业方向：佛教考古
夏立栋：《高昌石窟寺分期研究》
指导教师：李裕群

安徽大学历史系2017年出站的博士后
专业方向：科技考古
戴玲玲：《淮河中游地区的史前生业经济考察——以侯家寨遗址的动物考古研究为例》
合作导师：张爱冰

第七篇

逝世考古学家

宿白

宿白先生于2018年2月1日在北京病逝，享年96岁。宿白先生1922年8月3日出生于辽宁沈阳。1948年北京大学文科研究所研究生肄业，同年任职于该所考古学研究室，兼北京大学图书馆编目员。1952年任北京大学历史系考古教研室副主任。1978年任北京大学历史系教授。1981年任博士生导师。1983年任北京大学考古系主任。曾任北京大学学术委员、国务院学位委员会历史学科评议组成员、中国社会科学院考古研究所学术委员、中国考古学会名誉理事长、文化部国家文物委员会委员、全国历史文化名城保护专家委员会委员、首都规划建设委员会专家。获北京大学第三届蔡元培奖、首届中国考古学大会终身成就奖。

宿白先生是中国历史时期考古学学科体系的开创者和大成者。他以一己之力，拓展了历史时期考古的多个领域，举凡城市、墓葬、手工业、宗教遗存、古代建筑、中外交流以及版本目录等，先生均有开创或拓展之功，后学得以循径拾阶而入。他出版有《白沙宋墓》、《唐宋时期的雕版印刷》、《藏传佛教寺院考古》、《中国石窟寺研究》、《魏晋南北朝唐宋考古文稿辑丛》、宿白未刊讲稿系列等著作，被誉为“魏晋南北朝隋唐宋元考古百科全书式的教授”。

中华人民共和国成立伊始，先生就参加了雁北、东北和西藏地区的考古勘察，主持和指导了河南禹县白沙水库墓群、河北邯郸涧沟、河南洛阳王湾等遗址的发掘。

1951年，他主持河南禹县白沙水库墓群的发掘，1957年《白沙宋墓》正式出版，成为中华人民共和国成立后最早出版的考古报告之一。在我国历史考古学草创时期，《白沙宋墓》的编写无先例可循。至今整整50年过去了，《白沙宋墓》一版再版，其开创的编写体例和对墓葬结构、墓室壁画的精深考证，仍深刻地影响着历史时期考古学的研究。徐苹芳先生在《重读〈白沙宋墓〉》中写道：重读《白沙宋墓》，使我体会最深、获益最大的是对宿白先生治学方法的认识。宿先生治学方法的精髓是“小处着手，大处着眼”。《白沙宋墓》正是这样一部“微观”与“宏观”相互结合，“实物”与“文献”相互印证的典范之作。

宿白先生在历史时期考古学领域的许多重要研究成果，汇集在《魏晋南北朝唐宋考古文稿辑丛》一书中。他对魏晋南北朝隋唐墓葬进行了全面的分区分期，从墓葬形制、随葬品组合等方面出发，充分结合出土和传世文献，系统研究了中古时期的墓葬制度，拓展了古代社会研究的视野。他以考古资料为本，结合文献、舆图，复原了多座秦汉以后的古代城市，重点分析了隋唐宋元时期城市的形制、布局和等级制度，阐明了古今重叠型城市考古方法的普适性，揭示了中国古代城市有别于西方城市的特质。他将手工业遗存置于考古学研究体系之中，特别关注工艺技术的发展和交流，将物质文化研究提升到探索手工业发展史及经济史的新高度。

宿白先生是中国佛教考古的创始人。他在学生时代就曾经参观过云冈石窟，深为“巨壮，世法所稀”的云冈石窟造像所吸引。1950年，宿白先生参加中华人民共和国成立后第一次大规模组织的雁北文物考察团的勘察，又曾到大同云冈考察。次年宿白先生去敦煌勘察石窟，他的中国石窟寺研究就是从云冈和敦煌开始的。

20世纪50年代以前，不论外国人还是中国人，基本上都是从美术史的角度来研究中国石窟寺的，一般只是拍照、测绘现状和临摹壁画。徐苹芳先生指出：“什么是石窟寺考古学？简单地说便是用考古学的方法来研究石窟寺遗迹。考古学的方法最基本的是层位学（地层学）和类型学的方法。但是，石窟寺遗迹属历史考古学的范畴，毕竟和史前考古学上的各类遗址不同，如何用考古学的方法来清理、记录和研究石窟寺遗迹，确实是一个新课题。”

1962年，宿白先生在敦煌文物研究所做《敦煌七讲》的专题讲演中，正式提出中国石窟寺考古学的问题。宿白先生认为中国石窟寺考古学有四个程序的工作：对石窟寺遗址做忠实、客观和科学的整理记录，达到一旦石窟寺全部毁废后，能根据记录基本上恢复其原貌之标准；洞窟造像壁画的类型组合与题材研究；分期分区的研究；关于社会历史的、佛教史的和艺术史的综合研究。

1996年，宿白的《中国石窟寺研究》正式出版。书中精选了过去发表的23篇有关中国石窟寺研究的论文，并根据新发现的资料，对多数文章做了部分补充和改写，《中国石窟寺研究》代表着宿白先生在创立中国石窟寺考古学方面的理论建树，“它记录了中国历史考古学的一个分支中国石窟寺考古学的全部创建历程，是当代中国考古学研究中的一项丰硕学术成果，也是近年中国考古学的重要著作”。该书出版后获得学术界的广泛好评，被誉为一部“转移一时之风气，而示来者以轨则”的著作。被评为首届国家社会科学基金项目优秀成果一等奖、北京市第五届哲学社会科学优秀成果特等奖以及美国史密森学院和日本京都大都会远东艺术中心联合设立的“岛田著作奖”。

宿白先生曾于1956年6月、1988年8月两次赴藏调查，足迹遍及拉萨、山南、日喀则等地区大部分佛教寺院。1988年，西藏自治区文物管理委员会邀请宿白先生第二次进藏。回京之后，就开始整理当年的调查材料。1996年，《藏传佛教寺院考古》由文物出版社出版，这本书被学术界称誉为“西藏历史考古学的奠基之作”。书中通过对54处寺庙、89座建筑使用材料的细致比较分析，从寺院建筑的平面布局、建筑形制、和藏式建筑中常见的柱头托木演变等主要方面，结合中外文献，将西藏主要佛教寺院分为五期，“第一次严肃对待和解决了西藏寺院建筑分期问题，进而为一切相关领域的研究和探索，提供了年代学方面的依据和参照标尺”。“特别是又将每期寺院建筑的变化，置于西藏当时的历史背景之下，分析了政治形势，宗教发展，内地影响乃至外部入侵等大环境和因素对其产生的作用和影响，表现了作者高远博大的史学家目光”。

宿白先生是杰出的考古学教育家，终生致力于中国文物考古事业人才的培养。是北京大学考古学科主要创办人，20世纪50年代，指导多届考古训练班的教学工作，主持创设完整的中国考古学课程体系。中华人民共和国文物考古工作者无一不受教于先生，他被称为文物考古界“永远的老师”。

宿白先生主讲的多门核心课程，广为兄弟院校考古专业借鉴，在中国考古学学科的教学与实践方面起到引领作用。宿白先生多年来指导了许多海外留学生，曾担任美国洛杉矶加州大学客座教授，系统讲授中国考古学课程，产生了深远的国际影响。先生授业逾七十载，晚年将一生讲述辑为《宿白未刊讲稿系列》六种，为后人确立了课堂讲授的典范。这六种是《汉唐宋元考古——中国考古学（下）》《考古发现与中西文化交流》《中国佛教石窟寺遗迹：3 至 8 世纪中国佛教考古学》《中国古建筑考古》《汉文佛籍目录》《张彦远与历代名画记》。其实宿白先生的讲稿不止这六种，但从这六种反复修改的讲稿中已经可以窥见他涉及领域之广，对材料理解之深，治学态度之严。

宿白先生博古通今，学贯中西。他深得中国传统治学之要，更具现代学术之长。他深谙古代文献、精通版本目录。在《唐宋时期的雕版印刷》和《汉文佛籍目录》中，他将考据学深厚素养与考古学分类方法相结合，在传统目录学的基础上，依据典籍、考古发现与传世文物，拓展了版本与目录学的研究领域。他最早将古代建筑纳入考古学领域。注重古建筑的断年分期、分区和类型，使古代建筑成为历史文化研究的可靠史料，引领了中国古代建筑研究的新方向。他以渊博的学识和宏阔的视野，通过众多的外来文物，探讨了中外文明的相互影响，是从考古材料出发开展中外文明交流研究的指导者。

宿白先生淡泊名利，勤奋求索，不赶浪潮，不写时文。自青年时代进入北京大学，他在北大度过八十载，历经中国社会翻天覆地的变革，始终沉浸在中国考古学的教学和学术之中，以学生培养和学术研究为己任。宿白先生是一位纯净的学者，他没有将任何一天浪费在与教学和学术无关的活动中，也没有做过任何与教学和学术无关的事情。在宿白先生那里，考古学与其他人文学科融会贯通，浑然一体，“旧学商量加邃密，新知培养转深沉”，先生的学识风范，是一座难以企及的高峰。

（杭　侃）

许顺湛

著名考古学家、全国劳动模范、原河南省博物馆馆长、名誉馆长许顺湛研究员因病于2017年5月28日在郑州逝世，享年90岁。

许顺湛先生，1928年1月出生于山西芮城。新中国成立初期参加工作，因酷爱文学，被组织安排到陕州专区（1949年设置，专署驻陕县）文工团创作剧本。他虽说没有接受过正规的学校教育，但能够刻苦钻研，很快成为全团的业务骨干。1951年，被河南省文化局选送到武汉参加中南局文化部主办的创作干部培训班。他创作的小剧《七寸步犁》，被当时河南省文联创办的《翻身文艺》刊登。1952年6月，因陕州专区被撤销，文工团解散，许先生根据工作需要被调入河南省文物管理委员会任干事，从而与文物工作结下不解之缘。1953年，河南省文物保护工作队成立，许先生被认命为副队长，随后参加了文化部、北京大学、中国科学院联合举办的考古训练班。训练班由当时全国知名的学者夏鼐、苏秉琦等先生授课，引导他步入了一个全新的知识领域。也正是通过这次的学习，他系统地掌握了考古学的理论和方法。培训班学习结束后，许先生就投入到繁忙的考古发掘工作中，并担任了省文物队的队长兼党支部书记。他一方面带领队员下田野，组织文物调查和发掘，一方面坚持自学，浏览大量的历史考古书籍。1956年，有感而发，一气呵成题为《对〈夏代商代的奴隶制〉一文的意见》的学术论文，很快被《历史研究》采用，同年又被《历史研究论丛》转载，从而成为他打开神秘古代文化之门的一块敲门砖。作为新中国成立后河南省第一代文物工作者，由于工作业绩突出，1956年被选为全国先进工作者，参加了全国先进工作者代表大会；1959年，作为全国劳动模范参加了建国十周年天安门观礼；1960年参加了全国教科文卫的群英会，在中南海怀仁堂受到了毛泽东等党和国家领导人的接见。“文化大革命”期间受到冲击，被下放劳动。1965～1980年，任河南省博物馆馆长办公室副主任；1980年4月，任《河南文博通讯》（《中原文物》前身）编辑部主任；1980年9月～1983年11月，任河南省博物馆副馆长；1983年11月～1988年任河南省博物馆馆长，河南省第六、七届人大代表。1988年8月，任河南省博物馆名誉馆长，1993年4月退休。许先生长期处在领导岗位上，但一直笔耕不辍，甚至在退休之后，仍活跃在学术的舞台上，曾担任河南省博物馆学会、河南省文物考古学会、河南省炎黄文化研究会等多个学会的会长、副会长、顾问或名誉会长等。一生著述甚丰，出版有《灿烂的郑州商代文化》（1957年）、《商代社会经济基础初探》（1958年）、《邓县彩色画像砖墓》（1958年）、《河南空心砖拓片集》（1963年）、《中国奴隶社会》（1980年）、《中原远古文化》（1983年）、《黄河文明的曙光》（1993年）、《许顺湛考古论集》（2001

年)、《五帝时代研究》(2005 年)、《史海荡舟》(2008 年)、《豫晋陕史前聚落研究》(2012 年)、《脚印》(2012 年)等 12 部专著，主编《中原文化大典——文物典》(2001 年)，发表学术论文 100 多篇。

许先生重点研究中原地区的史前文化，是仰韶文化父系说的最早提出者。1960 年他对中原新石器时代文化的有关资料进行了梳理，撰写《关于中原新石器时代文化的几个问题》一文在《文物》杂志第 5 期发表，提出了中原龙山文化源于仰韶文化、仰韶文化为父系氏族社会、二里头下层文化为夏文化的观点。尤其是仰韶文化为父系氏族社会的观点，后来被称为仰韶文化父系说。1962 年发表《仰韶时期已进入父系氏族社会》一文，与母系说展开学术辩论。1979 年发表《再论仰韶文化社会性质》一文，重申仰韶文化父系说的观点，由于考古材料的不断充实，学术争鸣的气氛越来越浓。1985 年在河南渑池召开的纪念仰韶村遗址发现 65 周年学术讨论会，全国各地学者会集在一起，把父系说与母系说的论战推向了高潮。父系说开始受到大多数学者的认同和支持，并逐步认识到延续两千年之久的仰韶文化前后发展是有变化的，在数千公里范围内其发展也是不平衡的。

继提出仰韶文化父系说之后，许先生在考古学研究的基础上，将其与古史传说、民族、民俗学资料等相结合研究史前文化，并于 1983 年出版《中原远古文化》一书，被著名考古学家邹衡先生称为“第一本中原远古文化史”专著。书中除了对中原史前文化的来龙去脉、物质文化和社会状况进行详尽的探讨外，首次将传说时代与考古学文化相对应，指出炎帝族所代表的文化为老官台文化和仰韶文化早期的半坡类型文化，以黄帝为代表的部族是创造仰韶文化中、晚期文化的主人，中原龙山则与尧舜禹时代相对应。这种对应关系，在以后受到了学术界的普遍接受和引用。文明起源问题是研究中国文化发展中一个至关重要的课题。但是长期以来由于文明的概念、要素等没有统一的标尺，对文明起源的认识见仁见智，差距甚大。许先生参阅了大量的国外文明史研究著作，反复对比研究，1985 年在陕西省考古研究所成立 30 周年国际学术讨论会上，首次提出了文明起源的五条标准，即农业生产社会化、手工业专门化、脑力劳动阶层化、部落酋邦化和礼制规范化，并由知名学者童恩正教授作翻译，介绍给国外学者。1986 年他又把这一观点重新整理为《关于文明起源的几个问题》，公开在《中州学刊》上发表。在这个理论框架上，先生通过七八年的潜心研究，完成了 45 万言的《黄河文明的曙光》一书。该书采用考古资料结合文献，区分中原、海岱、甘青三个地区，全面论证了古代氏族社会组织结构、意识形态和科学技术成就，认为中国文明的源头在距今 6000 年前已经形成。酋邦王国在夏以前的仰韶、龙山时代已经存在，仰韶时代不仅是父系社会，而且已出现了文明的源头。退休之后，许先生对五帝时代的研究倾注了大量心血，在夏商周断代工程将要结束之际，及时提出了中国历史上有个五帝时代，并断言夏商周断代工程告捷之日，也正是五帝工程的启动之时。1997 年在《中原文物》上发表的《中国历史上有个五帝时代》一文，明确提出了五帝时代的概念，并与先前提出的夏代前有个联邦制王朝相呼应，称五帝时代是中国文明社会的初级阶段。2005 年，又出版了他的又一部学术专著《五帝时代研究》，在考古与历史的整合上，做了很多有益的尝试，提出了许多新的见解。对五帝时代与文明起源、形成及其进程提出了较为系统的认识。2012 年出版的《豫晋陕史前聚落研究》一书，则试图从宏观角度探讨聚落与文明起源的关系、豫晋陕金三角地带在中国史前文化发展中的突出地位等，得到学术界的高度重视。

许先生同时还关注着夏商文化热点问题的讨论。早在60年代初，就撰写《找商都西亳》《到底有没有夏代》《夏都阳城在哪里》《夏都斟鄩在哪里》等一系列文章。他的《夏代文化探索》《夏代文化的再探索》等学术论文，对寻找夏文化的踪迹，曾起到了积极的作用。尤其是关于夏商文化断代的焦点问题西亳与郑亳之争，他虽然没有直接参与论战，却以极大的兴趣，撰写出《偃师西亳说的困惑》、《隞都说与郑亳说的对峙》等文，总结争论双方的得失，客观地评价双方的论据和存在的缺陷。也正是上述这些工作，在大量占有材料的同时，使他产生了新的认识。1996年在《中原文物》上发表的《中国最早的两京制》一文，他依据偃师商城和郑州商城的繁荣期与衰败期基本相同这一事实，证明商代早期的郑亳与西亳是并存的，这是中国最早的两京制。

作为河南省炎黄文化研究会副会长，许先生还积极投入炎黄文化的研究，参与筹划一系列国际性和全国性的炎黄文化学术讨论会，并连续不断地撰文，如《论中华人文始祖与炎黄子孙》《再论中华人文始祖与炎黄子孙》《论龙的传人》等。尤其是他对炎黄文化的概念、炎黄文化在传统文化中的地位、人文始祖的认同等问题的探讨，普遍为学术界所接受，为炎黄文化研究向深层次、高水平发展做出了积极的努力。

（张得水）

第八篇

考古学文献资料目录

考古学书目

壹　总类

一　考古学通论　附：金石学

中国考古事业（2012～2016）　国家文物局编　文物出版社　2018年12月　全二册　902页　插图887幅　16开

首届中国考古学大会（2016·郑州）会志　中国考古学会、郑州中华之源与嵩山文明研究会、河南省文物考古学会编著　王巍、刘琪文主编　科学出版社　2018年10月　338页　插图535幅　16开

考古学概论【第二版】（马克思主义理论研究和建设工程重点教材）　《考古学概论》编写组编　栾丰实主编　高等教育出版社　2018年9月　390页　16开

考古学入门【插图版】　布赖恩·费根（Brian M. Fagan）著　钱汇益、朱雪峰、邓晨钰译　北京联合出版公司　2018年10月　目录10页　文429页　插图168幅　16开　译自Archaeology, a Brief Introduction

考古学初阶　严文明著　文物出版社　2018年12月　文230页　插图12幅　照片3页　16开

中国考古学：说出自己的话　张忠培著　故宫出版社　2018年4月　397页　32开

中国考古学：尽到自己的心　张忠培著　故宫出版社　2018年4月　468页　32开

中国考古学：走出自己的路　张忠培著　故宫出版社　2018年4月　454页　32开

学习考古　陈胜前著　生活·读书·新知三联书店　2018年2月　259页　插图10幅　32开

思考考古　陈胜前著　生活·读书·新知三联书店　2018年2月　363页　插图31幅　32开

中国考古学理论与方法十讲　许永杰著　科学出版社　2018年8月　358页　插图112幅　插表13幅　16开

河南历史考古研究的回顾与展望（“河南历史与考古研究”丛书）　张新斌等主编　大象出版社　2018年11月　603页　16开

江苏考古（2016～2017）　江苏省文物局编　吴晓林主编　南京出版社　2018年12月　306页　16开

考古的故事　（美）埃里克·H. 克莱因（Eric H. Cline）著　林华译　中信出版集团　2018年10月　495页　插图54幅　32开　译自Three Stones Make a Wall, the History of Archaeology, 2017

考古四记：田野中的历史人生　郑嘉励著　四川人民出版社　2018年1月　289页　插图108幅　16开

透过考古学的镜头　施劲松、王齐著　文物出版社　2018年10月　395页　插图77幅　32开

落基山下问考古：一个中国考古人加拿大求学记（河南省文物考古研究院青年学者文库）　周立刚著　武汉大学出版社　2018年10月　183页　插图47幅　16开

上海考古第一人：黄宣佩传　郭骥、吕建昌、戎静侃著　上海大学出版社　2018年10月　文305页　插图191幅　照片、图版4页　16开

西域考古时代的终结：西北科学考查团考古学史（敦煌与丝绸之路研究丛书）　王新春著　甘肃文化出版社　2018年10月　序8页　文523页　图版8页　16开

夏鼐西北考察日记（夏鼐全集）　夏鼐著　社会科学文献出版社　2018年9月　全二册　508页　16开

考古与文物漫谈　黄秀纯著　北京联合出版公司　2018年12月　386页　插图277幅　16开

凡世与神界：中国早期信仰的考古学观察（震旦博雅书系之五） 王仁湘著 上海古籍出版社 2018年11月 510页 插图491幅 插表12幅 16开

文明以止：上古的天文、思想与制度（国家社科基金后期资助项目） 冯时著 中国社会科学出版社 2018年10月 文649页 插图262幅 彩版12页 16开

补 遗

长安学研究文献汇刊：考古编·金石卷（第二辑） 陕西师范大学国际长安学研究院编 贾二强主编 科学出版社 2017年9月 影印本 781页 16开 子目1 亦政堂重修考古图 子目2 考古图释文 子目3 重修宣和博古图录

二 论文集

考古学集刊（第二十一集） 中国社会科学院考古研究所主办 考古杂志社编辑 社会科学文献出版社 2018年10月 文290页 插图187幅 插表12幅 彩版32页 16开

国学研究文萃：考古卷 袁行霈主编 北京大学出版社 2018年5月 603页 插图176幅 插表10幅 16开

瓮棺葬与古代东亚文化交流研究：瓮棺葬与古代东亚文化交流（中国·黄骅）国际学术研讨会论文集 中国社会科学院考古研究所、河北省文物研究所、黄骅市博物馆编 白云翔主编 科学出版社 2018年3月 文359页 插图247幅 插表25幅 照片、彩版8页 16开

保护与传承视野下的鲁文化学术研讨会论文集 山东省文物考古研究院、曲阜市文物局、曲阜师范大学历史文化学院编 刘延常主编 上海古籍出版社 2018年12月 540页 插图161幅 插表19幅 16开

文物研究（第二十三辑） 安徽省文物考古研究所、安徽省考古学会编 宫希成主编 科学出版社 2018年12月 文314页 插图203幅 插表14幅 彩版21页 16开

江苏省考古学会文集（2015～2016） 江苏省考古学会编 林留根、曹军、费玲伢主编 上海古籍出版社 2018年1月 文382页 插图190幅 插表16幅 彩版15页 16开

古代文明（第十二卷） 北京大学中国考古学研究中心、北京大学震旦古代文明研究中心编 上海古籍出版社 2018年5月 385页 插图183幅 插表30幅 16开

早期中国研究（第三辑） 北京联合大学考古学研究中心编 张俊娜主编 文物出版社 2018年7月 243页 插图69幅 插表27幅 16开

边疆考古研究（第23辑） 吉林大学边疆考古研究中心、边疆考古与中国文化认同协同创新中心编 朱泓主编 科学出版社 2018年9月 文398页 插图180幅 插表47幅 彩版13页 16开

边疆考古研究（第24辑） 吉林大学边疆考古研究中心、边疆考古与中国文化认同协同创新中心编 朱泓主编 科学出版社 2018年12月 文378页 插图169幅 插表48幅 彩版6页 16开

西部考古（第十五辑） 文化遗产研究与保护技术教育部重点实验室、西北大学丝绸之路文化遗产保护与考古学研究中心、边疆考古与中国文化认同协同创新中心、西北大学唐仲英文化遗产研究与保护技术实验室编 冉万里主编 科学出版社 2018年5月 385页 插图199幅 插表20幅 16开

西部考古（第十六辑） 文化遗产研究与保护技术教育部重点实验室、西北大学丝绸之路文化遗产保护与考古学研究中心、边疆考古与中国文化认同协同创新中心、西北大学唐仲英文化遗产研究与保护技术实验室编 冉万里主编 科学出版社 2018年11月 文340页 插图253幅 插表35幅 彩版4页 16开

北方民族考古（第五辑） 中国人民大学北方民族考古研究所、中国人民大学历史学院考古文博系编 魏坚主编 科学出版社 2018年5月 225页 插图95幅 插表29幅 16开

南方民族考古（第十六辑）四川大学博物馆、四川大学考古学系、成都文物考古研究院编 霍巍、王毅主编 科学出版社 2018年12月 文313页 插图289幅 彩版40页 16开

浙江大学艺术与考古研究（第三辑） 浙江大学艺术与考古研究中心编 缪哲主编 浙江大学出版社

2018 年 9 月　文 272 页　插图 78 幅　插表 17 幅　彩版 6 页　16 开

丝绸之路考古（第一辑）　中国考古学会丝绸之路考古专业委员会、宁夏文物考古研究所编　罗丰主编　科学出版社　2018 年 1 月　264 页　插图 126 幅　插表 6 幅　16 开

丝绸之路考古（第二辑）　中国考古学会丝绸之路考古专业委员会、宁夏文物考古研究所编　罗丰主编　科学出版社　2018 年 9 月　275 页　插图 144 幅　插表 8 幅　16 开

河南博物院建院 90 周年纪念论文集　河南博物院编　马萧林主编　中州古籍出版社　2018 年 9 月　392 页　16 开

陕西历史博物馆论丛（2018）　陕西历史博物馆编　强跃主编　三秦出版社　2018 年 12 月　文 418 页　插图 171 幅　插表 19 幅　照片 2 页　16 开

蚌埠文博（第二辑）　蚌埠市博物馆编　辛礼学主编　文物出版社　2018 年 1 月　153 页　插图 88 幅　16 开

荆楚文物（第三辑）　荆州博物馆编　杨平、王明钦主编　科学出版社　2018 年 4 月　462 页　插图 364 幅　插表 6 幅　16 开

高明先生九秩华诞庆寿论文集　北京大学考古文博学院编　科学出版社　2018 年 6 月　文 359 页　插图 152 幅　照片 12 页　16 开

纪念张忠培先生文集：学术卷　故宫博物院编　故宫出版社　2018 年 5 月　496 页　插图 190 幅　插表 13 幅　照片 16 页　16 开

纪念张忠培先生文集：怀念卷　故宫博物院编　故宫出版社　2018 年 6 月　文 515 页　插图 176 幅　照片 24 页　16 开

考古、艺术与历史：杨泓先生八秩华诞纪念文集　《杨泓先生八秩华诞纪念文集》编委会编　文物出版社　2018 年 1 月　文 552 页　插图 370 幅　插表 5 幅　照片 16 页　16 开

庆祝郭大顺先生八秩华诞论文集　辽宁省文物考古研究所编　文物出版社　2018 年 11 月　全二册　文 551 页　插图 360 幅　插表 31 幅　照片 19 页　16 开

新果集（二）：庆祝林沄先生八十华诞论文集　吉林大学边疆考古研究中心编　科学出版社　2018 年 12 月　610 页　插图 235 幅　插表 41 幅　16 开

李济文存（清华国学书系）　清华大学国学研究院编　杨朗选编　江苏人民出版社　2018 年 1 月　354 页　插图 54 幅　插表 15 幅　16 开

求证历史的印迹：冯汉骥考古学论集（大家学术）　冯汉骥著　生活·读书·新知三联书店　2018 年 5 月　192 页　16 开

麦英豪文集　麦英豪著　广州市文化广电新闻出版局、广州市文物博物馆学会编　全洪主编　文物出版社　2018 年 12 月　全二册　文 720 页　插表 9 幅　彩版 42 页（89 幅）　16 开

束禾集：考古视角的艺术史　杨泓著　中国社会科学出版社　2018 年 7 月　607 页　插图 620 幅　16 开

废墟上的足迹：徐光冀考古与文物保护文集　徐光冀著　科学出版社　2018 年 9 月　目录 12 页　文 584 页　插图 209 幅　插表 14 幅　图版 16 页　16 开

田野考古与艺术史研究论文集　顾万发著　科学出版社　2018 年 9 月　文 463 页　插图 290 幅　彩版 20 页　16 开

中原古代文明研究：袁广阔学术论文集（燕京学者文库）　袁广阔著　人民出版社　2018 年 12 月　529 页　插图 116 幅　16 开

张剑考古历史研究文集　张剑著　洛阳博物馆编　中州古籍出版社　2018 年 6 月　文 659 页　插图 263 幅　照片 8 页　彩版 32 页　16 开

拾贝撷英：文物与考古研究文集　汤威著　中州古籍出版社　2018 年 6 月　245 页　16 开

营口历史与文物探微　阎海著　辽宁民族出版社　2018 年 4 月　文 229 页　插图 51 幅　彩版 4 页　16 开

徐伯元考古文选　徐伯元著　南京大学出版社　2018 年 7 月　文 466 页　图版 21 页　16 开

环巢湖文物与考古研究　钱玉春著　黄山书社　2018年8月　311页　32开
三峡考古文化（三峡文库）　杨华著　湖北人民出版社　2018年11月　583页　16开

三　博物馆藏品和展览图录

1996~2017北京大学图书馆新藏金石拓本菁华（续编）　北京大学图书馆金石组（胡海帆、汤燕）编　北京大学出版社　2018年10月　363页　拓本282幅　8开
古城印记：战国秦汉古城文明集录　黄骅市博物馆编著　雷建红、张宝刚主编　科学出版社　2018年9月　84页　插图43幅　彩版81幅　16开
山西珍贵文物档案（一）：山西博物院青铜器卷　山西省文物局编　宁立新主编　科学出版社　2018年8月　前言、目录9页　彩版237页　16开
山西珍贵文物档案（二）：山西博物院侯马盟书卷　山西省文物局编　宁立新主编　科学出版社　2018年6月　前言、目录14页　彩版235页　16开
山西珍贵文物档案（四）：山西博物院综合卷　山西省文物局编　宁立新主编　科学出版社　2018年10月　目录7页　彩版239页　16开
山西珍贵文物档案（五）：山西博物院综合卷　山西省文物局编　宁立新主编　科学出版社　2018年10月　目录7页　彩版239页　16开
国宝回家：2018山西公安机关打击文物犯罪成果精粹　山西省公安厅、山西省文物局编著　文物出版社　2018年11月　287页　彩版231幅　16开
乌兰察布市博物馆馆藏文物精品集萃　乌兰察布市博物馆编　李彪主编　文物出版社　2018年11月　305页　彩版195幅　16开
丝绸之路与中原　河南博物院编　张得水主编　文物出版社　2018年8月　315页　插图114幅　彩版220幅　16开
郑州博物馆文物集萃　郑州博物馆编　张霆主编　中州古籍出版社　2018年12月　281页　16开
厚重天中：驻马店历史文化陈列　驻马店市博物馆编　谢辰主编　大象出版社　2018年1月　335页　插图96幅　彩版382幅　16开
济南文物精粹：考古卷　济南市文物局、济南市考古研究所、济南市博物馆编　崔大庸、李铭主编　文物出版社　2018年5月　246页　彩版292幅　16开
济南文物精粹：馆藏卷　济南市文物局、济南市博物馆、济南市考古研究所编　崔大庸、李晓峰主编　文物出版社　2018年5月　277页　彩版233幅　16开
枣庄文物撷英：枣庄市第一次全国可移动文物普查工作概览　枣庄市文物局编著　胡丽萍主编　文物出版社　2018年9月　296页　彩版264幅　16开
宿州市博物馆文物集萃　宿州市博物馆编　刘林主编　文物出版社　2018年11月　185页　彩版209幅　16开
越地宝藏：100件文物讲述浙江故事　浙江省博物馆编　文物出版社　2018年5月　539页　16开
石泉山文物集萃（广东省文物考古研究所文物图录系列）　禤振文、广东省文物考古研究所、广东瑶族博物馆编　科学出版社　2018年3月　136页　彩版283幅　照片29幅　16开
天路文华：西藏历史文化展（首都博物馆书库，丁种第肆拾叁部）　首都博物馆、西藏博物馆编　科学出版社　2018年6月　248页　插图27幅　彩版200幅　8开
盛世文化的半壁江山：陕西历史博物馆（丝路物语书系，第一辑）　庞雅妮主编　西安出版社　2018年11月　206页　插图57幅　16开
精彩纷呈的艺术宝库：西安博物院（丝路物语书系，第一辑）　王梅主编　西安出版社　2018年11月　204页　插图84幅　16开
熔铸九州的礼乐之尊：宝鸡青铜器博物院（丝路物语书系，第一辑）　陈亮、肖琦主编　西安出版社　2018年11月　214页　插图123幅　16开

气势恢宏的地下兵团：秦始皇帝陵博物院（丝路物语书系，第一辑）　田静编著　西安出版社　2018年11月　226页　插图103幅　16开
蔚为壮观的汉家陵阙：汉景帝阳陵博物院（丝路物语书系，第一辑）　陈波主编　西安出版社　2018年11月　214页　插图94幅　16开
纵横四海的大汉印记：茂陵博物馆（丝路物语书系，第一辑）　魏乾涛主编　西安出版社　2018年11月　174页　插图80幅　16开
大唐歌飞的千年传奇：昭陵博物馆（丝路物语书系，第一辑）　张志攀主编　西安出版社　2018年11月　211页　插图79幅　16开
绣岭骊宫的凄美长歌：唐华清宫遗址（丝路物语书系，第一辑）　齐渭峰、岳东主编　西安出版社　2018年11月　182页　插图76幅　16开
石破天惊的盛世佛光：法门寺博物馆（丝路物语书系，第一辑）　任新来主编　西安出版社　2018年11月　212页　插图105幅　16开
亘古遗存的石板书库：西安碑林博物馆（丝路物语书系，第一辑）　王庆卫、傅清音主编　西安出版社　2018年11月　198页　插图86幅　16开
文物精粹（西安小史丛书）　张全民著　西安出版社　2018年1月　140页　插图94幅　24开
唐蕃古道：西部八省区文物展　甘肃省博物馆编　贾建威主编　甘肃人民出版社　2018年8月　226页　彩版245幅　16开
海外藏中国古代文物精粹：英国大英博物馆卷（中国国家博物馆国际交流系列丛书）　丁鹏勃、霍吉淑（Jessica Harrison-Hall）主编　安徽美术出版社　2018年8月　500页　插图15幅　彩版212幅　8开
俄藏龟兹艺术品　俄罗斯国立艾尔米塔什博物馆、西北民族大学、上海古籍出版社编纂　（中）才让、（俄）谢苗诺夫主编　上海古籍出版社　2018年9月　全二册　409页　地图2幅　插图60幅　艺术品彩版262幅　影描图46幅　临摹图14幅　水彩画40幅　照片27幅　8开
金色名片：全国文物进出境展览集粹（2015年度）　中国文物交流中心编　文物出版社　2018年10月　174页　插图252幅　16开

四　田野考古技术

田野考古学［修订版］　冯恩学主编　吉林大学出版社　2018年12月　前言、目录10页　文317页　插图103幅　16开
GIS与考古学空间分析实践教程（博雅大学堂·考古文博）　张海著　北京大学出版社　2018年9月　文338页　插图437幅　插表7幅　彩版8页　16开
考古发掘现场脆弱文物安全提取与临时固型技术研究　罗宏杰、容波、韩向娜、黄晓、张秉坚等著　科学出版社　2018年11月　前言、目录11页　文227页　插图192幅　插表10幅　16开

五　科技考古

科技考古（第五辑）　中国社会科学院考古研究所科技考古中心编　袁靖、张雅军、陈相龙主编　科学出版社　2018年4月　文249页　插图30幅　插表33幅　彩版27页　16开
中国科技考古导论（复旦科技考古文库）　袁靖著　复旦大学出版社　2018年3月　251页　插图24幅　16开
科技考古与文物保护技术（第一辑）重庆师范大学主办　武仙竹主编　科学出版社　2018年10月　290页　插图164幅　插表36幅　16开
永顺老司城遗址出土动物遗存　湖南省文物考古研究所编著　科学出版社　2018年6月　目录20页　文441页　插图51幅　彩版48页　16开
中国北方古代人群及相关家养动植物DNA研究　吉林大学边疆考古研究中心、吉林大学生命科学学院

编著　周慧主编　科学出版社　2018年9月　文240页　插图52幅　插表50幅　彩版18页　16开

江汉平原中全新世古洪水事件环境考古研究　吴立、朱诚、李枫等著　科学出版社　2018年11月　190页　插图75幅　插表25幅　16开

云南洱海地区出土青铜时代金属器的技术研究　员雅丽、李晓岑著　中国社会科学出版社　2018年12月　目录15页　文280页　插图202幅　插表46幅　16开

六　工具书

中国考古学年鉴（2017）　中国考古学会编　王巍主编　中国社会科学出版社　2018年11月　目录25页　文841页　彩版20页　16开

《文物》501—700期总目索引（1998.2～2014.9）　文物编辑部编　文物出版社　2018年6月　135页　16开

故宫博物院年鉴（2014）　故宫博物院编　故宫出版社　2018年6月　303页　16开

湖北省博物馆、考古所（2017）　湖北省博物馆、湖北省文物考古研究所编　方勤、万全文主编　武汉大学出版社　2018年9月　204页　16开

陕西文物年鉴（2017）　陕西省文物局编　陕西人民出版社　2018年12月　379页　16开

浙江文物年鉴（2018）　浙江文物年鉴编委会编　曹鸿主编　西泠印社出版社　2018年12月　文347页　照片12页　16开

贰　田野考古资料

一　调查发掘报告

山西翼城大河口遗址调查报告　山西省考古研究所、山西大学北方考古研究中心编著　科学出版社　2018年11月　目录8页　文376页　插图205幅　彩版24页　16开

晋阳古城晋源苗圃考古发掘报告　山西省文物考古研究所、太原市文物考古研究所、晋源区文物旅游局编著　韩炳华主编　科学出版社　2018年10月　目录37页　文457页　插图1013幅　彩版136页　16开

大同考古资料汇编　大同市考古研究所编　张志忠、吕晓晶主编　文物出版社　2018年12月　全四册　序16页　目录10页　文2050页　插图2249幅　插表50幅　16开

浑河下游地区区域性考古调查报告（河套地区先秦两汉时期文化、生业与环境研究系列报告，五）　内蒙古自治区文物考古研究所、内蒙古自治区文物保护中心编著　曹建恩主编　文物出版社　2018年11月　全二册　序、目录22页　文782页　插图203幅　彩版108页　16开

内蒙古东部地区古代城市遗址三维影像图集（内蒙古民族大学60周年校庆丛书）　李鹏、宋家兴、贾淑荣、刘丕勇、周伟著　吉林大学出版社　2018年8月　彩版169页　16开

新乐遗址发掘报告　沈阳市文物考古研究所、新乐遗址博物馆编著　文物出版社　2018年12月　全二册　序、目录52页　文723页　插图657幅　插表33幅　彩版172页　16开

大连广鹿岛区域考古调查报告（中国田野考古报告集，考古学专刊，丁种第九十六号）　中国社会科学院考古研究所、辽宁省文物考古研究所、大连市文物考古研究所编著　文物出版社　2018年10月　目录14页　文195页　插图126幅　插表12幅　附表19幅　彩版31页　16开

于家砣头墓地　大连市文物考古研究所编著　科学出版社　2018年8月　目录15页　文173页　插图87幅　插表3幅　彩版36页　图版8页　16开

大安汉书：青铜时代遗址考古发掘报告　吉林省文物考古研究所、吉林大学边疆考古研究中心、吉林大学考古学院编著　唐淼主编　科学出版社　2018年7月　目录8页　文220页　插图205幅　彩版

28 页　16 开

泗县、灵璧段运河考古发掘报告　安徽省文物考古研究所、泗县文物局、灵璧县文物管理所编著　科学出版社　2018 年 11 月　文 239 页　插图 189 幅　彩版 24 页　图版 24 页　16 开

志丹苑：上海元代水闸遗址考古报告　上海博物馆编著　宋建主编　科学出版社　2018 年 4 月　258 页　16 开

南楼：2006 年度发掘报告（太湖西北部新石器遗址发掘报告之四）　南京博物院、上海大学文物与考古研究中心、江阴博物馆编著　中国社会科学出版社　2018 年 6 月　目录 10 页　文 268 页　插图 152 幅　彩版 178 页　16 开

连云港封土石室墓调查与研究（江苏省重点文化遗产资源调查报告之一）　连云港市重点文物保护研究所编著　高伟主编　上海古籍出版社　2018 年 1 月　全二册　352 页　插图 436 幅　16 开

西津渡考古（1998～2010）　刘建国、霍强、陈长荣、王克飞、龚邦安编著　江苏大学出版社　2018 年 12 月　287 页　16 开

萧山溪头黄战国汉六朝墓　杭州市文物考古研究所、萧山博物馆编著　杨金东主编　文物出版社　2018 年 11 月　目录 15 页　文 229 页　插图 179 幅　附图 12 幅　彩版 189 页　16 开

东明寺遗址考古发掘报告　杭州市文物考古研究所编著　上海古籍出版社　2018 年 4 月　文 66 页　插图 63 幅　彩版 100 页　16 开

闽江下游流域史前遗址考古调查与研究（福建文物考古报告，Ⅶ）　福建省昙石山遗址博物馆编著　董平主编　科学出版社　2018 年 5 月　目录 33 页　文 369 页　插图 730 幅　彩版 16 页　16 开

将乐碗碟墩窑址考古发掘报告　福建博物院文物考古研究所、将乐县博物馆编著　羊泽林、郜骅主编　海峡书局　2018 年 12 月　303 页　16 开

海岱考古（第十一辑）　山东省文物考古研究院编　郑同修、何德亮主编　科学出版社　2018 年 10 月　文 584 页　插图 507 幅　插表 21 幅　彩版 8 页　图版 76 页　16 开

龙口归城：胶东半岛地区青铜时代国家形成过程的考古学研究（公元前 1000～前 500 年）（中国田野考古报告集，考古学专刊，丁种第九十七号）　中国社会科学院考古研究所、哥伦比亚大学东亚语言和文化系、山东省文物考古研究院编著　李锋、梁中合主编　科学出版社　2018 年 8 月　全二册　谢辞、目录 12 页　文 1019 页　插图 356 幅　插表 111 幅　地图 7 幅　彩版 143 页　16 开

临淄齐墓（第二集）　山东省文物考古研究院编著　文物出版社　2018 年 12 月　目录 13 页　文 544 页　插图 387 幅　彩版 88 页　16 开

琅琊墩式封土墓　青岛市文物保护考古研究所、青岛市黄岛区博物馆编著　林玉海主编　科学出版社　2018 年 3 月　194 页　插图 341 幅　16 开

临沂吴白庄汉画像石墓　临沂市博物馆编著　曹首娟、杨爱国、李斌主编　齐鲁书社　2018 年 9 月　目录 1 页　文 260 页　插图 285 幅　8 开

安阳孝民屯（四）：殷商遗存·墓葬（中国田野考古报告集，考古学专刊，丁种第九十四号）　中国社会科学院考古研究所编著　王巍、王学荣、何毓灵主编　文物出版社　2018 年 5 月　全三册　前言 25 页　目录 70 页　文 1100 页　插图 619 幅　彩版 394 页　16 开

栾川旧石器遗址群考古报告：2010～2016 年度　洛阳市文物考古研究院编著　李雪军、司马国红主编　中州古籍出版社　2018 年 1 月　目录 8 页　文 199 页　插图、彩版 148 幅　16 开

洛阳北魏元祉墓（洛阳文物考古丛书）　洛阳市文物考古研究院编　吴业恒、史家珍主编　中州古籍出版社　2018 年 1 月　272 页　插图 450 幅　16 开

邙山陵墓群考古调查与勘测第一阶段考古报告　洛阳市文物考古研究院编著　文物出版社　2018 年 3 月　全二册　1223 页　插图 198 幅　16 开

宜阳韩城北郊墓地发掘报告　洛阳市文物考古研究院编　褚卫红、史家珍主编　中州古籍出版社　2018 年 1 月　289 页　彩版　16 开

沁阳沁河码头与沉船田野考古发掘报告　沁阳市文物局、沁阳市文物工作队编　苏相禹、罗火金主编

中州古籍出版社 2018年8月 文72页 插图35幅 彩版181页 16开

荥阳后真村（南水北调中线工程文物保护项目，河南省考古发掘报告，第三十六号）郑州大学历史学院编著 靳松安、孙凯主编 科学出版社 2018年3月 目录13页 文227页 插图146幅 彩版14页 图版12页 16开

新郑天利两周墓地 河南省文物考研究院编著 上海古籍出版社 2018年5月 目录12页 文554页 插图305幅 彩版98页 16开

许昌考古报告集（二）（南水北调中线工程文物保护项目，河南省考古发掘报告，第三十五号） 河南省文物考古研究院、许昌市文物工作队编著 毛德新、姚军英主编 科学出版社 2018年3月 前言、目录24页 文310页 插图338幅 彩版18页 图版34页 16开

隋唐大运河中牟段考古调查勘探与发掘报告 鲍颖建著 中州古籍出版社 2018年11月 200页 插图 16开

焦作文物勘探成果报告（第一辑） 焦作市文物勘探队编 张雅茹主编 中州古籍出版社 2018年10月 235页 插图49幅 平面图16幅 插表27幅 16开

荆州张家台遗址（南水北调中线一期工程文物保护项目，湖北省考古发掘报告，第八号） 鄂州市博物馆编著 徐劲松主编 科学出版社 2018年2月 目录14页 文329页 插图254幅 插表16幅 彩版26页 16开

郧县刘湾遗址（南水北调中线一期工程文物保护项目，湖北省考古发掘报告，第九号） 湖北省文物考古研究所编著 闻磊主编 科学出版社 2018年11月 目录18页 文378页 插图310幅 插表4幅 彩版36页 16开

老河口安岗楚墓 襄阳市博物馆、老河口市博物馆编著 王先福主编 科学出版社 2018年11月 目录14页 文158页 插图76幅 插表29幅 彩版24页 图版48页 16开

湖南考古辑刊（第十三集） 湖南省文物考古研究所编 郭伟民主编 科学出版社 2018年12月 文326页 插图184幅 插表22幅 彩版52页 16开

南海Ⅰ号沉船考古报告之二：2014～2015年发掘（国家文物局水下文化遗产保护中心·考古报告系列—3） 国家文物局水下文化遗产保护中心、广东省文物考古研究院、中国文化遗产研究院、广东省博物馆、广东海上丝绸之路博物院编著 文物出版社 2018年5月 全二册 目录17页 文648页 插图665幅 插表22幅 16开

钟山铜盆汉墓 广西文物保护与考古研究所、钟山县文物管理所编著 科学出版社 2018年5月 目录14页 文259页 插图175幅 彩版122页 16开

重庆炼锌遗址群（长江三峡工程文物保护项目报告，乙种第三十二号） 重庆市文化遗产研究院编著 邹后曦主编 科学出版社 2018年9月 目录6页 文253页 插图241幅 插表9幅 彩版52页 16开

万州武陵墓群（长江三峡工程文物保护项目报告，乙种第三十三号） 重庆市文物考古所、万州区博物馆编著 邹后曦、方刚主编 科学出版社 2018年10月 目录7页 文125页 插图67幅 彩版28页 16开

巫山麦沱墓地（长江三峡工程文物保护项目报告，乙种第三十四号） 河南省文物考古研究所、巫山县文物管理所编著 尹检顺主编 科学出版社 2018年10月 目录25页 文436页 插图325幅 插表19幅 彩版48页 图版144页 16开

茂县营盘山新石器时代遗址 成都文物考古研究院、阿坝藏族羌族自治州文物管理所、茂县羌族博物馆编著 文物出版社 2018年8月 全三册 目录24页 文786页 插图 彩版267页 16开

新建成都至都江堰快速铁路考古发掘报告集 成都文物考古研究院编著 科学出版社 2018年9月 文337页 插图411幅 插表9幅 彩版19页 16开

成都通锦路唐净众寺园林遗址 成都文物考古研究院编著 科学出版社 2018年8月 目录8页 文206页 插图189幅 彩版60页 16开

都江堰市考古资料集　都江堰市文物局编　四川科学技术出版社　2018 年 12 月　535 页　插图 457 幅　插表 20 幅　16 开
会理粪箕湾水坪梁子墓地　四川省文物考古研究院、会理县文物管理所、凉山彝族自治州博物馆、成都文物考古研究院编著　科学出版社　2018 年 8 月　目录 12 页　文 308 页　插图 148 幅　插表 4 幅　彩版 52 页　图版 16 页　16 开
玉溪三湖区域考古调查　杨杰主编　云南人民出版社　2018 年 6 月　108 页　16 开
另一个三叠层：1951 年西安考古调查报告（苏秉琦未刊考古报告）　苏秉琦著　上海古籍出版社　2018 年 6 月　序、目录 23 页　文 210 页　插图 90 幅　图版 26 幅　照片 2 页　16 开
秦始皇帝陵一号兵马俑陪葬坑发掘报告（2009～2011 年）　秦始皇帝陵博物院编著　许卫红、申茂盛、李卓执笔　文物出版社　2018 年 11 月　目录 15 页　文 371 页　插图 116 幅　插表 7 幅　附表 28 幅　彩版 48 页　图版 80 页　16 开
华县东阳遗址考古报告（2014）（陕西省考古研究院田野考古报告，第八十六号）　陕西省考古研究院编著　科学出版社　2018 年 9 月　全二册　目录 31 页　文 737 页　插图 447 幅　插表 175 幅　彩版 12 页　图版 84 页　16 开
周原遗址东部边缘：2012 年度田野考古报告（陕西省考古研究院田野考古报告，第八十三号）　陕西省考古研究院、北京大学考古文博学院、宝鸡市周原博物馆编著　上海古籍出版社　2018 年 10 月　目录 12 页　文 536 页　插图 311 幅　插表 14 幅　彩版 16 页　图版 28 页　16 开
寨头河：陕西黄陵战国戎人墓地考古发掘报告（陕西省考古研究院田野考古报告，第八十二号）　陕西省考古研究院、延安市文物研究所、黄陵县旅游文物局编著　上海古籍出版社　2018 年 10 月　目录 14 页　文 424 页　插图 333 幅　插表 79 幅　照片 2 页　彩版 93 页　16 开
咸阳东郊秦墓（陕西省考古研究院田野考古报告，第八十一号）　陕西省考古研究院编著　科学出版社　2018 年 9 月　目录 24 页　文 531 页　插图 371 幅　插表 15 幅　彩版 43 页　16 开
秦汉上林苑 2004～2012 考古报告（中国田野考古报告集、考古学专刊，丁种第九十八号）　中国社会科学院考古研究所、西安市文物保护考古研究院编著　文物出版社　2018 年 10 月　全二册　624 页　插图 258 幅　彩版 244 幅　16 开
西安张家堡秦墓发掘报告（陕西省考古研究院田野考古报告，第八十七号）　陕西省考古研究院编著　陕西科学技术出版社　2018 年 10 月　目录 18 页　文 539 页　插图　彩版 76 页　16 开
邰城汉墓（陕西省考古研究院田野考古报告，第八十五号）　陕西省考古研究院、杨凌区文物管理所编著　上海古籍出版社　2018 年 11 月　全二册　目录 15 页　文 902 页　插图 545 幅　插表 36 幅　彩版 48 页　图版 24 页　16 开
邰城铸铁：陕西杨凌汉代铸铁遗址发掘与研究（陕西省考古研究院田野考古报告，第八十四号）　陕西省考古研究院编著　上海古籍出版社　2018 年 10 月　目录 13 页　文 505 页　插图 269 幅　附表 23 幅　彩版 32 页　图版 25 页　16 开
唐李倕墓考古发掘、保护修复研究报告（陕西省考古研究院田野考古报告，第七〇号）　陕西省考古研究院、德国美因茨罗马—日耳曼中央博物馆编著　科学出版社　2018 年 6 月　18 页　394 页　16 开
西安长安区韩家湾墓地发掘报告（陕西省考古研究院田野考古报告，第七十九号）　陕西省考古研究院编著　三秦出版社　2018 年 10 月　目录 15 页　文 295 页　插图 279 幅　彩版 84 页　16 开
元代刘黑马家族墓发掘报告（陕西省考古研究院田野考古报告，第七十八号）　陕西省考古研究院编著　文物出版社　2018 年 10 月　目录 12 页　文 218 页　插图 170 幅　彩版 80 页　16 开
蓝田吕氏家族墓园（陕西省考古研究院田野考古报告，第八十号）　陕西省考古研究院、西安市文物保护考古研究院、陕西历史博物馆编著　文物出版社　2018 年 9 月　全四册　提要、目录 46 页　1212 页　插图 1174 幅　插表 107 幅　彩版 1170 幅　16 开
吐鲁番阿斯塔那—哈拉和卓墓地：哈拉和卓卷（新疆文物考古研究所丛刊之八）　新疆文物考古研究所编著　文物出版社　2018 年 10 月　目录 16 页　文 249 页　插图 202 幅　彩版 231 页　16 开

补 遗

方等与张家台（南水北调中线一期工程文物保护项目，河北省考古发掘报告，第九号） 河北省文物局、中国人民大学北方民族考古研究所、中山大学人类学系编著 魏坚、郑君雷主编 文物出版社 2017年12月 目录、前言16页 文176页 插图184幅 彩版12页 16开

西夏宏佛塔（宁夏文物考古研究所丛刊之三十三） 宁夏文物考古研究所编著 文物出版社 2017年10月 全二册 目录54页 文、彩版623页 插图467幅 附图55幅 彩版878幅 16开

桂林靖江王陵考古发掘清理报告集 广西文物保护与考古研究所、桂林市靖江王陵文物管理处编著 科学出版社 2017年12月 文184页 插图92幅 插表40幅 彩版68页 16开

二 出土文物图录

2018中国重要考古发现 国家文物局编 文物出版社 2018年4月 181页 彩版633幅 16开

北京城市副中心考古（第一辑） 北京市文物局、北京城市副中心行政办公区工程建设办公室、北京市文物研究所编著 白岩主编 科学出版社 2018年11月 268页 彩版453幅 16开

中国陶寺遗址出土文物集萃 中国社会科学院考古研究所、临汾市旅游发展委员会编著 天津古籍出版社 2018年7月 334页 彩版304幅 16开

金沙遗址祭祀区出土文物精粹 成都文物考古研究院、成都金沙遗址博物馆编著 周志清主编 文物出版社 2018年8月 383页 插图29幅 彩版597幅 16开

曾侯乙 湖北省博物馆编 方勤主编 文物出版社 2018年9月 339页 插图28幅 彩版163幅 16开

惊世大发现：南昌汉代海昏侯国考古成果展（博物馆里的江西：江西省博物馆展览导读系列丛书）江西省博物馆 叶蓉、徐长青、卢涛主编 江西美术出版社 2018年7月 219页 彩版 32开

大临大雅：蓝田吕氏家族墓出土文物精粹 陕西省考古研究院编著 文物出版社 2018年9月 222页 彩版136幅 16开

饰代风华：江西省博物馆藏明代王妃首饰精品展（博物馆里的江西：江西省博物馆展览导读系列丛书） 江西省博物馆编 叶蓉主编 江西美术出版社 2018年7月 121页 彩版 32开

江口沉宝：四川彭山江口明末战场遗址出水文物选粹 四川省文物考古研究院、国家文物局水下文化遗产保护中心、眉山市彭山区文物保护管理所编著 高大伦、宋建忠、罗万东主编 文物出版社 2018年6月 259页 彩版234幅 16开

四川平武土司遗珍：明代王玺家族墓出土文物选粹 四川文物考古研究院、绵阳市博物馆、平武县文物保护管理所编著 周科华、周健主编 文物出版社 2018年8月 287页 插图139幅 彩版219幅 16开

门泊东江万里船：上海金山船舫遗址出土文物（上海文化遗产保护研究丛书） 上海市文物保护研究中心、上海市金山区博物馆编著 翟扬主编 上海书店出版社 2018年6月 145页 插图14幅 彩版121幅 16开

朝阳龙城出土文物精粹 朝阳市龙城区博物馆编 辽宁人民出版社 2018年12月 130页 彩版 16开

叁 考古学分论

一 人类起源与旧石器时代

驼鸟蛋与皮串珠：不止于装饰（吉林大学哲学社会科学普及读物） 王春雪著 社会科学文献出版社 2018年1月 文146页 插图33幅 插表14幅 彩版16页 16开

周口店记忆 董翠平主编 中华书局 2018年4月 294页 插图48幅 16开

珞珞集：王建先生90周年诞辰纪念文集　山西省考古研究所编　王万辉、王益人主编　三亚出版社　2018年6月　457页　16开
尼安德特人　［瑞典］斯万特·帕博（Svante Paabo）著　夏志译　浙江教育出版社　2018年12月　318　插图22幅　32开　译自Neanderthal Man，2014

二　新石器时代

海岱地区史前磨盘、磨棒研究　王强著　科学出版社　2018年8月　文360页　插图342幅　插表94幅　彩版12页　16开
甘青地区史前遗存的性别考古研究（中国人民大学考古文博学术系列丛书）　仪明洁、樊鑫著　科学出版社　2018年4月　155页　插图45幅　插表26幅　16开
李家沟遗址与旧新石器时代过渡：嵩山东麓农业起源研究（中华之源与嵩山文明研究系列丛书）　王幼平、夏正楷、汪松枝编著　科学出版社　2018年4月　121页　插图52幅　插表41幅　16开
跨湖桥文化　施加农著　文物出版社　2018年6月　235页　插图169幅　16开
潮起东南：河姆渡文化图录　河姆渡遗址博物馆编　陈万里主编　浙江摄影出版社　2018年1月　255页　16开
马桥文化探微：发现与研究文集　陈杰主编　上海书店出版社　2018年9月　522页　插图566幅　插表33幅　16开
上山文化论集　浦江博物馆编　朱江平主编　中国文史出版社　2018年3月　全三册　668页　16开
南宝力皋吐遗址研究文荟　南宝力皋吐遗址博物馆编　辽宁大学出版社　2018年4月　163页　16开
新疆史前时期文化格局的演进及其与周邻文化的关系　邵会秋著　科学出版社　2018年10月　目录14页　文432页　插图295幅　16开
红山文化研究（第五辑）　赤峰学院红山文化研究院编　辽宁民族出版社　2018年10月　156页　插图49幅　16开
红山文化与中华文明　于建设等著　中国社会科学出版社　2018年11月　305页　16开
舟立潮头：跨湖桥卷（中国史前遗址博物馆）　吴健、蒋乐平主编　陕西科学技术出版社　2018年10月　140页　插图259幅　16开
河湟陶源：柳湾卷（中国史前遗址博物馆）　王进先主编　陕西科学技术出版社　2018年11月　148页　插图171幅　16开
熹微宝鸡：北首岭卷（中国史前遗址博物馆）　刘俊康主编　陕西科学技术出版社　2018年4月　108页　插图225幅　16开
童年气派：半坡卷（中国史前遗址博物馆）　张礼智主编　陕西科学技术出版社　2018年9月　146页　插图237幅　16开
远古辉煌：大地湾卷（中国史前遗址博物馆）　张正翠、张力刚主编　陕西科学技术出版社　2018年11月　120页　插图151幅　16开
赫赫王国：良渚卷（中国史前遗址博物馆）　马东峰主编　陕西科学技术出版社　2018年11月　132页　插图208幅　16开
洞穴寻踪：白莲洞卷（中国史前遗址博物馆）　蒋远金主编　陕西科学技术出版社　2018年11月　124页　插图245幅　16开
海风山骨：昙石山卷（中国史前遗址博物馆）　董平主编　陕西科学技术出版社　2018年9月　148页　插图171幅　16开
仰望星空：大河村卷（中国史前遗址博物馆）　胡继忠主编　陕西科学技术出版社　2018年12月　148页　插图294幅　16开

三　夏商周时代

鼏宅禹迹：夏代信史的考古学重建　孙庆伟著　生活·读书·新知三联书店　2018年5月　602页　插

图 62 幅　插表 29 幅　16 开
中原地区早期城市综合研究（中华之源与嵩山文明研究系列丛书）　张国硕著　科学出版社　2018 年 8 月　194 页　插图 55 幅　插表 7 幅　16 开
黄河流域史前·夏商考古（中国社会科学院老年学者文库）　高天麟著　社会科学文献出版社　2018 年 12 月　357 页　插图 112 幅　插表 11 幅　16 开
殷墟九十年考古人与事（发现殷墟丛书）　唐际根、巩文主编　社会科学文献出版社　2018 年 10 月　243 页　插图 320 幅　16 开
殷墟出土骨角牙蚌器（发现殷墟丛书）　何毓灵、李志鹏主编　社会科学文献出版社　2018 年 10 月　176 页　插图 16 幅　彩版 180 幅　16 开
殷墟出土陶器（发现殷墟丛书）　牛世山、岳洪彬、岳占伟主编　社会科学文献出版社　2018 年 10 月　目录 17 页　文、彩版 426 页　彩版 715 幅　16 开
小双桥遗址的商与夷　李宏飞、王宁著　中国社会科学出版社　2018 年 11 月　225 页　插图 63 幅　插表 8 幅　16 开
郑州大师姑城址研究（“中原历史文化”研究丛书）　李锋著　科学出版社　2018 年 8 月　145 页　插图 54 幅　附表 17 幅　16 开
区域社会的形成与发展：商代关中的考古学研究（古代历史文化研究辑刊，十九编）　宋江宁著　花木兰文化事业公司　2018 年 3 月　241 页　插图 85 幅　插表 11 幅　16 开
梁带村遗址博物馆　韩城市梁带村遗址管理处编　庞有学主编　陕西科学技术出版社　2018 年 1 月　276 页　插图 25 幅　彩版 139 幅（组）　书影 9 幅　16 开
群舒文化研究（国家哲学社会科学成果文库）　张爱冰等著　上海古籍出版社　2018 年 3 月　337 页　插图 147 幅　插表 16 幅　16 开
争锋：晋楚文明　山西博物院编　山西人民出版社　2018 年 3 月　231 页　插图 51 幅　彩版 195 幅　16 开
晋阳古城研究　太原文物考古研究所（冯钢）著　科学出版社　2018 年 11 月　172 页　16 开
图说洛阳东周王城（洛阳文物考古丛书）　洛阳市文物考古研究院编　张翠玲、程永建主编　中州古籍出版社　2018 年 10 月　309 页　彩版　16 开
大君有命，开国承家：小邾国历史文化展（山东古国系列展）　山东博物馆、枣庄市博物馆编　杨波主编　北京时代华文书局　2018 年 12 月　153 页　彩版 118 幅　16 开
曾国考古发现与研究　湖北省文物考古研究所编　方勤主编　科学出版社　2018 年 9 月　文 432 页　插图 236 幅　插表 27 幅　彩版 36 页　16 开
曾国历史与文化：从“左右文武”到“左右楚王”（北京大学震旦古代文明研究中心学术丛书之三十八）方勤著　上海古籍出版社　2018 年 12 月　文 263 页　插图 112 幅　彩版 20 页　16 开
楚文化研究论集（第十三集）　楚文化研究会编　上海古籍出版社　2018 年 10 月　707 页　插图 127 幅　插表 17 幅　32 开
铜绿山考古印象　湖北省文物考古研究所、湖北省博物馆、大冶市铜绿山古铜矿遗址保护管理委员会编　陈树祥、连红主编　文物出版社　2018 年 9 月　226 页　插图 112 幅　彩版 69 组　16 开
宣汉罗家坝遗址与巴文化研究　中国社会科学院考古研究所、四川省文物考古研究院、宣汉县文化广电新闻出版局编　陈星灿、高大伦主编　科学出版社　2018 年 9 月　文 317 页　插图 154 幅　插表 11 幅　彩版 16 页　16 开
石寨山文化考古研究论文集［云南石寨山（古墓群）大遗址考古成果之二］　云南省文物考古研究所编　科学出版社　2018 年 8 月　全三册　1299 页　插图 611 幅　插表 77 幅　16 开

四　秦汉及汉以后各代

帝国之路，陇东记忆：秦文化与西戎文化考古成果展　秦始皇帝陵博物院编　侯宁彬主编　西北大学出

版社　2018 年 11 月　177 页　插图 60 幅　彩版 133 幅　8 开
秦汉文明　中国文物交流中心、中国南海博物馆编　北京联合出版公司　2018 年 2 月　174 页　彩版 158 幅　16 开
秦始皇帝陵博物院（总捌辑）　秦始皇帝陵博物院编　西北大学出版社　2018 年 9 月　297 页　插图 134 幅　插表 12 幅　16 开
秦与北方民族历史文化论集　史党社著　科学出版社　2018 年 11 月　文 202 页　插图 72 幅　彩版 18 页　16 开
大汉地下王朝　张文文、唐群著　连旭摄影　人民出版社　2018 年 12 月　287 页　彩版 156 幅　16 开
稽古文存：卢兆荫汉唐考古文集　卢兆荫著　中国社会科学出版社　2018 年 6 月　557 页　插图 169 幅　插表 10 幅　16 开
南阳地区汉墓的考古学研究　陈亚军著　社会科学文献出版社　2018 年 12 月　289 页　插图 44 幅　插表 26 幅　附表 2 幅　16 开
两汉时期云贵地区汉文化的考古学探索（国家社科基金后期资助项目）　吴小平著　浙江大学出版社　2018 年 8 月　284 页　插图 80 幅　插表 37 幅　16 开
狮子山西汉楚王陵墓考古研究（徐州汉代文化遗产研究）　葛明宇著　河北美术出版社　2018 年 7 月　文 303 页　插图 95 幅　彩版 20 页　图版 80 页　16 开
汉代合浦港的考古学研究　熊昭明著　文物出版社　2018 年 12 月　220 页　插图 46 幅　16 开
中国考古学：三国两晋南北朝卷（考古学专刊，甲种第三十三号）　中国社会科学院考古研究所编著　杨泓、朱岩石主编　中国社会科学出版社　2018 年 10 月　总序 6 页　目录 17 页　文 668 页　插图 275 幅　彩版 32 页　16 开
琅琊王：从东晋到北魏　南京博物院编　译林出版社　2018 年 12 月　190 页　16 开
梦回大唐：盛唐艺术与生活展（广东省博物馆展览系列丛书）　广东省博物馆编　岭南美术出版社　2018 年 12 月　255 页　16 开
花舞大唐春：解读何家村遗宝　齐东方著　上海古籍出版社　2018 年 7 月　274 页　插图 78 幅　16 开
唐长安城考古笔记　何岁利著　陕西师范大学出版社　2018 年 12 月　286 页　插图 209 幅　插表 4 幅　16 开
辽金历史与考古（第九辑）　辽宁省博物馆、辽宁省辽金契丹女真史研究会编　刘宁主编　科学出版社　2018 年 8 月　文 358 页　插图 194 幅　插表 6 幅　彩版 7 页　16 开
大辽五京：内蒙古出土文物暨辽南京建城 1080 年展　首都博物馆编　文物出版社　2018 年 12 月　305 页　插图 57 幅　彩版 269 幅　16 开
铁凤风鸣：辽金东京地区文物　北京辽金城垣博物馆编　王清林、杨世敏主编　北京联合出版公司　2018 年 12 月　151 页　插图 3 幅　彩版 145 幅　16 开
王室遗珍现形记：明代梁庄王墓发掘实录（荆楚考古探秘丛书）　梁柱、杨蕾著　湖北教育出版社　2018 年 6 月　278 页　16 开

补　遗

古武昌六朝文物揽珍：鄂州市博物馆第一次全国可移动文物普查成果　秦昌林、徐劲松主编　湖北美术出版社　2017 年 6 月　221 页　彩版　16 开

肆　考古学专论

一　甲骨卜辞　附：古文字研究

甲骨文与殷商史（新八辑）：纪念殷墟甲骨文发现 20 周年专辑（中国社会科学院甲骨学殷商史研究中心集刊）　宋镇豪主编　上海古籍出版社　2018 年 11 月　571 页　插图 164 幅　插表 12 幅　16 开
傅凯栋所藏殷墟甲骨（中国社会科学院历史研究所藏甲骨墨拓珍本丛编）宋镇豪编著　上海古籍出版

社 2018年1月 甲骨彩版、拓本、摹本、释文69页 16开

徐宗元尊六室甲骨拓本集（中国社会科学院历史研究所藏甲骨墨拓珍本丛编） 宋镇豪主编 马季凡编纂 上海古籍出版社 2018年1月 拓片、释文186页 16开

甲骨文军事刻辞整理与研究（出土文献综合研究专刊之十一） 李发著 中华书局 2018年6月 588页 32开

甲骨刻辞羌人暨相关族群研究 刘新民著 中国社会科学出版社 2018年7月 335页 插图63幅 插表13幅 16开

出土文献与古文字研究（第七辑） 复旦大学出土文献与古文字研究中心编 刘钊主编 上海古籍出版社 2018年5月 文449页 插图40幅 彩版2页 16开

古文字研究（第三十二辑） 中国古文字研究会、吉林大学中国古文字研究中心编 中华书局 2018年8月 656页 插图144幅 插表39幅 16开

练祁研古：上海练祁古文字研究中心集刊（第一辑） 濮茅左主编 中西书局 2018年3月 227页 插图68幅 插表30幅 16开

古文字论丛（第三辑）：陈炜湛教授八十庆寿专号 陈伟武主编 中西书局 2018年12月 文518页 书迹、照片12页 16开

探寻中华文化的基因（一）（复旦中文学科建设丛书） 复旦大学出土文献与古文字研究中心编 商务印书馆 2018年1月 417页 16开

探寻中华文化的基因（二）（复旦中文学科建设丛书） 复旦大学出土文献与古文字研究中心编 商务印书馆 2018年2月 235页 16开

出土文献的世界：第六届出土文献青年学者论坛论文集 出土文献与中国古代文明研究协同创新中心中国人民大学分中心编 中西书局 2018年9月 文305页 插图97幅 插表11幅 彩版4页 16开

唐兰论文集（唐兰著作精选） 唐兰著 上海古籍出版社 2018年9月 全四册 1914页 插图535幅 16开

孙稚雏学术丛稿 孙稚雏著 中山大学出版社 2018年12月 文317页 照片、书迹14页 16开

古文字研究：黄天树学术论文集（燕京学者文库） 黄天树著 人民出版社 2018年12月 547页 16开

书馨集续编：出土文献与古文字论丛 刘钊著 中西书局 2018年11月 文474页 彩版6页 16开

出土文献与商周文明初探 李凯著 北京联合出版公司 2018年3月 310页 16开

新出古陶文图录（安徽大学汉字发展与应用研究中心丛刊） 徐在国编著 安徽大学出版社 2018年1月 全二册 897页 16开

二 青铜器及铭文

中国出土青铜器全集 李伯谦主编 科学出版社、龙门书局 2018年12月 全二十册 16开 ［第一册］北京、天津、内蒙古 靳非、梅鹏云、陈永志主编 概述、目录8页 彩版238页（342幅） ［第二册］河北 韩立森、罗向军主编 概述、目录8页 彩版242页（241幅） ［第三～四册］山西 马昇、谢尧亭主编 概述、目录8页 彩版488页（405幅）［第五～六册］山东 刘延常主编 概述、目录10页 彩版486页（455幅） ［第七册］江苏 林留根主编 概述、目录8页 彩版242页（233幅） ［第八册］安徽 宫希成主编 彩版242页（209幅） ［第九～十册］河南 田凯主编 概述、目录8页 彩版488页（536幅） ［第十一～十三册］湖北 刘彦主编 概述、目录8页 彩版734页（614幅） ［第十四册］湖南 熊建华主编 概述、目录12页 彩版238页（283幅） ［第十五～十七册］陕西 曹玮主编 概述、目录8页 彩版734页（654幅） ［第十八册］四川、重庆、云南、贵州、青海 高大伦、盛建武、邹后曦、程武彦、刘旭、周必素、乔虹主编 概述、目录10页 彩版240页（357幅） ［第十九册］

江西、浙江、福建、广东、广西　徐长青、叶蓉、卢涛、黄昊德、吴志跃、曹劲、蒋廷瑜主编　概述、目录 8 页　彩版 242 页（279 幅）　［第二十册］甘肃、宁夏、新疆、辽宁、吉林、黑龙江　王辉、罗丰、郭物、刘宁、安文荣、赵永军主编　概述、目录 8 页　彩版 242 页（373 幅）

青铜器鉴定基础（文物鉴定系列教材）　刘雄编著　北京大学出版社　2018 年 1 月　前言、目录 14 页　文 469 页　插图 520 幅　16 开

青铜器与金文（第二辑）　北京大学出土文献研究所编　朱凤瀚主编　上海古籍出版社　2018 年 12 月　480 页　插图 193 幅　插表 21 幅　16 开

中国古代青铜器整理与研究：青铜簠卷　胡嘉麟著　科学出版社　2018 年 11 月　序、目录 26 页　文 608 页　插图 334 幅　16 开

中国古代青铜器整理与研究：青铜卮卷　齐耐心、孙战伟著　科学出版社　2018 年 11 月　225 页　插图　16 开

中国古代青铜器整理与研究：西周金文字体卷　王帅著　科学出版社　2018 年 11 月　文 201 页　插图 52 幅　插表 28 幅　16 开

天津博物馆藏青铜器（天津博物馆精品系列图集）　天津博物馆编　张旭、孟婷主编　文物出版社　2018 年 5 月　161 页　彩版 96 幅　16 开

信阳博物馆藏青铜器　信阳博物馆编著　文物出版社　2018 年 10 月　215 页　彩版 153 幅　16 开

三湘四水集萃：湖南出土商、西周青铜器展（中国古代文明系列展）　湖南省博物馆编　陈建明、许杰主编　中华书局　2018 年 10 月　215 页　彩版　16 开

枞阳商周青铜器（安徽大学徽文化传承与创新丛书）　安徽大学历史系、枞阳县文物管理所编　张爱冰、王乐群主编　安徽大学出版社　2018 年 1 月　326 页　彩版　16 开

九如园吉金：朱昌言藏古代青铜器　彭适凡编著　上海辞书出版社　2018 年 5 月　160 页　彩版 76 组　16 开

璀璨青铜：德能堂藏吉金　德能堂编　彭适凡、朱凤瀚撰文　上海书画出版社　2018 年 4 月　247 页　彩版 66 组　16 开

殷墟青铜器全形拓精粹（发现殷墟丛书）　中国社会科学院考古研究所编　岳洪彬、岳占伟、牛世山、孔震主编　上海书画出版社　2018 年 9 月　383 页　拓本 94 组　8 开

周邦肇作：陕西宝鸡出土商周青铜器精华　深圳博物馆、宝鸡青铜器博物院、宝鸡市周原博物馆编　文物出版社　2018 年 10 月　254 页　插图 17 幅　彩版 182 幅　8 开

青铜器和金文书体研究　李峰著　上海古籍出版社　2018 年 12 月　文 276 页　插图 134 幅　插表 11 幅　彩版 6 页（12 幅）　16 开

铸勒功名：春秋青铜礼器铭文的演变与特色（出土文献译注研析丛刊）　黄庭颀著　万卷楼图书公司　2018 年 9 月　331 页　16 开

虢国墓地出土青铜器（一）　虢国博物馆编　辛军民、李清丽主编　科学出版社　2018 年 11 月　187 页　彩版 142 幅　16 开

东周青铜容器谱系研究（北京大学中国考古学研究中心稽古系列丛书之三）　路国权著　上海古籍出版社　2018 年 11 月　全二册　目录 24 页　文 1063 页　插图 731 幅　插表 36 幅　16 开

战国青铜器年代综合研究　彭裕商著　巴蜀书社　2018 年 4 月　369 页　插图 274 幅　插表 6 幅　16 开

青铜器与中国青铜时代（铜文化书系）　李伯谦主编　中国科学技术大学出版社　2018 年 4 月　序、目录 14 页　文 280 页　插图 199 幅　16 开

青铜器铭文研究（国家社科基金后期资助项目）　吴毅强著　浙江大学出版社　2018 年 11 月　506 页　图像、拓片 39 幅（组）　16 开

铜铸滇魂：云南滇国青铜文化展　秦始皇帝陵博物院编　侯宁彬主编　西北大学出版社　2018 年 4 月　227 页　插图 68 幅　彩版 129 幅　16 开

夜郎青铜文明探微：贵州战国秦汉时期青铜器研究（贵州省文物考古研究所学术丛书）　张合荣著　上

海古籍出版社　2018年8月　目录8页　文374页　插图258幅　彩版6页　16开

澹烟疏雨：张光裕问学论稿（商周文明探索丛书）　张光裕著　上海古籍出版社　2018年9月　文326页　插图72幅　照片、书迹7页16开

西周金文与西周史研究暨第十届中国先秦史学会年会论文集　王晖主编　三秦出版社　2018年3月　713页　插图91幅　16开

三　简牍、帛书、文书写本

出土文献研究（第十七辑）　中国文化遗产研究院编　刘绍刚主编　中西书局　2018年12月　文421页　彩版2页　16开

出土文献（第十二辑）　清华大学出土文献与中国古代文明研究中心、清华大学出土文献研究与保护中心编　李学勤主编　中西书局　2018年4月　文313页　插图81幅　插表20幅　彩版2页　16开

出土文献（第十三辑）　清华大学出土文献与中国古代文明研究中心、清华大学出土文献研究与保护中心编　李学勤主编　中西书局　2018年10月　文442页　插图112幅　16开

简帛（第十六辑）　武汉大学简帛研究中心主办　陈伟主编　上海古籍出版社　2018年5月　298页　16开

简帛（第十七辑）　武汉大学简帛研究中心主办　陈伟主编　上海古籍出版社　2018年11月　351页　插图5幅　插表14幅　16开

清华大学藏战国竹简（捌）　清华大学出土文献研究与保护中心编　李学勤主编　中西书局　2018年11月　线装二册　原大图版、放大图版、释文注释262页　6开

青川郝家坪战国墓木牍考古发现与研究　青川县文物管理所编　巴蜀书社　2018年11月　文476页　插图111幅　彩版4页　16开

敦煌汉简校释（东北师范大学文学院文昌论丛）　白军鹏著　上海古籍出版社　2018年3月　433页　16开

长沙五一广场东汉简牍（壹）　长沙市文物考古研究所、清华大学出土文献研究与保护中心、中国文化遗产研究院、湖南大学岳麓书院编　中西书局　2018年10月　彩版、红外图版、释文、附录312页　8开

长沙五一广场东汉简牍（贰）　长沙市文物考古研究所、清华大学出土文献研究与保护中心、中国文化遗产研究院、湖南大学岳麓书院编　中西书局　2018年10月　彩版、红外图版、释文、附录319页　8开

长沙走马楼三国吴简·竹简（伍）　长沙简牍博物馆、中国文化遗产研究院、北京大学历史学系走马楼简牍整理组编著　胡平生、宋少华、刘绍刚、杨芬编　文物出版社　2018年12月　全三册　图版、释文、附录1034页　8开

中国人民大学博物馆藏和田出土粟特语文书（大国学研究文库）　毕波、（英）辛维廉（Nicholas Sims-Williams）著　中国社会科学出版社　2018年10月　125页　彩版16幅　16开

四　古代碑刻、墓志　附：古砖

我思古人：古代铭刻与历史考古研究（中国社会科学院老年学者文库）　赵超著　社会科学文献出版社　2018年6月　460页　插图96幅　插表15幅　16开

陕西碑刻总目提要初编　陕西省古籍整理办公室编　吴敏霞主编　党斌、刘思怡、王珂、范志鹏、高叶青、杨志飞分册主编　科学出版社　2019年12月　全五册　前言、凡例、目录114页　总目提要1268页　索引345页　16开

碑林论丛（第二十三辑）　西安碑林博物馆编　裴建平主编　三秦出版社　2018年12月　380页　16开

纪念西安碑林930周年华诞学术研讨会论文集　西安碑林博物馆　裴建平主编　三秦出版社　2018年6

月　628 页　插图 137 幅　插表 19 幅　16 开
定州碑刻（定州历史文化丛书）　定州市旅游文物局编著　文物出版社　2018 年 8 月　152 页　图版 91 幅　16 开
河北隆尧石刻　邢台市文物管理处、隆尧县文广新体局编著　张明、李恩玮、李军、翟宏友、王博主编　科学出版社　2018 年 11 月　328 页　彩版 62 幅　8 开
丝绸之路视域中的洛阳石刻（丝路石窟艺术研究丛刊）　张乃翥、张成渝著　上海古籍出版社　2018 年 1 月　159 页　插图 19 幅　图版 101 幅　16 开
《关中石刻文字新编》点校汇编　（清）毛凤枝编　魏宏利点校汇编　中国社会科学出版社　2018 年 9 月　551 页　16 开
闽安石刻调查（“福建与海洋”系列丛书）　高健斌著　福建教育出版社　2018 年 3 月　339 页　16 开
沁阳市博物馆藏墓志　张红军主编　科学出版社　2018 年 9 月　序、凡例、前言、目录 20 页　图版、文 279 页　图版 79 幅　8 开
洛阳流散唐代墓志汇编续集　毛阳光主编　国家图书馆出版社　2018 年 10 月　全三册　880 页　图版 406 幅　8 开
陕西新见隋朝墓志　刘文编著　三秦出版社　2018 年 1 月　146 页　图版 58 幅　附图 10 幅　8 开
陕西帝王陵墓志（陕西地情丛书）　陕西省地方志办公室编　三秦出版社　2018 年 3 月　592 页　16 开
扬州博物馆藏唐宋元墓志选辑　扬州博物馆编　徐忠文、束家平主编　广陵书社　2018 年 10 月　117 页　拓片图版 59 幅　线装 8 开
宋代墓志　绍兴市档案局（馆）、会稽金石博物馆编　车炼铜主编　西泠印社出版社　2018 年 10 月　序、目录、凡例 21 页　文、图版 338 页　图版 161 幅　16 开
石经研究（第二辑）　房山石经博物馆、房山石经与云居寺文化中心编　华夏出版社　2018 年 10 月　352 页　插图 347 幅　16 开
印学研究（第十二辑）：古砖文研究专辑　山东博物馆编　吕金成主编　文物出版社　2018 年 12 月　220 页　插图 424 幅　16 开
印学研究（第十三辑）：千甓亭同范古砖新录　山东博物馆编　吕金成主编　文物出版社　2018 年 12 月　图版 200 页　16 开

五　古代玉器

Jade：A Study in Chinese　Archaeology and Religion　中国古玉（寰宇文献，Sinology 系列）　劳费尔（Berthold Laufer）著　中西书局　2018 年 8 月　影印本　370 页　图版 68 幅　16 开
石峁玉器　神木市石峁文化研究会编　文物出版社　2018 年 5 月　383 页　插图 37 幅　彩版 269 幅　16 开
哈民玉器研究　内蒙古文物考古研究所、香港中文大学中国考古艺术研究中心编著　邓聪、吉平主编　中华书局　2018 年 11 月　412 页　彩版　8 开
东北史前玉器研究　张鹏飞编著　文物出版社　2018 年 8 月　322 页　插图 87 幅　彩版 262 幅　16 开
良渚玉器线绘　方向明著　浙江古籍出版社　2018 年 6 月　219 页　插图 8 幅　线图 147 组　32 开
良渚玉器　杭州良渚遗址管理区管理委员会、浙江省文物考古研究所编著　科学出版社　2018 年 10 月　导读、彩版、线图　289 页　16 开
夏商玉器与玉文化学术研讨会论文集（广东省博物馆展览系列丛书）　中国社会科学院考古研究所、广东省博物馆、广东省文物考古研究所、广州市文物考古研究院编　岭南美术出版社　2018 年 4 月　391 页　插图　927 幅　插表 21 幅　16 开
夏商时期玉文化国际学术研讨会论文集　中国社会科学院考古研究所、成都文物考古研究院、成都金沙遗址博物馆编　陈星灿、王毅主编　科学出版社　2018 年 10 月　照片、序、目录 16 页　文 360 页　插图 681 幅　插表 39 幅　16 开

殷墟妇好墓出土玉器研究（中国古玉研究丛书） 杜金鹏主编 科学出版社 2018年12月 文249页 插图123幅 插表17幅 彩版40页 16开
有凤来仪：湖北出土曾楚玉器 湖北省博物馆、香港中文大学文物馆主办 香港中文大学文物馆 2018年3月 219页 插图90幅 彩版140幅 16开
玉魂国魄：荆州楚国陵园和贵族墓出土玉器展 中华玉文化中心、中国玉文化工作委员会编 杭州出版社 2018年11月 150页 彩版 16开
桐柏月河春秋墓出土玉器研究 杜金鹏主编 科学出版社 2018年8月 文179页 插图153幅 插表33幅 照片4页 16开
牙璋与国家起源：牙璋图录及论集 郑州市文物考古研究院、香港中文大学中国考古艺术研究中心编 邓聪主编 科学出版社 2018年10月 365页 插图65幅 彩版113幅 8开
宋辽金元玉器研究学术研讨会论文集 天津博物馆编 科学出版社 2018年8月 332页 插图 16开
玉琢成器：济南市考古研究所藏出土玉器（中国古玉科学研究丛书） 济南市考古研究所编著 李铭主编 中国书店 2018年1月 131页 16开
中国古玉无损科技检测与研究（首都博物馆书库，庚种第伍部） “基于无损检测技术的中国古玉鉴定研究”课题组著 于平、黄雪寅主编 科学出版社 2018年11月 555页 插图1229幅 插表66幅 16开

六 古代货币

中国古代物质文化史：货币 王纪洁著 开明出版社 2018年3月 全二册 559页 插图330幅 16开
中国国家博物馆馆藏文物研究丛书：钱币卷（秦～五代） 中国国家博物馆编 王俪阎主编 上海古籍出版社 2018年11月 294页 插图84幅 彩版762幅 16开
中国国家博物馆馆藏文物研究丛书：钱币卷（宋～清） 中国国家博物馆编 翦宁主编 上海古籍出版社 2018年11月 341页 插图55幅 彩版1161幅 16开
南越国宫署遗址出土钱币选录 南越王宫博物馆、中国社会科学院考古研究所、广州市文物考古研究院编著 李灶新主编 文物出版社 2018年12月 174页 插图9幅 彩版145幅 16开
唐石父文集（天津市文史研究馆馆员著述系列） 唐石父著 天津人民出版社 2018年11月 374页 插图294幅 16开

七 玺印、封泥

山东九宫阁齐国文字博物馆藏临淄新见战国两汉封泥展图录 王令波、乔中石编 西泠印社 2018年10月 229页 插图44幅 彩版115组 16开

八 铜镜

文物陕西：铜镜卷（陕西第一次全国可移动文物普查丛书） 呼啸编著 陕西师范大学出版社 2018年5月 序、目录22页 概述10页 彩版、附录244页 彩版224幅 16开
镜鉴陕州：三门峡出土铜镜选 河南省文物考古研究院、三门峡市文物考古研究所编著 郑立超、胡赵建主编 河南美术出版社 2018年8月 201页 16开
郴镜文化：郴州古镜精粹 郴州市文物事业管理处、郴州市博物馆编 秦小军主编 广西师范大学出版社 2018年9月 105页 彩版84幅 16开
神兽镜的初步研究 董亚梅著 中州古籍出版社 2018年6月 98页 插图50幅 16开

九 古代兵器

天下第一剑：越王勾践剑（荆楚考古探秘丛书） 陈振裕著 湖北教育出版社 2018年4月 300页

16 开

十　度量衡

新见秦汉度量衡集存　熊长云编纂　中华书局　2018 年 8 月　214 页　彩版　16 开
文物陕西：度量衡器卷（陕西第一次全国可移动文物普查丛书）　岳敏静编著　陕西师范大学出版社　2018 年 5 月　103 页　16 开

伍　美术考古

一　通论

丑与怪：从史前艺术到汉画像中的怪异研究（汉学大系丛书）朱存明著　生活·读书·新知三联书店　2018 年 2 月　366 页　插图 243 幅　16 开
东天山地区史前艺术考论（西安美术学院优秀博士文丛）　罗佳著　文物出版社　2018 年 1 月　文 422 页　插图　彩版 12 页　32 开
丝绸之路南道古代造型艺术：以于阗壁画雕塑为中心　张健波著　中国建筑工业出版社　2018 年 10 月　219 页　插图 138 幅　插表 7 幅　16 开
云南石寨山文化纹饰研究　沈宁著　云南人民出版社　2018 年 5 月　154 页　插图 167 幅　插表 6 幅　16 开
王者无外，天下一家：美术史视野中秦皇汉武时代“天下”观（图像·历史·艺术丛书）　刘晓达著　文物出版社　2018 年 5 月　294 页　插图 78 幅　32 开
色彩的记忆：南阳陈棚汉代彩绘画像石墓　凌皆兵主编　大象出版社　2018 年 3 月　216 页　彩版 83 组　照片 25 幅　16 开
汉画像石西王母图像方位模式研究　王倩著　江苏大学出版社　2018 年 12 月　338 页　插图 81 幅　插表 6 幅　16 开
许昌汉砖（许昌博物馆学术文库）　陈文利著　中州古籍出版社　2018 年 6 月　258 页　插图 361 幅　16 开
南越国艺术研究（西安美术学院优秀博士文丛）　高占盈著　文物出版社　2018 年 8 月　文 439 页　插图 324 幅　插表 11 幅　彩版 10 页　32 开
云翔瑞像：初唐佛教美术研究　（日）肥田路美著　颜娟英等译　台大出版中心　2018 年 9 月　24 页　489 页　16 开

二　古代雕塑

甘肃散见佛教石刻造像调查与研究：天水卷　李宁民、王来全主编　文物出版社　2018 年 9 月　226 页　彩版 104 组　16 开
蒙元世相：陕西出土蒙元陶俑集成　陕西省考古研究院编　李举纲主编　人民美术出版社　2018 年 6 月　238 页　彩版、线图 141 组　16 开
四川宋代菩萨造像研究　李浥著　科学出版社　2018 年 9 月　203 页　16 开
石刻遗韵：合江宋墓石刻研究（中国地方文化研究资料系列丛书）　贾雪枫主编　西南交通大学出版社　2018 年 9 月　文 171 页　插图 116 幅　彩版 6 页　16 开

三　石窟寺

石窟寺研究（第八辑）　中国古迹遗址保护协会石窟专业委员会、龙门石窟研究院编　孙英民主编　科学出版社　2018 年 2 月　文 432 页　插图 393 幅　插表 37 幅　彩版 4 页　16 开

龙门石窟考古报告：东山擂鼓台区 龙门石窟研究院、北京大学考古文博学院、中国社会科学院世界宗教研究所编著 科学出版社、龙门书局 2018年1月 全六册 凡例、目录32页 文386页 插图399幅 插表8幅 附表、附录366页 附彩版、拓片24页 实测图126页 洞窟遗存彩版、拓片271页 窟前遗址彩版、拓片163页 8开

云冈石窟（第三期，第十七卷～第二十卷） 京都大学人文科学研究所、中国社会科学院考古研究所编 王巍主编 科学出版社 2018年6月 全九册 8开 第十七卷（第一窟～第六窟） 文本卷（凡例、目录6页 文156页 插图40幅 图版27幅 实测图4页） 图版卷（目录13页 图版192页） 第十八卷（第七窟～第十窟） 文本卷（目录6页 文164页 插图69页 图版24幅） 图版卷（全二册 目录23页 图版330页） 第十九卷（第十一窟～第十六窟） 文本卷（目录5页 文142页 插图4幅 图版29幅 实测图5页） 图版卷（目录13页 图版210页） 第二十卷（第十七窟～第四十一窟） 文本卷（凡例、目录11页 文214页 插图136幅 图版51幅） 图版卷（目录17页 图版235页）

丝路之魂：敦煌、龟兹、麦积山石窟 《丝路之魂：敦煌、龟兹、麦积山石窟》编辑委员会编著 四川人民出版社、商务印书馆 2018年3月 363页 彩版 16开

图说敦煌二五四窟 陈海涛、陈琦著 生活·读书·新知三联书店 2018年1月 248页 插图385幅 16开

丝路明珠：敦煌石窟在威尼斯 敦煌研究院编 王旭东、Tiziana Lippiello主编 文化艺术出版社 2018年2月 235页 彩版、图版205幅 8开

佛在敦煌 段文杰著 中华书局 2018年7月 文303页 插图26幅 彩版16页 32开

莫高窟之外的敦煌石窟（华夏文明之源：石窟艺术） 赵晓星著 甘肃人民美术出版社 2018年1月 161页 插图208 16开

石窟之祖：武威天梯山石窟（华夏文明之源：石窟艺术） 王奎著 甘肃人民美术出版社 2018年1月 162页 插图134幅 16开

石窟艺术研究（第三辑） 麦积山石窟艺术研究所编 李天铭、孙晓峰主编 文物出版社 2018年12月 332页 插图296幅 插表40幅 16开

麦积山石窟文物工作七十年 麦积山石窟艺术研究所编 董广强主编 文物出版社 2018年4月 182页 照片271幅 16开

麦积山石窟栈道考古 董广强著 甘肃人民出版社 2018年12月 249页 32开

海外克孜尔石窟壁画复原影像集 中国新疆龟兹研究院、德国柏林亚洲艺术博物馆、俄罗斯国立艾尔米塔什博物馆编 赵莉主编 上海书画出版社 2018年11月 153页 彩版195幅 16开

嘉陵江流域石窟寺调查及研究 蒋晓春、符永利、罗洪彬、雷玉华著 科学出版社 2018年1月 文464页 插图125幅 插表21幅 彩版135页 16开

四川散见唐宋佛道龛窟总录：广元卷 四川省文物考古研究院、西北大学文化遗产学院、广元市文物局编 唐飞、俞天喜主编 文物出版社 2018年9月 183页 插图246幅 16开

仁寿牛角寨石窟：四川仁寿牛角寨石窟考古调查报告（四川石窟寺大系） 四川省文物考古研究院、西北大学文化遗产学院、仁寿县文化广电新闻出版局编著 王婷、于春著 文物出版社 2018年12月 目录13页 文302页 插图174幅 彩版132页 16开

大足学刊（第二辑） 大足石刻研究院、四川美术学院大足学研究中心编 黎方银主编 重庆出版社 2018年8月 380页 16开

四 古代建筑

中国古代墓葬四隅券进式穹窿机制与源流研究（建筑遗产保护丛书） 徐永利著 东南大学出版社 2018年11月 270页 插图389幅 插表20幅 16开

渤海国建筑形制与上京城宫殿建筑复原研究 刘大平、孙志敏著 哈尔滨工业大学出版社 2018年6

月　307 页　插图 367 幅　插表 62 幅　16 开
羽人瓦当研究　张东芳著　知识产权出版社　2018 年 7 月　217 页　插图 163 幅　16 开

五　陶瓷与窑址

金道瓷行：商周时期北方地区印纹硬陶和原始瓷器研究（北京大学中国考古学研究中心稽古系列丛书之二）　黎海超著　上海古籍出版社　2018 年 8 月　179 页　插图 49 幅　插表 8 幅　16 开
抟土为金：安阳相州窑及相州窑瓷器考古新发现　安阳市文物考古研究所编著　中州古籍出版社　2018 年 10 月　246 页　16 开
叶县文集出土陶瓷器（河南省南水北调工程考古发掘出土文物集萃，五）　河南省文物局、河南省文物考古研究院编著　王龙正主编　中州古籍出版社　2018 年　286 页　16 开
千年耀州窑　薛东星著　文物出版社　2018 年 8 月　267 页　插图 34 幅　彩版 166 幅　16 开
焰红石渚：长沙铜官窑遗址 2016 年度考古发掘出土瓷器　湖南省文物考古研究所编著　文物出版社　2018 年 6 月　224 页　插图 37 幅　彩版 160 幅　16 开
海丝唐韵，千年回望："黑石号"出水遗珍　长沙铜官窑遗址管理处编著　文物出版社　2018 年 5 月　166 页　彩版 162 幅　16 开
光致茂美：浙江出土宋元青白瓷（浙江省博物馆名窑名瓷系列特展之三）　浙江省博物馆编　王轶凌主编　中国书店　2018 年 12 月　169 页　彩版　16 开
宋韵留痕：两宋文物精品展·陶瓷篇　杭州博物馆编著　文物出版社　2018 年 11 月　130 页　彩版 126 幅　16 开
北宋龙泉窑纵论　沈岳明、郑建明主编　文物出版社　2018 年 12 月　160 页　插图 142 幅　16 开
哥窑的新发现　沈岳明、郑建明著　文物出版社　2018 年 10 月　111 页　插图 71 幅　16 开
大元·仓：太仓樊村泾元代遗址出土瓷器精粹　苏州市考古研究所、太仓博物馆编　张照根主编　上海古籍出版社　2018 年 3 月　169 页　插图 9 幅　彩版 394 幅　16 开
丰城洪州窑址（江西省文物考古研究院考古发掘报告之二）　北京大学中国考古学研究中心、江西省文物考古研究院、江西省丰城市博物馆编著　文物出版社　2018 年 8 月　目录 17 页　文 423 页　插图 145 幅　附图 101 幅　插表 9 幅　附表 12 幅　图版 88 页　16 开
明代景德镇民窑纪年青花瓷　江西省博物馆编　彭明瀚著　文物出版社　2018 年 4 月　全二册　431 页　插图 91 幅　彩版 79 组　16 开
明洪武官窑研究：以御窑厂遗址出土遗物为中心　江建新著　文物出版社　2018 年 9 月　135 页　插图 217 幅　16 开
明代嘉靖隆庆万历御窑瓷器：景德镇御窑遗址出土与故宫博物院藏传世瓷器对比　故宫博物院、景德镇市陶瓷考古研究所编　吕成龙、江建新主编　故宫出版社　2018 年 11 月　全二册　775 页　插图 52 幅　彩版 442 幅　12 开
青花瓷：科技、文化、贸易（广东省博物馆展览系列丛书）　广东省博物馆编　肖海明主编　岭南美术出版社　2018 年 4 月　249 页　彩版　16 开
亚洲内海：13 至 14 世纪亚洲东部的陶瓷贸易（广东省博物馆展览系列丛书）　广东省博物馆、韩国国立海洋文化财研究所编　岭南美术出版社　2018 年 8 月　291 页　16 开
中国古代名窑名瓷系列：北（河北博物院文博讲坛精粹）　河北博物院编　河北美术出版社　2018 年 7 月　221 页　彩版　16 开
中国古代名窑名瓷系列：南（河北博物院文博讲坛精粹）　河北博物院编　河北美术出版社　2018 年 7 月　173 页　彩版　16 开

补　遗

汝山瓷器与鲁山窑瓷器研究（中国古陶瓷研究辑丛）　中国古陶瓷学会编　故宫出版社　2017 年 10 月　文 446 页　插图 710 幅　插表 26 幅　彩版 7 页　16 开

六 古代绘画

中国墓室壁画史论 汪小洋著 科学出版社 2018年5月 509页 插图183幅 16开

中古中国文殊五台山图像学：根据公元7至10世纪敦煌绘画资料的研究 张惠明著 上海古籍出版社 2018年11月 560页 16开

岩石上的信仰：中国北方人面岩画 王晓琨、张文静著 中国社会科学出版社 2018年3月 文188页 插图561幅 彩版4页 16开

岩画研究（2018） 宁夏岩画研究中心编 宁夏人民出版社 2018年12月 220页 16开

灵武岩画 宁夏博物馆编 王固生、柳辉著 宁夏人民出版社 2018年9月 551页 12开

广西左江蹲踞式人形岩画研究 黄亚琪著 科学出版社 2018年8月 286页 插图145幅 插表11幅 16开

七 古代书法

中山王汉墓出土黄肠石题刻精拓百品（定州历史文化丛书） 定州市旅游文物局编著 曹祖旺主编 文物出版社 2018年8月 文32页 插图8幅 图版、拓片114页 16开

八 古代工艺美术

千文万华：中国历代漆器艺术 上海博物馆编 杨志刚主编 包燕丽撰文 上海书画出版社 2018年11月 322页 插图18幅 彩版198幅 8开

中国刺绣 王亚蓉著 万卷出版公司 2018年1月 546页 彩版、插图441幅 横8开

中国历代服饰文物图典 高春明著 上海辞书出版社 2018年10月 全六册 1563页 彩版1191幅 8开

马王堆汉墓服饰研究（湖南省博物馆藏品研究大系） 王树金著 中华书局 2018年5月 261页 插图324幅 插表13幅 8开

千年丝语：福州北郊茶园山宋墓出土纺织品文物图录张振玉、林江主编 海峡书局 2018年12月 141页 插图31幅 彩版60组 16开

汉地佛教造像服饰研究 葛英颖著 东华大学出版社 2018年6月 143页 插图 16开

中国古代物质文化史：玻璃器 齐东方、李雨生著 开明出版社 2018年12月 268页 插图248幅 16开

中国古代玻璃器 夏文峰编著 河北科学技术出版社 2018年5月 207页 32开

中国古代玻璃研究 蒋玄佁著 上海文化出版社 2018年12月 359页 16开

湖南出土珠饰研究 湖南省博物馆编 喻燕姣主编 湖南人民出版社 2018年10月 474页 插图209幅 彩版507幅 16开

文物陕西：牙骨角器卷（陕西第一次全国可移动文物普查丛书） 陕西省文物局编 郝娟编著 陕西师范大学出版社 2018年5月 序、目录16页 概述6页 彩版、附录157页 彩版111幅 16开

唐宋中国与日韩工艺美术交流研究 朱彦著 清华大学出版社 2018年10月 564页 16开

陆 古代科学技术

图说中国铜文化（铜文化书系） 华觉明、谭德睿主编 中国科技大学出版社 2018年4月 551页 16开

铜与古代科技（铜文化书系） 李亮、关晓武主编 中国科技大学出版社 2018年4月 207页 16开

中国古代钢铁技术史（川大史学） （丹麦）华道安（Donald B. Wagner）著 （加）李玉牛译 四川

人民出版社 2018年12月 361页 插图246幅 插表7幅 16开 译自 Iron and Steel in Ancient China, 1993年

中国纺织考古与科学研究（科技考古和科学史） 赵丰、周旸、刘剑等著 上海科学技术出版社 2018年12月 278页 插图314幅 插表46幅 16开

柒 古代文化生活

古物的声音：古人的生活日常与文化 杨泓著 商务印书馆 2018年6月 215页 插图112幅 32开

寰宇鸣钟："曾侯乙编钟出土40周年"纪念文集 李幼平主编 武汉出版社 2018年10月 525页 插图184幅 插表174幅 谱例26幅 16开

生命·运动·乐趣：中华古代体育文物 扬州博物馆编 徐忠文主编 译林出版社 2018年7月 179页 彩版 16开

捌 民族考古和边疆地区考古

鲜卑起源、发展的考古学研究 吴松岩著 上海古籍出版社 2018年5月 167页 插图36幅 插表12幅 16开

蒙古族源与元朝帝陵综合研究（第一辑） 王巍、孟松林主编 科学出版社 2018年1月 474页 16开

蒙古族源与元朝帝陵综合研究（第二辑） 王巍、孟松林主编 科学出版社 2018年1月 463页 插图31幅 16开

民族考古之路：我的治学生涯 宋兆麟著 商务印书馆 2018年4月 232页 照片 16开

明月出天山：新疆天山走廊的考古与历史（丝瓷之路） 张驰著 商务印书馆 2018年2月 264页 插图147幅 32开

新疆—西域文化考古学研究 张碧波、余朝阳著 黑龙江人民出版社 2018年11月 495页 插图219幅 16开

古代铜鼓装饰艺术 广西民族博物馆、中国古代铜鼓研究会（吴崇基、罗坤馨、蔡荭）编著 文物出版社 2018年6月 308页 插图19幅 彩版746幅 16开

东南亚铜鼓研究 万辅彬、韦丹芳著 中国科学技术出版社 2018年1月 373页 插图149幅 插表14幅 16开

玖 宗教遗迹与遗物

圣物制造与中古中国佛教舍利供养（考古新视野） 于薇著 文物出版社 2018年1月 专家推荐意见、目录10页 文208页 插图59幅 16开

佛影灵奇：十六国至五代佛教金铜造像 浙江省博物馆编 宣鼎文、黎毓馨主编 文物出版社 2018年11月 445页 16开

西域古佛寺：新疆古代地面佛寺研究 林立著 科学出版社 2018年6月 191页 插图196幅 插表5幅 16开

西藏东部吐蕃佛教造像：芒康、察雅考古调查与研究报告（国家社科基金后期资助项目） 张建林、席琳、夏格旺堆、田有前、胡春勃著 社会科学文献出版社 2018年12月 目录14页 文、图版290页 插图148幅 图版167幅 16开

杭州考古人日记：圣果寺遗址考古调查（杭州市文物考古研究所公共考古系列丛书） 孙媛著 浙江人

民美术出版社　2018 年 9 月　94 页　32 开
杭州南高峰塔　杭州市文物考古研究所编著　杨曦主编　文物出版社　2018 年 12 月　目录 7 页　文 99 页　插图 48 幅　彩版 47 页　16 开
妙香秘境：云南佛教艺术展　云南省博物馆编　云南民族出版社　2018 年 3 月　224 页　彩版 143 幅　16 开
辽代砖塔　陈伯超、赵兵兵、马鹏飞、王南著　华中科技大学出版社　2018 年 7 月　246 页　插图　16 开
蓝田水陆庵　陕西省文物保护研究院、蓝田水陆庵文物管理所编著　赵强、韩建武主编　文物出版社　2018 年 12 月　189 页　彩版 201 幅　8 开
东亚梵钟文化研究　余锦云著　文物出版社　2018 年 11 月　文 350 页　插图 185 幅　照片 6 页　16 开

补　遗

佛影湛然：西安临潼唐代造像七宝　浙江省博物馆、西安市临潼区博物馆编　2017 年　239 页　16 开

拾　文物保护单位、文物志和历史地理

北京考古志：石景山、门头沟卷　张利芳著　上海古籍出版社　2018 年 11 月　目录 13 页　文 211 页　插图 116 幅　彩版 56 页　16 开
北京的遗址墓葬（京华通览）　王岩编著　北京出版社　2018 年 3 月　233 页　插图 46 幅　32 开
滦平文物志　滦平县博物馆、滦平县文物保护管理所编著　沈军山主编　文物出版社　2018 年 12 月　文 472 页　插图 644 幅　彩版 7 页　16 开
内蒙古自治区长城资源调查报告：战国赵北长城卷　内蒙古自治区文物考古研究所编著　张文平主编　文物出版社　2018 年 8 月　序、目录 22 页　文、图版 398 页　插图 31 幅　地图 9 幅　彩版 340 幅　16 开
唐恭陵（洛阳通俗读本）　洛阳市文物考古研究院编　贾中宝、郭宏涛编著　中州古籍出版社　2018 年 3 月　181 页　插图 58 幅　16 开
中国早期秦蜀古道考述（汉中文化遗产精粹丛书）　郭荣章主编　文物出版社　2018 年 2 月　462 页　插图　16 开
岭壑无语：秦直道考古纪实　张在明、王有为、陈兰、喻鹏涛著　陕西师范大学出版社　2018 年 6 月　463 页　插图　16 开
甘肃省志：文物志（远古～2010）　甘肃省地方志编纂委员会、《甘肃省志：文物志》编纂委员会编纂　魏文斌主编　文物出版社　2018 年 11 月　全三册　序 15 页　文 2366 页　插图 2813 幅　地图 18 页　彩版 28 页　16 开
张家川金石录（张家川文化研究丛书）　张家川回族自治县文物局、张家川回族自治县博物馆编　谢安珍主编　文物出版社　2018 年 10 月　119 页　图版 46 组　16 开
拂去尘沙：丝绸之路新疆段的历史印迹　王瑟著　生活·读书·新知三联书店　2018 年 4 月　307 页　插图 100 幅　16 开
四川省志（第六十八卷）：文物志（1986～2005）　四川省地方志编纂委员会编　杨荣新、曾德仁主编　方志出版社　2018 年 6 月　文 360 页　彩版 26 页　16 开
唐蕃古道路网结构及沿线文物遗存考古调查与研究（西藏文化传承发展协同创新中心系列丛书）　余小洪、席琳主编　中山大学出版社　2018 年 11 月　250 页　16 开
宝安古墓葬（宝安历史文化系列丛书）　深圳市宝安区文体旅游局编　中州古籍出版社　2018 年 1 月　227 页　彩版　16 开

拾壹　中外关系与中外文化交流

长安丝路东西风　陕西省文物局编　赵荣主编　三秦出版社　2018年5月　156页　彩版　8开
汉唐文物与中外文化交流　杨瑾著　陕西人民出版社　2018年12月　全二册　646页　插图491幅　16开
漫漫丝路，泽遗百代：草原、海上丝绸之路文物精粹　鄂尔多斯青铜器博物馆编　王志浩主编　科学出版社　2018年11月　序、目录29页　彩版232页　16开
在最遥远的地方寻找故乡：13～16世纪中国与意大利的跨文化交流　湖南省博物馆编　商务印书馆　2018年3月　372页　插图195幅　彩版223幅（组）　8开
历史视野下的港城互动：首届“港通天下”国际港口文化论坛文集　宁波中国港口博物馆、宁波市文物考古研究所、国家文物局水下文化遗产保护中心编著　科学出版社　2018年7月　文375页　图版48页　16开

拾贰　文物保护工作、文物保护技术和文物修复

一　文物保护工作

文物工作调研报告汇编（2017）　国家文物局编　文物出版社　2018年12月　237页　16开
文物行政执法手册（2018年版）　国家文物局督查司编　文物出版社　2018年11月　415页　16开
文物保护装备标准汇编（二）　文物保护装备产业化及应用协同工作平台编　文物出版社　2018年10月　103页　16开
全国重点文物保护单位制度研究（中国文化遗产研究院人文社会科学系列）　李春玲著　文物出版社　2018年11月　304页　16开
郑州大遗址片区保护利用战略规划　郑州市文物局、北京大学考古文博学院、北京大学震旦古代文明研究中心编著　任伟、杭侃主编　科学出版社　2018年11月　文165页　彩版16页　示意图24页　16开
洛阳市文物考古研究院文物保护工作报告（2012～2017）　洛阳市文物考古研究院编　陈谊、史家珍主编　中州古籍出版社　2018年1月　277页　插图466幅　16开
江西大型历史遗存保护研究（文化名家暨“四个一批”人才作品文库）　刘昌兵著　中华书局　2018年10月　219页　插图166幅　插表10幅　16开
湖北省第一次全国可移动文物普查报告（2012～2016）　湖北省第一次全国可移动文物普查领导小组办公室编　武汉出版社　2018年4月　173页　16开
探索与实践：湖北特色文物保护利用之路，纪念改革开放40周年　湖北省文物局编著　黎朝斌主编　科学出版社　2018年9月　250页　插图234幅　16开
三峡文物保护　国务院三峡工程建设委员会办公室、国家文物局编　徐光冀、郝国胜主编　科学出版社　2018年3月　540页　彩版662幅　8开
三峡文物保护研究　郝国胜著　科学出版社　2018年5月　320页　插图365幅　插表48幅　16开
中国南水北调工程：文物保护卷　《中国南水北调工程》编纂委员会编　关照主编　中国水利水电出版社　2018年11月　484页　插图　16开
老司城遗址文物保护工程报告　湖南省文物考古研究所编著　科学出版社　2018年11月　全二册　目录27页　文480页　插图572幅　插表55幅　彩版、勘测图、设计图98页　16开

二　文物保护技术

中国文物保护技术协会第九次学术年会论文集　中国文物保护技术协会、重庆市文化遗产研究院编　李

化元、幸军主编 科学出版社 2018 年 6 月 549 页 插图 513 幅 插表 100 幅 16 开
丝绸之路文物保护科技研讨会暨第十四届全国考古与文物保护化学学术研讨会论文集 秦始皇帝陵博物院、甘肃省文物考古研究所编 西北大学出版社 2018 年 12 月 355 页 16 开
馆藏文物防震保护研究 （美）Jerry Podany 编 吴来明、葛家琪、马伯涛、黄河编译 科学出版社 2018 年 10 月 368 页 插图 253 幅 插表 69 幅 16 开
文物色彩分析与保护（北京市文物局青年科研丛书） 何秋菊著 北京燕山出版社 2018 年 11 月 294 页 插图 173 幅 插表 64 幅 32 开
北方草原古代壁画艺术保护与研究国际研讨会论文集 鄂尔多斯博物馆编 窦志斌主编 三秦出版社 2018 年 9 月 244 页 插图 212 幅 插表 8 幅 16 开
山西九原岗北朝墓葬壁画搬迁保护 山西博物院编著 张元成主编 科学出版社 2018 年 8 月 133 页 插图 183 幅 16 开
敦煌莫高窟风沙危害及防治 汪万福著 科学出版社 2018 年 5 月 200 页 16 开
水下文物保存环境调查技术与评估方法研究：以福建平潭沉船为例 张标标、陈春亮、梁春林、孙省利编著 海洋出版社 2018 年 12 月 156 页 插图 17 幅 插表 37 幅 彩图 20 幅 16 开

三 文物修复

洛阳市文物考古研究院文物修复报告洛阳市文物考古研究院编 陈谊、周立主编 中州古籍出版社 2018 年 1 月 221 页 插图 106 幅 插表 118 幅 16 开
大葆台汉墓黄肠题凑及棺椁的保护与研究 北京市大葆台西汉墓博物馆编著 科学出版社 2018 年 5 月 108 页 插图 75 幅 插表 26 幅 16 开
定陶汉墓黄肠题凑调查、保护与研究（中国文化遗产研究院·文物保护科技系列） 成倩、王江峰著 科学出版社 2018 年 8 月 序、目录 8 页 文 302 页 插图 337 幅 插表 66 幅 彩版 32 页 16 开
山东济南魏家庄墓地出土铁器的保护修复 中国社会科学院考古研究所、济南市考古研究所编 故宫出版社 2018 年 4 月 441 页 插图 16 开
吐鲁番古代纺织品的保护与修复（吐鲁番学研究丛书） 吐鲁番研究院、中国丝绸博物馆、吐鲁番博物馆著 曹洪勇主编 上海古籍出版社 2018 年 6 月 266 页 插图 385 幅 16 开
山西博物院藏宋元墓葬壁画修复报告 山西博物院编著 霍宝强主编 科学出版社 2018 年 8 月 159 页 插图 53 幅 插表 2 幅 16 开

拾叁 水下考古

水下考古：原理与实践之 NAS 指南（第二版）（国家文物局水下文化遗产保护中心·译著系列－2） 航海考古学会（Nautical Archaeology Society）著 阿曼达·鲍恩斯（Amanda Bowerns）编 国家文物局水下文化遗产保护中心译 文物出版社 2018 年 6 月 目录 14 页 文 362 页 插图 132 幅 彩版 32 页 16 开 译自 Underwater Archaeology, the NAS Guide to Principles and Practice, 2nd ed.

补 遗

南海Ⅰ号沉船发掘现场保护研究（中国文化遗产研究院文物保护科技系列） 中国文化遗产研究院（李乃胜、陈岳、沈大娲）著 科学出版社 2017 年 11 月 210 页 16 开

拾肆 世界古代文明与考古

汉江流域史（东北亚与欧亚草原考古学译丛） ［韩］崔梦龙、［韩］李鲜馥、［韩］安承模、［韩］朴淳发著 成璟瑭译 杨建华校 上海古籍出版社 2018 年 8 月 197 页 插图 68 幅 插表 18 幅

16 开

奈良大佛与重源肖像：日本中古时期佛教艺术的蜕变　［美］罗森福（John M. Rosenfield）著　颜娟英译　石头出版　2018 年 6 月　344 页　彩版 150 幅　图版 12 幅　16 开　译自 Portraits of Chôgen，the Transformation of Buddhist Art in Early Medieval Japan

越南早期考古学文化研究　彭长林著　广西科学技术出版社　2018 年 12 月　529 页　插图 47 幅　16 开

阿富汗：古代文明的十字路口　成都博物馆编著　李明斌主编　文化艺术出版社　2018 年 9 月　317 页　插图 95 幅　彩版 262 幅　16 开

金字塔：不朽之宫　河南博物院编　郑州大学出版社　2018 年 2 月　192 页　彩版　16 开

尼罗河的馈赠：古埃及文物特展　辽宁省博物馆编　马宝杰主编　辽宁人民出版社　2018 年 8 月　269 页　横 16 开

尼罗河畔的回响：古埃及文明特展（广东省博物馆展览系列丛书）　广东省博物馆编　魏峻主编　岭南美术出版社　2018 年 12 月　323 页　16 开

爱琴遗珍：希腊安提凯希拉岛水下考古文物　故宫博物院、希腊文化和体育部、希腊国家考古博物馆编　故宫出版社　2018 年 9 月　128 页　插图 12 幅　彩版 60 幅　16 开

庞贝：瞬间与永恒　成都金沙遗址博物馆、秦始皇帝陵博物院、天津博物馆、盘龙城遗址博物馆编著　文物出版社　2018 年 2 月　169 页　插图 50 幅　彩版 120 幅　展览效果图 5 组　16 开

聚落与历史重建：秘鲁维鲁河谷的史前聚落形态（外国考古学研究译丛）　［美］戈登·威利（Gordon R. Willey）著　谢银玲、黄家豪、李雅淳译　陈淳审校　上海古籍出版社　2018 年 3 月　序 25 页　目录 9 页　文 526 页　插图 88 幅　图版 60 页　16 开　译自 Prehistoric Settlement Patterns in the Viru Valley，Peru

自然的力量：洛杉矶郡艺术博物馆藏古代玛雅艺术品　洛杉矶郡艺术博物馆（LACMA）、湖北省博物馆编　［美］梅根·奥尼尔（Megan E. O'Neil）主编　文物出版社　2018 年 8 月　263 页　插图 27 幅　彩版 197 幅　16 开

新发表古代铭刻资料简目

（原形字用“□”号代替。期刊名称后的数码依次为期和页）

一　甲骨文

1 片带字肩胛骨

正面 14 列，约 60 字。反面刻辞 7 列，约 38 字。

（2010 年殷墟大司空村东北发现　　考古 3：117－120）

65 片带字甲骨

大半未著录。

（陕西师范大学博物馆所藏　　考古与文物 3：86－100）

二　金文

殷商

鼎

内底铭 2 字：“亚弜”。

尊

内底铭 1 字：“□”。

爵

鋬下铭 1 字：“弜”。

斝

内底铭 1 字：“□”。

（以上 2006 年安阳刘家庄北地 M44 发现　　考古 10：24－26）

觚

圈足内壁铭 2 字：“亚禽”。

爵

鋬下铭 3 字：“亚禽示”。

爵

鋬下铭 5 字：“亚禽示父乙”。

（以上 2008～2009 年河南驻马店闰楼商代墓地发现　　考古学报 4：480、483）

觚

圈足内铭 2 字：“齿古”。

爵

鋬下铭 2 字：“齿乙”。

（以上 2016～2017 年安阳任家村南地铸铜遗址墓葬发现　　中原文物 5：23－24）

爵

鋬下铭 3 字：“□父辛”。

（河北大学博物馆藏　　文物 4：53－54）

簋

内底铭 1 字：“□”。

（河南大学文物馆藏　　文物 2：75－80）

卣

盖、器对铭，1 行 4 字：“子□父乙”。

（2015～2016 年江西南昌海昏侯墓地发现　　文物 11：6）

西周

鼎

内底铭 5 字：“亚□門父丁”。

鼎

内壁铭 4 字：“耒　作父己”。

簋

内底铭 3 字：“□父乙”。

（以上河南大学文物馆藏　　文物 2：75－80）

鼎

内壁铭 3 字：“伯作齍”。

鼎

内壁铭 5 字：“伯釪作宝齍”。

鼎

内壁铭 3 字：“伯作齍”。

鼎

内壁铭 4 字：“伯作宝尊”。

簋

M1017：8，盖器对铭。器铭 6 行 51 字：“隹十又一月井叔来　麮盐蔑霸伯历使伐　用畴一百井二粷虎　皮一霸伯拜稽首对扬　井叔休用作宝簋其　万年子子孙孙其永宝用”。盖铭“麮”作“桒”，“孙”下无重文符号。

簋

M1017：40，盖器对铭。盖铭 6 行 50 字：“隹十又一月井叔来　桒盐蔑霸伯历使伐　用畴一百井二粷虎皮二　霸伯拜稽首对扬　井叔休用作宝簋其　万年子子孙其永宝用”。“虎皮二”，器铭作“虎皮一”。

簋

M1017：35，盖器对铭。器铭 6 行 51 字：“隹十又一月井叔　来麮盐蔑霸伯历　使伐用畴一百井二　章虎皮二霸伯拜　稽首对扬井叔休　用作宝山簋其万　年子孙其永宝用”。“虎皮二”，器铭作“虎皮一”。

簋

器底铭 2 行 12 字：“伯荆肇作鬻　彝子子孙孙永宝”。

方簋

器底铭 4 行 32 字：“唯正月王祭劃于　氏大奏王赐霸伯　贝十朋霸伯用作宝衢　其万年其孙子子永宝”。

鬲

内壁铭 2 行 4 字："作父　癸彝"。

甗

内壁铭 2 行 6 字："伯□作　宝尊彝"。

豆（4 件）

M1017：11－1，内底铭 3 行 14 字："霸伯作大　庙尊彝其　子子孙孙永宝"。

盆（2 件）

内底铭 2 行 11 字："倗伯肇作旅□　其万年永用"。

盂

内壁铭 10 行 116 字："隹三月王使白考蔑尚历归　柔鬱芳鬯臧尚拜稽首既稽　首延宾赞宾用虎皮爯毁用　章奉翌日命宾曰拜稽首天子　蔑其臣历敢敏用章遣宾赞用　鱼皮两侧毁用章先马邍毁　用玉宾出以俎或延伯或邍毁用玉　先车宾出伯遗宾于莽或舍宾马霸伯拜稽首对扬王休　用作宝盂孙子子其迈年永宝"。

觚

圈足内壁铭 2 字："父辛"。

爵

后壁铭 3 字："吹作宝"。

爵

鋬下铭 1 字："𥁰"。

斝

鋬下铭 3 字："子祖丁"。

尊

内底铭 3 字："作宝彝"。

尊

内底铭 3 字："伯作彝"。

尊

内底铭 4 字："作宝尊彝"。

卣

内底铭 5 字："洛仲作宝彝"。

罍

颈内壁铭 2 行 5 字："霸伯作　宝尊"。

盘

内底铭 4 行 38 字："隹正月既死霸丙午戎　［大］捷于霸伯搏戎获讯　一霸伯对扬用作宜（?）姬宝　盘孙子子其万年永宝用"。

盉

盖内铭 3 行 19 字："唯正月王在氐　霸伯作宝盉其　万年孙子子永宝"。

（以上 2009 年山西翼城大河口西周墓地 M1017 发现　考古学报 1：91、92、93、95、96、97、101、102、103、105、107、108、109、110、113、116、117、118、119、121、122、125、127、131、132）

鼎

内壁铭 5 行 29 字："唯正月甲午戎　捷于丧邍格仲　率追获讯二夫　馘二对扬祖考　福用作宝鼎"。

鼎

内壁铭 2 行 10 字："霸仲作宝旅　鼎其永宝用"。

簋（2 件）

盖器对铭。M2002：8 盖铭 4 行 29 字："唯正月甲午戎捷于　丧邍格仲率追获　讯二夫馘二对扬祖考福用作宝簋”。

甗

甑内壁铭 2 行 10 字：“霸仲作宝旅　甗其永宝用”。

盘

内底 10 行 153 字：“唯八月戊申霸姬以气讼于穆公曰以　公命用㪤朕仆驭臣妾自气不余气　公曰余不汝命曰㝬霸姬气誓曰余某　弗偁再公命用㝬霸姬余唯自無鞭　五百罚五百锊报厥誓曰余再公命用㝬霸　姬襄余亦改朕辞则鞭五百罚五百锊气则　誓增厥誓曰汝某弗再公命用㝬霸姬　余唯自無则鞭千传出报厥誓曰余既曰　再公命襄余改朕辞则出弃气则誓　对公命用作宝盘盉孙子子其万年宝用”。

盉

盖内铭 8 行 52 字：“气誓曰余某　弗再公命余自　無则鞭身第传　出报厥誓曰　余既曰余再公命襄余亦　改朕辞出弃对公　命用作宝盘盉　孙子子其万年用”。

（以上 2009—2011 年山西翼城大河口西周墓地 M2002 发现　考古学报 2：227、230、232、233、234、235、236、237、239）

盆

内底铭 3 行 17 字：“仲阪父作玟　伯宝益万年　子子孙孙永享用”。

（重庆中国三峡博物馆收藏　　文物 10：90、封面、封三）

春秋

瑚

盖器对铭。盖铭 5 行 25 字：“隹九月初吉　庚午宋子□□用其吉金　铸其饙匿子子　孙孙永寿用之”。

（2016 年湖北京山苏家垅墓群 M85 发现　　江汉考古 1：28－29）

戈

胡部有错金铭文 2 行 6 字：“蔡公子　吴之用”。

戈（2 件）

援上部、胡部各铭 3 字：“鄝公铸”、“公子□”。

（以上 1995 年河南淮滨王岗乡王岗村李营组砖瓦窑场发现　　江汉考古 4：128－129）

战国

戈

援及胡错金鸟虫篆 6 字：“蔡襄尹启之用”。

（1985 年安徽寿县寿春镇东关村柏家坟墓地发现　　文物 4：55－56）

铍

茎部刻 7 字：“十四年少府工佗”。

（2013 年湖北省荆州市荆州区郢城镇荆北村五组严家台墓地 M6 发现　考古 10：73－74）

戈

内铭 3 行 17 字：“五十二年蜀□　守竈造东工□□　丞杈工云”。

胡两面皆刻 2 字：“丹阳”。

镦铭 2 字：“郎中”。

（1991 年荆州市荆州区郢北村鸡公山墓地发现　　文物 9：37－39）

戈

内铭 2 行 4 字：“成𨛭　左戈”。

（新泰市博物馆藏　　文物 8：88）

西汉

甗

鼎腹铭 13 字："陕宫鼎容二斗并重十八斤第一"。

（2009 年三门峡市区西北部后川村西发现　　考古与文物 2：35）

銗

腹铭 19 字，内容不详。

盘

腹铭 18 字，内容不详。

纽钟

舞内壁铭 1 字，内容不详。

高座灯

灯盘外壁刻铭 15 字，内容不详。

（以上 2015～2016 年江西南昌海昏侯墓地　　文物 11：12、14、18）

新莽

衡

纽下存铭 16 行 62 字："岁□□□　龙集戊辰　戊辰直定　天命有民　据土德受　正号即真　改正建丑　长寿隆崇　同律度量衡　稽当前人　龙在己巳　岁次实沈　初班天下　万国永遵　子子孙孙　享传亿年"。

权

铭 4 行 15 字："律三斤　始建国元年　正月癸酉　朔日制"。

权

铭 4 行 15 字："律九斤　始建国元年　正月癸酉　朔日制"。

权

铭 4 行 18 字："律权钧重卅斤　始建国元年　正月癸酉　朔日制"。

权

一侧铭 2 行 6 字："律权石　重四钧"。

另一侧铭 20 行 81 字："黄帝初祖　德帀于虞　虞帝始祖　德帀于新　岁在大梁　龙集戊辰　戊辰直定　天命有民　据土德受　正号即真　改正建丑　长寿隆崇　同律度量　衡稽当前　人龙在己巳　岁次实沈　初班天下　万国永遵　子子孙孙　享传亿年"。

方版（2 件）

铭 9 行 81 字："黄帝初祖德帀于虞虞　帝始祖德帀于新岁在　大梁龙集戊辰戊辰直　定天命有民据土德受　正号即真改正建丑长　寿隆崇同律度量衡稽　当前人龙在己巳岁次　实沈初班天下万国永　遵子子孙孙享传亿年"。

方版

铭 7 字："黄金""布""铜泉""帛""絮"。

（以上 2017 年郏国故城遗址发现　　考古 8：8－17）

东汉

洗

底部铭 1 行 6 字："永寿二年朱提"。

（1992 年山东寿光纪国故城东汉窖藏　　中国国家博物馆馆刊 4：23）

唐代

铜提梁罐

双耳表面皆铭 1 字："汲"。

（2009 年 4 月淮安如意里小区唐代砖井发现　　东南文化 6：41、43）

明代

钟

横向铭 8 字："光禄大夫侄官智亮"。

纵向铭分 4 区，第 1 区 4 行 64 字："龙归坊信女黄妙端助银一千保自身清吉　信士危文恭助同一斤半保男求学寿命延长　信士高佛得助同一斤保男善孙清吉　弘治十一年戊午岁仲秋月吉日志"。第 2 区 11 行 128 字："三十三都荣铭保福庆中坊信官　吴生同侄仲仁仲义原捨罗一面　充入惠庙应用今同心朽破仍入本庙凑　注铜钟祈保吴宅求远子孙昌盛者　信士丁秉瑛捨铜二斤　澄江坊信女黄礼娘捨铜七斤祈保　男欧成孙自身清吉合宅平安　南市坊李试华捨铜十四斤　吴玄娘李九娘捨铜九斤半　张恭保文钊捨铜四斤半　江西万贯"。第 3 区 7 行 31 字："劝首　丁旻祐　黄伯成　高罗旻　虞文凯　住持郑继清　三十二都匠人吴友清"。第 4 区 8 行 88 字："当次劝首积福龙兴二坊　会同四十三四十四三十三等都募同二　十六坊抽己资财命工鼎新铸造铜　钟壹口充入　敕封惠安庙三位尊王御前晨夕　祈祷叩应伏愿金钟鸣镇千千　载保庇诸坊万万春家家清　吉户户沾恩谨题"。

（邵武市博物馆藏　　福建文博 4：33－35）

附一：铜造像铭

明代造像铭

座后部铭 3 行 6 字："捨财　信人　李伦"。

明造像

背部铭 4 行 41 字："温俭一父母诚心人张志德同交李　成造铸金像一十二尊　万历十三年四月吉日造　前后共造二十五尊"。

（以上 1984 年辽宁省辽阳市灯塔县中心医院住院处大楼工地发现　　文物 8：91－92、94－95）

附二：金银器铭

明金银器

金发簪铭 6 字："甲戌（1634）端午""上制"。

（2017 年四川眉山彭山区江口战场遗址 IIT1066 发现　四川文物 5：38－39）

清金银器

鎏金银耳杯錾刻 2 字："吉祥"

清银扁方背刻 2 字："瑞元"。

清银扁方背刻 4 字："万□足文"。

（以上 2015 年北京昌平朱辛庄清墓发现　北京文博 3：84、85、87）

附三：铁钟

清代铁钟

铭分 2 区。第 1 区 4 行 21 字："大清咸丰五年　岁次已卯月　谷旦吉立　金火同春炉铸"。第 2 区 4 行 23 字："福建邵武府建　宁县南乡长吉　保何住山公支　下子孙敬助"。

另有铭16字："国泰民安""风调雨顺""帝道遐昌""皇图巩固"。

（邵武市博物馆藏　福建文博4：33－35）

三　金册

明代

明朱由朽妃吴氏金册

册文5行53字："荣王嫡第二子荣世孙由朽　已改封荣世子尔夫人吴氏　宜从夫爵特授金册进封为　荣世子妃尔尚肃秉闺仪式　勤妇道以隆尔家钦哉"。

明朱翊鈐金册

册文6行48字："维万历二十六年岁次戊戌　四月乙卯朔越二十八日壬　午　皇帝制曰天子之众子必封为王　子孙世世相传藩屏帝室此　我"。

（以上2017年四川彭山江口古战场遗址发现　文物10：28、30、44）

朱祐枢妃刘氏金册

册文4行42字："维弘治十四年岁次辛酉二月庚辰　朔十二日辛卯　皇帝制曰朕惟　太祖高皇帝之制封建诸王必选贤女以"。

朱载墐金册

册文4行40字："祖训笃叙亲亲兹命荣世孙载墐　袭封为荣王授以金册尔其　恪勤忠孝亲贤爱民永为藩　辅钦哉毋怠"。

朱厚勋妃马氏金册

册文6行63字："维嘉靖拾玖年岁次庚子拾　贰月戊午朔贰拾伍日壬午　皇帝制曰朕惟　太祖高皇帝之制册封亲王必及　其配者所以重人伦之道此　古今之通义也尔马氏已封"。

朱载墐妃徐氏金册

册文6行53字："维嘉靖二十三年岁次甲辰　十二月乙丑朔二十六日庚　寅　皇帝制曰朕惟　太祖高皇帝之制封建诸王以隆　藩屏必择贤女以为之配荣"。

朱翊鈐金册（一）

册文4行36字："鈐年已长成特封为荣世子　授以金册其允服诗书恪敦　忠孝永承藩辅用副亲亲钦　哉毋怠"。

朱翊鈐金册（二）

册文6行63字："维嘉靖四十五年岁次丙寅　四月壬戌朔二十一日壬午　皇帝制曰朕惟亲王之子长者立　为世子此　太祖高皇帝之制也朕祇承天位　率由旧章荣王嫡第一子翊"。

朱常溒继妃刘氏金册

册文5行50字："通义也尔刘氏已封为荣世　子继妃今常溒袭封为荣王　特授尔金册进封为荣王继　妃尔尚靖恭妇仪克勤内助　以隆尔家钦哉"。

（以上四川彭山江口古战场遗址发现　中国国家博物馆馆刊8：8－13）

大西政权

金册（一）

铭4行30字："维　大西大顺二年岁在乙酉五月朔　日壬午　皇帝制曰朕监于成典中官九御"。

金册（二）

铭3行26字："思媚用册为修容朕德次嫔　嫱匪由爱授螽羽和集内教　以光钦哉"。

（金册一2011年征集，现藏眉山市彭山区文管所；金册二2017年彭山江口沉银遗址发现　中国国家博物馆馆刊8：19－20）

四　银锭铭

明代

银锭

原刻3行22字："合江县知县左佩琰追完　拾□年分□□银伍拾　两壹锭"。改刻为7行35字："四川十四年四司银　伍拾两　抚臣廖大亨　按臣陈良谟　司臣侯安国　解官唐皋　银匠郭一元"。

银锭

铭7行35字："四川十四年四司银　伍拾两　抚臣廖大亨　按臣陈良谟　司臣侯安国　解官唐皋　银匠郭一元"。

银锭

原刻3行22字："合江县知县左佩琰追　……拾□分白蜡银　……壹锭"。改刻为7行31字："四川十四年四司银　伍拾两　抚臣廖大亨　按臣陈良谟　司臣侯安国　解官唐　银匠"。

银锭

铭7行30字："四川十四年四司银　伍十两　抚廖大亨　按臣陈良　司侯安国解官唐皋　银郭元"。

银锭

铭3行11字："石门县征　完辽饷　银伍拾两"。

银锭

铭8行38字："四川十四年四司银　伍拾两　抚臣廖大亨　按臣陈良谟　司臣侯安国　解官唐皋　承差郭元　银匠郭元"。

银锭

铭7行30字："四川十四年四司银　伍拾两　抚廖大亨　按陈谟　司侯安国　解官唐皋　银匠郭元"。

银锭

铭7行37字："四川十四年四司□价银　伍拾两　抚臣廖大亨　按臣陈良谟　司臣侯安国　解官唐皋　银匠郭一元"。

银锭

铭7行35字："四川十四年四司银　伍十两　抚臣廖大亨　按臣陈良谟　司臣侯安国　解官唐皋　银匠郭一元"。

银锭

铭3行20字："通城县征完五年　本府秋粮银五十两　知县朱宗让"。

银锭

铭4行20字："蒲圻县征完天　启元年南粮改折　银五十两正　银匠□彭方"。

银锭

铭7行35字："四川十四年四司银　伍十两　抚臣廖大亨　按臣陈良谟　司臣侯安国　解官唐皋　银匠郭一元"。

银锭

铭7行35字："四川十四年四司银　伍拾两　抚臣廖大亨　按臣陈良谟　司臣侯安国　解官唐皋　银匠郭一元"。

银锭

原刻6字："梓潼县银壹锭"。改刻为7行32字："四川十四年四司银　伍拾两抚臣廖大亨　按臣陈良谟　司臣侯安国　解官唐　银匠王"。

银锭

铭7行35字："四川十四年四司银　伍拾两　抚臣廖大亨　按臣陈良谟　司臣侯安国　解官唐皋　银匠郭一元"。

银锭

铭7行34字："四川十四年四司银　伍拾两　抚臣廖大亨　按臣陈良谟　司臣侯安国　解官唐皋　银郭一元"。

银锭

铭7行35字："四川十四年四司银　伍拾两　抚臣廖大亨　按臣陈良谟　司臣侯安国　解官唐皋　银匠郭一元"。

银锭

铭7行34字："四川十四年四司银　伍两　抚臣廖大亨　按臣陈良谟　司臣侯安国　解官唐皋　银匠郭一元"。

（以上2017年四川眉山彭山区江口战场遗址IIT0767发现　　文物10：32－37、43－50）

银锭

铭3行27字："湖广黄州府蕲水县征完　万历贰拾玖年分楚禄银　伍拾两银匠通睘"。

银锭

铭4行22字："四川崇祯捌年分秦饷银　伍拾两　抚臣王　按臣韩一光　解"。

银锭

铭4行24字："蒲城县知县　□征完崇祯六年　丁银收头丁洪□　银匠张元昌"。

（以上2017年四川眉山彭山区江口战场遗址IIT1066发现　四川文物5：38－41）

清代

银锭

底部两端皆铭："辽阳万盛"。

底部中间铭："合记"。

银锭

底部右端铭5字："光绪廿四年"。

底部左侧铭6字："□□□□义利"。

底部中间铭"合记"。

（以上1984年辽宁省辽阳市灯塔县中心医院住院处大楼工地发现　　文物8：95）

附一：银饼

明代银饼

正面铭3"曹"字，反面铭1"曹"字。

银饼正面铭2"产"字。

（以上2017年四川眉山彭山区江口战场遗址IIT0767发现　　文物10：32－37、43－50）

五　玺印

（未注明质地者皆为铜质）

汉代

印

印面1字，不详。

（以上2015～2016年江西南昌海昏侯墓地发现　　文物11：23）

印

两面皆 2 字："苏福"。

（2013 年洛阳老城区邙山镇苗南村状元红路与陵园路交叉口东南侧发现　洛阳考古 1：18、20）

骨印章

印面似阴刻篆文，已模糊不清。

（2006 年禹州崔张墓地发现　考古与文物 2：27）

金代

行军万户调字号印

印背："河东行部□□□""贞祐三年四月造"。

印面："行军万户调字号印"。

万户所印

印背："贞祐三年五月初三日平州造。"

侧面："驹字号""万户所印"。

钮端："上"。

印面："行军万户所印"。

万户所印

印背："贞祐五年造"。

印面："万户所"。

印面："万户所印"。

行军万户印

印背："大同八年六月□"。

侧面："行军万户□印"。

印面："行军万户之印"。

（以上中国国家博物馆藏　　文物天地 5：65－68）

义军万户之印

印背：九义万。

印面：义军万户之印（九叠篆）。

（以上安徽师范大学博物馆藏　　文物 5：95－96）

元代

印

印面阳文篆书 2 字："秀芝"。

（2010 年江苏省苏州市姑苏区谢家坟土墩发现　　东南文化 4：31－32）

明代

永昌大元帅印

纽上铭："永昌大元帅印"（右）、"癸未年仲冬吉日造"（左）。

款记："永昌大元帅印"（九叠篆）。

（以上 2016 年追缴，原出江口沉银遗址　　四川文物 3：81）

六 墓志

隋代

隋达奚庆墓志

盖称："齐故骠骑广武男达奚君之碑"。

首题："齐故骠骑大将军都督广武男达奚君之碑"。

开皇十二年（592年）二月二十七卒。

同年十月十一日葬。

（20世纪60年代河南安阳小屯村北发现　　考古1：119-120）

隋张綝墓志

盖称："大隋使持节仪同三司汝南公张君墓志"。

首题："大隋使持节仪同三司集州刺史汝南公张使君墓志"。

开皇七年（587年）十月十一日卒。

开皇九年（589年）十月廿四日葬。

隋张綝夫人薛世兰墓志

盖称："隋故汝南公薛夫人铭"。

首题："集州刺史汝南公故张綝夫人薛氏墓志铭"。

大业元年（605年）十二月十四日卒。

大业三年（607年）二月五日与夫合葬。

（以上2006年陕西省西安市长安区郭杜街道办事处岔道口村南发现　　文物1：40-44）

唐代

唐宋素墓志

盖称："宋君志铭"。

首题："大唐故沙州敦煌县令宋君墓志铭并序"。

显庆四年（659年）十二月廿九日卒。

咸亨元年（670年）五月一日与妻王氏合葬。

（2014年华阴市夫水镇连村发现　考古与文物3：38-41）

唐王雄诞夫人魏氏墓志

盖佚失。

首题："故左骁卫大将军越州都督柱国宜春郡开国公王府君雄诞夫人钜鹿郡太夫人魏氏墓志铭并序"。

垂拱二年（686年）正月十日卒。

垂拱三年（687年）十月十八日迁葬于北邙西原。

（2011年洛阳市区华山路北和310国道交叉口西南唐墓发现　华夏考古3：27-29）

唐豆卢恕墓志

盖称："大唐故平原公豆卢府君墓志"。

首题："大唐故忠武将军行左卫翊一府中郎将上柱国平原郡开国公豆卢君墓　志铭并序"。

开元六年（718年）三月廿四日卒。

同年四月廿一日葬。

（2006年洛阳市洛龙区洛阳龙门高铁站发现　　中原文物3：28-29）

唐裴询荛墓志

盖称："大唐故邢州沙河县丞裴府君墓志之铭"。

首题："大唐故邢州沙河县丞河东裴君墓志铭并序"。

卒年不详。

开元廿一年（733 年）九月廿一日葬。

（2008 年焦作市马村区白庄小区 29 号楼发现　　考古与文物 1：36 - 38）

唐博陵郡夫人崔氏墓志

盖称："唐故博陵郡夫人崔氏墓志铭"。

首题："大唐四镇北庭行军兼泾原渭武等州节度营田观察处置等使光禄大夫检校尚　书右仆射使持节泾州诸军事兼泾州刺史御史大夫上柱国汝南郡开国公食邑　二千户周公故博陵郡夫人崔氏墓志铭并序"。

乾符五年（878 年）十月六日卒。

次年八月十五日葬。

卢中撰文　程询古书丹、篆盖

（2012 年西安市雁塔区曲江街道新开门村东南发现　　文物 8：18 - 21）

唐白贵夫人墓志

首题："南阳郡白氏夫人墓志"。

唐白贵夫人高氏盖袝墓志

首题："唐故高道南阳白公夫人高氏盖袝墓志"。

中和二年（882 年）卒。

中和三年（883 年）十月一日迁葬。

（2016 年北京市延庆区谷家营发现　　文物鉴定与鉴赏 2 上：72 - 74）

五代十国

后晋王氏小娘子墓志

无盖称、首题。

卒年未详。

后晋天福二年（937 年）四月十八日葬。

郭知密撰文

（2005 年太原市晋源区晋祠村发现　　文物 2：8 - 9）

北汉太惠妃墓志

盖称："故太惠妃墓志"。

首题："□□故齐国太夫人赠太惠妃墓志铭并序"。

天会十五年（971 年）七月一日卒。

裴自成撰文　达奚真书丹

（2009 年山西省太原市晋源区青阳河村发现　考古与文物 6：54 - 57）

辽代

辽萧宁墓志

盖残碎。志文亦残碎。

首题："……［同］中书门下平章事行徐州大都督府长史上柱国曹国公食邑四千户食实封肆佰户萧公墓志铭并序。"

辽咸雍八年（1072 年）卒。

董庠撰文。

辽安定公主墓志

盖称："大辽国故北宰相安定公主墓志铭"。

首题残。志文残碎。

卒年未详。

（以上 2014 年内蒙古赤峰宁城县福峰山辽墓　草原文物 1：54－56）

辽萧阐墓志

盖称不详。

首题不详。

董庠撰文。

（1992 年内蒙古赤峰宁城县头道营子乡岳家杖子村小桦树沟发现，现藏于内蒙古文物考古研究所　　草原文物 1：56）

辽耶律弘礼墓志

盖称：“故耶律公墓志”。

首题：“大辽大横帐耶律公墓志铭并序”。

辽寿昌二年（1096 年）卒

曲至忠撰文　郑企兰书丹　王元太、崔德成刻石

（2015 年辽宁北镇市富屯街道富屯村洪家街村民组辽代墓地发现　考古 4：55－57）

南宋

宋周汝士墓志

首题：“宋故太常寺簿周公墓志”。

南宋淳熙十一年（1184 年）十一月卒。

南宋淳熙十二年二月葬。

（2016 年浙江嵊州市杨港路发现　东方博物 1：27－28）

金代

金武珪墓志

额称：“故武公墓志铭”。

首题：“大金故太原武公墓志铭并序”。

金大定九年（1169 年）十一月二十八日卒。

是年十二月二十一日葬。

武大用书丹

（2007 年山西省陵川县附城镇玉泉村砖室墓发现　　文物 9：31）

元代

元尹左庭墓志

盖称：“故中顺大夫大名路开州君左君墓志铭”。

首题：“有元故中顺大夫大名路开州尹致仕左公墓志铭”。

延祐元年（1314 年）七月十二日卒。

同年九月葬并立石。

马豫撰文、书丹　吴元亨、翟登镌刊

（2004 年山东莘县徐庄乡高前庄村南发现　　考古与文物 2：141－143）

杨朵儿赤墓志

无盖称。

首题：“□□□□□□御史中丞夏国杨襄愍公墓志铭”。

延祐七年（1320 年）卒。

（以上 2005 年北京石景山区杨庄村发现　　北京文博 2：16－18）

元朱道宁墓志

盖称："故常州路阴阳教授朱君圹志"。

无首题。

至治三年（1323 年）正月九日卒。

是年三月六日葬。

朱权撰文

元施守真墓志

无盖称、首题。

至正十二年（1352 年）十一月卒。

朱权撰文

（以上 2010 年江苏省苏州市姑苏区谢家坟土墩发现　　东南文化 4：31－33）

明代

明朱权妻吴妙福墓志

盖称："朱立道妻吴氏之墓"。

无首题。

洪武二十一年（1388 年）二月廿八日卒。

朱焕撰文

明朱权墓志

盖称："□□□阴阳学正□□立道墓"。

无首题。

建文三年（1401 年）卒。

明朱安墓志

盖称："苏州府阴阳学正术致仕朱公墓志铭"。

首题残，应与盖称相同。

志文残缺，卒年残泐。

明朱安妻陈善清墓志

盖称："先室陈氏圹志"。

无首题。

正统二年（1437 年）十一月卒。

次年三月葬。

朱安撰文

（以上 2010 年江苏省苏州市姑苏区谢家坟土墩发现　东南文化 4：33－39）

明故孺人李氏墓志铭（有盖）

盖称："明故孺人李氏墓志铭"。

无首题。

弘治十一年（1498 年）十二月卒。

次年正月葬。

张敏篆盖　刘瑀撰文　张贯书丹

（河北保定市蠡县文管所收藏　　北方文物 1：72－73）

明赵恭墓志

盖称："明故武略将军锦衣卫副千户赵公之墓"。

首题："明故武略将军锦衣卫中所［副千户赵］公墓［志］铭"。
弘治九年（1494年）卒。
顾清撰文 张廷纲书 龙霓篆盖。
（北京石刻博物馆收藏 北京文博3：47－48）

明徐伯宽墓志
盖称："明故明威将军锦衣卫指挥佥事海雪徐公之墓"。
首题："明故明威将军南京锦衣卫指挥佥事徐君墓志铭"。
正德五年（1510年）正月廿七日卒。
次年十二月廿七日葬。
吴彦华撰文 沈庠书丹 徐珫篆盖

明徐伯宽夫人崔氏墓志
盖称："明故诰封恭人南京锦衣卫指挥佥事海雪徐公妻崔氏之墓"。
首题："徐母崔太恭人墓志铭"。
嘉靖七年（1528年）三月二日卒。
同年九月初三日葬。
顾璘撰文 王逢元书丹 徐霖篆盖

徐世礼夫人周氏之墓
盖称："南京锦衣卫指挥佥事徐君叙妻恭人周氏之墓"。
首题："明故徐恭□□□□□铭"。
嘉靖八年（1529年）十月卒。
是年十二月二十日葬。
周皋撰文 李鳞书丹 徐霖篆盖 朱茂刻石

明徐世礼墓志
盖称："诰封明威 将军南京 锦衣卫指 挥佥事桂 亭徐公之 墓"。
首题："诰封明威将军南京锦衣卫指挥佥事桂亭徐君墓志铭"。
嘉靖二十一年（1542年）十月十九日卒。
嘉靖二十三年（1544年）十一月初九日葬。
顾璘撰文 周金书丹、篆盖
（以上2011年南京林业大学校园东南部南大山南坡明墓发现 文物5：46－53）

明汤高墓志
盖称："明故义士汤公子高墓志铭"。
首题与盖称同。
正德十年（1515年）七月初五日卒。
正德十五年（1520年）十二月十有八日葬。
吴华撰文 吴徇书丹 章式篆额

明汤高夫人艾兴珍墓志
盖称："明故汤孺人艾氏墓志铭"。
首题："明故汤母孺人艾氏墓志铭"。
正德六年（1511年）正月二十三日卒。
正德九年（1514年）十月二十七日葬。
李哲撰文 邹旸书丹 陈幽篆额

明汤懋昭墓志
盖称："明故西塘汤君之墓志铭"。
首题："明故西塘汤君墓志铭"。

嘉靖四十五年（1566年）卒。
同年十二月葬。
黄极篆文　汤显祖书丹
明汤懋昭夫人魏氏墓志
盖称："祖母魏夫人迁祔灵芝园墓志铭"。
首题与盖称同。
万历七年（1579年）秋卒。
万历二十二年（1594年）葬。
万历三十四年（1606年）十二月二十与其夫合葬。
汤显祖撰文
明汤显祖夫人吴玉瑛墓志
盖称："明敕赠吴孺人墓志铭"。
首题与盖称同。
万历十二年（1585年）十二月初十日卒。
万历三十四年（1606年）立石。
汤显祖撰文　汤大耆书丹
汤儒祖夫人潘氏墓志
盖称："明敕赠文林郎少海汤公元配潘太孺人合葬志铭"。
首题："明故敕赠文林郎少海汤先生元配潘太孺人合葬墓志铭"。
万历十四年（1586年）十月廿四日卒。
是年冬葬。
清顺治柒年（1650年）迁葬立石。
邹士楷撰文　李茹春书丹　聂文麟篆额
（以上2017年汤显祖家族墓园发现　文物8：74－86）
明沈机墓志
盖称："大明故处士东桥沈公墓志铭"。
首题："明故处士沈东桥墓志铭"。
嘉靖三十年（1551年）七月二十三日卒。
是年十一月十有八日葬。
李天成篆文、书丹、篆盖　刘策镌石
明沈机与妻辛氏合葬墓志
盖称："明赠中宪大夫父沈公封太恭人母辛氏合葬墓志"。
首题与盖称同。
辛氏隆庆五年（1571年）三月二十九日卒。
隆庆六年（1572年）二月初四日与其夫合葬。
沈应时撰文　沈侨书丹
（以上2012年洛阳市定鼎北路以西、苗南村东南明代墓葬发现　洛阳考古4：15－19）
明沈应时墓志
盖称："明资善大夫南京工部尚书沈公墓志铭"。
首题："明资善大夫南京工部尚书对泉沈公墓志铭"。
万历十年（1582年）八月十三日卒。
万历十一年（1583年）十一月初六日与夫人李氏合葬。
刘贽撰文　刘衍祚书丹　王正国篆盖
明沈应时夫人李氏墓志

盖称："明诰封淑人李氏墓志"。

首题与盖称同。

万历九年（1581 年）六月二十八日卒。

是年冬十月初四日葬。

沈应时撰文　沈侨书丹

（以上 2012 年洛阳市定鼎北路以西、苗南村东南明代墓葬发现　洛阳考古 3：38－42）

明沈侨墓志

盖称："明显考官生府君沈公暨配显妣吴孺人合葬墓志"。

首题："明故显考官生府君沈公暨配显妣吴孺人合葬墓志"。

万历三十八年（1610 年）三月初五日卒。

万历三十九年（1611 年）二月二十日与其夫合葬。

沈余庆撰文　沈集庆书丹　魏守安刻石

（2012 年洛阳市定鼎北路以西、苗南村东南明南京工部尚书沈应时家族墓地发现　洛阳考古 2：13、24－26）

明南宁卫卫尉朱某墓志

无盖、无首题。

朱某嘉靖三十七年（1558 年）十月十八日卒。

朱某妻万历十年（1582 年）十一月二十六日卒。

万历十五年（1587 年）十二月十九日合葬、立石。

李天伦撰文

（2010 年南宁市邕宁区和合村莲花坡明墓发现　文物春秋 2：57－58）

明房汝中墓志

盖称："敕封承德郎户部山东清吏司主事继斋房公暨元配赠安人陆氏继配赠安人姜氏高氏合葬墓志铭"。

首题与盖称同。

房汝中万历三十年（1602 年）闰二月二日卒。

陆氏万历五年（1577 年）四月二十九日卒。

江氏万历十四年（1586 年）九月二十二日卒

高氏万历十六年（1588 年）六月四日卒。

房汝中与陆氏、江氏、高氏万历三十年三月十一日合葬。

方从哲撰文　李琦书丹　谢从宁篆盖　王守礼镌石

（2015 年北京海淀区潘庄东路 14 院附近发现　北方文物 2：72－73）

明晋王朱求桂墓志

无盖称、首题。

崇祯三年（1630 年）十一月十二日卒。

崇祯五年（1632 年）八月二十五日葬。

（1955 年山西榆次市苏村发现　中国国家博物馆馆刊 2：85）

清代

清刘裕元墓志

盖未见。

首题："皇清例授奉直大夫乾一刘翁墓志略迹"。

嘉庆二十五年（1820 年）四月二十三卒。

（2012 年太原市迎泽区马庄镇新沟村刘公坟发现　文物世界 6：26）

补遗：墓志

唐吕元悦及夫人合祔墓志

盖称："吕公之志"。

首题："大唐故东平吕府君夫人合祔墓志并序"。

吕元悦贞元五年（789 年）十月十三日卒。

吕元悦贞元六年一月六日葬。

夫人陵氏元和三年（808 年）十一月九日卒。

元和三年十二月合葬。

唐艾演墓志

盖称："艾府君墓"。

首题："唐故幽州潞县丞兰陵艾公墓"。

开成二年（837 年）五月二日卒。

是年十一月十日葬。

（以上 2016～2017 年北京通州区潞城镇后北营村、西南屯村发现　收藏家 5：69－72）

附一：买地券

五代南汉李十一郎合同券

券文 16 行 251 字。

左侧首题："合同券一道"。

券主李十一郎南汉乾亨九年（925 年）卒。

五代南汉李十一郎买地券

券文 18 行 250 字。

右侧首题："地券一道"。

内容与李十一郎合同券全同，唯合同券左书、买地券右书。

（以上 2016 年广州市珠江区江燕路 268 号地块发现　考古 5：65－66）

五代后蜀乐遥买地券

券文 13 行 252 字。

后蜀广政十八年（955 年）十月廿一日卒。

五代文承渌敕告

9 行 99 字。

（以上四川博物院藏　文物春秋增刊：9－11）

北宋尉晖买地券

券文 11 行，122 字。

宋至道（996 年）二年二月十三日立券。

（2003 年甘肃宁县九龙川九陵村发现，现藏甘肃庆城县博物馆　文物鉴定与鉴赏 10 上：11）

南宋王氏十二娘地券

券文 9 行，行 16 字，右上角残。

绍兴六年（1136 年）十二月初九日立券。

南宋买地券

券文漫漶不清，部分内容可辨。

乾道二年（1166 年）立券。

南宋李丞贵地券

券文 10 行，行 12 字。

券主李丞贵绍兴二十六年（1146 年）十二月二十四日立券。

南宋生墓券（2 件）

券文 9 行，行 15 字。文字漫漶。

墓主五十四岁建生墓所立地券。

绍熙元年（1190 年）十月初四日立券。

南宋买地券

券文 7 行，行 11 字。上部残损。

嘉定十年（1217 年）立券。

南宋古氏四寿娘买地券

券文 9 行，行 10 字。右侧文字漫漶

庆元三年（1197 年）十一月初十日立券。

（以上 2016 年成都市青羊区清江东路张家墩古墓群发现　　考古 12：70、72、73、75、76、78）

南宋周汝士买地铁券

残存 1 字："券"。

淳熙十一年（1184 年）十一月卒。

（2016 年浙江嵊州市杨港路发现　　东方博物 1：26）

金买地券

券文 9 行满行 14 字

大定廿二年（1182 年）后十一月十二日立券。

（2015 年山西汾西永安镇郝家沟村北发现　　文物 2：20－21）

明买地券

券文漫漶不清。

（2012 年洛阳市定鼎北路以西、苗南村东南明代墓葬发现　　洛阳考古 3：37－38）

附二：镇墓券

明陶镇墓券

背面朱书符箓文和咒语，符箓文居中。

左侧纵书 4 字："故□邪精"。

右侧纵书 2 字："不得干悕"。

（2012 年洛阳市定鼎北路以西、苗南村东南明代墓葬发现　　洛阳考古 3：37－38）

附三：墓室题记

汉画像题记

费县刘家疃汉画像石墓第 15 幅棒题："秦王""周公□成王""此怛己也"。

费县刘家疃汉画像石墓第 9 幅、第 14 幅亦有榜题。

（以上山东费县刘家疃汉画像石墓发现　　文物 9：77－91）

汉代墓室题记

朱书砖铭："左前下""左后下"。

（2013 年洛阳老城区邙山镇苗南村状元红路与陵园路交叉口东南侧发现　　洛阳考古 1：4）

西晋砖铭

砖铭："永宁二年十月八日□陈墓冢（?）"。

砖铭："五"。

（以上 2013 年湖北武穴石佛寺镇毛家美墓地发现　　江汉考古 4：49－50）

南朝砖铭

砖铭：“太岁辛未吕”。

（2016 年杭州萧山区湘湖风景区极地海洋公园西南侧发现　东方博物 1：7）

砖铭：“一十五”。

砖铭：“二百五十”。

（以上 2013 年河南偃师永宁路发现　中国国家博物馆馆刊 11：20）

十六国墓室题记

砖铭：“安定梁猛”。

（2011 年西安市灞桥区洪庆街道办纺织工业新园内发现　考古与文物 4：57）

东魏墓室题记

棺侧板铭 3 行 22 字：“大魏兴和三年岁次辛酉　安平县张鹿寺尼化生之　神寿”。

（1985 年临朐县辛寨镇张陆河村发现　文物 10：87－88）

唐墓室题记

墓砖铭：“高涼”“涼六”“涼五十”“涼六十二”“涼六十一”“涼……”。

（2014 年华阴市夫水镇连村发现　考古与文物 3：40－41）

金墓室题记

石棺棺首左一题记：“郭具”。

石棺棺首左二题记：“王祥”。

石棺棺首右一题记：“元觉”。

石棺右帮板题记：“丁欗”“赵孝宗”“鲁义姑”“曾参”“杨香”“韩伯徐”“王武子”“陆绩”“刘殷”。

石棺棺尾左侧题记：“孟宗。

石棺棺尾右侧题记：“曹娥”。

石棺左侧帮板题记：“蔡顺”“鲍山”“老莱”“刘明达”“舜子”“闵子骞”“姜诗”“田真”“董永”。

（以上 2015 年长治县镇里村发现　中国国家博物馆馆刊 6：31－38）

南朝宋墓室题记

砖铭：“元嘉九年七月卅日”。

砖铭：“元嘉九年立”。

砖铭：“四年十月作”。

砖铭：“樊世英”（2 块）。

（以上 2017～2018 年福建昭武市水北镇故县村发现　福建文博 4：3－8）

元墓室题记

甬道南壁左侧榜题：“鲁义姑”。

甬道南壁左侧榜题：“曾参子”。

甬道西南壁左侧榜题：“曹娥”。

甬道西南壁右侧榜题：“王裒”。

甬道西北壁左侧榜题：“刘殷”。

甬道西北壁右侧榜题：“王相”。

甬道北壁左侧榜题：“郭具”。

甬道北壁右侧榜题：“江革”。

甬道东北壁左侧榜题，漫漶不清。

甬道东北壁右侧榜题：“孟宗”。

甬道东南壁左侧榜题：“王武”。

甬道东南壁右侧榜题："□子"。

（以上 1998 年山西省吕梁岚县敦厚乡丁家沟村西侧砖室墓发现　　文物 6：39－43）

七　碑刻

东汉熹平石经

《诗·邶风》6 行《绿衣》《燕燕》《日月》《终风》《击鼓》等篇残石。

五代蜀石经

《周颂》《桓》、《赉》及《鲁颂》篇残石。

《尚书·禹贡》残石。

《尚书·君奭》残石

《尚书·说命》残石。

《周易》《否》卦爻辞、彖传、象传残石。

《周易》《履》卦残石。

《周易·中孚》残石。

南宋晁公武刻石经

《尚书·禹贡》残石。

《尚书·多士》残石。

（以上四川博物院藏　《文物春秋》增刊：6－7）

唐吐蕃嘎朗碑

碑文 25 行，藏文书写。

碑刻文字，据行距大小，可分上、下两部分：上部行距约 0.12 米，下部行距约 0.6 米。碑文所记为吐蕃赞普与坚噶波莽布支的盟誓内容。

［西藏林芝市米林县丹娘（gtamsnyan）乡夏拉（bya la）村东、朗嘎（glang mkhar）村南部　文物 10：60－63］

唐青州益都县令房公清德之颂碑

额称："青州益都县令房公清德之颂"。

无首题。

贞观十九年（645 年）十二月立石。

（山东青州市城区发现　　华夏考古 1：83－85）

元重修通仙观碑

首题："重修通仙观碑铭并序"。

至元二十八年（1291 年）立石。

赵君墓碑

碑文 6 行 29 字："大元赠朝列大夫骑都尉天水郡伯赵君及夫人赠天水郡太君石氏之坟"。

（重修通仙观碑碑身及额现被砌筑于门头沟区清水镇燕家台村过街楼券洞左侧、赵君墓碑原存于门头沟区清水镇梁庄台村，现存于门头沟区博物馆　　北京文博 2：43－44）

南宋道教石刻

首行横书："东方八天炼度真文"。下竖刻 8 行 64 字真文。

首行横书："南方八天安灵荐拔真文"。下竖刻 8 行 64 字真文。

首行横书："西方八天安灵"。下竖刻 8 行 64 字真文。

首行横书："北方八天镇墓真文"。下竖刻 8 行 64 字真文。

首行横书："中央黄天真文"。下竖刻 8 行 64 字真文。

（以上四川博物院藏　　文物春秋增刊：11－12）

元重修灵岳寺碑

碑阳记灵岳寺历史，碑阴记元代重修之事。

至元三十年（1293 年）立石。

明长城碑刻

内容分三类：一类为题名碑，即各工程兴建时主管官员、将弁题名及诗文碑；一类为“鼎建”刻石，即工程完工时建造、验收的记录；一类为石刻匾额。

（中国长城博物馆藏品　　北京文博文丛·文化带专刊：77—87）

附一：造像题记

北魏造像题记

北魏造像座背右侧 7 行 46 字：“大魏正始三年六　月十五日诸葛熹　为七世父母前亡若　死视存□□大小造　像一躯愿生先妙　洛国在所生常　以伏会”。

（以上 2012 年辽宁喀左卢家沟发现　　文物 8：48、54）

北齐造像题记

东龛右侧幔帐旁题记：“造像主张元略为父”

东龛佛座下方左侧题记：“□养主毛买携”。

东龛佛座下方右侧题记：“供养主李回敬”。

东龛供养人题记：“浮图主张文智为亡弟　浮图主张明显为父母　浮图主张标显为父母　浮图主张要明为父母　金刚主孙携显为父母　菩萨主霍小胡为父　阿难主张思国侍佛　檀越主郭弥仁为见身　副檀越范馛为见身　八斋主王□为亡父　见存母合门大小侍佛　副斋史兴达妻王昭香　当阳大像主张相和　为亡父母合门大小侍佛　□天王主郭弥仁为父母　迦叶杜太和为见身兄　菩萨主李回敬为父　开明主张□妻阿植为父　金刚主渠□方为息女　邑主张相和　邑主潘明宗　维那张馛　劵化主李伯仁　维那张文智”。

西龛佛像下方供养人题记：“菩萨主荆洪智为父母　阿难主杜太叶为亡父母　上转主阎元为见存父母　东面王主阎顿和为亡父母　副浮图主范禳洛为合门大小一心侍佛　弥勒像主范禳洛为亡父　范清苟母史琅秀侍佛　南面王主史力仁　西面王主郭文福为见母亡父　迦叶主□□德为见存父母　菩萨主洪意为亡父见存母　北面王主杨野仁为见存息成王　中转主张□□为亡父母□母　下转主张龙兴为兄思国　□□主张□□为兄□□　思□主杨成王为见身”。

西龛供养人题记下方邑子题记：“邑子潘安族　邑子张敬和　邑子张乐携　邑子乐荣炽　邑子李季琛”。

西龛供养人题记下方邑子题记：“范馛、申屠秀珎、张抱大、张相和、张始兴、郭寿、张标显、潘延和、张明显、桥贵箱、张文智、张馛、张乞德、阎云其、马业、李伯仁、张元胜、毛舍携、吕惠敬、杜标和、侯宗、史兴达、张回生、李珎郎、杨副族、孙富洛、潘要明、张始洛、侯建、杨显族、杨延昌、杨野仁、杨城王、张保悦、常清仁、乐僧禳、张和仁、张遵禳、石玉携、郭洪达、史天禳、崔头、续清丑、桥馛、苏珎庆、郭天生、曲兴成、曲元谌、曲黑仁、马世欢、张奇欢、乐僧洛”。

西龛供养人题记下方邑子题记：“张小、张伯达、马威、张□忆、毛延寿、马元景、毛昕携、潘延海、潘道和、潘□仁、潘元炽、潘双炽、潘进炽、潘转炽、潘石头、潘常子、张龙炽、张子亲、张寂仁、张□寂、张丑□、张洪略、马都、郭磨□、范清苟、张总贤、张珎深、张马生、张景珎、张泾实、桥嵩岳、桥嵩海、王法生、陈延、曲元智、张元、张元洛、张敬遵、张万年、申屠天兴、杨子西、李□、李安国、乐买、曲延海、张市千、李回敬、高世旺、赵仙兴、李景、李□仁、郭武仲、潘□生”。

西龛供养人题记下方邑子题记：“冀□、冀元贵、李傒斌、申屠元和、申屠定知、郭相安、张封、唐□□、张□□、宋□□、阎□□、李□□、李舍□、史□□、韩洛□、张德□、李禄□、毛善音、张景携、毛携超、陈德风、张珎延、侯寄如、侯士达、侯□都、高□、高□、樊延族、皇甫思、侯景□、马回□、杨道□、张□□、郭□□、郭□□、潘赵□、张尚□、张敬伯、张承佰、张神伯、张孟秋、张孟□、□显胜、张洪业、乐显明、常伯□、赵又□、阎客□、赵子奇”。

东龛东侧题记：“大齐河清二年六月癸巳朔八日　夫幽宗凝想非器像莫由表其源妙旨尼玄匪诠教何以晓其　绪是以八王兴塔季侣归真迦叶秉通凿像开悟般合邑著光目　□念真容于深衿亮□觉德思般若于智海遂即远采名山贵访　宝石敬为四恩造像一区举高八尺威颜囧耀卅二相皙雕而敷　融红光华艳八十种好微工而辉显灵多宝连坐定光明应菩萨　云涌龙天万变难名奇状□般村东好石共崇此福上愿皇帝　陛下纳□千松祚隆遐扇七世父母行越无生现存眷属恒　洽圣泽福洽有形龙华等会同汎法舟俱升道场□□□□□”。

供养人像旁榜题：“副浮主范禳　洛乘马时”“都像主崔　伯丑乘马时”“邑主张树显乘马”“邑主张明显乘马”“邑主张文智乘马时”“邑主□□乘马时”“像主张相和乘马时”“像主范清荀　琅秀乘马”“范禳洛为亡父母”“……乘马”。

（以上山西安泽上寨摩崖造像　　文物 12：64－68）

隋代造像题记

克孜尔石窟第 205 窟婆罗迷字母的题记：“Kuci［mahā］（de）［vyā］svaya（ṃ）pra［bh］（ā）”。

（新疆拜城县克孜尔石窟　　中国国家博物馆馆刊 5：59）

唐代造像题记

赵家湾摩崖造像第 3 龛题记：“高玄弟子□□　绪敬造天□□　龛供养”。

赵家湾摩崖造像第 4 龛题记：“弟子张□□敬造　天尊一龛供养”。

赵家湾摩崖造像第 5 龛题记：“弟子□□敬造　天尊一龛并为　□□□□同造　供养”。

赵家湾摩崖造像第 5 龛题记：“弟子李晚生　敬造天尊一　龛供养”。

赵家湾摩崖造像第 8 龛题记，2 列，因风化漫漶不清。

赵家湾摩崖造像第 10 龛题记：“□子□□……　造天□一龛供养”。

赵家湾摩崖造像第 11 龛题记：“……　……天尊……”。

赵家湾摩崖造像第 13 龛题记：“弟子□□□□□□□　□敬造天尊一龛供养”。

赵家湾摩崖造像第 14 龛题记：“女弟子杨□敬造　天尊一龛供养”。

王家坡摩崖造像第 12 龛题记：“元十□年太岁□□正月”。

王家坡摩崖造像第 14 龛题记：“开元十五年九月□　□十九□……　敬造供养……”。

老君庙摩崖造像第 4 龛题记：“贞□□□太□□□　九月十一日弟子□志　□□□□……　□天尊□□……　□□□□□……　□□……□□四□□　□□……”。

（以上四川剑阁县隋唐道教摩崖造像　　四川文物 5：20－34）

千佛堂石窟第 3 龛题记：“□□郡平山□邑（?）主（?）……郡……”。

千佛堂石窟第 6 龛题记：“第 6 龛左侧有题记：“……敬（?）造（?）……佛一铺合□供养”。

千佛堂石窟第 11 龛左侧题记：“清信仕三品子行平山县尉张或（?）非供养”。

千佛堂石窟第 11 龛右侧题记：“非妻贾氏合家供养显圣元年（761 年）五月造”。

千佛堂石窟第 11 龛上方题记：“敬造释迦牟尼佛一铺”。

千佛堂石窟第 15 龛左侧题记“清信仕三品子行平山县尉张或（?）非合家供养”。

千佛堂石窟第 15 龛右侧题记：“非妻贾氏一心供养□圣元年八月廿日造”。

千佛堂石窟第 33 龛左侧题记：“……郡……亡父母敬造阿弥陀□一区”。

千佛堂石窟第 24 龛右侧立菩萨龛左侧题记：“佛弟子□二娘乔氏遇夫敬造”，

千佛龛题记有：“曹二娘造佛一铺”“田氏佛一铺”“……三娘佛……”“佛弟子省绣（?）供养”“佛弟子进代（?）供养”“佛弟子王□供养”“佛弟子□玉供养”“□三娘佛一铺”“李二娘为……”“……大娘为□父母□”“李二娘……”“女四娘供……”“……佛一铺”“李二娘……”等。

千佛堂石窟第 54 龛左侧题记：“□□□□城（?）县清信士平山县主簿周岚□合”。

千佛堂石窟第 54 龛左侧题记：“□妻正氏……”。

千佛堂石窟第 55 龛左侧题记：“□圣二年四月十五日”。

千佛堂石窟第69龛左侧题记“□圣二□（年）□七（?）……像一铺合家……”。

千佛堂石窟造像题记：“刘进（?）晖供养”、“造千佛主潘二娘供养”。

（以上河北平山县西林山千佛堂石窟　　考古与文物3：43－47）

兴化寺第18龛、19龛之间题记，分为六部分。

第1~2行：“……维那齐□□都□□书□□可□张再荣王神剑刘恒济　……藏章丘真如净那升方张君用”。

第3行：“……维那欧□宁……藏金刚山梁真相张真如藏”。

第4~11行：“……□□尹詹宋□韩□莱维那等竹詹盛尚品冯惟直　……刘□王神度韦举……并坐乳等维那翟花藏颜严净　……升元李伯敬王彦……□菓维那等张伦李岌□政　饼维那等……毛政李俊杜靖国作维那等安民□黎元扬□潜　饼维那……俊崔峑□霸杜政饞头维那等卫昌李长□许绪　……转□佛……摄受谨疏施膏糜□令狐弁杨意□　□□廿五日都修正月守护僧常满惟愿国界安宁法轮常　转为□□供□躯……常侍三军等敬设回戈斋三千人于长庆二年”。

第12行：“使检校兵部尚书兼御史大夫崔”。

第13~14行：“判官殿中侍御内供奉杨虞卿　长庆元年五月四日牒”。

第15~21行：“州仍不得令有搅扰者故牒　使判□□者准判牒知并牒　持□□□公牒永为院主者多坚精道行山院功德实赖住　牒得押衙陈诚状前件僧住院年　石佛山院主僧常满小师金丰全约　敕徐泗濠等州观察处置使牒”。

兴化寺第46龛题记：“清信弟□刘　卞敬造僧伽　和尚一躯并　小师童子各　一合家供养　元和十三年　六月八日建　妻李氏”。

兴化寺第48龛题记：“弟子衙前兵马使兼押衙　银青光禄大夫检校太子　宾客行徐州司仓参军兼殿中侍御史上柱国长乐县　开国子食邑五百户冯造　妻彭城郡夫人刘氏　男乡贡明经直夫　无夫　女十一娘　右弟子敬修一佛二菩　萨愿合家平安享　官清吉永充供养　太和五年三月四日记”。

兴化寺第49龛题记：“功德主水行人等　众行人于石佛山七　祖堂敬造一佛二菩　萨一龛元和十三年　岁次戊戌七月癸未朔　□日庚子建萧俊　□□那主侯少液　饼维那主王叔澄　功德主朱光训　功德主赵如山　功德主赵坚　功德主秦智明　功德主张金　功德主朱凬　功德主李惠林　功德主卓士川男良佐　功德主张公檀”。

兴化寺第51龛题记：“清信弟子李　惟幹发愿敬　造一佛二菩萨　愿合家平安　永充供养　元和十三年　六月八日建”。

兴化寺第52龛题记：“清信弟　子王威　严为男　曹荣行　营阵亡　敬造普　贤菩萨　一龛今得成就永充　供养元和　十四年正月八日”。

兴化寺第53龛题记：“清信弟子吴　四德为自身　染患愿得除　愈敬造十一面　观世音菩萨　一躯护法神二□　元和十四年　正月六日造　永充供养”。

（以上江苏徐州兴化寺发现　　东南文化2：50－54）

安岳大佛寺造像第2龛左壁题记：“□藏诣大佛供养□”“□□　光辉”“法轮　常转”。

安岳大佛寺造像第2龛右壁题记：“□□护国菩萨”“风调　雨顺”。

安岳大佛寺造像第2龛主尊左侧：“……［毗］［卢］……成佛神庆□□”。

安岳大佛寺造像第2龛主尊右侧：“依宝毗卢庵教□现经幢”。

安岳社皇庙华严三圣龛题记：“岳邑长林乡信士罗荣陆同　缘陈氏捐银十二两发心重　……”。

安岳雷神洞华严三圣龛龛顶：“古迹天功山”。

高台左侧左起：“佛天光辉　法轮常转”。

高台右侧左起：“风调雨顺　国泰民安”。

安岳雷神洞华严三圣龛右壁：“补修碑序”“嘉庆元年”。

安岳雷神洞华严三圣龛前方：“重修雷神洞并装佛像功成记”

（以上四川安岳发现　　文物6：81－88）

清代题记

安岳大佛寺造像第1龛题记：《塑修圣像碑记》、嘉庆元年（1796年）《新装佛像碑记》、道光二十三年（1841年）《观音装彩记》、嘉庆二年（1797年）《关地像装彩记》。

（以上四川安岳发现　　文物6：81）

附二：摩崖刻石

上寨摩崖题记："天保二年"（551年）。

（山西安泽上寨摩崖石刻　　文物世界6：13）

莫高窟唐石刻题记3行24字："唐乾宁元年甲寅岁　奉河西节度李公□　其帝□□□三□□"。

（敦煌莫高窟东南大泉河岸采石场遗址发现　　敦煌研究1：105）

岩壁铭："大元三□五月年"

（北京门头沟区潭柘寺镇鲁家滩村南沟峪发现　　北京文博2：46）

桐湾溪村摩崖刻石

胡松"钟鼓洞"石刻

刻石："钟鼓洞"。

首题："大明嘉靖十有九年夏六月"。

落款："前进士湖广布政司参议滁人胡松题"。

曾才汉"阳明先生题钟鼓洞韵"石刻

首题："阳明先生题钟鼓洞韵"。

落款："门人泰和曾才汉"。

郑烛识"过钟鼓洞和阳明先生韵"石刻

首题："过钟鼓洞和阳明先生韵"。

落款："辰阳散吏郑烛识"

时间：隆庆丁卯（1567年）冬十月。

陶钦夔"钟鼓洞韵"石刻

首题："过钟鼓洞和阳明先生韵"。

落款："镜峰陶钦夔书"。

时间：嘉靖辛卯（1531年）秋日。

郑氏"钟鼓洞次阳明先生韵"石刻

内容漫漶。

时间和落款：万历丙申（1596年）秋日郑□书。

徐珊"太古遗音"石刻

首题："太古遗音"。

落款："五溪徐珊题"。

王阳明"钟鼓洞"石刻

内容漫漶。

胡松"壁立万仞"石刻

首题："大明嘉靖十有九年夏六月"。

落款："前进士湖广布政司参议滁人胡松题"。

徐廷绶"碧水丹山"石刻

首题："万历元年秋吉"。

淳安徐廷绶题、铜仁何仕遭书

（以上湖南怀化辰溪县辰阳镇桐湾溪村附近摩崖刻石　　怀化学院学报8：41－44）

南宋张釜题记

《行香子》63 字："岁序将阑，雪意犹悭，慢赢得，十日清闲。林泉佳处，足可跻攀。有杏花岩，玻璃井，第一山。细草孤烟，千里荒寒。望神州，杳霭之间，危阑休凭，目断心酸。是白沟河，鸡林塞，玉门关"。

（江苏盱眙第一山发现　　大众考古 4：72）

晏公祠石刻

停云岩

邀月洞

地藏殿外壁南墙刻南宋胡宏言论。

地藏殿门口刻南宋蔡沈《书集传·益稷》，另刻有"鸣球"、"搏拊"、"琴瑟"、"鼗鼓"、"柷"、"敔"、"笙"、"镛"等古代乐器及相关文字说明。

道统香火殿东西山墙分刻"河图"、"洛书"及相关内容，东北、西北石柱刻《性理大全·易学启蒙》有关河图、洛书的部分内容。北面石柱对联："振振君子用之行而舍则藏，蹇蹇王臣进尽忠而退补过。"南面石柱对联："日月两轮天地眼，诗书万卷圣贤心。"

地藏殿前散落石块刻字："□……□文王子武王□……□为冢宰摄政□……□于孺子遂作□……□既长公乃归□……□请以身代策□……□得策执以泣□……□之书以训焉"。内容与《尚书·金滕篇》相关。

停云岩石洞内刻有朱熹《四书章句》。

（以上北京晏公祠发现　　北京文博 2：53－67）

明念佛桥题记

石面右一行："弘治五年八月十五日"。

第二行："内官监太监韦童"。

（北京石景山八大处念佛桥　　北京文物 4：4 版）

清代赤金峡摩崖题记

横排 3 字："柔远人"。

竖排 3 行："光绪戊寅"、"江右张汝学重刻"、"关中王珪题"。

（2017 年甘肃玉门市赤金峡发现　　河西学院学报 4：44－45）

附三：塔幢

唐代佛顶尊胜陀罗尼经幢

幢身八面，每面约 500 字，共 3700 余字。

内容主要为佛陀波利译本《佛顶尊胜陀罗尼经》。

第八面经文后有 39 字题记："大唐开元十八年岁在庚午五月甲申朔八日辛卯青州临朐县市社二十人同建此宝幢诸功既毕"。

第七面经文后 8 行 44 字题记："大金国益都府　临朐县郭下　王顺合家等添　经幢顶座共四　事于贞元三年十二月初二日　重立石　石匠曹忠刊立"。

（以上山东临朐大佛寺遗址发现　　文物 10：82－85）

唐代佛顶尊胜陀罗尼经幢

阴刻《佛顶尊胜陀罗尼经》。

题记为："弟子如静如颜如妙等为故讳大德和尚建造佛顶尊胜陀罗尼经□神道□□□□□□不昧以受其永离盖□□永受□□□□□毕故书刻□石时大和四年岁次壬子十月庚申朔"。

（2009 年西安长安区韦曲韩家湾村发现　　文博 1：6－7）

唐佛顶尊胜陀罗尼经幢

标题行 7 字："佛顶尊胜陀罗尼"。

第 2 行 12 字："罽宾国沙门佛陀波利奉诏译"。

下为经文。

末行20字："咸通九年三月廿七日新繁县三会院僧文演敬述"。

（四川博物院藏　　文物春秋增刊：11－12）

金中都显庆院萧苍严灵塔幢

幢身八面，一至四面刻汉译《佛顶尊胜陀罗尼经》，第五面刻智炬如来心破狱陀罗尼、毗卢遮那佛大灌顶光陀罗尼、观自在菩萨甘露陀罗尼，第六至八面刻妙敬禅师行实。

妙敬禅师金大定二十七年（1187年）圆寂。

同年立石。

（以上藏北京市丰台区文物管理所　　北京文物1：3版）

元宗公长老寿塔幢

幢身八面，正面篆刻"宗公长老寿塔"，其余七面记宗公长老生平，凡1147字。

至元九年（1272年）立幢。

元惠公禅师塔幢

幢身八面，正面楷书"慧公禅师之塔"，其余七面刻惠公禅师生平，凡471字。

至元二十九年（1292年）立幢

（以上北京门头沟潭柘寺下塔院发现　　北京文博2：44－45）

元满禅师寿塔铭

首题："仰山栖隐禅寺第二十六代满禅师寿塔铭并序"。

信善撰文　行念书丹。

大德十一年（1307年）立石。

元西堂万泉文公大禅师塔铭

塔身正面书刻："西堂万泉文公大禅师塔"。

（以上2008年妙峰山镇樱桃沟村仰山栖隐寺遗址发现　　北京文博2：45－46）

元重修牛心山慧禅院记

碑阳字375字，其中9字漫漶不清。碑阴289字可辨。碑阳记慧禅院的建寺历史，及圆觉重建慧禅院，碑阴则详记寺院地产范围。

至元十五年（1278年）立石。

（以上2007年北京门头沟区永定镇冯村小学发现，现存永定河文化博物馆　　北京文博2：49）

元勤公禅师塔幢

额称："勤公禅师之塔"。

首题："金城山白瀑寿峰禅寺第十一代勤公禅师塔铭"。凡666字。

至元二十七年（1290年）圆寂。

大德二年（1298年）竖塔。

（现存于门头沟区博物馆　　北京文博2：50－51）

元海云宗师灵塔幢

额称："佛日圆明海云大宗师之灵塔"。

（现存门头沟区潭柘寺下塔院中　　北京文博2：51）

元灵岳寺妙明禅师塔幢残石

首题"□明大师"

幢身所记为妙明禅师行实，所记与宝峰寺相关。

（2017年北京门头沟区斋堂镇灵岳寺西北部山坡发现　　北京文物6：2版）

八　陶文

东周陶文

陶豆（2 件）铭 1 字："生"。

罐铭 1 字："豐"。

（以上 2017 年山东邹城邾国故城遗址发现　　考古 8：15、18）

战国秦陶文

量外壁中部铭 2 字："□□"。

量内底铭 2 字："驺""驺"。

量外壁戳印陶文。

量外壁铭 3 行 9 字："薛基子　之度同也　月"。

豆（6 件）柄上部戳印陶文。

罍肩部有铭 6 字："□同□同□同"。

（以上 2015 年山东邹城邾国故城遗址发现　　考古 3：53－62）

东汉陶文

陶瓮底部铭 4 字："□□七石"。

（1992 年山东寿光纪国故城东汉窖藏　　中国国家博物馆馆刊 4：24）

晚唐五代陶瓷文

盘内底铭："也"。

盘外底铭："金"。

盘内底铭："□"。

碗内底铭："吴"。

碗内底铭："金"。

盘内壁铭："金"。

盘内底铭："本"。

盘外底铭："全"。

盘外底铭："金""一"。

漏斗形匣钵外壁铭："申"。

漏斗形匣钵外壁铭："申"。

漏斗形匣钵外壁铭："上"。

漏斗形匣钵外壁铭："上"、"金"。

漏斗形匣钵外壁铭："上"、"金"。

漏斗形匣钵内壁铭："中"。

漏斗形匣钵内底铭："吴"。

漏斗形匣钵内壁铭："本"。

漏斗形匣钵内壁铭："十"。

漏斗形匣钵内底铭："不"。

漏斗形匣钵内壁铭："有"。

漏斗形匣钵内壁铭："大"。

漏斗形匣钵外壁铭："不"。

钵形匣钵内底铭："中"。

钵形匣钵内壁铭："十"。

钵形匣钵内壁铭："大"。

钵形匣钵内底铭："本"。

钵形匣钵外壁铭："甲"。
钵形匣钵内底铭："上"。
匣钵盖内壁铭："化"。
匣钵盖内壁铭："上""大"。
匣钵盖内壁铭："大"。
匣钵盖内壁铭："□"。
匣钵盖内底铭："金"。
垫钵内底铭："何""大"。
垫饼内底铭："化"。
垫饼内底铭："本"。
火照内底铭："生"。
（2012 年景德镇兰田窑发现　　华夏考古 4：56－60）

宋代陶文
釉陶碗底铭："六"。
（2013 年湖北武穴石佛寺镇毛家美墓地发现　　江汉考古 4：57）

元代瓷铭
白地黑花碗外底草书"郭"字。
白地黑花碗内底草书"元"字。
（以上 2017 年北京市房山区琉璃河镇立教村发现　　北京文博 2：75）
碗底铭："王"。
（2016 年浙江嵊州市杨港路发现　　东方博物 1：26）

明陶文
陶俑手中方形牌朱书 2 字："回避"。
（以上 2012 年洛阳市定鼎北路以西、苗南村东南明代墓葬发现　　洛阳考古 3：21）
陶井井台刻 1 字："井"。
（以上 2012 年洛阳市定鼎北路以西、苗南村东南明代墓葬发现　　洛阳考古 4：11－13）

附一：瓦当

辽代瓦当
铭 2"王"字。
（2010 年内蒙古巴林左旗查干哈达苏木石房子嘎查西北辽祖陵黑龙门遗址发现　　考古学报 3：395）

九　有铭砖

五代十国
砖铭："保大七年己酉岁造□记"。
砖铭："富贵吉"。字间饰"五"字钱纹。
砖铭："大吉利"。
砖铭："显德六年八月中旬王家记"。
砖铭："五"。
砖铭："王家计"。
砖铭："保大十三年计"。
砖铭："显德六年八月□日王家记"。

（2013 年湖北武穴石佛寺镇毛家美墓地发现　　江汉考古 4：52－53）

宋代

砖铭："建康都统司左军"。

砖铭："泰州癸酉"。

砖铭："泰州"。

砖铭："官砖"。

砖铭："江都县烧造"。

砖铭："海陵严四十六都"。

砖铭："泰义后军砖"。

砖铭："后军砖"。

砖铭："海陵"。

砖铭："三寸窑"。

砖铭："张四二"。

砖铭："何四二"。

砖铭："□陵小城砖"。

砖铭："海陵华四五"。

砖铭："□使□"。

砖铭："海陵朱五兴"。

砖铭："甲泰弟兴"。

砖铭："查四"。

砖铭："海陵张十乙"。

砖铭："□砖□"。

砖铭："海陵陆四五"。

砖铭："海陵秦五乙"。

砖铭："杜四二"。

砖铭："□小三"。

砖铭："□陵华三"。

砖铭："陈四"。

砖铭："海陵金念"。

（以上 2006 年江苏泰州凤城河风景区望海楼重建工地宋代涵洞发现　　考古与文物 1：50－52）

附一：杂器

战国竹简

《清华大学藏战国竹简（捌）》出版，包括八篇古佚书，为先秦经学、儒学、数术的研究提供了新资料。其中《摄命》为西周册命文书，记载了周天子命伯摄的命辞。《邦家之政》为孔子阐述治国为政的理念。《邦家处位》强调贡士选贤。《治邦之道》围绕如何治国安邦展开。《心是谓中》是战国时期性命之学的重要文献。《天下之道》强调攻守之道关键在于得民心。《八气五味五祀五行之属》《虞夏殷周之治》涉及节气推算、酸甘苦辛咸五味功效、五祀五行的相配、虞夏商周礼乐质文之变等内容。

（《清华大学藏战国竹简（捌）》，中西书局，2018 年 11 月）

西汉竹简

2000 多枚。内容包括质日、官府文书、私人簿籍与律典、算术、书籍、日书等。

（2006 年湖北云梦睡虎地西汉墓 M77 发现　　文物 3：43－53）

西汉简牍

5000 余枚。内容包括儒家典籍、诸子、诗赋等书籍以及公文、签牌等。

（2015年江西南昌海昏侯墓发现　　文物11：87－94）

西汉简牍

15枚，约200字。有“河平二年”“竟宁元年”等明确纪年。内容包括法律文书、书信等。

（2014～2017年四川渠县城坝遗址发现　　文物鉴定与鉴赏8下：75）

金代玉册

金代玉简残块：“癸丑”“金”“於”。

（2016年吉林安图县金代长白山神庙遗址发现　　考古7：79－80）

明代带字鹅卵石

鹅卵石铭为：“田宅”“箕”“景”“财”“离”“丙”。

（1955年山西榆次市苏村发现　　中国国家博物馆馆刊2：84、85）

（编辑整理：黄益飞）

第九篇

大 事 记

2018 年中国考古学大事记

1 月

河南省文物考古研究院自 2015 年 10 月以来发掘舞阳张王庄新石器时代遗址。发现仰韶文化房址 58 座、灰坑（窖穴）540 多座。房址分柱列式（可能属干栏式建筑）和半地穴式两种，大房子面积达 46 平方米。在遗址北部发现有古河道，据植物硅酸体分析结果，推认古河道上有水稻田类遗迹，这是中原地区首次发现的新石器时代稻田遗存。

云南省文物考古研究所、文山壮族苗族州文物管理所自 2017 年 12 月以来发掘广南县大阴洞遗址。发现云南目前规模最大的早期洞穴墓地。发现的 16 座墓葬，墓坑形状不规整，墓坑刚好能容纳以各种形式放入的墓主个体，人骨保存较好，葬式多样，有仰身直肢葬、屈肢葬、二次葬等，随葬器物较少，只有部分墓随葬有陶釜、纺轮和石箭镞。出土有陶器、石器、骨器和炭化稻等。炭化稻为粳稻，是滇东南区域首次发现。炭化稻的碳十四测年，分别为距今 2920 ± 30 年、距今 2600 ± 30 年、距今 3080 ± 30 年。

宋镇豪编著的《傅凯栋所藏殷墟甲骨》（中国社会科学院历史研究所藏甲骨墨拓珍本丛编）由上海古籍出版社出版。

宋镇豪主编、马季凡编纂的《徐宗元尊六室甲骨拓本集》（中国社会科学院历史研究所藏甲骨墨拓珍本丛编，第一辑）由上海古籍出版社出版。

1 月 24 日，由中国社会科学院主办、中国社会科学院考古研究所和《考古》杂志社承办的第十七届"中国社会科学院考古学论坛 · 2017 年中国考古新发现"在北京举行。

1 ~ 4 月

云南省文物考古研究所、德宏州文物管理所、云南大学发掘陇川县元明时期景允城遗址。推测景允城的使用年代为元明时期。对认识陇川境内元明时期的城址规模、格局、村落建筑的布局结构，以及研究元明时期边疆区域的历史文化等提供了重要资料。

四川省文物考古研究院、彭山区文物管理所第二次调查、发掘眉山市彭山区江口明末战场遗址。考古探测方面以磁法和激发极化法进行直接探测，以电阻率法和两栖雷达进行间接探测，然后对探测数据进行融合处理和综合解译。信息提取方面对发掘区域和出水文物进行三维激光扫描，获取高精度纹理信息。通过对三维点云数据和影像的处理，实现多维海量数据的互动，研发可视化程序。出水文物 12000 余件，其中最为重要的是发现了一枚蜀王金宝，是国内首次发现明代藩王的金宝实物。发现的诸多铭刻川内地名的银锭，为张献忠在四川的活动范围提供了实物证据。

1 ~ 7 月

云南省文物考古研究所、楚雄州博物馆发掘武定县己衣乡长田遗址。发掘面积 10000 平方米，文化层堆积最厚处达 4.8 米，清理石板墓 34 座、灰坑 13 个、房址 5 座、沟 3 条、灶 1 个，另有多处野外临时用火痕迹及垃圾倾倒痕迹。具有典型的金沙江流域新石器时代至青铜时代考古学文化特征。

1 ~ 8 月

广西文物保护与考古研究所象州县石龙镇娘娘村新石器时代贝丘遗址。包含了较多新石器时代晚期文化遗存。其中石器和骨器数量较多，文化面貌较为独特。

郑州市文物考古研究院发掘郑州市中原新区庙王安置区汉代墓葬，发现一座东汉黄肠石墓葬（M6）。周围原可能有陵园和寝殿等附属建筑。

1～12月

陕西省考古研究院继续发掘西安市高陵区杨官寨遗址东区墓地的东北部，揭露面积1000平方米，确认庙底沟文化墓葬73座，清理65座。截至目前已累计发现庙底沟文化墓葬416座。经全基因组DNA研究显示，男性基因稳定，女性基因多样，而且男性与男性、女性之间有稳定的遗传关系，女性与女性之间仅发现一例遗传。碳氮同位素研究显示，墓主人在食物结构方面没有显著差异。发掘者初步认为东区墓地应为杨官寨遗址普通居民的公共墓地。

陕西省考古研究院、榆林市文物考古勘探工作队继续发掘神木市石峁遗址。经2016年以来的三年发掘，基本全面揭露了皇城台门址。由东向西、自下而上，依次由广场、外瓮城、南北墩台、内瓮城、主门道等建筑设施构成。登临者需沿斜坡石板道路穿过三重门道、经历三道拐折方可抵达皇城台台顶。在主门道内清理出一些壁画残片，画幅保存最大者约30厘米见方，白灰面作底，以红、黄为主色，细黑线勾边，绘出菱形、勾连等几何形图案。在皇城台台顶东南区域的发掘，清理出大面积处理平整、踩踏清晰的活动面，这片活动面南侧似有石墙围封，形同门址广场，暂称为“台顶广场”。台顶广场北端矗立一座夯土筑芯、砌石包边的大型台基，现已发现的大型夯土墙房址和石砌墙房址均位于此台基之上。大台基大致呈南北向长方形，南护墙长约80米、最高处高约4米。在大台基南护墙处发现30余件石雕，绝大多数为雕刻于石块一面的单面雕刻，以减地浮雕为主，雕刻内容可分为人面、神面、动物、神兽等，有一些画面长度近3米，以中心正脸的神面为中心，两侧对称雕出动物或侧脸人面。这些石雕可能来自其它高等级建筑。皇城台系石峁城址的最核心区域。

洛阳市文物考古研究院自2013年以来发掘宜阳县韩都故城遗址防御性设施。城址平面呈不规则长方形，南北长1510米～2150米，东西宽1630米～1843米，总面积约310万平方米。

陕西省考古研究院等单位继续发掘秦咸阳城府库建筑遗址（ⅡB2JZ2）。该建筑址平面呈曲尺形，方向80°。东西长105.8米，南北宽20.3米，四面垣墙宽2.4米，内部由宽3.3米的夯土隔墙分为五个单元（F1－F4、F8），东南角南墙外有长方形附属设施1处（F7）。

广西文物保护与考古研究所发掘中留秦汉故城遗址。故城位于武宣县三里镇古立村勒马屯。秦汉遗存的分布范围约8万平方米，揭露面积2940平方米。发现遗迹有高台、围墙、壕沟、道路、建筑基址、水井、灰沟、灰坑、柱洞、窑址等，遗物有瓦、瓦当、砖、陶瓷器、石器、铁器、铜器、矿渣、鼓风管等，其中包括1枚西汉“临”封泥、1枚东汉“中溜丞印”铜印章、1块东汉“布山”印文陶片。中留县是秦代在广西境内最早设置的四个县之一，是秦汉王朝经略南方多民族地区的重要据点。

陕西省考古研究院、西安市文物保护考古研究院自2017年以来发掘霸陵遗址（薄太后南陵外藏坑、江村大墓外藏坑），并调查、勘探汉成帝废昌陵。

陕西省考古研究院、中国社会科学院考古研究所、西安市文物保护考古研究院发掘西安市汉代渭桥遗址。2012年以来在咸阳、西安地区渭河故道和今渭河河道内共发现汉、唐等不同时期的渭桥6组9座。这次在厨城门一号桥中部（T4）发掘面积300余平方米，清理出汉代残船1艘、桥桩122个、石构件58件。

陕西省考古研究院等单位发掘富平县唐文宗章陵陵园内石刻和东西两侧蕃酋殿遗址。出土石刻13件，多件保存有文字题刻信息，对研究唐中后期对外交往史，补充唐代服饰制度提供了重要资料。

2月

浙江省文物考古研究所、良渚文物保护管理所继续发掘余杭区良渚古城遗址，至翌年1月发掘了钟家港中区、桑树头、毛竹山和南城墙。其中在桑树头南部发现两排房基土台，目前北排确认3座、南排确认3座，面积100平方米～300平方米，在这两排房址的西部可能还各有一座房基土台分布，可能是宫殿区附近高等级贵族的居住区。

广州市文物考古研究院自2017年8月以来发掘广州市黄埔区茶岭遗址。清理新石器时代晚期至夏商之际墓葬174座，普通灰坑111座，窖穴类灰坑19座，柱洞302个，出土陶、石、玉等不同质地的小件文物500多件。文化面貌与粤北石峡文化有较为密切的联系，属于石峡文化的范畴，同时又存在一些自身的区域特点。扁平足、瓦状足的陶鼎，玉石钺、长身石铲、玉环、玉镯等也体现出源自良渚文化的影响。另清理宋代墓葬1座，明清时期的窑址1处、房基1座、墓葬2座。还有西周至春秋时期即广东地区“夔纹陶”阶段的遗存。

广州市文物考古研究院自2017年9月以来发掘广州市黄埔甘草岭遗址。清理新石器时代晚期至战国阶段的墓葬170座；普通灰坑77个，窖穴类灰坑4个，灰沟3条，柱洞约40个，出土陶、石、玉等不同质地的文物200多件。新石器时代晚期墓葬有160座，出土的夹砂陶鼎和泥质陶豆，以及玉环、玉琮等，都显示出来自粤北石峡文化，乃至环太湖良渚文化的深度影响。

天津市文化遗产保护中心自2017年11月以来勘探、发掘天津卫故城明清东城墙遗址。找到了天津卫城城市的基点，为卫城的始建年代提供了重要的考古实证。

2月1日，中国考古学家宿白逝世。

2～5月

广州市文物考古研究院发掘广州市番禺区唐代曾边窑遗址。发现唐代残窑1座、泥池1座、灰坑12座、灰沟4条，出土了大量陶瓷器。这是广州地区目前考古发现的唯一一座唐代窑址，也是广州发现最早的瓷窑遗址。

2～7月

南京博物院发掘溧阳市上兴镇蒋笪里汉代及宋明墓地。清理墓葬37座，分属汉、宋、明三个时期。汉代墓葬23座，M35出土遗物最多，达47件（组），椁室内发现新莽时期货币“大布黄千”和“大泉五十”，同出的还有车马器、兵器、漆器、铜镜等。1971年在蒋笪里墓地此次发掘区西部曾发现一座汉墓，出土了一些银缕玉衣片，墓主人身份可能为侯。蒋笪里应是汉代家族墓地，墓主可能是汉代的溧阳侯及家属。

2～8月

云南省文物考古研究所发掘元谋县江边遗址。清理早期墓葬204座、灰坑139个、沟45条。出土器物1904件（套），其中陶器1505件、铜器80件、石器168件、骨器130件。早期遗存主要以墓葬为主，应属先秦时期云南青铜时代较早的阶段。大量保存较好的人骨在云南并不多见，为研究古代人类提供了最直接的材料。

2～9月

重庆市文化遗产研究院发掘忠县皇华城宋代遗址。皇华城是宋蒙（元）战争山城防御体系的重要组成部分，位于忠县忠州街道顺溪社区。发掘面积113.5平方米，清理城垣198段，共5645.74米，由内城墙、外城墙及一字墙三部分组成。城址较好地保留了宋末以来的原始状况，明清及晚近以来没有大规模破坏与重筑，相较其他山城，具有高度的原真性和完整性。

2～12月

南京博物院、苏州市考古研究所、张家港博物馆再次发掘张家港黄泗浦遗址。自2008年12月至2018年12月先后进行了六次考古，发掘面积达8000多平方米，在遗址西区主要清理了南朝至唐宋时期的道路、灰坑、水井、水沟等遗迹，在遗址东区主要发现了唐代和宋代的河道、栈桥、房址、水井、仓廒类等诸多遗迹，证实了黄泗浦遗址是长江下游一处非常重要的港口集镇遗址。“黄泗浦”三字，最早见于日本真人元开撰写于公元779年的《唐大和上东征传》中，其中比较明确地记载了鉴真和尚第六次从“黄泗浦”东渡日本的过程。黄泗浦遗址诸多唐代遗迹及与佛教相关遗物的发现为实证鉴真第六次从黄泗浦成功东渡提供重要依据，说明了黄泗浦作为港口以及存在着唐宋时期的寺院，反映了庆安千年古镇曾有的繁华和海上丝绸之路的重要节点。被评为2018年度全国十大考古新发现。

3月

河南省文物考古研究院发掘博爱县柏山新石器时代遗址及汉代墓地。至翌年1月发掘仰韶文化房址3座，窑2座，灰坑42个，沟5条，汉代墓葬20座，清墓1座。柏山遗址是经科学考古发掘证实的太行山系南麓豫西北地区为数不多的仰韶时期文化遗址。

浙江省文物考古研究所、中国江南水乡文化博物馆继续勘探、发掘杭州市余杭区玉架山良渚文化遗址。玉架山良渚文化遗址已发现了由六个相邻的环壕围沟组成的良渚文化完整的聚落遗址，总面积约15万平方米。目前已发掘面积32000余平方米，共清理良渚文化墓葬560座、灰坑27座，建筑遗迹11处，出土陶器、石器、玉器等各类文物6000余件（组）。

3~4月

河南省文物考古研究院、三门峡市文物考古研究所等单位调查和勘探灵宝北阳平新石器时代遗址。勘探面积约90万平方米，发现房址35座、壕沟3条、冲积沟2条、古河道1条、陶窑9座、道路3条、窖穴1座、墓葬数座以及大量灰坑等遗迹。北阳平遗址主体文化遗存为仰韶文化庙底沟类型，面积达70万平方米，为灵宝铸鼎原仰韶文化遗址群中面积最大的一处遗址。

春

春中国国家博物馆、山西省考古研究所、运城市文物保护研究所发掘绛县西吴壁遗址。经秋季两次发掘，揭露面积1100平方米，发现大量二里头、二里冈期冶铜遗存，包括房址、窖穴、干燥坑、木炭窑、冶铜炉等遗迹，以及炉渣、炉壁、铜矿石、陶、铜、石、骨器等遗物。一处二里头文化早期地穴式房址近东壁处有窖穴。另一处二里冈期房址分里外间，里间带有多个经火灼烧的壁龛。这两座房址内均出土炉渣、炉壁等冶铜遗存。许多长方形直壁坑坑壁、底残存木炭，或为干燥坑。一处二里冈期遗迹的主体为红烧土，口径小于1米，内壁粗糙，内部及南侧出土较多炉渣、炉壁、铜矿石，可能为冶铜炉残迹。大多数二里头、二里冈期遗迹出土冶金遗物，如冶铜炼渣（炉渣）、炉壁、矿石、木炭等。另发现多件形制简单、用于铸造小型工具的残石范。石器包括刀、锤、杵、砧等，使用痕迹均较明显，当为冶炼铜矿所用的工具。以前发掘的闻喜千金耙等遗址表明，不晚于二里头文化时期，中条山腹地铜矿便得到开采。所采铜矿少量在矿山冶炼，其余去向不明。西吴壁遗址的发掘为解决这一问题提供了线索，填补了中原地区二里头文化、二里冈期青铜器产业链的空白。

3~5月

广西文物保护与考古研究所发掘武宣县陈家岭宋至明清窑址。清理马蹄形砖瓦窑6座，长条形陶窑1座，龙窑1座。年代以南宋晚期至元代早期为主。

3~6月

辽宁省文物考古研究院、朝阳市文物考古研究所在2017年度工作基础上，继续对大凌河中上游地区的建平县北部和凌源市北部地区开展调查。经10~11月两次调查面积约3800平方千米，共发现先秦时期遗址360余处，其中红山文化遗址和墓地共210余处。

中国社会科学院考古研究所、山西省考古研究所再次发掘襄汾县陶寺遗址宫城内建筑基址（ⅠFJT3）。经8~9月两次发掘，重新揭开2007年的老探方TG29，重新确认了三排柱网结构的大型宫室建筑（编号 D1）的规模、结构、年代等问题。确认了宫城内最大的宫殿建筑ⅠFJT3 的存在，目前初步判断其面积近 8000 平方米，之上包含多座大型建筑，其中至少有一处主殿建筑。年代为陶寺文化中期始建，延续使用至陶寺文化晚期偏早阶段。

贵州省文物考古研究所发掘瓮安县飞练湖明代墓葬。清理三座，分别编为 M1、M2、M3，处于同一封土之下，封土东西长 13.5，南北残长 2 米，残高 1.2 米。三座墓极有可能同属于一个家庭，或与草塘安抚司宋氏密切相关。出土了贵州明代最为完整的彩绘漆棺。

广州市文物考古研究院发掘广州市增城区明代莲花书院遗址。揭示的书院平面结构与与湛若水著《娥眉山莲花洞开创书馆记》的记载吻合。湛若水创办 40 余所书院，莲花书院是其中唯一经过考古发掘且保存完整的重要遗址。是明代正德、嘉靖年间书院兴盛的重要见证。

3 ~ 7 月

浙江省文物考古研究所发掘衢州市衢江区庙山尖西周土墩墓。是迄今浙江省已发现的西周时期规模最大、等级最高的土墩墓。墓底平铺鹅卵石、墓坑外侧坡面铺砌鹅卵石的营建方式十分独特；两面坡人字形的木结构墓室为国内目前已发现的年代最早的人字形墓室，为绍兴印山越王陵的人字形墓室结构找到了渊源。

陕西省考古研究院发掘西咸新区空港新城周陵街道杨家村唐代唐从心墓。出土志文记载墓主为唐金紫光禄大夫、上柱国上庸郡开国公、歙州刺史唐从心，祖父唐俭、父亲唐嘉会史书均有记载，唐氏家族与李唐皇室渊源颇深。唐从心墓的发掘为寻找、确认唐氏家族后期墓地提供了重要线索。

3 ~ 8 月

甘肃省文物考古研究所发掘漳县墩坪遗址。清理齐家文化房址 9 座、灰坑 8 处，寺洼文化 10 座、汉代墓葬 68 座。寺洼文化墓葬均为东西向长方形土坑竖穴墓，一般长 343 厘米 ~ 238 厘米、宽 79 厘米 ~ 123 厘米、深 10 厘米 ~ 210 厘米，有一次葬、二次葬，一次葬为仰身直肢，头朝西，二次葬人骨较凌乱。多数墓葬在填土内随葬牛、羊头骨或肩胛骨。随葬品以陶器为大宗，集中置于头端或脚端，个别墓葬置于西壁半圆形龛内，亦有青铜环首刀、銎首斧、项饰、钏、泡、扣、铃及贝、绿松石、石刀等。

山东省文物考古研究院发掘济南市章丘区龙山街道杏行地遗址。发现宋金时期冶炼炉 5 座，各种窖藏坑、灰坑 96 个，房址 3 处，并发现了大量的瓷器、陶器、铁器、骨器及冶炼器具，另发现清理了清代晚期至民国墓葬 10 座。宋金时期冶炼遗址在山东地区是首次发现。

3 ~ 9 月

陕西省考古研究院、中国科学院古脊椎动物与古人类研究所等单位发掘南郑疥疙洞旧石器时代遗址。疥疙洞遗址为一处原地埋藏的晚更新世晚期人类居住遗址，为该地区首次发现和发掘的洞穴遗址，丰富了晚更新世晚期的人类活动信息。

广西文物保护与考古研究所发掘武宣县旧县宋代城址。

3 ~ 10 月

四川省文物考古研究院开展南亚廊道上的金牛道（广元段）、松潘驿道（若尔盖—茂县段）调查。

3 ~ 11 月

辽宁大学考古学系、辽宁省文物考古研究院等单位继续发掘阜新县他尺西沟兴隆洼文化遗址。经勘探，遗址现存面积约 23000 平方米，有 63 座房址遗迹现象及环壕迹象。

3 ~ 12 月

浙江省文物考古研究所发掘义乌市桥头跨湖桥文化遗址。遗址的东、南、北三面为人工的环壕，西面连接自然河道。年代相当于跨湖桥文化时期，早期处在上山文化与跨湖桥文化之间，迟至跨湖桥文化时期，环壕功能废止。为探索两者的关系及分期研究提供了新的重要资料。

中国社会科学院考古研究所、湖北省文物考古研究所、荆门市博物馆继续发掘沙洋城河城址。发掘清理墓葬112座。绝大多数为竖穴土坑墓，少量墓一侧略带“偏洞”，棺木一半被嵌偏洞中。超过70%的墓葬可见葬具，葬具痕迹包括以长方形边框为形式的板棺和整木掏空的独木棺，以独木棺为主。多个墓葬为同穴多“室”合葬墓。几乎所有墓葬都随葬陶器，少则数件，多则60余件。陶器以泥质磨光黑陶居多，主要器型包括细颈壶、豆、罐、罐形鼎、壶形鼎、直壁圈足杯、盂形器、器盖、盆、瓮、缸等，部分器类组合为首次发现。除陶器外，亦有玉钺、石钺、象牙器、竹编器物、猪下颌骨、漆器以及疑似木器等遗存。面积在10平方米以上的大型墓葬有7座。大、中型墓葬有体量巨大的棺木、精美的玉钺、石钺、漆器、象牙器以及大量磨光黑陶、猪下颌骨等遗物。在大、中型墓葬填土中，发现随葬瓮、罐、夹砂红陶缸的现象。小型墓葬规模较小，葬具的使用率低，仅随葬数件陶器。发现几座小墓共用一个器物坑的现象。大型墓葬分别位于中部、西南、西北、东北四个位置。在每座或每两座大型墓葬周围，分别分布数量不等的中型、次中型、小型墓葬，表现出清晰的布局。这些墓葬棺具明确、葬俗独特、随葬品丰富、等级明显，清楚表明屈家岭文化社会形成了完备而独具特色的墓葬礼仪。王家塝墓地则是迄今为止发现的规模最大、保存最完整的屈家岭文化墓地。被评为2018年度全国十大考古新发现。

河南省文物考古研究院发掘淮阳县大朱庄村平粮台遗址。基本探明了平粮台遗址所依托的台地的范围，面积超过50万平方米。证实在平粮台城址外围的西部存在有龙山时期的文化堆积，其年代和文化面貌与平粮台城内堆积一致。

山西省考古研究所、山西大学历史文化学院考古系继2017年发掘兴县高家村镇碧村遗址。遗址主体年代相当于中原龙山文化时期，下限已进入二里头文化早期。确认该台地经历了半地穴房址和石砌排房早晚两大阶段。

浙江省文物考古研究所、湖州市文物保护管理所发掘湖州市吴兴区八里店镇昆山遗址。清理遗迹24个，其中土台1处、沟槽组遗迹3组、灰坑9座、灰沟2条、墓葬7座、水井2口、柱洞柱坑若干。出土小件标本60余件。主体遗存为马桥文化——后马桥文化时期，少量良渚文化、汉六朝和宋代遗存。

四川省文物考古研究院发掘会理县大劈山石棺葬墓地。清理石棺葬214座，发现大劈山人群存在较为普遍的拔牙习俗，上颌齿槽保存较好的个体都有发现拔牙现象。16例墓葬存在割肢葬葬俗，多见人体头颅切割后放置于胸部或者腹部进行埋葬，四肢基本位于正常体位。墓葬年代可早至新石器时代晚期，应为一处有规划的部落或氏族墓地。

河南省文物考古研究院发掘鹤壁辛村周代铸铜遗址。清理灰坑300多座，道路和灰沟数条，房址2处。可辨至少有3个烘范坑，1个淘泥坑。陶范以残片为主，数量多达400多块，可辨器形或纹饰者有100多块。作坊区内分布着大量祭牲类遗存，包括马、牛、羊、猪、狗等，应当与铸铜祭祀活动相关。发现少量的地穴式房屋，则可能与工棚相关。还出土与铸铜相关的遗物磨石、鼓风嘴、炉壁残片和少量铜渣。铸铜作坊区其时代包含西周、东周两个阶段，既铸造青铜礼器，也铸造车马器。墓葬33座，主要属西周，3座为东周时期，少量灰坑葬。这是半个多世纪以后，辛村遗址发掘规模最大、收获最为丰富的一次。首次确认卫国铸铜及制骨作坊区，佐证了辛村遗址为一处具有诸侯国都邑性质的大型聚落群。还是首次发现横跨西周、东周两个阶段的铸铜作坊区。

秦文化与西戎文化研究联合考古队第13年度发掘张家川马家塬战国墓地。新发现墓葬11座，其中战国晚期的秦代墓葬4座，并进行了清理，清代家族墓葬两组7座。对马家塬战国墓地的13年度的发掘，累计揭露墓葬77座、祭祀坑3座，出土保存程度不同的车辆遗迹68乘。

山东省文物考古研究院继2011年发掘菏泽市定陶汉墓（M2）之后清理墓道及墓道两侧板筑阙台、墓坑周边外台西南部及其叠压的石质废料坑等遗迹。

中国社会科学院考古研究所、河北省文物研究所邺城考古队继续勘探、发掘临漳县邺城遗址东魏北齐邺城宫城区北部，全面揭露了206号大型建筑基址。

云南省文物考古研究所、大理州文物管理所自2017年11月以来两次调查、发掘大理市太和城遗址。

安徽省文物考古研究所发掘淮北市烈山区烈山村窑址。清理各类遗迹 70 余处，包括 6 座窑炉、52 个灰坑、1 条道路、14 条灰沟、1 处墓葬。出土了数以吨计的各时期陶瓷器残片。时代为唐代晚期至北宋晚期。

陕西省考古研究院再次发掘蒲城县紫荆街道洞耳村元代壁画墓。1998 年第一次发掘时，距埋葬时间近 730 年，壁画犹如新绘，颜色鲜艳，保存极好；20 年后，2018 年再次打开墓室，壁画保存仍然与新绘相差无几。洞耳村蒙元壁画墓的发掘为古代壁画的保护提供了一个十分重要的范例。

4 月

湖北省文物考古研究所、荆门市博物馆、荆门市屈家岭遗址管理处再次发掘荆门市屈家岭新石器时代遗址。确认遗址总面积达 2. 84 平方千米，是以屈家岭遗址点为核心，包括殷家岭、钟家岭、冢子坝、九亩堰、大禾场、土地山和杨湾等遗址点为一体的新石器时代大型环壕聚落。

浙江省文物考古研究所发掘德清县中初鸣良渚文化制玉作坊群遗址。2017 年以来发现和确认木鱼桥、田板埭、保安桥、小桥头、王家里等多处遗址，均有玉料出土，调查者判断存在一处良渚文化时期的大规模制玉作坊群，统称中初鸣制玉作坊群遗址群，总面积达 100 万平方米。年代为良渚文化晚期，初步的碳十四测年结果为距今 4800 ~ 4500 年。发现燧石和玉髓材质的钻具和刻划工具，是继江苏磨盘墩、丁沙地、良渚塘山（金村段）、良渚古城钟家港等遗址之后良渚制玉工具的再次发现。

山东省文物考古研究院继续发掘滕州市大韩东周墓地。至翌年 1 月清理墓葬 87 座，其中小型墓 62 座，大、中型墓 23 座，还有 2 座未完工的大型和中型墓葬。大、中型墓葬多为士一级贵族墓葬，一部分为卿大夫墓葬，小型墓则为一般平民墓。M43 出土 4 件铜器皆有“倪大司马”铭文，墓地有一段时间可能属倪国。为探索泗上十二诸侯及其与周边古国关系，提供了重要资料。

重庆市文化遗产研究院自 2017 年 8 月以来第四次发掘合川钓鱼城范家堰南宋衙署遗址。遗址分为公廨区和园林区。公廨区由围墙、中轴线建筑群、附属建筑三部分组成。范家堰遗址规模宏大、布局规整、轴线清晰、性质明确，是目前国内罕见的经过大规模考古发掘、保存极其完整的宋代衙署遗址。其规格形制、空间布局与南宋《平江府图碑》《景定建康志》所绘衙署建筑高度吻合，应为《宋史》、万历《合州志》所载淳佑三年（1243），四川制置使余玠纳播州二冉之策修筑钓鱼城时所徙合州州治。丰富了宋元时期都城以外的城市考古资料，为宋代城址与衙署建筑、古代园林及宋蒙（元）战争史提供了珍贵的实物遗存。被评为 2018 年度全国十大考古新发现。

4 月 9 ~ 11 日，“‘帝国重现：古罗马与汉代中国文明’研讨会”在北京大学考古文博学院举行。中外学者就交流，货币、贸易与经济，帝国、都市化与手工业产品的转型，物化的帝国意识，中心与边缘：帝国整合及其局限性五大议题，进行演讲与互动。

4 ~ 5 月

吉林省文物考古研究所发掘抚松县大青川新石器时代遗址。清理出房址 1 处，灰坑 2 个，出土了陶器、石器等各类小件百余件以及大量陶片。房址居住面西侧发现 1 件原地埋藏可复原的筒形罐，东南侧发现 1 件通体遍布凹坑的石器，居住面内有数量较多的砾石，推测为加工石器的原料或直接使用的工具。F1 房址内出土木炭的测年数据为距今 6500 ~ 6000 年。这是松花江上游头道松花江流域新石器时代文化面貌的首次辨识。

山西省考古研究所、晋中市考古研究所发掘晋中市榆次区什贴镇龙白金代砖雕壁画墓。M7 为土坑单砖室仿木构砖雕壁画墓，墓壁为八边形砖室，圆形叠涩顶。墓室每个壁面彩绘、墨书。南北两壁砖砌形制相同的墓门，东南和西南壁壁面红彩花几和插花花瓶，其余壁面装饰墨书七言诗词四首，内容均为描写晚春时节景色。西北壁七言诗词，为唐代诗人宋雍《春日》，与之对应的壁面内容以宋徽宗《宫词》范本，略有不同。其余两首无法查到确切作者。以诗词为主要装饰方式的壁画墓还较为少见，可能反映了金代晚期墓葬装饰题材简化的趋势。

4~6月

重庆师范大学西南考古与文物研究中心、成都市文物考古研究所发掘成都市郫都区红光镇盛家院遗址。清理出少量商周时期遗迹，包括灰坑5座，灰沟10条，窑址1座。为探讨成都平原出土的商周时期筒形器的功能提供了证据。

吉林省文物考古研究所发掘集安市太王陵南高句丽时期遗址。发掘的几处建筑址周边出土大量砖、瓦、瓦当等建筑构件，说明建筑等级较高。遗址出土的莲花纹瓦当与千秋墓、太王陵出土的形制相同，菱纹砖、纹饰板瓦在太王陵也曾出土，推测这几处建筑的年代可能与千秋墓、太王陵年代相近，为公元4世纪末至5世纪初。很可能为墓葬的祭祀建筑址。

重庆市文化遗产研究院发掘江津区大路山蜀汉时期画像石棺。其中M1号墓有两具紧挨的画像石棺，这是川渝地区为数不多的合葬画像石棺墓，且部分图案在以往的发现中较少出现，车马出行图上还发现了疑似马镫的图案，为研究马镫起源和传播提供了十分珍贵的图像资料。

中国国家博物馆、安徽省文物考古研究所合作实施“皖江流域古代矿冶遗址调查”项目，调查皖江南岸中段南陵地区。调查古代矿冶遗址26处，新发现小工山、小燕冲、寨山、南山脚4处采冶遗址，缪村双墩、杨村老太墩、象山蒲塘3处商周时期墩台遗址，以及天官后山土墩墓群。

4~7月

福建博物院　福州市文物考古工作队发掘闽侯县白头山遗址。发现了大量碳化人工栽培稻谷、粟、黍等植物颗粒，其中昙石山文化层中黍子稃壳植硅体的发现是闽江下游地区目前已知最早的旱作农业证据。

4~10月

南京博物院、常州市文物保护管理中心勘探常州市寺墩遗址及周边区域。

福建博物院、中国社会科学院考古研究所发掘平潭龟山遗址。发现文化面貌与闽江下游黄土仑文化非常相似、年代相当于中原地区的商代中晚期的大面积陶片层。推测这类陶片层可能是某种建筑遗存。在陶片层之下的文化层包含大量贝壳、陶片等遗物，对采集的碳十四测年样品的测定，年代距今5000年左右。

4~11月

吉林省文物考古研究所、长春博物馆继2017年发掘农安县五台山遗址。其中16处房址均为新石器时代，均为圆角方形半地穴式，呈围绕台地的向心式分布，其门道朝向基本指向台地中心。F9号房址内部还发现一处与房址同期的居室葬，为长春地区首次发现。经对2017年发掘第4地点4座墓葬人骨的碳十四测定，年代为距今4900~4600年，树轮校正值为距今5600~5300年。

重庆市文化遗产研究院调查、勘探和发掘巫溪县宁厂古镇明清盐业遗址。清理明清时期制盐遗存1处，民国至近现代制盐遗址2处，包括制盐灶6处，炕盐灶2处，灰坑4处，灰沟6条，各种功用的卤水池40处，出土各种生产生活遗物18件。

4~12月

河南省文物考古研究院再次发掘郑州小双桥商代遗址。重探“周勃墓”台基，发现有建筑物的柱基及大片红烧土堆积，推测该夯土台基为商代高台夯土建筑基址。在商代陶大口尊内部，发现2个刻画的文字，初步释读为“大”字。发现有铜容器残件、玉璜形器、大型卜骨等重要遗物。

甘肃省文物考古研究所、南京大学历史学院、洛阳市文物考古研究院发掘宁县早胜镇石家东周墓地与遇村两周遗址。在南区清理石家墓地东周时期墓葬12座，车马坑1座。在北区清理东周时期墓葬133座。墓地文化面貌复杂，以周文化为主体，可能属非姬姓周人，另包含有秦文化、北方草原文化、南方文化等因素。遇村遗址清理遗迹有120处。其中墓葬22座（分南北向墓葬与东西向墓葬）、马坑1座、灰坑 80 处、灰沟 13 条、窑址 1 座、房址 1 座、祭祀坑 2 座。弥补了过去文献有关西北地区两周封国部族记载的不足。

山东省文物考古研究院发掘枣庄市山亭区海子汉代聚落遗址。清理汉代房址 2 座，溷厕（畜圈厕所）9 座。

四川省文物考古研究院第五次发掘渠县城坝西汉至魏晋时期遗址。城坝城址从西汉早期延续至魏晋时期，与历史文献记载基本相符。城址保存较好，为汉晋时期四川乃至整个西南地区也极为少见的城址。最为重要的是“宕渠”文字瓦当及简牍。“宕渠”文字瓦当均出土于城址内，目前已出土近 10 件，保存较好的有 3 件，确证了城坝遗址即文献记载秦汉时期“宕渠”城所在地。目前已出土简牍近 200 枚，从西汉早期至东汉中晚期，记载内容包括汉代启蒙识字课本“仓颉篇”、爰书、习字木简、书信等，以及带有“河平二年”“竟宁元年”等纪年的官文书。简牍在四川地区考古中十分罕见，是继青川战国木牍、老官山汉墓医简之后的第三次发现。

甘肃省文物考古研究所发掘张掖市汉代黑水国遗址。清理墓葬 119 座。大部分墓葬存在殉牲，殉牲有完整的鸡，个别墓葬随葬有完整的羊或者羊腿。这是多个家族的大型公共墓地，年代为西汉晚期至东汉中晚期。

洛阳市文物考古研究院勘探、发掘洛阳白草坡东汉陵园遗址。墓冢封土已被夷平，封土直径约 125 米，墓道宽 10 米。2006 年曾发掘 3800 平方米，2017 年对陵园遗址内的两条道路和疑似阙台遗迹进行了发掘，揭露面积 1600 平方米。这次发掘陵园内最北侧的一组陵寝建筑址，揭露面积 2000 平方米。该组建筑单元外围有垣墙环绕，内部为东向排列有序的院落，外围垣墙和院落之间有主排水渠，并发现大面积的踩踏面。

洛阳市文物考古研究院继续发掘隋唐洛阳城宁人坊东南隅建筑遗址。发现十字街南大街道路发掘部分宽 8.3 米，道路中间有大量南北向车辙，车辙宽 0.06 米 ~0.15 米，南北出探方。道路两侧有排水沟，排水沟紧邻道路，宽 0.95 米 ~1 米，深 1 米。再向东距十字街 40 余米处发现有坊内建筑，往年曾出土鎏金铜佛造像一尊，此区域可能仍属于文献记载的龙兴寺范围内。结合文献记载推测，龙兴寺可能占宁人坊南部半坊之地。

5 月

安徽省文物考古研究所等单位自 2017 年 9 月以来发掘寿县东周寿春城遗址西圈墓地。清理墓葬 53 座、灰坑 28 个、房址 1 座；出土陶器、原始瓷器、印纹硬陶器、铜器、漆木器和玉器等 500 余件（套），年代属春秋晚期至西汉早期。其中春秋晚期至战国早期为下蔡墓地，战国中期灭蔡后延用了该墓地，战国晚期由于楚国迁都寿春而成为居址区，至西汉早期又作为重要墓葬区。

5 月 12 ~13 日，由国家文物局、陕西省人民政府主办，陕西省文物局承办，陕西省考古研究院、西北大学文化遗产学院协办的“考古视野下的‘丝绸之路’国际论坛”在陕西省西安市开幕。来自哈萨克斯坦、吉尔吉斯共和国等国的 15 位学者及来自国内各高校和科研机构的专家学者 260 余人出席论坛。会上倡议成立“丝绸之路考古联盟”，发表“国际丝绸之路考古与文化遗产保护西安共识”。

5 月 17 日 ~18 日，由吉林大学边疆考古研究中心主办的“亚洲古代人群的健康、疾病和生活方式——全球健康史计划亚洲模块组织会议”（Health，Disease，and Lifestyle in Asia：Global History of Health Organizational Conference）在吉林大学召开。来自美国俄亥俄州立大学、英国杜伦大学、德国图宾根大学等 8 个国家 23 所大学的 30 余位国际生物考古学家参加了此次会议，正式启动了“全球健康史计划亚洲模块”。

5 ~6 月

内蒙古自治区文物考古研究所发掘磴口县鸡鹿塞汉代障城城门遗址。为研究汉代西北边塞长城沿线障城的形制，提供了重要材料。

陕西省考古研究院发掘空港新城窦家村唐墓。墓主为一青年个体，出土随葬品 20 件（组），多发现于壁龛和甬道内，有彩绘陶俑、铜饰件、塔式罐等。12 件彩绘陶俑，陶俑均形体高大，达 70 厘米左右，制作逼真，且表面彩绘鲜艳，如新作一般。在甬道发现的镇墓兽和天王俑均有贴金彩绘，十分华丽。东三龛和西四龛内原放置木箱，箱内散落铜片、琉璃珠等物品，推测原放置精美饰品。墓室中部，发现一周鎏金镂空铜饰，原应是镶嵌在木箱上。墓葬的时代应为盛唐时期。根据龛内陶俑的放置位置，确定了陶马、陶骆驼和胡人俑的关系，有助于胡人驭马、驭驼形象的系统研究。

5～7 月

首都师范大学历史学院、山东省文物考古研究院、菏泽市历史与考古研究所发掘菏泽市定陶区仿山镇何楼村遗址。发现大汶口文化早期遗存，是在菏泽地区首次发掘的大汶口文化早期文化遗存。

四川省文物考古研究院发掘乐山市市中区禾丰村崖墓群。发现崖墓 21 座，仅有约 8 座墓葬随葬陶器、少量瓷器。人物俑主要有俑头，表情丰富；动物俑有鸡、狗等造型。为四川崖墓研究提供了一批新的实物资料。

黑龙江省文物考古研究所发掘哈尔滨市阿城区阿南变电站金代墓葬。发掘墓葬 15 座。土坑砖椁墓 7 座（M2、M4、M5、M6、M13、M14、M15），完整的 3 座。其中 M2 墓椁室内出土 3 件随葬品，包括 1 件陶罐、1 件铁牌和 1 件铜镜，铜镜图案为凤鸟花草连珠纹，边缘有“上京巡院”字样的刻款押记。土坑石函墓 8 座（M1、M3、M7、M8、M9、M10、M11、M12），完整的 5 座。其中 M9 土坑墓中部置一石函，内放置骨灰渣。墓葬的年代为金代中晚期。

天津市文化遗产保护中心勘探滨海新区义胜营清代炮台遗址。为进一步认识天津明清海防遗存防御体系结构和布局提供了考古实证和典型个案。

5～8 月

广东省文物考古研究所发掘东源县大顶山墓地。清理 14 座商周时期墓葬，出土 150 余件文物，其中 M3 出土逾 20 件完整细席纹陶，为以往广东省考古发掘所少见，器物风格与浮滨文化相似。

四川省文物考古研究院、绵阳市博物馆发掘江油市烟堆山西晋至南北朝崖墓群。清理崖墓 26 座，均位于山体西侧上部区域，并沿山脊线分布。个别墓内发现有明显二次葬痕迹，一般有 2 具颅骨和若干肢骨集中摆放。年代主要集中在西晋晚期至南北朝时期，少量早至蜀汉时期。

河南省文物考古研究院调查勘探通济渠永城段码头沉船遗址。说明了大运河历史上的漕运功能，同时也验证了永城作为大运河航运线上一个重要节点，对大运河的繁荣兴衰起着关键作用。

5～9 月

重庆市文化遗产研究院第三次发掘忠县临江二队明代炼锌遗址。揭露明代炼锌冶炼场 4 个，清理包含冶炼炉、坑、沟、柱洞、窑等各类遗迹 139 处，出土陶、瓷、铜、铁等各类遗物 711 件，采集了矿渣、煤炭、木屑、动物骨骼等各类检测标本数十件。首次发现了储料坑、拌料坑、储罐坑等与炼锌原料装填有关的遗迹，与冶炼场相结合，以实物证明了炼锌生产工艺流程中的原料填装和冶炼生产两大环节，弥补以往仅发现冶炼工作和废弃堆积等环节的不足，进一步明确了炼锌工作区内以冶炼炉为核心，周围分布有柱洞等冶炼相关的遗迹，以及堆煤坑、拌煤坑、蓄水坑、拌泥坑、储料坑、拌料坑等各类遗迹的性质与功用的，深化了对明代炼锌工艺流程的认识。重庆三峡地区炼锌遗址群是目前我国已发现的时间最早、规模最大的炼锌遗址群，临江二队遗址是重庆三峡地区炼锌遗址群中保存最完好、时代特征最明晰、遗迹类型最丰富的一处遗址。

辽宁省文物考古研究院、中国社会科学院考古研究所自 2017 年 5～6 月两次发掘牛河梁遗址群第一地点 2 号建筑址。确认其由品字形排列的三座山台构成。陶器特征显示遗迹的年代与上层积石冢阶段相当。牛河梁遗址群第一地点 2 号建筑址（N1J2）是一处规模庞大，由多层砌石台面和建筑构成的复杂遗迹，其功能与牛河梁遗址其他地点的积石冢类遗迹有所不同，可能是红山文化时期的宗教和礼仪活动的中心。

5～11月

宁夏回族自治区文物考古研究所、中科院古脊椎动物与古人类研究所等单位发掘银川市水洞沟石器时代遗址。出土石制品1363件，动物化石322件，碳样采集86个，陶片20片，装饰品10件。根据已有发掘材料显示，水洞沟第1地点包含了旧石器时代与新石器时代两个文化层位。

新疆维吾尔自治区文物考古研究所、中国人民大学第三次发掘尼勒克吉仁台沟口遗址。三次发掘面积4500余平方米，清理房址37座，窑址、灶（火塘）、灰坑、冶炼遗迹等300余座，采集遗物标本1千余件。还发现了极为丰富的燃煤遗存，出土大量煤块、煤灰、煤渣及未燃尽煤块等。，是世界上最早使用燃煤的遗存，将人类对燃煤的使用历史上推千余年，还发现了黍粟西传和小麦大麦东传的依据。被评为2018年全国十大考古新发现。

吉林省文物考古研究所发掘集安市霸王朝高句丽山城。基本认定霸王朝山城是一座高句丽晚期山城。

陕西省考古研究院、榆林市文物考古勘探工作队发掘神木市店塔镇丰台山村小庙北宋高氏家族墓地。清理北宋墓葬5座。墓葬均为台阶（竖穴）墓道单砖室墓，顺坡势呈扇形分布，墓道向心。圆形墓圹内砌筑多边形仿木构穹隆顶砖室，再以壁画装饰各壁面。M7墓室壁画保存最为完整且绘制细腻，根据墓口出土墓志可知，该墓为北宋元丰五年（1082）“宋故内殿承制阁门祗候骑都尉麟州俄儿族巡检”高世忠（卫臣）及其妻室苗氏、折氏、雷氏等人的合葬墓，残留石灯、漆木器、铜钱及陶楼建筑模型等随葬器物7件（组）。

辽宁省文物考古研究院、锦州市文物考古研究所、北镇市文物处发掘北镇市琉璃寺辽代遗址。初步确认琉璃寺遗址很可能就是辽显陵的陵寝建筑。

辽宁省文物考古研究院、锦州市文物考古研究所、北镇市文物处发掘北镇市新立辽代遗址一号基址，是辽代乾陵的陵前殿址。在新立遗址一号基址北部发现一座大型墓葬（新立M2），应是辽代乾陵的玄宫。辽代乾陵陵前殿址和乾陵玄宫的确定，是医巫闾山辽代帝陵考古工作的重要突破。新立遗址一号基址是迄今发现的中国古代木构建筑中最早的满铺琉璃瓦顶实例，是古代木构建筑发展史上的重要事件。遗址中出土了大量的琉璃质通脊砖、铺地花斑石等，其出现和使用年代之早，都突破了以往学术界的认识。

吉林省文物考古研究所发掘图们市磨盘村山城金代遗址。发掘城内东南的一处大型建筑群，外围有土筑围墙，是一处闭合式院落，其内自南向北分布有人工修整的3阶台地，每阶台地均有多座建筑。

5～12月

河北省文物研究所、河北泥河湾遗址群保护区管理委员会发掘阳原县泥河湾盆地马圈沟旧石器时代遗址鱼咀沟1号地点。发掘剖面总高度约25米，共发现7个文化层、3个化石层。剖面最顶部的第Ⅰ文化层，层位与马圈沟遗址Ⅰb文化层相同，低于半山遗址文化层（距今132万年）；第Ⅳ文化层，层位与马圈沟遗址第Ⅰ文化层（距今155万年）相同；最下部的第Ⅶ文化层，层位与马圈沟遗址第Ⅲ文化层（距今166万年）相同；其余文化层分布其间，总体年代在距今166万年至140万年之间。在第Ⅴ文化层底面，低于第Ⅳ文化层约2米的位置揭露出一处古地面。

陕西省考古研究院发掘丰镐遗址。与铸铜有关的小件青铜工具仍有出土，还出土陶模和陶芯各一件。陶模为泥质灰陶，残高约8厘米，半环状，上端饰有牛首，雕刻简练，应是铜簋或铜罍的环耳模。陶芯为夹砂灰陶，圆柱状，应是铸造铜鼎足之类部件的内芯，一侧尚有铜液凝固留下的残迹。进一步证实这里应是丰镐遗址铸铜作坊所在地。

浙江省文物考古研究所发掘绍兴市南宋皇陵一号陵园。绍兴宋六陵，为南宋时期历代帝陵所在，包含北宋徽宗、南宋高宗、孝宗、光宗、宁宗、理宗、度宗七帝陵及昭慈孟太后等七座后陵，名为“攒宫”。自元初毁陵后，墓室及墓上建筑均遭严重破坏，诸陵寝位次、规制遂混乱不明。这次勘探、发掘“高宗陵”保护区（“一号陵园”），完整揭示出了一号陵园的整体平面布局，尤其是中轴线的门殿、享殿、龟头屋遗迹结构尤为清晰。是近年来宋六陵考古的重要收获。

河北省文物研究所、张家口市文物考古研究所、承德市文物局田野考古队继2017年发掘张家口太子城金代城址。太子城是金代龙门县唯一具有皇家性质的城址，发掘者推测太子城即金章宗夏捺钵的泰和宫，是第一座经考古发掘的金代行宫遗址，被评为2018年度全国十大考古新发现。

6月

西藏自治区文物保护研究所、山南市文化（文物）局、山南市博物馆发掘措美县达玛墓地。清理墓葬15座、祭祀坑3处。墓葬以石板封土石棺墓为主，可分为：梯形外边框圆形内框竖穴石棺墓、塔形封土墓、竖穴石棺墓、椭圆形祭祀坑、竖穴祭祀坑。石棺内埋葬人骨，保存情况均较差，有捡骨葬、侧身屈肢葬。祭祀坑内以殉马为主，还包括殉羊、牛、犬等动物，动物骨骼保存较好。石棺墓内随葬物较少，仅包括少量的陶罐、陶器残片、贝饰、铁箭镞、青铜套尖木饰等。据碳十四测定结果，墓葬年代最早距今1690±30年，最晚距今1480±30年，约为中原魏晋至隋唐时期。

西藏自治区文物保护研究所发掘昂仁县堂嘎朗古墓地。清理墓地中部最南侧的一座小型墓葬M1，为平面呈“回”字形的石丘墓葬，发现至少2具散乱的人骨。贝塔实验室对M1出土人骨的碳十四测年为距今1190±30年，树轮校正89%可能的年龄为距今1184~1052年。为吐蕃晚期。

江西省文物考古研究院自2017年11月以来发掘永丰县恩江镇天保村恩江古城址。城墙内侧发现有水井、天井、排水沟、房基等建筑遗迹，并出土大量唐宋至明清时期的瓷片等遗物。文献记载，恩江古城址的城垣始建于宋绍兴七年，后毁。现存城墙为明代弘治、嘉靖时期所建，清代乾隆与道光年间对城墙进行了大规模维修，对部分损毁严重的地方进行了重建。现存永丰县明清恩江古城址，为江西省迄今发现的规模最大、保存最好、结构最清晰的古代县城城址。

北京市文物研究所自2017年9月以来发掘石景山区南宫净德寺与宦官墓群及清代亲王园寝遗址。揭露寺庙遗址1处、墓葬9座。根据墓葬位置、规模及相关文献，推测M8墓主人为乾隆四十三年袭多尔衮睿亲王爵、嘉庆五年去世的爱新觉罗淳颖。M7为晚于淳颖去世的某位福晋。M9为竖穴土坑墓，墓室上方尚存圆形砖砌塔基遗迹，墓主人可能为净德寺僧人。这是北京地区首次对宦官墓及与其有依附关系的寺庙遗址进行发掘，初步确定净德寺为一座坟寺。是继定陵之后，北京市明代考古的又一收获。发掘的睿亲王淳颖园寝，对研究清代亲王葬制提供了重要资料。

6月8日~11日，“第八届东亚考古学会国际会议”在南京大学仙林校区国际会议中心召开。会议代表来自中国、日本、韩国、蒙古国、俄罗斯、菲律宾、越南、泰国等。参加人数共计400余位，收到论文250余篇。会议主题为“东亚考古”，分36组讨论了各国考古发现和研究成果，包括农业起源、奢侈品生产、游牧民族、丝绸之路等。

6~8月

四川省文物考古研究院、宜宾市博物院发掘宜宾市翠屏区锣耕田汉代崖墓群。清理汉代崖墓12座，出土各类陶、石、银、铜、铜鎏金、玻璃、水晶、漆器等各类文物小件近400件。M8为石椁木棺，石椁雕刻较为精美，头挡为伏羲或女娲，脚挡为单阙，左侧壁为西王母、凤鸟，右侧壁为亭下对坐两人、联钱纹等，木棺保存较好，棺身基本完整，棺盖残破倒置在棺底，木棺所用木板较薄，其大小与石棺内壁相当，部分木棺棺身紧贴石棺内壁。

内蒙古自治区文物考古研究所发掘乌拉特中旗新忽热古城唐代遗址。初步确定该城址为唐代横塞军军城。

河南省文物考古研究院、开封市文物考古研究所发掘开封市十三中明代建筑遗址。揭露明代晚期院落遗址东西2处，房屋共计14间，坍塌的屋顶结构8处；发现人骨遗骸8具，为明代开封城的整体研究补充了珍贵材料。出土遗物500余件，主要包括瓷器、陶器、玉石器、铜钱等生活用品，仿古铜器等艺术品，桌、椅、柜、肩舆等漆木家具等。还出土有“大明崇祯十五年大统历”、“《大明集礼》”、“《易简方》、“《答语摘要》”等带字木雕版，以及“刊书付印房”“简遂堂”等牌匾等。遗址毁弃于明末崇祯十五年的洪水。带字木雕版、牌匾的出土，为研究明晚期印刷工艺、文献材料提供了珍贵的实物资料。

山西省考古研究所、阳泉市文物局发掘盂县南娄镇下曹明代纪年墓与彩塑窖藏。

6～9月

中国国家博物馆、河北省文物考古研究所发掘康保县照阳河镇兴隆新石器时代遗址。揭露房址8座，面积均在40平方米～50平方米，深度均在1.5米～2米。4座房址发现门道，有的房址内发现壁龛和窖穴。多数活动面上留有动物骨骼、陶器、骨器、石器及半成品等遗物。经碳十四测定并树轮校正，年代为距今8500～7200年。墓葬3座。M3号墓位于F3房址底部活动面西北角下，为居室葬，三人合葬，均为仰身直肢，三人均佩戴环绕头部的玉串饰。

6～10月

广东省文物考古研究所、北京大学考古文博学院、英德市博物馆自2016年以来发掘英德市青塘遗址。青塘遗址包括黄门岩1号至4号洞、朱屋岩、吊珠岩及仙佛岩等多处洞穴地点。在黄门岩1号至4号洞地点发掘面积54平方米，发现晚更新世晚期至全新世早期连续的地层堆积，清理出墓葬、火塘等多个重要遗迹，出土古人类化石、石器、陶器、蚌器、角骨器、动物骨骼及植物遗存等各类文物标本一万余件，建立起距今2.5万～1万年连续的地层与文化序列，为华南—东南亚新旧石器过渡阶段研究提供了重要的参考标尺。被评为2018年度全国十大考古新发现。

黑龙江省文物考古研究所发掘依兰县临江遗址。清理房址11座、灰坑32个、灰沟3条、灶址7处，出土陶器、石器、骨器、铁器、铜钱等文物标本200余件，包含新石器时代晚期、商代晚期、靺鞨、唐代、辽金等五个时期文化遗存。第一期文化遗存与尚志市亚布力遗址部分陶器风格接近，推断其年代为公元前3500～前3000年。第二期文化遗存是本次发掘的新发现，F1居住面的碳样经测试，树轮校后的年代为公元前1396～前1195年，属商代晚期。第二期文化遗存文化面貌区别于同时期其他已知的考古学文化，代表了松花江流域青铜时代一支新的考古学文化类型，发掘者暂称之为“临江类型”。

6～11月

甘肃省文物考古研究所、中国社会科学院考古研究所发掘临洮县寺洼遗址。清理马家窑文化等不同时期灰沟2条、灰坑74处，寺洼文化墓葬8座。

中国社会科学院考古研究所内蒙古第二工作队、内蒙古文物考古研究所发掘辽上京宫城内一号、三号建筑基址。增加对辽上京东向中轴线的认识。一号建筑基址（18JZ1）下发现两个祭祀坑，为研究辽金时期历史文化、民族礼俗和建筑营建理念等提供了难得的新材料。

黑龙江省文物考古研究所发掘哈尔滨市阿城区金上京皇城外南侧道路遗址。进一步明确上京城宫殿—门址—御街—外城门址（瓮城）的相对应关系。

6～12月

南京博物院发掘淮安市黄岗遗址。清理不同时期房址、墓葬、灰坑、灰沟、烧土堆积及洞类遗迹等各类遗迹3600余处，出土大量陶、石、骨、玉、琉璃、铜、铁、瓷等质地遗物标本。其中新石器时代遗存分为两大期，暂分别称之为“黄岗一期遗存”“黄岗二期遗存”。黄岗二期遗存见于本区域的青莲岗、笪巷等遗址，与淮河中游的定远侯家寨遗址二期遗存（侯家寨文化）具有较大相似性，年代在公元前4000年前后。黄岗一期遗存分布于本区域的淮安青莲岗、凤凰墩、西韩庄、茭陵集、山头、严码、阜宁梨园等遗址，其与安徽濉溪石山子二、三期遗存、蚌埠双墩一期遗存具较多相似文化因素，但自身特色十分明显。

陕西省考古研究院、中国国家博物馆、宝鸡市考古研究所继续发掘凤翔县雍山血池秦汉祭祀遗址。通过近三年的大规模调查勘探和选择性发掘，确定血池遗址系与文献记载完全对应的秦汉时期“祭天”遗址，由选址与地貌关系、坛场、祭祀坑、建筑、道路、外环沟及本体以外的相关设施等构成了完整的“雍畤”文化遗存。勘探明确了该遗址470万平方米总体布局范围内各功能区的内涵和属性。对血池周边区域的调查勘探及灵山南坡、“列王坟”等地的发现，为下一步探寻“吴阳下畤”、雍畤祭祀场地与京城之间“通权火”礼仪提供了重要线索。

西北大学文化遗产学院、陕西省考古研究院、咸阳市文物考古研究所发掘三原县天井岸汉代礼制建筑遗址。遗址位于三原县西北部的天齐塬上，主要由天井坑和五处呈梅花桩分布的夯土台体组成。发掘者初步推断天井坑应是当时的“天齐祠”，五处夯土台基为当时的“五帝祠”。年代应该是西汉中晚期，以西汉晚期为主。

成都文物考古研究院发掘蒲江县鹤山镇铁溪村宋代冶铁遗址。清理燃料窑1座、冶铁炉2座、炒钢炉13座、炉渣坑6个、房址4座、排水沟2条、炉渣堆积1处。出土有炼渣、耐火砖、炉壁、铁矿石、积铁块、木炭及瓷片等。这是一处宋代集燃料烧制、生铁冶炼及生铁制钢为一体的较大型钢铁冶炼遗址。

7月

甘肃省文物考古研究所、兰州大学发掘夏河县白石崖1号洞旧石器时代遗址，12月再次发掘。在距洞口14米、34米、44米处出现的小平台保留了松散地层堆积，分别命名为第一、二、三平台。在第二、三平台分别发掘2平方米，分别出土石制品近100件、动物骨骼60余件和石制品1300余件、动物骨骼500余件。已经获得的部分AMS碳十四测年结果显示，T1探方文化层形成于距今约4000年，T2探方第⑥文化层形成于距今4万年左右，文化遗存最为丰富的第⑩层文化层年代推测更为久远。白石崖1号洞是目前青藏高原已知最早的旧石器时代遗址。

武汉大学历史学院考古系发掘走马岭新石器时代城址。走马岭城址包括走马岭内城和罗地山、碾子山、蛇子岭、蛇山、狗赶张、三角台以及之间分布的若干弧状人工台地、弧条形人工堆土组成的外城，构成内外城结构。外城北面有一个由屯子岗、虎山及其之间的弧状台地组成的“瓮城”。外城西面面对上津湖的开口两侧还各有一道分别由队屋台子、西边山组成的防御设施。走马岭内城外侧有一圈完整的护城河，外城外侧现存有断续的护城河，北面的“瓮城”外侧有相对完整的护城河，并与外城护城河连通。走马岭城址总面积达到近50万平方米，内城面积近10万平方米，修筑年代不晚于屈家岭下层文化时期，历经屈家岭上层文化、石家河文化，至煤山文化时期废弃。

山东省文物考古研究院发掘曲阜鲁故城东周墓地。至翌年1月发掘墓葬267座，大多为春秋中期至战国早中期，少量汉代、魏晋和清代墓葬。东周时期墓葬可分为五个墓区，均为中小型墓葬，棺椁结构多为一棺一椁和单棺两类，个别墓葬有腰坑。出土随葬品1000余件，其中陶器700余件，彩绘陶近250件，分白色和红色二类。铜器100余件，以舟、戈、剑、镞为主，少量盖豆、盘、马衔、矛、环、带勾、殳首、匕首等；玉石骨器有玛瑙环、玛瑙串饰、骨篦、马镳、骨珠等。这是曲阜地区目前发掘规模最大、揭露较完整的一处大型东周墓地。墓主人多属下层士级贵族和平民。

广州市文物考古研究院勘探、发掘广州市胸科医院西汉至明清墓群。其中，南朝时期M41与M42为夫妻合葬墓。M41由墓道、排水沟、封门、甬道、前室、左右耳室、过道、后室组成，墓坑长11.3米、宽3.2米~5.36米，墓室内长10.16米、宽1.36米~2.16米，高2.52米~3.84米。在后室顶部正中发现一个在南朝时期重新封砌的盗洞。后室墓壁墓葬刻划“元嘉十七年正月”等铭文，随葬13件青釉碗、盆、钵、鸡首壶等器物4件滑石猪。该墓规模之大、结构之精、保存之完整，为广州南朝时期墓葬首见。“元嘉十七年正月”铭文砖，确认墓葬年代为南朝宋元嘉十七年（440年），是广州地区首次考古发现带纪年砖的南朝砖室墓。

陕西省考古研究院等单位自2017年11月以来发掘咸阳市渭城区周陵街道李家村唐代麴承嘉墓。据出土墓志可知墓主为高昌国王麴文泰曾孙麴承嘉，唐久视元年（700）葬于咸阳原，开元十四年（726），夫人史氏合葬于此。麴承嘉，父崇裕，祖智湛，曾祖文泰。夫人史氏，祖为隋将领史大奈。结合两《唐书》记载，墓主之父在武则天执政期间，平定越王李贞叛乱，故推测在“中宗复位”之后，官方对该墓进行了破坏。墓道壁画中的人物形象和完整的牛车图像，天井下绘制的两株外来树木，都是极为珍贵的考古图像资料。出土墓志是目前发现的首方高昌麴氏王朝皇族成员墓志。唐贞观十四年，高昌国灭，其王室成员迁至长安。他们在长安的生活情况及死后的埋葬地，一直未能了解。麴承嘉墓的发现，为探索这些问题提供了重要资料。

四川省文物考古研究院、绵阳市博物馆发掘江油市合江村宋代窖藏。出土青铜器 3 件、陶瓷器 36 件（含四系釉陶缸）、铜钱 17 枚（可辨者为崇宁通宝）及部分铁器。窖藏年代约在宋末元初。四川江彰平原地区曾发现宋代窖藏，但龙泉窑系瓷器窖藏为首次发现。

中国社会科学院考古研究所、临汾市旅游发展委员会编的《中国陶寺遗址出土文物集萃》由天津古籍出版社出版。

7～8 月

四川大学考古学系发掘札达县皮央·东嘎墓地。皮央·东嘎遗址群内的古代遗存类型多样，包括石窟、佛寺、佛塔、墓葬、居址、岩画等，时间跨度大，早可到早期青铜时代，晚可至 16 世纪，对认识和研究札达盆地乃至西藏西部不同时期的历史、人群、宗教、文化交流等具有十分重要的意义。在东嘎村皮央发掘墓葬 24 座，墓葬的年代从公元前 5 世纪一直延续到公元 10 世纪左右。早期墓葬中出土有纺织品、铜柄铁剑、蚀花石珠、蚌壳等文物，显示札达县在早期阶段就不是一个封闭的区域，而是与周边地区和文明之间存在交流和联系。

海南省文物考古研究所勘探、发掘琼中县明代水会所城址。水会所为明代万历三十年（1600 年）平定黎族马矢叛乱后所建，全称为“水会守御所城”。城大致呈长方形，东、西城墙长约 290 米，南、北城墙长约 310 米，拐角为弧形。原设东、南、西 3 个城门，现西门已遭破坏。水会所城是现今海南岛保存较完好的明代古城之一。

7～9 月

北京师范大学历史学院考古教研室、甘肃省文物考古研究所发掘环县楼房子旧石器时代遗址。出土动物化石、石制品等标本共计 12000 余件。时代属于晚更新世，为旧石器时代中期。

西藏自治区文物保护研究所、中国科学院古脊椎动物与古人类研究所、阿里地区文物局发掘革吉县梅龙达普洞穴遗址。出土有典型的细石核、细石叶和加工精致的石器，石料为优质的燧石、玛瑙和黑曜石，红褐色、黑色陶片伴生。细石核的类型以锥形和半锥形石核为主，细石叶窄而长，十分规整。此外还有大量的石片。石器包括边刮器、端刮器，加工细致。陶片包括红褐色加砂陶片和黑色泥质陶片。文化面貌分为两个明显的体系。一是利用燧石等优质材料制作细石核、剥取细石叶和加工端刮器等，与陶片共生。二是使用板岩、角页岩生产石片和工具。细石叶和陶片共存的地层，应属于新石器时代中晚期。上部地层的碳十四测年结果显示该洞穴遗址至少距今 4000 年。石片组合时间可能会更早。在洞内还发现有以红色赭石绘制的岩画。这是青藏高原发现的首个史前洞穴遗址，也是高原腹地目前有明确地层信息的细石叶文化遗址。

西藏自治区文物保护研究所、陕西省考古研究院、西北大学、阿里地区文化（文物）局发掘札达县格布赛鲁墓地。清理了 3 座墓葬、1 处石框遗迹和几处灰坑、建筑、沟等晚期遗迹。出土了陶器、金属器、竹木器及贝类制品等。其中，双耳四足陶杯为首次发现，在皮央东嘎遗址群中和也有发现，在桑达隆果墓地则发现了器形相同的双耳四足木杯。竹木器包括四足木盘等。另随葬较大量的动物骨骼，包括牛、马、羊骨等。石框可能为祭祀遗迹。根据碳十四测年结果，3 座墓葬和石框遗迹 S1 的绝对年代为距今 2620～2150 年，与 2017 年度发掘的格布赛鲁二期遗存土洞墓的年代（距今 2310～2120）相同。

陕西省考古研究院、西藏自治区文物保护研究所、西北大学文化遗产学院、阿里地区文化（文物）局发掘札达县曲龙遗址。清理曲龙遗址琼隆地点的一组居住遗迹、一座佛塔和布让曲拉地点的一座石构遗迹。六号佛塔，由石构塔基、内回廊、外回廊、塔心组成，装藏有后弘初期至古格时期的擦擦、写经、唐卡以及木器、铁器、织物等数千件（组）。

广州市文物考古研究院发掘广州港疗养院西汉至明清墓葬。清理西汉墓7座、东晋墓2座、南朝墓3座、唐墓4座、明墓1座、清墓4座，以及年代不明晚期墓2座。其中两座清墓保存较好，棺具和随葬品俱存。其中一座（M5）有墓志，墓主人为清北海镇总兵郑润材，清光绪三十年（1904年）去世，为研究郑润材生平提供了新资料。

内蒙古自治区文物考古研究所、阿拉善盟额济纳旗文物局发掘额济纳旗大同城唐代遗址。明确大同城遗址城墙建筑年代为唐代。

国家文物局水下文化遗产保护中心、辽宁省文物考古研究所、大连市文物考古研究所调查庄河海域经远舰遗址。发现的"經遠"舰铭牌，是唯一保存完好的北洋海军舰铭牌。被评为2018年度全国十大考古新发现。

7～10月

山东省文物考古研究院发掘泗水县金庄镇北玉沟村汉代墓地。其中M1为单室画像石墓，其东西两侧板、南北两端板内侧都刻有画像，画像题材，北端板为凤鸟纹、南端板为常青树纹，东侧板为双龙咬尾穿璧纹，西侧板为人物狩猎场景。

吉林省文物考古研究所、吉林大学考古学院发掘乾安县辽金时期春捺钵遗址群藏字区遗址。发现了宗教神偶，说明藏字区可能也存在宗教遗迹。

7～11月

青海省文物考古研究所、四川大学考古学系发掘民和县喇家遗址。发掘面积接近1000平方米，发现遗迹129处，其中房址8座、墓葬1座、冲沟1条、灰坑114个，柱洞5个。分属马家窑文化、齐家文化、辛店文化山家头期等遗存。齐家文化的陶仓形器、保存序列完好的砂层、古地震留下的多处裂缝、祭祀坑较为重要。祭祀坑（Ⅷ1区F68）已清理出三具人骨和十多具猪骨，分层掩埋，人、猪合埋，附近有祭坛、广场。

吉林省文物考古研究所、吉林大学边疆考古研究中心发掘安图县金代长白山神庙遗址。揭露金代长白山神庙遗址的部分东侧廊庑、水井、院墙东北角以及位于遗址东侧两座窑址（编号为Y1、Y2）。首次发现院墙东北角用于修缮神庙堆放的筒瓦，窑址的发现为研究金代长白山神庙遗址的形制、布局及建造方式提供了补充。

7～12月

湖南省文物考古研究所、中山大学社会学与人类学学院发掘华容县七星墩新石器时代遗址。发现一处新石器时代城址，主体堆积为屈家文化岭至石家河文化晚期（后石家河文化）。由内外两圈城墙和壕沟组成，内圈城墙大致呈圆角长方形，东西长约300米，南北宽约200米，面积约6万平方米。外圈城墙仅保留南墙和东墙南段，根据解密后的科罗娜卫星图片（1969年），外圈城墙的东墙北段和北墙东段清晰可见，外圈城壕（含）复原后面积约25万平方米。出土文化遗物主要有陶器和石器，另发现一件铜粒。

甘肃省文物考古研究所、北京大学考古文博学院发掘灵台县桥村遗址。确认龙山时代遗迹包括成排分布的长方形槽形坑、灰坑和灰沟等。其中，成排分布的长方形槽形坑几乎遍布整个发掘区，可能与大型筑台的基础结构有关。对墓葬中的人骨进行采集并测年，数据显示遗址年代下限已进入青铜时代早期。

成都文物考古研究院发掘彭州市致和镇青石村遗址。发现商周、宋代两个时期的文化遗存。商周时期遗迹有灰坑、灰沟、卵石堆积等，出土物均为陶器，陶片以夹砂陶为大宗，泥质陶较少，器形有绳纹罐、小平底罐、鼓腹罐、高柄豆、尖底杯、器盖、瓮、簋形器等。属于十二桥文化时期。为探索三星堆文明以彭州、新都为纽带进驻成都平原腹地提供了新线索。宋墓 M1 底部腰坑出土的镇墓券刻有八卦、天干、地支、五行、二十四山、二十八星宿、天地人鬼四路等，对于研究彭州地区宋代道教遗存的分布和特点、理气派的风水堪舆理论和形势派的盛行地域范围等均有着重要意义。

重庆市文化遗产研究院发掘江津区宋至明清石佛寺遗址。主要由建筑基址区、摩崖造像区、墓葬区等组成。建筑基址区可分为寺庙主体建筑区和石上建筑遗迹区。石上建筑遗迹区是位于正殿背后的四块巨石，其上有人工加工的建筑遗迹，包括平台、踏道、舍利塔基及地宫遗迹等，在巨石周围出土有大量宋代的建筑构件，证实在宋代巨石上就已修建有建筑物。墓葬区发现有宋墓 4 座、明墓 6 座，均为川渝地区普遍流行的石室墓，与僧人墓有关。石佛寺遗址是一处佛寺遗存要素齐全、时代沿革清晰、建筑布局独具特色的佛教遗址群，是川渝石窟寺中布局结构保存最为完整的佛寺遗址之一。

甘肃省文物考古研究所、甘肃地质灾害防治工程勘察设计院发掘武威市西夏亥母寺遗址。基本明确了亥母寺的营建方式，即先在山坡底部修整出一个完整的平台，然后自平台向山体凿挖开窟，最后以窟口两侧的山体为界，在平台上搭建庙宇。这对探讨西夏时期的佛教建筑布局及形制演变，具有重要的参考价值。

8 月

上海博物馆自 2017 年 12 月以来两次发掘青浦区金山坟遗址。发现崧泽文化、良渚文化、马桥文化、战国等时期遗存，清理各时期灰坑 43 个、灰沟 11 条、水井 6 口、墓葬 9 座。崧泽文化墓葬 2 座，M8 为长方形土坑浅穴墓，头向南，人骨朽蚀严重，仰身直肢，随葬石钺、三角石犁、陶杯、陶罐、陶鼎、圈足盘、残圈足等。良渚文化人工堆筑土台 2 个、墓葬 2 座，确认两个土台面积分别为 3000 平方米（北区）、3800 平方米（南区），土台堆积清晰，部分区域见草裹泥结构。金山坟遗址是上海地区继福泉山遗址、广富林遗址之后，第三处发现良渚文化人工堆筑土台的遗址。

安徽省文物考古研究所、郑州大学发掘庐江县坝埂春秋时期遗址。发现大量的红烧土残块与草木灰遗存，平整且分层铺垫的烧土带遗迹，少量炉缸壁、陶范与石范等遗物。

湖北省文物考古研究所、北京大学考古文博学院、荆门市博物馆、京山市苏家垄文物管理所继续发掘京山市苏家垄春秋时期遗址。遗址的主体年代为春秋中期或前后，与苏家垄墓地年代相重合，部分遗迹遗物的年代可能早至春秋早期和晚至春秋中期以后。出土的炼铜炉、大面积铜炼渣、铜矿石、鼓风管、铜锭等遗存，表明这是一处曾国春秋中期前后的大型居住和矿冶遗址。为研究曾国青铜器生产，周王朝经营南方、“金道锡行”铜矿资源管理等提供了重要的实物资料。

北京市文物研究所调查汉代广阳城遗址。城址平面近方形，复原广阳城东城墙长 670 米、西城墙长 680 米、南城墙长 660 米、北城墙长 660 米，周长 2670 米。房山“广阳城”被认为是汉“广阳县城”，史书所载“广阳”，实有“广阳国”、“广阳郡”和“广阳县”之分，其年代、等级、辖地等皆不同。“广阳国”仅见于西汉，且因政治变迁与“燕国”多次易名；“广阳郡”则几度兴废，秦时设立，汉初不存，自汉昭帝再设，至王莽时更名，后复名延至魏晋。

安徽大学历史系考古专业开展庐江县古矿冶遗址调查。

河南省文物考古研究院、开封市文物考古研究所自 2017 年 7 月以来发掘开封明代永宁王府遗址。大门台阶前出土万历四十年“昭代贤宗”木匾额 1 块，落款“永宁王府掌理府事肃湷立”“万历壬子岁仲冬吉旦”。《明史》记载，永乐初年封周定王朱橚第六子朱有光为永宁王，至万历二十六年（1598 年），第八代永宁王因无子嗣而被除封号。文献记载，崇祯十四年（1641 年）三月李自成围攻开封城，久攻不克，至崇祯十五年（1642 年）九月，决黄河口水灌开封城，城内建筑毁弃者十之八九，“水深数丈，浮死如鱼”，开封城遭受灭顶之灾。该遗址开口于厚厚的淤土层下，正是对崇祯末年洪水灾难在地层学上的真实反映，遗址毁弃于崇祯十五年。这是目前已发掘的保存状况最好、遗物最丰富的明代郡王府遗址，是国内发现的唯一一座按照规制修建的明代早期郡王府。

8 月 4 ~ 5 日，由北京大学中国考古学研究中心、北京大学考古文博学院、伦敦大学学院考古系和中国文化遗产保护与考古学研究国际中心共同举办的“‘稻的植物考古学——前沿与反思’国际学术研讨会”在北京大学举行。来自伦敦大学学院、九州大学及国内20余所高校及科研单位的代表参加了会议。围绕“稻的遗传学研究”“稻的驯化实证”“稻的生态多样性”“稻的驯化模式”“稻的传播与稻粟（黍）混作”等主题，进行交流与讨论。

8～9月

西藏自治区文物保护研究所、那曲市文物局发掘班戈县欧聂墓地。清理5座墓。对M5出土的纺织品作的初步鉴定表明，为桑蚕丝材质的斜纹经锦。测年数据显示，年代大致在公元7世纪初至8世纪初。隋唐时期斜纹经锦的发现，为进一步探讨羌塘高原色林错以东区域的历史文化提供了重要线索。

山西省考古研究所、阳泉市文物局发掘盂县牛村镇后元吉元代墓葬。清理墓葬两座，明堂一座。明堂位于M2墓道南侧东部，为一方形土坑，边长1米，距现地表深1.16米，坑内无地心砖、买地券。明堂作为墓地的地心，已由汾阳东龙观金明昌六年王立墓得以证实，其性质为坟地墓前祭祀冢神后土的场所。后元吉M2墓道南侧东部所见的“明堂”在元代考古中尚属首例。

8～10月

内蒙古自治区文物考古研究所、内蒙古大学历史与旅游文化学院等单位发掘准格尔旗石口子遗址。揭露灰坑108座、墓葬4座、房址8座及沟2条，其中以朱开沟文化为主，出土遗物以陶器、石器为主，另有少量骨器及青铜器。

北京市文物研究所发掘清代醇亲王南府临街门南侧院落遗址。

8～11月

内蒙古自治区文物考古研究所、故宫博物院考古所等单位发掘化德县四麻沟新石器时代遗址。发现距今8000年前后的一批遗存，有房址17座，为半地穴式，有成排排列现象。出土器物4000余件，其中大部分为石制品，少量陶器残片，陶片上有编织网纹、编织麻点纹、指甲压印纹，以及骨器。还有大量的残碎兽骨。年代大概从距今8400年左右延续到7800年左右。

甘肃省文物考古研究所发掘礼县六八图战国时期遗址。多座墓葬均出有带有地方特色的红褐色夹砂陶器，如铲足鬲、夹砂红陶罐等，可能属于当地西戎文化因素。年代多为战国晚期到秦。这种文化因素在毛家坪遗址中也有反映，在关中地区大量出现，可能为地方文化与秦文化融合过程的残留，可能是正向秦文化融合的当地文化特色。

郑州市文物考古研究院发掘新郑市郭店镇宋金壁画墓。清理墓葬7座，均为迁葬砖室墓，可能为宋金时期一家族墓地。其中M2保存有部分砖雕斗拱及其以下墓室墙壁与壁画。壁画人物，锦绣襦袍，色彩有红、黑、黄、青等，服饰冠帽等体现了北方少数民族和中原地区不同特色。真实体现了南北民族融合与文化交流融汇的历史现象。

8～12月

山东省文物考古研究院发掘章丘城子崖遗址，继续扩大对岳石文化晚期城址北门址的揭露，发现北偏门、中门、南偏门三部分。中门又由两个2米余长的近椭圆形夯土基坑等分为三个门道，即北门道、中门道、南门道，每个门道宽约7.5米。中门“一门三道”形制的出现，应是此类城门结构的雏形，是目前发现最早的“一门三道”城门遗迹。

洛阳市文物考古研究院发掘洛阳定鼎北路西晋北魏宋明清墓地。清理墓葬51座，包括西晋墓4座，北魏墓1座，北宋墓6座，明墓30座，清墓10座。其中1座北魏墓（编号C8M3463）为长斜坡墓道砖券墓室的壁画墓，为北魏元愉育母的墓葬，是北魏迁都洛阳以后年代稍早的一座，对研究北魏后期的政治、墓葬分布有重要价值。1座明墓（C8M3462）墓道上部填土中出土有墓志，分别为刘润及王夫人合葬墓志和刘润与王夫人、周夫人合葬墓志。这是继明南京工部尚书沈应时家族墓地之后，洛阳地区明代墓地的又一发现。

9 月

湖北省文物考古研究所自 2017 年 10 月以来发掘钟祥市寨子山新石器时代遗址。发现油子岭文化（大溪文化油子岭类型）晚期墓葬、屈家岭文化墓葬和石家河文化早期墓葬，为探讨三个时期的文化联系提供了难得的素材。在遗址东区出土的陶器器底或器腹上发现有较为复杂的刻划符号，为汉东地区屈家岭文化晚期至石家河文化早期刻划符号的首次发现。

郑州市文物考古研究院在新郑市龙湖镇峪景华庭（A 块）遗址。发现一座二里头文化祭祀坑，平面为圆形，坑内人骨身体卷曲，头骨向后反向扭折断贴着脊骨，下肢骨与盆骨叠折，属于人牲类祭祀，出土二里头时期陶甑等残碎陶片。

武汉大学历史学院发掘黄冈市黄州区寨上商周时期遗址。清理商周时期灰坑 160 个、小型房址 1 座，出土了大量陶、石、铜器及少量原始瓷、玉器等。部分灰坑内出土铜渣、陶范、砺石等冶铸遗物。出土的陶器，可分为商文化、大路铺文化、西周文化三种，年代初步判断为中商至西周中期。发现了大量青铜冶铸遗物，有铜渣、炼渣、陶范、石范、铜块等，陶范包括圆鼎等铜礼器范，表明遗址内应存在铸铜作坊，且等级较高。该遗址地处重要的铜矿分布带，大量冶铸遗物的发现，为研究鄂东地区的铸铜业生产提供了重要材料。

山西省考古研究所、临汾市旅游发展委员会自 2017 年 3 月以来第四次发掘襄汾县陶寺北两周墓地。在Ⅲ区发掘的大墓 M3011，是迄今陶寺北墓地发掘规格最高的一座墓葬，时代为春秋晚期。葬具为一椁双棺，在棺椁间西部、南部发现大量青铜器，铜礼器有铜鼎、铜鉴、铜壶、方座豆、铜鬲、铜盘、铜簠、铜豆等 20 余件；乐器有编镈 13 件、编钟一套 13 件、鼓座 1 件、石磬 2 套共 10 件等；此外，还发现有车马器、兵器、工具等百余件。鼓座底径约 85 厘米，鼓身由三条蟠龙相互缠绕，龙首昂起口衔承接鼓柱的圆筒，为同时期墓葬罕见，棺内发现有残玉片、玉佩饰、玉环、玉韘、玉璜、玉握等。在一套编钟上发现有大量的铭文，其中 1 件甬钟上可见有“卫侯之孙申子之子书……”等刻铭，可确定该编钟与卫国有关。

湖北省文物考古研究所发掘荆州市楚纪南故城遗址。至翌年 1 月发掘楚纪南故城东垣南门遗址。发现楚纪南故城东垣南门形制规整、体量巨大，应是出城的主要通道。

西藏自治区文物保护研究所、西北大学文化遗产学院、阿里地区文化（文物）局自 2017 年 9 月以来发掘札达县桑达隆果墓地。部分墓葬有多次使用的痕迹，如 2018ZSEM2、2018ZSE M3，这种多次反复使用的墓葬在西藏是第一次发现。部分墓葬发现有祭祀坑，坑内出土有人头骨、动物骨、海贝等祭祀之用遗物。随葬品数量不等，有陶器、铜器、铁器、木器、珠子、扣器、草编器、金器、海贝、骨骼等。碳十四测年数据，年代为公元前 200 年至公元 200 年。这批墓葬对研究早期吐蕃时代上部阿里的社会形态提供了丰富的资料。

9 ~ 10 月

内蒙古自治区文物考古研究所、北京大学、内蒙古师范大学等单位发掘苏尼特右旗阿拉腾沟东汉至北魏墓地。发掘墓葬 13 座，个别墓葬出土有桦木皮器、漆器、皮制品的残片。初步推断该墓地为东汉晚期至北魏时期鲜卑族群的公共墓地。

山西省考古研究所、长治市旅游发展委员会发掘襄垣县古韩镇付村金代砖雕墓。墓葬修筑年代为金大定十七年（公元 1177 年），为仿木砖雕斗拱四合院结构，墓门朝南，墓底中部砌一方形天井，天井四壁砌砖雕须弥座。墓室北壁砌筑三门，其中中门呈长方形，内砌南北向墓室。东西门拱券圆形，门内各砌东西向拱券窑洞式墓室。东壁砌拱券式墓门两个，门内各砌筑东西向窑洞式墓室；西壁砌筑拱券式墓门二个，门内各砌筑东西向窑洞式墓室；南壁中间为拱券式墓门，墓门东西各砌一拱券式墓门，门内各砌东西向窑洞式墓室。其中五个墓室的墓主人（夫妇），应为该墓葬修成后，一次性葬（迁）入，分别记有名字。墓葬南部四个墓室的墓主人，应该为后期葬入，此次修墓时，没有留下他们的名字。

9～12月

陕西省考古研究院、北京大学考古文博学院、宝鸡市考古研究所发掘秦雍城遗址。揭露马家庄一号建筑（宗庙建筑）与马家庄三号建筑之间的一组建筑遗址。发掘者认为：以马家庄一号建筑为中心，较有规律地分布着密集的大型建筑遗址，尤其宗庙遗址以西的几座建筑遗址，单体建筑面积数倍于宗庙单体建筑，可能为春秋时期秦穆公所筑之宫殿群，即朝寝建筑，其东侧为宗庙（马家庄一号建筑），西侧为社稷（马家庄三号建筑）。

洛阳市文物考古研究院发掘洛阳市纱厂西路墓葬。清理东周、汉代、唐、宋时期墓葬共291座，出土遗物的数量近4000件。其中以C1M16090和C1M16089两座汉墓规模较大，而且最为特殊。C1M16090墓，南北通长约15米，东西宽近14米，总面积约210平方米，葬具为双棺，棺内发现大量随葬品，以玉器为主，包括玉璧、玉圭、玉玦、玉衣片等。墓葬北侧耳室及坠室内出土彩绘陶壶、青铜大盘、青铜壶、青铜手炉、铜豆、陶灶、铜杵臼等。C1M16089墓，南北长约10米，东西宽约9米，总面积约90平方米。出土铜鼎、豆、盘、印章及陶器、铁器等36件套。这两座墓葬墓道南北平行排列。C1M16090墓的西部耳室以一块空心砖与C1M16089相隔。根据C1M16089出土一枚双面铜印，一面印文为"耿大印"，另一面为"耿少翁印"，推测这两座墓葬为"耿"姓家庭墓葬，年代在西汉中晚期。C1M16090耳室内出土的一件青铜壶内还保存有近3500毫升液体，经过科学检测，该铜器中的液体为矾石水，是硝石（主要成分为硝酸钾KNO3）和明矾石［主要成分为KAl3（SO4）2（HO）6］的水溶液，是古人用的一种仙药。两座墓葬墓主人的身份很可能是古代的炼丹士，其家族很可能是炼丹世家。

中国国家博物馆、陕西省考古研究院、宝鸡市考古研究所发掘宝鸡市陈仓区吴山祭祀遗址。清理祭祀坑8座。祭祀坑内均为四马一车，马骨保存相对完整，头向东，背向吴山主峰。马身佩有马衔、马镳等青铜马具，与身后的马车处于驾乘状态。车舆内放置祭祀用的玉人、玉琮以及箭镞，玉人男女各一个，与玉琮叠放于车舆的前部。车舆旁侧或马骨旁侧还放置铁锸一件。该遗址与凤翔血池秦汉祭祀遗址内涵相同，年代较血池略早。出土了一件特殊的器物——铁锸，铁锸属于农具，普遍出现在祭祀坑中，表明铁锸已经不仅仅是农具，而且与玉器、车马同属祭品，针对特别祭祀对象，对判断吴山祭祀遗址的性质有重要的参考价值。

北京市文物研究所发掘先农坛清代耤田（一亩三分地）遗址。清理出礼仪活动场所、耤田遗迹及八角形建筑基址。

10月

上海博物馆再次发掘青浦区重固镇福泉山遗址。至翌年1月，在"福泉山"墓地西北约250米处的陆坟堰地点发现一处人工营建的带有墓地功能的良渚文化土台。清理25座良渚墓葬，共出土陶、石、玉器等各类遗物超过120件（组）。常见鼎、豆、壶、罐等陶器组合；玉器主要有管、珠等；石器以石钺为主。较典型良渚文化墓葬如M230，出土遗物67件，陶器组合丰富，其中一件台阶状玉片，与好川墓地的同类器十分相似，为本地区首次发现。陆坟堰地点是新发现的一处新的良渚文化人工堆筑墓地，距离福泉山遗址的福泉山墓地和吴家场墓地都十分接近。还发现战国墓葬2座，唐代墓葬7座。其中M216唐墓出土一方"唐故陸府君墓誌铭"青砖，上刻"蘇州华亭縣""大和六年四月七日葬于本縣"（832年）等带有明确地点、纪年的文字，为上海地方史的研究增添了新的重要资料。

湖南省文物考古研究所再次发掘澧县孙家岗遗址新石器时代墓地。至翌年1月发掘石家河文化晚期墓葬91座，随葬品有陶器和玉器两类。陶器240余件，以广肩斜腹平底的带领罐为主，占陶器数量的七成以上。玉器28件，灰白色不透明，其中20件为玉器残粒，器形不辨，完整或较完整可辨器形者8件，有笄、鹰首笄和鸟首璜等，并见1件獠牙神面牌饰。

武汉大学历史学院、湖北省文物考古研究所、武汉市文物考古研究所、盘龙城遗址博物院、芝加哥大学东亚语言文明系发掘武汉黄陂区盘龙城商代遗址。至翌年1月对盘龙城遗址小嘴、杨家湾北坡及南部外围区域展开了调查、勘探和发掘，主要遗存的年代均属于商代早、中期。调查明确了盘龙城遗址主体位于当今府河河道以北、盘龙城大道以西，未至府河以南区域。

湖北省文物考古研究所、随州博物馆、曾都区考古队继续发掘随州市枣树林春秋曾国墓地。枣树林墓地隶属义地岗墓群，至翌年1月，又清理墓葬5座，其中，M130为长方形竖穴土坑木椁墓，一棺一椁。椁内、棺外南部随葬器物6件，分别为铜鼎1、铜盂1，陶壶2，陶豆1，陶罐1；棺内随葬器物4件（套），分别为铜戈1，铜匕首1，玉玦2，玉琀若干。其中铜戈有5字铭文，释读为“中母舀之戈”。

重庆市文化遗产研究院第二次发掘涪陵区南宋龟陵城遗址。遗址始建于南宋，是一处宋元战争时期的山城，公元1266年涪州守臣阳立重筑后至公元1278年为涪州州治所在地，公元1280年城破后废弃。至翌年1月在山顶环城王子顶西侧建筑基址区发现了宋代大型建筑基址（F6），由建筑台基和月台组成。该建筑基址区可能就是宋末涪州衙署所在地。

中国社会科学院考古研究所编著（杨泓、朱岩石主编）《中国考古学：三国两晋南北朝卷》由中国社会科学出版社出版。

10月16～20日，由西北大学文化遗产学院、中国科技考古学会（筹）、中国科学院大学人文学院考古学与人类学系、中国社会科学院考古研究所科技考古中心主办，文化遗产研究与保护技术教育部重点实验室和西北大学科技考古学中心承办的“全国第十四届科技考古学术讨论会”在西北大学举行。来自国内高校和文博单位的120余位学者出席了会议，围绕生物考古与农业考古，文物研究与文物保护，冶金考古与陶瓷考古等议题进行了学术交流。

10月21日，中国考古学会第七届会员代表大会在成都召开。会议在中国社会科学院有关部门的监督和指导下顺利完成了中国考古学会第七届理事会换届工作。会议产生由137人组成的中国考古学会第七届理事会，理事会推选22人为常务理事。常务理事会推选王巍为理事长，赵辉、陈星灿、顾玉才为副理事长，朱岩石为秘书长，闫亚林、孙庆伟为副秘书长。后经中华人民共和国民政部审查并同意（备案号：民社登〔2019〕9016号、民社登〔2019〕9506号），中国考古学会负责人变动及理事换届工作均符合相关规定。

10月22日至23日，由中国考古学会、中国社会科学院考古研究所主办，四川省文物考古研究院、成都文物考古研究院、四川大学历史文化学院承办的“第二届中国考古学大会”在成都召开。大会授予石兴邦“终身成就奖”，是继宿白之后第二位荣获中国考古学大会“终身成就奖”。会议主题为“古代文化交流的考古学研究”，共设置16个专委会分组讨论，并特设古蜀文明及四川考古专场。大会期间，四川还推出16场公共讲座，以及六大系列主题展，其中《金色记忆——14世纪前中国出土金器特展》《秦蜀之路青铜文明展》《人与神——文物精华展》分别在成都金沙遗址博物馆、成都博物馆、三星堆博物馆展出，后陆续展出《江口古战场遗址考古成果展》《古蜀文明与两河文明对话展》《考古四川新世纪展》。

10月25日，中国科技考古学家陈铁梅逝世。

10～11月

甘肃省文物考古研究所发掘武威市凉州区海藏齐家文化遗址。清理墓葬3座和窖穴1处。墓葬随葬有大量的遗物，包括陶器、骨器、石器及白色石块、动物下颌骨。白色石块主要位于人骨头部、胸部、盆骨及下肢骨附近，部分白色石块涂抹红色，可能是朱砂。石璧位于头部、胸部、盆骨及下肢骨附近，石璧一般成串为1组，部分石璧之上有红色的朱砂涂抹。窖穴为圆形袋状平底，出土陶器、石器、玉器、玉料及石块、动物遗存等。陶器大量为典型的齐家文化器物，极少量为西城驿文化彩陶。石器主要为石刀和玉器加工工具包括磨石及砣具，以及大量的石璧及璧芯。玉器主要包括玉锛、玉片等，同时还发现了玉料及大量白色石料块。对探讨齐家文化的葬俗、玉石器加工研究提供了丰富的材料。

10～12 月

中国社会科学院考古研究所、河北省文物研究所邺城考古队发掘临漳县邺城核桃园北齐佛寺遗址。为探索东魏北齐邺城外郭城的布局和范围以及里坊结构提供了重要的线索。

11 月

河南省文物考古研究院发掘潢川县余楼春秋墓地。至翌年 1 月发掘墓葬 13 座，马坑 1 座，车马坑 2 座。M1 出土有青铜匜、盆、盘等器物，椁内东西两侧还各出 8 个铜铃，或为荒帷类遗存的附件。铜匜较为完整，为春秋早期晚段遗物。M1 椁室北部随葬两个青铜簠，有"侯孙老""盟姬"等铭文。从基建项目挖沟的虚土中，清理出大量青铜器残片，以簠居多，还有鼎。簠上有"黄子""楚子"等铭文。墓地年代从春秋早期晚段至春秋晚期，推测余楼墓地为黄国被灭国之后的黄国某一公族墓地。马车是黄国的首次发现。发现的"黄子""楚子"铭文的铜簠，以及"侯孙×"嫁姬姓女的媵簠，对于深入了解春秋时期楚国、黄国及相邻姬姓侯国（或为曾国）之间的关系有重要价值。结合传世黄子戌、黄子婁等春秋晚期黄国青铜器表明，楚灭黄以后，并未绝其祀。

济南市考古研究所发掘济南市长清区赵家营东汉画像石墓。墓葬形制与济南北毕汉墓、青龙山汉墓、闵子骞祠堂东汉墓相近；画像雕刻技法为东汉晚期常见的减地浅浮雕，其画像石内容已趋向简单化，除了动物题材，大部分为几何装饰图案，推断墓葬年代为东汉晚期。

上海博物馆发掘青浦区白鹤镇青龙镇宋代遗址。2010 年以来连续多年对青龙镇遗址进行了调查、勘探与发掘，逐渐揭露出一个唐宋时期的贸易重镇。出土器物与湖州凡石桥遗址、四川遂宁窖藏的器物组合非常相似，部分龙泉窑器物完全一致，其时代应该接近前两者的年代，都在南宋最晚期。H16 出土的瓷器主要为龙泉窑青瓷、景德镇窑青白瓷、吉州窑黑釉盏、福建瓷器等南方瓷器，大量属于南宋晚期的贸易瓷，与日本博多遗址同期内出土的器物组合也能对应。显示青龙镇遗址是南方瓷器北销朝鲜半岛、日本等地的重要转口贸易港。

中国文物信息咨询中心、江西省文物考古研究所继 2017 年发掘赣州市章贡区七里镇元代窑址，至翌年 1 月在殷屋对门作坊遗址揭露 672 平方米，在发掘区存在较大面积的瓷土（白胶泥）堆积层，且厚度有 1 米左右，但埋藏较深，开口在距地面 1.5 米以下。

11 月北京市文物研究所发掘圆明园紫碧山房遗址。发掘确定紫碧山房是一处形制完整、规模巨大的山地园林遗址，其建造技法和工艺达到了清代皇家园林艺术发展的高峰，反映了清乾隆一朝的壮丽恢弘。

11 月 8～12 日，由湖北省博物馆、湖北省文物考古研究所、武汉大学简帛研究中心、芝加哥大学顾立雅中国古文字中心共同举办"湖北出土简帛日书国际学术研讨会"在湖北省武汉市召开，来自中国、美国、法国、德国、日本、韩国等日书研究领域的数十位学者参加会议。会议主要围绕湖北九店楚墓、云梦睡虎地秦汉墓、随州周家寨汉墓出土简牍之《日书》整理和研究等问题展开了深入的学术研讨和交流；研讨会期间，与会学者近距离观摩了周家寨汉墓等新出日书竹简。

11～12 月

河南省文物考古研究院、三门峡市文物考古研究所勘探灵宝市五帝新石器时代遗址。五帝遗址是仰韶文化中晚期灵宝盆地东部最大的一处遗址，可能是该区域的一处核心聚落。

12 月

荆州博物馆发掘荆州胡家草场汉代墓地。出土竹简和木简 3000 余枚，木牍 6 块，竹简残片 900 余片。简牍基本内容主要有：历谱、编年纪、律令、病方、遣册等。保存情况较好，卷束大致保持原状，每卷编绳清晰，对了解郢城周边西汉早期墓葬随葬简牍类别及其与墓主之间的关系提供了新的资料。编年纪和历谱，对于判断墓葬及整个墓地的绝对年代提供了重要的时代标尺。这是近些年来郢城周边单座墓葬出土简牍数量最多的一次。简牍内容种类丰富，和张家山 M247 出土汉简相比多了编年纪、日书以及病方三种，是荆州地区继张家山 M247 汉简和 M336 汉简、印台汉简之后，又一次大量出土律令类简牍。

西安市文物保护考古研究院自 2017 年 4 月以来发掘西安市隋唐长安城安仁坊遗址。发现一组唐代宅邸建筑基址，已发现 10 座房址，大致位于东西相连的几个院落内，排列有序，有的以长廊连接。根据文献记载，安仁坊西南有汝州刺史王昕宅，与坊东南的赠尚书左仆射刘延景宅“甲第并列，京城美之”。这是隋唐长安城宅邸遗址的首次发现，对于了解宅邸布局、结构及功能都有重要意义。

国家文物局编的《中国考古事业（2012～2016）》由文物出版社出版。

李伯谦主编的《中国出土青铜器全集》（二十册）由科学出版社、龙门书局出版。

本年

陕西省考古研究院、西北大学文化遗产学院、延安市文物研究所自 2016 年以来发掘延安市芦山峁遗址。发现芦山峁遗址核心区上有多座人工台基，以及规整院落。被评为 2018 年度全国十大考古新发现。

河南省文物考古研究院自 2017 年以来勘探、发掘许昌市大路陈遗址。发现商代二里岗上层一期墓葬 5 座，二里头文化二期灰坑 36 座。大路陈遗址面积较大，遗址堆积持续时间相对较短，二里头文化直接被二里岗上层一期墓葬打破，这种现象对于研究夏商政治变革具有重要意义。

山西省考古研究所等单位自 2017 年 6 月以来勘探、发掘闻喜酒务头商代墓地。发现商代晚期墓葬 12 座、车马坑 6 座以及灰坑 5 个，其中带墓道“甲”字形大墓 5 座，中小型竖穴土坑墓葬 7 座。酒务头墓地是一处新发现的商代晚期大型高等级贵族墓地，对研究商代晚期殷墟文化的分布范围、政治地理具有重要意义。被评为 2018 年度全国十大考古新发现。

陕西省考古研究院、渭南市博物馆自 2017 年以来发掘澄城刘家洼春秋芮国遗址。在遗址东区中部的位置发现一座面积 10 余万平方米的城址。发现有大量灰坑和板瓦等建材堆积，属重要建筑所在，应是高等级人群居住区。城址区外围为一般居址区和墓葬区。发现墓葬共 4 处 210 余座，其中东区墓地 3 处，西区南部墓地 1 处。在东Ⅰ区墓地发掘大、中、小型墓葬 73 座、车马坑 2 座、马坑 1 座。其中有带墓道的中字形大墓 2 座（M1 与 M2），大型竖穴土坑墓 1 座（M3）。中字形大墓西北部各有一座南北向车马坑。西区南墓地共发掘墓葬 44 座，均为中、小型墓。墓葬年代为春秋早中期。出土的乐器和组合形式，为目前所知春秋早期墓葬出土乐悬制度中的最高级别；雕纹钟、磬架，漆木几案、豆、盒等，是研究春秋时期木作髹漆工艺技术发展水平的珍贵资料。大墓出土的金首权杖、青铜鍑、铁矛等，部分中、小型墓所出螺旋状金耳环、金手镯等饰物，充溢着浓厚的北方草原文化气息。众多金器、铁器，是认识我国古代黄金及冶铁业发展重要信息。发掘者推测这里为一处芮国后期的都城遗址及墓地。文献记载，芮国于公元前 640 年被秦国所灭，刘家洼遗址的年代亦与之相当或接近，填补了芮国后期历史的空白，也提供了周王室大臣采邑（地）向东周诸侯国发现演变的典型案例。被评为 2018 年全国十大考古新发现。

吉林大学考古学院发掘隆尧县双碑乡柏人城战国城址。城墙周长 8017 米，占地面积约 4 平方千米。遗址整体保存情况较好，是中国北方地区保存最为完好的东周秦汉城址之一。

中国社会科学院考古研究所、辽宁省文物考古研究院发掘盖州市青石岭高句丽时期山城遗址。发掘明确一号蓄水池的形状为圆角长方形，长约 80 米、宽约 70 米，面积可能超过 5600 平方米，这是目前已知国内最大的高句丽时期的蓄水池。青石岭山城共有六个城门，四号门址位于西城墙南段。四号门门道内发现了大量木炭和火烧痕迹，可能因火灾被烧毁。或许与贞观十九年（645）、乾封元年（666）至总章元年（668）唐朝与高句丽的战争有关。

吉林省文物考古研究所发掘德惠市菜园子镇城岗子辽金时期城址。出土大量辽金时期遗物，包括大量的铁箭镞、铁骨朵以及铁甲片，反映了辽金时期作为边境城堡浓厚的军事属性。同时还有铁熨斗，煮茶用的铜铫以及银质手镯等生活用品，反映了辽金之际边境地区的生活气息。

本年中国有关科研机构、高等院校派出近20个考古工作队赴国外合作开展考古发掘研究与文物保护工作。

1月22日~2月9日、7月27日~8月25日中山大学社会学与人类学学院、意大利托斯卡纳“文化与疆域”协会发掘意大利索拉诺市拉比阿吉奥拉遗址。

5~7月西北大学、乌兹别克斯坦考古研究所、铁尔梅兹大学考古系发掘乌兹别克斯坦拉巴特遗址。11月~12月份，中乌联合考古队在乌兹别克斯坦南部苏尔汉河州迪诺、乌尊两市进行田野调查，复查达尔弗津特佩、卡尔查延、比什卡帕等4座城址，在卡尔查延和比什卡帕东侧台地上各新发现1处大型墓地并进行大面积钻探。

6~8月中国国家博物馆、蒙古国国家博物馆发掘蒙古国车勒县石特尔匈奴墓地。发掘东区墓地大、中、小型墓葬各1座，墓葬年代属于公元前1世纪至公元1世纪，出土器物包含汉式的青铜器、漆器与骨筷，为了解当时汉文化对匈奴贵族、平民的影响提供了很好的材料，同时也为研究匈奴低阶贵族与平民葬俗制度提供了很好的材料。

6~8月陕西省考古研究院、吉尔吉斯共和国科学院历史与文化遗产研究所发掘吉尔吉斯共和国红河古城西侧佛寺遗址。第一次对红河古城进行了大面积测绘和全方位记录。对红河古城西侧佛寺遗址的勘探，是第一次将中国考古中常用的勘探技术运用到吉尔吉斯斯坦境内的考古工作中。厘清了佛寺围墙遗迹范围。

6月25日~8月26日中国人民大学北方民族考古研究所、蒙古国国立民族博物馆发掘蒙古国鄂尔浑省吉尔嘎朗图苏木的艾尔根敖包墓地。发掘了一座带墓道的洞室大墓、一座竖穴洞室墓和一座竖穴土坑墓。对出土的木棺和桦树皮等有机文物皆进行了现场文物保护，对三具人骨也分别提取DNA进行研究。该墓地的建筑结构具有浓郁的鲜卑文化特征，但遗物中也有匈奴文化因素的器物。艾尔根敖包墓地的发掘对研究蒙古高原古代史、古代民族文化的迁徙与交融尤其是匈奴退出漠北草原、鲜卑人群的迁徙及民族融合具有非常重要的意义。

7月15日~8月31日南京大学继2016年发掘伊朗纳德利土丘遗址，发现五层青铜时代的土坯砖建筑，其中最外围的一道土坯围墙可能是早期聚落的围墙。在土丘下一灰坑内发现不少仿华的伊斯兰时期青花瓷片。

7月18~20日云南省文物考古研究所、四川大学历史文化学院应老挝国家信息文化旅游部遗产司的邀请，对老挝西北部山区的琅南塔省和南部河谷平原的沙湾拿吉省开展考古调查。调查的琅南塔省西南部那勒市（Nalae district）的冶铁遗址，年代约公元8~9世纪。

7月20日~8月18日吉林大学、蒙古国历史与考古研究所发掘蒙古国额勒济特苏木朝伦昂古其特和塔黑拉嘎遗址。在朝伦昂古其特第一地点发掘大型石板墓4座，均早期被扰，其中1座还见有现代盗坑。塔黑拉嘎地点的石板墓群则为新发现，此次发掘小型石板墓5座，其中3座保存完整，2座早期被扰。还对两个地点的岩画作了系统的调查和记录，拍摄和记录岩画近600幅。岩画制作技法以密点敲凿法为主，还有少量采用刻划法和磨刻法。图案多见单体或多体的静态剪影式或粗线轮廓式动物形象，也见少量射猎、动物交媾与马车等图案。岩画的年代跨度较大。在朝伦昂古其特地点还清理了突厥时期和蒙元时期岩棚墓各1座。

7～8月陕西省考古研究院、哈萨克斯坦共和国伊塞克国家历史文化博物馆继2017年发掘哈萨克斯坦拉哈特古城遗址。清理墓葬15座、马坑2座、灰坑多个、沟道2条，出土铁器、铜饰件、石器、陶片、陶纺轮、草拌泥块等遗物60余件。测绘调查伊塞克博物馆保护的墓地区域20平方千米，测绘调查喀斯特克中世纪古城遗址60万平方米，还对伊塞克博物馆保护区域内多处大型封土墓葬进行踏查了解。发掘发现的遗迹遗物年代为公元前5～前3世纪和公元9～10世纪。出土物表明，曾经有多个人群先后在拉哈特遗址停留过。

8月6日～9月15日上海博物馆、斯里兰卡中央文化基金会发掘斯里兰卡阿莱皮蒂遗址。发掘面积92.4平方米，发现瓷片650多片，来自中国的瓷片超过600片，另有少量本地及印度的印纹红陶片，以及可能来自马来半岛或印度尼西亚的细陶残片。年代约在北宋晚期，即11世纪末。还对贾夫纳地区进行了较为全面的调查，调查了20余个遗址点，在部分遗址点发现了来自中国的元代枢府瓷、明清时期的青花瓷等遗物。对凯茨堡遗址进行了小面积试掘，发掘10平方米，出土了早至公元前2世纪的陶片，建立了该遗址的年代标尺。

9月18日河南省文物考古研究院、山东大学、洛阳市文物考古研究院和肯尼亚国家博物馆联合考古队开始对肯尼亚裂谷地区的吉门基石遗址（Kimengich Site）进行第二年度考古发掘。发掘面积32平方米，出土石器、哺乳动物化石331件，石器类型包括石核、石片、细石叶、刮削器、砍砸器、手斧等。尤其在距地表0.4米～0.8米的地层中出土30余件细石叶、边刮器、鸵鸟蛋壳等，石器原料以燧石为主，仅少量黑曜岩。东非大裂谷地区的细石器最早可达7万年。这里发现的细石器对智人走出非洲增加了重要证据。另在巴林戈地区新调查发现旧石器地点13处，奈瓦沙地区1处，石制品2000余件。其中12处以细石核、细石叶、端刮器、琢背小刀等小型器物为主，原料均为燧石和黑曜岩，属旧石器时代晚期；另两处以手斧、薄刃斧、砍砸器等大型器物为主，原料均为玄武岩，初步判断应属旧石器时代早、中期。经过两年的考古调查、发掘，初步证明东非大裂谷巴林戈地区分布有非常丰富的旧石器时代文化遗存，对探索早期人类起源、现代人起源等国际学术课题具有十分重要的意义。

9～10月西北大学丝绸之路考古中心、洛阳市文物考古研究院，塔吉克斯坦历史、考古、民族研究所考古部开展塔吉克斯坦贝希肯特谷地调查。调查者初步认为：在塔吉克斯坦的西南部，分布着一支月氏时期、有其自身特点的古代游牧文化遗存。贝希肯特谷地地理环境相对独立封闭，历史时期自然环境较好，位于希腊巴克特里亚时期到贵霜时期文化的核心区域，该遗存的发现对于研究月氏、贵霜的考古学文化具有重要作用。

11月3～27日中国科学技术大学“丝绸之路考古队”与伊朗内沙布尔大学考古系合作，对伊朗拉扎维呼罗珊省内沙布尔市东南的Borj Tepe遗址进行了全覆盖式调查。这是“伊朗东部史前文化与社会——拉扎维呼罗珊省Borj Tepe遗址联合发掘与研究”项目的第一期工作。

12月湖南省文物考古研究所、（孟加拉国）阿格拉厦·毗诃罗普尔（Agrashar Vikrampura）基金会自2014年以来发掘孟加拉国毗诃罗普尔古城。

12月18～28日四川大学考古系、斯里兰卡凯拉尼亚大学调查斯里兰卡曼泰港遗址。发现各类遗物750件，包括金属、陶瓷、玻璃、石、贝等多种材质。金属类遗物疑为与本地金属冶炼活动有关的铜、铁炼渣。陶瓷类遗物多元且来源复杂，串联整个地中海—印度洋—太平洋地区，包括罗马陶器、斯里兰卡本地及印度南部陶器、中国瓷器、来自中东地区的伊斯兰釉陶器及产自东南亚地区的陶器。调查所见中国瓷器相当于晚唐五代至北宋初期的9～10世纪，属中国古代陶瓷外销的第一个高峰时段，表现为由越窑青瓷、长沙窑青釉彩瓷、邢窑及巩义窑等北方窑口烧造的白瓷及白釉绿彩器、广东青瓷组成的早期中国陶瓷贸易的“四组合”。调查所见遗物既反映了曼泰港活跃的海上贸易，又体现了其发达的本地手工业生产活动；大量的外来遗物蕴含了复杂的文化来源，是曼泰港曾担任印度洋东西交汇枢纽港这一重要角色的实物证据。

12 月 21 ~ 30 日四川省文物考古研究院、越南国家历史博物馆调查越南冯原文化遗址。调查越南中北部 4 个省 10 处冯原文化时期，包括清化省的仙脚丘遗址、花禄遗址和夔渚遗址；义安省的蟒山遗址和寺丘遗址；富寿省的仁村遗址、安道遗址、高社遗址和区塘遗址；永福省的铜荳遗址。采集了 100 余件陶器和石器标本，年代主要集中在冯原文化时期（相当于夏商时期）。

2018 年中国文化遗产研究院为进一步推动柬埔寨吴哥古迹考古与研究，对吴哥核心古迹王宫遗址开展了资料收集与考古调查，在吴哥外围的一处大型遗址崩密列进行了考古勘探与发掘，对更远的吴哥古迹柏威夏寺展开了考古调查与测绘等工作。

（朱乃诚）